# A Vida Divina

Sri Aurobindo

# A Vida Divina

## Uma Visão da Evolução Espiritual da Humanidade

*Tradução*
Aryamani (Auroville – Índia)

Editora
Pensamento
SÃO PAULO

Título do original: *The Life Divine*.
Copyright © 2006 Sri Aurobindo Ashram Trust.
Copyright da edição brasileira © 2018 Editora Pensamento-Cultrix Ltda.
Texto de acordo com as novas regras ortográficas da língua portuguesa.
1ª edição 2018.

Todos os direitos reservados. Nenhuma parte deste livro pode ser reproduzida ou usada de qualquer forma ou por qualquer meio, eletrônico ou mecânico, inclusive fotocópias, gravações ou sistema de armazenamento em banco de dados, sem permissão por escrito, exceto nos casos de trechos curtos citados em resenhas críticas ou artigos de revista.

A Editora Pensamento não se responsabiliza por eventuais mudanças ocorridas nos endereços convencionais ou eletrônicos citados neste livro.

**Editor:** Adilson Silva Ramachandra
**Editora de texto:** Denise de Carvalho Rocha
**Gerente editorial:** Roseli de S. Ferraz
**Preparação de originais:** Vivian Miwa Matsushita
**Produção editorial:** Indiara Faria Kayo
**Editoração eletrônica:** Mauricio Pareja da Silva
**Revisão:** Jivatman (Auroville – Índia), Nestor Muller, Ana Amélia Maciel, Lucimara Carvalho
**Revisão das palavras em sânscrito:** Umberto Cesaroli
**Tradução e edição do glossário:** Paola Charry
**Capa:** Ricardo de Oliveira Bernardo – foto (Sri Aurobindo em 1950) de Henri Cartier-Bresson, gentilmente cedida pelo Sri Aurobindo Ashram Trust, Pondicherry, Índia.

**Dados Internacionais de Catalogação na Publicação (CIP)**
**(Câmara Brasileira do Livro, SP, Brasil)**

Aurobindo, Sri, 1872-1950.
　　A vida divina : uma visão da evolução espiritual da humanidade / Sri Aurobindo ; tradução Aryamani. — São Paulo : Pensamento, 2018.

　　Título original: The life divine.
　　ISBN 978-85-315-2004-4

　　1. Conhecimento 2. Evolução espiritual 3. Metafísica 4. Vida espiritual (Hinduísmo) I. Título.

18-13391　　　　　　　　　　　　　　　　　　　　　　　　CDD-181.4

**Índices para catálogo sistemático:**
1. Filosofia indiana 181.4

Direitos de tradução para a língua portuguesa adquiridos com exclusividade pela
EDITORA PENSAMENTO-CULTRIX LTDA., que se reserva a
propriedade literária desta tradução.
Rua Dr. Mário Vicente, 368 — 04270-000 — São Paulo — SP
Fone: (11) 2066-9000 — Fax: (11) 2066-9008
http://www.editorapensamento.com.br
E-mail: atendimento@editorapensamento.com.br
Foi feito o depósito legal.

# SUMÁRIO

Prefácio ................................................................................................. 7
Introdução ........................................................................................... 19

**Livro Um**
**A Realidade Onipresente e o Universo** ........................................... 23

Capítulo I — A Aspiração Humana ..................................................... 25
Capítulo II — As Duas Negações ........................................................ 30
1. A Negação Materialista ................................................................... 30
Capítulo III — As Duas Negações ...................................................... 40
2. A Recusa do Asceta ......................................................................... 40
Capítulo IV — A Realidade Onipresente ........................................... 48
Capítulo V — O Destino do Indivíduo ............................................... 55
Capítulo VI — O Homem no Universo .............................................. 63
Capítulo VII — O Ego e as Dualidades .............................................. 71
Capítulo VIII — Os Métodos do Conhecimento Vedântico ............. 79
Capítulo IX — O Puro Existente ......................................................... 89
Capítulo X — A Força Consciente ...................................................... 96
Capítulo XI — O Deleite de Ser: o Problema .................................... 105
Capítulo XII — O Deleite de Ser: a Solução ..................................... 113
Capítulo XIII — A Maya Divina ........................................................ 123
Capítulo XIV — A Supramente como Criadora ............................... 131
Capítulo XV — A Consciência-Verdade Suprema ............................ 140
Capítulo XVI — O Estado Triplo da Supramente ............................ 149
Capítulo XVII — A Alma Divina ....................................................... 156
Capítulo XVIII — Mente e Supramente ............................................ 164
Capítulo XIX — Vida .......................................................................... 176
Capítulo XX — Morte, Desejo e Incapacidade ................................. 189
Capítulo XXI — A Ascensão da Vida ................................................ 198
Capítulo XXII — O Problema da Vida .............................................. 206
Capítulo XXIII — A Alma Dupla no Homem ................................... 216
Capítulo XXIV — Matéria .................................................................. 228
Capítulo XXV — O Nó da Matéria .................................................... 236
Capítulo XXVI — A Série Ascendente da Substância ...................... 246

| | |
|---|---|
| Capítulo XXVII — A Composição Sétupla do Ser | 255 |
| Capítulo XXVIII — Supramente, Mente e a Maya da Sobremente | 263 |

**Livro Dois**
**O Conhecimento e a Ignorância — A Evolução Espiritual** .................... 281

**PRIMEIRA PARTE**
**A Consciência Infinita e a Ignorância** .................... 283

| | |
|---|---|
| Capítulo I — Indeterminados, Determinações Cósmicas e o Indeterminável | 285 |
| Capítulo II — Brahman, Purusha, Ishwara — Maya, Prakriti, Shakti | 307 |
| Capítulo III — O Eterno e o Indivíduo | 343 |
| Capítulo IV — O Divino e o Não Divino | 362 |
| Capítulo V — A Ilusão Cósmica; Mente, Sonho e Alucinação | 383 |
| Capítulo VI — A Realidade e a Ilusão Cósmica | 406 |
| Capítulo VII — O Conhecimento e a Ignorância | 442 |
| Capítulo VIII — A Memória, a Autoconsciência e a Ignorância | 458 |
| Capítulo IX — A Memória, o Ego e a Experiência do Self | 467 |
| Capítulo X — Conhecimento por Identidade e Conhecimento Separador | 479 |
| Capítulo XI — As Fronteiras da Ignorância | 505 |
| Capítulo XII — A Origem da Ignorância | 516 |
| Capítulo XIII — A Concentração Exclusiva da Consciência-Força e a Ignorância | 529 |
| Capítulo XIV — Falsidade, Erro, Injustiça e Mal — sua Origem e seu Remédio | 542 |

**SEGUNDA PARTE**
**O Conhecimento e a Evolução Espiritual** .................... 573

| | |
|---|---|
| Capítulo XV — A Realidade e o Conhecimento Integral | 575 |
| Capítulo XVI — O Conhecimento Integral e o Objetivo da Vida; Quatro Teorias da Existência | 595 |
| Capítulo XVII — O Progresso em Direção ao Conhecimento — Deus, Homem e Natureza | 617 |
| Capítulo XVIII — O Processo Evolutivo — Ascensão e Integração | 634 |
| Capítulo XIX — Da Sétupla Ignorância ao Sétuplo Conhecimento | 654 |
| Capítulo XX — A Filosofia do Renascimento | 668 |
| Capítulo XXI — A Ordem dos Mundos | 688 |
| Capítulo XXII — Renascimento e outros Mundos; Karma, Alma e Imortalidade | 711 |
| Capítulo XXIII — O Homem e a Evolução | 738 |
| Capítulo XXIV — A Evolução do Homem Espiritual | 758 |
| Capítulo XXV — A Transformação Tripla | 793 |
| Capítulo XXVI — A Ascensão à Supramente | 819 |
| Capítulo XXVII — O Ser Gnóstico | 857 |
| Capítulo XXVIII — A Vida Divina | 899 |

**Glossário de termos em sânscrito** .................... 947

# PREFÁCIO

*"Todas as possibilidades do mundo no homem estão esperando como a árvore espera em sua semente."*
*"Ó Tu, que escalaste até a mente desde a turva pedra,*
*Volta-te para os cumes milagrosos não vencidos ainda."*

— Sri Aurobindo

Este pequeno ensaio, à guisa de prefácio, tem por objetivo destacar alguns aspectos relevantes, bem como fornecer algumas indicações que possam ser úteis para aquele que se dispõe a essa imensa aventura e viagem de descoberta que é a leitura de *A Vida Divina*. Ele inclui citações dessa obra, com a indicação do Livro (I ou II) e do capítulo a que pertencem.

## A OBRA

*A Vida Divina* é uma das obras capitais de Sri Aurobindo. No entanto, assim como outras obras centrais dele, como *The Synthesis of Yoga* [A Síntese do Ioga], *The Human Cycle* [O Ciclo Humano] e *Essays on the Gita* [Ensaios sobre o *Bhagavad-Gītā*), não foi inicialmente concebida para constituir um livro em separado: Sri Aurobindo a escreveu, de forma seriada e simultânea, para a revista mensal *Arya*, que ele manteve entre 1914 e 1919; só em 1939/1940 a obra seria inteiramente revisada e ampliada para finalmente alcançar seu presente corpo, e constituir um dos cumes altaneiros da majestosa cordilheira que é a obra escrita do mestre indiano.

Algumas vertentes centrais podem ser identificadas na visão de Sri Aurobindo. Uma delas é a afirmação, onipresente em sua obra, de que o Espírito é a origem, a presença subjacente, sustentadora e impulsionadora, bem como o destino de toda a manifestação universal; outra é a indicação de como se cumpre esse destino — a identificação, nessa manifestação, de um grande tema e motivo centrais, um movimento e um processo de evolução por meio dos quais o Espírito, que por sua involução na forma de Matéria deu origem a essa manifestação, nela recupera gradualmente seu *status* consciente, evolui progressivamente suas potencialidades até sua plena realização *aqui*, nas condições do mundo material:

> A evolução não é um caminho tortuoso para voltar — um pouco mortificado — ao ponto de partida; ao contrário, ela aí está para trazer para a criação inteira a alegria de ser, a beleza de ser, a grandeza de ser, e o desenvolvimento perpétuo, perpetuamente progressivo, dessa alegria, dessa beleza, dessa grandeza. Então, tudo tem um significado. (Mira Alfassa, A Mãe)

Este é, aliás, o diferencial decisivo da visão de Sri Aurobindo: abolindo as distinções que tradicionalmente são feitas entre Matéria e Espírito ["Os dois são um: o Espírito é a alma e a realidade disso que sentimos como Matéria; a Matéria é uma forma e um corpo disso que percebemos como Espírito" (*A Vida Divina*, livro I, capítulo XXV)], Vida e realização espiritual, ela é a promessa de uma realização integral do Espírito numa Vida e numa Terra transformadas:

> A Terra inteira será a morada manifestada do Espírito,
> Não mais oculto pelo corpo e pela vida,
> Não mais oculto pela ignorância da mente; [...]
> Os olhos do Espírito olharão através dos olhos da Natureza,
> A força do Espírito ocupará a força da Natureza,
> Este mundo será o jardim visível de Deus [...]
> Todas as coisas manifestarão o Deus encoberto,
> Todas elas revelarão a luz e o poder do Espírito
> E se moverão rumo ao seu destino de felicidade. [...]
> A Natureza viverá para manifestar o Deus secreto,
> O Espírito assumirá o jogo humano,
> Esta vida terrena se tornará a vida divina.
>
> Sri Aurobindo, em "Savitri"

## A VISÃO, O MÉTODO

É, pois, uma *visão* reveladora, afirmativa e integradora dos fundamentos da Realidade espiritual e das grandes linhas do processo de sua manifestação progressiva como evolução que Sri Aurobindo nos oferece em *A Vida Divina*.

A palavra "visão", aqui, não é casual; com efeito, em Sri Aurobindo parece renovar-se a tradição milenar indiana, que remonta ao tempo dos *Vedas*, do *rishi*, o vidente, aquele que vê: o *rishi* é alguém que *vê* a Realidade em sua dimensão mais profunda, com a simultaneidade e a abrangência reveladoras que são próprias da visão. Aquele que assim viu poderá então, em relação ao que viu, escolher entre falar ou silenciar. Se escolher falar, pode fazê-lo por meio de alusões, metáforas ou símbolos, como fizeram aqueles videntes das planícies e montanhas da Índia, milhares de anos atrás, por meio de possantes condensações em versos ou estrofes; ou como o faz um mestre do zen-budismo, ele pode escolher um caminho indireto de abordagem e formular paradoxos que, colocando a mente desnuda diante de suas próprias fronteiras, podem levá-la a súbitas percepções daquela realidade. Pode, ainda, expressar-se por meio de parábolas ou pequenas histórias, acessíveis ao entendimento comum, no entanto capazes de trazer ao nível dele algo de sua percepção profunda, assim como fizeram Jesus Cristo nos evangelhos, Sri Ramakrishna ou os mestres do hassidismo judaico. Pode, finalmente, escolher oferecer a descrição mais minuciosa e abrangente da realidade vista, e abordar seus múltiplos aspectos e dimensões por tantos pontos de vista quanto possíveis, desvelando a verdade relativa inerente a cada um deles para levar à visão de uma síntese que os transcende e integra sem anulá-los.

Esta parece ter sido a escolha de Sri Aurobindo em *A Vida Divina*: uma tarefa verdadeiramente hercúlea — algo comparável à tarefa daquele que se propusesse a descrever e explicar uma esfera para consciências que até então só tivessem a percepção de planos bidimensionais — somente possível para alguém dotado de humildade e paciência sem limites. Ele assume essa tarefa: com delicadeza, toma o leitor pela mão e o convida a examinar a realidade que vai se descortinando ante seus olhos, com calma objetividade e destemor, sem recuar diante de qualquer de seus aspectos, mesmo os mais desconcertantes e desafiadores; com ele deambulando até obter de cada aspecto uma percepção clara, prossegue para retraçar, passo a passo, um trajeto que conduzirá à formulação de sínteses sempre mais abrangentes e luminosas.

O método escolhido para isso por Sri Aurobindo lança mão de dois procedimentos básicos, em aparência contraditórios, mas na realidade complementares: ao mesmo tempo que *vem ao encontro* da razão humana, trazendo-lhe uma visão inteligível e satisfatória para suas exigências legítimas, ele a *desafia* a incorporar modos de percepção e operação que não são os seus habituais, e a elevar-se ao mais alto de suas possibilidades e abrir-se para apreender o que está presentemente além de seu alcance.

Se Sri Aurobindo o faz dessa forma, certamente é movido pela certeza inabalável de que a consciência humana, enquanto entendimento mental, não precisa recuar diante de seus próprios limites; por sua própria natureza, ela está destinada a crescimento e expansão infindos. Ele sabe, igualmente, que assim como a necessidade do voo desenvolve os instrumentos necessários a isso, as asas, a própria urgência em compreender desenvolverá a instrumentação necessária à compreensão. *A Vida Divina* é um convite nessa direção, e nos propõe ampliação e enriquecimento em consciência:

> O Desconhecido não é o Incognoscível; ele não precisa permanecer o desconhecido para nós, a menos que escolhamos a ignorância ou persistamos em nossas limitações. (Livro I, capítulo II)

## A LINGUAGEM

É verdade que ao começar a leitura de *A Vida Divina* o leitor pode, sim, eventualmente sentir-se desencorajado ao deparar com suas dimensões colossais, bem como diante de uma aparência inicial que pode ser de distanciamento e impessoalidade, densidade monolítica e complexidade impenetrável. É importante, então, que se ressalve desde o início: nesta obra jamais encontraremos o prolixo que se formula tão somente pelo gosto do prolixo.

Em Sri Aurobindo, a visão e a linguagem aderem ambas, com rigorosa fidelidade, à realidade daquilo que ele vê, somente variando o grau de proximidade de seu enfoque, ora mergulhando com minúcia de joalheiro na consideração do detalhe relevante, ora se afastando e se erguendo, qual telescópio, para descortinar a visão de vastos panoramas e imensidões. Assim, a densidade e a complexidade com que visão e pensamento aqui se formulam e desdobram, com frequência por meio de sentenças de uma extensão desafiadora, são decorrentes tão somente da própria natureza das questões consideradas, e da necessidade, determinada por essa natureza, de que cada aspecto seja examinado da forma mais cuidadosa, aprofundada e abrangente possível.

Então, uma chave para se começar a transpor essa dificuldade inicial consiste, como Aryamani indica em sua introdução, em *colocar-se diante* de *cada palavra, sem esforço para entender,* com atenção e paciência, e deixar que ela revele seu significado: pois nenhuma palavra aqui é utilizada de forma arbitrária ou gratuita; do mesmo modo que cada nota numa sinfonia de Beethoven, cada uma delas tem um sentido preciso, um encadeamento orgânico com o que a cerca, a função absolutamente necessária e indispensável de, subordinando-se ao todo e sendo dele um desdobramento inevitável, ajudar a clarear seu sentido.

Com efeito, as palavras vão se revelar, aqui, verdadeiras condensações ressonantes da consciência que por meio delas se formula; elas trazem em si um poder de manifestação e formação capaz mesmo de favorecer a criação, no cérebro receptivo, das conexões necessárias à compreensão, como nos indica em sua valiosa recomendação Mira Alfassa, A Mãe, a continuadora da obra de Sri Aurobindo:

> Recomendo sempre que se leia um pouco de cada vez, mantendo a mente tão quieta quanto possível, sem fazer um esforço para compreender, mas mantendo a cabeça tão silenciosa quanto possível, e deixando a força contida naquilo que se lê entrar fundo dentro. Essa força, recebida na calma e no silêncio, fará seu trabalho de luz e, se necessário, criará no cérebro as células necessárias para a compreensão.

Quietude mental: como esta é uma obra que nasceu da contemplação das alturas e da sondagem das profundezas do silêncio, é no silêncio de uma mente aquietada que ela encontrará a melhor condição de recepção e compreensão. O "abre-te Sésamo" para esta grande montanha se encontra, então, na receptividade paciente e quieta com que nos colocamos diante dela. Ao fazer isso, diante de nossos olhos esses paredões imensos, antes inexpugnáveis em aparência, começarão aos poucos a revelar outra natureza, e começaremos a perceber que essa montanha não se destina a ser apenas uma morada para os deuses, hostil e inacessível ao passo da mente humana; ao contrário, gentil e generosa, ela estará sempre pronta e disposta a revelar seus segredos mais recônditos ao viajante paciente e perseverante. Estaremos assim, quem sabe, a um passo de descobrir que esse colosso que aparenta distanciamento impessoal e frio é, na verdade, feito da substância de uma vontade solícita de servir, clarificar e fazer crescer as consciências; ele é feito da substância sólida de compaixão e amor: uma compaixão e um amor que são discretos, serenos, incondicionais, infinitos...

## A MÚSICA DA REALIDADE

Peço licença ao leitor para prosseguir com a metáfora: transposto o primeiro pórtico, dados os primeiros passos, ainda hesitantes talvez, dessa caminhada exploratória, podemos começar a nos dar conta de um aspecto peculiar da obra: é que, ao tatear as paredes de densa substância das sentenças e parágrafos, com frequência aí descobriremos incrustações preciosas, formulações que condensam uma imensidade em poucas palavras. Alguns poucos exemplos:

> A primeira fórmula da Sabedoria promete ser a última — Deus, Luz, Liberdade, Imortalidade. (Livro I, capítulo I)
>
> Todos os problemas da existência são essencialmente problemas de harmonia. (Livro I, capítulo I)
>
> A árvore não explica a semente, nem a semente a árvore; o cosmos explica ambas e Deus explica o cosmos. (Livro I, capítulo XV)
>
> O mais sutil é também o mais poderoso. (Livro I, capítulo XXVI)
>
> Conhecimento é poder e mestria. (Livro I, capítulo VII)
>
> Vida é Força e Força é Poder e Poder é Vontade e Vontade é ação da Consciência Mestra. (Livro I, capítulo XX)
>
> Morte, Desejo e Luta são a trindade da vida dividida, a máscara tripla do princípio de Vida divino em sua primeira tentativa de autoafirmação cósmica. (Livro I, capítulo XX)
>
> Deleite é existência, Deleite é o segredo da criação, Deleite é a raiz do nascimento, Deleite é a causa da permanência na existência, Deleite é o fim do nascimento e isso em que a criação cessa. (Livro I, capítulo XII)
>
> A verdade de nós mesmos encontra-se dentro e não na superfície. (Livro I, capítulo XII)
>
> [...] se aprendermos a viver dentro, despertaremos infalivelmente a essa presença dentro de nós que é nosso self mais real, uma presença profunda, calma, alegre e poderosa da qual o mundo não é o mestre — uma presença que se não é o próprio Senhor, é a irradiação interna d'Ele. (Livro I, capítulo XII)

À medida que prosseguimos, mais e mais afinados com a vibração particular de consciência que, suave e forte, irradia do cume, permeia o texto e nos ajuda a gradualmente neutralizar a força de gravidade das limitações mentais, vamo-nos apercebendo das reais dimensões do que nos cerca; nossos olhos, mais familiarizados, começam a divisar aí formações peculiares; grandes arcos, estruturas majestosas como numa catedral ou num templo indiano, começam a revelar-se à nossa visão — identificamos, por exemplo, correspondências precisas em simetrias perfeitas, maravilhosamente reveladoras:

> O Divino desce da existência pura para entrar no ser cósmico por meio do jogo da Força-Consciência, da Beatitude e do agente criativo que é a Supramente; nós nos elevamos da Matéria em direção ao ser divino por meio de uma vida, alma e mente em desenvolvimento e da Supramente como agente iluminador. (Livro I, capítulo XXVII)

Na ordem espiritual das coisas, quanto mais alto projetamos nossa visão e aspiração, tanto maior é a Verdade que busca descer em nós, porque já está dentro de nós e pede para ser liberada do revestimento que a dissimula na Natureza manifestada. (Livro I, capítulo XVII)

O inferior se dá ao superior e o superior ao inferior, de modo que possam realizar-se um no outro; o humano se dá ao Divino e o Divino ao humano; o Todo no indivíduo se dá ao Todo no universo e recebe, em recompensa divina, sua universalidade realizada. (Livro I, capítulo XX)

As grandes linhas do pensamento começam agora a se tornar inteligíveis, começamos a perceber nelas uma lei de desenvolvimento que obedece a uma lógica que, embora clara, impecável, elegante, inexorável como uma equação matemática, não é, contudo, fria: ao mesmo tempo racional e orgânica, ela tem algo que é próprio da melhor *música*; sua lógica se mostra semelhante àquela que rege a estrutura e o desenvolvimento de um prelúdio e fuga de Bach, uma sinfonia de Haydn ou Beethoven, um *raga* indiano, uma composição de Sunil Bhattacharya.

Mais do que isso, porém: nos acentos e nas sutis e poderosas recorrências rítmicas que com frequência informam sentenças e parágrafos; no desenvolvimento de capítulos em que um tema é exposto, submete-se a variações e modulações para retornar em reexposição e caminhar para conclusões que são sempre uma forma de resolução harmônica em sínteses parciais, a não ser que permaneçam em suspenso — como questões que ficam em aberto e remetem a indagações maiores — para desdobrar-se nos capítulos seguintes, em arcos ainda mais amplos que ao seu tempo encontrarão resolução e convergirão em formações sempre maiores e mais complexas para, ao final, desvelar o desenho e a arquitetura serena e grandiosa do todo da obra e da visão que ela descerra; em tudo isso, podemos pressentir a presença e a ação de uma vibração formadora que provém de estratos mais profundos.

Pois a "música" secreta, mas inegável, que assim se nos revela e permeia este texto como ritmo, canto e estrutura, é mais do que mera expressão do pendor poético do autor: nela adivinhamos algo da vibração essencial de deleite, alegria, ordem e harmonia que é inerente à realidade que vai sendo desvelada; ela manifesta, com singular pureza e força, algo da presença, pulsação e irradiação daquela grande Força criadora que se manifesta universalmente em um de seus aspectos como Beleza e que modelou a grandiosidade dos "Pilares da Criação" revelados pelo Hubble, a majestade maciça do Himalaia, a perfeição preciosa dos anéis de Saturno, de uma gota d'água ou de uma pérola, a sutileza radiosa de uma flor; que desenha a curva graciosa do voo de uma ave e está presente na pujança terrível, magnificente do tigre e da pantera, na força tremenda do raio e do trovão e da catarata...

Essa é presença, neste texto, daquilo que me permitirei chamar aqui a "música da Realidade" — aquela Voz da Harmonia da qual, pressentimos, a música humana é apenas aproximação parcial e imperfeita e que a tradição espiritual dos indígenas brasileiros tão belamente intuiu, assim vertida nas palavras de Kaká Werá Jecupé:

> Os Tubuguaçu entendem o espírito como música, uma fala sagrada, que se expressa no corpo; e este, por sua vez, é flauta, veículo pelo qual flui o canto que expressa o Avá (o ser-luz-som-música), que tem sua morada no coração. [...] Para que cante sua música no ritmo do coração do Pai Sol que, por sua vez, dança no ritmo do Mboray, o Amor incondicional, abençoando todas as estrelas. Dessa maneira, cada um pode expressar através de seu corpo a harmonia, entrando em sintonia com Tupã Papa Tenondé, o Grande Espírito que Abraça a Criação. ("A Terra dos Mil Povos", 1988)

Permeando e modelando o texto, essa música aflora com frequência, e nos remete às múltiplas formas com que, onipresente, aquela Harmonia rege a Manifestação, com o movimento sereno de suas asas imensas fixando ritmos, infundindo em tudo ordenação e estrutura:

> [...] um poder de Conhecimento e Vontade que a partir da potencialidade infinita fixa relações determinadas, faz crescer o fruto a partir de sua semente, recita os poderosos ritmos da Lei cósmica, e contempla e governa os mundos, como seu Vidente e Soberano imortal e infinito. (Livro I, capítulo XXVII)
>
> [...] a experiência sensível das coisas [...] é o primeiro ritmo de nossa consciência dividida em sua resposta e reação aos múltiplos contatos do universo. Es*sa* é uma resposta imperfeita, um ritmo confuso e discordante, preparação e prelúdio do jogo completo e unificado do Ser consciente em nós. Essa não é a sinfonia verdadeira e perfeita, que pode ser nossa se formos capazes de um dia entrar em harmonia com o Um em todas as variações e nos afinar pelo diapasão absoluto e universal. (Livro I, capítulo XII)
>
> O mundo é uma unidade diferenciada, uma unidade múltipla, não uma constante tentativa de compromisso entre eternas dissonâncias, nem uma luta perene entre opostos irreconciliáveis. Uma unidade inalienável gerando uma variedade infinita é seu fundamento e seu começo; no meio, seu verdadeiro caráter parece ser uma reconciliação constante por trás da divisão e das lutas aparentes, combinando todos os possíveis elementos díspares para vastos fins, em uma Consciên-

cia-Vontade secreta que é sempre una e sempre mestra de toda sua ação complexa; devemos, portanto, admitir que uma consumação da Vontade-Consciência emergente e uma harmonia triunfante devem ser a conclusão. (Livro I, capítulo XXV)

## UNIDADE E MULTIPLICIDADE

Vivemos hoje um tempo de paroxismos: a afirmação do individualismo exarcebado e seu consequente desdobramento e multiplicação em verdades parciais que já não dialogam, se entrechocam e parecem ameaçar com fragmentação caótica tanto a psique individual quanto o tecido social; nesta época em que visões de mundo parciais, sejam elas econômicas, políticas ou religiosas, se radicalizam e buscam impor-se pela supressão violenta de toda divergência, e na qual, em contraponto, acena-se ainda com o antídoto enganoso da *uniformidade* como forma de alcançar ou recuperar a unidade perdida, mesmo após experiências sociais que fixaram a uniformidade como lei e regra e fracassaram, embora um vasto contingente da humanidade se encontre ainda sob o jugo da uniformidade imposta de pensamento e conduta; nesta época em que a percepção da unidade subjacente à diversidade apenas começa a emergir na consciência coletiva, despontando sob formas como a afirmação crescente da necessidade de respeito à diferença; nesta época conturbada e dividida, a revelação e a reafirmação da verdade da Unidade manifestando-se por meio da Multiplicidade é certamente uma das contribuições mais relevantes que *A Vida Divina* nos traz, uma que pode ter impacto direto e determinante em nossa visão do mundo e vivência nele, em termos de interação e relacionamentos.

Em *A Vida Divina* veremos revelado esse jogo misterioso, maravilhoso que se estabelece em facetas múltiplas e irisadas entre a Unidade original e a Multiplicidade da manifestação; um *leitmotiv* que se formula e é reexposto de forma reiterada, como se em sua correta apreensão se encontrasse a chave-mestra para a perfeita compreensão daquele que é, possivelmente, o enigma central da existência universal: o de uma Unidade que, ao se manifestar, escolheu fazê-lo por meio de uma Multiplicidade que, a princípio, parece ser sua perfeita negação para, ao final, reencontrar-se nela sem aboli-la, curando-a de seus enganos e desvios, reafirmando sua verdade e validade:

> A criação depende desse princípio bi-uno de unidade e multiplicidade em que ela se move; ela é uma multiplicidade de ideias, forças e formas que são a expressão de uma unidade original, e é uma eterna unidade que é a base e realidade dos mundos múltiplos e torna possível suas ações. (Livro I, capítulo XXVII)

O Um [...] no início está ainda escondido por uma existência e uma consciência separativas e fragmentárias que nos são próprias e nas quais temos que juntar as peças para chegar a um todo. Esse emergir lento e difícil dá uma aparência de verdade ao *dictum* de Heráclito, de que a Guerra é o pai de todas as coisas, pois cada ideia, cada força, cada consciência separada, cada ser vivo, pela própria necessidade de sua ignorância, entra em colisão com outros e tenta viver, crescer e efetuar-se por uma autoafirmação independente e não pela harmonia com o resto da existência. Contudo, há sempre a Unidade subjacente que nos compele a lutar, lentamente, por alguma forma de harmonia, de interdependência, de concordância das discórdias e pela realização de uma unidade difícil. Mas é só pela evolução em nós dos poderes escondidos, supraconscientes, da Verdade cósmica, e a evolução da Realidade na qual eles são um, que a harmonia e a unidade pelas quais nos esforçamos podem ser dinamicamente realizadas na própria fibra de nosso ser e em toda a sua autoexpressão, e não simplesmente em tentativas imperfeitas, construções incompletas, aproximações sempre mutáveis. (Livro I, capítulo XVIII)

Acima, a fórmula do Um eternamente estável e imutável; abaixo, a fórmula do Múltiplo que, eternamente mutável, busca, mas dificilmente encontra um ponto de apoio firme e imutável no fluxo das coisas; entre os dois encontra-se o lugar de todas as trindades, de tudo que é bi-uno, de tudo que se torna o Múltiplo-em-Um e, no entanto, permanece o Um-no-Múltiplo, porque era originalmente o Um que é sempre o Múltiplo em potencial. Esse termo intermediário é, então, o começo e o fim de toda criação e de toda disposição ordenada, o Alfa e o Ômega, o ponto de partida de toda diferenciação, o instrumento de toda unificação, o originador, executor e consumador de todas as harmonias realizadas e realizáveis. (Livro I, capítulo XIV)

Se, no Múltiplo, buscamos com insistência o Um, é para retornar com a bênção e a revelação do Um confirmando a si mesmo no Múltiplo. (Livro I, capítulo V)

## A PROMESSA

Ao longo deste corpo imenso de mais de mil páginas, a atravessá-lo e unificá-lo, veremos assim desdobrar-se lentamente um único e grandioso arco que interliga o primeiro ao último parágrafo, e vai do primeiro despertar da aspiração humana, "nas auroras ancestrais do conhecimento humano", à visão plena e luminosa afirmação do sentido e meta desse processo evolucionário:

> Nossa evolução na Ignorância, com sua alegria e sua dor conturbadas de autodescoberta e descoberta do mundo, suas realizações incompletas, seu constante

achar e perder, é somente nosso estado inicial. Ela deve conduzir inevitavelmente em direção a uma evolução no Conhecimento, um autodescobrir-se e autodesdobrar-se do Espírito, uma autorrevelação da Divindade nas coisas, naquele autopoder de si própria que para nós é ainda uma Supranatureza. (Livro II, capítulo XXVIII)

Se Sri Aurobindo nos convida para escalar ao seu lado esta imensa montanha que é *A Vida Divina*, não é certamente para que busquemos moradia e refúgio nos cumes alcantilados do pensamento abstrato mais refinado, mas sim para, do alto, nos descerrar a visão mais abrangente e de mais vasto alcance do grande processo de evolução da consciência, em sua origem, passado, presente e futuro; para que, de lá, possamos discernir, em meio à vastidão dos horizontes e a diversidade da paisagem, para além das vicissitudes, desvios e desafios dos múltiplos caminhos que a atravessam, as alternativas possíveis de reconciliação, harmonia e integração que os farão convergir todos para a meta luminosa que é sua consumação. Ao nos oferecer este mapa minucioso da paisagem e de seus caminhos, seu convite é, na realidade, para que *empreendamos* a caminhada, e assim possamos cumprir, individual e coletivamente, o papel e a missão que ao ser humano são assinalados nessa jornada evolucionária.

O que Sri Aurobindo nos propõe, afinal, é uma mensagem de esperança:

A dor da Terra é o resgate de sua alegria aprisionada.
Para a alegria, não para o sofrimento, a Terra foi feita. (em "Savitri")

Em *A Vida Divina*, assim como em toda a sua obra, ele não nos oferece escapismo, mas a promessa da realização concreta das possibilidades mais altas que, latentes, esperam na criação universal e na consciência humana:

Eu sei que Tua criação não pode falhar.
Porque mesmo através das neblinas do pensamento mortal
São infalíveis teus passos misteriosos,
E, ainda que a Necessidade vista o traje do Acaso,
Ela guarda, oculta nas cegas mudanças do Destino,
A lenta e calma lógica do passo do infinito
E a sequência intacta de sua vontade.
Toda a vida é fixada numa escala ascendente,
E diamantina é a Lei evolucionária;
No começo é preparado o fecho.

Sri Aurobindo, em "Savitri"

## SOBRE A TRADUÇÃO E A PUBLICAÇÃO

Pode-se dizer que esta publicação de *A Vida Divina* em português é histórica, no sentido de que pela primeira vez uma das grandes obras de Sri Aurobindo é publicada na íntegra em nosso idioma.

A tradução de *A Vida Divina* é o fruto da dedicação intensiva e consagrada de Aryamani, num trabalho que se estendeu por mais de uma década. Ao fazê-lo, ela cumpriu com êxito a difícil tarefa de, compreendendo o espírito da obra, ser escrupulosamente fiel à letra do texto original e, ao mesmo tempo, transpô-lo para o nosso idioma de forma fluente e tão respeitosa quanto possível para com ele. A Aryamani, por esse trabalho, nosso reconhecimento e nossa gratidão.

Ao concluir, não poderia deixar de ressaltar que esta publicação constitui também uma culminância e um marco luminoso numa história que começou há quase meio século no Brasil, quando em 1971 Rolf Gelewski, juntamente com um grupo de jovens, fundou a Casa Sri Aurobindo, a qual passou a publicar em sua revista *Ananda* as primeiras traduções para o português de trechos de obras do mestre indiano. Dessa história, que prossegue ainda hoje, Aryamani participou desde o começo, antes de se mudar e se radicar na Índia, onde vive hoje em Auroville; dessa história participou igualmente Renato Zimmermann, cujo idealismo, suporte e colaboração efetiva foram fundamentais para a realização desta publicação.

Ricardo de Oliveira Bernardo
CASA SRI AUROBINDO

# INTRODUÇÃO

Traduzir *A Vida Divina* para a língua portuguesa foi mais que um desafio. Ao longo dos anos tornou-se uma aventura, uma viagem por caminhos e espaços pouco conhecidos e ainda não mapeados. Um trabalho alquímico, transformador. A viagem tornou-se lenta, as descobertas, inumeráveis. Descobrir Sri Aurobindo, entrar nesse novo universo pede paciência.

Na linguagem de Sri Aurobindo, na expressão de seu pensamento, nada é fora de lugar, nada soa falso; cada vírgula e cada ponto estão no lugar certo — cada palavra soa a nota justa nessa magnífica orquestração. Poderíamos dizer que sua linguagem possui uma vibração *mântrica*.

Essa vibração é clara no original inglês. Mas, em um trabalho de tradução, como recriá-la em outra língua? Talvez no futuro isso se torne possível, quando essa mudança evolutiva que ele antecipa começar a manifestar-se, e seres em contato com planos mais elevados de conhecimento passarem a circular entre nós.

Pessoalmente, minha aspiração profunda foi a de realizar um trabalho honesto e ser fiel, o mais possível, ao pensamento de Sri Aurobindo.

Alcançar na língua portuguesa certa qualidade linguística, explorar quanto pudesse do seu poder de clareza, seu ritmo, sua beleza, para poder expressar pensamentos-revelações pertencentes a planos espirituais tão elevados, foi a tarefa posta diante de mim ao começar este trabalho. Sempre amei a língua portuguesa e esta foi uma ocasião única para reaprendê-la, para ir em busca de cada palavra que, em cada contexto, correspondesse ao pensamento de Sri Aurobindo.

Uma das maiores dificuldades de traduzir Sri Aurobindo é a presença de palavras sânscritas. Como ele mesmo afirmou, quando escrevemos sobre Ioga, "devemos lidar com uma classe de experiências supremas [...] que são difíceis de representar em qualquer outra língua que não seja o sânscrito antigo [...]".

Certas expressões e certas palavras que definem qualidades e estados de ser não encontram definição em português, e creio que tampouco em outras línguas ocidentais. Foram deixadas em sânscrito. Algumas, já usadas universalmente, foram escritas como no português; para a expressão Hatha-Yoga, que em alguns dicionários aparece como Hataioga, ou simplesmente "ioga", decidi manter *Hatha* como em inglês, para indicar e preservar o som do "h" aspirado no início da palavra (uma vez que em português o "h" é mudo), e *ioga* do português, ligando as duas palavras com hífen.

O uso do hífen foi inevitável em várias ocasiões para unir palavras que de outro modo não corresponderiam ao que o autor quis dizer. E fui obrigada a criar alguns termos, como por exemplo o adjetivo *maico* ou *maica*, que define a natureza de Maya.

Em termos práticos, a tradução apresentou-se desafiadora desde o início. Por exemplo, o uso de "self". Muitos tradutores esforçaram-se para encontrar um equivalente para essa palavra. O fato de que hoje ela faz parte de nosso vocabulário indica que esse equivalente não foi encontrado. Mas enquanto a palavra *self* aos poucos integrou-se em nossa língua, o mesmo não pode ser dito do seu plural *selves*. Como aparece muito pouco, em geral se aceita o plural original em inglês. No livro *A Vida Divina*, em que esse plural surge muitas vezes, para mim usá-lo a cada vez seria introduzir uma outra palavra inglesa, e obedecer a uma regra para fazer o plural que pertence à língua inglesa, o que tentei evitar.

Optei, depois de muita reflexão e discussões, por deixar a palavra *self*, já conhecida, e aportuguesar o plural, acrescentando-lhe um "s" ao final. Assim, chegamos a "*selfs*".

Outro desafio foi o grande número de palavras da língua inglesa que Sri Aurobindo emprega de modo muito pessoal. Podemos distinguir dois tipos de casos: o primeiro é o da cunhagem de palavras, como Supramente, Sobremente, circunsconsciente, *dynamis* — termos que inventou para expressar os novos conceitos que quis introduzir. E o segundo é o das palavras comuns, como "vital", "psíquico", que ele parece empregar de modo inabitual. Mesmo palavras como "consciência", "transformação", ou "mente", "vida", são usadas por Sri Aurobindo de forma peculiar. É aos poucos que entramos nesse mundo aberto diante de nós e que nos familiarizamos com sua linguagem, com a maneira como ele expõe passo a passo o seu conhecimento e nos conduz a uma sabedoria eterna.

Várias pessoas perguntam: por onde começar, para entender o pensamento de Sri Aurobindo?

Para estudar Sri Aurobindo creio que uma espécie de iniciação é necessária. Mas não há regras fixas. Cada pessoa deve encontrar sua maneira de se abrir à Força que vem dele. Mas qualquer que seja essa maneira, o essencial é ter paciência e perseverança.

É como em tempos idos, quando o discípulo dirigia-se ao Mestre para aprender e crescer. Não raro vivia com ele e o servia. E às vezes esperava anos antes que o Mestre o iniciasse.

No meu caso, recebi seu ensinamento pela via do coração, *Bhakti*. Meu amor por Sri Aurobindo abriu-me aos poucos para sua maneira de escrever, para seu pensamento. Deixei-me conduzir por sua mente luminosa, e coloquei-me a seu serviço, "aos pés do Mestre", como se diz. Acrescento que isso não foi algo planejado, deliberado, mas um processo que aconteceu aos poucos, imperceptivelmente.

Devemos também considerar que Sri Aurobindo escreve de maneira extensa, e essa extensão é necessária para a compreensão. Na verdade, é um meio para nos preparar gradualmente àquilo que ele expõe. Como uma série de portas, cada vez mais largas, que se abrem à medida que avançamos.

Aqui vão algumas sugestões àqueles que gostariam de avizinhar-se do pensamento de Sri Aurobindo: ao ter este livro em mãos (ou qualquer outro do autor), pode-se começar por abri-lo ao acaso, ler algumas linhas, deixá-las entrar em nós e aí repousar. E repetir essa ação com regularidade até que se consiga ler um capítulo inteiro. Outra possibilidade é a de escolher um capítulo no sumário, em qualquer ordem, e ler aquele que nos chama no momento. Ou pode-se, também, optar pelo desafio de começar do início, desde o primeiro e magnífico parágrafo que abre o livro; o primeiro capítulo, de fato, condensa em poucas páginas tudo o que vem em seguida.

Uma vez ultrapassadas as primeiras dificuldades, a alegria da viagem, as descobertas, as maravilhas encontradas em cada página compensarão amplamente o esforço inicial.

Gostaria de chamar a atenção do leitor para as citações que abrem cada capítulo. São citações dos *Vedas*, dos *Upanishads*, do *Bhagavad-Gītā* e de outros textos sânscritos. Mesmo se escritas em uma linguagem simbólica, muitas vezes enigmática, merecem ser lidas com cuidado, pois trazem sinais e indicações daquele Conhecimento eterno e profundo da Índia antiga. Sri Aurobindo as traduziu do sânscrito para o inglês, e as chamou "*mottoes*" (uma sentença ou citação curta colocada no início de um livro, de um capítulo etc., e que de certo modo sintetiza a essência do que será exposto).

As dificuldades foram muitas, mas a ajuda, o apoio, foram sempre presentes. O núcleo de apoio que surgiu no Brasil de modo espontâneo e fluido encorajou e sustentou esse trabalho por anos a fio, de diferentes maneiras, sempre confiante que o projeto seria realizado. E durante todos esses anos muitos compartilharam da minha alegria profunda de mergulhar nessa sabedoria, e deixar o trabalho com *A Vida Divina* tornar-se o eixo e o fio condutor da minha vida.

Foi uma longa caminhada, mas durante o percurso encontrei "professores", em diferentes fases do trabalho. Difícil nomeá-los, foram tantos, mas citarei alguns: Marisa, com quem aprendi sobre advérbios e gerúndios; Cristiano, que me ensinou a ser mais exata no uso de certas palavras e, com muita paciência, a introduzir notas de pé de página; Anamélia, com quem passei horas a clarificar dúvidas, e que me ensinou muito sobre aqueles pequenos detalhes que podem passar despercebidos, mas ajudam a criar a harmonia do todo; e bem no final, Umberto, que completou o trabalho com o glossário e conseguiu pôr os acentos nas palavras sânscritas.

Creio que essa experiência interior de certo modo foi compartilhada também por Paola, ao formatar o Livro Um e traduzir o glossário. E pelos revisores: Nestor, que participou das primeiras revisões do Livro Um; Ricardo, da Casa Sri Aurobindo em Belo Horizonte, que participou da revisão final do Livro Um; e Jivatman, de Auroville, que aceitou mergulhar no todo e burilá-lo. Seu conhecimento, seja do português, seja do inglês, e sua sensibilidade rítmica completaram harmoniosamente a tradução. E por vários outros, que leram, comentaram e identificaram erros maiores ou menores em diferentes capítulos.

Um agradecimento sincero a todos que compartilharam desta aspiração: a publicação, pela primeira vez em língua portuguesa, de uma obra completa de Sri Aurobindo.

Aryamani, Auroville, dezembro 2016.

LIVRO UM

# A REALIDADE ONIPRESENTE E O UNIVERSO

# CAPÍTULO I

# A ASPIRAÇÃO HUMANA

*Ela segue seu caminho em direção ao objetivo daqueles que vão além, ela é a primeira na eterna sucessão das auroras que estão chegando — Usha se alarga, trazendo para fora aquele que está vivo, despertando alguém que estava morto. [...] Qual é sua amplidão quando ela se harmoniza com as auroras que brilharam antes e com aquelas que devem brilhar agora? Ela deseja as antigas manhãs cuja luz ela realiza; projetando longe sua iluminação, ela entra em comunhão com as auroras que estão por vir.*
Kutsa Angirasa — *Rig Veda*, I. 113. 8, 10.

*Triplos são esses supremos nascimentos dessa força divina que está no mundo, eles são verdadeiros, eles são desejáveis; ele se move ali, vasto e aberto dentro do Infinito; ali ele brilha puro, luminoso, e nele tudo se cumpre. [...] Isso que é imortal em mortais e possui a verdade é um deus estabelecido no interior, como uma energia agindo em nossos poderes divinos. [...] Eleva-te às alturas, ó Força, rompe todos os véus, manifesta em nós as coisas da Divindade.*
Vamadeva — *Rig Veda*, IV. 1. 7; IV. 2. 1; IV. 4. 5.

A primeira preocupação do homem quando seu pensamento despertou e, ao que parece, sua preocupação inevitável e última — pois sobrevive aos mais longos períodos de ceticismo e retorna depois de cada banimento — é também a mais alta que seu pensamento pode considerar. Ela se manifesta no pressentimento da Divindade, no impulso à perfeição, na busca da Verdade pura e da Beatitude sem mistura, no sentido de uma secreta imortalidade. As antigas auroras do conhecimento humano nos deixaram seu testemunho dessa constante aspiração; hoje vemos uma humanidade saciada mas não satisfeita com a análise vitoriosa dos aspectos externos da Natureza, preparando-se para voltar a seus anseios primevos. A primeira fórmula da Sabedoria promete ser a última — Deus, Luz, Liberdade, Imortalidade.

Esses ideais persistentes da espécie humana são, ao mesmo tempo, a contradição de sua experiência normal e a afirmação de experiências mais altas e mais profundas que são anormais para a humanidade, e só podem ser obtidas em sua inteireza organizada por um esforço individual revolucionário ou um progresso evolutivo generalizado. Conhecer, possuir e ser o ser divino em uma consciência animal e egoística, converter nossa mentalidade física crepuscular ou obscura em uma plena iluminação supramental, construir paz e uma beatitude autoexistente onde há apenas uma tensão de satisfações transitórias assediadas por dor física e sofrimento emocional, estabelecer uma liberdade infinita em um mundo que se apresenta como um conjunto de necessidades mecânicas, descobrir e realizar a vida imortal em um corpo sujeito à morte e à mutação constante — isso é o que nos é oferecido como a manifestação de Deus na matéria e como o objetivo da Natureza em sua evolução terrestre. Para o intelecto material comum, que toma sua atual organização de consciência como o limite de suas possibilidades, a direta contradição entre os ideais irrealizados e o fato realizado é um argumento final contra a validade dos ideais. Porém, se observarmos de modo mais deliberado os processos do mundo, essa oposição direta aparecerá, antes, como parte do método mais profundo da Natureza e o selo de sua mais completa aprovação.

Pois todos os problemas da existência são essencialmente problemas de harmonia. Surgem da percepção de uma discórdia não resolvida e do instinto de um acordo ou unidade não descobertos. Para a natureza prática e mais animal do homem é possível contentar-se com uma discórdia não resolvida, mas isso é impossível para sua mente completamente desperta, e em geral mesmo os seus lados práticos só escapam dessa necessidade comum ao excluir o problema ou ao aceitar um compromisso grosseiro, utilitário e não iluminado. Porque, essencialmente, toda a Natureza busca harmonia: a vida e a matéria em sua própria esfera, assim como a mente no arranjo de suas percepções. Quanto maior a aparência de desordem dos materiais oferecidos ou a aparente disparidade, e mesmo a oposição irreconciliável dos elementos que devem ser utilizados, tanto mais forte é o estímulo, e este impele em direção a uma ordem mais sutil e poderosa do que resultaria normalmente de um esforço menos árduo. O acordo da Vida ativa com o material de uma forma na qual a condição mesma de atividade parece ser inércia, é um problema de oposições que a Natureza resolveu, e busca sempre resolver melhor, com estruturas ainda mais complexas, pois sua solução perfeita seria a imortalidade material de um corpo animal plenamente organizado servindo de suporte à mente. O acordo de uma mente consciente e uma vontade consciente com uma forma e uma vida em si mesmas não abertamente autoconscientes, e capazes, quando muito, de uma vontade mecânica e subconsciente, é outro problema de opostos no qual a Natureza produziu resultados surpreendentes; e ela visa sempre maravilhas mais altas, pois aqui seu milagre último seria uma consciência animal não mais em busca da Verdade e da Luz, mas possuindo-as com a onipotência prática que seria o resultado da posse de um conhecimento direto e perfeito. Então, o impulso ascendente do ser humano em direção à harmonização de opostos ainda mais altos é não apenas racional em si, mas é a conclusão lógica de uma norma e um esforço que parecem ser um método fundamental da Natureza e o próprio sentido de seu labor universal.

Falamos aqui da evolução da Vida na Matéria, da evolução da Mente na Matéria; mas evolução é uma palavra que só constata o fenômeno, sem explicá-lo. Pois aparentemente não há razão pela qual a Vida deveria evoluir a partir de elementos materiais ou a Mente evoluir a partir de formas vivas, a menos que aceitemos a solução vedântica de que a Vida existe já, involuída, na Matéria e a Mente existe, involuída, na Vida, porque em essência Matéria é uma forma de Vida velada, Vida é uma forma de Consciência velada. E então parece haver pouca objeção para um passo a mais na sequência, e para admitir que a própria consciência mental pode ser uma forma e um véu de estados superiores que estão além da Mente. Nesse caso, o impulso invencível do homem em direção a Deus, Luz, Beatitude, Liberdade, Imortalidade encontra-se no lugar certo nessa cadeia; este é simplesmente o impulso imperativo pelo qual a Natureza busca evoluir além da Mente, e parece ser tão natural, verdadeiro e justo quanto o impulso em direção à Vida, implantado pela Natureza em certas formas de Matéria, ou o impulso em direção à Mente que ela implantou em certas formas de Vida. Aqui, como lá, o impulso existe, de modo mais ou menos obscuro, nos diferentes recipientes da Natureza, com o poder de sua vontade de ser ascendendo os degraus cada vez mais altos da escala; aqui, como lá, a Natureza evolui gradualmente, e é destinada a desenvolver de modo total os órgãos e as faculdades necessários. Assim como o impulso em direção à Mente estende-se desde as reações mais sensitivas da Vida no mineral e na planta até chegar à sua completa organização no ser humano, assim também há no ser humano a mesma série ascendente, a preparação, ao menos, de uma vida superior e divina. O animal é um laboratório vivo no qual, assim foi dito, a Natureza elaborou o homem. O próprio homem pode bem ser um laboratório vivo e pensante no qual, e com a colaboração consciente do qual, ela quer elaborar o supra-homem, o deus. Ou não poderíamos dizer, então, manifestar Deus? Pois se a evolução é a manifestação progressiva pela

Natureza daquilo que, involuído, nela dormia ou trabalhava, é também a realização manifesta daquilo que a Natureza secretamente é. Não podemos então impor-lhe uma pausa em um dado estágio de sua evolução, nem temos, com o religioso, o direito de condenar como incorreto e pretensioso, ou então, com o racionalista, de julgar como doença ou alucinação, toda intenção que ela demonstre ou todo esforço que possa fazer para ir além. Se é verdade que o Espírito está involuído na Matéria e a Natureza aparente é Deus secreto, então manifestar o divino em si mesmo e realizar Deus interna e externamente são os mais altos e mais legítimos objetivos possíveis ao ser humano sobre a terra.

Assim, o eterno paradoxo e a eterna verdade de uma vida divina em um corpo animal, de uma aspiração ou realidade imortal habitando uma moradia mortal, de uma consciência única e universal que representa a si mesma em mentes limitadas e egos divididos, de um Ser transcendente, indefinível, sem tempo e sem espaço, que, ele só, torna possíveis tempo e espaço e cosmos e, em tudo isso, de uma verdade mais alta realizável pelo termo mais baixo, justificam-se diante da razão ponderadora assim como diante do instinto ou da intuição persistentes da humanidade. Tentativas são feitas algumas vezes para pôr um ponto-final nas interrogações que foram tantas vezes declaradas insolúveis pelo pensamento lógico, e para persuadir os homens a limitar suas atividades mentais aos problemas práticos e imediatos de sua existência material no universo; mas tais evasões nunca são permanentes em seu efeito. A humanidade retorna dessas tentativas com um impulso mais veemente de investigação ou uma fome mais violenta por uma solução imediata. Dessa fome aproveita-se o misticismo, e surgem novas religiões para substituir as velhas que foram destruídas ou despidas de significado por um ceticismo que em si mesmo não podia satisfazer, pois embora seu interesse fosse a investigação, ele não queria investigar o suficiente. A tentativa de negar ou sufocar uma verdade por ser ainda obscura em suas manifestações externas e representada muitas vezes por uma superstição obscurantista ou uma fé grosseira é, em si, uma forma de obscurantismo. A vontade de escapar de uma necessidade cósmica por ser árdua, difícil de justificar em resultados imediatos e tangíveis, e lenta na regulação de suas operações deixa supor não uma aceitação da verdade da Natureza, mas uma revolta contra a vontade secreta e mais poderosa da grande Mãe. É melhor e mais racional aceitar aquilo que ela não nos permitirá, como espécie, rejeitar, e elevar tudo isso da esfera do instinto cego, intuição obscura e aspiração casual até a luz da razão e de uma vontade esclarecida e conscientemente autodirigida. E se houver uma luz mais alta de intuição iluminada ou uma verdade autorreveladora que se encontre ainda obstruída e não operativa no homem, ou que aja em relances descontínuos como através de um véu, ou se mostre só raramente em seu esplendor, como as auroras boreais em nossos céus materiais, então, a isso também não deveremos ter medo de aspirar; pois é provável que esse seja o próximo estado mais alto de consciência, do qual a Mente é só uma forma e um véu, e é através dos esplendores dessa luz que pode estender-se o caminho de nossa ampliação progressiva em direção a algum estado mais alto que seja o lugar supremo de repouso da humanidade.

# CAPÍTULO II

# AS DUAS NEGAÇÕES

## I

## A NEGAÇÃO MATERIALISTA

> Ele energizou a força-consciência (na austeridade do pensamento) e alcançou o conhecimento de que a Matéria é Brahman, pois da Matéria todas as existências nascem. Nascidas, pela Matéria elas crescem, e entram na Matéria quando se vão. Então ele foi a Varuna, seu pai, e disse: "Senhor, ensina-me do Brahman". Mas Varuna lhe respondeu: "Energiza (mais uma vez) a energia-consciente em ti; porque Energia é Brahman".
> *Taittiriya Upanishad*, III. 1, 2.

A afirmação de uma vida divina sobre a terra e um sentido imortal na existência mortal não pode ter fundamento, a menos que reconheçamos não só o Espírito eterno como o habitante dessa mansão corporal, aquele que veste essa roupa mutável, mas que aceitemos a Matéria, da qual essa roupa é feita, como um material adequado e nobre com o qual Ele tece constantemente as Suas vestes e constrói a série recorrente e sem fim de Suas moradas.

E mesmo isso não é bastante para nos preservar contra certa repugnância pela vida no corpo a menos que, com os *Upanishads*, ao perceber por trás de suas aparências a identidade essencial desses dois termos extremos da existência, sejamos capazes de dizer na linguagem mesma desses escritos antigos, "A matéria também é Brahman", e dar seu pleno valor a essa imagem poderosa que descreve o universo físico como o corpo externo do Ser Divino. Mas nem mesmo essa identificação será convincente para o intelecto racional — tão aparentemente divididos são esses dois termos extremos —, se nos recusarmos a reconhecer uma série de termos ascendentes entre o Espírito e a Matéria (Vida, Mente, Supramente e os graus que ligam a Mente à Supramente). De outro modo, os dois aparecerão como oponentes irreconciliáveis, atados um ao outro em um casamento infeliz que tem o divórcio como única solução razoável. Identificá-los, representar cada um nos termos do outro, torna-se uma criação artificial do Pensamento, contrária à lógica dos fatos e só possível para um misticismo irracional.

Se afirmarmos somente um puro Espírito e uma substância ou energia mecânica e não inteligente, e chamarmos a um, Deus ou Alma, e a outra, Natureza, o resultado inevitável será que negaremos Deus ou rejeitaremos a Natureza. Para os dois, Pensamento e Vida, uma escolha torna-se então imperativa. O Pensamento chega a negar um como sendo ilusão da imaginação e a outra como ilusão dos sentidos. A Vida vem a fixar-se no imaterial e escapa de si mesma por desgosto ou em um êxtase de autoesquecimento, ou então nega sua própria imortalidade, afasta-se de Deus e aproxima-se do animal. Purusha e Prakriti, a Alma passivamente iluminada e a Energia mecanicamente ativa dos sankhyas, não teriam nada em comum, nem mesmo em seus modos opostos de inércia; suas antinomias só poderiam ser resolvidas quando a Atividade movida pela inércia cessasse no Repouso imutável, no qual ela teria moldado em vão a procissão estéril de suas imagens. O Self inativo e sem palavras de Shankara[1] e sua Maya de muitos nomes e formas seriam, igualmente, entidades díspares e irreconciliáveis; seu antagonismo rígido só poderia ter fim pela dissolução da ilusão multiforme na Verdade única de um eterno Silêncio.

O materialista tem um campo mais fácil; para ele é possível, ao negar o Espírito, chegar a uma simplicidade de enunciado imediatamente mais convincente, a um real Monismo, o Monismo da Matéria ou então da Força. Mas é impossível para ele persistir permanentemente nessa rigidez de enunciado. Ele também acaba por postular como fato um incognoscível tão inerte, tão distante do universo conhecido quanto o Purusha passivo ou o Atman silencioso. Isso não serve a propósito algum, senão a adiar, por uma vaga concessão, as exigências inexoráveis do Pensamento, ou para desculpar a recusa em estender os limites da investigação.

Portanto, nessas contradições estéreis a mente humana não pode ficar satisfeita. Ela está sempre em busca de uma afirmação completa, que só encontra por uma reconciliação luminosa. Para alcançar essa reconciliação, a mente humana deve atravessar as gradações que nossa consciência interior nos impõe, e, seja por um método

---

1. Mais conhecido como Shankaracharya, filósofo e teólogo indiano que viveu no século VIII, expoente da escola de filosofia vedântica *Mayavada* (Ilusionismo). (N.T.)

objetivo de análise aplicado à Vida, à Mente e à Matéria, seja por uma síntese e uma iluminação subjetivas, chegar ao repouso da unidade última sem negar a energia da multiplicidade que a expressa. Apenas em tal afirmação, completa e universal, poderão harmonizar-se todos os dados multiformes e aparentemente contraditórios da existência, e as inumeráveis forças conflitivas que governam nosso pensamento e nossa vida poderão então descobrir a Verdade central que estão aqui para simbolizar e, de modo diversificado, cumprir. Só então nosso Pensamento, ao ter alcançado um centro verdadeiro e deixado de vaguear em círculos, poderá agir como o Brahman dos *Upanishads*, fixo e estável mesmo em seu jogo e em sua trajetória cósmica, e nossa vida, conhecendo seu objetivo, poderá servi-lo com uma alegria e uma luz serenas e inalteráveis, e uma energia rítmica e discursiva.

Porém, uma vez que esse ritmo foi perturbado, é necessário e útil que o homem ponha à prova separadamente, e em suas afirmações extremas, cada um dos dois grandes opostos. Esse é o percurso natural da mente para retornar de modo mais perfeito à afirmação que perdeu. No caminho, ela pode tentar descansar nos degraus intermediários e reduzir todas as coisas aos termos de uma Energia de Vida original, sensações ou Ideias; mas essas soluções exclusivas têm sempre um ar de irrealidade. Podem satisfazer por um período a razão lógica que lida apenas com ideias puras, mas não podem satisfazer o sentido mental de realidade, pois a mente sabe que há algo por trás de si mesma que não é a Ideia; sabe, por outro lado, que existe algo no interior de si mesma que é mais do que o Sopro vital. O Espírito ou a Matéria podem lhe dar, por certo período, algum sentido da realidade última, mas nenhum dos princípios que intervêm têm esse poder. A mente deve, então, ir aos dois extremos antes de poder retornar frutuosamente ao todo, visto que o intelecto, por sua própria natureza, — servido por um sentido que só pode apreender com precisão as partes da existência e uma linguagem que, também, só pode distinguir com precisão quando cuidadosamente divide e limita — é impelido, ao ter diante de si essa multiplicidade de princípios elementares, a buscar unidade pela redução impiedosa de tudo aos termos de um só. Na prática, para afirmar esse um, ele tenta desembaraçar-se dos outros. Para perceber a real fonte da identidade dos termos sem recorrer a esse processo de exclusão, a mente precisa ter ultrapassado a si mesma ou completado todo o circuito, para no fim descobrir que todos eles se reduzem igualmente Àquilo que não pode ser definido ou descrito e, contudo, é não só real, mas alcançável. Qualquer que seja a estrada em que viajemos, Aquilo é sempre o final aonde chegamos e disso só podemos escapar recusando-nos a completar a viagem.

Portanto, é de bom augúrio que depois de muitos experimentos e soluções verbais nos encontremos agora em presença dos dois extremos, os únicos que suportaram por longo tempo os testes mais rigorosos da experiência e, ao final da experiência, ambos tenham chegado a um resultado que o instinto universal da humanidade, esse juiz velado, sentinela e representante do Espírito da Verdade universal, se recusa a aceitar como certo ou satisfatório. Na Europa e na Índia, respectivamente, a negação do materialista e a recusa do asceta buscaram afirmar-se como a única verdade e a impor sua concepção da Vida. Na Índia, se o resultado foi uma grande acumulação dos tesouros do Espírito — ou de alguns deles —, foi também uma imensa falência da Vida; na Europa, a acumulação de riquezas e o domínio triunfante dos poderes e posses do mundo progrediram em direção a uma igual falência nas coisas do Espírito. E o intelecto, que buscava a solução de todos os problemas no princípio único da Matéria, tampouco se satisfez com a resposta que recebeu.

Por isso, o momento está maduro, e a tendência do mundo move-se para uma afirmação nova e abrangente no pensamento e na experiência interna e externa e para seu corolário, uma autorrealização nova e rica — para o indivíduo e para a espécie humana — em uma existência humana integral.

Da diferença nas relações de Espírito e Matéria com o Incognoscível que ambos representam, surge também uma diferença de efetividade na negação material e na negação espiritual. A negação do materialista, embora mais insistente e com sucesso mais imediato, mais fácil de atrair a humanidade em geral, é menos durável, menos efetiva no final do que a absorvente e perigosa recusa do asceta, pois ela carrega em si sua própria cura. Seu elemento mais poderoso é o Agnosticismo, que, ao admitir o Incognoscível por trás de toda manifestação, estende os limites do incognoscível até incluir tudo o que é meramente desconhecido. Sua premissa é que os sentidos físicos são nossos únicos meios de Conhecimento e, portanto, a Razão, mesmo em seus voos mais extensos e vigorosos, não pode escapar para além do domínio deles; ela deve tratar sempre e unicamente com os fatos que os sentidos fornecem ou sugerem, e as próprias sugestões devem sempre ser ligadas às suas origens; não podemos ir além, não podemos usá-las como uma ponte que nos conduza a um território onde faculdades mais poderosas e menos limitadas entram em jogo, e onde um outro tipo de busca deve ser instituído.

Uma premissa tão arbitrária decreta para si mesma sua própria sentença de insuficiência. Ela só poderá ser mantida se ignorar ou rejeitar todo esse vasto campo de prova e experiência que a contradiz, se negar ou rebaixar faculdades nobres e úteis, consciente ou obscuramente ativas ou, no pior dos casos, latentes em todos os seres humanos, e se recusar-se a investigar fenômenos suprafísicos, exceto quando se manifestarem em relação à matéria e seus movimentos e forem concebidos como uma atividade secundária de forças materiais. No momento em que começamos a investigar as operações da mente e da supramente em si mesmas e sem o preconceito, determinado desde o início, de ver nelas apenas um termo subordinado da Matéria, entramos em contato com uma massa de fenômenos que escapam inteiramente à opressão rígida, ao dogmatismo limitador da fórmula materialista. E no momento em que reconhecemos, como nossa experiência cada vez mais ampla nos leva a reconhecer, que há no universo realidades cognoscíveis que vão além do domínio dos sentidos, e no ser humano poderes e faculdades que determinam os órgãos materiais mais do que são por eles determinados, órgãos através dos quais esses poderes e faculdades mantêm o contato com o mundo dos sentidos — essa camada externa de nossa verdadeira e completa existência —, a premissa do agnosticismo materialista desaparece. Estamos prontos para uma afirmação mais ampla e uma busca em constante desenvolvimento.

Mas, primeiro, é bom que reconheçamos a enorme, a indispensável utilidade do período muito breve de Materialismo racionalista pelo qual a humanidade passou. Pois esse vasto campo de evidência e experiência, que começa agora a reabrir-nos seus portões, só pode ser penetrado com segurança quando o intelecto tiver sido treinado de modo rigoroso para uma clara austeridade; se apreendido por mentes imaturas, esse campo se prestará às distorções mais perigosas e às imaginações mais enganosas. Foi assim que, no passado, um autêntico núcleo de verdade foi sufocado sob tal acumulação de superstições deturpadas e dogmas irracionais, e todo progresso para o verdadeiro conhecimento tornou-se impossível. Foi então necessário, por certo tempo, eliminar de um golpe a verdade e o seu disfarce, para que a estrada fosse liberada para uma nova partida e um progresso mais seguro. A tendência racionalista do materialismo prestou esse grande serviço à humanidade.

Pois faculdades que transcendem os sentidos, pelo próprio fato de estarem emaranhadas na Matéria, encarregadas de trabalhar em um corpo físico, atreladas aos desejos emocionais e aos impulsos nervosos para puxar um mesmo veículo, são expostas a um funcionamento misto, em que correm o risco de iluminar a confusão em vez de clarificar a verdade. Esse funcionamento misto é especialmente perigoso quando homens com mente libertina e sensibilidades impuras tentam elevar-se aos altos domínios da experiência espiritual. Em que regiões de nuvens sem substância e névoa semibrilhante, ou em que escuridão visitada por lampejos que cegam mais do que iluminam, não se perdem esses homens, nessa aventura apressada e prematura! Na verdade, uma aventura necessária no caminho que a Natureza escolhe para progredir — pois ela se diverte enquanto trabalha —, mas mesmo assim imprudente e prematura para a Razão.

É necessário, portanto, que o Conhecimento progressivo tenha por base um intelecto claro, puro e disciplinado. É necessário também que o conhecimento possa corrigir seus erros, algumas vezes por um retorno às restrições do fato sensível, às realidades concretas do mundo físico. O contato da Terra é sempre revigorante para o filho da Terra, mesmo quando ele busca um Conhecimento suprafísico. Pode-se mesmo dizer que o suprafísico só pode ser dominado de modo real e pleno — suas alturas podemos sempre alcançar — quando nossos pés são mantidos firmemente no físico. "A Terra é Sua base",[2] diz o *Upanishad* quando quer dar uma imagem do Self manifestando-se no universo. E é um fato seguro que quanto mais amplamente nos estendermos e quanto mais seguro tornarmos nosso conhecimento do mundo físico, mais amplo e seguro tornar-se-á nosso fundamento para o conhecimento superior, mesmo para o mais elevado, mesmo para o *Brahmavidya*.

Por conseguinte, ao emergir desse período materialista do Conhecimento humano, deveremos ter o cuidado de não condenar apressadamente o que estamos deixando, ou de não jogar fora nem mesmo o menor de seus ganhos, antes de podermos convocar percepções e poderes bem dominados e seguros para ocupar seu lugar. Ao contrário, observaremos com respeito e admiração o trabalho que o ateísmo fez para o Divino e admiraremos o serviço prestado pelo agnosticismo na preparação do aumento ilimitável do conhecimento. Em nosso mundo, o erro é continuamente servente e precursor da Verdade, pois o erro é realmente uma meia-verdade que tropeça por causa de suas limitações; com frequência, o erro é a Verdade que veste um disfarce para se aproximar do seu objetivo sem ser observada. Mas isso na condição que ele seja sempre, como foi no grande período que estamos deixando, o fiel servidor, severo, consciencioso, escrupuloso, luminoso dentro dos seus limites, uma meia-verdade, e não uma aberração descuidada e presunçosa.

Certo tipo de agnosticismo é a verdade final de todo conhecimento, pois qualquer que seja o caminho, quando chegamos ao final o universo aparece como um símbolo apenas, ou como a aparência de uma Realidade desconhecida, que se traduz aqui em diferentes sistemas de valores: valores físicos, vitais e sensoriais, valores intelectuais, ideais e espirituais. E quanto mais Aquilo se torna real para nós, mais é visto como além de definição pelo pensamento e além de toda forma de expressão. "A mente não chega até lá, nem a palavra."[3] E no entanto, assim como é possível exagerar, com os Ilusionistas, a irrealidade das aparências, também é possível exagerar

---

2. "*Padbhyāṁ pṛthivī*" — *Mundaka Upanishad*, II. 1. 4. "*Pṛthivī pājasyam*" — *Brihadaranyaka Upanishad*, I. 1. 1.
3. *Kena Upanishad*, I. 3.

a incognoscibilidade do Incognoscível. Quando falamos d'Ele como incognoscível queremos dizer, realmente, que Ele escapa à apreensão de nosso pensamento e de nossa linguagem, instrumentos que sempre procedem pelo sentido de diferença e se expressam por definições; mas se não puder ser conhecido pelo pensamento, Ele poderá ser alcançado por um supremo esforço de consciência. Há mesmo um tipo de Conhecimento que é um com a Identidade e pelo qual, em certo sentido, Ele pode ser conhecido. Certamente esse Conhecimento não pode ser reproduzido com sucesso em termos de pensamento e linguagem, mas, quando o alcançamos, o resultado é uma reavaliação d'Aquilo nos símbolos de nossa consciência cósmica, não apenas em um, mas em todos os níveis de símbolos, o que resulta em uma revolução de nosso ser interno e, por meio dele, de nossa vida externa. Além disso, há também um tipo de Conhecimento mediante o qual Aquilo se revela sob todos esses nomes e formas de existência fenomênica, os quais O escondem da inteligência comum. Esse é o processo superior de Conhecimento, mas não o mais alto, o qual podemos alcançar se ultrapassarmos os limites da fórmula materialista e investigarmos a Vida, a Mente e a Supramente em seus fenômenos característicos e não meramente nos movimentos subordinados pelos quais elas se ligam à Matéria.

O Desconhecido não é o Incognoscível,[4] não é necessário que continue desconhecido para nós, a menos que escolhamos a ignorância ou persistamos em nossas primeiras limitações, pois a todas as coisas que não são incognoscíveis, a todas as coisas no universo, correspondem nesse universo faculdades capazes de tomar conhecimento delas; no ser humano, o microcosmo, essas faculdades são sempre existentes e, em certo estágio, capazes de desenvolvimento. Podemos escolher não desenvolvê-las; lá onde elas são parcialmente desenvolvidas podemos desencorajá-las e impor-lhes uma espécie de atrofia. Mas, fundamentalmente, todo conhecimento possível é conhecimento ao alcance da humanidade. E, como há no ser humano o impulso inalienável da Natureza para a autorrealização, nenhum esforço do intelecto para limitar a ação de nossas capacidades a uma área determinada poderá prevalecer para sempre. Quando tivermos provado a Matéria e realizado suas capacidades secretas, o próprio conhecimento que encontrou sua conveniência nessa limitação temporária, gritará para nós, como os austeros videntes védicos, "em frente agora, e sigam mais adiante também em outros domínios".[5]

Se o materialismo moderno fosse uma mera aquiescência ininteligente à vida material, o avanço poderia ser retardado indefinidamente. Mas como a própria alma

---

4. "Outro que o Conhecido é Isto, mas Isto está acima do Desconhecido", *Kena Upanishad*, I. 3.
5. *Rig Veda*, I. 4. 5.

do materialismo é a busca do Conhecimento, ele será incapaz de pedir para parar; assim que atingir as barreiras do conhecimento sensorial e do raciocínio a partir do conhecimento sensorial, seu próprio ímpeto o levará mais longe, e a rapidez e a segurança com as quais ele abarcou o universo visível são apenas um penhor da energia e do sucesso que podemos esperar ver repetidos na conquista do que se estende além, uma vez que seja dado o passo que cruza a barreira. Vemos já esse avanço em seus obscuros começos.

Não só em sua única e final concepção, mas também na grande linha de seus resultados gerais, o Conhecimento, qualquer que seja o caminho percorrido, tende a tornar-se um só. Nada pode ser mais extraordinário e sugestivo do que a amplitude em que a Ciência moderna confirma, no domínio da Matéria, as concepções e mesmo as fórmulas da linguagem a que se chegou, por um método muito diferente, no Vedanta — o Vedanta original, não o das escolas de filosofia metafísica mas o dos *Upanishads*. Por outro lado, essas concepções e fórmulas muitas vezes só revelam seu pleno significado, seus conteúdos mais ricos, quando são vistas sob a nova luz das descobertas da ciência moderna — por exemplo, essa expressão vedântica que descreve as coisas no cosmos como uma semente única disposta pela Energia universal em inumeráveis formas.[6] Especialmente significante é a tendência da ciência a um monismo coerente com a multiplicidade, em direção à ideia védica de uma essência única com seus múltiplos modos de tornar-se. Mesmo a insistência na aparência dualista de Matéria e Força não se opõe realmente ao caminho desse monismo, pois será evidente que a Matéria essencial é uma coisa não existente para os sentidos e, como o Pradhana dos sankhyas, é apenas uma forma conceitual de substância; e, de fato, chega-se cada vez mais ao ponto onde só uma distinção arbitrária no pensamento introduz uma separação entre forma de substância e forma de energia.

A Matéria dá-se a conhecer, finalmente, como uma formulação de alguma Força desconhecida. Também a Vida, esse mistério ainda insondável, começa a revelar-se como uma obscura energia de sensibilidade aprisionada em sua formulação material; e quando a ignorância divisora, que nos dá o sentido de um abismo entre a Vida e a Matéria, é curada, é difícil supor que Mente, Vida e Matéria sejam outra coisa que não uma única Energia triplamente formulada, o mundo triplo dos videntes védicos. Então não se poderá mais manter a concepção de que uma Força material bruta seja mãe da Mente. A Energia que cria o mundo não pode ser outra coisa senão uma Vontade, e a Vontade é apenas a consciência aplicando-se a uma obra e a um resultado.

---

6. *Shvetashvatara Upanishad*, VI. 12.

O que é essa obra e seu resultado senão uma autoinvolução da Consciência na forma e uma autoevolução a partir da forma, a fim de manifestar alguma potente possibilidade no universo que ela criou? E qual é sua vontade no Homem senão a vontade de uma Vida sem fim, um Conhecimento sem limites, um Poder sem entraves? A própria ciência começa a sonhar com a conquista física da morte, a expressar uma sede insaciável pelo conhecimento e a elaborar algo como uma onipotência terrestre para a humanidade. Nos trabalhos da ciência, Espaço e Tempo estão se contraindo até o ponto onde parecem convergir, e ela se esforça de mil maneiras para fazer do ser humano o mestre das circunstâncias e assim tornar mais leves os entraves da causalidade. A noção do limite, do impossível, começa a tornar-se um pouco irreal e parece que, ao contrário, tudo o que o homem quer com constância, no final deve ser capaz de fazer, pois a consciência na espécie acaba por descobrir os meios. Não é no indivíduo que essa onipotência se expressa, é a Vontade coletiva da humanidade que a realiza por meio dos indivíduos. Ainda assim, quando olhamos mais profundamente, não é qualquer Vontade consciente da coletividade, mas uma Potência supraconsciente que usa o indivíduo como centro e como meio, a coletividade como condição e campo de ação. O que isso é senão Deus no homem, a Identidade infinita, a Unidade multiforme, o Onisciente, o Onipotente que, tendo feito o homem à Sua própria imagem — com o ego como centro de ação e a espécie, o Narayana[7] coletivo, *vishvamānava*[8] como molde e delimitação —, busca expressar neles uma imagem de unidade, onisciência, onipotência, que são a autoconcepção do Divino? "Aquilo que é imortal em mortais é um Deus estabelecido dentro, como uma energia elaborando nossos poderes divinos."[9] É, portanto, a esse vasto impulso cósmico que o mundo moderno, sem conhecer verdadeiramente seu próprio objetivo, serve em todas as suas atividades e labuta subconscientemente para realizar.

Mas há sempre um limite e um obstáculo: para o Conhecimento, o limite do campo material, para o Poder, o obstáculo do mecanismo material. Mas também aí a tendência mais recente é altamente significativa para um futuro mais livre. Assim como as sentinelas do Conhecimento científico aproximam-se cada vez mais dos limites finais que separam o material do imaterial, assim também as mais altas realizações da Ciência prática são aquelas que tendem a simplificar e reduzir até o ponto de convergência os mecanismos que produzem seus maiores efeitos. A telegrafia sem fio é o sinal e pretexto externo da Natureza para tomar uma nova orientação.

---

7. Um nome de Vishnu, que, como Deus no homem, vive constantemente associado, em uma unidade dual, a Nara, o ser humano.
8. O homem universal.
9. *Rig Veda*, IV. 2. 1.

O meio físico sensível para a transmissão intermediária da força física é suprimido; só é preservado nos pontos de emissão e recepção. Mesmo esses acabarão por desaparecer, pois quando as leis e forças do suprafísico forem estudadas a partir de uma base correta, será encontrado, infalivelmente, o meio para que a Mente possa aproveitar-se de modo direto da energia física e dirigi-la acuradamente a seus propósitos. Quando pudermos reconhecer essas leis e essas forças, aí estarão as portas que se abrem às enormes vistas do futuro.

Contudo, mesmo se tivéssemos pleno conhecimento e controle dos mundos situados logo acima da Matéria, haveria ainda uma limitação e ainda um além. O último nó de nossa servidão encontra-se naquele ponto onde o exterior se torna um com o interior, onde o mecanismo do próprio ego se sutiliza ao ponto de desaparecimento e onde a lei de nossa ação é enfim a unidade que abarca e possui a multiplicidade, e não mais, como agora, a multiplicidade esforçando-se para reproduzir alguma imagem de unidade. Encontra-se aí o trono central do Conhecimento cósmico observando seu mais vasto domínio; o império do self e o do seu mundo;[10] a vida no Ser eternamente consumado[11] e a realização de Sua natureza divina em nossa existência humana.[12]

---

10. *Svārājya* e *sāmrājya,* o duplo objetivo que se propõe o Ioga positivo dos Anciãos.
11. *Sālokya-mukti*, liberação pela existência consciente com o Divino, em um único mundo de ser.
12. *Sādharmya-mukti*, liberação pela assunção da Natureza Divina.

# CAPÍTULO III

# AS DUAS NEGAÇÕES

## 2
## A RECUSA DO ASCETA

*Tudo isso é Brahman; esse Self é Brahman e o Self é quádruplo.*
*Para além de toda relação, sem feições, inconcebível, em quem tudo é imóvel.*
*Māndūkya Upanishad*, versos 2, 7.

E ainda assim há um além.

Pois do outro lado da consciência cósmica, acessível a nós, há uma consciência ainda mais transcendente — ela transcende não apenas o ego, mas o próprio Cosmos — onde o universo parece projetar-se como uma figura insignificante contra um fundo imensurável. Essa consciência sustenta a atividade universal — ou talvez só a admita; Ela abarca a Vida com Sua vastidão — ou, da Sua infinitude, a rejeita.

Se, do seu ponto de vista, o materialista é justificado quando insiste que a Matéria é a realidade, que o mundo relativo é a única coisa da qual podemos de algum modo estar seguros e o Além é completamente incognoscível, talvez mesmo não existente, um sonho da mente, uma abstração do Pensamento divorciando-se da realidade, assim também o *sanyasin*, enamorado desse Além, do seu ponto de vista é justificado quando insiste no puro Espírito como realidade, como a única coisa livre de mudança, nascimento e morte, e insiste que o mundo relativo é uma criação da mente e dos sentidos, um sonho, uma abstração no sentido contrário da Mentalidade retirando-se do Conhecimento puro e eterno.

Que justificativa de lógica ou experiência pode ser asseverada em apoio a um dos extremos que não poderia encontrar, no outro extremo, uma lógica igualmente impositiva e uma experiência igualmente válida? O mundo da matéria é afirmado pela experiência dos sentidos físicos, os quais, porque são incapazes de perceber qualquer coisa imaterial — ou que não seja organizada como a Matéria bruta —, querem nos convencer de que o suprassensível é o irreal. Esse erro banal ou rústico de nossos órgãos corporais não se torna mais válido por ter sido promovido e tornar-se parte dos domínios do raciocínio filosófico. Obviamente, a pretensão deles é infundada. Mesmo no mundo da Matéria há existências das quais os sentidos físicos são incapazes de tomar conhecimento. Contudo, a negação do suprassensível, como se esse fosse necessariamente uma ilusão ou uma alucinação, é subordinada a essa constante associação sensorial do real com o materialmente perceptível, o que, em si mesmo, é uma alucinação. Assumindo de modo inteiro aquilo que busca estabelecer, esse argumento gira em um círculo vicioso e não tem validade para um raciocínio imparcial.

Não só existem realidades físicas que são suprassensíveis, mas, se evidências e experiências podem ser aceitas como um teste da verdade, existem também sentidos que são suprafísicos,[1] e podem não só tomar conhecimento das realidades do mundo material sem a ajuda dos órgãos sensoriais corporais, mas podem nos pôr em contato com outras realidades suprafísicas e pertencentes a um outro mundo — isto é, realidades incluídas em uma organização de experiências conscientes que são dependentes de algum outro princípio que não o da Matéria bruta, da qual nossos sóis e nossas terras parecem ser feitos.

Afirmada de modo constante pela experiência e pela crença humanas desde as origens do pensamento, essa verdade, agora que a necessidade de uma preocupação exclusiva com os segredos do mundo material não existe mais, começa a ser justificada pelas formas mais novas de pesquisa científica. O aumento de evidências, das quais só as mais óbvias e exteriores são confirmadas sob o nome de telepatia e seus fenômenos cognatos, não pode mais ser contestado, exceto por mentes fechadas na brilhante concha do passado, por intelectos limitados que, apesar de sua agudeza, se fecham nos limites de seu campo de experiências e pesquisa, ou por aqueles que confundem esclarecimento e razão com a repetição fiel das fórmulas herdadas de um século já passado e com a conservação ciumenta de dogmas intelectuais mortos ou agonizantes.

É verdade que o vislumbre de realidades suprafísicas obtido por pesquisas metódicas tem sido imperfeito e é ainda mal assegurado, pois os métodos usados são

---

1. *Sūkshma indriyas*, órgãos sutis que existem no corpo sutil (*sūkshma deha*), e os meios de visão e experiência sutis (*sūkshma dṛshṭi*).

ainda rudimentares e defeituosos. Porém, esses sentidos sutis redescobertos foram ao menos reconhecidos como verdadeiras testemunhas de fatos físicos que se encontram fora do campo dos órgãos corporais. Não se justifica, então, rejeitá-los como falsas testemunhas quando testificam fatos suprafísicos fora do domínio da organização material da consciência. Como toda evidência, como a evidência dos próprios sentidos físicos, o testemunho desses sentidos sutis deve ser controlado, analisado e organizado pela razão, corretamente traduzido e corretamente relatado, e seu campo, leis e processos, determinados. Mas a verdade de grandes domínios de experiência cujos objetos existem em uma substância mais sutil e são percebidos por instrumentos mais sutis que os da Matéria física bruta, requer, no final, a mesma validez que a verdade do universo material. Os mundos além existem: têm seu ritmo universal, suas grandes linhas e formações, suas leis autoexistentes e energias poderosas, seus meios de conhecimento justos e luminosos. E aqui, em nossa existência física e em nosso corpo físico, eles exercem sua influência; aqui também eles organizam seus meios de manifestação e delegam seus mensageiros e suas testemunhas.

Mas os mundos são apenas molduras para nossa experiência e os sentidos, apenas instrumentos de experiência e conveniências. A Consciência é o grande fato subjacente, a testemunha universal para quem o mundo é um campo, e os sentidos, instrumentos. É a essa testemunha que os mundos e seus objetos apelam para estabelecer suas realidades; e quer se trate de um ou de muitos mundos, do físico, ou do suprafísico, não temos nenhuma outra evidência de que eles existam. Argumentou-se que essa não é uma relação peculiar à constituição da humanidade e ao seu ponto de vista sobre um mundo objetivo, mas seria a natureza mesma da própria existência; toda existência fenomênica consistiria em uma consciência observadora e uma objetividade ativa, e a Ação não poderia proceder sem a Testemunha, porque o universo existiria apenas na consciência ou para a consciência que observa e não teria realidade independente. Foi argumentado em resposta que o universo material frui de uma eterna autoexistência: estava aqui antes que a vida e a mente aparecessem; sobreviverá depois que elas desaparecerem e não perturbarem mais, com seus esforços transientes e pensamentos limitados, o ritmo eterno e inconsciente dos sóis. A diferença, tão metafísica em aparência, é contudo da maior importância prática, pois determina toda a atitude do homem diante da vida, o objetivo que ele designará para seus esforços e o campo no qual circunscreverá suas energias. Essa diferença levanta a questão da realidade da existência cósmica e, ainda mais importante, a questão do valor da vida humana.

Se formos bastante longe com a conclusão materialista, chegaremos a uma insignificância e irrealidade na vida do indivíduo e da espécie que nos deixará, logicamente, a opção entre um esforço febril do indivíduo para agarrar o que puder de uma existência transitória, para "viver sua vida", como se diz, ou um serviço desinteressado e sem finalidade à espécie e ao indivíduo, sabendo bem que uma é a ficção efêmera da mentalidade nervosa e a outra apenas uma forma coletiva um pouco mais durável do mesmo espasmo nervoso e regular da Matéria. Trabalhamos ou nos rejubilamos sob o impulso de uma energia material que nos engana com a breve ilusão da vida ou com a ilusão mais nobre de um objetivo ético e uma realização mental. O Materialismo, assim como o Monismo espiritual, chega a uma Maya que é e, todavia, não é — é, porque é presente e coerciva; não é, porque é fenomênica e transitória em suas obras. No outro extremo, se enfatizarmos demais a irrealidade do mundo objetivo, chegaremos, por um caminho diferente, a conclusões parecidas, porém ainda mais incisivas: o caráter fictício do ego individual, a irrealidade e falta de propósito da existência humana — o retorno ao Não-Ser ou ao Absoluto sem relações com coisa alguma como o único escape racional da trama sem sentido da vida fenomênica.

E, contudo, a questão não pode ser resolvida por uma argumentação lógica sobre os dados de nossa existência física comum, pois nesses dados há sempre um hiato na experiência que torna todo argumento inconclusivo. Em geral, não temos nenhuma experiência definitiva de uma mente cósmica ou supramente que não esteja vinculada à vida do corpo individual, nem, por outro lado, qualquer experiência firmemente demarcada que justifique a suposição de que nosso self subjetivo depende, na realidade, do envelope físico e não pode sobreviver a ele nem ampliar-se além do corpo individual. Só uma extensão do campo de nossa consciência ou um aumento inesperado de nossos instrumentos de conhecimento pode decidir essa antiga disputa.

A extensão de nossa consciência, para ser satisfatória, deve ser necessariamente um alargamento interior do indivíduo até a existência cósmica. Pois a Testemunha, se existe, não é a mente individual encarnada, nascida no mundo, mas sim essa Consciência cósmica que abarca o universo e aparece em todas as suas obras como uma Inteligência imanente, para a qual o mundo subsiste eterna e realmente como Sua própria existência ativa ou da qual o mundo nasce e na qual desaparece, por um ato de conhecimento ou um ato de poder consciente. A Testemunha da existência cósmica e seu Senhor não é a mente organizada, mas aquilo que, calmo e eterno, aninha-se em latência, igualmente na terra viva e no corpo humano vivo, e para quem mente e sentidos são instrumentos dispensáveis.

A possibilidade de uma consciência cósmica na humanidade está sendo lentamente admitida na Psicologia moderna — assim como a possibilidade de instrumentos de conhecimento mais flexíveis —, embora ainda seja classificada, mesmo quando seu valor e seu poder são admitidos, como alucinação. Na psicologia oriental, a consciência cósmica foi sempre reconhecida como uma realidade e o objetivo de nosso progresso subjetivo. O essencial para atingir esse objetivo é ultrapassar os limites que nos são impostos pelo sentido do ego e no mínimo uma participação, no máximo uma identificação, com o autoconhecimento que se aninha em latência, secreto, em toda vida e em tudo que nos parece inanimado.

Ao entrar nessa Consciência poderemos continuar, como Ela, a agir na existência universal. Então perceberemos — pois todos os nossos termos de consciência, e mesmo nossa experiência sensorial, começarão a mudar — a Matéria como uma única existência e os corpos como formações dela, nos quais essa existência única separa-se fisicamente de si mesma em cada um de todos os outros corpos, para mais uma vez estabelecer, por meios físicos, comunicações entre esses inumeráveis pontos de seu ser. Experienciaremos a Mente e também a Vida de modo similar, como a mesma existência única em sua multiplicidade, a separar-se e reunir-se em cada domínio por meios apropriados a esse movimento. E, se escolhermos, poderemos ir mais longe e, depois de passar através de muitos graus intermediários, perceberemos uma supramente cuja operação universal é a chave para todas as atividades menores. E nos tornaremos não apenas conscientes dessa existência cósmica, mas também conscientes nela, ao recebê-la em sensações e também ao entrar nela com toda consciência. Nela viveremos, como vivíamos antes no sentido do ego, ativos e cada vez mais em contato, e mesmo cada vez mais unificados com outras mentes, outras vidas, outros corpos que não o organismo que chamamos nós-mesmos, produzindo efeitos não apenas em nosso próprio ser moral e mental e no ser subjetivo de outros, mas mesmo no mundo físico e seus acontecimentos, por meios mais próximos ao divino do que aqueles possíveis à nossa capacidade egoística.

Para o homem que entrou em contato com ela, ou vive nela, essa consciência cósmica é então real, com uma realidade maior do que a realidade física; real em si mesma, real em seus efeitos e obras. E assim como ela é real para o mundo, que é a sua própria expressão total, assim o mundo é real para ela; mas não como uma existência independente. Pois nessa experiência mais alta e menos obstruída percebemos que consciência e ser não são diferentes um do outro, mas todo ser é uma consciência suprema, toda consciência é autoexistência, eterna em si mesma, real em suas obras, e não é nem um sonho, nem uma evolução. O mundo é real precisamente porque existe apenas na consciência; pois ele é uma Energia Consciente que é una com o Ser que a criou. O que seria uma contradição à verdade das coisas é a existência da forma material por direito próprio, separada da energia autoiluminada que assume a forma; isso seria uma fantasmagoria, um pesadelo, uma falsidade impossível.

Mas esse Ser consciente, que é a verdade da supramente infinita, é mais do que o universo, e vive de modo independente em Sua própria infinidade inexprimível, assim como nas harmonias cósmicas. O mundo vive devido a Isto; Isto não vive devido ao mundo. E assim como podemos entrar na consciência cósmica e ser um com toda a existência cósmica, podemos também entrar na consciência que transcende o mundo e tornarmo-nos superiores a toda existência cósmica. E então surge a pergunta que nos ocorreu no início: essa transcendência é necessariamente também uma rejeição? Qual é a relação que existe entre esse universo e o Além?

Nos portões do Transcendente encontra-se, pois, esse Espírito simples e perfeito descrito nos *Upanishads*, luminoso, puro, que sustenta o mundo, mas é inativo dentro dele, sem fibras de energia, sem defeito de dualidade, sem cicatriz de divisão, único, idêntico, livre de toda aparência de relação e multiplicidade — o puro Self dos Advaitas,[2] o Brahman inativo, o Silêncio transcendente. E a mente, quando cruza esses portões de repente, sem transições intermediárias, é tomada pelo sentido de irrealidade do mundo e da única realidade do Silêncio, que é uma das experiências mais poderosas e convincentes de que a mente humana é capaz. Aqui, na percepção desse puro Self ou do Não-Ser por trás dele, temos o ponto de partida para uma segunda negação — paralela e oposta à negação do materialista, mas mais completa, mais decisiva, mais perigosa em seus efeitos sobre os indivíduos ou as coletividades que escutam seu potente chamado para o deserto — a recusa do asceta.

É essa revolta do Espírito contra a Matéria que por dois mil anos, desde que o Budismo perturbou o equilíbrio do antigo mundo Ariano, dominou cada vez mais a mente indiana. Não que o sentido da ilusão cósmica seja o todo do pensamento indiano; existem outras afirmações filosóficas, outras aspirações religiosas. Nem faltaram tentativas para um ajustamento entre os dois termos, mesmo nas filosofias mais extremas. Mas todas viveram sob a sombra da grande Negação, e para todas o final definitivo da vida é o traje do asceta. A concepção geral da existência foi permeada pela teoria budista da cadeia do Karma e pela consequente antinomia entre servidão e liberação, servidão pelo nascimento, liberação pela cessação do nascimento. Assim, todas as vozes uniram-se em um grande acordo: nosso reino dos céus não pode estar neste reino de dualidades, mas além; quer nas alegrias da eterna Vrindavan,[3] quer

---

2. Os monistas vedânticos.
3. *Goloka*, o Céu de Beleza e Beatitude eternas dos vishnaitas.

na alta beatitude de Brahmaloka,[4] para além de todas as manifestações em algum Nirvana[5] inefável ou lá onde toda experiência separada perde-se na unidade sem feições da Existência indefinível. E ao longo de numerosos séculos um grande exército de testemunhos brilhantes, santos e instrutores, nomes sagrados para a memória indiana e dominantes na imaginação indiana, mantiveram o mesmo testemunho e aumentaram sempre o mesmo apelo elevado e distante: a renúncia é o único caminho que conduz ao conhecimento, a aceitação da vida física é o ato do ignorante, a cessação do nascimento é o melhor uso do nascimento humano, o chamado do Espírito, o recuo diante da Matéria.

Para uma época sem simpatia pelo Espírito ascético — e em todo o resto do mundo a hora do anacoreta parece já ter passado ou estar passando — é fácil atribuir essa grande tendência à insuficiência de energia vital em uma raça antiga, esgotada pelo fardo de sua parte no progresso geral, exausta pela sua diversificada contribuição à soma do esforço humano e do conhecimento humano. Mas vimos que essa tendência corresponde a uma verdade da existência, a um estado de realização consciente que se situa no próprio cume de nossa possibilidade. Na prática, o espírito ascético também é um elemento indispensável à perfeição humana, e mesmo sua afirmação exclusivista não pode ser evitada enquanto a espécie, no outro extremo, não liberar seu intelecto e seus hábitos vitais da sujeição a uma animalidade obstinada.

Buscamos, de fato, uma afirmação mais ampla e mais completa. Percebemos que no ideal ascético indiano a grande fórmula vedântica "o Um sem Segundo" não foi interpretada o suficiente à luz daquela fórmula igualmente imperativa, "Tudo isso é Brahman". A ardente aspiração do homem em sua ascensão ao Divino não foi relacionada o suficiente ao movimento descendente do Divino, que se debruça sobre sua manifestação para abraçá-la eternamente. O significado do Divino na Matéria não foi compreendido tão bem quanto Sua Verdade no Espírito. A Realidade que o sanyasin busca foi compreendida em toda sua altura, mas não, como fizeram os antigos vedânticos, em toda sua extensão e abrangência. Mas em nossa afirmação mais completa não devemos minimizar a parte do puro impulso espiritual. Assim como já vimos quanto o Materialismo serviu às finalidades do Divino, assim devemos reconhecer também o serviço ainda maior que o Ascetismo prestou à Vida. Devemos preservar as verdades da Ciência material e sua utilidade real na harmonia final,

---

4. O estado mais alto da existência pura, da consciência pura, da beatitude pura que a alma pode alcançar sem extinguir-se completamente no Indefinissável.
5. A extinção, não necessariamente de todo o ser, mas do ser como o conhecemos; a extinção do ego, do desejo, e da ação e da mentalidade egoísticas.

mesmo se muitas de suas formas existentes, ou mesmo todas, devam ser rompidas ou deixadas de lado. E devemos ser guiados por um escrúpulo ainda maior quando se trata da preservação justa do legado do passado Ariano, por mais que tenha sido diminuído ou depreciado.

# CAPÍTULO IV

# A REALIDADE ONIPRESENTE

*Para aquele que conhece Brahman como o Não-Ser, ele se torna simplesmente o não-existente. Para aquele que sabe que Brahman É, então ele é conhecido como o real na existência.*

*Taittiriya Upanishad*, II. 6.

Visto, então, que admitimos as duas, a exigência do Espírito puro para manifestar em nós sua absoluta liberdade e a exigência da Matéria universal para ser o molde e a condição de nossa manifestação, devemos encontrar uma verdade que possa reconciliar inteiramente essas antagonistas e dar a ambas sua devida porção na Vida e sua devida justificação no Pensamento, sem privar nenhuma delas de seus direitos nem negar nelas a verdade soberana da qual, mesmo seus erros, mesmo a exclusividade de seus exageros, extraem uma força tão constante. Sempre, então, que uma afirmação extrema exerce uma atração tão forte sobre a mente humana, podemos estar seguros de que nos encontramos em presença não de um mero erro, superstição ou alucinação, mas de algum fato soberano disfarçado que requer nossa fidelidade, e se vingará se for negado ou excluído. Daí a dificuldade de uma solução satisfatória e daí a raiz dessa falta de finalidade que acompanha os meros compromissos entre Espírito e Matéria. Um compromisso é uma barganha, uma transação de interesses entre dois poderes em conflito, não é uma verdadeira reconciliação. Uma reconciliação verdadeira procede sempre por uma compreensão mútua que conduz a algum tipo de unidade íntima. A unificação mais completa possível entre Espírito e Matéria é então a melhor maneira de chegarmos à verdade que os reconcilia, e assim a algum fundamento mais forte para uma reconciliação prática entre a vida interior do indivíduo e sua existência exterior.

Já situamos, na consciência cósmica, um ponto de encontro onde a Matéria torna-se real para o Espírito e o Espírito torna-se real para a Matéria. Pois na consciência cósmica Mente e Vida são intermediários e não mais, como parecem ser na mentalidade egoística comum, agentes de separação, fomentadores de uma disputa artificial entre os princípios positivo e negativo da mesma Realidade incognoscível. Ao alcançar a consciência cósmica, a Mente, iluminada por um conhecimento que percebe ao mesmo tempo a verdade da Unidade e a verdade da Multiplicidade e se apodera das fórmulas de interação entre elas, encontra suas próprias discórdias imediatamente explicadas e reconciliadas pela Harmonia divina; satisfeita, a Mente consente em tornar-se o agente dessa suprema união, à qual nos dirigimos, entre Deus e Vida. A Matéria revela-se, ao pensamento que compreende e aos sentidos sutilizados, como imagem e corpo do Espírito — o Espírito em sua extensão autoformadora. O Espírito revela-se, mediante os mesmos agentes concordantes, como a alma, a verdade, a essência da Matéria. Ambos admitem e reconhecem o outro como divino, real e essencialmente um. Nessa iluminação, a Mente e a Vida mostram-se, ao mesmo tempo, como representações e instrumentos do supremo Ser Consciente, pelos quais Ele se estende e se aloja na forma material, e nessa forma revela-Se a Seus múltiplos centros de consciência. A mente alcança sua plenitude quando se torna um espelho puro da Verdade de Ser que se expressa nos símbolos do universo; e a Vida, quando empresta conscientemente suas energias à autorrepresentação perfeita do divino em formas e atividades sempre novas da existência universal.

À luz dessa concepção podemos perceber a possibilidade, para o ser humano no mundo, de uma vida divina que, ao mesmo tempo, justificará a Ciência ao descobrir um sentido vivo e um objetivo inteligível na evolução cósmica e terrestre, e realizará, pela transfiguração da alma humana em alma divina, o grande sonho ideal de todas as grandes religiões.

Mas o que acontece então com o Self silencioso, inativo, puro, autoexistente, que encontra sua alegria em si mesmo e se apresentou a nós como a justificativa permanente do asceta? Aqui também, é a harmonia e não a oposição irreconciliável que deve ser a verdade iluminadora. Brahman ativo e Brahman silencioso não são entidades diferentes, opostas e irreconciliáveis, uma que nega, a outra que afirma, uma ilusão cósmica; elas são um Brahman em dois aspectos, positivo e negativo, e cada um deles é necessário ao outro. É desse Silêncio que se origina eternamente a Palavra que cria os mundos; pois a Palavra expressa o que é autoescondido no Silêncio. É uma eterna passividade que torna possíveis a liberdade e a onipotência perfeitas de uma eterna atividade divina em inumeráveis sistemas cósmicos. Pois o devir dessa atividade obtém suas energias e seu ilimitado poder de variação e harmonia do apoio imparcial do Ser imutável, de seu consentimento a essa fecundidade infinita de sua própria Natureza dinâmica.

O homem, também, só se torna perfeito quando encontra em si mesmo essa calma e passividade absolutas do Brahman e mantém, a partir disso, com a mesma divina tolerância e a mesma divina felicidade, uma atividade livre e inexaurível. Aqueles que possuírem assim a Calma interior podem sempre perceber, nascendo desse silêncio, o suprimento perene das energias que trabalham no universo. Portanto, não corresponde à verdade do Silêncio dizer que está em sua natureza ser uma rejeição da atividade cósmica. A incompatibilidade aparente dos dois estados é um erro da Mente limitada que, habituada às oposições radicais de afirmação e negação, e passando apressadamente de um polo a outro, é incapaz de conceber uma consciência abrangente, bastante vasta e forte para incluir ambos simultaneamente em um abraço. O Silêncio não rejeita o mundo, ele o sustenta. Ou melhor, mantém com igual imparcialidade a atividade e o afastamento da atividade, e aprova também a reconciliação pela qual a alma permanece livre e serena, mesmo quando se doa a toda ação.

Mas, no entanto, há o afastamento absoluto, há o Não-Ser. "Do Não-Ser, o Ser apareceu",[1] diz a antiga escritura. Então, é certo que no Não-Ser o Ser deve submergir mais uma vez. Se a Existência infinita e indiscriminada permite todas as possibilidades de discriminações e realizações múltiplas, o Não-Ser, como estado primordial e única realidade constante, não iria, de todo modo, negar e rejeitar toda possibilidade de um universo real? O Nada de certas escolas budistas seria então a verdadeira solução ascética; o Self, como o ego, seria apenas uma formação ideativa de uma consciência fenomênica ilusória.

Porém, mais uma vez, vemos que somos iludidos pelas palavras, enganados pelas oposições incisivas de nossa mentalidade limitada — com sua apaixonada confiança em distinções verbais, como se estas representassem de modo perfeito as verdades últimas — e sua interpretação de nossas experiências supramentais nos termos dessas distinções intolerantes. Não-Ser é apenas uma palavra. Quando examinamos o fato que ela representa, não podemos mais estar seguros de que a absoluta não-existência tenha melhores chances, em relação ao Self infinito, de ser mais do que uma formação ideativa da mente. Por esse Nada queremos na realidade dizer algo mais além do último termo ao qual podemos reduzir nossa concepção mais pura e nossa experiência mais abstrata ou mais sutil do ser real, como o conhecemos ou concebemos nesse universo. Esse Nada, então, é meramente algo além de qualquer concepção

---

1. "No começo, tudo isso era o Não-Ser. Foi de lá que o Ser nasceu", *Taittiryia Upanishad*, II. 7.

positiva. Erigimos uma ficção a partir do nada a fim de ultrapassar, pelo método da total exclusão, tudo o que podemos conhecer e tudo o que conscientemente somos. De fato, quando examinamos de perto o Nada de certas filosofias, começamos a perceber que ele é um zero que é o Todo, ou um Infinito indefinível que aparece à mente como um vazio, porque a mente percebe só construções finitas, mas que, de fato, é a única Existência[2] verdadeira.

E quando dizemos que do Não-Ser o Ser apareceu, percebemos que estamos falando em termos de Tempo sobre algo que é além do Tempo. Pois qual foi essa prodigiosa data na história do eterno Nada em que dele nasceu o Ser, ou quando virá essa outra data igualmente formidável em que um todo irreal recairá no vazio perpétuo? Sat e Asat, se ambos têm que ser afirmados, devem ser concebidos como entrando simultaneamente em existência. Eles se aceitam um ao outro embora se recusem a misturar-se. Ambos, dado que devemos falar em termos de Tempo, são eternos. E quem convenceria o Ser eterno de que ele não existe realmente e de que só o eterno Não-Ser é? Em tal negação de toda experiência, como encontraremos a solução que explica toda experiência?

O Ser puro é o Incognoscível afirmando a Si-mesmo como o livre fundamento de toda existência cósmica. Não-Ser é o nome que damos à afirmação contrária, a de Sua liberdade em relação a toda existência cósmica — liberdade, queremos dizer, de todos os termos positivos da existência concreta que a consciência no universo possa formular para si mesma, mesmo os mais abstratos, mesmo os mais transcendentes. Ele não os nega como uma expressão real de Si-mesmo, mas nega Sua limitação por toda e qualquer expressão. O Não-Ser permite o Ser, assim como o Silêncio permite a Atividade. Por essa negação e afirmação simultâneas, não mutuamente destrutivas, mas complementares uma à outra como todos os contrários, a alma humana desperta torna-se capaz de perceber simultaneamente a realidade do Ser-em-si consciente e a Realidade idêntica do Incognoscível além. Assim, foi possível para o Buda alcançar o estado de Nirvana e ainda assim agir poderosamente no mundo, impessoal em sua consciência interior mas, em sua ação, a personalidade mais poderosa que se conhece como tendo vivido e produzido resultados sobre a terra.

---

2. Um outro *Upanishad* rejeita o nascimento do Ser a partir do Não-Ser como uma impossibilidade; o Ser, diz esse *Upanishad*, só pode nascer do Ser. Mas se tomarmos o Não-Ser no sentido não de um Nada inexistente, mas de um *x* que ultrapassa nossa ideia ou experiência de existência — um sentido que pode aplicar-se ao Brahman Absoluto do Advaita e ao Vazio ou Zero dos budistas —, a impossibilidade desaparece, pois Isto pode muito bem ser a fonte do ser, seja por uma Maya conceitual ou formadora, seja por uma manifestação ou criação a partir de si mesma.

Quando ponderamos sobre essas coisas, começamos a perceber como as palavras que usamos são frágeis em sua violência autoassertiva e como são confusas em suas precisões enganosas. Começamos, também, a perceber que as limitações que impomos a Brahman provêm de uma estreiteza de experiência na mente individual, que se concentra em um aspecto do Incognoscível e passa imediatamente a negar ou a desacreditar todo o resto. Tendemos sempre a traduzir com muita rigidez o que podemos conceber ou conhecer do Absoluto em termos de nossa própria relatividade particular. Afirmamos o Um e o Idêntico afirmando apaixonadamente o egoísmo de nossa própria opinião e experiências parciais e opondo-as às opiniões e experiências parciais de outros. É mais sábio aguardar, aprender, crescer e — visto que somos obrigados, pela necessidade de nossa autoperfeição, a falar dessas coisas que nenhuma linguagem humana pode exprimir — buscar a afirmação mais vasta, mais flexível, mais universal possível e fundamentar nela a harmonia mais ampla e abrangedora.

Reconhecemos, então, que é possível para a consciência no indivíduo entrar em um estado em que a existência relativa parece dissolver-se e em que até mesmo o Self parece ser uma concepção inadequada. É possível passar a um Silêncio além do Silêncio. Mas isso não é a totalidade de nossa experiência última, nem a verdade única que exclui todo o resto. Descobrimos então que esse Nirvana, essa autoextinção, ao dar uma absoluta paz e liberdade à alma dentro de nós, é, contudo, compatível na prática com uma ação externa sem desejos, mas efetiva. Essa possibilidade de uma impessoalidade total e imóvel e uma Calma interna vazia que realiza externamente as obras das verdades eternas, Amor, Verdade e Retidão, foi talvez o âmago real do ensinamento do Buda: transcender o ego e a cadeia de obras pessoais, bem como a identificação com formas e ideias mutáveis, e não o ideal mesquinho de uma fuga dos tormentos e sofrimentos do nascimento físico. Em todo caso, assim como o ser humano perfeito combinaria em si mesmo o silêncio e a atividade, do mesmo modo a alma completamente consciente poderia reencontrar a liberdade absoluta do Não-Ser, sem no entanto perder sua ligação com a Existência e o universo. Desse modo, ela reproduziria perpetuamente em si mesma o eterno milagre da Existência divina, no universo e contudo sempre além do universo, e mesmo além de si mesma, por assim dizer. A experiência oposta poderia ser apenas uma concentração da mentalidade individual na Não-Existência, tendo como resultado um esquecimento e afastamento pessoal de uma atividade cósmica, prosseguindo ainda e sempre na consciência do Ser Eterno.

Assim, após ter reconciliado Espírito e Matéria na consciência cósmica, percebemos a reconciliação, na consciência transcendental, da afirmação final de tudo com sua negação. Descobrimos que todas as afirmações são asserções de estado ou de atividade no Incognoscível; todas as negações correspondentes são asserções de Sua liberdade, seja em relação a esse estado e essa atividade, seja dentro deles. O Incognoscível é para nós Algo supremo, maravilhoso e inefável, que continuamente formula-se à nossa consciência e continuamente escapa à formulação que Ele mesmo fez. Mas ele não o faz como se fosse um espírito malicioso ou um mago extravagante que nos conduz de uma falsidade a uma falsidade ainda maior e assim à negação final de todas as coisas, mas, aqui mesmo, como o Sábio que está além de nossa sabedoria, guiando-nos de uma realidade à outra cada vez mais profunda e vasta até que encontremos aquela que é a mais profunda e vasta de que somos capazes. Brahman é uma realidade onipresente e não uma causa onipresente de ilusões persistentes.

Se aceitarmos, assim, uma base positiva para nossa harmonia — e sobre qual outra base a harmonia poderia fundar-se? —, as diversas formulações conceituais do Incognoscível, cada uma delas representando uma verdade inconcebível, deverão ser compreendidas, tanto quanto possível, em suas relações recíprocas e seus efeitos sobre a vida, e não separadamente, não exclusivamente e nem afirmadas de modo a destruir ou diminuir indevidamente todas as outras afirmações. O real Monismo, o verdadeiro Advaita é aquele que admite todas as coisas como o Brahman único e não busca secionar Sua existência em duas entidades incompatíveis, uma eterna Verdade e uma eterna Falsidade, Brahman e não-Brahman, Self e não-Self, um Self real e uma Maya irreal, ainda que perpétua. Se é verdade que só o Self existe, deve ser também verdade que tudo é o Self. E se esse Self, Deus ou Brahman não é um estado de impotência, não é um poder aprisionado, não é uma personalidade limitada, mas é o Todo autoconsciente, deve haver n'Ele, inerente, alguma boa razão para a manifestação; e para descobri-la, devemos prosseguir com a hipótese de que há alguma potência, alguma sabedoria, alguma verdade de ser em tudo que é manifestado. A discórdia e o mal aparente do mundo devem ser admitidos em sua própria esfera, mas não devem ser aceitos como nossos conquistadores. O instinto mais profundo da humanidade busca sempre, e busca sabiamente, a sabedoria como última palavra da manifestação universal, e não uma eterna paródia e ilusão — um bem secreto e no final triunfante, não um mal invencível que teria criado tudo — uma vitória última e completa, não o recuo desapontado da alma diante de sua grande aventura.

Não podemos imaginar então que a Entidade única seja compelida por alguma coisa exterior a Ela, ou diferente d'Ela mesma, uma vez que tal coisa não existe. Nem podemos supor que Ela se submeta, contra sua vontade, a algo de parcial no interior de Si mesma que seja hostil a seu Ser inteiro, negado por Ela e contudo forte demais para Ela, pois isso seria apenas erigir, em outra linguagem, a mesma contradição entre um Todo e algo diferente do Todo. Mesmo se dissermos que o universo existe meramente porque o Self, em sua absoluta imparcialidade, aceita todas as coisas de modo igual e olha com indiferença todos os fatos e todas as possibilidades, ainda há alguma coisa que quer a manifestação e a sustenta, e isso não pode ser outra coisa senão o Todo. Brahman é indivisível em todas as coisas e, em última instância, tudo que é determinado no mundo foi determinado pela vontade de Brahman. É apenas nossa consciência relativa, alarmada ou desconcertada pelo fenômeno do mal, da ignorância e da dor no cosmos, que tenta liberar Brahman de sua responsabilidade perante Si mesmo e suas obras, erigindo algum princípio oposto — Maya ou Mara, Demônio consciente ou princípio do mal autoexistente. Existe um só Senhor e Self, e os múltiplos são apenas Suas representações e Seu tornar-se.

Então, se o mundo for um sonho, uma ilusão ou um erro, é um sonho originado e determinado pela vontade do Self em sua totalidade, e não só originado e determinado, mas sustentado e perpetuamente mantido. Além disso, é um sonho que existe em uma Realidade, e o material do qual é feito é essa Realidade, pois Brahman deve ser o material do mundo, assim como sua base e aquilo que o contém. Se o ouro com o qual o vaso é feito é real, como poderíamos supor que o próprio vaso é uma miragem? Vemos que essas palavras, sonho, ilusão, são artifícios de linguagem, hábitos de nossa consciência relativa; elas representam certa verdade, mesmo uma grande verdade, mas a deturpam também. Do mesmo modo que o Não-Ser se revela outra coisa que uma mera nulidade, assim também o Sonho cósmico revela-se outra coisa que um mero fantasma e alucinação da mente. O fenomênico não é um fantasma; o fenomênico é a forma substancial de uma Verdade.

Partimos, então, da concepção de uma Realidade onipresente, da qual nem o Não-Ser em um extremo, nem o universo no outro são negações aniquiladoras; essas negações são, antes, diferentes estados da Realidade, anverso e reverso de uma mesma afirmação. A mais alta experiência dessa Realidade no universo mostra que ela é não apenas uma Existência consciente, mas uma Inteligência e uma Força supremas e uma Beatitude autoexistente; e além do universo, ela é ainda alguma outra existência incognoscível, alguma Beatitude inefável e absoluta. Em consequência, somos justificados ao supor que mesmo as dualidades do universo, quando interpretadas não como agora, por nossas concepções sensoriais e parciais, mas por nossa inteligência e experiência liberadas, serão também resolvidas nesses termos superiores. Enquanto continuarmos a trabalhar sob o peso das dualidades, essa percepção deverá, sem dúvida, apoiar-se constantemente em um ato de fé, mas uma fé que a Razão mais alta, a reflexão mais vasta e paciente não nega, mas, ao contrário, afirma. Essa crença, de fato, é dada à humanidade para sustentá-la em sua jornada, até que ela chegue a um estágio de desenvolvimento em que a fé se tornará conhecimento e perfeita experiência, e as obras de Sabedoria serão justificadas.

## CAPÍTULO V

# O DESTINO DO INDIVÍDUO

*Pela Ignorância, eles passam além da Morte; e pelo Conhecimento, fruem da Imortalidade. [...] Pelo Não-Nascimento, eles passam além da Morte; e pelo Nascimento, fruem da Imortalidade.*

*Isha Upanishad*, versos 11, 14.

Uma Realidade onipresente é a verdade de toda vida e existência, seja ela absoluta ou relativa, corpórea ou incorpórea, animada ou inanimada, seja inteligente ou não inteligente; e em todas as suas autoexpressões infinitamente variadas e mesmo constantemente opostas — das contradições mais próximas de nossa experiência comum até aquelas antinomias mais remotas que se perdem às bordas do Inefável —, a Realidade é una e não uma soma ou confluência. Nela, todas as variações começam, dela, todas as variações dependem, a ela, todas as variações retornam. Todas as afirmações são negadas apenas para conduzir a uma afirmação mais vasta da mesma Realidade. Todas as antinomias se confrontam a fim de reconhecer a Verdade única em seus aspectos opostos e abraçar, por meio do conflito, a sua Unidade mútua. Brahman é o Alfa e o Ômega. Brahman é o Um, fora de quem nada mais existe.

Mas essa unidade é, em sua natureza, indefinível. Quando buscamos contemplá-la por meio da mente, somos compelidos a proceder por uma série infinita de concepções e experiências. E, mesmo assim, no final somos obrigados a negar nossas concepções mais amplas, nossas experiências mais abrangentes a fim de afirmar que a Realidade excede toda definição. Chegamos à formula dos sábios indianos, *neti, neti*, "Isto não é isso, Isto não é aquilo", não há experiência pela qual possamos limitá-lo, não há concepção pela qual Isto possa ser definido.

Um Incognoscível que nos aparece em muitos estados e atributos de ser, em muitas formas de consciência, em muitas atividades de energia, isso é o que a Mente pode dizer, em definitivo, sobre a existência que nós mesmos somos e que vemos em tudo o que se apresenta ao nosso pensamento e nossos sentidos. São nesses, e através desses estados, formas, atividades que devemos nos aproximar do Incognoscível e conhecê-lo. Mas, se em nossa pressa de chegar a uma Unidade que nossa mente possa alcançar e manter, se em nossa insistência em confinar o Infinito em nosso abraço identificarmos a Realidade com algum estado de ser definível, por mais puro e eterno que seja, com qualquer atributo particular, por mais geral e abrangente que seja, com qualquer formulação de consciência determinada, por mais vasto que seja seu escopo, com qualquer energia ou atividade, por mais ilimitada que seja sua aplicação, e excluirmos todo o resto, então nossos pensamentos pecam contra Sua incognoscibilidade e não chegam a uma unidade verdadeira, mas a uma divisão do Indivisível.

Essa verdade era percebida tão fortemente nos tempos antigos que os Videntes védicos, mesmo depois de terem chegado à concepção suprema, à experiência convincente de Satchidananda como a mais alta expressão positiva da Realidade para nossa consciência, continuaram com suas especulações ou foram adiante em suas percepções, até erigirem um Asat, um Não-Ser além, que não é a existência última, a consciência pura, a beatitude infinita da qual todas as nossas experiências são a expressão ou a deformação. Mesmo se esse Não-Ser fosse existência, consciência, beatitude, ele estaria além da forma positiva mais alta e mais pura dessas coisas, como podemos conhecê-las aqui, e diferente, portanto, do que entendemos aqui com esses nomes. O Budismo, cuja doutrina foi declarada não védica pelos teólogos, um tanto arbitrariamente, porque rejeitou a autoridade das escrituras, retorna mesmo assim a essa concepção essencialmente vedântica. Só que o ensinamento positivo e sintético dos *Upanishads* considerava Sat e Asat não como opostos destruidores um do outro, mas como a última antinomia, através da qual elevamos nosso olhar para o Incognoscível. E nas transações de nossa consciência positiva, mesmo a Unidade deve tomar em consideração a Multiplicidade, pois os Múltiplos são também Brahman. É por meio de Vidya, o Conhecimento da Unidade, que conhecemos Deus; sem isso Avidya, a consciência múltipla e relativa, é uma noite de trevas e uma desordem da Ignorância. Mesmo assim, se excluirmos o campo dessa Ignorância, se nos desembaraçarmos de Avidya como se fosse uma coisa não existente e irreal, o próprio Conhecimento se tornaria uma espécie de obscuridade e uma fonte de imperfeição. Nós nos tornaríamos como homens cegados por uma luz, de modo que não poderíamos mais ver o campo que essa luz ilumina.

Tal é o ensinamento, calmo, sábio e límpido de nossos sábios mais antigos. Eles tiveram a paciência e a força de descobrir e conhecer; tiveram também a clareza e a humildade de admitir a limitação de nosso conhecimento. Perceberam as fronteiras que o conhecimento deve cruzar para entrar em outra coisa além dele mesmo. Foi mais tarde que uma impaciência do coração e da mente, uma intensa atração por uma beatitude última ou uma elevada mestria de experiência pura e uma inteligência aguda, buscou o Um para negar o Múltiplo e, porque esses receberam o sopro das alturas, desprezaram ou se afastaram do segredo das profundezas. Mas o olhar firme da antiga sabedoria percebeu que, para conhecer realmente Deus, é necessário conhecê-lo em todo lugar igualmente e sem distinção, considerando e avaliando, mas sem ser dominado pelas oposições através das quais Ele brilha.

Colocaremos então de lado as distinções cortantes de uma lógica parcial que declara que, porque o Um é a realidade, o Múltiplo é uma ilusão, e porque o Absoluto é Sat, a existência única, o relativo é Asat e não-existente. Se, no Múltiplo, buscamos com insistência o Um, é para retornar com a bênção e a revelação do Um confirmando a si mesmo no Múltiplo.

Nós nos resguardaremos também da excessiva importância que a mente dá a pontos de vista particulares, aos quais ela chega em suas expansões e transições mais poderosas. A percepção da mente espiritualizada de que o universo é um sonho irreal não pode ter para nós um valor mais absoluto do que a percepção da mente materializada de que Deus e o Além são uma ideia ilusória. Em um caso, a mente, habituada apenas à evidência dos sentidos e associando a realidade com o fato corporal, ou não está acostumada a usar outros meios de conhecimento, ou é incapaz de estender a noção de realidade a uma experiência suprafísica. No outro caso, a mesma mente, quando passa além da experiência física para a experiência todo-poderosa de uma realidade incorpórea, apenas transfere a mesma incapacidade — e, portanto, o mesmo sentido de sonho ou de alucinação — à experiência dos sentidos. Mas percebemos também a verdade que essas duas concepções desfiguram. É verdade que, para este mundo de forma onde nos estabelecemos para nossa autorrealização, nada é inteiramente válido até que tome posse de nossa consciência física, e sua manifestação nos níveis mais baixos esteja em harmonia com sua manifestação nos níveis mais altos. É igualmente verdade que forma e matéria, quando se afirmam como uma realidade autoexistente, são uma ilusão da Ignorância. Forma e matéria podem ser válidas apenas como aparência e substância de manifestação para o incorpóreo e o imaterial. Em sua natureza, elas são um ato de consciência divina; em seu objetivo, são a representação de um estado do Espírito.

Em outras palavras, se Brahman entrou na forma e representou Seu ser na substância material, só pode ter sido para deleitar-se com sua automanifestação nas imagens da consciência relativa e fenomênica. Brahman está neste mundo para representar-Se nos valores da Vida. A vida existe em Brahman para descobrir Brahman em si mesma. Em consequência, a importância do ser humano no mundo é que ele dá ao mundo esse desenvolvimento da consciência no qual sua transfiguração por uma perfeita autodescoberta torna-se possível. Realizar Deus na vida é a humanidade do homem. Seu ponto de partida é a vitalidade animal e suas atividades, mas uma existência divina é o seu objetivo.

Mas no Pensamento, assim como na Vida, a verdadeira lei da autorrealização é uma integração progressiva. Brahman expressa-Se em muitas formas sucessivas de consciência, sucessivas em sua relação, mesmo se coexistem no ser ou no Tempo, e a Vida, na sua autoexpansão, deve também elevar-se às regiões sempre novas de seu próprio ser. Mas se, em uma ânsia pelo nosso novo conhecimento, ao passar de uma região a outra renunciarmos ao que já nos foi dado, se ao alcançar a vida mental jogarmos fora ou desprezarmos a vida física que é nossa base, ou se atraídos pelo espiritual rejeitarmos o mental e o físico, então não realizaremos Deus integralmente, nem satisfaremos as condições de Sua automanifestação. Não nos tornamos perfeitos, mas só transferimos o campo de nossa imperfeição ou no máximo atingimos uma altitude limitada. Seja qual for a altura à qual nos elevarmos, mesmo se fosse ao próprio Não-Ser, a ascensão será imperfeita se esquecermos nossa base. A verdadeira divindade da natureza não é abandonar o mais baixo a si próprio, mas transfigurá-lo à luz do mais alto que podemos alcançar. Brahman é integral e unifica muitos estados de consciência ao mesmo tempo; também nós, ao manifestarmos a natureza de Brahman, deveríamos nos tornar integrais e abarcar tudo.

Além do recuo diante da vida física, há um outro exagero do impulso ascético que esse ideal de uma manifestação integral corrige. O nó da vida é formado pela relação entre três formas gerais de consciência: a individual, a universal e a transcendente ou supracósmica. Na distribuição comum das atividades da vida, o indivíduo vê a si mesmo como um ser separado, incluído no universo, e vê ambos como dependentes daquilo que transcende igualmente o universo e o indivíduo. É a essa Transcendência que normalmente damos o nome de Deus, e esse assim se torna, para nossas concepções, não tanto supracósmico mas extracósmico. A diminuição e degradação dos dois, o indivíduo e o universo, é uma consequência natural dessa divisão: a cessação dos dois, cosmos e indivíduo, ao alcançarem a Transcendência, seria, logicamente, sua conclusão suprema.

A visão integral da unidade de Brahman evita essas consequências. Assim como não necessitamos abandonar a vida corporal para alcançar a vida mental e a espiritual, do mesmo modo podemos chegar a um ponto de vista em que a preservação das atividades individuais não é mais incompatível com nossa percepção da consciência cósmica ou nossa realização do transcendente e supracósmico. Pois Aquele que transcende o mundo, abarca o universo, é um com ele e não o exclui, assim como o universo abarca o indivíduo, é um com ele e não o exclui. O indivíduo é um centro da inteira consciência universal; o universo é uma forma e definição que é ocupada pela inteira imanência do Sem-forma, o Indefinível.

Essa é sempre a relação verdadeira, velada para nós pela nossa ignorância ou nossa falsa consciência das coisas. Quando alcançamos o conhecimento ou a consciência justa, nada de essencial muda na relação eterna, só a visão interior e exterior do centro individual é profundamente modificada e, em consequência, também o espírito e o efeito de sua atividade. O indivíduo é ainda necessário para a ação do Transcendente no universo, e essa ação nele não deixa de ser possível depois de sua iluminação. Ao contrário, visto que a manifestação consciente do Transcendente no indivíduo é o meio pelo qual o coletivo, o universal, também se torna consciente de si mesmo, a continuidade do indivíduo iluminado na ação do mundo é uma necessidade imperativa do jogo do mundo. Se essa própria iluminação deve provocar a remoção inexorável do indivíduo, se essa for a lei, então o mundo está condenado a permanecer eternamente um cenário de trevas, morte e sofrimento irremediáveis. E um mundo tal só pode ser uma provação impiedosa ou uma ilusão mecânica.

É assim que a filosofia ascética tende a concebê-lo. Mas a salvação individual não pode realmente ter sentido se a própria existência no cosmos é uma ilusão. Do ponto de vista do monismo, a alma individual é una com o Supremo, seu senso de separação é uma ignorância, escapar do senso de separação e identificar-se com o Supremo é sua salvação. Mas para quem, então, essa evasão é proveitosa? Não para o Self supremo, porque ele é, por suposição, sempre e inalienavelmente livre, imóvel, silencioso, puro. Não para o mundo, pois este permanece constantemente no cativeiro e não é libertado pela fuga de nenhuma alma individual da Ilusão universal. É a própria alma individual que efetua seu bem supremo ao escapar da dor e da divisão para entrar na paz e beatitude. Poderia parecer então que a alma individual tenha certo tipo de realidade distinta do mundo e do Supremo, até mesmo no evento da liberação e iluminação. Mas, para o ilusionista, a alma individual é uma ilusão e não existente, exceto no mistério inexplicável da Maya. Chegamos então à conclusão de que a fuga de uma alma ilusória não existente de uma prisão ilusória não existente em um mundo ilusório não existente é o bem supremo que essa alma não existente deve perseguir! Porque essa é a última palavra do Conhecimento: "Ninguém é prisioneiro, ninguém é liberado, ninguém busca a liberação". Vidya revela-se parte do Fenômeno tanto quanto Avidya; Maya reune-se a nós em nossa própria fuga e ri da lógica triunfante que parecia cortar o nó de seu mistério.

Essas coisas, assim se diz, não podem ser explicadas; elas são o milagre inicial e insolúvel. São para nós um fato prático e devem ser aceitas. Temos que escapar de uma confusão por meio de outra confusão. A alma individual só pode cortar o nó do ego por um supremo ato de egoísmo, um apego exclusivo à sua própria salvação individual, o que equivale a uma afirmação absoluta de sua existência separada em Maya. Somos levados a considerar outras almas como se fossem ficções de nossa mente e sua salvação, coisa sem importância, e nossa alma como se só ela fosse inteiramente real e sua salvação, a única coisa que importa. Chego a considerar minha fuga pessoal da prisão como real, enquanto outras almas, que são igualmente eu mesmo, são deixadas para trás, prisioneiras!

É só quando pusermos de lado toda antinomia irreconciliável entre o Self e o mundo que, por uma lógica menos paradoxal, as coisas encontrarão seu lugar. Devemos aceitar os múltiplos lados da manifestação, mesmo quando afirmamos a unidade do Manifestado. E depois de tudo, não é essa a verdade que nos persegue onde quer que pousemos nosso olhar, a menos que, vendo, escolhamos não ver? Não é isso, depois de tudo, o mistério perfeitamente natural e simples do Ser Consciente, que Ele não está preso nem pela Sua unidade nem pela Sua multiplicidade? Ele é "absoluto" no sentido de ser inteiramente livre para incluir e dispor ao Seu modo todos os termos possíveis da Sua autoexpressão. Ninguém é prisioneiro, ninguém é liberado, ninguém busca liberação — porque, sempre, Isto é uma liberdade perfeita. Tão livre que não está preso nem pela Sua liberdade. Ele pode brincar de estar preso sem cair em real cativeiro. Suas correntes são uma convenção autoimposta, Sua limitação no ego um artifício provisório que Ele usa para repetir Sua transcendência e universalidade no plano de Brahman individual.

O Transcendente, o Supracósmico é absoluto e livre em Si mesmo, além de Tempo e Espaço e além dos conceitos opostos de finito e infinito. Mas, no cosmos, Ele usa Sua liberdade de autoformação, Sua Maya, para fazer um plano de Si mesmo nos termos complementares de unidade e multiplicidade, e estabelece essa unidade múltipla nas três condições, do subconsciente, consciente e supraconsciente. Pois vemos efetivamente que o Múltiplo, objetivado na forma em nosso universo material, parte de uma unidade subconsciente que se revela de maneira bastante aberta na ação e na substância cósmicas, mas da qual essa ação e essa substância cósmicas, em superfície, não são conscientes. No consciente, o ego se torna o ponto superfícial em que a percepção de unidade pode emergir; mas ele aplica sua percepção de unidade à ação formal e superficial e, incapaz de dar-se conta de tudo que age por trás, o ego tampouco se dá conta de que ele não é apenas um em si mesmo, mas também um com os outros. Essa limitação do "Eu" universal no sentido separador do ego constitui nossa personalidade individualizada imperfeita. Mas quando o ego transcende a consciência pessoal, começa a incluir o que é para nós supraconsciente e a ser ultrapassado por isso; ele toma consciência da unidade cósmica e entra no Self Transcendente, que aqui o cosmos expressa por uma unidade múltipla.

A liberação da alma individual é, portanto, o princípio fundamental da ação divina definitiva; ela é a necessidade divina primordial e o pivô em torno do qual tudo o mais gira. É o ponto de Luz onde a planejada automanifestação completa no Múltiplo começa a emergir. Mas a alma liberada estende sua percepção de unidade tanto horizontalmente quanto verticalmente. Sua unidade com o Um transcendente é incompleta sem sua unidade com o Múltiplo cósmico. E essa unidade lateral se traduz por uma multiplicação, uma reprodução de seu próprio estado liberado em outros pontos da Multiplicidade. A alma divina se reproduz em almas similares liberadas, assim como o animal se reproduz em corpos similares. Por isso, cada vez que mesmo uma única alma é liberada, há a tendência a uma extensão e mesmo uma eclosão da mesma autoconsciência divina em outras almas individuais de nossa humanidade terrestre e — quem sabe? — talvez mesmo além da consciência terrestre. Onde fixaremos o limite dessa extensão? Será só uma lenda, que a alma do Buda, quando ele se encontrou no limiar do Nirvana, do Não-Ser, voltou-se e fez o voto de nunca dar o passo irreversível enquanto houvesse um único ser sobre a terra não liberado do nó do sofrimento, das cadeias do ego?

Mas podemos atingir o mais alto sem nos extirpar da extensão cósmica. Brahman preserva sempre Seus dois termos, liberdade dentro e formação fora, liberdade de expressar-se e liberdade de não se expressar. Também nós, por sermos Isto, podemos alcançar a mesma posse divina de nós mesmos. A harmonia das duas tendências é a condição de toda vida que tem como objetivo tornar-se verdadeiramente divina. Buscar liberdade pela exclusão do que foi ultrapassado conduz, seguindo o caminho da negação, à recusa daquilo que Deus aceitou. Buscar atividade pela absorção no ato e na energia conduz a uma afirmação inferior e à negação do mais Alto. Mas por que o homem insistiria em separar o que Deus combina e sintetiza? Ser perfeito como Ele é perfeito é a condição para conhecê-lo integralmente.

Através de Avidya, a Multiplicidade, passa o caminho que nos conduz para fora da autoexpressão egoística e transitória na qual morte e sofrimento predominam; através de Vidya concordando com Avidya, no sentido perfeito de unidade, mesmo nessa multiplicidade, podemos fruir integralmente a imortalidade e a beatitude. Ao alcançar o Não-Nascido além de todo devenir, somos liberados desse ciclo mais baixo de nascimento e morte; ao aceitar livremente o Devenir como o Divino, invadimos a mortalidade com a beatitude imortal e nos tornamos centros luminosos de sua autoexpressão consciente na humanidade.

# CAPÍTULO VI

# O HOMEM NO UNIVERSO

*A Alma do homem, uma viageira, vagueia nesse ciclo de Brahman, imensa, uma totalidade de vidas, uma totalidade de estados, pensando-se diferente do Impulsor da viagem. Aceita por Ele, ela alcança seu objetivo, a Imortalidade.*
*Shvetashvatara Upanishad, I. 6.*

A revelação progressiva de uma luminosa Realidade, superior, transcendente, com as inumeráveis relatividades desse mundo que vemos e de outros mundos que não vemos como seus meios e materiais, condição e campo de ação, pareceria ser, então, o sentido do universo — visto que esse universo tem sentido e objetivo e não é nem uma ilusão sem propósito nem um acidente fortuito. Pois a mesma razão que nos leva a concluir que a existência cósmica não é um artifício enganador da Mente, justifica também a certeza de que ela não é uma massa autoexistente, cega e impotente, de existências fenomênicas separadas que se agarram umas às outras e, juntas, se debatem o melhor que podem, movendo-se como em órbita pela eternidade. Essa existência cósmica tampouco é a espantosa criação e impulsão espontâneas de uma Força ignorante sem nenhuma Inteligência secreta interior que perceba seu ponto de partida e seu objetivo e guie seu processo e movimento. Uma existência inteiramente autoconsciente e, portanto, inteiramente mestra de si mesma, possui o ser fenomênico no qual está involuída, realiza-se na forma, revela-se a si mesma no indivíduo.

Esse Emergir luminoso é a aurora que os antigos arianos veneravam. Sua perfeição realizada é aquele passo supremo e todo abrangedor de Vishnu, que eles viam como um olho cuja visão se estendia nos mais puros céus da Mente. Pois essa perfeição existe já, como uma Verdade das coisas que tudo revela e tudo guia, vela sobre o mundo e atrai o homem mortal à sua ascensão divina — primeiro, sem o conhecimento de sua mente consciente, seguindo o andamento geral da Natureza e, no final, de modo consciente por um despertar e alargamento de si progressivos. A ascensão à Vida divina é a jornada humana, a Obra das obras, o Sacrifício aceitável. É a única tarefa real do ser humano no mundo e a justificação de sua existência, pois sem isso ele seria apenas um inseto rastejando entre outros insetos efêmeros, em um pedacinho de superfície de lama e água que conseguiu se formar em meio às espantosas imensidões do universo físico.

Essa Verdade das coisas, que deve emergir das contradições do mundo fenomênico, é descrita como uma Beatitude infinita e uma Existência autoconsciente, a mesma em tudo, em todas as coisas, em todos os tempos e além do Tempo; ela percebe a si mesma por trás de todos esses fenômenos e nunca pode ser inteiramente expressa, ou de nenhum modo limitada, pelas vibrações dinâmicas mais intensas, nem pela totalidade mais vasta desses fenômenos, porque é autoexistente e não depende, em seu ser, de suas manifestações. Elas a representam, mas não de modo completo; apontam para ela, mas não a revelam. Ela é revelada só para si, no interior das formas fenomênicas. À medida que evolui, a existência consciente involuída na forma chega a conhecer-se por intuição, por autovisão e autoexperiência; torna-se ela mesma no mundo ao conhecer-se; conhece a si mesma ao tornar-se. Assim, possuindo-se interiormente, ela transmite também às suas formas e modos de ser o deleite consciente de Satchidananda. Esse devir da infinita Beatitude-Existência-Consciência na mente, na vida e no corpo — pois independente deles, ela existe eternamente — é a transfiguração intencionada e a utilidade da existência individual. No indivíduo, ela se manifesta em relação, assim como em si mesma ela existe em identidade.

O Incognoscível, conhecendo-se como Satchidananda, é a suprema afirmação do Vedanta; essa afirmação contém todas as outras ou todas dependem dela. Essa é a única, a verdadeira experiência que permanece quando todas as aparências foram consideradas: de modo negativo, pela eliminação de suas formas e revestimentos; ou de modo positivo, pela redução de seus nomes e formas à verdade constante que esses contêm. Quer nosso objetivo seja a realização da vida, quer sua transcendência, quer seja pureza, calma e liberdade no espírito, quer poder, alegria e perfeição, Satchidananda é o termo desconhecido, onipresente, indispensável, que a consciência humana, em conhecimento e sentimento ou em sensação e ação, busca eternamente.

O universo e o indivíduo são os dois aparecimentos essenciais nos quais o Incognoscível desce e por meio dos quais ele deve ser aproximado, pois as outras coletividades intermediárias nascem apenas da interação deles. Essa descida da Realidade suprema é, em sua natureza, uma auto-ocultação; na descida há níveis sucessivos e na ocultação, sucessivos véus. Necessariamente, a revelação toma a forma de uma ascensão e, necessariamente também, a ascensão e a revelação são ambas progressivas. Pois cada nível sucessivo na descida do Divino é para o ser humano uma etapa na ascensão; cada véu que esconde o Deus desconhecido torna-se, para aquele que ama e busca Deus, um instrumento de seu desvelar-se. A partir da sonolência rítmica da Natureza material, inconsciente da Alma e da Ideia que mantêm as atividades ordenadas de sua energia mesmo em seu transe material mudo e poderoso, o mundo se esforça para entrar no ritmo mais rápido, mais variado e mais desordenado da Vida que labuta a um passo do autoconhecimento. A partir da Vida, ele se esforça em sua ascensão até a Mente, na qual cada elemento desperta para a percepção de si e de seu mundo e, nesse despertar, o universo ganha o meio de ação que necessitava para sua obra suprema: a individualidade autoconsciente. Mas a Mente retoma o trabalho para continuá-lo, não para completá-lo. Ela é um operário de inteligência aguda, mas limitada, que pega os materiais confusos oferecidos pela Vida e, depois de tê-los melhorado, adaptado, variado, classificado de acordo com seu poder, os remete ao Artista supremo de nossa humanidade divina. Esse Artista vive na Supramente, porque a supramente é o supra-homem. Portanto, nosso mundo deve ainda elevar-se além da Mente para um princípio superior, um estado superior, um dinamismo superior, em que o universo e o indivíduo percebem e possuem aquilo que ambos são, e assim se explicam e harmonizam, unificados.

As desordens da vida e da mente cessam quando se discerne o segredo de uma ordem mais perfeita que a ordem física. A matéria abaixo da vida e da mente contém em si o equilíbrio entre uma tranquilidade perfeitamente estável e a ação de uma energia imensurável, mas não possui aquilo que ela mesma contém. Sua paz usa a máscara apática de uma inércia obscura, um sono de inconsciência, ou melhor, de uma consciência adulterada e aprisionada. Conduzida por uma força que é seu ser verdadeiro, mas cujo sentido não pode ainda apreender nem partilhar, a matéria não tem a alegria desperta de suas próprias energias harmoniosas.

Quando a vida e a mente começam a sentir essa necessidade, isso toma a forma de uma ignorância que se esforça e busca e de um desejo agitado e frustrado, que são os primeiros passos em direção ao autoconhecimento e à autorrealização. Mas onde se encontra então o reino de sua autorrealização? Esse reino lhes é dado quando ultrapassam a si mesmas. Além da vida e da mente, recuperamos de modo consciente, em sua verdade divina, isso que o equilíbrio da Natureza material grosseiramente representava: uma tranquilidade que não é nem inércia nem um transe hermético da consciência, mas a concentração de uma força absoluta, e de uma autopercepção absoluta, e uma ação de energia imensurável que é, ao mesmo tempo, uma vibração de beatitude inefável; porque cada um de seus atos é a expressão, não de uma necessidade e de um esforço ignorante, mas de uma paz e uma mestria de si absolutas. Ao alcançar esse ponto, nossa ignorância toma consciência da luz da qual era um reflexo obscuro e parcial; nossos desejos cessam na plenitude, na realização em direção à qual, mesmo em suas formas materiais mais grosseiras, eles eram uma aspiração obscura e decaída.

O universo e o indivíduo são necessários um ao outro em sua ascensão. De fato, eles existem sempre um para o outro e enriquecem-se mutuamente. O Universo é uma difusão do Todo divino no Espaço e Tempo infinitos, o indivíduo é sua concentração dentro dos limites de Espaço e Tempo. O universo busca na extensão infinita a totalidade divina que sente ser, mas não pode realizar inteiramente, porque em extensão a existência tende a uma soma pluralística de si mesma que não pode ser nem a unidade primeira nem a última, mas apenas uma dízima periódica sem fim nem começo. Por isso, o universo cria em si mesmo uma concentração autoconsciente do Todo, por meio da qual a aspiração pode acontecer. Na consciência individual, Prakriti volta-se para perceber o Purusha, o Mundo põe-se em busca do Self; como Deus tornou-se inteiramente a Natureza, a Natureza busca tornar-se progressivamente Deus.

Por outro lado, é por meio do universo que o indivíduo é impelido a realizar-se. O universo não é só sua base, meio, campo de ação, o material da Obra divina; mas também, visto que a concentração da Vida universal que o indivíduo representa acontece dentro de limites e não é, como a unidade intensiva de Brahman, livre de toda noção de limite e fim, o indivíduo deve necessariamente universalizar-se e tornar-se impessoal, a fim de manifestar o Todo divino que é sua realidade. No entanto, mesmo quando se amplia mais na universalidade da consciência, ele é levado a preservar algo, misterioso e transcendente, que seu sentido de personalidade representa de maneira obscura e egoística. Sem isso, ele perderia seu objetivo, o problema que lhe foi posto não seria resolvido, a obra divina para a qual aceitou nascer não se realizaria.

O universo apresenta-se ao indivíduo como Vida — um dinamismo do qual ele deve dominar todo o segredo, e como uma massa de resultados que colidem, um turbilhão de energias potenciais do qual deve extrair uma ordem suprema e uma harmonia ainda não realizada. Esse é, afinal, o sentido real do progresso humano; não é apenas a reafirmação, em termos ligeiramente diferentes, daquilo que a Natureza física já realizou. Nem pode o ideal da vida humana ser simplesmente o animal, repetido em uma escala mais alta de mentalidade. Se fosse assim, qualquer sistema ou ordem que assegurasse um bem-estar tolerável e uma satisfação mental moderada poderia interromper nosso avançar. O animal se satisfaz com um mínimo necessário; os deuses estão contentes com seus esplendores. Mas o ser humano não pode repousar de modo permanente antes de alcançar algum bem superior. Ele é o maior dos seres vivos porque é o mais descontente, porque sente mais a pressão das limitações. Só ele, talvez, é capaz de ser tomado pelo frenesi divino de um ideal remoto.

Para o Espírito-Vida, portanto, o indivíduo em quem suas possibilidades se centralizam é, por excelência, o Homem, o Purusha. É o Filho do Homem que é capaz, de modo supremo, de encarnar Deus. Esse Homem é o Manu, o pensador, o Manomaya Purusha, a pessoa mental ou a alma no mental, dos antigos sábios. Não mero mamífero superior ele é, mas uma alma conceptiva, que tem como base o corpo animal na Matéria. Ele é o Nome consciente ou Numen, que aceita e utiliza a forma como meio pelo qual a Pessoa pode lidar com a substância. A vida animal que emerge da matéria é apenas o termo inferior de sua existência. A vida do pensamento, sentimento, vontade, impulso consciente, isso a que, em sua totalidade, damos o nome de Mente, isso que se esforça para apoderar-se da matéria e suas energias vitais e submetê-las à lei de sua própria transformação progressiva é o termo intermediário onde o indivíduo se estabelece. Mas há igualmente um termo supremo que a Mente no homem busca, para que, ao encontrá-lo, possa afirmá-lo em sua existência mental e corporal. Essa afirmação prática de algo essencialmente superior ao seu ser atual é a base da vida divina no ser humano.

Despertado para um autoconhecimento mais profundo do que sua primeira ideia de si mesmo, o Homem começa a conceber uma fórmula e a perceber uma aparência daquilo que deve afirmar. Mas isso lhe aparece como suspenso entre duas negações de si mesmo. Se, mais além do seu conhecimento atual, ele perceber o poder, a luz, a beatitude de uma existência infinita autoconsciente, se for tocado por eles e traduzir seu pensamento ou sua experiência em termos convenientes para sua mentalidade — Infinidade, Onisciência, Onipotência, Imortalidade, Liberdade, Amor, Beatitude, Deus — mesmo assim, esse sol de sua visão parecerá brilhar no meio de uma Noite dupla — uma obscuridade abaixo, uma obscuridade mais vasta além. Pois quando ele se esforça para conhecê-lo completamente, isso parece desvanecer em algo que nem mesmo um desses termos, nem a soma deles, pode representar. Sua mente, por fim, nega Deus por um Além, ou ao menos parece encontrar um Deus que transcende a Si mesmo, e nega-se à nossa concepção. Aqui também, no mundo, em si mesmo e em torno de si, o homem sempre se encontra com os opostos de sua afirmação. Morte está sempre com ele, limitação reveste o seu ser e sua experiência, erro, inconsciência, fraqueza, inércia, dor, sofrimento e mal são constantes opressores de seu esforço. Aqui também ele é levado a negar Deus, ou ao menos o Divino parece negar-se, ou esconder-se em uma aparência ou um efeito que é diferente de sua realidade verdadeira e eterna.

E os termos dessa negação não são — como os da negação primeira e mais remota — inconcebíveis, e portanto misteriosos, desconhecidos para a mente humana, mas parecem ser conhecíveis, conhecidos, definidos — e ainda assim misteriosos. O homem não sabe o que eles são, por que existem, como começaram a existir. Vê seu processo, a maneira como o afetam e lhe aparecem, mas não pode sondar sua realidade essencial.

Talvez eles sejam insondáveis, talvez sejam realmente irreconhecíveis em sua essência? Ou pode ser que não tenham realidade essencial — são uma ilusão, Asat, não-ser. A negação superior nos aparece algumas vezes como um Nada, uma Não-Existência; a negação inferior pode ser também, em sua essência, um Nada, uma não-existência. Mas assim como já recusamos essa evasão da dificuldade em relação ao Asat superior, do mesmo modo a descartamos para esse Asat inferior. Negar inteiramente sua realidade ou buscar escapar-lhe como de uma mera ilusão desastrosa é afastarmo-nos do problema e fugirmos de nosso trabalho. Para a Vida, essas coisas que parecem negar Deus, que parecem os opostos de Satchidananda, são reais, mesmo se temporárias. Elas e seus opostos, bondade, conhecimento, alegria, prazer, vida, sobrevivência, força, poder, crescimento, são o próprio material das ações da Vida.

Na verdade, é provável que elas sejam o resultado, ou melhor, o acompanhamento inseparável não de uma ilusão, mas de uma relação errada, errada porque baseada em uma visão falsa daquilo que o indivíduo é no universo e, portanto, de uma atitude falsa em relação a Deus e à Natureza, em relação ao self e ao nosso meio. Porque o que o ser humano se tornou não está em harmonia com o que o mundo onde ele habita é, nem com o que ele mesmo deveria ser e será, por isso ele está sujeito a essas contradições da Verdade secreta das coisas. Nesse caso, elas não são a punição de uma queda, mas as condições de um progresso. Elas são os primeiros elementos do trabalho que o ser humano deve realizar, o preço que deve pagar pela coroa que espera ganhar, o caminho estreito pelo qual a Natureza escapa da Matéria para alcançar a consciência; essas contradições são, ao mesmo tempo, o resgate e os bens da Natureza.

Pois é a partir dessas falsas relações e pela ajuda delas que a verdade deve ser encontrada. Pela Ignorância, devemos atravessar a morte. Os *Vedas* também falam, de maneira enigmática, de energias que são como mulheres com impulsos ruins, que vagueiam fora do caminho, fazem sofrer seu Senhor, e, no entanto, apesar de falsas e infelizes, no fim constroem "esta vasta Verdade", a Verdade que é Beatitude. Será então, não quando houver extirpado de si mesmo o mal da Natureza por um ato de cirurgia moral ou se separado da vida com um recuo de repugnância, mas quando tiver feito da Morte uma vida mais perfeita, elevado as pequenas coisas da limitação humana às grandes coisas da vastidão divina, transformado o sofrimento em beatitude, convertido o mal em seu próprio bem, traduzido o erro e a falsidade em sua verdade secreta, que o sacrifício será cumprido, a viagem concluída, e o Céu e a Terra, ao tornarem-se iguais, juntarão as mãos na beatitude do Supremo.

Mas como podem tais contrários mudar-se um no outro? Por qual alquimia esse chumbo da mortalidade iria transformar-se no ouro do Ser divino? E se, em sua essência, eles não fossem contrários? Se fossem manifestações de uma Realidade única, idêntica em substância? Então, deveras, uma transmutação divina se torna concebível.

Vimos que o Não-Ser mais além poderia muito bem ser uma existência inconcebível e talvez também uma Beatitude inefável. Ao menos o Nirvana do Budismo, que expressou um dos mais luminosos esforços do ser humano para alcançar a mais alta Não-Existência e aí repousar, apresenta-se — na psicologia da alma liberada, mas vivendo na terra — como uma paz e felicidade indizível; seu efeito prático é a extinção de todo sofrimento pelo desaparecimento de toda ideia ou sensação egoística; e o mais perto que podemos chegar de uma concepção positiva disso é que é alguma Beatitude inexprimível (se esse nome, ou qualquer outro, pode ser aplicado a uma paz tão vazia de conteúdo) em que mesmo a noção de autoexistência parece ser engolida e desaparecer. É um Satchidananda ao qual não podemos mais aplicar nem mesmo os termos supremos: Sat, Chit e Ananda, porque todos os termos são anulados e toda experiência cognitiva é ultrapassada.

Por outro lado, nos arriscamos a sugerir que, visto que tudo é uma Realidade única — também essa negação inferior —, essa outra contradição, ou não existência, de Satchidananda, nada mais é do que o próprio Satchidananda. Ela é capaz de ser concebida pelo intelecto, percebida com a visão, mesmo recebida por meio das sensações, de um modo tão real quanto aquilo que parece negar; e, de fato, teríamos sempre a experiência consciente disso se as coisas não estivessem falsificadas por um grande erro fundamental, uma Ignorância, Maya ou Avidya, que nos possui e submete. Nesse sentido, uma solução deve ser buscada, talvez não uma solução metafisicamente satisfatória para a mente lógica — pois estamos situados na fronteira do incognoscível, do inefável, esforçando-nos para ver além —, mas uma base suficiente em experiência para a prática da vida divina.

Para isso temos que ousar ir abaixo da superfície límpida das coisas onde a mente gosta de viver, temos que ousar desafiar o vasto e obscuro, entrar nas profundezas insondáveis da consciência e identificarmo-nos com estados de ser que não são nossos. A linguagem humana é uma ajuda pobre em tal busca, mas podemos ao menos encontrar nela alguns símbolos e imagens, e voltar com algumas indicações apenas exprimíveis, que ajudarão a luz da alma e projetarão na mente algum reflexo do desígnio inefável.

## CAPÍTULO VII

# O EGO E AS DUALIDADES

*A alma, sentada na mesma árvore da Natureza, está absorta e iludida, e se entristece porque não é o Senhor; mas quando ela vê esse outro self e sua grandeza, que é o Senhor, e une-se a Ele, então a tristeza a deixa.*
*Shvetashvatara Upanishad*, 1. IV. 7.

Se, na verdade, tudo é Satchidananda, a morte, o sofrimento, o mal e a limitação só podem ser as criações — positivas em seus efeitos práticos, negativas em sua essência — de uma consciência deformada que caiu do conhecimento total e unificador de si mesma dentro de algum erro de divisão e de experiência parcial. Essa é a queda do homem, simbolizada na parábola poética do Gênesis hebreu. Essa queda é o seu desvio, da aceitação completa e pura de Deus e de si mesmo, ou melhor, de Deus nele, para uma consciência divisora que traz consigo todo o cortejo das dualidades, vida e morte, bem e mal, alegria e dor, plenitude e necessidade, o fruto de um ser dividido. Esse é o fruto que Adão e Eva, Purusha e Prakriti, a alma tentada pela Natureza, comeram. A redenção vem pelo restabelecimento do universal no individual e dos termos espirituais na consciência física. Só então a alma na Natureza será autorizada a provar do fruto da árvore da vida, e ser como o Divino e viver para sempre. Porque só então poderá cumprir-se o propósito de sua descida na consciência material, quando o conhecimento do bem e do mal, da alegria e do sofrimento, da vida e da morte tiver sido cumprido mediante a reconquista, pela alma humana, de um conhecimento superior, que identifica e reconcilia esses opostos no universal, e transforma suas divisões em imagens da Unidade divina.

Para Satchidananda, expandido em todas as coisas na comunhão mais vasta e na universalidade mais imparcial, morte, sofrimento, mal e limitação só podem ser

— na inversão máxima dos termos — formas-sombras de seus luminosos opostos. Como as sentimos, essas coisas são notas de uma dissonância. Expressam separação onde deveria haver unidade, mal-entendidos onde deveria haver compreensão, uma tentativa de chegar a harmonias independentes em lugar de uma adaptação de cada uma ao todo orquestral. Toda totalidade, mesmo que exista em apenas um dos arranjos das vibrações universais, mesmo que seja apenas uma totalidade da consciência física e não possua tudo que está em movimento além e atrás, deve ser, nesse âmbito, uma volta à harmonia e uma reconciliação de opostos discordantes. Por outro lado, para Satchidananda, que transcende as formas do universo, esses próprios termos duais, ainda se entendidos dessa maneira, não podem mais ser justificadamente aplicados. A transcendência transfigura; não reconcilia, mas antes transmuta opostos em algo que os ultrapassa e apaga suas oposições.

Contudo, devemos primeiro nos esforçar para relacionar o indivíduo mais uma vez com a harmonia da totalidade. É necessário então que compreendamos — senão não haverá saída para o problema — que os termos nos quais nossa consciência atual traduz os valores do universo, embora justificados praticamente para as necessidades da experiência e do progresso humanos, não são os únicos termos nos quais é possível traduzi-los, e podem não ser as fórmulas completas, corretas e definitivas. Assim como pode haver órgãos dos sentidos ou formações com capacidades sensoriais, que veem o mundo físico diferentemente, e talvez mesmo bem melhor porque de modo mais completo do que nossos orgãos dos sentidos e capacidades sensoriais, do mesmo modo pode haver outras maneiras — mentais e supramentais — de considerar o universo que ultrapassam as nossas. Há estados de consciência nos quais a Morte é apenas uma mudança na Vida que é imortal, a dor uma repercussão violenta nas águas do deleite universal, a limitação um girar do Infinito sobre si, o mal um círculo que o bem desenha em torno de sua própria perfeição; e isso não apenas em uma concepção abstrata, mas em uma visão concreta e uma experiência constante e substancial. Chegar a tal estado de consciência pode ser, para o indivíduo, uma das etapas mais importantes e indispensáveis de seu progresso em direção à autoperfeição.

Certamente, os valores práticos que nos são dados por nossos sentidos e pela mente sensorial dualista devem ser reconhecidos em seu próprio campo e aceitos como norma para as experiências da vida comum, até que uma harmonia mais ampla esteja pronta, na qual esses valores poderão entrar e transformar-se, sem perder o contato com as realidades que representam. Ampliar essas faculdades sensoriais sem o conhecimento que daria a esses velhos valores sensoriais sua justa interpretação a partir do novo ponto de vista pode levar a desordens e incapacidades sérias, e tornar o indivíduo inapto para a vida prática e o uso ordenado e disciplinado da razão. Do mesmo modo, uma ampliação de nossa consciência mental, passando da experiência das dualidades egoísticas para uma unidade desregulada com alguma forma de consciência total, poderia facilmente conduzir a uma confusão e incapacidade para a vida ativa da humanidade na ordem estabelecida das relatividades do mundo. Essa é, sem dúvida, a raiz da injunção imposta no *Bhagavad-Gītā* ao homem que tem o conhecimento: não perturbar as bases da vida e do pensamento dos ignorantes, porque, impelidos pelo seu exemplo, mas incapazes de compreender o princípio de sua ação, perderiam seu próprio sistema de valores sem alcançar um fundamento mais alto.

Uma tal desordem e incapacidade pode ser aceita individualmente, e é aceita por muitas almas elevadas, como uma passagem temporária ou um preço a ser pago pela entrada em uma consciência mais vasta. Mas o objetivo justo do progresso humano deve ser sempre uma reinterpretação efetiva e sintética, que possa representar a lei dessa existência mais vasta em uma nova ordem de verdades e em um trabalho mais justo e poderoso das faculdades no material de vida do universo. Para os sentidos, o Sol gira em torno da Terra; isso era para eles o centro da existência, e as moções da vida foram arranjadas tendo como base uma concepção errônea. A verdade é o completo oposto, mas sua descoberta teria sido de pouco uso se não houvesse uma ciência para fazer da nova concepção o centro de um conhecimento racional e ordenado, e dar seu justo valor às percepções dos sentidos. Do mesmo modo, para a consciência mental, Deus se move em torno do ego pessoal, e todas as Suas obras, todas as Suas vias são submetidas ao julgamento de nossas sensações, emoções e concepções egoísticas, e aí recebem valores e interpretações que, embora sejam uma distorção e inversão da verdade das coisas, ainda assim são úteis e, na prática, suficientes em certo desenvolvimento da vida e do progresso humanos. Elas são uma crua sistematização prática de nossa experiência das coisas, válida enquanto vivermos em certa ordem de ideias e atividades. Mas não representam o estado último e mais alto da vida e do conhecimento humano. "A verdade é o caminho, e não a falsidade." A verdade não é que Deus se move em torno do ego como centro da existência e pode ser julgado pelo ego e sua visão das dualidades, mas que o Divino é ele mesmo o centro, e a experiência do indivíduo só encontra sua verdade verdadeira quando é conhecida nos termos do universal e do transcendente. No entanto, substituir a concepção egoística por essa outra sem uma base adequada de conhecimento pode nos levar a substituir as velhas ideias por ideias novas, mas ainda falsas e arbitrárias, e produzir uma desordem violenta dos valores justos, em vez de uma desordem estabelecida. Esse tipo de desordem frequentemente marca o começo de novas filosofias e religiões e inicia revoluções úteis. Mas o verdadeiro objetivo só é alcançado quando podemos reunir em torno da própria concepção mais central um conhecimento racional e efetivo, no qual a vida egoística poderá redescobrir todos os seus valores transformados e corrigidos. Então possuiremos essa ordem nova de verdades que tornará possível para nós substituir a existência que vivemos no presente por uma vida mais divina, e efetuar um uso mais divino e poderoso de nossas faculdades no material de vida do universo.

Essa vida e esse poder novos do homem completo devem, necessariamente, fundamentar-se na realização das grandes verdades que traduzem, em nosso modo de conceber as coisas, a natureza da existência divina. Para que isso seja possível, é preciso que o ego renuncie a seus pontos de vista falsos e a suas certezas falsas, que estabeleça uma relação e uma harmonia justas com as totalidades das quais faz parte e com as transcendências das quais desceu, e se abra perfeitamente a uma verdade e a uma lei que excedam suas convenções — uma verdade que será sua realização e uma lei que será sua liberação. Seu objetivo deve ser a abolição daqueles valores que são criações da visão egoística das coisas; sua coroa deve ser a transcendência da limitação, ignorância, morte, sofrimento e mal.

A transcendência, a abolição, não seriam possíveis aqui na terra e em nossa vida humana se os termos dessa vida estivessem necessariamente presos às nossas avaliações egoísticas atuais. Se a vida, em sua natureza, for um fenômeno individual e não a representação de uma existência universal e a respiração de um poderoso Espírito de Vida, se as dualidades, que são a resposta do indivíduo a seus contatos, forem não meramente uma resposta, mas a verdadeira essência e condição de toda existência, se a limitação for a inalienável natureza da substância da qual nossa mente e nosso corpo são formados, se a desintegração pela morte for a primeira e última condição de toda vida, seu fim e seu começo, se prazer e dor forem a substância dupla e inseparável de toda sensação, se alegria e sofrimento forem a luz e a sombra necessárias a toda emoção, se verdade e erro forem os dois polos entre os quais todo conhecimento deve mover-se eternamente, então a transcendência só poderia ser alcançada pelo abandono da vida humana em um Nirvana além de toda existência ou pela obtenção de um outro mundo, de um céu constituído de modo completamente diferente deste universo material.

Não é muito fácil para a mente usual do ser humano, sempre apegada às suas associações passadas e presentes, conceber uma existência que, embora continue humana, possa, no entanto, passar pela mudança radical daquilo que agora são nossas rígidas circunstâncias. Com relação à nossa possível evolução superior, estamos em uma posição parecida com a do Macaco ancestral da teoria darwiniana. Seria impossível para aquele Macaco, vivendo sua vida instintiva nas árvores das florestas primevas, conceber que um dia haveria um animal na terra que usaria uma nova faculdade, chamada razão, para agir sobre os materiais de sua vida interna e externa, que dominaria, com esse poder, seus instintos e hábitos, mudaria as circunstâncias de sua vida física, construiria casas de pedra para si mesmo, manipularia as forças da Natureza, navegaria mares, cavalgaria pelos ares, desenvolveria códigos de conduta, evolveria métodos conscientes para seu desenvolvimento mental e espiritual. E se uma tal concepção tivesse sido possível para a mente do Macaco, seria ainda difícil para ele imaginar que, por algum progresso da Natureza, um longo esforço da Vontade, ou por tendência, ele mesmo poderia transformar-se nesse animal. O ser humano, porque adquiriu a razão e ainda mais porque desenvolveu seu poder de imaginação e intuição, é capaz de conceber uma existência mais alta que a sua própria e mesmo de considerar sua elevação para além do seu estado atual até aquela existência. Sua ideia do estado supremo é a de um absoluto de tudo o que é positivo nos seus próprios conceitos e desejável para sua própria aspiração instintiva — Conhecimento sem sua sombra negativa de erro, Beatitude sem sua negação na experiência de sofrimento, Poder sem sua constante negação, a incapacidade, Pureza e plenitude de ser sem o sentido oposto de derrota e limitação. É assim que ele concebe seus deuses; é assim que constrói seus céus. Mas não é assim que sua razão concebe uma futura terra e uma futura humanidade. Seu sonho de Deus e Céu é, na verdade, um sonho de sua própria perfeição; mas ele encontra, para aceitar a realização prática de seu sonho como seu objetivo último aqui, a mesma dificuldade que o Macaco ancestral encontraria, se lhe fosse pedido acreditar em si mesmo como o futuro Homero. A imaginação do homem e suas aspirações religiosas podem mostrar-lhe esse objetivo; mas quando sua razão se afirma, rejeitando a imaginação e a intuição transcendente, ele as põe de lado como uma superstição brilhante que contradiz os fatos do universo material. Elas se tornam, então, apenas sua visão inspirada do impossível. Tudo que é possível se restringe a um conhecimento, felicidade, bem e poder condicionados, limitados e precários.

No entanto, no próprio princípio da razão há a afirmação de uma Transcendência. Pois a razão é, em sua inteira finalidade e essência, a busca do Conhecimento, a busca, por assim dizer, da Verdade pela eliminação do erro. Sua visão, seu objetivo, não é o de passar de um erro maior a um menor, mas pressupõe uma Verdade positiva, preexistente, em direção à qual podemos avançar progressivamente por meio das dualidades de conhecimento certo e conhecimento errado. Se nossa razão não tem a mesma certeza instintiva em relação às outras aspirações da humanidade, é porque lhe falta a mesma iluminação essencial inerente à sua própria atividade positiva. Só podemos conceber uma realização de felicidade positiva ou absoluta porque o coração, ao qual pertence esse instinto para a felicidade, tem sua própria forma de certeza, é capaz de fé, e porque nossa mente pode conceber a eliminação dessa carência insatisfeita que é a aparente causa do sofrimento. Mas como poderíamos conceber a eliminação da dor na sensação nervosa ou da morte na vida do corpo? No entanto, a rejeição da dor é um instinto soberano das sensações, a rejeição da morte é uma reivindicação dominante, inerente à essência de nossa vitalidade. Mas essas coisas apresentam-se à nossa razão como aspirações instintivas, não como potencialidades realizáveis.

Contudo, a mesma lei deveria valer em todos os casos. O erro da razão prática é sua sujeição excessiva ao fato visível, que ela pode sentir de imediato como real, e uma coragem insuficiente para conduzir os fatos potenciais mais profundos até sua conclusão lógica. Tudo o que é, é a realização de uma potencialidade anterior; a potencialidade presente é o indício de uma realização futura. E nesse caso a potencialidade existe, pois a mestria dos fenômenos depende do conhecimento de suas causas e processos, e se conhecermos as causas do erro, sofrimento, dor, morte, poderemos laborar com alguma esperança para sua eliminação. Porque conhecimento é poder e mestria.

De fato, perseguimos como um ideal, tão longe quanto possível, a eliminação de todos esses fenômenos negativos ou adversos. Buscamos de modo constante minimizar as causas do erro, da dor e do sofrimento. A ciência, à medida que seu conhecimento aumenta, sonha em regular o nascimento e prolongar a vida indefinidamente, e mesmo em efetuar a completa conquista da morte. Mas, porque consideramos apenas as causas externas ou secundárias, pensamos apenas em removê-las até certa distância, e não a eliminar as próprias raízes disso contra o que lutamos. E assim somos limitados, porque nosso esforço se dirige a percepções secundárias e não à essência das coisas. Chegamos assim a uma manipulação mais poderosa das circunstâncias, mas não ao controle absoluto. Porém, se pudéssemos apreender a natureza e a causa essenciais do erro, do sofrimento e da morte, poderíamos esperar chegar a uma mestria deles, que seria não relativa, mas inteira. Poderíamos mesmo esperar eliminá-los completamente e justificar o instinto dominante de nossa natureza pela conquista desse bem, beatitude, conhecimento e imortalidade absolutos que nossas intuições percebem como a condição verdadeira e última do ser humano.

O antigo Vedanta apresenta-nos uma tal solução na concepção e experiência de Brahman como o único fato universal e essencial e da natureza de Brahman como Satchidananda.

Nessa visão, a essência de toda vida é o movimento de uma existência universal e imortal, a essência de toda sensação e emoção é o jogo de um deleite de ser universal e autoexistente, a essência de todo pensamento e percepção é a radiância de uma verdade universal que penetra em tudo, a essência de toda atividade é a progressão de um bem universal que se realiza.

Mas o jogo e o movimento encarnam-se em uma multiplicidade de formas, uma variedade de tendências, uma interação de energias. A multiplicidade permite a interferência de um fator determinante e temporariamente deformante: o ego individual; e a natureza do ego é uma autolimitação da consciência por uma ignorância voluntária acerca do resto de seu próprio jogo, e sua absorção exclusiva em uma única forma, única combinação de tendências, único campo do movimento de energias. O ego é o fator que determina as reações de erro, sofrimento, dor, mal, morte; porque confere esses valores a movimentos que poderiam, de outro modo, ser representados em sua relação justa com a única Existência, Beatitude, Verdade, Bem. Ao restabelecer a relação justa, poderemos eliminar as reações determinadas pelo ego e, no final, reduzi-las a seus verdadeiros valores; e essa recuperação pode ser efetuada pela participação justa do indivíduo na consciência da totalidade e na consciência do transcendente que a totalidade representa.

No Vedanta mais tardio introduziu-se, e chegou a fixar-se, a ideia de que o ego limitado é não apenas a causa das dualidades, mas a condição essencial para a existência do universo. Quando nos desembaraçarmos da ignorância do ego e de suas limitações resultantes, certamente eliminaremos as dualidades, mas eliminaremos junto com elas nossa existência no movimento cósmico. E isso nos leva de volta à natureza essencialmente má e ilusória da existência humana, e à inutilidade de todo esforço pela perfeição na vida do mundo. Um bem relativo, vinculado sempre ao seu oposto, é tudo o que aqui podemos buscar. Mas se aderirmos à ideia mais ampla e profunda de que o ego é apenas uma representação intermediária de algo além dele, escaparemos dessa consequência e seremos capazes de aplicar o Vedanta para a realização da vida e não só para escapar da vida. A causa e a condição essenciais da existência universal é o Senhor, Ishwara ou Purusha, que manifesta e ocupa formas individuais e universais. O ego limitado é apenas um fenômeno intermediário de consciência, necessário para certa linha de desenvolvimento. Seguindo essa linha, o indivíduo pode chegar a isto que está além dele mesmo, a isto que ele representa e pode ainda continuar a representar, não mais como um ego obscurecido e limitado, mas como um centro do Divino e da consciência universal, que abarca e utiliza todas as determinações individuais e as transforma em uma harmonia com o Divino.

Temos então a manifestação do Ser Consciente divino na totalidade da Natureza física como fundamento da existência humana no universo material. Temos, como condição de nossas atividades, o emergir desse Ser Consciente em uma Vida, Mente e Supramente involuídas, e inevitavelmente evoluindo; pois é essa evolução que tornou possível o aparecimento do ser humano na matéria e é essa evolução que lhe tornará possível manifestar progressivamente Deus no corpo — a Encarnação universal. Temos, com a formação do ego, o fator intermediário e decisivo que permite ao Um emergir como o Múltiplo consciente e sair dessa totalidade geral indeterminada, obscura e sem forma que chamamos o subconsciente — *hrdya samudra*, o coração-oceano nas coisas, referido no *Rig Veda*. Temos as dualidades — vida e morte, alegria e sofrimento, prazer e dor, verdade e erro, bem e mal — como primeiras formações de consciência do ego, a consequência natural e inevitável de suas tentativas para realizar a unidade em uma própria construção artificial de si mesmo, excluindo a completa verdade, o completo bem, a vida e a alegria de ser no universo. Temos a dissolução dessa construção do ego pela abertura do indivíduo ao universo e a Deus como meio dessa suprema realização, da qual a vida do ego é só um prelúdio, assim como a vida animal foi só um prelúdio à vida humana. Temos a realização do Todo no indivíduo, pela transformação do ego limitado em um centro consciente da unidade e da liberdade divinas, como o termo final dessa realização. E temos a Existência, a Verdade, o Bem e a Alegria de ser, infinitos e absolutos, que se derramam sobre o Múltiplo no mundo como o resultado divino em direção ao qual os ciclos de nossa evolução se movem. Esse é o nascimento supremo que a Natureza maternal carrega em si mesma; é esse parto que sua labuta prepara.

## CAPÍTULO VIII

# OS MÉTODOS DO CONHECIMENTO VEDÂNTICO

*Este Self secreto em todos os seres não é aparente, mas é visto por meio da razão suprema, a sutil, por aqueles que têm a visão sutil.*
Katha Upanishad, I. 3. 12.

Mas o que é então o trabalho desse Satchidananda no mundo, e por qual processo das coisas suas relações com o ego, que no início o representa, se formam e depois se cumprem? Pois dessas relações e do processo que seguem dependem toda a filosofia e a prática de uma vida divina para o ser humano.

Chegamos à concepção e ao conhecimento de uma existência divina que ultrapassa o testemunho dos sentidos e faz aberturas nos muros da mente física. Enquanto nos confinarmos ao testemunho dos sentidos e à consciência física, nada poderemos conceber nem conhecer, exceto o mundo material e seus fenômenos. Mas certas faculdades em nós permitem à nossa mente chegar a concepções que podemos, sem dúvida, pelo raciocínio ou pelo jogo variado da imaginação, deduzir dos fatos do mundo físico assim como os vemos, mas que nenhum dado ou experiência puramente físicos podem garantir. O primeiro desses instrumentos é a razão pura.

A razão humana tem uma ação dupla: misturada ou dependente, pura ou soberana. A razão aceita uma ação misturada quando se limita ao círculo de nossa experiência sensorial, admite sua lei como verdade final e se ocupa apenas com o estudo de fenômenos, ou seja, com as aparências das coisas em suas relações, processos e utilidades. Essa ação racional é incapaz de conhecer o que é, ela conhece apenas o que parece ser; ela não tem uma sonda com a qual explorar as profundezas do ser, ela pode apenas explorar o campo do devenir. Por outro lado, a razão afirma sua ação pura quando, ao aceitar nossas experiências sensíveis como ponto de partida, recusa-se a ser limitada por elas, e vai além, julga, age conforme sua própria lei e esforça-se para chegar a conceitos gerais e inalteráveis que se apeguem não à aparência das coisas, mas àquilo que permanece por trás de suas aparências. A razão pode chegar aos seus resultados pelo julgamento direto, ao passar de imediato da aparência àquilo que permanece inalterado por trás e, nesse caso, o conceito ao qual ela chega pode parecer um resultado da experiência sensível, dependente dessa experiência, embora na realidade seja uma percepção da razão atuando conforme sua lei própria. Mas as percepções da razão pura podem também — e essa é sua ação mais característica — usar a experiência inicial como mero pretexto e deixá-la para trás, longe, antes de chegar aos seus resultados, a tal ponto que o resultado pode parecer bem o contrário do que nossa experiência sensível quer nos impor. Esse movimento é legítimo e indispensável, porque nossa experiência normal não só cobre apenas uma pequena parte da realidade universal, mas como se serve, mesmo nos limites de seu próprio campo, de instrumentos que são defeituosos ela nos dá pesos e medidas falsos. Essa experiência deve ser excedida, distanciada, e suas insistências recusadas com frequência, se quisermos chegar a concepções mais adequadas da verdade das coisas. Corrigir os erros da mente sensorial pelo uso da razão é um dos poderes mais valiosos desenvolvidos pelo ser humano, e a causa principal de sua superioridade entre os seres terrestres.

O uso completo da razão pura nos faz passar finalmente do conhecimento físico ao conhecimento metafísico. Mas os conceitos do conhecimento metafísico, em si mesmos, não satisfazem plenamente as exigências de nosso ser integral. Na verdade, eles são inteiramente satisfatórios para a razão pura porque são justamente o material de sua própria existência. Mas nossa natureza vê sempre as coisas através de dois olhos, pois as vê de maneira dupla: como ideia e como fato; em consequência, cada conceito é incompleto para nós, e quase irreal para uma parte de nossa natureza, até tornar-se uma experiência. Mas as verdades que estão em questão agora são de uma ordem não sujeita à nossa experiência normal. Elas estão, por natureza, "além da percepção dos sentidos, mas acessíveis à percepção da razão". Portanto, alguma outra faculdade de experiência é necessária, pela qual as exigências de nossa natureza possam realizar-se; e isso só pode ocorrer, visto que aqui se trata do suprafísico, por uma extensão da experiência psicológica.

Em certo sentido, toda nossa experiência é psicológica, visto que mesmo o que recebemos através dos sentidos não tem significado ou valor para nós até ser traduzido nos termos da mente sensorial, Manas, na terminologia filosófica indiana. Manas, dizem os nossos filósofos, é o sexto sentido. Mas podemos mesmo dizer que é o único sentido, e que os outros, visão, audição, tato, olfato e paladar, são meramente especializações da mesma mente sensorial que, embora use os órgãos dos sentidos como base de sua experiência, os ultrapassa e é capaz de uma experiência direta, característica de sua própria ação inerente. Como resultado, a experiência psicológica — tais como as cognições da razão — é, no homem, capaz de uma ação dupla: misturada ou dependente, pura ou soberana. A ação misturada em geral acontece quando a mente busca perceber o mundo exterior, o objeto; a ação pura, quando a mente busca perceber a si mesma, o sujeito. Na primeira atividade, a mente é dependente dos sentidos e forma suas percepções de acordo com as evidências deles; na segunda, a mente age em si mesma e percebe as coisas de modo direto por uma espécie de identidade com elas. É assim que percebemos nossas emoções; como foi dito apropriadamente, percebemos a cólera porque nos tornamos a cólera. É assim também que percebemos nossa própria existência; e aqui, a natureza da experiência como conhecimento por identidade aparece claramente. Na realidade, toda experiência é, em sua natureza secreta, conhecimento por identidade; mas seu verdadeiro caráter esconde-se de nós porque nos separamos do resto do mundo pela exclusão, ao diferenciarmo-nos como sujeitos e considerarmos todo o resto como objeto; somos assim compelidos a desenvolver processos e órgãos que nos permitam entrar de novo em comunhão com tudo que havíamos excluído. Devemos substituir o conhecimento direto mediante a identidade consciente por um conhecimento indireto que parece ser causado pelo contato físico e a simpatia mental. Essa limitação é uma criação fundamental do ego e um exemplo da maneira como sempre procedeu: começar de uma falsidade originária e encobrir a verdadeira verdade das coisas com falsidades contingentes, que se tornam para nós verdades práticas de relação.

Dessa natureza do conhecimento mental e sensorial, tal como é organizado em nós presentemente, segue-se que nossas limitações atuais não são uma necessidade inevitável; elas são o resultado de uma evolução, na qual a mente acostumou-se a depender de certos funcionamentos fisiológicos e suas reações como se fossem o modo normal de entrar em relação com o universo material. Portanto, embora seja regra que quando tentamos perceber o mundo externo temos que fazê-lo de modo indireto por meio dos órgãos sensoriais, e com relação às coisas e aos homens podemos experienciar apenas o tanto de verdade que os sentidos nos transmitem, mesmo assim essa regra é mera regularidade de um hábito dominante. É possível para a mente — e isso seria natural, se ela pudesse ser liberada do seu consentimento à dominação da matéria — ter uma cognição direta dos objetos dos sentidos sem a ajuda dos órgãos sensoriais. Isso é o que acontece nos experimentos com hipnose e fenômenos psicológicos similares. Porém, uma vez que nossa consciência desperta é determinada e limitada pelo equilíbrio entre mente e matéria — equilíbrio que foi elaborado pela vida em sua evolução —, esse conhecimento direto é, em geral, impossível em nosso estado desperto normal; devemos portanto suscitá-lo, fazendo a mente desperta cair em um estado de sono que libera a mente verdadeira ou subliminar. A mente pode, então, afirmar seu verdadeiro caráter: ela é o sentido único e todo-suficiente, livre para aplicar aos objetos dos sentidos sua ação pura e soberana, em lugar de uma ação misturada e dependente. E, na realidade, a extensão dessa faculdade não é impossível em nosso estado desperto, apenas mais difícil — como sabem todos aqueles que foram capazes de ir bastante longe em certos caminhos da experiência psicológica.

A ação soberana da mente sensorial pode ser empregada para desenvolver outros sentidos além dos cinco que em geral usamos. Por exemplo, é possível desenvolver o poder de avaliar de maneira acurada, sem meios físicos, o peso de um objeto que seguramos com as mãos. Aqui, o sentido de contato e pressão é usado como mero ponto de partida, da mesma maneira como a razão pura usa os dados da experiência sensorial, mas, na realidade, não é o tato que dá à mente a sensação do peso; a mente encontra a medida certa mediante sua própria percepção independente e usa o tato apenas para poder entrar em relação com o objeto. E assim como ocorre com a razão pura, também para a mente sensorial a experiência dos sentidos pode ser usada como um simples ponto inicial, a partir do qual ela procede em direção a um conhecimento que não tem nada a ver com os órgãos dos sentidos e muitas vezes contradiz suas evidências. E a extensão dessa faculdade não é limitada apenas às aparências e superfícies. É possível, uma vez que entramos em relação com um objeto externo por qualquer um dos sentidos, aplicar Manas para tornarmo-nos conscientes do conteúdo do objeto — por exemplo, receber ou perceber os pensamentos ou sentimentos de outros sem a ajuda da palavra, do gesto, da ação ou das expressões faciais e até mesmo em contradição com esses dados, sempre parciais e frequentemente enganosos. Finalmente, por uma utilização dos sentidos interiores — isto é, dos poderes sensoriais em si mesmos, em sua atividade puramente mental ou sutil, distinta da atividade física que é apenas uma seleção para os propósitos da vida exterior, a partir da ação completa e geral deles — somos capazes de perceber e conhecer as experiências sensoriais, as aparências e imagens de coisas diferentes daquelas que pertencem à organização de nosso meio material. Embora recebidas com hesitação e incredulidade pela mente física porque são anormais para o esquema habitual de nossa vida e nossa experiência comuns, difíceis de pôr em ação e ainda mais difíceis de sistematizar de modo a fazer delas um conjunto de instrumentos ordenado e útil, todas essas extensões de faculdades devem, ainda assim, ser admitidas, visto que são o resultado invariável de toda tentativa de alargar o campo de nossa consciência superficialmente ativa, seja por meio de algum tipo de esforço natural e efeitos casuais desordenados, seja por meio de uma prática científica e bem regulada.

No entanto, nenhuma dessas extensões de faculdades conduz ao objetivo que temos em vista: a experiência psicológica daquelas verdades que estão "além da percepção dos sentidos, mas que podem ser percebidas pela razão", *buddhigrāhyam atīndriyam*.[1] Elas nos dão apenas um campo mais vasto de fenômenos e meios mais efetivos para a observação de fenômenos. A verdade das coisas encontra-se sempre além dos sentidos. Contudo, uma regra sadia, inerente à própria constituição da existência universal, é que onde há verdades que podem ser alcançadas pela razão deve haver, em alguma parte do organismo que possui essa razão, um meio de alcançá-las ou verificá-las pela experiência. O único meio que resta à nossa mente é uma extensão dessa forma de conhecimento por identidade que nos dá a consciência de nossa própria existência. E é realmente em uma percepção de nós mesmos, mais ou menos consciente, mais ou menos presente à nossa concepção, que está baseado o conhecimento do conteúdo de nosso self. Ou, de modo mais geral, o conhecimento do conteúdo é contido no conhecimento do continente. Se pudermos estender nossa faculdade mental de autopercepção a uma percepção do Self além e fora de nós, Atman ou Brahman dos *Upanishads*, poderemos então nos tornar possuidores, em experiência, das verdades que formam o conteúdo de Atman ou Brahman no universo. É nessa possibilidade que o Vedanta indiano se baseou. Ele buscou, por meio do conhecimento do Self, o conhecimento do universo.

Mas a experiência mental e os conceitos da razão, mesmo em seu grau mais alto, sempre foram considerados pelo Vedanta como um reflexo nas identificações mentais e não a suprema identidade autoexistente. Temos que ir além da mente e da razão. A razão ativa em nossa consciência desperta é só um mediador entre o Todo subconsciente de onde viemos em nossa evolução ascendente e o Todo supraconsciente em direção ao qual somos impelidos por essa evolução. O subconsciente e o supraconsciente são duas formulações diferentes do mesmo Todo. A palavra-mestra do subconsciente é Vida, a palavra-mestra do supraconsciente é Luz. No subconsciente, o conhecimento e a consciência estão involuídos na ação, pois ação é a essência da Vida. No supraconsciente, a ação reentra na Luz e não contém mais o conhecimento involuído, mas ela mesma está contida em uma suprema consciência.

---

1. *Bhagavad-Gītā*, VI. 21.

O subconsciente e o supraconsciente têm em comum o conhecimento intuitivo, e o alicerce do conhecimento intuitivo é identidade, consciente ou efetiva, entre aquele que conhece e aquilo que é conhecido; é aquele estado de autoexistência comum em que o conhecedor e o conhecido são unificados pelo conhecimento. Mas, no subconsciente, a intuição manifesta-se na ação, na efetividade, e o conhecimento ou identidade consciente está, inteira ou parcialmente, escondido na ação. No supraconsciente, ao contrário, onde a Luz é a lei e o princípio, a intuição manifesta-se em sua natureza verdadeira como conhecimento emergindo da identidade consciente, e a efetividade da ação é, antes, o acompanhamento ou a consequência necessária, e não mais se disfarça como fato primordial. Entre esses dois estados, a razão e a mente agem como intermediários que tornam possível ao ser liberar o conhecimento de sua prisão ao ato e prepará-lo para retomar sua primazia essencial. Quando a autopercepção na mente — aplicada ao continente e ao conteúdo, ao nosso-eu e ao eu-do-outro — exalta-se na identidade luminosa automanifestada, a razão também se converte no modo de conhecimento intuitivo[2] autoluminoso. Esse é o estado mais alto possível ao nosso conhecimento, quando a mente se realiza no supramental.

Esse é o esquema da compreensão humana sobre o qual foram construídas as conclusões do Vedanta mais antigo. Não é meu objetivo desenvolver os resultados aos quais os sábios antigos chegaram apoiados nessa base, mas é necessário passar em revista de maneira breve algumas de suas conclusões principais, na medida em que afetam o problema da Vida divina com o qual, unicamente, nos ocupamos no presente. Pois é nessas ideias que encontraremos o melhor fundamento anterior àquilo que tentamos reconstruir agora; e ainda que, como ocorre com todo conhecimento, a antiga expressão deva ser substituída, em certa medida, pela nova expressão adaptada à mentalidade mais recente e a antiga luz deva fundir-se em uma nova luz como uma aurora sucede à outra, é, contudo, com o antigo tesouro como nosso capital inicial — ou com o máximo que pudermos recuperar dele, que conseguiremos, de modo mais vantajoso, prosseguir para acumular ganhos maiores em nosso novo comércio com o Infinito, aquele que não muda nunca mudando sempre.

Sad Brahman, a existência pura, indefinível, infinita, absoluta, é o último conceito ao qual a análise vedântica chega em sua visão do universo, a Realidade fundamental que a experiência vedântica descobre por trás de todo movimento e formação que constituem a realidade aparente. É óbvio que quando postulamos

---

2. Utilizo a palavra "intuição" por falta de uma melhor. Na verdade, é um expediente e não corresponde à conotação que lhe é pedida. O mesmo deve ser dito da palavra "consciência" e muitas outras cujo significado a pobreza de nosso vocabulário obriga-nos a estender de maneira ilegítima.

essa concepção vamos completamente além daquilo que nossa consciência comum, nossa experiência normal, contém ou certifica. Os sentidos e a mente sensorial não conhecem absolutamente nada de uma existência pura ou absoluta. Nossa experiência sensorial nos fala apenas de forma e movimento. A forma existe, porém com uma existência que não é pura, mas sempre misturada, combinada, agregada, relativa. Quando entramos em nós mesmos, podemos nos desembaraçar da forma precisa, mas não do movimento, da mudança. A moção da matéria no Espaço e a moção da mudança no Tempo parecem ser a condição da existência. Certamente poderemos dizer, se quisermos, que isso é a existência e que a ideia mesma de existência corresponde a uma realidade que não podemos descobrir. No máximo, no fenômeno da autopercepção ou por trás dele, podemos algumas vezes vislumbrar algo de imóvel e imutável, que percebemos de modo vago ou imaginamos ser nós mesmos, algo além de toda vida e toda morte, além de toda mudança, formação e ação. Encontra-se aí a única porta em nós que algumas vezes se abre, livre, ao esplendor de uma verdade além e, antes de fechar-se de novo, permite que um raio nos toque — um chamado luminoso ao qual, se tivermos a força e a firmeza, poderemos nos agarrar em nossa fé e do qual poderemos fazer um ponto de partida para um jogo de consciência diferente daquele da mente sensorial — o jogo da Intuição.

Pois se examinarmos com cuidado, descobriremos que a Intuição é nosso primeiro professor. A Intuição está sempre presente, velada por trás de nossas operações mentais. Ela traz para o ser humano essas brilhantes mensagens do Incognoscível, que são o começo de seu conhecimento mais alto. A razão vem depois, para ver que proveito pode ter dessa colheita luminosa. A Intuição nos dá essa ideia de que há algo por trás e além de tudo o que sabemos e parecemos ser, ideia que persegue o homem sempre, em contradição com sua razão inferior e toda sua experiência normal, e que o impele a formular essa percepção sem forma nas ideias mais positivas de Deus, Imortalidade, Céu e tudo o mais, pelas quais nos esforçamos para expressá-la à mente. Pois a Intuição é tão forte quanto a própria Natureza, jorrou da alma da Natureza e não se importa com as contradições da razão ou os desmentidos da experiência. Ela sabe o que é porque ela é isso, porque ela mesma faz parte disso e vem disso, e não o submeterá ao julgamento daquilo que meramente se torna e aparece. O que a Intuição nos diz não é tanto sobre a Existência, mas sobre o Existente, porque ela procede desse ponto de luz em nós que lhe dá sua ascendência, essa porta que se abre às vezes em nossa própria autopercepção. O antigo Vedanta apreendeu essa mensagem da Intuição e a formulou nas três grandes declarações dos *Upanishads*, "Eu sou Ele", "Tu és Isto, O Swetaketu", "Tudo isto é Brahman; este Self é Brahman".

Mas a Intuição, pela própria natureza de sua ação no ser humano, trabalha de fato por trás do véu; por ser ativa sobretudo nas partes menos iluminadas e menos articuladas do ser humano, na frente do véu, na estreita luz que é nossa consciência desperta, ela é servida apenas por instrumentos incapazes de assimilar de modo completo suas mensagens — a Intuição não pode nos dar a verdade na forma ordenada e articulada que nossa natureza exige. Antes de poder efetuar em nós uma tal plenitude de conhecimento direto, ela teria que se organizar em nosso ser de superfície e aí assumir o papel principal. Mas, em nosso ser de superfície, não é a Intuição, e sim a razão, que é organizada e nos ajuda a pôr ordem em nossas percepções, pensamentos e ações. Por esse motivo, a era do conhecimento intuitivo, representada pelo antigo pensamento vedântico, os *Upanishads*, teve que dar lugar à era do pensamento racional; a Escritura inspirada cedeu lugar à filosofia metafísica, assim como depois a filosofia metafísica teve que dar lugar à Ciência experimental. O pensamento intuitivo, que é um mensageiro do supraconsciente e, portanto, nossa faculdade mais alta, foi suplantado pela razão pura, que é apenas uma espécie de deputado e pertence às alturas médias de nosso ser; a razão pura, por sua vez, foi suplantada durante um período pela ação misturada da razão, que vive em nossas planícies e baixas altitudes e cuja visão não excede o horizonte da experiência que a mente física e os sentidos físicos, ou todas as ajudas que para estes podemos inventar, podem nos trazer. E esse processo, que parece ser uma descida é, na realidade, um círculo de progresso, pois em cada caso a faculdade mais baixa é compelida a pegar tudo que pode assimilar daquilo que a qualidade mais alta já forneceu, e tentar restabelecê-lo por seus próprios métodos. A tentativa permite-lhe alargar seu próprio campo e chegar finalmente a adaptar-se com mais flexibilidade e de modo mais amplo às faculdades superiores. Sem esse encadeamento e tentativa de assimilação independente, seríamos obrigados a continuar sob o domínio exclusivo de uma parte de nossa natureza, enquanto o resto permaneceria indevidamente reprimido e submisso ou isolado em seu campo e, portanto, pobre em seu desenvolvimento. Com essa sucessão e essa tentativa independente, o equilíbrio é restabelecido; uma harmonia mais completa se prepara entre as partes que, em nós, possuem o conhecimento.

Vemos essa sucessão nos *Upanishads* e nas filosofias indianas subsequentes. Os sábios dos *Vedas* e do Vedanta confiavam inteiramente na intuição e na experiência espiritual. Os eruditos erram quando algumas vezes falam de grandes debates ou discussões nos *Upanishads*. Onde quer que haja a aparência de uma controvérsia, não é na discussão, na dialética ou no uso do raciocínio lógico que ela se apoia, mas sim em uma comparação de intuições e experiências, e a menos luminosa dá lugar a mais luminosa, enquanto a mais estreita, imperfeita ou menos essencial dá lugar a mais abrangente, mais perfeita, mais essencial. A pergunta que um sábio faz a outro é "O que você conhece?", e não "O que você pensa?", nem "A que conclusão o seu raciocínio chegou?". Em nenhum lugar nos *Upanishads* encontramos traços de um raciocínio lógico invocado em apoio às verdades do Vedanta. Os sábios parecem admitir que a intuição deve ser corrigida por uma intuição mais perfeita; o raciocínio lógico não pode ser o juiz.

E contudo, a razão humana requer sua própria satisfação. Por isso, quando a era da especulação racionalista começou, os filósofos indianos, respeitosos da herança do passado, adotaram uma atitude dupla em relação à Verdade que buscavam. Na *Shruti* — esses primeiros resultados da Intuição ou, como eles preferiram chamar, da Revelação inspirada —, reconheceram uma autoridade superior à Razão. Mas, ao mesmo tempo, eles partiram da razão e puseram à prova os resultados que esta lhes deu, e só consideraram válidas as conclusões confirmadas pela autoridade suprema. Dessa maneira evitaram, até certo ponto, o grande defeito da metafísica: a tendência a batalhar nas nuvens, porque lida com palavras como se fossem fatos imperativos, em vez de símbolos que devem ser sempre examinados com cuidado e trazidos constantemente de volta ao sentido daquilo que representam. No início, aqueles filósofos, no centro de suas especulações, tenderam a manter-se perto da experiência mais alta e profunda, e procederam com o consentimento unânime das duas grandes autoridades, Razão e Intuição. No entanto, na prática, a tendência natural da razão a afirmar sua própria supremacia de fato triunfou sobre a teoria de sua subordinação. Daí o aparecimento de escolas conflitantes, cada uma fundamentando-se, em teoria, nos *Vedas*, cujos textos usavam como arma contra as outras. O mais alto Conhecimento intuitivo vê as coisas no todo, em vastidão, e os detalhes apenas como aspectos do todo indivisível; sua tendência é a síntese imediata e a unidade do conhecimento. A Razão, ao contrário, procede por meio de análise e divisão, e agrupa os fatos para formar o todo; mas, na montagem assim formada, há opostos, anomalias, incompatibilidades lógicas, e a tendência natural da razão é afirmar alguns e negar aqueles que conflitam com as conclusões que ela escolheu para formar um sistema lógico e coerente. A unidade do primeiro conhecimento intuitivo foi assim rompida, e a engenhosidade dos pensadores lógicos foi sempre capaz de descobrir estratagemas, métodos de interpretação, normas de valor variável pelos quais puderam praticamente anular textos inconvenientes da Escritura e adquirir uma total liberdade para suas especulações metafísicas.

No entanto, as concepções principais do mais antigo Vedanta foram em parte preservadas nos vários sistemas filosóficos, e de tempos em tempos esforços foram feitos para combiná-los de novo em alguma imagem da antiga universalidade, a antiga unidade do pensamento intuitivo. E por trás do pensamento de todos, sob diferentes formas, sobreviveu como concepção fundamental o Purusha, Atman ou Sad Brahman, o puro Existente dos *Upanishads*, muitas vezes racionalizado como ideia ou estado psicológico, mas ainda assim trazendo consigo alguma coisa de seu antigo conteúdo de realidade inexprimível. Qual pode ser a relação entre o movimento do tornar-se, que é o que chamamos mundo, e essa Unidade absoluta? E de que modo o ego, seja ele gerado pelo movimento, seja ele a sua causa, pode retornar a esse verdadeiro Self, Divindade ou Realidade afirmado pelo Vedanta? Tais são as perguntas especulativas e práticas que sempre ocuparam o pensamento da Índia.

# CAPÍTULO IX

# O PURO EXISTENTE

*O Um indivisível que é pura existência.*
*Chandogya Upanishad*, VI. 2. 1.

Quando retiramos nosso olhar de sua preocupação egoísta com interesses limitados e fugazes e consideramos o mundo com olhos desapaixonados e curiosos que buscam apenas a Verdade, o primeiro resultado é a percepção de uma energia ilimitada de existência infinita, movimento infinito, atividade infinita, que se derrama no Espaço sem limites, no Tempo eterno, uma existência que ultrapassa infinitamente nosso ego ou qualquer ego ou qualquer coletividade de egos, em cuja balança as grandiosas criações de eras são apenas a poeira de um momento, e em cuja soma incalculável inumeráveis miríades contam apenas como um enxame insignificante. Instintivamente agimos, sentimos, tecemos os pensamentos de nossa vida como se o estupendo movimento do mundo girasse em torno de nós tendo-nos como centro e para nosso benefício, para nos ajudar ou prejudicar, ou como se a justificação de nossos desejos, emoções, ideias, normas egoísticas fosse sua verdadeira tarefa, assim como é nossa preocupação principal. Quando começamos a ver, percebemos que esse movimento universal existe para si mesmo, não para nós, que ele tem seus próprios objetivos gigantescos, sua própria ideia complexa e sem limites, seu imenso desejo ou imenso deleite que busca satisfazer, suas próprias normas amplas e formidáveis que olham, com um sorriso indulgente e irônico, nossa pequenez. E no entanto, cuidemos para não passar ao outro extremo e formar uma ideia demasiado categórica de nossa própria insignificância. Isso também seria um ato de ignorância e seria fechar nossos olhos aos grandes fatos do universo.

Com efeito, para esse Movimento ilimitado, nós não somos sem importância. A ciência nos revela quão minucioso é o cuidado e engenhoso o plano, que intensa concentração ele utiliza para a menor, tanto quanto para a maior, de suas obras. Essa poderosa energia é uma mãe igual e imparcial, *samaṁ brahma*, na grande expressão do *Bhagavad-Gītā*, sua intensidade e força de movimento é a mesma na formação e sustentação de um sistema de sóis e na organização da vida de um formigueiro. É a ilusão do tamanho, da quantidade, que nos induz a considerar que um é grande e o outro é pequeno. Se, ao contrário, olharmos não a massa quantitativa, mas a força qualitativa, poderemos dizer que a formiga é maior que o sistema solar em que habita e o homem é maior que toda a Natureza inanimada em seu conjunto. Mas isso é mais uma vez a ilusão da qualidade. Quando vamos além e examinamos apenas a intensidade do movimento, do qual qualidade e quantidade são aspectos, nos damos conta de que esse Brahman habita igualmente em todas as existências. Seu ser é partilhado entre todos de modo igual, sua energia é distribuída a todos de modo igual, somos tentados a dizer. Mas isso é também uma ilusão de quantidade. Brahman habita em tudo, indivisível, mas ao mesmo tempo como se fosse dividido e distribuído. Se olharmos mais uma vez com uma percepção observadora, não dominada por conceitos intelectuais, mas informada pela intuição e culminando no conhecimento por identidade, poderemos ver que a consciência dessa Energia infinita é distinta de nossa consciência mental, que ela é indivisível e dá, não uma parte igual de si mesma, mas seu ser inteiro de uma vez e ao mesmo tempo, ao sistema solar e ao formigueiro. Para Brahman, não há o todo e as partes, mas cada coisa é Ele inteiro e beneficia-se do todo de Brahman. Qualidade e quantidade diferem, o self é igual. A forma, a maneira e o resultado da força da ação variam infinitamente, mas a energia eterna, primeira, infinita, é a mesma em tudo. A potência da força que serve para fazer o homem forte não é nem um pouco maior do que a potência da fraqueza usada para fazer o homem fraco. A energia usada é tão grande na repressão quanto na expressão, na negação quanto na afirmação, no silêncio quanto no som.

Portanto, a primeira avaliação que devemos retificar é a relação entre esse Movimento infinito, essa energia de existência que é o mundo, e nós mesmos. No presente, nossas contas são falsas. Somos infinitamente importantes para o Todo, mas para nós o Todo é insignificante; apenas nós mesmos somos importantes para nós. Este é o sinal da ignorância original que é a raiz do ego: ele só pode pensar colocando-se como centro, como se fosse o Todo, e aceita, daquilo que não é ele, só o tanto que está disposto mentalmente a admitir ou que os choques do seu meio o forçam a reconhecer. Mesmo quando começa a filosofar, não afirma ele que o mundo existe apenas em sua consciência e pela sua consciência? Seu próprio estado de consciência ou suas próprias normas mentais são para ele o teste da realidade; tudo que se encontra fora de sua órbita ou visão tende a tornar-se falso ou inexistente. Essa autossuficiência mental do homem cria um falso sistema de contabilidade que nos impede de extrair o valor pleno e justo da vida. Em determinado sentido, essas pretensões da mente e do ego humanos repousam em uma verdade, mas essa verdade só emerge quando a mente reconhecer sua ignorância e o ego submeter-se ao Todo e perder no Todo sua autoafirmação separada. O próprio começo de uma existência verdadeira é reconhecer que nós — ou melhor, os resultados e as aparências que chamamos nós mesmos — somos apenas um movimento parcial desse Movimento infinito e é esse infinito que devemos conhecer, conscientemente ser e fielmente realizar. Reconhecer que em nosso ser verdadeiro somos um com o movimento total e não inferiores ou subordinados, é o outro aspecto da conta e é necessário dar expressão a isso em nosso modo de ser, nosso pensamento, emoção e ação, para a culminação de uma existência verdadeira ou divina.

Mas para acertar as contas, temos que saber o que é esse Todo, essa energia infinita e onipotente. E aqui chegamos a uma nova complicação, pois o que a razão pura nos afirma e, parece, também o Vedanta, é que, do mesmo modo como somos subordinados a esse Movimento e somos um aspecto dele, também o movimento é um aspecto e é subordinado a uma outra coisa diferente dele mesmo, a uma grande Estabilidade sem tempo e sem espaço, *sthāṇu*, imutável, inesgotável e inconsumível, que não age, embora contenha toda essa ação, que não é energia, mas pura existência. Aqueles que enxergam apenas essa energia cósmica podem certamente declarar que não há nada disso: nossa ideia de uma estabilidade eterna, uma existência pura imutável, é uma ficção de nossas concepções intelectuais nascida de uma ideia falsa do estável, pois não há nada que seja estável; tudo é movimento e nossa concepção do estável é apenas um artifício de nossa consciência mental para adquirir uma posição segura e lidar de maneira prática com o movimento. É fácil mostrar que isso é verdade no próprio movimento. Não há aí nada que seja estável. Tudo que parece ser estacionário é apenas um bloco de movimento, uma formulação de energia em ação que afeta nossa consciência de tal modo que parece estar imóvel, um pouco como a Terra nos parece imóvel, ou como o trem no qual viajamos parece imóvel em meio à paisagem que passa. Mas será igualmente verdade que, subjacente a esse movimento, sustentando-o, não há nada que seja imóvel e imutável? Será verdade que essa existência consiste apenas na ação da energia? Ou será que a energia é um produto da Existência?

Vemos logo que se uma tal Existência é, ela deve ser como a Energia, infinita. Nem a razão, nem a experiência, nem a intuição, nem a imaginação nos dão testemunho da possibilidade de uma meta final. Todo fim e todo começo pressupõem algo além do fim e do começo. Um fim absoluto, um começo absoluto, é não apenas uma contradição em si, mas uma contradição da essência das coisas, uma violência, uma ficção. A infinitude se impõe sobre as aparências do finito pela sua inelutável autoexistência.

Mas essa é uma infinitude em relação a Tempo e Espaço, uma duração eterna, uma extensão interminável. A razão pura vai mais longe e, olhando Tempo e Espaço através de sua própria luz austera e sem cor, salienta que esses dois são categorias de nossa consciência, condições sob as quais organizamos nossa percepção dos fenômenos. Quando olhamos a existência em si, Tempo e Espaço desaparecem. Se há alguma extensão, não é espacial, mas psicológica; se há alguma duração, não é temporal, mas psicológica; e então é fácil ver que essa extensão e essa duração são apenas símbolos que representam para a mente algo não traduzível em termos intelectuais, uma eternidade que nos parece ser o mesmo momento que contém tudo e é sempre novo, uma infinitude que nos parece ser o mesmo ponto sem extensão que contém e permeia tudo. E esse conflito de termos, tão violento, e contudo acuradamente expressivo de algo que percebemos, mostra que mente e linguagem passaram além de seus limites naturais e esforçam-se para expressar uma Realidade na qual suas próprias convenções e necessárias oposições desaparecem em uma inefável identidade.

Mas será isso um registro verdadeiro? Será que Tempo e Espaço desaparecem dessa maneira só porque a existência que vemos é uma ficção do intelecto, um fantástico *Nihil* criado pela palavra, que nos esforçamos em erigir em realidade conceitual? Olhamos mais uma vez essa Existência-em-si, e dizemos: Não. Há algo por trás do fenômeno que é não apenas infinito, mas indefinível. De nenhum fenômeno, de nenhuma totalidade de fenômenos, podemos dizer de forma absoluta: isto é. Mesmo se reduzirmos todos os fenômenos a um só fenômeno, fundamental, universal e irredutível de movimento ou energia, obteremos apenas um fenômeno indefinível. A própria concepção de movimento traz em si a potencialidade do repouso e revela-se como a atividade de certa existência; a própria ideia de energia em ação traz em si a ideia de energia abstendo-se da ação; e uma energia absoluta que não está em ação é, pura e simplesmente, existência absoluta. Temos apenas essas duas alternativas: uma pura existência indefinível ou uma energia indefinível em ação, e se apenas esta última for verdadeira, sem nenhuma base estável ou causa, então energia será um resultado e um fenômeno gerados pela ação, pelo movimento, o qual, ele só, existe. Não teremos então Existência, ou teremos o *Nihil* dos budistas, no qual a existência é apenas um atributo de um fenômeno eterno, da Ação, do Karma, do Movimento. Isso, afirma a razão pura, deixa minhas percepções insatisfeitas, contradiz minha visão fundamental e, portanto, não pode ser, porque nos conduz a um último degrau, a uma parada abrupta em uma ascensão que deixa a escada inteira sem suporte, suspensa no Vazio.

Se essa Existência indefinível, infinita, sem tempo, sem espaço é, ela é necessariamente um puro absoluto. Não pode ser reduzida a uma quantidade ou a muitas quantidades, não pode ser composta de qualidade alguma nem de uma combinação de qualidades. Ela não é um agregado de formas ou um substrato formal de formas. Se todas as formas, quantidades, qualidades desaparecessem, ela permaneceria. Existência sem quantidade, sem qualidade, sem forma é não apenas concebível, mas é a única coisa que podemos conceber por trás desses fenômenos. Necessariamente, quando dizemos que ela existe sem esses fenômenos, queremos dizer que os excede, que ela é algo em que eles entram de tal maneira que deixam de ser o que chamamos forma, qualidade, quantidade, e algo de onde emergem como forma, qualidade e quantidade no movimento. Estas não desaparecem em uma forma única, uma qualidade única, uma quantidade única, que seria a base de todo o resto — porque isso não existe —, mas em algo que não pode ser definido por nenhum desses termos. Assim, todas as coisas que são condições e aparências do movimento entram n'Isto de onde vieram, e lá, enquanto existem, tornam-se algo que não pode mais ser descrito com os termos que lhes são apropriados no movimento. Dizemos, portanto, que a existência pura é um Absoluto e é, em si, incognoscível para nosso pensamento, embora possamos retornar a ela em uma identidade suprema que transcende os termos do conhecimento. O movimento, ao contrário, é o campo do relativo, e mesmo assim, pela própria definição do relativo, todas as coisas no movimento contêm o Absoluto, são contidas no Absoluto e são o Absoluto. A relação entre os fenômenos da Natureza e o éter fundamental que está contido neles, que os constitui, contém e, no entanto, é tão diferente deles que, quando o penetram, deixam de ser o que agora são, é, segundo o Vedanta, a imagem mais representativa dessa identidade na diferença, que há entre o Absoluto e o relativo.

Necessariamente, quando falamos de coisas que retornam a isso de onde vieram usamos a linguagem de nossa consciência temporal, e devemos nos precaver contra suas ilusões. O movimento que emerge do Imutável é um fenômeno eterno, e é só porque não podemos concebê-lo nesse momento sem começo, sem fim e sempre novo que é a eternidade do Atemporal, que nossas noções e percepções são obrigadas a situá-lo em uma eternidade temporal de duração sucessiva, à qual estão vinculadas as ideias de começo, meio e fim sempre recorrentes.

Mas, pode-se dizer, tudo isso é válido só enquanto aceitamos os conceitos da razão pura e permanecemos sujeitos a eles. Mas os conceitos da razão não têm força obrigatória. Devemos julgar a existência não pelo que concebemos mentalmente, mas pelo que vemos existir. E a mais pura, a mais livre forma de percepção íntima da existência como ela é, nos mostra nada mais que movimento. Apenas duas coisas existem: o movimento no Espaço e o movimento no Tempo; o primeiro, objetivo, o segundo, subjetivo. Extensão é real, duração é real, Espaço e Tempo são reais. Mesmo se conseguirmos passar além da extensão no Espaço e a percebermos como um fenômeno psicológico, uma tentativa da mente de tornar a existência manejável pela distribuição do todo indivisível em um Espaço conceitual, ainda assim não poderemos ir além do movimento de sucessão e mudança no Tempo, pois isso é a própria substância de nossa consciência. Nós somos, e o mundo é, um movimento que progride de modo contínuo e aumenta pela inclusão de todas as sucessões do passado em um presente que se representa para nós como o começo de todas as sucessões do futuro — um começo, um presente que nos foge sempre porque não existe, porque pereceu antes de ter nascido. O que é, é a sucessão do Tempo, eterna, indivisível, carregando no seu curso um movimento progressivo de consciência, também indivisível.[1] Assim, duração — movimento e mudança eternamente sucessivos no Tempo — é o único absoluto. Só o devenir é o ser.

Na realidade, essa oposição entre a percepção genuína do ser e as ficções conceituais da razão pura é falaciosa. Se, de fato, nesse domínio a intuição fosse realmente oposta à inteligência, não poderíamos apoiar confiantemente um simples raciocínio conceitual contra uma percepção íntima fundamental. Mas esse apelo à experiência intuitiva é incompleto. Esta é válida só enquanto progride, e ela se extravia ao parar no limiar da experiência integral. Enquanto a intuição fixar-se só naquilo em que nos tornamos, nos veremos como uma progressão contínua de movimento e mudança de consciência na eterna sucessão do Tempo. Somos o rio, a chama, da imagem budista. Mas há uma experiência suprema e uma intuição suprema, pelas quais vamos além de nosso self de superfície e descobrimos que esse devenir, essa mudança e essa sucessão são apenas um modo de nosso ser, e há algo em nós que não é de modo algum envolvido no vir-a-ser. Não só podemos ter a intuição daquilo que é estável e eterno em nós, não só podemos ter um vislumbre disso por meio de uma experiência além do véu das mudanças continuamente fugidias, como também podemos nos retirar nessa estabilidade, viver inteiramente nela, e assim efetuar uma mudança completa

---

1. Indivisível na totalidade do movimento. Cada momento de Tempo ou de Consciência pode ser considerado como separado de seu predecessor e de seu sucessor, cada ação sucessiva da Energia como um novo *quantum* ou uma nova criação; mas isso não abole a continuidade, sem a qual não haveria duração de Tempo ou coerência de consciência. Os passos de um homem quando caminha, corre ou salta são distintos, mas há algo que se apropria dos passos e torna o movimento contínuo.

em nossa vida exterior, em nossa atitude e em nossa ação no movimento do mundo. E essa estabilidade na qual podemos viver dessa maneira é precisamente aquela que a razão pura já nos deu, embora se possa chegar a isso sem nenhum raciocínio, sem saber previamente o que é — essa estabilidade é existência pura, eterna, infinita, indefinível, não afetada pela sucessão do Tempo, não envolvida na extensão do Espaço, mais além de forma, quantidade, qualidade — o Self único e absoluto.

O puro existente é então um fato e não mero conceito; ele é a realidade fundamental. Mas, apressemo-nos a acrescentar, o movimento, a energia e o devenir são também um fato, são também uma realidade. A intuição suprema e a experiência que lhe corresponde podem corrigir a outra realidade, ir além, interrompê-la, mas não podem aboli-la. Temos, portanto, dois fatos fundamentais: a existência pura e a existência cósmica, um fato de Ser, um fato de Vir-a-Ser. Negar um ou outro é fácil; reconhecer os fatos da consciência e encontrar a relação entre eles é a sabedoria verdadeira e fecunda.

Estabilidade e movimento, devemos lembrar, são apenas nossas representações psicológicas do Absoluto, assim como o são unidade e multiplicidade. O Absoluto está além de estabilidade e movimento, como está além de unidade e multiplicidade. Mas toma sua eterna posição no um e estável, e rodopia em torno de si mesmo infinita, inconcebível e firmemente estabelecido no movente e no múltiplo. A existência cósmica é a dança extática de Shiva, que multiplica inumeravelmente o corpo do Deus tornado visível: ela deixa aquela pura existência precisamente onde estava, como era, sempre é e sempre será; seu único objeto absoluto é a alegria do dançar.

Mas como não podemos descrever ou fazer uma ideia do Absoluto em si, para além de estabilidade e movimento, para além de unidade e multiplicidade — e isso não é de modo algum nossa tarefa —, devemos aceitar o duplo fato, admitir os dois, Shiva e Kali, e tentar saber o que é esse imensurável Movimento no Espaço e no Tempo em relação àquela pura existência sem tempo e sem espaço, una e estável; a essa existência, medida e não medida são inaplicáveis. Vimos o que a razão pura, a intuição e a experiência têm a dizer a respeito da pura Existência e de Sat; o que têm elas a dizer sobre Força, sobre Movimento, sobre Shakti?

E a primeira coisa que devemos nos perguntar é: será essa Força simples força, simplesmente uma energia inintelligente do movimento, ou a consciência, que parece emergir dela neste mundo material onde vivemos, é não apenas um dos seus resultados fenomênicos, mas, antes, sua própria verdade e natureza secreta? Em termos vedânticos, será Força simplesmente Prakriti, apenas movimento de ação e processo, ou Prakriti é, na realidade, um poder de Chit em sua força natural de autoconsciência criadora? Todo o resto depende desse problema essencial.

# CAPÍTULO X

# A FORÇA CONSCIENTE

*Eles contemplaram a força de ser do Ser Divino escondida profundamente por suas próprias maneiras de agir.*

*Shvetashvatara Upanishad*, 1. 3.

*Isso é ele, que está desperto naqueles que dormem.*

*Katha Upanishad*, II.2. 8.

Toda existência fenomênica revela-se como uma Força, um movimento de energia que assume formas mais ou menos materiais, mais ou menos grosseiras ou sutis, para representar-se à sua própria experiência. Nas antigas imagens pelas quais o pensamento humano tentou tornar sua origem e lei de ser inteligíveis e reais para si mesmo, essa existência infinita da Força era figurada como um mar, no início em repouso e, portanto, livre de formas; mas a primeira alteração, o primeiro indício de movimento necessita a criação de formas e constitui a semente de um universo.

Matéria é a representação de força mais facilmente inteligível à nossa inteligência que, ela mesma, é moldada pelos contatos com a Matéria aos quais a mente, involuída no cérebro material, dá a resposta. O estado elementar da força material é, segundo os físicos da Índia antiga, uma condição de pura extensão material no Espaço, cuja propriedade particular é a vibração, que se representa para nós como o fenômeno do som. Mas vibração nesse estado de éter não é suficiente para criar formas. Deve haver, primeiro, alguma obstrução no fluir do oceano de Força, alguma contração e expansão, algum jogo interativo de vibrações, alguma colisão de forças, a fim de criar um começo de relações fixas e efeitos mútuos. A força material, ao modificar seu estado primeiro, o do éter, assume um segundo, chamado aéreo na linguagem antiga, cuja propriedade especial é o contato entre força e força, contato que é a base de todas as relações materiais. Todavia, não há ainda formas reais, mas apenas forças variáveis: um princípio sustentador é necessário. Esse princípio é fornecido por uma terceira automodificação da Força primitiva, cujo princípio de luz, eletricidade, fogo e calor é para nós a manifestação característica. Mesmo assim podemos ter formas de força que preservam seu caráter próprio e ação peculiar, mas não formas estáveis de Matéria. Um quarto estado, caracterizado por difusão e um primeiro meio de atrações e repulsões permanentes, é denominado pitorescamente água ou estado líquido, e um quinto estado, de coesão, chamado terra ou estado sólido, completam os elementos necessários.

Todas as formas de matéria que percebemos, todas as coisas físicas, mesmo as mais sutis, são construídas pela combinação desses cinco elementos. Deles dependem também toda a nossa experiência sensível, pois pela recepção da vibração vem o sentido do som; pelo contato com coisas em um mundo de vibrações de Força, o sentido do tato; pela ação da luz nas formas que necessitam ser gestadas, delimitadas, sustentadas pela força de luz, fogo e calor, o sentido da visão; pelo quarto elemento, o sentido do paladar; pelo quinto elemento, o sentido do olfato. Tudo é, essencialmente, resposta a contatos vibratórios entre força e força. Dessa maneira, os antigos pensadores lançaram uma ponte sobre o golfo que separa a Força pura de suas modificações finais, e resolveram a dificuldade que impede a mente humana comum de entender como todas essas formas, que são para os seus sentidos tão reais, sólidas e duráveis, podem ser, na verdade, apenas fenômenos temporários, e de que modo algo como a energia pura, que para os sentidos é inexistente, intangível e quase inacreditável, pode ser a única realidade cósmica permanente.

O problema da consciência não é resolvido por essa teoria, pois ela não explica como o contato de vibrações de Força pode suscitar sensações conscientes. Os sankhyas, ou pensadores analíticos, postularam então que, por trás desses cinco elementos, há dois princípios, que chamaram *Mahat* e *Ahankara* — esses princípios, na realidade, são não materiais, pois o primeiro nada mais é do que o vasto princípio cósmico de Força, e o outro, o princípio divisional de formação do Ego. Entretanto, esses dois princípios, assim como o princípio da inteligência, tornam-se ativos na consciência não em virtude da própria Força, mas em virtude de uma Alma-Consciente inativa, ou de almas nas quais as atividades da força se refletem e, por esse reflexo, tomam a coloração da consciência.

Tal é a explicação das coisas oferecida pela escola de filosofia indiana que mais se aproxima das ideias materialistas modernas; ela sustentava a ideia de que há uma Força mecânica ou inconsciente na Natureza, e foi tão longe quanto possível para uma mente indiana séria em sua reflexão. Quaisquer que fossem seus defeitos, a ideia principal era tão indiscutível que, de modo geral, veio a ser aceita. Independentemente de como o fenômeno da consciência possa ser explicado, seja a Natureza um impulso inerte, seja um princípio consciente, ela é certamente Força; o princípio das coisas é um movimento de energias, um movimento formador, todas as formas nascem do encontro e da adaptação mútua entre forças amorfas, toda sensação e ação é uma resposta de alguma coisa, de uma forma da Força, aos contatos de outras formas da Força. Este é o mundo como o experienciamos e é dessa experiência que devemos sempre partir.

A análise física da matéria pela ciência moderna chegou à mesma conclusão geral, embora algumas últimas dúvidas ainda perdurem. A intuição e a experiência confirmam essa concordância entre ciência e filosofia. A razão pura encontra aí a satisfação de suas próprias concepções essenciais — pois mesmo se víssemos o mundo como essencialmente um ato de consciência, isso significaria um ato e nele estaria implicado um movimento de Força, uma ação de Energia. Isso também, quando examinamos do interior de nossa experiência, prova ser a natureza fundamental do mundo. Todas as nossas atividades são a ação dessa força tripla das filosofias antigas: força-conhecimento, força-desejo, força-ação, que provam ser, em realidade, três correntes de um Poder único, original e idêntico, Adya Shakti. Mesmo nossos estados de repouso são apenas estados de igualdade ou o equilíbrio do jogo de movimento desse Poder.

Uma vez que se admite que toda a natureza do Cosmos é um movimento de Força, surgem duas perguntas. Primeiro, como esse movimento chegou afinal a produzir-se no seio da existência? Se supomos que ele é não só eterno, mas a essência mesma de toda existência, a pergunta não se coloca. Mas rejeitamos essa teoria. Somos conscientes de uma existência que não é compelida pelo movimento. Como, então, esse movimento, estranho ao seu repouso eterno, veio a produzir-se? Por qual causa? Qual possibilidade? Por qual impulsão misteriosa?

A resposta mais aprovada pela mente indiana antiga era que Força é inerente à Existência. Shiva e Kali, Brahman e Shakti são um e não dois. Não podem ser separados. A Força inerente à existência pode estar em repouso ou em movimento, mas quando em repouso não deixa de existir e não é abolida, diminuída ou de modo algum alterada em sua essência. Essa resposta é tão inteiramente racional e de acordo com a natureza das coisas que podemos aceitá-la sem hesitar. De fato é impossível, porque contradiz a razão, supor que Força é uma coisa alheia à existência una e infinita e entrou na existência vinda de fora, ou então que era não existente e surgiu na existência em certo momento do Tempo. Mesmo a teoria ilusionista deve admitir que Maya, o poder de autoilusão de Brahman, é potencialmente eterna no Ser eterno, e então a única questão é sua manifestação ou não manifestação. O Sankhya também afirma a coexistência eterna de Prakriti e Purusha, Natureza e Alma-Consciente, e os estados alternativos de repouso ou equilíbrio da Prakriti e de movimento ou perturbação do equilíbrio.

Porém, visto que Força é assim inerente à existência, e que é da natureza da Força ter essa dupla potencialidade, essa alternância entre repouso e movimento, isto é, de autoconcentração na Força e autodifusão na Força, a questão de como se produz o movimento, sua possibilidade, seu impulso inicial ou causa motriz não se coloca. Podemos, então, facilmente conceber que essa potencialidade deve traduzir-se, seja como um ritmo alternado de repouso e de movimento que se sucedem um ao outro no Tempo, seja como uma eterna autoconcentração de Força na existência imutável, com um jogo superficial de movimento, mudança e formação, como o subir e o descer das ondas na superfície do oceano. E esse jogo superficial — somos obrigados a empregar imagens inadequadas — pode coexistir com a autoconcentração, e ser, ele mesmo, também eterno, ou pode começar e acabar no Tempo e ser retomado por uma espécie de ritmo constante; é então eterno não em sua continuidade, mas em sua recorrência.

Assim eliminado o problema do como, coloca-se a questão do porquê. Por que, afinal, essa possibilidade de uma ação de movimento da Força deveria explicar-se? Por que a Força de existência não permaneceria eternamente concentrada em si, infinita, livre de toda variação e toda formação? Essa pergunta também não se coloca, se admitirmos que a Existência é não consciente e que a consciência é apenas um desenvolvimento da energia material que erroneamente supomos ser imaterial. Assim, podemos dizer simplesmente que esse ritmo é a natureza da Força na existência e não há absolutamente razão alguma para buscar um porquê, uma causa, um motivo inicial ou um propósito final para isso que, por natureza, é para sempre autoexistente. Não podemos dirigir essa pergunta à eterna autoexistência, perguntar-lhe por que existe ou como chegou à existência; tampouco podemos colocar a pergunta à própria força-em-si da existência e à sua natureza inerente de impulsão ao movimento. Então, tudo o que podemos investigar é seu modo de manifestar-se, seus princípios de movimento e formação, seu processo de evolução. Existência e Força, ambas sendo inertes — estado inerte e impulsão inerte —, ambas inconscientes e ininteligentes, não pode haver nenhum propósito ou meta final na evolução, nenhuma causa ou intenção original.

Mas se supormos ou descobrirmos que Existência é o Ser consciente, surge o problema. Podemos certamente supor um Ser consciente que seja sujeito à sua natureza de Força, compelido por ela e sem opção entre ter que se manifestar no universo ou continuar não manifestado. Tal é o Deus cósmico dos Tântricos e dos Mayavadins, que é sujeito à Shakti ou à Maya, Purusha involuído na Maya ou controlado pela Shakti. Mas é óbvio que um tal deus não é a suprema Existência infinita que havíamos concebido no início. Devemos admitir que essa é apenas uma formulação no cosmos de Brahman pelo Brahman que é, ele mesmo, logicamente anterior à Shakti ou Maya e que toma Shakti de volta em seu ser transcendental quando ela cessa suas obras. Em uma existência consciente absoluta, independente de suas formações, não determinada por suas obras, devemos supor uma liberdade inerente de manifestar ou não manifestar a potencialidade do movimento. Um Brahman compelido pela Prakriti não é Brahman, mas um Infinito inerte com um conteúdo ativo mais poderoso que o continente, um possuidor consciente de uma Força que seria seu mestre. Se dissermos que ele é compelido por si mesmo como Força, compelido por sua própria natureza, não nos liberamos da contradição, do subterfúgio de nosso primeiro postulado. Retornaremos a uma Existência que, na realidade, não seria nada mais que Força, força em repouso ou em movimento, força absoluta talvez, mas não Ser absoluto.

É necessário, então, examinar a relação entre Força e Consciência. Mas o que entendemos por esse último termo? De modo geral o entendemos como a nossa primeira, óbvia, ideia de uma consciência mental desperta como a que o ser humano possui durante a maior parte de sua existência corporal, quando não está adormecido, atordoado ou de alguma maneira destituído de seus modos físicos e superficiais de sensação. Nesse sentido, é bem claro que consciência é a exceção e não a regra na ordem do universo material. Nós mesmos nem sempre a possuímos. Mas essa primeira ideia, comum e pouco profunda, da natureza da consciência, embora ainda falseie nosso pensamento comum e nossas associações de ideias habituais, deve agora desaparecer definitivamente do pensamento filosófico, pois sabemos que há algo em nós que é consciente quando dormimos, quando estamos atordoados, drogados ou desfalecidos, bem como em todos os estados aparentemente inconscientes de nosso ser físico. Não apenas isso, mas agora podemos estar seguros de que os antigos pensadores estavam certos, quando declararam que, mesmo em nosso estado desperto, o que chamamos nossa consciência é apenas uma pequena seleção de nosso ser consciente integral: é uma superfície, não é nem mesmo o todo de nossa mentalidade. Por trás dela, muito mais vasta do que ela, há uma mente subliminar ou subconsciente que é a maior parte de nós mesmos e contém alturas e profundidades que nenhum ser humano ainda mediu ou sondou. Esse conhecimento nos dá um ponto de partida para uma verdadeira ciência da Força e suas obras; nos libera em definitivo da circunscrição pela materialidade e da ilusão do óbvio.

O materialismo de fato insiste que a consciência, seja qual for sua extensão, é um fenômeno material inseparável de nossos órgãos físicos e não os utiliza, mas deles resulta. No entanto, essa controvérsia ortodoxa não pode mais deter a onda crescente do conhecimento. Suas explicações tornam-se cada vez mais inadequadas e forçadas. Torna-se cada vez mais claro que não só a capacidade de nossa consciência total ultrapassa em muito a capacidade de nossos órgãos — os sentidos, os nervos, o cérebro —, mas que esses órgãos, mesmo para nosso pensamento e nossa consciência normais, são apenas seus instrumentos habituais e não seus geradores. A consciência usa o cérebro que seus esforços ascendentes produziram, o cérebro não produziu nem usa a consciência. Há inclusive certos casos anormais que tendem a provar que nossos órgãos não são instrumentos inteiramente indispensáveis, que as batidas do coração não são absolutamente essenciais à vida, não mais do que a respiração, e tampouco as células cerebrais organizadas são indispensáveis ao pensamento. Nosso organismo físico não é a causa ou a explicação do pensamento e da consciência, assim como a construção de uma máquina não é a causa ou a explicação da potência motriz do vapor ou da eletricidade. A força é anterior, não o instrumento físico.

As consequências lógicas que se seguem são de importância capital. Em primeiro lugar podemos perguntar: uma vez que a consciência mental existe até mesmo onde vemos um estado inanimado e inerte, não seria possível que mesmo em objetos materiais uma mente universal subconsciente estivesse presente, embora incapaz de agir ou comunicar-se com suas superfícies por falta de órgãos? Será o estado material um vazio de consciência ou, antes, apenas um sono da consciência — mesmo se, do ponto de vista da evolução, um sono original e não intermediário? E por sono, o exemplo humano nos ensina, não queremos dizer uma suspensão da consciência, mas seu recolhimento interior, longe de reações físicas conscientes aos impactos de coisas exteriores. E tudo que a existência é, mas não desenvolveu ainda, não seriam meios de comunicação externa com o mundo físico exterior? Não existiria uma Alma Consciente, um Purusha sempre desperto, mesmo em tudo que dorme?

Podemos ir mais longe. Quando falamos da mente subconsciente, queremos dizer com essa expressão uma coisa que não difere da mentalidade externa, mas age — sem que o homem no estado de vigília seja consciente — apenas abaixo da superfície, no mesmo sentido, porém talvez com uma imersão mais profunda e uma extensão mais ampla. Mas os fenômenos do self subliminar ultrapassam em muito os limites de uma tal definição. Eles implicam uma ação não apenas imensamente superior em capacidade, mas de um tipo completamente diferente do que conhecemos como mentalidade em nosso ser de vigília. Temos então o direito de supor que há em nós uma supraconsciência assim como um subconsciente, uma gama de faculdades conscientes e, portanto, uma organização da consciência, que se elevam muito acima dessa camada psicológica que chamamos mentalidade. E visto que o self subliminar em nós se eleva assim à supraconsciência acima da mente, não poderá ele também mergulhar na subconsciência abaixo da mente? Não haverá, em nós e no mundo, formas de consciência que são submentais e às quais podemos dar o nome de consciência vital e consciência física? Se assim for, devemos supor que também na planta e no metal encontra-se uma força que podemos chamar consciência, se bem que não seja a mentalidade humana ou animal, que até agora reservaram o monopólio dessa descrição.

Isso não só é provável mas, se considerarmos as coisas de modo desapaixonado, é uma certeza. Em nós há uma consciência vital que age nas células do corpo e nas funções vitais automáticas, de tal modo que executamos movimentos deliberados e obedecemos a atrações e repulsões às quais nossa mente é alheia. Nos animais, essa consciência vital tem um papel ainda mais importante. Nas plantas, é intuitivamente evidente. As aspirações e retrações da planta, seu prazer e sua dor, seu sono e sua vigília e toda essa estranha vida cuja verdade um cientista indiano trouxe à luz por meio de métodos científicos rigorosos, são todos movimentos da consciência e não da mente, até onde podemos observar. Há, então, uma consciência submental, vital, que tem precisamente as mesmas reações iniciais do mental, mas é diferente na constituição de sua autoexperiência, assim como o supraconsciente, na constituição de sua autoexperiência, difere do ser mental.

Será que a extensão daquilo que podemos chamar consciência cessa com a planta, com isso em que reconhecemos a existência de uma vida subanimal? Nesse caso, devemos então supor que há uma força de vida e consciência originalmente estranha à Matéria e que no entanto penetrou e ocupou a Matéria — vinda talvez de um outro mundo.[1] Pois, senão, de onde poderia ter vindo? Os pensadores antigos acreditavam na existência desses outros mundos, que sustentam talvez a vida e a consciência no nosso, ou mesmo exercem uma pressão que as faz emergir, mas não as criam por sua entrada nesse mundo. Nada pode evoluir a partir da Matéria se já não estiver contido nela.

---

1. Essa curiosa especulação, agora corrente, é que a Vida teria entrado na Terra vinda não de outro mundo, mas de outro planeta. Para o pensador, isso nada explica. A questão essencial é como a Vida entra na Matéria, e não como ela entra na matéria de um planeta particular.

Porém, não há razão para supor que a extensão da vida e da consciência seja insuficiente e pare de maneira brusca naquilo que nos parece puramente material. O desenvolvimento recente da pesquisa e do pensamento parece indicar um tipo de início obscuro da vida e talvez um tipo de consciência inerte ou reprimida no metal ou na terra e em outras formas "inanimadas"; ou pelo menos o material primário daquilo que em nós se torna consciência pode estar presente aí. Só que, enquanto na planta podemos reconhecer de modo vago e conceber o que chamei de consciência vital, por certo nos é difícil compreender ou imaginar a consciência da Matéria, da forma inerte, e o que achamos difícil de compreender ou imaginar consideramos nosso direito negar. No entanto, alguém que buscou a consciência tão longe nas profundezas, não pode crer que possa haver esse abismo inesperado na Natureza. O pensamento tem o direito de supor uma unidade lá onde essa unidade é reconhecida por todas as outras classes de fenômenos, mesmo se em uma só dentre elas essa unidade for não negada, e simplesmente estiver mais escondida do que nas outras. E se admitirmos que a unidade não é rompida, chegaremos então à conclusão de que a consciência existe em todas as formas da Força que está em ação no mundo. Mesmo se nenhum Purusha consciente ou supraconsciente habitasse em todas as formas, ainda assim haveria nessas formas uma força de ser consciente, da qual mesmo suas partes externas, abertamente ou de maneira inativa, fariam parte.

Em uma tal concepção, a palavra "consciência" necessariamente muda de sentido. Não é mais sinônimo de mente, mas indica uma força de existência autoconsciente da qual a mente é um meio-termo; abaixo do nível da mente ela mergulha nos movimentos vitais e materiais, que para nós são subconscientes; acima, eleva-se ao supramental, que é para nós o supraconsciente. Mas em tudo é uma só e única coisa que se organiza de modo diferente. Esse é ainda o conceito indiano de Chit, que, como energia, cria os mundos. Em essência, chegamos a essa unidade que a ciência materialista percebe da outra extremidade, ao afirmar que a Mente não pode ser uma força distinta da Matéria, e deve ser apenas um desenvolvimento e resultado da energia material. Por outro lado, o mais profundo pensamento indiano afirma que Mente e Matéria são, antes, diferentes graus da mesma energia, diferentes organizações da única Força consciente da Existência.

Mas que direito temos de pressupor que consciência é a descrição justa para essa Força? Porque consciência implica algum tipo de inteligência, propósito, autoconhecimento, mesmo se estes não assumem as formas com as quais nossa mentalidade está habituada. Porém, mesmo desse ponto de vista, tudo sustenta, mais do que contradiz, a ideia de uma Força consciente universal. Vemos no animal, por exemplo, operações perfeitamente intencionais e um conhecimento exato e, na verdade, cientificamente minucioso — que estão inteiramente além da capacidade animal e que o próprio homem só pode adquirir mediante longos períodos de aprendizagem e educação e, mesmo assim, usa com uma rapidez muito menos segura. Temos o direito de ver nesse fato geral a prova de que uma Força consciente está em ação no animal e no inseto, uma Força mais inteligente, mais propositada e mais consciente de sua intenção, seus fins, meios e condições do que a mentalidade mais alta já manifestada sobre a terra em alguma forma individual. E nas operações da Natureza inanimada encontramos a mesma característica de permeação por uma suprema inteligência "escondida nos modos de seu próprio funcionamento".

O único argumento contra a existência de uma fonte consciente e inteligente desse trabalho intencionado, esse trabalho de inteligência, seleção, adaptação e busca, é aquele grande elemento das operações da Natureza ao qual damos o nome de desperdício. Mas é óbvio que essa objeção é baseada nas limitações de nosso intelecto humano, que busca impor sua própria racionalidade — suficiente para finalidades humanas limitadas — às operações gerais da Força universal. Vemos apenas parte do propósito da Natureza, e tudo que não é favorável a essa parte chamamos desperdício. Todavia, mesmo nossa própria ação humana é cheia de um aparente desperdício, assim parecendo do ponto de vista individual; contudo, podemos estar seguros, o desperdício serve bastante bem ao vasto desígnio universal das coisas. A Natureza executa com bastante segurança essa parte de sua intenção que podemos detectar, apesar — ou justamente em virtude — de seu aparente desperdício. Podemos muito bem confiar nela em todo o resto que ainda não detectamos.

Quanto ao mais, é impossível ignorar a impulsão dirigida para um propósito determinado, a orientação de uma tendência em aparência cega, a realização segura, final ou imediata do alvo buscado, que caracterizam as operações da Força universal no animal, na planta e nas coisas inanimadas. Enquanto a Matéria era o Alpha e o Ômega da mente científica, a relutância em admitir que a inteligência fosse a mãe da inteligência era um escrúpulo honesto. Mas agora, afirmar o emergir da consciência, da inteligência e de uma mestria humanas a partir de uma inconsciência ininteligente que nos impele de modo cego e na qual elas antes não tiveram nem forma nem substância, é apenas um paradoxo obsoleto. A consciência do homem não pode ser outra coisa senão uma forma de consciência da Natureza. Ela está presente em outras formas involuídas abaixo da Mente, emerge na Mente e deve ascender a formas ainda superiores, além da Mente. Pois a Força que constrói os mundos é uma Força consciente, a Existência que se manifesta neles é um Ser consciente, e um emergir perfeito de suas potencialidades na forma é o único objetivo que podemos conceber de modo racional para sua manifestação deste mundo de formas.

## CAPÍTULO XI

# O DELEITE DE SER: O PROBLEMA

*Pois quem poderia viver, ou respirar, se não houvesse esse deleite de ser como o éter, em que habitamos?*

*Do Deleite todos estes seres nasceram, pelo Deleite eles existem e crescem, ao Deleite eles retornam.*

Taittiriya Upanishad, II. 7; III. 6.

Mas mesmo se aceitarmos essa pura Existência, esse Brahman, esse Sat como início, fim e recipiente absoluto das coisas, e aceitarmos no Brahman uma autoconsciência inerente, inseparável de seu ser e que se projeta como uma força do movimento de consciência que cria forças, formas e mundos, ainda assim não teremos resposta à questão "Por que Brahman, perfeito, absoluto, infinito, que não necessita nada, não deseja nada, teria afinal projetado uma força de consciência para criar em si mesmo esses mundos de formas?". Pusemos de lado a solução segundo a qual sua própria natureza, que é Força, o compeliria a criar e os seus próprios potenciais de movimento e formação o obrigariam a projetar-se em formas. Ele tem essa potencialidade, é verdade, mas não é limitado, preso ou compelido por ela; ele é livre. Se, então, livre de mover-se ou permanecer eternamente imóvel, de projetar-se em formas ou reter em si o potencial da forma, ele dá curso livre ao seu poder de movimento e formação, só pode ser por uma única razão: o deleite.

Essa Existência primeira, última e eterna, como foi vista pelos vedânticos, não é só uma mera existência, ou uma existência consciente cuja consciência é força ou poder em estado bruto; ela é uma existência consciente em que o ser e a consciência têm como termo próprio a beatitude. Assim como na existência absoluta não pode haver o nada, nenhuma noite de inconsciência, nenhuma deficiência, isto é, nenhuma falha da Força — porque se houvesse qualquer uma dessas coisas não seria absoluta —, assim também não pode haver nela sofrimento algum, negação alguma do deleite. O absoluto da existência consciente é uma beatitude ilimitável da existência consciente; os dois são apenas termos diferentes da mesma coisa. Tudo que é ilimitável, toda infinitude, todo absoluto, é puro deleite. Mesmo nossa humanidade relativa tem a experiência de que toda insatisfação significa um limite, um obstáculo — a satisfação provém da realização de algo que estava reprimido e pelo fato de que o limite é ultrapassado e o obstáculo, superado. Isso é assim porque nosso ser original é o absoluto em plena posse de sua própria consciência e seu próprio poder, infinitos e ilimitáveis; uma posse de si cujo outro nome é deleite de ser. E na medida em que o relativo entra em contato com esse estado, ele se move em direção à satisfação, entra em contato com o deleite.

O deleite que Brahman encontra em si mesmo não é, contudo, limitado à posse quieta e imóvel de seu ser-em-si absoluto. Do mesmo modo que sua força de consciência é capaz de projetar-se infinitamente em formas, com variações infinitas, também seu autodeleite é capaz de movimento, variação, júbilo, nesse fluxo infinito, nessas mutações infinitas de si, representando-se na proliferação de universos inumeráveis. O objetivo do jogo expansivo ou criativo da Força é liberar e fruir cada vez mais esse movimento e essa variação infinitos de seu autodeleite.

Em outras palavras, isso que se projetou nas formas é uma Existência-Consciência-Beatitude tripla e única, Satchidananda, cuja consciência é, em sua natureza, uma Força criadora, ou melhor, uma Força autoexpressiva, capaz de variação infinita nos fenômenos e formas de seu ser autoconsciente, fruindo do deleite sem fim dessa variação. Em consequência, todas as coisas que existem são o que são enquanto termos dessa existência, termos dessa força consciente, termos desse deleite de ser. Do mesmo modo que todas as coisas nos aparecem como formas mutáveis do ser único imutável, resultados finitos da força única e infinita, assim também descobrimos que todas as coisas são uma autoexpressão variável desse deleite de autoexistência único e invariável, que abarca tudo. A força consciente reside em cada coisa que existe, e tudo existe, tudo é o que é em virtude dessa força consciente; do mesmo modo, em tudo o que existe há o deleite de ser, e todas as coisas existem e são o que são em virtude desse deleite.

Essa antiga teoria vedântica da origem cósmica confronta-se de imediato com duas poderosas contradições na mente humana: a consciência emocional e sensorial da dor e o problema ético do mal. Se o mundo é uma expressão de Satchidananda, e não só da existência que é força-consciência — pois isso pode ser facilmente admitido —, mas da existência que é também autodeleite infinito, como então explicar a presença universal da aflição, do sofrimento, da dor? Pois este mundo se mostra a nossos olhos antes como um mundo de sofrimento do que um mundo do deleite de ser. Essa visão de mundo é decerto um exagero, um erro de perspectiva. Se olharmos de maneira objetiva, com a única finalidade de uma apreciação exata e desapegada, descobriremos que a soma de prazer na existência ultrapassa em muito a soma de dor na existência — apesar das aparências e de casos individuais que mostram o contrário — e o prazer de existir, ativo ou passivo, superficial ou subjacente, é o estado normal da natureza, e a dor uma ocorrência contrária que suspende ou recobre temporariamente esse estado normal. Mas por essa mesma razão, a menor soma de dor nos afeta de modo mais intenso, e muitas vezes nos parece imensamente maior do que uma grande soma de prazer; precisamente porque este último é normal, não o valorizamos bastante, dificilmente o notamos, a menos que se intensifique em alguma forma mais aguda, em uma onda de felicidade, um cume de alegria ou de êxtase. São essas coisas que chamamos deleite e buscamos; a satisfação normal da existência, que é sempre presente, independentemente do que acontece, de uma causa ou de um objeto particulares, nós a sentimos como algo neutro, que não é nem prazer nem dor. Ela está aí, um grande fato prático, pois sem ela o instinto de conservação, universal e irresistível, não existiria; mas não é isso que buscamos, e então não o inscrevemos em nosso balanço de ganhos e perdas emocionais e sensoriais. Nesse balanço só registramos, de um lado, os prazeres positivos e, do outro, o desconforto e a dor; a dor nos afeta de modo mais intenso porque é anormal para o nosso ser, contrária à nossa tendência natural, e é experienciada como um atentado à nossa existência, uma ofensa e um ataque externo àquilo que somos e buscamos ser.

Não obstante, a anormalidade da dor ou sua soma maior ou menor não mudam o problema filosófico; maior ou menor, sua simples presença constitui o problema inteiro. Visto que tudo é Satchidananda, como é possível que exista dor e sofrimento? Este, o verdadeiro problema, muitas vezes se torna ainda mais confuso por uma falsa questão, proveniente da ideia de um Deus pessoal extracósmico e por uma questão parcial, a dificuldade ética.

Pode-se deduzir que Satchidananda é Deus, um Ser consciente, autor da existência; como então pode Deus ter criado um mundo onde Ele inflige o sofrimento às suas criaturas, sanciona a dor, permite o mal? Sendo Deus Todo-Bondade, quem criou a dor e o mal? Se dissermos que a dor é uma tribulação e uma prova, não resolveremos o problema moral, chegaremos a um Deus imoral ou amoral — talvez um excelente mecânico do mundo, um psicólogo astucioso, mas não um Deus de Bondade e Amor que possamos adorar — apenas um Deus de Poder, a cuja lei devemos nos submeter ou termos a esperança de propiciar ao submetermo-nos a seus caprichos. Então, alguém que inventa a tortura como um meio de exame ou prova é culpado de crueldade deliberada ou de insensibilidade moral, e supondo-se que seja um ser moral, é inferior ao instinto mais alto de suas próprias criaturas. E se, para esquivarmo-nos dessa dificuldade moral, dissermos que a dor é um resultado inevitável e uma punição natural do mal no plano moral — explicação que não se enquadrará nem mesmo nos fatos da vida, a menos que admitamos a teoria do Karma e do renascimento, segundo a qual a alma sofre agora pelos pecados cometidos antes desse nascimento, em outros corpos —, a própria raiz do problema ético continua: quem criou, ou por que, ou a partir de que foi criado, esse mal moral que impõe a punição por meio da dor e do sofrimento? E visto que o mal moral é em realidade uma forma de doença mental ou de ignorância, quem, ou o que, criou essa lei ou conexão inevitável, que pune uma doença mental ou um ato de ignorância com um retorno tão terrível, com torturas muitas vezes tão extremas e monstruosas? A inexorável lei do Karma é irreconciliável com uma suprema Divindade moral e pessoal, e por isso a lógica clara do Buda negou a existência de qualquer Deus pessoal livre e governando tudo, e afirmou que toda personalidade é uma criação da ignorância e sujeita ao Karma.

Na verdade, a dificuldade assim apresentada de modo tão agudo, só surge se supormos a existência de um Deus pessoal extracósmico que não fosse Ele-mesmo o universo, e que teria criado o bem e o mal, a dor e o sofrimento para Suas criaturas, mas se manteria acima disso sem ser afetado, observando, governando, exercendo Sua vontade em um mundo que sofre e luta; ou, se Ele não a exerce, se permite que o mundo seja conduzido por uma lei inexorável, sem ajudá-lo ou ajudando-o de maneira ineficiente, então não seria Deus, não seria onipotente, nem todo-bondade, nem todo-amor. Nenhuma teoria de um Deus moral extracósmico pode explicar o mal e o sofrimento — a criação do mal e do sofrimento — a não ser mediante um subterfúgio insatisfatório que evita a pergunta em lugar de respondê-la, ou mediante um maniqueísmo evidente ou implícito, que praticamente anula a Divindade ao tentar justificar suas vias ou desculpar suas obras. Mas um tal Deus não é o Satchidananda do Vedanta. O Satchidananda do Vedanta é uma existência única e sem segundo; tudo o que é, é Ele. Se, então, o mal e o sofrimento existem, é Ele quem toma sobre si o mal e o sofrimento na criatura em que se encarnou. O problema então muda inteiramente. A questão não é mais como Deus pôde criar para suas criaturas um sofrimento e um mal do qual Ele-mesmo seria incapaz e, portanto, imune, mas como a Existência-Consciência-Beatitude, única e infinita, admite em si mesma o que não é beatitude, o que parece ser sua negação absoluta.

Com isso, metade da dificuldade moral — essa dificuldade em sua única forma que não encontra resposta — desaparece. Não se apresenta mais, não pode mais ser formulada. Ser cruel com os outros sem afetar-se, ou mesmo participar de seus sofrimentos por um arrependimento ulterior ou uma piedade tardia, é uma coisa; infligir o sofrimento a si mesmo quando se é a única existência, é uma coisa completamente diferente. No entanto, a dificuldade ética pode ressurgir em uma forma modificada; sendo o Todo-Deleite necessariamente todo-bondade e todo-amor, como o mal e o sofrimento podem existir em Satchidananda, visto que Ele não é uma existência mecânica, mas um ser livre e consciente, livre para condenar e rejeitar o mal e o sofrimento? Devemos reconhecer que, formulado dessa maneira, o problema é igualmente falso, porque aplica os termos de uma afirmação parcial como se fossem aplicáveis ao todo. Pois as ideias de bondade e amor que assim introduzimos no conceito do Todo-Deleite surgem de uma concepção dualista e divisional das coisas; são baseadas inteiramente nas relações entre criatura e criatura, e no entanto nos obstinamos em aplicá-las a um problema que, ao contrário, parte da hipótese do Um que é tudo. Devemos ver, primeiro, como o problema se apresenta ou como pode ser resolvido em sua pureza original, na base de unidade na diferença; só então poderemos, com segurança, lidar com suas partes e seus desenvolvimentos, tais como as relações entre criatura e criatura, na base de divisão e dualidade.

Devemos reconhecer, se tivermos essa visão do todo, sem nos limitar à dificuldade humana e ao ponto de vista humano, que não vivemos em um mundo ético. A tentativa do pensamento humano de impor um significado ético ao todo da Natureza é um desses atos voluntários e obstinados para confundir a si mesmo, uma dessas tentativas patéticas do ser humano para decifrar-se, descobrir seu self humano habitual e limitado em todas as coisas, julgá-las sob o ponto de vista que ele pessoalmente desenvolveu e que o impede, de maneira muito efetiva, de chegar ao conhecimento real e à visão completa. A Natureza material não é ética; a lei que a governa é uma coordenação de hábitos fixos que não tomam conhecimento do bem e do mal, mas apenas da força que cria, põe ordem e preserva, a força que perturba e destrói de maneira imparcial, sem ética, segundo a Vontade secreta nela, segundo a satisfação muda dessa Vontade em suas próprias autoformações e autodissoluções. A Natureza animal ou vital também não é ética, se bem que, ao progredir, ela manifeste o material bruto do qual o animal superior desenvolve o impulso ético. Não reprovamos o tigre porque mata e devora sua presa, assim como não reprovamos a tempestade porque destrói ou o fogo porque tortura e mata; tampouco a força consciente na tempestade, no fogo ou no tigre reprova ou condena a si mesma. Reprovação e condenação, ou melhor, autorreprovação e autocondenação são o início da verdadeira ética. Quando reprovamos os outros sem aplicar a mesma lei a nós mesmos não pronunciamos um verdadeiro julgamento ético, apenas aplicamos a linguagem que a ética desenvolveu para nós a um impulso emocional de repulsão, de desagrado por aquilo que nos desagrada ou fere.

Essa repulsão ou esse desagrado, é a origem primeira da ética, mas ela mesma não é ética. O medo que o cervo sente do tigre, a raiva da criatura forte pelo seu agressor são um recuo vital do deleite de ser individual diante daquilo que o ameaça. Com o progresso da mente, esse sentimento refina-se e se torna repugnância, antipatia, desaprovação. A desaprovação daquilo que nos ameaça e fere e a aprovação daquilo que nos lisongeia e satisfaz refinam-se e conduzem à concepção do bem e do mal, para si, para a comunidade, para outros que não nós-mesmos, outras comunidades que não a nossa e, no final, conduzem à aprovação geral do bem e à desaprovação geral do mal. Mas, do princípio ao fim, a natureza fundamental da coisa permanece a mesma. O homem deseja autoexpressão, autodesenvolvimento, em outras palavras, quer que o jogo da força-consciente da existência progrida nele mesmo: esse é o seu deleite fundamental. Tudo que prejudica essa expressão, esse desenvolvimento, essa satisfação do seu self que progride, é para ele o mal; tudo que os ajuda, confirma, eleva, engrandece e enobrece, é para ele o bem. Só que sua concepção de autodesenvolvimento se modifica, se torna mais alta e vasta, começa a exceder sua personalidade limitada, a abarcar outros, a abarcar tudo em seu raio de ação.

Em outras palavras, a ética é um estágio na evolução. O que é comum a todos os estágios é o impulso de Satchidananda para expressar-se. Esse impulso no início é não ético, depois infraético no animal, e mesmo antiético no animal inteligente, pois nos permite aprovar o dano provocado a outros, o qual desaprovamos quando infligido a nós mesmos. Nesse aspecto, o ser humano, mesmo agora, é apenas semiético. E assim como tudo abaixo de nós é infraético, pode ser que haja acima de nós algo que no final atingiremos, que é supraético, que não necessita de ética. O impulso e a atitude éticos, tão essenciais para a humanidade, são um meio pelo qual ela deixa com dificuldade a harmonia e a universalidade inferiores — baseadas na inconsciência e fragmentadas pela Vida em discórdias individuais — em busca de uma harmonia e uma universalidade superiores, baseadas na unidade consciente com todas as existências. Uma vez atingido esse objetivo, o meio não será mais necessário, nem mesmo possível, visto que as qualidades e oposições das quais depende se dissolverão naturalmente e desaparecerão na reconciliação final.

Portanto, se o ponto de vista ético se aplica apenas a uma passagem temporária, embora essencial, de uma universalidade a outra, não podemos aplicá-lo para encontrar a solução completa do problema do universo, mas admiti-lo apenas como um elemento nessa solução. Proceder de outra maneira é correr o risco de falsificar todos os fatos do universo, todo o sentido da evolução que está atrás e diante de nós, a fim de ajustá-los a uma perspectiva temporária e a uma visão semievoluída da utilidade das coisas. O mundo tem três camadas: infraética, ética e supraética. Devemos descobrir aquilo que é comum a todas, pois só assim poderemos resolver o problema.

Aquilo que é comum a todas, como já vimos, é a satisfação da força-consciente da existência, que se desenvolve em formas e busca, nesse desenvolvimento, seu deleite. Foi dessa satisfação ou deleite de autoexistência que ela evidentemente começou, pois é isso que é normal para ela, a isso se atém, disso faz sua base; mas ela busca novas formas de si mesma e é na passagem às formas superiores que intervém o fenômeno de dor e sofrimento, que parece contradizer a natureza fundamental de seu ser. Esta, e apenas esta, é a raiz do problema.

Como resolvê-lo? Diremos nós que Satchidananda não é o começo e o fim das coisas, mas que o começo e o fim é o *Nihil*, um vazio imparcial que mesmo sendo nada contém todas as potencialidades de existência ou não existência, consciência ou não consciência, deleite ou não deleite? Podemos aceitar essa resposta, se quisermos; mas embora busquemos com ela tudo explicar, na verdade não explicamos nada, apenas incluímos tudo. Um Nada que estaria cheio de todas as potencialidades é a mais completa oposição possível de termos e coisas, portanto apenas explicamos uma contradição menor com uma maior, e conduzimos a seu extremo a autocontradição das coisas. O *Nihil* é o vazio, onde não pode haver potencialidades; um indeterminado imparcial de todas as potencialidades é o Caos, e tudo o que fizemos foi pôr o Caos no Vazio sem explicar como ele chegou até lá. Retornemos então à nossa concepção original de Satchidananda, e vejamos se com esse fundamento uma solução mais completa se tornará possível.

Devemos, primeiro, tornar claro para nós que assim como quando falamos de consciência universal entendemos por isso algo diferente da consciência mental desperta do ser humano, algo mais essencial e mais amplo, do mesmo modo, quando falamos de deleite universal da existência entendemos algo diferente, mais essencial e amplo que o prazer comum das emoções e sensações da criatura humana individual. Prazer, alegria e felicidade, como o ser humano usa essas palavras, são movimentos limitados e ocasionais que dependem de certas causas habituais; e, como seus opostos, dor e aflição, que são do mesmo modo movimentos limitados e ocasionais, emergem de um substrato diferente de si mesmos. O deleite de ser é universal, ilimitável e autoexistente, não dependente de causas particulares; é o substrato de todos os substratos e dele emergem prazer, dor e outras experiências mais neutras. Quando o deleite de ser busca realizar-se como deleite de vir-a-ser, move-se no movimento da força, e ele mesmo assume diferentes formas de movimento, formas das quais prazer e dor são correntes positivas e negativas. Subconsciente na Matéria, supraconsciente além da Mente, esse deleite busca, na Mente e na Vida, realizar-se pelo emergir no tornar-se, na crescente autoconsciência do movimento. Seus primeiros fenômenos são duais e impuros, e movem-se entre os polos de prazer e dor, mas ele busca revelar-se na pureza de um supremo deleite de ser, que é autoexistente e independe de objetos e causas. Assim como Satchidananda se move em direção à realização da existência universal no indivíduo e à realização da consciência que, sob a forma de corpo e mente, excede toda forma, do mesmo modo o deleite de ser se move em direção à realização de um deleite universal, autoexistente e sem objetivo, no fluxo das experiências e objetivos particulares. Esses objetivos, os buscamos atualmente como causas estimulantes de um prazer e uma satisfação transitórios; livres, e em plena posse do self, não mais os buscaremos, mas os possuiremos como refletores, mais do que como causas, de um deleite que existe eternamente.

No ser humano egoísta — a pessoa mental que emerge do envoltório sombrio de matéria —, o deleite de ser é neutro, semilatente, ainda na sombra do subconsciente, não mais que um solo fértil escondido, que o desejo cobre com um luxuriante cultivo de ervas venenosas e flores apenas menos venenosas, que são as dores e os prazeres de nossa existência egoística. Quando a força-consciente divina, que trabalha secretamente em nós, tiver devorado esses brotos de desejo, quando o fogo de Deus, na imagem do *Rig Veda*, tiver queimado os germens da terra, aquilo que estava escondido na raiz dessas dores e desses prazeres, a sua causa e seu ser secreto, a seiva do deleite neles, emergirá em formas novas, não de desejo, mas de uma satisfação autoexistente que substituirá o prazer mortal pelo êxtase do Imortal. E essa transformação é possível porque esses germens de sensação e emoção, as dores não menos que os prazeres, são, em seu ser essencial, esse deleite de ser que eles buscam, mas não conseguem realizar — não conseguem devido à divisão, ignorância do self e egoísmo.

# CAPÍTULO XII

# O DELEITE DE SER: A SOLUÇÃO

*O nome d'Isto é Deleite; como Deleite devemos adorá-Lo e buscá-Lo.*
*Kena Upanishad*, IV. 6.

Com essa concepção de um deleite de ser inalienável e subjacente, do qual todas as sensações exteriores ou de superfície são um jogo positivo, negativo ou neutro, ondas ou espuma dessa infinita profundidade, alcançamos a verdadeira solução do problema que estamos examinando. O self das coisas é uma existência infinita e indivisível; dessa existência, a natureza essencial, o poder essencial, é uma força infinita e imperecível de um ser autoconsciente; e a natureza essencial, o autoconhecimento essencial dessa autoconsciência é, igualmente, um deleite de ser infinito e inalienável. Na ausência de forma e em todas as formas, na eterna consciência do ser infinito e indivisível e nas aparências multiformes da divisão finita, essa autoexistência preserva perpetuamente seu autodeleite. Assim como na aparente inconsciência da Matéria, nossa alma, liberando-se de sua servidão a seus próprios hábitos superficiais e ao seu modo particular de existência autoconsciente, descobre essa Força-Consciente infinita, constante, imóvel, envolvente — do mesmo modo, na aparente não sensação da Matéria, a alma chega a descobrir um Deleite e a harmonizar-se com ele, um Deleite infinito, consciente, imperturbável, extático, que abarca tudo. Esse deleite é seu próprio deleite, esse self é seu próprio self em tudo; mas para nossa visão comum do self e das coisas — que desperta e se move só nas superfícies —, ele permanece escondido, profundo, subconsciente. E assim como existe em todas as formas, do mesmo modo ele está em todas as experiências, sejam elas agradáveis, dolorosas ou neutras. Lá também, escondido, profundo, subconsciente, é ele que autoriza e compele as coisas a continuarem a existir. Esse deleite é a razão desse apego à existência, dessa vontade de ser todo-poderosa, traduzida vitalmente como o instinto de autopreservação, fisicamente como a indestrutibilidade da matéria, mentalmente como o sentido de imortalidade que acompanha a existência na forma ao longo de todas as fases do seu desenvolvimento e do qual mesmo o impulso ocasional de autodestruição é apenas uma forma reversa, uma atração para um outro estado de ser e o consequente recuo diante do estado de ser atual. Deleite é existência, Deleite é o segredo da criação, Deleite é a raiz do nascimento, Deleite é a causa da permanência na existência, Deleite é o fim do nascimento e isso no qual a criação cessa. "De Ananda", diz o *Upanishad*, "todas as existências nascem, pela Ananda continuam a ser e se expandem, à Ananda elas retornam."

Quando consideramos esses três aspectos do Ser essencial — uno, em realidade, tri-uno para nossa visão mental, separável apenas em aparência nos fenômenos da consciência dividida —, somos capazes de pôr no lugar certo as fórmulas divergentes das antigas filosofias, para que se unam e se tornem una, abandonando suas antigas controvérsias. Pois se olharmos a existência do mundo apenas em suas aparências e apenas em sua relação com a Existência pura, infinita, indivisível e imutável, teremos então o direito de considerá-la, descrevê-la e realizá-la como Maya. Maya, em seu sentido original, significava uma consciência abrangedora e inclusiva, capaz de abarcar, medir e limitar, e em consequência, uma consciência formadora; é ela que delineia, demarca, modela formas no sem forma, torna psicológico e parece tornar conhecido o Incognoscível, geometriza e parece tornar mensurável o sem-limites. Mais tarde, essa palavra afastou-se do seu sentido original de conhecimento, habilidade, inteligência e adquiriu um sentido pejorativo de astúcia, fraude ou ilusão, e é sob a imagem de encantamento ou ilusão que é utilizada pelos sistemas filosóficos.

O mundo é Maya. O mundo não é irreal no sentido de não ter nenhum tipo de existência; pois mesmo se fosse só um sonho do Self, ainda assim existiria n'Ele como um sonho, real para Ele no presente, mesmo se definitivamente irreal. Também não devemos dizer que o mundo é irreal no sentido de não ter algum tipo de existência eterna; pois embora mundos particulares e formas particulares possam dissolver-se, ou dissolvem-se fisicamente e retornam mentalmente da consciência da manifestação para a não manifestação, a Forma em si, o Mundo em si, são eternos. Da não manifestação eles retornam inevitavelmente à manifestação; sua recorrência, se não sua persistência, é eterna, uma eterna imutabilidade em sua soma e fundamento e, ao mesmo tempo, uma eterna mutabilidade em seu aspecto e em seu modo de aparecer. Tampouco temos a certeza de que jamais houve — ou de que jamais haverá — um período no Tempo em que nenhuma forma de universo, nenhuma atividade de ser representou-se no eterno Ser-Consciente; temos só uma percepção intuitiva de que o mundo que conhecemos pode surgir, e de fato surge, d'Isto e retorna a Isto, perpetuamente.

Ainda assim, o mundo é Maya, porque ele não é a verdade essencial da existência infinita, mas apenas uma criação do ser autoconsciente — não uma criação no vazio, não uma criação no nada e a partir do nada, mas uma criação na eterna Verdade e a partir da eterna Verdade desse Ser-em-si; seu continente, sua origem e substância são a Existência essencial e real, suas formas são formações mutáveis d'Isto, percebidas por Sua consciência, determinadas por Sua força-consciente criadora. Essas formações são capazes de manifestação, capazes de não manifestação, capazes de um outro tipo de manifestação. Se quisermos, poderemos então chamá-las ilusões da consciência infinita, e assim projetar, audaciosamente, uma sombra de nosso sentido mental de sujeição ao erro e à incapacidade, sobre isso que, maior do que a Mente, está além da sujeição à falsidade e ilusão. Mas vendo que a essência e substância da Existência não são uma mentira e que todos os erros e deformações de nossa consciência dividida representam alguma verdade da Existência autoconsciente indivisível, podemos apenas dizer que o mundo não é a verdade essencial d'Isto, mas sim a verdade fenomênica de Sua livre multiplicidade e infinita mutabilidade de superfície, e não a verdade de Sua Unidade fundamental e imutável.

Por outro lado, se consideramos a existência cósmica apenas em relação à consciência e à força de consciência, podemos olhá-la, descrevê-la e compreendê-la como um movimento da Força obedecendo a alguma vontade secreta ou então a alguma necessidade que lhe é imposta pela própria existência da Consciência que a possui ou a vê. Então, a existência cósmica é o jogo da Prakriti — a Força que executa — para satisfazer o Purusha, o Ser Consciente que olha e aprecia, ou é o jogo do Purusha refletido nos movimentos da Força e identificando-se com eles. O mundo, então, é o jogo da Mãe das coisas, impelida a moldar-Se para sempre em infinitas formas e ávida por uma eterna efusão de experiências.

Porém, se considerarmos a Existência Cósmica, de preferência em sua relação com o autodeleite do ser eternamente existente, poderemos olhar, descrever e compreender esse deleite como Lîla, o jogo, a alegria da criança, a alegria do poeta, a alegria do ator, a alegria do artesão que experiencia a Alma das coisas, Alma eternamente jovem, perpetuamente inexaurível, criando-se e recriando-se, Ela mesma em si mesma,[1] para a simples beatitude dessa autocriação, dessa autorrepresentação — Ela o jogo, Ela o jogador, Ela o campo de jogo. Essas três generalizações do jogo

---

1. Em inglês, "Himself in Himself", "Ele mesmo n'Ele mesmo". A Alma é o Purusha, a Natureza é a Prakriti. (N. T.)

da existência em sua relação com o eterno e estável, o imutável Satchidananda, que partem das três concepções de Maya, Prakriti e Lîla, e aparecem em nossos sistemas filosóficos como filosofias contraditórias, são, na realidade, perfeitamente compatíveis, complementares e necessárias em sua totalidade a uma visão integral da vida e do mundo. O mundo, do qual somos uma parte, é, em seu aspecto mais óbvio, um movimento da Força; mas essa Força, quando penetramos suas aparências, revela-se como um ritmo constante e sempre mutável da consciência criadora, que faz jorrar e projeta em si mesma as verdades fenomênicas de seu ser infinito e eterno; e esse ritmo é, em sua essência, causa e propósito, um jogo do deleite de ser infinito, sempre ocupado com suas inumeráveis autorrepresentações. Essa visão tripla ou tri-una deve ser o ponto de partida de toda a nossa compreensão do universo.

Visto, então, que o deleite de ser, eterno e imutável, expressando-se no deleite infinito e mutável do devenir é a raiz de todo o problema, devemos conceber um Ser consciente uno e indivisível por trás de todas as nossas experiências, sustentando-as com seu deleite inalienável e efetuando, com seu movimento, as variações de prazer, dor e neutra indiferença em todas as nossas sensações. Esse é nosso self real; o ser mental, sujeito à vibração tripla, só pode ser uma representação de nosso self real, colocado no primeiro plano para os propósitos da experiência sensível das coisas, experiência que é o primeiro ritmo de nossa consciência dividida em sua resposta e reação aos múltiplos contatos do universo. Essa é uma resposta imperfeita, um ritmo confuso e discordante, preparação e prelúdio do jogo completo e unificado do Ser consciente em nós. Essa não é a sinfonia verdadeira e perfeita, que pode ser nossa se formos capazes de um dia entrar em harmonia com o Um em todas as variações e afinarmo-nos pelo diapasão absoluto e universal.

Se essa visão estiver correta, então certas consequências se impõem de modo inevitável. Em primeiro lugar, visto que em nossas profundezas nós mesmos somos esse Um, que na realidade de nosso ser somos a Toda-Consciência indivisível e, portanto, a Toda-Beatitude inalienável, a disposição de nossa experiência sensorial nas três vibrações de dor, prazer e indiferença só pode ser um arranjo superficial, criado por aquela parte limitada de nós mesmos que predomina em nossa consciência desperta. Por trás, deve haver algo em nós — muito mais vasto, profundo, verdadeiro do que a consciência de superfície — que se delicia de modo imparcial com todas as experiências; é esse deleite que sustenta secretamente o ser mental de superfície e permite-lhe perseverar, através de todas as labutas, sofrimentos e provações, nos movimentos agitados do Vir-a-ser. Isso que chamamos nós-mesmos é apenas um raio trêmulo na superfície; por trás há todo o vasto subconsciente, o vasto supraconsciente que se serve de todas essas experiências de superfície e as impõe a seu self exterior que ele expõe, como uma espécie de revestimento sensível, aos contatos do mundo; ele mesmo velado, ele recebe esses contatos e os assimila, para fazer deles os valores de uma experiência mais verdadeira e profunda, suprema e criadora. De suas profundezas os envia à superfície sob a forma de força, caráter, conhecimento, impulso, cujas raízes são misteriosas para nós, porque nossa mente se move e se agita na superfície e não aprendeu a concentrar-se e viver nas profundezas.

Em nossa vida comum, essa verdade nos é escondida, ou algumas vezes a entrevemos de maneira indistinta, ou a mantemos e concebemos de modo imperfeito. Mas se aprendermos a viver dentro, despertaremos infalivelmente a essa presença dentro de nós que é nosso self mais real, uma presença profunda, calma, alegre e poderosa, da qual o mundo não é o mestre — uma presença que se não é o próprio Senhor, é a irradiação interna d'Ele. Percebêmo-la dentro de nós, a sustentar e ajudar o self aparente de superfície e a sorrir de seus prazeres e dores como de erros e emoções de uma criança pequena. E se pudermos entrar em nós mesmos e identificarmo-nos, não com nossa experiência de superfície, mas com essa radiante penumbra do Divino, poderemos viver nessa atitude diante dos contatos com o mundo e, em nossa inteira consciência, distanciando-nos dos prazeres e dores do corpo, do ser vital e da mente, nós os viveremos como experiências cuja natureza superficial não toca nosso ser central e real, nem se impõe a ele. Nos termos sânscritos, inteiramente expressivos, há uma *anandamaya* por trás da *manomaya*, um vasto Self-de-Beatitude por trás do self mental limitado, de quem este último é apenas uma imagem indistinta e um reflexo conturbado. A verdade de nós mesmos encontra-se dentro e não na superfície.

E, como dissemos, essa vibração tripla de prazer, dor e indiferença — um arranjo e resultado de nossa evolução imperfeita —, sendo superficial, não pode ter em si nada de absoluto e inevitável. Com efeito, nada nos obriga a reagir a um contato particular com certa reação particular de prazer ou dor, ou com neutralidade; o que há é apenas uma obrigação do hábito. Sentimos prazer ou dor em um contato particular porque esse é o hábito que nossa natureza formou, e essa é a relação constante que o receptor estabeleceu com o contato. Está dentro de nossa capacidade enviar a resposta completamente oposta: prazer onde sentíamos dor, dor onde sentíamos prazer. Temos igualmente a capacidade de habituar o ser de superfície a reenviar, em lugar das reações mecânicas de prazer, dor e indiferença, essa livre resposta do deleite inalienável que é a constante experiência do Self-de-Beatitude, verdadeiro e vasto, dentro de nós. E essa é uma conquista maior, uma posse de si ainda mais profunda e completa do que uma recepção, alegre e desapegada, nas profundezas das reações habituais de superfície. Pois não se trata mais de uma mera aceitação sem sujeição, uma aquiescência livre aos valores imperfeitos da experiência, mas sim de algo que nos torna capazes de converter o imperfeito em perfeito, os valores falsos em valores verdadeiros — o deleite do Espírito nas coisas, constante, mas verdadeiro, substituindo as dualidades que o ser mental experiencia.

No domínio da mente, não é difícil perceber essa pura relatividade das reações habituais de prazer e dor. O ser nervoso em nós está de fato acostumado a uma certa fixidez, uma falsa impressão de absoluto nessas coisas. Para ele, vitória, sucesso, honra e todo tipo de boa fortuna são coisas agradáveis em si, de maneira absoluta, e devem produzir alegria, como o açúcar deve ter um sabor doce; privação, derrota, decepção, desgraça e todo tipo de infortúnio são coisas desagradáveis em si, de maneira absoluta, e devem provocar dor, como o absinto deve ter um gosto amargo. Modificar essas respostas significa distanciar-se dos fatos, e é para ele uma coisa anormal e doentia, pois o ser nervoso é uma coisa escravizada aos hábitos e é, em si mesmo, o meio planejado pela Natureza para fixar a constância das reações, a uniformidade da experiência, o plano bem estabelecido das relações do homem com a vida. O ser mental, por outro lado, é livre, pois ele é o meio que a Natureza planejou para a flexibilidade e a variação, a mudança e o progresso; ele só é submisso enquanto escolhe permanecer submisso, enquanto escolhe manter-se em certo hábito mental em vez de outro, ou enquanto se deixa dominar por seu instrumento nervoso. O ser mental não é obrigado a afligir-se com derrota, desgraça, perda: ele pode enfrentar essas coisas e todas as coisas com uma perfeita indiferença; pode mesmo enfrentá-las com uma perfeita satisfação. O homem descobre, então, que quanto mais se recusa a ser dominado por seus nervos e seu corpo, quanto mais se recusa a involver-se com suas partes físicas e vitais, tanto maior é sua liberdade. Ele se torna o mestre de suas respostas aos contatos do mundo, não é mais o escravo dos contatos externos.

Com relação ao prazer e à dor físicos, é mais difícil aplicar a verdade universal, pois este é o domínio próprio dos nervos e do corpo, o centro e sede daquilo que, em nós, é naturalmente dominado pelo contato e a pressão externos. No entanto, mesmo aí, temos vislumbres da verdade. Vemos isso no fato de que o mesmo contato físico pode ser agradável ou doloroso segundo o hábito, não só para indivíduos diferentes, mas para o mesmo indivíduo em condições diversas ou em diferentes estágios de seu desenvolvimento. Vemos isso no fato de que os seres humanos, em períodos de grande comoção ou intensa exaltação, tornam-se fisicamente indiferentes à dor, ou não têm consciência da dor, quando sujeitos ao contato físico com coisas que de ordinário lhes infligiriam uma tortura ou sofrimentos severos. Em muitos casos, é só quando os nervos são capazes de reafirmar-se e de lembrar à mente sua obrigação habitual de sofrer, que a sensação de sofrimento retorna. Mas esse retorno à obrigação do hábito não é inevitável, é apenas habitual. Vemos que, nos fenômenos de hipnose, pode-se não apenas chegar a proibir com sucesso que a pessoa hipnotizada sinta a dor de uma ferida ou de uma picada quando se encontra nesse estado anormal, mas também impedi-la, com igual sucesso, de voltar à sua reação habitual de sofrimento quando é despertada. A razão desse fenômeno é perfeitamente simples: o hipnotizador interrompe temporariamente a consciência desperta habitual, que é escrava de hábitos nervosos, e pode assim recorrer ao ser mental subliminar nas profundezas, o ser mental interior, que é mestre, se quiser, dos nervos e do corpo. Mas essa liberdade, obtida pela hipnose de maneira anormal, rápida e por uma vontade alheia, sem verdadeira posse de si, pode igualmente ser ganha de modo normal, gradual, com verdadeira posse, pela nossa própria vontade, a fim de obter uma vitória parcial ou completa do ser mental sobre as reações nervosas habituais do corpo.

A dor da mente e do corpo é um meio que a Natureza, isto é, a Força em suas obras, utiliza para favorecer uma transição determinada em sua evolução ascendente. O mundo, do ponto de vista do indivíduo, é um jogo e um choque complexo de forças múltiplas. No meio desse jogo complexo, o indivíduo se situa como um ser construído e limitado, com uma quantidade de força limitada, exposto a inumeráveis choques que podem ferir, mutilar, desmembrar ou desintegrar a construção que ele chama "si-mesmo". A dor é, em sua natureza, um recuo nervoso e físico diante de um contato perigoso ou prejudicial; faz parte do que o *Upanishad* chama *jugupsā,* a retração do ser limitado diante daquilo que não é ele ou que não está em afinidade ou em harmonia com ele, é seu impulso de autodefesa contra "outros". Desse ponto de vista, a dor é o meio de que a Natureza se serve para indicar aquilo que deve ser evitado ou, se não puder ser evitado, que deve ser remediado. A dor não aparece no mundo puramente físico enquanto nele não entra a vida, pois até então os métodos mecânicos são suficientes. Sua tarefa começa quando a vida, com sua fragilidade e sua posse imperfeita da Matéria, entra em cena; e aumenta com o crescimento da Mente na vida. Sua tarefa continua por todo o tempo em que a Mente permanece presa à vida e ao corpo de que se serve, dependente deles para seu conhecimento e meios de ação, sujeita às suas limitações e aos impulsos e objetivos egoísticos que nascem dessas limitações. Mas se, e quando, a Mente no homem tornar-se capaz de ser livre, sem egoísmo, em harmonia com todos os outros seres e com o jogo das forças universais, a utilidade e o papel do sofrimento diminuirão, sua *raison d'être* no final deixará de existir, e poderá continuar só como um atavismo da Natureza, um hábito que sobreviveu à própria utilidade, uma persistência do inferior na organização ainda imperfeita do superior. Sua eliminação final deve ser um ponto essencial na vitória predestinada da alma sobre a sujeição à Matéria e à limitação egoística na Mente.

Essa eliminação é possível porque a própria dor e o próprio prazer são correntes do deleite de ser, mesmo se uma é imperfeita e o outro, deturpado. A razão dessa imperfeição e dessa deturpação é a autodivisão do ser em sua consciência, efetuada pela Maya que mede e limita; em consequência, o indivíduo recebe os contatos de maneira egoística e fragmentada, em vez de universal. Para a alma universal, todas as coisas e todos os contatos com as coisas carregam em si uma essência do deleite, muito bem descrita no termo estético sânscrito *Rasa*, que indica ao mesmo tempo seiva ou essência de uma coisa, e seu sabor. É porque não buscamos a essência da coisa que entra em contato conosco, mas vemos apenas o modo como ela afeta nossos desejos e medos, nossos apetites e repugnâncias, que a *Rasa* toma as formas de sofrimento e dor, prazer imperfeito e efêmero ou de indiferença, isto é, uma neutralidade incapaz de apreender a essência. Se pudéssemos ser inteiramente desinteressados em nossa mente e nosso coração e impor esse desapego ao ser nervoso, seria possível eliminar de maneira progressiva tais formas imperfeitas e deturpadas de *Rasa*, e o sabor verdadeiro e essencial do inalienável deleite de ser, em todas as suas variações, estaria ao nosso alcance. Conseguimos, em certa medida, ter a experiência desse deleite variável, mas universal, quando nos tornamos receptivos à estética de coisas do modo como a Arte e a Poesia as representam; desfrutamos aí a *Rasa* ou o gosto pelo doloroso, o terrível, mesmo pelo horrível ou repugnante;[2] e isso porque estamos desapegados, desinteressados, não pensamos em nós ou em nos defender (*jugupsā*), mas apenas na coisa e em sua essência. Essa recepção estética dos contatos decerto não é uma imagem ou um reflexo precisos do puro deleite, que é supramental e supraestético; pois esse último eliminaria dor, terror, horror e repugnância com suas causas, enquanto a primeira os admite: mas ela representa de maneira parcial e imperfeita um estágio do deleite progressivo da Alma universal nas coisas, e dá acesso, em uma parte de nossa natureza, àquele desapego das sensações egoísticas e àquela atitude universal pela qual a Alma una busca harmonia e beleza, lá onde nós, seres divididos, experienciamos antes de tudo o caos e a discórdia. A liberação completa só pode vir por uma liberação similar em todas as partes de nosso ser, a *aesthesis* universal, o ponto de vista universal do conhecimento, o desapego universal de todas as coisas e, contudo, uma simpatia por tudo, em nosso ser emocional e nervoso.

Visto que a natureza do sofrimento é uma deficiência da força-consciente em nós ao enfrentar os choques da existência e um consequente retraimento e contração,

---

2. Na retórica sânscrita, são chamados os *rasas karuṇa, bhayānaka* e *bībhatsa*.

e, em sua raiz, uma desigualdade dessa força de recepção e posse — desigualdade devido à nossa autolimitação pelo egoísmo decorrente da nossa ignorância do nosso Self verdadeiro, de Satchidananda — a eliminação do sofrimento deve proceder, primeiro, pela substituição de *jugupsā*, a retração e a contração, por *titikshā*, que quer dizer enfrentar, suportar e conquistar todos os choques da existência; mediante essa perseverança e essa conquista chegamos a uma igualdade que pode ser uma indiferença equânime diante de todos os contatos ou uma alegria equânime em todos os contatos; e para que essa equanimidade, por sua vez, encontre uma fundação firme, devemos substituir a consciência do ego que desfruta e sofre, pela consciência de Satchidananda, que é Toda-Beatitude. A consciência de Satchidananda pode transcender o universo, ser desapegada dele, e o caminho que conduz a esse estado de Beatitude distante é a indiferença com equanimidade: esse é o caminho do asceta. Ou então a consciência de Satchidananda pode ser ao mesmo tempo transcendente e universal, e o caminho que conduz a esse estado de Beatitude, presente em tudo, abarcando tudo, é o dom de si e a perda do ego no universal, e a posse de um deleite invariável que permeia tudo: esse é o caminho dos antigos sábios védicos. Mas a neutralidade em relação aos contatos imperfeitos do prazer e aos contatos deturpados da dor é o primeiro resultado direto e natural da autodisciplina da alma, e a conversão dessas atitudes em deleite invariável, em geral, só pode ocorrer depois. A transformação direta da vibração tripla em Ananda é possível, mas menos fácil para o ser humano.

Tal, então, é a visão do universo que surge da afirmação Vedântica integral. Uma existência infinita, indivisível, toda-beatitude em sua pura autoconsciência, sai de sua pureza fundamental e entra no jogo variado da Força que é consciência, no movimento da Prakriti que é o jogo da Maya. O deleite de sua existência está, no início, recolhido em si, absorto, subconsciente na base do universo físico; depois, emerge em uma grande massa de movimento neutro, que não é ainda o que chamamos sensação; mais tarde, seu emergir continua, com o crescimento da mente e do ego na vibração tripla de dor, prazer e indiferença originada da limitação da força de consciência nas formas e sua exposição aos choques da Força universal, que esse deleite sente como estranhos a si mesmo e desarmônicos em relação às suas próprias medidas e padrões; por fim, sobrevém o emergir consciente da integralidade de Satchidananda em suas criações, pela universalidade, pela igualdade, pela posse de si e a conquista da Natureza. Esse é o curso e o movimento do mundo.

Se, então, surge a pergunta por que a Existência Única deveria deleitar-se com um tal movimento, a resposta encontra-se no fato de que todas as possibilidades são inerentes à Sua infinidade, e o deleite de ser — em seu devir mutável, não em seu ser imutável — encontra-se justamente na realização variável de suas possibilidades. E a possibilidade, elaborada aqui no universo do qual somos uma parte, começa com o ocultamento de Satchidananda nisso que parece ser seu oposto e com sua autodescoberta até mesmo em meio aos termos desse oposto. O ser infinito perde-se na aparência do Não-Ser e emerge na aparência de uma Alma finita; a consciência infinita perde-se na aparência de uma vasta inconsciência indeterminada e emerge na aparência de uma consciência superficial limitada; a Força infinita autossustentada perde-se na aparência de um caos de átomos e emerge na aparência do equilíbrio vacilante de um mundo; o Deleite infinito perde-se na aparência de uma Matéria insensível e emerge na aparência de um ritmo discordante no qual variam dor, prazer e sensação neutra, amor, ódio e indiferença; a unidade infinita perde-se na aparência de uma multiplicidade caótica e emerge em uma discórdia de forças e seres que buscam reencontrar a unidade pela posse, dissolução e devoração um do outro. Nessa criação, o Satchidananda real deve emergir. O ser humano, o indivíduo, deve tornar-se um ser universal e viver como tal; sua consciência mental limitada deve ampliar-se até a unidade supraconsciente na qual cada um contém o todo; seu coração estreito deve aprender o abraço infinito e substituir seus apetites e discórdias pelo amor universal; seu ser vital restrito deve aprender a ser equânime diante de todos os choques do universo que se abatem sobre ele e ser capaz de sentir o deleite universal. Seu próprio ser físico deve conhecer-se não como entidade separada, mas como uma unidade com todo o fluir da Força indivisível que está em todas as coisas e que ele mantém em si mesmo; sua natureza inteira deve reproduzir, no indivíduo, a unidade, a harmonia, o um-em-tudo da suprema Existência-Consciência-Beatitude.

Ao longo de todo esse jogo, a realidade secreta é o deleite de ser, ela é uma e sempre a mesma — a mesma no deleite do sono subconsciente antes do emergir do indivíduo; no deleite da luta e de todas as variações, vicissitudes, deturpações, conversões, reversões do esforço, para encontrar-se em meio aos dédalos do sonho semiconsciente do qual o indivíduo é o centro; e a mesma no deleite da posse de si, eterna e supraconsciente, na qual o indivíduo deve despertar e então tornar-se um com o Satchidananda indivisível. Esse é o jogo do Um, do Senhor, do Todo, tal como se revela a nosso conhecimento liberado e esclarecido, do ponto de vista conceitual deste universo material.

# CAPÍTULO XIII

# A MAYA DIVINA

*Pelos nomes do Senhor e pelos nomes dela, eles configuraram e mediram a força da Mãe de Luz; vestindo um após o outro os poderes dessa Força como uma veste, os senhores da Maya modelaram a Forma neste Ser.*
*Os Mestres da Maya configuraram tudo pela Maya d'Ele; os Pais que têm a visão divina O colocaram no interior, como uma criança que deve nascer.*
Rig Veda, III. 38. 7; IX. 83. 3.

Uma existência que age e cria pelo poder de seu ser consciente e a partir de seu puro deleite é a realidade que somos, o self de todos os nossos modos de ser e de nossos estados de espírito, a causa, objeto e objetivo de tudo o que fazemos, tudo o que nos tornamos, tudo o que criamos. Assim como o poeta, o pintor ou o músico, que, quando criam, na realidade não fazem mais do que desenvolver alguma potencialidade em seu self não manifestado e dar-lhe uma forma de manifestação, e assim como o pensador, o estadista, o artesão, que apenas dão uma forma exterior àquilo que jaz escondido neles, era eles mesmos e continua a ser quando moldado na forma — assim é com o mundo e o Eterno. Toda criação ou vir-a-ser nada mais é do que essa automanifestação. Da semente evolve aquilo que já está na semente, preexistente em seu ser, predestinado em sua vontade de devenir, pré-organizado no deleite do devenir. O plasma original continha em si, como força de ser, o organismo que deveria emergir, pois é sempre essa força secreta, fecunda, autoconhecedora, que labora para manifestar sob seu próprio impulso irresistível a forma de si que carrega consigo. Simplesmente, o indivíduo que cria ou se manifesta faz uma distinção entre ele mesmo, a força que trabalha nele e o material com que trabalha. Na realidade, a força é ele, a consciência individualizada que ela instrumentaliza é ele, o material que ela usa é ele, a forma resultante é ele. Em outras palavras, é uma só existência, uma só força, um só deleite de ser que se concentra em pontos diversos, diz de cada um "Este sou eu" e age em cada um por um jogo variado de força de si, para um jogo variado de autoformação.

O que essa força produz é ela mesma e não pode ser outra coisa senão ela mesma; ela elabora um jogo, um ritmo, um desenvolvimento de sua própria existência, de sua própria força de consciência e de seu próprio deleite de ser. Por isso, tudo que vem ao mundo não busca mais do que isto: ser, chegar à forma almejada, ampliar sua autoexistência naquela forma, desenvolver, manifestar, aumentar, realizar infinitamente a consciência e o poder contidos nessa forma, experienciar o deleite de entrar na manifestação, o deleite da forma de ser, o deleite do ritmo da consciência, o deleite do jogo da força, e aumentar e aperfeiçoar esse deleite por todos os meios possíveis, em qualquer direção, mediante qualquer ideia de si que lhe possa ser sugerida pela Existência, pela Força-Consciente, pelo Deleite ativo em seu ser mais profundo.

E se houver algum objetivo, alguma completude em direção à qual tendem as coisas, só pode ser a completude — no indivíduo e no todo que os indivíduos constituem — de sua autoexistência, de seu poder e consciência e de seu deleite de ser. Mas essa completude não será possível na consciência individual concentrada dentro dos limites da formação individual; a completude absoluta não é possível no finito, porque é estranha ao modo como esse finito concebe a si mesmo. Portanto, o único objetivo final possível é o emergir da consciência infinita no indivíduo; é a redescoberta de sua própria verdade, pelo autoconhecimento e a autorrealização; a verdade do Infinito no ser, do Infinito na consciência, do Infinito no deleite, ele as possuirá de novo como seu próprio self e Realidade, de que o finito é apenas uma máscara e um instrumento para expressões variadas.

Assim, pela própria natureza do jogo do mundo, como foi realizado por Satchidananda na vastidão de Sua existência expandida como Espaço e Tempo, devemos conceber, primeiro, uma involução e uma autoabsorção do ser consciente na densidade e na divisibilidade infinita da substância, pois de outro modo não pode haver variação finita; depois, um emergir da força autoaprisionada até se tornar o ser formal, o ser vivo, o ser pensante; e, no final, a liberação do ser formado e pensante na livre realização de si como o Um e Infinito no jogo do mundo, e por essa liberação ele recupera a existência-consciência-beatitude ilimitada que já agora ele é secreta, real e eternamente. Esse movimento triplo é toda a chave do enigma do mundo

É dessa forma que a verdade do Vedanta, antiga e eterna, integra e ilumina, justifica e nos mostra todo o significado da verdade moderna e fenomênica da evolução no universo. E é só assim que essa verdade nova da evolução, que é a antiga verdade do Universal desenvolvendo-se gradualmente no Tempo, percebida de maneira opaca por meio do estudo de Força e Matéria, pode encontrar seu sentido completo e sua justificação, iluminando-se com a Luz da verdade antiga e eterna ainda preservada para nós nas Escrituras vedânticas. O pensamento do mundo já está se voltando para essa autodescoberta e essa autoiluminação mútuas, pela fusão do antigo conhecimento do Oriente com o novo conhecimento do Ocidente.

Ainda assim, quando descobrimos que todas as coisas são Satchidananda, nem tudo foi ainda explicado. Conhecemos a Realidade do universo, ainda não sabemos o processo pelo qual essa Realidade tornou-se esse fenômeno. Temos a chave do enigma, devemos ainda achar a fechadura na qual ela girará. Pois essa Existência, Força-Consciente, Deleite, não age de modo direto, ou com uma irresponsabilidade soberana, como um mago edificando mundos e universos pelo mero *fiat* de sua palavra. Percebemos um processo, somos cônscios de uma Lei.

É verdade que essa Lei, quando a analisamos, parece reduzir-se a um equilíbrio do jogo de forças e a uma determinação desse jogo em linhas fixas de funcionamento, pelo fato acidental do desenvolvimento e o hábito da energia já realizada. Mas essa verdade aparente e secundária se torna final para nós só enquanto mantemos o conceito de uma Força única. Quando percebermos que a Força é uma autoexpressão da Existência, perceberemos também, necessariamente, que esse curso que a Força tomou corresponde a alguma verdade-de-si dessa Existência que governa e determina sua curva e sua destinação constantes. E visto que consciência é a natureza da Existência original e a essência de sua Força, essa verdade deve ser uma autopercepção no Ser-Consciente, e essa determinação do curso tomado pela Força deve resultar de um poder de conhecimento autodiretivo, inerente à Consciência, poder que lhe permite guiar de modo inevitável sua própria Força, seguindo a linha lógica da autopercepção original. É, então, um poder autodeterminante na consciência universal, uma capacidade, na autopercepção da existência infinita, de perceber certa Verdade em si mesma e dirigir sua força de criação segundo a linha dessa Verdade, que presidiu a manifestação cósmica.

Mas por que deveríamos interpor algum poder ou faculdade especial entre a própria Consciência infinita e o resultado de suas obras? Essa Autoconsciência do Infinito não poderia mover-se livremente e criar formas que em seguida permaneceriam em jogo até que chegasse o *fiat* que lhes desse a ordem de parar — como nos diz a antiga Revelação semita: "Deus disse, que haja Luz, e houve Luz"? Mas quando dizemos "Deus disse, que haja Luz", supomos o ato de um poder de consciência que determina a Luz em meio a tudo que não é luz; e quando dizemos "e houve Luz" presumimos uma faculdade diretora, um poder ativo que corresponde ao poder perceptivo original que produz o fenômeno e, ao fazer surgir a Luz segundo o curso da percepção original, impede que ela seja submergida por todas as infinitas possibilidades que não forem ela mesma. A consciência infinita em sua ação infinita só pode produzir resultados infinitos; tomar como referência uma Verdade ou ordem de verdades fixa e construir um mundo em conformidade com isso que é fixo, requer uma faculdade seletiva de conhecimento que tenha como missão moldar a aparência finita a partir da Realidade infinita.

Esse poder era conhecido pelos videntes védicos sob o nome de Maya. Para eles, Maya significava o poder da consciência infinita de abranger, conter em si e medir, isto é, de formar — pois a forma é uma delimitação — o Nome e a Forma a partir da Verdade da existência infinita, vasta, ilimitável. É pela Maya que a verdade estática do ser essencial torna-se verdade ordenada do ser ativo — ou, para pôr em uma linguagem mais metafísica: a partir do ser supremo no qual tudo é tudo, sem barreira de consciência separadora, emerge o ser fenomênico no qual tudo é em cada um e cada um é em tudo, para o jogo de existência com existência, de consciência com consciência, de força com força, de deleite com deleite. Esse jogo de tudo em cada um e cada um em tudo nos é, no começo, ocultado pelo jogo mental ou ilusão da Maya, que persuade cada um de que ele está em tudo, mas não tudo nele, e que ele está em tudo como um ser separado e não como um ser sempre e inseparavelmente uno com o resto da existência. Em seguida, devemos sair desse erro para emergirmo-nos no jogo supramental, na verdade da Maya, onde o "cada um" e o "tudo" coexistem na unidade inseparável da verdade única e do símbolo múltiplo. A Maya mental atual, inferior e enganadora, deve primeiro ser admitida, depois dominada, pois ela é o jogo de Deus com divisão, obscuridade e limitação, com desejo, luta e sofrimento, jogo no qual Ele se submete à Força gerada n'Ele mesmo e por cuja obscuridade Ele consente em deixar-se obscurecer. Essa outra Maya que a Maya mental esconde deve ser ultrapassada, depois abarcada, pois ela é o jogo de Deus com as infinidades da existência, os esplendores do conhecimento, as glórias da força conquistada e os êxtases de amor ilimitável, de que Ele emerge do controle da Força, possuindo-a por sua vez, e cumpre nela, iluminada, aquilo pelo qual ela se separou d'Ele no início.

Essa distinção entre a Maya inferior e a Maya superior é o elo, tanto no pensamento como no Fato cósmico, que as filosofias pessimistas ou ilusionistas não apreendem, ou negligenciam. Para elas, a Maya mental, ou talvez uma Sobremente, é a criadora do mundo, e um mundo criado pela Maya mental seria na verdade um paradoxo inexplicável e um pesadelo — fixo e ao mesmo tempo flutuante — da existência consciente, um mundo que não poderia ser classificado nem como ilusão nem como realidade. Temos que ver que a mente é apenas um termo intermediário entre o conhecimento criador que governa e a alma aprisionada em suas obras. Involuído por um de Seus movimentos inferiores na absorção da Força que esqueceu de si mesma e está perdida na forma de suas próprias obras, Satchidananda retorna para Si mesmo, emergindo do autoesquecimento; a Mente é apenas um de Seus instrumentos na descida e na ascensão. Ela é um instrumento da criação descendente, não a criadora secreta, um estágio de transição na ascensão, e não nossa fonte original elevada e termo consumado da existência cósmica.

As filosofias que reconhecem apenas a Mente como criadora dos mundos ou aceitam um princípio original que tem a Mente como única mediadora entre esse princípio e as formas do universo, podem ser divididas em filosofias puramente numênicas e filosofias idealistas. As puramente numênicas reconhecem no cosmos apenas o trabalho da Mente, do Pensamento, da Ideia: mas a Ideia pode ser puramente arbitrária, sem nenhuma relação essencial com qualquer Verdade real da existência; tal Verdade, se existe, pode ser vista como um mero Absoluto, distante de todas as relações e irreconciliável com um mundo de relações. A interpretação idealista supõe uma relação entre a Verdade que está por trás e o fenômeno conceitual no primeiro plano, uma relação que não é apenas a de uma antinomia e oposição. O ponto de vista que estou apresentando vai mais longe no idealismo: vê a Ideia criadora como Ideia-Real, isto é, um poder da Força Consciente que nasce do ser real, o expressa e faz parte de sua natureza, e não como uma criança do Vazio ou uma tecedora de ficções. A Ideia é a Realidade consciente que se projeta em formas mutáveis de sua própria substância imperecível e imutável. O mundo, então, não é um conceito fictício na Mente universal, mas um nascimento consciente, em suas próprias formas, daquilo que está além da Mente. Uma Verdade do ser consciente sustenta essas formas e expressa-se nelas, e o conhecimento que corresponde à verdade assim expressada reina como uma Consciência-Verdade[1] supramental, organizando ideias reais em uma perfeita harmonia antes que sejam moldadas na forma mental-vital--material. Mente, Vida e Corpo são uma consciência inferior e uma expressão parcial que, no molde de uma evolução variada, luta para atingir essa expressão superior de si mesma que já existe no Além-da-Mente. Isso que está no Além-da-Mente é o ideal, que, em suas condições próprias, essa consciência labuta para realizar.

---

1. Tomo essa frase do *Rig Veda* — *ṛta-cit*, que significa a consciência da verdade de ser essencial (*satyam*), da verdade ordenada do ser ativo (*ṛtam*) e a vasta autoconsciência (*bṛhat*) que, só ela, torna essa consciência possível.

De nosso ponto de vista ascendente podemos dizer que o Real está por trás de tudo o que existe; se expressa de modo intermediário em um Ideal que é uma verdade harmonizada de si mesmo; o Ideal projeta uma realidade fenomênica de um ser-consciente variável que, atraído de maneira inevitável para sua Realidade essencial, tenta enfim recuperá-la inteiramente, seja por um salto violento, seja normalmente, por meio do Ideal que a manifestou. É isso que explica a realidade imperfeita da existência humana tal como a vê a Mente, a aspiração instintiva no ser mental em direção a um aperfeiçoamento que sempre o ultrapassa, em busca da harmonia oculta do Ideal, e explica o anseio supremo do espírito para ir além do ideal, para o transcendental. Os próprios fatos de nossa consciência, sua constituição e necessidade, pressupõem essa ordem tríplice; eles negam a antítese dual e irreconciliável entre um mero Absoluto e uma mera relatividade.

A Mente não é suficiente para explicar a existência no universo. A Consciência Infinita deve, primeiro, traduzir-se em uma faculdade infinita de Conhecimento ou, como a chamamos do nosso ponto de vista, onisciência. Mas a Mente não é uma faculdade de conhecimento, nem um instrumento de onisciência; é uma faculdade cujo objetivo é buscar o conhecimento, expressar tudo que pode adquirir dele em certas formas de um pensamento relativo, e pô-lo ao serviço de certas capacidades de ação. Mesmo quando encontra o conhecimento, a Mente não o possui; ela apenas conserva certo fundo de moedas correntes da Verdade — não a própria Verdade — no banco da Memória, para ir buscá-las conforme suas necessidades. Na verdade, a Mente é aquilo que não conhece, que tenta conhecer e não conhece jamais, senão através de um vidro enfumaçado. Ela é o poder que interpreta a verdade da existência universal para os usos práticos de certa ordem de coisas, não é o poder que conhece e guia essa existência, e por isso não pode ser o poder que a criou ou manifestou.

Mas, se supormos uma Mente infinita que fosse livre de nossas limitações, isso, ao menos, poderia ser o criador do Universo? Uma tal Mente, no entanto, seria algo inteiramente diferente da definição de mente como a conhecemos: seria algo além do mental; seria a Verdade supramental. Uma Mente infinita, constituída nos termos da mente que conhecemos, só poderia criar um caos infinito, uma vasta colisão de acasos, acidentes, vicissitudes, a errar em direção a um fim indeterminado ao qual aspiraria sempre e que se esforçaria às cegas para alcançar. Uma Mente infinita, onisciente, onipotente, não seria de modo algum uma mente, mas o conhecimento supramental.

A mente, como a conhecemos, é um espelho refletor que recebe representações ou imagens de uma Verdade ou de um Fato preexistentes, externos a ela ou ao menos mais vastos do que ela. Ela representa para si mesma, de momento a momento, o fenômeno que é ou que foi. Possui também a faculdade de construir em si mesma imagens possíveis, diferentes daquelas do fato real que lhe é apresentado; dito de outra maneira, ela representa para si mesma não apenas o fenômeno que foi, mas também o fenômeno que pode ser; não pode, note-se bem, representar com segurança um fenômeno que será, exceto quando é uma repetição segura do que é ou foi. Enfim, a mente tem a faculdade de prever novas modificações, as quais busca construir a partir do encontro do que foi com o que pode ser, da possibilidade realizada com aquela que não chegou a se efetuar, algo que ela consegue construir algumas vezes de modo mais ou menos exato e algumas vezes falha em realizar, mas que em geral encontra moldado em formas diferentes das previstas e voltado para fins diferentes dos que desejou ou intencionou.

Uma Mente infinita com esse caráter poderia possivelmente construir um cosmos acidental de possibilidades conflitantes e dar-lhe a forma de algo movente, algo sempre transiente, sempre incerto em seu movimento, nem real, nem irreal, sem possuir nem fim nem objetivo definidos, mas apenas uma sucessão ininterrupta de objetivos momentâneos, sem conduzir, no final, a parte alguma — visto que não há um poder de conhecimento superior dirigente. O Nihilismo ou Ilusionismo, ou alguma filosofia análoga, é a única conclusão lógica de um numenismo tão puro. O cosmos assim construído seria uma representação ou um reflexo de algo que não é ele mesmo, mas sempre, e até o fim, uma falsa representação, um reflexo distorcido; toda a existência cósmica seria uma Mente lutando para dar completa forma às suas imaginações, mas sem conseguir, porque elas não teriam uma base soberana de verdade-de-si; subjugada e levada pela corrente de suas energias passadas, a Mente seguiria para sempre, indeterminadamente, sem saída, a menos ou até que possa destruir-se ou cair em uma eterna imobilidade. Isso, visto em suas raízes, é o Nihilismo e Ilusionismo e seria a única sabedoria, se supormos que nossa mentalidade humana, ou qualquer coisa similar, representa a força cósmica mais alta e a concepção original que age no universo.

Mas no momento em que encontramos no poder original do conhecimento uma força superior àquela representada por nosso mental humano, essa concepção do universo se torna insuficiente e, portanto, não válida. Ela tem sua verdade, mas não é toda a verdade. É uma lei da aparência imediata do universo, mas não de sua verdade original e de seu fato último, pois atrás da ação de Mente, Vida e Corpo percebemos algo que não é abarcado pela corrente da Força, mas que a abarca e governa; algo que não nasceu em um mundo a ser interpretado, mas que criou em seu ser um mundo do qual tem o conhecimento integral; algo que não labora perpetuamente para formar outra coisa a partir de si, enquanto deriva na onda irresistível de energias passadas que não pode mais controlar, mas possui já em sua consciência uma Forma perfeita de si e aqui a revela gradualmente. O mundo expressa uma Verdade antevista, obedece a uma Vontade predeterminada, realiza uma visão de si original e formadora — é a imagem crescente de uma criação divina.

Enquanto agirmos só por meio da mentalidade governada pelas aparências, esse algo além e por trás — no entanto sempre imanente — só pode ser uma inferência ou uma presença sentida de modo vago. Percebemos uma lei de progresso cíclico e inferimos que há uma perfeição sempre crescente de algo que, em algum lugar, já conhecemos. Porque em todo lugar vemos uma Lei fundamentada no ser-em-si, e quando entramos no princípio racional de seu processo, descobrimos que Lei é a expressão de um conhecimento inato, um conhecimento inerente à existência que se expressa, implícito na força que o expressa; e a Lei desenvolvida pelo Conhecimento para permitir a progressão implica um objetivo visto divinamente, em direção ao qual a moção é dirigida. Vemos também que nossa razão busca emergir da deriva impotente de nossa mentalidade e dominá-la, e chegamos à percepção de que a Razão é apenas um mensageiro, um representante ou uma sombra de uma consciência maior e além, que não necessita raciocinar porque é tudo e conhece tudo que é. E podemos então deduzir que essa fonte da Razão é idêntica ao Conhecimento que age como Lei no mundo. Esse Conhecimento determina sua própria lei de modo soberano, porque conhece aquilo que foi, que é e que será, e o conhece porque é eternamente e se conhece infinitamente. Quando o ser que é consciência infinita, consciência infinita que é força onipotente, faz de um mundo — isto é, de uma harmonia de si mesmo — o objeto de sua consciência, nosso pensamento pode apreendê-lo como uma existência cósmica que conhece sua própria verdade e realiza em formas aquilo que conhece.

Mas é apenas quando cessamos de raciocinar e entramos profundamente em nós mesmos - nesse espaço secreto onde a atividade da mente se aquieta -, que essa outra consciência realmente se manifesta para nós, por mais imperfeitamente que seja, devido ao nosso longo hábito de reação e de limitação mentais. Então podemos conhecer com segurança, em uma iluminação crescente, o que havíamos concebido de forma incerta à luz pálida e vacilante da Razão. O Conhecimento espera, soberano, além da mente e do raciocínio intelectual, na vastidão luminosa de uma visão de si sem limites.

## CAPÍTULO XIV

## A SUPRAMENTE COMO CRIADORA

*Todas as coisas são autodesdobramentos do Conhecimento Divino.*
*Vishnu Purana*, II. 12. 39.

Um princípio de Vontade e de Conhecimento ativos, superior à Mente e criador dos mundos, é então o poder e o estado de ser intermediários entre a posse-de-si do Um e esse fluxo do Múltiplo. Esse princípio não nos é inteiramente estranho, não pertence apenas, e de maneira incomunicável, a um Ser que é inteiramente outro em relação a nós ou a um estado de existência de onde somos projetados misteriosamente no nascimento, mas também rejeitados, sem poder retornar. Se esse estado nos parece situado em alturas muito acima de nós, estas são, no entanto, alturas de nosso próprio ser e acessíveis aos nossos passos. Podemos não apenas inferir e entrever essa Verdade, mas somos capazes de realizá-la. Podemos, por uma expansão progressiva ou uma autotranscendência súbita e luminosa, elevar-nos a esses cumes em momentos inesquecíveis ou aí permanecer durante horas ou dias de experiências poderosas, supra-humanas. Quando retornamos, há portas de comunicação que podemos manter sempre abertas, ou reabrir, mesmo que se fechem constantemente. Mas permanecer nesse cume último e mais alto do ser criado e criador é, afinal, o ideal supremo para nossa consciência humana evolutiva quando busca não o autoaniquilamento, mas a autoperfeição. Então, como vimos, essa é a Ideia original, a harmonia e a verdade finais para as quais nossa expressão gradual de nós mesmos no mundo retorna e é destinada a realizar.

Ainda assim, podemos duvidar se é possível, agora ou mesmo jamais, dar qualquer explicação desse estado ao intelecto humano ou utilizar, de alguma maneira comunicável e organizada, suas operações divinas para elevar nossa ação e nosso conhecimento humanos. A dúvida não surge só da raridade ou da incerteza de qualquer fenômeno conhecido que deixasse entrever um funcionamento humano dessa faculdade divina, ou da distância imensa que separa essa ação da experiência e do conhecimento verificável da humanidade comum; a dúvida é fortemente sugerida, também, pela aparente contradição, tanto em essência quanto em modo de funcionar, entre a mentalidade humana e a Supramente divina.

E, certamente, se essa consciência não tivesse nenhuma relação com a mente, nem houvesse, em algum lugar, alguma identidade com o ser mental, seria inteiramente impossível dar qualquer descrição dela às nossas noções humanas. Ou se, em sua natureza, ela fosse apenas uma visão no conhecimento e de nenhum modo um poder dinâmico de conhecimento, poderíamos esperar atingir, por seu contato, um estado beatífico de iluminação mental, mas não uma luz e um poder maiores para realizar as obras do mundo. Porém, visto que essa consciência é criadora do mundo, ela deve ser não só um estado de conhecimento, mas um poder de conhecimento, e não só uma Vontade de luz e visão, mas uma Vontade de poder e obras. E visto que a Mente também é criada a partir dessa consciência, a Mente deve ser um desenvolvimento, por limitação, dessa faculdade primordial e desse ato mediador da Consciência suprema, e deve então ser capaz de fundir-se de novo na Consciência por um desenvolvimento inverso de expansão. Pois a Mente deve ser sempre idêntica em essência à Supramente, e deve esconder em si o potencial da Supramente, por mais diferente, ou mesmo contrária, que possa ter-se tornado em suas formas realizadas e em seus modos de ação estabelecidos. Pode não ser irracional então, ou inútil, tentar, por meio dos métodos de comparação e oposição, formar alguma ideia da Supramente a partir do ponto de vista e nos termos de nosso conhecimento intelectual. A ideia e os termos podem muito bem ser inadequados e, contudo, servir como um dedo de luz apontando-nos o caminho que, ao menos até certo ponto, podemos seguir. Além disso, é possível para a Mente elevar-se além de si mesma até certas alturas ou planos de consciência que recebem, neles mesmos, alguma luz ou poder modificados da consciência supramental, e de conhecê-la por meio de uma iluminação, intuição, ou por uma experiência ou um contato diretos, embora viver na Supramente e ver e agir a partir dela seja uma vitória que ainda não se tornou humanamente possível.

E primeiro pausemos por um momento e perguntemo-nos se não é possível encontrar, no passado, alguma luz que nos guiará em direção a esses domínios mal explorados. Necessitamos um nome e necessitamos um ponto de partida, pois chamamos esse estado de consciência Supramente, mas a palavra é ambígua, uma vez que pode ser tomada no sentido de uma mente supraeminente e erguida acima da mentalidade comum, mas não radicalmente mudada; ou, ao contrário, pode significar tudo o que está além da mente e assim assumir uma compreensão demasiado extensa que incluiria o próprio Inefável. É então necessária uma descrição complementar, que limitará de modo mais acurado o seu significado.

Aqui, são os versos crípticos do *Veda* que nos ajudam, pois eles contêm, embora encoberto, o evangelho da Supramente divina e imortal e, através do véu, alguns clarões iluminadores chegam até nós. Podemos ver, através dessas elocuções, a concepção dessa Supramente: uma vastidão muito além dos firmamentos comuns de nossa consciência, onde a verdade do ser é luminosamente una com tudo que a expressa e assegura inevitavelmente a verdade da visão, da formulação, do arranjo, da palavra, do ato e do movimento, e, portanto, também a verdade do resultado do movimento, do resultado da ação e da expressão, da ordem ou das lei infalíveis. Uma vasta abrangência que abarca tudo, uma verdade e uma harmonia luminosas do ser nessa vastidão e não um caos vago ou uma obscuridade perdida em si mesma; uma verdade de lei, ação e conhecimento que exprime essa harmoniosa verdade de ser: estes parecem ser os termos essenciais da descrição védica. Os Deuses, que em sua entidade suprema e secreta são poderes dessa Supramente, nascidos dela, estabelecidos nela como em sua própria morada são, em seu conhecimento, "conscientes-da-verdade" e possuem, em sua ação, a "vontade-daquele-que-vê". Orientada para obras e criação, sua força-consciente é possuída e guiada por um conhecimento perfeito e direto da coisa a ser feita, de sua essência e de sua lei — conhecimento que determina um poder de vontade inteiramente eficaz, que não desvia nem vacila em seu processo ou em seu resultado, mas exprime e cumpre no ato, de maneira espontânea e inevitável, aquilo que foi visto na visão. Aqui, a Luz é uma com a Força, as vibrações do conhecimento formam uma unidade com o ritmo da vontade e ambos são um, de maneira perfeita e sem ter que procurar, sem vacilação e sem esforço, com um resultado seguro. A Natureza divina tem um duplo poder: de um lado, uma capacidade espontânea de formular-se e organizar-se, que brota naturalmente da essência da coisa manifestada e expressa sua verdade original, e do outro, uma força essencial de luz, inerente à própria coisa e fonte de sua auto-organização espontânea e inevitável.

Há detalhes subordinados, mas importantes. Os videntes védicos parecem falar de duas faculdades primordiais da alma "consciente-da-verdade"; elas são Visão e Audição, ou seja, as operações diretas de um Conhecimento inerente que podemos descrever como visão-da-verdade e audição-da-verdade; as faculdades de revelação e inspiração em nossa mentalidade humana são seu reflexo muito longínquo. Além disso, uma distinção parece ser feita, nas operações da Supramente, entre o conhecimento obtido por uma consciência abrangente que tudo permeia, o qual é muito próximo do conhecimento subjetivo por identidade, e o conhecimento obtido por uma consciência que projeta, confronta, apreende, e é o começo da cognição objetiva. Estas são as chaves dos *Vedas*. E podemos aceitar dessa antiga experiência o termo suplementar "consciência-verdade" para delimitar a conotação do termo mais flexível, Supramente.

Vemos logo que uma tal consciência, descrita por tais características, deve ser uma formulação intermediária que remete a um termo precedente e acima, e a um outro, ulterior e abaixo; vemos ao mesmo tempo que ela é evidentemente o elo e o meio pelos quais o inferior emerge do superior, e poderia igualmente ser o elo e o meio pelos quais o inferior pode, ao desenvolver-se, retornar à sua fonte. O termo acima é a consciência unitária ou indivisível do puro Satchidananda, em que não há distinções separadoras; o termo abaixo é a consciência analítica ou divisora da Mente, que só pode conhecer por separação e distinção e tem, no máximo, da unidade e infinidade, uma percepção vaga e derivada, pois embora possa sintetizar suas divisões, não consegue chegar a uma totalidade verdadeira. Entre os dois termos há essa consciência abrangente e criadora: pelo seu poder de conhecimento abrangedor, penetrante e íntimo, ela é a criança dessa autoconsciência por identidade, que é a estabilidade de Brahman, e pelo seu poder de conhecimento que projeta, confronta e apreende, ela é a genitora dessa percepção por distinção, que é o processo da Mente.

Acima, a fórmula do Um eternamente estável e imutável; abaixo, a fórmula do Múltiplo que, eternamente mutável, busca, mas dificilmente encontra um ponto de apoio firme e imutável no fluxo das coisas; entre os dois encontra-se o lugar de todas as trindades, de tudo que é bi-uno, de tudo que se torna o Múltiplo-em-Um e, no entanto, permanece o Um-no-Múltiplo, porque em sua origem era o Um, que é sempre o Múltiplo em potencial. Esse termo intermediário é, então, o começo e o fim de toda criação e de toda disposição ordenada, o Alfa e o Ômega, o ponto de partida de toda diferenciação, o instrumento de toda unificação, o originador, executor e consumador de todas as harmonias realizadas e realizáveis. Ele possui o conhecimento do Um, mas é capaz de extrair do Um suas multiplicidades escondidas; ele manifesta o Múltiplo, mas não se perde em suas diferenciações. E não poderíamos dizer que sua própria existência reenvia a Algo que está além de nossa suprema percepção da Unidade inefável, Algo inefável e mentalmente inconcebível — não por causa de sua unidade e indivisibilidade, mas por causa de sua liberdade, mesmo em relação a essas formulações de nossa mente —, Algo além da unidade e da multiplicidade? Isso seria o supremo Absoluto, o Real supremo que, contudo, justifica para nós nosso conhecimento de Deus e do mundo.

Esses termos, porém, são vastos e difíceis de apreender; vamos ser mais precisos. Falamos do Um como Satchidananda, mas na própria descrição posicionamos três entidades e as unimos para chegar a uma trindade. Dizemos "Existência, Consciência, Beatitude" e então afirmamos "elas são um". Esse é um processo da mente. Mas para a consciência unitária, um tal processo é inadmissível. Existência é Consciência e não pode haver distinção entre elas; Consciência é Beatitude e não pode haver distinção entre elas. E visto que nem mesmo essa diferenciação existe, então não pode existir mundo. Se essa é a única realidade, então o mundo não é e nunca existiu, nem jamais pôde ser concebido; pois a consciência indivisível é uma consciência que não divide e não pode originar divisão e diferenciação. Mas isso é um *reductio ad absurdum*; não podemos admiti-lo a menos que nos contentemos em fundamentar tudo em um paradoxo impossível e em uma antítese irreconciliável.

Por outro lado, a Mente pode conceber, com precisão, que divisões são reais; pode conceber uma totalidade sintética ou um finito que se estende indefinidamente; pode apreender agregados de coisas divididas e sua uniformidade subjacente; mas a unidade última e o infinito absolutos são, para sua consciência das coisas, noções abstratas e quantidades inapreensíveis, não algo real e que ela pode apreender, e ainda menos algo que seja o único real. Aqui está, portanto, o próprio termo contrário à consciência unitária; temos, face à unidade essencial e indivisível, uma multiplicidade essencial que não pode alcançar a unidade sem abolir-se, admitindo por esse ato mesmo que, com efeito, ela nunca poderia ter existido. Mais uma vez temos um *reductio ad absurdum*, repetindo o paradoxo violento que tenta convencer o pensamento aturdindo-o, e uma nova antítese não resolvida e irreconciliável.

Em seu termo inferior, a dificuldade desaparece, se nos dermos conta de que Mente é apenas uma forma preparatória de nossa consciência. Mente é um instrumento de análise e síntese, mas não de conhecimento essencial. Sua função é recortar vagamente uma parte da própria Coisa desconhecida e denominar essa coisa, assim medida ou delimitada, "o todo", e de novo analisar o todo em suas partes, que ela vê como elementos mentais separados. São apenas as partes e os acidentes que a Mente pode ver de forma definida e, à sua maneira, conhecer. Sobre o todo, sua única ideia definida é a de um agrupamento de partes ou uma totalidade de propriedades e acidentes. Ver o todo como se não fizesse parte de outra coisa, ou vê-lo em suas próprias partes, propriedades e acidentes, é para a mente não mais do que uma percepção vaga; apenas quando é analisado e posto como um objeto em si, separado e constituído, uma totalidade em uma totalidade maior, é que a Mente pode dizer a si mesma: "Isto, agora, eu conheço". E, na verdade, ela não conhece. Ela conhece apenas sua própria análise do objeto e a ideia que dele formou mediante a síntese das partes e propriedades separadas que enxergou. Seu poder característico e sua função segura cessam aí, e se tivermos um conhecimento maior, mais profundo e real — um conhecimento e não um sentimento intenso, mas sem forma, como às vezes advém a certas partes profundas, porém inarticuladas, de nossa mentalidade —, a Mente deverá dar lugar a uma outra consciência que a cumprirá ao transcendê-la ou a reverterá, assim retificando suas operações, após ter saltado para além de si mesma: o cume do conhecimento mental é só um trampolim de onde esse salto pode ser dado. A missão última da Mente é treinar nossa consciência obscura que emergiu da escura prisão da Matéria, iluminar seus instintos cegos, suas intuições casuais, suas percepções vagas, até que essa consciência se abra a essa luz maior e se torne capaz dessa ascensão mais alta. A Mente é uma passagem, não uma culminação.

Por outro lado, a consciência unitária ou Unidade indivisível não pode ser essa entidade impossível, uma coisa sem conteúdo de onde teriam saído todos os conteúdos e onde desaparecem e se aniquilam. Essa consciência deve ser uma autoconcentração original na qual tudo está contido, mas de uma maneira diferente da que ocorre nessa manifestação temporal e espacial. Isso que assim se concentrou é a Existência absolutamente inefável e inconcebível que o niilista imagina mentalmente como o Vazio negativo de tudo o que conhecemos e somos, mas que o transcendentalista pode, com o mesmo direito, imaginar mentalmente como a Realidade positiva, se bem que indistinguível, de tudo o que conhecemos e somos. "No começo", diz o Vedanta, "era a Existência única, sem segundo", mas antes e depois do começo, agora, para sempre e além do Tempo, existe isto, isto que não podemos descrever nem mesmo como o Um, mesmo quando dizemos que só Isto é. O que podemos perceber, primeiro, é sua autoconcentração original, que nos esforçamos para compreender como o Um indivisível; em segundo lugar percebemos a difusão e aparente desintegração de tudo o que estava concentrado em sua unidade, que é a concepção que a Mente faz do universo; e em terceiro lugar percebemos sua firme autoextensão na Consciência-Verdade. Essa Consciência-Verdade contém e sustenta a difusão e a impede de ser uma real desintegração; ela mantém a unidade na diversidade extrema e a estabilidade na mutabilidade extrema, enfatiza a harmonia nisso que parece ser luta e colisão onipresentes, preserva o cosmos eterno lá onde a Mente só chegaria a um caos que tenta eternamente tomar forma. Essa é a Supramente, a Consciência-Verdade, a Ideia-Real que conhece a si mesma e tudo aquilo em que se torna.

A Supramente é a vasta autoextensão do Brahman que contém e desenvolve todas as coisas. Por meio da Ideia, ela desenvolve o princípio tri-uno de existência, consciência e beatitude a partir da unidade indivisível das três. Ela as diferencia, mas não as separa. Estabelece uma Trindade sem passar, como a Mente, das três ao Um, mas manifestando as três a partir do Um — pois ela manifesta e desenvolve e, ao mesmo tempo, as mantém na unidade, pois conhece e contém. Pela diferenciação, a Supramente é capaz de trazer ao primeiro plano uma ou outra como a Divindade efetiva que contém em si mesma as outras, involuídas ou explícitas, e faz desse processo o fundamento de todas as outras diferenciações. E mediante a mesma operação, ela atua sobre todos os princípios e possibilidades que elabora a partir dessa trindade que constitui tudo. Ela possui o poder de desenvolvimento, de evolução, de tornar explícito, e esse poder traz consigo o outro poder, de involução, de envolvimento, de tornar implícito. Em certo sentido pode-se dizer que o todo da criação é um movimento entre duas involuções: o Espírito, no qual tudo está involuído e a partir do qual tudo evolui ao descer em direção ao outro polo, o da Matéria; e a Matéria, na qual tudo também está involuído e a partir da qual tudo evolui ao elevar-se em direção ao outro polo, o do Espírito.

Assim, todo o processo de diferenciação pela Ideia-Real criadora do universo consiste em trazer para a frente princípios, forças, formas que contenham, para a consciência abrangedora, todo o resto da existência e se apresentem à consciência apreendedora mantendo implícito, por detrás, todo o resto da existência. Portanto, tudo está em cada um como cada um está em tudo. Portanto, cada semente de coisas traz em si toda a infinidade das diversas possibilidades, mas é submetida a uma lei única de processo e resultado pela Vontade, isto é, pelo Conhecimento-Força do Ser-Consciente que se manifesta e, seguro da Ideia que está nele, predetermina, por essa ideia mesma, suas próprias formas e movimentos. A semente é a Verdade de seu ser, que essa Autoexistência vê em si mesma; a resultante dessa semente de visão de si é a Verdade da ação em si, a lei natural de desenvolvimento, formação e funcionamento que segue inevitavelmente a visão de si e não se distancia dos processos envolvidos na Verdade original. Em consequência, a Natureza inteira é simplesmente a Vontade-que-vê, o Conhecimento-Força do Ser-Consciente em ação, para fazer evoluir na força e na forma toda a verdade inevitável da Ideia na qual originalmente ele se projetou.

Essa concepção da Ideia nos indica o contraste essencial entre nossa consciência mental e a Consciência-Verdade. Consideramos o pensamento como uma coisa separada da existência, abstrato, sem substância, diferente da realidade, algo que aparece não se sabe de onde e separa-se da realidade objetiva a fim de observá-la, compreendê-la e julgá-la; pois isso é o que ele parece ser, e, portanto, o que ele é para nossa mentalidade que divide e analisa tudo. A primeira tarefa da Mente é distinguir, abrir fendas muito mais do que discernir, e isso explica a fissura paralisante que ela criou entre pensamento e realidade. Mas na Supramente todo ser é consciência, toda consciência é um ser, e a ideia, vibração prenhe de consciência, é igualmente uma vibração de ser prenhe de si mesma; ela é um emergir inicial, no autoconhecimento criador, daquilo que jazia concentrado na autopercepção não criadora. Ela emerge como Ideia que é realidade, e é essa realidade da Ideia que evolui, sempre por seu próprio poder e consciência de si; sempre autoconsciente, ela se desenvolve conforme a vontade inerente à Ideia, e realiza-se sempre conforme o conhecimento enraizado em cada um de seus impulsos. Essa é a verdade de toda criação, de toda evolução.

Na Supramente, ser, consciência do conhecimento e consciência da vontade não estão divididos como parecem estar em nossas operações mentais; eles são uma trindade, um só movimento com três aspectos efetivos. Cada um possui seu efeito próprio. O ser produz o efeito de substância; a consciência produz o efeito de conhecimento, da ideia que guia e dá forma a si mesma, de compreensão e apreensão; a vontade produz o efeito da força que se cumpre. Mas a ideia é apenas a luz da realidade iluminando a si mesma; não é pensamento mental nem imaginação, mas autopercepção efetiva. É a Ideia-Real.

Na Supramente, o conhecimento na Ideia não é divorciado da vontade na Ideia; eles são um — assim como o conhecimento não é diferente do ser ou da substância, mas é um com o ser, poder luminoso da substância. Assim como o poder da luz ardente não é diferente da substância do fogo, o poder da Ideia não é diferente da substância do Ser que se cumpre na Ideia e no seu desenvolvimento. Em nossa mente, todos são diferentes. Temos uma ideia e uma vontade em acordo com a ideia, ou um impulso da vontade e uma ideia que dela se separa; mas de fato diferenciamos a ideia da vontade, e ambas de nós mesmos. Eu sou: a ideia é uma abstração misteriosa que aparece em mim, a vontade é um outro mistério, uma força mais perto do concretizável, embora não concreta, mas sempre algo que não é "eu mesmo", algo que tenho, recebo ou se apodera de mim, mas que não sou. Eu crio também um abismo entre minha vontade, seus meios e os resultados, pois estes, aos meus olhos, são realidades concretas exteriores a mim e diferentes de mim. Em consequência, nem eu mesmo, nem a ideia, nem a vontade em mim têm eficácia própria. A ideia pode desaparecer de mim, a vontade pode falhar, os meios podem faltar; eu mesmo, por uma ou todas essas lacunas, posso permanecer não realizado.

Mas, na Supramente não existe tal divisão paralisante, porque o conhecimento não é autodividido, a força não é autodividida, o ser não é autodividido como na mente; eles não são nem fragmentados em si mesmos, nem divorciados um do outro. Pois a Supramente é o Vasto, tem início na unidade, não na divisão; em essência, ela é abrangente, diferenciação é apenas seu ato secundário. Portanto, qualquer que seja a verdade do ser que se expressa, a ideia lhe corresponde exatamente, a força-vontade corresponde à ideia — força que é apenas um poder da consciência — e o resultado corresponde à vontade. A ideia tampouco entra em conflito com outras ideias, a vontade ou a força com outras vontades ou com outras forças, como ocorre no homem e em seu mundo; há então uma Consciência única e vasta, que contém e conecta em si mesma todas as ideias como suas, uma Vontade única e vasta que contém e conecta em si mesma todas as energias como suas. Ela retém uma, projeta outra, mas em acordo com sua Ideia-Vontade que as preconcebeu.

Essa é a justificação das noções religiosas correntes de onipresença, onisciência e onipotência do Ser Divino. Longe de serem uma imaginação irracional, elas são perfeitamente racionais e não contradizem de modo algum a lógica de uma filosofia abrangente, nem as indicações da observação e experiência. O erro é criar um abismo intransponível entre Deus e o homem, entre Brahman e o mundo. Esse erro faz de uma diferenciação real e prática no ser, na consciência e na força, uma divisão essencial. Mas abordaremos mais tarde esse aspecto da questão. No momento, chegamos a uma afirmação e a certa concepção da Supramente divina e criadora em que tudo é uno, em ser, consciência, vontade e deleite, ao mesmo tempo com uma infinita capacidade de diferenciação que expande, mas não destrói a unidade — na qual a Verdade é a substância, a Verdade eleva-se na Ideia e a Verdade surge na forma, e na qual há uma verdade de conhecimento e vontade, uma verdade de autorrealização e, portanto, de deleite, pois toda autorrealização é satisfação do ser. Assim, sempre, em todas as mutações e combinações, encontra-se uma harmonia inalienável autoexistente.

# CAPÍTULO XV

# A CONSCIÊNCIA-VERDADE SUPREMA

*Estabelecido no sono da Supraconsciência, uma Inteligência condensada, ele é a toda-beatitude e aquele que frui da Beatitude. [...] Ele é o onipotente, ele é o onisciente, o guia interior, a fonte de tudo.*

*Māndūkya Upanishad*, versos 5, 6.

Devemos então olhar essa Supramente — que contém, origina e efetua tudo — como a própria natureza do Ser Divino; na verdade, não em sua autoexistência absoluta, mas em sua ação como Senhor e criador de seus próprios mundos. Essa é a verdade daquilo que chamamos Deus. Obviamente essa não é a Divindade tão personalizada e limitada, o Homem magnificado e supranatural da concepção ocidental comum, pois essa concepção constrói um *eidolon*[1] demasiado humano de certa relação entre a Supramente criadora e o ego. Certamente não devemos excluir o aspecto pessoal da Divindade, pois o impessoal é apenas uma face da existência; o Divino é toda a Existência, mas é também o único Existente — é o Ser-Consciente único, mas ainda assim um Ser. No entanto, não é esse o aspecto que nos interessa nesse momento; o que buscamos sondar é a verdade psicológica impessoal: é ela que devemos estabelecer em uma concepção vasta e esclarecida.

A Consciência-Verdade está presente em toda parte no universo como um autoconhecimento ordenador pelo qual o Um manifesta as harmonias de sua infinita multiplicidade potencial. Sem esse autoconhecimento ordenador, a manifestação seria um mero caos movente, precisamente porque a potencialidade é infinita, o que, em si, apenas poderia conduzir ao jogo de um Acaso sem controle e sem limites. Se

---

1. Um espectro; um fantasma; também uma imagem idealizada. (N. T.)

houvesse apenas uma potencialidade infinita, sem nenhuma lei de verdade condutora, sem uma visão de si harmoniosa, nenhuma Ideia predeterminante na própria semente das coisas projetadas na evolução, o mundo só poderia ser uma incerteza prolífera, amorfa, confusa. Mas visto que são suas próprias formas e poderes que ele cria ou libera e não coisas diversas de si mesmo, o conhecimento criador possui em seu ser a visão da verdade e da lei que governa cada potencialidade, e ao mesmo tempo uma percepção intrínseca de sua relação com outras potencialidades e das harmonias possíveis entre elas; o conhecimento contém tudo isso, prefigurado na harmonia geral determinante que a Ideia rítmica de um universo deve conter inteira em seu nascimento e autoconcepção e que, em consequência, deve elaborar-se inevitavelmente pela interação de seus elementos constituintes. Ele é fonte e guardião da Lei no mundo, pois essa lei nada tem de arbitrário, ela é a expressão da natureza profunda do ser, que é determinada pela verdade imperativa da ideia real que cada coisa é em sua origem. Portanto, desde o início, todo o desenvolvimento é predeterminado em seu autoconhecimento e a cada instante em seu autofuncionamento: ele é o que deve ser a cada instante, pela sua própria Verdade original inerente; por essa mesma Verdade ele se move para o que deve ser a seguir; e no final será aquilo que estava contido e intencionado na semente.

Esse desenvolvimento e progresso do mundo, em acordo com a verdade original de seu próprio ser, implica uma sucessão no Tempo, uma relação no Espaço e uma interação regulada de coisas relacionadas no Espaço, às quais a sucessão do Tempo dá o aspecto de Causalidade. Tempo e Espaço, segundo os metafísicos, têm uma existência apenas conceitual e não real; mas visto que todas as coisas, e não apenas essas, são apenas formas assumidas pelo Ser-Consciente em sua própria consciência, a distinção não tem muita importância. Tempo e Espaço são esse Ser-Consciente único que se vê na extensão, subjetivamente como Tempo, objetivamente como Espaço. Nossa percepção mental dessas duas categorias é determinada pela ideia de medida, que é inerente à ação do movimento analítico e divisor da Mente. Para a Mente, o Tempo é uma extensão móvel medida pela sucessão de passado, presente e futuro, na qual a Mente se coloca em certa posição de onde vê o antes e o depois. O Espaço é uma extensão estável, medida pela divisibilidade da substância; em certo ponto nessa extensão divisível, a Mente se situa e olha a disposição da substância que a circunda.

Em fatos reais, a Mente mede o Tempo por meio do evento e o Espaço por meio da Matéria; mas é possível, em uma operação mental pura, ignorar o movimento do evento e a disposição da substância e experienciar o movimento puro de Força-Consciente que constitui Espaço e Tempo; esses dois são, então, apenas dois aspectos da força universal da Consciência, que em sua interação se entrelaçam e englobam a urdidura e a trama da ação dessa força sobre si mesma. E para uma consciência superior à Mente, que olhasse nosso passado, presente e futuro com um só olhar, contendo-os e não contida por eles, não situada em um momento particular do Tempo que lhe servisse como ponto de partida para sua exploração, o Tempo poderia muito bem apresentar-se como um eterno presente. E para a mesma Consciência, não situada em algum ponto particular do Espaço, mas contendo em si todos os pontos e regiões, o Espaço poderia também apresentar-se como uma extensão subjetiva e indivisível — não menos subjetiva que o Tempo. Em certos momentos, percebemos esse olhar indivisível, que sustenta, por sua unidade imutável autoconsciente, as variações do universo. Mas não devemos perguntar agora como os conteúdos de Tempo e Espaço se apresentariam aí em sua verdade transcendente, pois isso nossa mente não pode conceber — e está mesmo pronta a negar a esse Indivisível toda possibilidade de conhecer o mundo em qualquer outra forma que não a de nossa mente e sentidos.

Isso de que devemos nos tornar cônscios, e podemos em certa medida conceber, é a visão una e o olhar todo-abrangedor com o qual a Supramente abarca e unifica as sucessões do Tempo e as divisões do Espaço. E, primeiro, não haveria mudança ou progressão se não houvesse esse fator das sucessões de Tempo; uma harmonia perfeita seria manifestada perpetuamente, ao mesmo tempo que outras harmonias, em uma espécie de momento eterno, sem suceder-lhes no movimento do passado ao futuro. Em vez disso, temos a sucessão constante de uma harmonia que se desenvolve, na qual uma melodia nasce de uma outra que a precedeu e esconde em si aquela que foi substituída. Ou, se a automanifestação devesse existir sem o fator do Espaço divisível, não haveria relação mutável alguma entre as formas, nenhuma colisão de forças; tudo existiria sem ter que ser elaborado — uma autoconsciência sem espaço, puramente subjetiva, conteria todas as coisas em uma assimilação subjetiva infinita, como na mente de um poeta ou de um sonhador cósmicos, mas não se distribuiria através de todas as coisas em uma autoextensão objetiva e indefinida. Ou ainda, se só o Tempo fosse real, suas sucessões seriam um puro desenvolvimento em que uma melodia nasceria de outra em uma livre espontaneidade subjetiva, como em uma série de sons musicais ou uma sucessão de imagens poéticas. Em vez disso, temos uma harmonia elaborada pelo Tempo em termos de formas e forças que são ligadas umas às outras em uma extensão espacial que contém tudo; uma sucessão incessante de poderes e imagens de coisas e acontecimentos é nossa visão da existência.

Diferentes potencialidades são corporificadas, colocadas, ligadas nesse campo de Tempo e Espaço, cada uma a afrontar com seus poderes e possibilidades outros poderes e outras possibilidades, e como resultado, as sucessões de Tempo tornam-se para a mente uma elaboração das coisas por meio de choque e luta e não uma sucessão espontânea. Na realidade, as coisas se elaboram espontaneamente a partir de dentro e os choques e as lutas externas são apenas o aspecto superficial dessa elaboração, pois a lei interior e inerente do um e do todo — que é necessariamente uma harmonia — governa as leis exteriores de execução das partes ou das formas que parecem estar em colisão; e para a visão supramental, essa verdade da harmonia maior e mais profunda é sempre presente. Aquilo que para a mente é aparente discórdia, porque ela considera cada coisa em si, em separado, para a Supramente é um elemento da harmonia geral, sempre presente e sempre em desenvolvimento, porque ela vê todas as coisas em uma unidade múltipla. Além disso, a mente só vê um tempo e um espaço dados e percebe, de modo desordenado, muitas possibilidades, todas mais ou menos realizáveis naquele tempo e espaço; a Supramente divina vê a inteira extensão de Tempo e Espaço e pode abranger todas as possibilidades da mente e muitas outras mais, não visíveis para a mente; mas o faz sem nenhum erro, insegurança ou confusão; pois percebe cada potencialidade em sua força própria, sua necessidade essencial, sua relação justa com os outros, e o momento, lugar e circunstâncias de sua realização gradual e última. Ver as coisas de maneira equilibrada e como um todo não é possível para a mente; mas é a própria natureza da Supramente transcendente.

A Supramente, em sua visão consciente, não apenas contém todas as formas de si mesma criadas por sua força consciente, mas as impregna com sua Presença imanente e Luz reveladora. Embora escondida, a Supramente está presente em cada forma e em cada força do universo; ela é isso que determina, de modo soberano e espontâneo, forma, força e funcionamento; ela limita as variações por ela impelidas; reúne, dispersa, modifica a energia que usa; e tudo isso é feito em acordo com as primeiras leis[2] que seu autoconhecimento fixou no próprio nascimento da forma, no próprio ponto de partida da força. Estabelecida no interior de cada coisa, ela é o Senhor no coração de todas as existências — Aquele que as faz girar como em uma máquina pelo poder de sua Maya;[3] está dentro delas e as abraça como o Vidente divino que dispôs e organizou variadamente os objetos, cada um do modo justo, em conformidade com o que é, por toda a eternidade.[4]

---

2. Uma expressão védica. Os deuses agem segundo as primeiras leis, originais e, portanto, supremas, que são a lei da verdade das coisas.
3. *Bhagavad-Gītā*, XVIII. 61.
4. *Isha Upanishad*, verso 8.

Portanto, cada coisa na Natureza, quer animada, quer inanimada, autoconsciente mentalmente ou não consciente de si mesma, é governada em seu ser e em suas operações por uma Visão, um Poder imanente, que nos parecem subconscientes ou inconscientes porque não somos conscientes deles; mas para si mesmos eles não são inconscientes, ao contrário, são profunda e universalmente conscientes. Cada coisa, então, parece cumprir as obras da inteligência, mesmo sem possuir inteligência, porque obedece, de modo subconsciente como na planta e no animal ou semiconsciente como no ser humano, à ideia-real da Supramente divina que está dentro dela. Mas não é uma Inteligência mental que anima e governa todas as coisas; é uma Verdade de ser autoconsciente em que o autoconhecimento é inseparável da autoexistência: é essa Consciência-Verdade que não precisa pensar nas coisas, mas as elabora com um conhecimento em acordo com a visão de si infalível e a força inevitável de uma Existência única que se autorrealiza. A inteligência mental pensa porque é apenas uma força reflexiva da consciência, que não sabe, mas tenta saber; ela segue passo a passo, no Tempo, o processo de um conhecimento mais alto do que ela mesma, um conhecimento que existe para sempre, uno e inteiro, que abarca o Tempo, e vê o passado, o presente e o futuro com um único olhar.

Esse então é o primeiro princípio operador da Supramente divina; uma visão cósmica que abrange tudo, impregna tudo, habita em tudo. Porque abarca no ser e na autopercepção estática todas as coisas subjetivas, atemporais, sem espaço, ela abarca, portanto, todas as coisas no conhecimento dinâmico e governa a encarnação objetiva delas no Espaço e no Tempo.

Nessa consciência, o conhecedor, o conhecimento e o conhecido não são entidades diferentes, eles são um em sua essência. Nossa mentalidade faz uma distinção entre os três porque sem distinção não pode prosseguir; ao perder seus meios próprios e sua lei de ação fundamental, ela se torna imóvel e inativa. Por isso, mesmo quando olho a mim mesmo mentalmente, necessito ainda fazer essa distinção. Eu sou, enquanto conhecedor; o que observo em mim, considero como o objeto de meu conhecimento, que sou eu e no entanto não sou eu; o conhecimento é uma operação pela qual ligo o conhecedor ao conhecido. Mas a artificialidade, o caráter puramente prático e utilitário dessa operação é evidente; é evidente que ela não representa a verdade fundamental das coisas. Na realidade, eu, o conhecedor, sou a consciência que conhece; o conhecimento é essa consciência, eu mesmo, em ação; o conhecido é também eu mesmo, uma forma ou um movimento da mesma consciência. Os três são claramente uma existência, um movimento indivisível, embora pareça dividido, não distribuído entre suas formas, embora pareça distribuir-se e encontrar-se separado em cada uma. Mas esse é um conhecimento que a mente pode alcançar, pode explicar de modo racional, pode sentir, mas não pode facilmente fazer dele a base prática de suas operações inteligentes. E com relação a objetos externos à forma de consciência que chamo eu-mesmo, a dificuldade torna-se quase insuperável; mesmo para sentir unidade há um esforço anormal e conservar esse esforço, guiar-se sempre por isso, seria uma ação nova e estrangeira que não é própria à Mente. A Mente pode no máximo considerar isso como uma verdade entendida, que lhe permite corrigir e modificar suas próprias atividades normais ainda baseadas na divisão, um pouco como sabemos intelectualmente que a Terra move-se ao redor do Sol e podemos assim corrigir, mas não abolir, o arranjo artificial e fisicamente prático pelo qual os sentidos persistem em considerar que o Sol gira em torno da Terra.

Mas a Supramente possui sempre essa verdade de unidade e, fundamentalmente, age a partir dela, enquanto para a mente é apenas uma posse secundária ou adquirida, e não a própria fibra de sua visão. A Supramente vê o universo e seu conteúdo como a si mesma, em um ato único de conhecimento indivisível, um ato que é sua vida, que é o movimento mesmo de sua autoexistência. Por isso, essa consciência divina abrangedora, em seu aspecto de Vontade, mais que guiar ou governar o desenvolvimento da vida cósmica, consuma-o em si mesma por um ato de poder inseparável do ato de conhecimento e do movimento da autoexistência, que são de fato um só e mesmo ato. Vimos assim que força universal e consciência universal são una — a força cósmica é a operação da consciência cósmica. Do mesmo modo, o Conhecimento divino e a Vontade divina são uno; são o mesmo movimento ou o mesmo ato fundamental da existência.

Essa indivisibilidade da Supramente abrangedora, que contém toda multiplicidade sem alterar sua própria unidade, é uma verdade que devemos sempre enfatizar se quisermos compreender o cosmos e desembaraçarmo-nos do erro inicial de nossa mentalidade analítica. Uma árvore evolui a partir da semente na qual já está contida, a semente evolui da árvore; uma lei fixa, um processo invariável rege a permanência da forma de manifestação que chamamos árvore. A mente vê esse fenômeno, esse nascimento, essa vida e reprodução de uma árvore como uma coisa em si, e a partir dessa base, a estuda, classifica e explica. Ela explica a árvore pela semente, a semente pela árvore; e enuncia uma lei da Natureza. Mas nada explicou; apenas analisou e registrou o processo de um mistério. Mesmo se supormos que ela chegue a perceber que uma força consciente secreta é a alma, o ser real dessa forma, e o resto simplesmente uma operação e uma manifestação determinadas dessa força, ainda assim ela tende a ver a forma como uma existência separada, com sua lei natural separada e seu processo de desenvolvimento distinto. No animal, e no homem com sua mentalidade consciente, essa tendência separativa da Mente o induz a ver-se também como uma existência separada, o sujeito consciente, e as demais formas como objetos separados de sua mentalidade. Esse arranjo útil, necessário à vida e base primeira de toda sua prática, é aceito pela mente como um fato real, e daí procede todo o erro do ego.

Mas a Supramente age de outra maneira. A árvore e seu processo não seriam o que são, nem mesmo poderiam existir, se se tratasse de uma existência separada; as formas são o que são pela força da existência cósmica, seu desenvolvimento, tal como se produz, é um resultado de sua relação com essa existência cósmica e com todas as outras manifestações dessa existência. A lei distinta da natureza dessas manifestações é apenas uma aplicação da lei e da verdade universal de toda a Natureza; seu desenvolvimento particular é determinado pelo lugar que ocupam no desenvolvimento geral. A árvore não explica a semente, nem a semente explica a árvore; o cosmos explica ambas e Deus explica o cosmos. A Supramente, que impregna e habita ao mesmo tempo a semente e a árvore e todos os objetos, vive nesse conhecimento mais vasto indivisível e uno, embora com uma indivisibilidade e uma unidade modificadas e não absolutas. Nesse conhecimento abrangedor não há centro de existência independente, nem ego individual separado como o percebemos em nós mesmos; toda a existência é, para sua autoconsciência, uma extensão sem flutuação, uma na unidade, uma na multiplicidade, uma em todas as condições e em todo lugar. Aqui, o Todo e o Um são a mesma existência; o ser individual não perde, e não pode perder, a consciência de sua identidade com todos os seres e com o Ser Único, pois essa identidade é inerente à cognição supramental, uma parte da autoevidência supramental.

Nessa igualdade espaçosa da unidade, o Ser não está dividido e distribuído; expandido uniformemente, permeando sua extensão como o Um, como o Um ele habita a multiplicidade das formas, e está em todo lugar ao mesmo tempo, como Brahman, igual e único. Pois essa extensão do Ser no Tempo e no Espaço, essa impregnação e habitação estão em relação íntima com a Unidade absoluta de onde emergiram, com esse Indivisível absoluto em que não há centro ou circunferência, mas apenas o Um sem tempo e sem espaço. Essa alta concentração de unidade no Brahman não expandido deve necessariamente traduzir-se, na expansão, por essa concentração uniforme, penetrante, essa inclusão indivisível de todas as coisas, essa imanência universal não dispersa, essa unidade que nenhum jogo de multiplicidade pode abolir ou diminuir. "Brahman está em todas as coisas, todas as coisas estão em Brahman, todas as coisas são Brahman" é a fórmula tripla da Supramente abrangedora, uma verdade da automanifestação única em três aspectos, inseparavelmente juntos em sua autovisão como o conhecimento fundamental de onde ela procede para o jogo do cosmos.

Mas qual é, então, a origem da mentalidade e da organização dessa consciência inferior nos três termos de Mente, Vida e Matéria, que constituem nossa visão do universo? Visto que todas as coisas que existem devem proceder da ação da Supramente que tudo efetua, de suas operações nos três termos originais, Existência, Consciência-Força e Beatitude, deve haver então alguma faculdade da Consciência-Verdade criadora cujas operações as modela nesses termos novos, nesse trio inferior: mentalidade, vitalidade e substância física. Essa faculdade a encontramos em um poder secundário do conhecimento criador: o poder de uma consciência que projeta, confronta e apreende, e na qual o conhecimento se centraliza e se mantém por trás de suas obras para observá-las. E quando falamos de centralização, queremos dizer, para distinguir da concentração uniforme da consciência de que falamos acima, uma concentração desigual, em que há o começo da autodivisão — ou seu aparecimento fenomênico.

Antes de tudo, o Conhecedor se mantém concentrado no conhecimento como sujeito, e vê sua Força de consciência como se passasse de modo contínuo de si mesmo para sua própria forma, nela trabalhando, dela retirando-se e nela projetando-se de novo, continuamente. Desse ato único de automodificação procedem todas as distinções práticas nas quais são baseadas a visão e a ação relativas do universo. Uma distinção prática foi criada entre o Conhecedor, o Conhecimento e o Conhecido, entre o Senhor, Sua força e as crianças e obras da Força, entre Aquele que se alegra, a alegria e aquilo com que ele se alegra, entre o Self, Maya e os devires do Self.

Em seguida, essa Alma consciente concentrada no conhecimento, esse Purusha, que observa e governa a Força que dele se projetou, sua Shakti ou Prakriti, replica-se em todas as formas de si mesmo. Ele acompanha, por assim dizer, sua Força de consciência nas obras dela e reproduz aí o ato de autodivisão do qual nasce essa consciência apreendedora. Em cada forma, essa Alma habita com sua Natureza e observa-se em outras formas a partir daquele centro artificial e prático de consciência. Em todas é a mesma Alma, o mesmo Ser divino; a multiplicação dos centros é apenas um ato prático de consciência que visa instituir um jogo de diferenças, de mutualidade — conhecimento mútuo, choque mútuo de força, felicidade mútua —, uma diferença baseada na unidade essencial, uma unidade realizada em uma base prática de diferença.

Podemos falar desse novo estado da Supramente permeando tudo como uma separação ainda maior da verdade unitária das coisas e da consciência indivisível que constitui, de maneira inalienável, a unidade essencial à existência do cosmos.

Podemos ver que, se for um pouco mais longe, ela pode tornar-se realmente Avidya, a grande Ignorância que toma a multiplicidade como realidade fundamental e, a fim de retornar à unidade real, deve partir da falsa unidade do ego. Uma vez que o centro individual é aceito como a posição determinante, como o conhecedor, podemos ver também que a sensação mental, a inteligência mental, a ação mental da vontade e todas as suas consequências não podem deixar de emergir. Mas devemos ver também que, enquanto a alma age na Supramente, a Ignorância não começou ainda; o campo do conhecimento e da ação é ainda a Consciência-Verdade, a base é ainda a unidade.

Pois o Self considera-se ainda como um em tudo e considera todas as coisas como devires nele mesmo e de si mesmo. O Senhor ainda conhece sua Força como ele-mesmo em ato e cada ser como ele-mesmo em alma e ele-mesmo em forma; é ainda de seu próprio ser que Aquele que desfruta usufrui, embora em uma multiplicidade. A única mudança real foi uma concentração desigual de consciência e uma múltipla distribuição de força. Há uma distinção prática na consciência, mas não há diferença essencial de consciência ou verdadeira divisão em sua visão de si mesmo. A Consciência-Verdade alcançou uma posição que prepara nossa mentalidade, mas não é ainda aquela de nossa mentalidade. E é isso que devemos estudar a fim de compreender a Mente em sua origem, no ponto onde se produz sua grande queda, da altura e vasta extensão da Consciência-Verdade, na divisão e ignorância. Felizmente, essa Consciência-Verdade apreendedora,[5] porque é próxima de nós e prefigura nossas operações mentais, é muito mais fácil de ser entendida do que a realização mais longínqua que até agora temos nos esforçado para expressar em nossa inadequada linguagem do intelecto. A barreira que deve ser cruzada é menos formidável.

---

5. *Prajñāna*.

# CAPÍTULO XVI

# O ESTADO TRIPLO DA SUPRAMENTE

*Meu self é isso que sustenta todos os seres e constitui sua existência. Eu sou o Self que habita em todos os seres.*
*Bhagavad-Gītā*, IX. 5; X. 20.

*Três poderes da Luz sustentam três mundos divinos luminosos.*
*Rig Veda*, V. 29. 1.

Antes de passarmos a essa compreensão mais fácil do mundo onde habitamos, do ponto de vista de uma Consciência-Verdade apreendedora que vê as coisas como as veria uma alma individual liberada das limitações da mentalidade e admitida a participar na ação da Supramente Divina, devemos fazer uma pausa e resumir de maneira breve o que compreendemos ou poderemos ainda compreender da consciência do Senhor, o Ishwara, como Ele desenvolve o mundo pela sua Maya, a partir da unidade original concentrada de Seu ser.

Começamos com a asserção de que toda existência é um único Ser cuja natureza essencial é Consciência, uma Consciência cuja natureza ativa é Força ou Vontade, e esse Ser é Deleite, essa Consciência é Deleite, essa Força ou Vontade é Deleite. Eterna e inalienável Beatitude de Existência, Beatitude de Consciência, Beatitude de Força ou Vontade, seja concentrada em si mesma e em repouso, seja ativa e criadora, isso é Deus e isso é nós mesmos em nosso ser essencial, nosso ser não fenomênico. Concentrada em si mesma, ela possui, ou melhor, ela é a Beatitude essencial, eterna, inalienável; ativa e criadora, ela possui, ou melhor, torna-se o deleite do jogo da existência, do jogo da consciência, do jogo da força e vontade. Esse jogo é o universo e esse deleite é a única causa, o único motivo e objeto da existência cósmica. A Consciência Divina possui esse jogo e esse deleite eterna e inalienavelmente; nosso ser essencial, nosso self real que nos é encoberto pelo self falso ou ego mental, frui também, eterna e inalienavelmente, desse jogo e desse deleite e não pode, na verdade, fazer de outro modo, visto que é um em seu ser com a Consciência Divina. Então, se aspirarmos a uma vida divina, não poderemos alcançá-la de nenhum outro modo senão pela revelação desse self velado em nós, pela elevação de nossa condição atual no self falso ou ego mental a um estado superior no self verdadeiro, o Atman; de nenhum outro modo senão entrando nessa unidade com a Consciência divina, da qual algo de supraconsciente em nós sempre frui — de outro modo não poderíamos existir —, mas que nossa mentalidade consciente omitiu.

Porém, quando assim afirmamos essa unidade de Satchidananda de um lado e essa mentalidade dividida de outro, postulamos duas entidades opostas, uma das quais deve ser falsa se a outra deve ser mantida como verdadeira, uma deverá ser abolida se intentarmos fruir da outra. Todavia, é na mente e em sua forma de vida e corpo que existimos sobre a Terra, e se tivermos que abolir a consciência da mente, vida e corpo para alcançar a Existência, a Consciência e a Beatitude únicas, então uma vida divina aqui será impossível. Deveríamos abandonar inteiramente a existência cósmica como se fosse uma ilusão, a fim de fruir do Transcendente ou tornarmo-nos de novo Ele. Não há outra saída, a menos que haja um elo intermediário entre essas duas entidades que possa explicá-las uma à outra e estabelecer entre elas uma relação tal que nos permitirá realizar a Existência, a Consciência e o Deleite únicos no molde da mente, vida e corpo.

O elo intermediário existe. Nós o chamamos Supramente ou Consciência-Verdade, porque é um princípio superior à mente e existe, age e prossegue na verdade e unidade fundamental das coisas, e não como a mente em suas aparências e divisões fenomênicas. A existência da supramente é uma necessidade lógica que surge diretamente da posição de onde começamos. Pois em si mesmo Satchidananda deve ser um absoluto, sem espaço e sem tempo, de existência consciente que é beatitude; mas o mundo, ao contrário, é uma extensão no Tempo e Espaço e um movimento, uma elaboração, um desenvolvimento de relações e possibilidades pela causalidade — ou o que nos aparece assim — no Tempo e Espaço. O verdadeiro nome dessa Causalidade é Lei Divina e a essência dessa Lei é um autodesenvolvimento inevitável da verdade da coisa que, como Ideia, está na própria essência do que é desenvolvido; é uma determinação previamente fixada de movimentos relativos saídos da substância da possibilidade infinita. Isso que desenvolve assim todas as coisas deve ser um Conhecimento-Vontade ou Força-Consciente, pois toda manifestação do universo é um jogo da Força-Consciente que é a natureza essencial da existência. Mas o Conhecimento-Vontade em desenvolvimento não pode ser mental, pois a mente não conhece, não possui nem governa essa Lei, mas é governada por ela, é um de seus resultados, move-se nos fenômenos do autodesenvolvimento e não em sua raiz, observa os resultados do desenvolvimento como coisas divididas e esforça-se em vão para chegar à fonte e realidade deles. Além do mais, esse Conhecimento-Vontade que desenvolve tudo deve estar em posse da unidade das coisas e, a partir disso, manifestar a multiplicidade delas; mas a mente não está em posse dessa unidade, ela possui apenas, de forma imperfeita, uma parte da multiplicidade.

Deve haver, portanto, um princípio superior à Mente que satisfaça as condições nas quais a Mente falha. Sem dúvida é o próprio Satchidananda esse princípio, não Satchidananda em repouso em sua pura consciência infinita e invariável, mas emergindo desse equilíbrio primordial, ou melhor, tendo isso como base e como continente, para entrar em um movimento que é sua forma de Energia e seu instrumento de criação cósmica. Consciência e Força são os aspectos gêmeos essenciais do puro Poder de existência; Consciência e Vontade devem, portanto, ser a forma que esse Poder assume quando cria um mundo de relações na extensão de Tempo e Espaço. Esse Conhecimento e Vontade devem ser unos, infinitos, abranger tudo, possuir tudo, formar tudo, e conter eternamente em si o que projetam no movimento e na forma. A Supramente, então, é o Ser movendo-se em direção a um autoconhecimento determinativo que percebe certas verdades de si e quer realizá-las em uma extensão temporal e espacial de sua existência sem tempo e sem espaço. Tudo que está em seu ser toma forma como autoconhecimento, como Conhecimento-Verdade, como Ideia-Real, e como esse autoconhecimento é também força de ser, tudo se cumpre ou se realiza de modo inevitável no Tempo e no Espaço.

Essa então é a natureza da Consciência Divina, que cria em si mesma todas as coisas por um movimento de sua força-consciente e governa o desenvolvimento delas por meio de uma autoevolução, pelo conhecimento-vontade inerente à verdade da existência ou ideia-real que as formou. O Ser que é assim consciente é o que chamamos Deus; e Ele deve obviamente ser onipresente, onisciente, onipotente. Onipresente porque todas as formas são formas de Seu ser consciente, criadas pela força de seu movimento, em sua própria extensão como Espaço e Tempo; onisciente porque todas as coisas existem em Seu ser-consciente, são formadas por ele e possuídas por ele; onipotente porque essa Consciência que tudo possui é também uma Força que tudo possui e uma Vontade que tudo anima. E essa Vontade e esse Conhecimento não estão em guerra um com o outro, como podem sê-lo nossa vontade e nosso conhecimento, porque eles não são diferentes, mas são um só movimento do mesmo ser. Também não podem ser contraditos por nenhuma outra vontade, força ou consciência externas ou internas, pois não há consciência ou força externas ao

Um, e todas as energias e formações de conhecimento interior não são outra coisa senão o Um; elas são apenas o jogo da Vontade única que determina tudo e do Conhecimento único que harmoniza tudo. O que vemos como um choque de vontades e forças — porque vivemos no particular e no dividido e não podemos ver o todo —, a Supramente percebe como elementos que agem juntos em uma harmonia predeterminada que para ela está sempre presente, porque a totalidade das coisas está para sempre sujeita ao seu olhar.

Seja qual for o equilíbrio ou a forma que sua ação assume, essa será sempre a natureza da Consciência Divina. Mas, dado que sua natureza é absoluta em si, seu poder de existência é também absoluto em sua extensão e não é, portanto, limitado a um só equilíbrio ou a uma só forma de ação. Nós, seres humanos, somos, enquanto fenomênicos, uma forma particular de consciência, sujeitos ao Tempo e ao Espaço, e só podemos ser, em nossa consciência de superfície que é tudo o que conhecemos de nós mesmos, uma coisa de cada vez, uma única formação, um só equilíbrio de ser, um só agregado de experiências; e essa coisa única é para nós a verdade de nós mesmos que reconhecemos; todo o resto não é verdadeiro ou não é mais verdadeiro, porque desapareceu no passado, fora de nosso campo de percepção, ou ainda não é verdadeiro porque está à espera no futuro e ainda não faz parte desse campo. Mas a Consciência Divina não é tão particularizada, nem tão limitada; ela pode ser muitas coisas ao mesmo tempo e manter mais de um equilíbrio durante muito tempo, mesmo para sempre. Constatamos que nos fundamentos da própria Supramente ela apresenta três dessas posições ou termos gerais de sua consciência fundadora do mundo. A primeira estabelece a unidade inalienável das coisas, a segunda modifica essa unidade de modo a sustentar a manifestação do Múltiplo no Um e do Um no Múltiplo, a terceira a modifica ainda mais, a fim de sustentar a evolução de uma individualidade diversificada que, pela ação da Ignorância, torna-se em nós, em um nível inferior, a ilusão do ego separado.

Vimos qual é a natureza desse equilíbrio primeiro e primordial da Supramente, que fundamenta a unidade inalienável das coisas. Não é a pura consciência unitária, pois essa é uma concentração sem tempo e sem espaço de Satchidananda em si mesmo, em que a Força-Consciente não se projeta em extensão alguma, qualquer que seja e, se por acaso contiver o universo, será como uma eterna potencialidade e não como uma realidade temporal. Esse equilíbrio, ao contrário, é uma extensão igual de Satchidananda, que abrange tudo, possui tudo, constitui tudo. Mas esse tudo é uno, não múltiplo; não há individualização. É quando o reflexo dessa Supramente cai sobre nosso self aquietado e purificado que perdemos todo o sentido de individualidade, pois aí não se encontra concentração de consciência para servir de suporte a um desenvolvimento individual. Tudo se desenvolve em unidade e como um. Tudo é mantido por essa Consciência Divina como formas de sua existência, e de modo algum como existências separadas. Mais ou menos da mesma maneira como os pensamentos e as imagens que ocorrem em nossa mente não são para nós existências separadas, mas formas que nossa consciência assume, do mesmo modo são todos os nomes e as formas para essa Supramente primordial. É a pura ideação e formação divina no Infinito — só que é uma ideação e formação organizada não como um jogo irreal do pensamento mental, mas como um jogo real do ser consciente. A alma divina, nesse equilíbrio, não faria diferença entre Alma-Consciente e Alma-Força — pois toda força seria ação da consciência —, nem entre Matéria e Espírito, visto que toda forma seria simplesmente uma forma do Espírito.

No segundo equilíbrio da Supramente, a Consciência Divina mantém-se na ideia, retirada do movimento que esta contém; ela realiza isso por uma espécie de consciência que apreende, segue, ocupa e habita suas obras e parece distribuir-se em suas formas. Em cada nome e cada forma ela se realizará como o Self-Consciente estável, o mesmo em tudo; mas se realizará também como uma concentração do Self Consciente que segue e sustenta o jogo individual do movimento e mantém aquilo que o diferencia dos outros jogos do movimento — o mesmo em todo lugar, em essência-de-alma, mas variando em forma-de-alma. Essa concentração que sustenta a forma-de-alma seria o Divino individual ou Jivatman, distinto do Divino universal ou self único que constitui tudo. Não haverá aí diferença essencial, mas apenas uma diferenciação prática para o jogo, que não anularia a unidade real. O Divino universal conhecerá todas as formas-de-alma como si mesmo, e no entanto estabelecerá uma relação diferente com cada uma em separado e, em cada uma, com todas as outras. O Divino individual considerará sua existência como uma forma-de-alma e um movimento-de-alma do Um e ao mesmo tempo fruirá de sua unidade com o Um e com todas as formas-de-alma pela ação abrangedora de sua consciência. Ele sustentará e fruirá também seu movimento individual e suas relações de diferença livre na unidade com o Um e todas as suas formas. Se nossa mente purificada conseguisse refletir esse equilíbrio secundário da Supramente, nossa alma poderia sustentar e ocupar sua existência individual e ainda assim realizar-se como o Um que se tornou tudo, habita em tudo, contém tudo, e fruir, mesmo em sua modificação particular, de sua unidade com Deus e com as outras almas. Em nenhuma outra circunstância da existência supramental haveria mudanças características; a única mudança seria o jogo do Um que manifestou sua multiplicidade, e do Múltiplo, que é sempre uno com tudo que é necessário para manter e conduzir o jogo.

Um terceiro equilíbrio da Supramente seria alcançado se a concentração de suporte, em lugar de manter-se, por assim dizer, atrás do movimento, em lugar de habitar nele e manter certa superioridade, segui-lo assim e nisso encontrar sua alegria, se projetasse no movimento e, de certo modo, se envolvesse com ele. Nesse caso, o caráter do jogo seria alterado, mas só na medida em que o Divino individual fizesse do jogo com o Divino universal e suas outras formas o campo prático de sua experiência consciente, e de maneira tão dominante que a realização da unidade absoluta com eles seria o acompanhamento supremo e a culminação constante de toda experiência; mas no equilíbrio superior, a unidade será a experiência dominante e fundamental e a variação será apenas um jogo da unidade. Esse equilíbrio terciário seria, portanto, uma espécie de dualismo fundamental e feliz na unidade — entre o Divino individual e sua fonte universal, com todas as consequências que resultariam da manutenção e operação de um tal dualismo.

Pode-se dizer que a primeira consequência seria uma queda em Avidya, a ignorância, que toma o Múltiplo pelo fato real da existência e vê o Um apenas como uma soma cósmica do Múltiplo. Mas uma tal queda poderia não se produzir, não necessariamente, pois o Divino individual seria ainda consciente de si como resultado do Um e seu poder de autocriação consciente, isto é, de sua autoconcentração múltipla, concebida para que possa governar e fruir de maneira multíplice sua múltipla existência na extensão do Tempo e Espaço; esse verdadeiro indivíduo espiritual não reclama para si uma existência independente ou separada. Ele afirmaria apenas a verdade do movimento diferenciador juntamente com a verdade da unidade estável, e os consideraria polos superior e inferior da mesma verdade, a base e culminação do mesmo jogo divino; e insistiria na alegria da diferenciação como necessária para a plenitude da alegria da unidade.

Obviamente, essas três posições seriam só modos diferentes de lidar com a mesma Verdade; a Verdade da existência da qual fruímos seria a mesma, a maneira de fruir dela, ou melhor, o equilíbrio da alma que frui dela, seria diferente. O deleite, a Ananda, variaria, mas seria sempre conforme ao estado da Consciência-Verdade, sem implicar a queda na Falsidade e Ignorância. Nos seus segundo e terceiro níveis, a Supramente então desenvolveria apenas, e aplicaria nos termos da multiplicidade divina, o que a Supramente primordial continha nos termos da unidade divina. Não podemos condenar nenhuma dessas três posições como falsa ou ilusória. A linguagem dos *Upanishads*, a antiga autoridade suprema das verdades de uma experiência superior, quando fala da existência Divina e sua manifestação, admite a validez de todas essas experiências. Podemos apenas afirmar a prioridade da unidade sobre a multiplicidade, uma prioridade não no tempo, mas em relação de consciência, e nenhuma descrição da experiência espiritual suprema, nenhuma filosofia vedântica nega essa prioridade, ou essa eterna dependência do Múltiplo ao Um. Se a realidade do Múltiplo é negada, é porque no Tempo o Múltiplo parece não ser eterno, mas manifestar-se a partir do Um e aí retornar como à sua essência; mas poder-se-ia igualmente argumentar que a persistência eterna ou, se quisermos, a eterna recorrência da manifestação no Tempo, é uma prova de que a multiplicidade divina é, assim como a unidade divina, um fato eterno do Supremo além do Tempo; de outro modo, a manifestação não teria essa característica de inevitável recorrência eterna no Tempo.

Na verdade, é apenas quando nossa mentalidade humana insiste de modo exclusivo em um só lado da experiência espiritual — quando afirma que isso é a única verdade eterna e a expressa nos termos de nossa lógica mental que tudo divide — que surge a necessidade de escolas de filosofia mutuamente destrutivas. Assim, ao enfatizar a verdade única da consciência unitária, observaremos o jogo da unidade divina, erroneamente traduzido por nossa mentalidade nos termos de uma diferença real; porém, não satisfeitos em corrigir esse erro da mente pela verdade de um princípio mais alto, afirmaremos que o próprio jogo é uma ilusão. Ou então, ao enfatizarmos o jogo do Um no Múltiplo, falaremos de uma unidade restrita e consideraremos a alma individual como uma forma-alma do Supremo, mas afirmaremos a eternidade dessa existência restrita e negaremos inteiramente a experiência de uma consciência pura em uma unidade irrestrita. Ou ainda, ao enfatizarmos o jogo da diferença, afirmaremos que o Supremo e a alma humana são eternamente diferentes e rejeitaremos a validez de uma experiência que ultrapassa e parece abolir essa diferença. Mas a posição que adotamos agora de modo firme dispensa-nos da necessidade dessas negações e exclusões: vemos que há uma verdade por trás de todas essas afirmações, mas ao mesmo tempo um excesso que leva a uma negação infundada. Ao afirmar, como fizemos, o caráter absolutamente absoluto d'Isto, sem sermos limitados por nossas ideias de unidade, nem limitados por nossas ideias de multiplicidade, ao afirmar a unidade como a base para a manifestação da multiplicidade e a multiplicidade como a base para o retorno à unidade e usufruir da unidade na manifestação divina, não temos necessidade de sobrecarregar nossa presente exposição com essas discussões, nem assumir o vão labor de sujeitar às nossas distinções e definições mentais a liberdade absoluta do Divino Infinito.

# CAPÍTULO XVII

# A ALMA DIVINA

*Aquele cujo self tornou-se todas as existências, pois possui o conhecimento, como poderia ser enganado, de onde lhe viria a aflição, ele que vê em todo lugar a unidade?*

*Isha Upanishad*, verso 7.

Pela concepção de Supramente que acabamos de formular, por sua oposição à mentalidade em que se baseia nossa existência humana, somos capazes não só de formar uma ideia precisa, e não mais vaga, da divindade e da vida divina — expressões que de outro modo seríamos condenados a usar de maneira livre para formular vagamente uma aspiração vasta, porém quase impalpável — mas também de dar a essas ideias uma base firme de raciocínio filosófico, pô-las em uma relação clara com a humanidade e com a vida humana, que é tudo o que fruímos no presente, e justificar nossa esperança e aspiração pela própria natureza do mundo, por nossos antecedentes cósmicos e o futuro inevitável de nossa evolução. Começamos a abarcar intelectualmente o que é o Divino, a eterna Realidade, e a compreender como o mundo veio a nascer d'Ele. Começamos também a perceber como o que vem do Divino deve inevitavelmente retornar ao Divino. Podemos perguntar agora, com proveito e com a possibilidade de uma resposta mais clara, como devemos mudar e o que devemos nos tornar para realizar isso em nossa natureza, nossa vida e em nossas relações com os outros, e não só por meio de uma realização extática e solitária nas profundezas de nosso ser. Certamente há ainda um defeito em nossas premissas, pois até aqui temos nos esforçado para definir para nós mesmos o que o Divino é em sua descida em direção à Natureza limitada, enquanto o que na realidade somos é o Divino que, no indivíduo, se eleva da Natureza limitada para retornar à sua própria divindade. Essa diferença de movimento deve implicar uma diferença entre a vida dos deuses, que nunca conheceram a queda, e a vida do ser humano redimido, conquistador da divindade perdida e carregando dentro dele a experiência e talvez as novas riquezas que juntou, ao aceitar a descida extrema. De todo modo, não pode haver aí diferença nas características essenciais, mas apenas no molde e coloração. Podemos já estar certos, com base nas conclusões a que chegamos, da natureza essencial da vida divina à qual aspiramos.

Qual seria então a existência de uma alma divina que não tivesse descido na ignorância pela queda do Espírito na Matéria e pelo eclipse da alma na Natureza material? Qual seria sua consciência, vivendo na Verdade original das coisas, na unidade inalienável, no mundo de seu próprio ser infinito como a própria Existência Divina, mas que, pelo jogo da Maya Divina e pela distinção entre a Consciência-Verdade abrangedora e a Consciência-Verdade apreendedora, seria capaz de fruir também de sua diferença com Deus e de sua unidade com Ele, de abarcar a diferença e, no entanto, a unidade com outras almas divinas no jogo infinito do Idêntico que se multiplica?

Obviamente, a existência dessa alma divina seria sempre autocontida no jogo consciente de Satchidananda. Ela seria, em seu ser, uma autoexistência pura e infinita; em seu devenir ela seria um jogo livre da vida imortal não invadida pela morte, pelo nascimento ou mudança de corpo, porque a ignorância não a obscureceria e ela não seria envolvida nas trevas de nosso ser material. Em sua energia, ela seria uma consciência pura e ilimitada, estabelecida em uma tranquilidade eterna e luminosa e, tendo isso como fundamento, seria ao mesmo tempo capaz de brincar livremente com as formas do conhecimento e as formas do poder consciente, tranquila, não afetada pelos tropeços do erro mental e os desacertos de nossa vontade em luta, porque nunca se afastaria da verdade e unidade, nunca se distanciaria da luz inerente à harmonia natural de sua existência divina. Ela seria, finalmente, um deleite puro e inalienável em sua autoexperiência eterna, e seria, no Tempo, uma livre variação de beatitude não afetada por nossas deturpações, como antipatia, ódio, insatisfação e sofrimento, porque não seria dividida em seu ser, nem desconcertada pela vontade pessoal errante, nem transviada pela estimulação ignorante do desejo.

Sua consciência não seria excluída de parte alguma da verdade infinita, nem limitada por nenhuma posição ou estado que ela pudesse assumir em suas relações com outros, nem condenada a perder alguma coisa de seu autoconhecimento ao aceitar uma individualidade puramente fenomênica e o jogo de uma diferenciação prática. Em sua autoexperiência, ela viveria eternamente na presença do Absoluto. Para nós, o Absoluto é apenas uma concepção intelectual de existência indefinível. O intelecto nos diz simplesmente que há um Brahman mais alto do que o mais alto[1] e um Incognoscível que se conhece de um modo que não é esse de nosso conhecimento; mas o intelecto não pode nos conduzir à sua presença. A alma divina que vive na Verdade das coisas, ao contrário, teria sempre o sentido consciente de si mesma como uma manifestação do Absoluto. Ela perceberia sua existência imutável como a "forma-self"[2] desse Transcendente, Satchidananda, e perceberia o jogo do ser consciente como a manifestação d'Isto nas formas de Satchidananda. Em cada um de seus estados, em todos os seus atos de conhecimento, ela perceberia o Incognoscível que toma consciência de si por meio de uma forma variável de autoconhecimento; em cada um de seus estados ou em todos os seus atos de poder, vontade ou força perceberia a Transcendência que possui a si mesma por uma forma de poder de ser e conhecimento conscientes; em cada um de seus estados ou em todos os seus atos de deleite, alegria ou amor, ela perceberia a Transcendência que abarca a si mesma por uma forma de autofruição consciente. Essa presença do Absoluto não a acompanharia como uma experiência vislumbrada de modo casual ou, no final, conseguida e conservada com dificuldade, ou como uma adição, aquisição ou culminação sobreposta a seu estado de ser normal: essa presença seria o próprio fundamento de seu ser, ao mesmo tempo na unidade e na diferenciação; esse Absoluto estaria presente para ela em tudo o que ela conhece, quer, faz, frui; não seria ausente de seu self atemporal nem de qualquer momento no Tempo, não seria ausente de seu ser sem espaço, nem de qualquer determinação de sua existência expandida, não seria ausente de sua pureza incondicionada além de toda causa e circunstância, nem de qualquer relação de circunstância, condição e causalidade. Essa presença constante do Absoluto seria a base de sua liberdade e seu deleite infinitos, garantiria sua segurança no jogo e proveria a raiz, a seiva e a essência de seu ser divino.

Além do mais, essa alma divina viveria simultaneamente nos dois termos da existência eterna de Satchidananda, nos dois polos inseparáveis do autodesdobramento do Absoluto, que chamamos o Um e o Múltiplo. Todo ser, na realidade, vive assim; mas para nossa autoconsciência dividida, há uma incompatibilidade, um golfo entre os dois que nos obriga a fazer uma escolha: vivermos na multiplicidade, exilados da consciência direta e inteira do Um, ou na unidade, que rejeita a consciência do Múltiplo. Mas a alma divina não seria escravizada por esse divórcio e essa dualidade. Perceberia em si mesma, ao mesmo tempo, sua concentração infinita e sua expansão e sua difusão infinitas. Perceberia simultaneamente o Um em sua consciência unitária contendo a multiplicidade inumerável em si mesmo, como se em potencial —

---

1. *Parātpara.*
2. *Swarūpa.*

não expressa e, portanto, não existente para nossa experiência mental desse estado —, e o Um em sua consciência expandida que contém a multiplicidade projetada e ativa, como o jogo de seu ser, de seu querer e de seu fruir conscientes. Ela perceberia também o Múltiplo a puxar sempre para baixo, para si, o Um, que é eterna fonte e realidade de sua existência, e o Múltiplo a elevar-se sempre, atraído para o Um, que é a culminação eterna e a justificação venturosa de todo seu jogo de diferença. Essa visão vasta das coisas é a base da Consciência-Verdade, o fundamento da ampla Verdade e Justiça cantadas em hinos pelos visionários védicos; essa unidade de todos esses termos de opostos é o verdadeiro Adwaita, a palavra suprema e abrangedora do conhecimento do Incognoscível.

A alma divina perceberá todas as variações de ser, consciência, vontade e deleite como o transbordamento, a extensão, a difusão dessa Unidade autoconcentrada que se desenvolve não na diferença e divisão, mas em uma forma expandida da unidade infinita. Ela estará sempre concentrada em unidade na essência de seu ser, sempre manifestada em variedade na extensão de seu ser. Tudo o que nela toma forma será uma das potencialidades manifestadas do Um: a Palavra ou o Nome que vibra a partir do Silêncio sem nome, a Forma que realiza a essência sem forma, a Vontade ou o Poder ativos que se originam da Força tranquila, o raio da autocognição que emana do sol da autopercepção atemporal, a onda do vir-a-ser que se eleva para tomar a forma da existência autoconsciente a partir do Ser eternamente autoconsciente, a alegria e o amor que jorram para sempre do Deleite eterno e imutável. A alma divina será o Absoluto bi-uno em seu abrir-se e cada relatividade nela será absoluta para si mesma porque se perceberá como o Absoluto manifestado, mas sem aquela ignorância que exclui outras relatividades como se fossem estranhas a seu ser ou menos completas do que ela.

Na extensão, a alma divina perceberá os três graus da existência supramental, não como somos mentalmente compelidos a considerá-los, não como graus, mas como um fato tri-uno da automanifestação de Satchidananda. Ela poderá abarcá-los em uma e a mesma autorrealização abrangedora — pois uma vasta abrangência é o fundamento da Supramente consciente da verdade. Ela poderá conceber, perceber e sentir divinamente todas as coisas como o Self, seu próprio self, único self de tudo, único ser do Self e devenir do Self, mas não dividido em seus devires, que não têm outra existência senão sua própria autoconsciência. Ela poderá conceber, perceber e sentir divinamente todas as existências como formas de alma do Um, as quais têm cada uma seu ser próprio no Um, seu próprio ponto de vista no Um, suas próprias relações com todas as outras existências que povoam a unidade infinita, mas todas dependentes do Um, formas conscientes d'Ele em Sua própria infinidade. Ela poderá conceber, perceber e sentir divinamente que todas essas existências, em sua individualidade, em seu ponto de vista separado, vivem como o Divino individual, cada uma é habitada pelo Um e Supremo, e portanto não apenas uma forma ou emanação, não realmente uma parte ilusória de um todo real, uma mera onda espumante na superfície de um Oceano imóvel — pois estas, afinal, não são mais que imagens mentais inadequadas —, mas um todo no todo, uma verdade que repete a Verdade infinita, uma vaga que é todo o mar, um relativo que prova ser o próprio Absoluto quando olhamos por trás da forma e o vemos em sua completude.

Porque esses três são aspectos da Existência única. O primeiro baseia-se nesse autoconhecimento que, em nossa realização humana do Divino, os *Upanishads* descrevem como o Self em nós que se torna todas as existências; o segundo baseia-se naquilo que é descrito como a visão de todas as existências no Self; o terceiro, naquilo que é descrito como a visão do Self em todas as existências. O Self que se torna todas as existências é a base de nossa unidade com o todo; o Self que contém todas as existências é a base de nossa unidade na diferença; o Self que habita em tudo é a base de nossa individualidade no universal. Se o defeito de nossa mentalidade, sua necessidade de concentração exclusiva, a compele a demorar-se em qualquer um desses aspectos, do autoconhecimento à exclusão dos outros, se uma realização imperfeita e exclusiva nos leva sempre a introduzir um elemento humano de erro na própria Verdade e de conflito e negação mútua na unidade todo-abrangedora, ainda assim, para um ser divino supramental, pelo caráter essencial da supramente, que é unidade abrangedora e totalidade infinita, esses aspectos devem apresentar-se como uma realização tripla e, de fato, tri-una.

Se supormos que essa alma encontra seu equilíbrio, seu centro na consciência do Divino individual vivendo e agindo em uma relação de diferença com os "outros", mesmo assim ela terá, na base de sua consciência, a completa unidade da qual tudo emerge, e terá, no plano atrás dessa consciência, a unidade expandida e a unidade modificada, e será capaz de retornar a uma ou outra e contemplar, a partir delas, sua individualidade. Nos *Vedas*, todas essas posições são atributos dos deuses. Em essência, os deuses são uma existência única à qual os sábios dão diferentes nomes; mas em sua ação, fundamentada na vasta Verdade e Justiça e no que procede delas, se diz de Agni, ou de outros deuses, que ele é todos os deuses, que é o Um que se torna tudo; diz-se também que ele contém todos os deuses em si mesmo, como o centro de uma roda contém os raios, que ele é o Um que contém tudo; e, no entanto, enquanto Agni, ele é descrito como uma divindade separada, aquela que ajuda todas as outras, as excede em força e conhecimento e, no entanto, é de posição inferior a elas no cosmos e lhes serve de mensageiro, sacerdote e trabalhador — criador do mundo e pai, ele é, contudo, o filho nascido de nossas obras, ele é, por assim dizer, o Self ou Divino original e o Self ou Divino manifestado e inerente, o Um que habita em tudo.

Todas as relações da alma divina com Deus, seu Self supremo, e com todos os seus outros selfs em outras formas, serão determinadas por esse autoconhecimento abrangente. Essas relações serão relações de ser, de consciência e conhecimento, de vontade e força, de amor e deleite. Infinitas em suas potencialidades de variação, elas não necessitam excluir possíveis relações de alma com alma que sejam compatíveis com a preservação do sentido inalienável de unidade, apesar de todos os fenômenos de diferença. Assim, em suas relações de alegria, a alma divina terá o deleite de toda sua experiência em si mesma e o deleite de toda sua experiência de relações com outros, como uma comunhão com outros selfs em outras formas, criadas para um jogo variado no universo; ela terá também o deleite das experiências de seus outros selfs como se fossem suas — o que na realidade são. E terá todas essas capacidades porque terá a percepção de suas próprias experiências, de suas relações com outros e das experiências de outros, assim como das relações deles com ela, como sendo toda a Alegria, toda a Ananda do Um, do Self supremo, seu próprio self, diferenciado porque habita separadamente todas essas formas contidas em seu próprio ser, mas ainda assim uno na diferença. Por ser essa unidade a base de toda sua experiência, a alma divina será livre das discórdias de nossa consciência dividida, dividida pela ignorância e por um egoísmo separador; todos esses selfs e suas relações jogarão cada um conscientemente o jogo de todos os outros; eles se separarão e fundirão uns nos outros como as notas inumeráveis de uma harmonia eterna.

E a mesma regra se aplicará às relações de seu ser, conhecimento, vontade, com o ser, conhecimento e vontade dos outros, pois toda sua experiência e deleite serão o jogo de uma força de ser consciente que tem em si sua própria beatitude; e por obediência a essa verdade de unidade, a vontade não pode estar em conflito com o conhecimento e nem o conhecimento e a vontade poderão estar em conflito com o deleite. Tampouco o conhecimento, a vontade e o deleite de uma alma entrarão em conflito com o conhecimento, a vontade e o deleite de outra alma porque, pela percepção de sua unidade, o que em nosso ser dividido é conflito, luta e discórdia, aí será o encontro, entrelaçamento e interação mútua das diferentes notas de uma harmonia única e infinita.

Em suas relações com seu Self supremo, com Deus, a alma divina terá esse sentido da unidade do Divino transcendente e universal com seu próprio ser. Ela fruirá dessa unidade de Deus consigo mesma em sua própria individualidade e com seus outros selfs na universalidade. Suas relações de conhecimento serão o jogo da onisciência divina, pois Deus é conhecimento, e o que em nós é ignorância lá será apenas a retenção do conhecimento no repouso da autopercepção consciente, de modo que certas formas dessa percepção possam ser projetadas como atividades de Luz. Suas relações de vontade serão lá o jogo da onipotência divina, porque Deus é Força, Vontade e Poder, e o que em nós é fraqueza e incapacidade será retenção da vontade em uma força tranquila e concentrada, para que certas formas da força-consciente divina possam realizar-se quando projetadas em uma forma de Poder. Suas relações de amor e deleite serão o jogo do êxtase divino, porque Deus é Amor e Deleite, e o que em nós fosse negação de amor e deleite lá seria retenção da alegria no oceano imóvel da Beatitude, de modo que certas formas de união e alegria divinas possam ser projetadas em um transbordamento de ondas da Beatitude. Do mesmo modo, todo devenir da alma será a formação do ser divino em resposta a essas atividades, e o que em nós é cessação, morte, aniquilamento, será apenas repouso, transição ou retenção da Maya e sua alegria criadora no ser eterno de Satchidananda. Ao mesmo tempo, essa unidade não excluirá as relações da alma divina com Deus, com seu Self supremo, baseadas na alegria da diferença que se separa da unidade para fruir essa unidade de outra maneira; ela não anulará a possibilidade de nenhuma dessas formas especiais da alegria de Deus, que são o arrebatamento supremo do amante de Deus quando abraça o Divino.

Mas que condições serão essas, nas quais e pelas quais essa natureza da vida da alma divina se realizará? Toda experiência de relações procede mediante certas forças de ser formulando-se por instrumentações, que chamamos propriedades, qualidades, atividades, faculdades. Assim, por exemplo, como a mente se projeta em formas variadas de poder mental, tais como julgamento, observação, memória, simpatia, próprias ao seu ser, a Consciência-Verdade ou Supramente deve efetuar as relações de alma a alma mediante forças, faculdades, modos de funcionar próprios ao ser supramental; de outra maneira não haveria jogo de diferenciação. O que são esses funcionamentos nós veremos quando considerarmos as condições psicológicas da Vida divina; no presente, consideramos apenas os fundamentos metafísicos, sua natureza e seus princípios essenciais. É suficiente no momento observar que a ausência ou abolição do egoísmo separador e da divisão efetiva na consciência é a única condição essencial da Vida divina e, por isso, a presença desse egoísmo e dessa divisão em nós é o que constitui nossa mortalidade e nossa queda do Divino. Este é nosso "pecado original", ou melhor, para usar uma linguagem mais filosófica, é aquilo que nos desviou da Verdade e Justiça do Espírito, de sua unidade, integralidade e harmonia, e essa era a condição necessária para esse grande mergulho na Ignorância, que é a aventura da alma no mundo e do qual nasceu nossa humanidade que sofre e que aspira.

## CAPÍTULO XVIII

# MENTE E SUPRAMENTE

*Ele descobriu que a Mente era Brahman.*

*Taittiryia Upanishad*, III. 4.

*Indivisível, mas como dividido nos seres.*

*Bhagavad-Gītā*, XIII. 17.

Até agora esforçamo-nos em conceber o que pode ser a essência da vida supramental, que a alma divina possui de modo seguro no ser de Satchidananda, mas a alma humana deve manifestar nesse corpo de Satchidananda, formado aqui no molde de uma vida física e mental. Mas daquilo que fomos capazes de vislumbrar até agora dessa existência supramental, ela não parece ter qualquer conexão ou correspondência com a vida como a conhecemos, a vida ativa entre os dois termos de nossa existência normal, os dois firmamentos, mente e corpo. Ela parece ser, antes, um estado de ser, um estado de consciência, um estado de relações ativas e fruição mútua, como aquele em que almas desencarnadas poderiam possuir e experienciar em um mundo sem formas físicas, um mundo em que a diferenciação de almas teria sido efetuada, mas não a diferenciação de corpos, um mundo de infinidades ativas e jubilosas, não de espíritos aprisionados na forma. Então poder-se-ia razoavelmente duvidar que uma vida divina desse tipo fosse possível com essa limitação da forma corporal, essa limitação da mente aprisionada na forma e essa limitação da força entravada pela forma, que é a existência tal como agora a conhecemos.

De fato, temo-nos esforçado para chegar a alguma concepção desse ser, dessa força-consciente e desse autodeleite supremos e infinitos de que nosso mundo é uma criação e nossa mente, uma imagem incorreta; temos tentado fazer uma ideia do que pode ser essa Maya divina, essa Consciência-Verdade, essa Ideia-Real por meio da qual a força consciente da Existência transcendente e universal concebe, forma e governa o universo, a ordem, o cosmos de seu deleite de ser manifestado. Mas não estudamos as conexões desses quatro grandes termos divinos com os outros três, os únicos com os quais nossa experiência humana é familiar — mente, vida e corpo. Não examinamos em detalhe essa outra Maya, aparentemente não divina, que é a raiz de todo o nosso esforço e sofrimento, nem vimos de maneira mais precisa como ela se desenvolve a partir da realidade divina, da Maya divina. E enquanto não tivermos feito isso, enquanto não tivermos tecido os fios de conexão que estão faltando, nosso mundo continuará ainda inexplicável para nós, e a dúvida sobre uma possível unificação entre essa existência superior e essa vida inferior ainda terá uma base. Sabemos que nosso mundo emergiu de Satchidananda e subsiste no Seu ser; concebemos que Ele habita nosso mundo como Aquele que frui do Deleite, o Conhecedor, Senhor e Self, vimos que nossos termos duais — sensação, mente, força, ser — são apenas representações de Seu deleite, de Sua força consciente, de Sua existência divina. Mas poderia parecer que são, de fato, tão opostos ao que Ele realmente e superiormente é, que enquanto continuarmos concentrados na causa dessas oposições, enquanto estivermos contidos no termo triplo inferior da existência, não poderemos, ao mesmo tempo, alcançar uma vida divina. Devemos exaltar esse ser inferior e elevá-lo àquele estado superior ou trocar o corpo pela existência pura, trocar a vida pela condição pura de força-consciente, as sensações e a mentalidade pelo puro deleite e conhecimento que vivem na verdade da realidade espiritual. E não deve isso significar que abandonamos toda existência mental limitada ou terrestre por alguma coisa que é seu oposto — algum puro estado de Espírito ou algum mundo da Verdade das coisas, se tal existe, ou outros mundos, se tais existem, de Beatitude divina, Energia divina, Ser divino? Nesse caso, a perfeição da humanidade encontra-se alhures, não na própria humanidade; o auge de sua evolução terrestre só poderia ser o ápice sutil de uma mentalidade que se dissolve e de onde ela faria o grande salto para entrar no ser sem forma ou em mundos além do alcance da Mente encarnada.

Mas, na realidade, tudo o que chamamos não divino só pode ser uma ação dos próprios quatro princípios divinos, sua ação necessária para criar esse universo de formas. Essas formas não foram criadas fora da existência, da força-consciente e da beatitude divinas, e sim nelas; não fora, mas no interior e como parte das operações da Ideia-Real divina. Não há razão alguma para supor que não possa haver aí uma verdadeira atuação da consciência divina superior em um mundo de formas, ou que as formas e seus apoios imediatos — a consciência mental, a energia da força vital e a substância da forma — devam necessariamente distorcer aquilo que representam. É possível, e mesmo provável, que mente, corpo e vida possam ser encontrados em suas formas puras na própria Verdade divina, que lá estejam de fato como atividades subordinadas da consciência da Verdade e sejam parte da instrumentação completa de que a Força suprema se serve sempre em seus trabalhos. Mente, vida e corpo devem então ser capazes de divindade; suas formas e ações nesse breve período de um ciclo da evolução terrestre — o único, provavelmente em meio a outros, que a ciência nos revela — não representam necessariamente todas as ações potenciais desses três princípios no corpo vivo. Eles funcionam assim porque são de algum modo separados em consciência da Verdade divina da qual procedem. Se essa separação pudesse ser abolida pela energia em expansão do Divino na humanidade, seu modo atual de funcionar poderia ser mudado, e é de fato o que aconteceria naturalmente por uma evolução e uma progressão supremas, que os conduziria a essa atividade mais pura que eles têm na Consciência-Verdade.

Nesse caso, não apenas seria possível manifestar e manter a consciência divina na mente e no corpo humanos, mas essa consciência divina poderia até mesmo, no fim, pelo aumento de suas conquistas, remodelar a própria mente, vida e corpo à imagem mais perfeita de sua Verdade eterna e realizar não apenas em alma, mas em substância, seu reino dos céus na terra. A primeira dessas vitórias, a interna, certamente foi alcançada em grau maior ou menor por alguns, talvez por muitos, na Terra; a outra, a vitória externa — se nunca foi realizada mesmo parcialmente no curso de éons, como um protótipo para os ciclos futuros e ainda conservado na memória subconsciente da Natureza terrestre —, pode ser talvez destinada a tornar-se a realização futura e vitoriosa de Deus na humanidade. Não é necessário que essa vida terrestre seja para sempre o girar de um esforço em parte feliz, em parte angustiado; a culminância também pode ser a intenção, e a glória e a alegria de Deus manifestarem-se na Terra.

O que Mente, Vida e Corpo são em suas fontes supremas e, em consequência, o que se tornarão na completude integral da manifestação divina — quando serão imbuídos da Verdade e não cortados dela pela separação e ignorância nas quais vivemos no presente — é então o problema que devemos considerar agora. Pois lá eles já devem ter sua própria perfeição em direção à qual crescemos aqui — nós, que somos apenas os primeiros movimentos entravados da Mente que evolui na Matéria, nós que ainda não estamos liberados das condições e dos efeitos dessa involução do Espírito na forma, desse mergulho da Luz na sua própria sombra, pelo qual a consciência material obscurecida da Natureza física foi criada. O arquétipo de toda perfeição em direção à qual crescemos, os termos de nossa evolução mais alta já devem estar contidos na Ideia-Real divina; devem estar lá formados e conscientes para que possamos crescer em direção a eles e tornarmo-nos eles, pois essa preexistência no conhecimento divino é o que nossa mentalidade humana nomeia Ideal e busca como Ideal. O Ideal é uma Realidade eterna que ainda não realizamos nas condições de nosso ser, não um não-existente que o Eterno, o Divino, ainda não apreendeu e apenas nós, seres imperfeitos, vislumbramos e queremos criar.

Primeiro, Mente, o soberano encadeado e restringido de nossa vida humana. Mente, em sua essência, é uma consciência que mede, limita, recorta as formas das coisas no todo indivisível e as contém como se cada uma fosse uma unidade inteira separada. Mesmo com o que obviamente existe apenas como partes e frações, a Mente estabelece essa ficção própria a seu comércio normal, tratando-as de modo separado e não simplesmente como partes de um todo, pois mesmo quando sabe que elas não são coisas em si, a mente é obrigada a lidar com elas como se fossem coisas em si; caso contrário não poderia sujeitá-las à sua atividade própria, característica. É essa característica essencial da Mente que condiciona as ações de todos os seus poderes operativos, seja concepção, percepção, sensação, sejam ocupações do pensamento criativo. Ela concebe, percebe, sente as coisas como se cortadas rigidamente de um pano de fundo ou uma massa, e as utiliza como unidades fixas do material que lhe é dado para sua criação ou sua posse. Toda sua ação e seu prazer têm a ver então com conjuntos que formam parte de um conjunto maior, e esses conjuntos subordinados são de novo rompidos em partes, que são também tratadas como conjuntos para os propósitos particulares que eles servem. A Mente pode dividir, multiplicar, adicionar, subtrair, mas não pode ir além dos limites dessa matemática. Se for além e tentar conceber um todo real, perde-se em um elemento estrangeiro; cai de seu próprio solo firme no oceano do intangível, nos abismos do infinito, onde não pode nem perceber, nem conceber, nem sentir, nem lidar com seu objeto para sua criação e prazer. Se a Mente parece algumas vezes perceber, conceber, sentir ou alegrar-se com a posse do infinito, isso é apenas em aparência e sempre como uma representação do infinito. O que de fato ela assim possui de maneira vaga é apenas uma Vastidão sem forma, e não o infinito real sem espaço. No momento em que tenta lidar com esse infinito, possuí-lo, a tendência inalienável à delimitação intervém de imediato e a Mente encontra-se mais uma vez a manejar imagens, formas e palavras. A Mente não pode possuir o infinito, pode só sujeitar-se ou ser possuída por ele; pode apenas deitar-se em uma impotência bem-aventurada sob a sombra luminosa do Real projetada sobre ela dos planos da existência além de seu alcance. A posse do Infinito não pode vir, exceto por uma ascensão a esses planos supramentais, nem o conhecimento do Infinito, exceto por uma submissão inerte da mente às mensagens que descem da Realidade consciente da Verdade.

Essa faculdade essencial e a limitação essencial que a acompanha são a verdade da Mente e fixam sua natureza e sua ação reais, *swabhāva* e *swadharma*; ela é a marca do *fiat* divino que lhe designa seu papel na instrumentação completa da suprema Maya — papel determinado por aquilo que ela é em seu nascimento desde a eterna autoconcepção do Autoexistente. Esse papel é o de sempre traduzir o infinito nos termos do finito, medir, limitar, cortar em pedaços. Em realidade, ela faz isso em nossa consciência, ao ponto de excluir todo o sentido verdadeiro do infinito; portanto, a Mente é o *nodus* da grande Ignorância, porque é aquilo que desde a origem divide, classifica e distribui, e foi mesmo tomada erroneamente como a causa do universo e a totalidade da Maya divina. Mas a Maya divina abrange Vidya tanto quanto Avidya, o Conhecimento tanto quanto a Ignorância. Pois, visto que o finito é apenas uma aparência do Infinito, um resultado de sua ação, um jogo de sua concepção, e não pode existir se não for pelo Infinito, nele e com ele em segundo plano — o próprio finito é uma forma dessa substância e uma ação dessa força — é óbvio que deve haver aí uma consciência original que contém e vê ambos ao mesmo tempo, que é intimamente consciente de todas as relações de um com o outro. Nessa consciência não há ignorância, porque o infinito é conhecido e o finito não está separado dele como uma realidade independente; porém, ainda assim há um processo subordinado de delimitação — senão mundo algum poderia existir —, um processo que permite à consciência da Mente que sempre divide e reúne, à ação da Vida que sempre converge e diverge e à substância da Matéria que se divide e agrega infinitamente, manifestarem-se, todas por um só princípio e um só ato original, na existência fenomênica. Esse processo subordinado do eterno Vidente e Pensador, perfeitamente luminoso, perfeitamente consciente de Si-mesmo e de tudo, que sabe bem o que faz e é consciente do infinito no finito que Ele cria, pode ser chamado a Mente divina. E é óbvio que esse deve ser um funcionamento subordinado e não realmente separado, da Ideia-Real, da Supramente, e deve atuar por meio daquilo que descrevemos como o movimento apreendedor da Consciência-Verdade.

Essa consciência apreendedora, Prajnana, como vimos, coloca o trabalho do Todo indivisível, ativo e formador, como processo e objeto do conhecimento criador, diante da consciência desse mesmo Todo, originador e conhecedor, enquanto possuidor e testemunha de sua própria ação — assim como um poeta, que vê as criações de sua própria consciência colocadas nela e diante de si, como se fossem coisas diferentes do criador e sua força criativa, quando de fato, todo o tempo elas não são mais do que o jogo de autoformação de seu próprio ser em si mesmo e inseparáveis de seu criador. Assim, Prajnana efetua a divisão fundamental que conduz a todo o resto: a divisão entre o Purusha, a alma consciente que conhece e vê, e por sua visão cria e põe ordem, e a Prakriti, a Alma-Força ou Alma-Natureza, que é o conhecimento e visão do Purusha, sua criação e poder que organiza tudo. Ambos constituem um Ser, uma existência, e as formas vistas e criadas são formas múltiplas desse Ser, colocadas por Ele enquanto Conhecimento diante d'Ele enquanto Conhecedor, e por Ele enquanto Força diante d'Ele enquanto Criador. A ação última dessa consciência apreendedora acontece quando o Purusha, permeando a extensão consciente de seu ser, presente em cada ponto de si mesmo e em sua totalidade, habitando cada forma, olha o todo como se os visse em separado, a partir de cada um dos diversos pontos de vista que assumiu; ele vê e governa as relações de cada forma-alma do ponto de vista da vontade e do conhecimento apropriados a cada forma particular.

Assim, os elementos da divisão foram criados. Primeiro, a infinidade do Um traduziu-se em uma extensão no Tempo e no Espaço conceituais; depois, a onipresença do Um nessa extensão autoconsciente traduziu-se em uma multiplicidade da alma consciente, os múltiplos Purushas do Sankhya; por fim, a multiplicidade das formas-alma traduziu-se em uma habitação dividida da unidade expandida. Essa habitação dividida é inevitável a partir do momento em que cada um desses múltiplos Purushas não habita mais em seu próprio mundo separado, não possui uma Prakriti separada construindo um universo separado, mas todos fruem a mesma Prakriti — como deve ocorrer, pois eles são apenas formas do Um que preside às múltiplas criações de Seu poder — e ao mesmo tempo têm relações um com o outro no único mundo do ser, criado pela Prakriti única. O Purusha em cada forma identifica-se de maneira ativa com ela; nessa identificação ele se delimita e destaca essa forma de suas outras formas em sua consciência, formas que contêm seus outros selfs, idênticos a ele em ser, mas diferentes em relação — diferentes nas várias extensões, nas várias áreas de movimento e nas várias visões da substância, força, consciência e deleite únicos que cada self posiciona, de fato, a qualquer momento dado do Tempo ou em qualquer campo dado do Espaço. Mesmo se admitirmos que na existência Divina perfeitamente consciente de si isso não seja uma limitação imposta, não seja uma identificação à qual a alma se escraviza e não consegue superar — assim como somos escravos da nossa identificação com o corpo e incapazes de superar a limitação de nosso ego consciente, incapazes de escapar de um movimento particular de nossa consciência no Tempo que determina nosso campo particular no Espaço; admitindo-se tudo isso, ainda assim há uma identificação livre de momento a momento, que só o autoconhecimento inalienável da alma divina impede que se fixe em uma cadeia aparentemente rígida de separação e sucessão no Tempo, como aquela na qual nossa consciência parece estar fixada e encadeada.

Assim, o desmembramento já existe; a relação de forma com forma como se elas fossem seres separados, de vontade-de-ser com vontade-de-ser como se fossem forças separadas, de conhecimento-de-ser com conhecimento-de-ser como se fossem consciências separadas já foi estabelecida. Até aqui é ainda "como se", pois a alma divina não é iludida, ela é consciente de tudo como fenômenos do ser e mantém sua existência na realidade do ser; ela não renuncia à sua unidade: usa a mente como ação subordinada de conhecimento infinito, como uma definição de coisas subordinada à sua consciência da infinidade, uma delimitação dependente de sua consciência da totalidade essencial — não essa totalidade aparente e pluralista, essa soma e agregado coletivo que é apenas um outro fenômeno da Mente. Assim, não há limitação real; a alma usa seu poder de definição para o jogo de formas e forças bem distintas e não é usada por esse poder.

Por conseguinte, um novo fator, uma nova ação da força consciente é necessária, para criar a operação de uma mente irremediavelmente limitada em oposição a uma mente que limita livremente — isto é, a mente sujeita a seu próprio jogo e iludida por ele, em oposição à mente mestra de seu próprio jogo e vendo-o em sua verdade, a mente da criatura em oposição à mente divina. O novo fator é Avidya, a faculdade autoignorante que separa a ação da mente da ação da supramente que a originou e a governa ainda por trás do véu. Assim separada, a Mente percebe apenas o particular e não o universal, ou concebe só o particular em um universal que ela não possui, e não mais ambos como fenômenos do Infinito. Assim, temos a mente limitada que enxerga cada fenômeno como uma coisa em si, uma parte separada de um todo, que, de novo, existe em separado em um todo maior e assim por diante, alargando sempre seus agregados, sem reencontrar o sentido de um verdadeiro infinito.

A Mente, como uma ação do Infinito, tanto desmembra quanto agrega *ad infinitum*. Ela corta o ser em conjuntos, em conjuntos cada vez menores, em átomos, e esses átomos em átomos primários e, se pudesse, dissolveria o átomo primal até reduzí-lo a nada. Mas não pode, porque atrás dessa ação divisora encontra-se o conhecimento salvador do supramental e ele sabe que cada conjunto, cada átomo, é uma concentração da toda-força, toda-consciência, todo-ser em formas fenomênicas de si mesmo. A dissolução do agregado em um nada infinito, ao qual a Mente parece chegar, é para a Supramente apenas o retorno do ser consciente, concentrado em si, de sua existência fenomênica à sua existência infinita. Seja qual for o caminho tomado por sua consciência, o da divisão infinita ou o da ampliação infinita, a Supramente chega sempre a si mesma, à sua própria unidade infinita e ao seu ser eterno. E quando a ação da mente é subordinada de modo consciente a esse conhecimento da supramente, a verdade do processo lhe é também conhecida e de modo algum ignorada; não há divisão real, mas apenas uma concentração infinitamente múltipla em formas de ser e em arranjos da relação mútua dessas formas de ser, na qual a divisão é uma aparência secundária do processo inteiro necessário a seu jogo espaço-temporal. Pois você pode dividir quanto quiser, descer ao átomo mais infinitesimal ou formar o agregado de mundos e sistemas o mais descomunal possível, mas não pode, em nenhum desses processos, chegar a uma coisa-em-si; tudo isso são formas de uma Força que, ela só, é real em si mesma, enquanto as restantes são reais apenas como autoimagens ou as próprias formas de manifestação da eterna Consciência-Força.

De onde vem então a Avidya limitadora, a queda da mente a partir da Supramente e a ideia de uma divisão original real que disso resulta? Precisamente, de qual desvio do funcionamento supramental? Ela procede da alma individualizada, que enxerga todas as coisas a partir de seu ponto de vista e exclui todos os outros; procede, dito de outra maneira, de uma concentração exclusiva de consciência, uma identificação exclusiva da alma com uma ação tempo-espacial particular que é apenas uma parte de seu próprio jogo de ser; ela começa com a ignorância da alma do fato de que todas as outras almas são também ela mesma, toda ação é sua própria ação e todos os outros estados de ser e consciência são igualmente seus, assim como a ação do momento particular do Tempo, da posição particular no Espaço e da forma particular que ela ocupa no presente. A alma concentra-se no momento, no campo, na forma, no movimento, a fim de perder o resto; ela deve então recuperar o resto, religando a sucessão dos momentos, a sucessão dos pontos do Espaço, a sucessão das formas e dos movimentos no Tempo e Espaço. Ela assim perdeu a verdade da indivisibilidade do Tempo, da indivisibilidade da Força e Substância. Perdeu de vista até mesmo o fato óbvio de que todas as mentes são uma Mente que assume muitos pontos de vista, todas as vidas uma só Vida que desenvolve muitas correntes de atividades, todo corpo e toda forma uma só substância da Força e Consciência que se concentra em muitas estabilidades aparentes de força e consciência; mas na verdade todas essas estabilidades são apenas um turbilhão constante de movimento, que repete uma forma enquanto a modifica; elas não são nada mais. Pois a Mente tenta prender todas as coisas em formas rigidamente fixas e em fatores externos em aparência imutáveis ou imóveis, porque de outro modo não pode agir; pensa então ter obtido o que queria, mas na realidade tudo é um fluxo de mudança e renovação e não há forma-em-si fixa, nem fator externo imutável. Só a Ideia-Real eterna é firme e mantém certa constância ordenada de imagens e relações no fluxo das coisas, uma constância que a Mente tenta de maneira vã imitar ao atribuir fixidez àquilo que é sempre inconstante. Essas verdades ela deve redescobrir; ela as conhece todo o tempo, mas apenas no fundo escondido de sua consciência, na luz secreta de seu ser; e para ela essa luz é uma obscuridade, porque a Mente criou a ignorância, porque deixou-se cair da mentalidade divisora na mentalidade dividida, porque tornou-se involuída em suas próprias operações e suas próprias criações.

Essa ignorância aprofunda-se ainda mais para o ser humano devido à sua identificação com o corpo. Para nós, a mente parece determinada pelo corpo porque está preocupada com ele e devotada às operações físicas que utiliza para sua ação consciente superficial neste mundo material grosseiro. Porque emprega constantemente essa operação do cérebro e dos nervos desenvolvida no curso de seu próprio desenvolvimento no corpo, a mente está demasiado absorvida na observação do que lhe oferece essa maquinaria para poder desapegar-se dela e retornar às suas próprias operações puras; na maioria das vezes, estas são para ela subconscientes. Ainda assim, podemos conceber uma mente vital ou um ser vital que tenha ultrapassado a necessidade evolutiva dessa absorção e seja capaz de ver — e mesmo de experienciar — que ela se reveste de um corpo após outro, que não é criada de modo separado em cada corpo e não desaparece com ele; pois é apenas a marca física da mente na matéria, apenas a mentalidade corporal que é assim criada, não o ser mental inteiro. Essa mentalidade corporal é apenas a superfície de nossa mente, uma mera fachada que ela apresenta à experiência física. Por trás, mesmo em nosso ser terrestre, encontra-se essa outra mente, subconsciente ou subliminar para nós, que sabe que é mais do que o corpo e é capaz de uma ação menos materializada. Devemos diretamente a essa mente a maior parte da ação dinâmica mais vasta, profunda e enérgica de nossa mente de superfície; quando nos tornamos conscientes dela ou de sua marca em nós, temos uma primeira ideia ou primeira realização da alma ou ser interior, Purusha.[1]

Mas essa mentalidade vital, embora possa nos liberar do erro do corpo, não nos libera de todo do erro da mente; ela ainda está sujeita ao ato original da ignorância, pelo qual a alma individualizada vê cada coisa a partir do seu ponto de vista e só pode ver a verdade das coisas como estas se apresentam a ela do exterior, ou então à medida que se mostram à visão de sua consciência tempo-espacial separada, formas e resultados de sua experiência passada e presente. Ela não é consciente de seus outros selfs exceto por indicações externas que esses dão de sua existência, indicações comunicadas de pensamento, palavra, ação, resultado da ação, ou por indicações mais sutis — não sentidas diretamente pelo ser físico — de impactos e relações vitais. Do mesmo modo, ela é ignorante de si, pois só conhece seu self por

---

1. Percebido como o ser de vida ou ser vital, *prāṇamaya purusha*.

um movimento no Tempo e uma sucessão de vidas em que utilizou suas energias no curso de diversas encarnações. Assim como nossa mente física instrumental tem a ilusão do corpo, essa mente dinâmica subconsciente tem a ilusão da vida, é absorvida e concentrada nela, limitada por ela, identifica seu ser com ela. Aqui, ainda não retornamos ao lugar de encontro entre mente e supramente, nem ao ponto onde se separaram na origem.

Mas há ainda, por trás da mentalidade dinâmica e vital, uma outra mente, reflexiva e mais clara, que é capaz de escapar dessa absorção na vida; ela se vê assumindo a vida e o corpo a fim de projetar nas relações ativas de energia, sob a forma de imagens, o que percebe em vontade e pensamento. Ela é a fonte do pensador puro em nós; é aquilo que conhece a mentalidade em si mesma e vê o mundo não em termos de vida e corpo, mas de mente; é aquilo[2] que, quando retornamos a ela, algumas vezes consideramos erradamente como o espírito puro, assim como confundimos o mental dinâmico com a alma. Essa mente superior é capaz de perceber e lidar com outras almas como outras formas de seu puro self; é capaz de senti-las por um impacto e uma comunicação da mentalidade pura e não mais apenas por um impacto vital e nervoso e indicações físicas; concebe também uma imagem mental da unidade e, em sua atividade e vontade, ela pode criar em outras mentes e vidas, assim como na sua própria, e possuí-las mais diretamente — não apenas indiretamente como na vida física comum. No entanto, mesmo essa mentalidade pura não escapa do erro original da mente, pois ainda faz de seu self mental separado o juiz, a testemunha e o centro do universo, e é só por meio dele que ela se esforça para chegar ao seu self e à sua realidade superiores; todos os outros são "outros", agrupados em torno dela: para ser livre, ela deve retirar-se da mente e da vida a fim de desaparecer na unidade real. Pois há ainda o véu, criado pela Avidya, entre a ação mental e a ação supramental; uma imagem da verdade, e não a própria Verdade, passa através desse véu.

É só quando o véu se rasga e a mente dividida se submete, silenciosa e passiva, à ação supramental, que a própria mente retorna à Verdade das coisas. Descobrimos então um mental reflexivo e luminoso que obedece e é instrumental à Ideia-Real divina. Percebemos aí o que o mundo realmente é; nós nos conhecemos no outro e como o outro, de todos os modos possíveis; conhecemos os outros como nós mesmos e tudo como o Um universal que se multiplicou. Perdemos o ponto de vista individual rigidamente separado que é a fonte de toda limitação e todo erro. No entanto, percebemos também que tudo o que a ignorância da Mente considerou como verdade era de fato verdade, mas uma verdade desviada, equivocada e falsa

---

2. O ser mental, *manomaya purusha*.

em sua concepção. Percebemos ainda a divisão, a individualização, a criação atomizada, mas as conhecemos, e a nós mesmos, por aquilo que são e aquilo que na realidade somos. E assim percebemos que a Mente era na realidade uma ação e uma instrumentação subordinadas da Consciência-Verdade. Enquanto não se separa, em autoexperiência, da Consciência-Mestra que a envolve e não tenta construir uma casa para si mesma, enquanto serve passivamente como instrumentação e não tenta possuir para seu próprio benefício, a Mente cumpre de modo luminoso sua função: manter na Verdade as formas separadas umas das outras por uma delimitação fenomênica, puramente formal, de suas atividades, por trás das quais a universalidade dirigente do ser permanece consciente e intacta. A Mente deve receber a verdade das coisas e distribuí-las segundo a percepção infalível de um Olho e de uma Vontade supremos e universais. Deve manter uma individualização da consciência ativa, do deleite, da força e substância ativas, que derivam todo seu poder, realidade e alegria de uma universalidade inalienável por detrás. Deve transformar a multiplicidade do Um em uma divisão aparente, pela qual relações são definidas e mantidas umas contra as outras para que se encontrem de novo e se juntem. Deve estabelecer o deleite da separação e do contato em meio a uma unidade e uma interpenetração eternas. Deve permitir ao Um comportar-se como se fosse um indivíduo lidando com outros indivíduos, mas sempre em Sua própria unidade, e isso é o que o mundo na realidade é. A mente é a operação final da Consciência-Verdade apreendedora que torna tudo isso possível, e o que chamamos Ignorância não cria algo novo e uma falsidade absoluta, mas apenas uma representação falsa da Verdade. A Ignorância é a Mente cujo conhecimento separou-se de sua fonte, dando uma rigidez falsa e uma aparência enganadora de oposição e conflito ao jogo harmonioso da suprema Verdade em sua manifestação universal.

O erro fundamental da Mente é então essa queda do autoconhecimento, pela qual a alma individual concebe sua individualidade como um fato separado em lugar de ver aí uma forma de Unidade, e faz de si o centro de seu próprio universo em lugar de considerar-se como uma concentração do universal. Desse erro original resultam todas as suas ignorâncias e limitações particulares. Pois ao enxergar o fluxo das coisas apenas quando se derramam sobre si e através de si, ela estabelece uma limitação do ser que produz uma limitação da consciência e, portanto, do conhecimento, uma limitação da força e da vontade conscientes e, portanto, do poder, uma limitação da alegria de ser e, portanto, do deleite. A Mente só é consciente das coisas, e as conhece do modo como se apresentam à sua individualidade, e por isso cai na ignorância de todo o resto, e com isso em uma concepção errônea mesmo daquilo que parece conhecer; de fato, visto que todo ser é interdependente, o conhecimento do todo ou da essência é necessário ao conhecimento correto da parte. Há então um elemento de erro em todo conhecimento humano. De modo similar, nossa vontade, ignorante do resto da toda-vontade, deve cair em um funcionamento errado e um grau maior ou menor de incapacidade e impotência; a felicidade que a alma encontra em si e nas coisas, ignorando a toda-beatitude e incapaz, por um defeito da vontade e do conhecimento, de governar seu mundo, perde a capacidade de possuí-lo no deleite e cai então no sofrimento. A autoignorância é então a raiz de todos os desvios de nossa existência, e essa deturpação é fortalecida pela autolimitação, o egoísmo, que é a forma assumida por essa autoignorância.

Ainda assim, toda ignorância e toda deturpação são apenas a distorção da verdade e da justeza das coisas, e não o jogo de uma falsidade absoluta. É o resultado da Mente, que vê as coisas na divisão que ela faz, *avidyāyām antare*, em lugar de ver a si e suas divisões como instrumentação e fenômeno da ação da verdade de Satchidananda. Se retornar à verdade de onde caiu, a Mente se tornará de novo a ação final da Consciência-Verdade em sua faculdade de apreender, e as relações que ajudará a criar nessa luz e poder serão as relações da Verdade, e não dos desvios. Elas serão as coisas retas e não as torcidas, para usar a distinção expressiva dos Rishis Védicos — isto é, Verdades do ser divino cuja consciência, vontade e deleite, em posse de si mesmos, movem-se harmoniosamente nele mesmo. Agora, temos sobretudo os movimentos deturpados e em zigue-zague da mente e da vida, as contorções criadas pela luta da alma que esqueceu seu ser verdadeiro e quer se reencontrar, transmutar todo erro na verdade que nossa ideia de verdade e erro, de justo e injusto limita e distorce, transmutar toda incapacidade na força que nosso poder e nossa fraqueza lutam para abarcar, todo sofrimento no deleite que nossa alegria e nossa dor, em seus esforços convulsivos, querem realizar, toda morte na imortalidade à qual, por nossa vida e nossa morte, o ser se esforça constantemente para retornar.

## CAPÍTULO XIX

# VIDA

*A energia prânica é a vida das criaturas, pois é ela que é chamada o princípio universal da vida.*

Taittiriya Upanishad, II. 3.

Percebemos, então, o que a Mente é em sua origem divina e como se relaciona com a Consciência-Verdade — Mente, o mais alto dos três princípios inferiores que constituem nossa existência humana. Ela é uma ação especial da consciência divina, ou melhor, é o último elo de toda sua ação criadora. Ela permite ao Purusha manter separadas as relações entre as diferentes formas e forças de si mesmo; cria diferenças fenomênicas que, para a alma individual que abandonou a Consciência-Verdade, tomam a aparência de divisões radicais e, por esse desvio original, a Mente é a genitora de todos os desvios resultantes, que portam a marca das dualidades antagonistas e oposições próprias à vida da Alma na Ignorância. Mas enquanto não for separada da Supramente, ela sustentará não os desvios e as falsidades, mas as operações diversas da Verdade universal.

Assim, a Mente aparece como um agente cósmico criador. Essa não é a impressão que em geral temos de nossa mente; tendemos antes a considerá-la como um órgão de percepção, percepção de coisas já criadas pela Força que trabalha na Matéria, e a única coisa cuja origem consentimos em lhe atribuir é uma criação secundária de formas novas, combinadas a partir daquelas já desenvolvidas pela Força na Matéria. Mas o conhecimento que estamos agora recuperando, ajudados pelas últimas descobertas da ciência, começa a nos mostrar que nessa Força e nessa Matéria há uma Mente subconsciente em ação, que é decerto responsável pelo seu próprio emergir, primeiro nas formas da vida e depois nas formas da própria mente: primeiro, então, na consciência nervosa da vida vegetal e do animal primitivo, depois na mentalidade, sempre em desenvolvimento, do animal evoluído e do ser humano. E assim como já havíamos descoberto que Matéria é apenas uma forma-substância da Força, do mesmo modo descobriremos que a Força material é apenas uma forma-energia da mente. A força material é de fato uma operação subconsciente da Vontade. A Vontade, que trabalha em nós no que parece ser luz — embora na verdade não seja mais que uma meia-luz —, e a Força material, que trabalha no que nos parece ser uma obscuridade de não inteligência são, na realidade, e em essência, a mesma coisa, como o pensamento materialista sempre percebeu instintivamente — partindo do lado errado, ou inferior das coisas — e como o conhecimento espiritual, que age a partir do cume, descobriu há muito tempo. Podemos dizer então que há uma Mente ou Inteligência subconsciente que, manifestando Força como seu poder condutor, sua Natureza executiva, sua Prakriti, criou este mundo material.

Mas visto que, como descobrimos agora, a Mente não é uma entidade independente e original, mas apenas uma operação final da Consciência-Verdade ou Supramente, então, onde quer que a Mente esteja, aí a Supramente deve estar. A Supramente, ou Consciência-Verdade, é o real agente criador da Existência universal. Mesmo quando a Mente está em sua própria consciência obscurecida, separada de sua fonte, esse movimento mais vasto permanece em suas operações: ela as obriga a preservar suas relações justas, elabora os resultados inevitáveis que elas carregam em si, faz nascer a árvore certa da semente certa, e compele mesmo as operações da Força material — que é tão grosseira, inerte e obscurecida — a produzir um mundo de Lei, ordem, relações justas e não, como poderia ser se não fosse assim, de colisões violentas do acaso e do caos. Obviamente, essa ordem e essas relações justas só podem ser relativas e não a ordem e a justiça supremas que reinariam se a Mente não fosse, em sua própria consciência, separada da Supramente; trata-se de um arranjo de resultados, uma ordem justa e própria à ação da Mente divisora e sua criação de oposições separativas, suas dualidades antagônicas da Verdade única. A Consciência Divina, tendo concebido e lançado na ação a Ideia dessa sua representação dual ou dividida, deduz daí como ideia-real e extrai praticamente como substância de vida — pela ação dirigente da Consciência-Verdade inteira por trás dessa representação dual — sua própria verdade inferior, resultado inevitável dessas relações variadas, pois essa é a natureza da Lei ou Verdade no mundo: o funcionamento justo e o emergir daquilo contido no ser, implícito na essência e natureza da própria coisa, latente em seu ser e na lei de si mesma, *svabhāva* e *svadharma*, assim como os vê o Conhecimento divino. Para usar uma dessas maravilhosas fórmulas dos *Upanishads*,[1] que contêm um mundo de conhecimento em algumas palavras reveladoras: é o Autoexistente que, enquanto vidente e pensador em toda parte como devenir, dispôs em si mesmo todas as coisas acuradamente, por toda a eternidade, segundo a verdade daquilo que elas são.

Portanto, o mundo triplo em que vivemos, o mundo de Mente-Vida-Corpo, é triplo apenas em seu estado de evolução atual. A Vida involuída na Matéria emergiu sob a forma de vida pensante e mentalmente consciente. Mas com a Mente, nela involuída e, portanto, na Vida e na Matéria, está a Supramente, que é a origem e a soberana das outras três e também deve emergir. Buscamos uma inteligência nas raízes do mundo porque inteligência é o princípio mais alto de que somos conscientes e é aquilo que nos parece governar e explicar todas as nossas ações e criações e, assim, se de algum modo houver uma Consciência no universo, presumimos que deva ser uma Inteligência, uma Consciência mental. Mas a inteligência só percebe, reflete e utiliza, na medida de sua capacidade, a obra de uma Verdade de ser que lhe é superior; o poder que trabalha por trás deve então ser uma forma diferente e superior de Consciência, própria a essa Verdade. Devemos, portanto, retificar nossa concepção e afirmar que esse universo material foi criado não por uma Mente ou Inteligência subconsciente, mas por uma Supramente involuída, que projeta a Mente como a forma especial e imediatamente ativa de seu conhecimento-vontade subconsciente na Força e utiliza Força ou Vontade materiais subconscientes na substância do ser como sua Natureza executiva ou Prakriti.

Mas vemos que aqui a Mente se manifesta em uma especialização da Força a que damos o nome de Vida. O que então é Vida? E que relação tem ela com a Supramente, com essa trindade suprema, Satchidananda, ativa na criação por meio da Ideia-Real ou Consciência-Verdade? De qual princípio na Trindade ela nasce? Ou de qual necessidade, divina ou não divina, da Verdade ou da ilusão, provém seu ser? A vida é um mal, assim soa ao longo dos séculos o antigo grito, é um logro, um delírio, uma insanidade da qual devemos fugir para entrar no repouso do ser eterno. É ela assim? E por que então é assim? Por que o Eterno se infligiu levianamente esse mal, por que impôs esse delírio ou insanidade a Si mesmo ou então às criaturas geradas e iludidas por Sua terrível Maya? Ou é ela, antes, um princípio divino que se expressa assim, algum poder do Deleite de ser eterno que devia se expressar e assim projetou-

---

1. "*Kavir manīshī paribhūḥ, svayambhūr yāthātathyato'rthān vyadadhāt shāshvatībhyaḥ samābhyaḥ*", *Isha Upanishad*, verso 8.

-se no Tempo e no Espaço, nessa constante irrupção de milhões e milhões de formas de vida que povoam os inumeráveis mundos do universo?

Quando estudamos essa Vida tal como se manifesta na terra com a Matéria como base, observamos que, em essência, ela é uma forma da Energia cósmica una, um movimento, uma corrente dinâmica dessa Energia, positiva e negativa, um ato constante ou jogo da Força que constrói formas, as energiza por um fluxo contínuo de estimulações e as mantém por um processo incessante de desintegração e renovação de sua substância. Isso tenderia a mostrar que a oposição natural que fazemos entre morte e vida é um erro de nossa mente, uma dessas falsas oposições — falsa para a verdade interior, embora válida na experiência prática de superfície — que, enganada pelas aparências, ela introduz constantemente na unidade universal. A morte não tem realidade exceto como um processo da vida. Desintegração da substância e renovação da substância, preservação da forma e mudança da forma, são o processo constante da vida; a morte é apenas uma desintegração rápida subordinada à necessidade, para a vida, de mudança e variação da experiência com a forma. Mesmo na morte do corpo não há cessação da Vida, apenas o material de uma forma de vida é desintegrado para servir como material para outras formas de vida. De modo similar, na lei uniforme da Natureza, podemos estar seguros de que se há na forma corporal uma energia mental ou uma energia psíquica, elas também não são destruídas, mas apenas se liberam de uma forma para assumir outras, por algum processo de metempsicose ou quando a alma ocupa um novo corpo. Tudo se renova, nada perece.

Como consequência, poder-se-ia afirmar que há uma única Vida, uma única energia dinâmica que permeia tudo — o aspecto material sendo apenas seu movimento mais externo — e cria todas essas formas do universo físico: Vida imperecível e eterna que, mesmo se toda representação do universo fosse abolida inteiramente, continuaria ainda assim a existir e ser capaz de produzir um novo universo em seu lugar, e continuaria inevitavelmente a criar, a menos que seja retida em um estado de repouso por algum Poder superior ou ela mesma se retenha. Nesse caso, Vida é tão somente a Força que constrói, mantém e destrói formas no mundo; é a Vida que se manifesta tanto na forma da terra quanto na planta que cresce na terra e nos animais, que mantêm sua existência devorando a força-vida da planta ou um ao outro. Toda existência aqui é uma Vida universal que toma forma na Matéria. Ela poderia, para esse propósito, esconder o processo da vida no processo físico, antes de emergir como sensitividade submental e vitalidade mentalizada, mas ainda assim seria inteiramente o mesmo princípio de Vida criador.

Pode-se dizer, contudo, que isso não é o que se entende por vida; nós a entendemos como um resultado particular da força universal com que estamos familiarizados e se manifesta apenas no animal e na planta, mas não no metal, na pedra ou no gás, opera na célula animal, mas não no átomo físico puro. Por isso, para estarmos seguros de nosso terreno, devemos examinar em que consiste precisamente esse resultado particular da ação da Força que chamamos vida e como isso difere desse outro resultado da ação da Força nas coisas inanimadas que, dizemos, não é vida. Vemos logo que existem aqui na terra três domínios da ação da Força: o reino animal da antiga classificação, ao qual pertencemos, o reino vegetal e, por último, o mero reino material que, pretendemos, é vazio de vida. Em que, a vida em nós difere da vida da planta, e a vida da planta da não vida, digamos, do metal, do reino mineral da antiga fraseologia ou desse novo reino químico que a ciência descobriu?

Em geral, quando falamos de vida, queremos dizer a vida animal, isso que se move, respira, come, sente, deseja, e se falamos da vida das plantas foi quase como uma metáfora, e não uma realidade, pois a vida da planta era vista mais como um processo puramente material do que um fenômeno biológico. Em especial, temos associado a vida com o respirar; respiração é vida, foi dito em todas as línguas, e a fórmula é verdadeira, se mudarmos nosso conceito do que consideramos o Sopro da Vida. Mas é evidente que o movimento ou a locomoção espontâneos, a respiração, a alimentação, são apenas processos da vida e não a própria vida; são meios para gerar e liberar essa energia constantemente estimulante que é nossa vitalidade e para o processo de desintegração e renovação pelo qual ela sustenta nossa existência substancial; mas esses processos de nossa vitalidade podem ser mantidos por outros meios que não são nossa respiração e modo de alimentação. É um fato comprovado que mesmo a vida humana pode permanecer no corpo, e em plena consciência, quando a respiração, as batidas do coração e outras condições antes formalmente consideradas essenciais à vida são suspensas temporariamente. E novas evidências de fenômenos foram trazidas à tona para estabelecer que a planta, à qual ainda podemos negar qualquer reação consciente, tem uma vida física ao menos idêntica à nossa e, em essência, mesmo organizada como a nossa, embora diferente em sua organização aparente. Se for provado que isso é verdade, teremos que varrer nossas velhas concepções fáceis e falsas e ir, além dos sintomas e exterioridades, até a raiz do problema.

Em algumas descobertas recentes,[2] cujas conclusões, se aceitas, deveriam jogar uma luz intensa sobre o problema da Vida na Matéria, um grande físico indiano

---

2. Essas considerações, a partir de pesquisas científicas recentes, são colocadas aqui como ilustrações, e não provas, da natureza e processo da Vida na Matéria como são desenvolvidas na Terra. A ciência e a metafísica (quer seja baseada na pura especulação intelectual, quer seja, como na Índia, fundamentada na visão espiritual das coisas e na experiência espiritual) têm cada uma sua própria

chamou a atenção para o fato de que a reação a um estímulo é sinal infalível da existência de vida. Em particular, o fenômeno da vida das plantas foi iluminado por seus dados e ilustrado em todos os seus funcionamentos sutis; mas não devemos esquecer que, em essência, a mesma prova de vitalidade — resposta a um estímulo, estado positivo da vida e seu estado negativo que chamamos morte — foi encontrada por ele nos metais e nas plantas. Certamente as provas não são tão abundantes nem mostram uma organização da vida essencialmente idêntica, mas é possível que, se instrumentos apropriados e mais sutis pudessem ser inventados, outros pontos de similaridade entre a vida do metal e a da planta poderiam ser descobertos; e mesmo se for provado não ser assim, isso poderia indicar que a mesma, ou qualquer outra, organização da vida estaria ausente, mas os começos da vitalidade poderiam ainda assim estar aí. Mas se a vida, por mais rudimentares que sejam seus indícios, existe no metal, deve-se admitir sua presença, involuída talvez, ou elementar e elemental, na terra ou em outras existências materiais próximas do metal. Se pudermos continuar nossa pesquisa sem sermos obrigados a interrompê-la quando nossos meios imediatos de investigação mostrarem-se inadequados, poderemos estar seguros, a partir de nossa invariável experiência com a Natureza, que investigações conduzidas dessa maneira nos provarão no final que não há rompimento, não há linha rígida de demarcação entre a terra e o metal formado nela, ou entre o metal e a planta e, prosseguindo com a síntese, que também não há demarcação entre os elementos e átomos que constituem a terra ou o metal e o metal ou a terra que eles constituem. Cada etapa dessa existência gradativa prepara a seguinte e traz em si o que aparecerá na próxima. A vida está em tudo, secreta ou manifestada, organizada ou elementar, involuída ou evoluída, mas universal, permeando tudo, imperecível; só suas formas e sua organização diferem.

    Devemos lembrar que a resposta física ao estímulo é apenas um sinal exterior de vida, como são em nós a respiração e a locomoção. Um estímulo excepcional é aplicado pelo pesquisador e reações vívidas se produzem, que podemos reconhecer logo como indícios de vitalidade no objeto da experiência. Mas durante toda a sua existência, a planta responde constantemente a uma contínua massa de estímulos

---

província e método de investigação. A ciência não pode ditar suas conclusões à metafísica, assim como a metafísica não pode impor suas conclusões à ciência. No entanto, se aceitarmos a crença razoável segundo a qual o Ser e a Natureza, em todos os seus estados, têm um sistema de correspondências que expressa uma verdade comum subjacente, será permitido supor que verdades do universo físico podem jogar alguma luz sobre a natureza e o processo da Força que é ativa no universo — não uma luz completa, pois a ciência física é inevitavelmente incompleta no campo de sua investigação e não possui a chave para entender o movimento oculto da Força.

que vem de seu ambiente; isto é, há nela uma força mantida de modo constante que é capaz de responder à aplicação da força do seu meio. Diz-se que a ideia da existência de uma força vital na planta ou em outros organismos vivos foi destruída por essas experiências. Mas quando dizemos que um estímulo foi aplicado à planta, significa que uma força energizada, uma força em movimento dinâmico, foi dirigida a esse objeto, e quando dizemos que uma resposta foi dada, significa que uma força energizada, capaz de movimento dinâmico e vibração sensível, respondeu ao impacto. Houve recepção e resposta vibratória, assim como uma vontade de crescer e ser, indicativa de uma organização submental, física-vital, da consciência-força escondida na forma do ser. O fato pareceria ser, então, que assim como há uma energia dinâmica em movimento no universo, que tomou diversas formas materiais mais ou menos sutis ou grosseiras, assim também há a mesma força dinâmica armazenada, constante e ativa em cada corpo ou objeto físico, planta, animal ou metal; certo intercâmbio entre essas duas formas de energia nos dá os fenômenos que associamos com a ideia de vida. É essa ação que reconhecemos como a ação da Energia-Vida, e o que assim se energiza é a Força-Vida. Energia-Mente, Energia-Vida, Energia material são diferentes dinamismos da Força Cósmica única.

Mesmo quando uma forma nos parece morta, essa força ainda existe nela em potencial, embora suas operações familiares de vitalidade estejam suspensas e prestes a acabar de modo permanente. Dentro de certos limites, aquilo que está morto pode ser revivido; as operações habituais, as reações e a circulação da energia ativa podem ser restabelecidas; e isso prova que o que chamamos vida estava ainda presente no corpo, latente, isto é, não ativa segundo seus hábitos normais, seus hábitos de funcionamento físico comum, seus hábitos de ações e reações nervosas e, no animal, seus hábitos de reações mentais conscientes. É difícil supor que haja uma entidade distinta chamada vida que se retira do corpo completamente para entrar de novo — mas como, visto que não há nada que a conecte com o corpo? — quando alguém estimula a forma. Em certos casos, como a catalepsia, vemos que os sinais físicos externos e as operações da vida são suspensos, mas a mentalidade está presente, mestra de si e consciente, embora incapaz de provocar as reações físicas usuais. Com certeza isso não significa que o indivíduo esteja fisicamente morto e mentalmente vivo, ou que a vida se retira do corpo enquanto a mente ainda o habita, mas apenas que o funcionamento físico habitual é suspenso enquanto o mental ainda está ativo.

Do mesmo modo, em certas formas de transe, tanto os funcionamentos físicos quanto os da mente exterior são suspensos, mas retomam em seguida suas operações, em alguns casos por estimulação externa, mas em geral a partir de dentro, por um retorno espontâneo à atividade. O que na realidade aconteceu é que a força-

-mente de superfície se retirou na mente subconsciente e a força-vida de superfície se retirou na vida subativa; então, a pessoa inteira deixou-se cair na existência subconsciente ou retraiu sua vida exterior no subconsciente, enquanto seu ser interior foi erguido até o supraconsciente. Mas o ponto importante para nós agora é que a Força, qualquer que seja, que mantém no corpo a energia dinâmica da vida, suspendeu de fato suas operações exteriores, mas ainda anima a substância organizada. Chega um momento, no entanto, em que não é mais possível restabelecer as atividades suspensas; e isso ocorre quando o corpo recebeu uma lesão que o torna inútil ou incapaz dos funcionamentos habituais ou, então, na ausência de uma lesão desse tipo, quando o processo de desintegração já começou, isto é, quando a Força que renovaria a ação da vida se torna completamente inerte e não reage mais à pressão das forças circundantes nem à massa de suas estimulações, com as quais mantinha um intercâmbio constante. Mesmo então há Vida no corpo, mas uma Vida que se ocupa apenas com o processo de desintegração da substância formada, de maneira a escapar do corpo e reintegrar-se a seus próprios elementos, constituir com eles novas formas. A Vontade, na Força universal que manteve a coesão da forma, retira-se do organismo e sustenta agora um processo de dispersão. Só então é que há a verdadeira morte do corpo.

Vida, então, é a operação dinâmica de uma Força universal, Força à qual a consciência mental e a vitalidade nervosa são, de certo modo, ou ao menos em seu princípio, sempre inerentes, e portanto aparecem e se organizam em nosso mundo nas formas da Matéria. A ação dessa Força na vida se manifesta como um intercâmbio de estimulações e reações a essas estimulações entre as diferentes formas que ela construiu e nas quais mantém sua constante pulsação dinâmica; cada forma absorve e expele constantemente o sopro e a energia da Força comum; cada forma alimenta-se e nutre-se disso por vários meios, seja indiretamente, ao retirar de outras formas a energia que nelas se acumulou, seja diretamente, ao absorver as descargas dinâmicas que recebe do exterior. Tudo isso é o jogo da Vida; mas o reconhecemos sobretudo onde ele é organizado o suficiente para que possamos perceber seus movimentos mais exteriores e complexos e, em particular, onde tem o mesmo tipo nervoso de energia vital que pertence à nossa própria organização. É por isso que estamos prontos a aceitar a vida na planta — fenômenos de vida óbvios estão aí presentes — e a admitimos com mais facilidade se pode ser mostrado que a planta manifesta sintomas de nervosidade e tem um sistema vital não muito diferente do nosso, mas não queremos reconhecer a vida no mineral e na terra e no átomo químico, onde esses desenvolvimentos dos fenômenos dificilmente são detectados ou são, em aparência, inexistentes.

Haveria alguma justificativa para elevar essa distinção ao ponto de torná-la uma diferença essencial? Qual é, por exemplo, a diferença entre a vida em nós e a vida na planta? Vemos que diferem, primeiro, porque possuímos o poder de locomoção, que evidentemente não tem nada a ver com a essência da vitalidade e, segundo, porque possuímos uma sensação consciente que, até onde sabemos, ainda não evoluiu na planta. Nossas reações nervosas são em grande parte, embora nem sempre ou completamente, acompanhadas da resposta mental da sensação consciente; elas têm um valor para a mente, bem como para o sistema nervoso e para o corpo agitado pela ação nervosa. Poderia parecer que há na planta sintomas de sensação nervosa, incluindo aqueles que em nós seriam traduzidos como prazer e dor, vigília e sono, regozijo, desânimo e fadiga; o organismo é agitado internamente pela ação nervosa, mas não há sinal da presença concreta de uma sensação mentalmente consciente. Mas sensação é sensação, seja consciente mentalmente ou sensível vitalmente, e sensação é uma forma de consciência. Quando a planta sensitiva se contrai a um contato, parece estar afetada nervosamente, que algo nela não gosta do contato e tenta evitá-lo; há, em resumo, uma sensação subconsciente na planta, assim como há, vimos antes, operações subconscientes do mesmo tipo em nós mesmos. No sistema humano, essas percepções e sensações subconscientes podem ser perfeitamente trazidas à superfície muito tempo depois que aconteceram e cessaram de afetar o sistema nervoso; e uma crescente massa de evidências estabeleceu de modo irrefutável a existência em nós de uma mente subconsciente muito maior do que a mente consciente. O mero fato de que a planta não tenha uma mente de superfície vigilante que, quando despertada, possa avaliar as suas sensações subconscientes não faz diferença para a identidade essencial do fenômeno. Visto que os fenômenos são os mesmos, a coisa que manifestam deve ser a mesma, e essa coisa é uma mente subconsciente. E é perfeitamente possível que haja uma operação vital mais rudimentar da mente sensorial subconsciente no mineral, embora nele não haja agitação corporal correspondente à resposta nervosa; mas a ausência de agitação corporal não representa uma diferença essencial para a presença de vitalidade no mineral, assim como a ausência de locomoção não representa uma diferença essencial na presença de vitalidade na planta.

O que acontece quando o consciente se torna subconsciente no corpo ou o subconsciente se torna consciente? A verdadeira diferença situa-se na absorção da energia consciente em uma parte de sua atividade, a sua concentração mais ou menos exclusiva. Em certas formas de concentração, aquilo que chamamos mentalidade, isto é, *Prajnana* ou consciência apreendedora, quase cessa, ou cessa por completo, de agir de modo consciente; contudo, o trabalho do corpo, dos nervos e da mente sensorial prossegue sem ser notado, embora constante e perfeito; tornou-se inteiramente subconsciente e apenas em uma atividade, ou cadeia de atividades, a mente permanece luminosamente ativa. Enquanto escrevo, o ato físico de escrever é amplamente ou, algumas vezes, inteiramente executado pela mente subconsciente; o corpo faz, de modo inconsciente como se diz, certos movimentos nervosos; a mente está desperta apenas para o pensamento com o qual está ocupada. O homem inteiro pode, de fato, afundar no subconsciente, e mesmo assim movimentos habituais que implicam a ação da mente podem continuar, como em muitos fenômenos do sono; ou ele pode elevar-se ao supraconsciente e ainda assim estar ativo com a mente subliminar no corpo, como em certos fenômenos de *samādhi* ou transe yóguico. É então evidente que a diferença entre a sensação da planta e a nossa é simplesmente que, na planta, a Força consciente que se manifesta no universo ainda não emergiu completamente do sono da Matéria, dessa absorção que separa inteiramente a Força em ação da fonte de sua obra no conhecimento supraconsciente, e portanto ela faz de modo subconsciente o que fará de modo consciente quando, no ser humano, emerge de sua absorção e começa a despertar — embora ainda de maneira indireta — para seu self de conhecimento. A Força faz exatamente as mesmas coisas, mas de maneira diversa e com um valor diferente em termos de consciência.

Começa agora a tornar-se possível conceber que no próprio átomo há algo que em nós se torna uma vontade e um desejo, há uma atração e repulsão que, embora diferentes enquanto fenômenos, são em essência a mesma coisa que simpatia e antipatia em seres humanos, mas são, como se diz, inconscientes ou subconscientes. Essa essência de vontade e desejo são evidentes em tudo na Natureza e, se bem que não seja ainda considerado o suficiente, isso é associado a um sentido e uma inteligência subconscientes — ou podemos até dizer inconscientes ou completamente involuídos — que permeiam de modo igual todas as coisas e das quais eles são, na verdade, a expressão. Presente em cada átomo de Matéria, tudo isso está necessariamente presente em cada coisa formada pela agregação desses átomos; e essa vontade e esse desejo estão presentes no átomo porque estão presentes na Força que constrói e constitui o átomo. Essa Força é fundamentalmente o Chit-Tapas ou Chit-Shakti do Vedanta, força-consciência, força consciente inerente ao ser-consciente, que se manifesta como energia nervosa cheia de sensações submentais na planta, como sentido-desejo e vontade-desejo nas formas animais primárias, como sentido e força autoconscientes no animal em desenvolvimento, como vontade e conhecimento mentais no ser humano, sobrepujando todo o resto. A Vida é uma escala da Energia universal, em que a transição da inconsciência para a consciência é administrada; é um poder intermediário dessa Energia, latente ou submerso, na Matéria, liberado por sua própria força para o estado de ser submental, liberado por fim pelo emergir da Mente para alcançar todas as possibilidades de sua *dynamis*[3].

À parte todas as outras considerações, essa conclusão impõe-se como uma necessidade lógica, mesmo quando observamos apenas o processo externo desse emergir à luz do tema da evolução. É em si evidente que a Vida na planta, mesmo se organizada de modo diferente da vida no animal, é, no entanto, o mesmo poder, marcado pelo nascimento, crescimento e morte: propagação pela semente, morte pelo declínio, doença ou violência, conservação pela absorção de elementos nutritivos externos, dependência de luz e calor, a produtividade e esterilidade, até mesmo estados de sono e vigília, energia e depressão do dinamismo de vida, passagem da infância à maturidade e velhice; a planta contém, além disso, as essências da força de vida e por isso é o alimento natural da existência animal. Se admitirmos que tem um sistema nervoso e reações aos estímulos, um começo ou uma corrente subjacente de sensações submentais ou puramente vitais, a identidade tornar-se-á mais próxima; mesmo assim, a planta permanece evidentemente um estágio da evolução da vida, intermediária entre existência animal e Matéria "inanimada". Isso é precisamente o que deve ser esperado, se a Vida for uma força que evolui a partir da Matéria e culmina na Mente; se for assim, somos obrigados então a supor que ela já está na própria Matéria, submersa ou latente na subconsciência ou na inconsciência material. Senão, de onde mais poderia surgir? A evolução da Vida na matéria supõe uma involução prévia, a menos que possamos supor que a Vida seja uma criação nova, introduzida de modo mágico e inexplicável na Natureza. Se fosse assim, ela teria que ser uma criação a partir do nada ou um resultado de operações materiais que não se explicaria nem por essas operações mesmas, nem por algum elemento aí presente que tivesse uma natureza semelhante; ou pode-se conceber que ela seja uma descida do alto, de algum plano suprafísico acima do universo material. As duas primeiras suposições podem ser eliminadas, consideradas concepções arbitrárias; a última explicação é possível e inteiramente concebível e, na visão oculta das coisas, é verdade que uma pressão de algum plano de Vida acima do universo material ajudou o emergir da vida aqui. Mas isso não exclui a origem da Vida a partir da própria Matéria como um movimento primordial e necessário, pois a existência de um mundo-Vida ou plano-Vida acima do plano material, em si, não conduz ao emergir da Vida na Matéria, a menos que o plano-Vida exista como um estágio formativo

---

3. *Dynamis*, palavra grega derivada do verbo *dunamai* ("eu posso", "eu sou capaz") que deu origem às palavras dinamismo, dinâmico, dínamo etc.; usada por Sri Aurobindo para referir-se a poder, especialmente o poder energético para uma ação energética; equivalente à palavra sânscrita *shakti*. (N. T.)

na descida do Ser através de diversos graus ou poderes de si, até a Inconsciência, o que resultou em uma involução de si mesmo, com todos esses poderes, na Matéria, para uma evolução e um emergir ulteriores. Se sinais dessa vida submersa podem ser descobertos nas coisas materiais, rudimentares e ainda não organizadas, ou se não há tais sinais porque essa Vida involuída está em um sono completo, isso não tem uma importância capital. A Energia material que agrega, forma e desagrega[4] é o mesmo Poder, em outro grau de si mesmo, dessa Energia de Vida que se expressa no nascimento, crescimento, morte; assim também, ao cumprir as obras da Inteligência em uma consciência sonâmbula, ela se revela como o mesmo Poder que, ainda em outro grau, alcança o estado de Mente; o seu próprio caráter mostra que ela contém em si, embora não ainda em sua organização e seu processo característicos, os poderes ainda não liberados de Mente e Vida.

A Vida revela-se então como essencialmente a mesma em toda parte, do átomo ao ser humano, o átomo contendo a substância e o movimento subconscientes do ser que, liberados, se tornam a consciência no animal, com a vida vegetal como um estágio intermediário na evolução. Vida é, na realidade, uma operação universal da Força-Consciente atuando de modo subconsciente sobre a Matéria e nela; é a operação que cria, mantém, destrói e recria formas ou corpos e, pela ação da força nervosa, isto é, pelas correntes do intercâmbio de energia estimuladora, tenta despertar a sensação consciente nesses corpos. Nessa operação, há três estágios: o mais baixo é aquele em que a vibração está ainda no sono da Matéria, inteiramente subconsciente, a ponto de parecer completamente mecânica; o estágio intermediário é aquele em que essa vibração torna-se capaz de uma resposta ainda submental, mas no limiar daquilo que conhecemos como consciência; o mais alto é aquele em que a vida desenvolve uma mentalidade consciente sob a forma de uma sensação mentalmente perceptível que, nessa transição, se torna a base para o desenvolvimento da mente de sensações e da inteligência. É no estágio intermediário que captamos a ideia de Vida como distinta de Matéria e Mente, mas na realidade ela é a mesma em todos os estágios e sempre um meio-termo entre Mente e Matéria: constitui a última e é animada pela primeira. Vida é uma operação da Força-Consciente, e não uma mera formação

---

4. Nascimento, crescimento e morte da vida são, em seu aspecto externo, o mesmo processo de agregação, formação e desintegração, embora sejam mais que isso em seu processo e significado internos. Se a visão oculta dessas coisas for correta, mesmo quando o ser psíquico ocupa um novo corpo ele segue um processo externo semelhante, porque, pelo nascimento, a alma como núcleo atrai para si e agrega os elementos de seus invólucros mental, vital e físico e seu conteúdo, aumenta essas formações na vida e, ao partir, abandona e desagrega de novo esses agregados, recolhendo em si seus próprios poderes interiores até o momento de renascer, quando repete o processo original.

de substância, nem uma operação da mente que toma a substância e a forma como objetos a serem apreendidos; ela é, antes, uma energização do ser consciente, a causa e o suporte da formação da substância e a fonte e o suporte intermediários da assimilação mental consciente. Vida, enquanto energização intermediária do ser consciente, libera na ação e na reação sensitivas uma forma da força criadora da existência que trabalhava de modo subconsciente ou inconsciente, absorvida em sua própria substância; ela sustenta e libera na ação a consciência apreendedora da existência, chamada mente, e lhe dá uma instrumentação dinâmica a fim de que possa trabalhar não só em suas próprias formas, mas em formas de vida e matéria; também conecta e sustenta, como meio-termo entre elas, o comércio mútuo entre mente e matéria. A Vida provê esse meio de comércio nas correntes contínuas de sua energia nervosa pulsante, e essas correntes carregam a força da forma como sensação para mudar a Mente e trazem de volta a força da Mente como vontade para modificar a Matéria. É por isso que pensamos nessa energia nervosa quando nos referimos à Vida; essa energia é Prana, ou força de Vida, do sistema indiano. Mas a energia nervosa é apenas a forma que ela toma no ser animal; a mesma energia prânica está presente em todas as formas, até no átomo, visto que em toda parte é a mesma em essência, e em toda parte é a mesma operação da Força-Consciente — Força que sustenta e modifica a existência substancial de suas próprias formas, a Força com os sentidos e a mente secretamente ativos, mas primeiro involuídos na forma e preparando-se para emergir, depois emergindo finalmente de sua involução. Esse é todo o significado da Vida onipresente que se manifestou e habita no universo material.

## CAPÍTULO XX

# MORTE, DESEJO E INCAPACIDADE

*No início, tudo estava coberto pela Fome, que é a Morte; isto fez para si mesmo a Mente, de modo a alcançar a posse do self.*
                                                            *Brihadaranyaka Upanishad*, I. 2. 1.

*Este é o Poder descoberto pelo mortal que possui um grande número de seus desejos, a fim de poder sustentar todas as coisas; ele recolhe o sabor de todos os alimentos e edifica uma morada para o ser.*
                                                            *Rig Veda*, V. 7. 6.

Em nosso último capítulo, consideramos a Vida do ponto de vista da existência material, do aparecimento e das operações do princípio vital na Matéria, e raciocinamos a partir dos dados que essa existência terrestre evolutiva oferece. Mas é evidente que onde quer que a Vida apareça e qualquer que seja o seu modo de agir, sob quaisquer condições, o princípio geral deve ser em todo lugar o mesmo. Vida é a Força universal trabalhando para criar, energizar, manter e modificar — mesmo que chegue ao ponto de dissolver e reconstruir — formas de substância cujo caráter fundamental é o jogo mútuo e o intercâmbio de uma energia aberta ou secretamente consciente. No mundo material onde habitamos, a Mente é involuída e subconsciente na Vida, assim como a Supramente é involuída e subconsciente na Mente, e essa Vida, impregnada de uma Mente subconsciente involuída é, por sua vez, involuída na Matéria. Por isso, a Matéria aqui é a base e o começo aparente; na linguagem dos *Upanishads, Prithivi*, o princípio-Terra, é nosso alicerce. O universo material começa pelo átomo formal sobrecarregado de energia, animado pela substância informe de um desejo, uma vontade e uma inteligência subconscientes. A partir dessa Matéria, a Vida aparente manifesta-se e libera, por meio do corpo vivo, a

Mente que ela continha prisioneira dentro de si; a Mente também deve ainda liberar a Supramente escondida em suas obras. Mas podemos conceber um mundo constituído de outra maneira, onde a Mente não estaria involuída no começo, mas usaria de modo consciente sua energia inata para criar formas originais de substância, em lugar de ser, como é aqui, apenas subconsciente no início. Ainda assim, embora o funcionamento de um tal mundo fosse completamente diferente do nosso, o veículo intermediário para a operação dessa energia seria sempre a Vida. A coisa em si seria a mesma, ainda que o processo fosse inteiramente revertido.

Mas então torna-se logo evidente que assim como a Mente é apenas uma operação final da Supramente, a Vida é apenas uma operação final da Consciência-Força, da qual a Ideia-Real é a forma determinante e o agente criador. A Consciência, que é Força, é a natureza do Ser, e esse Ser consciente manifestado como Conhecimento-Vontade criadora é a Ideia-Real ou Supramente. O Conhecimento-Vontade supramental é a Consciência-Força que se torna operante para a criação de formas do ser unificado, nessa harmonia ordenada à qual damos o nome de mundo ou universo; Mente e Vida são também a mesma Consciência-Força, o mesmo Conhecimento-Vontade, mas operando para a preservação de formas distintamente individuais, em uma espécie de demarcação, oposição e intercâmbio em que a alma em cada forma de ser elabora sua mente e sua vida como se fossem separadas das outras, embora de fato elas nunca estejam separadas, mas sejam o jogo da Alma-Mente-Vida una em diferentes formas de sua realidade única. Em outras palavras, assim como a Mente é a operação final de individualização da Supramente todo-abrangedora e todo-apreendedora — processo pelo qual sua consciência age, individualizada em cada forma do ponto de vista que lhe é próprio e com as relações cósmicas que procedem desse mesmo ponto de vista —, também a Vida é a operação final pela qual a Força do Ser-Consciente, que age por meio da Vontade da Supramente universal que possui e cria todas as coisas, mantém e energiza, constitui e reconstitui formas individuais e funciona como base de todas as atividades da alma assim encarnada. A Vida é a energia do Divino gerando-se continuamente em formas, como em um dínamo, e que não apenas atua com sua bateria de descargas sobre as formas das coisas circundantes, mas ela mesma recebe os choques de toda a vida ao redor, à medida que transbordam do universo circundante e penetram na forma.

Nessa concepção, a Vida apresenta-se como uma forma de energia de consciência intermediária e apropriada à ação da Mente sobre a Matéria; pode-se dizer, em certo sentido, que ela é um aspecto de energia da Mente, quando esta cria e se relaciona não mais apenas com ideias, mas com moções de força e formas de substância. Mas deve-se acrescentar de imediato que assim como a Mente não é uma entidade separada, mas tem toda a Supramente detrás de si e é a Supramente quem cria — a Mente é apenas sua operação final de individualização —, também a Vida não é uma entidade ou um movimento separado, mas tem toda a Força-Consciente por detrás, em cada uma de suas obras, e é unicamente essa Força-Consciente que existe e age nas coisas criadas; a Vida é apenas sua operação final, intermediária entre Mente e Corpo. Tudo o que dissermos da Vida deverá então subordinar-se às qualificações decorrentes dessa dependência. Não conhecemos realmente a Vida, sua natureza ou processo, a menos e até que tenhamos a percepção e nos tornemos conscientes dessa Força-Consciente que age nela e da qual ela é apenas o aspecto e a instrumentação externos. Só então poderemos perceber e executar com conhecimento, como formas-alma individuais e instrumentos corporais e mentais do Divino, a Vontade de Deus na Vida; só então Vida e Mente poderão prosseguir com sempre mais retidão, nas vias e movimentos da verdade em nós e nas coisas, por uma constante redução dos desvios tortuosos da Ignorância. Assim como a Mente deve unir-se de modo consciente à Supramente, da qual está separada pela ação de Avidya, a Vida deve começar a perceber a Força-Consciente que nela opera para finalidades e significados dos quais a vida em nós — porque está absorvida no mero processo de viver, assim como nossa mente está absorvida no mero processo de mentalizar a vida e a matéria — é inconsciente em sua ação obscurecida, de modo que ela os serve de maneira cega e ignorante e não como deve fazer, e o fará, uma vez liberada e realizada, luminosamente ou com um conhecimento, poder e beatitude que se cumprem por si mesmos.

De fato, nossa Vida, porque é subserviente à ação obscurecida e separativa da Mente, é ela própria obscurecida, dividida e sujeita à morte, limitação, fraqueza, sofrimento, ao funcionamento ignorante que a Mente-da-criatura, amarrada e limitada, gera e suscita. A fonte original do desvio foi, como vimos, a autolimitação da alma individual presa à autoignorância, porque ela se vê, por uma concentração exclusiva, como uma individualidade separada autoexistente e vê toda ação cósmica apenas como esta se apresenta à sua consciência, seu conhecimento, vontade, força, prazer e ser limitado, individual, em lugar de ver-se como uma forma consciente do Um e abarcar toda consciência, conhecimento, vontade, força, prazer e ser como se fossem seus. A vida universal em nós, ao obedecer essa direção da alma aprisionada na mente, torna-se ela mesma aprisionada em uma ação individual. Existe e age como uma vida separada, com uma capacidade insuficiente e limitada, sofrendo o choque e a pressão de toda a vida cósmica circundante em vez de abarcá-la livremente. Lançada nas constantes interações cósmicas da Força no universo como uma existência individual pobre e limitada, a Vida, no início, submete-se e obedece impotentemente à gigantesca interação e reage apenas de modo mecânico a tudo que a ataca, devora, desfruta, utiliza e impulsiona. Mas à medida que a consciência se desenvolve, que a luz de seu próprio ser emerge da obscuridade inerte do sono involutivo, a existência individual começa a perceber fracamente o poder que está nela, e tenta, primeiro nervosamente, e depois mentalmente, reger o jogo, utilizá-lo e fruir dele. Esse despertar ao Poder que está nela é o despertar gradual do self. Pois Vida é Força e Força é Poder e Poder é Vontade e Vontade é ação da Consciência Mestra. Em suas profundezas, a vida no indivíduo percebe cada vez mais que ela é também a Vontade-Força de Satchidananda, mestre do universo, e ela mesma aspira a tornar-se individualmente mestra de seu próprio mundo. Realizar seu poder, governar e conhecer seu mundo é então o impulso cada vez mais forte de toda vida individual; esse impulso é um traço essencial da automanifestação crescente do Divino na existência cósmica.

Embora Vida seja Poder e o crescimento da vida individual signifique o crescimento do Poder individual, ainda assim o mero fato de que seja uma vida e uma força divididas e individualizadas, a impede de tornar-se realmente mestra de seu mundo, pois isso significaria ser mestra da Toda-Força, e é impossível, para uma consciência dividida e individualizada, com um poder e uma vontade divididos — individualizados e, consequentemente, limitados —, ser mestra da Toda-Força; só a Toda-Vontade pode ser isto, e o indivíduo, se assim fosse possível, só poderia consegui-lo ao tornar-se de novo uno com a Toda-Vontade e, portanto, com a Toda-Força. De outro modo, a vida individual na forma individual seria sempre sujeita aos três atributos de sua limitação: Morte, Desejo e Incapacidade.

A morte é imposta à vida individual pelas condições de sua própria existência, bem como por suas relações com a Toda-Força que se manifesta no universo, pois a vida individual é uma ação particular de energia especializada para constituir, manter, energizar e no final dissolver — quando sua utilidade terminar — uma das miríades de formas que servem, cada uma em seu tempo, lugar e domínio, ao jogo completo do universo. A energia de vida no corpo deve aguentar o ataque das energias externas a ela no universo; deve absorvê-las e alimentar-se delas enquanto é, ao mesmo tempo, constantemente devorada por elas. Toda Matéria, segundo os *Upanishads*, é alimento, e esta é a fórmula do mundo material: "Aquele que come, ao comer, é comido". A vida organizada no corpo é exposta constantemente à possibilidade de romper-se pelo ataque da vida externa a ela, ou, se sua capacidade devoradora for insuficiente ou não for bem servida, ou se não houver equilíbrio justo entre a capacidade de devorar e a capacidade ou a necessidade de prover alimento para a vida externa, ela é incapaz de proteger-se e é devorada, ou é incapaz de renovar-se e é então consumida ou rompida; a vida deve passar pelo processo de morte a fim de reconstruir-se ou renovar-se.

 E não é só isso; ainda na linguagem dos *Upanishads*, a força de vida é o alimento do corpo, e o corpo é o alimento da força de vida; em outras palavras, a energia de vida em nós fornece o material pelo qual a forma é construída e constantemente mantida e renovada, e ao mesmo tempo utiliza constantemente a forma de sua substância, que ela assim cria e mantém em existência. Se o equilíbrio entre essas duas operações for imperfeito ou perturbado, ou a ação organizada das diferentes correntes da força de vida desregula-se, então a doença e o declínio intervêm e começa o processo de desintegração. E o próprio combate para a mestria consciente, e mesmo o crescimento da mente, tornam ainda mais difícil a manutenção da vida, pois a energia de vida exige cada vez mais da forma, uma exigência que ultrapassa o sistema original de provisão e perturba o equilíbrio original de fornecimento e demanda, e antes que um novo equilíbrio possa ser estabelecido, muitas desordens são introduzidas, hostis à harmonia e ao prolongamento da manutenção da vida; além disso, a tentativa de mestria cria sempre uma reação correspondente no meio circundante, que está cheio de forças que também desejam realizar-se e por isso são intolerantes, revoltam-se e atacam a existência que tenta dominá-las. Aí também um equilíbrio é perturbado e um combate mais intenso se produz; por mais forte que seja a vida dominante, ela não pode resistir e triunfar sempre. A menos que seja ilimitada ou consiga estabelecer uma nova harmonia em seu meio, um dia ela será subjugada e desintegrada.

 Mas, à parte todas essas necessidades, há aquela necessidade fundamental da natureza e o objetivo da própria vida encarnada: buscar uma experiência infinita em uma base finita; e visto que a forma, a base, por sua própria organização limita a possibilidade da experiência, esta só pode ser feita pela dissolução da forma em questão e a busca de novas. Porque a alma, uma vez que se limitou ao concentrar-se no momento e no campo, é levada a buscar de novo sua infinidade pelo princípio de sucessão, pela soma de um momento a outro, e assim armazenar uma experiência temporal que ela chama seu passado; ela se move nesse Tempo ao longo de campos sucessivos, experiências ou vidas sucessivas, acumulações sucessivas de conhecimento, capacidade, prazer, e conserva tudo isso na memória subconsciente ou supraconsciente como seu fundo de aquisições passadas no Tempo. Para esse processo, a mudança de forma é essencial e, para a alma involuída em um corpo individual, mudança de forma significa dissolução do corpo, submissão à lei e compulsão da Toda-Vida no universo material, à sua lei de fornecimento do material para a forma e demanda de material, ao seu princípio de entrechoque constante e à luta da vida encarnada para existir em um mundo onde tudo se devora mutuamente. E isso é a lei da Morte.

Essa então é a necessidade e justificação da Morte, não como negação da Vida, mas como um processo da Vida; a morte é necessária porque a eterna mudança de forma é a única imortalidade à qual a substância viva finita pode aspirar, e a eterna mudança de experiência é a única infinidade à qual a mente finita involuída no corpo finito pode atingir. Mas não poderia ser permitido a essa mudança de forma que permanecesse simplesmente uma renovação constante da mesma forma-tipo, como a que constitui nossa vida corporal entre nascimento e morte; pois a menos que a forma-tipo seja mudada e a mente experimentadora seja lançada em novas formas, novas circunstâncias de tempo, lugar e ambiente, a necessária variação de experiência que a própria natureza da existência no Tempo e no Espaço pede, não pode ser efetuada. E é apenas o processo de Morte pela dissolução e devoração da vida pela Vida, apenas a ausência de liberdade, a compulsão, luta, dor, sujeição a algo semelhante a um Não-Self, que fazem essa mudança, necessária e salutar, parecer terrível e indesejável à nossa mentalidade mortal. É o sentimento de ser devorado, rompido, destruído ou expulso que é o aguilhão da Morte, e mesmo a crença na sobrevivência pessoal após a morte não pode abolir isso completamente.

Mas esse processo é uma necessidade dessa devoração mútua que vemos como a lei inicial da Vida na Matéria. Vida, diz os *Upanishads*, é Fome, que é Morte, e por essa Fome que é Morte, *ashanāyā mṛityuḥ*, o mundo material foi criado. Pois Vida aqui assume o molde da substância material, e a substância material é o Ser infinitamente dividido que busca infinitamente agregar-se; entre esses dois impulsos, divisão infinita e infinita agregação, a existência material do universo se forma. A tentativa do indivíduo, o átomo vivo, de se manter e engrandecer-se é o inteiro significado do Desejo; um crescimento físico, vital, moral, mental, por meio de uma experiência que se alarga para abarcar cada vez mais o todo, e a posse, absorção, assimilação, fruição cada vez mais completas são o impulso inevitável, fundamental, que não se pode desarraigar da Existência que se dividiu e individualizou, mas é, sempre, secretamente consciente de sua infinidade todo-abrangente e que tudo possui. O impulso para realizar essa consciência secreta é a espora do Divino cósmico, o desejo do Self encarnado no interior de toda criatura individual; e é inevitável, justo, saudável que ela busque realizá-lo primeiro nos termos da vida, por meio de um crescimento e uma expansão cada vez maiores. No mundo físico isso só é possível pela extração de nossa alimentação do meio circundante: engrandecemo-nos absorvendo outros ou aquilo que eles possuem; e essa necessidade é a justificação universal da Fome em todas as suas formas. No entanto, isso que devora deve ser também devorado, pois a lei da troca, da ação e reação, da capacidade limitada e, portanto, de uma exaustão e um perecimento finais, governa toda a vida no mundo físico.

Na mente consciente, aquilo que na vida subconsciente ainda era apenas uma fome vital transforma-se em formas superiores: fome nas partes vitais torna-se ardor de Desejo na vida mentalizada e tensão da Vontade na vida intelectual ou pensante. Esse movimento de desejo deve continuar, e isso é indispensável, até que o indivíduo tenha crescido o suficiente, de modo a tornar-se no final mestre de si e, por uma crescente união com o Infinito, possuir esse universo. Desejo é o fermento pelo qual o princípio divino da Vida alcança seu objetivo de autoafirmação no universo; tentar extingui-lo para favorecer os interesses da inércia é uma negação do princípio divino da Vida, uma Vontade-de-não-ser que é necessariamente uma ignorância, pois para deixar de ser individualmente é necessário ser infinitamente. O desejo também só pode cessar de verdade ao tornar-se desejo pelo infinito e satisfazer-se com uma plenitude superna e uma satisfação infinita na beatitude todo-abrangedora do Infinito. Até lá ele deve progredir, do tipo de fome em que nos devoramos mutuamente até um tipo de dom recíproco, um sacrifício recíproco, uma alegria sempre crescente — o indivíduo doa-se a outros indivíduos e, em troca, os recebe de volta; o inferior doa-se ao superior e o superior ao inferior, de modo que possam realizar-se um no outro; o humano doa-se ao Divino e o Divino ao humano; o Todo no indivíduo doa-se ao Todo no universo e recebe, em recompensa divina, sua universalidade realizada. Assim, a lei da Fome deve dar lugar progressivamente à lei do Amor, a lei da Divisão deve dar lugar à lei da Unidade, a lei da Morte deve dar lugar à lei da Imortalidade. Tal é a necessidade, tal a justificação, tal a culminação e o cumprir-se do Desejo que está em ação no universo.

Assim como essa máscara de Morte que a Vida assume resulta do movimento do finito que tenta afirmar sua imortalidade, do mesmo modo Desejo é o impulso da Força de Ser individualizada na Vida, para afirmar de modo progressivo — nos termos de sucessão no Tempo e autoexpansão no Espaço e no quadro do finito — sua Beatitude infinita, a Ananda de Satchidananda. A máscara de Desejo com que esse impulso se reveste vem diretamente do terceiro fenômeno da Vida, sua lei de incapacidade. A Vida é uma Força infinita que age nos termos do finito; ao longo de sua ação manifesta e individualizada no finito, sua onipotência deve inevitavelmente aparecer e agir como capacidade limitada, como impotência parcial, embora por trás de cada ato do indivíduo, por mais fraco, por mais fútil, por mais trôpego que seja, deva existir toda a presença supraconsciente e subconsciente da Força infinita e onipotente; sem essa presença por trás, nem um só movimento, mesmo o mais insignificante, poderia acontecer no cosmos; cada ato e cada movimento entram nessa soma da ação universal pelo *fiat* do onipotente e onisciente que age como a Supramente inerente nas coisas. Mas a força de vida individualizada é, para sua própria consciência, limitada e cheia de incapacidades, pois deve agir não apenas contra a massa de outras forças de vida individualizadas que a circundam, mas também submetida ao controle e negação da própria Vida infinita, com cujas vontade e orientação completas as próprias vontade e orientação da vida individualizada podem não estar de acordo de imediato. Por isso, a limitação de força, fenômeno de incapacidade, é a terceira das três características da Vida individualizada e dividida. Por outro lado, o impulso de ampliar-se e tudo possuir permanece, e não é destinado a medir-se e restringir-se pelo limite de sua força ou de sua capacidade atuais. Como resultado do abismo entre o impulso de possuir e a força de posse surge o desejo, pois se tal discrepância não existisse, se a força pudesse sempre tomar posse de seu objeto, sempre atingir com segurança seus fins, o desejo não nasceria, haveria apenas uma Vontade calma e mestra de si, sem anseio de desejo, como é a Vontade do Divino.

Se a força individualizada fosse a energia de uma mente livre da ignorância, uma tal limitação não interviria, nem a necessidade de desejo, pois a mente não separada da Supramente, uma mente de conhecimento divino conheceria a intenção, o escopo e o resultado inevitável de cada um de seus atos e não arderia de desejo ou lutaria, mas lançaria uma força confiante autolimitada ao objeto imediato em vista. Ela não seria sujeita ao desejo ou à limitação, mesmo ao expandir-se além do presente, mesmo ao assumir movimentos não intencionados a um sucesso imediato. Porque também os malogros do Divino são atos de Sua onipotência onisciente que sabe o momento e as circunstâncias certas para o estágio inicial, as vicissitudes, os resultados imediatos e finais de todas as suas iniciativas cósmicas. A mente de conhecimento, visto que estaria em uníssono com a Supramente divina, participaria dessa ciência e desse poder todo determinador. Mas, como vimos, aqui a força de vida individualizada é uma energia da Mente individualizadora e ignorante, Mente que se separou do conhecimento de sua própria Supramente. Em consequência, a incapacidade é necessária às suas relações na Vida e inevitável na natureza das coisas, pois a onipotência prática de uma força ignorante, mesmo em uma esfera limitada, é impensável, uma vez que nessa esfera uma tal força se oporia ao trabalho da onipotência divina e onisciente e perturbaria o propósito fixo das coisas — uma situação cósmica impossível. A batalha de forças limitadas que aumentam suas capacidades por meio dessa luta, sob o ímpeto do desejo instintivo ou consciente, é, portanto, a primeira lei da Vida. Assim como com o desejo, assim também com essa luta, ela deve elevar-se e tornar-se uma prova de força mutuamente proveitosa, uma luta consciente de forças fraternas na qual o vencedor e o vencido, ou melhor, aquilo que influencia pela ação do alto e aquilo que em resposta influencia pela ação de baixo devem igualmente enriquecer-se e aumentar. E isso, por sua vez, deve, no final, tornar-se o impacto feliz de uma troca divina, o vigoroso abraço do Amor que substitui o abraço convulsivo da luta. Ainda assim, a luta é o começo necessário e saudável. Morte, Desejo e Luta são a trindade da vida dividida, a máscara tripla do princípio de Vida divino em sua primeira tentativa de autoafirmação cósmica.

# CAPÍTULO XXI

# A ASCENSÃO DA VIDA

*Deixai o caminho da Palavra conduzir às divindades, em direção às Águas, pelo trabalho da Mente. [...] Ó Chama, tu vais para os oceanos dos Céus, em direção aos deuses; tu fazes as divindades dos planos se encontrarem, as águas que estão no reino da luz acima do sol e as águas que permanecem embaixo.*

*O Senhor do Deleite conquista o terceiro estado; ele mantém e governa conforme a Alma da universalidade; como um falcão, como um grande pássaro, ele se assenta na embarcação e a eleva; descobridor da Luz, ele manifesta o quarto estado e se une ao oceano, às grandes ondas dessas águas.*

*Três passos foram dados por Vishnu e ele mantém seu pé erguido acima da poeira primordial; três passos ele deu, o Guardião, o Invencível, e de além ele sustenta suas leis. Investigai as obras de Vishnu e vede de onde ele manifestou essas leis. É o seu passo mais alto que os Rishis veem sempre, como um olho enorme, aberto, no céu; isso os iluminados, os despertos, acendem e fazem dele um braseiro, este supremo passo de Vishnu.*
*Rig Veda*, X. 30. 1; III. 22. 3; IX. 96. 18, 19; I. 22. 17-21.

Vimos que assim como a Mente mortal dividida, geradora de limitação, ignorância e dualidades é apenas uma imagem escura da Supramente, da Consciência divina autoluminosa em suas primeiras relações com a aparente negação de si mesma, de onde nosso cosmos começou, assim também a Vida, tal como emerge em nosso universo material — uma energia da Mente divisora, subconsciente, submersa, aprisionada na Matéria, Vida como geradora de morte, fome e incapacidade — é apenas uma imagem obscura da Força divina supraconsciente cujos termos mais altos são imortalidade, deleite completo e onipotência. Essa relação fixa a natureza desse grande processo cósmico do qual somos uma parte; determina os termos primeiro, intermediário e último de nossa evolução. Os primeiros termos da Vida são divisão, uma vontade subconsciente movida pela força e que aparece não como vontade mas como impulso obtuso da energia física, e a impotência de uma submissão inerte às forças mecânicas que governam o intercâmbio entre a forma e seu meio. Essa inconsciência e essa ação cega, mas potente, da Energia, são o tipo de universo material como o vê o cientista, e ele expande essa visão das coisas e a converte no todo da existência de base; essa é a consciência da Matéria e o tipo consumado da vida material. Mas aparece aí um novo equilíbrio, intervém um novo conjunto de termos que aumenta à medida que a Vida se libera dessa forma e começa a evoluir em direção à Mente consciente, pois os termos intermediários da Vida são morte e devoração mútua, fome e desejo consciente, a percepção de um espaço e uma capacidade limitados e a luta para aumentar, expandir, conquistar e possuir. Esses três termos — Matéria, Vida e Mente — são a base desse estado da evolução que a teoria darwiniana foi a primeira a expor com clareza ao pensamento humano. Pois o fenômeno da morte, em si, envolve uma luta para sobreviver, uma vez que a morte é apenas o termo negativo no qual a Vida se esconde de si mesma e encoraja seu próprio ser concreto a buscar a imortalidade. O fenômeno da fome e do desejo envolve uma luta para alcançar um estado de satisfação e segurança, visto que desejo é apenas o estímulo pelo qual a Vida encoraja seu próprio ser concreto a emergir da negação da fome insatisfeita para possuir plenamente o deleite da existência. O fenômeno da capacidade limitada envolve uma luta para expandir, dominar e possuir, possuir seu self e conquistar seu meio, visto que limitação e carência são apenas a negação pela qual a Vida encoraja seu próprio ser concreto a buscar a perfeição, da qual ela é eternamente capaz. A luta pela vida não é só uma luta para sobreviver, é também uma luta pela posse e a perfeição, pois é só ao tomar posse de seu meio, em qualquer medida que seja, adaptando-se a ele ou adaptando-o a si mesmo — seja aceitando-o e se conciliando com ele, seja conquistando-o e o transformando — que a sobrevivência pode ser assegurada; e é igualmente verdade que só uma perfeição cada vez maior pode assegurar uma permanência contínua, uma sobrevivência durável. É essa verdade que o darwinismo procurou expressar na fórmula da sobrevivência do mais apto.

Porém, assim como a mente científica tentou estender à Vida o princípio mecânico próprio à existência e à consciência mecânica escondida na Matéria, sem ver que nela entrou um novo princípio cuja própria razão de ser é tornar-se mestre do princípio mecânico, do mesmo modo a fórmula darwiniana foi usada para estender de maneira exagerada o princípio de Vida agressivo, o egoísmo vital do indivíduo, o instinto e o processo de autopreservação, autoafirmação e agressividade. Esses dois primeiros estados da Vida contêm em si a semente de um novo princípio e de um outro estado que devem crescer à medida que a Mente evolui a partir da Matéria, por meio da fórmula vital, até a sua própria lei. E todas as coisas devem mudar ainda mais quando a Mente, em sua evolução, elevar-se até a Supramente e em direção ao Espírito, como a Vida evolutiva eleva-se em direção à mente. Precisamente porque a luta pela sobrevivência e o impulso para a permanência são contraditos pela lei da morte, a vida individual é compelida, e habituada, a assegurar a permanência de sua espécie mais do que a sua própria, mas isso ela não pode fazer sem a cooperação de outros; e o princípio de cooperação e ajuda mútua, o desejo do outro — cônjuge, criança, amigo e parceiro, agrupamento —, a prática de associar-se, reunir-se e intercambiar de modo consciente são as sementes das quais floresce o princípio do amor. Admitamos que no começo o amor pode ter sido um egoísmo expandido e esse aspecto do egoísmo expandido pode persistir e dominar, como ainda persiste e domina, em estados superiores da evolução; no entanto, à medida que a mente evolui e encontra-se cada vez mais, ela chega a perceber, pela experiência da vida, do amor e da ajuda mútua, que o indivíduo natural é um termo menor do ser e existe pelo universal. Uma vez que isso é descoberto, como o é inevitavelmente, o destino do ser humano, o ser mental, é determinado, pois ele atingiu o ponto em que a Mente pode começar a abrir-se à verdade de que há algo além de si mesma; a partir desse momento, por mais obscura e lenta que seja, sua evolução em direção a esse algo superior, em direção ao Espírito, em direção à supramente, em direção à supra--humanidade é, de modo inevitável, predeterminada.

Portanto, por sua própria natureza, a Vida é predestinada a um terceiro estado, um terceiro conjunto de termos de sua autoexpressão. Se examinarmos essa ascensão da Vida, veremos que os últimos termos de sua evolução atual, os termos do que chamamos seu terceiro estado devem, necessariamente, ser em aparência a própria contradição e oposto das primeiras condições da Vida, mas de fato são sua própria completude e transfiguração. A Vida começa com as divisões extremas e com as formas rígidas da Matéria, e o átomo, que é a base de toda forma material, é o modelo--tipo dessa divisão rígida. O átomo mantém-se à parte de todos os outros átomos mesmo em sua união com eles; rejeita a morte e a dissolução impostas sob qualquer força comum e é o modelo físico do ego separado, definindo sua existência pela oposição ao princípio de fusão na Natureza. Mas na Natureza a unidade é um princípio tão forte quanto a divisão; de fato, unidade é o princípio mestre do qual a divisão é apenas um termo subordinado, e a esse princípio de unidade cada forma dividida deve então subordinar-se de um modo ou de outro, por necessidade mecânica, compulsão, consentimento ou estímulo. Por isso, se a Natureza, para seus próprios fins, e sobretudo para ter uma base firme para suas combinações e uma semente imutável para suas formas, em geral permite ao átomo resistir ao processo de fusão por dissolução, ela o obriga a submeter-se ao processo de fusão por agregação; o átomo, como é o primeiro agregado, é também a primeira base das unidades agregadas.

Quando a Vida alcança seu segundo estado, aquele que identificamos como vitalidade, o fenômeno contrário assume a liderança, e a base física do ego vital é obrigada a aceitar a dissolução. Seus componentes são desagregados a fim de que os elementos de uma vida possam ser usados para entrar na formação elementar de outras vidas. Ainda não foi plenamente reconhecido quanto essa lei reina na Natureza, e de fato não poderá sê-lo enquanto não tivermos uma ciência da vida mental e da existência espiritual tão consistente quanto a nossa ciência atual da vida física e da existência da Matéria. Ainda assim podemos ver, de modo geral, que não apenas os elementos de nosso corpo físico, mas aqueles de nosso ser vital mais sutil, nossa energia de vida, energia de desejos, nossos poderes, esforços, paixões, entram — seja durante nossa vida, seja depois de nossa morte — na existência vital de outros. Um antigo conhecimento oculto nos diz que temos uma moldura vital, assim como uma física, e ela também é dissolvida após a morte e presta-se à constituição de outros corpos vitais; nossas energias de vida, enquanto vivemos, misturam-se de modo contínuo com as energias de outros seres. Uma lei similar governa as relações mútuas entre nossa vida mental e a vida mental de outras criaturas pensantes. Há uma dissolução, dispersão, reconstrução constantes, efetuadas pelo choque de uma mente com outra mente, com um intercâmbio e uma fusão constantes de elementos. Intercâmbio, mistura e fusão de ser com ser é o próprio processo da vida, uma Lei de sua existência.

Temos então dois princípios na Vida: a necessidade ou a vontade do ego separado de sobreviver como entidade distinta e proteger sua identidade, e a compulsão de fundir-se com os outros, que a Natureza lhe impõe. No mundo físico, a Natureza dá muita importância a esse primeiro impulso, pois necessita criar formas estáveis separadas, uma vez que seu primeiro problema, e realmente o mais difícil, é criar e manter algo como a sobrevivência de uma individualidade separada e uma forma estável para ela, no fluxo e na moção incessantes de Energia e na unidade do Infinito. Na vida atômica, portanto, a forma individual permanece como a base e, por sua agregação com outras, assegura a existência mais ou menos prolongada de formas agregadas que serão as bases de individualizações vitais e mentais. Mas assim que a Natureza consegue assegurar uma firmeza suficiente a essas formas para conduzir com segurança suas operações ulteriores, ela reverte o processo: a forma individual perece e a vida do agregado aproveita os elementos da forma assim dissolvida. Esse, contudo, não pode ser o último estágio; este só pode ser alcançado quando os dois princípios são harmonizados, quando o indivíduo consegue permanecer na consciência de sua individualidade e ainda assim fundir-se com outros, sem perturbar o equilíbrio preservador nem interromper a sobrevivência.

Os termos do problema pressupõem o emergir completo da Mente, pois na vitalidade sem mente consciente não pode haver equação, mas só um equilíbrio instável e temporário que finaliza na morte do corpo, dissolução do indivíduo e dispersão de seus elementos na universalidade. A natureza da Vida física proíbe a ideia de uma forma individual que possua o mesmo poder inerente de persistência e, portanto, de existência individual contínua, como os átomos que a compõem. Só um ser mental sustentado pelo núcleo psíquico interno, que expressa ou começa a expressar a alma secreta, pode esperar persistir por seu poder de conectar o passado ao futuro em um fluxo de continuidade que a ruptura da forma pode romper na memória física, mas não precisa destruir no próprio ser mental e, por um desenvolvimento ulterior, pode mesmo ser uma ponte na lacuna da memória física criada pela morte e pelo nascimento do corpo. Mesmo como ele é, mesmo no desenvolvimento imperfeito da mente encarnada atual, o ser mental é cônscio em meio à massa de um passado e um futuro que se estende além da vida no corpo; ele percebe um passado individual, vidas individuais que criaram a sua e das quais ele é um desenvolvimento e uma reprodução modificada, e vidas individuais futuras, que a sua está criando a partir de si mesma; ele é cônscio também de uma vida agregada passada e futura ao longo da qual sua própria continuidade transcorre como uma das fibras dela. Aquilo que é evidente para a ciência física em termos de hereditariedade torna-se evidente, de outra maneira e em termos da personalidade persistente, para a alma que se desenvolve por trás do ser mental. O ser mental, que expressa essa consciência da alma, é então o núcleo da vida individual e da vida agregada persistentes; nele, a união e a harmonia delas torna-se possível.

A associação, que tem o amor como seu princípio secreto e cume emergente é o tipo, o poder dessa nova relação e, por isso, o princípio que governa o desenvolvimento no terceiro estado da vida. A preservação consciente da individualidade, assim como a necessidade e o desejo conscientemente aceitos de intercâmbio, dom de si e fusão com outros indivíduos, são necessários para a ação do princípio do amor; pois se uma ou a outra for abolida, o amor cessa de agir, seja o que for aquilo que o substitua. A realização do amor por uma autoimolação completa, até mesmo com a ilusão de autoaniquilamento, é de fato uma ideia e um impulso no ser mental, mas indica um desenvolvimento que vai além desse terceiro estado da Vida. A partir desse nível, elevamo-nos progressivamente além da luta pela vida por meio da devoração mútua e da sobrevivência do mais apto nessa luta; pois há aí, cada vez mais, a sobrevivência por ajuda mútua e um autoaperfeiçoamento por adaptação mútua, intercâmbio e fusão. A vida é uma autoafirmação do ser, mesmo o desenvolvimento e a sobrevivência do ego, mas de um ser que necessita outros seres, um ego que busca encontrar e incluir outros egos e ser incluído em suas vidas. Os indivíduos e os agregados que mais desenvolvem a lei da associação e a lei do amor, da ajuda comum, gentileza, afeição, camaradagem, unidade, que harmonizam com mais sucesso a sobrevivência e o dom de si mútuo — o agregado enriquecendo o indivíduo e o indivíduo enriquecendo o agregado, o indivíduo enriquecendo também o indivíduo e o agregado enriquecendo o agregado por meio de trocas mútuas — serão os mais aptos a sobreviver nesse terceiro estado da evolução.

Esse desenvolvimento significa o crescente predomínio da Mente,[1] que progressivamente impõe cada vez mais sua própria lei à existência material, já que, por sua sutileza maior, ela não necessita devorar para assimilar, possuir e crescer; ao contrário, quanto mais ela dá, mais recebe e cresce; e quanto mais se funde em outros, mais ela funde outros em si mesma e aumenta o âmbito de seu ser. A vida física esgota-se ao dar-se em demasia e arruina-se ao devorar muito; embora a Mente, na medida em que se apoia na lei da Matéria, sofra da mesma limitação, no entanto, na medida em que cresce conforme sua própria lei, tende a superar essa limitação material, e na medida em que supera a limitação material, dar e receber tornam-se uma única coisa: em sua ascensão ela cresce em direção ao princípio da unidade consciente na diferenciação, que é a lei de Satchidananda manifestado.

O segundo termo do estado original da vida é a vontade subconsciente, que no segundo estado torna-se fome e desejo consciente — fome e desejo, as primeiras sementes da mente consciente. A passagem para o terceiro estado da vida pelo prin-

---

1. O que é mencionado aqui diz respeito à mente na medida em que age de modo direto na vida, no ser vital, por meio do coração. O Amor — o princípio relativo, não seu absoluto — é um princípio da vida, não da mente, mas ele só pode possuir-se e mover-se em direção à permanência quando é integrado pela mente na sua própria luz. O que se chama amor no corpo e nas partes vitais é, na maioria das vezes, uma forma de fome sem permanência.

cípio de associação, o crescimento do amor, não abole a lei do desejo, mas antes o transforma e o efetua. O amor, em sua natureza, é o desejo de dar-se a outros e receber outros em troca; é um comércio entre ser e ser. A vida física não deseja dar-se, deseja apenas receber. É verdade que é compelida a dar-se, pois a vida que só recebe e não dá deve tornar-se estéril, declinar e perecer — se de fato uma vida assim fosse inteiramente possível, aqui ou em outro mundo; mas ela é obrigada, obedece contra sua vontade ao impulso subconsciente da Natureza, em vez de participar nele de modo consciente. Mesmo quando o amor intervém, o dom de si, no início, ainda preserva, em grande medida, o caráter mecânico da vontade subconsciente no átomo. O próprio amor, no início, obedece à lei da fome, se compraz mais em receber e exigir dos outros do que em se dar e se submeter a eles, o que aceita sobretudo como um preço necessário pela coisa que deseja. Mas aqui ele ainda não atingiu sua natureza verdadeira; sua lei verdadeira é estabelecer um comércio igual em que a alegria de dar é igual à alegria de receber e tende, no final, a tornar-se ainda maior; mas isso acontece quando ele se projeta além de si mesmo, sob a pressão da chama psíquica, para alcançar a plenitude da unidade completa; deve então entender que o que lhe parecia não-self é um self ainda maior e mais querido do que sua própria individualidade. Na origem da vida, a lei do amor é o impulso para realizar-se e cumprir-se em outros e por meio de outros, enriquecer-se ao enriquecer outros, possuir e ser possuído, porque sem ser possuído não é possível possuir-se completamente.

A incapacidade inerte da existência atômica de possuir-se, a sujeição do indivíduo material ao não-self, pertence ao primeiro estado da vida. A consciência da limitação e a luta para possuir, dominar o self e o não-self, é o modelo-tipo do segundo estado. Aqui também o desenvolvimento que leva ao terceiro estado traz uma transformação dos termos originais, em uma realização e uma harmonia que repetem os termos e ao mesmo tempo parecem contradizê-los. Mediante associação e amor, o não-self começa a ser reconhecido como um self maior, e disso resulta uma submissão conscientemente aceita à sua lei e às suas necessidades, que satisfaz o impulso crescente da vida agregada para absorver o indivíduo; e há de novo uma posse, pelo indivíduo, da vida de outros como se fosse a sua, e de tudo o que ela tem para lhe dar como se isso lhe pertencesse, e assim o impulso oposto, a posse individual, se cumpre. Mas essa relação de mutualidade entre o indivíduo e o mundo onde ele vive não pode ser expressa, completa ou segura a menos que a mesma relação se estabeleça entre indivíduo e indivíduo e entre agregado e agregado. Todo o esforço difícil do ser humano para harmonizar a autoafirmação e a liberdade pelas quais ele possui a si mesmo — com a associação e o amor, a fraternidade, a camaradagem, nas quais ele se dá aos outros —, seus ideais de um equilíbrio harmonioso, justiça, mutualidade, igualdade, pelos quais ele cria um equilíbrio entre os dois opostos, são na verdade uma tentativa, inevitavelmente predeterminada em suas linhas, de resolver o problema original da Natureza, o problema da Vida, pela resolução do conflito entre os dois opostos presentes nos próprios alicerces da Vida na Matéria. A resolução é tentada pelo princípio superior da Mente, pois só ele pode encontrar o caminho em direção à harmonia intencionada, embora a própria harmonia só possa ser encontrada em um Poder que ainda está além de nós.

Se, de fato, nossos dados iniciais forem corretos, nossa destinação final e nosso próprio objetivo só poderão ser alcançados se a Mente, ao ultrapassar a si mesma, alcançar aquilo que está além dela, visto que Mente é apenas um termo inferior d'Isto, um instrumento, primeiro, para a descida na forma e individualidade e, segundo, para elevar-se de novo até essa realidade que a forma encarna e a individualidade representa. Por isso, é pouco provável que a solução perfeita do problema da Vida seja encontrada apenas por associação, intercâmbio e adaptações do amor, ou só por meio da lei da mente e do coração. A solução deve vir por um quarto estado da vida, em que a eterna unidade dos múltiplos é realizada por meio do espírito e onde a base consciente de todas as operações da vida não mais repousa nas divisões do corpo, nem nas paixões e apetites da vitalidade, nem nos agrupamentos e nas harmonias imperfeitas da mente, nem em uma combinação de todas essas coisas, mas na unidade e liberdade do Espírito.

# CAPÍTULO XXII

# O PROBLEMA DA VIDA

*Isto é aquilo que é chamado Vida universal.*
*Taittiriya Upanishad*, II. 3.

*O Senhor se aloja no coração de todos os seres, girando-os por meio de sua Maya, como se estivessem em cima de uma máquina.*
*Bhagavad-Gītā*, XVIII. 61.

*Aquele que conhece a Verdade, o Conhecimento, a Infinidade que é Brahman, fruirá com o onisciente Brahman todos os objetos de desejo.*
*Taittiriya Upanishad*, II. 1.

Vida, como vimos, é a projeção, sob certas circunstâncias cósmicas, de uma Força-Consciente que em sua própria natureza é infinita, absoluta, sem entraves, e possui de maneira inalienável sua unidade e sua beatitude: a Força-Consciente de Satchidananda. A circunstância central desse processo cósmico, na medida em que difere em suas aparências da pureza da Existência infinita e da posse-de-si da Energia não dividida, é a faculdade de divisão da Mente obscurecida pela ignorância. Dessa ação dividida de uma Força não dividida surgem dualidades, oposições, as aparentes negações da natureza de Satchidananda; para a mente, estas existem como uma realidade durável, mas para a Consciência divina cósmica, escondida por trás do véu da mente, elas são apenas um fenômeno, uma representação deformada da Realidade múltipla. Por isso, o mundo se apresenta como um choque de verdades que se opõem, cada uma buscando cumprir-se, cada uma tendo esse direito, e por isso essa aparência de uma massa de problemas e mistérios que devem ser resolvidos, porque por trás de toda essa confusão estão a Verdade e a unidade escondidas que pressionam para que seja encontrada a solução e que assim elas possam se manifestar abertamente no mundo.

Essa solução deve ser buscada pela mente, mas não pela mente sozinha; deve haver uma solução na Vida, tanto na ação quanto na consciência do ser. Consciência como Força criou o movimento do mundo e seus problemas; consciência como Força deve resolver os problemas que criou e conduzir o movimento do mundo até a realização inevitável de seu sentido secreto e sua Verdade evolutiva. Mas essa Vida assumiu sucessivamente três aparências. A primeira é material — uma consciência submersa esconde-se em sua própria ação expressiva superficial e nas formas representativas de sua força, pois na ação a própria consciência desaparece de vista e perde-se na forma. A segunda é vital — uma consciência que emerge e aparece só em parte, como poder de vida e processo de crescimento, atividade e declínio da forma; semiliberada de seu aprisionamento original, ela emite as primeiras vibrações de poder, sob a forma de apetite e satisfação ou repulsão vitais, mas no começo — e mesmo depois só de modo imperfeito —, ela não vibra de luz como conhecimento de sua própria existência e de seu meio. A terceira aparência é mental — uma consciência que emergiu reflete o fato da vida em seu sentido mental, como percepção e ideia responsivas, enquanto, como ideia nova, tenta tornar-se realidade da vida, modifica a existência interna do ser e procura modificar sua existência externa em conformidade. Aqui, na mente, a consciência é liberada de seu aprisionamento no ato e na forma de sua própria força; mas ainda não é mestra do ato e da forma porque emergiu como uma consciência individual e por isso percebe apenas um movimento fragmentário do total de suas próprias atividades.

O ponto crucial e toda a dificuldade da vida humana encontram-se aí. O homem é esse ser mental, essa consciência mental que age como força mental, com certa percepção da força e da vida universais das quais ele é parte, mas, porque não tem conhecimento de sua universalidade ou mesmo da totalidade de seu ser, é incapaz de lidar com a vida em geral ou com sua própria vida em um movimento de mestria realmente efetivo e vitorioso. Ele procura conhecer a Matéria a fim de ser mestre do meio material, conhecer a Vida a fim de ser mestre da existência vital, conhecer a Mente a fim de ser mestre do movimento de mentalidade, grande e obscuro, no qual ele é não apenas uma fagulha de autoconsciência, como o animal, mas também, e cada vez mais, uma chama de conhecimento crescente. Assim, o homem procura conhecer-se para ser mestre de si, conhecer o mundo a fim de ser mestre do mundo. Esse é o anseio da Existência nele, a necessidade da Consciência que ele é, o impulso da Força que é sua vida, a vontade secreta de Satchidananda, que aparece como indivíduo em um mundo onde Ele se expressa e, no entanto, parece negar-se. Encontrar as condições sob as quais esse impulso interior é satisfeito, eis o problema que o homem deve esforçar-se sempre para resolver, e a isso ele é obrigado pela própria natureza de sua existência e pela Divindade alojada dentro de si; e até que o problema seja resolvido, que o impulso seja satisfeito, a espécie humana não poderá repousar de seu labor. O ser humano deve realizar-se ao satisfazer o Divino dentro de si ou produzir, a partir de si, um ser novo e maior que será mais capaz de satisfazer o Divino. Ele mesmo deve tornar-se uma humanidade divina ou dar lugar ao Supra-homem.

Isso resulta da própria lógica das coisas; visto que a consciência mental do ser humano não é a consciência completamente iluminada, totalmente emersa do obscurecimento da Matéria, mas apenas um termo progressivo no grande emergir, a linha da criação evolutiva na qual ele apareceu não pode parar onde ele está agora; deve ir além do presente termo que alcançou com ele ou então ultrapassá-lo, se o próprio homem não tiver a força de seguir adiante. A ideia mental que tenta tornar-se um fato da vida deve avançar até tornar-se a Verdade inteira da existência liberada de seus invólucros sucessivos, revelada e progressivamente realizada na luz da consciência e alegremente realizada no poder; pois nesses dois termos, poder e luz, e por meio deles, a Existência se manifesta, porque existência, em sua natureza, é Consciência e Força; mas o terceiro termo — onde a Consciência e a Força que o constituem se encontram, tornam-se um e, no final, se efetuam — é o Deleite satisfeito da autoexistência. Para uma vida evolutiva como a nossa, essa culminação inevitável deve necessariamente significar a descoberta do self que estava contido na semente de seu próprio nascimento e, acompanhando essa autodescoberta, a realização completa das potencialidades depositadas no movimento da Força-Consciente de onde essa vida emergiu. A potencialidade assim contida em nossa existência humana é Satchidananda, realizando-se em certa harmonia e unificação da vida individual e da vida universal para que a humanidade possa expressar em uma consciência em comum, um movimento em comum de poder, um deleite em comum, o Algo transcendente que se moldou nessa forma das coisas.

A natureza de toda vida depende do equilíbrio fundamental de sua consciência constitutiva, pois assim como é a Consciência, assim será a Força. Onde a Consciência é infinita e una, e transcende seus atos e formas mesmo enquanto os abraça e permeia, organiza-os e executa-os — como o faz a consciência de Satchidananda —, assim será a Força: infinita em sua extensão, una em suas obras, transcendente em seu poder e autoconhecimento. Onde a Consciência é semelhante àquela da Natureza material, submersa, esquecida de si, levada pela correnteza de sua própria força sem parecer sabê-lo — muito embora, pela própria natureza da eterna relação entre esses dois termos, ela na realidade determina a corrente que a leva —, assim será a Força: um movimento monstruoso do Inerte e do Inconsciente, ignorante do que contém, que parece efetuar-se de modo mecânico por uma espécie de acidente inexorável, um acaso inevitavelmente feliz, mesmo enquanto, na realidade, ela, o tempo todo, obedece infalivelmente à lei da Justiça e da Verdade, fixada para ela pela vontade do supremo Ser-Consciente encoberto no interior de seus movimentos. Onde a Consciência é em si mesma dividida, como na Mente, onde se limita em vários centros e os dispõe de maneira que cada um se efetue sem saber o que está nos outros centros e sem conhecer sua relação com eles, percebendo as forças e as coisas em sua aparente divisão e oposição, mas não em sua real unidade, assim será a Força: uma vida como esta que somos e vemos ao redor de nós, uma colisão e um entrelaçamento de vidas individuais, cada uma em busca de sua própria realização sem conhecer suas relações com os outros, um conflito e ajustamento difícil de forças antagônicas que se opõem ou diferem e, no plano mental, uma mistura, um choque e luta, uma combinação insegura de ideias divididas, opostas ou divergentes que não podem chegar a saber que necessitam uma da outra, nem podem assegurar seu lugar como elementos dessa Unidade subjacente que se expressa por meio delas e na qual suas discórdias devem cessar. Mas onde a Consciência está em posse da diversidade e unidade, e a unidade contém e governa a diversidade, onde a Consciência percebe de imediato a Lei, Verdade e Justiça do Todo, e a Lei, Verdade e Justiça do indivíduo e as duas se harmonizam conscientemente em uma unidade mútua, lá onde a natureza inteira da consciência é o Um que se sabe Múltiplo e o Múltiplo que se sabe Um, então a Força também será da mesma natureza: uma Vida que obedece conscientemente à lei da Unidade e, contudo, efetua cada coisa na diversidade segundo sua regra e sua função próprias; será uma vida na qual todos os indivíduos vivem ao mesmo tempo em si mesmos e em cada um como um só Ser consciente em muitas almas, um só poder de Consciência em muitas mentes, uma única alegria da Força agindo em muitas vidas, uma única realidade do Deleite realizando-se em muitos corações e muitos corpos.

    A primeira dessas quatro posições, a fonte de toda essa relação progressiva entre Consciência e Força, é seu equilíbrio no ser de Satchidananda no qual elas são uma só; lá, a Força é consciência de ser que elabora a si mesma sem jamais deixar de ser consciência e, de maneira similar, a Consciência é a luminosa Força de ser eternamente consciente de si e de seu próprio Deleite, sem nunca deixar de ser esse poder de luz e posse de si absolutos. A segunda relação é aquela da Natureza material; é o equilíbrio do ser no universo material que é a grande negação de Satchidananda por Ele mesmo; pois aqui há a aparente separação absoluta entre a Força e a

Consciência, o milagre enganador do Inconsciente infalível governando tudo: isso é apenas a máscara, mas o conhecimento moderno tomou como a face verdadeira da Divindade cósmica. A terceira relação é o equilíbrio do ser na Mente e na Vida, que vemos emergir dessa negação, confundido por ela, e que luta — sem nenhuma possibilidade de cessar por submissão, mas também sem nenhum conhecimento claro ou instinto para uma solução vitoriosa — contra os mil e um problemas envolvidos nesse desconcertante aparecimento do ser humano, o ser consciente semipotente, a partir da Inconsciência onipotente do universo material. A quarta relação é o equilíbrio do ser na Supramente: é a existência realizada que finalmente resolverá todo esse problema complexo criado pela afirmação parcial que emerge da negação total; e ela deve resolvê-lo da única maneira possível, por uma afirmação completa que efetuará tudo o que estava secretamente contido nela em potencial — por trás da máscara da grande negação — e destinado a tornar-se uma realidade da evolução. Essa é a vida real do Homem real, que essa vida parcial, essa humanidade parcial e inacabada se esforça para alcançar, com um conhecimento e uma direção perfeitos naquilo que chamamos Inconsciente em nós; porém, em nossas partes conscientes, sua faculdade de previsão é ainda indistinta e conflitante, mas com fragmentos de realização, percepções fugidias do ideal, clarões breves de revelação e inspiração no poeta e no profeta, no vidente e no transcendentalista, no místico e no pensador, nos grandes intelectos e nas grandes almas da humanidade.

A partir dos dados que temos agora diante de nós, podemos ver que as dificuldades que surgem do equilíbrio imperfeito entre a Consciência e a Força no homem, no estado atual de sua mente e sua vida, são sobretudo três. Primeiro, ele é consciente apenas de uma pequena parte do seu próprio ser: sua mentalidade de superfície, vida de superfície, ser físico de superfície é tudo o que ele conhece, e não conhece nem mesmo o todo disso; abaixo, encontram-se os vagalhões ocultos de sua mente subconsciente e subliminar, seus impulsos vitais subconscientes e subliminares, sua corporeidade subconsciente, toda essa enorme parte de si que ele não conhece e não pode governar, mas que, ao contrário, o conhece e governa. Pois visto que existência, consciência e força são unas, só poderemos ter algum poder real sobre o montante de nossa existência com que estamos identificados ao termos a percepção de nós mesmos; o resto deverá ser governado por sua consciência própria, que é subliminar para nossa mente, vida e corpo de superfície. E contudo, como os dois são um movimento e não dois movimentos separados, a parte maior e mais potente em nós deve, no todo, governar e determinar a menor e menos poderosa; em consequência, somos governados pelo subconsciente e pelo subliminar mesmo em nossa existência consciente, e na própria mestria e guia de nós mesmos somos apenas instrumentos do que nos parece ser o Inconsciente dentro de nós.

Isso é o que a antiga sabedoria queria dizer quando declarava que o homem imagina que faz o trabalho por sua livre vontade, mas na realidade a Natureza determina todas as suas ações, e mesmo os sábios são compelidos a seguir sua própria Natureza. Mas como a Natureza é a força criadora da consciência do Ser em nós, que é oculto por Seu próprio movimento inverso e a negação aparente de Si, eles chamaram esse movimento criador inverso de Sua consciência Maya, ou Poder de Ilusão do Senhor, e disseram que por Sua Maya o Senhor, estabelecido no coração de todas as existências, as faz girar como em uma máquina. É então evidente que o ser humano só poderá tornar-se mestre de seu próprio ser quando ultrapassar a mente e chegar a tornar-se uno com o Senhor em sua autopercepção. E visto que isso não é possível na inconsciência ou no próprio subconsciente, que nenhum benefício pode vir do mergulho em nossas profundezas para retornar ao Inconsciente, é apenas pelo acesso a nosso interior, onde o Senhor está alojado, e pela elevação até aquilo que é ainda supraconsciente para nós, na Supramente, que essa unidade pode ser inteiramente estabelecida. E lá está, de fato, na divina Maya superior, em sua lei e verdade, o conhecimento consciente daquilo que no subconsciente atua por meio da Maya inferior sob as condições da Negação que busca tornar-se Afirmação. Pois essa Natureza inferior elabora aquilo que é da vontade e do conhecimento daquela Natureza superior. O Poder de Ilusão do conhecimento divino no mundo, que cria as aparências, é governado pelo Poder de Verdade do mesmo conhecimento, que conhece a verdade por trás das aparências e mantém pronta para nós a Afirmação em direção à qual elas agem. O Homem parcial e aparente daqui encontrará lá o Homem real e perfeito, capaz de ser inteiramente autoconsciente por sua completa unidade com esse Autoexistente que é o senhor onisciente de Sua própria evolução e progressão cósmicas.

A segunda dificuldade é que o ser humano está separado do universal em sua mente, vida, corpo e, por isso, assim como não conhece a si mesmo, do mesmo modo e ainda mais, é incapaz de conhecer seus semelhantes. Mediante deduções, teorias, observações e certa capacidade imperfeita de simpatia, ele cria uma imagem mental rudimentar deles; mas isso não é conhecimento. O conhecimento só pode vir por uma identidade consciente, pois esse é o único conhecimento verdadeiro: a existência consciente de si. Sabemos o que somos na medida em que temos uma percepção consciente de nós mesmos, o resto está escondido; do mesmo modo, podemos chegar a conhecer realmente aquilo com que nos tornamos um em nossa consciência na medida em que nos tornamos um com isso. Se os meios de conhecimento forem indiretos e imperfeitos, o conhecimento alcançado será também indireto e imperfeito. Ele nos permitirá elaborar — de modo desajeitado e precário, mas ainda assim bastante perfeito do nosso ponto de vista mental — certos objetivos, necessidades, conveniências práticas limitadas e certa harmonia imperfeita e insegura em nossas relações com aquilo que conhecemos; mas só por uma unidade consciente com isso podemos chegar a uma perfeita relação. Devemos então alcançar uma unidade consciente com nossos semelhantes e não apenas a simpatia criada pelo amor ou a compreensão criada pelo conhecimento mental, que será sempre o conhecimento de sua existência superficial e, portanto, imperfeito em si, e sujeito à negação e frustração quando irrompe do subconsciente ou do subliminar, neles e em nós, tudo que é desconhecido e desgovernado. Mas essa unidade consciente só poderá ser estabelecida ao entrarmos naquilo em que somos um com nossos semelhantes, o universal; e a plenitude do universal só existe de modo consciente naquilo que é supraconsciente para nós, na Supramente: aqui, em nosso ser normal, a maior parte dela é subconsciente, portanto não pode ser possuída nesse equilíbrio normal da mente, vida e corpo. A natureza consciente inferior está amarrada ao ego em todas as suas atividades, triplamente encadeada ao pilar da individualidade diferenciada. Só a Supramente, e apenas ela, comanda a unidade na diversidade.

A terceira dificuldade é a divisão entre força e consciência na existência evolutiva. Há, primeiro, a divisão criada pela própria evolução em suas três formações sucessivas de Matéria, Vida e Mente, cada uma com sua própria lei de ação. A Vida está em guerra com o corpo; tenta forçá-lo a satisfazer seus desejos, impulsos e prazeres, e exige de suas capacidades limitadas o que só seria possível em um corpo imortal e divino; e o corpo, escravizado e tiranizado, sofre, e está constantemente em uma surda revolta contra as exigências que a Vida lhe impõe. A Mente está em guerra com ambos; algumas vezes ajuda a Vida contra o Corpo, outras vezes restringe o ímpeto vital e busca proteger o molde corporal dos desejos, paixões e energias opressoras da Vida; a Mente busca também possuir a Vida e voltar as energias dela para seus próprios objetivos, para as alegrias extremas de suas próprias atividades, para que seus objetivos mentais, estéticos e emocionais sejam satisfeitos e se efetuem na existência humana; e a Vida também se encontra escravizada e abusada, e em frequente insurreição contra o tirano ignorante semissábio, sentado acima dela. Essa é a guerra de nossas partes, que a mente não pode resolver de modo satisfatório porque deve lidar com um problema que lhe é insolúvel: a aspiração de um ser imortal em uma vida e um corpo mortais. Ela pode apenas chegar a uma longa série de compromissos ou abandonar o problema, seja pela submissão, com o materialista, à ideia da mortalidade de nosso ser aparente, seja com o asceta e o religioso, pela rejeição e condenação da vida terrestre, e retirar-se em campos mais felizes e mais fáceis da existência. Porém, a verdadeira solução está em encontrar o princípio além da Mente, do qual a Imortalidade é a lei, e por ele triunfar da mortalidade de nossa existência.

Mas há também, dentro de nós, essa divisão fundamental entre a força da Natureza e o ser consciente, que é a causa original dessa incapacidade. Não só há uma divisão entre o ser mental, o ser vital e o ser físico, mas cada um deles está também dividido e em luta contra si mesmo. A capacidade do corpo é menor do que a capacidade da alma instintiva ou ser consciente, o Purusha físico nele; a capacidade da força vital é menor do que a capacidade da alma impulsiva, o ser vital consciente ou Purusha vital nela; a capacidade da energia mental é menor do que a capacidade da alma intelectual e emocional, o Purusha mental nela: pois a alma é a consciência interior que aspira à sua completa autorrealização e por isso ultrapassa sempre a formação individual do momento, e a Força que assumiu seu equilíbrio na formação é sempre empurrada por sua alma para aquilo que é anormal ao equilíbrio, para aquilo que o transcende; assim empurrada constantemente, a Força tem muita dificuldade em responder, e mais ainda em evoluir de sua capacidade atual a uma capacidade maior. Ao tentar cumprir as demandas dessa alma tríplice, ela é distraída e levada a posicionar instinto contra instinto, impulso contra impulso, emoção contra emoção, ideia contra ideia, a satisfazer isto, a negar aquilo, arrependendo-se e então voltando atrás no que fez; ela ajusta, compensa, reajusta *ad infinitum*, mas sem chegar a nenhum princípio de unidade. E de novo, na mente, o poder consciente que deveria harmonizar e unir é não só limitado em seu conhecimento e vontade, mas o conhecimento e a vontade são disparatados e muitas vezes estão em desacordo. O princípio de unidade está acima, na Supramente: só aí existe a unidade consciente de todas as diversidades; só aí a vontade e o conhecimento são iguais e estão em perfeita harmonia, só aí a Consciência e a Força chegam à sua equação divina.

O ser humano, na medida em que se desenvolve para tornar-se autoconsciente e um verdadeiro ser pensante, percebe de maneira aguda toda essa discórdia e disparidade em suas partes e procura chegar a uma harmonia em sua mente, vida e corpo, uma harmonia em seu conhecimento, vontade e emoção, uma harmonia entre todas as suas partes. Algumas vezes esse desejo se exaure ao alcançar um compromisso possível que trará uma paz relativa; mas um compromisso não pode ser mais do que uma pausa no caminho, uma vez que a Divindade interior, no final, não ficará satisfeita com menos do que uma harmonia perfeita, que combine em si mesma o desenvolvimento integral de nossos potenciais multifacetados. Menos que isso seria uma evasão ao problema, não sua solução, ou então apenas uma solução temporária, como um ponto de repouso para a alma, em sua contínua ascensão e autoexpansão. Uma harmonia perfeita desse tipo exigiria como termos essenciais uma mentalidade perfeita, um jogo perfeito da força vital, uma existência física perfeita. Mas onde, no radicalmente imperfeito, encontraremos o princípio e o poder de perfeição? A mente, enraizada em divisão e limitação, não pode nos fornecer isso, tampouco a vida e o corpo, que são a energia e a moldura da mente divisora e limitadora. O princípio e poder de perfeição estão aí, no subconsciente, mas recobertos pelo tegumento ou véu da Maya inferior, uma premonição muda emergindo como um ideal irrealizado; no supraconsciente, eles esperam, abertos, realizados eternamente, mas ainda separados de nós pelo véu de nossa autoignorância. É acima, então, e não em nosso presente equilíbrio, nem abaixo dele, que devemos procurar o poder e conhecimento reconciliadores.

Do mesmo modo, à medida que se desenvolve, o homem percebe de maneira aguda a discórdia e a ignorância que governam suas relações com o mundo, de maneira aguda elas se tornam intoleráveis para ele, que está cada vez mais decidido a buscar um princípio de harmonia, paz, alegria e unidade. Esse princípio também só pode vir do alto: pois é apenas ao desenvolver uma mente que conhecerá a mente dos outros como se fosse a sua, livre de nossa ignorância mútua e incompreensões, uma vontade que sinta a vontade de outros e faça-se una com ela, um coração emocional que contenha em si, como suas, as emoções de outros, uma força de vida que sinta as energias de outros e as aceite como suas e busque efetuá-las como se fossem suas, e um corpo que não seja um muro de prisão e defesa contra o mundo — mas tudo isso sob a lei de uma Luz e Verdade que transcenda as aberrações, os erros e toda essa massa de desvios e falsidade de nossas mentes, vontades, emoções e energias vitais, as nossas e as dos outros — apenas assim a vida do homem pode, espiritual e concretamente, tornar-se una com a de seus semelhantes, e o indivíduo pode recuperar seu self universal. O subconsciente possui essa vida do Todo e o supraconsciente a possui também, mas sob condições que necessitam nosso movimento em direção ao alto. Pois não é em direção à Divindade escondida no "oceano inconsciente onde a escuridão está envolvida na própria escuridão",[1] mas em direção à Divindade estabelecida no mar de luz eterna,[2] no éter mais alto de nosso ser, que está o ímpeto original que transportou a alma evolutiva até o tipo de nossa humanidade.

---

1. *Rig Veda*, X. 129. 3
2. As Águas que estão no reino da luz acima do Sol e aquelas que permanecem embaixo. *Rig Veda*, III. 22. 3.

Então, a menos que não sucumba pelo caminho e deixe a vitória a outras e novas criações da Mãe ardente e ativa, a espécie humana deve aspirar a essa ascensão que na verdade é conduzida pelo amor, a iluminação mental e o elã do vital de possuir e dar-se, mas conduz além, à unidade supramental que os transcende e realiza; é mediante a fundamentação da vida humana na realização supramental da unidade consciente com o Um e com tudo em nosso ser e em todas as suas partes, que a humanidade deve buscar seu bem último e sua salvação. E é isso que descrevemos como o quarto estado da Vida em sua ascensão à Divindade.

## CAPÍTULO XXIII

# A ALMA DUPLA NO HOMEM

*O Purusha, o Self interior, não maior que o polegar de um homem.*
*Katha Upanishad*, II. 1. 12, 13; II. 3. 17.
*Svetashvatara Upanishad*, III. 13.

*Aquele que conhece este Self que saboreia o mel da existência e é o senhor daquilo que é e daquilo que será não tem mais medo ou desgosto.*
*Katha Upanishad*, II. 1. 5.

*De onde lhe viria a aflição, como seria ele desiludido, aquele que vê em toda parte a Unidade?*
*Isha Upanishad*, verso 7.

*Aquele que encontrou a felicidade do Eterno está livre de todo medo.*
*Taittiriya Upanishad*, II. 9.

Vimos que o primeiro estado da Vida caracterizou-se por um impulso ou anseio mudo e inconsciente, uma força de alguma vontade involuída na existência material ou atômica, não livre e mestra de si ou de suas obras e seus resultados, mas inteiramente possuída pelo movimento universal no qual emerge como uma semente obscura e informe de individualidade. A raiz do segundo estado é o desejo, ávido por possuir, mas limitado em capacidade; o gérmen do terceiro estado é o Amor, que busca possuir e ser possuído, receber e dar-se; a delicada flor do quarto estado, seu sinal de perfeição, nós o concebemos como o emergir puro e pleno da vontade original, a consumação do desejo intermediário iluminado, a satisfação alta e profunda do intercâmbio consciente do Amor pela unificação do estado de possuidor e possuído na unidade divina de almas que é o fundamento da existência supramental. Se escrutinarmos esses termos cuidadosamente, veremos que são formas e estágios da alma em sua busca pelo deleite individual e universal das coisas. A ascensão da Vida é, em sua natureza, a ascensão do Deleite divino nas coisas, desde sua muda concepção na Matéria até alcançar, através de vicissitudes e oposições, sua luminosa consumação no Espírito.

O mundo sendo o que é, isso não podia ser diferente. Pois o mundo é uma forma disfarçada de Satchidananda, e a natureza da consciência de Satchidananda e, portanto, a coisa na qual Sua força deve sempre se encontrar e realizar é a Beatitude divina, um autodeleite onipresente. Visto que Vida é uma energia de Sua força-consciente, o segredo de todos os seus movimentos deve ser um deleite oculto inerente a todas as coisas, que é ao mesmo tempo causa, motivo e objeto de suas atividades; e se por causa da divisão egoística esse deleite nos escapa, se é retido atrás de um véu, se é representado como seu próprio contrário — assim como o ser é mascarado como morte, como a consciência assume a aparência do inconsciente e a força ri de si mesma sob o disfarce da incapacidade —, então aquilo que vive não pode estar satisfeito, nem descansar do movimento ou efetuá-lo, a menos que se apodere desse deleite universal que é ao mesmo tempo o deleite secreto completo de seu próprio ser e o deleite original de Satchidananda, transcendente e imanente, que tudo inclui, tudo inspira, tudo sustenta. Buscar o deleite é, portanto, o impulso e o sentido fundamentais da Vida; descobri-lo, possuí-lo e realizá-lo é todo o seu motivo.

Mas onde, em nós, está esse princípio de Deleite? Mediante que termo de nosso ser ele se manifesta e se cumpre na ação do cosmos, assim como o princípio da Força-Consciente manifesta e utiliza a Vida como seu termo cósmico, e o princípio da Supramente manifesta e usa a Mente? Distinguimos um quádruplo princípio do Ser divino criador do Universo: Existência, Força-Consciente, Beatitude e Supramente. A Supramente, como vimos, é onipresente no cosmos material, mas velada; ela está por trás da realidade fenomênica das coisas e expressa-se aí ocultamente, mas usa, para a execução, seu próprio termo subordinado, a Mente. A Força-Consciente divina é onipresente no cosmos material, mas velada; ela age secretamente por trás da realidade fenomênica das coisas e expressa-se aí de modo característico mediante seu próprio termo subordinado, a Vida. E embora não tenhamos ainda examinado em separado o princípio da Matéria, já podemos ver, mesmo assim, que a Toda-Existência divina é também onipresente no cosmos material, mas velada, escondida por trás da realidade fenomênica das coisas e aí manifesta-se, primeiro, mediante seu próprio termo subordinado, a Substância, a Forma de ser ou Matéria. Então o princípio da Beatitude divina deve ser, ele também, onipresente no cosmos, de fato velado e possuindo-se por trás da realidade fenomênica das coisas, mas ainda assim manifesto em nós por meio de um princípio subordinado que lhe é próprio, no qual está escondido e pelo qual deve ser encontrado e realizado na ação do universo.

Esse termo é algo em nós que algumas vezes chamamos, em um sentido especial, alma — isto é, o princípio psíquico que não é a vida ou a mente, muito menos o corpo, mas que retém em si a abertura e o desabrochar da essência de todos eles ao deleite peculiar do self, à luz, ao amor, à alegria e à beleza, e a uma refinada pureza de ser. Na verdade, porém, há em nós uma alma, um elemento psíquico, que é dupla, assim como cada outro princípio cósmico em nós é também duplo. Com efeito, temos duas mentes: uma é a mente de superfície, que é a de nosso ego expresso na evolução, a mentalidade superficial criada por nós ao emergirmos da Matéria; a outra é a mente subliminar, que não é entravada por nossa vida mental vigente e suas limitações estritas, é algo vasto, poderoso e luminoso, o ser mental verdadeiro por trás dessa forma superficial de personalidade mental que confundimos com nós mesmos. Da mesma maneira, temos duas vidas: uma, externa, involuída no corpo físico, vinculada à Matéria por sua evolução passada, que vive e nasceu e morrerá; a outra, uma força de vida subliminar que não está confinada aos estreitos limites de nosso nascimento e morte físicos, mas é nosso ser vital verdadeiro por trás da forma de vida que de modo ignorante tomamos como nossa existência real. Mesmo na matéria de nosso ser há essa dualidade, pois nosso corpo esconde uma existência material mais sutil que fornece a substância de nossos invólucros, não apenas o físico, mas também o vital e o mental, e é, portanto, nossa substância real sustentando essa forma física que erroneamente imaginamos ser o corpo inteiro de nosso espírito. Do mesmo modo, temos em nós uma dupla entidade psíquica: a alma de desejo, superficial, que age em nossos apetites vitais, em nossas emoções, na faculdade estética e na busca mental de poder, conhecimento e felicidade, e uma entidade psíquica subliminar, um puro poder de luz, amor e alegria, uma essência refinada de ser que é nossa alma verdadeira por trás da forma externa da existência psíquica que com frequência dignificamos ao lhe dar esse nome. É quando algum reflexo dessa entidade psíquica maior e mais pura chega à superfície que dizemos de uma pessoa que ela tem uma alma, e quando esse reflexo é ausente de sua vida psíquica exterior, dizemos que ela não tem alma.

As formas externas de nosso ser são aquelas de nossa pequena existência egoísta; as subliminares são as formações de nossa individualidade verdadeira e mais vasta. Essas são, portanto, a parte escondida de nosso ser, onde nossa individualidade está próxima da nossa universalidade, toca-a, está em relação e em comércio constantes com ela. A mente subliminar em nós é aberta ao conhecimento universal da Mente cósmica, a vida subliminar em nós é aberta à força universal da Vida cósmica, o físico subliminar em nós é aberto à formação de força da Matéria cósmica; os muros espessos de nossa mente, vida e corpo de superfície, que nos separam dessas coisas e que a Natureza deve perfurar com tanta dificuldade, de modo tão imperfeito e por meio de tantos estratagemas físicos de uma engenhosidade desajeitada são, no subliminar, apenas um meio rarefeito, ao mesmo tempo de separação e comunicação. Do mesmo modo, a alma subliminar em nós é aberta ao deleite universal que a alma cósmica sente em sua própria existência e na existência de miríades de almas que a representam e nas operações da mente, vida e matéria pelas quais a Natureza se presta à sua ação e desenvolvimento; mas a alma de superfície é deixada fora desse deleite cósmico pelas espessas muralhas do ego; essas muralhas certamente têm portões por onde se pode penetrar, mas ao passar através deles, os toques do Deleite cósmico divino se atrofiam, se deformam ou devem portar a máscara de seus próprios opostos.

Segue-se que nessa superfície ou alma de desejo não há uma verdadeira vida da alma, mas uma deformação psíquica e uma recepção errônea no contato com as coisas. A doença do mundo é que o indivíduo não pode encontrar sua alma real, e a causa-raiz dessa doença, mais uma vez, é que, ao abraçar as coisas externas, ele não poderá encontrar a alma real do mundo onde vive. Ele tenta encontrar aí a essência do ser, a essência do poder, a essência da existência consciente, a essência do deleite, mas recebe em vez disso uma multidão de contatos e impressões contraditórias. Se pudesse encontrar essa essência, ele encontraria também o ser, poder, existência consciente e deleite, universais e únicos, mesmo nesses contatos e impressões inumeráveis; as contradições das aparências seriam reconciliadas na unidade e harmonia da Verdade que busca nos alcançar através desses contatos. Ao mesmo tempo, o indivíduo encontraria sua própria alma verdadeira e, graças a ela, seu self, porque a alma verdadeira é a delegada de seu self, e seu self e o self do mundo são um. Mas isso ele não pode fazer, impedido pela ignorância egoística na mente pensante, no coração emotivo, nos sentidos, que respondem ao contato das coisas não por um amplexo franco e corajoso que abraça o mundo, mas por um fluxo de impulsos e recuos, aproximações cautelosas ou ímpetos ardentes obstinados ou descontentes, em pânico ou em fúria, segundo gostem ou desgostem do contato, conforme este lhes conforte ou alarme, satisfaça ou desagrade. É a alma de desejo, que por sua recepção errônea da vida se torna a causa do erro triplo de *rasa*, o deleite nas coisas; assim, em lugar de representar a alegria pura, essencial, do ser, esse deleite vem traduzido de modo desigual nos três termos que são prazer, dor e indiferença.

Vimos, quando examinamos o Deleite da Existência em suas relações com o mundo, que não há nada de absoluto ou de validez essencial em nossos padrões de prazer, dor e indiferença, que eles são inteiramente determinados pela subjetividade da consciência receptora e o grau de prazer e dor pode ser elevado a um máximo ou reduzido a um mínimo, ou mesmo suprimido inteiramente em sua natureza aparente. Prazer pode tornar-se dor ou dor tornar-se prazer, porque em sua realidade secreta eles são a mesma coisa reproduzida de modo diferente nas sensações e emoções. A indiferença pode ser a inatenção da alma de desejo superficial à *rasa* das coisas, em sua mente, sensações, emoções e apetites, ou a incapacidade da alma de desejo de receber e responder a isto ou sua recusa em dar alguma resposta superficial, ou pode ser ainda sua maneira de rejeitar e esmagar o prazer ou a dor pelo uso da vontade, anulando-os no matiz neutro da não aceitação. Em todos esses casos, o que acontece é uma recusa positiva ou uma falta de preparação ou incapacidade negativa para traduzir e, de algum modo, representar positivamente na superfície, algo que, no entanto, é subliminarmente ativo.

Como sabemos agora pela observação e pela experiência psicológicas, a mente subliminar recebe todos esses contatos que a mente de superfície ignora, e recorda-se de todos eles; do mesmo modo, descobriremos que a alma subliminar responde à *rasa*, ou essência na experiência, dessas coisas que a alma de desejo rejeita por desgosto e repulsa, ou ignora, em uma não aceitação neutra. O autoconhecimento é impossível, a menos que possamos ir por detrás de nossa existência de superfície, que é mero resultado de experiências externas seletivas, sondagem imperfeita ou tradução apressada, incompetente e fragmentária de uma pequena parte do muito que somos — a menos que possamos ir por detrás disso tudo, que lancemos nosso fio de prumo no subconsciente e nos abramos ao supraconsciente a fim de conhecer suas relações com nosso ser de superfície, porque nossa existência se move entre essas três coisas e encontra nelas sua totalidade. O supraconsciente em nós é um com o self e a alma do mundo e não é governado por nenhuma diversidade fenomênica; ele possui então plenamente a verdade e o deleite das coisas. O subconsciente, ou o que assim denominamos,[1] nesse cimo luminoso de si mesmo que chamamos subliminar

---

1. O verdadeiro subconsciente é uma consciência inferior, diminuída, próxima ao Inconsciente; o subliminar é uma consciência mais vasta do que nossa existência de superfície. Mas ambos pertencem

é, ao contrário, não um verdadeiro possuidor, mas um instrumento da experiência; ele não é, praticamente, uno com a alma e o self do mundo, mas abre-se a eles pela sua experiência do mundo. A alma subliminar é interiormente consciente da *rasa* das coisas e tem um mesmo deleite em todos os contatos; é consciente também dos valores e padrões da alma de desejo superficial, e recebe, em sua própria superfície, os contatos correspondentes de prazer, dor e indiferença, mas encontra um deleite igual em todos. Em outras palavras, nossa verdadeira alma dentro encontra alegria em todas as suas experiências, recolhe delas força, prazer e conhecimento, cresce por meio delas em reservas e abundância. É essa alma verdadeira em nós que obriga a mente de desejo recalcitrante a suportar, e mesmo buscar e encontrar, algum prazer no que lhe é doloroso, a rejeitar o que lhe é agradável, a modificar ou mesmo reverter seus valores, a igualar as coisas na indiferença ou igualá-las na alegria, a alegria da variedade da existência. E tudo isso ela o faz porque é impelida pelo universal a desenvolver-se mediante todos os tipos de experiência a fim de crescer em Natureza. De outro modo, se vivêssemos apenas pela alma de desejo superficial, não poderíamos mudar ou progredir, não mais do que a planta ou a pedra imóveis, em cuja existência de rotina invariável — porque a vida não é consciente na superfície —, a alma secreta das coisas ainda não tem o instrumento com que liberar a vida do campo estreito e fixo onde ela nasce. A alma de desejo, deixada a si mesma, caminharia em círculos para sempre nas mesmas trilhas.

Segundo a visão das antigas filosofias, prazer e dor são inseparáveis, assim como verdade intelectual e falsidade, poder e incapacidade, nascimento e morte; portanto, o único modo possível de escapar deles seria uma total indiferença, uma ausência de reação aos estímulos do self universal. Mas um conhecimento psicológico mais sutil nos mostra que essa visão, baseada apenas nos fatos superficiais da existência, na realidade não esgota as possibilidades do problema. É possível, ao trazer a alma real para a superfície, substituir as normas egoístas de prazer e dor por um deleite pessoal-impessoal equânime e que abraça tudo. O amante da Natureza faz isso quando frui de todas as coisas da Natureza de modo universal, sem admitir repulsa, medo, ou mesmo o mero gosto e desgosto, e percebe a beleza no que a outros parece desprezível e insignificante, árido e selvagem, terrível e repelente. O artista e o poeta fazem isso quando buscam a *rasa* do universal na emoção estética ou nas linhas do físico, nas formas mentais da beleza ou nos sentidos e poder internos, nas coisas que o homem comum rejeita, assim como naquelas às quais é apegado pelo sentido do prazer. O buscador do

---

ao reino interior de nosso ser, que não percebemos em nossa superfície; o resultado é que misturamos os dois em nossa concepção e formulação.

conhecimento, o amante de Deus que encontra o objeto de seu amor em todo lugar, o homem espiritual, o intelectual, o sensual, o esteta, todos esses fazem isso ao seu modo, e devem fazê-lo, se quiserem encontrar e abarcar o Conhecimento, a Beleza, a Alegria ou a Divindade que buscam. É só nas partes onde, em geral, o pequeno ego é muito forte para nós, é só nas alegrias e nos sofrimentos emotivos ou físicos, nos prazeres e nas dores da vida, diante dos quais a alma de desejo em nós é fraca e covarde ao extremo, que a aplicação do princípio divino se torna extremamente difícil e para muitos parece impossível e mesmo monstruoso e repelente. Aqui, a ignorância do ego recua diante do princípio da impessoalidade, que essa ignorância, contudo, aplica sem muita dificuldade à ciência e à arte, e o aplica mesmo a certo tipo de vida espiritual imperfeita, porque lá esse princípio de impessoalidade não ataca aqueles desejos tão caros à alma de superfície e aqueles valores de desejo fixados pela mente de superfície, nos quais nossa vida exterior está tão vitalmente interessada. Nos movimentos mais livres e elevados nos é exigido apenas uma equanimidade e uma impessoalidade limitadas e especializadas, próprias a um campo particular de consciência e ação, enquanto a base egoística de nossa vida prática permanece em nós; nos movimentos inferiores, o inteiro fundamento de nossa vida deve ser mudado para dar lugar à impessoalidade, e isso a alma de desejo acha impossível.

A alma verdadeira secreta em nós — subliminar dissemos, mas a palavra é enganadora, porque essa presença não se situa abaixo do limiar da mente de vigília, mas arde no templo do coração mais profundo, por trás da espessa tela de uma mente, uma vida e um corpo ignorantes, não subliminar então, mas por trás do véu —, essa entidade psíquica velada, é a chama da Divindade, sempre acesa dentro de nós, inextinguível, mesmo por essa inconsciência densa que nos impede de perceber nosso self espiritual interior e obscurece nossa natureza exterior. Ela é a chama nascida do Divino e, habitante luminosa da Ignorância, cresce nessa Ignorância até ser capaz de fazê-la voltar-se em direção ao Conhecimento. Ela é a Testemunha e a Direção invisíveis, o Guia escondido, o *Daemon* de Sócrates, a luz ou a voz interna do místico. Ela é isso que perdura e é imperecível em nós, de nascimento em nascimento, não atingida por morte, declínio, decomposição, uma centelha indestrutível do Divino. Ela não é o Self não-nascido ou Atman, pois o Self, mesmo presidindo a existência do indivíduo, percebe sempre sua própria universalidade e transcendência; contudo, ela é deputada do Self nas formas da Natureza, é a alma individual, *chaitya purusha*, que sustenta mente, vida e corpo e mantém-se por trás do ser mental, do ser vital, do ser físico-sutil em nós, a observar seu desenvolvimento e sua experiência e beneficiar-se deles. Esses outros poderes da pessoa no homem, esses seres do seu ser, estão também velados em sua entidade verdadeira, mas projetam personalidades temporárias que compõem nossa individualidade externa, cuja combinação de ação superficial e estado aparente chamamos "nós mesmos"; essa entidade mais profunda que toma forma em nós como a Pessoa psíquica, projeta também uma personalidade psíquica que muda, cresce, se desenvolve de vida em vida; pois é ela quem viaja entre nascimento e morte, e entre morte e nascimento; as partes de nossa natureza são apenas suas vestes, que mudam e têm formas inumeráveis. No início, o ser psíquico pode exercer apenas uma ação velada, parcial e indireta, por meio da mente, da vida e do corpo, visto que essas são as partes da Natureza que devem ser desenvolvidas como seus instrumentos de autoexpressão, e por muito tempo ele é limitado pela evolução dessas partes. Como sua missão é conduzir o ser humano da Ignorância à luz da Consciência Divina, o ser psíquico recolhe a essência de toda experiência na Ignorância para formar um núcleo de crescimento da alma na natureza; o resto, transforma em material para o futuro crescimento dos instrumentos que ele deve usar, até que estejam prontos a tornar-se uma instrumentação luminosa do Divino. É essa entidade psíquica secreta que é a verdadeira Consciência original em nós, mais profunda do que a consciência construída e convencional do moralista, pois é ela que nos indica sempre o caminho para a Verdade, Justiça e Beleza, para o Amor, a Harmonia e tudo que é uma possibilidade divina em nós, e persiste, até que essas coisas se tornem a necessidade maior de nossa natureza. É a personalidade psíquica em nós que floresce na forma do santo, do sábio, do visionário; quando atinge sua plena força, ela faz o ser voltar-se para o Conhecimento do Self e do Divino, em direção à Verdade suprema, ao Bem supremo, à Beleza, ao Amor e à Beatitude supremos, às alturas e imensidades divinas, e nos abre para o toque da simpatia, da universalidade e da unidade espirituais. Ao contrário, onde a personalidade psíquica é fraca, crua ou desenvolvida insuficientemente, as partes e os movimentos mais refinados em nós são deficientes ou pobres em caráter e poder, mesmo que a mente seja vigorosa e brilhante, o coração das emoções vitais seja firme, forte e soberano, a força de vida seja dominante e vitoriosa, e mesmo que a existência corporal seja rica e afortunada e um aparente senhor e conquistador. É então que reina a alma de desejo externa, a entidade pseudopsíquica, e confundimos suas interpretações errôneas das sugestões e aspiração psíquicas, suas ideias e ideais, seus desejos e anseios com a verdadeira substância da alma e a verdadeira riqueza da experiência espiritual.[2]

---

2. A palavra "psíquico", em nossa linguagem comum, é usada com mais frequência em referência a essa alma de desejo do que ao verdadeiro "psíquico". É aplicada de maneira ainda mais vaga aos fenômenos psicológicos ou outros, de um caráter paranormal ou supranormal, que são na verdade conectados com o subliminar em nós — a mente interior, o vital interior e o físico sutil —, mas não são de modo algum operações diretas da psique. Ela serve até mesmo para descrever fenômenos tais

Se a Pessoa psíquica secreta puder vir para a frente, e substituindo a alma de desejo governar de modo aberto e inteiro, e não só de maneira parcial e por trás do véu, essa natureza externa da mente, vida e corpo, então esses instrumentos poderão ser moldados em imagens da alma daquilo que é verdadeiro, justo e belo e, no final, a natureza inteira poderá ser dirigida para o objetivo real da vida, a vitória suprema, a ascensão até a existência espiritual.

Mas então poderia parecer que ao trazer para a frente essa entidade psíquica — essa verdadeira alma em nós — e ao confiar-lhe o cuidado de nos liderar e guiar, conseguiríamos realizar tudo o que aspiramos para o nosso ser natural e abriríamos também as portas do reino do Espírito. E poder-se-ia também raciocinar que não é necessária a intervenção de uma Consciência-Verdade superior ou um princípio da Supramente para ajudar-nos a alcançar o estado divino ou a perfeição divina. Todavia, embora a transformação psíquica seja uma condição necessária para a transformação total de nossa existência, ela não é tudo o que é necessário para a mudança espiritual mais vasta. Em primeiro lugar, visto que o psíquico é a alma individual na Natureza, ele pode abrir-se aos domínios mais divinos e secretos de nosso ser e receber e refletir sua luz, poder e experiência, mas uma outra transformação, uma transformação espiritual vinda de cima, é necessária para possuirmos nosso self em sua universalidade e transcendência. Por si mesmo, o ser psíquico, em certo estágio, poderia contentar-se em criar uma formação da verdade, do bem e da beleza e fazer disso sua estação permanente; em um estágio ulterior, ele poderia sujeitar-se, de maneira passiva, ao self universal, tornar-se um espelho da existência, consciência, poder e deleite universais, mas sem participar neles, nem possuí-los inteiramente. Embora unido de modo mais íntimo e emocional à consciência cósmica, em conhecimento, emoção e mesmo em suas percepções por meio dos sentidos, ele poderia tornar-se um simples recipiente, passivo, desapegado, da mestria e ação no mundo; ou, então, uno com o self estático por trás do cosmos, mas separado interiormente do movimento universal, perdendo sua individualidade em sua Fonte, ele poderia retornar a essa Fonte e não mais ter a vontade, nem o poder, para cumprir o que aqui era sua missão mais alta: conduzir a natureza também à sua realização divina. Pois foi do Self, do Divino, que o ser psíquico veio à Natureza, e ele pode retornar da Natureza para o Divino silencioso pelo silêncio do Self e uma suprema imobilidade

---

como materialização e desmaterialização, embora esses fenômenos, se comprovados, evidentemente não são ações da alma e não poderiam lançar nenhuma luz sobre a natureza ou a existência da entidade psíquica, mas constituiriam, antes, uma ação anormal de uma energia físico-sutil oculta que intervém no estado ordinário do corpo grosseiro das coisas, reduzindo-o à sua condição sutil e depois reconstituindo-o nos termos da matéria grosseira.

espiritual. Uma porção eterna do Divino,[3] essa parte, pela lei do Infinito, é inseparável do seu Todo Divino; essa parte é, de fato, esse Todo, exceto em sua aparência frontal, em sua autoexperiência separadora frontal; ela pode despertar para essa realidade e nela mergulhar ao ponto da aparente extinção da existência individual ou, ao menos, fundir-se nessa realidade. Um pequeno núcleo aqui, na massa de nossa Natureza ignorante, ela é descrita nos *Upanishads* como não maior do que o polegar de um homem; mas pode, pelo influxo espiritual, alargar-se e abarcar o mundo inteiro com o coração e a mente, em uma comunhão íntima ou unidade. Ou pode tornar-se consciente de seu Companheiro eterno e escolher viver para sempre em Sua presença, em uma união e unidade imperecíveis, como o eterno amante com seu eterno Bem-amado, que de todas as experiências espirituais é a mais intensa em beleza e arrebatamento. Todas essas são grandes e esplêndidas realizações da descoberta espiritual de nós mesmos, mas não são necessariamente a completa consumação final e última; mais, é ainda possível.

Essas são realizações da mente espiritual no homem; são movimentos dessa mente quando vai além de si mesma — mas permanecendo em seu próprio plano — e entra nos esplendores do Espírito. A mente, mesmo em seus estágios superiores, bem além de nossa mentalidade atual, ainda age naturalmente por divisão; ela pega os aspectos do Eterno e trata cada um deles como se fosse a verdade completa do Ser Eterno, e pode encontrar em cada um sua perfeita plenitude. Mesmo se os erige como opostos e cria toda uma gama desses opostos: o Silêncio do Divino e a *Dynamis* divina; o Brahman imóvel separado da existência, sem qualidades, e o Brahman ativo com qualidades, Senhor da Existência; o Ser e o Vir-a-Ser; a Pessoa Divina e uma pura Existência, impessoal; a mente, então, pode separar-se de um e mergulhar no outro como a única Verdade durável da existência. Ela pode considerar a Pessoa como a única Realidade, ou só o Impessoal como o único verdadeiro; pode ver o Amante só como um meio de expressão do eterno Amor ou o amor só como a autoexpressão do Amante; pode ver os seres apenas como poderes pessoais de uma Existência impessoal ou a existência impessoal apenas como um estado do Ser único, da Pessoa Infinita. Sua realização espiritual, a via que a conduz ao objetivo supremo seguirá essas linhas de divisão. Porém, mais além desse movimento da Mente espiritual, encontra-se a experiência superior da Consciência-Verdade da supramente; lá, esses opostos desaparecem e essas parcialidades são abandonadas na rica totalidade de uma realização suprema e integral do Ser eterno. É esse o objetivo que concebemos, a consumação de nossa existência aqui, por uma ascensão à

---

3. *Bhagavad-Gītā*, XV. 7.

Consciência-Verdade supramental e sua descida em nossa natureza. A transformação psíquica, após ter-se elevado até a mudança espiritual, deve então ser completada, integralizada, ultrapassada e elevada por uma transformação supramental, que a conduz ao cume do esforço ascendente.

Assim como também ocorre entre os outros termos divididos e opostos do Ser manifestado, apenas uma consciência-energia supramental poderá estabelecer uma harmonia perfeita entre esses dois termos, em aparência opostos só por causa da Ignorância: o estado espiritual e o dinamismo do mundo em nossa existência encarnada. Na Ignorância, a Natureza centraliza a ordem de seus movimentos psicológicos não em torno do self espiritual secreto, mas em torno do seu substituto, o princípio do ego: certo egocentrismo é a base na qual reunimos nossas experiências e relações, em meio aos contatos complexos, contradições, dualidades, incoerências do mundo onde vivemos; esse egocentrismo é nossa tábua de salvação, nossa defesa contra o cósmico e o infinito. Mas em nossa mudança espiritual devemos renunciar a essa defesa, o ego deve desaparecer; a pessoa se vê dissolvida em uma vasta impessoalidade, e nessa impessoalidade não há, no início, nenhuma chave para um dinamismo ordenado de ação. Um resultado frequente é a divisão do ser em duas partes: a espiritual dentro, a natural fora; em uma, há a realização divina estabelecida em uma liberdade interior perfeita, mas a parte natural prossegue com a velha ação da Natureza, continua, por um movimento mecânico de energias passadas, o seu impulso já transmitido. Mesmo se houver uma dissolução completa da pessoa limitada e da velha ordem egocêntrica, a natureza exterior pode tornar-se o campo de uma incoerência aparente, embora dentro tudo seja luminoso com o Self. Assim, nos tornamos exteriormente inertes e inativos, movidos pelas circunstâncias ou forças, mas sem movimento próprio,[4] embora a consciência seja iluminada dentro; ou somos como uma criança, embora dentro haja um pleno autoconhecimento,[5] ou como alguém inconsequente em seus pensamentos e impulsos, embora dentro haja uma calma e uma serenidade completas,[6] ou como uma alma selvagem e desequilibrada, embora dentro haja a pureza e o equilíbrio do Espírito.[7] Ou, se houver um dinamismo ordenado na natureza exterior, isso pode ser uma continuação da ação superficial do ego, observada, mas não aceita pelo ser interior, ou um dinamismo mental que não pode expressar de modo perfeito a realização espiritual interior porque não há equipolência entre a ação da mente e o estado espiritual. Mesmo no

---

4. *Jaḍavat.*
5. *Bālavat.*
6. *Unmattavat.*
7. *Pishāchavat.*

melhor dos casos, onde há uma direção intuitiva da Luz interior, a natureza de sua expressão no dinamismo da ação deve ser marcada pelas imperfeições da mente, vida e corpo, como um Rei com ministros incapazes, um Conhecimento expresso nos valores da Ignorância. Só a descida da Supramente, com sua unidade perfeita de Conhecimento-Verdade e Vontade-Verdade pode estabelecer, na existência interior e também na exterior, a harmonia do Espírito, pois só ela pode mudar inteiramente os valores da Ignorância em valores do Conhecimento.

Na realização de nosso ser psíquico e na consumação de nossas partes mentais e vitais, o movimento indispensável é relacioná-los à sua fonte divina, à verdade que lhes corresponde na Realidade Suprema; e para uma e outra, é pelo poder da Supramente que esse movimento pode ser realizado com uma completude integral, uma intimidade que se torna autêntica identidade; pois é a Supramente que liga os hemisférios superior e inferior da Existência Única. Na Supramente encontram-se a Luz integradora, a Força consumadora, a vasta entrada na Ananda suprema: o ser psíquico, elevado por essa Luz e Força, pode unir-se com o Deleite original da Existência de onde ele veio: ao vencer as dualidades de sofrimento e prazer, ao liberar-se de todo medo e de todas as esquivas da mente, vida e corpo, ele poderá remodelar os contatos da existência no mundo nos termos da Ananda Divina.

# CAPÍTULO XXIV

# MATÉRIA

*Ele alcançou o Conhecimento de que a Matéria é Brahman.*
*Taittiryia Upanishad*, III. 2.

Temos agora a certeza racional de que a Vida não é nem um sonho inexplicável, nem um mal impossível que, no entanto, se tornou um fato doloroso, mas é uma pulsação poderosa da Toda-Existência divina. Vemos algo de seu fundamento e princípio, e voltamos nosso olhar para cima, para sua alta potencialidade e seu florescer divino e último. Mas há um princípio abaixo de todos os outros, que ainda não consideramos o suficiente: o princípio da Matéria no qual a Vida se assenta como em um pedestal ou a partir do qual ela evolui, como a forma de uma árvore com muitos galhos emerge da semente que a contém. A mente, a vida e o corpo do ser humano dependem desse princípio físico e, se o florescer da Vida é o resultado da Consciência que emerge na Mente, que se expande e eleva em busca de sua própria verdade na imensidão da existência supramental, ela parece, no entanto, estar também condicionada por esse invólucro que é o corpo e por essa base de Matéria. A importância do corpo é óbvia; é porque ele desenvolveu, ou lhe foi dado, um corpo e um cérebro capazes de receber uma iluminação mental progressiva e de servi-la, que o homem se elevou acima do animal. Do mesmo modo, é apenas pelo desenvolvimento de um corpo, ou ao menos de um funcionamento do instrumento físico capaz de receber uma iluminação ainda mais alta e de servi-la, que o homem se elevará acima de si mesmo e realizará, não só em pensamento e em seu ser interno, mas na vida, uma humanidade perfeitamente divina. Senão, ou a promessa da Vida será cancelada, seu sentido anulado e o ser terrestre só poderá realizar Satchidananda pela anulação de si, pelo despojar-se da mente, vida e corpo e o retorno ao puro Infinito, ou então o homem não é o instrumento divino: um limite foi determinado ao poder conscientemente progressivo que o distingue de todas as outras existências terrestres, e assim como ele as substituiu e veio para o primeiro plano, um outro deverá, no final, substituí-lo e assumir sua herança.

Na verdade, parece que o corpo é, desde o começo, a grande dificuldade da alma, sua pedra no meio do caminho e obstáculo, com que se choca continuamente. Por isso, aqueles que buscam com ardor a realização espiritual lançaram seu anátema contra o corpo, e em seu desgosto pelo mundo escolheram esse princípio universal, acima de tudo, como um objeto especial de abominação. O corpo é o fardo obscuro que eles não podem carregar, seu material grosseiro e obstinado é a obsessão que os conduz a buscar liberação na vida ascética. Para desembaraçar-se do corpo, eles foram tão longe que chegaram a negar sua existência e a realidade do universo material. A maioria das religiões lançou sua maldição sobre a Matéria e fez da renúncia à vida física, ou de sua aceitação resignada e provisória, o teste da verdade religiosa e da espiritualidade. As crenças mais antigas, mais pacientes, mais profundas em suas reflexões, não tocadas pela tortura e impaciência febril da alma sob o peso da Idade de Ferro, não fizeram essa formidável divisão; elas reconheciam na Terra a Mãe e no Céu o Pai, e lhes dedicaram um igual amor e reverência; mas seus antigos mistérios são obscuros e insondáveis ao nosso olhar; em nossa visão das coisas, quer seja materialista, quer seja espiritual, estamos igualmente contentes em tentar cortar o nó górdio do problema da existência com um só golpe decisivo, e aceitar a fuga para uma beatitude eterna ou acabar em uma aniquilação e uma quietude eternas.

Na realidade, a discórdia não começa com o despertar às nossas possibilidades espirituais; ela se inicia com o aparecimento da própria vida e sua luta para estabelecer suas atividades e seus agregados permanentes de formas vivas contra a força da inércia, contra a força da inconsciência, contra a força da desagregação atômica, que no princípio material são o nó da grande Negação. A Vida está em constante guerra com a Matéria, e a batalha parece sempre terminar com a aparente derrota da Vida e, com esse colapso, a recaída no princípio material que chamamos morte. A discórdia aprofunda-se com o aparecimento da Mente; pois a Mente tem sua própria discórdia com as duas, Vida e Matéria: a Mente está em guerra constante com as limitações delas, em sujeição constante à densidade e inércia de uma e às paixões e sofrimentos da outra, e em revolta contra tudo isso; e no final a batalha parece orientar-se para uma vitória parcial e custosa — embora não muito segura — da Mente, em que ela conquista, reprime ou mesmo destrói os apetites vitais, debilita a força física e perturba o equilíbrio do corpo, no interesse de uma atividade mental maior e um ser moral superior. É nessa luta que surgem a impaciência com a Vida, o desgosto pelo corpo e a vontade de retirar-se de ambos e voltar-se para uma pura existência mental e moral. Quando o homem desperta para uma existência além da Mente, ele leva ainda mais longe esse princípio de discórdia. Mente, Corpo e Vida são condenados como a trindade de mundo, carne e diabo. A mente também é banida, considerada a fonte de todos os nossos males; declara-se a guerra entre o espírito e seus instrumentos e busca-se a vitória do Habitante espiritual pela evasão de sua estreita morada, uma rejeição à mente, vida e corpo e uma reclusão em suas próprias infinidades. O mundo é uma discórdia e resolveremos melhor suas dificuldades se levarmos o próprio princípio da discórdia até sua possibilidade extrema: uma separação do mundo e uma ruptura final.

Mas essas derrotas e vitórias são só aparentes, e essa solução não é uma solução, mas um escape do problema. Na realidade, a Vida não é vencida pela Matéria; ela faz um compromisso ao usar a morte como continuação da vida. Na verdade, a Mente não vence a Vida e a Matéria, mas apenas alcança um desenvolvimento imperfeito de algumas de suas potencialidades em detrimento de outras que estão ligadas às possibilidades, não ainda realizadas ou rejeitadas, que lhe permitiriam fazer melhor uso da vida e do corpo. A alma individual não conquistou a triplicidade inferior, mas apenas rejeitou suas reivindicações e fugiu do trabalho que o espírito empreendeu no início, quando se projetou sob forma de universo. O problema continua porque o labor do Divino no universo continua, mas o problema não encontrou uma solução satisfatória e o labor espera sua consumação vitoriosa. Por isso, visto que do nosso ponto de vista Satchidananda é o começo, o meio e o fim, e essa luta e essa discórdia não podem ser princípios eternos e fundamentais de Seu ser — mas por sua própria existência implicam um labor em direção a uma solução perfeita e uma vitória completa —, devemos buscar essa solução em uma vitória real da Vida sobre a Matéria mediante o uso perfeito e livre do corpo pela Vida, uma vitória real da Mente sobre a Vida e a Matéria mediante um uso perfeito e livre da força de vida e da forma pela Mente, e uma vitória real do Espírito sobre a triplicidade mediante uma ocupação perfeita e livre da mente, vida e corpo pelo espírito consciente; na visão que expressamos, só essa última conquista pode tornar as outras realmente possíveis. Assim, para que vejamos em que medida essas conquistas podem ser verdadeiramente ou de todo possíveis, devemos descobrir a realidade da Matéria, assim como descobrimos, ao buscar o conhecimento fundamental, a realidade da Mente, da Alma e da Vida.

Em certo sentido a Matéria é irreal e não existente; isto é, nosso conhecimento, ideia e experiência atuais da Matéria não são sua verdade, mas apenas um fenômeno de relação particular entre nossos sentidos e a toda-existência na qual nos movemos.

Quando a ciência descobre que a Matéria se decompõe em formas de Energia, ela captou uma verdade universal e fundamental; e quando a filosofia descobre que para a consciência a Matéria existe apenas como aparência substancial, e a única realidade é o Espírito ou puro Ser consciente, ela captou uma verdade maior, mais completa e ainda mais fundamental. Mas ainda assim a pergunta permanece: por que a Energia deve assumir a forma de Matéria e não a de simples correntes de força, ou por que aquilo que, na realidade, é Espírito deveria admitir o fenômeno da Matéria e não repousar em estados, veleidades e alegrias do espírito? Isso, se diz, é obra da Mente, ou então — visto que evidentemente o Pensamento não cria ou nem mesmo percebe de modo direto a forma material das coisas — é obra dos Sentidos; a mente dos sentidos cria as formas que parece perceber, e a mente de pensamento elabora as formas que a mente dos sentidos lhe apresenta. Mas é evidente que a mente individual encarnada não é a criadora do fenômeno da Matéria; a existência terrestre não pode ser o resultado da mente humana que, ela mesma, é o resultado da existência terrestre. Se dissermos que o mundo existe apenas em nossa própria mente, expressaremos um não fato e uma confusão; pois o mundo material existia antes da presença do ser humano na Terra e continuará a existir se ele desaparecer da Terra, ou mesmo se nossa mente individual abolir-se no Infinito. Devemos então concluir que há uma Mente universal, subconsciente para nós, na forma do universo, ou supraconsciente em seu espírito, que criou essa forma para sua habitação. E visto que o criador deve ter precedido sua criação e deve transcendê-la, isso na verdade implica uma Mente supraconsciente, que pela instrumentalidade de um sentido universal cria,[1] em si mesma, a relação de forma com forma e constitui o ritmo do universo material. Mas essa solução também não é completa; ela nos diz que a Matéria é uma criação da Consciência, mas não explica como a Consciência chegou a criar a Matéria como base de suas operações cósmicas.

Compreenderemos melhor se retornarmos logo ao princípio original das coisas. A existência, em sua atividade, é uma Força-Consciente que apresenta à sua consciência as operações de sua força como formas de seu ser. Visto que Força é apenas a ação do Ser-Consciente único existente, os resultados dessa Força não podem ser

---

1. A mente, assim como a conhecemos, cria apenas em um sentido relativo e instrumental; ela tem um poder ilimitado de combinação, mas seus motivos criadores e suas formas chegam-lhe do alto: todas as formas criadas têm sua base no Infinito acima da Mente, da Vida e da Matéria, e aqui são representadas, reconstruídas — na maioria das vezes mal construídas — a partir do infinitesimal. Seu fundamento está no alto, seus galhos estão voltados para baixo, diz o *Rig Veda*. A Mente supraconsciente de que falamos deve, antes, ser chamada Sobremente e, na ordem hierárquica dos poderes do Espírito, habita em uma zona diretamente dependente da consciência supramental.

outra coisa senão formas desse Ser-Consciente; a Substância ou Matéria, então, é apenas uma forma do Espírito. A aparência que essa forma do Espírito assume para nossos sentidos se deve àquela ação divisora da Mente, da qual nos foi possível deduzir de modo consistente o inteiro fenômeno do universo. Sabemos agora que Vida é uma ação da Força-Consciente da qual as formas materiais são o resultado; a Vida involuída nessas formas, que nelas aparece primeiro como força inconsciente, evolui e traz de volta para a manifestação, sob a forma de Mente, a consciência — que é o self real da força e nunca cessou de existir nela, mesmo quando não manifestada. Sabemos também que Mente é um poder inferior do Conhecimento original ou Supramente, um poder para o qual a Vida age como energia instrumental, pois ao descer através da Supramente, a Consciência, ou Chit, representa-se como Mente, e a Força de Consciência, ou Tapas, representa-se como Vida. A Mente, por sua separação de sua própria realidade superior na Supramente, dá à Vida a aparência de divisão e, ao involuir ainda mais em sua própria Força-de-Vida, torna-se subconsciente na Vida, e assim dá às suas operações materiais a aparência externa de uma força inconsciente. Portanto, inconsciência, inércia, desagregação atômica da Matéria devem ter sua fonte nessa ação autoinvolutiva e autodivisora da Mente, pela qual nosso universo veio a existir. Assim como Mente é apenas uma ação final da Supramente na descida em direção à criação, e Vida é uma ação da Força-Consciente que age nas condições da Ignorância criada por essa descida da Mente, assim também Matéria, tal como a conhecemos, é apenas a forma final tomada pelo ser-consciente como resultado dessa ação. Matéria é a substância do ser consciente único fenomenicamente dividido dentro de si pela ação de uma Mente universal[2] — divisão que a mente individual repete e na qual se demora, mas que não revoga nem diminui em nada a unidade do Espírito ou a unidade da Energia ou a unidade real da Matéria.

Mas por que essa divisão fenomênica e pragmática de uma Existência indivisível? Porque a Mente deve levar o princípio da multiplicidade ao seu extremo potencial, o que só pode ser feito por um processo de separação e divisão. Para fazer isso ela deve, ao precipitar-se na Vida a fim de criar formas para o Múltiplo, dar ao princípio universal do Ser a aparência de uma substância grosseira e material, em vez de uma substância pura ou sutil. Em outras palavras, ela deve lhe dar a aparência de uma substância que se oferece ao contato da Mente como uma coisa ou um objeto estável em uma multiplicidade durável de objetos, e não de uma substância que se

---

2. A palavra Mente é usada aqui em seu sentido mais vasto, e inclui as operações de um poder sobremental que é o mais próximo da Consciência-Verdade supramental e é a fonte primeira da criação da Ignorância.

oferece ao contato da consciência pura como algo que participaria de sua existência eterna pura e de sua realidade eterna pura ou se ofereceria aos sentidos sutis como um princípio de forma plástico que expressa livremente o ser consciente. O contato da mente com seus objetos cria o que chamamos sentidos, mas aqui este deve ser um sentido obscuro e exteriorizado, assegurado da realidade daquilo com que entra em contato. A descida da substância pura na substância material segue então inevitavelmente a descida de Satchidananda, através da supramente, na mente e na vida. É um resultado necessário da vontade de fazer da multiplicidade do ser — e de uma percepção das coisas a partir de centros de consciência separados — o primeiro método dessa experiência inferior da existência. Se retornarmos à base espiritual das coisas, a substância, em sua extrema pureza, converte-se em ser consciente puro, autoexistente, inerentemente autoconsciente por identidade, mas ainda sem dirigir sua consciência sobre si como objeto. A Supramente preserva essa autopercepção por identidade como sua substância de autoconhecimento e luz de autocriação, mas para essa criação ela apresenta o Ser a si mesma como o sujeito-objeto, um e múltiplo, de sua própria consciência ativa. O Ser como objeto é mantido aí em um conhecimento supremo que, por abrangência, pode ao mesmo tempo vê-lo tanto como um objeto de cognição dentro de si, quanto subjetivamente, como ele mesmo, mas pode também, e simultaneamente, por apreensão, projetá-lo como objeto (ou objetos) de cognição na circunferência de sua consciência, não diferente de si, parte de seu ser, mas uma parte (ou partes) distanciada dele — isto é, do centro de visão onde o Ser se concentra como Conhecedor, Testemunha ou Purusha. Vimos que dessa Consciência apreendedora emerge o movimento da Mente, o movimento pelo qual o conhecedor individual vê uma forma de seu próprio ser universal como se fosse outro, diferente dele mesmo; mas na Mente divina há, de imediato, ou melhor, de modo simultâneo, um outro movimento ou o inverso do mesmo movimento, um ato de união no ser que sana essa divisão fenomênica e a impede de tornar-se, mesmo por um momento, a única coisa real para o conhecedor. Esse ato de união consciente é aquele que é representado diferentemente na Mente divisora, de modo obtuso, ignorante, totalmente exterior, como um contato, na consciência, entre seres divididos e objetos separados, e em nós esse contato na consciência dividida é representado basicamente pelo princípio sensorial. Nessa base dos sentidos, nesse contato de união sujeita à divisão, a ação da mente pensante fundamenta-se e prepara seu retorno a um princípio superior de união, em que a divisão é submetida e subordinada à unidade. A substância tal como a conhecemos, a substância material, é então a forma na qual a Mente, que age por meio dos sentidos, entra em contato com o Ser consciente, do qual ela própria é um movimento de conhecimento.

Mas a Mente, por sua própria natureza, tende a conhecer e sentir a substância do ser consciente não em sua unidade ou totalidade, mas segundo o princípio de divisão. Ela a vê, por assim dizer, em pontos infinitesimais que reúne a fim de chegar a uma totalidade, e nesses pontos de vista e associações a Mente cósmica projeta-se e neles faz sua morada. Assim estabelecida, criadora por sua força inerente enquanto agente da Ideia-Real, obrigada por sua própria natureza a converter todas as suas percepções em energia de vida — do mesmo modo como o Todo-Existente converte todos os aspectos reais de Si mesmo em energia variada de Sua Força de consciência criadora —, a Mente cósmica muda esses múltiplos pontos de vista da existência universal em pontos de vista da Vida universal; na Matéria, ela os muda em formas de ser atômicas, imbuídas da vida que as forma e governadas pela mente e a vontade, que impelem a formação. Ao mesmo tempo, as existências atômicas que assim ela forma tendem, necessariamente, pela própria lei de seu ser, a associar-se, a agregar-se; e cada um desses agregados também, imbuído da vida oculta que o forma e da mente e da vontade ocultas que o impelem, carrega consigo a ficção de uma existência individual separada. Cada objeto ou existência individual desse tipo é sustentado — conforme a mente seja nele implícita ou explícita, não manifestada ou manifestada — pelo ego mecânico de sua força, no qual a vontade de ser é muda e prisioneira, mas no entanto poderosa, ou por seu ego mental autoconsciente, no qual a vontade de ser é liberada, consciente, separadamente ativa.

Assim, não é a lei eterna e original de uma Matéria eterna e original que é a causa da existência atômica, mas a natureza da ação da Mente cósmica. A Matéria é uma criação, e para essa criação o infinitesimal, uma extrema fragmentação do Infinito, foi necessária como ponto de partida ou como base. O éter pode existir e de fato existe como suporte intangível, quase espiritual, da Matéria, mas enquanto fenômeno não parece ser, ao menos para o estado atual do nosso conhecimento, materialmente detectável. Subdividamos o agregado visível ou o átomo formal em átomos essenciais, reduzamo-los à poeira de ser mais infinitesimal, ainda assim chegaremos, por causa da natureza da Mente, e da Vida que os formou, a algum extremo limite da existência atômica, instável talvez, mas reconstituindo-se sempre no eterno fluxo da força, fenomenicamente, e não chegaremos a uma mera extensão não atômica da substância, incapaz de conter alguma coisa. Uma extensão não atômica da substância, uma extensão que não é uma agregação, uma coexistência feita de modo diferente daquele da distribuição no espaço, são realidades da existência e da substância puras; elas são um conhecimento da supramente e um princípio de seu dinamismo, não um conceito criador da mente divisora, embora a Mente possa tornar-se consciente delas por trás de suas operações. Elas são a realidade subjacente à Matéria, mas não o fenômeno que chamamos Matéria. A Mente, a Vida e a própria Matéria em sua realidade estática podem ser unas com essa pura existência e essa extensão consciente, mas não podem funcionar, em sua ação, autopercepção ou autoformação dinâmicas, por meio dessa unidade.

Chegamos, portanto, a essa verdade da Matéria: há uma autoextensão conceitual do ser que se elabora no universo como substância ou objeto de consciência, e que a Mente e a Vida cósmicas, em sua ação criadora mediante a divisão e a agregação atômicas, representam como a coisa que chamamos Matéria. Mas essa Matéria, como a Mente e a Vida, é ainda o Ser ou Brahman em sua ação autocriadora. Ela é uma forma da força do Ser consciente, forma dada pela Mente e realizada pela Vida. A Matéria mantém dentro de si, como sua própria realidade, a consciência que se esconde de si mesma, involuída e absorvida no resultado de sua autoformação, e portanto esquecida de si. E, por mais que nos pareça grosseira e vazia de sentido, ainda assim ela é, para a experiência secreta da consciência escondida nela, o deleite de ser que se oferece a essa consciência secreta como objeto de sensação, a fim de atrair para fora de seu sigilo aquela divindade escondida. O Ser manifestado como substância, a força do Ser moldada na forma, na autorrepresentação figurada da autoconsciência secreta, o deleite oferecendo-se à sua própria consciência como um objeto — o que é isso, senão Satchidananda? A Matéria é Satchidananda representado à Sua própria experiência mental como base formal do conhecimento, ação e deleite de ser objetivos.

# CAPÍTULO XXV

# O NÓ DA MATÉRIA

*Não posso viajar para a Verdade do Senhor luminoso pela força ou pela dualidade. [...] Quem são estes que protegem os alicerces da falsidade? Quem são os guardiões da palavra irreal?*

*Naquele tempo a existência não era, nem a não-existência, o mundo do meio não havia, nem o Éter, nem o que está além. O que é que recobria tudo? Onde estava isso? Em que refúgio? O que era aquele oceano denso e profundo? A Morte não existia, nem a imortalidade, nem o conhecimento do dia e da noite. Aquele Um vivia sem respiração, pela lei de seu self, não havia nada mais, coisa alguma além disso. No começo, as Trevas estavam escondidas pelas trevas, tudo isso era um oceano de inconsciência. Quando o ser universal foi escondido pela fragmentação, então, pela grandeza de sua energia Aquele Um nasceu. Este moveu-se no início como desejo no interior, o que foi a semente primeva da mente. Os videntes da Verdade descobriram a construção do ser no Não-Ser pela vontade no coração e pelo pensamento; o seu raio estava estendido horizontalmente; mas o que havia lá embaixo, o que havia lá em cima? Havia os Arremessadores da semente, havia as Grandezas; havia a lei do self abaixo, havia a Vontade acima.*

*Rig Veda*, V. 12. 2, 4; X. 129. 1-5.

Então, se a conclusão a que chegamos é correta — e não há outra possível a partir dos dados com os quais trabalhamos —, a nítida divisão que a experiência prática e o longo hábito da mente criaram entre o Espírito e a Matéria não tem mais nenhuma realidade fundamental. O mundo é uma unidade diferenciada, uma unidade múltipla, não uma tentativa constante de compromisso entre eternas dissonâncias, nem uma luta perene entre opostos irreconciliáveis. Uma unidade inalienável gerando uma variedade infinita é sua base e seu começo; no meio, seu verdadeiro caráter parece ser uma reconciliação constante por trás da divisão e das lutas aparentes, combinando todos os possíveis elementos díspares para vastos fins, em uma Consciência-Vontade secreta que é sempre una e sempre mestra de toda sua ação complexa; devemos, portanto, admitir que uma consumação da Consciência-Vontade que emerge e uma harmonia triunfante devem ser a conclusão. Substância é sua própria forma, em que ela opera, e se a Matéria é uma extremidade dessa substância, o Espírito é a outra. Os dois são um: o Espírito é a alma e a realidade disso que sentimos como Matéria; a Matéria é uma forma e um corpo disso que percebemos como Espírito.

Certamente há uma vasta diferença prática e, nessa diferença, a inteira série indivisível e todos os degraus cada vez mais elevados da existência universal estão apoiados. A substância, dissemos, é a existência consciente que se apresenta aos sentidos como objeto, para que, na base de toda e qualquer relação sensorial estabelecida, o trabalho de formação universal e progressão cósmica possa continuar. Mas não é necessário que haja uma única base, um só princípio fundamental de relação criado imutavelmente entre sentido e substância; ao contrário, há uma série ascendente e que se desenvolve. Temos a percepção de uma outra substância em que a mente pura trabalha como em seu meio natural, e é muito mais sutil, flexível, plástica do que tudo o que nossos sentidos físicos podem conceber como Matéria. Podemos falar de uma substância de mente, porque nos tornamos conscientes de um meio mais sutil em que surgem formas e a ação acontece; podemos falar também de uma substância de energia de vida dinâmica pura, diferente das formas as mais sutis da substância material e suas correntes de força fisicamente sensíveis. O próprio Espírito é pura substância de ser que se apresenta como objeto não mais ao sentido físico, vital ou mental, mas a uma luz de puro conhecimento espiritual perceptivo, no qual o sujeito se torna seu próprio objeto, isto é, no qual o Atemporal e Sem Espaço percebe a si mesmo em uma pura autoconcepção e autoextensão espirituais como base e material primordial de toda existência. Para além desse fundamento, toda diferenciação consciente entre sujeito e objeto desaparece em uma identidade absoluta, e então não podemos mais falar de Substância.

Portanto, essa é uma diferença puramente conceitual — concepção espiritual e não mental — finalizando em uma distinção prática que cria a série descendente, do Espírito à Matéria através da Mente, e de novo ascendente, da Matéria ao Espírito através da Mente. Mas a verdadeira unidade não é jamais anulada e, quando retornamos à visão original e integral das coisas, vemos que, na realidade, essa unidade nunca é diminuída ou alterada, nem mesmo nas densidades mais grosseiras da Matéria. Brahman é não só a causa do universo, o poder que o sustenta, seu princípio imanente, Ele é também seu material, o único material do universo. Matéria também é Brahman e não é outra coisa senão Brahman, não é diferente d'Ele. Se a Matéria fosse efetivamente separada do Espírito, isso não seria assim; mas, como vimos, a Matéria é apenas uma forma final e um aspecto objetivo da Existência divina, e Deus inteiro está sempre presente nela e por trás dela. Assim como essa Matéria, bruta e inerte em aparência, está em toda parte e sempre impregnada de uma força de Vida poderosa e dinâmica; assim como essa Vida, dinâmica, mas inconsciente em aparência, esconde dentro de si uma Mente não aparente, mas sempre em ação, de cujas operações secretas ela, a Vida, é a energia manifestada; assim como essa Mente ignorante, sem luz, tateante, no corpo vivo é sustentada e guiada de maneira soberana pelo seu self real, a Supramente, que está igualmente presente na Matéria não mentalizada, do mesmo modo toda Matéria, bem como toda Vida, Mente e Supramente são apenas modos de Brahman, o Eterno, o Espírito, Satchidananda, que não só habita em todos eles, mas é todas essas coisas, embora nenhuma delas seja Seu ser absoluto.

Mas ainda assim há essa diferença conceitual e distinção prática; e nisso, mesmo se a Matéria não é realmente separada do Espírito, na verdade parece sê-lo e de forma bem definida; ela é tão diferente, até mesmo tão oposta em sua lei, e a vida material parece de tal modo ser a negação de toda existência espiritual que a rejeição dessa existência material poderia muito bem ser, em aparência, o único atalho para sair da dificuldade — como sem dúvida o é; mas um atalho, ou qualquer tipo de ruptura, não é solução. Contudo, sem dúvida é aí, na Matéria, que se situa o ponto crucial; é ela que provoca o obstáculo, pois por causa da Matéria a Vida é grosseira e limitada, golpeada pela morte e pela dor; por causa da Matéria mais da metade da Mente é cega: suas asas podadas, seus pés atados a um poleiro estreito, ela não pode alcançar as imensidades e a liberdade das alturas, das quais é consciente. Portanto, do seu ponto de vista, o buscador espiritual excludente é justificado, se, repugnado pela lama da Matéria, revoltado com a grosseria animal da Vida ou impaciente com a estreiteza autoaprisionadora da Mente e sua visão rasteira, ele se determina a romper com tudo isso e a retornar, pela inação e o silêncio, à liberdade imóvel do Espírito. Porém, esse não é o único ponto de vista, nem devemos considerá-lo a sabedoria integral e última só porque exemplos brilhantes e gloriosos o sustentaram ou glorificaram de modo sublime. Liberando-nos de toda paixão e revolta, é melhor que vejamos o que significa essa ordem divina do universo e, quanto a esse grande nó emaranhado da Matéria que nega o Espírito, busquemos descobrir e separar seus cordões, a fim de os desenredar por uma solução, em vez de cortá-los pela violência. Devemos primeiro expor a dificuldade, a oposição, de modo completo e incisivo, com exagero se necessário, mais do que com redução, e então buscar a saída.

Em primeiro lugar então, a oposição fundamental apresentada pela Matéria ao Espírito é que ela é a culminância do princípio da Ignorância. Aqui, a Consciência perdeu-se e esqueceu de si mesma em uma forma de suas obras, assim como um homem, em extrema absorção, poderia esquecer não só quem ele é, mas mesmo que existe, e tornar-se por momentos apenas o trabalho que se realiza e a força que o executa. O Espírito autoluminoso, infinitamente consciente de si por trás de todas as operações da força e mestre delas, parece haver aqui desaparecido e nem mesmo existir; talvez Ele exista em algum lugar, mas aqui parece ter deixado apenas uma Força material bruta e inconsciente que cria e destrói eternamente sem conhecer a si mesma ou o que cria, ou nem mesmo saber por que cria, ou por que destrói aquilo que uma vez criou: ela não sabe, porque não tem mente; não se importa, porque não tem coração. E se essa não for a verdade real nem mesmo do universo material, se por trás de todo esse falso fenômeno houver uma Mente, uma Vontade e algo maior do que a Mente ou a Vontade mental, no entanto é essa aparência obscura que o próprio universo material apresenta como verdade à consciência que nele emerge de sua noite; e se isso não for verdade, mas uma mentira, ainda assim é uma mentira muito eficaz, pois determina as condições de nossa existência fenomênica e assedia toda a nossa aspiração e todos os nossos esforços.

Essa, então, é a coisa monstruosa, o milagre terrível e desapiedado do universo material: que uma mente, ou ao menos mentes, emerjam dessa não-Mente e encontrem-se impelidas a lutar fracamente pela luz; impotentes individualmente, só um pouco menos impotentes quando, em autodefesa, associam suas fraquezas individuais em meio à gigantesca Ignorância que é a lei do universo. A partir dessa Inconsciência sem coração, mas no interior de sua rigorosa jurisdição, corações têm nascido e aspiram e são torturados e sangram sob o peso da crueldade cega e insensível dessa existência férrea, crueldade que lhes impõe sua lei e se torna sensível na sensação deles, brutal, feroz, horrível. Mas, por trás das aparências, o que é afinal esse aparente mistério? Podemos ver que é a Consciência, que se havia perdido e retorna a si mesma, emergindo de seu gigantesco autoesquecimento, de modo lento, penoso, como uma Vida que aspira à sensibilidade, torna-se semissensível, fracamente sensível, inteiramente sensível e finalmente luta para ser mais que sensível, para ser de novo divinamente autoconsciente, livre, infinita, imortal. Mas ela trabalha para isso sob uma lei que é o oposto de todas essas coisas — sob as condições da Matéria —, isto é, contra as garras da Ignorância. Os movimentos que a Consciência deve seguir, os instrumentos que deve usar, são estabelecidos e feitos para ela por essa Matéria bruta e dividida e lhe impõem a cada passo ignorância e limitação.

Pois a segunda oposição fundamental que a Matéria oferece ao Espírito é que ela é a culminância da servidão à Lei mecânica e opõe, a tudo que busca liberar-se, uma inércia colossal. Não que a própria Matéria seja inerte; ela é, antes, uma moção infinita, uma força inconcebível, uma ação sem limites cujos movimentos grandiosos suscitam nossa constante admiração. Mas enquanto o Espírito é livre, mestre de si e de suas obras e não submetido a elas, criador da lei e não seu sujeito, essa Matéria gigantesca é encadeada rigidamente por uma Lei fixa e mecânica que lhe é imposta, que ela não compreende e jamais concebeu, mas executa de modo inconsciente como uma máquina que funciona e não sabe quem a criou, nem por qual processo e para qual finalidade. E quando a Vida desperta e busca impor-se à forma física e à força material e quer usar todas as coisas à vontade e para suas próprias necessidades, quando a Mente desperta e busca saber quem, o porquê e o como, de si mesma e de todas as coisas e, sobretudo, quer usar seu conhecimento para impor sobre as coisas sua própria lei mais livre e sua ação mais autônoma, a Natureza material parece ceder, ou mesmo aprovar e ajudar, mas só depois de uma luta, de modo relutante e só até certo ponto. Além desse ponto ela apresenta inércia, obstrução e negação obstinadas, e mesmo persuade Vida e Mente de que elas não podem ir mais longe, não podem perseguir até o final sua vitória parcial. A Vida se esforça para alargar-se e prolongar-se, e o consegue; mas quando busca a amplitude extrema e a imortalidade, encontra a obstrução férrea da Matéria e vê-se amarrada à estreiteza e à morte. A Mente tenta ajudar a Vida e satisfazer seu próprio impulso de abarcar todo conhecimento, tornar-se toda luz, possuir a verdade e ser a verdade, reforçar o amor e a alegria e ser amor e alegria; mas há sempre o desvio, o erro e a grosseria dos instintos vitais materiais, a recusa e obstrução dos sentidos materiais e dos instrumentos físicos. O erro persegue sempre seu conhecimento, a obscuridade é a companheira inseparável e o pano de fundo de sua luz; a verdade é buscada com êxito e, no entanto, quando alcançada, cessa de ser verdade e a busca deve continuar; o amor está aí, mas não pode satisfazer-se, a alegria está aí mas não pode justificar-se, e cada um deles arrasta como uma corrente, ou projeta como uma sombra, seus próprios opostos: cólera, ódio e indiferença, saciedade, sofrimento e dor. A inércia, com a qual a Matéria responde às demandas da Mente e da Vida, impede a conquista da Ignorância e da Força bruta, que é o poder da Ignorância.

E quando buscamos saber por que é assim, vemos que o sucesso dessa inércia e obstrução é devido a um terceiro poder da Matéria; pois a terceira oposição fundamental que a Matéria oferece ao Espírito é que ela é a culminância do princípio de divisão e luta. De fato, embora na realidade a Matéria seja indivisível, divisibilidade é toda a base de sua ação, da qual ela parece ter sido proibida de afastar-se; seus dois únicos métodos de união são a agregação de unidades ou uma assimilação que implica a destruição de uma unidade por outra unidade; e ambos métodos de união são uma confissão de eterna divisão, visto que mesmo o primeiro associa mais do que unifica, e por seu próprio princípio admite a possibilidade constante, e portanto a necessidade última, de dissociação, de dissolução. Os dois métodos apoiam-se na morte: para um, a morte é um meio, para o outro, uma condição de vida. E ambos pressupõem, como condição da existência universal, uma luta constante entre as unidades divididas, cada uma se esforçando para manter-se, manter suas associações, coagir ou destruir o que lhe resiste, absorver e devorar outros para alimentar-se, mas cada uma, ao mesmo tempo, levada a revoltar-se contra essa compulsão, a escapar dela e da destruição e assimilação devoradora. Quando o princípio vital manifesta suas atividades na Matéria, encontra aí essa única base para todas as suas atividades, e é obrigado a dobrar-se ao jugo; tem que aceitar a lei de morte, desejo e limitação e essa luta constante para devorar, possuir, dominar que, como vimos, é o primeiro aspecto da Vida. E quando o princípio mental manifesta-se na Matéria, tem que aceitar, do molde e do material nos quais opera, o mesmo princípio de limitação, de busca sem descoberta segura, a mesma associação e dissociação constantes de seus ganhos e dos constituintes de suas obras, de modo que o conhecimento ganho pelo homem, o ser mental, parece nunca ser definitivo ou livre de dúvida e negação, e todo seu labor parece condenado a mover-se em um ritmo de ação e reação e de fazer e desfazer, em ciclos de criação, breve preservação e longa destruição, sem nenhum progresso certo e assegurado.

E, sobretudo, a ignorância, a inércia e a divisão da Matéria impõem fatalmente à existência vital e mental que emergem nela a lei da dor e do sofrimento e o desassossego da insatisfação próprios a esse estado de divisão, inércia e ignorância. A ignorância, na verdade, não traria dor ou insatisfação se a consciência mental fosse inteiramente ignorante, se pudesse deter-se satisfeita em sua concha habitual, inconsciente de sua própria ignorância ou do oceano infinito de consciência e conhecimento pelo qual vive rodeada. Mas é precisamente a isso que a consciência desperta quando emerge da Matéria: primeiro, ela desperta para sua ignorância do mundo onde vive e que deve conhecer e dominar para ser feliz; em seguida, para a esterilidade e limitação extremas desse conhecimento, a pobreza e insegurança do poder e a felicidade que ele traz e a percepção de uma consciência e um conhecimento infinitos, de um ser verdadeiro no qual, unicamente, pode ser encontrada uma felicidade vitoriosa e infinita. A obstrução da inércia não traria consigo desassossego e insatisfação se a sensibilidade vital que emerge na Matéria fosse inteiramente inerte, se se mantivesse satisfeita com sua própria existência semiconsciente e limitada, sem perceber o poder infinito e a existência imortal em que vive, da qual faz parte, muito embora separada, e se nada dentro dela a conduzisse a fazer o esforço para realmente participar dessa infinidade e imortalidade. Mas é isso precisamente o que toda vida é levada a sentir e buscar desde o início: sua insegurança e a necessidade de perdurar, sua luta pela autopreservação; no final, ela desperta para a limitação de sua existência e começa a sentir o impulso em direção ao vasto e duradouro, ao infinito e eterno.

E quando no ser humano a vida se torna plenamente autoconsciente, essa luta, esse esforço e essa aspiração inelutáveis atingem seu auge, e, no final, a dor e a discórdia do mundo tornam-se agudas demais para serem suportadas com satisfação. O ser humano pode aquietar-se por um longo tempo, buscando satisfazer-se dentro de suas limitações ou restringir-se a lutar para ganhar o maior domínio possível sobre esse mundo material onde vive — alguma vitória mental e física do seu conhecimento progressivo sobre suas rigidezes inconscientes, de sua vontade e de seu poder pequenos, conscientes e concentrados sobre forças monstruosas dirigidas pela inércia. Mas aqui também ele descobre que os maiores resultados que pode atingir são limitados, pobremente inconclusos, e é obrigado a olhar além. O finito não pode ficar permanentemente satisfeito quando toma consciência de um finito maior do que ele mesmo ou de um infinito além, ao qual, no entanto, pode aspirar. E se o finito pudesse ficar satisfeito desse modo, ainda assim o ser em aparência finito, que se sente ser na realidade um infinito ou sente simplesmente a presença ou o impulso e o frêmito de um infinito dentro de si, nunca poderia satisfazer-se até que esses dois fossem reconciliados, até que Isto fosse possuído por ele e ele fosse possuído por Isto, em qualquer grau ou de qualquer maneira. O ser humano é essa infinidade aparentemente finita e é, de modo inevitável, levado a buscar o Infinito. Ele é o primeiro filho da terra a tornar-se vagamente cônscio de Deus em seu interior, de sua imortalidade ou sua necessidade de imortalidade, e o conhecimento é um açoite que o faz avançar e uma cruz onde é crucificado, até que seja capaz de fazer dele uma fonte de luz, alegria e poder infinitos.

Esse desenvolvimento progressivo, essa manifestação crescente da Consciência e Força, do Conhecimento e Vontade divinos que se perderam na Ignorância e na inércia da Matéria poderiam muito bem ser um florescer progressivo em direção a uma alegria cada vez maior e por fim infinita, se não fosse pelo princípio de divisão rígida de onde a Matéria começou. O confinamento do indivíduo na consciência pessoal de uma mente, uma vida e um corpo separados e limitados opõe-se ao que de outro modo seria a lei natural de nosso desenvolvimento. Isso introduz no corpo a lei de atração e repulsão, defesa e ataque, discórdia e dor. Pois como cada corpo é uma força-consciente limitada, ele se sente exposto ao ataque, ao impacto, ao contato potente de outras forças conscientes limitadas do mesmo tipo, ou de forças universais, e quando se sente invadido ou incapaz de harmonizar a consciência que contata com aquela que recebe, ele sente desconforto e dor, atração ou repulsa, deve defender-se ou atacar; constantemente é chamado a aguentar o que não quer ou o que é incapaz de suportar. Na mente emocional e na mente sensorial, a lei da divisão introduz as mesmas reações com os valores mais altos de pesar e alegria, amor e ódio, opressão e depressão, todos moldados em modalidades de desejo e pelo desejo, em tensão e esforço e, pela tensão, em excesso e falta de força, incapacidade, uma alternância entre obtenção e decepção, posse e recuo, uma luta, perturbação e inquietação constantes. Na mente como um todo, em vez de uma lei divina que faz a verdade mais estreita fluir para uma verdade maior e fundir-se nela, a luz menor integrar-se em uma luz mais vasta, a vontade inferior submeter-se a uma vontade superior transformadora e satisfações mesquinhas progredirem em direção a uma satisfação mais nobre e completa, essa lei de divisão introduz dualidades similares: a verdade perseguida pelo erro, a luz pela obscuridade, o poder pela incapacidade, o prazer da conquista e do êxito pela dor da repulsa e insatisfação com o que é obtido; a mente assume sua própria aflição e também a aflição da vida e do corpo e torna-se consciente do defeito triplo, da insuficiência tripla de nosso ser natural. Tudo isso significa a negação da Ananda, a negação da trindade de Satchidananda e, em consequência, se a negação for insuperável, a futilidade da existência; pois, ao projetar-se no jogo da consciência e força, a existência deve buscar esse movimento não só para si, mas para sua satisfação no jogo, e se nenhuma satisfação real pode ser aí encontrada, é evidente que o jogo deverá ser abandonado no final como uma tentativa vã, um erro colossal, um delírio do Espírito que se encarna.

Essa é a inteira base da teoria pessimista do mundo — otimista, talvez, quanto aos mundos e estados além, mas pessimista quanto à vida terrestre e ao destino do ser mental em suas relações com o universo material. Pois, afirma essa teoria, como a própria natureza da existência material é divisão, e a própria semente da mente encarnada é autolimitação, ignorância e egoísmo, buscar na terra a satisfação do espírito ou buscar uma saída e um propósito divinos e uma culminação divina para o jogo universal é uma presunção e um engano; somente em um céu do Espírito e não no mundo, ou na verdadeira quietude do Espírito e não em suas atividades fenomênicas é que poderemos reunir existência e consciência ao divino deleite do self. O Infinito só poderá reaver-se ao rejeitar como erro e tropeço sua tentativa de encontrar-se no finito. Nem mesmo o emergir da consciência mental no universo material pode trazer consigo alguma promessa de uma culminação divina, pois o princípio da divisão não é próprio da Matéria, mas da Mente; a Matéria seria apenas uma ilusão da Mente, em que esta introduz sua própria norma de divisão e ignorância. Portanto, no interior dessa ilusão, a Mente pode encontrar apenas si mesma; só pode viajar entre os três termos da existência dividida que criou: ela não pode encontrar aí a unidade do Espírito ou a verdade da existência espiritual.

Ora, é verdade que o princípio de divisão na Matéria só pode ser uma criação da Mente dividida que se precipitou na existência material, pois essa existência material não tem um self em seu ser, não é o fenômeno original, mas apenas uma forma criada por uma Força de Vida que divide tudo e elabora as concepções de uma Mente que também divide tudo. Ao elaborar o ser nessas aparências da ignorância, inércia e divisão da Matéria, a Mente divisora perdeu-se e aprisionou-se em uma masmorra que ela mesma construiu e amarrou-se com correntes que ela mesma forjou. E se for verdade que a Mente divisora é o primeiro princípio da criação, então deve ser também a consecução máxima possível na criação, e o ser mental — que luta em vão com a Vida e a Matéria, subjuga-as só para ser subjugado por elas, repetindo eternamente um ciclo estéril — deve ser o termo último e supremo da existência cósmica. Mas tais consequências não ocorrem se, ao contrário, foi o Espírito imortal e infinito que se ocultou no denso manto da substância material e aí atua pelo poder criador supremo da Supramente, permitindo as divisões da Mente e o reino do princípio mais baixo, ou princípio material, apenas como condição inicial para certo jogo evolutivo do Um no Múltiplo. Se, em outras palavras, não for meramente um ser mental escondido nas formas do universo, mas se for o Ser, o Conhecimento, a Vontade infinitos que emergem da Matéria primeiro como Vida, depois como Mente, com o restante ainda não revelado, então o emergir da consciência a partir daquilo que é em aparência Inconsciente deverá ter uma outra conclusão, e mais completa; o aparecimento de um ser espiritual supramental que imporá às operações de sua mente, de seu vital e de seu corpo uma lei mais alta do que a da Mente divisora, não é mais impossível. Ao contrário, essa é a conclusão natural e inevitável da natureza da existência cósmica.

Como vimos, esse ser supramental liberaria a mente do nó de sua existência dividida e usaria a individualização da mente apenas como uma ação útil subordinada da Supramente que tudo abarca; ele liberaria também a vida do nó de sua existência dividida e usaria a individualização da vida apenas como uma ação útil subordinada da Força-Consciente única, que realiza de modo pleno seu ser e sua alegria em uma unidade diversificada. Haveria alguma razão pela qual ele não liberasse também a

existência corporal da presente lei de morte, divisão e devoração mútua, e usasse a individualização do corpo apenas como um termo útil e subordinado da Existência-
-Consciente única e divina posta ao serviço da alegria do Infinito no finito? Ou por que esse espírito não seria livre em uma ocupação soberana da forma, conscientemente imortal mesmo quando muda seu vestido de Matéria, possuindo seu próprio deleite em um mundo sujeito à lei de unidade, amor e beleza? E se o ser humano é o habitante da existência terrestre por meio do qual essa transformação do mental em supramental poderá enfim efetuar-se, não seria possível que ele possa desenvolver um corpo divino, assim como uma mente e uma vida divinas? Ou, se essa linguagem parece chocante demais para nossas concepções limitadas das potencialidades humanas, o homem não poderia, no desenvolvimento de seu ser verdadeiro e de sua luz, alegria e poder, chegar a um uso divino da mente, da vida e do corpo pelo qual a descida do Espírito na forma seria, a um só tempo, humana e divinamente justificada?

A única coisa que poderia se opor a essa suprema possibilidade terrestre seria que nossa visão atual da Matéria e suas leis representasse a única relação possível entre sentido e substância, entre o Divino como Conhecedor e o Divino como objeto; ou se outras relações fossem possíveis, que não fossem de nenhum modo possíveis aqui, nesse mundo, mas devessem ser buscadas em planos superiores da existência. Nesse caso, é nos céus além que devemos buscar nossa completa consumação divina, como as religiões afirmam, e pôr de lado como um engano sua outra afirmação, a do reino de Deus, ou o reino dos perfeitos, na terra. Aqui na terra podemos apenas perseguir ou alcançar uma preparação ou vitória internas e, ao liberar mente, vida e alma dentro de nós, deveremos dar as costas ao princípio material não conquistado e inconquistável, dar as costas a uma terra não regenerada e intratável para ir encontrar em algum outro lugar nossa substância divina. Não há, contudo, razão alguma para aceitarmos essa conclusão limitadora. Existem, com toda a certeza, outros estados, e mesmo estados da própria Matéria; existe, sem dúvida nenhuma, uma série ascendente de gradações divinas da substância; existe a possibilidade do ser material transfigurar-se mediante a aceitação de uma lei superior à sua, a qual, contudo, lhe é própria, porque está sempre presente, latente e potencial no segredo de seu ser.

## CAPÍTULO XXVI

# A SÉRIE ASCENDENTE DA SUBSTÂNCIA

*Há um self que é da essência da Matéria — há um outro self interior da Vida que preenche o primeiro — há um outro self interior da Mente — há um outro self interior do Conhecimento-Verdade — há um outro self interno da Beatitude.*

*Taittiryia Upanishad*, II. 1-5.

*Eles sobem por Indra como em uma escada. À medida que se sobe pico após pico, torna-se claro o muito que ainda resta a ser feito. Indra traz a consciência de que Isto é o objetivo.*

*Como um falcão, como um gavião, Ele se instala na Nave e a sustenta; no fluxo de Seu movimento Ele descobre os Raios, pois leva consigo suas armas: Ele se agarra aos vagalhões das águas do oceano; um grande Rei, Ele proclama o quarto estado. Como um mortal ao purificar seu corpo, como um cavalo de guerra ao galopar para conquistar riquezas, Ele emite seu apelo, e ao lançar-se através de todas as camadas, penetra nessas naves.*

*Rig Veda*, I. 10. 1, 2; IX. 96. 19, 20.

Se considerarmos o que melhor representa para nós a materialidade da Matéria, veremos que são seus aspectos de solidez, tangibilidade, resistência crescente, de resposta firme ao contato dos sentidos. A substância parece mais verdadeiramente material e real em proporção à resistência sólida que nos apresenta e, por causa dessa resistência, uma durabilidade da forma perceptível, na qual nossa consciência pode fixar-se; parece-nos menos material à medida que se torna mais sutil, menos densa e portanto menos resistente, menos permanente ao toque dos sentidos. Essa atitude de nossa consciência normal para com a Matéria é um símbolo do objetivo essencial para o qual a Matéria foi criada. A substância passa ao estado material a fim de poder apresentar imagens duráveis à consciência que deve lidar com ela, imagens que possam ser apreendidas de modo firme, nas quais a mente possa apoiar-se e basear suas operações e a Vida possa encontrar, na forma em que atua, uma relativa segurança acerca da permanência. Daí porque, na antiga fórmula védica, a Terra, modelo-tipo dos estados mais sólidos da substância, foi aceita como nome simbólico do princípio material. Daí porque, igualmente, o tato ou toque é para nós a base essencial dos sentidos; todos os outros sentidos físicos, paladar, olfato, audição, visão, são baseados em uma série de contatos cada vez mais sutis e indiretos entre aquele que percebe e aquilo que é percebido. Do mesmo modo, na classificação Sankhya dos cinco estados elementares da Substância, do éter até a terra, vemos que sua característica é uma progressão constante do mais sutil ao menos sutil, de modo que no cume se encontram as vibrações sutis do etéreo, e na base, a densidade mais grosseira da condição elementar terrestre ou sólida. A Matéria é então o último estágio conhecido por nós, na progressão da substância pura em direção a uma base de relação cósmica em que o primeiro termo será não o espírito, mas a forma, a forma no maior desenvolvimento possível de sua concentração, resistência, durabilidade de sua imagem bruta e impenetrabilidade mútua entre a forma e o espírito — ponto culminante da distinção, separação e divisão. Essa é a intenção e o caráter do universo material; é a fórmula da divisibilidade consumada.

E se há, como deve haver na natureza das coisas, uma série ascendente na escala da substância desde a Matéria até o Espírito, essa série deve ser marcada por uma diminuição progressiva das capacidades mais características do princípio físico e um aumento progressivo das características opostas, que nos conduzirão à fórmula da pura autoextensão espiritual. Isso significa que essas propriedades devem ser marcadas por uma sujeição cada vez menor à forma, por uma sutileza e flexibilidade crescentes de substância e força e por uma fusão, interpenetração, poder de assimilação, troca, variação, transmutação, unificação cada vez maiores. Ao distanciarmo-nos da durabilidade da forma, nos aproximamos da eternidade da essência; ao distanciarmo-nos de nosso equilíbrio na separação e na resistência persistentes da Matéria física, nos aproximamos do equilíbrio divino mais elevado, na infinidade, unidade e indivisibilidade do Espírito. Essa deve ser a antinomia fundamental entre a substância grosseira e a substância espiritual pura. Na Matéria, Chit, a Força-Consciente, condensa-se cada vez mais para resistir a outras massas de Força-Consciente e afirmar-se; na substância do Espírito a consciência pura representa-se livremente em sua autopercepção com uma indivisibilidade essencial e um constante intercâmbio unificador como fórmula básica, mesmo da ação mais diversificadora de sua Força. Entre esses dois polos, há a possibilidade de uma gradação infinita.

Essas considerações assumem grande importância quando consideramos as relações possíveis entre a vida divina e a mente divina da alma humana aperfeiçoada e esse corpo tão grosseiro e, em aparência, não divino, fórmula do ser físico em que estamos estabelecidos no presente. Essa fórmula é o resultado de certa relação fixa entre os sentidos e a substância com que o universo material teve início. Mas assim como essa relação não é a única possível, também essa fórmula não é a única possível. A vida e a mente podem manifestar-se em outro tipo de relação com a substância e elaborar leis físicas diferentes, outros hábitos de um caráter mais elevado, até mesmo uma substância corporal diferente, com uma ação mais livre dos sentidos, uma ação mais livre da vida, uma ação mais livre da mente. Morte, divisão, resistência, exclusão mútuas entre as massas encarnadas da mesma força de vida consciente são a fórmula de nossa existência física; a limitação estreita do jogo dos sentidos, o determinismo dentro de um pequeno círculo do campo, a duração e o poder das operações da vida, o obscurecimento, o movimento claudicante e o funcionamento intermitente e restrito da mente são o jugo que essa fórmula, expressa no corpo animal, impôs aos princípios mais elevados. Mas essas coisas não são o único ritmo possível da Natureza cósmica. Existem estados superiores, existem mundos mais elevados, e se sua lei, mediante algum progresso do ser humano e uma liberação das imperfeições presentes em nossa substância, pudesse ser imposta à forma, ao instrumento sensível que é nosso ser, então, mesmo aqui poderia haver um trabalho físico de uma mente divina e de sentidos divinos, um funcionamento físico da vida divina na estrutura humana e mesmo a evolução na terra de algo que poderíamos chamar um corpo divinamente humano. O corpo do ser humano também pode algum dia ser transfigurado; a Mãe-Terra também pode revelar em nós sua divindade.

Mesmo no interior da fórmula do cosmos físico, há uma série ascendente na escala da Matéria que nos conduz do mais denso ao menos denso, do menos sutil ao mais sutil. Ao atingirmos o ponto mais alto dessa série, a sutilidade extrema e supraetérea da substância material ou da formulação da Força, o que se estende além? Não um Nihil, não um vazio, pois não há nada que seja um vazio absoluto ou uma inanidade real, e o que denominamos assim é apenas algo além da apreensão de nossos sentidos, de nossa mente ou de nossa consciência mais sutil. Tampouco é verdade que não há nada além, ou que alguma substância etérea da Matéria seja o eterno começo; sabemos que Matéria e Força material são apenas o resultado último de uma Substância e uma Força puras em que a consciência é luminosamente autoconsciente e possuidora de si, em vez de perder-se em um sono inconsciente e movimento inerte, como na Matéria. O que há, então, entre essa substância material e aquela substância pura? Não saltamos de uma à outra, não passamos de imediato do inconsciente à consciência absoluta. Deve haver aí, e de fato há, graus entre a substância inconsciente e a autoextensão inteiramente autoconsciente, como entre o princípio da Matéria e o princípio do Espírito.

Todos aqueles que sondaram, ainda que só um pouco, esses abismos, estão de acordo com o fato e dão testemunho de que há uma série de formulações cada vez mais sutis da substância, que escapam e vão além da fórmula do universo material. Sem aprofundar questões, que são muito ocultas e difíceis para nossa presente investigação, podemos dizer, aderindo ao sistema em que nos baseamos, que essas gradações da substância, em um importante aspecto de sua formulação em série, correspondem de modo visível à série ascendente de Matéria, Vida, Mente, Supramente, e àquela outra triplicidade superior e divina de Satchitananda. Em outras palavras, constatamos que a substância, em sua ascensão, baseia-se em cada um desses princípios e faz sucessivamente de si mesma um veículo característico para a autoexpressão cósmica dominante de cada um deles em sua série ascendente.

Aqui, no mundo material, tudo se baseia na fórmula da substância material. Sentidos, Vida, Pensamento, têm como base o que os antigos chamavam o Poder-da-Terra; é desse Poder que eles surgiram, à sua lei obedecem, a esse princípio fundamental acomodam suas operações; deixam-se limitar pelas possibilidades desse poder e, caso queiram desenvolver outras possibilidades devem, mesmo no curso desse desenvolvimento, levar em consideração a fórmula original, o seu propósito e o que ela demanda da evolução divina. Os sentidos operam por meio de instrumentos físicos, a vida por um sistema nervoso físico e órgãos vitais físicos, a mente deve construir suas operações em uma base corpórea e usar uma instrumentação material, e mesmo suas operações mentais puras devem tomar os dados assim obtidos como campo e material de seu trabalho. Não é necessário, na natureza essencial da mente, dos sentidos e da vida, que eles sejam tão limitados, pois os órgãos sensoriais físicos não são os criadores das percepções dos sentidos, mas eles mesmos são a criação, os instrumentos e, aqui, uma conveniência necessária dos sentidos cósmicos; o sistema nervoso e os órgãos vitais não são os criadores da ação e reação da vida, mas eles mesmos são a criação, os instrumentos e, aqui, uma conveniência necessária da força de Vida cósmica; o cérebro não é o criador do pensamento, mas ele mesmo é a criação, o instrumento e, aqui, uma conveniência necessária da Mente cósmica. A necessidade então não é absoluta, mas teleológica; é o resultado de uma Vontade divina cósmica no universo material, que quer afirmar aqui uma relação física entre os sentidos e seu objeto, estabelecer aqui uma fórmula e lei materiais da Força-

-Consciente e criar, por meio delas, imagens físicas do Ser-Consciente para servir como fato inicial, dominante e determinante do mundo onde vivemos. Essa não é uma lei de ser fundamental, mas um princípio construtivo necessário à intenção do Espírito de evoluir em um mundo de Matéria.

No próximo grau da substância, o fato inicial, dominante e determinante não é mais a forma e a força substanciais, mas a vida e o desejo consciente. Por isso, o mundo que está além deste plano material deve ser um mundo baseado em uma Energia vital cósmica consciente, uma força de busca vital, uma força de Desejo e a autoexpressão delas, e não um mundo baseado em uma vontade inconsciente ou subconsciente que toma a forma de uma força e uma energia materiais. Todas as formas, corpos, forças, movimentos de vida, de sensações, de pensamento, todos os desenvolvimentos, culminações, autorrealizações desse mundo devem ser dominados e determinados por esse fato inicial da Vida-Consciente a que a Matéria e a Mente devem sujeitar-se; esse é o ponto de partida para a Matéria e a Mente, elas devem basear-se na Vida-Consciente e serem limitadas ou engrandecidas por suas leis, poderes, capacidades, limitações; e se a Mente busca desenvolver aí possibilidades ainda mais elevadas, mesmo assim deve tomar em consideração a fórmula vital original da força de desejo, seu propósito e o que ela demanda da manifestação divina.

O mesmo ocorre com as gradações superiores. A próxima na série deve ser governada pelo fator dominante e determinante da Mente. A substância aí deve ser sutil e flexível o suficiente para assumir as formas que lhe são impostas diretamente pela Mente, obedecer às suas operações, subordinar-se ao que ela exige para expressar-se e realizar-se. As relações entre sentidos e substância também devem ter uma sutileza e uma flexibilidade correspondentes e serem determinadas não pelas relações entre órgão físico e objeto físico, mas pelas relações da Mente com a substância mais sutil com a qual está lidando. Em um mundo tal, a vida seria a servidora da Mente, com um significado que nossas fracas operações mentais e faculdades vitais limitadas, toscas e rebeldes não podem conceber de maneira adequada. A Mente aí domina, é a fórmula original, o seu propósito prevalece, sua exigência passa por cima de todas as outras na lei da manifestação divina. Em um alcance ainda mais alto, a Supramente — ou, em nível intermediário, os princípios que recebem seu toque — ou, ainda mais elevado, a Beatitude pura, o Poder Consciente puro ou Ser puro substituem a Mente como princípio dominante, e entramos nesses domínios da existência cósmica, que para os antigos videntes védicos eram os mundos de existência divina iluminada e o alicerce do que eles denominaram Imortalidade, e que, mais tarde, religiões indianas representaram em imagens como Brahmaloka ou Goloka, uma autoexpressão suprema do Ser como Espírito, no qual a alma liberada em sua mais alta perfeição possui o infinito e a beatitude da divindade eterna.

O princípio subjacente a essa experiência e visão sempre ascendentes, elevadas além da formulação material das coisas, é que toda existência cósmica é uma harmonia complexa e não termina no âmbito limitado de consciência em que a mente e a vida humanas comuns estão contentes em ser prisioneiras. O ser, a consciência, a força, a substância descem e ascendem por uma escada de múltiplos degraus, e a cada degrau o ser se estende de maneira mais vasta, a consciência tem um sentido mais amplo de seu próprio domínio, de sua vastidão e alegria, a força tem uma intensidade maior e uma capacidade mais viva e mais alegre, a substância revela sua realidade primeva de maneira mais sutil, plástica, flexível e fluida, porque o mais sutil é também o mais poderoso — o mais verdadeiramente concreto, se poderia dizer; é menos encadeado do que o grosseiro, seu ser tem uma permanência maior, junto com uma potencialidade, plasticidade e extensão maiores em seu devenir. Cada altiplano da montanha do ser traz à nossa experiência que se amplia um plano mais alto de nossa consciência e um mundo mais rico para nossa existência.

Mas como essa série ascendente afeta as possibilidades de nossa existência material? Não as afetaria em nada se cada plano de consciência, cada mundo de existência, cada nível de substância, cada grau da força cósmica fossem completamente separados daquilo que os precede e daquilo que os continua. Mas é o oposto que é verdade; a manifestação do Espírito é uma trama complexa, e no motivo e modelo de um princípio, todos os outros princípios entram como elementos do todo espiritual. Nosso mundo material é o resultado de todos os outros, pois os outros princípios desceram todos na Matéria para criar o universo físico, e cada partícula disso que chamamos Matéria os contém todos, implicitamente; sua ação secreta, como vimos, está involuída em cada momento da existência da Matéria e em cada movimento de sua atividade. E assim como a Matéria é a última palavra da descida, ela é também a primeira palavra da ascensão; assim como os poderes de todos esses planos, mundos, níveis, degraus estão involuídos na existência material, do mesmo modo eles são capazes de evoluir a partir dela. É por essa razão que o ser material não começa nem acaba em gases, componentes químicos, forças e movimentos físicos, em nebulosas, sóis e terras, mas evolui e manifesta a vida, a mente e deverá por fim manifestar a supramente e os degraus superiores da existência espiritual. A evolução nasce pela pressão incessante dos planos supramateriais sobre o plano material, e isso o compele a liberar de seu interior os princípios e poderes dos planos supramateriais, que de outro modo ficariam adormecidos, aprisionados na rigidez da fórmula material. Isso seria concebível, ainda que improvável, uma vez que a presença deles no plano material implica um propósito de liberação; mas ainda assim, essa necessidade no plano inferior é de fato imensamente ajudada por uma pressão superior de natureza semelhante.

Essa evolução tampouco pode concluir-se com a primeira formulação, pobre e insuficiente, da vida, da mente, da supramente, do espírito, que o poder relutante da Matéria concede a esses poderes superiores. Pois na medida em que evoluem, que despertam, que se tornam mais ativos e ávidos de realizar suas próprias potencialidades, a pressão dos planos superiores sobre eles, pressão involuída na existência dos mundos, em sua estreita relação e interdependência, deve se tornar mais insistente, poderosa e efetiva. Não apenas devem esses princípios manifestar-se de baixo — em um emergir restrito e diminuído —, mas também do alto, e fazer descer até o ser material o seu poder característico, e aí florescer o tanto que lhes seja possível; a criatura material deve abrir-se a um jogo cada vez mais vasto de suas atividades na Matéria, e tudo que é necessário é um receptáculo, um meio, um instrumento adequado. O corpo, a vida e a consciência do ser humano preenchem essas condições.

Certamente, se esse corpo, vida e consciência fossem limitados às possibilidades do corpo grosseiro — essas possibilidades são tudo o que nossos sentidos físicos e nossa mentalidade física aceitam —, a duração dessa evolução seria muito limitada e o ser humano não poderia esperar cumprir nada de essencialmente superior às suas realizações atuais. Mas esse corpo, como a antiga ciência oculta havia descoberto, não é nem mesmo a totalidade de nosso ser físico; essa densidade grosseira não é toda a nossa substância. O mais antigo conhecimento vedântico nos fala de cinco graus de nosso ser: material, vital, mental, ideal, espiritual ou beatífico; a cada um desses graus de nossa alma corresponde um grau de nossa substância, um invólucro, como era chamado na antiga linguagem figurativa. Uma psicologia posterior descobriu que esses cinco invólucros de nossa substância são o material de três corpos: o físico grosseiro, o corpo sutil e o corpo causal, e que a alma habita em todos eles de modo real e simultâneo, embora aqui e agora sejamos cônscios, de maneira superficial, apenas do veículo material. Mas é possível tornarmo-nos cônscios em nossos outros corpos também e, de fato, é a abertura do véu que há entre eles e, portanto, entre nossas personalidades física, psíquica e ideal, que é a causa desses fenômenos "psíquicos" e "ocultos" que começam agora a ser examinados e, embora de modo ainda insuficiente e inepto, eles são exageradamente explorados. Há muito tempo os antigos hatha iogues e tântricos da Índia haviam convertido em ciência esse tema da vida humana e do corpo humano superiores. Eles descobriram seis centros vitais nervosos no corpo denso, correspondendo a seis centros de vida e de faculdade mental no corpo sutil, e descobriram exercícios físicos sutis pelos quais esses centros, agora fechados, poderiam ser abertos, a vida suprafísica superior própria à nossa existência sutil poderia ser acessível ao homem, e mesmo as obstruções que no físico e no vital dificultam a experiência do ser ideal e espiritual poderiam ser destruídas. É significativo que um resultado proeminente, reivindicado pelos hatha iogues como obtido por meio de suas práticas e verificado sob vários aspectos, era um controle da força vital física que os liberava de alguns hábitos comuns ou das assim chamadas leis consideradas pela ciência física como inseparáveis da vida no corpo.

Por trás de todos esses termos da antiga ciência psicofísica acha-se o grande fato e a grande lei de nosso ser: qualquer que seja o equilíbrio temporário de sua forma, consciência e poder na evolução material, deve haver por trás dessa evolução, e de fato há, uma existência mais vasta e verdadeira da qual esta existência aqui é apenas um resultado externo e um aspecto fisicamente perceptível. Nossa substância não acaba com o corpo físico; este é apenas o pedestal terreno, a base terrestre, o ponto de partida material. Assim como por trás de nossa mente de vigília há domínios mais vastos de consciência que, com relação a essa mente, são subconscientes e supraconscientes — que percebemos algumas vezes quando em um estado desperto paranormal —, do mesmo modo, por trás de nosso ser físico grosseiro há outros graus de substância mais sutis, com uma lei mais pura e um poder superior que sustentam o corpo denso. E se entrarmos nos domínios de consciência que lhes pertencem, poderemos obter deles que imponham essa lei e esse poder à nossa matéria densa, e substituam nossa vida, impulsos e hábitos físicos atuais, grosseiros e limitados, por seus estados de ser mais puros, mais elevados, mais intensos. Se for assim, então a evolução de uma existência física mais nobre — não limitada pela condição animal comum de nascimento, vida e morte, pelas dificuldades da alimentação e facilidade de desordem, doença e sujeição aos apetites vitais pobres e insatisfeitos — deixará de ter a aparência de um sonho e quimera e tornar-se-á uma possibilidade, fundamentada em uma verdade racional e filosófica em acordo com todo o resto que conhecemos até agora, que experienciamos ou fomos capazes de conceber, sobre a verdade aberta ou secreta de nossa existência.

Racionalmente deveria ser assim, pois a série ininterrupta dos princípios de nosso ser e sua estreita conexão mútua é muito evidente para que um desses princípios possa ser condenado e removido enquanto os outros seriam capazes de uma liberação divina. A ascensão do ser humano, do físico ao supramental, deve abrir a possibilidade de uma ascensão correspondente, nos graus da substância, a esse corpo ideal ou causal próprio ao nosso ser supramental; e a conquista dos princípios inferiores pela supramente, que lhes permitirá a liberação em uma vida divina e uma mentalidade divina, deverá também tornar possível uma conquista de nossas limitações físicas pelo poder e princípio da substância supramental. E isso significa a evolução não apenas de uma consciência desentravada, de uma mente e sentidos que não estejam fechados entre as paredes do ego físico ou limitados à pobre base de conhecimento dada pelos órgãos físicos dos sentidos, mas de um poder de vida cada vez mais liberado de suas limitações mortais, uma vida física digna de um habitante divino. Isso não no sentido de um apego ou restrição à nossa presente estrutura corporal, mas indo além da lei do corpo físico: a conquista da morte, uma imortalidade terrestre. É da Beatitude divina, do Deleite original da Existência que o Senhor da Imortalidade vem; Ele verte o vinho dessa Beatitude, o Soma místico, nesses vasos de matéria viva mentalizada; eterno e belo, ele entra nesses invólucros de substância para a transformação integral do ser e da natureza.

CAPÍTULO XXVII

# A COMPOSIÇÃO SÉTUPLA DO SER

*Na ignorância de minha mente, eu pergunto o que são estes passos dos Deuses que estão estabelecidos dentro. Os Deuses oniscientes pegaram a Criança de um ano e teceram em torno dela sete fios para fazer esta trama.*
*Rig Veda*, I. 164. 5.

Nosso exame minucioso dos sete grandes termos da existência, que os antigos videntes fixaram como o alicerce e o sétuplo modo de toda existência cósmica, permitiu-nos discernir as gradações da evolução e da involução e, assim, chegarmos à base de conhecimento que buscávamos. Estabelecemos que a origem, o continente, a realidade inicial e última de tudo que está no cosmos é o princípio tri-uno de Existência, Consciência e Beatitude, princípio transcendente e infinito que é a natureza do ser divino. A Consciência tem dois aspectos: o iluminador e o realizador, o estado e poder de autopercepção, e o estado e poder de força intrínseca, pelos quais o Ser se possui em sua condição estática ou em seu movimento dinâmico. Com efeito, em sua ação criativa e por uma autoconsciência onipotente, ele conhece tudo que é latente em seu interior, e por sua própria energia onisciente ele origina e governa o universo de suas potencialidades. Essa ação criativa do Todo-Existente tem seu centro no quarto princípio, o princípio intermediário da Supramente ou Ideia-Real, no qual um Conhecimento divino, uno com a autoexistência e a autopercepção, e uma Vontade substancial em uníssono perfeito com esse Conhecimento — porque esse Conhecimento é, ele mesmo, em sua substância e natureza, aquela autoexistência autoconsciente, dinâmica em sua ação iluminada — desenvolvem infalivelmente o movimento, a forma e a lei das coisas em justa conformidade com a Verdade autoexistente que lhes é própria, e em harmonia com os significados de sua própria manifestação.

A criação depende desse princípio bi-uno de unidade e multiplicidade em que ela se move; ela é uma multiplicidade de ideias, forças e formas que são a expressão de uma unidade original, e é uma eterna unidade que é base e realidade dos mundos múltiplos e torna possível suas ações. A Supramente procede então por uma dupla faculdade de conhecimento, o conhecimento abrangente e o conhecimento apreendedor; passando da unidade essencial à multiplicidade resultante, ela contém em si todas as coisas como se ela mesma fosse o Um em seus aspectos múltiplos, e apreende em si todas as coisas em separado, como objetos de sua vontade e conhecimento. Enquanto para sua autopercepção original todas as coisas são um único ser, uma consciência, vontade, autodeleite únicos, e o inteiro movimento das coisas é um movimento único e indivisível, em sua ação ela procede da unidade à multiplicidade e da multiplicidade à unidade e cria entre elas uma relação ordenada e uma aparência de divisão, mas não obrigatoriamente real, uma divisão sutil que não separa, ou melhor, uma demarcação e determinação no interior do indivisível. A Supramente é a Gnose divina, que cria, governa e sustenta os mundos: ela é a Sabedoria secreta que sustenta tanto o nosso Conhecimento como a nossa Ignorância.

Descobrimos também que Mente, Vida e Matéria são um aspecto triplo desses princípios superiores que, no que diz respeito ao nosso universo, operam sujeitos ao princípio da Ignorância, do autoesquecimento superficial e aparente do Um em seu jogo de divisão e multiplicidade. Na realidade, as três são apenas poderes subordinados do quaternário divino: a Mente é um poder subordinado da Supramente e tem como ponto de partida a divisão; na verdade, aqui ela está esquecida da unidade por detrás, embora possa retornar a essa unidade por uma reiluminação vinda do Supramental; do mesmo modo, a Vida é um poder subordinado do aspecto de energia de Satchidananda, é a Força que elabora a forma e a ação da energia consciente a partir da divisão criada pela Mente; a Matéria é a forma de substância de ser que a existência de Satchidananda reveste quando se submete a essa ação fenomênica de sua própria consciência e de sua própria força.

Além disso, há um quarto princípio que se manifesta no âmago da mente, da vida e do corpo, isso que chamamos alma; mas esta tem uma aparência dupla: na frente está a alma de desejo, que luta para possuir as coisas e fruir delas, e por trás encontra-se a entidade psíquica verdadeira, que é o receptáculo real das experiências do espírito, mas está encoberta em grande parte, ou inteiramente, pela alma de desejo. E concluímos que esse quarto princípio humano é uma projeção e ação do terceiro princípio divino, a Beatitude infinita, mas uma ação nos termos de nossa consciência e sob as condições da evolução da alma neste mundo. Assim como a existência do Divino é, em sua natureza, uma consciência infinita e é o poder de si inerente a essa consciência, do mesmo modo a natureza de sua consciência infinita é Beatitude pura e infinita; a posse de si e a autopercepção são a essência de seu autodeleite. O cosmos também é um jogo desse autodeleite divino, e o deleite desse jogo é inteiramente possuído pelo Universal; mas no indivíduo, devido a essa ação da ignorância e divisão, esse deleite é retido no ser subliminar e no supraconsciente; em nossa superfície ele é ausente, e devemos buscá-lo, encontrá-lo e possuí-lo pelo desenvolvimento da consciência individual em direção à universalidade e transcendência.

Podemos então, se quisermos, colocar oito princípios[1] em lugar de sete e então percebemos que nossa existência é uma espécie de refração da existência divina, em ordem inversa de ascensão e descida, na disposição seguinte:

| Existência | Matéria |
| Consciência-Força | Vida |
| Beatitude | Psique |
| Supramente | Mente |

O Divino desce da existência pura para entrar no ser cósmico por meio do jogo da Consciência-Força, da Beatitude e do agente criador que é a Supramente; elevamo-nos da Matéria em direção ao ser divino por meio de uma vida, alma e mente em desenvolvimento e da Supramente como agente iluminador. No ponto de união entre os dois hemisférios,[2] o superior e o inferior, mente e supramente encontram-se, com um véu entre elas. Rasgar esse véu é a condição da vida divina na humanidade; pois por essa ruptura, pela descida iluminadora do ser superior na natureza do ser inferior e pela ascensão poderosa do ser inferior à natureza do ser superior, a mente pode recuperar sua luz divina na Supramente que abrange tudo, a alma pode realizar seu self divino na Ananda que possui tudo e é Toda-Beatitude, a vida pode retomar seu poder divino na ação da Força-Consciente onipotente e a Matéria pode abrir-se à sua liberdade divina como uma forma da Existência divina. E se houver algum objetivo na evolução — que no presente encontra no ser humano aqui seu coroamento e seu soberano —, algum outro propósito que não seja esse círculo sem fim e sem objetivo do qual escapam alguns indivíduos, se a potencialidade infinita

---
1. Os videntes védicos falam de sete Raios, mas também de oito, nove, dez ou doze.
2. *Parārdha* e *Aparārdha*.

dessa criatura, a única aqui a posicionar-se entre o Espírito e a Matéria com o poder de mediar entre eles, tiver algum outro sentido que não seja um despertar final que a arranque da ilusão da vida — causada pelo desespero e desgosto com o esforço cósmico — e a faça rejeitar completamente a vida, então, mesmo uma tal transfiguração e emergir luminoso e poderoso do Divino na criatura devem ser aquele objetivo sublime e aquela significação suprema.

Mas antes que possamos abordar as condições psicológicas e práticas sob as quais uma tal transfiguração pode passar de uma possibilidade essencial a uma potencialidade dinâmica, temos muito a considerar. Devemos discernir não só os princípios essenciais da descida de Satchidananda na existência cósmica, o que já fizemos, mas também o vasto plano de sua ordem aqui, e a natureza e ação do poder manifestado da Força-Consciente que domina as condições sob as quais existimos agora. No momento, o que temos que ver primeiro é que os sete ou oito princípios que examinamos são essenciais para toda criação cósmica e, manifestados ou ainda não manifestados, estão aí, em nós mesmos, nessa "Criança de um ano" que ainda somos — pois estamos longe de ser os adultos da Natureza evolutiva. A Trindade superior é a fonte e base de toda existência e do jogo da existência, e todo o cosmos deve ser uma expressão e ação da realidade essencial dessa trindade. Nenhum universo pode ser meramente uma forma de ser que tenha surgido e se delineado em um nada e um vazio absolutos, e se destacasse tendo uma vacuidade não existente como pano de fundo. Ele deve ser uma representação da existência na Existência infinita que ultrapassa toda representação, ou ser, ele mesmo, a Toda-Existência. De fato, quando unificamos nosso self com o ser cósmico, vemos que, na realidade, ele é essas duas coisas ao mesmo tempo; isto é, ele é o Todo-Existente representando-Se em uma série infinita de ritmos em Sua própria extensão conceitual de Si enquanto Tempo e Espaço. Além do mais, vemos que essa ação cósmica ou qualquer ação cósmica é impossível sem o jogo de uma Força de Existência infinita que produz e regula todas essas formas e movimentos; e essa Força pressupõe igualmente uma Consciência infinita, ou é a ação dela, porque é, em sua natureza, uma Vontade cósmica que determina todas as relações e as apreende por seu modo próprio de consciência, e não poderia determiná-las nem apreendê-las dessa maneira se não houvesse uma Consciência abrangente por trás desse modo de percepção cósmica, para originar, bem como manter, fixar e refletir, nessa consciência cósmica, as relações do Ser na formação que se desenvolve ou no seu vir-a-ser que chamamos um universo.

Enfim, dado que a Consciência é assim onisciente e onipotente, em inteira e luminosa posse de si, e essa posse, inteira e luminosa, é necessariamente, e em sua natureza, Beatitude — pois não pode ser outra coisa —, um autodeleite vasto e universal deve ser a causa, essência e objeto da existência cósmica. "Se não houvesse", diz o antigo vidente, "abraçando tudo, esse éter do Deleite de ser no qual habitamos, se esse deleite não fosse nosso éter, então ninguém poderia respirar, ninguém poderia viver." Essa beatitude essencial pode tornar-se subconsciente, aparentemente perdida na superfície; no entanto, ela não só deve estar nas raízes de nosso ser, mas toda existência deve ser essencialmente uma busca e um movimento para alcançá-la, descobri-la e possuí-la, e na proporção em que a criatura no cosmos descobre-se na vontade e poder ou na luz e conhecimento ou no ser e vastidão ou no amor e alegria, ela deve despertar para algum contato do êxtase secreto. A alegria de ser, o deleite da realização pelo conhecimento, o enlevo da posse pela vontade e poder ou força criadora, o êxtase da união no amor e alegria são os termos mais altos da vida que se amplia, porque são a essência da própria existência em suas raízes escondidas e suas alturas ainda não percebidas. Então, onde quer que se manifeste a existência cósmica, esses três princípios devem encontrar-se por trás dela, e nela.

Mas Existência, Consciência e Beatitude infinitas não necessitam de modo algum projetar-se no ser aparente ou, se o fizessem, o resultado não seria o ser cósmico, mas apenas uma infinidade de representações sem ordem ou relações fixas, se as três não contivessem ou desenvolvessem e fizessem emergir de si esse quarto termo, a Supramente, a Gnose divina. Em cada cosmos deve haver um poder de Conhecimento e Vontade que, a partir da potencialidade infinita, fixa relações determinadas, faz crescer o fruto a partir de sua semente, recita os poderosos ritmos da Lei cósmica, e contempla e governa os mundos, como seu Vidente e Soberano imortal e infinito.[3] Esse poder, de fato, não é nada mais que o próprio Satchidananda; ele não cria nada que não esteja em sua própria autoexistência, e pela mesma razão, toda Lei cósmica e verdadeira é uma coisa que não é imposta do exterior, mas do interior, todo desenvolvimento é um autodesenvolvimento, toda semente e todo resultado são a semente de uma Verdade das coisas e todo resultado dessa semente é determinado a partir de suas potencialidades. Pela mesma razão, nenhuma Lei é absoluta, porque só o infinito é absoluto, e todas as coisas contêm em seu interior potencialidades infinitas, muito além de sua forma e seu curso determinados, que só são determinados por meio de uma autolimitação da Ideia que procede de uma liberdade interior infinita. Esse poder de autolimitação é necessariamente inerente ao Todo-Existente ilimitado. O Infinito não seria o Infinito se não pudesse atribuir-se uma finitude múltipla; o Absoluto não seria o Absoluto se no conhecimento, poder,

---

3. "O Vidente, o Pensador, Ele que em todo lugar é o vir-a-ser, o Autoexistente", *Isha Upanishad*, verso 8.

vontade e manifestação de seu ser lhe fosse recusada uma capacidade ilimitada de autodeterminação. Essa Supramente é então a Verdade ou Ideia-Real, inerente a toda força e existência cósmicas; permanecendo infinita, ela é necessária para determinar, combinar e sustentar as relações, a ordem e as grandes linhas da manifestação. Na linguagem dos Rishis védicos, assim como Existência, Consciência e Beatitude infinitas são os três Nomes supremos e escondidos do Sem-Nome, assim essa Supramente é o quarto Nome[4] — quarto para Isto em sua descida, quarto para nós em nossa ascensão.

Mas Mente, Vida e Matéria — a trilogia inferior — também são indispensáveis a todo ser cósmico, não necessariamente na forma ou na ação e condições que conhecemos na terra ou nesse universo material, mas em algum tipo de ação, embora mais luminosa, mais poderosa, mais sutil. Pois a Mente, em essência, é a faculdade da Supramente que mede e limita, fixa um centro particular e de lá vê o movimento cósmico e suas interações. Admitamos que em um mundo, plano ou organização cósmica particulares a mente não precise ser limitada, ou melhor, que o ser que utiliza a mente como uma faculdade subordinada não seja incapaz de ver as coisas a partir de outros centros ou segundo outros pontos de vista — ou mesmo a partir do Centro real de tudo ou na vastidão de uma autodifusão universal —, se esse ser, no entanto, não fosse capaz de fixar-se normalmente em seu próprio ponto estável para certos propósitos da atividade divina, se houvesse apenas a autodifusão universal ou apenas centros infinitos sem uma determinação ou ação livremente limitadora para cada um, então não haveria cosmos, mas apenas um Ser voltado para si, em infinita ponderação, como um criador ou um poeta ponderam livremente, sem ainda modelar a forma, antes de prosseguir com o trabalho determinante de criação. Um tal estado deve existir em algum lugar na escala infinita da existência, mas isso não é o que entendemos por cosmos. Seja qual for a ordem que aí exista, deve ser um tipo de ordem sem fixidez nem obrigação, como a que a Supramente pôde elaborar antes de prosseguir com o trabalho de fixar o desenvolvimento, as medidas e a interação das relações. Para essa medida e interação, a Mente é necessária, embora lhe seja suficiente perceber-se como uma ação subordinada da Supramente e não tenha necessidade de desenvolver a interação das relações na base de um egoísmo prisioneiro de si, como aquele que vemos ativo na Natureza terrestre.

Uma vez que a Mente existe, a Vida e a Forma da substância, por sua vez, se manifestam, pois a vida é simplesmente a determinação de força e ação, de relação

---

4. *Turīyam svid*, "um Quarto", também chamado *turīyaṁ dhāma*, a quarta posição ou o quarto equilíbrio da existência.

e interação de energia a partir de centros de consciência múltiplos e fixos — fixos não necessariamente em lugar ou tempo, mas em uma coexistência persistente de seres ou de formas-de-alma do Eterno sustentando uma harmonia cósmica. Essa vida poderia ser muito diferente da vida como a conhecemos ou concebemos, mas em essência o princípio que está em ação seria o mesmo, aquele que vemos aqui representado como vitalidade — o princípio ao qual os pensadores da Índia antiga deram o nome de *Vayu* ou *Prana*, o material de vida, a vontade e a energia substanciais no cosmos, que elaboram uma forma e uma ação determinadas e uma *dynamis* consciente do ser. A substância também poderia ser muito diferente daquilo que nossa visão e sensação percebem de um corpo material: se a substância fosse mais sutil, se fosse ligada de modo muito menos rígido à sua lei de autodivisão e resistência mútua, o corpo, ou a forma, poderia ser um instrumento e não uma prisão; no entanto, para a interação cósmica, certa determinação de forma e de substância seria sempre necessária, ainda que fosse apenas um corpo mental ou algo ainda mais luminoso, sutil, poderoso e livremente receptivo do que o corpo mental, por mais livre que seja.

Por conseguinte, onde quer que haja um Cosmos, mesmo se no início um só princípio seja aparente e pareça ser o único princípio das coisas, e mesmo se tudo o mais que surgir em seguida no mundo pareça ser não mais que suas formas e resultados, e não em si mesmos indispensáveis para a existência cósmica, essa fachada apresentada pelo ser só pode ser uma máscara ou aparência ilusória de sua verdade real. Lá onde um princípio é manifestado no Cosmos, todos os outros devem estar não apenas presentes e passivamente latentes, mas secretamente em ação. Em um dado mundo, sua escala e sua harmonia de ser podem estar abertamente em posse de todos os sete princípios, em grau mais baixo ou mais alto de atividade; em outro mundo, eles podem estar todos involuídos em apenas um princípio, que se torna o princípio inicial ou fundamental da evolução naquele mundo, mas sempre deve haver evolução do que está involuído. A evolução do séptuplo poder de ser, a realização de seu séptuplo Nome, deve ser o destino de qualquer mundo que em aparência comece por uma involução de todos os poderes em um só.[5] Por isso, o universo material estava destinado, na natureza das coisas, a fazer evoluir de sua vida escondida uma vida aparente, de sua mente escondida uma mente aparente, e deve ser na mesma natureza das coisas que o universo fará evoluir de sua Supramente

---

5. Não é necessário que em um dado mundo haja involução; mas apenas a subordinação dos outros princípios a um só, ou sua inclusão em um; nesse caso, evolução não é uma necessidade desse tipo de mundo.

escondida a Supramente aparente, e do Espírito encoberto no seu interior, a glória tri-una de Satchidananda. A única pergunta é se a terra será o palco desse emergir ou se a criação humana, nesse, ou em qualquer outro palco material, e nesse, ou em qualquer outro ciclo dos vastos volteios do Tempo, será seu instrumento e seu veículo. Os videntes antigos acreditavam nessa possibilidade para o ser humano, e a tinham como seu destino divino; o pensador moderno nem mesmo a concebe ou, se concebesse, seria para negá-la ou pô-la em dúvida. Se ele tem uma visão do supra-homem, é sob a imagem de graus aumentados de mentalidade ou de vitalidade; ele não admite outro emergir, não vê nada além desses princípios, pois estes traçaram para nós, até agora, nosso limite e nosso círculo. Neste mundo progressivo, com esta criatura humana em que a centelha divina foi acesa, é provável que a verdadeira sabedoria coabite com a aspiração superior mais do que com a negação da aspiração ou com a esperança que se limita e restringe dentro dessas paredes estreitas da possibilidade aparente, que são apenas nosso espaço intermediário de treinamento. Na ordem espiritual das coisas, quanto mais alto projetarmos nossa visão e aspiração, tanto maior será a Verdade que busca descer em nós, porque já está dentro de nós e pede para ser liberada do revestimento que a dissimula na Natureza manifestada.

CAPÍTULO XXVIII

# SUPRAMENTE, MENTE E A MAYA DA SOBREMENTE

*Existe um Permanente, uma Verdade escondida por uma Verdade, lá onde o Sol desatrela seus cavalos. As dez centenas (de seus raios) juntaram-se — Este é o Um. Eu vi a mais gloriosa das Formas dos deuses.*

*Rig Veda*, V. 62. 1.

*A face da Verdade está escondida por um tampo dourado; remove-o, ó Sol Alimentador, para a Lei da Verdade, para a visão. Ó Sol, ó único Vidente, dispõe em ordem os teus raios, ponha-os juntos — deixa-me ver, entre todas, a tua forma mais feliz; este Ser Consciente e onipresente, eu sou Ele.*

*Isha Upanishad*, versos 15, 16.

*O Verdadeiro, o Justo, o Vasto.*

*Atharva Veda*, XII. 1. 1.

*Ele tornou-se tanto a verdade como a falsidade. Ele tornou-se a Verdade, e mesmo tudo o que é.*

*Taittiriya Upanishad*, II. 6.

Um ponto resta ainda a ser esclarecido, o qual deixamos na obscuridade até agora: o processo da queda na Ignorância; vimos que nada na natureza original da Mente, Vida ou Matéria necessita uma queda que as faça sair do Conhecimento. Com efeito, foi mostrado que a divisão da consciência é a base da Ignorância; a consciência individual separa-se da consciência cósmica e transcendente, da qual, mesmo assim, é uma parte íntima, inseparável em essência; a Mente separa-se da Verdade supramental, da qual deveria ser uma ação subordinada; a Vida separa-se da Força original, da qual é uma forma de energia; a Matéria separa-se da Existência original, da qual é uma forma de substância. Mas deve ainda ser esclarecido como essa divisão se produziu no Indivisível, por qual ação peculiar de autodiminuição ou de autoextinção da Consciência-Força no Ser essa divisão aconteceu; visto que tudo é um movimento dessa Força, só uma ação desse tipo, obscurecendo sua luz e seu poder plenos, pode ter dado origem ao fenômeno dinâmico e efetivo da Ignorância. Mas esse problema pode ser deixado à parte, para ser tratado mais a fundo quando examinarmos o fenômeno dual do Conhecimento-Ignorância, que faz de nossa consciência uma mistura de luz e obscuridade, uma meia-luz entre o pleno dia da Verdade Supramental e a noite da Inconsciência material. Por ora, tudo que é necessário notar é que em seu caráter essencial esse fenômeno deve ser uma concentração exclusiva em um só movimento e um só estado de Ser Consciente; essa concentração põe todo o resto da consciência e do ser no segundo plano, velando-o ao conhecimento, agora parcial, desse movimento único.

Todavia, há um aspecto desse problema que deve ser considerado de imediato: o abismo criado entre a Mente tal como a concebemos e a Consciência-Verdade supramental de que a Mente, em sua origem, é um processo subordinado, como vimos antes. Pois esse abismo é considerável, e se não há gradações entre os dois níveis de consciência — seja na involução descendente do Espírito na Matéria, seja na evolução correspondente, na Matéria, dos graus escondidos que conduzem de volta ao Espírito —, uma transição de um para o outro parece ser, no mais alto grau, improvável, se não impossível. A Mente, assim como a conhecemos, é um poder da Ignorância em busca da Verdade; ela tateia com dificuldade para encontrá-la e chega apenas a construções e representações mentais da Verdade — em palavras e ideias, formações mentais e formações sensoriais —, como se tudo o que pudesse realizar fosse fotografias ou filmes, claros ou indistintos, de uma Realidade distante. A Supramente, ao contrário, possui a Verdade de modo real e natural e suas formações são formas da Realidade, não construções, representações ou imagens indicativas. Sem dúvida, a Mente evolutiva em nós está entravada, encerrada na obscuridade desta vida e deste corpo, e o princípio original da Mente na descida involutiva é de um poder superior que ainda não alcançamos de modo pleno, capaz de agir com liberdade em sua própria esfera ou província, construir estruturas mais reveladoras, formações mais minuciosamente inspiradas e encarnações mais sutis e significativas, nas quais a luz da Verdade esteja presente e palpável. Mesmo assim é pouco provável que esse poder, em essência, seja diferente da Mente em sua ação característica, porque ele também é um movimento no interior da Ignorância e não uma porção ainda não separada da Consciência-Verdade. Deve haver em algum ponto, na escala descendente e ascendente do Ser, um poder e um plano intermediários de consciência, talvez algo mais do que isso, algo com uma força criativa original mediante a qual a transição involutiva da Mente no Conhecimento para a Mente na Ignorância tenha sido efetuada, e mediante a qual a transição evolutiva inversa torna-se por sua vez inteligível e possível. Para a transição involutiva, essa intervenção é um imperativo lógico, para a transição evolutiva é uma necessidade prática, pois na evolução há de fato transições radicais: da Energia indeterminada à Matéria organizada, da Matéria inanimada à Vida, de uma Vida subconsciente ou submental a uma Vida perceptiva, sensível e atuante, da mentalidade animal primitiva a uma Mente conceptiva e racional que observa e governa a vida e também se observa, capaz de agir como uma entidade independente e até mesmo de buscar conscientemente a autotranscendência; mas tais saltos, mesmo quando são consideráveis, em certa medida são preparados por gradações lentas que os tornam concebíveis e factíveis. Não pode haver aí um hiato tão imenso como o que parece existir entre a Consciência-Verdade supramental e a Mente na Ignorância.

Mas se tais gradações intermediárias existem, é claro que devem ser supraconscientes para a mente humana, que em seu estado normal não parece ter qualquer acesso a esses graus superiores de ser. O homem, em sua consciência, é limitado pela mente, e mesmo por certo campo, por certa escala, da mente: o que está abaixo de sua mente, submental ou mental, mas inferior à sua escala, facilmente lhe parece subconsciente ou indistinguível da completa inconsciência; o que está acima é para ele supraconsciente, e ele tende quase a considerá-lo como um vazio de consciência, uma espécie de Inconsciência luminosa. Exatamente como o ser humano está limitado a certa gama de sons ou de cores, e aquilo que está acima ou abaixo dessa gama é para ele inaudível e invisível, ou pelo menos indiscernível, o mesmo acontece com sua escala de consciência mental, demarcada em cada extremidade por uma incapacidade que assinala seu limite superior e seu limite inferior. Ele não tem meios suficientes de comunicação nem mesmo com o animal, seu congênere mental, embora não seu igual, e é mesmo capaz de negar a este uma mente ou uma consciência real, porque os modos do animal são outros e mais reduzidos do que aqueles aos quais o homem está acostumado a perceber, em si e em seus semelhantes; ele pode observar um ser submental a partir do exterior, mas não pode de modo algum comunicar-se com ele ou entrar intimamente em sua natureza. Do mesmo modo, a supraconsciência é para ele um livro fechado que pode muito bem conter apenas páginas em branco. À primeira vista, então, poderia parecer que o ser humano não tem meios de contato com as gradações superiores de consciência: se for assim, estas não podem atuar como vínculos ou pontes e sua evolução deve parar no domínio mental que ele alcançou e não pode excedê-lo; a Natureza, ao traçar esses limites, escreveu a palavra "fim" para seu esforço ascendente.

Porém, quando olhamos com mais atenção, percebemos que essa normalidade é enganadora e que, de fato, há diversas direções pelas quais a mente humana consegue ir além de si mesma e tende a ultrapassar-se; são essas, precisamente, as linhas necessárias de contato, as passagens veladas ou semiveladas que conectam a mente aos graus superiores de consciência do Espírito que se manifesta. Primeiro, notamos o lugar que a Intuição ocupa nos meios humanos de conhecimento. Em sua própria natureza, a Intuição é uma projeção da ação característica desses graus superiores na mente de Ignorância. É verdade que na mente humana sua ação é, em grande parte, escondida pelas intervenções de nossa inteligência normal; uma intuição pura é uma ocorrência rara em nossa atividade mental, pois o que chamamos por esse nome é em geral um ponto de conhecimento direto, captado de imediato e revestido de substância mental, de modo que ela serve apenas como núcleo invisível ou bem pequeno de uma cristalização que é intelectual em sua massa ou, de algum modo, mental em seu caráter; ou então, antes de ter uma possibilidade de manifestar-se, a centelha da intuição é logo substituída ou interceptada por um rápido movimento mental imitador, um vislumbre, ou uma percepção veloz, ou algum salto imediato do pensamento, que aparece devido ao estímulo da intuição que se aproxima, mas lhe obstrui a entrada ou a recobre com uma sugestão mental, verdadeira ou errônea, que a substitui e não é, em todo caso, o movimento intuitivo autêntico. No entanto, o fato dessa intervenção do alto, o fato de que por trás de todo nosso pensamento original ou nossa percepção autêntica das coisas há um elemento intuitivo velado, semivelado ou um elemento intuitivo rápido, desvelado, é suficiente para estabelecer uma conexão entre a mente e o que está acima dela; isso abre uma passagem para a comunicação e entrada nos domínios superiores do Espírito. Há também o movimento da mente para exceder a limitação do ego pessoal, para ver as coisas com certa impessoalidade e universalidade. Impessoalidade é o caráter primeiro do self cósmico; universalidade — a ausência da limitação imposta por um ponto de vista único e limitador — é o caráter da percepção e do conhecimento cósmicos: essa tendência é portanto uma ampliação, por mais rudimentar que seja, dessas áreas mentais restritas em direção a um nível cósmico, a uma qualidade que é o próprio caráter dos planos mentais superiores — em direção àquela Mente cósmica supraconsciente que, havíamos sugerido, deve ser, na natureza das coisas, a ação mental original de que a nossa é só um derivativo e um processo inferior. Por outro lado, mesmo em nossos limites mentais não há uma completa ausência de penetração do alto. Os fenômenos de genialidade são, em realidade, o resultado de uma penetração desse tipo — velada, sem dúvida, porque em geral a luz da consciência superior age dentro de limites estreitos, em um campo particular, sem nenhuma organização distinta e regulada de suas energias características, muitas vezes, de fato, de maneira muito intermitente e esporádica, exercendo uma governança supranormal ou anormal irresponsável; além do mais, ao entrar na mente, ela se submete e se adapta à substância da mente, de modo que é apenas uma *dynamis* modificada e diminuída que chega até nós, e não a luminosidade original, completa e divina, do que poderia ser denominado a consciência sobremental[1] além de nós. Mesmo assim, os fenômenos da inspiração, visão reveladora ou percepção intuitiva e discernimento intuitivo ultrapassam nossa ação mental normal menos iluminada ou menos poderosa; esses fenômenos existem, e sua origem é inconfundível. Finalmente, há o campo vasto e múltiplo da experiência mística e espiritual, e aqui as portas já estão amplamente abertas para a possibilidade de expandir nossa consciência além de seus limites atuais — a menos que, por um obscurantismo que recusa investigações ou por um apego aos limites de nossa normalidade mental, fechemos aquelas portas e voltemos as costas para as vastas perspectivas que se abrem diante de nós. Mas em nossa presente investigação não podemos nos permitir negligenciar as possibilidades que esses domínios do esforço humano tornam próximas de nós, nem o aumento do conhecimento de nós mesmos e da Realidade velada que eles oferecem à mente humana, nem a luz maior que lhes outorga o direito de agir sobre nós e é o poder inato de sua existência.

Há dois movimentos sucessivos de consciência, difíceis, mas inteiramente dentro de nossa capacidade e, graças a eles, podemos ter acesso às gradações superiores de nossa existência consciente. Primeiro, há um movimento para dentro, pelo qual, em vez de viver em nossa mente de superfície, rompemos o muro entre nosso self externo e nosso self ainda subliminar; isso pode ser o resultado de um esforço e uma disciplina graduais ou de uma transição impetuosa, às vezes uma potente ruptura involuntária — essa última não oferece segurança alguma à mente humana limitada, habituada a só viver com segurança dentro de seus limites normais —, mas nos dois modos, com ou sem segurança, a coisa pode ser feita. O que descobrimos no

---

1. "*Overhead consciousness*" no original. Aqui traduzido como "consciência sobremental", para distinguir de "*overmind*", traduzido como "sobremente". (N. T.)

interior dessa parte secreta de nós mesmos é um ser interno, uma alma, uma mente interior, uma vida interior, uma entidade físico-sutil que é muito mais vasta em suas potencialidades, mais plástica, mais poderosa, mais capaz de um conhecimento e um dinamismo multíplices do que nossa mente, vida ou corpo de superfície; esse ser interno é capaz, sobretudo, de uma comunicação direta com as forças, movimentos, objetos universais do cosmos, de senti-los e abrir-se a eles, exercer uma ação direta sobre eles e mesmo ampliar-se além dos limites da mente pessoal, da vida pessoal e do corpo, de modo a sentir-se cada vez mais como um ser universal, não mais limitado pelos muros atuais de nossa existência mental, vital e física demasiado estreita. Essa ampliação pode estender-se até nos permitir a entrada completa na consciência da Mente cósmica, a união com a Vida universal, mesmo com a Matéria universal. Isso, contudo, é ainda uma identificação com uma verdade cósmica diminuída ou com a Ignorância cósmica.

Porém, uma vez realizada essa entrada no ser interior, constatamos que o Self interno é capaz de abrir-se e elevar-se para alcançar coisas que estão além de nosso nível mental atual; essa é a segunda possibilidade espiritual em nós. O primeiro resultado, e o mais comum, é a descoberta de um vasto Self estático e silencioso que sentimos ser nossa existência real ou básica, o fundamento de tudo o mais que somos. Nesse ponto pode haver até mesmo uma extinção — um Nirvana —, tanto de nosso ser ativo quanto do sentido de nosso self, em uma Realidade indefinível e inexprimível. Mas podemos também perceber que esse self não só é nosso próprio ser espiritual, mas é também o verdadeiro self de todos os outros; ele se apresenta então como a verdade subjacente à existência cósmica. É possível permanecer em um Nirvana de toda individualidade, parar em uma realização estática ou, vendo o movimento cósmico como um jogo superficial ou uma ilusão imposta ao Self silencioso, passar a algum estado supremo, imóvel e imutável, além do universo. Mas uma outra linha menos negativa de experiência supranormal nos é também oferecida; pois aí se produz uma vasta descida dinâmica de luz, conhecimento, poder, beatitude ou outras energias supranormais em nosso self de silêncio, e podemos também nos elevar às regiões superiores nas quais o Espírito, em seu estado de imobilidade, é o fundamento daquelas energias superiores e luminosas. Em ambos os casos é evidente que nos elevamos além da mente de Ignorância para um estado espiritual; mas no movimento dinâmico a ação maior resultante da Consciência-Força pode apresentar-se apenas como uma pura *dynamis* espiritual sem outra determinação em seu caráter, ou revelar um domínio espiritual da mente onde esta não é mais ignorante da Realidade — não ainda um nível supramental, mas um derivado da Consciência-Verdade supramental que possui ainda alguma luz desse conhecimento.

É nessa última alternativa que encontramos o segredo que buscamos, os meios da transição, o passo necessário em direção à transformação supramental; pois percebemos uma ascensão gradual, uma comunicação com uma luz e um poder do alto cada vez mais profundos e imensos, uma escala de intensidades que pode ser vista como os vários degraus na ascensão da Mente, ou na descida na Mente a partir d'Aquilo que está além dela. Percebemos uma chuva maciça, como um mar de conhecimento espontâneo que assume a natureza do Pensamento, mas tem um caráter diferente do processo de pensamento a que estamos acostumados; pois aqui não há nada de busca, nenhum traço de construção mental, nenhuma especulação laboriosa ou descoberta difícil; esse é um conhecimento automático e espontâneo, proveniente de uma Mente superior que parece estar em posse da Verdade e não em busca de realidades escondidas ou retidas. Observa-se que esse Pensamento é muito mais capaz do que a mente de incluir em uma única visão imediata uma massa de conhecimento; tem um caráter cósmico e não a marca de um pensamento individual. Para além desse Pensamento-Verdade, podemos distinguir uma iluminação maior, impregnada de um poder, uma intensidade e uma força propulsora aumentados, uma luminosidade cuja natureza é a da Visão-Verdade, da qual a formulação do pensamento é uma atividade menor e dependente. Se aceitarmos a imagem vedântica do Sol da Verdade — imagem que nessa experiência se torna uma realidade —, poderemos comparar a ação da Mente Superior a uma luz solar calma e constante, e a energia da Mente Iluminada que está além a um espesso jorro de relâmpagos de uma substância solar flamejante. Mais além podemos entrar em contato com um poder ainda maior da Força-Verdade, com uma visão-Verdade, pensamento-Verdade, percepção-Verdade, sentimento-Verdade, ação-Verdade mais íntimos e exatos a que podemos dar o nome de Intuição — em um sentido especial —, pois embora tenhamos aplicado esse termo, por falta de um melhor, a todo modo direto e supraintelectual de conhecimento, o que de fato conhecemos como intuição é apenas um movimento especial do conhecimento autoexistente. Esse novo domínio é a origem da intuição; ele confere às nossas intuições algo de seu caráter distinto e é bem claramente um intermediário de uma Luz-Verdade superior, com que nossa mente não pode comunicar-se diretamente. Na origem dessa Intuição descobrimos uma Mente cósmica supraconsciente em contato direto com a Consciência-Verdade supramental, uma intensidade original determinante de todos os movimentos abaixo dela e de todas as energias mentais — não a Mente como a conhecemos, mas uma Sobremente que encobre, como com grandes asas de alguma Sobrealma criadora, todo esse hemisfério inferior do Conhecimento-Ignorância e o conecta a essa Consciência-Verdade superior, ao mesmo tempo que vela ao nosso olhar, com seu brilhante Tampo de ouro, a face da Verdade maior, fazendo de suas torrentes de infinitas possibilidades, simultaneamente, um obstáculo e uma passagem em nossa busca da lei espiritual de nossa existência, de seu objetivo mais alto, de sua Realidade secreta. Esta, então, é a ligação oculta que procurávamos; este é o Poder que, ao mesmo tempo, conecta e separa o Conhecimento supremo e a Ignorância cósmica.

Em sua natureza e lei, a Sobremente é uma delegada da Consciência Supramental, sua delegada para a Ignorância. Ou poderíamos falar dela como um protetor duplo, uma tela de similaridade dessemelhante mediante a qual a Supramente pode agir de modo indireto sobre uma Ignorância cuja escuridão não poderia suportar nem receber o impacto direto de uma Luz suprema, e é mesmo pela projeção dessa coroa luminosa da Sobremente que ao menos se tornou possível a difusão de uma luz atenuada na Ignorância, bem como a projeção da sombra contrária, a Inconsciência, que absorve em si toda luz. A Supramente transmite à Sobremente todas as suas realidades, mas a deixa livre para formulá-las em um movimento e segundo uma consciência das coisas que ainda é uma visão da Verdade e, no entanto, também é uma primeira causa da Ignorância. Uma linha separa a Supramente da Sobremente, que permite uma transmissão livre, deixa o Poder inferior tirar do Poder superior tudo o que este contém ou vê, mas impõe automaticamente uma mudança transicional na passagem. A integralidade da Supramente conserva sempre a verdade essencial das coisas, a verdade total e a verdade de suas autodeterminações individuais claramente interligadas; nestas, ela mantém uma unidade inseparável e entre elas uma estreita interpenetração em que cada uma tem, de modo livre e pleno, consciência da outra; mas na Sobremente essa integração está ausente. Mesmo assim, a Sobremente é inteiramente consciente da Verdade essencial das coisas; ela abarca a totalidade; usa as autodeterminações individuais sem ser limitada por elas: mas embora conheça a unidade dessas autodeterminações, embora possa realizar essa unidade em uma cognição espiritual, seu movimento dinâmico não é determinado de maneira direta por essa unidade, ainda que sua segurança dependa dela. A Energia da Sobremente continua sua ação mediante uma capacidade ilimitável de separar e combinar os poderes e aspectos da Unidade integral e indivisível que abrange tudo. Ela toma cada Aspecto ou cada Poder e lhe dá uma ação separada e independente, na qual cada um deles adquire sua plena importância e é capaz de elaborar, poderíamos dizer, seu próprio mundo de criação. Purusha e Prakriti, Alma Consciente e Força executiva da Natureza, são, na harmonia supramental, uma verdade única com dois aspectos, o ser e a *dynamis* da Realidade; não pode haver aí desequilíbrio entre eles, nem predominância. Na Sobremente temos a origem da clivagem, a distinção incisiva feita pela filosofia dos sankyas na qual aparecem como duas entidades independentes: a

Prakriti, que pode dominar o Purusha e encobrir sua liberdade e poder reduzindo-o ao papel de testemunha e recipiente das formas e ações dela, e o Purusha, que pode retornar à sua existência separada e permanecer em uma livre soberania de seu ser pela rejeição do princípio original de obscurecimento material da Prakriti. O mesmo ocorre com os outros aspectos ou poderes da Realidade Divina, o Um e o Múltiplo, a Personalidade Divina e a Impersonalidade Divina, e tudo o mais; cada um é ainda um aspecto e poder da Realidade única, mas é autorizado a agir como uma entidade independente no todo, a atingir a plenitude das possibilidades de sua expressão distinta e a desenvolver as consequências dinâmicas dessa separação. Ao mesmo tempo, na Sobremente essa separação ainda está fundamentada em uma base de unidade subjacente implícita; todas as possibilidades de combinação e relação entre os Poderes e Aspectos separados, todos os intercâmbios e mutualidades de suas energias são organizados livremente e sua realidade é sempre possível.

Se considerarmos os Poderes da Realidade como outras tantas divindades, poderemos dizer que a Sobremente libera um milhão de divindades na ação, cada uma autorizada a criar seu próprio mundo, cada mundo capaz de relação, comunicação e interação com os outros. Há nos *Vedas* diferentes formulações da natureza dos deuses; é dito que todos eles são uma Existência única à qual os sábios dão nomes diferentes; contudo, cada deus é venerado como se fosse por si mesmo essa Existência, como se fosse o um que é todos os outros deuses juntos ou os contém em seu ser; contudo, como dissemos, cada um é uma deidade separada que age algumas vezes em uníssono com as outras deidades parceiras, algumas vezes em separado, e às vezes mesmo em aparente oposição às outras divindades da mesma Existência. Na Supramente, tudo isso seria mantido junto, como um jogo harmonioso da Existência única; na Sobremente, cada uma dessas três condições poderia ser uma ação separada ou uma base distinta para a ação, e ter seu próprio princípio de desenvolvimento e consequências, e ainda assim cada uma manteria o poder de combinar-se com as outras, em uma harmonia mais heterogênea. Assim como é com a Existência Única, assim também é com sua Consciência e Força. A Consciência Única é separada em muitas formas de consciência e conhecimento independentes; cada uma segue sua própria linha da verdade que deve realizar. A Ideia-Real única, total e multifacetada distribui-se em seus múltiplos aspectos; cada aspecto se torna uma Ideia-Força independente com o poder de realizar-se. A Consciência-Força única libera-se em seus milhões de forças e cada uma dessas forças tem o direito de efetuar-se ou assumir, se necessário, uma hegemonia e utilizar as outras forças para seus próprios fins. Do mesmo modo, o Deleite de Ser solta-se livremente em inumeráveis modos de deleite e cada um pode levar consigo sua plenitude independente ou soberania extrema. Assim, a Sobremente dá à Existência-Consciência-Beatitude única o caráter de uma proliferação de possibilidades infinitas, que podem ser desenvolvidas em uma multitude de mundos ou lançadas juntas em um mundo em que o resultado infinitamente variado do jogo delas é o determinante da criação, de seu processo, seu curso e sua consequência.

Visto que a Consciência-Força da Existência eterna é a criadora universal, a natureza de um dado mundo irá depender da formulação, seja qual for, que essa Consciência escolhe para revelar-se naquele mundo. Do mesmo modo, para cada ser individual, a visão ou representação que ele faz do mundo onde vive irá depender do equilíbrio e constituição que essa Consciência assumiu no indivíduo. Nossa consciência mental humana vê o mundo em segmentos talhados pela razão e pelos sentidos e colocados juntos em uma formação que também é segmentada; a casa que essa consciência constrói é planejada para acomodar uma ou outra formulação generalizada da Verdade, mas exclui as demais, ou admite algumas apenas como hóspedes ou dependentes. A Consciência Sobremental é global em sua cognição e pode manter juntas, em uma visão reconciliadora, qualquer quantidade de diferenças, em aparência fundamentais. Assim, a razão mental vê a Pessoa e o Impessoal como opostos: ela concebe uma Existência impessoal em que a pessoa e a personalidade são ficções da Ignorância ou construções temporárias; ou, ao contrário, ela pode ver a Pessoa como a realidade primeira e o impessoal como uma abstração mental ou só como material ou um meio de manifestação. Para a inteligência Sobremental, esses são Poderes separáveis da Existência única, que podem sempre afirmar-se de maneira independente e também unir seus diversos modos de ação, e criar, tanto em sua independência quanto em sua união, diferentes estados de consciência e de ser, todos válidos e capazes de coexistir. Uma existência-consciência puramente impessoal é real e possível, mas uma consciência-existência inteiramente pessoal também o é; o Divino Impessoal, Nirguna Brahman, e o Divino Pessoal, Saguna Brahman, são aqui aspectos iguais e coexistentes do Eterno. A impessoalidade pode manifestar-se, e a pessoa lhe é subordinada como modo de expressão; mas, do mesmo modo, a Pessoa pode ser a realidade, com a impessoalidade como um modo de sua natureza: ambos aspectos da manifestação voltam-se um para o outro na variedade infinita da Existência consciente. Aquilo que para a razão mental são diferenças irreconciliáveis apresenta-se à inteligência da Sobremente como coexistentes correlativos; aquilo que para a razão mental são contrários, para a inteligência da Sobremente são complementares. Nossa mente vê que todas as coisas nascem da Matéria ou da Energia material, existem por ela e a ela retornam; disso ela conclui que Matéria é o fator eterno, a realidade primária e última — Brahman. Ou então vê que tudo nasce da

Força de Vida ou da Mente, existe pela Vida ou pela Mente e retorna à Vida ou à Mente universais, e conclui que este mundo é uma criação da Força de Vida cósmica ou de uma Mente cósmica ou *Logos*. Ou ainda, ela vê que o mundo e todas as coisas surgiram da Ideia-Real ou da Consciência-Vontade do Espírito ou do próprio Espírito, que existem por eles e a eles retornam, e disso ela chega a uma visão idealista ou espiritual do universo. Nossa mente pode escolher qualquer um desses modos de ver as coisas, mas para sua visão normal separadora, cada um deles exclui o outro. A consciência Sobremental percebe que cada modo de ver as coisas é verdadeiro, conforme a ação do princípio que erige; ela pode ver que há uma fórmula material, uma fórmula vital, uma fórmula mental, uma fórmula espiritual do mundo, e cada uma delas pode predominar no mundo que lhe é próprio, e pode ver, ao mesmo tempo, que todas essas fórmulas podem combinar-se em um só mundo como o poder constituinte desse mundo. A autoformulação da Força Consciente em que se baseia nosso mundo, como uma Inconsciência aparente que esconde em si uma Existência-Consciente suprema e contém todos os poderes do Ser, juntos no seu segredo inconsciente — mundo de Matéria universal que realiza em si Vida, Mente, Sobremente, Supramente, Espírito, cada um por sua vez integrando os outros como meios de sua própria expressão, a Matéria revelando à visão espiritual que ela mesma sempre foi uma manifestação do Espírito — é, para a visão Sobremental, uma criação normal e facilmente realizável. Por seu poder originador e seguindo o processo de sua *dynamis* executora, a Sobremente organiza múltiplas potencialidades da Existência; cada uma afirma sua realidade separada, mas todas são capazes de ligar-se umas às outras de maneiras muito diferentes e, no entanto, simultâneas: um artesão mágico, com o poder de tecer a urdidura e a trama multicolorida da manifestação de uma única entidade em um universo complexo.

Nesse desenvolvimento simultâneo de Poderes múltiplos ou Potenciais independentes ou combinados não há — ou ainda não há — caos, conflito, queda que os ponha fora da Verdade ou do Conhecimento. A Sobremente é uma criadora de verdades, não de ilusões ou falsidades: o que se elabora em toda demonstração de energia ou todo movimento sobremental é a verdade do Aspecto, Poder, Ideia, Força, Deleite liberados em uma ação independente, a verdade das consequências de sua realidade nessa independência. Não há exclusivismo afirmando que uma seria a única verdade do ser e as outras seriam verdades inferiores: cada deus conhece todos os deuses e o lugar deles na existência; cada Ideia admite todas as outras ideias e seu direito de existir; cada Força concede um lugar a todas as outras forças, à sua verdade e às suas consequências; jamais o deleite de uma existência separada e realizada, ou de uma experiência separada, nega ou condena o deleite de outra existência ou de outra experiência. A Sobremente é um princípio da Verdade cósmica, e uma universalidade vasta e infinita é seu próprio espírito; sua energia é um dinamismo total, bem como um princípio de dinamismos separados: ela é uma espécie de Supramente inferior — embora se ocupe sobretudo não de absolutos, mas do que pode ser chamado potenciais dinâmicos ou verdades pragmáticas da Realidade; se ela se ocupa de absolutos, é principalmente pelo poder deles de gerar valores pragmáticos ou criativos, embora, também, sua compreensão das coisas seja mais global que integral, visto que sua totalidade é construída por conjuntos globais ou constituída de realidades independentes separadas que se unem ou coalescem; e embora a unidade essencial seja abarcada por ela e sentida como a base das coisas e aquilo que permeia sua manifestação, a unidade não é mais, como na Supramente, o segredo íntimo e sempre presente das coisas, o continente predominante, a construtora constante e manifesta do todo harmonioso da atividade e natureza das coisas.

Se quiséssemos entender a diferença entre essa Consciência Sobremental global e nossa consciência mental separadora, sintética só de modo imperfeito, poderíamos formar uma ideia aproximada ao comparar a visão estritamente mental das atividades em nosso universo material com aquilo que seria uma visão sobremental. Para a Sobremente, por exemplo, todas as religiões seriam verdadeiras enquanto desenvolvimentos da religião única e eterna; todas as filosofias seriam válidas, cada uma em seu campo, como uma exposição de sua própria visão do universo, a partir de seu próprio ângulo; todas as teorias políticas e sua prática seriam a elaboração legítima de uma Ideia-Força, com direito à aplicação e ao desenvolvimento prático no jogo das energias da Natureza. Em nossa consciência separativa, visitada de modo imperfeito por lampejos de integralidade e universalidade, essas coisas existem como opostos; cada uma pretende ser a verdade e imputa às demais o erro e a falsidade, cada uma se sente impelida a refutar ou a destruir as outras a fim de ser, ela só, a Verdade viva: no melhor dos casos, cada uma se considera superior e admite as outras apenas como expressões inferiores da verdade. Uma Inteligência sobremental recusar-se-ia a alimentar por um só instante esse conceito ou essa tendência ao exclusivismo; deixaria todas viverem enquanto necessárias ao todo ou colocaria cada uma em seu lugar no todo, ou designaria a cada uma o campo de sua realização ou de seu esforço. Isso ocorre desse modo porque em nós a consciência desceu completamente e entrou nas divisões da Ignorância; a Verdade não é mais nem um Infinito nem um todo cósmico com muitas formulações possíveis, mas uma afirmação rígida que considera falsas quaisquer outras afirmações por serem diferentes e estarem entrincheiradas em outros limites. De fato, nossa consciência mental, em sua cognição, pode aproximar-se de modo considerável de uma abrangência e uma universalidade totais, mas organizar isso na ação e na vida parece estar além de seu poder. A Mente evolutiva, manifestada em indivíduos ou em coletividades, projeta uma multiplicidade de pontos de vista divergentes, linhas divergentes de ação, e os deixa elaborar-se lado a lado, ou em colisão, ou em certa mistura; ela pode fazer harmonias seletivas, mas não pode chegar ao controle harmonioso de uma totalidade verdadeira. A Mente Cósmica, como todas as totalidades, deve ter uma tal harmonia mesmo aqui na Ignorância evolutiva, ainda que seja apenas um arranjo de acordos e discordâncias; nela há também um dinamismo de unidade subjacente: mas se carrega a totalidade dessas coisas em suas profundezas, talvez em um substrato supramental-sobremental, ela não a comunica à Mente individual na evolução, nem a traz, ou não a trouxe ainda, das profundezas para a superfície. Um mundo Sobremental seria um mundo de harmonia; o mundo da Ignorância onde vivemos é um mundo de desarmonia e luta.

E, contudo, podemos reconhecer de imediato na Sobremente a Maya cósmica original; não a Maya da Ignorância, mas uma Maya do Conhecimento, embora ela seja um Poder que tornou a Ignorância possível e mesmo inevitável. Se cada princípio deixado livre na ação deve seguir sua linha independente e cumprir todas as suas consequências, o princípio de separação também deve poder seguir seu curso completo e chegar à sua consequência absoluta; essa é a descida inevitável, *facilis descensus*, que a Consciência segue, uma vez que admite o princípio separativo, até penetrar, pelo obscurecimento de uma fragmentação infinitesimal, *tucchyena*,[2] na Inconsciência material — o Oceano Inconsciente do *Rig Veda*; e se disso nasce o Um por sua própria grandeza, no início está ainda escondido por uma existência e uma consciência separativas e fragmentárias que nos são próprias e nas quais temos que juntar as peças para chegar a um todo. Esse emergir lento e difícil dá uma aparência de verdade ao *dictum* de Heráclito, de que a Guerra é o pai de todas as coisas, pois cada ideia, cada força, cada consciência separada, cada ser vivo, pela própria necessidade de sua ignorância, entra em colisão com outros e tenta viver, crescer e efetuar-se por uma autoafirmação independente e não pela harmonia com o resto da existência. Contudo, há sempre a Unidade subjacente que nos compele a lutar, lentamente, por alguma forma de harmonia, de interdependência, de concordância das discórdias e pela realização de uma unidade difícil. Mas é só pela evolução em nós dos poderes escondidos, supraconscientes, da Verdade cósmica, e a evolução da Realidade em que eles são um, que a harmonia e a unidade pelas quais nos esforçamos poderão ser realizadas dinamicamente na própria fibra de nosso ser e em

---
2. *Rig Veda*, X. 129. 3.

toda sua autoexpressão, e não simplesmente em tentativas imperfeitas, construções incompletas, aproximações sempre mutáveis. Os domínios mais elevados da Mente espiritual devem abrir nosso ser e consciência, e também aquilo que está além da Mente espiritual deve manifestar-se em nós, se tivermos que realizar a possibilidade divina de nosso nascimento na existência cósmica.

A Sobremente, em sua descida, alcança uma linha que separa a Verdade cósmica da Ignorância cósmica; essa é a linha em que se torna possível, para a Consciência-Força — ao enfatizar a separação de cada movimento independente criado pela Sobremente e esconder ou obscurecer sua unidade —, distanciar a Mente, por uma concentração exclusiva, de sua fonte sobremental. Já ocorreu uma separação similar da Sobremente de sua fonte supramental, mas com uma transparência no véu que permite uma transmissão consciente e mantém certo parentesco luminoso; mas aqui o véu é opaco e a transmissão dos desígnios da Sobremente para a Mente é oculta e obscura. A Mente separada age como se fosse um princípio independente, e cada ser mental, cada ideia, poder, força mental de base afirma de modo similar seu self separado; se eles se comunicam, se combinam, ou entram em contato uns com os outros não é com a completa universalidade do movimento da Sobremente, em uma base de unidade subjacente, mas como unidades independentes que se juntam para formar um todo construído e separado. É por meio desse movimento que passamos da Verdade cósmica à Ignorância cósmica. Nesse nível, a Mente cósmica, sem dúvida, contém em si sua própria unidade, mas não percebe sua própria fonte e fundamento no Espírito, ou pode apenas conter em si essa unidade pela inteligência, não por uma experiência durável; ela age em si mesma como se fosse por direito próprio, e elabora o material que recebe sem comunicação direta com a fonte de onde o recebe. Suas unidades também agem na ignorância umas das outras e do todo cósmico, exceto pelo conhecimento que podem obter pelo contato e a comunicação; o sentido básico de identidade, o alcance e a compreensão mútuos que resultariam disso não estão mais presentes. Todas as ações dessa Energia da Mente se efetuam em uma base oposta, a da Ignorância e suas divisões, e embora tais ações sejam os resultados de certo conhecimento consciente, é um conhecimento parcial, não um autoconhecimento verdadeiro e integral, nem um conhecimento do mundo verdadeiro e integral. Esse caráter persiste na Vida e na Matéria sutil, e reaparece no universo material grosseiro que emerge da queda final na Inconsciência.

Contudo, assim como em nossa Mente interior ou subliminar, nessa Mente também permanece ainda um poder mais vasto de comunicação e mutualidade, uma ação da mentalidade e dos sentidos mais livre do que aquela que a mente humana possui, e a Ignorância não é completa; uma harmonia consciente e uma organização interdependente de relações justas tornam-se mais prováveis: a mente não é ainda perturbada pelas forças cegas da Vida nem é obscurecida pela Matéria insensível. Esse é um plano da Ignorância, mas não ainda da falsidade ou do erro, ou, ao menos, a queda na falsidade e no erro não é ainda inevitável; essa Ignorância é limitativa, mas não necessariamente falsificadora. Há uma limitação do conhecimento, uma organização de verdades parciais, mas não uma negação ou uma contradição da verdade e do conhecimento. Esse caráter de organização de verdades parciais em uma base de conhecimento separador persiste na Vida e na Matéria sutil, pois a concentração exclusiva da Consciência-Força que determina a ação separadora delas não cria um corte ou um véu entre Mente e Vida, ou entre Mente e Vida de um lado e Matéria do outro. A separação completa só pode acontecer quando o estágio de Inconsciência é alcançado e nosso mundo de Ignorância multiforme emerge dessa matriz tenebrosa. Aqueles outros estágios da involução, ainda conscientes, são, de fato, organizações da Força-Consciente, onde cada um vive a partir de seu próprio centro, segue suas próprias possibilidades e o próprio princípio predominante, a Mente, a Vida, ou a Matéria, e elabora as coisas em sua própria base independente; mas o que é elaborado são verdades daquele princípio, não ilusões ou um emaranhado de verdades e falsidades, de conhecimento e ignorância. Mas quando, por uma concentração exclusiva na Força e na Forma, a Consciência-Força parece separar a Consciência da Força no plano fenomênico, ou quando, em um sono cego, ela absorve a Consciência perdida na Forma e na Força, então a Consciência deve lutar para retornar a si mesma por uma evolução fragmentária, que necessita o erro e torna a falsidade inevitável. No entanto, essas coisas também não são ilusões que brotaram de uma Não-Existência original; elas são, poderíamos dizer, as verdades inevitáveis de um mundo nascido da Inconsciência. Com efeito, a Ignorância ainda é, na realidade, um conhecimento que busca a si mesmo por trás da máscara original da Inconsciência; ela perde e encontra; seus resultados, naturais e mesmo inevitáveis em sua própria linha, são a verdadeira consequência da queda — e mesmo, de certo modo, o meio justo de recuperar-se da queda. A Existência que mergulha em uma Não-Existência aparente, a Consciência que mergulha em uma Inconsciência aparente, o Deleite da existência que mergulha em uma vasta insensibilidade cósmica são os primeiros resultados da queda, e, no seu retorno, por uma experiência fragmentada e uma luta, eles se traduzem em termos duais: a Consciência se traduz como verdade e falsidade, conhecimento e erro; a Existência se traduz como vida e morte, e o Deleite da existência como dor e prazer; esse é o processo necessário ao labor da autodescoberta. Uma experiência pura de Verdade, Conhecimento, Deleite, uma existência imperecível, seria, aqui, uma contradição da verdade das coisas.

Só poderia ser de outro modo se todos os seres na evolução respondessem de modo quiescente ao elemento psíquico dentro deles e à Supramente que subjaz nas operações da Natureza; mas aqui intervém a lei da Sobremente e segundo essa lei cada Força elabora suas próprias possibilidades. As possibilidades naturais de um mundo onde uma Inconsciência original e uma divisão da consciência são os princípios maiores, seriam o emergir das Forças das Trevas, impelidas a manter a Ignorância pela qual elas vivem, uma luta ignorante para conhecer, que origina falsidade e erro, uma luta ignorante para viver, que engendra injustiça e mal, uma luta egoística para fruir, que é fonte de alegrias, dores e sofrimentos fragmentários; estes são, então, os primeiros e inevitáveis caracteres impressos em nós, embora não as únicas possibilidades de nossa existência evolutiva. Ainda assim, porque a Não-Existência é uma Existência velada, porque a Inconsciência é uma Consciência velada, a insensibilidade uma Ananda adormecida e mascarada, essas realidades secretas devem emergir; a Sobremente e a Supramente escondidas também devem, no final, cumprir-se nessa organização aparentemente oposta saída de um Infinito obscuro.

Duas coisas tornam essa culminação mais fácil do que seria de outra maneira. Em sua descida para a criação material, a Sobremente gerou modificações de si mesma — de modo especial a Intuição, cujos relâmpagos penetrantes e raios da verdade iluminam pontos e territórios em nossa consciência — que podem trazer a verdade escondida das coisas para mais perto de nossa compreensão. Abrindo-nos mais amplamente, primeiro em nosso ser interior e em seguida, como um resultado, também em nosso self externo de superfície, para as mensagens dessas extensões superiores de consciência, ao entrar nelas também poderemos nos tornar seres intuitivos e sobrementais não limitados pelo intelecto e os sentidos, mas capazes de uma abrangência mais universal e um contato direto com o próprio ser e o próprio corpo da verdade. De fato, clarões de iluminação dessas extensões superiores já chegam até nós, mas essa intervenção é na maioria das vezes fragmentária, ocasional ou parcial; devemos ainda, para começar, nos ampliar à imagem deles e organizar em nós as atividades da Verdade maior, das quais somos capazes em potencial. Mas, em segundo lugar, a Sobremente, a Intuição, e mesmo a Supramente não só devem ser, como vimos, princípios inerentes e involuídos na Inconsciência de onde emergimos na evolução — princípios destinados a evoluir, inevitavelmente —, mas estar presentes de maneira secreta, ativamente ocultas, com clarões do emergir intuitivo na atividade cósmica da Mente, Vida e Matéria. É verdade que a ação delas está escondida, e mesmo quando elas emergem, essa ação é modificada pelo meio material, vital, mental onde elas atuam e é dificilmente reconhecível. A Supramente não pode manifestar-se como o Poder Criador no universo desde o início, porque se o fizesse a Ignorância e a Inconsciência seriam impossíveis, ou então a lenta evolução necessária tornar-se-ia a cena de uma transformação rápida. Mesmo assim, a cada passo da energia material podemos ver o selo da inevitabilidade estampado por um criador supramental, e em todo o desenvolvimento da vida e da mente podemos ver o jogo das linhas de possibilidade e sua combinação, que é a marca da intervenção da Sobremente. Assim como a Vida e a Mente foram liberadas na Matéria, do mesmo modo, em seu tempo, esses poderes maiores da Divindade escondida devem emergir da involução, e sua Luz suprema descer em nós, das alturas.

Uma Vida divina na manifestação é, então, não só possível como resultado e resgate supremos de nossa vida atual na Ignorância, mas se essas coisas são como as vimos, será o resultado inevitável e a consumação do empenho evolutivo da Natureza.

LIVRO DOIS

# O CONHECIMENTO E A IGNORÂNCIA — A EVOLUÇÃO ESPIRITUAL

PRIMEIRA PARTE

# A CONSCIÊNCIA INFINITA E A IGNORÂNCIA

CAPÍTULO I

# INDETERMINADOS, DETERMINAÇÕES CÓSMICAS E O INDETERMINÁVEL

*O Invisível, com o qual não podem existir relações pragmáticas, inapreensível, sem feições, inconcebível, que nome algum pode designar, cuja substância é a certeza do Self Único, em quem a existência do mundo está em quietude e que é toda paz e toda beatitude — este é o Self, este é Aquele que deve ser conhecido.*

*Māndūkya Upanishad*, verso 7.

*É visto como um mistério, fala-se disso ou ouve-se sobre isso como se fosse um mistério, mas ninguém o conhece.*

*Bhagavad-Gītā*, II, 29.

*Quando os homens buscam o Imutável, o Indeterminável, o Não-Manifestado, Aquele que impregna tudo, o Inconcebível, o Self supremo, o Imóvel, o Permanente — igual com todos, intento ao bem de todos os seres, é a Mim que eles vêm.*

*Bhagavad-Gītā*, XII, 3, 4.

*No alto, além da Inteligência, encontra-se o Vasto Self, além do Vasto Self encontra-se o Não-Manifestado, além do Não-Manifestado encontra-se o Ser Consciente. Não há nada além do Ser — este é o extremo último, este o objetivo supremo.*

*Katha Upanishad*, 1.3.10, 11.

> *Rara é a grande alma para quem tudo é o Ser Divino.*
> Bhagavad-Gītā, *Vāsudevaḥ sarvamiti*, VII, 19.

Uma Consciência-Força, inerente à existência em toda parte, ativa mesmo quando está escondida, é a criadora dos mundos, o segredo oculto da Natureza. Mas em nosso mundo material e em nosso próprio ser, a consciência assume um aspecto duplo: existe a força do Conhecimento e existe a força da Ignorância. Na consciência infinita de uma Existência autoconsciente infinita, o conhecimento deve estar em todo lugar, implícito ou operativo na própria textura de sua ação; mas aqui, no começo das coisas, uma Inconsciência, uma Insciência total nos parece ser a base ou a natureza da energia universal criadora. Essa é a substância com que o universo material começa: a consciência e o conhecimento emergem, primeiro em movimentos obscuros, infinitesimais, por pontos ou por pequenas porções que se associam; há uma evolução lenta e difícil, as operações da consciência organizam-se e desenvolvem-se lentamente, seu mecanismo se aperfeiçoa, ganhos crescentes inscrevem-se na lousa virgem da Insciência. Mas esses têm ainda a aparência de uma soma de aquisições e construções de uma Ignorância que busca e tenta conhecer, compreender, descobrir, para transformar-se, lentamente e com esforço, em conhecimento. Assim como aqui a Vida estabelece e mantém com dificuldade suas operações em uma base e ambiente de Morte geral, primeiro em pontos de vida infinitesimais, um *quantum* de forma de vida e energia de vida, agregados que se alargam e criam organismos cada vez mais complexos, um complicado mecanismo vital, do mesmo modo a Consciência também estabelece e mantém uma luz crescente, mas precária, na obscuridade de uma Insciência original e uma Ignorância universal.

Além disso, o conhecimento adquirido é um conhecimento dos fenômenos e não da realidade das coisas ou dos fundamentos da existência. Onde quer que nossa consciência encontre o que lhe parece ser uma base, esta assume a aparência de um branco — quando não de um vazio —, um estado original sem feições e uma profusão de consequências que não são inerentes à origem e nada parece justificar ou aparentemente necessitar; há uma superestrutura massiva que não tem relação clara e natural com a existência fundamental. O primeiro aspecto da existência cósmica é um Infinito que, para a nossa percepção, é um indeterminado, se não um indeterminável. Nesse Infinito, o próprio universo, seja em seu aspecto de energia, seja em seu aspecto de estrutura, aparece como uma determinação indeterminada, um "finito sem limites" — expressões paradoxais, mas necessárias, que pareceriam indicar que estamos diante de um mistério suprarracional que seria a base das coisas; nesse universo surgem — de onde? — um vasto número e uma grande variedade de determinados gerais e particulares que não parecem justificados por nada de perceptível na natureza do Infinito, mas parecem ser impostos a ele — ou, talvez, que ele impõe a si mesmo. Damos o nome de Natureza à Energia que os produz, mas a palavra não tem sentido, a não ser que a natureza das coisas seja o que é por virtude de uma Força que lhes põe em ordem segundo uma Verdade que lhes é inerente; mas a natureza dessa própria verdade, a razão pela qual esses determinados são o que são, isso não é visível em lugar nenhum. Na verdade, foi possível para a Ciência humana detectar o processo, ou os muitos processos, das coisas materiais, mas esse conhecimento não projeta luz alguma sobre a pergunta principal; não conhecemos nem mesmo o fundamento dos processos cósmicos originais, pois os resultados apresentam-se não como sua consequência necessária, mas apenas como sua consequência pragmática e real. No final, não sabemos como esses determinados entraram ou saíram do Indeterminado ou Indeterminável original onde se destacam como sobre um fundo vazio e plano, no enigma de sua ocorrência programada. Na origem das coisas somos confrontados com um Infinito que contém uma massa de finitos inexplicáveis, um Indivisível cheio de divisões sem fim, um Imutável abundante de mutações e diferenças. Um paradoxo cósmico é o começo de todas as coisas, um paradoxo sem nenhuma chave para seu significado.

É possível, de fato, questionar-se sobre a necessidade de postular um Infinito que contenha nosso universo formado, embora nossa mente exija de maneira imperiosa essa concepção como base necessária às suas próprias concepções — porque a mente é incapaz de fixar ou determinar um limite, seja no Espaço ou no Tempo, seja na existência essencial além da qual não há nada, antes ou depois da qual não há nada —, embora a outra alternativa seja um Vazio ou um *Nihil* que só pode ser um abismo do Infinito no qual recusamos mergulhar o olhar: um zero infinito e místico da Não--Existência substituiria um $x$ infinito como um postulado necessário, uma base para a nossa visão de tudo o que é para nós a existência. Mas mesmo se nos recusarmos a reconhecer o que quer que seja como real, à exceção do finito do universo material expandindo-se sem limites e suas inumeráveis determinações, o enigma continua o mesmo. A existência infinita, o Não-Ser infinito ou o infinito ilimitado, todos são para nós indeterminados ou indetermináveis originais; não podemos atribuir-lhes feições ou aspectos distintos, nada que possa predeterminar suas determinações. Descrever o caráter fundamental do universo como Espaço ou Tempo ou como Espaço-Tempo tampouco nos ajuda; pois mesmo se não fossem abstrações de nossa inteligência impostas ao cosmos pela nossa visão mental — perspectiva necessária à mente para fazer-se uma imagem do cosmos —, estes também são indeterminados e não trazem consigo chave alguma da origem das determinações que neles se produzem; ainda não há explicação para o estranho processo pelo qual as coisas são determinadas, nem de seus poderes, qualidades e propriedades, nenhuma revelação de sua natureza, origem e significado verdadeiros.

Na realidade, para a nossa ciência, essa Existência infinita ou indeterminada revela-se como uma Energia conhecida não por si mesma, mas por suas obras, e ela projeta em seu movimento ondas de dinamismo e, nessas ondas, uma multitude de infinitesimais; estes, ao agrupar-se para formar infinitesimais maiores, tornam-se uma base para todas as criações da Energia, mesmo aquelas mais distantes da base material, para o emergir de um mundo de Matéria organizada, para o emergir da Vida, o emergir da Consciência, para todas as atividades ainda inexplicadas da Natureza evolutiva. No processo original é erigida uma profusão de processos que podemos observar, seguir, utilizar, e muitos dentre eles podem ser-nos proveitosos; mas nenhum deles é, fundamentalmente, explicável. Sabemos agora que diferentes agrupamentos e um número variável de infinitesimais elétricos podem produzir ou servir como ocasião constituinte — ocasião que erradamente chamamos causa, porque aí parece haver apenas uma razão precedente necessária — para que apareçam os infinitesimais atômicos maiores, dos quais a natureza, as qualidades, os poderes, diferem; mas não conseguimos descobrir como essas disposições diferentes podem chegar a constituir esses átomos diferentes — como circunstâncias ou causas constituintes diferentes conduziriam necessariamente às consequências ou aos resultados diferentes constituídos. Sabemos também que combinações de certos infinitesimais atômicos invisíveis produzem ou ocasionam novas determinações visíveis inteiramente diferentes dos infinitesimais constituintes, em natureza, qualidade e poder; mas não conseguimos descobrir, por exemplo, como uma fórmula fixa para a combinação de oxigênio e hidrogênio chega a determinar o aparecimento da água, que evidentemente é algo mais do que uma combinação de gases: é uma nova criação, uma nova forma de substância, manifestação material de um caráter completamente novo. Vemos que uma semente se transforma em árvore, seguimos o fio do processo de produção e o utilizamos, mas não descobrimos como uma árvore pode crescer a partir de uma semente, como a vida e a forma da árvore podem ser contidas na substância ou na energia da semente ou, para ser mais conforme à realidade, como a semente pode tornar-se uma árvore. Sabemos que genes e cromossomos são a causa das transmissões hereditárias, de variações não só físicas, como também psicológicas; mas não descobrimos de que maneira as características psicológicas podem estar contidas e transmitidas nesse veículo material inconsciente. Isso não podemos ver ou saber, mas nos é proposto como uma explicação convincente do processo da Natureza: que um jogo de elétrons, de átomos e suas moléculas resultantes, de células, glândulas, secreções químicas e processos fisiológicos, ao agir sobre os nervos e o cérebro de um Shakespeare ou um Platão, consegue produzir, ou poderia talvez fornecer o impulso para a produção, de um *Hamlet*, *O Banquete* ou *A República*; mas não chegamos a descobrir, ou a compreender, como tais movimentos materiais puderam compor esses cumes do pensamento e da literatura ou tornar necessária sua composição; aqui, a divergência entre os determinantes e a determinação torna-se tão vasta que não somos mais capazes de seguir o processo, muito menos de entendê-lo ou utilizá-lo. Essas fórmulas da ciência podem ser pragmaticamente corretas e infalíveis, podem governar o "como" prático dos processos da Natureza, mas não revelam o "como" intrínseco ou o porquê; elas parecem ser, antes, a fórmula de um Mágico cósmico, precisas, irresistíveis, cada uma automaticamente eficaz no seu domínio, mas cuja lógica é fundamentalmente ininteligível.

Há mais coisas para nos desconcertar: vemos a Energia original indeterminada projetar a partir de si mesma determinados gerais — podemos também chamá-los, quando consideramos a variedade de seus produtos, indeterminados genéricos —, com seus estados de substância apropriados e formas determinadas dessa substância; essas últimas são variações numerosas, algumas vezes inumeráveis, da energia-substância que lhes serve de base, mas nenhuma dessas variações parece ser predeterminada por alguma coisa na natureza do indeterminado geral. Uma Energia elétrica produz formas de si mesma positivas, negativas e neutras, formas que são ao mesmo tempo ondas e partículas; um estado gasoso de energia-substância produz um número considerável de gases diferentes; um estado sólido de energia-substância do qual resulta o princípio terra dá origem a diferentes tipos de solo, muitos tipos de rochas, numerosos minerais e metais; um princípio de vida produz seu próprio reino vegetal luxuriante, com uma abundância de plantas, árvores e flores as mais diferentes; um princípio de vida animal produz uma enorme variedade de gêneros, espécies, variações individuais; essa Energia continua seu desenvolvimento na vida e na mente humanas e seus mente-tipos, encaminhando-se para o fim ainda não escrito ou, talvez, a continuação ainda oculta desse capítulo inacabado da evolução. Durante todo o processo, a regra constante é uma similitude geral no determinado original e, sujeita à essa similitude considerável da substância e natureza de base, uma profusa variação nos determinados genéricos e individuais; uma mesma lei de semelhança ou similaridade prevalece no gênero e na espécie, com numerosas variações individuais, muitas vezes meticulosamente exatas no indivíduo. Mas não encontramos nada, em nenhum determinado geral ou genérico, que necessite as variantes nas determinações assim produzidas. A necessidade de uma similitude imutável na base e variações livres e inexplicáveis na superfície parece ser a lei; mas quem ou o que necessita ou determina? Qual é a lógica da determinação, qual é sua verdade original ou seu significado? O que é que impõe ou ativa esse jogo exuberante de possibilidades variegadas que parecem não ter objetivo ou significado, exceto a beleza ou o deleite da criação? Uma Mente, um Pensamento inventivo, curioso, sempre em busca, uma Vontade determinante escondida pode estar aí presente, mas não há nenhum sinal dela no aparecimento primeiro e fundamental da Natureza material.

Uma primeira explicação possível sugere que um Acaso dinâmico que se auto-organiza está em ação — um paradoxo necessário devido, por um lado, ao aparecimento de uma ordem inevitável no fenômeno cósmico que chamamos Natureza e, por outro, de uma fantasia e um capricho inexplicáveis. Uma Força inconsciente e inconsequente, podemos dizer, que age a esmo e cria isso ou aquilo por um acaso geral, sem nenhum princípio determinante —, as determinações aparecem apenas como o resultado de uma repetição persistente do mesmo ritmo de ação e chegam ao final desejado porque apenas esse ritmo repetitivo conseguiria manter a existência das coisas — tal é a energia da Natureza. Mas isso implica que em algum lugar na origem das coisas há uma Possibilidade sem limites ou uma matriz de inumeráveis possibilidades manifestadas pela Energia original — um Inconsciente incalculável que sentimos certa dificuldade em chamar uma Existência ou uma Não-Existência, pois sem uma origem e uma base desse tipo, o aparecimento e a ação da Energia são incompreensíveis. Contudo, há outro aspecto do fenômeno cósmico, assim como o vemos, que parece impedir a teoria de uma ação aleatória produzindo uma ordem durável. Há uma insistência demasiado implacável na necessidade de ordem, de uma lei, na base das possibilidades. Pareceria mais razoável supor que há uma Verdade das coisas, inerente, imperativa, que não vemos, mas uma Verdade capaz de manifestação múltipla, projetando uma multitude de possibilidades e variantes de si mesma que a Energia criativa, pela sua ação, muda em tantas realidades efetivas. Isso nos leva a uma segunda explicação — uma necessidade mecânica nas coisas, suas ações reconhecíveis por nós em muitas leis mecânicas da Natureza —, a necessidade, poderíamos dizer, de uma Verdade das coisas inerente e secreta como havíamos suposto, governando automaticamente o processo que vemos em ação no universo. Mas uma teoria da necessidade mecânica por si mesma não elucida o jogo livre das variações infinitas e inexplicáveis visíveis na evolução: deve haver, por trás da Necessidade ou nela, uma lei de unidade associada a uma lei de multiplicidade, coexistente, mas dependente, ambas insistindo na manifestação; mas a unidade de quê? A multiplicidade de quê? A Necessidade mecânica não pode dar uma resposta. O emergir da consciência a partir do Inconsciente é mais um obstáculo para essa teoria, pois esse é um fenômeno que não pode ter lugar na verdade de uma Necessidade mecânica inconsciente que permeia tudo. Se há uma necessidade que compele ao emergir, ela só pode vir do fato de que existe já uma consciência escondida no Inconsciente esperando para evoluir e, quando tudo estiver pronto, escapará de sua prisão de aparente Insciência. Podemos, decerto, desembaraçarmo-nos da dificuldade criada pela ordem imperativa das coisas supondo que essa ordem não existe, que o determinismo é imposto na Natureza por nosso pensamento que necessita uma ordem desse tipo para estabelecer relações com seu meio, mas que, de fato, não há nada disso: há apenas uma Força que experimenta por meio da ação casual de infinitesimais, e a constante recorrente que opera na soma de suas ações e produz um efeito geral permite a essa Força elaborar diferentes determinações; assim, voltamos atrás, da Necessidade para o Acaso, como base de nossa existência. Mas qual é então essa Mente, essa Consciência, tão radicalmente diferente da energia que a produziu, que para agir deve impor ao mundo que criou, e onde é obrigada a viver, sua ideia e necessidade de ordem? Haveria então uma dupla contradição: de um lado, uma consciência que emerge de uma Inconsciência fundamental e, do outro, uma Mente de ordem e razão que se manifesta como a consequência brilhante e final de um mundo criado pelo Acaso inconsciente. Essas coisas são talvez possíveis, mas necessitam uma explicação melhor do que todas as que foram dadas até agora, antes que possamos aceitá-las.

Isso abre caminho para outras explanações, que fazem da Consciência a criadora desse mundo a partir de uma Inconsciência original aparente. Uma Mente, uma Vontade, parece ter imaginado e organizado o universo, mas ter-se-ia ocultado por trás de sua criação; sua primeira construção foi esse véu formado por uma Energia inconsciente e uma forma material de substância, ao mesmo tempo disfarce de sua presença e base plástica criativa na qual ela pudesse trabalhar, usando, como um artesão utiliza para sua produção de formas e modelos, um material inerte e dócil. Todas essas coisas que vemos ao nosso redor são, então, o pensamento de uma Divindade extracósmica, um Ser com uma Mente e uma Vontade onipotentes e oniscientes, responsável pela lei matemática do universo físico, por sua obra de arte e beleza, seu estranho jogo de semelhanças e variações, concordâncias e discórdias, de opostos que se combinam e entremisturam, um Ser que é responsável pelo drama da consciência que luta para existir e busca afirmar-se em uma ordem universal inconsciente. O fato de que essa Divindade é invisível para nós, que nossa mente e nossos sentidos não podem descobri-la, não apresenta dificuldade alguma, uma vez que não podemos esperar encontrar evidências ou sinais diretos de um Criador extracósmico em um cosmos vazio de sua presença: por toda parte os sinais patentes das obras de uma Inteligência, lei, desígnio, fórmula, adaptação dos meios visando uma finalidade, de uma invenção constante e inesgotável, mesmo uma fantasia — porém controlada por uma Razão ordenadora —, poderiam ser considerados como prova suficiente dessa origem das coisas. Mesmo se esse Criador não fosse inteiramente supracósmico, se fosse também imanente em suas obras, não seria necessário outro sinal dele, exceto, de fato, para uma consciência evoluindo nesse mundo inconsciente, mas só quando sua evolução atingisse um ponto no qual pudesse perceber a Presença imanente. A intervenção dessa consciência evolutiva não seria uma dificuldade, visto que seu aparecimento não contradiria a natureza básica das coisas; uma Mente onipotente poderia facilmente infundir algo de si em suas criaturas. Uma única dificuldade permanece: a natureza arbitrária da criação, o caráter incompreensível de seu propósito, a crua falta de sentido de sua lei de ignorância, luta e sofrimento desnecessários, seu fim sem desfecho ou saída. Um jogo? Mas por que essa marca de tantos elementos e caracteres não divinos no jogo do Um cuja natureza, deve-se supor, é divina? À sugestão de que aquilo que vemos elaborar-se no mundo são os pensamentos de Deus, pode-se responder que Deus poderia muito bem ter tido pensamentos melhores e o melhor de todos teria sido abster-se da criação de um universo infeliz e incompreensível. Todas as explicações teístas da existência, que têm como ponto de partida uma Divindade extracósmica, tropeçam nessa dificuldade e a evitam; ela só desapareceria se o Criador, mesmo ultrapassando a criação, fosse ainda assim imanente nela, se, de algum modo, ele fosse ao mesmo tempo o jogador e o jogo, um Infinito que lança possibilidades infinitas na forma de uma ordem cósmica evolutiva.

Segundo essa hipótese, deve haver, por trás da ação da Energia material, uma Consciência secreta involuída, cósmica, infinita que, mediante a ação dessa Energia frontal, constrói seus meios para uma manifestação evolutiva, uma criação que cria a si mesma no finito sem limites do universo material. Uma aparente inconsciência da Energia material seria uma condição indispensável à estrutura da substância do mundo material na qual essa Consciência pretende involuir-se a fim de poder crescer, evoluindo a partir de seu contrário aparente; sem algum artifício desse gênero, uma completa involução seria impossível. Se o Infinito projeta uma tal criação a partir de si, deve ser a manifestação, em um disfarce material, de verdades ou poderes de seu próprio ser: as formas ou os veículos dessas verdades ou poderes seriam os determinados de base, gerais ou fundamentais, que vemos na Natureza; os determinados particulares — que de outra maneira são variações inexplicáveis que emergiram da substância geral imprecisa onde se originaram — seriam as formas ou os veículos apropriados das possibilidades inerentes às verdades ou poderes contidos nesses determinados fundamentais. O princípio de livre variação de possibilidades, natural para uma Consciência infinita, seria a explicação para a aparência de Acaso inconsciente que percebemos nas operações da Natureza — inconsciente apenas em aparência, e que parece assim por causa da completa involução na Matéria, por causa do véu com que a Consciência secreta disfarçou sua presença. O princípio segundo o qual as verdades, os poderes reais do Infinito, devem obrigatoriamente cumprir-se seria a explicação do aspecto oposto dessa Necessidade mecânica que vemos na Natureza — mecânica apenas em aparência, e que parece assim por causa do mesmo véu de Inconsciência. Seria então perfeitamente compreensível o motivo pelo qual o Inconsciente realiza suas operações com um princípio constante de arquitetura matemática, planificação, um arranjo eficaz de números, adaptação dos meios visando um fim, estratagemas e invenções inesgotáveis — poder-se-ia quase falar de uma constante habilidade experimental e um automatismo proposital. O aparecimento de uma consciência que emerge de uma aparente Inconsciência também não seria mais inexplicável.

Todos os processos inexplicáveis da Natureza encontrariam seu sentido e lugar se essa hipótese fosse justificada. Energia parece criar substância, mas, na realidade, assim como a existência é inerente à Consciência-Força, a substância também seria inerente à Energia — Energia como uma manifestação da Força, substância como uma manifestação da secreta Existência. Porém, como substância espiritual, não poderia ser percebida pelos sentidos materiais antes que a Energia lhe desse as formas de matéria que os sentidos pudessem apreender. Começamos também a compreender como o arranjo do modelo, da quantidade e do número pode ser uma base para a manifestação da qualidade e da propriedade; porque modelo, quantidade e número são poderes da existência-substância, qualidade e propriedade são poderes da consciência e de sua força, que são inerentes à existência; então um ritmo e um processo da substância podem manifestá-los e torná-los ativos. O crescimento da árvore a partir da semente seria explicado, assim como todos os outros fenômenos similares, pela presença imanente daquilo que chamamos a Ideia-Real; a autopercepção do Infinito de sua forma significante, do corpo vivo de seu poder de ser — que deve emergir de seu próprio estado de compressão na energia-substância — seria carregada internamente na forma da semente, conservada na consciência oculta involuída nesta forma, e evoluiria naturalmente a partir dela. Também não haveria mais dificuldade em compreender, segundo esse princípio, de que maneira infinitesimais de caráter material, como o gene e o cromossomo, podem conter em si elementos psicológicos a serem transmitidos à forma física que deve emergir da semente humana; isso seria, no fundo, um princípio análogo, na objetividade da Matéria, àquele que encontramos em nossa experiência subjetiva — pois vemos que o subconsciente físico carrega em si um conteúdo psicológico mental, impressões de acontecimentos passados, hábitos, formações mentais e vitais fixas, formas de caráter fixas e, por um processo oculto, os transmite à consciência desperta, e assim dá origem ou influencia muitas atividades de nossa natureza.

A partir dessa mesma base, não seria difícil entender por que o funcionamento fisiológico do corpo ajuda a determinar as ações psicológicas da mente: o corpo não é mera matéria inconsciente; ele é a estrutura de uma Energia secretamente consciente que nele tomou forma. Ocultamente consciente, o corpo é, ao mesmo tempo, o veículo de expressão de uma Consciência manifesta que emergiu e é autoconsciente em nossa energia-substância física. O funcionamento do corpo é um mecanismo, ou instrumentação, necessário aos movimentos desse Habitante mental; é só quando se põe em moção o instrumento corporal que o Ser Consciente, que emerge e evolui nele, pode transmitir suas formações mentais e formações volitivas e mudá-las em manifestação física de si mesmo na Matéria. A capacidade e os processos do instrumento devem, até certo ponto, modificar as formações mentais em sua transição da forma mental à expressão física; suas operações são necessárias e devem exercer sua influência antes que a expressão se realize. O instrumento corporal pode mesmo, em relação a certas direções, dominar seu usuário; pode também, pela força do hábito, sugerir ou criar reações involuntárias da consciência que o habita, antes que a Mente e a Vontade despertas possam controlar ou interferir. Tudo isso é possível porque o corpo tem uma consciência "subconsciente" que lhe é própria e que conta na expressão total de nós mesmos; e se considerássemos apenas essa instrumentação exterior, poderíamos até concluir que o corpo determina a mente, mas isso é apenas uma verdade menor e a Verdade maior é que a mente determina o corpo. Nessa perspectiva, pode-se conceber uma Verdade ainda mais profunda; uma entidade espiritual "dando alma" à substância que a encobre é a determinante original seja da mente, seja do corpo. De outro lado, na ordem oposta do processo — aquele pelo qual a mente pode transmitir suas ideias e comandos ao corpo, treiná-lo para ser instrumento de uma ação nova, mesmo incutir-lhe suas exigências e ordens habituais de tal maneira que o instinto físico as executa de modo automático mesmo quando a mente não as quer mais conscientemente, e também aquelas, menos comuns, mas autentificadas, pelas quais a mente, em uma medida extraordinária e dificilmente limitável, pode aprender a determinar as reações do corpo até fazê-lo ultrapassar a lei normal ou as condições normais de sua ação — torna-se fácil entender esses aspectos da relação entre esses dois elementos de nosso ser e outros aspectos da mesma relação, que não se poderia explicar de outra maneira: pois é a consciência secreta na matéria viva que recebe tudo isso de seu companheiro maior; é aquilo que, no corpo, de sua própria maneira oculta e involuída, percebe ou sente a demanda que lhe é feita e obedece à consciência evoluída ou emersa que preside ao corpo. Finalmente, a concepção de uma Mente divina, uma Vontade divina criando o cosmos torna-se justificável e, ao mesmo tempo, os elementos desconcertantes nele que nossa mentalidade racional recusa atribuir a um *fiat* arbitrário do Criador, encontram sua explicação como fenômenos inevitáveis de uma Consciência que emerge de seu contrário com dificuldade — mas com a missão de ultrapassar esses fenômenos contrários e manifestar, por meio de uma evolução lenta e difícil, sua realidade maior e natureza verdadeira.

Mas se partirmos da extremidade material da Existência, não teremos jamais a certeza da validade dessa hipótese e, na verdade, de nenhuma outra explicação da Natureza e seus métodos: o véu lançado pela Inconsciência original é muito espesso para que a Mente o atravesse e é atrás desse véu que está escondida a origem secreta do que é manifestado; lá se situam as verdades e poderes subjacentes aos fenômenos e processos que nos aparecem na superfície material da Natureza. Para conhecer com uma certeza maior, devemos seguir a curva da consciência evolutiva até que chegue a uma altura e a uma vasta iluminação onde o segredo primordial descobre a si mesmo; pois presume-se que ela deve evoluir, deve finalmente trazer para fora aquilo que, desde o começo, era retido pela Consciência oculta original nas coisas e da qual ela é uma manifestação gradual. Na Vida, com certeza seria inútil buscar pela verdade, pois a Vida começa com uma formulação em que a consciência é ainda submental e, portanto, a nós seres mentais, parece inconsciente ou no máximo subconsciente; nessa fase, se investigarmos do exterior esse estágio da vida, nossa própria investigação não será mais frutuosa do que nosso exame da verdade secreta da Matéria. Mesmo quando a mente se desenvolve na vida, seu primeiro aspecto funcional é uma mentalidade involuída na ação, nas necessidades e preocupações do vital e do físico, nos impulsos, desejos, sensações, emoções, incapaz de distanciar-se, observar essas coisas e conhecê-las. Com a mente humana há a primeira esperança de entendimento, descoberta, de uma compreensão livre; pareceria que aí nos aproximamos da possibilidade de um autoconhecimento e um conhecimento do mundo. Mas, na realidade, no começo, nossa mente pode apenas observar fatos e processos e, quanto ao resto, deve fazer deduções e inferências, construir hipóteses, raciocinar, especular. Para descobrir o segredo da Consciência, ela teria que se conhecer e determinar a realidade de seu próprio ser e processo; mas assim como na vida animal a Consciência emergente é envolvida na ação e no movimento vitais, também no ser humano a mente-consciência é involuída em seu próprio turbilhão de pensamentos, uma atividade que a impele sem descanso e na qual mesmo seus raciocínios e especulações são determinados — em suas tendências, orientações e condições — por seu temperamento, tendência mental, formação passada e linha de energia, inclinação, preferência, uma seleção natural inata: não determinamos livremente nosso pensamento de acordo com a verdade das coisas, ele é determinado para nós pela nossa natureza. Decerto podemos nos distanciar com certo desapego e observar as operações da Energia mental em nós; mas nela é ainda apenas o processo que vemos e não a fonte original de nossas determinações mentais; podemos construir teorias e hipóteses sobre o processo da Mente, mas um véu ainda recobre o segredo interior de nós mesmos, de nossa consciência, de nossa natureza total.

É só quando seguimos o processo yóguico de aquietar a própria mente que um resultado mais profundo de nossa auto-observação torna-se possível. Pois primeiro descobrimos que a mente é uma substância sutil, um determinado geral — ou indeterminado genérico — cuja energia mental, quando atua, projeta em formas ou em determinações particulares de si, pensamentos, conceitos, percepções, sentimentos mentais, atividades da vontade e reações de sentimentos, mas que, quando a energia está em repouso, pode viver em um torpor inerte ou em um silêncio e uma paz imóveis da autoexistência. Em seguida vemos que nem todas as determinações de nossa mente procedem dela, pois ondas e correntes de energia mental entram nela, vindas de fora: tomam forma nela ou aparecem, já formadas, procedentes de uma Mente universal ou de outras mentes, e as aceitamos como nosso próprio pensamento. Podemos também perceber em nós uma mente oculta ou subliminar de onde surgem pensamentos e percepções, impulsos da vontade e sentimentos mentais; percebemos também planos de consciência mais elevados de onde uma energia mental superior age por meio de nós ou em nós. Finalmente descobrimos que aquele que observa tudo isso é um ser mental que sustenta a substância e a energia mentais; sem essa presença, sustento e fonte de todas as sanções, elas não poderiam existir ou agir. Esse ser mental ou Purusha aparece primeiro como uma testemunha silenciosa e, se isso fosse tudo, teríamos que aceitar as determinações da mente como uma atividade fenomênica imposta ao ser pela Natureza, pela Prakriti, ou então como uma criação que a Prakriti ofereceria ao Purusha, um mundo de pensamento que a Natureza constrói e oferece ao Purusha que observa. Porém, constatamos em seguida que o Purusha, o ser mental, pode abandonar sua posição de Testemunha silenciosa ou aquiescente; ele pode tornar-se a fonte de reações, pode aceitar, rejeitar, mesmo governar e regulamentar, tornar-se aquele que comanda, o conhecedor. Surge também o conhecimento de que essa mente-substância manifesta o ser mental, que ela é sua própria substância expressiva e a energia mental é sua própria consciência-força, de modo que é lógico concluir que todas as determinações da mente nascem do ser do Purusha. Mas essa conclusão se complica pelo fato de que, de outro ponto de vista, nossa mente pessoal parece ser pouco mais que uma formação da Mente universal, uma máquina para a recepção, modificação, propagação de ondas de pensamento cósmicas, correntes de ideias, sugestões volitivas, ondas de sentimento, sugestões sensoriais, sugestões de formas. Ela possui, sem dúvida, uma expressão que lhe é própria: predisposições, propensões, caráter pessoal e natureza já realizados; o que vem do universal só pode encontrar um lugar aí se for aceito e assimilado na autoexpressão do ser mental individual, a Prakriti pessoal do Purusha. Mas ainda assim, visto essas complexidades, a pergunta permanece inteira, isto é, saber se toda essa evolução e ação são a criação fenomênica de uma Energia universal que se apresenta ao nosso ser mental ou uma atividade imposta por uma Mente-Energia à existência indeterminada, e talvez indeterminável, do Purusha, ou se o todo é algo predeterminado por uma verdade dinâmica do Self interno e manifestado apenas na superfície da mente. Para sabê-lo, teríamos que alcançar um estado, ou entrar em um estado cósmico de ser e consciência em que a totalidade das coisas e seu princípio integral seriam mais evidentes do que para nossa experiência mental limitada.

A consciência sobremental é esse estado ou princípio além da mente individual, além mesmo da mente universal na Ignorância; ela traz consigo uma cognição primeira, direta e soberana, da verdade cósmica; nela, então, podemos esperar compreender algo do funcionamento original das coisas, entrar nos movimentos fundamentais da Natureza cósmica. Uma coisa, de fato, torna-se clara; para essa consciência, é evidente que o indivíduo e o cosmos vêm de uma Realidade transcendente que neles toma forma: a mente e a vida do ser individual, seu self na natureza, devem então ser uma autoexpressão parcial do Ser cósmico e, ao mesmo tempo, por seu intermédio e de modo direto, uma autoexpressão da Realidade transcendente — essa expressão pode ser condicional ou semivelada, mas ainda assim essa é sua importância. Mas vemos também que a forma que tomará essa expressão é também determinada pelo próprio indivíduo; só aquilo que ele pode receber, assimilar e formular em sua natureza — sua porção do ser cósmico ou da Realidade — pode tomar forma em sua mente, sua vida e seus elementos físicos; ele expressa algo que emana da Realidade, que está no cosmos, mas nos termos de sua autoexpressão, nos termos de sua própria natureza. Mas a pergunta original que o fenômeno do universo nos coloca não é resolvida pelo conhecimento da Sobremente, ou seja: a construção do pensamento, da experiência, do mundo de percepções da Pessoa mental, do Purusha mental, é ela verdadeiramente uma autoexpressão, autodeterminação, que procede de uma verdade de seu próprio ser espiritual, uma manifestação das possibilidades dinâmicas dessa verdade, ou não seria a criação ou construção que a Natureza, a Prakriti, lhe apresenta? Então, tudo isso não pertenceria ao conhecimento sobremental, não dependeria dele, ou só na medida em que fosse individualizado em sua formação pessoal dessa Natureza; ou isso poderia ser ainda o jogo de uma Imaginação cósmica, uma fantasia do Infinito, que se impõe no vazio indeterminável de sua própria existência pura, eterna. Essas são as três maneiras de ver a criação que parecem ter chances iguais de serem corretas, e a mente é incapaz de fazer uma escolha definitiva entre elas, pois cada uma está armada com sua própria lógica mental e faz apelo à intuição e à experiência. A Sobremente parece aumentar a perplexidade, pois a visão sobremental das coisas permite a cada possibilidade formular-se de modo independente e realizar sua própria existência na cognição, na autoapresentação dinâmica, na experiência fundamentada.

Na Sobremente, em todas as extensões superiores da mente, encontramos a dicotomia recorrente de um self puro e silencioso, sem feições, qualidades ou relações, autoexistente, estabelecido em si mesmo, autossuficiente, e a poderosa *dynamis* de um poder de conhecimento determinativo, de uma consciência-força criadora que se precipita nas formas do universo. Essa oposição — que, contudo, é uma disposição, como se os dois termos fossem correlativos ou complementares, embora, em aparência, contraditórios — sublima-se na coexistência de um Brahman impessoal sem qualidades, uma Realidade divina fundamental livre de todas as relações ou todos os determinados, e um Brahman com qualidades infinitas, uma Realidade divina fundamental que é a fonte, o recipiente e o mestre de todas as relações e determinações — *Nirguna, Saguna*. Se seguirmos a experiência de *Nirguna* até a autoexperiência mais distante, chegaremos a um supremo Absoluto vazio de todas as relações e determinações, à inefável, primeira e última palavra da existência. Se por meio de *Saguna* atingirmos a mais alta experiência possível, chegaremos a um divino Absoluto, uma Divindade pessoal suprema e onipresente, transcendente e universal, um Mestre infinito de todas as relações e determinações, que pode sustentar em seu ser um milhão de universos e impregnar cada um com um único raio da luz própria de seu ser e um único grau de sua existência inefável. A consciência sobremental mantém igualmente essas duas verdades do Eterno, que se apresentam à mente como dois termos mutuamente exclusivos; ela admite ambas como aspectos supremos de uma Realidade: em algum lugar, por trás delas, deve haver um Transcendente ainda maior, que as originou ou sustenta ambas em sua suprema Eternidade. Mas o que pode ser Isto do qual tais opostos são verdades iguais, a menos que seja um Mistério original indeterminável de que todo e qualquer conhecimento, toda e qualquer compreensão por meio da mente é impossível? Sem dúvida podemos conhecê-lo até certo ponto, em algum tipo de experiência ou realização, por seus aspectos, poderes, sua constante série de negativos e positivos fundamentais pelos quais temos que procurá-lo, independentemente em cada uma ou integralmente nas duas verdades juntas; mas, no final, ele parece escapar mesmo à mentalidade mais alta, e permanecer desconhecido.

Mas se o supremo Absoluto é, de fato, um puro indeterminável, então nenhuma criação, manifestação, universo, é possível. E contudo, o universo existe. O que é, então, que cria essa contradição, é capaz de efetuar o impossível, faz nascer esse enigma insolúvel da autodivisão? Isso deve ser algum tipo de Poder e, como o Absoluto é a única realidade, a origem única de todas as coisas, esse Poder deve vir d'Ele, deve ter alguma relação com Ele, uma conexão, uma dependência; se esse Poder é completamente diferente da Realidade suprema, se é uma Imaginação cósmica que impõe suas determinações no vazio eterno do Indeterminável, então não é mais possível admitir que só existe um Parabrahman absoluto; existe então um dualismo na origem das coisas — que em substância não é diferente do dualismo Alma-Natureza do Sankhya. Se isso é um Poder, na verdade o único Poder, do Absoluto, encontramo-nos diante de uma impossibilidade lógica: que a existência do Ser Supremo e o Poder de sua existência são inteiramente opostos um ao outro, dois termos absolutamente contraditórios, pois Brahman é livre de toda possibilidade de relações e determinações, mas Maya é uma Imaginação criadora que Lhe impõe essas próprias coisas, dá origem às relações e determinações das quais Brahman deve necessariamente ser o sustento e a testemunha — uma fórmula inadmissível para a razão lógica. Se a aceitarmos, pode ser apenas como um mistério suprarracional, algo que não é real nem irreal, inexplicável em sua natureza, *anirvacanīya*. Mas as dificuldades são tão grandes que só poderemos aceitar essa fórmula se ela se impor, de modo irresistível, como o inevitável último, o fim e o cume da busca metafísica e da experiência espiritual, pois mesmo se todas as coisas forem criações ilusórias, ao menos devem ter uma existência subjetiva e não podem existir em lugar algum, salvo na consciência da Existência Única; elas são então determinações subjetivas do Indeterminável. Se, ao contrário, as determinações desse Poder forem criações reais, a partir de que são elas determinadas, qual é sua substância? Não é possível que sejam feitas de um Nada, de uma Não-Existência do Absoluto; isso erigiria um novo dualismo, um grande Zero positivo contrastando com o $x$ indeterminável e maior que supúnhamos ser a única Realidade. É evidente, portanto, que a Realidade não pode ser um Indeterminável rígido. Tudo que é criado deve provir dessa Realidade e existir nela, e aquilo que é da substância do inteiramente Real deve ser real: a negação, vasta e sem fundamento, de uma realidade que pretende ser real, não pode ser o único resultado da Verdade eterna, da Existência Infinita. É perfeitamente compreensível que o Absoluto é, e deve ser, indeterminável, no sentido de não ser limitado por nenhuma determinação ou soma de determinações possíveis, mas não no sentido de ser incapaz de autodeterminação. A Existência Suprema não pode ser incapaz de criar verdadeiras autodeterminações de seu ser, incapaz de sustentar uma autocriação real ou automanifestação em seu infinito autoexistente.

A Sobremente, então, não nos dá nenhuma solução final e definitiva; é além dela, em uma cognição supramental, que devemos buscar a resposta. A Consciência-Verdade Supramental é, ao mesmo tempo, a autopercepção do Infinito e Eterno e um poder de autodeterminação inerente a essa autopercepção; a primeira é sua base e estado, o segundo é seu poder de ser, a *dynamis* de sua autoexistência. Tudo o que uma eternidade atemporal de autopercepção vê em si mesma como verdade de ser, o poder consciente de seu ser o manifesta na eternidade-Tempo. Para a Supramente, portanto, o Supremo não é um Indeterminável rígido, um Absoluto que nega tudo; um infinito de ser, completo em si mesmo na pureza imutável de sua própria existência — seu único poder sendo uma consciência pura capaz apenas de permanecer na eternidade invariável do ser, no deleite imóvel de sua autoexistência absoluta — não é a completa Realidade. O Infinito de Ser deve ser também um Infinito de Poder; contendo em si um repouso e quietude eternos, ele deve também ser capaz de uma ação e uma criação eternas: mas essa ação deve ser também uma ação nele, uma criação proveniente de seu próprio ser eterno e infinito, uma vez que não haveria nada mais a partir do qual pudesse criar; toda base de criação que parece ser diferente dele deve existir, em realidade, nele e provir dele, e não poderia ser algo estranho à sua existência. Um Poder infinito não pode ser a força única repousando em uma pura identidade e inatividade, uma quietude imutável; ele deve possuir em si mesmo os poderes infinitos de seu ser e de sua energia: uma Consciência infinita deve conter em si mesma inumeráveis verdades de sua autopercepção. Na ação, essas verdades apareceriam à nossa cognição como aspectos de seu ser, ao nosso sentido espiritual como poderes e movimentos de sua *dynamis*, à nossa *aesthesis,* como instrumentos e formulações de seu deleite de ser. A criação seria então uma automanifestação, um desenvolvimento metódico das infinitas possibilidades do Infinito. Mas cada possibilidade significa uma verdade de ser que a sustenta, uma realidade no Existente, pois sem essa verdade, sem esse suporte, não existiria o possível. Na manifestação, uma realidade fundamental do Existente apareceria à nossa cognição como um aspecto espiritual fundamental do Divino Absoluto; dele emergiriam todas as suas possíveis manifestações, seus dinamismos natos; estes, por sua vez deveriam criar, ou melhor, expressar, de uma latência não manifestada, suas próprias formas significativas, seus poderes expressivos, seus processos inatos; seu ser desenvolveria seu próprio tornar-se, *svarūpa, svabhāva*. Isso então seria o processo completo da criação. Mas em nossa mente não vemos o processo completo, vemos apenas possibilidades que se determinam para tornarem-se realidades e, apesar de nossas inferências e conjecturas, não estamos seguros de uma necessidade secreta, uma verdade predeterminante, um imperativo que dê poder às possibilidades, que decida as realizações. Nossa mente é um observador de realidades, inventor ou descobridor de possibilidades, mas não tem a visão dos imperativos ocultos que tornam necessários os movimentos e as formas de uma criação, pois na superfície da existência universal há apenas forças que determinam os resultados, criando certo equilíbrio quando seus poderes entram em contato; o Determinante original, ou determinantes originais, se esses existem, nos são velados por nossa ignorância. Mas para a Consciência-Verdade supramental esses imperativos seriam aparentes, seriam a própria substância de sua visão e experiência: no processo criador supramental, os imperativos, o elo entre as possibilidades e a realidade resultante formariam um todo único, um movimento indivisível; as possibilidades e realidades portariam em si mesmas a inevitabilidade de seu imperativo de origem — todos os seus resultados, todas as suas criações seriam o corpo da Verdade que elas manifestam em formas e poderes significantes e predeterminados da Toda-Existência.

Nossa cognição fundamental do Absoluto, a experiência espiritual substancial que temos dele é a intuição ou a experiência direta de uma Existência eterna e infinita, uma Consciência eterna e infinita, um Deleite de ser eterno e infinito. Na cognição sobremental e mental é possível dissociar e mesmo separar essa unidade original em três aspectos autoexistentes, pois podemos ter a experiência de uma pura Beatitude eterna e sem causa tão intensa que nos tornamos só isso; a existência e a consciência parecem ser absorvidas nessa Beatitude, não mais serem presentes de maneira visível; podemos também ter a experiência similar da consciência pura e absoluta e identificarmo-nos com ela exclusivamente, assim como podemos nos identificar com a existência pura e absoluta. Mas para uma cognição supramental, essas três são sempre uma Trindade inseparável, mesmo se uma pode colocar-se na frente das outras e manifestar seus próprios determinados espirituais, pois cada uma tem seus aspectos primordiais ou suas autoformações inerentes, mas todas têm a mesma origem no Absoluto tri-uno. Amor, Alegria e Beleza são os determinados fundamentais do Divino Deleite de ser, e podemos ver de imediato que são a própria substância e natureza desse Deleite: não são coisas alheias impostas ao ser do Absoluto, nem criações sustentadas por ele, mas fora dele; são verdades de seu ser, originários de sua consciência, poderes de sua força de ser. É a mesma coisa com os determinados fundamentais da consciência absoluta — conhecimento e vontade; eles são verdades e poderes da Consciência-Força original e são inerentes à sua natureza. Essa autenticidade torna-se ainda mais evidente quando consideramos os determinados espirituais fundamentais da Existência absoluta; eles são seus poderes tri-unos, os primeiros postulados necessários para toda sua autocriação ou manifestação — o Self, o Divino, o Ser Consciente; Atman, Ishwara, Purusha.

Se prosseguirmos com o estudo do processo de automanifestação, veremos que em sua ação primeira cada um desses aspectos ou poderes repousa em uma tríade ou trindade, pois o Conhecimento inevitavelmente posiciona-se como uma trindade: o Conhecedor, o Conhecido e o Conhecimento; o Amor encontra a si mesmo em uma trindade: o Amante, o Bem-Amado e o Amor; a Vontade cumpre-se em uma trindade: o Senhor da Vontade, o objeto da Vontade e a Força executora; a Alegria encontra sua satisfação original e completa em uma trindade: Aquele que frui a Alegria, Aquele que proporciona a Alegria, e o Deleite que os une; da mesma maneira, inevitavelmente, o Self aparece e fundamenta sua manifestação em uma trindade: o Self como sujeito, o Self como objeto e a autopercepção que mantém a unidade do Self como sujeito-objeto. Esses e outros poderes e aspectos primordiais assumem seu estado entre as autodeterminações espirituais fundamentais do Infinito; todas as outras são determinados dos determinados espirituais fundamentais, de relações significantes, poderes significantes, formas significantes de ser, consciência, força, deleite — energias, condições, modos, linhas do processo da verdade da Consciência-Força do Eterno, imperativos, possibilidades, realidades de sua manifestação. Todo esse desdobramento de poderes e possibilidades e suas consequências inerentes são conservados pela cognição supramental em uma íntima unidade; ela os mantém fundamentados conscientemente na Verdade original e mantidos na harmonia das verdades que manifestam, e são, em sua natureza. Aqui, não há imposição de imaginações nem criação arbitrária, tampouco há divisão, fragmentação ou oposição e disparidade irreconciliáveis. Mas na Mente de Ignorância esses fenômenos aparecem, porque aí uma consciência limitada vê tudo e lida com tudo como se o todo fosse composto por objetos separados de cognição ou existências separadas e, assim, ela busca conhecê-las, possuí-las e desfrutá-las, impor-lhes sua dominação ou ser dominada por elas: mas, por trás dessa ignorância, o que a alma nela busca é a Realidade, a Verdade, a Consciência, o Poder, o Deleite pelos quais as coisas existem; a mente deve aprender a despertar para essa verdadeira busca e o verdadeiro conhecimento velado dentro de si, a essa Realidade da qual todas as coisas têm sua verdade, à Consciência da qual todas as consciências são entidades, ao Poder do qual todos obtém a força de ser que trazem em si, ao Deleite, do qual todos os deleites são representações parciais. Essa limitação da consciência e esse despertar à integralidade da consciência são também um processo de automanifestação, são uma autodeterminação do Espírito; mesmo quando são contrários à Verdade em sua aparência, os fenômenos da consciência limitada possuem — em seu sentido e em sua realidade mais profundos — um significado divino; eles também expressam uma verdade ou uma possibilidade do Infinito. Dessa mesma natureza, até onde podemos expressá-la em fórmulas mentais, seria a cognição supramental das coisas, que vê a Verdade una em tudo e descreveria assim nossa existência, que exporia o segredo da criação e o significado do universo.

Ao mesmo tempo, indeterminabilidade é também um elemento necessário em nossa concepção do Absoluto e em nossa experiência espiritual: esse é o outro aspecto do olhar supramental sobre o ser e as coisas. O Absoluto não é limitável ou definível por nenhuma determinação nem soma de determinações; por outro lado, ele não está amarrado a um vazio indeterminado de existência pura. Ao contrário, ele é a origem de todas determinações; sua indeterminabilidade é a condição natural e necessária de sua infinidade de ser e sua infinidade de poder de ser; ele pode ser infinitamente todas as coisas porque não é nenhuma em particular e excede qualquer totalidade definida. É essa indeterminabilidade essencial do Absoluto que se traduz em nossa consciência pelos positivos negadores fundamentais de nossa experiência espiritual: o Self imóvel e imutável, o Nirguna Brahman, o Eterno sem qualidades, a Existência única, pura e sem traços, o Impessoal, o Silêncio vazio de atividades, o Não-Ser, o Inefável e o Incognoscível. Por outro lado, essa indeterminabilidade é a essência e fonte de todas as determinações, e essa essencialidade dinâmica manifesta-se para nós por meio dos afirmadores positivos fundamentais, em que o Absoluto se oferece igualmente a nós; é o Self então que se torna todas as coisas: o Saguna Brahman, o Eterno com infinitas qualidades, o Um que é o Múltiplo, a Pessoa infinita que é fonte e fundamento de todas as pessoas e personalidades, o Senhor da criação, a Palavra, o Mestre de todas as obras e ações; ele é aquilo que, sendo conhecido, tudo é conhecido; essas afirmações correspondem àquelas negações. Pois não é possível, em uma cognição supramental, separar os dois aspectos da Existência Única — até mesmo falar deles como aspectos é excessivo, pois eles estão um no outro, sua coexistência, ou sua existência única, é eterna, e seus poderes, que sustentam um ao outro, fundamentam a automanifestação do Infinito.

Mas conhecê-los em separado tampouco é uma inteira ilusão ou um erro completo da Ignorância; essa cognição também tem seu valor para a experiência espiritual, pois esses aspectos primários do Absoluto são determinados ou indeterminados espirituais fundamentais, que respondem a esse fim ou esse começo espirituais, aos determinados gerais ou aos indeterminados genéricos do fim material ou do começo inconsciente da Manifestação descendente e ascendente. Aqueles que nos parecem negativos trazem em si a liberdade do Infinito, que não é limitada por suas próprias determinações; sua realização desvencilha o espírito dentro de nós, libera-nos e permite-nos participar dessa supremacia: assim, uma vez que entramos na experiência do self imutável, ou passamos por ela, não estamos mais presos e limitados na condição interna de nosso ser pelas determinações e criações da Natureza. Por outro lado, o lado dinâmico, essa liberdade original permite à Consciência criar um mundo de determinações sem que esse mundo a encadeie; essa liberdade permite-lhe também retirar-se do que criou e recriar segundo uma fórmula de verdade superior. É nessa liberdade que é baseado o poder do Espírito de variar ao infinito as possibilidades da verdade da existência e também sua capacidade de criar, sem ligar-se às suas próprias operações, todas as formas possíveis de Necessidade ou de sistema estruturado: o ser individual também, pela experiência desses absolutos negativos, pode participar dessa liberdade dinâmica, passar de uma ordem de autoformulação para um nível de expressão superior. Nesse estágio, quando ele deve mover-se do mental em direção a seu estado supramental, uma experiência muito útil, e talvez mesmo indispensável pelo seu grande poder liberador, pode intervir; é a experiência da imersão em um Nirvana total da mentalidade e do ego mental, uma passagem ao silêncio do Espírito. Em todo caso, uma realização do puro Self deve sempre preceder a transição a essa eminência mediadora da consciência, de onde se tem uma visão clara e soberana dos degraus ascendentes e descendentes da existência manifestada, enquanto a posse do livre poder de ascensão e descida torna-se uma prerrogativa espiritual. Uma identificação completa, independente, com cada um dos aspectos e poderes primordiais — que não se reduzem, como na mente, até se tornarem uma única experiência absorvente que parece ser final e integral, pois isso seria incompatível com a realização da unidade de todos os aspectos e poderes da existência — é uma capacidade inerente à consciência no Infinito; essa, de fato, é a base e justificação da cognição sobremental e sua vontade de conduzir cada aspecto, cada poder, cada possibilidade à plenitude independente de cada um. Mas a Supramente conserva sempre, e em cada estado ou condição, a realização espiritual da Unidade de tudo; a presença íntima dessa Unidade está aí, mesmo ao alcance mais completo de cada coisa, e cada estado recebe seu inteiro deleite, poder e valor; assim, não se perdem de vista os aspectos afirmativos, mesmo quando a verdade dos aspectos negativos é inteiramente aceita. A Sobremente mantém ainda o sentido dessa Unidade subjacente; para ela isso é a base segura de toda experiência independente. Na Mente, o conhecimento da unidade de todos os aspectos é perdido na superfície, a consciência está imersa em afirmações absorventes, separadas, exclusivas; mas aí também, mesmo na ignorância da Mente, a realidade total ainda continua presente por trás da absorção exclusiva e pode ser recobrada na forma de uma profunda intuição mental, ou ainda na ideia ou sentimento de uma verdade subjacente da unidade integral; na mente espiritual isso pode se tornar uma experiência sempre presente.

Todos os aspectos da Realidade onipresente têm sua verdade fundamental na Existência Suprema. Assim, mesmo o aspecto ou poder da Inconsciência, que parece ser uma contradição, uma negação da eterna Realidade, também corresponde a uma Verdade contida no Infinito que é consciente de si e de tudo. Um olhar atento revela-nos que esse é o poder que tem o Infinito de mergulhar a consciência em um transe de autoinvolução, um autoesquecimento do Espírito, velado em seu próprio abismo onde nada é manifesto, mas tudo é, inconcebivelmente, e pode emergir dessa latência inefável. Nas alturas do Espírito, esse estado de sono-transe infinito ou cósmico aparece à nossa cognição como uma Supraconsciência luminosa e absoluta: na outra extremidade do ser ele se oferece à nossa cognição como o poder que tem o Espírito de apresentar a si mesmo os opostos de suas próprias verdades de ser — um abismo de não existência, uma profunda Noite de inconsciência, um insondável desfalecimento da sensibilidade, de onde, no entanto, todas as formas de ser, consciência e deleite de ser podem manifestar-se — mas aparecem em formas limitadas, em autoformulações que emergem lentamente e crescem, mesmo em termos contrários a si mesmas; esse é o jogo de um todo-ser secreto, todo-deleite secreto, autoconhecimento secreto, mas segue as regras de seu autoesquecimento, de sua auto-oposição, autolimitação até estar pronto a ultrapassá-las. Tais são a Inconsciência e a Ignorância que vemos em ação no universo material. Não uma negação, mas um termo, uma fórmula da Existência eterna e infinita.

É importante examinar aqui o sentido adquirido pelo fenômeno da Ignorância nessa cognição total do ser cósmico, seu lugar designado na economia espiritual do universo. Se tudo o que experienciamos fosse uma imposição, uma criação irreal no Absoluto, a existência cósmica e a existência individual seriam ambas, em sua própria natureza, uma Ignorância; o único conhecimento real seria uma indeterminável autopercepção do Absoluto. Se tudo fosse a edificação de uma criação temporal e fenomênica face à realidade do Eterno, testemunha fora do tempo, e se a criação fosse não uma manifestação da Realidade, mas uma construção cósmica arbitrária autoefetiva, isso também seria um modo de imposição. Nosso conhecimento da criação seria o conhecimento de uma estrutura temporária de consciência e ser evanescentes, de um Devenir duvidoso que atravessa a visão do Eterno, não um conhecimento da Realidade; isso também seria uma Ignorância. Mas se tudo é uma manifestação da Realidade, se todas as coisas são reais pelo fato da imanência constituinte e a presença dessa Realidade, de sua essência, que lhes dá sua substância, então a percepção do ser individual e do ser universal seria, em sua origem e sua natureza espirituais, um jogo do autoconhecimento infinito e do conhecimento do todo: a ignorância seria apenas um movimento subordinado, uma cognição reprimida ou restrita ou um conhecimento parcial e imperfeito que evolui tendo a percepção verdadeira e total de si e do todo escondida em si e atrás de si. Esse seria um fenômeno temporário, não a causa e essência da existência cósmica; sua inevitável consumação seria um retorno do Espírito; não fora do cosmos, para uma única autopercepção supracósmica, mas no próprio cosmos, para um conhecimento integral de si e do todo.

Poder-se-ia objetar que a cognição supramental não é, no fim das contas, a verdade final das coisas. Para além do plano supramental de consciência, que é uma etapa intermediária que conduz da sobremente e mente até a experiência completa de Satchidananda, estão os cumes mais altos do Espírito manifestado: lá, seguramente, a existência não poderia, de modo algum, ser baseada na determinação do Um na multiplicidade, mas se manifestaria única e simplesmente em uma pura identidade na unidade. Mas a consciência-verdade supramental não estaria ausente desses planos, pois ela é um poder inerente a Satchidananda: a diferença estaria nas determinações, que não seriam demarcações, seriam plásticas, fundidas umas nas outras, cada uma um infinito sem limites. Pois lá tudo é em cada um e cada um é em tudo, radical e integralmente — e haveria ao grau máximo uma percepção fundamental de identidade, inclusão mútua e interpenetração de consciência; o conhecimento como o vemos não existiria porque não seria necessário, uma vez que tudo seria uma ação direta da consciência no próprio ser: idêntica, íntima, intrinsecamente consciente de si e do todo. Mas, ainda assim, relações de consciência, relações de um deleite de ser mútuo, relações de poder essencial de ser, não seriam excluídas; esses planos espirituais mais altos não seriam um campo de indeterminabilidade vazia, uma vacuidade de existência pura.

Poderia ser dito ainda que, mesmo assim, ao menos no próprio Satchidananda, acima de todos os mundos da manifestação, não haveria nada mais do que a autopercepção de uma existência e uma consciência puras e um puro deleite de ser. Ou, na verdade, esse próprio ser tri-uno poderia muito bem ser apenas uma trindade de autodeterminações espirituais originais do Infinito; essas também, como todas determinações, poderiam deixar de existir no Absoluto inefável. Mas nosso ponto de vista é que essas devem ser verdades inerentes ao ser supremo; sua realidade mais alta deve preexistir no Absoluto, mesmo se são inefavelmente diferentes daquilo que são na experiência mais alta acessível à mente espiritual. O Absoluto não é um mistério de vacuidade infinita nem uma soma suprema de negações; nada pode manifestar-se que não seja justificado por um autopoder da Realidade original e onipresente.

CAPÍTULO II

# BRAHMAN, PURUSHA, ISHWARA — MAYA, PRAKRITI, SHAKTI

*Isto está presente nos seres, indivisível e como dividido.*
*Bhagavad-Gītā*, XIII. 17.

*Brahman, a Verdade, o Conhecimento, o Infinito.*
*Taittiriya Upanishad*, II. 1.

*Saiba que Purusha e Prakriti são ambos eternos, sem começo.*
*Bhagavad-Gītā*, XIII. 30.

*Deve-se conhecer Maya como Prakriti e o Mestre da Maya é o Senhor supremo de tudo.*
*Shvetashvatara Upanishad*, IV. 10.

*É o poder da Divindade no mundo que faz girar a roda de Brahman. É Ele que devemos conhecer, o supremo Senhor de todos os senhores, a suprema Divindade acima de todas as divindades. Suprema também é sua Shakti e múltipla a ação natural do conhecimento e da força dela. Divindade única, oculta em todos os seres, Self interno de todos os seres, é Ele que impregna tudo, absoluto sem qualidades, aquele que vela sobre todas as ações, a testemunha, o conhecedor.*
*Shvetashvatara Upanishad*, VI. 1, 7, 8, 11.

Há, então, uma suprema Realidade, eterna, absoluta e infinita. Como é absoluta e infinita, em sua essência ela é indeterminável. É indefinível e inconcebível pela Mente finita e definidora; é inefável para a palavra criada pela mente; não pode ser descrita nem por nossas negações, *neti, neti* — pois não podemos limitá-la dizendo que ela não é isso, que ela não é aquilo —, nem por nossas afirmações, pois não podemos fixá-la dizendo que é isso, que é aquilo, *iti, iti*. E contudo, embora seja incognoscível para nós dessa maneira, ela não é inteiramente, nem em todos os pontos, incognoscível; ela é autoevidente para si mesma e, embora inexprimível, é, no entanto, evidente para um conhecimento por identidade do qual o ser espiritual, em nós deve ser capaz; pois esse ser espiritual, em sua essência e realidade original e íntima, não é diferente dessa Existência Suprema.

Porém, embora seja assim indeterminado para a Mente, pelo fato de que é absoluto e infinito, descobrimos que esse Infinito Supremo e Eterno determina-se para nossa consciência no universo por verdades reais e fundamentais de seu ser, que estão além do universo e no universo e são o próprio fundamento de sua existência. Essas verdades apresentam-se à nossa cognição conceitual como os aspectos fundamentais em que vemos e experienciamos a Realidade onipresente. Em si mesmas, elas são apreendidas de modo direto, não pelo entendimento intelectual, mas por uma intuição espiritual, uma experiência espiritual na própria substância de nossa consciência; mas essas verdades podem também ser captadas em um plano conceitual, como uma ideia vasta e plástica, e podem ser expressas de alguma maneira em uma linguagem flexível, que não insiste muito em definições rígidas nem limita a amplidão e a sutileza da ideia. A fim de expressar essa experiência ou essa ideia com alguma fidelidade, é preciso criar uma linguagem ao mesmo tempo intuitivamente metafísica e poeticamente reveladora, que admita imagens significantes e vivas como veículo de uma indicação precisa, sugestiva e intensa — a linguagem dos *Vedas* e dos *Upanishads*, talhada em uma massa sutil e fecunda. Na linguagem comum do pensamento metafísico devemos nos contentar com uma indicação distante, uma aproximação por abstrações que pode ser ainda de alguma utilidade para nosso intelecto, pois é o tipo de linguagem que convém ao nosso método de compreensão lógico e funcional; mas se quiser ser útil realmente, o intelecto deve consentir em ultrapassar os limites de uma lógica finita e habituar-se à lógica do Infinito. É somente nessas condições, por essa maneira de ver e pensar, que deixa de ser paradoxal ou fútil falar do Inefável: mas se insistirmos em aplicar uma lógica finita ao Infinito, a Realidade onipresente nos escapará, e poremos nossas mãos apenas em uma sombra abstrata, uma forma morta petrificada pelas palavras ou um diagrama duro e incisivo que fala da Realidade sem expressá-la. Nosso modo de conhecimento deve ser apropriado àquilo que precisa ser conhecido, senão chegaremos apenas a uma especulação distante, a uma imagem do conhecimento e não ao conhecimento verdadeiro.

O aspecto supremo da Verdade que assim se manifesta para nós é uma autoexistência, autopercepção, autodeleite de ser que são eternos, infinitos e absolutos; isso fundamenta todas as coisas e secretamente as sustenta e permeia. Essa Autoexistência revela-se também em três termos de sua natureza essencial: o self, o ser consciente ou espírito, e Deus ou Ser Divino. Os termos indianos são mais satisfatórios — Brahman, a Realidade, é Atman, Purusha, Ishwara —, pois esses termos têm por raiz a Intuição e, mesmo sendo de uma precisão abrangente, são capazes de uma aplicação flexível que evita tanto o uso impreciso como a armadilha de conceitos intelectuais rígidos e demasiado limitados. O Brahman Supremo é o que na metafísica ocidental se chama o Absoluto; mas Brahman é ao mesmo tempo a Realidade onipresente onde tudo que é relativo existe como formas e movimentos dele; esse é um Absoluto que abraça todas as relatividades. Os *Upanishads* afirmam que tudo isto é Brahman: Mente é Brahman, Vida é Brahman, Matéria é Brahman; ao se dirigirem a Vayu, o senhor do Ar, da Vida, eles disseram: "Ó Vayu, tu és Brahman manifestado", e ao designarem o homem e o animal e o pássaro e o inseto, identificaram cada um separadamente com o Um —"Ó Brahman, tu és esse homem velho e esse menino e essa menina, tu és esse pássaro e esse inseto". Brahman é a Consciência que se conhece em tudo que existe; Brahman é a Força que sustenta o poder do Deus, do Titã, do Demônio, a força que age no ser humano e no animal e nas formas e energias da Natureza; Brahman é Ananda, a secreta Beatitude da existência, que é o éter de nosso ser e sem a qual ninguém pode respirar ou viver. Brahman é a Alma interna em todos os seres; Ele tomou a forma correspondente de cada forma criada em que habita. O Senhor dos Seres é isso que é consciente no ser consciente, mas é também a Consciência nas coisas inconscientes, o Um que é mestre e em controle da multiplicidade passiva nas mãos da Natureza-Força. Ele é o Atemporal e o Tempo; é o Espaço e tudo o que está no Espaço; é a Causalidade, a causa e o efeito: Ele é o pensador e seu pensamento, o guerreiro e sua coragem, o jogador e seu lance de dados. Todas as realidades e todos os aspectos, todas as aparências são o Brahman; Brahman é o Absoluto, o Transcendente e incomunicável, a Existência Supracósmica que sustenta o cosmos, o Self Cósmico que mantém todos os seres, mas é também o self de cada indivíduo: a alma ou entidade psíquica é uma eterna porção do Ishwara; ele é sua Natureza ou Consciência-Força suprema que se tornou o ser vivo em um mundo de seres vivos. Só Brahman é, e graças a Ele todos os seres são, pois todos são o Brahman; essa Realidade é a realidade de tudo que vemos no Self e na Natureza. Brahman, o Ishwara, é tudo isso pelo seu Ioga-Maya, pelo poder de sua

Consciência-Força projetada na automanifestação: Ele é o Ser Consciente, a Alma, o Espírito, o Purusha, e é pela sua Natureza, pela força de sua autoexistência consciente que Ele é todas as coisas, o Ishwara, o onisciente e onipotente que governa tudo, e é por sua Shakti, seu Poder consciente, que ele se manifesta no Tempo e governa o universo. Essas e outras afirmações similares tomadas juntas são todo-abrangedoras; é possível para a mente cortar e selecionar, construir um sistema fechado e justificar-se por excluir tudo que aí não entra; mas é na afirmação completa e múltipla que devemos nos basear se tivermos que adquirir um conhecimento integral.

Uma Autoexistência, Autopercepção, Autodeleite de ser, absolutos, eternos e infinitos, que sustentam e permeiam secretamente o universo ao mesmo tempo que o ultrapassam é, então, a primeira verdade da experiência espiritual. Mas essa verdade de ser tem um aspecto ao mesmo tempo impessoal e pessoal; ela não é apenas Existência, é também o Ser único absoluto, eterno e infinito. Assim como existem três aspectos fundamentais nos quais encontramos essa Realidade — Self, Ser Consciente ou Espírito, e Deus, o Ser Divino ou, para usar os termos indianos, a Realidade absoluta e onipresente, Brahman, manifestado para nós como Atman, Purusha, Ishwara —, da mesma maneira seu poder de Consciência nos aparece sob três aspectos: ele é a força inerente dessa consciência conceptivamente criadora de todas as coisas, Maya; ele é a Prakriti, Natureza ou Força tornada dinamicamente executiva, elaborando todas as coisas sob o olhar do Ser Consciente, o Self ou Espírito; ele é o Poder do Ser Divino, Shakti, que ao mesmo tempo cria conceptivamente e realiza de maneira dinâmica todas as obras divinas. Esses três aspectos e seus poderes fundamentam e englobam o todo da existência e toda a Natureza e, reunidos em um único todo, reconciliam a Transcendência supracósmica, a universalidade cósmica e a separatividade de nossa existência individual, que parecem desiguais e incompatíveis; o Absoluto, a Natureza cósmica e nós mesmos somos ligados, unidos por esse aspecto tri-uno da Realidade única. Considerada em si mesma, a existência do Absoluto, o Supremo Brahman, seria então uma contradição do universo relativo, e nossa existência real seria incompatível com sua Realidade única e incomunicável. Mas Brahman é, ao mesmo tempo, onipresente em todas as relatividades; Ele é o Absoluto independente de todos os relativos, o Absoluto que é a base de todos os relativos, o Absoluto que governa, permeia, constitui todos os relativos; não há nada que não seja a Realidade onipresente. Ao observar o aspecto triplo e o poder triplo, chegaremos a ver como isso é possível.

Se considerarmos essa imagem da Autoexistência e suas obras como uma visão integral, unitária e ilimitada, ela se mantém e se impõe pela sua convincente totalidade; mas para a análise do intelecto lógico ela oferece uma abundância de dificuldades, o que é inevitável desde que se tenta erigir um sistema lógico a partir da percepção de uma Existência ilimitável, uma vez que qualquer esforço desse tipo, para ser coerente, deve segmentar arbitrariamente a verdade complexa das coisas ou então tornar-se insustentável logicamente devido à sua abrangência. Pois vemos o Indeterminável determinar-se como infinito e finito, o Imutável admitir uma constante mutabilidade e diferenças sem fim, o Um tornar-se uma multitude inumerável, o Impessoal criar ou sustentar a personalidade, ele mesmo uma Pessoa; o Self tem uma natureza, e contudo, é diferente de sua natureza; o Ser muda-se em devenir e, contudo, é sempre ele mesmo e diferente de seus devenires; o Universal individualiza-se e o Indivíduo universaliza-se; Brahman é, ao mesmo tempo, vazio de qualidades e capaz de infinitas qualidades, o Senhor e Autor das obras, e contudo não age, testemunha silenciosa das operações da Natureza. Se observarmos com cuidado essas operações da Natureza, uma vez posto de lado o véu de familiaridade e nosso consentimento irrefletido ao processo das coisas, que achamos natural porque se passam sempre assim, descobriremos que tudo o que a Natureza faz, no todo ou em parte, é um milagre, ato de alguma magia incompreensível. O ser da Autoexistência e o mundo que nele apareceu são, cada um deles e os dois juntos, um mistério suprarracional. Parece-nos que há uma razão nas coisas porque os processos da finidade física se enquadram à nossa visão e sua lei pode ser determinada, mas, ao examiná-la de perto, essa razão nas coisas parece tropeçar a cada momento no irracional ou no infrarracional e no suprarracional: a consistência, a determinabilidade do processo parece diminuir, em lugar de aumentar, à medida que passamos da matéria para a vida e da vida para a mente; se o finito consente, até certo ponto, em parecer racional, o infinitesimal se recusa a sujeitar-se às mesmas leis, e o infinito é inapreensível. Quanto à ação do universo e seu significado, isso nos escapa completamente; se existe um Self, Deus ou Espírito, suas relações com o mundo e conosco são incompreensíveis, não oferecem sinal algum que possamos seguir. Deus e a Natureza, e mesmo nós, nos movemos de uma maneira misteriosa, que só é compreensível parcialmente e em alguns pontos, mas no todo escapa à nossa compreensão. Todas as obras de Maya parecem ser a produção de um Poder mágico suprarracional que organiza as coisas conforme sua sabedoria ou fantasia, mas uma sabedoria que não é a nossa e uma fantasia que confunde nossa imaginação. Para nossa razão, o Espírito que manifesta as coisas, ou se manifesta nelas de modo tão obscuro, parece um Mágico, e o poder dele, ou sua Maya, uma magia criadora: mas magia pode criar ilusões ou realidades espantosas, e achamos difícil decidir qual desses processos suprarracionais se apresenta a nós nesse universo.

Porém, de fato, a causa dessa impressão deve necessariamente ser buscada não em algo ilusório ou fantástico no Supremo ou na Autoexistência universal, mas em nossa própria incapacidade de captar o sinal supremo de sua existência múltipla ou descobrir o plano e o modelo secretos de sua ação. O Autoexistente é o Infinito e sua maneira de ser e agir deve ser a maneira do Infinito, mas nossa consciência é limitada, nossa razão é construída em uma base de coisas finitas; é irracional supor que uma consciência e uma razão finitas possam medir o Infinito; essa pequenez não pode julgar essa Imensidade; essa pobreza submetida a um uso limitado de seus magros recursos não pode conceber a gestão opulenta dessas riquezas; um semiconhecimento ignorante não pode seguir as moções de um Todo-Conhecimento. Nosso raciocínio é baseado em nossa experiência com as operações finitas da Natureza física, em uma observação incompleta e compreensão incerta de algo que age dentro de limites; nessas bases ele organizou certas concepções que busca tornar gerais e universais, e tudo o que contradiz ou se afasta dessas concepções é visto por ele como irracional, falso ou inexplicável. Mas existem diferentes ordens da realidade, e as concepções, medidas e normas que convêm a uma não são necessariamente aplicáveis à outra. Nosso ser físico é construído primeiro em um agregado de infinitesimais: elétrons, átomos, moléculas, células; mas a lei de ação desses infinitesimais não explica todos os funcionamentos físicos, mesmo aqueles do corpo humano, e se aplica ainda menos às leis e processos de ação das partes suprafísicas do ser humano, aos movimentos de sua vida, aos movimentos de sua mente e aos movimentos de sua alma. No corpo, os finitos foram formados com seus próprios hábitos, propriedades, modos característicos de ação; o corpo mesmo é um finito que não é um mero agregado desses finitos menores, que ele usa como partes, órgãos, instrumentos constituintes de suas operações; o corpo formou um ser e possui uma lei geral que é superior à sua dependência desses elementos ou constituintes. Por sua vez, a vida e a mente são finitos suprafísicos com um modo de operar diferente e mais sutil que lhes é próprio, e a dependência de instrumentos físicos não anula seu caráter intrínseco; há outra coisa em nosso ser mental e vital, em nossas forças vitais e mentais, algo mais que o simples funcionamento de um corpo físico. Mas, por sua vez, cada finito é em sua realidade ou possui atrás um Infinito que o construiu, sustenta e dirige, e o fez como sua autoimagem; de modo que, mesmo o ser, a lei e o processo do finito não podem ser completamente compreendidos sem um conhecimento daquilo que está oculto nele ou por trás dele: nosso conhecimento, nossas concepções e normas finitas podem ser válidas dentro dos seus limites, mas são incompletas e relativas. Uma lei baseada na observação daquilo que é dividido no Espaço e no Tempo não pode ser aplicada em toda confiança ao ser e à ação do Indivisível; não apenas não se pode aplicá-la ao Infinito sem espaço e sem tempo, mas nem mesmo a um Tempo Infinito ou um Espaço Infinito. Nosso ser superficial pode estar atado a uma lei e um processo, mas não é necessariamente a mesma coisa para o que está oculto dentro de nós. Nosso intelecto, por sua vez, baseando-se na razão, acha difícil lidar com o que é infrarracional; a vida é infrarracional, e constatamos que nossa razão intelectual, quando se aplica à vida, lhe impõe constantemente um controle, uma medida e uma regra procustiana artificial que conseguem matar ou petrificar a vida, ou então a encerram em formas e convenções rígidas que mutilam e aprisionam sua capacidade ou acabam em uma confusão, revolta da vida, decadência ou interrupção dos sistemas e superestruturas construídos por nossa inteligência. Um instinto e uma intuição são necessários, que o intelecto não controla e nem sempre ouve, quando eles vêm por si mesmos ajudar o trabalho da mente. Mas deve ser ainda mais difícil para nossa razão compreender e lidar com o suprarracional; o suprarracional é o reino do espírito, e a razão perde-se na vastidão, sutilidade, profundidade e complexidade de seus movimentos; aqui, a intuição e a experiência interior são os únicos guias ou, se há algum outro, é aquilo do qual a intuição é só um fio aguçado, um intenso raio projetado — a iluminação final deve vir da Consciência-Verdade suprarracional, de uma visão e um conhecimento supramentais.

Mas o ser e a ação do Infinito não devem, por isso, ser vistos como se fossem uma magia desprovida de toda razão; ao contrário, há uma razão maior em todas as operações do Infinito, mas não é nem mental nem intelectual, é uma razão espiritual e supramental: tem uma lógica porque há nela relações e conexões infalivelmente vistas e executadas; o que é magia para nossa razão finita é a lógica do Infinito. É uma razão, uma lógica maior, porque é mais vasta, mais sutil, mais complexa em suas operações: abarca todos os dados que nossa observação não consegue apreender, e a partir deles chega a resultados imprevisíveis que não podemos deduzir nem antecipar, porque nossas conclusões e deduções têm uma base magra e são falíveis e frágeis. Quando observamos um acontecimento, o julgamos e explicamos em função do resultado e a partir de um olhar rápido a seus elementos, circunstâncias ou causas mais externas; mas cada acontecimento é o resultado de um conjunto complexo de forças que não observamos e nem podemos observar, porque todas as forças são invisíveis para nós — mas elas não são invisíveis para a visão espiritual do Infinito: algumas delas são realidades que trabalham para produzir ou suscitar uma nova realidade, outras são potenciais que estão próximas de realidades preexistentes e, de certa maneira, incluídas no agregado dessas realidades; mas novas possibilidades podem sempre intervir, as quais se tornam de repente potenciais dinâmicos e unem-se ao conjunto e, por trás de tudo, existem imperativos, ou um imperativo, que essas possibilidades se esforçam para realizar. Além disso, resultados diferentes são possíveis a partir do mesmo conjunto de forças; o que virá a partir deles é determinado por uma sanção que, sem dúvida, esperava e estava pronta desde sempre, mas parece chegar rapidamente para intervir e alterar tudo — um imperativo divino decisivo. Tudo isso nossa razão não pode apreender porque ela é o instrumento de uma ignorância — sua visão é muito limitada e sua pequena provisão de conhecimento acumulado não é sempre muito segura ou muito confiável — e ela tampouco tem os meios para uma percepção direta, pois essa é a diferença entre intuição e intelecto: a intuição nasce de uma percepção direta, enquanto o intelecto é uma ação indireta de um conhecimento que parte do desconhecido para construir-se com dificuldade por meio de sinais, indicações e dados que reúne. Mas o que não é evidente para nossa razão e nossos sentidos é autoevidente para a Consciência Infinita e, se existe uma Vontade do Infinito, deve ser uma Vontade que age com esse pleno conhecimento e é o resultado perfeito e espontâneo de uma total evidência. Ela não é uma Força evolutiva entravada, amarrada pelo que desenvolveu, nem uma Vontade imaginativa que age no vazio segundo seus caprichos; ela é a verdade do Infinito afirmando-se nas determinações do finito.

É evidente que uma tal Consciência, uma tal Vontade não necessita agir em harmonia com as conclusões de nossa razão limitada ou em acordo com um método familiar a essa razão e aprovado por nossas noções construídas ou submissas a uma razão ética que atua para um bem limitado e fragmentário; ela poderia admitir, e admite, certas coisas julgadas irracionais ou não éticas por nossa razão porque eram necessárias ao Bem último e total e à elaboração de um propósito cósmico. O que nos parece irracional ou repreensível em relação a um conjunto parcial de fatos, motivos, desideratos, pode ser perfeitamente racional e aceitável em relação a um motivo muito mais vasto e uma totalidade muito mais vasta de dados e desideratos. A razão, com sua visão parcial, erige conclusões fabricadas que ela se esforça para transformar em regras gerais de conhecimento e ação e, por algum subterfúgio mental, impõe sua lei ou se desembaraça do que não está em acordo com essa lei; uma Consciência infinita não teria tais regras, teria, em lugar disso, amplas verdades intrínsecas governando automaticamente conclusão e resultado, que ela adaptaria de modo diferente e espontâneo a uma ou outra totalidade de circunstâncias, de um modo tal que essa plasticidade e essa adaptação livre poderiam dar à razão mais estreita a impressão de uma ausência total de normas. Da mesma maneira, não podemos julgar o princípio e as operações dinâmicas do ser infinito pelas normas da existência finita — o que pode ser impossível para um, talvez seja, para a Realidade maior e mais livre, seu estado normal e evidentemente natural. É isso que faz a diferença entre nossa consciência mental fragmentária, que constrói números inteiros a partir de suas frações, e uma consciência, uma visão e um conhecimento essenciais e totais. De fato não é possível, enquanto formos obrigados a usar a razão como nosso suporte principal, que ela abdique completamente em favor de uma intuição não desenvolvida ou semiorganizada; mas é imperativo para nós, se quisermos considerar o Infinito, seu ser e sua ação, impor à nossa razão uma extrema plasticidade e abri-la a uma percepção de estados e possibilidades mais vastas do que aquilo que nos esforçamos a considerar. Não servirá de nada aplicar nossas conclusões limitadas e limitantes Àquilo que é ilimitável. Se nos concentrarmos apenas em um aspecto e o tratarmos como o todo, ilustraremos a história dos homens cegos e o elefante: cada um dos pesquisadores cegos tocou em uma parte diferente e concluiu que o animal inteiro era algum objeto parecido com a parte que ele havia tocado. A experiência de um aspecto do Infinito é válida em si, mas não podemos generalizar a partir daí que o Infinito é apenas isso; nem seria seguro ver o resto do Infinito nos termos desse aspecto e excluir todos os outros pontos de vista da experiência espiritual. O Infinito é, ao mesmo tempo, uma essencialidade, uma totalidade sem limites e uma multitude; tudo isso deve ser conhecido para que se possa conhecer verdadeiramente o Infinito. Ver apenas as partes e ignorar a totalidade, ou vê-la apenas como uma soma das partes é um conhecimento, mas é, ao mesmo tempo, também uma ignorância; ver apenas a totalidade e ignorar as partes é um conhecimento e, ao mesmo tempo, também uma ignorância, pois uma parte pode ser maior do que o todo, porque pertence ao transcendente; ver apenas a essência, porque nos reconduz diretamente à transcendência, e negar a totalidade e as partes é o penúltimo conhecimento, mas aqui também há uma ignorância capital. Um conhecimento completo é necessário e a razão deve se tornar bastante plástica para ver todas as facetas, todos os aspectos, e buscar através deles aquilo em que eles são um.

Do mesmo modo, se virmos só o aspecto do self, poderemos nos concentrar no seu silêncio estático e perder a verdade dinâmica do Infinito; se virmos só o Ishwara, poderemos perceber a verdade dinâmica mas perder o estado eterno e o silêncio infinito; poderemos nos tornar conscientes apenas do ser dinâmico, da consciência dinâmica, do deleite de ser dinâmico, mas perder a existência pura, a consciência pura, a pura beatitude de ser. Se nos concentrarmos apenas no Purusha-Prakriti talvez vejamos só a dicotomia entre a Alma e a Natureza, o Espírito e a Matéria, e sua unidade nos escapará. Ao considerar a ação do Infinito, devemos evitar o erro do discípulo, que, imaginando ser o Brahman, recusou-se a obedecer ao alerta do condutor do elefante para que se afastasse do caminho; ele foi pego pela tromba do elefante e removido da estrada; "Você é sem dúvida o Brahman", disse o mestre a seu confuso discípulo, "mas por que não obedeceu ao condutor Brahman e se afastou do caminho do elefante Brahman?". Não devemos cometer o erro de enfatizar um lado da Verdade e tirar conclusões ou agir a partir disso, à exclusão de todos os outros lados e aspectos do Infinito. A realização "Eu sou Isto" é verdade, mas não podemos continuar nossa busca, com toda segurança, a partir dessa base, a menos que realizemos também que tudo é Isto. Nossa autoexistência é um fato, mas devemos também ser conscientes de outros selfs, do mesmo Self em outros seres e d'Isto que excede nosso próprio self e o self do outro. O Infinito é uno em uma multiplicidade e sua ação só pode ser percebida por uma Razão suprema que considera tudo e age como uma percepção-do-um observando-se na diferença e respeitando suas próprias diferenças, de modo que cada coisa e cada ser possui sua forma de ser essencial e sua forma de natureza dinâmica, *svarupa, svadharma*, e todas são respeitadas no funcionamento total. O conhecimento e a ação do Infinito são um, em uma variabilidade sem limites: do ponto de vista da Verdade infinita seria igualmente um erro insistir em uma similaridade de ação em todas as circunstâncias ou em uma diversidade de ação sem nenhuma verdade nem harmonia unificadoras por trás da diversidade. Se em nossa própria regra de conduta buscamos agir segundo essa Verdade maior, seria igualmente um erro insistir apenas em nosso self ou insistir apenas no self de outros; é no Self de todos que devemos encontrar uma unidade e diversidade de ação que seja total, infinitamente plástica e, contudo, harmoniosa, pois essa é a natureza das obras do Infinito.

Se olharmos do ponto de vista de uma razão mais plástica e vasta — levando em consideração a lógica do Infinito — as dificuldades que nossa inteligência encontra quando tenta conceber a Realidade absoluta e onipresente, veremos que toda a dificuldade é verbal e conceitual, e não real. Nossa inteligência examina seu conceito do Absoluto e vê que esse deve ser indeterminável, e vê ao mesmo tempo um mundo de determinações que emana do Absoluto e existe nele — pois não pode emanar de nenhum outro lugar e não pode existir em nenhum outro lugar; ela fica ainda mais perturbada pela afirmação, essa também dificilmente discutível em tais premissas, de que todos esses determinados não são mais do que esse próprio Absoluto indeterminável. Mas a contradição desaparece quando compreendemos que a indeterminabilidade em seu sentido verdadeiro não é negativa nem consiste em impor uma incapacidade ao Infinito, mas é positiva: há no Infinito uma liberdade em relação à limitação criada por suas próprias determinações, e necessariamente uma liberdade com relação a toda determinação externa produzida por qualquer coisa que não seja ele mesmo, pois não é possível, na realidade, que um tal não-self possa manifestar-se. O Infinito é ilimitavelmente livre, livre de determinar-se infinitamente, livre de tudo que, em suas próprias criações, pudesse restringi-lo. De fato, o Infinito não cria, ele manifesta o que está em si mesmo, na própria essência de sua realidade; ele próprio é essa essência de toda realidade, e todas as realidades são poderes dessa única Realidade. O Absoluto nem cria nem é criado — no sentido corrente de fazer ou ser feito; podemos falar de criação apenas no sentido do Ser tornando-se, em forma e movimento, o que já é em substância e estado. Contudo, devemos enfatizar sua indeterminabilidade nesse sentido particular e positivo não como uma negação, mas como uma condição indispensável de sua autodeterminação livre e infinita, porque sem isso a Realidade seria um determinado eterno e fixo, ou então um indeterminado fixo e atado a uma soma de possibilidades de determinação que lhe seriam inerentes. Sua própria liberdade de toda limitação, de toda ligação tecida pela sua própria criação não pode ser mudada em limitação, em incapacidade absoluta, em uma negação de toda liberdade de autodeterminação; é isto que seria uma contradição: tentar definir e limitar, pela negação, o infinito e ilimitável. No fato central dos dois aspectos da natureza do Absoluto, o aspecto essencial e o aspecto autocriador ou dinâmico, não entra nenhuma contradição real: só uma essência pura, infinita, pode formular-se de infinitas maneiras. Uma exposição é complementar à outra, não há anulação mútua nem incompatibilidade; é apenas a exposição dual de um único fato inevitável, feita pela razão humana em uma linguagem humana.

A mesma conciliação ocorre em toda parte, quando, com um olhar direto e preciso, consideramos a verdade da Realidade. Quando temos a experiência disso, tornamo-nos conscientes de um Infinito essencialmente livre de toda limitação relativa às qualidades, propriedades, características; por outro lado, tornamo-nos conscientes de um Infinito pululando de qualidades, propriedades, aspectos. Aqui, mais uma vez, a afirmação da liberdade ilimitável é positiva, não negativa; ela não nega o que vemos, mas, ao contrário, fornece a condição indispensável para isso, torna possível uma autoexpressão livre e infinita de qualidade e atributo. Uma qualidade é o caráter de um poder do ser consciente; ou podemos dizer que a consciência do ser, ao expressar aquilo que está nela, torna o poder que ela emana reconhecível mediante uma marca inata que chamamos qualidade ou caráter. Coragem, como qualidade, é um desses poderes de ser, é certo caráter de minha consciência que expressa uma força formulada de meu ser, emanando ou criando um tipo definido de força de minha natureza em ação. Do mesmo modo, o poder de cura de um remédio é sua propriedade, uma força de ser particular inerente à erva ou ao mineral que o produz, e essa especialidade é determinada pela Ideia-Real escondida na consciência involuída que reside na planta ou no mineral; a ideia faz ressurgir neles o que estava lá, na raiz de sua manifestação, e agora emergiu como a força de seu ser. Todas as qualidades, propriedades e características são tais poderes de ser consciente, que o Absoluto assim emanou de si mesmo; Ele possui tudo n'Ele, Ele tem o livre poder de tudo projetar;[1] e contudo não podemos definir o Absoluto como uma qualidade, como coragem ou poder de cura, e não podemos nem mesmo dizer que esses são os traços característicos do Absoluto, nem fazer uma soma de qualidades e dizer "isso é o Absoluto". Mas tampouco podemos falar do Absoluto como de um puro vazio incapaz de manifestar essas coisas; ao contrário, toda capacidade está aí, os poderes de todas as qualidades e de todos os caracteres estão aí, em sua própria natureza. A mente encontra-se em dificuldade porque tem que dizer: "o Absoluto ou Infinito não é nenhuma dessas coisas, essas coisas não são o Absoluto ou Infinito", e ao mesmo tempo ela tem que dizer: "o Absoluto é todas essas coisas, elas não são nada mais do que Isto, porque Isto é a única existência e a toda-existência". Aqui, é evidente que é a finitude excessiva da concepção intelectual e da expressão verbal que cria a dificuldade, quando na realidade não há nenhuma; pois seria evidentemente absurdo dizer que o Absoluto é coragem ou poder de cura, ou dizer que coragem e poder de cura são o Absoluto, mas seria igualmente absurdo negar a capacidade do Absoluto de emanar coragem ou poder de cura como autoexpressões em sua manifestação. Quando a lógica do finito nos trai, devemos ver com uma visão direta e ilimitada o que se encontra por trás, na lógica do Infinito. Podemos então nos dar conta de que o Infinito é infinito em qualidades, características, poder, mas que nenhuma soma de qualidades, características, poderes, pode descrever o Infinito.

Vemos que o Absoluto, o Self, o Divino, o Espírito, o Ser, é Um; o Transcendental é um, o cósmico é um: mas vemos também que os seres são múltiplos e cada um possui um self, um espírito, uma natureza semelhante, ainda que diferente. E visto que o Espírito, a essência das coisas, é um, somos obrigados a admitir que toda essa multitude deve ser esse Um e que o Um é portanto múltiplo ou tornou-se múltiplo; porém, como o limitado ou relativo pode ser o Absoluto, e como o homem ou o animal ou o pássaro podem ser o Ser Divino? Ao erigir essa contradição aparente, a mente comete um erro duplo. Ela pensa em termos de uma unidade finita matemática que é una por limitação, o um menos que dois e que pode tornar-se dois só por divisão e fragmentação ou por adição e multiplicação; mas aqui se trata de uma Unidade infinita, é a Unidade essencial e infinita que pode conter a centena e o milhar, e o milhão, e o bilhão, e o trilhão. Qualquer que seja o número astronômico ou mais que astronômico que você amontoa e multiplica, ele não pode ultrapassar ou exceder essa Unidade; pois, como diz o *Upanishad*, Isto não se move e contudo

---

1. Em sânscrito, a palavra para criação significa "liberar" ou "projetar" o que está no ser.

se encontra sempre longe, na frente, quando você quer persegui-lo e apreendê-lo. Pode-se dizer que ele não seria a Unidade infinita se não fosse capaz de uma infinita multiplicidade; mas isso não quer dizer que o Um é plural ou que pode ser limitado ou descrito como a soma do Múltiplo: ao contrário, ele pode ser o Múltiplo infinito porque não pode ser limitado ou descrito pela multiplicidade nem limitado pela unidade conceitual finita. O pluralismo é um erro, porque embora exista a pluralidade espiritual, as múltiplas almas são existências dependentes e interdependentes; a soma delas também não é o Um nem é a totalidade cósmica; elas dependem do Um e existem pela sua Unidade; contudo, a pluralidade não é irreal: é a Alma Única que habita como indivíduo nessas almas múltiplas e elas são eternas no Um e pelo Eterno único. Isso é difícil para a razão mental, que opõe o Infinito ao finito e associa o caráter finito à pluralidade e o infinito à unidade; mas na lógica do Infinito não há tal oposição, e a eternidade do Múltiplo no Um é coisa perfeitamente natural e possível.

Além disso, vemos que existe um estado puro, infinito, e um silêncio imóvel do Espírito; vemos também que há um movimento ilimitado do Espírito, um poder, uma extensão do Infinito, dinâmica e espiritual, que contém tudo. Nossas concepções impõem a essa percepção, em si válida e correta, uma oposição entre silêncio e estado estático, de um lado, e *dynamis* e movimento, do outro lado, mas para a razão e a lógica do Infinito, tal oposição não pode existir. Um Infinito puramente silencioso e estático, um Infinito sem energia, *dynamis* e poder infinitos é inadmissível, a menos que se perceba apenas um aspecto; um Absoluto sem poder, um Espírito sem força é impensável: uma energia infinita deve ser a *dynamis* do Infinito, um todo-poder deve ser a potência do Absoluto, uma força ilimitável deve ser a força do Espírito. Mas o silêncio e o estado estático são a base do movimento, uma imobilidade eterna é a condição necessária, o campo, e mesmo a essência, da mobilidade infinita, um ser estável é condição e fundamento da vasta ação da Força de ser. É quando nos aproximamos desse silêncio, estabilidade, imobilidade, que podemos estabelecer nisso uma força e energia que seriam inconcebíveis em nosso estado superficial de agitação. A oposição que fazemos é mental e conceitual; na realidade, o silêncio do Espírito e a *dynamis* do Espírito são verdades complementares e inseparáveis. O Espírito silencioso e imutável pode manter em si mesmo sua energia infinita, silenciosa e imóvel, pois não é limitado por suas próprias forças, não é súdito nem instrumento delas, mas as possui, libera, é capaz de uma ação eterna e infinita, jamais se cansa ou necessita parar; e contudo, sua imobilidade silenciosa inerente à sua ação e ao seu movimento não é nem por um momento abalada, perturbada ou alterada por sua ação e seu movimento; a testemunha silenciosa do Espírito está aí, no próprio feitio de todas as vozes e operações da Natureza. Podemos ter dificuldade em compreender essas coisas porque nossas capacidades finitas, superficiais, são limitadas nas duas direções, e nossas concepções são baseadas em nossas limitações; mas deveria ser fácil saber que essas concepções relativas e finitas não se aplicam ao Absoluto e Infinito.

Em nossa concepção, o Infinito é sem forma, mas em todo lugar vemos forma e somos circundados por formas, e pode-se afirmar, como aliás fazemos, que o Ser Divino é ao mesmo tempo Forma e Sem-Forma. Aqui também, a aparente contradição não corresponde a uma real oposição. O Sem-Forma não é uma negação do poder de formação, mas a condição para a livre formação do Infinito: de outro modo só haveria uma única Forma, ou só uma soma fixa de formas possíveis em um universo finito. A ausência de forma é o caráter da essência espiritual, a substância-espírito da Realidade; todas as realidades finitas são poderes, formas dessa substância que modela si mesma: o Divino é sem forma e sem nome, mas, por essa razão mesma, é capaz de manifestar todos os nomes, todas as formas possíveis de ser. Formas são manifestações, não invenções arbitrárias saídas do nada, pois linha e cor, massa e desenho, que são o essencial da forma, são sempre portadores de um significado; são, pode-se dizer, valores e significados secretos de uma realidade invisível tornada visível; é por essa razão que forma, linha, cor, massa, composição, podem encarnar o que de outro modo seria invisível, podem transmitir aquilo que, de outro modo, seria oculto para os sentidos. Pode-se dizer que a forma é o corpo nativo, a autorrevelação inevitável do sem-forma, e isso é verdade não apenas para formas exteriores, mas também para as formações invisíveis da mente e da vida, que só percebemos pelo pensamento, e para aquelas formas sensíveis que só a percepção sutil da consciência interior pode captar. O nome, no sentido mais profundo, não é a palavra com que descrevemos o objeto, mas uma totalidade feita do poder, da qualidade, do caráter da realidade que uma forma objetiva encarna e tentamos resumir por um som que a designa, por um nome que podemos conhecer, *Nomen*. *Nomen*, nesse sentido, podemos dizer que é *Numen*; os Nomes secretos dos deuses são seu poder, sua qualidade, seu caráter de ser, captados pela consciência e tornados concebíveis. O Infinito é sem nome, mas nessa ausência de nome todos os nomes possíveis, os *Numens* dos deuses, os nomes e formas de todas as realidades são já considerados e prefigurados, porque são latentes e inerentes à Toda-Existência.

Torna-se claro, a partir dessas considerações, que a coexistência do Infinito com o finito, que é a própria natureza do ser universal, não é uma justaposição ou inclusão mútua de dois opostos, mas é tão natural e inevitável quanto a relação entre o princípio de Luz e Fogo e os sóis. O finito é um aspecto frontal e uma autodeterminação do Infinito; nenhum finito pode existir em si e por si, ele existe pelo Infinito e porque sua essência é una com o Infinito. Por infinito, então, não entendemos apenas uma autoextensão ilimitável no Espaço e no Tempo, mas algo que é igualmente sem espaço e sem tempo, um Indefinível e Ilimitável autoexistente que pode expressar-se no infinitesimal e na imensidade, em um segundo de tempo, um ponto do espaço, uma circunstância efêmera. O finito é visto como uma divisão do Indivisível, mas uma tal coisa não existe, pois essa divisão é só aparente; há uma demarcação, mas nenhuma separação real é possível. Quando, com a visão e os sentidos interiores, e não com o olho físico, vemos uma árvore ou outro objeto, aquilo que percebemos é uma Realidade una e infinita, que constitui a árvore ou o objeto, impregna cada um de seus átomos e moléculas, e forma-os a partir de si mesma, construindo toda a natureza, todo o processo do devenir, toda operação da energia imanente; todos são ela, são esse infinito, essa Realidade: vêmo-la estender-se indivisivelmente e unir todos os objetos, de modo que, na verdade, nenhum é separado dela nem completamente separado de outros objetos. "Isto se mantém", diz o *Bhagavad-Gītā*, "indiviso nos seres e no entanto como dividido." Assim, cada objeto é esse Infinito, unido em seu ser essencial com todos os outros objetos, que são também formas e nomes — poderes, *numens* — do Infinito.

Essa incoercível unidade em todas as divisões e diversidades é a matemática do Infinito, indicada em um verso dos *Upanishads* —"Isso é o todo e Aquilo é o todo; subtraia o todo do todo, o todo é o restante". Podemos também dizer da infinita automultiplicação da Realidade, que todas as coisas são essa automultiplicação; o Um torna-se Múltiplo, mas todos esses Múltiplos são Aquilo que era já e é sempre ele-mesmo, e, ao tornar-se o Múltiplo, continua a ser o Um. Não há divisão do Um pelo aparecimento do finito, pois é o um Infinito que nos aparece como o finito múltiplo: a criação não acrescenta nada ao Infinito; após a criação, ele continua a ser o que era antes. O Infinito não é uma soma de coisas, ele é Aquilo que é todas as coisas e ainda mais. Se essa lógica do Infinito contradiz as concepções de nossa razão finita é porque a ultrapassa, e não se baseia nos dados do fenômeno limitado mas abarca a Realidade e vê a verdade de todos os fenômenos na verdade da Realidade; não os vê como seres, movimentos, nomes, formas, coisas separadas, pois isso eles não podem ser, visto que só o seriam se fossem fenômenos no Vazio, coisas sem base ou essência comuns, fundamentalmente desconectadas, ligadas apenas pela coexistência e por relações pragmáticas, e não realidades que existem por sua raiz de unidade e, na medida em que podem ser consideradas independentes, são asseguradas de sua independência como imagens e movimentos externos ou internos apenas pela perpétua dependência de sua origem Infinita, sua identidade secreta com o um

Idêntico. O Idêntico é sua raiz, a causa de suas formas, o poder único de seus diversos poderes, sua substância constitutiva.

Para nossas noções, o Idêntico é o Imutável; ele é sempre o mesmo por toda a eternidade, pois se for ou tornar-se sujeito às mutações ou admitir diferenças, deixa de ser idêntico; mas o que vemos em toda parte é uma unidade fundamental infinitamente variável que parece ser o próprio princípio da Natureza. A Força de base é uma, mas manifesta a partir de si inumeráveis forças; a substância de base é uma, mas desenvolve muitas substâncias diferentes e milhões de objetos dessemelhantes; a mente é uma, mas diferencia-se em numerosos estados e formações mentais, pensamentos e percepções, que diferem um do outro e entram em harmonia ou em conflito; a vida é uma, mas as formas de vida são dessemelhantes e inumeráveis; a humanidade é uma em natureza, mas existem diferentes tipos raciais e cada indivíduo é ele mesmo e, de algum modo, diferente dos outros; a Natureza insiste em traçar linhas de diferença nas folhas de uma árvore; ela leva tão longe a diferenciação, que se descobriu que as marcas digitais do polegar de um homem são diferentes das marcas dos polegares de todos os outros homens, de modo que tão só essa diferenciação basta para identificá-lo — contudo, todos os seres humanos são fundamentalmente semelhantes e não há entre eles diferença essencial. A Unidade ou a similaridade está em toda parte, a diferenciação está em toda parte; a Realidade imanente construiu o universo a partir do princípio do desdobramento de uma única semente em um milhão de aspectos diferentes. Mas, de novo, essa é a lógica do Infinito; visto que a essência da Realidade é imutavelmente a mesma, ela pode assumir com segurança essas inumeráveis diferenças de forma, caráter e movimento, pois mesmo se essas diferenças fossem multiplicadas um trilhão de vezes, isso não afetaria a imutabilidade subjacente do eterno Idêntico. Visto que o Self e Espírito nas coisas e nos seres é um em todas as partes, então a Natureza pode permitir-se o luxo de variação infinita: se não houvesse essa base segura que faz com que nada mude e, no entanto, tudo muda, todas as suas obras e criações nesse jogo se desintegrariam e sucumbiriam no caos; não haveria nada para manter a coesão de seus movimentos e criações díspares. A imutabilidade do Idêntico não consiste em uma monotonia inalterável de semelhanças, incapaz de variação; ela consiste em uma imutabilidade de ser que no entanto é capaz de assumir formas de ser infinitas, mas que diferenciação alguma pode destruir, alterar ou diminuir. O Self torna-se inseto, pássaro, animal, homem, mas é sempre o mesmo Self nessas mutações, porque ele é o Um que se manifesta infinitamente em uma infinita diversidade. Nossa razão de superfície é propensa a concluir que a diversidade pode ser irreal, uma aparência apenas, mas se olharmos um pouco mais profundamente veremos que uma diversidade real faz aparecer a Unidade real, mostra, de certa maneira, sua capacidade máxima, revela tudo o que ela pode ser e é em si mesma, libera de sua brancura essas múltiplas nuances de cor que aí estão fundidas; a Unidade encontra-se infinitamente naquilo que nos parece ser uma queda, uma perda de sua unidade, mas que é, na realidade, uma demonstração múltipla e inexaurível de unidade. Isso é o Milagre, a Maya do universo, mas um milagre perfeitamente lógico, natural e evidente para a visão de si e a autoexperiência do Infinito.

Porque a Maya de Brahman é ao mesmo tempo a magia e a lógica de uma Unidade infinitamente diversa; se, de fato, houvesse apenas uma rígida monotonia de unidade e similaridade limitadas, não haveria lugar para a razão e a lógica, pois a lógica consiste nas percepções justas das relações: o supremo trabalho da razão é encontrar a substância única, a lei única, a realidade latente que cimenta, conecta e unifica o múltiplo e o diferente, o discordante, o dessemelhante. Toda existência universal se move entre esses dois termos: diversificação do Um, unificação do múltiplo e do diverso; e isso é inevitável, porque o Um e o Múltiplo são aspectos fundamentais do Infinito. De fato, o que o Autoconhecimento e o Todo-Conhecimento divinos expressam em sua manifestação deve ser a verdade de seu ser, e o jogo dessa verdade é sua Lila.

Essa, então, é a lógica do caminho do ser universal de Brahman e o funcionamento de base da razão, a inteligência infinita de Maya. Assim como é para o ser de Brahman, também é para sua consciência, Maya: ela não está presa a uma restrição finita de si ou a um só estado ou lei única de sua ação; ela pode ser muitas coisas ao mesmo tempo, ter muitos movimentos coordenados que podem parecer contraditórios à razão finita; ela é uma, mas inumeravelmente múltipla, infinitamente plástica, inexaurivelmente adaptável. Maya é a consciência e a força supremas e universais do Eterno e Infinito, e como é por natureza livre e ilimitável, pode manifestar ao mesmo tempo múltiplos estados de consciência, múltiplas disposições de sua Força, sem deixar de ser para sempre a mesma Consciência-Força. Ela é ao mesmo tempo transcendental, universal e individual; ela é o Ser supremo supracósmico que se percebe como o Todo-Ser, o Self Cósmico, a Consciência-Força da Natureza cósmica e, ao mesmo tempo, se experiencia como ser e consciência individuais em todas as existências. A consciência individual pode ver-se como limitada e separada, mas pode também pôr de lado suas limitações e conhecer-se como universal, assim como transcendendo o universo; porque há, em todos esses estados ou posições, ou subjacente a eles, a mesma consciência tri-una em um estado triplo. Não há, então, dificuldade alguma para que o Um se veja assim triplamente ou tenha a tripla experiência de si, seja do alto na Existência Transcendente, seja do meio, no Self Cósmico, seja de baixo, no ser consciente individual. Para que isso seja aceito como natural e lógico basta admitir que pode haver diferentes estados reais de consciência do Ser Único, e isso não seria impossível para uma Existência livre e infinita que não pode estar sujeita a uma única condição; uma consciência infinita deve ter naturalmente todo poder de diversificar-se. Se admitirmos a possibilidade de um múltiplo estado de consciência, não poderemos pôr limites às suas mudanças de estado, ou à maneira como essas mudanças se produzem, à condição de que o Um se perceba em todos esses estados simultaneamente, pois o Um e Infinito deve ser, assim, universalmente consciente. A única dificuldade, que uma reflexão ulterior pode resolver, é compreender as conexões entre um estado de consciência limitado ou construído, como o nosso, um estado de ignorância, e um conhecimento infinito, de si e de tudo.

Devemos admitir uma segunda possibilidade da Consciência Infinita: seu poder de autolimitação ou de autoformação secundária em um movimento subordinado no interior de uma consciência e um conhecimento integrais e ilimitados; pois essa é uma consequência necessária do poder de autodeterminação do Infinito. Cada autodeterminação do ser em si deve ter a percepção de sua verdade e de sua própria natureza; ou, se preferirmos, digamos que o Ser nessa determinação deve ser autoconsciente desse modo. Individualidade espiritual quer dizer que cada self ou espírito individual é um centro de visão de si e de tudo; a circunferência — circunferência sem limites, podemos dizer — dessa visão pode ser a mesma para todos, mas o centro pode ser diferente, não localizado em um ponto espacial em um círculo espacial, mas um centro psicológico relacionado com outros através de uma coexistência do Múltiplo diversamente consciente no ser universal. Cada ser em um mundo verá o mesmo mundo, mas a partir de seu ser essencial, segundo o modo próprio de sua natureza profunda: pois cada ser manifestará sua própria verdade do Infinito, sua própria maneira de determinar-se ou de conhecer as determinações cósmicas; sua visão, pela lei de unidade na diversidade, será sem dúvida fundamentalmente a mesma que a de outros, mas desenvolverá sua própria diferença — assim vemos que todos os seres humanos são humanamente cônscios dos mesmos fenômenos cósmicos, no entanto, sempre com uma diferença individual. Essa autolimitação não seria fundamental, mas uma especialização individual de uma universalidade e uma totalidade comuns; o indivíduo espiritual agiria a partir de seu próprio centro da Verdade única e segundo a natureza do seu self, mas em uma base comum e sem nenhuma cegueira em relação ao self e natureza dos outros. Seria a consciência limitando sua ação, mas em pleno conhecimento, não um movimento da ignorância. Mas à parte essa autolimitação individualizadora, deve haver também, na consciência do Infinito, um poder de limitação cósmica; essa consciência deve ser capaz de limitar sua ação de modo a dar uma base a certo mundo ou a certo universo e a mantê-lo em sua ordem, sua harmonia, sua própria edificação, pois a criação de um universo necessita uma determinação especial da Consciência Infinita para presidir a esse mundo e manter fora tudo o que não é necessário a esse movimento. Da mesma maneira, a projeção da ação independente de um poder como Mente, Vida e Matéria deve ter como suporte um princípio similar de autolimitação. Não se pode dizer que um tal movimento deve ser impossível para o Infinito, porque ele é ilimitável; ao contrário, esse deve ser um dos seus numerosos poderes, pois seus poderes também são ilimitáveis: mas essa projeção também, como outras autodeterminações, outras construções finitas, não poderia ser uma separação ou uma divisão real, pois toda a Consciência Infinita estaria em torno dela e por trás, e a sustentaria, e o próprio movimento especial seria intrinsecamente consciente não apenas de si, mas, em essência, de tudo o que está detrás de si. Isso seria assim, inevitavelmente, na consciência integral do Infinito; mas podemos também supor que uma percepção análoga, intrínseca, mas não ativa, que se delimita enquanto se mantém indivisível, poderia, também, estar na autoconsciência do movimento do Finito. Semelhante autolimitação consciente, cósmica ou individual, seria evidentemente possível para o Infinito e pode ser aceita por uma razão mais ampla como uma de suas possibilidades espirituais; mas por enquanto, nessa base, toda separação ou toda divisão ignorante, toda limitação que nos amarra e nos cega, como é evidente em nossa própria consciência, seriam inexplicáveis.

Mas um terceiro poder ou uma terceira possibilidade da Consciência Infinita pode ser admitido: seu poder de absorver-se, mergulhar em si mesma, em um estado em que a autopercepção existe, mas não como conhecimento nem como conhecimento do todo; o todo estaria então involuído em pura autopercepção e o conhecimento e a própria consciência interior estariam perdidos no puro ser. Esse é o estado luminoso que em sentido absoluto chamamos Supraconsciente — embora a maioria do que chamamos supraconsciente não o seja em realidade, mas seja apenas uma consciência mais alta, algo que é consciente de si e é supraconsciente apenas para nosso nível limitado de percepção. Por outro lado, essa autoabsorção, esse transe do infinito é o estado — não mais luminoso, mas obscuro — que chamamos o Inconsciente; pois o ser do Infinito está aí, embora pelo fato de sua aparente inconsciência ele nos pareça, antes, um Não-Ser infinito: uma consciência e uma força intrínsecas, esquecidas de si, estão aí, nesse Não-Ser aparente, pois um mundo ordenado é criado pela energia do Inconsciente; é criado em um transe de autoabsorção, a força agindo de modo automático e com uma aparente cegueira, como em um transe, mas ainda assim com a inevitabilidade e o poder de verdade do Infinito. Se dermos um passo a mais e admitirmos que para o Infinito uma ação específica, ou restrita e parcial, de autoabsorção, é possível — ação que nem sempre emana de sua infinidade ilimitavelmente concentrada em si, mas confinada a um estado particular ou a uma autodeterminação individual ou cósmica — teremos então a explicação da condição ou do estado de concentração pelo qual o Infinito pode perceber distintamente um só aspecto de seu ser. Pode haver aí, então, um duplo estado fundamental como aquele do Nirguna afastado do Saguna e absorvido em sua pureza e sua imobilidade próprias, enquanto o resto se mantém por trás de um véu e não é admitido nesse estado particular. Poderíamos, da mesma maneira, explicar esse estado em que a consciência percebe um só domínio ou um só movimento do ser, enquanto todo o resto é mantido por trás de um véu ou de certo modo separado, por um transe desperto de concentração dinâmica, da percepção especializada ou limitada que se ocupa apenas com seu domínio e seu movimento próprios. A totalidade da consciência infinita estaria presente, não abolida, recuperável mas evidentemente não ativa, ou ativa apenas de maneira implícita, por inerência ou por intermédio da percepção limitada, não por seu próprio poder e presença manifestos. Será evidente que esses três poderes poderão ser aceitos como parte da dinâmica da Consciência Infinita, e se examinarmos seus diversos modos de funcionamento, teremos uma possibilidade de encontrar um indício para elucidar as operações da Maya.

Isso projeta incidentalmente uma luz na oposição feita por nossas mentes entre a consciência pura, a existência pura, a beatitude pura e a atividade abundante, a aplicação múltipla, as vicissitudes sem fim do ser, da consciência e do deleite de ser que se produzem no universo. No estado de consciência pura e de ser puro, percebemos apenas aquilo que é simples, imutável, autoexistente, sem forma e sem objeto, e sentimos que só isso é verdadeiro e real. No outro estado, o estado dinâmico, sentimos que seu dinamismo é perfeitamente verdadeiro e natural e somos mesmo capazes de pensar que nenhuma experiência como a da consciência pura é possível. Contudo, agora é evidente que o estado estático e o estado dinâmico são ambos possíveis para a Consciência Infinita; estes são dois de seus estados e ambos podem estar presentes de modo simultâneo na consciência universal: um, como testemunha, a observar o outro e a sustentá-lo, ou mesmo sem olhar, sustentando-o automaticamente; ou o silêncio e o estado estático podem estar presentes penetrando a atividade ou projetando-a, como um oceano imóvel em suas profundezas projeta o movimento das ondas em sua superfície. Essa é também a razão pela qual é possível para nós, em certas condições de nosso ser, perceber vários estados de consciência diferentes, ao mesmo tempo. Há um estado de ser, experienciado no Ioga, em que nos tornamos uma consciência dupla: uma, na superfície, pequena, ativa, ignorante, dominada por pensamentos e sensações, tristezas e alegrias, e todo tipo de reações; a outra, dentro, calma, vasta, equânime, observando o ser de superfície com um desapego ou uma indulgência inalteráveis ou, talvez, agindo sobre sua agitação para aquietá-lo, ampliá-lo, transformá-lo. Da mesma maneira podemos nos elevar a uma consciência acima e observar as várias partes de nosso ser, a interna e a externa, a mental, vital e física, e o subconsciente abaixo, e atuar sobre uma ou outra ou sobre o todo, a partir desse estado superior. É possível também descer dessa altura, ou de qualquer outra, para qualquer um desses estados inferiores e fazer de sua luz limitada ou de sua obscuridade nosso lugar de trabalho, enquanto o resto de nosso ser é momentaneamente rejeitado ou posto de lado, ou então conservado como campo de referência onde podemos encontrar suporte ou aprovação, luz e influência, ou como um estado ao qual podemos nos elevar ou do qual podemos nos retirar e de onde podemos observar os movimentos inferiores. Ou podemos mergulhar em um transe, entrar em nós mesmos e aí sermos conscientes, enquanto todas as coisas externas são excluídas; ou podemos mesmo ultrapassar essa percepção interior e perdermo-nos em alguma outra consciência mais profunda ou alguma supraconsciência elevada. Há também uma consciência equânime que permeia tudo, onde podemos entrar e vermo-nos inteiramente, com um só olhar que abarca tudo ou com uma percepção onipresente, una e indivisível. Tudo que parece estranho e anormal ou pode parecer fantástico para a razão superficial — familiarizada apenas com nosso estado normal de ignorância limitada e seus movimentos, que são separados de nossa realidade interior mais alta e total — torna-se facilmente inteligível e admissível para a luz da razão e da lógica mais amplas do Infinito, ao admitirmos os poderes maiores ilimitáveis do Self, do Espírito em nós, que é um em essência com o Infinito.

 Brahman, a Realidade, é o Absoluto autoexistente e Maya é a Consciência e Força dessa autoexistência; mas, no que concerne ao universo, Brahman aparece como o Self de toda existência, Atman, o Self cósmico, mas também como o Supremo Self que transcende seu próprio aspecto cósmico e é ao mesmo tempo universal-individual em cada ser; Maya pode então ser vista como o poder de si, Atma-Shakti, do Atman. É verdade que no começo, quando percebemos esse Aspecto, em geral é em um silêncio de todo o ser ou ao menos em um silêncio interior que se retira ou se mantém à distância da ação de superfície; sente-se então que esse Self é um estado no silêncio, um ser imutável e imóvel, autoexistente, permeando todo o universo, onipresente em tudo, mas não dinâmico, não ativo, distanciado da energia sempre móvel de Maya. Do mesmo modo, podemos percebê-lo como o Purusha separado da Prakriti, o Ser Consciente que se mantém retirado das atividades da Natureza. Mas isso é uma concentração exclusiva que se limita a um estado espiritual e rejeita toda atividade a fim de realizar a liberdade de Brahman, a Realidade autoexistente, livre de todas as limitações em razão de sua própria ação e manifestação: essa é uma realização essencial, mas não a realização total, pois podemos ver que o Poder Consciente, a Shakti que age e cria, não é diferente da Maya, o todo-conhecimento do Brahman; esse é o Poder do Self; a Prakriti é a ação do Purusha, Ser Consciente ativo por sua própria Natureza: então a dualidade Alma e Energia-Cósmica, Self silencioso e Poder criador do Espírito, na realidade não é algo dual e separado, é uma bi-unidade. Assim como não se pode, dizem, separar o Fogo e o poder do Fogo, não podemos separar a Realidade Divina e sua Consciência-Força, Chit-Shakti. Essa primeira realização do Self como algo de intensamente silencioso e puramente estático não é sua verdade inteira, pode haver também a realização do Self como poder ou como aquilo que determina a ação e a existência universais. Contudo, o Self é um aspecto fundamental do Brahman, mas com certa ênfase em sua impersonalidade. Em consequência, o Poder do Self tem a aparência de uma Força que age de maneira automática, sustentada pelo Self que é testemunha e suporte de suas atividades, das quais ele é a origem e com as quais se deleita, mas sem estar envolvido nelas em nenhum momento. A partir do momento em que tomamos conhecimento do Self, somos conscientes que ele é eterno, não nascido, sem corpo, não envolvido em suas obras: podemos senti-lo na forma do ser, mas também envolvendo-a como se acima dela, a observar do alto sua encarnação, *adhyakṣa*; ele é onipresente, o mesmo em todas as coisas, infinito e puro e intangível para sempre. Esse Self pode ser experienciado como o Self do indivíduo, o Self daquele que pensa, faz, se deleita, mas, contudo, conserva sempre esse caráter maior; sua individualidade é ao mesmo tempo uma vasta universalidade ou entra facilmente nela, a próxima etapa sendo uma pura transcendência ou uma passagem completa e inefável no Absoluto. O Self é aquele aspecto de Brahman em que ele é intimamente sentido ao mesmo tempo como individual, cósmico e transcendente em relação ao universo. A realização do Self é o meio direto e rápido para alcançar a liberação individual, uma universalidade estática, uma transcendência da Natureza. Ao mesmo tempo há a realização do Self na qual se sente não apenas que ele sustenta, permeia e envolve todas as coisas, mas constitui tudo e é identificado livremente com todo o devenir da Natureza. Mesmo assim, a liberdade e a impersonalidade caracterizam sempre o Self. Ele não parece submisso às ações de seu Poder no universo, tais como a aparente sujeição do Purusha à Prakriti. Realizar o Self é realizar a eterna liberdade do Espírito.

O Ser Consciente, Purusha, é o Self como origem criadora, testemunha, suporte e senhor das formas e operações da Natureza, e é aquele que se deleita com elas. Assim como o aspecto do Self é, em seu caráter, essencialmente transcendental mesmo quando envolvido e identificado com seu devenir universal e individual, da mesma maneira o caráter do Purusha é universal-individual e intimamente conectado com a Natureza, mesmo quando separado dela. Esse Espírito consciente, enquanto retém sua personalidade e eternidade, sua universalidade, reveste um aspecto mais pessoal;[2] ele é o ser impessoal-pessoal na Natureza, da qual não é inteiramente destacado, pois está sempre ligado a ela: a Natureza age para o Purusha e com seu consentimento, conforme sua vontade e para seu prazer; o Ser Consciente comunica sua consciência à Energia que chamamos Natureza, recebe nessa consciência, como em um espelho, as operações dela, aceita as formas que ela, a Força executiva cósmica, cria e lhe impõe, e dá ou retira sua aprovação aos movimentos dela. A experiência Purusha-Prakriti, o Espírito ou Ser Consciente em suas relações com a Natureza, é de uma imensa importância prática, pois dessas relações depende todo o jogo da consciência no ser encarnado. Se o Purusha em nós for passivo e deixar a Natureza agir, aceitando tudo o que ela lhe impõe, dando-lhe aprovação de maneira constante e automática, então a alma na mente, na vida, no corpo — a mente, o vital, o ser físico em nós — torna-se sujeita à nossa natureza, governada por sua formação, conduzida por suas atividades; esse é o estado normal de nossa ignorância. Se o Purusha em nós torna-se consciente de si mesmo como a Testemunha e se distancia da Natureza, esse é o primeiro passo para a liberdade da alma, pois esse desapego nos permite então conhecer a Natureza e seus processos com toda independência — visto que não estamos mais envolvidos em suas obras — para aceitar ou não aceitar, tornar a aprovação não mais automática, mas livre e efetiva; podemos escolher o que ela fará ou não fará em nós ou mantermo-nos completamente fora de seus processos e retirarmo-nos no silêncio espiritual do Self, ou rejeitarmos suas formações atuais e elevarmo-nos a um nível espiritual de existência e de lá recriar nossa existência. O Purusha pode cessar de ser sujeito, *anīsha*, e tornar-se senhor de sua natureza, *īshvara*.

Na filosofia dos sankhyas, a ideia metafísica de Purusha-Prakriti é apresentada da maneira mais completa. Essas duas entidades são eternamente separadas, mas em relação uma com a outra. Prakriti é o poder da Natureza, um Poder executivo: é a Energia separada da Consciência, pois a Consciência pertence ao Purusha; sem o Purusha, a Prakriti é inerte, mecânica, inconsciente. A Prakriti desenvolve, como seu self formal e base de ação, a Matéria primordial, e nela manifesta a vida e os

---

2. A filosofia Sankhya acentua o aspecto pessoal; nela, o Purusha é múltiplo, plural, e a Natureza é universal; nessa concepção, cada alma é uma existência independente, embora todas as almas experienciem uma Natureza universal comum.

sentidos, a mente e a inteligência; mas como a inteligência é parte da Natureza e foi criada por ela na Matéria primordial, é também inerte, mecânica, inconsciente — essa concepção projeta certa luz sobre o modo como o Inconsciente se organiza, como suas operações são perfeitamente relacionadas no universo material: é a luz da alma, o Espírito, que é transmitida aos funcionamentos mecânicos da mente sensorial e da inteligência; estes se tornam conscientes graças à consciência da alma, assim como só se tornam ativos pelo consentimento do espírito. O Purusha torna-se livre retirando-se da Prakriti, da qual se torna o mestre ao recusar involuir-se na Matéria. A Natureza age segundo três princípios, modos ou qualidades de sua substância e ação, que em nós se tornam os modos fundamentais de nossa substância psicológica e física e seus funcionamentos: o princípio de inércia, o princípio de dinamismo e o princípio de equilíbrio, luz e harmonia. Quando estes estão em um movimento desigual, a ação da Natureza se produz, quando eles se equilibram, a Natureza entra em repouso. Purusha, o ser consciente, é plural, não único e singular, enquanto a Natureza é uma; pareceria resultar disso que todos os princípios de unidade que encontramos na existência pertencem à Natureza, mas cada alma é independente e única, só em si mesma e separada, seja em sua fruição da Natureza seja ao liberar-se da Natureza. Constatamos que todas essas afirmações do Sankhya são perfeitamente fundamentadas pela experiência quando entramos interiormente em contato direto com as realidades da alma individual e da Natureza universal; mas estas são verdades práticas, e não somos obrigados a aceitá-las como a verdade total ou fundamental do self ou da Natureza. Prakriti apresenta-se como uma Energia inconsciente no mundo material, mas à medida que os graus de consciência se elevam, ela se revela cada vez mais como uma força consciente, e percebemos que mesmo sua inconsciência escondia uma consciência secreta; do mesmo modo, o ser consciente é múltiplo em suas almas individuais, mas em seu self podemos ter a experiência de que ele é um em todos e um em sua existência essencial. Além disso, a experiência da alma e Natureza como dualidade é verdadeira, mas a experiência de sua unidade tem também seu valor. Se a Natureza ou Energia é capaz de impor suas formas e atividades ao Ser, só pode ser porque ela é a Natureza ou Energia do Ser e então o Ser pode aceitar essas formas e atividades como suas; se o Ser pode tornar-se senhor da Natureza, deve ser porque ela é sua própria Natureza que ele passivamente observou fazendo seu trabalho, mas pode controlar e dirigir; mesmo em sua passividade, seu consentimento é necessário à ação da Prakriti e essa relação mostra suficientemente que os dois não são estranhos um ao outro. A dualidade é uma posição adotada, um estado duplo aceito para as operações de automanifestação do ser; mas não há separatividade, não há dualismo eterno e fundamental do Ser e sua Consciência-Força, da Alma e Natureza.

É a Realidade, o Self, que assume a posição do Ser Consciente que observa e aceita ou governa as obras de sua própria Natureza. Uma dualidade aparente é criada para que uma livre ação da Natureza possa ser elaborada com o apoio do Espírito, assim como uma ação livre e poderosa do Espírito controlando e elaborando a Natureza. Essa dualidade é também necessária para que, a todo momento, o Espírito possa ser livre para retirar-se de qualquer formação de sua Natureza e dissolver todas as formações, ou aceitar ou impor uma formação nova e mais alta. Estas são possibilidades muito evidentes do Espírito ao lidar com sua própria Força, e podemos observá-las e verificá-las em nossa própria experiência; elas são resultados lógicos dos poderes da Consciência Infinita, poderes que, como vimos, são inerentes à sua infinidade. O aspecto Purusha e o aspecto Prakriti vão sempre juntos e, para qualquer estado que a Natureza ou Consciência-Força assume em sua ação, manifesta ou desenvolve, corresponde um estado do Espírito. Em seu estado supremo, o Espírito é o Ser Consciente supremo, Purushottama, e a Consciência-Força é sua Natureza suprema, Para-Prakriti. Em cada estado, a cada nível da gradação da Natureza, o Espírito adota um equilíbrio próprio a essa gradação: na Natureza-Mente ele se torna o ser mental; na Natureza-Vida torna-se o ser vital; na natureza da Matéria torna-se o ser físico; na Supramente torna-se o Ser de Conhecimento; no estado espiritual supremo torna-se o Ser de Beatitude e Existência pura. Em nós, no indivíduo encarnado, ele se mantém por trás de tudo como a Entidade psíquica, o Self interior que sustenta as outras formulações de nossa consciência e de nossa existência espiritual. O Purusha, individual em nós, é cósmico no cosmos, transcendente na trascendência; a identidade com o Self é aparente, mas ele é o Self em estado puro, o estado impessoal-pessoal de um Espírito nas coisas e nos seres — impessoal porque é indiferenciado pela qualidade pessoal, e pessoal porque preside sobre as individualizações do self em cada indivíduo — que lida com as obras de sua Consciência-Força, a força executiva de sua própria natureza, qualquer que seja o estado de equilíbrio necessário para realizar esse propósito.

Mas é evidente que qualquer que seja a posição tomada ou a relação formada em todo nó individual de Purusha-Prakriti, o Ser é, em uma relação cósmica fundamental, o senhor ou soberano de sua natureza, pois mesmo quando permite à Natureza fazer dele o que ela quer, seu consentimento é necessário para sustentar as obras que ela executa. É isso que aparece e revela-se plenamente no terceiro aspecto da Realidade: o Ser Divino, que é o Mestre e Criador do universo. Aí, a Pessoa suprema, o Ser, em sua consciência e sua força transcendentais e cósmicas, vem para a frente;

onipotente, onisciente, controlador de todas as energias, Ele é o Consciente em tudo que é consciente ou inconsciente, o Habitante de todas as almas, mentes, corações e corpos, o Mestre ou Soberano de todas as obras, Aquele que se deleita com todas as delícias, o Criador que construiu todas as coisas em seu próprio ser, a Pessoa Total de quem todos os seres são personalidades, o Poder de onde todos os poderes se originam, o Self, o Espírito em tudo. Por seu ser, Ele é o Pai de tudo que é, em sua Consciência-Força ele é a Mãe Divina, o Amigo de todas as criaturas, o Todo--beatífico e a Toda-beleza de onde a beleza e a alegria são a revelação, o Bem-Amado e o Amante de todos. Em certo sentido, visto e compreendido dessa maneira, este se torna o aspecto mais abrangente da Realidade, visto que todos os aspectos estão aqui reunidos em uma única formulação, pois o Ishwara é supracósmico tanto quanto intracósmico; Ele é aquilo que excede e habita e sustenta toda individualidade, Ele é Brahman supremo e universal, o Absoluto, o Self supremo, o Purusha[3] supremo. Mas, bem claramente, este não é o Deus pessoal das religiões populares, um ser limitado por suas qualidades, individual e separado de todos os outros; pois todos esses deuses pessoais são apenas representações limitadas ou nomes e personalidades divinas do Ishwara único. Nem é ele o Saguna Brahman ativo e possuidor de qualidades, pois esse é só um lado do ser do Ishwara; o Nirguna imóvel e sem qualidades é outro aspecto de Sua existência. Ishwara é Brahman, a Realidade, o Self, o Espírito revelado como possuidor, aquele que se deleita com sua própria existência, o criador do universo e uno com ele, *Pantheos*, e ao mesmo tempo superior a ele, o Eterno, o Infinito, o Inefável, a Divina Transcendência.

A aguda oposição — feita por nosso modo mental de pensar — entre personalidade e impersonalidade é uma criação da mente baseada nas aparências do mundo material; pois aqui, na existência terrestre, o Inconsciente, de onde todas as coisas se originam, aparece como algo inteiramente impessoal; a Natureza, a Energia inconsciente, é inteiramente impessoal em sua essência manifestada e em suas relações. Todas as Forças usam essa máscara de impersonalidade; todas as qualidades e poderes, Amor, Deleite e a própria Consciência, têm esse aspecto. A Personalidade faz seu aparecimento como uma criação da consciência em um mundo impessoal: é uma limitação — mediante uma formação restrita de poderes, qualidades, das habituais forças de ação da natureza —, um aprisionamento em um círculo limitado de autoexperiência, que devemos transcender: perder a personalidade é necessário se tivermos que alcançar a universalidade, ainda mais necessário se tivermos que nos elevar até a Transcendência. Mas isso que chamamos personalidade é apenas uma

---

3. *Bhagavad-Gītā*.

formação da consciência superficial; por trás se encontra a Pessoa que se reveste de diversas personalidades, pode assumir numerosas personalidades ao mesmo tempo, mas continua ela mesma, única, real, eterna. Se olharmos as coisas de um ponto de vista mais amplo, poderemos dizer que o que é impessoal é apenas um poder da Pessoa: a própria existência não tem sentido sem um Existente, a consciência não pode se estabelecer se não houver alguém que seja cônscio, o deleite é inútil e sem valor sem alguém para senti-lo, o amor não pode ter uma base ou cumprir-se se não existir o amante, o todo-poder é vão se não houver um Todo-Poderoso. Aquilo, pois, que entendemos por Pessoa é um ser consciente; mesmo se emerge aqui como um termo ou produto do Inconsciente, em realidade ele não é isso, pois o próprio Inconsciente é um termo da Consciência secreta; o que emerge é maior do que aquilo em que emerge: assim, Mente é maior do que Matéria, Alma é maior do que Mente; Espírito, o mais secreto de todos, o supremo emergir, a última revelação, é o maior; e o Espírito é o Purusha, a Pessoa Total, o Ser Consciente onipresente. É a ignorância da mente em relação a essa Pessoa verdadeira em nós, sua confusão entre a pessoa e nossa experiência de ego e personalidade limitada, o fenômeno desnorteante do emergir da consciência e da personalidade limitadas em uma existência inconsciente que nos fez criar uma oposição entre esses dois aspectos da Realidade, mas na verdade não há oposição. Uma autoexistência eterna e infinita é a suprema realidade, mas o Ser supremo, transcendente, eterno, o Self e Espírito — uma Pessoa infinita, podemos dizer, porque seu ser é a essência e origem de toda personalidade — é a realidade e o significado da autoexistência: do mesmo modo, o Self, o Espírito, o Ser, a Pessoa cósmica, é a realidade e o significado da existência cósmica; o mesmo Self, Espírito, Ser ou Pessoa manifestando sua multiplicidade é a realidade e o significado da existência individual.

Mesmo se admitimos que o Ser Divino, a Pessoa suprema, a Pessoa Total é o Ishwara, temos alguma dificuldade em entender sua maneira de dirigir ou governar a existência universal, porque logo transferimos a ele nossa concepção mental de um soberano humano; representamo-lo como se agisse por meio da mente e da vontade mental, de maneira onipotente e arbitrária, em um mundo onde ele impõe sua concepção mental como lei, e concebemos sua vontade como um livre capricho de sua personalidade. Mas não é necessário para o Ser Divino agir segundo uma ideia ou uma vontade arbitrárias, como poderia fazê-lo um ser humano onipotente e no entanto ignorante, se uma tal onipotência fosse possível: pois o Ser Divino não é limitado pela mente; ele possui uma toda-consciência na qual percebe a verdade de todas as coisas e é consciente de sua própria visão integral que as elabora conforme a verdade que está nelas, seu significado, possibilidade ou necessidade, a individualidade imperativa da natureza delas. O Divino é livre e não está amarrado por leis, quaisquer que sejam, mas ainda assim age por meio de leis e processos porque estes são a expressão da verdade das coisas — não só a verdade mecânica, matemática ou outra verdade exterior, mas a realidade espiritual do que elas são, do que se tornaram e devem ainda tornar-se, daquilo que têm, dentro delas, ainda a realizar. O Divino está, ele-mesmo, presente no funcionamento, mas também o excede e pode rejeitá-lo, pois, por um lado, a Natureza age seguindo seu conjunto limitado de fórmulas e é esclarecida e apoiada em sua execução pela Presença Divina, mas, por outro lado, existe uma visão global, uma ação e uma determinação superiores, mesmo uma intervenção, livre, mas não arbitrária, que muitas vezes nos parece mágica e miraculosa porque procede da Natureza e age sobre ela a partir de uma Supranatureza divina: a Natureza, aqui, é uma expressão limitada dessa Supranatureza, cuja luz, força, influência, a abrem para uma intervenção ou uma mutação. A lei mecânica, matemática, automática, das coisas é um fato, mas dentro dela uma lei espiritual da consciência está agindo, e dá à marcha mecânica das forças da Natureza um caráter e um valor interiores, uma integridade significativa e uma necessidade secretamente consciente; e acima dela há uma liberdade espiritual que conhece e age na verdade suprema e universal do Espírito. Nossa visão do governo divino do mundo ou do segredo de sua ação é incuravelmente antropomórfica ou então incuravelmente mecânica; o antropomorfismo e o mecanicismo têm ambos seus elementos de verdade, mas são apenas um lado, um aspecto, e a verdade real é que o mundo é governado, em tudo e acima de tudo, pelo Um, cuja consciência é infinita; e é em acordo com a lei e a lógica de uma consciência infinita que devemos compreender o significado, a construção e o movimento do universo.

Se considerarmos esse aspecto da Realidade única e o pusermos em estreita conexão com os outros aspectos, poderemos obter uma vista completa da relação que há entre a Autoexistência eterna e a dinâmica da Consciência-Força pela qual ela manifesta o universo. Se nos situarmos em uma Autoexistência silenciosa, imóvel, estática, inativa, parecer-nos-á que uma Consciência-Força conceptiva, Maya, capaz de efetuar todas as suas concepções, consorte dinâmica do Self do silêncio, faz tudo; ela se apoia no estado eterno, inabalavelmente fixo, e molda a substância espiritual do ser em todos os tipos de formas e movimentos aos quais sua passividade consente ou nos quais tem a experiência de um prazer imparcial e o deleite imóvel de uma existência criadora e móvel. Seja essa existência real, seja ilusória, isso deve ser sua substância e seu significado. A Consciência brinca com o Ser, a Força da Natureza faz da Existência o que quer e a utiliza como material para suas criações, mas, secretamente, o consentimento do Ser deve estar presente a cada passo para que isso seja possível. Há uma verdade evidente nessa percepção das coisas; é isso que vemos acontecer em todo lugar, em nós e em torno de nós; essa é uma verdade do universo e deve responder a um aspecto, a uma verdade fundamental do Absoluto. Mas quando nos retiramos das aparências dinâmicas externas das coisas para entrar, não em um Silêncio de testemunha, mas em uma experiência interior de participação dinâmica do Espírito, descobrimos que essa Consciência-Força, Maya, Shakti é, ela mesma, o poder do Ser, o Autoexistente, o Ishwara. O Ser é seu senhor e de todas as coisas, vemo-lo fazendo tudo em sua própria soberania como o criador e governador de sua própria manifestação; ou, se ele se retira e permite liberdade de ação às forças da Natureza e suas criaturas, é como soberano que ele dá seu acordo, a cada passo sua permissão tácita "Que isto seja", *tathāstu*, é implícita; porque senão nada poderia ser feito, ou acontecer. O Ser e sua Consciência-Força, Espírito e Natureza, não podem ser fundamentalmente duais: o que a Natureza faz é na realidade feito pelo Espírito. Essa também é uma verdade que se torna evidente quando passamos para trás do véu e sentimos a presença de uma Realidade viva que é tudo e determina tudo, que é o Todo-Poderoso governando tudo; isso também é um aspecto da verdade fundamental do Absoluto.

Aliás, se permanecermos absorvidos no Silêncio, a Consciência criadora e suas obras desaparecem no Silêncio; para nós, a Natureza e a criação deixam de existir ou ser reais. Por outro lado, se virmos o Ser exclusivamente como a Pessoa e o Soberano único-existente, o Poder ou Shakti pelo qual ele cumpre todas as coisas desaparece em sua unidade ou se torna um atributo de Sua personalidade cósmica: percebemos então o universo como a monarquia absoluta do Ser único. Ambas as experiências criam muitas dificuldades para a mente, porque ela não percebe a realidade do Poder do Self, quer ele esteja em repouso, quer esteja em ação, ou porque ela tem uma experiência exclusivamente negativa do Self, ou porque nossas concepções do Ser Supremo como Soberano têm um caráter demasiado antropomórfico. É evidente que se trata aí de um Infinito em que o Poder do Self é capaz de numerosos movimentos, todos válidos. Se olharmos mais uma vez, de maneira mais vasta, e considerarmos a verdade das coisas — tanto a impessoal quanto a pessoal — como uma só verdade, se, nessa luz, a luz da personalidade na impersonalidade, vemos o aspecto bi-uno do Self e do Poder do Self, então, no aspecto pessoal uma Pessoa dual emerge, Ishwara-Shakti, o Self e Criador Divino e a Mãe Divina e *Creatrix* do universo; revela-se a nós o mistério dos princípios cósmicos masculino e feminino, cujo jogo e cuja interação são necessários a toda criação. Na verdade supraconsciente da Autoexistência, esses dois aspectos estão fundidos e envolvidos um no outro, são um e indistinguíveis, mas na verdade espiritual pragmática do dinamismo do universo, eles emergem e tornam-se ativos; a Divina Mãe-Energia como *creatrix* universal, Maya, Para-Prakriti, Chit-Shakti, manifesta o Self cósmico e o Ishwara e seu próprio poder inerente como um princípio dual; é por meio dela que o Ser, o Self, o Ishwara atua, e ele nada faz que não seja por meio dela; embora sua Vontade esteja implícita nela, é ela quem elabora tudo como Consciência-Força suprema que mantém em si todas as almas e todos os seres, e como Natureza executiva; tudo existe e age conforme a Natureza, tudo é a Consciência-Força manifestando o Ser e brincando com Ele em milhões de formas e movimentos nos quais ela projeta a existência dele. Se nos retirarmos das atividades da Natureza, tudo então entra em quietude e podemos entrar no silêncio, porque ela consente em cessar sua atividade dinâmica; mas é em sua quietude e silêncio que encontramos nosso repouso e toda ação cessa. Se quisermos afirmar nossa independência da Natureza, ela nos revelará o poder supremo e onipresente do Ishwara e nós mesmos como seres de Seu ser, mas esse poder é ela, e somos isto em sua supranatureza. Se quisermos realizar uma formação mais alta ou um estado de ser mais alto, é ainda por meio dela, da Divina Shakti, a Consciência-Força do Espírito, que isso tem que ser feito; o dom de nós mesmos ao Ser Divino deve ser por intermédio da Mãe Divina; pois é em direção à Natureza suprema, ou nela, que deve se efetuar nossa ascensão, e isso só pode ser feito pela Shakti supramental, que se apodera de nossa mentalidade e a transforma em sua supramentalidade. Vemos então que não há contradição ou incompatibilidade entre esses três aspectos da Existência, ou entre eles em seu estado eterno e os três modos de sua *Dynamis* em ação no universo. Um único Ser, uma única Realidade: como Self, ele fundamenta, sustenta, impregna; como Purusha ou Ser Consciente ele experiencia, e como Ishwara ele quer, governa e possui seu mundo de manifestação, criado e mantido em movimento e ação por sua própria Consciência-Força ou Poder de si — Maya, Prakriti, Shakti.

Nossa mente encontra certa dificuldade em conciliar esses diferentes aspectos ou facetas do Self e Espírito único, porque somos obrigados a usar concepções abstratas e palavras e ideias definidas para algo que não é abstrato, algo que é espiritualmente vivo e intensamente real. Nossas abstrações se fixam em conceitos diferenciadores nitidamente delimitados, mas a Realidade não é dessa natureza; seus aspectos são numerosos, mas se fundem uns nos outros. Sua verdade só poderia ser expressa por ideias e imagens metafísicas e, contudo, vivas e concretas — imagens que a Razão pura poderia considerar como ilustrações e símbolos, mas são mais do que isso e têm um significado maior para a visão e o sentimento intuitivos, pois são realidades de uma experiência espiritual dinâmica. A verdade impessoal das coisas pode ser traduzida pelas formas abstratas da razão pura, mas há um outro lado da verdade que pertence à visão espiritual ou mística e, sem essa visão interior das realidades, sua formulação abstrata não é viva o suficiente, é incompleta. O mistério das coisas é a verdadeira verdade das coisas; a apresentação intelectual é apenas uma representação da verdade em símbolos abstratos, imagens geométricas de uma arte cubista da linguagem do pensamento. Em um estudo filosófico, é necessário limitar-se em grande parte a essa apresentação intelectual, mas é bom lembrar que isso é apenas a abstração da Verdade e para apreendê-la ou expressá-la completamente é necessário uma experiência concreta e uma linguagem mais viva e substancial.

Aqui, torna-se oportuno ver como, nesse aspecto da Realidade, devemos considerar a relação que descobrimos entre o Um e o Múltiplo; isso nos leva a determinar a verdadeira conexão entre o indivíduo e o Ser Divino, entre a Alma e o Ishwara. Na concepção teísta habitual, cada elemento do Múltiplo é criado por Deus; feito por ele como uma vasilha pelo ceramista e dependente dele como as criaturas dependem daquele que as criou. Mas nessa visão mais ampla do Ishwara, cada elemento do Múltiplo é, em sua realidade mais profunda, ele mesmo, o Divino Uno, selfs individuais da Autoexistência suprema e universal, eternos como Ele é eterno, mas eternos em seu ser: nossa existência material é certamente uma criação da Natureza, mas a alma é uma porção imortal da Divindade e por trás dela está o Divino Self na criatura natural. Contudo, o Um é a Verdade fundamental da existência, o Múltiplo existe pelo Um, e o ser manifestado é, portanto, inteiramente dependente do Ishwara. Essa dependência é dissimulada pela ignorância separativa do ego, que se esforça para existir por si mesmo embora a cada passo dependa evidentemente do Poder cósmico que o criou, é movido por ele, faz parte de seu ser e sua ação cósmicos; esse esforço do ego é claramente um menosprezo, uma reflexão errônea da verdade da existência do self em nosso interior. É verdade que há em nós, não no ego, mas no self, no nosso ser mais profundo, algo que excede a Natureza cósmica e pertence à Transcendência. Mas isso também só se torna independente da Natureza pela dependência a uma Realidade superior; é pelo dom de si, ou pela submissão da alma e da natureza ao Ser Divino, que podemos atingir nosso self mais alto e essa Realidade suprema, pois é o Ser Divino que é esse self mais alto e essa Realidade suprema, e somos autoexistentes pela Sua autoexistência, e eternos apenas em sua eternidade. Essa dependência não contradiz a Identidade, mas é ela a porta para a realização da Identidade — assim, aqui encontramos mais uma vez esse fenômeno de dualidade expressando unidade, procedendo da unidade e abrindo-se de novo à unidade, que é o constante segredo e a operação fundamental do universo. É essa verdade da consciência do Infinito que cria a possibilidade de todas as relações entre o múltiplo e o Um, entre as quais a realização da unidade pela mente, a presença da unidade no coração e a existência de unidade em todas as partes de nosso ser; elas constituem um dos pontos mais altos, e contudo não anulam, mas confirmam, todas as outras relações pessoais e lhes dão sua plenitude, seu completo deleite, seu inteiro significado. Essa também é a magia, mas igualmente a lógica, do Infinito.

Resta ainda um problema a ser resolvido, e ele pode ser solucionado nessa mesma base; trata-se da oposição entre o Não-Manifestado e a manifestação: poder-se-ia dizer que tudo o que foi avançado até aqui pode ser verdade da manifestação, mas que a manifestação é uma realidade de uma ordem inferior, um movimento parcial da realidade não manifestada e, quando entramos naquilo que é supremamente Real, essas realidades do universo perdem toda validade. O Não-Manifestado é o atemporal, o inteiramente eterno, uma autoexistência irredutível e absoluta, cuja manifestação e suas limitações não podem dar nenhum indício, ou apenas um indício que, por sua insuficiência, é ilusório e enganador. Isso levanta o problema da relação entre o Tempo e o Espírito atemporal. Com efeito, havíamos suposto, ao contrário, que o que é não manifestação no Eterno atemporal é manifestado na Eternidade temporal. Se é assim, se o temporal for uma expressão do Eterno, então, por mais diferentes que sejam as condições, por mais parcial a expressão, o que é fundamental na expressão temporal deve, no entanto, preexistir de certa maneira na Transcendência e ser trazido da Realidade atemporal. De outro modo, esse fundamental viria nessa realidade diretamente de um Absoluto diferente do Tempo ou do Atemporal, e o Espírito Atemporal seria uma suprema negação espiritual, um indeterminável servindo de base à liberdade do Absoluto isento de toda limitação pelo que é formulado no Tempo — isso seria o negativo do Tempo positivo, em uma relação idêntica à relação entre o Nirguna e o Saguna. Mas, de fato, o que entendemos por Atemporal é um estado espiritual de existência que não é sujeito ao movimento do tempo ou à experiência temporal sucessiva ou relativa de um passado, um presente e um futuro. O Espírito atemporal não é necessariamente um vazio; ele pode conter tudo em si mesmo, mas em essência, sem referência ao tempo, à forma, às relações ou às circunstâncias, talvez em uma unidade eterna. Eternidade é o termo comum ao Tempo e ao Espírito Atemporal. Aquilo que no Atemporal é não manifestado, implícito, essencial, aparece no Tempo como movimento ou ao menos como intenção e relação, resultado e circunstância. Esses dois são, então, a mesma Eternidade ou o mesmo Eterno em um duplo estado, um estado dual de ser e consciência: a eternidade de um estado de imobilidade e a eternidade de um movimento em estado estático.

O estado original é aquele da Realidade sem tempo e sem espaço; Espaço e Tempo seriam a mesma Realidade que se expande para conter o desenvolvimento do que estava nela. Como em todas as outras oposições, a diferença seria que o mesmo Espírito que se vê em sua essência e princípio de ser, vê-se no dinamismo dessa essência e desse princípio. Espaço e Tempo são os nomes que damos a essa autoextensão da Realidade única. Somos habituados a ver o Espaço como uma extensão estática em que todas as coisas permanecem inalteradas ou se movem juntas em uma ordem fixa; vemos o Tempo como uma extensão móvel que é medida pelo movimento e o acontecimento: o Espaço então seria Brahman em seu estado de autoextensão; o Tempo seria Brahman no movimento de autoexpansão. Mas isso pode ser apenas um primeiro olhar, e inexato: o Espaço pode ser, na realidade, um movimento constante, e é a constância e a relação persistente que as coisas no espaço têm com o tempo que criam o sentido de estabilidade espacial, enquanto a mobilidade cria o sentido do movimento temporal no Espaço estável. Ou ainda, o Espaço seria Brahman em extensão, para manter juntos formas e objetos; o Tempo seria Brahman estendendo-se para desenvolver o movimento de seu próprio poder, levando em si formas e objetos; os dois seriam então um aspecto dual de uma só e única autoextensão do Eterno cósmico.

Podemos considerar que um espaço puramente físico é, em si, uma propriedade da Matéria; mas a Matéria é uma criação da Energia em movimento. Portanto, o espaço no mundo material poderia ser uma autoextensão fundamental da Energia material ou o campo de existência que ela mesma formou, sua representação da Infinidade Inconsciente onde ela atua, uma imagem em que acolhe as fórmulas e os movimentos de sua própria ação e autocriação. O próprio Tempo seria o curso desse movimento ou então uma impressão criada por ele, uma impressão de algo que se apresenta a nós como uma sucessão regular em aparência — uma divisão ou um *continuum* que sustenta a continuidade do movimento, ao mesmo tempo que delimita suas fases sucessivas —, porque o próprio movimento é regularmente sucessivo. Ou então o Tempo poderia ser uma dimensão do Espaço necessária para a ação completa da Energia, mas não poderíamos compreendê-lo sob esse aspecto porque nossa subjetividade consciente o vê como algo igualmente subjetivo, sentido por nossa mente, não percebido por nossos sentidos; o Tempo não poderia então ser reconhecido como uma dimensão do Espaço porque este tem para nós a aparência de uma extensão objetiva criada ou percebida pelos sentidos.

Em todo caso, se o Espírito é a Realidade fundamental, o Tempo e o Espaço devem ser as condições conceituais sob as quais o Espírito vê seu próprio movimento de energia ou as condições essenciais desse próprio Espírito, que assume uma aparência ou um estado diferente segundo o estado de consciência em que essas condições se manifestam. Em outras palavras, há um Tempo e um Espaço diferentes para cada estado de nossa consciência e mesmo diferentes movimentos de Tempo e Espaço no interior de cada estado; mas todos seriam traduções de uma realidade espiritual fundamental do Espaço-Tempo. De fato, quando vamos por detrás do Espaço físico, percebemos uma extensão em que todo esse movimento se baseia, e essa extensão é espiritual e não material; é o Self ou Espírito contendo toda a ação de sua própria Energia. Essa origem, essa realidade fundamental do espaço, começa a se tornar aparente quando nos retiramos do físico, pois então percebemos uma extensão espacial subjetiva onde a própria mente vive e se move, e é diferente do Espaço-Tempo físico. E contudo há uma interpenetração: nossa mente pode, com efeito, mover-se em seu próprio espaço de maneira a efetuar um movimento também no espaço da Matéria ou agir à distância sobre algo no espaço da Matéria. Em um estado de consciência ainda mais profundo, percebemos um puro espaço espiritual; nessa consciência, o Tempo parece não mais existir, porque todo movimento cessa ou, se há um movimento ou acontecimento, ele pode se produzir independentemente de toda continuidade temporal observável.

Se formos por detrás do Tempo por um movimento interior similar, retirando-nos do físico e vendo-o sem estar envolvido nele, descobriremos que a observação do Tempo e o movimento do Tempo são relativos, mas que o próprio Tempo é real e eterno. A observação do Tempo depende não apenas das medidas usadas, mas da consciência e da posição do observador; além disso, cada estado de consciência tem uma relação diferente com o Tempo: Tempo na consciência da Mente e no espaço da Mente não tem o mesmo sentido, seus movimentos não têm a mesma medida que no Espaço físico; ele se move aí de maneira rápida ou lenta, segundo o estado de consciência. Cada estado de consciência tem seu próprio Tempo e, contudo, podem haver relações de Tempo entre eles; e quando vamos além da superfície física, descobrimos que vários diferentes estados do Tempo e vários diferentes movimentos do Tempo coexistem na mesma consciência. Isso é evidente no Tempo do sonho, em que uma longa sequência de acontecimentos pode ocorrer em um período que corresponde a um segundo, ou a alguns segundos, do Tempo físico. Há então certa relação entre diferentes estados do Tempo, mas não se pode determinar de maneira correta sua medida respectiva, sua correspondência. Pareceria que o Tempo não tem realidade objetiva, mas dependa de condições que possam ser estabelecidas pela ação da consciência em sua relação com o estado e a moção do ser: o Tempo nos pareceria ser puramente subjetivo. Mas, de fato, o Espaço também pareceria subjetivo, pela relação mútua entre Espaço-Mente e Espaço-Matéria; em outras palavras, ambos são a extensão espiritual original, mas a mente a traduz em sua pureza como um campo mental subjetivo, e a mente sensorial a traduz como um campo objetivo de percepção sensorial. Subjetividade e objetividade são apenas dois lados de uma consciência única, e o fato capital é que todo Tempo ou todo Espaço dados ou todo Espaço-Tempo dado, como um todo, é um estado de ser no qual há um movimento da consciência e força do ser, um movimento que cria ou manifesta os fatos e acontecimentos; é a relação — inerente a cada estado — entre a consciência que vê e a força que formula os acontecimentos que determina o sentido do Tempo e nos torna conscientes do movimento do Tempo, da relação com o Tempo, da medida do Tempo. Em sua verdade fundamental, o estado original do Tempo, por trás de todas suas variações, não é nada mais que a eternidade do Eterno, do mesmo modo que a verdade fundamental do Espaço, o sentido original de sua realidade, é a infinidade do Infinito.

Em relação à sua própria eternidade, o Ser pode ter três estados de consciência diferentes. O primeiro é o estado imóvel do Self em sua existência essencial, absorvido em si ou consciente de si, mas, nos dois casos, sem desenvolvimento da consciência no movimento ou no acontecimento; isso é o que percebemos como Sua eternidade atemporal. O segundo é sua total consciência das relações sucessivas de todas as coisas pertencentes a uma manifestação prevista ou efetivamente em curso, na qual o que chamamos passado, presente e futuro é reunido como em um mapa ou desenho estabelecido, assim como um artista, um pintor ou um arquiteto poderiam ter todos os detalhes de sua obra em uma visão de conjunto, projetada ou revista em sua mente ou organizada segundo um plano de execução; esse é o estado estável ou a integralidade simultânea do Tempo. Essa visão do Tempo não faz parte de modo algum de nossa percepção normal dos acontecimentos tal como se produzem, embora nossa visão do passado, porque ele já é conhecido e pode ser visto como um todo, possa nos dar alguma percepção; mas sabemos que essa consciência existe porque é possível, em um estado excepcional, entrar nela e ver as coisas assim, nessa simultaneidade da visão-Tempo. O terceiro estado é o de um movimento progressivo da Consciência-Força e da manifestação sucessiva do que foi visto por ela na visão estática do Eterno: esse é o movimento do Tempo. Mas é em uma e mesma Eternidade que existe esse estado triplo e o movimento acontece, não existem realmente duas eternidades, uma eternidade de estado e uma eternidade de movimento, mas diferentes estados ou posições da Consciência em relação à Eternidade única, pois a Consciência pode ver o desenvolvimento do Tempo em sua totalidade, de fora ou acima do movimento; ela pode também tomar uma posição estável no interior do movimento e ver o antes e o depois em uma sucessão fixa, determinada ou prevista; ou pode tomar, ao contrário, uma posição móvel no movimento, ela própria mover-se com ele de momento a momento e ver tudo o que aconteceu distanciar-

-se no passado e tudo o que deve acontecer vindo a ela do futuro; ou, ainda, pode concentrar-se no momento que ocupa e não ver nada mais que aquilo que é neste momento e o que gravita imediatamente em torno dele ou por detrás dele. Todas essas posições podem ser tomadas pelo ser do Infinito em uma visão ou experiência simultânea. Ele pode ver o Tempo do alto e de dentro do Tempo, estando além e fora do Tempo; pode ver o atemporal desenvolver o movimento do Tempo sem cessar de ser atemporal, abarcar todo o movimento em uma visão estática e dinâmica e ao mesmo tempo projetar algo de si na visão-momento. Para a consciência finita atada à visão-momento, essa simultaneidade pode parecer uma magia do Infinito, uma magia da Maya; ela, que para perceber necessita limitar, considerar cada estado um por um para poder harmonizar, teria uma impressão de irrealidade confusa e inconsistente. Mas, para uma consciência infinita, uma tal simultaneidade integral de visão e experiência seria perfeitamente lógica e consistente; todos esses elementos poderiam fazer parte de uma visão total e ligar-se estreitamente em um arranjo harmonioso, uma visão múltipla, trazendo à luz a unidade da coisa vista, uma apresentação variada dos aspectos concomitantes da Realidade Única.

Se a Realidade única pode apresentar-se nessa multiplicidade simultânea, vemos que não há impossibilidade na coexistência de um Eterno atemporal e uma Eternidade temporal. Isso seria a mesma Eternidade vista por uma autopercepção dual, e não haveria oposição, mas correlação, de dois poderes da autopercepção da Realidade eterna e infinita — um poder de estado e não manifestação, e um poder de ação, movimento e manifestação espontaneamente efetivos. Essa simultaneidade, por mais contraditória e difícil de reconciliar que possa parecer à nossa visão finita e superficial, poderia ser intrínseca e normal para Maya, o eterno autoconhecimento e todo-conhecimento de Brahman, o conhecimento e poder de sabedoria eternos e infinitos do Ishwara, a Consciência-Força de Satchidananda autoexistente.

# CAPÍTULO III

# O ETERNO E O INDIVÍDUO

*Eu sou Ele.*

*Isha Upanishad*, verso 16.

*É uma porção eterna de Mim que se tornou o ser vivo em um mundo de seres vivos. [...] O olho do conhecimento vê o Senhor, que toma morada no corpo, encontra aí sua alegria, e o deixa.*

*Bhagavad-Gītā*, XV. 7, 10.

*Dois pássaros com belas asas, amigos e companheiros, estão juntos em uma mesma árvore, e um come o doce fruto, o outro o olha, e não come. [...] Onde almas aladas clamam as descobertas do conhecimento por sua parte de imortalidade, aí o Senhor de todas as coisas, o Guardião do Mundo, tomou posse de mim, ele o Sábio, eu o ignorante.*

*Rig Veda*, I. 164. 20, 21.

Há então uma verdade fundamental da existência, uma Realidade Onipresente, onipresente acima da manifestação cósmica e nela, e imanente em cada indivíduo. Há também um poder dinâmico dessa Onipresença, uma ação criadora ou uma manifestação de sua Consciência-Força infinita. Há uma fase ou um movimento da automanifestação, uma descida em uma aparente inconsciência material, um despertar do indivíduo que o faz sair da Inconsciência e uma evolução de seu ser até a consciência e o poder espirituais e supramentais da Realidade e até o seu próprio Self universal e transcendente, que é a origem de sua existência. É nesse fundamento que devemos basear nossa concepção de que há uma verdade em nosso ser terrestre e a possibilidade de uma Vida divina na Natureza material. Daí a necessidade primordial de descobrir a origem e natureza da Ignorância, que vemos emergir da inconsciência da matéria ou revelar-se em um corpo material, e a natureza do Conhecimento que deve substituí-la, de compreender também o processo do desdobramento da Natureza e da reconquista da alma. Pois de fato o Conhecimento está aí, escondido na própria Ignorância; mais do que adquirido, deve ser desvelado: mais do que ser aprendido, ele se revela mediante um autodesdobramento interior e ascendente. Mas primeiro convém afrontar e afastar uma dificuldade que surge inevitavelmente: mesmo se admitirmos o fato de que o Divino é imanente em nós, que a consciência individual é veículo de uma manifestação evolutiva progressiva, como admitir que o indivíduo possa ser eterno, em qualquer sentido que seja, ou a individualidade possa, de algum modo, persistir, uma vez alcançada a liberação pela unidade e o autoconhecimento?

Essa é uma dificuldade da razão lógica e deve ser afrontada por uma razão mais vasta, luminosa e universal. Ou, se for uma dificuldade da experiência espiritual, só uma experiência mais ampla poderá afrontá-la e resolvê-la. Certamente ela pode também ser afrontada por uma batalha dialética, uma disputa de palavras da mente lógica, mas, em si, esse é um método artificial, um combate nas nuvens, frequentemente fútil e sempre inconclusivo. O raciocínio lógico é útil e indispensável em seu próprio domínio, para dar à mente certa clareza, precisão e sutileza ao lidar com suas próprias ideias e palavras-símbolos, a fim de que nossa percepção das verdades, às quais chegamos pela observação e experiência ou das quais tivemos a visão — física, psicológica ou espiritualmente —, seja o menos possível obscurecida pelas confusões de nossa inteligência humana comum: sua tendência em tomar a aparência pela realidade, pressa em deixar-se extraviar por uma verdade parcial, conclusões exageradas, parcialidade intelectual e emotiva, e confusão incompetente ao ligar uma verdade a outra verdade, nosso único modo de chegar a um conhecimento completo. Devemos possuir uma mente clara, pura, sutil e flexível a fim de cair o menos possível nesse hábito mental, comum à nossa espécie, que faz da própria verdade uma fornecedora de erros. Essa clarificação, esse hábito de raciocinar de maneira clara e lógica, que culmina no método da dialética metafísica, ajuda-nos a alcançar nosso objetivo, e seu papel na preparação do conhecimento é então muito importante. Mas, por si mesma, a razão lógica não pode chegar nem ao conhecimento do mundo nem ao conhecimento de Deus, e menos ainda a reconciliar a realização inferior e a realização superior. Ela é muito mais eficaz em proteger-se do erro do que em descobrir a verdade — embora por dedução, a partir de um conhecimento já adquirido, ela possa encontrar por acaso novas verdades e indicá-las, para que a experiência ou as faculdades mais altas e vastas da visão da verdade possam confirmá-las. No domínio mais sutil do conhecimento sintético ou unificador, o hábito lógico da mente pode mesmo tornar-se um obstáculo, devido a essa mesma faculdade que lhe dá sua utilidade específica, pois a mente é tão acostumada a fazer distinções, insistir nessas distinções, proceder por distinções, que fica sempre um pouco perplexa quando as deve pôr de lado e ultrapassá-las. Ao considerar as dificuldades da mente comum confrontada à experiência individual da unidade cósmica e transcendental, nosso único objetivo deve ser então tornar mais claro para nós mesmos, primeiro, a origem das dificuldades e os meios de escapar a elas e, o que é mais importante, a natureza real da unidade que alcançamos e a culminação do indivíduo quando se torna uno com todas as criaturas e vive na unidade do Eterno.

A primeira dificuldade para a razão é que ela sempre foi habituada a identificar o self individual com o ego, e a pensar que o self existe apenas pelas limitações e exclusões do ego. Se fosse assim, ao transcender o ego, o indivíduo aboliria sua própria existência; nosso fim então seria desaparecer e dissolvermo-nos em alguma universalidade da matéria, da vida, da mente ou do espírito ou em algum indeterminado, de onde começaram as determinações egoísticas de nossa individualidade. Mas o que é essa autoexperiência fortemente separativa que chamamos ego? Isso não é nada fundamentalmente real em si, mas apenas uma construção prática de nossa consciência, concebida para centralizar as atividades da Natureza em nós. Percebemos uma formação da experiência mental, física, vital que se distingue do resto do ser, e é isso que pensamos ser nós mesmos na natureza — essa individualização do ser no devenir. Chegamos então a nos conceber como algo que se individualizou assim e só existe enquanto se mantém individualizado — um devenir temporário ou ao menos temporal —, ou então nos concebemos como alguém que seria o suporte ou a causa da individualização, um ser imortal talvez, mas limitado por sua individualidade. Essa percepção e essa concepção constituem nosso sentido de ego. Em geral, não vamos mais longe em nosso conhecimento de nossa existência individual.

Mas, no final, devemos ver que nossa individualização é apenas uma formação superficial, uma seleção prática e síntese consciente limitada, para as necessidades temporárias da vida em um corpo particular, ou então é uma síntese que muda e desenvolve-se de modo constante e que perseguimos ao longo de vidas sucessivas em corpos sucessivos. Detrás há uma consciência, um Purusha, que não é determinado ou limitado por sua individualização ou por essa síntese, mas, ao contrário, a determina, sustenta e, todavia, a excede. É em sua experiência total do ser universal que ele faz uma escolha, a fim de construir essa síntese. Em consequência, nossa individualização existe em virtude do ser universal, mas também em virtude de uma consciência que usa o ser universal para experienciar suas possibilidades de individualidade. Esses dois poderes, a Pessoa e o mundo que lhe serve de material, são ambos necessários à nossa experiência presente de individualidade. Se o Purusha e suas sínteses individualizadoras de consciência tivessem que desaparecer, fundir-se, anular-se de alguma maneira, nossa individualidade construída cessaria, porque a Realidade que a suporta não estaria mais presente; se, por outro lado, o ser universal tivesse que se dissolver, fundir, desaparecer, então nossa individualização também cessaria, desprovida do material da experiência que lhe permitiria efetuar-se. Temos então que reconhecer esses dois termos de nossa existência como a causa de toda nossa experiência, de nós mesmos e do mundo: um ser universal e uma consciência que se individualiza.

Mas vemos em seguida que, no fim, esse Purusha, essa causa e esse self de nossa individualidade, chega a abarcar o mundo inteiro e todos os outros seres em uma espécie de extensão consciente de si, e a perceber-se como uno com o ser universal. Em sua extensão consciente de si, ele excede a experiência original e abole as barreiras de sua autolimitação e individualização ativas; por sua percepção de sua própria universalidade infinita, ele vai além de toda consciência da individualidade separativa ou do ser-alma limitado. Por esse fato, o indivíduo deixa de ser o ego autolimitante; em outras palavras, nossa percepção falsa de existir apenas por autolimitação, distiguindo-nos rigidamente do resto do ser e do tornar-se, é transcendida; nossa identificação de nós mesmos com nossa individualização pessoal e temporal em uma mente e um corpo particulares é abolida. Mas é abolida toda a verdade da individualidade e da individualização? O Purusha deixa de existir ou se torna o Purusha universal que vive intimamente em inumeráveis mentes e corpos? Achamos que não é assim. Ele ainda se individualiza, e é ainda ele que existe e abarca essa consciência mais vasta enquanto se individualiza, mas a mente não pensa mais que uma individualização temporária e limitada seja tudo o que somos: apenas uma onda do devenir projetada pelo oceano de seu ser, ou então uma forma ou um centro da universalidade. A alma ainda faz do devenir do mundo o material para a experiência individual, mas em lugar de considerá-lo como algo externo e mais vasto do que ela — do qual deve obter alguma coisa, por quem é afetada, com o qual tem que se acomodar —, percebe-o subjetivamente em si mesma; ela abarca seu material universal e sua experiência individualizada de atividades espaçotemporais em uma consciência livre e ampliada. Nessa nova consciência, o indivíduo espiritual percebe que seu verdadeiro self é uno em seu ser com a Transcendência, que repousa e vive nela, e considera a individualidade que construiu como nada mais do que uma formação para sua experiência no mundo.

Somos um com o ser universal na consciência de um Self que, ao mesmo tempo, torna-se cósmico no mundo e individualiza-se por meio do Purusha individual; e nesse ser cósmico, assim como nesse ser individual e em todos os seres individuais, essa consciência percebe o mesmo Self que se manifesta e experiencia suas diversas manifestações. Esse, então, é um Self que deve ser uno em seu ser — caso contrário não poderíamos ter essa experiência de unidade — e contudo, em sua própria unidade, deve ser capaz de diferenciação cósmica e individualidade múltipla. A unidade é seu ser, é verdade, mas a diferenciação cósmica e a individualidade múltipla são o poder de seu ser, que ele revela de maneira constante porque esse é seu deleite e a natureza de sua consciência. Se, então, nos tornarmos unos com isso, se chegarmos mesmo a nos tornar esse ser, inteiramente e de todos os modos possíveis, por que seria necessário suprimir o poder de seu ser e por qual razão deveríamos desejar suprimi-lo ou esforçarmo-nos para isso? Faríamos então apenas reduzir o campo de nossa unidade com ele por uma concentração exclusiva, aceitando o ser divino, mas recusando nossa parte no poder, na consciência e no infinito deleite do Divino. Isso, de fato, seria o indivíduo em busca da paz e repouso da união em uma identidade estática, mas rejeitando o deleite e a alegria variada da união na natureza, ação e poder da Existência divina. Isso é possível, mas não é necessário considerá-lo o objetivo último de nosso ser ou de nossa perfeição máxima.

Uma razão possível seria que no poder, na ação da consciência, não há união real e só no estado estático de consciência há unidade perfeita, indiferenciada. Assim, naquilo que podemos chamar a união desperta do indivíduo com o Divino — por oposição a um adormecimento ou uma concentração da consciência individual em uma identidade em que ela se absorve — há certamente, e deve haver, uma diferenciação da experiência. Pois nessa unidade ativa, o Purusha individual amplia sua experiência ativa também, assim como sua consciência estática, de modo a poder unir-se com o Self de seu ser e com o ser universal, e, contudo, a individualização se mantém e, portanto, a diferenciação. O Purusha percebe todos os outros indivíduos como os selfs de si mesmo; por uma união dinâmica pode perceber que a ação mental e prática deles ocorre em sua consciência universal, do mesmo modo como percebe sua própria ação mental e prática; ele pode ajudar a determinar a ação deles por uma união subjetiva com eles: mas ainda assim há uma diferença prática. A ação do Divino em si mesmo é aquela em que o Purusha tem um interesse particular e direto; a ação do Divino em seus outros selfs é aquela que lhe interessa universalmente, não de modo direto, mas por sua união com eles e com o Divino, devido a ela. O indivíduo, portanto, existe, embora exceda o pequeno ego separador; o universal existe e é abarcado pelo indivíduo, mas não absorve nem elimina toda diferença individual, ainda que, quando o indivíduo se universaliza, a limitação que chamamos ego seja ultrapassada.

Poderíamos agora desembaraçarmo-nos dessa diferenciação por um mergulho na assimilação de uma unidade exclusiva, mas com qual finalidade? Para uma união perfeita? Mas não a sacrificamos ao aceitar a diferenciação, não mais do que o Divino sacrifica Sua unidade ao aceitá-la. Temos a união perfeita em Seu ser e podemos nos absorver nela a qualquer momento, mas temos também essa outra unidade diferenciada e podemos imergir nela e agir aí livremente a qualquer momento sem perder a unidade: pois o ego foi absorvido e estamos liberados das pressões exclusivas de nossa mentalidade. Então, pela paz e o repouso? Mas temos a paz e o repouso em virtude de nossa unidade com o Divino, assim como o Divino possui para sempre Sua calma eterna em meio à Sua ação eterna. Ou seria então simplesmente pela alegria de desembaraçarmo-nos de toda diferenciação? Mas essa diferenciação tem um propósito divino: é o instrumento de uma unidade maior e não, como na vida egoística, um instrumento de divisão, pois devido a ela experienciamos a alegria da unidade com nossos outros selfs e com Deus em todos, o que excluímos ao rejeitar Seu ser múltiplo. Em ambas experiências é o Divino no indivíduo que possui e deleita-se; em um caso, o Divino em Sua pura unidade e, no outro, o Divino nessa pura unidade e na unidade do cosmos: não é o Divino absoluto que recupera Sua unidade depois de havê-la perdido. Certamente podemos preferir nos absorver em uma unidade pura e exclusiva ou partir para a transcendência supracósmica, mas nada na verdade espiritual da Existência Divina nos impede de participar dessa vasta posse e beatitude de Seu ser universal, que são a realização de nossa individualidade.

Mas se olharmos mais longe, veremos que, no final, não é só no ser cósmico que nosso ser individual entra, mas em algo em que o cósmico e o individual são unificados. Assim como nossa individualização no mundo é um devenir desse Self, o mundo também é um devenir desse Self. O ser universal inclui sempre o ser individual; portanto, esses dois devires, o cósmico e o individual, estão sempre relacionados um com o outro e mutuamente dependentes em suas relações práticas. Mas descobrimos que o ser individual também acaba por incluir o mundo em sua consciência, e visto que isso não se produz por uma abolição do indivíduo espiritual, mas por sua ascensão a uma autoconsciência plena, ampla e perfeita, devemos supor que o indivíduo sempre conteve em si o cosmos e só a consciência de superfície, por ignorância, deixou de possuir essa inclusão, porque se autolimitou no ego. Mas quando falamos da inclusão mútua de cosmos e indivíduo, o mundo em mim, eu no mundo, tudo em mim, eu em tudo — pois essa é a autoexperiência liberadora —, viajamos evidentemente para além da linguagem da razão normal. Isso acontece porque as palavras que devemos usar foram cunhadas pela mente e seu valor lhes foi dado por um intelecto preso às concepções de Espaço e circunstâncias físicas, utilizando, para formular uma experiência psicológica superior, imagens tiradas da vida física e da experiência dos sentidos. Mas o plano de consciência para onde se eleva o ser humano liberado não é dependente do mundo físico, e o cosmos que assim contemos e nos contém não é o cosmos físico, mas o ser de Deus, manifestado harmonicamente em certos grandes ritmos de Sua força-consciente e autodeleite. Portanto, essa inclusão mútua é espiritual e psicológica; é uma tradução das duas formas do Múltiplo, o todo e o indivíduo, em uma experiência espiritual unificadora — uma tradução da eterna unidade do Um e do Múltiplo, pois o Um é a unidade eterna do Múltiplo que, no cosmos, se diferencia e é, ao mesmo tempo, indiferenciável. Isso significa que cosmos e indivíduo são manifestações de um Self transcendente que é um ser indivisível, embora pareça ser dividido ou disperso; mas ele não é realmente dividido ou disperso, mas indivisivelmente presente em todo lugar. Portanto, tudo está em cada um e cada um está em tudo e tudo está em Deus e Deus em tudo; e quando a alma liberada chega a unir-se com esse Transcendente, tem em si mesma essa experiência de si e do cosmos, que se traduz psicologicamente por uma inclusão mútua e uma existência persistente de ambos, em uma união divina que é ao mesmo tempo uma unidade, uma fusão e um abraço.

A experiência normal da razão não pode, portanto, aplicar-se a essas verdades mais altas. Em primeiro lugar, é somente na ignorância que o ego é o indivíduo; há um indivíduo verdadeiro que não é o ego; ele tem, portanto, com todos os outros indivíduos uma relação eterna, não egoística ou separativa, cujo caráter essencial é uma mutualidade prática fundamentada na unidade essencial. Essa mutualidade fundamentada na unidade é todo o segredo da existência divina em sua perfeita manifestação, e esta deve ser a base de tudo o que podemos chamar uma vida divina. Mas em seguida vemos que toda dificuldade e confusão nas quais a razão comum resvala vem do fato de que falamos de uma autoexperiência mais alta e ilimitável, fundamentada em infinidades divinas, e contudo lhe aplicamos uma linguagem formada por uma experiência inferior e limitada, fundamentada em aparências finitas e definições separativas com as quais tentamos distinguir e classificar o fenômeno do universo material. Assim, temos que utilizar a palavra indivíduo e falar de ego e de indivíduo verdadeiro, assim como falamos algumas vezes de Homem aparente e Homem real. É evidente que todas essas palavras, homem, aparente, real, indivíduo, verdade, devem ser tomadas em um sentido muito relativo e com a inteira compreensão de sua imperfeição e incapacidade de expressar o que queremos dizer. Por indivíduo, em geral entendemos algo que se separa de tudo o mais e se mantém à parte, embora na realidade não haja uma tal coisa em lugar algum na existência; essa é uma ficção de nossas concepções mentais, útil e necessária para expressar uma verdade parcial e prática. Mas a dificuldade é que a mente deixa-se dominar por suas palavras e esquece que a verdade parcial e prática só se torna verdade por sua relação com outras verdades que, para a razão, parecem contradizê-la e, tomada em separado, contém um constante elemento de falsidade. Assim, quando falamos de um indivíduo, em geral queremos dizer uma individualização do ser mental, vital, físico, separado de todos os outros seres, incapaz de unidade com eles devido à sua própria individualidade. Se formos além destes três termos — mente, vida e corpo — e falarmos da alma ou self individual, ainda pensaremos em um ser individualizado separado de todos os outros, incapaz de unidade e mutualidade inclusiva, capaz, no máximo, de um contato espiritual e uma simpatia de alma. É, então, necessário insistir que por indivíduo verdadeiro não queremos dizer nada disso, mas falamos de um poder consciente, um poder de Ser do Eterno, que existe sempre pela unidade, sempre capaz de mutualidade. É esse ser que, pelo autoconhecimento, frui de liberação e imortalidade.

Mas devemos levar ainda mais longe o conflito entre a razão normal e a razão superior. Quando falamos do indivíduo verdadeiro como de um poder-de-ser consciente do Eterno, usamos ainda termos intelectuais — não podemos evitá-lo, a menos que mergulhemos em uma linguagem de puros símbolos e em palavras com valores místicos —, mas, o que é pior, ao tentar nos desfazer da ideia do ego usamos uma linguagem demasiado abstrata. Falemos então de um ser consciente que, para nossa avaliação da existência, é um ser do Eterno em seu poder de autoexperiência individualizadora, pois este deve ser um ser concreto — e não um poder abstrato — que se deleita na imortalidade. E então chegamos a isso, que não só eu estou no mundo e o mundo em mim, mas Deus está em mim e eu estou em Deus; o que não significa que, para existir, Deus dependa do homem, mas que Ele Se manifesta naquilo que manifesta em Si mesmo; o indivíduo existe no Transcendente, mas todo o Transcendente está aí, escondido no indivíduo. E mais, eu sou um com Deus em meu ser e contudo posso, em minha experiência, relacionar-me com Ele. Eu, o indivíduo liberado, posso fruir do Divino em Sua transcendência, unificado com Ele, e, ao mesmo tempo, fruir do Divino em outros indivíduos e no Seu ser cósmico. Evidentemente, atingimos aí certas relações primordiais do Absoluto, e elas só podem ser compreendidas pela mente se víssemos que o Transcendente, o indivíduo, o ser cósmico são os poderes eternos da consciência — recaímos, e dessa vez sem remédio, em uma linguagem totalmente abstrata — de uma existência absoluta, uma unidade que no entanto é mais que uma unidade, que assim se expressa à sua própria consciência em nós, mas da qual não podemos falar de modo adequado em linguagem humana, e tampouco esperar descrevê-la para nossa razão, em termos positivos ou negativos, mas só podemos ter a esperança de sugeri-la ao poder supremo de nossa linguagem.

Mas a mente normal, que não tem experiência dessas coisas tão poderosamente reais para a consciência liberada, pode muito bem revoltar-se contra o que talvez lhe pareça nada mais do que uma massa de contradições intelectuais. Ela pode dizer: "Eu sei muito bem o que é o Absoluto; é aquilo em que não há relações. O Absoluto e o relativo são opostos irreconciliáveis; no relativo não há, em lugar algum, o absoluto, no Absoluto nada pode ser relativo. Tudo o que contradiz esses primeiros dados do meu pensamento é falso intelectualmente e impossível na prática. Essas outras afirmações também contradizem minha lei sobre contradições, que diz que duas afirmações opostas e contraditórias não podem ser ambas verdadeiras. É impossível unir-se a Deus e ao mesmo tempo relacionar-se com Ele em um deleite do Divino. Na unidade não há ninguém para deleitar-se, exceto o Um, e nada com que deleitar-se exceto o Um. Deus, o indivíduo e o cosmos devem ser três diferentes realidades, caso contrário não haveria relações entre eles. Ou essas realidades são eternamente diferentes ou são diferentes no presente, embora possam ter sido uma única existência não diferenciada e no fim tornar-se mais uma vez uma existência não diferenciada. Houve unidade talvez e haverá talvez, mas agora não há e não pode haver, enquanto o cosmos e o indivíduo durarem. O ser cósmico só pode conhecer e possuir a unidade transcendente se deixar de ser cósmico; o indivíduo só pode conhecer e possuir a unidade cósmica ou transcendente se puser um fim à toda individualidade e toda individualização. Ou, se unidade for o único fato eterno, então cosmos e indivíduo são não existentes; são ilusões impostas a si mesmo pelo Eterno. Isso pode muito bem implicar uma contradição ou um paradoxo irreconciliado; mas estou mais aberto a admitir uma contradição no Eterno, que não sou obrigado a conceber, do que admitir, nesse ponto, uma contradição em minhas concepções originais, sobre as quais sou obrigado a refletir de modo lógico e para fins práticos. Com base nessa suposição, sou capaz de tomar o mundo como praticamente real e pensar e agir nele ou rejeitá-lo como uma irrealidade e cessar de pensar e agir; não sou obrigado a reconciliar contradições, nem chamado a ser consciente de algo ou em algo além de mim mesmo e além do mundo e, contudo, nessa base eu mantenho, como o faz Deus, relações com um mundo de contradições. A tentativa de ser como Deus enquanto ainda sou um indivíduo, ou ser três coisas ao mesmo tempo envolve, parece-me, uma confusão lógica e uma impossibilidade prática". Tal poderia muito bem ser a atitude da razão normal, e é uma atitude clara, lúcida, positiva em sua discriminação, que não supõe nenhuma ginástica extraordinária da razão tentando ultrapassar-se e perdendo-se em sombras e meias-luzes, ou qualquer tipo de misticismo, senão o único misticismo original, comparativamente simples e livre de todas as outras complexidades difíceis. Em consequência, esse é o raciocínio mais satisfatório para a mente simplesmente racional. Contudo, aí encontramos um erro triplo: o erro de criar um abismo intransponível entre o Absoluto e o relativo, o erro de tornar muito simples e rígida a lei de não contradição e aumentá-la muito, e o erro de conceber em termos de Tempo a gênese de coisas que têm sua origem e primeiro *habitat* no Eterno.

Por Absoluto, entendemos algo maior do que nós, maior do que o cosmos onde vivemos, a realidade suprema desse Ser transcendente que chamamos Deus, algo sem o que tudo o que vemos ou somos cônscios de que existe não poderia ter sido, não poderia nem por um momento continuar a existir. O pensamento indiano chama-o Brahman, o pensamento europeu chama-o Absoluto, porque é um autoexistente liberado de toda ligação às relatividades. Com efeito, todos os relativos só podem existir por meio de algo que seja a verdade de todos eles, fonte e receptáculo de seus poderes e propriedades e, no entanto, os ultrapasse; é algo do qual não só cada relatividade, mas toda a soma possível de todos os relativos que conhecemos, só pode ser — em tudo o que conhecemos deles — uma expressão parcial, inferior ou prática. A razão nos mostra que um tal Absoluto deve existir; pela experiência espiritual percebemos sua existência, mas mesmo quando somos conscientes disso ao máximo, não podemos descrevê-lo, porque nossa linguagem e nosso pensamento só podem lidar com o relativo. O Absoluto é, para nós, o Inefável.

Até aqui não houve dificuldade real nem confusão. Mas, levados pelo hábito mental de criar oposições, pensar por distinções e dualidades, não hesitamos em continuar a declarar em seguida que a mente não só é atada pelas limitações do relativo, mas que, liberada das limitações, é escrava dessa liberdade, inexoravelmente esvaziada de todo poder de estabelecer relações e, em sua natureza, incapaz de havê-las — algo em todo seu ser é hostil à relatividade e seu eterno contrário. Esse passo falso de nossa lógica nos conduz a um impasse. Nossa própria existência e a existência do universo tornam-se não só um mistério, mas logicamente inconcebíveis, pois chegamos assim a um Absoluto que é incapaz de relatividade e exclui todos os relativos, mas é, contudo, a causa, ou ao menos o suporte, da relatividade, e o receptáculo, verdade e substância de todos os relativos. Temos então apenas um meio lógico-ilógico de escapar a esse impasse: supor que o mundo é imposto à eternidade do Absoluto sem formas nem relações, como uma brilhante ilusão ou uma realidade temporal irreal. Essa imposição é feita pela nossa consciência individual enganadora, que erroneamente vê Brahman sob a forma do cosmos — assim como um homem toma uma corda por uma serpente; mas visto que nossa própria consciência individual é um relativo sustentado pelo Brahman e só existe por Ele — pois ela não é uma realidade real —, ou que, em sua realidade, ela própria é Brahman, finalmente é Brahman que, em nós, impõe a si mesmo essa miragem e, em alguma imagem de sua própria consciência, toma uma corda existente por uma serpente inexistente, impõe à sua própria Realidade indeterminável e pura a aparência de um universo, ou se não a impõe à sua própria consciência, a impõe a uma consciência que procede e depende dele, uma projeção de si mesmo na Maya. Com essa explicação, nada é explicado; a contradição original mantém-se onde estava, irreconciliada, e simplesmente a formulamos de novo em outros termos. Parece que ao tentar encontrar uma explicação por meio do raciocínio intelectual mergulhamos na névoa de ilusão de nossa própria lógica intransigente: impomos ao Absoluto isso que nosso raciocínio demasiado pretensioso impôs à nossa inteligência; transformamos nossa dificuldade mental em compreender a manifestação do mundo em uma impossibilidade fundamental para o Absoluto de manifestar-se em um mundo. Mas, obviamente, o Absoluto não encontra dificuldade em manifestar o mundo nem, ao mesmo tempo, transcender a manifestação do mundo; a dificuldade só existe para nossas limitações mentais, que nos impedem de apreender a racionalidade supramental dessa coexistência entre o infinito e o finito ou de apoderar-se do nó no qual se juntam o incondicionado e o condicionado. Para nossa racionalidade intelectual, estes são opostos; para a razão absoluta eles são expressões inter-relacionadas, e não necessariamente antagonistas, de uma única e mesma realidade. A consciência da Existência infinita é diferente de nossa consciência mental e nossa consciência sensorial, é maior e mais ampla, pois as inclui como termos menores de suas operações, e a lógica da Existência infinita é diferente da nossa lógica intelectual. Ela reconcilia nos grandes fatos primevos de seu ser aquilo que, para nossa visão mental, ocupada como é com palavras e ideias derivadas de fatos secundários, são contrários irreconciliáveis.

Nosso erro é que, ao tentar definir o indefinível, pensamos ter sucedido quando descrevemos esse Absoluto por uma negação e exclusão de tudo, e somos, mesmo assim, obrigados a concebê-lo como um supremo positivo e a causa de todos os positivos. Não nos surpreendamos que tantos pensadores perspicazes, atentos aos fatos do ser e não às distinções verbais, tenham sido levados a deduzir que o Absoluto é uma ficção da inteligência, uma ideia nascida de palavras e dialéticas verbais, um zero, um não existente, e a concluir que um eterno Devenir é a única verdade de nossa existência. Certamente, os antigos sábios falaram de maneira negativa do Brahman — eles diziam *neti, neti*, ele não é isso, ele não é aquilo —, mas tiveram o cuidado de falar disso também de maneira positiva; diziam: ele é isso, ele é aquilo, ele é tudo, pois viram que limitá-lo com definições, positivas ou negativas, era distanciar-se de sua verdade. Brahman, disseram, é Matéria, é Vida, é Mente, é Supramente, é o Deleite cósmico, é Satchidananda, e contudo não pode ser definido por nenhuma dessas coisas, nem mesmo pela nossa concepção mais vasta de Satchidananda. No mundo como o vemos, mesmo com nossa consciência mental elevada a seu nível mais alto, constatamos que para cada positivo há um negativo. Mas o negativo não é um zero — de fato, tudo que nos parece ser um zero é cheio de força, repleto do poder da existência, rico de conteúdo real ou potencial; e a existência do negativo não torna inexistente o positivo correspondente, nem faz dele uma irrealidade; simplesmente, faz do positivo uma exposição incompleta da verdade das coisas e mesmo, podemos dizer, da própria verdade do positivo. Pois o positivo e o negativo não só existem lado a lado, mas em relação um com o outro e um pelo outro; eles se completam e se explicariam mutuamente em uma visão integral que uma mente limitada não pode alcançar. Na realidade, não é possível conhecer cada um por si; só começamos a conhecer um deles em sua verdade mais profunda quando podemos ler nele as sugestões de seu contrário aparente. É mediante uma intuição universal mais profunda como essa, e não por oposições lógicas exclusivas, que nossa inteligência deveria acercar-se do Absoluto.

Os positivos do Absoluto são as várias maneiras como ele se afirma à nossa consciência; seus negativos trazem o resto de sua positividade absoluta, negando assim aquilo que o limita a essas primeiras afirmações. Temos, para começar, suas grandes relações primordiais, tais como o infinito e o finito, o condicionado e o incondicionado, o qualificado e o não qualificado; em cada par o negativo esconde todo o poder do positivo correspondente, que é contido nele e emerge dele: não há oposição real. Temos, em uma ordem menos sutil de verdades, o transcendente e o cósmico, o universal e o individual; aqui, vimos que cada membro desses pares é contido em seu contrário aparente. O universal particulariza-se no individual; o individual contém em si todas as generalidades do universal. A consciência universal encontra-se totalmente por meio de variações individuais inumeráveis e não pela supressão de variações; a consciência individual cumpre-se totalmente quando se universaliza até o ponto onde se harmoniza e se identifica com a consciência cósmica, não quando se limita no ego. Do mesmo modo, o cósmico contém, na totalidade de si e em cada coisa que está nele, a imanência completa do transcendente; mantém-se como o ser universal pela consciência de sua própria realidade transcendente e encontra-se em cada ser individual pela realização do divino e transcendente nesse ser e em todas as existências. O transcendente contém, manifesta, constitui o cosmos e, ao manifestá-

-lo, manifesta ou descobre, como diríamos no antigo sentido poético dessa palavra, suas próprias variantes harmônicas infinitas. Mas mesmo nas ordens inferiores do relativo encontramos esse jogo do negativo e positivo, e é pela reconciliação divina de seus termos, não os erradicando ou empurrando seus opostos ao extremo, que deveremos chegar ao Absoluto. Pois aí, no Absoluto, toda essa relatividade na qual o Absoluto se autoafirma em seus ritmos variados encontra-se, não sua completa negação, mas a razão de sua existência e justificação, não sua condenação como mentira, mas a fonte e o princípio de sua verdade. O cosmos e o indivíduo retornam a algo no Absoluto que é a verdadeira verdade da individualidade, a verdadeira verdade do ser cósmico e não sua negação e prova de sua falsidade. O Absoluto não é um especialista em lógica, um cético que nega a verdade de todas as suas afirmações e expressões, mas é uma existência tão total e infinitamente positiva que não se pode formular nenhum positivo finito que consiga esgotá-lo ou atá-lo às suas definições.

É evidente que se tal é a verdade do Absoluto, tampouco podemos acorrentá-lo à nossa lei de contradições. Essa lei nos é necessária para enunciar verdades parciais e práticas, pensar de maneira clara, decisiva e útil, para classificar, agir, lidar de modo efetivo com as coisas para fins particulares em nossas divisões de Espaço, em nossas distinções de formas e características, para os momentos do Tempo. Ela representa uma verdade formal e fortemente dinâmica da existência em suas operações práticas, que é mais forte no limite mais externo das coisas, o material, mas se torna cada vez menos rigidamente constringente à medida que subimos os degraus mais sutis da escada do ser. Essa lei nos é especialmente necessária quando lidamos com fenômenos e forças materiais; devemos supor que eles são uma só coisa, possuem um poder de cada vez, são limitados por suas capacidades e propriedades manifestas, e praticamente eficazes; caso contrário, não podemos lidar com eles. Mas mesmo nesse ponto, como o pensamento humano começa a dar-se conta, as distinções feitas pelo intelecto e as clarificações e experiências práticas da ciência, mesmo que sejam perfeitamente válidas em seu próprio campo e para seus próprios fins, não representam a verdade completa ou real das coisas, seja das coisas em seu conjunto, seja da coisa em si que classificamos e pusemos à parte artificialmente, isolada, para analisar em separado. Ao isolá-la assim, poderemos certamente tratá-la de maneira muito prática, muito eficaz, e no início pensar que a eficácia de nossa ação prova a verdade inteira de nosso conhecimento separativo e analítico, e que é suficiente. Mas em seguida vemos que, se ultrapassarmos esse conhecimento, poderemos chegar a uma verdade e uma eficácia maiores.

A separação é certamente necessária a um primeiro conhecimento. Um diamante é um diamante e uma pérola é uma pérola: cada coisa em sua própria categoria existe ao diferenciar-se de todas as outras coisas por sua forma e suas qualidades próprias; mas possui também qualidades e elementos que são comuns a cada uma e à sua categoria e outros que são comuns às coisas materiais em geral. E, na realidade, nem uma nem outra existem apenas pelo que as diferencia, mas muito mais por aquilo que, em essência, é comum a ambas; e o único meio de retornar à própria base e à verdade permanente de todas as coisas materiais é perceber que todas são uma mesma coisa, uma única energia, única substância ou, se preferirmos, um só movimento universal que projeta, faz aparecer, combina, realiza essas formas diferentes, essas diversas propriedades, essas potencialidades fixas e harmoniosas de seu próprio ser. Se nos detivermos no conhecimento das diferenças, poderemos lidar com o diamante e a pérola apenas como são, fixar seu valor, uso e variedades, fazer o melhor uso deles e tirar o melhor benefício comum; mas se pudermos chegar ao conhecimento e controle de seus elementos e às propriedades comuns das categorias às quais pertencem, poderemos alcançar o poder de fabricar um diamante ou uma pérola à vontade: ir ainda mais longe e adquirir completo conhecimento daquilo que todas as coisas materiais são em sua essência, e mesmo alcançar o poder de transmutação, que daria o maior controle possível sobre a Natureza material. Assim, o conhecimento de distinções encontra sua verdade e uso efetivo maior quando chegamos ao conhecimento mais profundo daquilo que reconcilia distinções, na unidade que está por trás de toda variação. Esse conhecimento mais profundo não priva o outro, mais superficial, de sua eficácia, nem prova que ele seja vão. Não podemos concluir, a partir de nossa última descoberta material, que não haja substância ou Matéria originais, mas apenas energia, manifestando a substância ou manifestando-se como substância — que diamante e pérola são não existentes, irreais, verdadeiros apenas para a ilusão dos nossos sentidos de percepção e ação, que a substância única, energia ou movimento é a única verdade eterna e, em consequência, o melhor ou o único uso racional de nossa ciência seria dissolver diamantes e pérolas, e tudo o mais que pudermos dissolver, nessa única realidade eterna e original e eliminar para sempre suas formas e propriedades. Todas as coisas têm um caráter essencial, um caráter em comum, um caráter individual; os dois últimos são poderes verdadeiros e eternos do primeiro: a essencialidade transcende ambos, mas os três juntos, e não um só, são os termos eternos da existência.

Essa verdade, que podemos ver, embora com dificuldade e sob restrições consideráveis mesmo no mundo material — onde os poderes superiores e mais sutis do ser têm que ser excluídos de nossas operações intelectuais —, torna-se clara e mais poderosa quando ascendemos aos escalões superiores. Vemos a verdade de nosssas classificações e distinções, mas também seus limites. Apesar de suas diferenças, todas as coisas são uma. Por razões práticas a planta, o animal, o homem são existências diferentes; contudo, quando olhamos profundamente, vemos que a planta é apenas um animal com uma evolução insuficiente de autoconsciência e força dinâmica; o animal é o homem em gestação; o próprio homem é esse animal e, contudo, há em sua autoconsciência e poder dinâmico de consciência algo mais que faz dele um homem; ele é também esse algo mais que é contido e reprimido em seu ser como a potencialidade do divino: ele é um deus em gestação. Em cada um desses, planta, animal, homem, deus, o Eterno está aí, contendo e como que se reprimindo, a fim de obter certa formulação de seu ser. Cada um é o Eterno inteiro escondido. O próprio homem, que retoma tudo o que se manifestou antes dele e o transmuta em termos de humanidade, é o ser humano individual e, contudo, é toda a humanidade, o homem universal que age no indivíduo enquanto personalidade humana. É todos os homens e, contudo, é ele mesmo, e é único. Ele é o que é, mas é também o passado de tudo o que foi e a potencialidade de tudo o que ele não é. Não podemos compreendê-lo se virmos apenas sua individualidade presente, mas tampouco podemos compreendê-lo se virmos apenas o que tem em comum com os outros homens, o termo geral de sua humanidade ou se, por exclusão desses dois aspectos, retornarmos à essência de seu ser, na qual os traços distintivos de sua humanidade e a individualidade que o singulariza parecem desaparecer. Cada coisa é o Absoluto, todas são esse Um, mas é sempre nesses três termos que o Absoluto formula a autoexistência que Ele desenvolveu. Não somos obrigados, por causa da unidade essencial, a dizer que toda ação de Deus e suas operações variadas são vãs, sem valor, irreais, fenomênicas, ilusórias, e que o melhor e único uso racional ou suprarracional que podemos fazer de nosso conhecimento é nos distanciar delas, dissolvermos nossa existência cósmica e individual no ser essencial e desembaraçarmo-nos para sempre de todo vir-a-ser como de uma futilidade.

Em nossas relações práticas com a vida, devemos chegar à mesma verdade. Para certos fins práticos devemos dizer que uma coisa é boa ou ruim, bonita ou feia, justa ou injusta e agir em consequência. Mas se nos limitarmos a isso, não poderemos atingir um conhecimento real. Aqui, a lei de contradições só é válida na medida em que dois enunciados diferentes e opostos não podem ser verdadeiros para uma mesma coisa no mesmo momento, mesmo campo, mesma relação, do mesmo ponto de vista e mesmo propósito lógico. Uma grande guerra, destruição ou a violenta convulsão de uma revolução, por exemplo, podem nos parecer um mal, uma desordem virulenta e catastrófica e, em certos aspectos, em alguns de seus resultados e de certo ponto de vista, isso é verdade; mas visto de outra maneira, pode ser um grande bem, pois limpa rapidamente o terreno para um novo bem ou uma ordem mais satisfatória. Nenhum ser humano é simplesmente bom ou simplesmente mau; cada um é uma mistura de contrários: encontramos, e mesmo com frequência, esses contrários inextricavelmente misturados em um único sentimento, uma única ação. Todo tipo de qualidades, poderes, valores antagonistas, encontram-se e entrechocam-se para constituir nossa ação, vida, natureza. Só poderemos compreender inteiramente se chegarmos a uma certa percepção do Absoluto sem perder de vista suas obras em todas as relatividades que se manifestam — vê-las não apenas cada uma por si, mas cada uma em relação com as outras e com aquilo que as ultrapassa e reconcilia todas. De fato, para conhecer, devemos alcançar a visão e o propósito divinos nas coisas, e não simplesmente olhar os nossos próprios, embora nossa visão humana limitada e propósito momentâneo tenham seu valor no quadro do Todo. Pois por trás de todas as relatividades há esse Absoluto que está na origem do ser delas e é sua justificação. Não há no mundo ato algum, organização alguma, que seja por si mesmo absolutamente justo; mas há por trás de todos os atos e organizações algo de absoluto que chamamos justiça, exprime-se por meio de suas relatividades e que poderíamos perceber se nossa visão e nosso conhecimento fossem abrangentes em vez de serem o que são: parciais, superficiais, limitados a algumas aparências e fatos ostensivos. Há também um bem absoluto e uma beleza absoluta, mas para entrevê-los, devemos abarcar todas as coisas de modo imparcial e, para além de suas aparências, sentir o que todas, juntas e em separado, tentam elaborar e formular em seus termos complexos; não um indeterminado, mas o Absoluto, uma vez que o indeterminado, que é apenas a substância original ou talvez o estado em que as determinações formam um todo compacto, em si, não explicaria absolutamente nada. Certamente podemos seguir o método oposto, que consiste em romper todas as coisas e recusar-se a vê-las como um todo e em relação ao que as justifica, e criar assim uma concepção intelectual do mal absoluto, injustiça absoluta, horror absoluto, dor, insignificância, vulgaridade, futilidade absolutas de todas as coisas; mas isso seria levar ao extremo o método da Ignorância, cuja visão baseia-se na divisão. Tratar assim as ações divinas não seria correto. Porque o Absoluto se expressa por meio de relatividades cujo segredo achamos difícil sondar, porque, para nossa visão limitada, tudo parece ser um jogo fútil de oposições e negatividades ou uma massa de contradições, não podemos concluir que nossa primeira visão limitada é justa ou que tudo é um vão engano da mente, e não tem realidade. Tampouco podemos reduzir tudo a uma contradição original irreconciliada que deveria explicar todo o resto. A razão humana está errada em dar um valor separado e definitivo a cada contradição em si, ou ao desembaraçar-se de uma pela negação total da outra; mas está certa ao recusar-se a aceitar como palavra final e última o emparelhamento de contradições que de nenhum modo foram reconciliadas nem encontraram sua fonte e seu significado em algo que ultrapasse sua oposição.

Tampouco podemos reconciliar ou explicar as contradições originais da existência refugiando-nos em nosso conceito de Tempo. O Tempo, assim como o conhecemos ou concebemos, é apenas nosso meio para realizar coisas em sucessão, é uma condição e causa de condições, varia conforme os diferentes planos de existência, varia mesmo para os seres em um só e mesmo plano: isto é, ele não é um Absoluto e não pode explicar as relações primordiais do Absoluto — elas se elaboram em detalhe graças ao Tempo e, para nosso ser mental e vital, parecem ser determinadas por ele; mas essa aparência não nos reconduz às fontes e princípios dessas relações. Fazemos a distinção entre condicionado e incondicionado e imaginamos que o incondicionado tornou-se condicionado, que o Infinito tornou-se finito em uma certa data no Tempo e pode cessar de sê-lo em alguma outra data no Tempo porque isso nos aparece assim nos detalhes, nas particularidades ou em relação a esse ou aquele sistema de coisas. Mas se considerarmos a existência como um todo, veremos que infinito e finito coexistem e existem um no outro e pelo outro. Mesmo se nosso universo tivesse que desaparecer e reaparecer ritmicamente no Tempo, como se acreditava antigamente, isso também seria apenas um grande detalhe e não mostraria que em dado momento toda condição cessa na inteira extensão da existência infinita e todo o Ser torna-se o incondicionado, e em outro momento retoma a realidade ou a aparência das condições. A primeira fonte e as relações primordiais encontram-se além de nossas divisões mentais do Tempo, na atemporalidade divina, ou ainda no Tempo indivisível ou eterno, do qual nossas divisões e sucessões são apenas representações em uma experiência mental.

Vemos aí que tudo se encontra, e todos os princípios, todas as realidades duradouras da existência — pois o finito, como princípio de ser, é tão duradouro quanto o infinito — encontram-se em uma relação primária umas com as outras em uma unidade, livre e não exclusiva, do Absoluto e a maneira como se apresentam a nós em um mundo material ou mental é apenas uma elaboração delas nas relatividades secundárias, terciárias ou ainda mais inferiores. O Absoluto não se tornou o contrário de si mesmo, nem assumiu em certa data relatividades reais ou irreais das quais era incapaz originalmente; o Um não se tornou por milagre o Múltiplo, nem o incondicionado desviou-se para tornar-se condicionado, nem o sem-qualidade fez brotar qualidades. Essas oposições são apenas conveniências de nossa consciência mental, são nossas divisões do indivisível. As coisas que representam não são ficções, são realidades, mas elas não serão conhecidas de modo correto se forem postas em oposição irreconciliável ou se as separarmos umas das outras, pois na visão total do

Absoluto não há tal oposição irreconciliável ou esse gênero de separação. Essa é a fraqueza não só de nossas divisões científicas e distinções metafísicas, mas também de nossas realizações espirituais exclusivas, que são exclusivas só porque para chegar a elas temos que partir de nossa consciência mental limitante e divisiva. Devemos fazer as distinções metafísicas para ajudar nossa inteligência a encaminhar-se para uma verdade que a excede, porque é só assim que ela pode escapar das confusões de nossa primeira visão mental indistinta das coisas; mas se nos apegarmos a elas até o fim, transformaremos em cadeias o que deveria ter sido apenas primeiras ajudas. Devemos também apoiar-nos em realizações espirituais distintas, que no começo podem parecer contrárias umas às outras porque, como seres mentais, é difícil ou impossível para nós apreender de imediato, de maneira ao mesmo tempo ampla e completa, o que está além de nossa mentalidade; mas erramos se as intelectualizarmos como se fossem verdades únicas — como quando afirmamos que o Impessoal deve ser a realização última e o resto uma criação de Maya, ou declaramos que Saguna, o Divino dotado de qualidades, é Isto e rejeitamos a impersonalidade de nossa experiência espiritual. Devemos ver que essas duas realizações dos grandes buscadores espirituais são igualmente válidas em si, igualmente sem valor quando se opõem uma à outra; elas são uma e a mesma Realidade experienciada em dois aspectos, ambos necessários ao pleno conhecimento e à plena experiência de cada um e daquilo que ambos são. Também é assim com o Um e o Múltiplo, o finito e o infinito, o transcendente e o cósmico, o individual e o universal; cada um é o outro assim como é ele mesmo, e nenhum pode ser inteiramente conhecido sem o outro e sem ultrapassar o que em aparência os opõe.

Vemos então que existem três termos da existência única: transcendente, universal e individual, e cada um desses sempre contém, secreta ou abertamente, os outros dois. O Transcendente está sempre em posse de si e controla os outros dois, que formam a base de suas próprias possibilidades temporais; esse é o Divino, a eterna consciência de Deus possuindo tudo, onipotente, onisciente, onipresente, que anima, abraça, governa todas as existências. O ser humano é, aqui na terra, o mais alto poder do terceiro termo, o individual, pois só ele pode, em seu momento decisivo, elaborar esse movimento de automanifestação que, para nós, toma a aparência de involução e evolução da consciência divina entre os dois termos, da Ignorância e do Conhecimento. O poder do indivíduo de possuir em sua consciência — mediante seu autoconhecimento — sua unidade com o Transcendente e o Universal, com o Ser Único e com todos os seres, de viver nesse conhecimento e servir-se dele para transformar sua vida é o que torna possível a elaboração da automanifestação divina por meio do indivíduo; e a chegada do indivíduo — não só de um, mas de todos

— à vida divina é o único objetivo concebível do movimento. A existência do indivíduo não é um erro que aconteceu em algum self do Absoluto que esse self descobre depois; pois é impossível que a autoconsciência absoluta, ou qualquer coisa que seja una com ela, possa ser ignorante de sua própria verdade e próprias capacidades e, traída por essa ignorância, faça de si uma ideia falsa que deva corrigir, ou se lance em uma aventura impraticável a que deva renunciar. A existência individual tampouco é uma circunstância secundária em um jogo divino ou Lila — o jogo que consiste na rotação contínua ao longo de ciclos sem fim de prazer e sofrimento, sem nenhuma esperança maior na própria Lila, nem saída alguma, exceto o escape eventual de alguns seres que conseguem liberar-se da sujeição a essa ignorância. Poderíamos ser compelidos a manter essa visão implacável e desastrosa das obras de Deus, se o homem não tivesse o poder de autotranscendência ou de transformar, pelo autoconhecimento, as condições do jogo, aproximando-as cada vez mais da verdade do Deleite divino. Nesse poder encontra-se a justificação da existência individual; o individual e o universal revelando em si mesmos a luz, o poder e a alegria divinos do Satchidananda transcendente sempre manifesto acima deles, sempre secreto por trás de suas aparências superficiais, tal é a intenção escondida, o significado último do jogo divino, a Lila. Mas é neles mesmos, em sua transformação, mas também em sua persistência e relações perfeitas, não em sua autoaniquilação, que isso deve ser revelado. Caso contrário, não haveria razão alguma para que tivessem jamais existido; a possibilidade de uma revelação do Divino no indivíduo é o segredo do enigma; sua presença nele e essa intenção de revelar-se são a chave do mundo do Conhecimento-Ignorância.

# CAPÍTULO IV

# O DIVINO E O NÃO DIVINO

*O Vidente, o Pensador, o Autoexistente, que em toda parte vem-a-ser, organizou de modo perfeito todas as coisas, por toda a eternidade.*
Isha Upanishad, verso 8.

*Muitos, purificados pelo conhecimento, vieram ao Meu estado de ser. [...] Eles se tornaram semelhantes a Mim na lei de seu ser.*
Bhagavad-Gītā, IV. 10; XIV. 2.

*Conhece Isto como o Brahman, e não aquilo que os homens estimam aqui.*
Kena Upanishad, I. 4.

*Um Self interior de todos os seres, que os governa. [...] Assim como o Sol, o olho do mundo, não é tocado pelos defeitos externos da visão, do mesmo modo esse Self interno nos seres não é tocado pela dor do mundo.*
Katha Upanishad, II. 2. 12, 11.

*O Senhor habita no coração de todos os seres.*
Bhagavad-Gītā, XVIII. 61.

O universo é a manifestação de uma Toda-Existência eterna e infinita: o Ser Divino habita em tudo o que é; nós mesmos, em nosso self, em nosso ser mais profundo, somos isso; nossa alma, a secreta entidade psíquica imanente, é uma porção da Consciência e da Essência Divinas. Essa é a visão que temos de nossa existência; mas, ao mesmo tempo, falamos de uma vida divina como a culminação do processo evolutivo, e o uso da frase implica que nossa vida atual é não divina, assim como toda vida que se manifesta nos planos inferiores. À primeira vista isso parece contraditório; em vez de fazer uma distinção entre a vida divina a que aspiramos e uma existência atualmente não divina, seria mais lógico falar de uma ascensão de nível em nível, em uma manifestação divina. Podemos admitir, se olharmos apenas a realidade interior sem considerar as sugestões da representação exterior, que essa deveria ser essencialmente a natureza da evolução, a mudança a que temos que ser submetidos na Natureza; isso apareceria assim, talvez, ao olho imparcial de uma visão universal não perturbada por nossas dualidades — conhecimento e ignorância, bem e mal, felicidade e sofrimento — e que participasse da consciência e deleite sem entraves de Satchidananda. E contudo, do ponto de vista prático e relativo, que é distinto de uma visão essencial, a distinção entre o divino e o não divino tem um valor e significado que se impõem da maneira mais insistente e incisiva. Este, então, é um aspecto do problema que é necessário trazer à luz e avaliar sua verdadeira importância.

A distinção entre a vida divina e a vida não divina é, de fato, idêntica à distinção fundamental entre uma vida de Conhecimento, vivida em plena consciência e no poder da Luz, e uma vida de Ignorância — em todo caso é assim que ela se apresenta em um mundo que evolui, lentamente e com dificuldade, a partir de uma Inconsciência original. Toda vida que tem ainda essa Inconsciência como base é marcada com a estampa de uma imperfeição radical, pois mesmo se está satisfeita com seu tipo próprio, ela se satisfaz com algo incompleto e desarmonioso, um mosaico de discórdias; ao contrário, mesmo uma vida puramente mental ou vital poderia ser perfeita dentro dos seus limites, se fosse baseada em um poder e um conhecimento de si restritos, mas harmoniosos. É esse selo de imperfeição e desarmonia ao qual estamos sujeitos perpetuamente que é a marca do não divino; uma vida divina, ao contrário, mesmo se progredisse do pouco ao mais, seria a cada etapa harmoniosa em seus princípios e detalhes: um terreno seguro onde a liberdade e a perfeição poderiam florescer de modo natural ou crescer em direção à sua estatura mais alta, refinar-se e expandir-se em sua opulência mais sutil. Todas as imperfeições, todas as perfeições devem ser consideradas ao examinarmos a diferença entre uma existência não divina e uma existência divina; mas, em geral, quando fazemos essa distinção, fazemo-la como seres humanos, lutando sob a pressão da vida e das dificuldades ao prosseguirmos em meio às suas perplexidades e problemas imediatos; sobretudo, pensamos na distinção que somos obrigados a fazer entre o bem e o mal ou, em acréscimo, ao problema análogo da dualidade, essa mistura em nós de felicidade e sofrimento. Quando buscamos intelectualmente uma presença divina nas coisas, uma origem divina do mundo, um governo divino de suas obras, a presença do mal, a insistência sobre o sofrimento, a grande, enorme, parte deixada à dor, ao sofrimento e à aflição na economia da Natureza, são os fenômenos cruéis que confundem nossa razão e destroem a fé instintiva da humanidade em uma tal origem ou um tal governo, ou em uma Imanência Divina onipresente que vê e determina tudo. Outras dificuldades poderíamos resolver mais facilmente e de modo mais favorável, e encontrar um meio para estar mais satisfeitos com nossas soluções já prontas e conclusivas. Mas essa norma de julgamento não é bastante abrangente e se apoia em um ponto de vista demasiado humano; pois para uma visão mais ampla, mal e sofrimento são apenas um aspecto surpreendente, não são todo o defeito, nem mesmo a raiz do problema. A soma das imperfeições do mundo não é feita apenas dessas duas deficiências; há mais do que a queda, se houve uma queda, de nosso ser espiritual ou material a partir do bem e da felicidade, há mais do que a incapacidade de nossa natureza em vencer o mal e o sofrimento. Além da deficiência das satisfações éticas e hedonistas exigidas pelo nosso ser, além da escassez do Bem e do Deleite em nossa experiência do mundo, há também a deficiência em outros graus divinos: pois Conhecimento, Verdade, Beleza, Poder e Unidade são, eles também, substância e elementos de uma vida divina, e estes nos são dados de modo parcimonioso e relutante; contudo, todos, em seu absoluto, são poderes da Natureza Divina.

Não é possível, então, limitar a descrição de nossa imperfeição não divina e aquela do mundo unicamente ao mal moral ou ao sofrimento sensorial; há mais no enigma do mundo do que esse duplo problema — estes são apenas dois resultados fortes de um princípio comum. É o princípio geral de imperfeição que devemos admitir e considerar. Se olharmos de perto essa imperfeição geral, veremos que consiste, primeiro, em uma limitação em nós de elementos divinos, limitação que lhes rouba sua divindade; depois, em uma distorção com muitas variedades e múltiplas ramificações, um desvio, uma virada falsa, uma falsificação, pelo fato de que nos afastamos de uma Verdade de ser ideal. Para nossa mente, que não possui essa verdade, mas pode concebê-la, esse afastamento se apresenta seja como um estado do qual caímos espiritualmente, seja como uma possibilidade, uma promessa, que não podemos cumprir nem realizar, porque existe só como ideal. Quer se trate de uma queda do espírito interior a partir de uma consciência e um conhecimento maiores, a partir de um deleite, amor e beleza, de um poder e capacidade, de uma harmonia e bem maiores, quer de uma derrota de nossa natureza em luta, uma impotência em cumprir o que instintivamente vemos como divino e desejável. Se penetrarmos nas causas da queda ou da derrota, descobriremos que tudo procede de um fato único e primordial: nosso ser, consciência, força e experiência das coisas representam — não em sua essência, mas em sua natureza pragmática de superfície — um princípio ou um fenômeno efetivo de divisão ou ruptura na unidade da Existência Divina. Em seu efeito prático inevitável, essa divisão se torna uma limitação da consciência e do conhecimento divinos, do deleite e da beleza divinos, da capacidade e do poder divinos, da harmonia e do bem divinos: há uma limitação na plenitude e na inteireza, uma cegueira em nossa visão dessas coisas, uma deficiência em segui-las; em nossa experiência com elas há uma fragmentação, diminuição de poder e intensidade, sua qualidade se empobrece — sinal de uma descida das alturas espirituais ou de uma consciência que emerge da monotonia insensível e neutra da Inconsciência; as intensidades que são normais e naturais nos domínios superiores, em nós se perdem ou são atenuadas, a fim de se harmonizarem com os pretos e cinzas de nossa existência material. Aí começa também, por um efeito secundário ulterior, um desvio dessas coisas mais altas: inconsciência e consciência falsa intervêm em nossa mentalidade limitada, a ignorância cobre nossa natureza inteira e pela má aplicação ou má orientação de uma vontade e um conhecimento imperfeitos, pelas reações automáticas de nossa consciência-força diminuída e a pobreza inepta de nossa substância, contradições dos elementos divinos são formadas: incapacidade, inércia, falsidade, erro, dor e sofrimento, a má ação, a discórdia, o mal. Há também e sempre, escondido em algum lugar em nós, acalentado nas profundezas de nosso ser mesmo quando não é sentido claramente na natureza consciente, mesmo quando é rejeitado pelas partes de nosso ser que essas coisas torturam, um apego a essa experiência de divisão; o homem se agarra a essa existência dividida que o impede de extirpar essas infelicidades ou de rejeitá-las e suprimi-las. Pois, visto que o princípio da Consciência-Força e de Ananda é a raiz de toda manifestação, nada pode perdurar sem o apoio, em nossa natureza, de uma vontade, uma sanção do Purusha, um prazer sustentado em alguma parte do ser, mesmo que seja um prazer secreto ou incorreto, que prolonga sua existência.

    Quando dizemos que tudo é uma manifestação divina, mesmo aquilo que chamamos não divino, queremos dizer que em essência tudo é divino, mesmo se a forma nos desconcerta ou nos repugna. Ou, para expressá-lo em uma fórmula que nossa percepção psicológica aceite mais facilmente, em todas as coisas há uma presença, uma Realidade primordial — o Self, o Divino, Brahman — que é para sempre pura, perfeita, beatífica, infinita: sua infinidade não é afetada pelas limitações das coisas relativas; sua pureza não é manchada por nosso pecado e nosso mal; sua beatitude não é tocada por nossa dor e sofrimento; sua perfeição não é alterada pelos defeitos de nossa consciência, de nosso conhecimento, de nossa vontade, pela falta de unidade. Em certas imagens dos *Upanishads*, o Purusha divino é descrito como o Fogo único que entrou em todas as formas e modela-se segundo cada uma, como o Sol único que ilumina tudo de modo imparcial e não é afetado pelos defeitos de nossa visão. Mas essa afirmação não é suficiente, não resolve o problema, porque aquilo que em si é sempre puro, perfeito, beatífico, infinito, deve não só aceitar, mas parece manter e encorajar em sua manifestação a imperfeição e limitação, impureza e sofrimento, falsidade e mal; essa afirmação expressa a dualidade que constitui o problema, mas não o resolve.

Se simplesmente deixarmos esses dois fatos discordantes da existência um em frente ao outro, seremos levados a concluir que não há conciliação possível; temos só que nos agarrar o mais que pudermos ao sentido cada vez mais profundo da alegria da Presença pura e essencial e nos acomodar, o mais que pudermos, às discordâncias externas, até que possamos impor em lugar delas a lei dos seus divinos contrários. Ou então devemos buscar um escape, mais do que uma solução. Pois podemos dizer que só a Presença interior é uma Verdade e as discordâncias externas são uma falsidade ou uma ilusão criadas por um misterioso princípio de Ignorância; nosso problema seria encontrar algum modo de escapar da falsidade do mundo manifestado para aceder à verdade da Realidade escondida. Ou podemos afirmar como os budistas que não é necessário uma explicação, visto que só esse fato existe, esse fato prático de imperfeição e impermanência das coisas, e não existe Self, Divino ou Brahman, pois isso também é uma ilusão de nossa consciência: a única coisa necessária para a liberação é desembaraçar-se da estrutura persistente das ideias e da energia persistente de ação que mantêm uma continuidade no fluxo da impermanência. Nessa via de evasão alcançamos autoaniquilamento no Nirvana; o problema das coisas extingue-se pela nossa própria extinção. Essa é uma saída, mas não parece ser a verdadeira e única saída, e as outras soluções tampouco são inteiramente satisfatórias. É verdade que ao excluir de nossa consciência interior a manifestação discordante como uma externalidade superficial e ao insistir apenas na Presença pura e perfeita, podemos, de maneira individual, alcançar um sentido profundo e beatífico dessa Divindade silenciosa, entrar no santuário, viver na luz e no êxtase. Uma concentração interior exclusiva no Real, no Eterno, é possível, e mesmo uma imersão no self, que nos permite anular ou afastar as dissonâncias do universo. Mas há também, em algum lugar no mais profundo de nós mesmos, a necessidade de uma consciência total, há na Natureza uma busca universal e secreta do Divino em seu todo, um impulso em direção a uma percepção, deleite e poder de ser completos; essa necessidade de um ser inteiro, um conhecimento total, essa vontade integral em nós não é completamente satisfeita com essas soluções. Enquanto o mundo não nos for divinamente explicado, o Divino continuará imperfeitamente conhecido, pois o mundo também é Aquilo, e enquanto ele não estiver presente em nossa consciência e possuído pelos poderes de nossa consciência em uma percepção do ser divino, não possuíremos a Divindade completa.

É possível escapar do problema de outro modo, pois ao admitirmos sempre a Presença essencial, podemos nos esforçar para justificar a divindade da manifestação corrigindo a ideia humana de perfeição ou pondo-a de lado como uma norma mental muito limitada. Podemos dizer que não só o espírito nas coisas é absolutamente perfeito e divino, mas cada coisa também é relativamente perfeita e divina em si, em sua expressão daquilo que deve ser expresso em relação às possibilidades da existência e na afirmação de seu próprio lugar na completa manifestação. Cada coisa é divina em si, porque cada uma é um fato e uma ideia do ser divino, do conhecimento e da vontade divinos cumprindo-se infalivelmente conforme a lei dessa manifestação particular. Cada ser é investido do conhecimento, força, medida e tipo de deleite de ser particular que são, justamente, próprios à sua natureza; cada um age conforme as gradações da experiência decretadas por uma vontade secreta inerente, uma lei inata, um poder intrínseco do self, uma significação oculta. Assim, cada ser é perfeito na relação de seus fenômenos com a lei de seu ser, pois todos estão em harmonia com ela, se originaram nela, adaptando-se ao seu propósito conforme a infalibilidade da Vontade e do Conhecimento divinos que trabalham na criatura. Cada ser é igualmente perfeito e divino em relação ao todo, em seu próprio lugar no todo; ele é necessário a essa totalidade e nela cumpre um papel, pelo qual ajuda a realizar plenamente a perfeição concreta e progressiva da harmonia universal, a adaptação de tudo que há nela para seu propósito completo, seu sentido integral. Se as coisas nos parecem não divinas, se nos apressamos a condenar este ou aquele fenômeno por julgá-lo incompatível com a natureza de um ser divino, é porque somos ignorantes do sentido e propósito do Divino no mundo em sua inteireza. Como vemos apenas partes e fragmentos, os julgamos em separado, como se cada um fosse o todo, e julgamos também os fenômenos externos sem conhecer o seu sentido secreto; mas, ao fazer assim, falsificamos nossa avaliação das coisas, colocamos nelas o selo de um erro inicial e fundamental. A perfeição não pode residir em uma coisa tomada em separado, pois essa separação é uma ilusão; perfeição é a perfeição da harmonia divina completa.

Tudo isso pode ser verdade até certo ponto e dentro de certos limites; mas essa solução, por si mesma, é também incompleta, e não pode nos dar inteira satisfação. Não leva em consideração o suficiente, a consciência humana e a visão humana das coisas, que são nosso ponto de partida obrigatório; não nos dá a visão da harmonia que ela mesma afirma, e assim não pode satisfazer nossa exigência nem nos convencer, mas apenas contradiz, por uma fria concepção intelectual, nosso agudo sentido humano da realidade do mal e da imperfeição; essa solução não nos conduz ao elemento psíquico em nossa natureza, à aspiração da alma à luz e à verdade, a uma conquista espiritual, uma vitória sobre a imperfeição e o mal. Em si, essa visão das coisas não vale muito mais do que o dogma fácil que nos diz que tudo que existe é justo, porque tudo é perfeitamente decretado pela Sabedoria divina. Isso não nos fornece nada melhor do que um otimismo intelectual e filosófico complacente: nenhuma luz é projetada sobre esses fatos desconcertantes que são a dor, o sofrimento e a discórdia, dos quais nossa consciência humana carrega o testemunho constante e perturbador; no máximo, há uma sugestão de que na razão divina das coisas há uma chave para essas coisas, a que não temos acesso. Essa não é uma resposta suficiente para nosso descontentamento e nossa aspiração que, por mais ignorantes que sejam em suas reações, por mais misturadas que possam ser suas motivações mentais, devem corresponder a uma realidade divina mais profunda em nosso ser. Um Todo Divino que é perfeito em razão da imperfeição de suas partes corre o risco de ser, ele mesmo, perfeito só em imperfeição, porque cumpre inteiramente alguma etapa de um propósito não consumado. É então uma Totalidade atual, mas não definitiva. A isso podemos aplicar a expressão grega *Theos ouk estin alla gignetai*, "o Divino não é ainda, mas está se tornando". O Divino verdadeiro estaria então secreto dentro de nós e talvez supremo acima de nós; encontrar o divino dentro de nós e acima de nós seria a real solução, tornarmo-nos perfeitos como Aquilo é perfeito, alcançarmos a liberação ao tornarmo-nos semelhantes a Ele ou ao alcançar a lei de sua natureza, *sādṛśya, sādharmya.*

Se a consciência humana estivesse atada ao sentido de imperfeição e devesse aceitar isso como a lei de nossa vida e o próprio caráter de nossa existência — aceitação racional que corresponderia, em nossa natureza humana, à aceitação cega, no caso do animal, de sua natureza animal —, poderíamos dizer então que isso que somos marca o limite da autoexpressão divina em nós; poderíamos também acreditar que nossa imperfeição e nosso sofrimento contribuíram para a harmonia e perfeição geral das coisas e consolarmo-nos com esse bálsamo filosófico oferecido às nossas feridas, satisfeitos em nos mover entre as armadilhas da vida com toda a prudência racional ou a sagacidade e resignação filosóficas que nos permitem nossa sabedoria mental incompleta e a impaciência de nossos elementos vitais. Ou então, refugiando-nos nos fervores mais consoladores da religião, submetermo-nos a tudo como se fosse a vontade de Deus, com a esperança ou a fé em uma recompensa em um Paraíso além, onde entraríamos em uma existência mais feliz e revestiríamos uma natureza mais pura e perfeita. Mas há um fator essencial em nossa consciência humana e suas operações que, não menos do que a razão, distingue-a inteiramente do animal: há em nós não só uma parte mental que reconhece a imperfeição, mas também uma parte psíquica que a rejeita. A insatisfação de nossa alma com imperfeição enquanto uma lei da vida na terra e sua aspiração a eliminar de nossa natureza todas as imperfeições — não só em um céu além onde seria automaticamente impossível ser imperfeito, mas aqui e agora, em uma vida em que a perfeição deve ser conquistada pela evolução e a luta — são tanto uma lei do nosso ser quanto essa lei contra a qual ambas se revoltam; essa insatisfação e essa aspiração também são divinas: uma insatisfação divina, uma aspiração divina. Nelas se encontra a luz inerente de um poder interior que as mantém em nós para que o Divino possa não só estar aí presente como uma Realidade escondida em nossas profundezas espirituais secretas, mas também desabrochar na evolução da Natureza.

Nessa luz, podemos admitir que tudo trabalha de modo perfeito em direção a um fim divino, seguindo uma sabedoria divina e, portanto, nesse sentido cada coisa está perfeitamente em seu lugar; mas dizemos que isso não é o todo do propósito divino, pois aquilo que é, só é justificável, só encontra seu sentido e sua satisfação perfeitos, por aquilo que pode ser e será. Há, sem dúvida, uma chave na razão divina que justificaria as coisas como elas são, ao revelar seu significado justo e verdadeiro segredo, e ao mostrar outros, mais sutis e profundos do que seu significado externo e sua aparência fenomênica, que é tudo o que, em geral, nossa inteligência atual pode captar; mas não podemos nos contentar com esse credo; buscar e descobrir a chave espiritual das coisas é a lei de nosso ser. O sinal dessa descoberta não é um reconhecimento filosófico intelectual e uma aceitação resignada ou sábia das coisas como elas são porque haveria nelas um sentido divino, um propósito divino que nos ultrapassa; o verdadeiro sinal é uma elevação em direção ao conhecimento e poder espirituais, que transformarão a lei, os fenômenos e as formas externas de nossa vida em uma imagem mais verdadeira desse sentido e propósito divinos. É justo e razoável suportar com equanimidade o sofrimento e a sujeição aos defeitos como se fossem a imediata vontade de Deus, uma lei atual de imperfeição imposta às partes de nosso ser, mas sob condição de que reconheçamos também que a vontade de Deus em nós é transcender o mal e o sofrimento, transformar a imperfeição em perfeição, elevar-nos a uma lei mais alta da Natureza Divina. Em nossa consciência humana há a imagem de uma verdade de ser ideal, de uma natureza divina, de uma divindade nascente: em relação a essa verdade mais alta, nosso presente estado de imperfeição pode ser descrito, em termos relativos, como uma vida não divina, e as condições do mundo de onde partimos, como condições não divinas; as imperfeições são a indicação que nos é dada de que elas estão aí como primeiros disfarces e não estão destinadas a ser a expressão do ser divino e da natureza divina. É um Poder em nós, a Divindade escondida, que acendeu a flama da aspiração, que desenha a imagem do ideal, mantém viva nossa insatisfação e nos impele a rejeitar o disfarce e desvelar ou — segundo a expressão védica — a formar e revelar a Divindade, no espírito, mente, vida e corpo manifestados dessa criatura terrestre. Nossa natureza atual só pode ser uma transição, nossa condição imperfeita só pode ser um ponto de partida e oportunidade para realizar um estado mais elevado, maior e mais vasto, que será divino e perfeito não só pelo espírito secreto em seu interior, mas em sua forma de existência manifestada mais exterior.

Mas essas conclusões são apenas os primeiros argumentos ou as primeiras intuições, com base em nossa autoexperiência interior e nos fatos aparentes da existência universal. Elas não podem ser inteiramente comprovadas a menos que conheçamos a verdadeira causa de ignorância, imperfeição e sofrimento, e o lugar que ocupam no propósito cósmico ou na ordem cósmica. Há três proposições sobre Deus e o mundo — se admitirmos a Existência Divina —, das quais a razão e a consciência geral da humanidade são testemunhas; mas uma das três — que o caráter do mundo onde vivemos torna necessária — não se harmoniza com as outras duas, e por causa dessa desarmonia a mente humana é lançada na grande perplexidade das contradições e impelida a dúvidas e negações. Pois primeiro encontramos a afirmação de uma Realidade onipresente e pura, perfeita e beatífica, uma Divindade sem a qual e fora da qual nada poderia existir, visto que tudo existe por ela e em seu ser. Todo pensamento sobre o tema, que não seja ateísta ou materialista ou então primitivo e antropomórfico, deve partir dessa admissão ou chegar a esse conceito fundamental. É verdade que certas religiões parecem supor uma Deidade extracósmica, criadora de um mundo exterior a ela e à parte de sua própria existência; mas quando chegam a construir uma teologia ou uma filosofia espiritual, essas por sua vez também admitem a onipresença ou a imanência — pois essa onipresença se impõe, é uma necessidade do pensamento espiritual. Se uma tal Divindade — Self ou Realidade — existe, deve estar em todo lugar, una e indivisível, nada deve poder existir fora de sua existência; nada pode nascer de outra coisa senão d'Isto; não pode haver nada que seja independente d'Isto, que não seja sustentado por Isto, preenchido inteiramente pelo sopro e poder de Seu ser. De fato, foi afirmado que a ignorância, a imperfeição e o sofrimento deste mundo não são sustentados pela Existência Divina; mas então temos que supor dois Deuses, um Ormuzd do bem e um Ahriman do mal ou, talvez, um Ser perfeito supracósmico e imanente e um Demiurgo cósmico imperfeito ou uma Natureza não divina separada. Essa é uma concepção possível, mas improvável para nossa inteligência mais alta — pode ser no máximo um aspecto secundário, não a verdade original, nem toda a verdade das coisas; tampouco podemos supor que o Self único, o Espírito em tudo e o Poder único criador de tudo sejam diferentes, opostos no caráter de seu ser, separados em sua vontade e seus propósitos. Nossa razão nos diz, nossa consciência intuitiva sente — e seu testemunho é confirmado pela experiência espiritual — que a Existência Única pura e absoluta existe em todas as coisas e todos os seres, assim como todas as coisas e todos os seres existem n'Ela e por Ela, e nada pode ser ou acontecer sem essa Presença imanente que sustenta tudo.

Uma segunda afirmação, que nossa mente aceita naturalmente como a consequência do primeiro postulado, é que, pela consciência e pelo poder supremos dessa Divindade onipresente em seu conhecimento universal perfeito e sabedoria divina, todas as coisas são ordenadas e governadas em suas relações fundamentais e seu processo. Mas, por outro lado, o processo concreto das coisas, as relações concretas que vemos tais como se apresentam à nossa consciência humana, são relações de imperfeição, de limitação; parece haver aí uma desarmonia, mesmo uma deturpação, algo que é o contrário de nossa concepção da Existência Divina, uma negação bastante visível ou ao menos uma deformação ou um disfarce da Presença Divina. Surge então uma terceira afirmação, segundo a qual a Realidade Divina e a realidade do mundo seriam de uma essência ou uma ordem tão diferentes que, para alcançar uma, teríamos que nos afastar da outra: se quisermos encontrar o Habitante Divino devemos rejeitar o mundo que ele habita, governa, criou e manifestou em sua própria existência. A primeira dessas três proposições é inevitável; a segunda também deve ser válida, se o Divino onipresente tem algo a ver com o mundo onde ele habita e com sua manifestação, edificação, preservação e governo; mas a terceira, que parece inteiramente evidente, é contudo incompatível com as precedentes e essa dissonância nos põe em frente a um problema que parece impossível de ser resolvido de maneira satisfatória.

Não é difícil, mediante alguma construção da razão filosófica ou do raciocínio teológico, esquivar-nos da dificuldade. É possível erigir uma Deidade ociosa, como os deuses de Epicuro, imersa em sua beatitude, a observar, mas com indiferença, um mundo conduzido, ou malconduzido, por uma lei mecânica da Natureza. Somos livres para colocar um Self Testemunha, uma Alma silenciosa nas coisas, um Purusha que permita à Natureza fazer o que ela quer, e que se contenta em ser o reflexo, em sua consciência passiva e imaculada, de toda a ordem e as desordens da Natureza — ou um Self Supremo absoluto, inativo, livre de todas as relações, desinteressado das obras da Ilusão ou da Criação cósmicas que de modo misterioso ou paradoxal originaram-se d'Ele ou contra a vontade d'Ele, para seduzir e afligir um mundo de criaturas temporais. Mas todas essas soluções não fazem mais do que refletir a aparente dissonância de nossa dupla experiência; não tentam reconciliar nem nos dar a solução ou a explicação dessa dissonância, mas só a reafirmam, por meio de um dualismo declarado e uma divisão essencial do Indivisível. Praticamente, afirma-se uma Divindade dual, o Self ou Alma, e a Natureza; mas a Natureza, o Poder nas coisas, não pode ser outra coisa senão um poder do Self, da Alma, do Ser essencial das coisas; suas obras não podem ser inteiramente independentes da Alma, do Self, não podem criar seus próprios resultados e suas próprias atividades contrárias sem serem afetados pela permissão ou pela recusa do Self, ou impor a violência de uma Força mecânica à inércia de uma Passividade mecânica. É possível também posicionar um Self observador inativo e uma Divindade ativa criadora; mas esse estratagema não pode nos servir, porque no final esses dois devem realmente ser Um em um aspecto dual — a Divindade, como o aspecto ativo do Self que observa, e o Self como testemunha de sua própria Divindade em ação. Essa discórdia, um abismo entre o Self no conhecimento e o mesmo Self em suas obras, necessita uma explicação, mas isso se apresenta como inexplicado e inexplicável. Ou ainda podemos supor uma dupla consciência de Brahman, a Realidade: uma estática e outra dinâmica, uma essencial e espiritual — na qual ele é o Self perfeito e absoluto — e outra formativa, pragmática, em que ele se torna o não-self, e nesta, seu aspecto absoluto e sua perfeição não se interessam em participar, pois isso é apenas uma formação temporal em uma Realidade atemporal. Mas para nós, que mesmo se apenas semiexistentes, semiconscientes, habitamos ainda assim o semissonho de vida do Absoluto e somos obrigados pela Natureza a ter por esse sonho um interesse terrível e insistente e a tratá-lo como se fosse real, isso toma a aparência de uma mistificação óbvia, uma vez que essa consciência temporal e suas formações, no final, são também um Poder do Self único, dependem dele, só podem existir por ele; aquilo que existe pelo poder da Realidade não pode ser desligado dele, ou Isto não pode ter ligação com o mundo que seu próprio Poder criou. Se o mundo existe pelo Espírito supremo, suas disposições e relações devem também existir pelo poder do Espírito; sua lei deve concordar com a lei da consciência e da existência espirituais. O Self, a Realidade, deve ser consciente da consciência e na consciência do mundo que existe em seu ser; um poder do Self, da Realidade, deve estar, de modo constante, determinando ou ao menos sancionando seus fenômenos e operações: não pode haver poder independente, uma Natureza que não se origine da Autoexistência eterna e original. Se não faz nada mais, o Self deve, ainda assim, ser o gerador ou o determinador do universo pelo simples fato de sua onipresença consciente. Há, sem dúvida, um estado de paz e silêncio no Infinito por trás da atividade cósmica, uma Consciência que é a Testemunha imóvel da criação; essa é uma verdade incontestável da experiência espiritual, mas não é o todo, e não podemos esperar encontrar em um único aspecto do conhecimento uma explicação total e fundamental do Universo.

Uma vez que admitimos um governo divino do universo, devemos concluir que o poder de governar é completo e absoluto, pois senão seremos obrigados a supor um ser e uma consciência infinitos e absolutos que possuiriam um conhecimento e uma vontade limitados no controle das coisas ou entravados em seu poder de ação. Não é impossível conceder que a Divindade imanente e suprema possa permitir certa liberdade de ação a algo que nasceu em Sua perfeição divina, mas que em si mesmo é imperfeito e causa de imperfeição, a uma Natureza ignorante ou inconsciente, à ação da mente e da vontade humanas, e mesmo a um Poder ou Forças conscientes, das trevas e do mal, que se apoiam no reino de uma Inconsciência fundamental. Mas nenhuma dessas coisas é independente de Sua existência, natureza e consciência, e nenhuma delas pode agir, exceto em Sua presença e com Seu consentimento ou autorização. A liberdade do ser humano é relativa e ele não pode ser considerado o único responsável pelas imperfeições de sua natureza. A ignorância e a inconsciência da Natureza apareceram, não de maneira independente, mas no Ser único; a imperfeição das operações da Natureza não pode ser completamente estranha a uma vontade da Imanência. Pode-se aceitar que as forças postas em moção são deixadas livres para cumprir-se segundo a lei desses movimentos; mas aquilo que a Onisciência e a Onipotência divinas deixaram aparecer e agir em Sua onipresença, em Sua toda--existência, devemos considerar que foram originadas e decretadas por Ele, visto que sem o *fiat* do Ser, essas forças não poderiam ter existido nem continuado a existir. Se o Divino se preocupa, de algum modo, com o mundo que Ele manifestou, não há outro Senhor senão Ele e, no final, não pode haver escape ou afastamento dessa necessidade do Seu ser original e universal. É fundamentando-nos nessa consequência evidente de nossas premissas de base, sem nos evadir de suas implicações, que devemos considerar o problema de imperfeição, sofrimento e mal.

Em primeiro lugar, temos que nos dar conta de que, em si, a existência de ignorância, erro, limitação, sofrimento, divisão e discórdia no mundo não é, como de modo apressado imaginamos, necessariamente uma negação, nem prova em contrário, do ser, consciência, poder, conhecimento, vontade, deleite do Divino no universo. Pode ser o caso se considerarmos essas coisas em si, em separado, mas não é necessário que seja assim, se tivermos uma visão clara de seu lugar e significado em uma percepção completa do funcionamento do universo. Uma parte arrancada do todo pode ser imperfeita, feia, incompreensível; mas quando a vemos no todo, ela reencontra seu lugar na harmonia, tem um sentido e uma utilidade. A Realidade divina é infinita em seu ser; nesse ser infinito encontramos em todo lugar um ser limitado — esse é o fato aparente de que nossa existência aqui parece começar e do qual nosso ego estreito e suas atividades egocêntricas são testemunhas constantes. Mas, na realidade, quando alcançamos um autoconhecimento integral, constatamos que não somos limitados, pois também somos infinitos. Nosso ego é apenas uma face do ser universal e não tem existência separada; nossa aparente individualidade separativa é apenas um movimento de superfície, e por trás dela nossa individualidade real se estende até chegar à unidade com todas as coisas, e eleva-se até se tornar una com a Infinitude Divina transcendente. Assim, nosso ego, que parece ser uma limitação da existência é, na realidade, um poder de infinitude; a multiplicidade sem limites de seres no mundo é um resultado, e sinal evidente, não de limitação e finitude, mas dessa Infinitude ilimitável. A divisão aparente não pode nunca erigir-se em real separatividade; a sustentá-la e dominá-la há uma indivisível unidade que a própria divisão não pode dividir. Esse fato fundamental e universal — o ego e a aparente divisão e suas operações separadoras na existência do mundo — não é uma negação da Natureza Divina, que é unidade e ser indivisível; eles são os resultados superficiais de uma multiplicidade infinita, que é um poder da Unidade infinita.

Não há então divisão ou limitação real do ser, não há contradição fundamental da Realidade onipresente; mas parece haver aí uma real limitação de consciência: há uma ignorância do self, a Divindade interior é velada, e toda imperfeição é consequência disso. Pois nos identificamos de maneira mental, vital e física com essa consciência-ego superficial, que é a primeira experiência imperiosa de nosso self; ela nos impõe uma divisão não fundamentalmente real, mas prática, com todas as consequências desfavoráveis dessa separação da Realidade. Mas aqui ainda temos que descobrir que do ponto de vista das obras de Deus, quaisquer que sejam nossas reações ou nossa experiência de superfície, essa realidade da ignorância é, em si, uma operação do conhecimento e não uma verdadeira ignorância. Seu fenômeno de ignorância é um movimento de superfície, pois detrás há uma consciência total indivisível: a ignorância é um poder frontal dessa consciência total que, em certo domínio, no interior de certas fronteiras, limita-se a uma operação particular do conhecimento, a um modo particular de ação consciente, e mantém todo o resto de seu conhecimento à espera, como uma força por trás. Tudo o que está assim escondido é uma reserva oculta de luz e poder para a Toda-Consciência, que pode usá-los para a evolução de nosso ser na Natureza; há uma ação secreta que preenche todas as deficiências da Ignorância frontal, age por meio de seus aparentes tropeços, impede-as de chegar a um resultado final diferente daquele decretado pelo Todo-Conhecimento, ajuda a alma na Ignorância a aproveitar de sua experiência — mesmo dos sofrimentos e erros da personalidade natural —, o que é necessário para sua evolução e para deixar atrás o que não é mais utilizável. Esse poder frontal da Ignorância é um poder de concentração em uma ação limitada, que se parece muito com esse poder em nossa mentalidade humana pelo qual nos absorvemos em um objeto particular e uma ação particular e parecemos usar apenas o tanto de conhecimento, apenas as ideias que possam ser necessárias para isso — o resto, que lhe é alheio ou poderia interferir, é deixado de lado pelo momento: contudo, na realidade, é a consciência indivisível que somos que, o tempo todo, fez o trabalho a ser feito, viu a coisa a ser vista — é isso que conhece e trabalha em silêncio, e não algum fragmento de consciência ou alguma ignorância exclusiva em nós: é a mesma coisa com esse poder frontal de concentração da Toda-Consciência em nosso interior.

Em nossa avaliação dos movimentos de nossa consciência essa habilidade de concentração é tida justificadamente como um dos maiores poderes da mentalidade humana. Mas, igualmente, o poder de projetar o que parece ser um trabalho exclusivo de conhecimento limitado, que se apresenta a nós como ignorância, deve ser considerado como um dos maiores poderes da Consciência divina. Só um Conhecimento supremo, mestre de si, pode ser assim tão poderoso para limitar-se na ação e contudo realizar, perfeitamente, todas as suas intenções por meio dessa ignorância aparente. No universo, vemos esse Conhecimento supremo e mestre de si agir por meio de uma multitude de ignorâncias, cada uma esforçando-se para agir conforme sua própria cegueira; contudo, por meio de todas elas, ele constrói e executa suas harmonias universais. E mais, o milagre de sua onisciência surge da maneira mais impressionante naquilo que nos parece ser a ação de um Inconsciente, quando, através da insciência completa ou parcial — mais espessa do que nossa ignorância — do elétron, átomo, célula, planta, inseto, das formas inferiores da vida animal, ele organiza perfeitamente sua ordem das coisas e guia o impulso instintivo ou o ímpeto inconsciente para um fim que é possuído pelo Todo-Conhecimento, mas é mantido por trás de um véu, desconhecido da forma instrumental da existência e, contudo, perfeitamente operativo no instinto ou no ímpeto. Podemos dizer então que essa ação da ignorância ou insciência não é real ignorância, mas um poder, um sinal, prova de um conhecimento onisciente de si e do todo. Se necessitamos uma testemunha pessoal e interior dessa Toda-Consciência indivisível por trás da ignorância — a Natureza toda é a prova exterior —, só podemos encontrá-la com alguma inteireza em nosso ser interior mais profundo ou em um estado espiritual mais amplo e mais alto, quando nos retiramos para trás do véu de nossa própria ignorância de superfície e entramos em contato com a Ideia e a Vontade divinas por trás dessa ignorância. Então vemos com bastante clareza que aquilo que fizemos por nós mesmos em nossa ignorância era, no entanto, seguido e guiado em seus resultados pela Onisciência invisível; descobrimos uma ação maior por trás de nossa ação ignorante e começamos a entrever seu propósito em nós: só então poderemos ver e saber aquilo que agora adoramos na fé, reconhecer plenamente a Presença pura e universal, encontrar o Senhor de todo ser e de toda a Natureza.

O que vale para a causa — a Ignorância — vale para as consequências da Ignorância. Tudo isso que nos parece incapacidade, impotência, limitação de poder, a luta difícil e o trabalho entravado de nossa vontade, toma o aspecto, do ponto de vista do Divino em Suas próprias obras, de uma limitação justa de um poder onisciente pela livre vontade desse próprio Poder, para que a energia de superfície corresponda de maneira exata à ação que deve cumprir, à sua tentativa, ao sucesso designado ou ao fracasso destinado — porque necessário ao equilíbrio da soma de forças das quais ela é uma parte — e ao resultado maior, do qual seus próprios resultados são uma porção indivisível. Por trás dessa limitação de poder está o Todo-Poder e, na limitação, esse Todo-Poder está atuando; mas é pela soma de muitas ações limitadas que a Onipotência indivisível executa de modo infalível e soberano seus propósitos. Esse poder de limitar sua força e agir por meio dessa autolimitação, por meio do que chamamos labor, luta, dificuldade, do que nos parece uma série de derrotas ou de sucessos semimalogrados e, por meio deles, cumprir sua intenção secreta não é, então, o sinal, a prova de uma real fraqueza, mas o sinal, a prova — a maior possível — de uma onipotência real e absoluta.

Quanto ao sofrimento, que é um obstáculo tão grande à nossa compreensão do universo, ele é evidentemente uma consequência da limitação da consciência, da restrição da força, que nos impede de dominar ou assimilar o contato daquilo que é para nós uma força diferente. O resultado dessa incapacidade e desarmonia é que o deleite do contato não pode ser captado, e em nossa sensibilidade isso provoca uma reação de desconforto ou dor, uma insuficiência ou um excesso, uma discórdia que provoca uma ferida interna ou externa, nascida da divisão entre nosso poder de ser e o poder de ser que nos confronta. Por trás, em nosso self e espírito, encontra-se o Todo-Deleite do ser universal que faz uso desse contato — deleite que ele sente, primeiro, ao suportar o sofrimento, em seguida, ao conquistá-lo e, por fim, ao transmutá-lo, o que deve se produzir depois; pois dor e sofrimento são termos deturpados e contrários ao deleite de ser e podem transformar-se em seus opostos, transformar-se mesmo no Todo-Deleite original, Ananda. Esse Todo-Deleite não está presente apenas no universo, ele está aqui, secretamente, em nós, como descobrimos quando, retirando-nos de nossa consciência exterior, entramos no Self em nosso interior; o ser psíquico em nós tira partido mesmo das experiências mais desviadoras ou mais adversas, assim como das mais favoráveis, e cresce tanto ao rejeitá-las quanto ao aceitá-las; ele obtém um sentido e um uso divinos de nossos sofrimentos, dificuldades, infortúnios mais pungentes. Só esse Todo-Deleite poderia ousar impor a si mesmo, ou impor-nos, tais experiências, ou suportá-las; só Ele poderia pô-las assim a seu serviço e voltá-las para o nosso benefício espiritual. Do mesmo modo, só uma inalienável harmonia de ser, inerente a uma inalienável unidade de ser, poderia projetar tantas discórdias aparentes, das mais rigorosas, e contudo forçá-las a seguir seu propósito, de modo que, no final, elas não possam fazer nada mais do que servir e preservar um ritmo universal crescente e uma harmonia suprema, e mesmo transformar-se em seus elementos constitutivos. A cada passo, é a Realidade divina que podemos descobrir por trás disso que a consciência superficial habitual em que vivemos, pela sua própria natureza, obriga-nos a chamar não divino; em certo sentido temos razão em chamá-la assim, porque essas aparências são um véu que cobre a Perfeição Divina, um véu necessário no presente, mas que de nenhum modo é a imagem verdadeira e completa.

Porém, mesmo quando olhamos assim o universo, não podemos e nem devemos rejeitar como inteira e radicalmente falsos e irreais os valores que nossa própria consciência humana limitada lhe dá. Pois aflição, dor, sofrimento, erro, falsidade, ignorância, fraqueza, maldade, incapacidade, recusa em fazer o que deve ser feito e fazê-lo mal, desvios e negações da vontade, egoísmo, limitação e separação de outros seres com os quais deveríamos ser um, tudo isso que constitui a imagem efetiva do que chamamos o mal, são fatos da consciência universal, não ficções e irrealidades, embora sejam fatos cujo sentido completo ou valor verdadeiro não seja aquele que nós, em nossa ignorância, lhes atribuímos. Mesmo assim, essa percepção é parte de uma percepção verdadeira, os valores que lhes atribuímos são necessários ao seu valor completo. Descobrimos um lado da verdade dessas coisas quando entramos em uma consciência mais profunda e mais ampla, pois então percebemos que há uma utilidade individual e cósmica naquilo que se apresenta a nós como adverso e mau. Pois sem a experiência da dor não poderíamos ter todo o valor infinito do deleite divino, do qual a dor é como uma preparação; toda ignorância é uma penumbra que circunda uma orbe de conhecimento, cada erro é indicação da possibilidade de uma descoberta da verdade e do esforço para alcançá-la; cada fraqueza, cada derrota, é uma primeira exploração de oceanos de poder e potenciais; toda divisão tem por objetivo enriquecer, por uma experiência das múltiplas doçuras da unificação, a alegria da unidade realizada. Toda essa imperfeição é para nós o mal, mas todo mal é como as dores do parto do bem eterno; pois tudo é uma imperfeição que, na lei da vida que evolui a partir do Inconsciente, é a primeira condição de uma perfeição maior na manifestação da divindade escondida. Mas, ao mesmo tempo, nosso sentimento atual desse mal e dessa imperfeição, e a revolta de nossa consciência contra eles, são também uma avaliação necessária, pois se no início temos que enfrentá-los e suportá-los, o último comando que nos é dado é rejeitar, ultrapassar, transformar, a vida e a natureza. É por causa disso que não lhes é permitido afrouxar sua insistência; a alma deve conhecer as consequências da Ignorância, começar a sentir suas reações como uma espora que estimula seu esforço de mestria e conquista e no final a conduz ao esforço ainda maior, o da transformação e transcendência. É possível, quando vivemos dentro, nas profundezas de nosso ser, chegar a um estado de vasta igualdade e paz interiores que não é tocado pelas reações da natureza exterior, e essa é uma grande liberação, mas incompleta — porque a natureza exterior também tem direito à liberação. Mas mesmo se nossa liberação pessoal é completa, há ainda o sofrimento de outros, os tormentos do mundo, que as grandes almas não podem olhar com indiferença. Há uma unidade com todos os seres que algo dentro de nós sente, e a liberação de outros deve ser sentida intimamente ligada à nossa.

Esta então é a lei da manifestação, a razão da imperfeição aqui. Sem dúvida, é apenas uma lei da manifestação, e mesmo uma lei particular a esse movimento no qual vivemos, e poderíamos dizer que ela não precisava ter existido — se não houvesse movimento de manifestação, ou esse movimento; porém, uma vez que a manifestação e o movimento são uma realidade, a lei é necessária. Não basta dizer simplesmente que a lei e todas as suas circunstâncias são irrealidades criadas pela consciência mental, são não existentes em Deus e que a única sabedoria é ser indiferente a essas dualidades ou ir-se da manifestação para entrar no ser puro de Deus. É verdade que elas são criações da Consciência mental, mas a Mente tem apenas uma responsabilidade secundária; em uma realidade mais profunda elas são, como já vimos, criações da Consciência Divina projetando a mente para longe de seu todo-conhecimento, de maneira a realizar esses valores opostos ou contrários de seu todo-poder, todo-conhecimento, todo-deleite, toda-existência e unidade. Obviamente podemos dizer que essa ação e esses frutos da Consciência Divina são irreais, no sentido de que não são a verdade do ser, eterna e fundamental, ou podem ser tachados de falsos porque contradizem aquilo que, em sua origem e no final, é a verdade do ser; mas, mesmo assim, eles têm sua persistente realidade e importância em nossa fase atual da manifestação. Tampouco podem ser um mero erro da Consciência Divina sem nenhum significado na sabedoria divina, sem que a alegria, o poder e o conhecimento divinos tenham algum propósito que justifique sua existência. Deve haver uma justificação, mesmo se, para nós, ela repousa em um mistério, que enquanto vivermos uma experiência de superfície pode nos parecer um enigma insolúvel.

Mas se, ao aceitarmos esse lado da Natureza, dissermos que todas as coisas são fixas em sua lei de ser estatutária e estacionária e que o ser humano também deve permanecer fixo em suas imperfeições, ignorância, pecado, fraqueza, baixeza e sofrimento, nossa vida perde seu verdadeiro significado. O esforço perpétuo do ser humano para elevar-se, para sair da obscuridade e insuficiência de sua natureza, não pode então ter êxito no próprio mundo, na própria vida; sua única saída, se é que existe uma, deve ser uma fuga da vida, do mundo, de sua existência humana e, por conseguinte, de sua lei de ser imperfeita eternamente insatisfatória, para entrar em um paraíso de deuses ou de Deus, no puro inefável do Absoluto. Se for assim, o homem não poderá nunca liberar da ignorância e da falsidade, a verdade e o conhecimento; do mal e da feiura, o bem e a beleza; da fraqueza e da baixeza, o poder e a glória; da dor e do sofrimento, a alegria e o deleite, que estão contidos no Espírito por trás deles. Essas contradições são as primeiras condições adversas e contrárias ao emergir do Espírito. Tudo o que o homem pode fazer é cortar de si mesmo as imperfeições e, do mesmo modo, ultrapassar seus opostos equivalentes, também imperfeitos: abandonar o conhecimento humano ao mesmo tempo que a ignorância, o bem humano ao mesmo tempo que o mal, a força e o poder humanos ao mesmo tempo que a fraqueza, a alegria e o amor humanos ao mesmo tempo que o sofrimento e o conflito, pois em nossa natureza atual estes estão inseparavelmente entrelaçados — como dualidades associadas, polos negativos e positivos da mesma irrealidade — e visto que não podem ser elevados e transformados, ambos devem ser abandonados: a natureza humana não pode cumprir-se na divindade; deve cessar de existir, ser deixada para trás e rejeitada. Que o resultado seja uma fruição individual da natureza divina absoluta ou da Presença Divina, ou um Nirvana no Absoluto sem feições, é um ponto em que filosofias e religiões diferem: mas em ambos os casos deve-se considerar que a existência humana na terra é condenada à imperfeição eterna pela própria lei de seu ser; a existência humana é perpétua e imutavelmente uma manifestação não divina na Existência Divina. A alma que assume a natureza humana, talvez pelo próprio fato de seu nascimento, caiu do Divino, cometeu um pecado original ou um erro original que o homem, desde que se torne iluminado, deve ter como objetivo espiritual anular completamente, eliminar sem se abalar.

Nesse caso, a única explicação razoável para uma manifestação ou uma criação tão paradoxal é que se trata de um jogo cósmico, Lila, uma brincadeira, um divertimento do Ser Divino. Talvez Ele queira parecer não divino, talvez use essa aparência como a máscara ou a maquiagem de um ator, só pelo prazer da dissimulação ou de uma ação teatral. Ou então Ele criou o não divino, criou ignorância, pecado e sofrimento só pela alegria de uma criação multiforme. Ou talvez, como algumas religiões curiosamente supõem, Ele criou tudo isso para que criaturas inferiores possam louvá-Lo e glorificá-Lo por sua bondade, sabedoria, beatitude e onipotência eternas, para que tentem fracamente aproximar-se, nem que seja uma polegada, dessa bondade, e poderem compartilhar de sua beatitude sob pena de castigo — eterno, segundo alguns — se, como parece inevitável para a imensa maioria dos seres humanos, falharem em seus esforços em razão de suas próprias imperfeições. Mas, à doutrina dessa Lila expressa de modo tão rústico, é sempre possível replicar que um Deus, ele-mesmo toda-beatitude, que se deleitasse com o sofrimento das criaturas ou lhes impusesse tais sofrimentos pelos erros de sua própria criação imperfeita, não seria uma Divindade, e o ser moral da humanidade e sua inteligência deveriam revoltar-se contra Ele ou negar Sua existência. Mas se a alma humana é uma porção da Divindade, se é um Espírito divino no ser humano que reveste essa imperfeição e, na forma humana, consente em suportar esse sofrimento, ou se a alma na humanidade deve ser atraída pelo Espírito Divino e é sua associada no jogo da imperfeição aqui na terra, no deleite de ser perfeito em outros mundos, a Lila pode ainda continuar a ser um paradoxo, mas deixa de ser um paradoxo cruel ou revoltante; podemos considerá-la no máximo como um estranho mistério inexplicável para a razão. Para explicá-la, faltam dois elementos: um consentimento consciente da alma a essa manifestação, e uma razão na Toda-Sabedoria que dê um sentido ao jogo e o torne inteligível.

A estranheza do jogo diminui, o paradoxo perde sua agudeza, se descobrirmos que embora existam graus fixos, cada um dotado de uma ordem natural apropriada, são apenas degraus firmes para uma ascensão progressiva das almas encarnadas em formas materiais, uma manifestação divina progressiva que se eleva do inconsciente ao supraconsciente ou estado todo-consciente, com a consciência humana como seu ponto de transição decisivo. A imperfeição torna-se então um termo necessário à manifestação: pois visto que toda a natureza divina está escondida, mas presente, no Inconsciente, ela deve gradualmente ser liberada; essa gradação necessita um desdobramento parcial, e esse caráter parcial, ou incompleto, do desdobramento, necessita imperfeição. Uma manifestação evolutiva exige um estado intermediário com gradações acima e abaixo dela — um estágio, precisamente, como a consciência mental do homem, parte conhecimento, parte ignorância, um poder médio do ser que se apoia ainda no Inconsciente, mas se ergue lentamente em direção à Natureza Divina toda-consciente. Um desdobramento parcial implicando imperfeição e ignorância pode tomar como companheiro inevitável, e talvez como base para certos movimentos, um desvio aparente da verdade original do ser. Para que a ignorância ou a imperfeição perdurem, deve haver um contrário aparente de tudo que carateriza a natureza divina: sua unidade, toda-consciência, todo-poder, toda-harmonia, todo-bem, todo-deleite; é preciso que apareçam limitação, discórdia, inconsciência, desarmonia, incapacidade, insensibilidade e sofrimento, o mal. Pois sem esse desvio, a imperfeição não poderia ter uma base sólida, não poderia manifestar e manter sua natureza tão livremente, tendo como pano de fundo a presença da Divindade subjacente. Um conhecimento parcial é um conhecimento imperfeito e um conhecimento imperfeito é, nessa mesma medida, uma ignorância, um contrário da natureza divina; mas em sua perspectiva daquilo que está além de seu conhecimento, esse contrário negativo torna-se um contrário positivo: ele origina o erro, o conhecimento falso, uma relação falsa com as coisas, com a vida, com a ação; o conhecimento falso torna-se uma vontade falsa na natureza, primeiro por erro talvez, mas depois por escolha, apego, pelo deleite na falsidade — o simples contrário torna-se um desvio complexo. Inconsciência e ignorância, uma vez admitidas, constituem um resultado natural em uma sequência lógica e têm que ser admitidas também como fatores necessários. A única pergunta seria: qual é a razão por que esse tipo de manifestação progressiva foi necessária?; este é o único ponto que continua obscuro para a inteligência.

Uma manifestação desse tipo, autocriação ou Lila, não pareceria justificável se fosse imposta à criatura sem o seu consentimento; mas, de modo evidente, o consentimento do espírito encarnado deve já estar aí, pois a Prakriti não pode agir sem o conhecimento do Purusha. Deve ter havido não só a vontade do Divino Purusha de tornar a criação cósmica possível, mas o consentimento do Purusha individual para tornar a manifestação individual possível. Mas deve ser dito que a razão de ser da Vontade Divina e do deleite divino em uma tal manifestação progressiva, difícil e atormentada, e a razão pela qual a alma permitiu isso, ainda é um mistério. Mas não é mais completamente um mistério se considerarmos nossa própria natureza e supormos que algum movimento de ser análogo foi, no começo, sua origem cósmica. Ao contrário, um jogo de esconder-se e encontrar-se é uma das alegrias mais intensas que o ser consciente pode oferecer a si mesmo, um jogo extremamente atraente. Para o próprio ser humano não há maior prazer do que uma vitória que é, em seu princípio mesmo, uma conquista das dificuldades, uma vitória do conhecimento, uma vitória do poder, uma vitória da criação sobre as impossibilidades da criação, um deleite na conquista obtida após uma labuta atormentada, duras provações e sofrimento. No fim da separação encontra-se a alegria intensa da união, a alegria do encontro com um self do qual estávamos separados. Na própria ignorância há uma atração, porque ela nos dá a alegria da descoberta, a surpresa de uma criação nova e imprevista, uma grande aventura da alma; há uma alegria da viagem, da busca e da descoberta, uma alegria da batalha e da vitória, da labuta e sua recompensa. Se o deleite de ser é o segredo da criação, isso também é um deleite de ser; podemos considerá-lo como a razão, ou ao menos como uma razão, dessa Lila aparentemente paradoxal e adversa. Mas, à parte essa escolha do Purusha individual, há uma verdade mais profunda inerente à Existência original que encontra sua expressão no mergulho na Inconsciência; seu resultado é uma afirmação nova de Satchidananda em seu aparente contrário. Se damos ao Infinito o direito às automanifestações variadas, isso também faz parte das possibilidades e, como tal, torna-se compreensível e tem seu profundo significado.

## CAPÍTULO V

# A ILUSÃO CÓSMICA; MENTE, SONHO E ALUCINAÇÃO

*Tu que vieste neste mundo transitório e infeliz, volta-te para Mim.*
*Bhagavad-Gītā*, IX. 33.

*Este Self é um self de Conhecimento, uma luz interior no coração; ele é o ser consciente comum a todos os estados de ser, e move-se nos dois mundos. Ele se torna um self de sonho e passa além deste mundo e suas formas de morte. [...] Existem dois planos desse ser consciente, este mundo e os outros; um terceiro estado é seu lugar de junção, o estado de sonho e, quando ele se coloca nesse lugar de sua junção, vê os dois planos de sua existência, este mundo e o outro mundo. Quando dorme, ele toma a substância deste mundo onde tudo é, e ele mesmo desfaz e constrói por sua própria iluminação, por sua própria luz; quando dorme, esse ser consciente torna-se luminoso com sua própria luz. [...] Não há estradas nem coches, nem alegrias e prazeres, nem lagoas, fontes ou rios, mas ele os cria por sua própria luz, pois ele é aquele que faz. Pelo sono, ele rejeita seu corpo e, sem sono, vê aqueles que dormem; por seu sopro de vida preserva este ninho inferior e se lança, imortal, para fora de seu ninho; imortal, ele vai aonde quer, o Purusha dourado, o Cisne solitário. Eles dizem "Só o país do despertar é dele, pois as coisas que vê quando está desperto, estas são as únicas que vê quando dorme"; mas lá, ele é sua própria luz.*
*Brihadaranyaka Upanishad*, IV. 3. 7, 9-12, 14.

*O que é visto e o que não é visto, o que é experienciado e o que não é experienciado, o que é e o que não é — tudo ele vê, ele é tudo, e vê.*
*Prashna Upanishad*, IV. 5.

Todo pensamento humano, toda experiência do homem mental move-se entre uma afirmação e uma negação constantes; para sua mente não há nenhuma verdade conceitual, nenhum resultado de experiência que não possa ser afirmado, e também nenhum que não possa ser recusado. Sua mente negou a existência do ser individual, negou a existência do cosmos, negou a existência de toda Realidade imanente ou subjacente, negou toda Realidade para além do indivíduo e do cosmos; mas também afirma constantemente essas coisas — algumas vezes apenas uma delas ou duas dentre elas, ou todas ao mesmo tempo. E deve agir dessa maneira porque nossa mente pensante é, por sua própria natureza, uma ignorante que lida com possibilidades; não possui a verdade de nenhuma delas, mas sonda e verifica cada uma por sua vez ou muitas ao mesmo tempo, na esperança de alcançar assim alguma crença fixa, algum conhecimento sobre elas, e chegar a alguma certeza; mas vivendo em um mundo de relatividades e possibilidades, a mente não pode chegar a nada de definitivamente seguro, a nenhuma convicção absoluta e durável. Mesmo o que é real e realizável pode apresentar-se à nossa mentalidade como "pode ser e pode não ser", *syād vā na syād vā*, ou como algo que "é" à sombra de algo que "poderia não ter sido" e reveste o aspecto daquilo que, mais tarde, não será mais. Nosso ser vital também sofre da mesma incerteza; ele não pode repousar em nenhum objetivo da vida do qual pudesse obter uma satisfação segura ou definitiva ou ao qual pudesse atribuir um valor durável. Nossa natureza parte de fatos e realidades que toma como reais; é empurrada além deles em busca de possibilidades incertas e, no final, é levada a questionar tudo que considerava como real, pois ela procede de uma ignorância fundamental e não pode possuir verdades asseguradas; todas as verdades nas quais se apoia por algum tempo mostram-se parciais, incompletas e questionáveis.

No começo, o ser humano vive em sua mente física, que percebe o real, o físico, o objetivo e os aceita como um fato, e esse fato como uma verdade autoevidente e inquestionável; tudo que não for real, físico ou objetivo ele vê como irreal ou ainda não realizado, para ser aceito como inteiramente real só quando conseguiu tornar-se realidade, um fato físico, objetivo: seu próprio ser ele considera também como um fato objetivo, cuja realidade é garantida por sua existência em um corpo visível e perceptível; todos os outros seres subjetivos, as outras coisas subjetivas, ele aceita com base na mesma evidência — sob a condição de que possam tornar-se objetos de nossa consciência externa ou aceitáveis para essa parte de nossa razão que constrói tendo como base os dados fornecidos por essa consciência — e apoia-se neles como se fossem a única base sólida de conhecimento. A ciência física é uma vasta extensão dessa mentalidade; ela corrige os erros dos sentidos e ultrapassa as primeiras limitações da mente sensorial ao descobrir os meios de trazer ao campo da objetividade fatos e objetos que nossos órgãos físicos não podem perceber; mas tem o mesmo critério de realidade, a realidade física objetiva: só é considerado real aquilo que pode ser verificado pela razão positivista e a evidência objetiva.

Mas o ser humano tem também uma mente-vida, uma mentalidade vital que é um instrumento de desejos: ela não se satisfaz com o real, ela comercia com possibilidades; tem paixão por novidades e sempre busca estender os limites da experiência para a satisfação do desejo, para o prazer, para melhor se afirmar e aumentar o terreno de seus poderes e interesses. Deseja, tem prazer, possui as realidades, mas também corre atrás de possibilidades irrealizáveis, esforça-se ardentemente para materializá-las, possuí-las e usufruí-las. Essa mente vital não se satisfaz apenas com o físico e objetivo, mas busca também uma satisfação e um prazer subjetivos, imaginativos, puramente emocionais. Se não fosse por esse fator, a mente física do ser humano, deixada a si mesma, viveria como o animal, aceitando sua vida atual imediata e seus limites como sua inteira possibilidade, movendo-se na ordem estabelecida da Natureza material, sem pedir nada além disso. Mas sua mente vital, essa vontade-vida inquieta, intervém com suas exigências e perturba essa satisfação inerte ou rotineira encerrada nos limites da realidade; ela aumenta sem parar o desejo e a fome, cria uma insatisfação, agitação, uma busca por algo que ultrapassa aquilo que a vida parece ser capaz de lhe dar: ela permite um vasto alargamento do campo da realidade física ao tornar realidade nossas possibilidades irrealizadas, mas também nos compele a exigir mais e sempre mais, a buscar novos mundos para conquistar, e nos incita sem cessar a ultrapassar as amarras das circunstâncias e a nós mesmos. Essa agitação e essa incerteza aumentam com a intervenção da mente pensante, que examina tudo, duvida de tudo, constrói afirmações e as destrói, erige sistemas de certezas, mas no final não aceita nenhum deles como infalíveis, afirma e questiona a evidência dos sentidos, segue as conclusões da razão e as desfaz de novo para chegar a conclusões diferentes ou completamente opostas, e continua esse processo indefinidamente, se não *ad infinitum*. Esta é a história do pensamento humano e do esforço humano: uma quebra constante dos limites apenas para mover-se sempre nas mesmas espirais, alargadas talvez, mas seguindo as mesmas curvas e em direção a objetivos idênticos ou sempre similares. A mente da humanidade, sempre em busca, sempre ativa, nunca atinge uma realidade firmemente estabelecida, quer se trate de direções e objetivos da vida, quer se trate de suas próprias certezas e convicções, e sua concepção da existência não repousa jamais em uma base segura, nem encontra nenhuma formação sólida.

Essa agitação e esse labor constantes podem chegar ao ponto em que mesmo a mente física perde sua convicção em suas certezas objetivas e cai em um agnosticismo que questiona todas as suas próprias normas de vida e conhecimento, duvida que tudo isto seja real ou se tudo, admitindo-se que seja real, não é vão; a mente vital, desconcertada pela vida e frustrada, ou então insatisfeita, com todas as suas satisfações, invadida por um desgosto e desapontamento profundos, acha que tudo é vaidade e tormento do espírito, e está pronta a rejeitar vida e existência como uma irrealidade e tudo o que ela corria atrás como uma ilusão, Maya; a mente pensante, ao demolir todas as suas afirmações, descobre que estas eram meras construções mentais e não havia realidade nelas ou, então, que toda realidade é algo além dessa existência, algo que não foi criado nem construído, algo de Absoluto e Eterno — tudo que é relativo, tudo que é ligado ao tempo, é um sonho, alucinação da mente ou um vasto delírio, imensa Ilusão cósmica, imagem enganadora de uma existência aparente. O princípio da negação prevalece sobre o princípio da afirmação e torna-se universal e absoluto. Daí surgem as grandes religiões e filosofias que negam o mundo, daí o recuo da vida diante de seus próprios impulsos e a busca de uma outra vida, em outro lugar, uma vida eterna e sem defeito, ou uma vontade de abolir a própria vida em uma Realidade imóvel ou em uma Não-Existência original. Dois dos maiores pensadores da Índia, Buda e Shankara, expressaram essa filosofia da negação do mundo e lhe deram poder e valor supremos. Em uma época intermediária, ou mais tarde, surgiram outras filosofias de considerável importância — algumas delas amplamente aceitas —, formuladas com muita perspicácia de pensamento por homens de gênio e sabedoria espiritual, que puseram em dúvida, com mais ou menos força e sucesso, as conclusões desses dois grandes sistemas metafísicos, mas nenhuma foi formulada com igual força de apresentação, nenhuma foi inspirada por personalidades tão fortes e nenhuma teve um efeito massivo similar. O espírito dessas duas notáveis filosofias espirituais — porque Shankara, no desenvolvimento histórico da mente filosófica da Índia, integra, completa e substitui o Buda — marcou com um poder formidável o pensamento, a religião e a mentalidade geral da Índia: em todo lugar paira sua poderosa sombra, em todo lugar estão impressas as três grandes fórmulas: a cadeia do Karma, a roda do renascimento à qual se deve escapar, e a Maya. É então necessário olhar de novo a Ideia ou a Verdade que se encontra por trás da negação da existência cósmica e examinar, mesmo que de maneira breve, o valor de suas formulações e sugestões principais, em qual realidade se apoiam, em que medida são determinantes para a razão ou para a experiência. No momento, bastará passar um olhar nas principais ideias que estão agrupadas em torno da concepção da grande Ilusão cósmica, Maya, e opor-lhes aquelas que são próprias à nossa linha de pensamento e visão, pois ambas as correntes procedem da concepção da Realidade Única, mas uma conduz ao Ilusionismo universal, e a outra a um Realismo universal

— um universo irreal ou real-irreal que repousa em uma realidade transcendente, ou um universo real que repousa em uma Realidade ao mesmo tempo universal e transcendente ou absoluta.

A aversão do ser vital, o recuo da mente vital diante da vida, em si e por si, não podem ser considerados provas válidas ou conclusivas. Eles são essencialmente motivados por um sentimento de desapontamento e aceitação do fracasso, que não tem nenhuma razão de se crer mais conclusivo do que a esperança, fé e vontade realizadora invariáveis do idealista, que possui sentimentos opostos. No entanto, há certa validez no apoio que a mente dá a esse sentimento de frustração, na percepção da mente pensante de que há uma ilusão por trás de todos os esforços humanos e toda tentativa terrestre, a ilusão de seus evangelhos políticos e sociais, a ilusão de sua ética que aspira à perfeição, a ilusão da filantropia e do serviço, a ilusão das obras, da fama, poder, sucesso, a ilusão de todos os feitos. O empenho humano, social e político, gira sempre em círculos e não leva a lugar nenhum; a vida e a natureza do ser humano continuam sempre as mesmas, sempre imperfeitas, e nem as leis, nem as instituições, nem a educação, nem a filosofia, nem a moralidade, nem os ensinamentos religiosos conseguiram produzir o homem perfeito, e menos ainda uma humanidade perfeita — endireitem o rabo do cachorro tanto quanto quiserem, ele vai sempre retomar sua curva natural, diz-se. Altruísmo, filantropia e serviço, amor cristão ou compaixão budista não tornaram o mundo nem um pouco mais feliz; dão apenas alguns instantes de alívio momentâneo aqui e ali, jogam algumas gotas de água sobre o fogo do sofrimento do mundo. Todos os objetivos no fim são transitórios e fúteis, todas os feitos insatisfatórios ou evanescentes, todas as obras não são mais do que trabalho ou esforço e sucesso e derrota que não conduzem a nada de definitivo: todas as mudanças que se produzem na vida humana são apenas mudanças de forma, e essas formas se seguem umas às outras em um círculo fútil, pois a essência da vida, seu caráter geral, continua o mesmo para sempre. Essa visão das coisas pode ser exagerada, mas tem uma força inegável; é apoiada por séculos de experiência humana e carrega em si um significado que um dia ou outro se impõe à mente com um ar de evidência indiscutível. Não só isso, mas se é verdade que as leis e os valores fundamentais da existência terrestre são fixos ou que essa existência terrestre deve sempre seguir ciclos repetidos — e isso foi por muito tempo uma noção muito difundida —, então, no final não é possível escapar a essa visão das coisas, pois imperfeição, ignorância, frustração e sofrimento são fatores dominantes da ordem atual do mundo, e os elementos opostos, conhecimento, felicidade, sucesso, perfeição, revelam-se constantemente enganadores ou inconclusivos: os dois contrários são tão inextricavelmente entremeados que somos quase obrigados a concluir — se esse estado de coisas não for um movimento em direção a uma realização maior, se for o caráter permanente da ordem do mundo — que tudo aqui é a criação de uma Energia inconsciente, o que explicaria a incapacidade de uma consciência aparente de realizar alguma coisa, ou então um mundo de provações e derrotas criado intencionalmente e do qual a saída não se encontra aqui, mas em outro lugar, ou mesmo se isso não é uma vasta Ilusão cósmica sem objetivo.

Entre essas conclusões alternativas, a segunda, assim como em geral nos é apresentada, não oferece nenhuma base sólida para a razão filosófica, visto que não nos dá uma indicação satisfatória sobre a conexão entre o aqui e o algures, que supomos antagonistas, sem explicar o caráter inevitável de suas relações, e não projeta luz alguma sobre a necessidade ou o significado fundamental das provações e derrotas. Essas coisas só poderiam ser inteligíveis — à parte se fossem a misteriosa vontade de um Criador arbitrário — se os espíritos imortais tivessem escolhido tentar a aventura da Ignorância e lhes fosse necessário o aprendizado da natureza de um mundo de Ignorância a fim de poder rejeitá-lo. Mas esse motivo criador, necessariamente incidental e completamente temporário em sua incidência, com a terra como seu campo de experiência acidental, em si mesmo dificilmente bastaria para explicar o fenômeno imenso e duradouro desse complexo universo. Ele poderia tornar-se uma parte prática em uma explicação satisfatória, à condição de que esse mundo fosse o campo para a elaboração de um motivo criador mais vasto, a manifestação de uma Verdade divina ou de uma Possibilidade divina em que, sob certas circunstâncias, uma Ignorância inicial interviria como um fator necessário, e se a organização desse universo contivesse nela uma compulsão que fizesse a Ignorância mover-se em direção ao Conhecimento, a manifestação imperfeita crescer até a perfeição, o fracasso servir como degrau em direção à vitória final, o sofrimento preparar um emergir do Deleite de Ser divino. Nesse caso, o sentimento de decepção, frustração, ilusão e futilidade de todas as coisas não seria válido; pois os aspectos que parecem justificar o sentimento seriam apenas as circunstâncias naturais de uma evolução difícil: toda a tensão da luta e esforço, sucesso e derrota, alegria e sofrimento, a mistura de ignorância e conhecimento seriam a experiência necessária para a alma, a mente, a vida e o elemento físico crescerem para a plena luz de um ser espiritual perfeito. Isso se revelaria como o processo de uma manifestação evolutiva; não seria necessário fazer intervir o *fiat* de uma Onipotência arbitrária ou de uma Ilusão cósmica, de uma fantasia sem sentido de Maya.

Mas há também uma base mental e espiritual superior para a filosofia da negação do mundo, e aqui nos encontramos em um terreno mais sólido: pode-se argumentar que o mundo, em sua própria natureza, é uma ilusão, e nenhum argumento quanto ao caráter e circunstâncias dessa Ilusão poderia justificá-la ou fazer dela uma Realidade: há apenas uma Realidade, a Transcendente, Supracósmica, e nenhuma realização divina, mesmo se nossa vida pudesse se tornar uma vida de deuses, poderia anular ou abolir a irrealidade original que é seu caráter fundamental, pois essa realização seria apenas o lado brilhante de uma Ilusão. Ou mesmo sem ser absolutamente uma ilusão, isso seria a realidade de uma ordem inferior que deveria chegar ao fim, no momento em que a alma reconhecesse que só Brahman é verdadeiro, e não há nada mais do que o Absoluto transcendente e imutável. Se essa for a Verdade única, então todo o chão se desfaz sob nossos pés; a Manifestação divina, a vitória da alma sobre a Matéria, sua mestria da existência, a vida divina na Natureza, tudo isso seria uma mentira, ou ao menos algo não absolutamente real, imposta por um tempo à Realidade verdadeira única. Mas aqui tudo depende da concepção mental de Realidade ou da experiência que o ser mental tem dela, assim como do valor dessa concepção e do caráter imperativo dessa experiência — e mesmo tratando-se de uma experiência espiritual, na medida em que ela é absolutamente conclusiva, exclusivamente imperativa.

 A Ilusão cósmica é algumas vezes considerada — embora esse não seja, em geral, o ponto de vista aceito — como algo que tem o caráter de uma experiência subjetiva irreal; ela é então, ou poderia ser, uma representação de formas e movimentos, que emerge em algum sono eterno das coisas ou em uma consciência de sonho e é imposta provisoriamente a uma pura Existência autoperceptiva e sem feições; é um sonho que se passa no Infinito. Nas filosofias dos *Mayavadins* — pois existem muitos sistemas cuja base é semelhante, mas não coincidem inteiramente em todos os pontos — encontramos a mesma analogia com o sonho, mas apenas como uma analogia, não como o caráter intrínseco da ilusão do mundo. É difícil, para a mente física pragmática, admitir a ideia de que nós mesmos, o mundo e a vida, as únicas coisas que nossa consciência testemunha com certeza, são inexistentes, um engano que essa consciência nos impõe: certas analogias são propostas, sobretudo as do sonho e da alucinação, a fim de mostrar que as experiências da consciência podem parecer reais a ela mesma, mas ao mesmo tempo provam não ter base alguma, ou não ter base suficiente na realidade; assim como um sonho é real para o sonhador só enquanto ele dorme, mas revela-se irreal quando ele desperta, do mesmo modo nossa experiência do mundo nos parece positiva e real, mas, quando nos distanciamos da ilusão, constatamos que ela não tem realidade. No entanto, faremos bem em dar seu inteiro valor à analogia do sonho e vermos se nossa percepção da experiência do mundo tem, de algum modo, uma base similar, pois a ideia do mundo como um sonho — seja um sonho da mente subjetiva, um sonho da alma ou um sonho no

Eterno — é muitas vezes tomada em consideração, e reforça de maneira poderosa a tendência ilusionista nos sentimentos e pensamento dos homens. Se essa analogia não tem validade, devemos ver isso de modo claro, e as razões pelas quais não é aplicável, a fim de pô-la de lado completamente; se tem algum valor, devemos ver qual é esse valor e qual é o seu limite. Se o mundo é uma ilusão, mas não a ilusão de um sonho, essa distinção também deve ser estabelecida em uma base segura.

Sonhos são sentidos como irreais, primeiro, porque têm um fim e perdem sua validade quando passamos de um estado de consciência a outro, que é o nosso estado normal. Mas essa não é, em si, uma razão suficiente: diferentes estados de consciência podem muito bem existir, cada um com suas próprias realidades; se a consciência de um estado de coisas se dissolve e seu conteúdo se perde, ou, mesmo se conservarmos a memória, pareça ser ilusório quando passamos a um outro estado, isso poderia ser perfeitamente normal, mas não prova a realidade do estado em que estamos agora e a irrealidade do outro que acabamos de deixar. Se as circunstâncias terrestres começam a parecer irreais a uma alma que passa a um mundo diferente ou a um outro plano de consciência, isso não prova a irrealidade delas; da mesma maneira, o fato em si de que a existência do mundo nos pareça irreal quando passamos ao silêncio espiritual ou a algum Nirvana, não prova que o cosmos tenha sido sempre uma ilusão. O mundo é real para a consciência que vive nele, uma existência incondicionada é real para a consciência absorvida no Nirvana; isso é tudo que é estabelecido. Mas a segunda razão para não crermos em nossas experiências durante o sono é que um sonho é algo evanescente, sem antecedentes e sem continuação; em geral é também sem coerência suficiente ou significado inteligível para nosso ser desperto. Se nossos sonhos revestissem, como em nossa vida desperta, um aspecto de coerência e a cada noite retomassem e prosseguissem no sono uma experiência passada, de maneira contínua, cada experiência ligando-se às precedentes, assim como retomamos a cada dia o fio de nossa experiência do mundo no estado desperto, os sonhos teriam então, para nossa mente, todo um outro caráter. Portanto, não há analogia entre um sonho e a vida desperta; essas são experiências completamente diferentes em seu caráter, validade e ordem. Nossa vida é acusada de ser evanescente e, muitas vezes, também de apresentar, no todo, uma falta de coerência e significado interiores; mas a falta de um significado completo pode ser devido à nossa falta de compreensão ou a uma compreensão limitada; de fato, quando nos interiorizamos e começamos a ver a vida a partir de dentro, ela assume um significado completo e coerente; ao mesmo tempo, tudo o que antes era percebido como falta de coerência interior desaparece, e vemos que isso era devido à incoerência de nossa própria visão e conhecimento interiores e de nenhum modo a uma qualidade característica da vida. Não há incoerência de superfície na vida: para nossa mente, ela aparece, mais exatamente, como um encadeamento de sequências constantes e, se isso é uma ilusão mental como algumas vezes se supõe, se a sequência é criada por nossa mente e não existe de fato na vida, isso não suprime a diferença entre os dois estados de consciência. Porque no sonho a coerência dada pela consciência interior que observa é ausente, e se há um sentido de sequência isso parece ser devido a uma imitação vaga e falsa das sequências da vida desperta, a um mimetismo subconsciente, mas essa sequência imitadora é imprecisa e imperfeita, falha e se rompe sempre, e com frequência está completamente ausente. Vemos também que a consciência-sonho parece ser inteiramente privada desse controle que a consciência desperta exerce, até certo ponto, sobre as circunstâncias da vida; a consciência-sonho tem o automatismo natural de uma construção subconsciente e nada da vontade consciente e força de organização da mente evoluída do ser humano. Além disso, a evanescência de um sonho é radical e não há conexão alguma entre um sonho e outro; mas a evanescência da vida desperta é de detalhes — não há evidência de evanescência na totalidade coerente da experiência do mundo. Nossos corpos perecem, mas nossas almas prosseguem, de nascimento em nascimento, ao longo das eras: estrelas e planetas podem desaparecer após um lapso de éons ou de numerosos ciclos de luz, mas o universo, a existência cósmica, pode muito bem ser uma atividade não só contínua — o que ela com certeza é —, mas permanente; não há nada que prove que a Energia Infinita que a criou tenha um fim ou um começo, nem ela mesma, nem sua ação. A disparidade entre a vida de sonho e a vida de vigília é ainda muito grande para que a analogia seja aplicável.

Mas talvez possamos perguntar se nossos sonhos são, de fato, totalmente irreais e sem significado ou se não são uma forma, imagem registrada ou uma transcrição ou representação simbólica de coisas que são reais. Para isso temos que examinar, embora sumariamente, a natureza do sono e dos fenômenos do sonho, como surgem e de onde provêm. No sono, nossa consciência se retira do campo de suas experiências do estado desperto; supõe-se que esteja em repouso, suspensa ou em estado jacente, mas essa é uma visão superficial. O que está jacente são as atividades do estado de vigília, o que está em repouso é a mente de superfície e a ação consciente habitual de nossos elementos corporais; mas a consciência interior não é suspensa, ela entra em novas atividades interiores das quais só uma parte — uma parte que acontece ou se registra em algo em nós que é próximo da superfície — permanece em nossa memória. Assim, se mantém durante o sono, quase na superfície, um elemento subconsciente obscuro que é um receptáculo ou uma passagem para nossas experiências de sonho e é, ele também, um construtor de sonhos; mas por trás encontra-se a profundidade e a massa do subliminar, a totalidade de nosso ser e consciência, interiores e escondidos, que é de uma ordem inteiramente diferente. Em geral, essa é uma parte subconsciente em nós, intermediária entre a consciência e a inconsciência pura, que através dessa camada superficial envia suas formações sob a forma de sonhos, construções marcadas por uma incoerência e uma inconsequência aparentes. Muitas dessas são estruturas fugidias construídas nas circunstâncias de nossa vida presente, e parecem selecionadas ao acaso e rodeadas de variações fantasistas; outras trazem de volta o passado, ou melhor, circunstâncias e pessoas selecionadas no passado, que servem de ponto de partida para construções efêmeras similares. Há outros sonhos do subconsciente que parecem ser pura fantasia, sem nenhuma origem ou fundamento desse gênero; mas o novo método de psicanálise, tentando olhar pela primeira vez nossos sonhos com certa compreensão científica, estabeleceu neles um sistema de significados, uma chave para coisas em nós que necessitam ser conhecidas e tratadas pela consciência de vigília; isso por si mesmo muda o inteiro caráter e o inteiro valor de nossa experiência onírica. Começa a parecer que havia algo real por trás disso e também como se esse algo fosse um elemento de uma importância prática não neglicenciável.

Mas o subconsciente não é nosso único construtor de sonhos. O subconsciente em nós é a última fronteira de nossa existência interior secreta, o limite onde ela encontra o Inconsciente, é um grau de nosso ser em que o Inconsciente se esforça por alcançar uma semiconsciência; a consciência física de superfície, quando cai de novo do nível de vigília e retrocede em direção ao Inconsciente, também se retira nessa subconsciência intermediária. Ou, de outro ponto de vista, essa parte inferior nossa pode ser descrita como a antecâmara do Inconsciente, através da qual suas formações se elevam até o nosso ser desperto ou nosso ser subliminar. Quando dormimos e a parte física de superfície em nós — que em sua origem primeira é, aqui, um produto do Inconsciente — recai na Inconsciência de onde se originou, ela entra nesse elemento subconsciente, antecâmara ou substrato, onde encontra as impressões de seus hábitos mentais e de suas experiências passadas ou persistentes, pois todos deixaram suas marcas em nossa parte subconsciente e têm aí um poder de recorrência. Em seu efeito sobre nosso ser de vigília, essa recorrência muitas vezes toma a forma de uma reafirmação de antigos hábitos, impulsos adormecidos ou reprimidos, elementos da natureza que foram rejeitados, ou então aparece sob uma outra forma mais difícil de reconhecer, algum resultado peculiar, disfarçado ou sutil, desses impulsos ou desses elementos reprimidos ou rejeitados, mas não suprimidos. Na consciência de sonho o fenômeno é uma construção em aparência fantasista, uma composição de imagens e movimentos construída a partir de impressões enterradas ou em torno delas, em que o sentido escapa à inteligência de vigília porque esta não possui a chave do sistema de significados do subconsciente. Depois de certo tempo, essa atividade subconsciente parece cair de novo na inconsciência completa, e falamos desse estado como de um sono profundo, um sono sem sonhos; de lá, emergimos mais uma vez em sonhos pouco profundos, ou retornamos à superfície de vigília.

Mas, de fato, nisso que chamamos "sono sem sonhos", nós vamos a uma camada mais profunda e mais densa do subconsciente, um estado demasiado involuído, submerso ou obscuro, amorfo e pesado, para que possamos trazer suas estruturas à superfície, e sonhamos nesse estado, mas sem poder agarrar ou reter, na camada registradora da subconsciência, essas imagens de sonho mais obscuras. Ou então, talvez, a parte de nossa mente que ainda continua ativa durante o sono do corpo tenha entrado nos domínios interiores de nosso ser, o mental subliminar, o vital subliminar, o físico sutil, e perdido aí toda a conexão ativa com nossas partes de superfície. Se ainda estivermos nas primeiras camadas dessas regiões, o subconsciente de superfície, que é o estado de vigília do sono, registra alguma coisa de nossa experiência nessas profundezas; mas é sua própria transcrição que ele registra, frequentemente desfigurada pelas incoerências características; e mesmo quando é o mais coerente possível, é sempre deformada, ou moldada em formas tiradas do mundo da experiência de vigília. Mas se afundarmos mais profundamente, o registro não se faz ou não pode ser recuperado, e teremos a ilusão de uma ausência de sonhos; mas a atividade da consciência interior de sonho continua por trás do véu da superfície subconsciente, agora muda e inativa. Essa atividade onírica contínua nos é revelada quando nos tornamos mais conscientes interiormente, pois então entramos em contato com um estrato subconsciente mais espesso e profundo e podemos perceber — no momento mesmo, ou pela reconstituição ou recuperação por meio da memória — o que aconteceu quando afundamos nessas profundezas de torpor. É possível também chegar a uma consciência mais profunda em nosso self subliminar, e tornarmo-nos então conscientes de experiências em outros planos de nosso ser ou mesmo em mundos suprafísicos, aos quais o sono nos dá o direito de entrar secretamente. Uma transcrição dessas experiências chega até nós; mas aqui o transcritor não é o subconsciente, é o subliminar, um construtor de sonhos maior.

Se o subliminar vem assim ao primeiro plano em nossa consciência de sonho, algumas vezes há uma atividade de nossa inteligência subliminar: o sonho torna-se uma série de pensamentos, com frequência representado de maneira estranha ou intensa; problemas que nossa consciência desperta não podia resolver são resolvidos; avisos, premonições, indicações sobre o futuro e sonhos verídicos substituem a incoerência subconsciente normal. Pode também aparecer uma estrutura de imagens simbólicas, algumas de caráter mental, outras de natureza vital: as primeiras têm formas precisas, claras, em seu significado; as segundas são muitas vezes complexas e desconcertantes para nossa consciência de vigília, mas se pudermos encontrar a chave, elas revelam seu sentido próprio e sistema peculiar de coerência. Finalmente, os registros de certos acontecimentos que vimos ou experienciamos em outros planos de nosso ser ou do ser universal em que entramos podem retornar à nossa memória; algumas vezes, essas lembranças têm, como os sonhos simbólicos, uma conexão poderosa com nossa vida interna e externa ou com a vida de outros; revelam elementos de nosso ser mental e vital ou do ser mental e vital de outros, ou expõem influências sobre esses outros seres, dos quais nosso self de vigília é totalmente ignorante; mas algumas vezes tal conexão não existe, e estes são puramente registros de outros sistemas organizados de consciência, independentes de nossa existência física. Os sonhos subconscientes constituem a maior parte de nossa experiência de sono mais comum, e aqueles que em geral lembramos; mas algumas vezes o construtor subliminar é capaz de impressionar nossa consciência de sono o suficiente para imprimir suas atividades em nossa memória de vigília. Se desenvolvermos nosso ser interior, se vivermos mais profundamente dentro do que a maioria dos homens vive, então o equilíbrio muda e uma consciência de sonho mais vasta abre-se diante de nós; nossos sonhos podem adquirir um caráter subliminar e não mais subconsciente, e assumir uma realidade e um significado.

É mesmo possível tornar-se inteiramente consciente no sono e seguir, do começo até o fim ou ao longo de vastas extensões, as etapas de nossa experiência de sonho; constatamos então que nos percebemos passar de um estado de consciência a outro, até chegar a um breve período de repouso luminoso e sereno, sem sonhos, que é o verdadeiro restaurador das energias da natureza desperta, e então retornar pelo mesmo caminho à consciência de vigília. É normal, quando passamos assim de estado a estado, deixar as experiências precedentes nos escaparem; ao retornar, apenas as mais vívidas ou mais próximas do estado de vigília superficial serão lembradas: mas isso pode ser remediado — é possível reter mais ou desenvolver o poder de voltar atrás na memória, de sonho em sonho, de estado em estado, até que o todo esteja uma vez mais diante de nós. Um conhecimento coerente da vida do sono, embora difícil de adquirir ou conservar, é possível.

Nosso self subliminar não é, como nosso ser físico de superfície, um produto da energia do Inconsciente; ele é um ponto de encontro da consciência que emerge pela evolução e da consciência que desceu do alto pela involução. Há nele uma mente interior, um ser vital interior, um ser físico-sutil ou interior maior do que nosso ser e nossa natureza exteriores. Essa existência interior é a origem secreta de quase tudo que, em nosso self de superfície, não é nem uma construção da primeira Energia cósmica inconsciente, nem um funcionamento natural desenvolvido de nossa consciência de superfície, nem uma reação dessa consciência aos impactos da Natureza universal exterior — e mesmo nessa construção, nesses funcionamentos, nessas reações, o subliminar participa, e exerce sobre eles uma influência considerável. Aqui, há uma consciência que tem um poder de contato direto com o universal, ao contrário dos contatos, na sua maioria indiretos, que nosso ser de superfície mantém com o universo mediante a mente sensorial e os sentidos. Aqui, há sentidos interiores, visão, tato, audição, subliminares; mas esses sentidos sutis são mais como canais que o ser interior utiliza para tomar diretamente consciência das coisas, do que informantes: o subliminar não depende de seus sentidos para seu conhecimento; estes só dão uma forma à sua experiência direta dos objetos, eles não transmitem, como na mente de vigília, formas de objetos destinados a servir de documentação para a mente ou ponto de partida ou base para uma experiência construtiva indireta. O subliminar tem direito de acesso aos planos mental, vital e físico-sutil da consciência universal, não é limitado ao plano material e ao mundo físico; possui meios de comunicação com os mundos do ser que a descida em direção à involução criou em sua passagem e com todos os mundos ou planos correspondentes que tenham aparecido ou sido construídos para servir ao propósito da ascensão a partir do Inconsciente até a Supraconsciência. É nesse vasto reino da existência interior que nossa mente e nosso ser vital se refugiam quando se retiram das atividades de superfície, seja pelo sono, por uma concentração profunda ou por esse mergulho interior que é o transe.

Nosso estado de vigília não percebe essa conexão com o ser subliminar, embora receba dele — mas sem conhecimento do lugar de origem — as inspirações, intuições, ideias, sugestões da vontade e dos sentidos, impulsos de ação, que vêm dos planos situados abaixo ou atrás de nossa existência superficial limitada. O sono, como o transe, nos abre a porta do subliminar; pois no sono, como no transe, nós nos retiramos por trás do véu da personalidade desperta limitada, e é atrás desse véu que o subliminar tem sua existência. Mas recebemos os registros de nossa experiência de sono por meio do sonho e em imagens de sonho, e não nessa condição que poderíamos chamar de despertar interior e é a forma mais acessível do estado de transe, nem através de claridades supranormais da visão e outros meios mais luminosos e concretos de comunicação, desenvolvidos pela cognição interna subliminar quando estabelece uma conexão consciente, habitual ou casual, com nosso self desperto. O subliminar, com o subconsciente como um anexo — pois o subconsciente é também parte da entidade por trás do véu —, é aquele que vê as coisas interiores e as experiências suprafísicas; o subconsciente de superfície é apenas um transcritor. É por essa razão que os *Upanishads* descrevem o ser subliminar como o Self do Sonho — porque em geral é em sonhos, visões, nos estados em que somos absorvidos na experiência interna que entramos no ser subliminar e somos parte de suas experiências — e descrevem o supraconsciente como o Self do Sono porque em geral todas as experiências mentais ou sensoriais cessam quando entramos nessa supraconsciência. Pois no transe mais profundo, em que o contato com o supraconsciente submerge nossa mente, nenhum registro, ou nenhuma transcrição do seu conteúdo, pode chegar até nós; é só por um desenvolvimento especial ou incomum, em uma condição supranormal ou por uma brecha ou uma rachadura na normalidade em que estamos confinados que podemos ser conscientes, na superfície, dos contatos ou das mensagens da Supraconsciência. Mas, apesar desses nomes figurativos — estado-de--sonho e estado-de-sono —, o campo de ambos os estados de consciência era claramente visto como um campo tão real quanto aquele do estado de vigília, no qual movimentos de nossa consciência perceptiva são um registro ou uma transcrição de coisas físicas e de nossos contatos com o universo físico. Sem dúvida, os três estados podem ser classificados como parte de uma ilusão, nossas experiências neles podem ser reunidas e colocadas como construções de uma consciência ilusória, nosso estado de vigília não sendo menos ilusório do que nosso estado de sonho ou nosso estado de sono, visto que a única verdade verdadeira ou realidade real é o Self incomunicável ou Existência Única (Atman, Advaita), que é o quarto estado do Self descrito pelo Vedanta. Mas é também possível considerá-los e classificá-los como três ordens diferentes de uma única Realidade ou como três estados de consciência nos quais está materializado nosso contato com três graus diferentes da autoexperiência e da experiência do mundo.

Se a experiência do sonho for assim como a descrevemos, sonhos não podem mais ser considerados como meras representações irreais de coisas irreais, que se imporiam de maneira temporária à nossa semi-inconsciência como uma realidade; portanto, a analogia é inadequada, mesmo como suporte ilustrativo para a teoria da Ilusão cósmica. Pode ser dito, contudo, que nossos próprios sonhos não são realidades, mas apenas uma transcrição da realidade, um sistema de imagens-símbolos e, de modo similar, quando em estado de vigília, nossa experiência do universo não é uma realidade, mas apenas uma transcrição da realidade, uma série ou coleção de imagens--símbolos. É verdade que nossa visão do universo físico acontece, em primeiro lugar, através de um sistema de imagens impressas ou impostas aos nossos sentidos, e até agora essa afirmação foi justificada; deve-se admitir também que em certo sentido, e de certo ponto de vista, nossas experiências e atividades podem ser consideradas como símbolos de uma verdade que nossas vidas tentam expressar, mas no presente apenas com sucesso parcial e coerência imperfeita. Se isso fosse tudo, a vida poderia ser descrita como uma experiência de sonho, a experiência do self e das coisas na consciência do Infinito. Embora nossa primeira evidência dos objetos do universo consista em uma estrutura de imagens sensoriais, estas são completadas, validadas e organizadas por uma intuição automática na consciência, que liga imediatamente a imagem com a coisa imaginada e torna tangível a experiência do objeto, de modo que não olhamos ou lemos meramente uma tradução ou uma transcrição da realidade pelos sentidos, mas olhamos a própria realidade através da imagem sensorial. Essa adequação é ainda amplificada pela ação da razão, que aprofunda e compreende a lei das coisas sentidas e pode observar de maneira escrupulosa a transcrição dos sentidos e corrigir seus erros. Podemos então concluir que experienciamos um universo real mediante uma transcrição sensorial formada de imagens e com a ajuda da intuição e da razão — uma intuição que nos põe em contato com as coisas e uma razão que investiga a verdade delas pelo seu conhecimento conceitual. Mas devemos notar também que mesmo se nossa visão figurativa do universo, nossa transcrição sensorial, fosse um sistema de representações simbólicas e não uma reprodução ou transcrição exata, uma tradução literal, ainda assim um símbolo é uma anotação de algo que existe — uma transcrição de realidades. Mesmo se nossas imagens fossem incorretas, são realidades e não ilusões que elas se esforçam para representar; quando vemos uma árvore, uma pedra ou um animal, estes não são formas não existentes, não é uma alucinação o que vemos; podemos não estar seguros de que a imagem é exata, admitir que outros sentidos poderiam muito bem vê-la de outro modo, mas no entanto há algo que justifica a imagem, algo com que ela tem mais ou menos correspondência. Mas na teoria da Ilusão, a única realidade é uma Existência pura indeterminável e sem feições, Brahman; e não é possível que seja traduzida, bem ou mal, em um sistema de formas-símbolos, porque para isso seria necessário que essa Existência possuísse alguns conteúdos determinados ou algumas verdades não manifestadas de seu ser, que pudessem ser transcritas nas formas ou nos nomes que lhes dá nossa consciência: um puro Indeterminável não pode ser transcrito, traduzido por uma multitude de diferenciações representativas, uma profusão de símbolos ou imagens, pois nele há apenas uma pura Identidade, não há nada a transcrever, nada a simbolizar, nada a figurar. A analogia com o sonho, então, não nos é de nenhuma ajuda e é melhor afastá-la; ela pode sempre ser usada como uma metáfora vívida de certa atitude que nossa mente pode tomar diante de suas experiências, mas não tem valor para uma pesquisa metafísica sobre a realidade e os significados fundamentais da existência ou sobre sua origem.

Se analisarmos a analogia da alucinação, constataremos que não nos ajuda muito mais do que a do sonho a compreender verdadeiramente a teoria da Ilusão cósmica. As alucinações são de dois tipos: mentais ou ideativas e visuais ou, de certo modo, sensoriais. Quando vemos uma imagem de coisas onde essas coisas não estão, isto é, uma construção errônea dos sentidos, uma alucinação visual; quando tomamos como fato objetivo uma coisa que é uma estrutura subjetiva da mente, uma construção mental errada ou uma imaginação objetivada ou uma imagem mental deslocada, isto é uma alucinação mental. Um exemplo da primeira é a miragem, um exemplo da segunda é a imagem clássica da corda vista como uma serpente. Podemos observar por alto que existem muitas coisas consideradas como alucinações que na realidade não o são, são apenas imagens simbólicas que vêm do subliminar ou experiências nas quais a consciência ou a percepção subliminar vem à superfície e nos põe em contato com realidades suprafísicas; assim, a consciência cósmica foi classificada como alucinação, mesmo se ao mesmo tempo se reconheça que, ao romper nossas limitações mentais, ela nos permite perceber uma vasta realidade. Mas considerando apenas a alucinação comum, mental ou visual, observamos que ela parece ser, à primeira vista, um verdadeiro exemplo do que, na teoria filosófica, se chama sobreimposição; uma representação irreal de coisas é sobreposta a uma realidade: uma miragem no ar de um deserto vazio ou a imagem de uma serpente não existente sobreposta a uma corda existente e real. Podemos certamente sustentar que o mundo é uma alucinação desse tipo, uma sobreposição de uma imagem não existente e irreal à realidade vazia, única e sempre presente, de Brahman. Mas então notamos que, em cada caso, a alucinação, a falsa imagem, não é de uma coisa absolutamente não existente; é a imagem de algo existente e real, mas não presente no lugar imposto, por um erro da mente ou dos sentidos. Uma miragem é a imagem de uma cidade, um oásis, um curso d'água ou outras coisas que estão ausentes e, se essas coisas não existissem, sua falsa imagem — quer fosse suscitada pela mente, quer se refletisse no ar do deserto — não estaria ali para enganar a mente com uma falsa aparência da realidade. A serpente existe, e sua existência e sua forma são conhecidas pela vítima da alucinação momentânea: se não fosse assim, a ilusão não poderia ter sido criada, pois é a semelhança formal entre a realidade vista e uma outra realidade conhecida previamente em outro lugar, que é a origem do erro. A analogia então não ajuda; ela só poderia ser válida se nossa imagem do universo fosse uma falsidade refletindo um universo verdadeiro que não está aqui, mas em outro lugar ou, ainda, se fosse uma falsa manifestação, com imagens da Realidade substituindo na mente uma manifestação verdadeira ou cobrindo-a com sua semelhança deformada. Mas, nesse caso, o mundo seria uma forma não existente das coisas, uma construção ilusória sobreposta à Realidade desnuda, ao único Existente, que é para sempre vazio de coisas e sem forma: só haveria uma verdadeira analogia se nossa visão construísse no ar vazio do deserto imagens de coisas que não existissem em lugar nenhum, ou se sobrepusesse no chão nu as duas coisas: a corda e a serpente e outras formas que, elas também, não existissem em lugar algum.

É claro que nessa analogia são colocados juntos, erroneamente, dois tipos de ilusão completamente diferentes como se fossem idênticos em natureza. Todas as alucinações mentais ou sensoriais são na realidade falsas representações; estão fora de lugar ou são combinações impossíveis, ou um falso desenvolvimento de coisas que, em si, são existentes ou possíveis, ou que, de um modo ou de outro, pertencem ou são ligadas ao domínio do real. Todos os erros e ilusões mentais são o resultado de uma ignorância que combina de modo incorreto seus dados ou procede falsamente a partir de um conteúdo de conhecimento passado, presente ou potencial. Mas a Ilusão cósmica não tem base na realidade, é uma ilusão original e a origem de toda ilusão; sobrepõe nomes, imagens, acontecimentos — que são puras invenções — a uma Realidade em que nenhum acontecimento, nome e imagem existiram, nem jamais existirão. A analogia da alucinação mental só se aplicaria se admitíssemos um Brahman sem nomes, formas ou relações e um mundo de nomes, formas e relações como duas realidades iguais sobrepostas, a corda no lugar da serpente ou a serpente no lugar da corda — uma atribuição, talvez, das atividades do Saguna à imobilidade do Nirguna. Mas se ambos são reais, ambos devem ser aspectos separados da Realidade ou aspectos coordenados, polos positivos e negativos da Existência única. Todo erro ou toda confusão da Mente entre os dois seria não uma Ilusão cósmica criadora, mas apenas uma percepção errada de realidades, uma relação errada criada pela Ignorância.

Se examinarmos outras ilustrações ou outras analogias que nos são oferecidas para compreender melhor as operações da Maya, descobriremos em todas elas uma inaplicabilidade que lhes priva de sua força e valor. O exemplo familiar da madre-pérola e da prata, como a analogia da corda e da serpente, repousa também em um erro devido à semelhança entre uma realidade presente e uma outra realidade ausente; isso não pode se aplicar à sobreposição de uma irrealidade múltipla e mutável a um Real único e imutável. No exemplo de uma ilusão de óptica que duplica ou multiplica um único objeto, como quando vemos duas luas em lugar de uma, existem duas ou mais formas idênticas de um único objeto, um real e o outro — ou o resto — uma ilusão: isso não ilustra a justaposição do mundo e do Brahman, porque na ação da Maya há um fenômeno muito mais complexo — há, na verdade, uma multiplicação ilusória do Idêntico imposta à sua Identidade única e para sempre inalterável, o Um que aparece como múltiplo; mas impõe-se a isso uma imensa diversidade organizada na natureza, uma diversidade de formas e movimentos que não têm relação alguma com o Real original. Sonhos, visões e a imaginação do artista ou do poeta podem apresentar uma diversidade organizada análoga que não é real; mas é uma imitação, um mimetismo de uma diversidade organizada real e já existente ou que parte de um mimetismo desse gênero, e mesmo na variação mais rica ou na invenção mais extravagante, pode-se observar certo elemento mimético. Isso não se pode comparar à ação atribuída a Maya, em que não há mimetismo, mas uma criação pura e radical de formas e movimentos irreais que não existem em lugar algum nem imitam, refletem, modificam ou desenvolvem nada que se possa descobrir na Realidade. Nada existe nas operações de ilusão da Mente que traga uma luz a esse mistério; elas são aquilo que deve ser uma estupenda Ilusão cósmica desse tipo, *sui generis*, sem paralelo. O que vemos no universo é que uma diversidade do idêntico é, em todo lugar, o processo fundamental da Natureza cósmica; mas aqui ela se apresenta não como uma ilusão, mas como uma formação real variada, saída de uma única substância original. Uma Realidade de Unidade a manifestar-se em uma realidade de formas e poderes inumeráveis de seu ser, é com isso que nos confrontamos em todo lugar. Há sem dúvida um mistério nesse processo, mesmo uma magia, mas não há nada que indique que esta seja uma magia do irreal e não a ação de uma Consciência e Força de ser do Real onipotente, uma autocriação efetuada por um eterno autoconhecimento.

Isso faz surgir de imediato a pergunta sobre a natureza da Mente que engendra essas ilusões e sua relação com a Existência original. É a mente a criança e o instrumento de uma Ilusão original ou é ela uma Força ou uma Consciência primordial que cria falsamente? Ou é a ignorância mental uma percepção falsa das verdades da Existência, um desvio a partir de uma Consciência-Verdade que é o verdadeiro construtor do mundo? Nossa própria mente, em todo caso, não é um poder criador original e primordial da Consciência; ela é, e todas as mentes do mesmo caráter devem ser, derivativa, um demiurgo instrumental, um criador intermediário. É então provável que analogias provenientes dos erros da mente, que são elas mesmas o produto de uma Ignorância intermediária, não possam ilustrar verdadeiramente a natureza ou ação de uma Ilusão criadora original, uma Maya que tudo inventa e tudo constrói. Nossa mente encontra-se entre uma supraconsciência e uma inconsciência, e recebe algo desses dois poderes opostos: encontra-se entre uma existência subliminar oculta e um fenômeno cósmico externo; da fonte interior desconhecida ela recebe inspirações, intuições, imaginações, impulsões para o conhecimento e a ação, imagens de realidades ou de possibilidades subjetivas; do fenômeno cósmico observado ela recebe as imagens de realidades realizadas e suas sugestões de possibilidades futuras. O que recebe são verdades essenciais, possíveis ou reais; a mente parte das realidades realizadas do universo físico e extrai destas, em sua ação subjetiva, as possibilidades irrealizadas que elas contêm ou sugerem ou às quais pode chegar tomando-as como ponto de partida; ela seleciona algumas dessas possibilidades para uma ação subjetiva, entretém-se com suas formas imaginadas ou construídas interiormente e escolhe outras para uma objetivação e tenta realizá-las. Mas recebe também inspirações do alto e de dentro, de fontes invisíveis e não apenas dos impactos do fenômeno cósmico visível; enxerga verdades diferentes daquelas sugeridas pela realidade física ao seu redor, e aí de novo se entretém subjetivamente com as formas transmitidas ou construídas dessas verdades ou faz uma seleção para objetivá-las, tenta realizá-las.

Nossa mente observa e utiliza realidades, adivinha verdades ainda não conhecidas ou realizadas ou é um recipiente delas, negocia com possibilidades que medeiam entre a verdade e a realidade. Mas não tem a onisciência de uma Consciência infinita; é limitada em conhecimento e tem que completar seu conhecimento limitado com a imaginação e a descoberta. Não manifesta o conhecido, como faz a Consciência infinita, ela deve descobrir o desconhecido; apreende as possibilidades do Infinito não como resultados ou variações das formas de uma Verdade latente, mas como construções ou variações, ficções de sua própria imaginação sem limites. Não tem a onipotência de uma Energia consciente infinita; só pode conceber ou realizar o que a Energia cósmica aceitará dela ou aquilo que tem a força de impor ou introduzir na soma das coisas, porque a Divindade secreta, supraconsciente ou subliminal, que se serve da mente, tem a intenção de que isso seja expresso na Natureza. Sua limitação de Conhecimento torna-a não só incompleta, mas sujeita a erros, e é isso que constitui sua Ignorância. Quando lida com a realidade, suas observações, usos e criações frequentemente são errados; quando lida com possibilidades, ela compõe, combina, aplica, situa as coisas de modo errado; quando lida com verdades que lhe são reveladas, ela pode deformá-las, representá-las falsamente, desarmonizá-las. A mente também pode fazer suas próprias construções, que não têm correspondência com as coisas que existem realmente, nem potencialidade de realização ou apoio da verdade que se encontra por trás delas; mas, ainda assim, essas construções partem de uma extensão ilegítima das realidades, capturam possibilidades não permitidas ou orientam verdades em direção a uma aplicação inaplicável. A mente cria, mas não é uma criadora original, não é onisciente nem onipotente, nem mesmo um demiurgo sempre eficaz. Maya, o Poder de Ilusão, ao contrário, deve ser uma criadora original, pois cria todas as coisas a partir do nada — a menos que suponhamos que crie a partir da substância da Realidade, mas então as coisas que cria devem ser, de certo modo, reais; ela tem um perfeito conhecimento do que quer criar, um poder perfeito para criar tudo o que quiser, é onisciente e onipotente, embora apenas em relação às suas próprias ilusões; ela as harmoniza e conecta com uma segurança mágica e energia soberana, impondo com eficiência absoluta suas próprias formações ou ficções, que faz passar por verdades, possibilidades, realidades, à inteligência da criatura.

Nossa mente trabalha melhor e com uma confiança firme quando lhe é dada uma substância com que trabalhar ou que possa ao menos utilizar como base para suas operações, ou quando pode manejar uma força cósmica da qual adquiriu o conhecimento — é segura de seus passos quando lida com realidades; esse princípio que consiste em ocupar-se de realidades objetivas ou de descobertas e utilizá-las como base de criação é a razão do imenso sucesso da ciência física. Mas aqui, evidentemente, não há criação de ilusões, nem criação de não-existência *in vacuo* transformada em realidades aparentes, como se atribui à Ilusão cósmica, pois a Mente só pode criar o que é possível à substância, a partir da substância; só pode fazer com a força da Natureza o que está em acordo com as energias realizáveis da Natureza; só pode inventar ou descobrir o que já está contido na verdade e na potencialidade da Natureza. Por outro lado, a Mente recebe do interior de si, ou do alto, inspirações criadoras: mas estas só podem tomar forma se forem verdades ou potenciais, não pelo direito inato da mente à invenção, pois se a mente fizer uma formação que não é nem verdadeira nem potencial isso não poderá ser criado, não poderá tornar-se real na Natureza. Maya, ao contrário, se tomar a Realidade como base para suas criações, erigirá no entanto uma superestrutura que não terá nada a ver com a Realidade, não será uma verdade nem um potencial na Realidade; se Maya criar a partir da substância da Realidade, construirá coisas que não são possíveis para a Realidade nem estão em conformidade com ela — pois criará formas, e supõe-se que a Realidade é um Sem-Forma incapaz de assumir formas; criará determinações e supõe-se que a Realidade é absolutamente indeterminável.

Mas nossa mente tem a faculdade da imaginação; pode criar e tomar como verdadeiras e reais suas próprias estruturas mentais; aqui, poder-se-ia pensar, algo é análogo à ação da Maya. Nossa imaginação mental é um instrumento da Ignorância; é o recurso, o instrumento ou o refúgio de uma capacidade limitada de conhecimento, uma capacidade limitada de ação eficaz. A mente suplementa essas deficiências pelo seu poder de imaginação: usa-o para extrair, de coisas óbvias e visíveis, coisas que não são nem óbvias nem visíveis; empreende criar suas próprias imagens do possível e do impossível; constrói realidades ilusórias ou desenha imagens de uma verdade conjecturada ou construída, de coisas que não têm verdade alguma para a experiência exterior. Essa é, ao menos, a aparência do seu modo de operar; mas, na realidade, é um meio, ou um dos meios, da mente de invocar as possibilidades infinitas do Ser, e mesmo de descobrir ou captar as possibilidades desconhecidas do Infinito. Mas, como não pode fazer isso com conhecimento, ela faz construções experimentais de verdades, possibilidades e realidades ainda não realizadas: como seu poder de receber inspirações da Verdade é limitado, ela imagina, elabora hipóteses e pergunta se isso ou aquilo não poderia ser verdadeiro; como sua força de invocar potenciais reais é estreita e restrita, ela erige possibilidades que espera realizar ou gostaria de realizar; como seu poder de realizar é entravado e restringido pelas oposições do mundo material, ela projeta realizações subjetivas para satisfazer sua vontade de criação e sua alegria em representar-se. Mas, com efeito, deve-se notar que a imaginação lhe permite receber uma imagem da verdade, invocar possibilidades que serão realizadas mais tarde e, muitas vezes, exercer uma pressão efetiva nas realidades do mundo. Imaginações que persistem na mente humana, como a ideia de viajar pelo ar, frequentemente acabam por realizar-se; as formações mentais individuais podem realizar-se se houver força suficiente na formação ou na mente que a forma. Imaginações podem criar suas próprias potencialidades, sobretudo se tiverem um suporte na mente coletiva e puderem, com o tempo, obter a sanção da Vontade cósmica. De fato, toda imaginação representa possibilidades: um dia, algumas poderão realizar-se em uma forma, talvez muito diferente da realidade; muitas estão condenadas à esterilidade, porque não entram na imagem ou no esquema da criação atual, não se enquadram nas potencialidades permitidas ao indivíduo ou não estão em acordo com o princípio coletivo ou genérico, ou são estranhas à natureza ou ao destino da existência universal que as contém.

Assim, as imaginações da mente não são pura e radicalmente ilusórias: elas se apoiam em sua experiência de realidades ou ao menos tomam isso como ponto de partida; são variações sobre a realidade ou representam os "talvez" ou "poderia ser" do Infinito, aquilo que teria sido se outras verdades houvessem se manifestado, se potenciais existentes houvessem sido dispostos de outro modo ou com outras possibilidades, que não estas já admitidas, se tornassem potenciais. Além disso, por meio dessa faculdade, formas e poderes pertencentes a domínios diferentes dos da realidade física comunicam-se com nosso ser mental. Mesmo quando as imaginações são extravagantes ou tomam a forma de alucinações ou ilusões, elas partem do real e do possível como base. A mente cria a imagem da sereia, mas essa fantasia é composta de duas realidades, colocadas juntas de um modo que é fora das possibilidades normais da terra; anjos, grifões e quimeras são construídos a partir do mesmo princípio: algumas vezes a imaginação é uma memória de realidades anteriores, como na figura mítica do dragão, outras vezes é uma imagem ou um acontecimento que é real ou poderia sê-lo em outros planos ou outras condições de existência. Mesmo as ilusões do louco são baseadas em desajustamentos extravagantes da realidade, como quando o lunático mistura ele mesmo, a realeza e a Inglaterra e, em sua imaginação, senta-se no trono dos Plantagenetas ou dos Tudors. E ainda, quando examinamos a origem do erro mental, em geral constatamos que é uma combinação, localização, uso, compreensão ou aplicação falsos de elementos de experiência e conhecimento. A própria imaginação é, em sua natureza, um substituto de um poder de consciência mais verdadeiro, um poder de intuição de possibilidades: à medida que a mente ascende em direção à consciência-verdade, esse poder mental torna-se uma imaginação da verdade que faz descer a cor e a luz da verdade mais alta na adequação limitada, ou inadequação, do conhecimento já realizado ou formulado; e finalmente, na luz transformadora dos planos superiores, ele dá lugar pleno aos poderes da verdade superiores, ou torna-se intuição e inspiração; a Mente, assim elevada, deixa de ser uma criadora de enganos e arquiteta de erros. Pois a Mente não é uma soberana criadora de coisas não existentes ou construídas no vazio: ela é uma ignorância que tenta conhecer, suas próprias ilusões começam a partir de certa base e resultam de um conhecimento limitado ou de uma semi-ignorância. A Mente é um instrumento da Ignorância cósmica, mas não parece ser ou não age como um poder ou instrumento de uma Ilusão cósmica. É uma buscadora e descobridora ou uma criadora, ou pseudocriadora, de verdades, possibilidades e realidades, e seria racional supor que a Consciência e o Poder originais, de que a Mente deve ser um derivado, são também criadores de verdades, possibilidades e realidades, não limitados como a mente, mas cósmicos em seu raio de ação, não abertos a erros porque estão livres de toda ignorância, instrumentos soberanos ou um autopoder de uma Onisciência e uma Onipotência supremas, uma Sabedoria e um Conhecimento eternos.

Essa, então, é a dupla possibilidade que surge diante de nós. Há, poderíamos supor, uma consciência — um poder original criador de ilusões e irrealidades — que tem a mente como seu instrumento ou intermediário na consciência humana e na consciência animal, de modo que o universo diferenciado que vemos é irreal, uma ficção da Maya, e só certo Absoluto indeterminável e indiferenciado é real. Ou há, poderíamos igualmente supor, uma Consciência-Verdade original, suprema ou cósmica, criadora de um universo verdadeiro, mas no qual a mente age como uma consciência imperfeita, ignorante, que em parte sabe, em parte não sabe — essa consciência, por sua ignorância ou seu conhecimento limitado, é sujeita a erros, a fazer representações erradas e ter progressos equivocados ou mal dirigidos a partir do conhecido, tateamentos incertos em direção ao desconhecido, criações e construções parciais: uma posição intermediária constante entre a verdade e o erro, o conhecimento e a insciência. Mas essa ignorância, apesar de seus tropeços, de fato apoia-se no conhecimento e dirige-se ao conhecimento; é capaz, fundamentalmente, de abandonar a limitação e a mistura, e pode tornar-se, por essa liberação, a Consciência-Verdade, um poder do Conhecimento original. Até agora, nossa pesquisa nos conduziu apenas à segunda direção, levando-nos à conclusão de que não há nada na natureza de nossa consciência que possa justificar a hipótese de uma Ilusão Cósmica como a solução de seu problema. Um problema existe, mas consiste na mistura do Conhecimento com a Ignorância na nossa cognição do self e das coisas, e é a origem dessa imperfeição que devemos descobrir. Não é necessário fazer intervir um poder original de Ilusão sempre existente misteriosamente na Realidade eterna, ou interferindo para impor um mundo de formas não existentes a uma Consciência ou a uma Supraconsciência que é para sempre pura, eterna e absoluta.

## CAPÍTULO VI

# A REALIDADE E A ILUSÃO CÓSMICA

*O Eterno é verdadeiro; o mundo é uma mentira.*
*Vivekachudamani*, verso 20.

*O Mestre da Maya cria este mundo pela sua Maya, e dentro deste, um outro está confinado; deve-se conhecer sua Maya como Natureza e o Mestre da Maya como o grande Senhor de tudo.*
*Shvetashvatara Upanishad*, IV. 9, 10.

*O Purusha é tudo o que é, tudo o que foi, tudo o que está para ser; ele é o mestre da Imortalidade e é tudo o que cresce por meio do alimento.*
*Shvetashvatara Upanishad*, III. 15.

*Tudo é o Ser Divino.*
*Bhagavad-Gītā*, VII. 19.

Até aqui, nós apenas clarificamos uma parte do plano frontal do campo de estudo; por trás, o problema continua inteiro e não resolvido. É o problema da natureza da Consciência ou Poder original, que criou, construiu conceitualmente ou manifestou o universo e a relação desse universo com nossa cognição do mundo — em resumo, saber se o universo é uma ficção da consciência, imposta à nossa mente por uma força suprema de Ilusão ou é uma formação verdadeira do ser, experienciada por nós mediante um conhecimento ainda ignorante, mas que cresce. E a verdadeira questão não concerne apenas à Mente ou a um sonho ou uma alucinação cósmicos nascidos da Mente, mas diz respeito à natureza da Realidade, à validez da ação criadora que nela acontece ou lhe é imposta, à presença ou ausência de um conteúdo real em sua consciência ou na nossa, ou ao olhar que ela, ou nós, dirigimos ao universo. Em nome do Ilusionismo, pode-se responder ao nosso ponto de vista sobre a verdade da existência que tudo isso poderia ser válido dentro dos limites da Ilusão cósmica: é o sistema, é o mecanismo pragmático pelo qual a Maya age e se mantém na Ignorância; mas as verdades, possibilidades, realidades do sistema cósmico só são verdadeiras e reais na Ilusão, fora desse círculo mágico elas não têm validez, não são realidades duráveis e eternas; todas são representações temporárias, tanto as obras do Conhecimento quanto as da Ignorância. Pode-se conceder que o Conhecimento seja um instrumento útil da Ilusão da Maya para escapar de si mesma, para destruir-se na Mente; o conhecimento espiritual é indispensável, mas a única verdade autêntica, a única realidade permanente por trás de todas as dualidades do conhecimento-ignorância é o eterno Absoluto sem relação, ou o Self, a pura Existência eterna. Tudo aqui repousa na concepção da mente e na experiência que o ser mental tem da realidade, pois dessa experiência ou dessa concepção da realidade dependerá sua interpretação de dados que, de outra maneira, seriam idênticos: os fatos do Cosmos, a experiência individual, a realização do Transcendente supremo. Toda cognição mental depende de três elementos: aquele que percebe, a percepção e a coisa percebida ou objeto da percepção. Pode-se afirmar ou negar a realidade de qualquer um dos três; poder-se-ia então perguntar qual deles é real, e em que medida e de que modo. Se todos os três forem rejeitados como instrumentos de uma Ilusão cósmica, a próxima pergunta seria: há uma realidade externa a eles e, caso haja, qual seria a relação entre a Realidade e a Ilusão?

É possível afirmar a realidade do objeto da percepção — o universo objetivo — e negar ou diminuir a realidade do indivíduo que percebe e de sua consciência perceptiva. Na teoria que afirma que a Matéria é a única realidade, a consciência é apenas uma operação da Matéria-energia na Matéria, uma secreção ou vibração das células do cérebro, uma recepção física de imagens e uma resposta cerebral, uma ação reflexa ou reação da matéria aos contatos da Matéria. Mesmo se a rigidez dessa afirmação for atenuada e se explicasse a consciência de uma outra maneira, ainda assim ela não seria mais do que um fenômeno temporário e derivado, e não a Realidade permanente. O próprio indivíduo que percebe seria apenas um corpo e um cérebro capazes de reações mecânicas que generalizamos sob o nome de consciência; o indivíduo teria apenas um valor relativo e uma realidade temporária. Mas se a própria Matéria revela-se irreal ou derivada e simplesmente um fenômeno da Energia, como parece ser agora a probabilidade, a Energia então permanece como a única Realidade; aquele que percebe, sua percepção e o objeto percebido seriam apenas fenômenos da Energia. Mas uma Energia sem um Ser ou uma Existência que a possua ou uma consciência que a abasteça, uma Energia que atua originalmente no vazio — pois o próprio campo material onde a vemos atuar é uma criação —, teria muito a aparência de uma construção mental, uma irrealidade: ou poderia ser a erupção de uma moção inexplicável e temporária que a qualquer momento poderia cessar de criar fenômenos; só o Vazio do Infinito seria permanente e real. A teoria budista, segundo a qual aquele que percebe, a percepção e o percebido são uma construção do Karma e processo de algum ato cósmico da Ação, deu lugar a uma tal conclusão, pois isso conduziu logicamente à afirmação do Não-Ser, do Vazio e do Nada. É possível, na verdade, que não seja uma Energia, mas uma Consciência que está em ação: assim como a Matéria se reduz à Energia, que podemos perceber não nela, mas em seus resultados e operações, do mesmo modo a Energia poderia reduzir-se à ação de uma Consciência percebida por nós não nela, mas em seus resultados e ações. Mas supondo-se que essa Consciência atue da mesma maneira em um Vazio, estaremos expostos à mesma conclusão, isto é, que ela é a criadora de ilusões fenomênicas temporárias e é, ela mesma, ilusória; um Vazio, um Zero infinito, uma Não-Existência original seria a única Realidade permanente. Mas essas conclusões não são inevitáveis; pois atrás dessa Consciência, perceptível apenas em suas obras, pode haver uma Existência original invisível: uma Energia-Consciente dessa Existência poderia então ser uma realidade; suas criações, feitas de uma substância de ser infinitesimal, impalpável para os sentidos, mas reveladas como Matéria em certo estágio da ação da Energia, também seriam reais, assim como o indivíduo que emerge, como um ser consciente, da Existência original em um mundo de Matéria. Essa Realidade original poderia ser uma Existência cósmica espiritual, um *Pantheos*, ou poderia ter outro *status*; mas de qualquer modo haveria não uma ilusão universal ou um mero fenômeno, mas um verdadeiro universo.

    Na teoria clássica do Ilusionismo, uma Existência espiritual una e suprema é aceita como única Realidade: ela é por essência o Self, contudo, os seres naturais dos quais é o Self são apenas aparências temporárias; ela é, em seu absoluto, o substrato de todas as coisas, mas o universo edificado nesse substrato é uma não-existência, um simulacro ou, então, de algum modo, irrealmente real; é uma ilusão cósmica. Pois a Realidade é una e sem segunda, é imutável na eternidade, é a única Existência; nada mais existe, não existem devires verdadeiros desse Ser: ele é e deve permanecer para sempre vazio de nomes, traços, formações, relações, acontecimentos; se essa Existência tiver uma Consciência, só poderá ser uma consciência pura de seu próprio ser absoluto. Mas qual é então a relação entre a Realidade e a Ilusão? Por qual milagre ou por qual mistério a Ilusão vem a ser, ou como faz para aparecer ou permanecer no Tempo para sempre?

Como apenas Brahman é real, só uma consciência ou um poder de Brahman seria um criador real e um criador de realidades. Mas visto que não pode haver outra realidade senão Brahman puro e absoluto, então não pode haver um verdadeiro poder criador de Brahman. Uma Consciência-Brahman que percebesse seres, formas e acontecimentos reais significaria uma verdade do Devenir, uma realidade espiritual e material do universo que a experiência da Verdade suprema nega e abole, e com a qual a existência única é logicamente incompatível. A criação da Maya é uma apresentação de seres, nomes, formas, acontecimentos, coisas, que não pode ser aceita como verdadeira, que contradiz a pureza indeterminável da Existência Única. A Maya então não é real, ela é não existente; a própria Maya é uma ilusão, geradora de inumeráveis ilusões. Mas, ainda assim, essa ilusão e suas obras têm algum tipo de existência, e devem, de algum modo, ser reais; além do mais, o universo não existe em um Vazio, mas se mantém porque é imposto a Brahman, em certo sentido é fundamentado na Realidade única; nós mesmos, que estamos na Ilusão, atribuímos suas formas, nomes, relações, acontecimentos, a Brahman, tornamo-nos conscientes de todas as coisas como sendo Brahman, vemos a Realidade através dessas irrealidades. Há então uma Realidade na Maya; ela é ao mesmo tempo real e irreal, existente e não existente; ou, então, digamos, ela não é nem real nem irreal: é um paradoxo, um enigma suprarracional. Mas qual é então esse mistério, ou será ele insolúvel? Como é possível que essa ilusão intervenha na existência de Brahman? Qual é a natureza dessa realidade irreal da Maya?

À primeira vista somos obrigados a supor que, de algum modo, deve ser Brahman que percebe a Maya — porque Brahman é a única realidade e se não for ele quem a percebe, quem então perceberia a Ilusão? Nenhum outro perceptivo existe; o próprio indivíduo que, em nós, é a testemunha aparente, é fenomênico e irreal, uma criação da Maya. Mas se Brahman for o perceptivo, como é possível que a ilusão possa persistir por um só momento, visto que a verdadeira consciência do Perceptivo é consciência do self, percepção tão somente de sua autoexistência pura? Se Brahman percebe o mundo e as coisas com uma consciência verdadeira, então tudo deve ser ele, e real; mas visto que o mundo e as coisas não são a autoexistência pura, mas no máximo são formas dela vistas através de uma Ignorância fenomênica, essa solução realista não é possível. Contudo, temos que aceitar, ao menos de maneira provisória, o universo como um fato, admitir a existência de uma impossibilidade, uma vez que Maya existe e sua ação persiste e obseda o espírito pela percepção — por mais falsa que seja — de sua realidade. É a partir dessa base que devemos, então, afrontar e resolver o dilema.

Se, de algum modo, Maya é real, a conclusão se impõe: deve ser Brahman, a Realidade, quem percebe a Maya. Pode ser que Maya seja seu poder de percepção diferenciadora, pois o poder de consciência da Maya, que a diferença da verdadeira consciência do Self único espiritual, é sua percepção criadora de diferenças. Ou, se consideramos que essa criação da diferença é apenas um resultado e não a essência da força da Maya, ela deve ser, então, ao menos algum poder de consciência de Brahman — pois só uma consciência pode ver ou criar uma ilusão, e não pode haver outra consciência original ou originadora senão a de Brahman. Mas como Brahman é também e para sempre autoconsciente, deve haver então um estado duplo da Consciência-Brahman: um, consciente da Realidade única, o outro, consciente das irrealidades às quais sua percepção criadora dá uma espécie de existência aparente. Essas irrealidades não podem ser feitas da substância da Realidade, porque então elas também deveriam ser reais. Desse ponto de vista não se poderia aceitar a afirmação dos *Upanishads* segundo a qual o mundo é criado a partir da Existência suprema, é um devenir, um resultado ou um produto do Ser eterno. Brahman não é a causa material do universo; nossa natureza — por oposição ao nosso Self — não é feita de substância espiritual, ela é construída a partir da realidade irreal da Maya. Mas nosso ser espiritual, ao contrário, é feito dessa substância, ele é, em verdade, Brahman; Brahman está acima da Maya, mas é também aquele que percebe suas próprias criações, de cima e do interior da Maya. Essa consciência dual se oferece como a única explicação plausível do enigma de um Percipiente real e eterno, um Percebido irreal e uma Percepção que é uma criadora semirreal de percepções irreais.

Se essa consciência dual não existe, se Maya é o único poder consciente do Brahman, então das duas coisas, uma: ou a realidade da Maya como poder é que ela é uma ação subjetiva da consciência-Brahman emergindo do seu silêncio e de sua imobilidade supraconsciente e passando por experiências que são reais porque são parte da consciência de Brahman, mas irreais porque não são parte do seu ser, ou então Maya é o poder da Imaginação cósmica do Brahman, inerente a seu ser eterno que, a partir de nada, cria nomes, formas e acontecimentos desprovidos de toda realidade. Nesse caso, Maya poderia ser real, mas suas obras inteiramente fictícias, puras imaginações: mas podemos afirmar que a Imaginação é o único poder dinâmico ou criador do Eterno? A Imaginação é uma necessidade para um ser parcial com uma consciência ignorante, pois sua ignorância deve ser suplementada por imaginações e conjecturas: não pode haver lugar para um tal movimento na consciência una de uma Realidade única que não tem razão alguma para construir irrealidades, pois é sempre pura e completa em si. É difícil ver o que, em seu próprio ser, poderia impelir ou incitar uma tal Existência Única, completa em sua própria essência, beatífica em sua eternidade, nada tendo a manifestar, atemporalmente perfeita, a criar um Tempo e um Espaço irreais e povoá-los para toda a eternidade com um espetáculo cósmico interminável de imagens e acontecimentos falsos. Essa solução é logicamente insustentável.

A outra solução, a ideia de uma realidade irreal puramente subjetiva, começa pela distinção feita pela mente na Natureza física, entre suas experiências subjetivas e objetivas, pois só as experiências objetivas lhe parecem inteira e solidamente reais. Mas uma tal distinção dificilmente poderia existir na consciência-Brahman, visto que nela não há sujeito nem objeto, ou o próprio Brahman é o único sujeito e o único objeto possíveis de sua consciência; não poderia haver aí nada de externamente objetivo para Brahman, visto que não há nada mais que Brahman. Então essa ideia de que uma ação subjetiva da consciência cria um mundo de ficções diferente do único objeto verdadeiro, ou o deforma, parece ser falsamente atribuída a Brahman pela nossa mente; ela impõe à Realidade pura e perfeita um traço de sua própria imperfeição que não se poderia atribuir verdadeiramente à percepção de um Ser Supremo. Por outro lado, a distinção entre a consciência e o ser de Brahman não poderia ser válida a não ser que o ser-Brahman e a consciência-Brahman sejam duas entidades distintas — a consciência que impõe suas experiências à pura existência do ser, mas sem poder tocá-la, afetá-la ou penetrá-la. Seja ela a Autoexistência suprema e única, seja o Self do indivíduo real-irreal na Maya, Brahman então perceberia, por sua consciência verdadeira, as ilusões que lhe são impostas e as conheceria como ilusões; apenas alguma energia da natureza da Maya, ou algo nela, seria enganada por suas próprias invenções — ou então, sem ser realmente iludida, ainda persistiria em comportar-se e sentir como se o fosse. Essa dualidade é o que acontece à nossa consciência na Ignorância, quando se separa das obras da Natureza e percebe interiormente o Self como a única verdade e o resto como não-self e não real, mas na superfície deve agir como se o resto também fosse real. Porém essa solução nega a pura existência e a pura consciência, únicas e indivisíveis, de Brahman; cria um dualismo em Sua unidade sem feições que não é diferente, em seu teor, do dualismo do duplo Princípio na concepção sankya: Purusha e Prakriti, Alma e Natureza. Essas soluções devem então ser postas de lado como insustentáveis, a não ser que modifiquemos nossa primeira visão da Realidade e lhe concedamos o poder de um estado múltiplo de consciência ou de um estado múltiplo de ser.

Mas, além disso, a consciência dual, se a admitirmos, não pode ser explicada como um poder dual de Conhecimento-Ignorância válido para a Existência Suprema como o é para nós no universo. Pois não podemos supor que Brahman seja sujeito à Maya, mesmo por um pouco, porque isso significaria que um princípio de

Ignorância obscurece a autopercepção do Eterno; isso seria impor as limitações de nossa consciência à Realidade eterna. Uma Ignorância que ocorre ou intervém no curso da manifestação, como resultado de uma ação subordinada da Consciência e como parte de um plano cósmico divino e de seu significado na evolução, é uma coisa logicamente concebível; uma ignorância ou uma ilusão sem significado, eterna na consciência original da Realidade, é outra coisa, difícil de conceber; isso se apresenta como uma construção mental extrema, cuja validez é improvável na verdade do Absoluto. A consciência dual de Brahman não poderia ser de modo algum uma ignorância, mas uma autopercepção que coexiste com uma vontade deliberada de erigir um universo de ilusões que ela mantém em uma percepção frontal, consciente ao mesmo tempo do self e do mundo ilusório, de modo que não haja engano, sentimento algum de sua realidade. O engano só acontece no próprio mundo ilusório, e o Self ou Brahman no mundo frui das coisas em uma participação livre ou assiste como testemunha, ele mesmo separado e intangível, ao jogo que dirige seu encanto mágico apenas à mente da Natureza criada pela Maya para sua própria ação. Porém, isso pareceria significar que o Eterno, insatisfeito com sua existência absoluta pura, teria necessidade de criar, distrair-se, para se manter ocupado ao longo do Tempo com um espetáculo de nomes, formas e acontecimentos; teria necessidade, como único, de ver-se múltiplo; como paz, beatitude e autoconhecimento, de observar uma experiência ou representação em que se misturam conhecimento e ignorância, deleite e sofrimento, existência irreal e evasão dessa existência irreal. Pois a evasão é para o ser individual construído pela Maya; o Eterno não necessita evadir-se, e o jogo continua seu ciclo para sempre. Ou, se não há a necessidade, há a vontade de criar assim ou há o impulso ou a ação automática desses contrários: mas se considerarmos a eternidade única de existência pura atribuída à Realidade, tudo, sem distinção — necessidade, vontade, impulso ou automatismo — seria igualmente impossível e incompreensível. Essa seria uma explicação, mas uma explicação que ainda deixa o mistério além da lógica ou do entendimento, pois essa consciência dinâmica do Eterno é uma contradição direta de sua natureza estática e real. Uma Vontade ou Poder de criar ou manifestar está aí, sem dúvida: mas se isso for uma vontade ou um poder de Brahman, só poderá ser para uma criação de realidades do Real ou manifestação do processo atemporal de seu ser na eternidade do Tempo; pois pareceria incrível que o único poder da Realidade fosse de manifestar algo contrário a si mesma ou criar coisas não-existentes em um universo ilusório.

Não houve, até agora, uma resposta satisfatória ao enigma; mas pode ser que erremos ao atribuir uma qualquer realidade — por mais ilusória que seja no fundo — à Maya ou às suas obras; a verdadeira solução consistiria em afrontar de modo corajoso o mistério de sua completa irrealidade. Parece que certas formulações do Ilusionismo, ou certos argumentos emitidos a favor dele, consideram essa irrealidade absoluta. Temos então que considerar esse aspecto do problema antes de poder examinar com segurança as soluções que repousam em uma realidade relativa ou parcial do universo. Há, de fato, uma linha de raciocínio que se desembaraça do problema por exclusão; ela afirma que a questão de saber como a Ilusão foi gerada, como o universo consegue estar aí, na pura existência de Brahman, é ilegítima: o problema não existe, porque o universo é não existente, Maya é irreal, Brahman é a única verdade, só e autoexistente para sempre. Brahman não é afetado por nenhuma consciência ilusória, nenhum universo veio à existência em Sua realidade atemporal. Mas essa evasão da dificuldade é um sofisma que não quer dizer nada, uma acrobacia da lógica verbal, a razão lógica que esconde a cabeça no jogo de palavras e ideias e recusa-se a ver ou resolver uma dificuldade real e desconcertante ou então quer dizer demais, visto que se desembaraça efetivamente de toda relação entre Maya e Brahman ao afirmar que Maya é uma não realidade independente e absoluta, assim como o universo que ela criou. Se não existe um universo real, existe uma Ilusão cósmica, e temos que procurar saber como ela nasceu ou como faz para existir, qual é sua relação, ou não relação, com a Realidade, e o que significa nossa existência em Maya, nossa sujeição a seus ciclos, nossa liberação dela. Se adotarmos esse ponto de vista, deveremos supor então que Brahman não é aquele que percebe a Maya e suas obras, que a própria Maya não é um poder da consciência-Brahman: Brahman é supraconsciente, imerso em seu ser puro ou consciente apenas de seu próprio absoluto; ele não tem nada a ver com Maya. Mas, nesse caso, Maya não pode existir, nem mesmo como ilusão, ou então deveria haver uma Entidade dual ou duas entidades, um Eterno real supraconsciente ou consciente apenas de si, e um Poder de ilusão que cria um falso universo e é consciente dele. Estamos presos mais uma vez no dilema e sem esperança de nos liberar, a menos que cheguemos à conclusão de que toda filosofia, porque faz parte da Maya, é também uma ilusão, que os problemas abundam, mas nenhuma conclusão é possível, pois aquilo que confrontamos é uma Realidade pura, estática e imutável e um dinamismo ilusório, os dois absolutamente contraditórios, sem que haja uma verdade maior além, onde seus segredos pudessem ser descobertos e suas contradições encontrassem um meio de reconciliação.

Se não é Brahman o percipiente, então deve ser o ser individual: mas esse percipiente é criado pela Ilusão e é irreal; o percebido, o mundo, é uma ilusão criada por uma Ilusão e é também irreal; a própria consciência que percebe é uma ilusão e, portanto, irreal. Mas isso priva tudo de sentido, nossa existência espiritual e salvação da Maya, assim como nossa existência temporal e nossa imersão na Maya; tudo é igualmente irreal e sem importância. É possível adotar um ponto de vista menos rígido e considerar que Brahman enquanto Brahman nada tem a ver com Maya, é eternamente livre de toda ilusão ou todo comércio com a ilusão, mas Brahman, enquanto percipiente individual ou Self de todos os seres aqui, entrou na Maya, e, no indivíduo, pode retirar-se dela, e para o indivíduo esse retirar-se é um ato de suprema importância. Mas aqui um ser dual é imposto ao Brahman e uma realidade é atribuída a algo que pertence à Ilusão cósmica — ao ser individual do Brahman na Maya, pois Brahman como Self de todos os seres nem mesmo está atado ao plano fenomênico e não tem necessidade de escapar à Maya; além disso, a salvação não pode ter importância se a servidão é irreal, e a servidão não pode ser real a menos que Maya e seu mundo sejam reais. A irrealidade absoluta de Maya desaparece e dá lugar a uma realidade muito abrangente, mesmo se for, talvez, apenas prática e temporal. Para evitar essa conclusão, pode-se dizer que nossa individualidade é irreal, que é Brahman quem se retira de um reflexo de si mesmo na ficção da individualidade e a extinção é nossa liberação, nossa salvação: mas Brahman, sempre livre, não pode sofrer a servidão nem beneficiar-se com a salvação, e um reflexo, uma ficção de individualidade não necessita salvação. Um reflexo, uma ficção, uma simples imagem no espelho enganador da Maya não pode submeter-se a uma servidão real nem beneficiar-se de uma salvação real. Se afirmarmos que se trata de uma ficção ou de um reflexo conscientes e que isso pode então sofrer verdadeiramente e entrar na beatitude da liberação, pode-se perguntar a quem pertence a consciência que sofre assim nessa existência fictícia — pois não pode haver aí consciência real, exceto aquela da Existência Única; é ainda uma forma de afirmar que Brahman possui uma consciência dual: uma consciência ou uma supraconsciência livre da ilusão e uma consciência sujeita à ilusão; e temos mais uma vez a prova de que nossa existência e nossa experiência têm certa realidade na Maya, pois se nosso ser é o ser de Brahman, se nossa consciência, por mais limitada que seja, é uma parte da consciência de Brahman, isso supõe que são reais — e se nosso ser for real, por que o ser do universo não o seria?

Pode-se, no final, propor como solução que o percipiente individual e o percebido — que é o universo — sejam irreais, mas Maya, ao impor-se a Brahman, adquire certa realidade, e essa realidade estende-se ao indivíduo e à sua experiência na Ilusão cósmica, que durará enquanto for sujeita à ilusão. Mas, de novo, para quem é válida a experiência, a realidade adquirida, enquanto dura? E para quem ela cessa, quando vem a liberação, a extinção ou o afastamento? Pois um ser ilusório e irreal não pode revestir-se de realidade e sofrer uma servidão real ou escapar dela por um ato real de evasão ou de autoabolição; ele pode apenas parecer existir, aos olhos de um self real ou de um ser real; mas, nesse caso, esse self real deve, de algum modo ou em algum grau, estar sujeito à Maya. Quer a consciência de Brahman deva projetar-se em um mundo da Maya e emergir da Maya, quer o ser de Brahman projete algo de si, de sua realidade, na Maya e o retire de novo da Maya. Mas quem é essa Maya que se impõe ao Brahman? De onde vem, se não está já no Brahman, como uma ação da eterna Consciência ou da eterna Supraconsciência? É preciso que um ser, ou uma consciência da Realidade, sofra as consequências da Ilusão para que os ciclos dessa Ilusão possam revestir-se de uma realidade ou ter qualquer outra importância que não as de uma dança de fantoches fantasmagóricos com os quais o Eterno se diverte, um espetáculo de marionetes no Tempo. Pela Maya, somos levados de volta ao ser dual de Brahman, à consciência dual de Brahman involuído na Ilusão e livre da Ilusão, e a certa verdade do ser fenomênico: não pode haver solução aí para nossa existência no universo se essa existência e o próprio universo não tiverem realidade — mesmo se a realidade for apenas parcial, restrita, derivativa. Mas o que pode ser a realidade de uma Ilusão original universal e fundamentalmente desprovida de base? A única resposta possível é que isso é um mistério suprarracional, inexplicável e inefável — *anirvacanīya*.

Contudo, há duas respostas possíveis à dificuldade, se recusarmos a ideia de uma irrealidade absoluta e admitirmos uma qualificação ou um compromisso. Uma base pode ser criada para uma consciência de ilusão subjetiva que no entanto faça parte do Ser, se aceitarmos, como uma percepção-do-mundo subjetiva e ilusória, a explicação dada pelos *Upanishads* da criação no sono e no sonho. Pois afirma-se aí que Brahman como Self é quádruplo; o Self é Brahman, e tudo que é, é Brahman, mas tudo o que é, é o Self visto pelo Self em quatro estados de seu ser. No estado puro de Self não se pode falar em consciência ou inconsciência, tais como as concebemos, em relação a Brahman; é um estado de supraconsciência absorvida em sua autoexistência, em seu próprio silêncio, próprio êxtase, ou então é o estado de um Supraconsciente livre que contém todas as coisas ou é a base delas, mas não é envolvido em nenhuma. Porém, há também um estado luminoso do self-do-sono, um acúmulo de consciência que está na origem da existência cósmica; esse estado de sono profundo em que, contudo, se encontra a presença de uma Inteligência onipotente é o estado-semente, ou condição causal da qual emerge o cosmos; pode-se considerar que esse self-do-sono e o self-do-sonho, que é o continente de toda experiência sutil, subjetiva ou suprafísica, e o self de vigília, que é o suporte de toda experiência física, constituem o inteiro campo da Maya. Assim como um homem em sono profundo passa por sonhos nos quais experiencia estruturas instáveis que se autoconstruíram — nomes, formas, relações, acontecimentos — e no estado de vigília externaliza-se em estruturas em aparência mais estáveis, e no entanto transitórias, da consciência física, do mesmo modo o Self desenvolve, a partir de um estado de consciência acumulada, sua experiência cósmica subjetiva e objetiva. Mas o estado de vigília não é o verdadeiro estado desperto desse sono original e causal; ele é apenas o emergir pleno, em uma percepção grosseira exterior e objetiva da realidade positiva, de objetos da consciência, em oposição à percepção do sonho, sutil e subjetiva, desses objetos: o verdadeiro despertar é quando a consciência objetiva e a subjetiva, assim como a Inteligência causal acumulada, retiram-se na supraconsciência, superior a toda consciência, pois toda consciência e toda inconsciência é Maya. Aqui, podemos dizer, Maya é real, porque é o self que faz a experiência do Self, algo do Self entra nele, é afetado pelos acontecimentos porque os aceita e acredita neles, e porque estes são para ele experiências reais, criações saídas de seu ser consciente; mas a Maya é irreal porque esse é um estado de sono, um estado de sonho, um estado de vigília finalmente transitório, e não o verdadeiro estado da Realidade supraconsciente. Aqui, não há real dicotomia do próprio ser, mas uma multiplicidade de estados do Ser único; não há consciência dual original que indique uma Vontade no Não-Criado para criar coisas ilusórias a partir da não-existência, mas há o Ser Único em estados de supraconsciência e consciência, cada um tendo uma autoexperiência conforme sua própria natureza. Mas os estados inferiores, embora tenham uma realidade, são no entanto qualificados por uma construção e visão de autoconstruções subjetivas que não são o Real. O Self Único vê-se como múltiplo, mas essa existência múltipla é subjetiva; possui uma multiplicidade de estados de consciência, mas essa multiplicidade também é subjetiva; há uma realidade da experiência subjetiva de um Ser real, mas não um universo objetivo.

De todo modo, pode-se notar que em nenhum lugar nos *Upanishads* é verdadeiramente estipulado que o estado triplo é uma condição da ilusão ou a criação de uma irrealidade; é afirmado constantemente que tudo o que é — esse universo que agora supomos ter sido construído por Maya —, é Brahman, a Realidade. Brahman torna-se todos esses seres; todos os seres devem ser vistos no Self, a Realidade, e a Realidade deve ser vista neles; a Realidade deve ser vista como sendo, na verdade, todos esses seres, pois não só o Self é Brahman, mas tudo é o Self, tudo o que é, é Brahman, a Realidade. Essa afirmação enfática não deixa espaço à Maya ilusória; mas, ainda assim, o fato de os *Upanishads* negarem, de modo categórico, a existência de qualquer outra coisa que não seja o self ou possa ter uma experiência separada dele, certas frases utilizadas e o fato de descreverem dois dos estados de consciência como sono e sonho, poderia fazer crer que eles anulam a ênfase na Realidade universal; essas passagens abrem as portas à ideia ilusionista, e se fez delas o fundamento de um sistema intransigente dessa natureza. Se tomarmos esse quádruplo estado como uma imagem do Self que passa de seu estado supraconsciente, no qual não existe nem sujeito nem objeto, a um transe luminoso em que a supraconsciência torna-se uma consciência massiva da qual emergem os estados subjetivos e objetivos do ser, então, conforme o ponto de vista que adotarmos, chegaremos ou a um processo possível de criação ilusória ou a um processo de conhecimento do Self e conhecimento do Todo, criadores.

De fato, se pudermos julgar pela descrição dos três estados inferiores do Self — a Inteligência toda-sabedoria,[1] o Vidente da existência sutil e o Vidente da existência material grosseira — esse estado de sono e esse estado de sonho parecem ser nomes figurativos para o supraconsciente e o subliminar, que estão por trás e além de nosso estado de vigília; são assim chamados e representados porque é por meio do sonho e do sono — ou do transe, que pode ser visto como um tipo de sonho ou de sono — que a consciência mental de superfície, em geral, passa da percepção das coisas objetivas ao estado subliminar e ao estado superior supramental ou sobremental. Em tal condição interior, essa consciência vê as realidades suprafísicas nas imagens, nas transcrições do sonho ou da visão ou, no estado superior, ela se perde em uma consciência agregada da qual não pode receber nem pensamento nem imagem. É por meio dessa condição subliminar e dessa condição supraconsciente que podemos entrar na supraconsciência suprema do mais alto estado de ser-em-si. Se a transição se fizer não pelo transe do sonho ou do sono, mas pelo despertar espiritual nesses estados superiores, teremos a percepção, em cada um deles, da Realidade única e onipresente; não é necessário perceber uma Maya da ilusão, há apenas uma experiência da passagem da Mente àquilo que está além dela, de modo que nossa construção mental do universo cessa de ser válida e uma outra realidade do universo substitui o conhecimento mental ignorante. Nessa transição, é possível estar desperto a todos os estados de ser ao mesmo tempo, em uma experiência de harmonização e unificação, e ver a Realidade em todo lugar. Mas se, por um transe de concentração exclusiva, imergirmos em um estado de sono místico ou, na Mente desperta, passarmos de ma-

---

1. *Prajñā*. No *Brihadaranyaka Upanishad*, Yājñavalkya afirma expressamente que existem dois planos ou estados de ser que são dois mundos, e no estado de sonho pode-se ver ambos, pois esse estado de sonho é intermediário entre eles, é seu plano de junção. Isso torna claro que ele fala de uma condição subliminar da consciência em que os mundos físico e suprafísico podem comunicar-se. A descrição do estado de sono sem sonho aplica-se ao sono profundo e à condição de transe, em que se entra em uma consciência agregada que contém em si todos os poderes do ser, mas comprimidos dentro de si, e unicamente concentrada em si mesma; quando ativa, então o é em uma consciência em que tudo é o self; este é, claramente, um estado que nos dá acesso aos planos superiores do espírito que, em geral, são ainda supraconscientes para nosso ser de vigília.

neira abrupta a um estado pertencente ao Supraconsciente, então, nessa passagem, a mente poderá ser tomada por um sentido de irrealidade da Força cósmica e suas criações; pela abolição subjetiva delas a mente passará à supraconsciência suprema. Esse sentimento de irrealidade e essa passagem sublimadora são a justificação espiritual da ideia de um mundo criado pela Maya; mas essa consequência não é conclusiva, visto que a experiência espiritual pode substituí-la por uma conclusão mais vasta e mais completa.

Todas essas soluções, e ainda outras, sobre a natureza da Maya não podem nos satisfazer porque não são conclusivas: não estabelecem a inevitabilidade da hipótese ilusionista que, para ser aceita, deve ser inevitável; não lançam uma ponte entre a distância que separa a suposta natureza verdadeira da Realidade eterna e o caráter oposto e paradoxal da Ilusão cósmica. Essas soluções indicam, no máximo, um processo que pretende tornar concebível e inteligível a coexistência de dois opostos, mas não têm uma força de certeza ou de convicção luminosa suficiente para impor-se à inteligência, indo contra toda probabilidade. A teoria da Ilusão cósmica desembaraça-se de uma contradição original, um problema e um mistério que poderia ser resolvido de outra maneira, pela construção de uma outra contradição, um novo problema e novo mistério cujos termos são irreconciliáveis e insolúveis. Pois partimos da concepção ou da experiência de uma Realidade absoluta que, em sua natureza, é eternamente una, supracósmica, estática, imóvel, imutável, autoconsciente de sua pura existência e do fenômeno do cosmos, do dinamismo, movimento, mutabilidade, modificações da existência original pura, da diferenciação, da multiplicidade infinita. Desembaraçamo-nos desse fenômeno pela afirmação de que é uma Ilusão perpétua, Maya. Mas isso introduz, efetivamente, um estado de consciência dual e contraditório inerente ao Um, para anular um estado de ser dual e contraditório também inerente ao Um. Uma verdade fenomênica da multiplicidade do Um é anulada pelo estabelecimento de uma falsidade conceitual no Um, criando uma multiplicidade irreal. O Um, para sempre autoconsciente de sua existência pura, entreteria uma imaginação perpétua ou uma construção ilusória de si, sob a forma de uma multiplicidade infinita de seres ignorantes e sofridos, inconscientes deles mesmos, e que devem despertar um a um para a percepção de seu self e deixarem de ser individualmente.

Quando nos encontramos diante dessa solução — de resolver um enigma por um novo enigma —, começamos a suspeitar que nossas premissas originais devem ter sido de algum modo incompletas — não um erro, mas apenas uma primeira exposição e um fundamento indispensável. Começamos a considerar a Realidade como uma unidade eterna, um estado eterno, essência imutável de uma existência pura que sustenta uma *dynamis* eterna, uma moção eterna, uma multiplicidade e diversidade infinitas dessa Realidade. O estado imutável de unidade extrai de si a *dynamis*, a moção e a multiplicidade; não abole, mas põe em relevo a unidade eterna e infinita. Se a consciência de Brahman pode ser dual ou mesmo múltipla em seu estado ou ação, aparentemente não há razão para que Brahman seja incapaz de manifestar um estado dual ou uma autoexperiência múltipla e real de seu ser. A consciência cósmica seria então não uma Ilusão criadora, mas uma experiência de certa verdade do Absoluto. Essa explicação, se elaborada, poderia mostrar-se mais abrangente e espiritualmente mais fecunda, uniria de maneira mais harmoniosa os dois termos de nossa autoexperiência, e seria ao mesmo tempo tão defensável logicamente quanto a ideia de uma Realidade eterna sustentando perpetuamente uma ilusão eterna, real só para uma multiplicidade de seres ignorantes e sofredores que, um a um, escapariam da obscuridade e dor da Maya, cada um extinguindo-se separadamente na Maya.

Na filosofia de Shankara, que podemos descrever como um Ilusionismo moderado, encontra-se uma segunda resposta possível ao problema, com base na teoria ilusionista, e essa resposta, apresentada com uma força e uma abrangência extraordinariamente impressionantes, faz-nos dar um primeiro passo em direção à solução. Essa filosofia afirma que a Maya possui uma realidade condicional; ela a caracteriza mesmo como um mistério inefável e inexplicável, mas nos oferece ao mesmo tempo uma solução racional e, à primeira vista, completamente satisfatória, para resolver a oposição que aflige nossa mente; explica a sensação que temos da realidade persistente e insistente do universo e o sentimento de incerteza, insuficiência, vaidade, evanescência, de certa irrealidade da vida e dos fenômenos. Encontramos então uma distinção entre duas ordens de realidade: transcendental e pragmática, absoluta e fenomênica, eterna e temporal — a primeira representando a realidade do ser puro de Brahman, absoluta, supracósmica e eterna; a segunda, a realidade de Brahman em Maya, cósmica, temporal e relativa. Aqui, temos uma realidade para nós mesmos e para o universo, pois o self individual é, na realidade, Brahman; é Brahman quem, no campo da Maya, parece estar sujeito a ela fenomenicamente enquanto indivíduo e quem, no final, libera o indivíduo relativo e fenomênico no Seu ser verdadeiro e eterno. No campo temporal das relatividades, nossa experiência do Brahman que se tornou todos os seres, o Eterno que se tornou universal e individual, é também válida; essa é, na verdade, uma etapa intermediária do movimento na Maya em direção a nossa liberação da Maya. O universo também, e suas experiências, são reais para a consciência no Tempo, e essa consciência é real. Mas a questão sobre a natureza e a extensão dessa realidade se coloca de imediato: pois pode ser que o universo e nós sejamos uma realidade verdadeira, embora de uma ordem inferior, ou sejamos em parte reais, em parte irreais, ou uma realidade irreal. Se o universo e nós formos de algum modo uma realidade verdadeira, não haverá lugar para uma teoria da Maya; não haveria criação ilusória. Se o universo e nós formos em parte reais, em parte irreais, é porque deve haver algo errado na autopercepção cósmica ou em nossa visão de nós mesmos e do universo que produz um erro de ser, um erro de conhecimento, um erro na *dynamis* da existência. Mas esse erro não pode ser mais do que uma ignorância ou uma mistura de conhecimento e ignorância, e então, o que é necessário explicar não é uma Ilusão Cósmica original, mas a intervenção da Ignorância na consciência criadora ou na ação dinâmica do Eterno e Infinito. Mas se o universo e nós formos uma realidade irreal, se para uma consciência transcendental tudo isso não tiver verdade de existência e sua realidade aparente cessa ao deixarmos o campo próprio à Maya, então o dom concedido por uma mão é retomado pela outra, pois o que foi admitido como uma verdade nunca deixou de ser uma ilusão. A Maya e o cosmos e nós mesmos seríamos ao mesmo tempo reais e irreais — mas a realidade seria uma realidade irreal, real apenas para nossa ignorância, irreal para qualquer conhecimento verdadeiro.

É difícil ver por que, uma vez que alguma realidade nos é concedida — a nós e ao universo —, isso não pode ser uma realidade verdadeira, dentro de seus próprios limites. Pode-se admitir que em superfície a manifestação deve ser uma realidade mais restrita que o Manifestado; nosso universo é, podemos dizer, um dos ritmos de Brahman e não a realidade inteira, exceto em seu ser essencial; mas essa não é uma razão suficiente para pôr de lado esse universo como irreal. Ele é, sem dúvida, percebido assim pela mente que se retira de si mesma e de suas estruturas: mas isso é só porque a mente é um instrumento da Ignorância, e quando se retira de suas construções, de sua imagem ignorante e imperfeita do universo, ela é impelida a vê-las como nada mais do que suas próprias ficções e formações: infundadas e irreais; o abismo entre sua ignorância e a Verdade e o Conhecimento supremos a impede de descobrir as verdadeiras conexões entre a Realidade transcendente e a Realidade cósmica. Em um estado de consciência mais elevado, a dificuldade desaparece, a conexão é estabelecida; o sentido de irrealidade diminui e uma teoria da Ilusão torna-se supérflua e inaplicável. Não pode ser a verdade final dizer que a Consciência Suprema não leva em consideração o universo, ou o vê como uma ficção que seu self no Tempo toma como real. O cósmico só pode existir porque depende do Supracósmico, Brahman no Tempo deve ter algum significado para Brahman na eternidade atemporal. De outro modo não poderia existir self e espírito nas coisas e, em consequência, nenhuma base para a existência temporal.

Mas, em última análise, o universo é condenado como irreal porque é temporário e não eterno, uma forma de ser perecível imposta ao Sem-Forma e Imperecível. Essa relação pode ser ilustrada pela analogia da terra e o pote feito de terra: o pote, e outras formas assim criadas, perecem e retornam à realidade — à terra; são apenas formas evanescentes; quando desaparecem, o que permanece é a terra essencial e sem forma, nada mais. Mas essa analogia seria mais convincente se a girássemos no outro sentido: o pote é real pela própria razão de que é feito da substância da terra, que é real; ele não é uma ilusão e, mesmo quando é dissolvido na terra original, não se pode pensar que sua existência passada tenha sido irreal ou uma ilusão. A relação não é a de uma realidade original e uma irrealidade fenomênica, mas de uma realidade original — ou, se remontarmos da terra ao substrato invisível, ao éter constitutivo —, uma realidade eterna e não manifestada, com uma realidade resultante e dependente, temporal e manifestada. Além disso, a forma do pote é uma possibilidade eterna da substância terra, ou da substância etérica, e enquanto a substância existir, a forma poderá ser sempre manifestada. Uma forma pode desaparecer, mas apenas passa da manifestação à não manifestação; um mundo pode desaparecer, mas não há prova de que a existência cósmica seja um fenômeno evanescente: ao contrário, podemos supor que o poder de manifestação é inerente a Brahman e continua a agir de modo contínuo na eternidade-Tempo ou em uma eterna recorrência. O cósmico é uma ordem do Real diferente da Transcendência supracósmica, mas não é necessário considerá-lo, de modo algum, como não existente ou irreal para essa Transcendência. Pois a concepção puramente intelectual de que só o Eterno é real, seja no sentido de que a realidade depende de uma duração perpétua, seja no sentido de que só o atemporal é verdadeiro, é uma distinção ideativa, uma construção mental; ela não se impõe diante de uma experiência integral e substancial. O Tempo não é necessariamente anulado, banido da existência pela Eternidade atemporal; sua relação só é contraditória nos termos; de fato, é mais provável que seja uma relação de dependência.

De maneira similar, é difícil aceitar o raciocínio que cancela a dinâmica do Absoluto, que impõe o estigma de uma realidade irreal à verdade pragmática das coisas porque é pragmática; pois a verdade pragmática afinal não é algo inteiramente diferente, separado e desconectado da verdade espiritual: ela é um resultado da energia ou uma moção da atividade dinâmica do Espírito. Certamente devemos fazer uma distinção entre as duas, mas a ideia de uma completa oposição só pode repousar no postulado segundo o qual um estado silencioso e quieto constitui o ser verdadeiro e completo do Eterno; nesse caso, devemos concluir que não há nada dinâmico no Absoluto e que todo dinamismo é uma contradição da natureza suprema do Eterno e Divino. Mas se existe uma realidade temporal ou cósmica de algum tipo, deve haver um poder, uma força dinâmica inerente ao Absoluto que a gerou, e não há razão para supor que o poder do Absoluto só possa criar ilusões. Ao contrário, o Poder que cria deve ser a força de uma Consciência onipotente e onisciente; as criações do absolutamente Real devem ser reais e não ilusões, e visto que ele é a Existência Única, elas devem ser criações do Eterno, formas de uma manifestação do Eterno, não formas do Nada, erigidas a partir do Vazio original pela Maya — seja um ser vazio, seja uma consciência vazia.

Na base da recusa em reconhecer o universo como real está o conceito ou a experiência da Realidade como sendo imutável, sem feições, não ativa e realizada por uma consciência que, ela mesma, caiu em um estado de silêncio e é imóvel. O universo é um resultado da *dynamis* em movimento, uma força de ser que se lança na ação, uma energia em ação, quer essa energia seja conceitual ou mecânica, quer seja uma *dynamis* espiritual, mental, vital ou material; pode-se assim ver o universo como uma contradição — ou uma depreciação de si — da eterna Realidade estática e imóvel e, portanto, irreal. Mas como conceito, essa posição do pensamento não é inevitável; não há razão alguma para não concebermos a Realidade como, ao mesmo tempo, estática e dinâmica. É perfeitamente racional supor que o eterno estado de ser da Realidade contém em si uma força de ser eterna, e essa *dynamis* deve necessariamente carregar em si um poder de ação e movimento, uma *kinesis*[2]; os dois estados, de ser e do movimento de ser, podem ser reais. Tampouco há alguma razão para que eles não sejam simultâneos; ao contrário, a simultaneidade é pedida — pois toda energia, toda ação cinética deve apoiar-se no estado estático ou ser sustentada por ele para ser efetiva ou criadora; caso contrário, não haverá solidez em nenhuma coisa criada, apenas um turbilhão constante sem nenhuma formação: os estados de ser, as formas de ser são necessárias à *kinesis* do ser. Mesmo se a energia for a realidade primordial, como parece ser no mundo material, deve no entanto criar seu próprio estado estático, formas e seres duradouros, a fim de ter um suporte para sua ação: o estado estático pode ser temporário, ser apenas uma estabilidade ou um equilíbrio de substância, criado e mantido por uma constante *kinesis*, mas enquanto dura é real e, depois de ter cessado, podemos ainda vê-lo como algo que foi real. O princípio de um estado estático que sustenta a ação é um princípio permanente, e sua ação é constante na eternidade do Tempo. Quando descobrimos a Realidade estável que está na base de todo esse movimento de energia e de toda essa criação de

---

2. Palavra cunhada por Sri Aurobindo a partir do termo grego *kinetikos*: "mover", "pôr em movimento"; relativo a moção. (N. T.)

formas, percebemos de fato que o estado estático de formas criadas é apenas temporário; há uma estabilidade de repetição da *kinesis* em uma mesma ação persistente e uma mesma ilustração do movimento, que mantém a substância do ser em uma forma estável de si mesma; mas essa estabilidade é criada, e o único estado estático permanente e autoexistente é o do Ser eterno, cuja Energia erigiu as formas. Entretanto, não devemos concluir que as formas temporais são irreais, pois a energia do ser é real e as formas que produz são formas do ser. De todo modo, o estado estático do ser e a eterna *dynamis* do ser são ambos reais e simultâneos; o estado estático admite a ação da *dynamis* e a ação não anula o estado estático. Devemos então concluir que o eterno estado estático e a *dynamis* eterna são ambos verdades da Realidade, que ela mesma ultrapassa o estado estático e a *dynamis*; Brahman imóvel e Brahman em movimento são uma mesma Realidade.

Mas na experiência descobrimos que, para nós, em geral é a quietude que traz a realização estável do eterno e infinito: é no silêncio ou na quietude que sentimos mais firmemente esse Algo que está por trás do mundo tal como nos é apresentado pela nossa mente e sentidos. A ação cognitiva de nosso pensamento, a ação de nossa vida e de nosso ser parecem encobrir a verdade, a realidade; elas têm a compreensão do finito, mas não a do infinito, lidam com o real temporal e não com o Real eterno. O argumento da razão para explicar esse fato é que toda ação, toda criação, toda percepção determinante nos limita; não abarca nem entende a Realidade, e suas construções desaparecem quando entramos na consciência indivisível e indeterminável do Real: essas construções são irreais na eternidade, por mais reais que possam parecer ou possam ser no Tempo. A ação leva à ignorância, ao criado e ao finito; a *kinesis* e a criação são uma contradição da Realidade imutável, a pura Existência não criada. Mas esse raciocínio não é completamente válido, porque só vê a percepção e a ação assim como são em nossa cognição mental do mundo e seu movimento; mas essa é a experiência de nosso ser de superfície, o qual vê as coisas a partir de seu movimento que muda no Tempo, um olhar que é ele mesmo superficial, fragmentário e delimitado, não é total e não alcança o sentido interior das coisas. De fato, descobrimos que a ação não nos encadeia ou limita necessariamente, se passarmos dessa cognição momentânea a uma cognição do eterno própria à consciência verdadeira. A ação não encadeia nem limita o homem liberado; a ação não encadeia nem limita o Eterno: mas podemos ir mais longe e dizer que a ação não encadeia nem limita de modo algum nosso próprio ser verdadeiro. A ação não tem esse efeito na Pessoa espiritual ou Purusha, nem na entidade psíquica em nós, ela encadeia ou limita apenas a personalidade construída, superficial. Essa personalidade é uma expressão temporária de nosso ser essencial, uma forma mutável sua, à qual ele dá a força de existir e que é dependente dele para sua substância e duração — uma expressão temporária, mas não irreal. Nosso pensamento e nossa ação são meios para essa expressão de nós mesmos e, como essa expressão é incompleta e evolutiva, como é um desenvolvimento de nosso ser natural no Tempo, o pensamento e a ação a ajudam a desenvolver-se, mudar, modificar e estender seus limites, mas, ao mesmo tempo, a manter limites; nesse sentido, eles limitam e encadeiam; são, eles mesmos, um modo incompleto de autorrevelação. Mas, quando reentramos em nós mesmos, no self verdadeiro, na pessoa verdadeira, não há mais amarras ou limitação devido aos limites da ação ou da percepção; ambas apresentam-se como expressões da consciência e expressões da força do self, operando pela livre autodeterminação de seu ser-natureza, para a autoexpansão, o devenir no tempo de algo que é, em si, ilimitável. A limitação, que é uma circunstância necessária para uma autodeterminação evolutiva, poderia ser uma ab-rogação do self ou uma derrogação ao self, à Realidade, e então ser ela mesma irreal, se alterasse a essencialidade ou a totalidade do ser; essa limitação seria uma servidão do espírito, e portanto ilegítima, se por uma imposição estrangeira procedente de uma força que é não-self, obscurecesse a Consciência que é, no mais profundo de nós, testemunha e criadora de nossa existência cósmica, ou se construísse alguma coisa que fosse contrária ao Ser, à sua consciência de si ou à sua vontade de tornar-se. Mas a essência do ser permanece a mesma em toda ação e formação, e as limitações livremente aceitas nada subtraem à totalidade do ser; elas são aceitas e autoimpostas, não impostas do exterior, são um meio de expressão de nossa totalidade no movimento do Tempo, uma ordem de coisas imposta pelo nosso ser espiritual interior ao nosso ser natural exterior, não uma servidão infligida ao espírito para sempre livre. Portanto, não há razão alguma para concluir, a partir das limitações de percepção e ação, que o movimento seja irreal ou que a expressão, formação ou autocriação do Espírito sejam irreais. É uma ordem temporal da realidade, mas é ainda uma realidade do Real e não outra coisa. Tudo o que existe na *kinesis*, movimento, ação, criação, é Brahman; o tornar-se é um movimento do ser; o Tempo é uma manifestação do Eterno. Tudo é um Ser, uma Consciência, um, até mesmo na multiplicidade infinita, e não é necessário dividi-lo em dois e opor uma Realidade transcendente a uma Maya cósmica irreal.

Na filosofia de Shankara, sente-se a presença de um conflito, uma oposição, que esse poderoso intelecto expôs com toda a sua força e sistematizou de modo magistral — mais do que resolveu — definitivamente: é o conflito entre uma intuição intensamente consciente de uma Realidade profunda, absoluta, transcendente, e uma razão intelectual poderosa que vê o mundo com uma inteligência racional viva e penetrante. O intelecto do pensador vê o mundo fenomênico do ponto de vista da razão; a razão aí é o juiz e a autoridade e nenhuma autoridade suprarracional pode prevalecer contra ela; mas, por trás do mundo fenomênico, há uma Realidade transcendente que só a intuição pode ver; e lá a razão — ao menos a razão limitada, finita, que divide — não pode prevalecer contra a experiência intuitiva, não pode nem mesmo relacionar as duas e não pode, portanto, resolver o mistério do universo. A razão tem que afirmar a realidade da existência fenomênica, afirmar suas verdades como válidas; mas são válidas apenas nessa existência fenomênica. Essa existência fenomênica é real porque é um fenômeno temporal da Existência eterna, da Realidade, mas ela mesma não é essa Realidade, e quando passamos além do fenômeno em direção ao Real, ela ainda existe mas não é mais válida para nossa consciência; em consequência, é irreal. Shankara enfrenta essa contradição, essa oposição, que é normal para nossa consciência mental quando se torna consciente dos dois lados da existência, e se coloca entre os dois; ele resolve essa contradição obrigando a razão a reconhecer seus limites, dentro dos quais ela mantém uma soberania intacta em sua própria província cósmica, a ceder àquela intuição que a alma possui da Realidade transcendente e, por meio de uma dialética que acaba por dissolver o inteiro edifício cósmico fenomênico e racional-prático das coisas, a sustentar a fuga da alma das limitações construídas e impostas à mente pela Maya. A explicação da existência cósmica que conduz a essa conclusão parece ser — ou podemos traduzi-la assim para nossa compreensão, pois existem diferentes exposições dessa filosofia profunda e sutil — de que há uma Transcendência para sempre autoexistente e imutável, e um mundo apenas fenomênico e temporal. A Realidade eterna manifesta-se como Self e Ishwara para o mundo fenomênico. O Ishwara, pela sua Maya, seu poder de criação fenomênica, constrói esse mundo como um fenômeno temporal, e esse fenômeno de coisas que não existem no absolutamente Real é imposto pela Maya à Realidade supraconsciente ou puramente autoconsciente, mediante nossa consciência conceptiva e perceptiva. Brahman, a Realidade, aparece na existência fenomênica como o Self do indivíduo vivo; mas quando a individualidade do indivíduo é dissolvida pelo conhecimento intuitivo, o ser fenomênico é liberado no ser em si: não é mais submisso à Maya e pela sua liberação da aparência da individualidade, anula-se na Realidade; mas o mundo continua a existir sem começo nem fim, enquanto criação *maica* do Ishwara.

Essa é uma disposição que relaciona os dados da intuição espiritual com os dados da razão e dos sentidos, e isso nos oferece uma forma de escapar dessa contradição, uma saída espiritual e prática: mas não é uma solução, não resolve a contradição. Maya é real e irreal; o mundo não é uma mera ilusão, pois existe e é real no Tempo, mas finalmente e transcendentalmente mostra-se irreal. Isso cria uma ambiguidade que se estende além de si mesma e atinge tudo que não é a pura autoexistência. Assim, o próprio Ishwara, embora não seja iludido pela Maya e seja o criador desta, parece ser um fenômeno de Brahman e não a Realidade última; ele só é real em relação ao mundo temporal que ele cria; o self individual tem o mesmo caráter ambíguo. Se Maya devesse cessar completamente suas operações, Ishwara, o mundo e o indivíduo não existiriam mais, a Maya, porém, é eterna, o Ishwara e o mundo são eternos no Tempo, o indivíduo só persiste enquanto não se anula ao alcançar o conhecimento. Nessas premissas, nosso pensamento deve refugiar-se na concepção de um mistério inefável e suprarracional, insolúvel para o intelecto. Mas, confrontados com essa ambiguidade, essa aceitação de um mistério insolúvel no começo das coisas e no final do processo do pensamento, começamos a suspeitar que falta um elo. O próprio Ishwara não é um fenômeno de Maya, ele é real; ele deve então ser a manifestação de uma verdade da Transcendência, ou deve ser o próprio Transcendente lidando com um cosmos manifestado em seu próprio ser. Se o mundo for mesmo real, deve ser também a manifestação de uma verdade da Transcendência, pois só ela pode ter alguma realidade. Se o indivíduo tem o poder de descobrir seu self e entrar na eternidade transcendente e se sua liberação tem uma importância tão grande, deve ser porque ele também é uma realidade da Transcendência; deve descobrir-se individualmente porque sua individualidade também possui certa verdade na Transcendência, que lhe é velada e ela deve reaver. É uma ignorância do self e do mundo que deve ser ultrapassada e não uma ilusão, uma individualidade e uma existência cósmica fictícias.

Torna-se evidente que assim como a Transcendência é suprarracional e só pode ser apreendida mediante uma experiência e uma realização intuitivas, do mesmo modo o mistério do universo é, ele também, suprarracional. E deve sê-lo, visto que é um fenômeno da Realidade transcendente, e se não o fosse, não seria insolúvel pela razão intelectual. Mas, se é assim, temos que ultrapassar o intelecto para poder lançar uma ponte sobre o abismo e penetrar o mistério; deixar uma contradição não resolvida não pode ser a solução final. É a razão intelectual que cristaliza e perpetua uma aparente contradição, criando seus conceitos que opõem ou dividem: o Brahman, o Self, o Ishwara, o ser individual, a consciência suprema ou a supraconsciência e a consciência cósmica *maica*. Se só Brahman existe, todos esses conceitos devem ser Brahman, e na consciência-Brahman essa divisão deve desaparecer em uma visão reconciliatória do Self; mas só poderemos chegar à sua verdadeira unidade se passarmos além da Razão intelectual e descobrirmos, pela experiência espiritual, onde esses conceitos se encontram e tornam-se um, e o que é a realidade espiritual de sua divergência aparente. Na verdade, na consciência-Brahman as divergências não podem existir; quando entramos nessa consciência, elas devem convergir para formar uma unidade; as divisões da razão intelectual devem corresponder a uma realidade, mas esta deve ser então a realidade de uma Unidade múltipla. O Buda aplicou seu intelecto racional penetrante, sustentado por uma visão intuitiva, ao mundo tal como o vê nossa mente e sentidos, e descobriu o princípio de sua construção e o meio de liberação de todas construções, mas recusou-se a ir mais longe. Shankara deu um passo a mais e viu a Verdade suprarracional que o Buda havia mantido por trás do véu, ao considerar que poderíamos realizá-la pela abolição das construções da consciência, mas que ela é inacessível à razão. Shankara, ao posicionar-se entre o mundo e a Realidade eterna, viu que o mistério do mundo, no final, deve ser suprarracional, e não pode ser concebível ou enunciável por nossa razão, *anirvacanīya*; mas ele insistiu na validez do mundo assim como é visto pela razão e os sentidos e teve, por conseguinte, que postular uma realidade irreal, porque não deu um passo para ir ainda mais longe. Pois para conhecer a verdade real do mundo, sua realidade, é necessário vê-lo a partir da percepção suprarracional, com a visão da Supraconsciência que o mantém e supera e, ao superá-lo, conhece-o em sua verdade e não mais com a visão da consciência mantida e superada pelo mundo, e que não pode então conhecê-lo, ou o conhece apenas por sua aparência. Não é possível que para essa suprema consciência autocriadora o mundo seja um mistério incompreensível ou uma ilusão que, no entanto, não é completamente uma ilusão, uma realidade, no entanto, irreal. O mistério do universo deve ter para o Divino um sentido divino; deve ter um significado ou uma verdade de ser cósmica que seja luminosa para a Realidade que o sustenta com sua supraconsciência transcendente e, contudo, imanente.

Se apenas a Realidade existe e tudo é a Realidade, o mundo também não pode ser excluído dessa Realidade; o universo é real. Se, em suas formas e poderes ele não nos revela a Realidade que ele é, se parece ser apenas um movimento persistente e que contudo muda no Espaço e no Tempo, isso deve acontecer não porque é irreal ou porque não é de modo algum Isto, mas porque é uma autoexpressão progressiva, uma manifestação, um desenvolvimento d'Isto evoluindo no Tempo, e nossa consciência ainda não pode ver em seu significado total ou essencial. Nesse sentido, podemos dizer que ele é Isto e não é Isto — porque não revela toda a Realidade por alguma forma ou uma soma de suas formas de autoexpressão; mas ainda assim todas as suas formas são formas da substância e ser dessa Realidade. Todos os finitos são, em sua essência espiritual, o Infinito, e se os olharmos com profundidade suficiente, eles manifestam, à intuição, o Idêntico e o Infinito. Na verdade, afirma-se que o universo não pode ser uma manifestação porque a Realidade não tem necessidade de manifestação, visto que é para sempre manifestada para si mesma; mas do mesmo modo pode-se dizer também que a Realidade não necessita a autoilusão ou algum tipo de ilusão, nem criar um universo *maico*. O Absoluto não pode ter necessidade alguma; no entanto pode haver — sem fazer coerção à sua liberdade, nem encadeá-la, mas como expressão de sua força essencial, o resultado de sua Vontade de tornar-se — o imperativo de uma Força suprema que se realiza, uma necessidade de autocriação nascida do poder do Absoluto de ver-se no Tempo. Esse imperativo apresenta-se a nós como uma Vontade de criar, uma Vontade de autoexpressão; mas ela pode ser mais bem representada como uma força de ser do Absoluto, que mostra seu próprio poder na ação. Se o Absoluto for evidente em si e para si na Atemporalidade eterna, poderá também ser manifesto em si e para si na moção eterna do Tempo. Mesmo se o universo for apenas uma realidade fenomênica, ainda assim será uma manifestação ou um fenômeno de Brahman, pois visto que tudo é Brahman, fenômeno e manifestação devem ser a mesma coisa: atribuir-lhes uma irrealidade é uma concepção supérflua, ociosa e desnecessariamente embaraçosa, uma vez que toda distinção necessária existe já no conceito de Tempo e de Eterno atemporal, e no conceito de manifestação.

A única coisa que pode ser descrita como realidade irreal é nosso sentido individual de separatividade e a concepção de finito como um objeto autoexistente no Infinito. Essa concepção, esse sentido, são necessários pragmaticamente para as operações da individualidade de superfície, e seus efeitos são efetivos e justificados; eles são, então, reais para sua razão e sua autoexperiência finitas, mas desde que nos retiramos da consciência finita e passamos à consciência do essencial e infinito, da Pessoa aparente à Pessoa verdadeira, o finito, o indivíduo, ainda existe, mas como ser, poder e manifestação do Infinito; não tem realidade independente ou separada. A independência individual, a completa separatividade, não são necessárias para a realidade individual e nem a constituem. Por outro lado, o desaparecimento dessas formas finitas da manifestação é evidentemente um fator do problema, mas, em si, não prova que sejam irreais; o desaparecimento pode ser apenas o retirar-se da manifestação. A manifestação cósmica do Atemporal acontece nas sucessões do Tempo; suas formas devem então ser temporárias quando aparecem à superfície, mas eternas em seu poder essencial de manifestação, pois são sempre contidas, implícitas e potenciais na essência das coisas e na consciência essencial de onde emergem: a consciência atemporal pode sempre transformar a potencialidade permanente dessas formas em termos de realidade temporal. O mundo só seria irreal se ele mesmo e suas formas fossem imagens sem substância de ser, ficções da consciência que a Realidade apresentaria a si mesma como puras ficções e depois seriam abolidas para sempre. Mas se a manifestação, ou se o poder de manifestação é eterno, se tudo é o ser de Brahman — a Realidade — então essa irrealidade, esse aspecto ilusório não pode ser o caráter fundamental das coisas ou do cosmos no qual aparecem.

Uma teoria que considera a Maya como uma ilusão ou uma irrealidade da existência cósmica, cria mais dificuldades do que as resolve; não resolve realmente o problema da existência, mas, antes, o torna insolúvel para sempre. Pois seja Maya uma irrealidade, seja uma realidade não real, os efeitos últimos da teoria contêm em si a simplicidade devastadora da anulação: nós, e o universo, desapareceríamos no nada ou então conservaríamos por algum tempo uma verdade que é apenas pouco melhor do que uma ficção. Na tese da pura irrealidade da Maya, toda experiência, todo conhecimento, assim como toda ignorância — o conhecimento que nos libera e a ignorância que nos aprisiona, a aceitação do mundo e a recusa do mundo, são dois lados de uma ilusão, pois não há nada para aceitar ou recusar, ninguém para aceitar ou recusar. Por todo o tempo foi apenas a Realidade supraconsciente e imutável que sempre existiu; a servidão e a liberação foram apenas aparências, não uma realidade. Todo apego à existência no mundo é uma ilusão, mas o chamado para a liberação é também uma circunstância da ilusão, algo que foi criado na Maya e, ao liberar-se, extingue-se na Maya. Mas não podemos compelir essa anulação a parar bruscamente sua marcha devastadora nos limites fixados para ela pelo Ilusionismo espiritual, pois se todas as outras experiências da consciência individual no universo forem ilusões, então que garantia há de que suas experiências espirituais não sejam ilusões, incluindo mesmo a experiência da imersão de si no Self supremo, que é admitida como absolutamente real? Se o cosmos não é verdadeiro, então nossa experiência da consciência cósmica, do Self universal, do Brahman como sendo todos esses seres ou como o self de todos esses seres, do Um em tudo, do tudo no Um, não tem nenhum fundamento seguro, visto que um de seus termos repousa em uma ilusão, uma construção da Maya. Esse termo, o termo cósmico, deve desmoronar, pois todos esses seres que víamos como Brahman eram ilusões; então, que certeza teremos de nossa experiência do outro termo, o puro Self, a Realidade silenciosa estática ou absoluta, visto que essa experiência também nos vem em uma mente moldada no engano e formada em um corpo criado por uma Ilusão? O caráter convincente, evidente, indiscutível, a autencidade absoluta da realização ou da experiência não constituem uma prova irrefutável de que só elas são reais ou finais: de fato, outras experiências espirituais, tais como a da Pessoa Divina onipotente, Senhor de um Universo real, têm o mesmo caráter convincente, autêntico e final. O intelecto é livre — uma vez convencido da irrealidade de todas as coisas — para dar um passo a mais e negar a realidade do Self e de toda a existência. Os budistas deram esse último passo e negaram a realidade do Self, porque ele seria, como todo o resto, uma construção da mente; eliminaram do quadro não só Deus, mas o Self eterno e o Brahman impessoal.

Uma teoria tão radical da Ilusão não resolve o problema de nossa existência, apenas elimina o problema para o indivíduo, ao indicar-lhe uma saída; em sua forma e efeitos extremos, ela supõe que nosso ser e sua ação anulam-se, privados de suporte: sua experiência, aspiração, esforço, perdem o significado; tudo, com exceção da Verdade una, incomunicável e sem relação, e do movimento de desapego que conduz a ela, equivale a uma ilusão do ser, faz parte de uma Ilusão universal e, em si, é uma ilusão. Deus, nós, e o universo nos tornamos mitos de Maya, pois Deus é só um reflexo de Brahman em Maya, nós somos apenas um reflexo de Brahman em uma individualidade ilusória, o mundo é apenas uma justaposição na autoexistência incomunicável de Brahman. Há uma anulação menos drástica se admitirmos que o ser tem certa realidade mesmo na ilusão, que a experiência e o conhecimento graças aos quais crescemos no espírito têm uma validez: mas só se o temporal tiver uma realidade válida e a experiência que acontece nele tiver uma validez real e, nesse caso, o que confrontamos não é uma ilusão que toma o irreal por real, mas uma ignorância que apreende mal o real. De outro modo, se os seres dos quais Brahman é o Self são ilusórios, a qualidade de ser de Brahman não é válida, é parte de uma ilusão; a experiência do self é também uma ilusão: a experiência "Eu sou Isto" é corrompida por uma concepção ignorante, porque não há eu, há apenas Isto; a experiência "Eu sou Ele" é duplamente ignorante, pois supõe um Eterno consciente, um Senhor do universo, um Ser Cósmico, mas não pode haver nada disso se não houver realidade alguma no universo. Uma solução real ao problema da existência só pode ter como base uma verdade que explique nossa existência e a existência do mundo, reconcilie sua verdade, sua relação justa e a verdade da relação delas com a Realidade transcendente, qualquer que seja, que é a origem de tudo. Mas isso implica certa realidade do indivíduo e do cosmos, certa relação verdadeira entre a Existência Única e todas as existências, entre a experiência relativa e o Absoluto.

A teoria da Ilusão corta o nó do problema do mundo, mas não o destrinça; isso é um escape, não uma solução: um voo do espírito não é uma vitória suficiente para o ser encarnado neste mundo do devenir; isso leva a uma separação da Natureza, não a uma liberação e realização de nossa natureza. Esse resultado final satisfaz apenas um elemento, idealiza apenas um impulso de nosso ser; deixa de lado o resto, abandonado à sua sorte, para perecer no lusco-fusco de uma realidade irreal da Maya. No pensamento metafísico, assim como na ciência, a solução geral e última que inclui e explica tudo de modo a que cada verdade da experiência encontre seu lugar no todo, parece ser a melhor: o conhecimento mais alto é provavelmente aquele que ilumina, integra, harmoniza o significado de todo conhecimento, dá a explicação de nossa ignorância e da ilusão, encontra sua razão fundamental e, poder-se-ia quase dizer, sua justificação, enquanto ao mesmo tempo as cura; essa é a experiência suprema, que reúne todas as experiências na verdade de uma unidade suprema em que tudo é reconciliado. O Ilusionismo unifica por eliminação; priva de realidade e significado todo conhecimento e experiência, exceto a fusão suprema e única.

Mas esse debate pertence ao domínio da razão pura, e o teste final das verdades dessa ordem não é a razão, mas a iluminação espiritual verificada pela realidade permanente do espírito; uma única experiência espiritual decisiva pode desfazer um edifício inteiro de raciocínios e conclusões erigido pela inteligência lógica. Aqui, a teoria do Ilusionismo ocupa um terreno muito sólido; pois embora essa teoria, em si, não seja mais do que uma formulação mental, a experiência que ela formula em uma filosofia acompanha uma realização espiritual muito poderosa e aparentemente definitiva. Ela nos é imposta com grande força e nos desperta para a realidade quando o pensamento está em repouso, quando a mente se retira de suas construções, quando passamos ao puro estado de self destituído de todo sentido de individualidade, vazio de todo conteúdo cósmico: se a mente espiritualizada olha então o indivíduo e o cosmos, estes podem muito bem lhe parecer uma ilusão, um esquema de nomes, imagens e movimentos falsamente impostos à realidade única do Autoexistente. O sentido de self pode mesmo tornar-se inadequado; conhecimento e ignorância, ambos desaparecem na Consciência pura, e a consciência mergulha em um transe de existência pura supraconsciente. Mesmo a existência acaba por tornar-se um termo muito limitativo para Isto que, único, permanece para sempre; existe apenas um Eterno sem tempo, Infinito sem espaço, o absoluto do Absoluto, uma Paz sem nome, um Êxtase único, sem objeto, que nos submerge. Certamente não pode haver dúvidas da validez — completa em si mesma — dessa experiência; não se pode negar o poder de convicção decisivo e irresistível — *ekātma-pratyaya-sāram* — com o qual essa realização se apodera da consciência do buscador espiritual. Mas, no entanto, toda experiência espiritual é experiência do Infinito e toma múltiplas direções; algumas delas — e não só aquelas de que falamos antes — estão tão perto do Divino e do Absoluto, tão impregnadas da realidade de Sua presença ou da paz e poder inefáveis da liberação de tudo o que é menos que Isto, que carregam com elas esse sentimento irresistível de finalidade completa e decisiva. Há centenas de modos de aproximar-se da Realidade Suprema, e da natureza do caminho seguido depende a natureza da experiência última que nos leva a entrar n'Isto que é inefável, que não se pode traduzir para a mente e expressão verbal alguma pode expressar. Esses cimos mais altos podem ser vistos como penúltimas etapas para o Último; são etapas pelas quais a alma cruza o limite da mente e entra no Absoluto. É essa realização, então — de passar a uma autoexistência pura e imóvel ou a esse Nirvana do indivíduo e do universo —, uma dessas penúltimas etapas, ou é ela, em si, a realização final e absoluta que ao termo de cada viagem transcende e elimina toda experiência inferior? Ela pretende estar por trás e substituir, integrar e eliminar todo outro conhecimento; se, na realidade, isto for assim, deve-se aceitar seu caráter final como conclusivo. Mas, contra essa pretensão, alegou-se que é possível ir além mediante uma negação maior ou uma afirmação — abolir o self no Não-Ser ou passar através da dupla experiência da consciência cósmica e do Nirvana da consciência universal na Existência Una para alcançar uma união, uma Unidade Divina maior, que contém essas duas realizações em sua vasta Realidade integral. Diz-se que para além da dualidade e da não dualidade há Aquilo em que as duas são reunidas e encontram sua verdade na Verdade que as ultrapassa. Uma experiência culminante, que avança por superação e eliminação de todas as outras experiências possíveis, mas inferiores, é admissível como uma etapa em direção ao Absoluto. Uma experiência suprema, que afirme e inclua a verdade de toda experiência espiritual, dê a cada uma seu próprio absoluto, torne integrais todo conhecimento e toda experiência em uma realidade suprema, poderia ser a próxima etapa, aquela ao mesmo tempo de uma Verdade de todas as coisas, mais vasta, que ilumina e transforma, e da mais alta, aquela da Transcendência infinita. Brahman, a Realidade suprema, é Aquilo que, conhecido, faz com que tudo seja conhecido; mas na solução ilusionista, ele é Aquilo que, conhecido, faz com que tudo se torne irreal, um mistério incompreensível: nessa outra experiência, uma vez conhecida a Realidade, tudo assume seu verdadeiro significado, sua verdade, em relação ao Eterno e Absoluto.

Todas as verdades, mesmo aquelas que parecem estar em conflito, têm sua validez, mas precisam reconciliar-se em uma Verdade mais vasta que as integre em si mesma; todas as filosofias têm seu valor — nem que fosse só porque veem o Self e o universo do ponto de vista do espírito quando faz a experiência da Manifestação multiforme, e ao fazer isso jogam luz em algo que devemos conhecer do Infinito. Todas as experiências espirituais são verdadeiras, mas nos indicam a via em direção à realidade mais alta e mais vasta, que admite a verdade delas e a excede. Isso é, podemos dizer, um sinal da relatividade de toda verdade e toda experiência, uma vez que ambas variam conforme o olhar exterior e interior da mente e do ser que conhece e tem a experiência; diz-se que cada homem tem sua própria religião de acordo com sua natureza, mas também se pode dizer que todo homem tem sua própria filosofia, própria visão das coisas, própria experiência da vida, embora apenas poucos possam formulá-las. Mas, de outro ponto de vista, essa variedade é, antes, uma evidência da infinidade de aspectos do Infinito; cada um percebe um traço parcial ou completo de um ou de vários aspectos, ou entra em contato com ele, ou entra nele em sua experiência mental ou espiritual. Para a mente em certo estágio, todos esses pontos de vista começam a perder seu caráter definitivo para fundir-se em uma vasta universalidade ou em uma incerteza tolerante e complexa, ou todo o resto pode separar-se da mente e dar lugar a uma verdade última ou a uma experiência única e absorvente. É então que a mente corre o perigo de sentir a irrealidade de tudo o que viu, pensou e tomou como parte de si ou de seu universo. Esse "tudo" torna-se para ela uma irrealidade universal ou uma realidade fragmentária multifacetada, sem um princípio de unificação; à medida que passa à pureza negadora de uma experiência absoluta, tudo desaparece dela e só permanece um Absoluto silencioso e imóvel. Mas a consciência pode ser chamada a ir mais longe e rever tudo o que deixou, à luz de uma nova visão espiritual: ela pode recuperar a verdade de todas as coisas na verdade do Absoluto; pode reconciliar a negação do Nirvana e a afirmação da consciência cósmica em um único olhar desse Absoluto do qual ambas são autoexpressões. Na passagem da cognição mental à cognição sobremental essa unidade multiforme é a experiência condutora; a manifestação toda assume a aparência de uma harmonia única e poderosa, que atinge sua plenitude maior quando a alma se encontra na fronteira entre a Sobremente e a Supramente e olha para trás com uma visão total da existência.

Essa é, ao menos, uma possibilidade que devemos explorar, e seguir essa visão das coisas até suas últimas consequências. Tivemos que considerar a possibilidade de uma grande Ilusão cósmica como a explicação para o enigma do ser, porque essa visão e experiência das coisas apresenta-se poderosamente no fim da espiral mental, onde atinge seu ponto de ruptura ou de parada; mas uma vez assegurado que esse não é o final obrigatório de uma enquete escrupulosa sobre a verdade última, podemos deixá-la de lado ou referirmo-nos a ela só quando for necessário, em conexão com uma linha de pensamento e raciocínio mais flexível. Nosso olhar agora pode concentrar-se no problema que continua, uma vez excluída a solução ilusionista: o problema do Conhecimento e da Ignorância.

Tudo gravita em torno da pergunta "O que é a Realidade?". Nossa consciência cognitiva é limitada, ignorante, finita; nossas concepções da realidade dependem de nossa relação com a existência nessa consciência limitada, e podem ser muito diferentes da visão que pode ter uma Consciência original e última. É necessário distinguir entre a Realidade essencial, a realidade fenomênica — que depende dela e se origina nela — e a experiência e a concepção restritas e frequentemente enganadoras que nossa experiência sensorial e nossa razão formam sobre elas. Para nossos sentidos, a terra é plana e, por razões práticas mais imediatas, dentro de um limite, temos que seguir a realidade sensorial e considerar como um fato que a Terra é plana; mas na realidade fenomênica verdadeira, a planura da Terra é irreal e a ciência, que busca a verdade da realidade fenomênica nas coisas, tem que tratar a Terra como aproximadamente redonda. Em inúmeros detalhes a ciência contradiz a evidência dos sentidos em relação à verdade real dos fenômenos; mas, ainda assim, temos que aceitar o quadro fornecido por nossos sentidos, porque as relações práticas com as coisas, que nos são impostas por eles, têm uma validez como efeitos da realidade e não podem ser negligenciados. Nossa razão, apoiando-se nos sentidos e ultrapassando-os, constrói seus próprios parâmetros ou noções do real e do irreal, mas esses parâmetros variam de acordo com o ponto de vista adotado pelo observador que raciocina desse modo. O cientista da física, ao investigar os fenômenos, erige fórmulas e critérios com base na realidade objetiva e fenomênica e seus processos: a mente pode lhe parecer um resultado subjetivo da Matéria e o self e espírito parecerem irreais; de qualquer modo, ele deve agir como se apenas matéria e energia existissem e a mente fosse somente um observador de uma realidade física independente que não é afetada por um processo mental[3] ou uma presença ou intervenção de uma Inteligência cósmica. O psicólogo, ao sondar livremente a consciência e a inconsciência mentais, descobre um outro domínio de realidades, subjetivo em caráter, que possui sua própria lei e processo; para ele, a Mente pode mesmo aparecer como a chave do Real, a Matéria apenas como um campo para a mente, e o espírito, destacado da mente, como algo de irreal. Mas há uma exploração mais completa, que faz emergir a verdade do self e do espírito e estabelece uma ordem superior do real, em que há uma inversão de nossa visão das realidades mentais subjetivas, assim como das realidades físicas objetivas, de modo que elas são vistas como fenomênicas, secundárias, dependentes da verdade do self e das realidades do espírito. Nessa busca mais profunda, a mente e a matéria começam a tomar a aparência de uma ordem inferior do real e podem facilmente parecer irreais.

Mas é a razão, habituada a lidar com o finito, que faz essas exclusões; ela corta o todo em segmentos e pode selecionar um só segmento do todo como se fosse a inteira realidade. Isso é necessário para sua ação, visto que sua função é lidar com o finito como finito, e devemos aceitar, por motivos práticos e pelas relações da razão com o finito, o quadro que ela nos oferece, porque é válido como efeito da realidade e assim não pode ser negligenciado. Quando chegamos à experiência do espiritual, que é

---

3. Esse ponto de vista foi abalado pela teoria da relatividade, mas continua válido enquanto fundamento prático para a experimentação e afirmação do fato científico.

ele mesmo o todo ou contém o todo em si mesmo, nossa mente leva, aí também, sua razão que segmenta e as definições necessárias a uma cognição finita; ela traça uma linha de demarcação entre o infinito e o finito, o espírito e seus fenômenos ou manifestações e qualifica uns como reais e outros como irreais. Mas uma consciência original e última, que abarcasse todos os termos da existência em uma visão integral, veria o todo em sua realidade espiritual essencial e o fenomênico como um fenômeno ou manifestação dessa realidade. Se essa consciência espiritual maior visse nas coisas apenas uma irrealidade e uma inteira desconexão com a verdade do espírito, não teria, se fosse ela mesma uma Consciência-Verdade, razão alguma para mantê-las em existência, de maneira contínua ou periódica, ao longo do Tempo: se o faz é porque essas coisas são baseadas nas realidades do espírito. Mas, quando vista assim em sua integralidade, a realidade fenomênica necessariamente adquiriria uma aparência diferente daquela que é percebida quando é vista pela razão e os sentidos do ser finito; teria uma outra realidade, mais profunda, um outro significado, superior, e os movimentos de sua existência seguiriam um processo diferente, mais sutil e complexo. As normas da realidade e todas as formas de pensamento criadas pela razão e sentidos finitos apareceriam à consciência superior como construções parciais comportando um elemento de verdade e um elemento de erro; essas construções poderiam então ser descritas como reais e irreais ao mesmo tempo, mas o próprio mundo fenomênico não se tornaria irreal nem irreal-real por causa disso: ele assumiria uma outra realidade, de caráter espiritual; o finito revelar-se-ia como um poder, um movimento, um processo do Infinito.

Uma consciência original e última seria uma consciência do Infinito, e necessariamente unitária em sua visão da diversidade, integral, aceitando tudo, abraçando tudo, avaliando tudo, porque determinando tudo, uma visão global indivisível. Ela veria a essência das coisas e olharia todas as formas e movimentos como fenômenos e consequências da realidade essencial, moções e formações do poder de seu ser. A razão sustenta que a verdade deve ser vazia de todo conflito de contradições: se for assim, visto que o universo fenomênico é, ou parece ser, o contrário de Brahman, deve ser irreal; visto que o ser individual é o contrário da transcendência e da universalidade, ele deve ser irreal. Mas o que aparece como contradições a uma razão baseada no finito pode não sê-lo para uma visão ou uma razão mais ampla baseada no infinito. O que nossa mente vê como contrários pode ser, para a consciência infinita, não contrários, mas complementares: a essência e o fenômeno da essência são complementares um ao outro, não contraditórios — o fenômeno manifesta a essência; o finito é uma circunstância e não uma contradição do infinito; o indivíduo é uma autoexpressão do universal e do transcendente — ele não é uma contradição disso ou algo completamente diferente, ele é o universal concentrado e seletivo e é uno com o Transcendente na essência de seu ser e na essência de sua natureza. Para essa visão unitária e abrangente, não há nada de contraditório no fato de uma essência de ser sem forma usar uma multitude de formas, ou um estado estático do Infinito sustentar uma *kinesis* do Infinito, ou uma Unidade infinita expressar-se em uma multiplicidade de seres, aspectos, poderes e movimentos, pois são seres, aspectos, poderes e movimentos do Um. Uma criação do mundo que repouse nessa base é um movimento perfeitamente natural, normal e inevitável que, em si, não cria problema, visto que é exatamente o que deve se esperar de uma ação do Infinito. Todo o problema e dificuldade do intelecto surge do fato de que a razão finita corta, separa, opõe o poder do Infinito ao seu Ser, sua *kinesis* a seu estado estático, sua multiplicidade natural à sua unidade essencial; a razão segmenta o self, opõe o Espírito à Natureza. Para compreender verdadeiramente o processo do Infinito no mundo e o processo do Eterno no Tempo, a consciência deve ir além dessa razão finita e sentido finito e alcançar uma razão e uma percepção espirituais mais vastas, em contato com a consciência do Infinito e receptiva à lógica do Infinito, que é precisamente a lógica do próprio ser e manifesta-se inevitavelmente quando essa consciência põe em operação suas próprias realidades, uma lógica cujas sequências não são as etapas do pensamento, mas as etapas da existência.

Mas poder-se-ia dizer que aquilo que foi assim descrito é apenas uma consciência cósmica, e existe o Absoluto: o Absoluto não pode ser limitado; visto que o indivíduo e o universo limitam e dividem o Absoluto, eles devem ser irreais. De fato, é evidente que o Absoluto não pode ser limitado; ele não pode sê-lo, nem pela ausência de formas nem pela forma, nem pela unidade nem pela multiplicidade, nem pelo estado de imobilidade nem pela mobilidade dinâmica. Se manifesta forma, a forma não pode limitá-lo; se manifesta multiplicidade, a multiplicidade não pode dividi-lo; se manifesta moção e devenir, a moção não pode perturbá-lo ou o devenir mudá-lo: ele não pode ser limitado, do mesmo modo como não pode extinguir-se pela autocriação. Mesmo as coisas materiais são superiores à sua própria manifestação: a terra não é limitada pelos recipientes dos quais ela é o material, nem o ar pelos ventos que nele se movem, nem o mar pelas ondas que se elevam à sua superfície. Essa impressão de limitação pertence apenas à mente e aos sentidos, que veem o finito como se fosse uma entidade independente separando-se do Infinito ou uma coisa limitada, cortada do Infinito: é essa impressão que é ilusória, mas nem o infinito nem o finito são ilusões, pois sua existência não depende das impressões dos sentidos ou da mente, depende do Absoluto.

O Absoluto, em si, é indefinível pela razão, indizível pela palavra: deve ser avizinhado pela experiência. Pode-se acercá-lo por uma negação absoluta da existência, como se ele próprio fosse uma Não-Existência suprema, um Nada misterioso e infinito. Pode ser avizinhado por uma afirmação absoluta de todos os fundamentos de nossa existência, por um absoluto de Luz e Conhecimento, um absoluto de Amor ou de Beleza, um absoluto de Força, um absoluto de paz ou de silêncio. Ele pode ser avizinhado por meio de um inexprimível absoluto de ser ou de consciência, de poder de ser, de deleite de ser, ou por uma experiência suprema, na qual essas coisas se tornam indizivelmente unas; pois podemos entrar nesse estado inefável e, mergulhados nele como em profundezas de existência luminosas, alcançar uma supraconsciência que pode ser descrita como a porta do Absoluto. Supõe-se que é só por uma negação do indivíduo e do cosmos que podemos entrar no Absoluto. Mas, na verdade, a única coisa que o indivíduo tem a negar é sua própria existência-ego pequena e separada; ele pode avizinhar-se do Absoluto por uma sublimação de sua individualidade espiritual, integrando em si mesmo o cosmos e transcendendo-o; ou pode negar-se inteiramente, mas, mesmo assim, ser ainda o indivíduo que, ao ultrapassar a si mesmo, entra no Absoluto. Ele pode também, por uma sublimação de seu ser, entrar em uma existência suprema ou em uma supraexistência; por uma sublimação de sua consciência, entrar em uma consciência suprema ou supraconsciência, por uma sublimação de seu deleite e de todo deleite de ser, entrar no supradeleite ou supremo êxtase. Ele pode fazer o avizinhamento por uma ascensão que lhe faz entrar na consciência cósmica; levando essa consciência em si mesmo, eleva-se com ela até um estado de ser em que a unidade e a multiplicidade estão em harmonia perfeita e em uníssono, um estado supremo de manifestação em que todos estão em cada um, cada um está em todos e todos estão no Um, sem nenhuma individuação determinante — pois a identidade e a mutualidade dinâmicas tornaram-se completas; no caminho da afirmação, é esse estado da manifestação que é o mais próximo do Absoluto. Esse paradoxo de um Absoluto que pode ser realizado por uma negação absoluta e uma afirmação absoluta, de muitas maneiras, só pode ser explicado pela razão se ele for uma Existência suprema que esteja tão longe e acima de nossa noção e experiência da existência que possa corresponder à nossa negação dessa existência, à nossa concepção e experiência da não-existência; mas também, visto que tudo o que existe é Isto, qualquer que seja o grau de manifestação, o próprio Absoluto é o supremo de todas as coisas e pode ser avizinhado por afirmações supremas, bem como negações supremas. O Absoluto é o $x$ inefável que paira acima de tudo e é subjacente, imanente e essencial em tudo o que podemos chamar existência ou não-existência.

Nossa premissa inicial é que o Absoluto é a realidade suprema; mas a questão é saber se tudo o mais que experienciamos é real ou irreal. Algumas vezes faz-se uma distinção entre o ser e a existência, e supõe-se que o ser é real, mas a existência, ou o que se manifesta como tal, seja irreal. Mas esse ponto de vista só pode se manter se houver uma distinção rígida, um corte e uma separação entre o Eterno não criado e as existências criadas; pode-se então considerar que só o Ser não criado é real. Essa conclusão não se sustenta, se o que existe é forma e substância do Ser; isso só seria irreal se houvesse uma forma de Não-Ser, *asat*, criada a partir do Vazio, *śūnya*. Os estados da existência pelos quais nos avizinhamos do Absoluto e nele entramos devem ter sua verdade, pois a inverdade e o irreal não podem conduzir ao Real: mas também o que sai do Absoluto, o que o Eterno sustenta, inspira e manifesta em si deve ter uma realidade. Há o não manifestado e há a manifestação, mas a manifestação do Real deve ela mesma ser real; há o Atemporal e há o processo das coisas no Tempo, mas nada pode aparecer no tempo se não tiver uma base na Realidade sem Tempo. Se meu self e espírito são reais, meus pensamentos, sentimentos, poderes de todo tipo, que são suas expressões, não podem ser irreais; meu corpo, esta forma que meu espírito projeta em si e ao mesmo tempo habita, não pode ser um nada ou uma mera sombra imaterial. A única explicação reconciliatória é que a eternidade sem tempo e a eternidade temporal são dois aspectos do Eterno e Absoluto e ambas são reais, mas em diferentes ordens de realidade: o que é não manifesto no Atemporal manifesta-se no Tempo; cada coisa que existe é real em seu próprio grau de manifestação e é assim que as vê a consciência do Infinito.

Toda manifestação depende do ser, mas também da consciência e de seu poder ou de seu nível, pois assim como for o estado de consciência, assim será o estado do ser. Mesmo o Inconsciente é um estado e poder de consciência involuído, no qual o ser é imerso em um outro estado, um estado oposto de não manifestação semelhante à não-existência, a fim de que tudo no universo material possa ser manifestado; do mesmo modo, o supraconsciente é a consciência integrada em um absoluto de ser. Pois há um estado supraconsciente em que a consciência parece estar luminosamente involuída no ser e como se não percebesse a si mesma; toda consciência de ser, todo conhecimento, visão de si, força de ser, parecem emergir desse estado involuído ou aparecer nele: esse emergir, assim como o vemos, pode parecer um emergir em uma realidade inferior, mas, na verdade, a supraconsciência e a consciência, ambas, são e veem o mesmo Real. Há também um estado do Supremo no qual nenhuma distinção pode ser feita entre ser e consciência — pois são muito unidos para serem diferenciados assim —, mas esse estado supremo de ser é também um estado supremo do poder de ser e, portanto, do poder da consciência, porque aí a força do ser e a força de sua consciência são unidas e não podem ser separadas: é essa unificação do Ser eterno com a Consciência-Força eterna que é o estado do supremo Ishwara, e sua força de ser é a *dynamis* do Absoluto. Esse estado não é uma negação do cosmos; ele carrega em si a essência e o poder de toda existência cósmica.

Mas ainda assim, a irrealidade é um fato da existência cósmica, e se tudo é Brahman, a Realidade, devemos explicar esse elemento de irrealidade no Real. Se o irreal não é um fato do ser, deve ser um ato ou uma formação da consciência, e não haveria, nesse caso, um estado ou um grau da consciência em que seus atos e formações seriam inteira ou parcialmente irreais? Se essa irrealidade não pode ser atribuída a uma Ilusão cósmica original, à Maya, há no entanto, no próprio universo, um poder de ilusão da Ignorância. É a Mente que tem o poder de conceber coisas que não são reais, ela tem mesmo o poder de criar coisas que não são reais ou não são inteiramente reais; sua própria visão de si ou do universo é uma construção que não é nem totalmente real, nem totalmente irreal. Onde começa esse elemento de irrealidade e onde termina, e o que o causa e acontece com ele quando se remove ao mesmo tempo a causa e a consequência? Mesmo se toda existência cósmica não for em si irreal, essa descrição não poderia ser aplicada ao mundo da Ignorância onde vivemos, esse mundo de perpétua mudança, de nascimento, morte, frustação e sofrimento, e a eliminação da Ignorância não aboliria para nós a realidade do mundo que ela criou — e a única solução não seria, naturalmente, deixar este mundo? Isso seria válido, se nossa ignorância fosse uma ignorância pura, sem nenhum elemento de verdade ou de conhecimento. Mas de fato nossa consciência é uma mistura do verdadeiro e do falso; seus atos e suas criações não são invenções de uma estrutura pura sem fundamento. A estrutura que ela constrói, a forma que dá às coisas ou ao universo, é mais uma semicompreensão, uma semiexpressão do real do que uma mistura da realidade e do irreal, e visto que toda consciência é força e, portanto, potencialmente criadora, nossa ignorância tem por resultado uma criação falsa, manifestação falsa, ação falsa ou uma energia de ser malconcebida e mal dirigida. Toda existência no mundo é manifestação, mas nossa ignorância é o agente de uma manifestação parcial, limitada e ignorante — em parte uma expressão, mas em parte também um disfarce, do ser, da consciência e do deleite de ser originais. Se esse estado de coisas fosse permanente e inalterável, se nosso mundo devesse sempre mover-se nesse círculo, se uma Ignorância fosse a causa de todas as coisas e de toda ação aqui e não uma condição e circunstância, então, de fato, a cessação da ignorância individual só poderia vir por um escape do indivíduo à existência no mundo, e a cessação da ignorância cósmica seria a destruição da existência no mundo. Mas se este mundo tem como raízes um princípio evolutivo, se nossa ignorância é um semiconhecimento que evolui em direção ao conhecimento, então nossa existência na Natureza material pode ter uma outra explicação, outra saída, outro resultado espiritual, e uma manifestação maior, aqui, torna-se possível.

Uma nova distinção impõe-se às nossas concepções da irrealidade, de modo a evitar uma possível confusão quando lidamos com esse problema da Ignorância. Nossa mente, ou uma parte dela, tem um critério pragmático da realidade. Todo fato da existência é, para a mente, real, mas para ela essa concretividade ou essa realidade do tangível limita-se ao fenômeno da existência terrestre no universo material. Mas a existência terrestre ou material é apenas uma manifestação parcial, é um sistema de possibilidades tangíveis do Ser, que não exclui todas as outras possibilidades ainda não tangíveis, ou não tangíveis aqui. Em uma manifestação no Tempo, novas realidades podem emergir, verdades do ser ainda não realizadas podem projetar suas possibilidades e se tornar reais na existência física e terrestre; pode ser que existam outras verdades do ser, verdades suprafísicas pertencentes a um outro domínio de manifestação, não realizadas aqui, mas mesmo assim reais. Mesmo o que não é real em lugar algum, em universo algum, pode ser uma verdade do ser, um potencial do ser, e não pode, porque ainda não é manifesto em forma de existência, ser considerado irreal. Mas nossa mente, ou essa parte dela, ainda insiste em seu hábito ou concepção pragmática do real, que admite apenas o concreto e prático como verdade e tende a considerar tudo o mais como irreal. Há então para essa mente uma irrealidade de natureza puramente pragmática: consiste na formulação de coisas que não são necessariamente irreais em si, mas não são realizadas ou talvez não possam ser realizadas por nós ou nas circunstâncias presentes ou no nosso mundo tangível de ser; isso não é uma verdadeira irrealidade, não é um irreal, mas um irrealizado, não um irreal de ser, mas apenas um irreal em relação ao fato presente ou conhecido. Há, ainda, uma irrealidade que é conceitual e perceptiva e é causada por uma percepção e concepção errôneas do real: isso também não é, ou não precisa ser, uma irrealidade de ser, é apenas uma construção falsa da consciência devido à limitação pela Ignorância. Estes e outros movimentos secundários de nossa ignorância não são o coração do problema, pois este gravita em torno de um mal mais geral, que afeta nossa consciência e aquela do nosso mundo terrestre: o problema da Ignorância cósmica. Pois toda nossa visão e experiência da existência laboram sob uma limitação de consciência que não é apenas nossa, mas parece estar na base da criação material. Em lugar da Consciência original e última que vê a Realidade como um todo, o que vemos ativa aqui é uma consciência limitada e uma criação parcial e inacabada ou uma *kinesis* cósmica que se move em um círculo perpétuo de mudanças sem sentido. Nossa consciência vê uma parte e apenas fragmentos da Manifestação — se existe manifestação — e trata essa parte ou esses fragmentos como se fossem entidades separadas; todas as nossas ilusões e erros surgem de uma percepção separadora e limitada que cria irrealidades ou tem uma concepção falsa do Real. Mas o problema torna-se ainda mais enigmático quando percebemos que nosso mundo material parece emergir diretamente não de um Ser e uma Consciência originais, mas de um estado de Inconsciência e aparente Não-Existência; nossa própria ignorância é algo que parece ter surgido dificilmente, e com esforço, do Inconsciente.

Este é então o mistério — como uma consciência e uma força do ser integral, ilimitáveis, entraram nessa limitação e separatividade? Como isso foi possível e, se essa possibilidade for admitida, qual seria sua justificativa no Real e seu significado? Este é o mistério não de uma Ilusão original, mas da origem da Ignorância e Inconsciência e da relação do Conhecimento e da Ignorância com a Consciência original ou Supraconsciência.

## CAPÍTULO VII

# O CONHECIMENTO E A IGNORÂNCIA

*Que o Conhecedor distinga o Conhecimento da Ignorância.*
*Rig Veda*, IV. 2. 11.

*Dois eles são, escondidos no segredo do Infinito: o Conhecimento e a Ignorância; mas perecível é a Ignorância, imortal é o Conhecimento; diferente de um e da outra é Ele, que governa o Conhecimento e a Ignorância.*
*Shvetashvatara Upanishad*, V. 1.

*Dois Não-Nascidos, o Conhecedor e um que não conhece, o Senhor e aquele que não tem a mestria; uma Não-Nascida, e nela estão o objeto de fruição e aquele que frui.*
*Shvetashvatara Upanishad*, I. 9.

*Dois estão unidos, poderes da Verdade, poderes da Maya — eles construíram a Criança e lhe deram nascimento, e eles alimentam seu crescimento.*
*Rig Veda*, X. 5. 3.

Em nosso exame dos sete princípios da existência vimos que eles são um em sua realidade essencial e fundamental: pois se mesmo a matéria do universo mais material não é nada mais do que um estado de ser do Espírito que se torna objeto dos sentidos e é concebido pela própria consciência do Espírito como a substância de suas formas, com mais razão a força de vida que se constitui em uma forma de Matéria, a consciência mental que se projeta como Vida e o Supramental que desenvolve a Mente como um de seus poderes não podem ser nada mais do que o próprio Espírito, modificado em sua substância aparente e seu dinamismo de ação, mas não modificado em sua essência real. Todos são poderes de um único Poder de ser, e não são diferentes da Toda-Existência, Toda-Consciência, Toda-Vontade e Todo--Deleite, que é a verdadeira verdade por trás de todas as aparências. E eles são não apenas um em sua realidade, mas também inseparáveis na sétupla variedade de sua ação. Eles são as sete cores da luz da consciência divina, os sete raios do Infinito e, graças a eles, na tela de sua autoexistência expandida conceitualmente, tecida com a urdidura objetiva do Espaço e a trama subjetiva do Tempo, o Espírito tece as miríades de maravilhas de sua autocriação, majestosas, simples, simétricas em suas leis primordiais e vastas molduras, infinitamente curiosas e complexas em sua variedade de formas e ações e as complexidades da relação e do efeito mútuo de todas sobre cada uma e cada uma sobre todas. Estas são as sete Palavras dos antigos sábios; é por elas que foram criadas, é à luz de seu significado que são elaboradas, e devem ser interpretadas, as harmonias já reveladas ou revelando-se, do mundo que conhecemos e dos mundos por trás, de que temos apenas um conhecimento indireto. A Luz é uma, o Som é um; sua ação é sétupla.

Porém, este mundo aqui tem como base uma Inconsciência original; aqui, a consciência se formula com o aspecto de uma ignorância que se esforça para alcançar o conhecimento. Vimos que nem na natureza do próprio Ser, nem no caráter original e nas relações fundamentais de seus sete princípios há uma razão essencial para essa intrusão da Ignorância, essa discórdia na harmonia, escuridão na luz, divisão e limitação no infinito autoconsciente da criação divina. Pois podemos conceber— e se podemos, o Divino pode ainda mais — uma harmonia universal na qual esses elementos contrários não entram; e visto que há a concepção, deve haver em algum lugar a execução, a criação real ou intencionada. Os videntes védicos eram conscientes de uma tal automanifestação divina e a consideravam como o mundo superior para além deste, inferior; um plano de consciência e de ser mais livre e vasto, a criação-verdade do Criador, que eles descreveram como a sede ou a própria morada da Verdade, como a Verdade vasta, ou a Verdade, o Justo, o Vasto,[1] ou ainda como uma Verdade escondida por uma Verdade, em que o Sol do Conhecimento conclui sua viagem e desatrela seus cavalos, em que os mil raios da consciência são reunidos para que haja Aquele Um, a forma suprema do Ser Divino. Mas este mundo onde vivemos lhes parecia ser uma trama misturada, em que a verdade é desfigurada por uma profusão de falsidades, *anṛtasya bhūreḥ*;[2] aqui, a luz única deve nascer por meio de sua própria força vasta e sair de uma obscuridade inicial, um mar de

---

1. *Sadanam ṛtasya, sve dame ṛtasya, ṛtasya bṛhate, ṛtaṁ satyaṁ bṛhat.*
2. *Rig Veda*, VII. 60. 5.

Inconsciência;[3] a imortalidade e a divindade devem ser construídas a partir de uma existência submetida à morte, ignorância, fraqueza, sofrimento e limitação. Essa autoconstrução aqueles videntes representaram como a criação, no homem e pelo homem, desse outro mundo, dessa harmonia elevada e organizada do ser infinito, que existe já, eterna e perfeita, no Divino Infinito. O inferior é para nós a primeira condição do superior; a escuridão é o corpo denso da luz, o Inconsciente abriga em si todo o Supraconsciente escondido; na caverna de sua subconsciência os poderes de divisão e falsidade mantêm longe de nós, mas também para nós — para que possamos reconquistá-las —, as riquezas e a substância da unidade e da verdade. Isso era, na visão deles e expresso na linguagem enigmática e altamente figurativa dos primeiros místicos, o sentido e a justificação da existência concreta do ser humano e seu empenho consciente ou inconsciente em direção a Deus, sua concepção, tão paradoxal à primeira vista, em um mundo que parece ser precisamente seu oposto, sua aspiração tão impossível, para uma visão superficial, em uma criatura tão efêmera, fraca, ignorante, limitada, de seguir em direção a uma plenitude de imortalidade, conhecimento, poder, beatitude, uma existência divina imperecível.

Porque na verdade, enquanto as palavras-chaves da criação ideal são uma autoconsciência e um autodomínio completos na Alma infinita e uma unidade perfeita, a palavra-chave da criação da qual fazemos a experiência no presente é todo o oposto; essa é uma inconsciência original que, na vida, toma a forma de uma autoconsciência limitada e dividida, essa é uma sujeição original, inerte, ao impulso de uma Força cega autoexistente que, também na vida, toma a forma de uma luta do ser autoconsciente para possuir-se e possuir todas as coisas, e estabelecer no reino dessa Força mecânica cega o reino de uma Vontade e um Conhecimento esclarecidos. E porque a Força cega e mecânica — sabemos agora que na realidade ela não é isso — nos confronta em toda parte, primordial, onipresente, a lei fundamental, a grande energia total, e porque a única vontade esclarecida que conhecemos, a nossa, parece ser um fenômeno subsequente, um resultado, uma energia parcial, subordinada, circunscrita e esporádica, a luta nos parece ser, no melhor dos casos, uma aventura precária e duvidosa. O Inconsciente, como o percebemos, é o começo e o fim; a alma autoconsciente não seria nada mais do que um acidente temporário, uma floração frágil na Árvore *Ashwattha*, imensa, obscura, monstruosa, que é o universo. Ou, se supomos que a alma seja eterna, ela parece ser, em todo caso, uma estrangeira, uma estranha, hóspede não muito bem tratado no reino dessa vasta Inconsciência. Se

---

3. *Apraketaṁ salilam.*

não um acidente na Treva inconsciente, é talvez um erro, um tropeço e uma queda a partir dos cimos da Luz supraconsciente.

Se essa visão das coisas fosse inteiramente válida, então só o idealista absoluto — enviado talvez por alguma existência superior, incapaz de esquecer sua missão, estimulado por um entusiasmo indomável e um veemente impulso divino ou sustentado em uma firmeza calma e infinita pela luz, força e voz da Divindade escondida — persistiria, sob tais circunstâncias, em manter viva diante de si e, tarefa ainda mais difícil, diante de um mundo incrédulo ou cético, a esperança de um sucesso completo do esforço humano. De fato, a maioria dos homens rejeita isso desde o começo ou, depois de um primeiro impulso entusiasta, acaba por se retirar como de uma impossibilidade comprovada. O materialista coerente busca um poder, conhecimento, felicidade parciais e temporários, na medida em que a ordem inconsciente e dominante da Natureza o permite ao homem que luta para tomar consciência de si, caso ele aceite seus próprios limites, obedeça às leis da Natureza e faça um bom uso delas graças à sua vontade esclarecida, tanto quanto o mecanismo inexorável delas lhe permita. O religioso busca seu reino de vontade esclarecida, o amor ou a existência divina, seu reino de Deus naquele outro mundo onde estes são sem mistura e eternos. O místico filosófico rejeita tudo como uma ilusão mental e aspira à autoextinção em algum Nirvana ou então uma imersão no Absoluto sem feições: se a alma ou a mente do indivíduo movido pela ilusão sonhou uma realização divina nesse mundo efêmero da Ignorância, ela deve, no final, reconhecer seu erro e renunciar à sua vã tentativa. No entanto, uma vez que existem esses dois lados da existência, a ignorância da Natureza e a luz do Espírito, e que há por trás deles a Realidade Única, deve ser possível reconciliá-los ou, em todo caso, lançar uma ponte sobre o abismo, como prediziam as parábolas místicas dos *Vedas*. É um sentido agudo dessa possibilidade que tomou diferentes formas e persistiu ao longo dos séculos — a perfectibilidade do ser humano, a perfectibilidade da sociedade, a visão que tiveram os *Alwars*[4] da descida de Vishnu e dos deuses sobre a terra, o reino dos santos, *sādhūnāṁ rājyam,* a cidade de Deus, o milênio, o novo céu e a nova terra do Apocalipse. Mas faltava a essas intuições uma base de conhecimento assegurado, e a mente do homem continuou a oscilar entre a esperança em um futuro brilhante e a certeza cinzenta do presente. Mas a certeza cinzenta não é tão certa quanto parece e uma vida divina que evolui, ou se prepara, na Natureza terrestre não é necessa-

---

4. *Alwars*: aquele que está imerso na experiência de Deus, do Um onipresente e misterioso. A tradição indiana reconhece 12 *Alwars*. Entre os séculos V e VI d. C., no Tamil Nadu, no sul da Índia, esses santos revitalizaram o meio religioso, espalhando um culto devocional renovado. O impacto de sua intensa *bhakti* devocional é sentido ainda hoje na religiosidade indiana. (N.T.)

riamente uma quimera. Toda aceitação de nossas derrotas ou de nossas limitações parte do reconhecimento implícito ou explícito, primeiro, de um dualismo essencial e, depois, de uma oposição irreconciliável entre os princípios duais: Consciente e Inconsciente, Céu e Terra, Deus e Mundo, o Um sem limites e o Múltiplo limitado, Conhecimento e Ignorância. Seguindo o fio de nosso raciocínio chegamos à conclusão de que isso, talvez, seja apenas um erro da mente sensorial e do intelecto lógico, com base em uma experiência parcial. Vimos que pode haver, e há, um fundamento perfeitamente racional para a esperança em nossa vitória, pois o estado inferior do ser, no qual vivemos agora, contém em si o princípio e a intenção disso que o excede, e é ao exceder-se e transformar-se nisso, que ele pode encontrar e desenvolver integralmente sua verdadeira essência.

Mas há um ponto no raciocínio que até agora deixamos mais ou menos à sombra, e trata-se precisamente da coexistência entre o Conhecimento e a Ignorância. Certamente, aqui embaixo partimos de condições que são o oposto da Verdade divina ideal, e todas as circunstâncias dessa oposição são baseadas na ignorância onde está o ser, ignorância de si e do Self de tudo, ela mesma o resultado de uma Ignorância cósmica original, cuja consequência é a autolimitação e a fundamentação da vida na divisão: divisão no ser, divisão na consciência, divisão na vontade e na força, divisão no deleite, divisão e limitação no conhecimento, poder, amor e, como consequência, os fenômenos definidos opostos: egoísmo, obscurecimento, incapacidade, mal uso do conhecimento e da vontade, desarmonia, fraqueza e sofrimento. Constatamos que essa Ignorância, embora a Matéria e a Vida tenham sua parte, tem suas raízes na natureza da Mente, cuja função é precisamente medir, limitar, particularizar e, por esse meio, dividir. Mas a Mente é também um princípio universal, é o Um, é Brahman, e portanto tem uma tendência a unificar e universalizar o Conhecimento tanto quanto a delimitar e particularizar. Essa faculdade de particularizar só se torna Ignorância quando a Mente se separa dos princípios superiores dos quais é um poder, e age não só segundo sua tendência característica, mas tende também a excluir o resto do conhecimento, a particularizar primeiro e antes de tudo, e deixar a unidade como um conceito vago, para ser tratado só mais tarde, quando a particularização é completa, e por meio da soma das particularidades. Essa faculdade de exclusão é a própria alma da Ignorância.

Devemos então nos apropriar desse estranho poder de Consciência, que está na raiz de nossos males, examinar o princípio de suas operações e detectar não apenas sua natureza essencial e origem, mas seu poder e processo de ação e seu objetivo final, e os meios de removê-los. Como é possível que a Ignorância exista? Como um princípio ou poder qualquer, na autopercepção infinita, foi capaz de renunciar ao autoconhecimento e excluir tudo exceto sua própria ação característica limitada? Certos pensadores[5] declararam que o problema é insolúvel, que é um mistério original essencialmente inexplicável. Só o fato e o processo podem ser estabelecidos; ou então a questão da natureza da Existência suprema original, ou Não-Existência, é posta de lado, sob o pretexto de que não é possível, ou necessário, responder. Pode-se dizer que Maya, com seu princípio fundamental de ignorância ou de ilusão, simplesmente existe, e esse poder de Brahman possui a força dupla de Conhecimento e Ignorância que lhe é fundamentalmente inerente; tudo o que temos que fazer é reconhecer o fato e encontrar um meio de escapar à Ignorância — por meio do Conhecimento, mas para alcançar aquilo que está além do Conhecimento e da Ignorância — pela renúncia à vida, o reconhecimento da impermanência universal das coisas e da insignificância da existência cósmica.

Mas nossa mente não pode se satisfazer — a própria mente do Budismo não se satisfez — com essa evasão que está na própria raiz de todo o problema. Em primeiro lugar, essas filosofias, enquanto afastam assim a questão de base, fazem afirmações de longo alcance que atribuem à Ignorância não só certo modo de ação e determinados sintomas, mas certa natureza fundamental, de onde procedem os remédios que prescrevem; e é obvio que sem um diagnóstico tão radical, prescrever remédios não é nada mais do que um procedimento empírico. Mas se tivermos que evitar a questão-raiz, não teremos meios de julgar se as afirmações são corretas ou se os remédios prescritos são os bons ou se não há outros, que sem serem tão violentos e radicalmente destruidores ou sem recorrerem à mutilação cirúrgica ou à extinção do paciente, possam no entanto trazer uma cura mais completa e natural. Em segundo lugar, conhecer é sempre o negócio próprio do ser humano, o pensador. Ele pode não ser capaz, por meios mentais, de conhecer a essencialidade da Ignorância ou de qualquer outra coisa no universo — no sentido de defini-la —, porque a mente só pode conhecer coisas dessa maneira por seus sinais, caráter, formas, propriedades, funcionamento, relações com outras coisas, e não em seu ser e sua essência oculta. Mas podemos ir cada vez mais longe, clarificar cada vez com mais precisão nossa observação do caráter e da ação fenomênicos da Ignorância até que encontremos a palavra justa e reveladora, o sentido justo que designa a coisa e cheguemos assim a

---

5. Buda recusou-se a considerar o problema metafísico; a única coisa que importa é o processo pelo qual nossa individualidade irreal é construída e um mundo de sofrimento se mantém em existência, e o método para escapar disso. Karma é um fato; a construção de objetos, de uma individualidade não existente verdadeiramente é a causa do sofrimento: desembaraçar-se do Karma, da individualidade e do sofrimento deve ser nosso objetivo único; por essa eliminação entraremos em um estado, qualquer que seja, livre dessas coisas, permanente, real: só importa o caminho da liberação.

conhecê-la, não pelo intelecto, mas pela visão e experiência da verdade, pela realização da verdade em nosso próprio ser. O inteiro processo do conhecimento intelectual mais alto do ser humano efetua-se por esse manuseio e discriminação mentais, até o ponto em que o véu se rompe e ele pode ver; no final, o conhecimento espiritual vem e nos ajuda a tornarmo-nos aquilo que vemos, a entrar na Luz onde não há Ignorância.

É verdade que a primeira origem da Ignorância situa-se além de nós enquanto seres mentais, porque nossa inteligência vive e se move na própria Ignorância e não alcança o ponto, não se eleva até o plano onde essa separação aconteceu, da qual a mente individual é o resultado. Mas isso é verdadeiro em relação à origem primeira e à verdade fundamental de todas as coisas e, segundo esse princípio, deveríamos ficar satisfeitos com um agnosticismo geral: o homem tem que trabalhar na Ignorância, aprender nas condições da Ignorância, conhecê-la até seu limite extremo, de modo que possa chegar à fronteira onde ela encontra a Verdade, possa tocar seu último tampo de obscurecimento luminoso e desenvolver as faculdades que lhe permitirão ultrapassar essa barreira poderosa, mas, na realidade, insubstancial.

Devemos, então, examinar mais de perto do que já fizemos até agora o caráter e funcionamento desse princípio ou desse poder da Ignorância, e chegar a uma concepção clara de sua natureza e origem. E primeiro devemos fixar de modo firme em nossa mente o que queremos dizer com a própria palavra. A distinção entre o Conhecimento e a Ignorância começa com os hinos do *Rig Veda*. O conhecimento parece significar aí uma consciência da Verdade, do Justo, *satyam ṛtam*, e de tudo o que é da ordem da Verdade e do Justo; a ignorância é uma inconsciência, *acitti*, da Verdade e do Justo, uma oposição às suas operações e criadora de operações falsas ou adversas. A ignorância é a ausência do olho Divino, da percepção que nos dá a visão da Verdade Supramental; em nossa consciência, esse princípio da não percepção se opõe ao conhecimento e à visão conscientes que percebem a Verdade.[6] Na prática, essa não percepção não é uma completa inconsciência, o oceano inconsciente do qual o mundo emergiu,[7] mas um conhecimento limitado ou falso, um conhecimento baseado na divisão do ser não dividido, fundamentado no fragmentário, pequeno, oposto ao opulento, à vasta e luminosa plenitude das coisas; é uma cognição que, por suas limitações, tornou-se falsidade e, sob esse aspecto, é sustentada pelos Filhos das Trevas e da Divisão, inimigos do esforço divino no homem, os assaltantes, os ladrões que cobrem a luz de seu conhecimento. Ela era então considerada como

---

6. *Acitti* e *citti*.
7. *Apraketaṁ salilam*.

uma Maya[8] não divina, aquela que cria as formas e aparências mentais falsas — de onde o significado ulterior dessa palavra, que em sua origem parece ter significado um poder formador de conhecimento, a verdadeira magia do Mago supremo, o Mágico divino, mas que também foi usada para expressar o poder formador adverso de um conhecimento inferior: a fraude, a ilusão e a magia enganadora do Rakshasa. A Maya divina é o conhecimento da Verdade das coisas, sua essência, sua lei, seu modo de ação, que os deuses possuem e no qual baseiam sua ação e sua criação eternas[9] e edificam seus poderes no ser humano. Essa ideia dos místicos Védicos, formulada em um pensamento e linguagem mais metafísicos, pode significar que a Ignorância é, em sua origem, um conhecimento mental que divide, não compreende a unidade, a essência, a lei de ser das coisas em sua origem única e sua universalidade, mas age sobretudo nas partículas divididas, em fenômenos separados, relações parciais, como se estes fossem a verdade a ser apreendida, ou como se pudéssemos compreendê-los sem passar além da divisão para retornar à unidade, além da dispersão para retornar à universalidade. O Conhecimento é aquilo que tende à unificação e, ao alcançar a faculdade supramental, apreende a unidade, a essência, a lei fundamental da existência, e vê e trata a multiplicidade das coisas nessa luz e plenitude, um pouco como faz o próprio Divino que, das alturas supremas, abraça o mundo. Contudo, deve-se notar que, nessa concepção, a Ignorância é ainda um tipo de conhecimento, mas porque ela é limitada, falsidade e erro podem intrometer-se em qualquer ponto; ela se transforma então em uma concepção errada das coisas, que se opõe ao Conhecimento verdadeiro.

No pensamento vedântico dos *Upanishads*, encontramos os termos védicos originais substituídos pela antinomia familiar de Vidya e Avidya, e com a mudança de termos veio certo desenvolvimento do significado: visto que a natureza do Conhecimento é encontrar a Verdade e a Verdade fundamental é o Um — o *Veda* fala disso repetidas vezes como "Esta Verdade" e "Este Um" —, Vidya, o Conhecimento em seu mais alto significado espiritual, acabou por significar, pura e categoricamente, o conhecimento do Um, e Avidya, a Ignorância, pura e categoricamente, o conhecimento do Múltiplo dividido, conhecimento divorciado, como ele é no nosso mundo, da consciência unificadora da Realidade Única. As associações complexas, o conteúdo rico, a penumbra luminosa de ideias diversas e corolárias e imagens significativas próprias à concepção das palavras védicas, foram amplamente perdidas em uma linguagem mais precisa e metafísica, mas menos psicológica e flexível. No

---

8. *Adevī māyā*.
9. *Devanām adabdhā vratāni*.

entanto, a ideia, mais tarde exagerada, de uma separação absoluta da verdadeira verdade do Self e Espírito, de uma ilusão original, de uma consciência que pode ser comparada a sonhos e alucinações, não fazia parte, originalmente, da concepção védica da Ignorância. Se nos *Upanishads* é dito que o homem que vive e se move na Ignorância erra e tropeça como um cego guiado por um cego e retorna sempre para a rede da Morte, ampla e estendida diante dele, em outra passagem é também afirmado que aquele que procura apenas o Conhecimento, entra em trevas ainda mais profundas do que aquele que corre atrás da Ignorância, e o homem para quem Brahman é os dois, a Ignorância e o Conhecimento, o Um e o Múltiplo, o Devenir e o Não Devenir, pela Ignorância e experiência da Multiplicidade passa além da morte, e pelo Conhecimento conquista a Imortalidade, pois na realidade o Autoexistente tornou-se essas existências múltiplas; os *Upanishads* podem dizer ao Ser Divino, com toda a solenidade, sem querer induzir ninguém ao erro: "Tu és esse homem velho que caminha com seu bastão, és esse rapaz e essa moça, e esse pássaro com asas azuis e aquele lá com olhos vermelhos", e não dizem: "Tu pareces ser estas coisas" à mente de Ignorância que se autoilude. O estado de tornar-se é inferior ao estado de Ser, mas ainda assim é o Ser que se torna tudo aquilo que existe no universo.

Mas o desenvolvimento da distinção separadora não podia parar aí, tinha que ir à sua lógica extrema. Visto que o conhecimento do Um é Conhecimento e o conhecimento do Múltiplo é Ignorância, não pode haver, em uma visão rigidamente analítica e dialética, nada mais do que uma pura oposição entre as coisas assinaladas por esses dois termos; não há unidade essencial entre eles, nem reconciliação possível. Em consequência, apenas Vidya é conhecimento, Avidya é pura ignorância; e se a Ignorância pura toma uma forma positiva é porque não apenas é um não conhecimento da Verdade, mas uma criação de ilusões e desilusões, irrealidades em aparência reais, falsidades temporariamente válidas. É óbvio então que a matéria-objeto de Avidya não pode ter existência verdadeira nem durável: o Múltiplo é uma ilusão, o mundo não tem existência real. Sem dúvida, ele tem uma espécie de existência enquanto dura, como um sonho tem, ou a alucinação prolongada de um cérebro delirante ou insano, mas não mais. O Um não se tornou, e nunca se tornará, o Múltiplo; o Self não se tornou, e não pode se tornar, todas essa existências; Brahman não manifestou, e não pode manifestar, um mundo real em si mesmo; é só a Mente, ou algum princípio do qual a Mente é o resultado, que impõe nomes e formas à unidade sem feições, que, ela só, é real e, essencialmente sem feições, não pode manifestar traços nem variações reais; ou então, se a unidade manifesta essas coisas, isso é uma realidade temporal e temporária que se desvanece, e a iluminação do conhecimento verdadeiro dá a prova de sua irrealidade.

Nossa visão da Realidade última e da verdadeira natureza de Maya nos compeliu a renunciar a esses excessos recentes e sutis do intelecto dialético e retornar à concepção vedântica original. Embora rendamos homenagem à magnífica intrepidez dessas conclusões extremas, à força e à agudeza lógicas intransigentes dessas especulações, inexpugnáveis contanto que as premissas sejam reconhecidas e admitamos a verdade de duas das principais afirmações — a Realidade única de Brahman, e o fato de que as concepções normais que temos de nós mesmos e da existência universal são marcadas pelo selo da ignorância, são imperfeitas, são enganadoras — somos obrigados a nos afastar do domínio tão poderoso que essa concepção de Maya exerce sobre a inteligência. Mas a obsessão dessa visão das coisas, antiga e estabelecida, não pode ser removida inteiramente enquanto não sondarmos a natureza verdadeira da Ignorância e a natureza verdadeira e completa do Conhecimento. Pois se esses dois forem poderes independentes, iguais e originais da Consciência, então a Ilusão cósmica continua uma possibilidade. Se a Ignorância for o próprio caráter da existência cósmica, então nossa experiência do universo, se não o próprio universo, tornam-se ilusórios. Ou, se a Ignorância não for o próprio tecido de nosso ser natural, mas ainda assim for um poder original e eterno da Consciência, então, mesmo se houver uma verdade do cosmos, poderia ser impossível para um ser no universo, enquanto estivesse nele, conhecê-la: ele só poderia alcançar o conhecimento real ao ultrapassar a mente e o pensamento, ao ultrapassar essa formação cósmica e ver todas as coisas do alto, em uma consciência supracósmica ou supercósmica, como aqueles cuja natureza se uniu ao Eterno e habitam n'Ele, não nascidos na criação e não afligidos pela destruição cataclísmica dos mundos abaixo deles.[10] Mas a solução desse problema não pode ser buscada e encontrada de modo satisfatório com base em uma análise de palavras e ideias ou de uma discussão dialética; a solução deve ser o resultado de observação e compreensão totais dos fatos relevantes da consciência — os da superfície e os que estão abaixo ou acima de nosso nível de superfície ou atrás de nossa superfície frontal — e de uma exploração frutífera de seu significado.

Pois o intelecto dialético não é um juiz competente das verdades essenciais ou espirituais; ademais, pela sua tendência a lidar com palavras e ideias abstratas como se fossem realidades imperativas, com frequência ele as usa como cadeias e não olha livremente além delas, para os fatos essenciais e totais de nossa existência. A exposição intelectual explica à nossa inteligência, e justifica pelo raciocínio, certo modo de ver as coisas que preexiste como uma propensão em nossa mente ou nosso temperamento ou em alguma tendência de nossa natureza, e predetermina secretamente o

---

10. *Bhagavad-Gītā*.

próprio raciocínio que pretende conduzir a isso. Esse próprio raciocínio só poderia ser conclusivo se a percepção das coisas nas quais repousa fosse uma visão ao mesmo tempo verdadeira e total. O que temos que ver aí, verdadeira e integralmente, é a natureza e a validez de nossa consciência, a origem e o raio de ação de nossa mentalidade, pois só assim poderemos conhecer a verdade de nosso ser e natureza, e do ser e natureza cósmicos. Nosso princípio em uma tal investigação deve ser ver e conhecer; o intelecto dialético é para ser usado apenas na medida em que ajuda a clarificar nossos arranjos e justifica nossa expressão da visão e do conhecimento, mas não podemos permitir-lhe governar nossas concepções e excluir a verdade que não entra no quadro rígido de sua lógica. A ilusão, o conhecimento e a ignorância são termos ou resultados de nossa consciência e é apenas olhando profundamente em nossa consciência que podemos descobrir e determinar o caráter e as relações entre o Conhecimento e a Ignorância ou entre a Ilusão, se existir, e a Realidade. Ser é seguramente o objeto fundamental de nossa investigação, as coisas em si e as coisas em sua natureza, mas é apenas por meio da consciência que podemos nos aproximar do Ser. Ou, se mantivermos que pelo fato de que ele é supraconsciente não poderemos atingir o Ser e só entraremos no Real se abolirmos ou transcendermos nossa consciência ou se nossa própria consciência transcender-se e transformar-se, é, no entanto, pela consciência que deveremos chegar ao conhecimento dessa necessidade e ao processo ou ao poder de executar essa abolição ou essa autotranscendência, essa transformação: por meio da consciência, tomar conhecimento da Verdade Supraconsciente torna-se a necessidade suprema, e descobrir o poder e o processo de consciência pelo qual essa consciência pode passar à supraconsciência torna-se a descoberta suprema.

Mas, em nós, a consciência parece ser idêntica à Mente; em todo caso, a Mente é um fator tão dominante de nosso ser que examinar seus movimentos fundamentais é a primeira necessidade. Contudo, a Mente, na verdade, não é nossa totalidade; há também em nós uma vida e um corpo, uma subconsciência e uma inconsciência; há uma entidade espiritual cuja origem e verdade secreta nos transportam a uma consciência interior oculta e a uma supraconsciência. Se a Mente fosse tudo, ou se a natureza da Consciência original nas coisas fosse da natureza da Mente, poder-se-ia conceber que a Ilusão ou a Ignorância fossem vistas como a fonte de nossa existência natural: pois a limitação e o obscurecimento do conhecimento pela natureza da Mente criam o erro e a ilusão, e as ilusões criadas pela atividade da Mente estão em meio às primeiras ocorrências de nossa consciência. Portanto, poder-se-ia logicamente sustentar que a Mente é a matriz de uma Ignorância que nos faz criar ou representar para nós mesmos um mundo falso, um mundo que não é mais do que uma construção subjetiva da consciência. Ou então, a Mente poderia ser a matriz em que certa Ilusão ou Ignorância original, Maya ou Avidya, lançam a semente de um universo impermanente e falso; a Mente seria ainda a mãe — uma "mãe estéril", visto que a criança seria irreal — e Maya, ou Avidya, poderia ser vista como uma espécie de avó do universo, pois a própria Mente seria uma produção ou reprodução de Maya. Mas é difícil discernir a fisionomia desse antepassado obscuro e enigmático, porque temos então que impor uma imaginação cósmica ou uma consciência-ilusão à Realidade eterna; o próprio Brahman, a Realidade, deveria ser, ou ter, ou sustentar, uma Mente construtora ou alguma consciência construtora maior que a Mente, mas de natureza análoga, e sua ação ou sua sanção deveriam fazer dele o criador e talvez mesmo, pelo fato de sua participação, uma vítima, como a Mente, de sua própria ilusão ou de seu próprio erro. E se a Mente fosse apenas um meio intermediário ou um espelho no qual projeta-se o reflexo de uma ilusão original ou uma falsa imagem ou sombra da Realidade, isso não seria menos desconcertante. A origem desse meio refletor seria, de fato, inexplicável, e a origem da falsa imagem aí projetada seria também inexplicável. Um Brahman indeterminável só poderia refletir-se como algo indeterminável, não como um universo multiforme. Ou, se ele for a desigualdade do meio refletor, se sua natureza fosse como a água agitada que cria imagens quebradas e distorcidas da Realidade, ainda assim seriam reflexos quebrados e distorcidos da Verdade que aí apareceriam, não uma pululação de nomes falsos e imagens de coisas cuja existência nunca teve origem ou base na Realidade. Deve haver alguma verdade múltipla da Realidade única que se reflete, por mais falsa ou imperfeita, nas imagens múltiplas do universo da mente. Poderia muito bem ser, então, que o mundo seja uma realidade e só a construção ou a imagem mental seja errônea ou imperfeita. Mas isso implicaria que há um Conhecimento diferente de nosso pensamento e percepções mentais — que são apenas uma tentativa de conhecimento —, uma verdadeira cognição que é consciente da Realidade e, nessa Realidade, é consciente também da verdade de um universo real.

Porque se descobríssemos que apenas a Realidade mais alta e uma Mente ignorante existem, não teríamos outra escolha senão admitir que a Ignorância é um poder original de Brahman e aceitar Avidya ou Maya como a origem de todas as coisas. Maya seria um poder eterno do Brahman autoconsciente, o poder de iludir a si mesmo, ou antes, iludir algo que parece ser ele-mesmo e teria sido criado pela Maya; a Mente seria a consciência ignorante de uma alma, que existe apenas como parte da Maya. Maya seria o poder de Brahman de dar-se, sub-repticiamente, nomes e formas e a Mente seria seu poder de recebê-los e tomá-los por realidades. Ou Maya seria o poder de Brahman de criar ilusões sabendo que são ilusões, a Mente o seu poder de receber ilusões esquecendo que são ilusões. Mas se Brahman é, em essência e sempre, um em sua autoconsciência, esse truque não é mais possível. Se Brahman pode dividir-se desse modo, se ao mesmo tempo conhece e não conhece, ou se uma parte conhece e a outra não conhece, ou mesmo se ele pode pôr algo de si na Maya, então Brahman deve ser capaz de uma dupla — ou múltipla — ação de consciência: uma consciência da Realidade e uma consciência da ilusão, ou uma consciência ignorante e uma supraconsciência. Essa dualidade ou essa multiplicidade parece, à primeira vista, logicamente impossível e, contudo, segundo essa hipótese, esse deve ser o fato crucial da existência, um mistério espiritual, um paradoxo suprarracional. Mas uma vez que admitimos a origem das coisas como um mistério suprarracional, podemos igualmente, ou de preferência, aceitar esse outro fato crucial do Um que se torna, ou é sempre, múltiplo, e do Múltiplo que é, ou se torna, o Um; isso também é, à primeira vista, dialeticamente impossível, um paradoxo suprarracional que, no entanto, apresenta-se a nós como um fato eterno e lei da existência. Mas se isso for aceito, então não haverá mais necessidade da intervenção de uma Maya da ilusão. Ou podemos igualmente aceitar, como já aceitamos, a concepção de um Infinito e Eterno que é capaz, pelo poder infinito de sua consciência, de manifestar a Verdade insondável e ilimitável de seu ser sob múltiplos aspectos e processos, em inumeráveis formas e movimentos expressivos; esses aspectos, processos, formas, movimentos, podem ser vistos como expressões reais, consequências reais de sua Realidade infinita; mesmo a Inconsciência e a Ignorância poderiam então ser aceitas entre eles como aspectos inversos, poderes de uma consciência involuída e um conhecimento autolimitado, manifestados porque são necessários a certo movimento no Tempo, um movimento de involução e evolução da Realidade. Se bem que suprarracional em sua base, essa concepção total não é completamente paradoxal, só pede uma mudança, uma ampliação, de nossas concepções do Infinito.

Mas o mundo real não pode ser conhecido e nenhuma dessas possibilidades pode ser testada, se considerarmos só a Mente ou apenas o poder de Ignorância da Mente. A Mente possui também um poder da Verdade, abre a câmara de seu pensamento à Vidya, assim como à Avidya, e se seu ponto de partida é a Ignorância, se passa pelos caminhos tortuosos do erro, ainda assim seu objetivo é sempre o Conhecimento: há nela um impulso para buscar a verdade, um poder — mesmo se secundário e limitado — de descobri-la e criá-la. Mesmo se o que ela pode nos mostrar são apenas imagens, representações ou expressões abstratas da verdade, estas são, no entanto, ao seu modo, reflexos ou formações da verdade, e as realidades das quais são formas estão presentes em sua verdade mais concreta nas profundezas maiores de nossa consciência ou em um nível superior de seu poder. Matéria e Vida são, talvez, a forma de realidades de que a Mente apreende apenas uma imagem incompleta; o Espírito possui, talvez, realidades secretas e divinas das quais a Mente é apenas um recebedor, um transcritor ou transmissor parcial e rudimentar. Então só um exame de outros poderes de consciência, supramentais e inframentais, assim como poderes mentais mais elevados e profundos, nos permitiria chegar à realidade completa. E, no final, tudo depende da verdade da Consciência suprema — ou da supraconsciência — que pertence à Realidade mais alta, e suas relações com a Mente, a Supramente, a Inframente e a Inconsciência.

Na verdade, tudo muda quando entramos nas profundezas inferiores e superiores da consciência e as unimos na Realidade única onipresente. Se considerarmos os fatos de nosso ser e do ser do mundo, constataremos que a existência é uma, sempre — a unidade governa mesmo sua mais extrema multiplicidade; mas a multiplicidade na superfície das coisas é também inegável. Encontramos unidade em todo lugar, ela nos persegue: mesmo quando vamos sob a superfície vemos que não estamos atados por dualismo algum; as contradições e oposições que o intelecto cria existem apenas como aspectos da Verdade original; unidade e multiplicidade são polos da mesma Realidade; as dualidades que perturbam nossa consciência são as verdades contrastadas de uma mesma Verdade de ser. Toda multiplicidade se converte em uma multiformidade do Ser único, da Consciência de Ser única, do Deleite de Ser único. Assim, na dualidade prazer e dor vimos que dor é o efeito contrário do deleite único da existência, resultante da fraqueza do recipiente, sua inabilidade em assimilar a força que encontra, sua incapacidade em suportar o contato do deleite que de outro modo sentiria; é uma reação deturpada da Consciência à Ananda e, em si, não é um oposto fundamental de Ananda: o fato de que a dor pode mudar em prazer e o prazer em dor, e ambos se desfazerem na Ananda original, demonstra-o de maneira significativa. Do mesmo modo, cada forma de fraqueza é na realidade uma operação particular de uma Vontade-Força divina única ou da Energia Cósmica única; fraqueza, nessa Força, quer dizer seu poder de reter e medir, de correlacionar-se à ação dessa Força, de modo particular; incapacidade ou fraqueza significam que o Self retém a plenitude de sua força ou que a reação da Força é insuficiente, não seu oposto fundamental. Se isso for assim, então talvez seja possível, e deveria ser na natureza das coisas, que, na realidade, aquilo que chamamos Ignorância não seja mais do que um poder do Conhecimento-Vontade divino único, ou Maya; do mesmo modo, a Consciência Única tem a capacidade de regularizar, reter e medir, de correlacionar-se à ação de seu Conhecimento, de modo particular. O Conhecimento e a Ignorância não seriam então dois princípios irreconciliáveis; um, o criador da existência cósmica, o outro, que não a aceita e é destrutivo, mas dois poderes coexistentes, ambos presentes no próprio universo, operando diversamente na gestão de seus processos, mas um em essência, e capazes de fundir-se um no outro em uma transmutação natural. Mas em sua relação fundamental, a Ignorância não seria um parceiro igual, ela seria dependente do Conhecimento e uma limitação ou ação contrária do Conhecimento.

Para conhecer, temos sempre que dissolver as construções rígidas do intelecto ignorante e obstinado, e olhar de modo livre e flexível os fatos da existência. O fato fundamental da existência é a consciência, que é poder e, de fato, vemos que esse poder tem três maneiras de operar: primeiro, constatamos que há uma consciência por trás de tudo, abarcando tudo, em tudo, que é eterna, universal e absolutamente consciente de si, seja na unidade, seja na multiplicidade ou em ambas ao mesmo tempo, ou além de ambas, em seu puro absoluto. Isto é a plenitude do autoconhecimento divino e supremo; é também a plenitude do todo-conhecimento divino. Em seguida, no polo oposto, vemos essa consciência lidando com aparentes oposições em si mesma, e a antinomia mais extrema atinge seu auge no que nos parece ser uma insciência completa de si, uma Inconsciência efetiva, dinâmica, criadora, embora saibamos que isso é só uma aparência superficial e que o Conhecimento divino atua com uma segurança e uma certeza soberanas no interior das operações do Inconsciente. Entre essas duas oposições e como termo intermediário, vemos a Consciência agir com uma autopercepção parcial, limitada, que é igualmente superficial, pois por trás e agindo através dela está o Todo-Conhecimento divino. Aqui, em seu estado intermediário, ela parece ser um acordo permanente entre os dois opostos, a Consciência suprema e a Insciência, porém, em uma visão mais ampla dos nossos dados, pode revelar-se como o emergir incompleto do Conhecimento à superfície. A esse compromisso ou emergir imperfeito damos o nome de Ignorância, de nosso próprio ponto de vista, porque a ignorância é a maneira característica que tem nossa alma de reter dentro de si seu completo autoconhecimento. A origem dessas três atitudes do poder de consciência e a exata relação entre elas é o que precisamos, se possível, descobrir.

Se descobríssemos que a Ignorância e o Conhecimento são dois poderes independentes da Consciência, talvez devêssemos então insistir em procurar a diferença entre eles até chegar ao ponto mais alto da Consciência, no qual eles desapareceriam em um Absoluto de que ambos teriam emergido ao mesmo tempo.[11] Poder-se-ia

---

11. Nos *Upanishads*, Vidya e Avidya são consideradas eternas no supremo Brahman; mas isso pode ser aceito no sentido da consciência da multiplicidade e da consciência da Unidade, que pela coexistência na suprema autopercepção tornam-se a base da Manifestação. Elas seriam aí os dois aspectos de um eterno autoconhecimento.

então concluir que o único conhecimento real é a verdade do Absoluto supraconsciente e essa verdade da consciência, verdade do cosmos e verdade de nós mesmos no cosmos são, no máximo, uma representação parcial, sempre com o peso da presença concomitante da Ignorância, que nos envolve com sua penumbra, nos persegue com sua sombra. Poder-se-ia então concluir que um Conhecimento absoluto estabelecendo verdade, harmonia e ordem, e uma Inconsciência absoluta servindo de base a um jogo de fantasia, desarmonia e desordem, sustentando inexoravelmente seus extremos de falsidade, erro e sofrimento — um princípio duplo maniqueísta de luz e obscuridade, de bem e mal, opostos e entremeados —, estejam na raiz da existência cósmica. A ideia de certos pensadores, de que há um bem absoluto, mas também um mal absoluto, ambos como maneiras de abordar o Absoluto, poderia então justificar-se. Mas, se virmos que Conhecimento e Ignorância são a luz e a sombra da mesma consciência, que o começo da Ignorância é uma limitação do Conhecimento e é essa própria limitação que abre as portas à possibilidade subordinada de ilusões e erros parciais, que essa possibilidade se materializa inteiramente depois de um mergulho proposital do Conhecimento em uma Inconsciência material, mas que o Conhecimento emerge, ele também, ao mesmo tempo que a Consciência emerge da Inconsciência, então podemos estar seguros de que essa Ignorância completa está mudando, por sua própria evolução, em um Conhecimento limitado; e podemos estar seguros de que a própria limitação será removida e a verdade inteira das coisas tornar-se-á aparente, a Verdade cósmica liberar-se-á da Ignorância cósmica. De fato, o que está acontecendo é que a Ignorância busca e se prepara para transformar-se, por uma iluminação progressiva de suas trevas, no Conhecimento que já está escondido nela; a verdade cósmica, manifestada em sua essência e sua representação reais, revelar-se-ia, por essa transformação, como essência e representação da suprema Realidade onipresente. É a partir dessa interpretação da existência que começamos, mas para verificá-la devemos observar a estrutura de nossa consciência de superfície e sua relação com o que está dentro, acima e abaixo dela, pois é assim que podemos discernir melhor a natureza e a extensão da Ignorância. Nesse processo, aparecerá também a natureza e a extensão disso de que a Ignorância é uma limitação e deformação: o Conhecimento, que em sua totalidade é o autoconhecimento e o conhecimento do mundo, os quais são permanentes no ser espiritual.

# CAPÍTULO VIII

# A MEMÓRIA, A AUTOCONSCIÊNCIA E A IGNORÂNCIA

*Alguns falam da natureza essencial das coisas, outros dizem que é o Tempo.*
*Shvetashvatara Upanishad*, VI. 1.

*Duas são as formas de Brahman, o Tempo e o Sem-Tempo.*
*Maitri Upanishad*, VI. 15.

*A Noite nasceu, e da Noite o fluido oceano do ser, e no oceano nasceu o Tempo, ao qual se submete toda criatura de visão.*
*Rig Veda*, X. 190. 1, 2.

*Maior é a Memória; sem memória os homens não poderiam pensar e nem conhecer. [...] Tão longe quanto vai o movimento da Memória, lá o homem se expande à vontade.*
*Chandogya Upanishad*, VII. 13. 1, 2.

*Isto é ele, que é aquele que vê, toca, ouve, cheira, experimenta, pensa, compreende, age em nós, um ser consciente, um self de conhecimento.*
*Prashna Upanishad*, IV. 9.

Em qualquer estudo do caráter dual de nossa consciência devemos, primeiro, considerar a Ignorância — porque nosso estado normal é o de uma Ignorância que tenta tornar-se Conhecimento. Para começar, é necessário considerar certos movimentos essenciais dessa percepção parcial do self e das coisas que atua em nós como mediadora entre o completo conhecimento de si e do todo e a completa Inconsciência, e, desse ponto de partida, encontrar sua relação com a Consciência mais vasta sob a nossa superfície. Há uma linha de pensamento que dá uma grande importância à ação da memória: foi até mesmo dito que a Memória é o homem, que ela constitui nossa personalidade e mantém cimentado o alicerce de nosso ser psicológico, pois liga nossas experiências e as relaciona a uma única e mesma entidade individual. Essa ideia se apoia no fato de que existimos na sucessão do Tempo, e para ela o processo é a chave da Verdade essencial, mesmo quando não considera o todo da existência como um processo ou como causa e efeito no desenvolvimento de certa forma de Energia autorreguladora, o Karma. Mas um processo é apenas um meio; é uma escolha habitual de certas relações efetivas que poderiam, na infinita possibilidade das coisas, ter sido arranjadas de outra maneira, para produzir resultados que, estes também, poderiam ter sido completamente diferentes. A verdade real das coisas não reside no processo, mas no que se encontra por trás dele, em tudo que determina, realiza ou governa o processo; não tanto no cumprir-se quanto na Vontade ou no Poder que cumpre, não tanto na Vontade ou no Poder quanto na Consciência da qual a Vontade é a forma dinâmica, e no Ser, cujo Poder é o valor dinâmico. Mas a memória é apenas um processo de consciência, um meio; não pode ser a substância do ser ou a totalidade de nossa personalidade: é apenas uma das operações da consciência, como a radiação é uma das operações da Luz. É o Self que é o homem: ou, se virmos apenas nossa existência normal, superficial, a Mente é o homem — pois o homem é o ser mental. A memória é só um dos muitos poderes e processos da Mente, que no momento é a ação principal da Consciência-Força em nossas relações com o Self, o mundo e a Natureza.

No entanto, é melhor começar pelo fenômeno da memória, ao considerarmos a natureza da Ignorância em que vivemos, pois isso pode nos dar a chave de alguns aspectos importantes de nossa existência consciente. Vemos que há duas aplicações que a mente faz de sua faculdade ou processo de memória: memória do self e memória da experiência. Primeiro, de modo radical, a mente aplica a memória à realidade de nosso ser consciente e a relaciona ao Tempo. Ela diz: "eu sou agora, eu fui no passado, eu serei, portanto, no futuro, é o mesmo eu em todas as três divisões sempre instáveis do Tempo". Ela tenta assim explicar-se em termos de Tempo e justificar aquilo que sente ser o fato real, mas não pode conhecer ou provar que é verdadeira: a eternidade do ser consciente. Pela memória, a Mente só pode saber de si mesma no passado; pela autopercepção direta, só pode conhecer-se no momento presente; só pode perceber-se no futuro pela extensão dessa autopercepção e o que pode deduzir disso, e pela memória que lhe recorda que essa percepção existiu por certo tempo de maneira contínua. Ela não pode definir a extensão do passado e do futuro, pode apenas trazer o passado até o limite de sua memória e, pelo testemunho de outros e os fatos da vida que observa em torno de si, deduzir que seu ser consciente já existia em épocas que não pode mais recordar. Ela sabe que existia em um recém-nascido, em um estado prerracional da mente com o qual a memória perdeu a ligação; se existiu antes do nascimento físico, a mente mortal, devido a essa lacuna da memória, não pode determinar com certeza. Do futuro nada sabe, absolutamente; quanto a saber se existirá no instante seguinte, só pode ter uma certeza moral, que algum acontecimento nesse instante pode provar ser um erro, pois o que viu não era mais do que uma probabilidade dominante; ela pode saber menos ainda se a dissolução física é o fim do ser consciente. Contudo, tem o sentido de uma continuidade persistente, que pode facilmente estender-se e dar-lhe a convicção de sua eternidade.

Essa convicção pode ser o reflexo na mente de um passado sem fim, que ela esqueceu, mas do qual algo nela retém impressões sem forma, ou a sombra de um autoconhecimento que a mente recebe de um plano mais alto ou mais profundo de nosso ser, onde temos realmente a percepção da existência eterna de nosso self. Ou poder-se-ia conceber que se trata de uma alucinação; assim como não podemos sentir a realidade da morte ou concebê-la com um poder de previsão de nossa consciência e só podemos viver se sentimos a continuidade de nossa existência — a cessação é para nós uma concepção intelectual que podemos ter por certa, mesmo imaginar com vividez, sem jamais apreendê-la realmente, pois vivemos apenas no presente — embora a morte, a cessação ou, pelo menos, a interrupção de nosso modo de ser atual seja um fato, e o sentido ou a previsão de uma existência futura contínua em um corpo físico, para além de um ponto que não podemos ainda fixar, torna-se uma alucinação, uma falsa extensão ou aplicação errada da impressão mental que temos presentemente de nosso ser consciente; pode-se então conceber que seja a mesma coisa com essa ideia ou impressão mental de eternidade consciente. Ou poderia ser uma falsa transferência, a nós mesmos, da percepção de uma eternidade real, consciente ou inconsciente, diferente de nós, quer seja a eternidade do universo, quer seja a eternidade de algo que ultrapassa o universo. A mente, ao capturar esse fato da eternidade, pode transferi-lo por erro ao nosso ser consciente, que não seria mais do que um fenômeno transitório dessa verdade eterna única.

Essas questões, nossa mente de superfície não tem meio algum de resolver por si mesma; ela só pode especular infinitamente e chegar a conclusões mais ou menos racionais. A crença em nossa imortalidade é apenas uma fé, a crença em nossa mortalidade é apenas uma fé. É impossível para o materialista provar que nossa consciência acaba com a morte do corpo; pois ele, de fato, pode mostrar que, até agora, não há nenhuma prova convincente de que algo em nós sobrevive conscientemente, mas, do mesmo modo, nada na natureza das coisas prova que nosso self consciente não sobrevive à dissolução física. Talvez um dia seja estabelecido, de modo a satisfazer mesmo aos céticos, que a personalidade humana sobrevive ao corpo; mas mesmo então o que será estabelecido será apenas uma maior continuidade do ser consciente, e não sua eternidade.

De fato, se examinarmos o conceito mental de eternidade veremos que se reduz a uma sucessão contínua de momentos do ser em um Tempo eterno. Portanto, é o Tempo que é eterno e não o ser consciente continuamente momentâneo. Mas, por outro lado, não há evidência mental para mostrar que o Tempo eterno existe realmente ou que o próprio Tempo é algo mais do que o modo do ser consciente de olhar certa continuidade ininterrupta ou, talvez, uma eternidade de existência, como um fluir indivisível que seus conceitos medem pelas experiências sucessivas e simultâneas que, apenas elas, lhe permitem representar para si mesmo essa existência. Se há uma Existência eterna que é um ser consciente, deve estar além do Tempo que ela contém, atemporal, como dizemos; deve ser o Eterno do Vedanta que, podemos conjecturar, usa o Tempo apenas como uma perspectiva conceitual para Sua visão de Sua automanifestação. Mas o autoconhecimento atemporal desse Eterno está além da mente; é um conhecimento supramental supraconsciente para nós, e o único meio de adquiri-lo é pela cessação ou a transcendência da atividade temporal de nossa mente consciente, ao entrar no Silêncio ou passar através do Silêncio para alcançar a consciência da eternidade.

De tudo isso emerge um fato essencial: a própria natureza de nossa mente é a Ignorância; não uma insciência absoluta, mas um conhecimento do ser limitado e condicionado, limitado pela compreensão do seu presente, a memória do seu passado, a inferência sobre seu futuro e, por isso, condicionado por uma visão temporal e sucessiva de si e de suas experiências. Se a existência real for uma eternidade temporal, então a mente não tem um real conhecimento de ser, pois mesmo seu próprio passado se perde na bruma do esquecimento, com exceção do pouco que a memória retém; ela não tem a posse de seu futuro, que lhe é escondido pelo grande vazio da ignorância; tem apenas um conhecimento de seu presente que muda de momento a momento em uma série inexorável de nomes, formas, acontecimentos, a marcha ou o fluxo de uma *kinesis* cósmica, demasiado vasta para seu controle ou sua compreensão. Por outro lado, se a existência real for uma eternidade que transcende o tempo, a mente ignora isso ainda mais: pois conhece dessa existência apenas o pouco que pode apreender de um momento a outro pela experiência fragmentária de sua automanifestação superficial no Tempo e Espaço.

Então, se a mente for tudo, ou se a mente aparente em nós for o indício da natureza de nosso ser, não poderemos nunca ser algo mais do que uma Ignorância que passa fugazmente pelo Tempo e capta o conhecimento de modo escasso e fragmentado. Mas se houver, além da mente, um poder de autoconhecimento que em sua essência é atemporal e pode olhar o Tempo, talvez com uma visão simultânea do passado, presente e futuro em que tudo se encontra religado, mas que, em todo caso, constitui uma circunstância de seu próprio ser atemporal, teremos então dois poderes de consciência: Conhecimento e Ignorância, Vidya e Avidya, do Vedanta. Os dois devem ser, então, poderes diferentes e desconectados, nascidos separadamente e diversificados em suas ações, cada um autoexistente em um eterno dualismo, ou então, se houver uma conexão entre eles, deve ser que a consciência como Conhecimento conhece seu ser atemporal e vê o Tempo em si mesmo, enquanto a consciência como Ignorância é uma ação parcial e superficial do mesmo Conhecimento que, antes, se vê no Tempo, velando-se em sua própria concepção de um ser temporal, que só poderá retornar ao autoconhecimento ao suprimir o véu.

Pois seria irracional supor que o Conhecimento supraconsciente seja tão distante e separado a ponto de ser incapaz de conhecer Tempo, Espaço, Casualidade e suas operações, pois nesse caso ele seria apenas um outro tipo de Ignorância, a cegueira do ser absoluto que responde à cegueira do ser temporal, como os polos positivos e negativos de uma existência consciente incapaz de conhecer-se inteiramente, ou que conhece apenas a si e não conhece suas próprias obras, ou então conhece apenas suas obras e não conhece a si mesma — nos dois casos, uma equipolência em rejeição mútua e igualmente absurda. Na perspectiva mais vasta do antigo Vedanta, devemos nos conceber não como um ser dual, mas como uma existência consciente única com uma fase dupla de consciência: uma é consciente, ou consciente de modo parcial, em nossa mente, e a outra é supraconsciente para a mente; uma, um conhecimento situado no Tempo, que atua sob as condições do Tempo e, para isso, relega a um segundo plano seu autoconhecimento; a outra, atemporal, elabora com mestria e conhecimento suas próprias condições temporais, que ela mesma determinou; uma, conhece a si mesma apenas pelo seu crescimento na experiência do Tempo, a outra, conhece seu self atemporal e manifesta-se conscientemente na experiência do Tempo.

Compreendemos agora aquilo que o *Upanishad* quis dizer quando falou de Brahman como sendo ao mesmo tempo Conhecimento e Ignorância, e do conhecimento de Brahman em ambos como o caminho para a imortalidade. Conhecimento é o poder de consciência inerente ao Self atemporal, não espacial, incondicionado, que se revela em sua essência como unidade de ser; só essa consciência é um conhecimento real e completo, porque é uma transcendência eterna que não apenas se percebe, mas contém em si mesma, manifesta, origina, determina, conhece, as sucessões temporalmente eternas do universo. Ignorância é a consciência do ser na sucessão do Tempo, dividida em seu conhecimento porque vive no momento, dividida em sua concepção de seu ser-em-si porque vive nas divisões do Espaço e nas relações circunstanciais, autoaprisionada nas operações múltiplas da unidade. É chamada Ignorância porque deixou para trás o conhecimento da unidade e, por essa razão, não pode conhecer de modo verdadeiro ou completo a si ou o mundo, nem a realidade transcendente, nem a realidade universal. Vivendo no seio da Ignorância, de momento a momento, de esfera de ação a esfera de ação, de relação a relação, a alma consciente prossegue sua caminhada tropeçante, no erro de um conhecimento fragmentário,[1] Ela não é uma insciência, mas uma visão e uma experiência da realidade que são em parte verdadeiras e em parte falsas, como deve ser todo conhecimento que ignora a essência e vê apenas partes fugitivas do fenômeno. Por outro lado, fechar-se na consciência sem feições da unidade, ignorante de Brahman manifestado, é descrito igualmente como uma profunda escuridão. Na verdade, nenhuma delas é realmente obscura, mas uma é o deslumbre de uma Luz concentrada, a outra, as proporções ilusórias de coisas vistas em uma luz difusa, velada e fragmentada, uma visão semi-imersa na bruma. A consciência divina não está fechada em nenhuma das duas, mas mantém o Um imutável e o Múltiplo que se muda em autoconhecimento único e eterno, que tudo liga e tudo une.

A Memória, na consciência que divide, é uma muleta em que a mente tropeçante se apoia, levada inexoravelmente, sem possibilidade de parar ou pausar, na vertiginosa corrente do Tempo. A memória é um substituto pobre de uma autoconsciência integral, direta e permanente, e uma percepção das coisas direta, integral e global. A mente só pode ter a consciência direta de si na momentaneidade de seu ser presente; pode ter apenas uma percepção semidireta das coisas, à medida que lhe são ofertadas no momento presente do tempo e no campo imediato do espaço e são percebidas pelos sentidos. Ela completa sua deficiência com a memória, imaginação, pensamento, ideias-símbolos de vários tipos. Seus sentidos são mecanismos para apreender as aparências das coisas no momento presente e espaço imediato; memória, imaginação e pensamentos são mecanismos que lhe permitem representar para si, de maneira ainda menos direta, as aparências de coisas para além do momento presente e do es-

---

1. *Avidyāyām antare vartamānāḥ... jaṅghanyamānāḥ pariyanti mūḍhāḥ andhenaiva nīyamānāḥ yathāndāḥ.* "Eles vivem e se movem no interior da Ignorância, eles giram e giram, tropeçantes, maltratados, homens na ilusão, como cegos conduzidos por um que é cego." (*Mundaka Upanishad*, I. 2. 8.)

paço imediato. A única coisa que não é um mecanismo é sua autoconsciência direta no momento presente. Portanto, é por meio dela que a mente pode mais facilmente apreender o fato do ser eterno, a realidade; quando olha as coisas de perto, a mente é tentada a considerar tudo o mais não só como mero fenômeno, mas, possivelmente, como erro, ignorância, ilusão, porque não lhe parecem mais tão diretamente reais. É assim que o Ilusionista as vê; a única coisa que ele retém como verdadeiramente real é o self eterno por trás da autoconsciência direta da mente no presente. Ou então, como o budista, chega a ver até mesmo esse self eterno como uma ilusão, representação, imagem subjetiva, mera imaginação ou sensação e ideia falsas do ser. A mente se vê como um mágico fabuloso, suas obras, e ela mesma, parecem-lhe ao mesmo tempo estranhamente existentes e não existentes, uma realidade persistente e, contudo, um erro efêmero que ela explica ou não explica, mas está, de qualquer modo, determinada a eliminar — a si e às suas obras — para poder repousar e, no repouso atemporal do Eterno, suprimir as representações vãs das aparências.

Mas, na verdade, nossas distinções categóricas entre o dentro e o fora, entre a autoconsciência presente e passada, são estratagemas da ação instável e limitada da mente. Por trás da mente, e a usá-la como sua própria atividade de superfície, há uma consciência estável em que não há divisão conceitual imperativa entre ela mesma no presente e ela mesma no passado e no futuro; contudo, ela se conhece no Tempo: no presente, no passado e no futuro, mas ao mesmo tempo com uma visão não dividida que abarca todas as experiências mutáveis do self temporal e as mantém na base do self imóvel, atemporal. Podemos perceber essa consciência quando nos retiramos da mente e suas atividades ou quando estas silenciam. Mas vemos em primeiro lugar seu estado de imobilidade, e se olhamos apenas a imobilidade do self, podemos dizer que é não apenas atemporal, mas inativa, sem movimento de ideias, pensamento, imaginação, memória, vontade; autossuficiente, absorvida em si e, portanto, vazia de toda ação cósmica. Isso então se torna a única coisa real para nós, e o resto nada mais é do que simbolizações vãs em formas não existentes — ou formas que correspondem a nada verdadeiramente existente —, e portanto um sonho. Mas essa autoabsorção é apenas um ato, um estado resultante de nossa consciência, assim como o era a autodispersão no pensamento, memória e vontade. O self real é o eterno, que, evidentemente, é capaz das duas coisas: mobilidade no Tempo e imobilidade na base do Tempo — simultaneamente, senão elas não poderiam existir; nem mesmo se uma pudesse existir e a outra criasse aparências. É a

Alma, Self ou Ser supremo do *Bhagavad-Gītā*[2] que sustenta os dois, o ser imóvel e o ser móvel, como o self e senhor de toda existência.

Chegamos até aqui considerando mente e memória sobretudo em relação ao fenômeno primeiro de autoconsciência mental no Tempo. Mas se as considerarmos em relação à autoexperiência e à autoconsciência, em relação à experiência com outros e à autoexperiência, veremos que chegamos ao mesmo resultado, mas com uma riqueza maior de conteúdo e uma percepção mais clara e luminosa da natureza da Ignorância. No momento, expressemos assim o que vimos: um ser consciente eterno que sustenta a ação móvel da mente em uma autoconsciência estável e imóvel, livre de toda ação no Tempo, e que abarca todo o movimento do Tempo com um conhecimento superior à mente, enquanto vive, pela ação da mente, nesse movimento. Como entidade mental de superfície que se move de momento a momento, esse ser consciente — que observa não seu self essencial, mas apenas sua relação com suas experiências no movimento do Tempo e tem, nesse movimento, o futuro distanciado de si no que parece ser um vazio da Ignorância e da não-existência, mas que, de fato, é uma plenitude irrealizada — apreendendo o conhecimento e a experiência de ser no presente guarda-os no passado que, por sua vez, parece ser um vazio da Ignorância e da não-existência em parte iluminado, em parte salvaguardado e conservado pela memória. Ele toma o aspecto de uma coisa fugidia e incerta que se apropria precariamente de coisas fugidias e incertas, mas, na realidade, como veremos, é sempre o mesmo Eterno que é para sempre estável e mestre de si em Seu conhecimento supramental, e isso de que se apropria é também para sempre estável e eterno, pois é a si mesmo que ele experiencia mentalmente na sucessão do Tempo.

O Tempo é o grande banco da existência consciente, convertido em valores de experiência e ação: o ser mental de superfície vai buscá-lo no passado (e no futuro também) e o põe continuamente em circulação no presente; contabiliza e amontoa os bens que acumulou naquilo que chamamos o passado, sem saber a que ponto o passado está sempre presente em nós; saca do passado, segundo suas necessidades, uma soma de conhecimento e de ser realizado e a gasta como moedas da ação mental, vital e física no comércio do presente que, a seus olhos, cria a nova riqueza do futuro. Ignorância é uma utilização do autoconhecimento do Ser, de modo que tenha um valor para a experiência no Tempo e seja válido para a atividade no Tempo; o que não conhecemos é aquilo que ainda não sacamos, emitimos ou não utilizamos em nossa experiência mental ou deixamos de emitir ou utilizar. Por trás, tudo é conhecido e tudo está pronto para ser usado segundo a vontade do Self em

---

2. *Para purusha, paramātman, parabrahman.*

suas relações com Tempo, Espaço e Causalidade. Quase se poderia dizer que nosso ser de superfície é apenas o Self eterno e mais profundo em nós, que se projeta exteriormente como um aventureiro no Tempo, jogador e especulador de possibilidades infinitas, que se limita à sucessão de momentos a fim de ter toda a surpresa e o deleite da aventura, mantendo seu autoconhecimento e seu ser-em-si completo, a fim de poder ganhar de novo o que parecia haver perdido, reconquistando-se completamente mediante a felicidade e o sofrimento alternados de uma paixão, busca e empenho que continuam ao longo das eras.

CAPÍTULO IX

# A MEMÓRIA, O EGO E A EXPERIÊNCIA DO SELF

*Aqui, este Deus — a Mente — em seu sonho experiencia repetidas vezes o que uma vez foi experienciado; o que foi visto e o que não foi visto, o que foi ouvido e o que não foi ouvido, o que foi experienciado e o que não foi experienciado, o que é e o que não é, tudo ela vê, ela é tudo, e vê.*

Prashna Upanishad, IV. 5.

*Habitar em nosso ser verdadeiro é liberação; o sentido de ego é uma queda da fonte da verdade de nosso ser.*

Mahopanishad, V. 2.

*Um em muitos nascimentos, um único oceano que contém todas as torrentes de movimento, vê nossos corações.*

Rig Veda, X. V. 1.

A autoconsciência direta do ser mental — pela qual ele percebe sua própria existência sem nome e sem forma por trás do fluir de uma autoexperiência diferenciada, percebe a eterna substância de sua alma por trás das formações mentais dessa substância, seu self por trás do ego — passa além da mente para entrar no atemporal de um eterno presente; no ser mental, ela é isso que é sempre idêntico e não afetado pela distinção mental de passado, presente e futuro. Ela tampouco é afetada por distinções espaciais e circunstanciais; pois se o ser mental em geral diz de si mesmo "Estou no corpo, estou aqui, estava ali, eu estarei em algum outro lugar", contudo, quando aprende a fixar-se nessa autoconsciência direta logo percebe que essa é a linguagem de sua autoexperiência mutável e que expressa apenas as relações de sua consciência de superfície com o meio e as coisas externas. Ao distinguir essas coisas, ao desapegar-se delas, esse ser mental percebe que o self do qual é diretamente consciente não muda de modo algum por causa dessas mudanças externas, mas é sempre o mesmo, não afetado pelas alterações do corpo ou da mente, nem por aquelas do campo onde o corpo e a mente se movem e agem. Em sua essência, esse self é sem feições, sem relação, sem nenhum outro caráter que não o de uma pura existência consciente, autossuficiente e eternamente satisfeita com o ser puro, pleno de sua própria beatitude. Assim, tomamos consciência do self estável, do eterno "Sou", ou melhor, do "É" imutável, fora de toda categoria pessoal ou temporal.

Mas essa consciência do Self, como é atemporal, é assim capaz de considerar o Tempo livremente, como uma coisa que se reflete nela e como a causa ou o campo subjetivo de uma experiência mutável. Ela é então o eterno "Eu sou", a consciência que não muda e em cuja superfície as mudanças da experiência consciente se produzem no processo do Tempo. Sem cessar, a consciência de superfície acrescenta à sua experiência, ou rejeita, algum elemento, e a cada acréscimo ela é modificada, e a cada rejeição é também modificada; embora esse self mais profundo que sustenta e contém essa mutação não seja modificado, o self exterior, ou de superfície, desenvolve constantemente sua experiência de maneira a jamais poder dizer de si mesmo, de modo absoluto, "Eu sou o mesmo que era há um momento atrás". Aqueles que vivem nesse ser temporal de superfície e não têm o hábito de retirar-se interiormente em direção ao imutável, ou não são capazes de aí permanecer, são incapazes de conceber-se à parte dessa experiência mental que se modifica de maneira contínua. Para eles, isso é seu próprio self, e lhes é fácil aceitar, se olharem com desapego o que lhes acontece, a conclusão dos niilistas budistas, isto é, que esse self de fato não é nada mais do que uma corrente de ideias, experiências e atividades mentais, uma flama persistente que, no entanto, nunca é a mesma, e concluir que nada existe que seja um self real, mas só um fluir de experiências e, por trás, o Nada: há a experiência do conhecimento sem um Conhecedor, a experiência de ser sem um Existente; há apenas certo número de elementos, partes de um fluxo, mas sem uma totalidade real, que se combinam para criar a ilusão de um Conhecedor, um Conhecimento e o Conhecido, a ilusão de um Existente, a existência e a experiência da existência. Ou podem concluir que o Tempo é a única existência real e eles mesmos são suas criaturas. Essa conclusão, que supõe um existente ilusório em um mundo real ou irreal, é tão inevitável nesse tipo de afastamento quanto a conclusão oposta — que supõe uma Existência real, mas em um mundo ilusório — para o pensador, que, vivendo no self imóvel, observa tudo o mais como um não-self mutável; no final, ele chega a considerar esse último o resultado de um subterfúgio da consciência.

Mas observemos um pouco essa consciência de superfície sem teorizar, examinando apenas seus fatos. Primeiro, ela nos aparece como um fenômeno puramente subjetivo: há uma mudança constante e rápida de pontos do Tempo que é impossível parar um só instante. Há uma mudança constante — mesmo sem modificação alguma da circunstância espacial — tanto no corpo ou em uma das formas próprias da consciência, que ela ocupa diretamente, como no corpo e na forma das coisas circundantes e onde ela vive menos diretamente. Essa consciência de superfície é afetada por ambos do mesmo modo, embora mais vivamente, porque de modo direto, pelo *habitat* menor do que pelo mais vasto, pelo seu próprio corpo do que pelo corpo do mundo, porque só é diretamente consciente das mudanças em seu próprio corpo, e apenas indiretamente daquelas do corpo do mundo, por meio dos sentidos e dos efeitos do macrocosmo sobre o microcosmo. Essa mudança do corpo e do meio não é assim tão insistentemente óbvia, ou não tão obviamente rápida como a mutação veloz do Tempo; contudo, é real do mesmo modo, de momento a momento, e do mesmo modo impossível de parar. Mas vemos que o ser mental só considera toda essa mutação na medida em que produz efeitos sobre sua própria consciência mental e gera impressões e mudanças em sua experiência e seu corpo mentais, porque só por meio da mente ele pode perceber sua morada física e sua experiência cósmica, que se modificam de maneira constante. Portanto, assim como há uma troca ou mudança do ponto temporal e do campo espacial, há então uma mudança perpétua, uma modificação constante da soma das circunstâncias experienciadas no Tempo e no Espaço e, como resultado, uma modificação constante da personalidade mental, que é a forma de nosso self superficial ou aparente. Toda essa mudança de circunstâncias é resumida na linguagem filosófica com o termo causalidade, pois nessa corrente do movimento cósmico o estado antecedente parece ser a causa de um estado subsequente, ou então esse estado subsequente parece ser o resultado de uma ação prévia, produzida por pessoas, objetos ou forças: mas, de fato, o que chamamos causa pode muito bem ser apenas uma circunstância. Assim, em um plano superior à sua autoconsciência direta, a mente tem uma autoexperiência mutável e mais ou menos indireta, que ela divide em duas partes: sua experiência subjetiva dos estados mentais de sua personalidade, que se modificam sem parar, e sua experiência objetiva do meio sempre em mutação, que parece ser, em parte ou inteiramente, a causa das atividades dessa personalidade e é, ao mesmo tempo, afetada por elas. Mas todas essas experiências, no fundo, são subjetivas; pois mesmo o objetivo e o externo são conhecidos pela mente apenas na forma de impressões subjetivas.

Aqui, o papel da Memória tem uma importância muito maior; pois enquanto tudo o que pode fazer para a mente com relação à autoconsciência direta é recordar-lhe que existiu e era a mesma, seja no passado, seja no presente, em nossa experiência diferenciada ou superficial de nós mesmos ela se torna um poder importante, que liga as experiências passadas e presentes, a personalidade passada e a presente, impede o caos e a desagregação e assegura a continuidade do fluxo na mente de superfície. Mas mesmo nesse caso não devemos exagerar a função da memória, ou atribuir-lhe essa parte das operações da consciência que, em realidade, pertence à atividade de outros aspectos do poder do ser mental. Não é só a memória que constitui o sentido de ego; a memória é apenas um mediador entre a mente sensorial e a inteligência coordenadora: ela oferece à inteligência dados passados da experiência que a mente retém em algum lugar no seu interior, mas não pode levar consigo em sua corrida superficial de momento a momento.

Uma análise breve porá isso em evidência. Em todas as atividades mentais temos quatro elementos: o objeto da consciência mental, o ato da consciência mental, a ocasião e o sujeito. Na autoexperiência do ser interior que se observa, o objeto é sempre um estado ou movimento, uma onda do ser consciente: cólera, raiva, tristeza ou qualquer outra emoção, fome ou qualquer outro apetite vital, impulso, ou reação vital interior, ou alguma forma de sensação, percepção ou atividade do pensamento. O ato é uma espécie de observação mental e avaliação conceitual desse movimento ou dessa onda, ou então uma sensação mental disso, em que observação e avaliação podem ser encobertas ou mesmo perdidas — de tal forma que, nesse ato, a pessoa mental pode, por uma percepção discriminadora, seja separar o ato do objeto, seja misturá-los ao ponto de não mais distingui-los. Isto é, ela pode, simplesmente, tornar-se um movimento, digamos, de consciência em cólera, sem separar-se de modo algum dessa atividade, sem refletir ou observar-se, sem controlar o sentimento nem a ação que o acompanha ou observar o que se torna e refletir sobre isso, e ver ou perceber em sua mente "Eu estou em cólera". No primeiro caso, o sujeito ou a pessoa mental, o ato da autoexperiência consciente e o "pôr-se em cólera" substancial da mente, que é o objeto da autoexperiência, são todos levados em uma onda única de força-consciente em movimento; mas no segundo há certa análise de seus elementos constituintes, e o ato de autoexperiência separa-se parcialmente do objeto. Assim, por esse ato de separação parcial, somos capazes não só de experienciarmo-nos de modo dinâmico no vir-a-ser, no processo do movimento da própria força-consciente, mas de mantermo-nos por trás, percebermo-nos e observarmo-nos e, se o desapego for suficiente, sermos capazes de controlar nossos sentimentos e ações e, em certa medida, nosso vir-a-ser.

No entanto, em geral há um defeito, mesmo nesse ato de auto-observação; pois há, de fato, uma separação parcial entre o ato e o objeto, mas não entre a pessoa mental e a ação mental: a pessoa mental e a ação mental estão imersas ou envolvidas uma com a outra; e a pessoa mental tampouco está destacada o suficiente ou separada do vir-a-ser emocional. Tenho a percepção de mim mesmo em um pôr-se-em-cólera da substância consciente do meu ser, e a sensação, no pensamento, desse processo: mas toda sensação no pensamento é também esse processo de pôr-se em cólera, não é eu-mesmo, e disso ainda não me dei conta o suficiente; estou identificado com as minhas atividades mentais ou envolvido nelas, não estou livre e separado. Ainda não me percebo de modo direto, à parte de meus devires e minha percepção deles, à parte das formas de consciência ativa que assumo nas vagas do oceano de força consciente, substância de minha natureza mental e vital. É quando separo completamente a pessoa mental do seu ato de autoexperiência, que percebo plenamente, primeiro, o ego como é e, no fim, o self testemunha ou a Pessoa mental pensante, e algo ou alguém que se põe em cólera e observa sua cólera, mas não é limitado ou determinado em seu ser, nem pela cólera nem pela percepção que tem dela. Essa Pessoa, ao contrario, é um fator constante, que percebe uma sucessão ilimitada de movimentos conscientes e experiências conscientes de movimentos, e percebe seu próprio ser nessa sucessão; mas ela pode também percebê-lo por trás dessa sucessão, a sustentá-la, contê-la, sempre a mesma no fato de ser e na força de ser, para além das formas que mudam e dos arranjos de sua força consciente. Assim, ele é o Self que é, imutavelmente, e ao mesmo tempo é o Self que se torna eternamente na sucessão do Tempo.

É evidente que, na realidade, não existem dois selfs, mas um único ser consciente que se lança nas ondas da força consciente a fim de ter a experiência de si em uma sucessão de seus próprios movimentos mutáveis, pelos quais ele, na realidade, não muda, não aumenta ou diminui — não mais do que, no mundo material, a substância original da Matéria ou da Energia aumenta ou diminui pelas mudanças constantes das combinações dos elementos — embora pareça ter mudado para a consciência que faz a experiência, enquanto ela viver apenas na percepção do fenômeno e não retornar ao conhecimento do ser, da substância ou da Força originais. Quando redescobre esse conhecimento mais profundo, tal consciência não condena o fenômeno observado como irreal, mas percebe um ser imutável, uma energia ou substância real, não fenomênica, que não está sujeita aos sentidos; ela vê ao mesmo tempo um devenir, ou um fenômeno real desse ser, energia ou substância. Esse devenir o chamamos fenômeno, porque na realidade, em nossas condições atuais, ele se manifesta à consciência sob as condições da percepção e da relação sensoriais, e não diretamente à própria consciência em seu puro conhecimento incondicionado que abarca e abrange tudo. É a mesma coisa com o Self: para a nossa autoconsciência direta ele é, imutavelmente; para a mente dos sentidos e a experiência mental, ele se manifesta de modo mutável em vários devires — portanto, em nossas condições atuais, o Self se manifesta ao puro conhecimento incondicionado da consciência não diretamente, mas sob as condições de nossa mentalidade.

É essa sucessão de experiências e o fato de uma ação indireta ou secundária da consciência — cuja experiência se realiza sob as condições de nossa mentalidade — que introduzem o mecanismo da Memória. Pois uma condição primeira de nossa mentalidade é a divisão, a fragmentação do Tempo: há nela uma incapacidade de ter alguma experiência, ou manter a coesão de suas experiências, exceto sob as condições dessa autodivisão pelos momentos do Tempo. Na experiência mental imediata de uma onda de devenir, um movimento consciente do ser, não há ação ou necessidade da memória. Eu entro em cólera — é a sensação que age, não a memória; eu observo que estou em cólera — é a percepção que age, não a memória. A memória só intervém quando começo a relacionar minha experiência com as sucessões do Tempo, quando divido meu tornar-se em passado, presente e futuro, quando digo: "Eu estava em cólera há um momento", ou: "Entrei em cólera e ainda estou em cólera", ou: "Entrei em cólera em tal ocasião, e entrarei de novo se a mesma situação se apresentar". Certamente a memória pode entrar de modo imediato e direto no devenir, se a própria ocasião do movimento de consciência for inteira ou parcialmente uma coisa do passado: por exemplo, se houver uma recorrência de uma emoção, como o sofrimento e a cólera, causada pela memória de um erro ou sofrimento passados e não por uma circunstância imediata no presente, ou então causada por uma circunstância imediata que revive a memória de uma circunstância passada. Porque não podemos manter o passado em nós na superfície da consciência — embora ele esteja sempre lá atrás, dentro, presente de modo subliminar e muitas vezes mesmo ativo —, temos que recuperá-lo como algo que teria sido perdido ou não é mais existente; e fazemos isso pela ação repetitiva e coordenadora da mente pensante que chamamos memória, do mesmo modo que, pela ação da mente pensante que chamamos imaginação, invocamos coisas que não estão no campo atual de nossa experiência mental superficial e limitada. A imaginação é então esse poder maior em nós, grande invocador de todas as possibilidades, realizáveis ou irrealizáveis, para que entrem no campo de nossa ignorância.

A memória não é a essência da experiência persistente ou contínua, mesmo na sucessão do Tempo, e seria absolutamente não necessária se nossa consciência fosse um movimento não dividido, se não tivesse que correr de momento a momento, com uma perda de controle direto sobre aquele que já passou e na ignorância total do seguinte, ou então incapaz de apreendê-lo. Toda experiência ou substância do devenir no Tempo é como um rio ou mar, que fluem não divididos em si mesmos, mas divididos apenas na consciência que observa, por causa do movimento limitado da Ignorância que deve saltitar de um momento a outro como uma libélula que ziguezagueia à superfície da torrente: do mesmo modo, toda substância de ser no Espaço é como um mar em movimento, não dividido em si mesmo, mas apenas na consciência que observa, porque nossa faculdade sensorial é limitada em sua percepção, só pode ver uma parte, e é portanto obrigada a perceber as formas da substância como se fossem coisas separadas em si mesmas, independentes da substância única. Há, certamente, uma disposição das coisas no Espaço e Tempo, mas não há um vazio, divisão alguma exceto para nossa ignorância, e é para preencher os vazios e conectar as divisões criadas pela ignorância da Mente que chamamos em ajuda os vários artifícios da consciência mental, e a memória é apenas um em meio a outros.

Há então, fluindo em mim, essa torrente do oceano do mundo, e cólera e sofrimento, ou qualquer outro movimento interior que possa ocorrer, são como uma onda, formada desde muito tempo, desse fluxo contínuo. Essa continuidade não é constituída pela força da memória, embora a memória possa ajudar a prolongar ou repetir a onda, que, por si, se dissolveria na corrente; a onda acontece e continua simplesmente como um movimento da força-consciente do meu ser, levada por seu próprio impulso original perturbador. A memória intervém e prolonga a perturbação por um retorno da mente pensante às circunstâncias da cólera, ou da mente emotiva ao primeiro impulso da cólera, pelo qual ela justifica a recorrência da perturbação; de outro modo, a perturbação desvaneceria e ressurgiria apenas no momento em que as mesmas circunstâncias se reproduzissem. O retorno natural da vaga, a circunstância idêntica ou parecida que causa a mesma agitação não é um resultado da memória, do mesmo modo que seu aparecimento isolado também não o é, embora a memória possa ajudar a fortificá-la e a tornar a mente mais sujeita a ela. A relação que se estabelece entre uma circunstância que se repete e o resultado e o movimento recorrentes que se produzem na energia mais fluida e na substância mais variável da mente é bastante parecida àquela que se apresenta a nós sob a forma mecânica da repetição de causa e efeito nas operações mais estáveis da energia e substância do mundo material. Poderemos dizer, se quisermos, que há, em toda energia da Natureza, uma memória subconsciente que repete de modo invariável a mesma relação entre uma energia e seu resultado; mas isso seria dar a essa palavra, memória, um sentido infinitamente mais vasto. Na realidade, podemos só enunciar uma lei de repetição na ação das ondas da força-consciente pela qual ela regulariza esses movimentos de sua própria substância. Memória, propriamente dita, é apenas o dispositivo que a Mente-testemunha usa para ligar esses movimentos à sua ocorrência e recorrências na sucessão do Tempo, para uma experiência no Tempo, para que uma vontade cada vez mais coordenadora amplie o uso dessas recorrências, e, pela razão cada vez mais coordenadora, sua avaliação se desenvolva cada vez mais. Esse é um grande fator, indispensável mas não o único, no processo pelo qual a Inconsciência, que é nosso ponto de partida, desenvolve a autoconsciência completa, e pelo qual a Ignorância do ser mental desenvolve um autoconhecimento consciente em seus devires. Esse desenvolvimento continua até que a mente de conhecimento e a mente de vontade, que são coordenadoras, sejam inteiramente capazes de possuir e usar todo o material da experiência do self. Em todo caso, esse é o processo da evolução que vemos governar o desenvolvimento da Mente a partir da energia autoabsorvida, e, em aparência, não mentalizada, no mundo material.

O sentido de ego é um outro dispositivo da Ignorância mental, pelo qual o ser mental percebe a si mesmo — não apenas os objetos, as circunstâncias e os seus atos, mas também aquilo nele que os experiencia. À primeira vista poder-se-ia crer que o sentido de ego é constituído pela memória, como se fosse a memória que nos dissesse "é o mesmo 'eu' que estava em cólera há algum tempo e está de novo, ou está encolerizado até agora". Mas, na realidade, tudo que a memória tem o poder de nos dizer é que se trata do mesmo campo limitado de atividade consciente, em que o mesmo fenômeno se produziu. O que acontece é que o fenômeno mental, essa onda do devenir na substância da mente, se repete, e a mente sensorial o percebe logo; a memória faz então a ligação entre essas repetições e permite à mente sensorial perceber que é a mesma substância mental que toma a mesma forma dinâmica, e é a mesma percepção mental que tem a experiência. O sentido de ego não é um resultado da memória, não é construído por ela, mas existe já e sempre como ponto de referência ou como algo em que a percepção mental se concentra a fim de ter um centro coordenador, em vez de alastrar-se de modo incoerente sobre todo o campo da experiência; a memória do ego reforça essa concentração e ajuda a mantê-la, mas não a constitui. Talvez nos animais inferiores o sentido de ego, o sentido de individualidade, se fosse possível analisá-lo, não iria mais além do que uma percepção sensorial imprecisa, ou menos precisa, da continuidade, identidade e separação dos outros nos momentos do Tempo. Mas, no ser humano, acrescenta-se a isso uma mente coordenadora de conhecimento que, com base na ação unificada da percepção mental e da memória, chega à ideia distinta — enquanto mantém também a primeira percepção intuitiva constante — de um ego que percebe, sente, recorda, pensa e é o mesmo, quer se recorde ou não. Essa substância mental consciente, diz ele, é sempre a de uma e a mesma pessoa consciente, que sente, deixa de sentir, recorda, esquece, é cônscio superficialmente e, da consciência superficial, mergulha de novo no sono; é a mesma pessoa antes da organização da memória e depois, no bebê e no idoso senil, no sono e na vigília, na aparente consciência e na aparente inconsciência; é esta pessoa, e nenhuma outra, que cumpriu os atos que esqueceu e os atos que recorda; é persistentemente a mesma por trás de todas as mudanças de seu devir ou de sua personalidade. Essa ação do conhecimento no homem, essa inteligência coordenadora, essa formulação da autoconsciência e autoexperiência é superior à memória do ego e ao sentido de ego do animal e portanto, podemos supor, é mais próxima do autoconhecimento real. Podemos mesmo nos dar conta, se estudarmos a ação velada da Natureza, assim como sua ação desvelada, que todo sentido de ego e toda memória do ego têm por trás e são, de fato, artifícios práticos de um poder coordenador — ou mente de conhecimento — secreto, presente na força-consciente universal, da qual a razão no homem é a forma manifesta a que nossa evolução chega — uma forma ainda limitada e imperfeita em seus modos de ação e princípio constitutivo. Há um conhecimento subconsciente mesmo no Inconsciente, uma Razão superior intrínseca nas coisas, que impõem coordenação, isto é, certa racionalidade, aos movimentos mais impetuosos do devir universal.

A importância da Memória torna-se aparente no fenômeno devidamente observado da dupla personalidade ou dissociação da personalidade, em que o mesmo indivíduo tem dois estados mentais que se sucedem ou alternam e, em cada um, só recorda perfeitamente o que ele foi ou fez em um estado mental, e não o que foi ou fez no outro estado. Isso pode ser associado à ideia organizada de personalidade diferente, pois em um estado ele pensa que é uma pessoa e, no outro, pensa que é inteiramente outra pessoa, com nome, vida e sentimentos diferentes. Aqui, poderia parecer que a memória seria toda a substância da personalidade. Mas, por outro lado, devemos ver que a dissociação da memória ocorre também sem dissociação da personalidade, como quando uma pessoa em estado de hipnose absorve uma série de memórias e experiências estranhas à sua mente de vigília, mas não pensa por isso que é uma outra pessoa, ou como alguém pode esquecer os acontecimentos passados de sua vida e talvez mesmo seu nome, sem no entanto mudar seu sentido de ego e sua personalidade. E é também possível um estado de consciência no qual, embora não haja um hiato na memória, ainda assim todo o ser, por meio de um rápido desenvolvimento, se sente mudado em cada circunstância mental; o homem sente ter nascido a uma nova personalidade, de tal forma, que se não fosse pela mente coordenadora ele não aceitaria seu passado como pertencente à pessoa que ele é agora, mesmo se recorda perfeitamente que isso ocorreu na mesma forma corporal e no mesmo campo de substância mental. O sentido mental é a base, a memória é o fio em que a mente enfileira suas experiências: mas é a faculdade coordenadora da mente que, ao religar todo o material fornecido pela memória e todos os elos do passado, presente e futuro, liga-os também a um "Eu" que é o mesmo em todos os momentos do Tempo e apesar de todas as mudanças de experiência e personalidade.

O sentido de ego é apenas um dispositivo preparatório e uma primeira base para desenvolver o autoconhecimento real no ser mental. Ao desenvolver-se, a partir da inconsciência até a autoconsciência, da insciência do self e das coisas até o conhecimento do self e das coisas, a Mente nas formas chega ao ponto em que percebe que todo o seu devenir superficialmente consciente é ligado a um "eu" que ela é sempre. Esse "eu", ela o identifica em parte ao devenir consciente, em parte o concebe como diferente do devenir e superior a este, e talvez mesmo eterno e imutável. Como último recurso, com a ajuda de sua razão que estabelece diferenças a fim de coordenar tudo, a Mente pode fixar sua autoexperiência apenas no devenir, no self que muda constantemente, e rejeitar, como se fosse uma ficção mental, a ideia de que possa haver alguma outra coisa diferente disso; não há, então, ser, mas apenas vir-a-ser. Ou então ela pode fixar sua autoexperiência em uma consciência direta de seu próprio ser eterno e rejeitar o devenir — mesmo quando é obrigada a percebê-lo — como uma ficção mental e dos sentidos ou a vaidade de uma existência inferior temporária.

Mas é evidente que um autoconhecimento baseado no sentido separador do ego é imperfeito, e nenhum conhecimento baseado exclusiva ou principalmente nele, ou em uma reação contra ele, não seria seguro, nem garantido em sua inteireza. Primeiro, esse é um conhecimento de nossa atividade mental superficial e suas experiências; em relação ao vasto domínio de nosso devenir que se estende por trás, é uma Ignorância. Segundo, esse é apenas um conhecimento do ser e devenir limitados ao self individual e suas experiências; todo o resto do mundo é para esse conhecimento um não-self, algo, diríamos, que ele não considera como parte de seu ser, mas como uma existência externa apresentada à sua consciência separada. Isso acontece porque ele não tem um conhecimento consciente direto dessa existência e dessa natureza mais vastas, como aquele que o indivíduo tem de seu próprio ser e devenir. Também aí há um conhecimento limitado que se afirma em meio a uma vasta Ignorância. Terceiro, a verdadeira relação entre o ser e o vir-a-ser não foi elaborada nas bases de um perfeito autoconhecimento, mas pela Ignorância, por um conhecimento parcial. Como consequência, a mente, em seu impulso em direção a um conhecimento último, por meio da vontade e da razão que coordenam e dissociam, e nas bases de nossa experiência e possibilidades atuais, tenta chegar a uma conclusão categórica que rejeita um lado da existência. Tudo que foi estabelecido é que o ser mental pode, de um lado, absorver-se em uma autoconsciência direta, com a aparente exclusão de todo devenir e, de outro lado, absorver-se no devenir com a aparente exclusão de toda autoconsciência estável. Os dois lados da mente, separados como antagonistas, consideram o que rejeitam irreal, ou só como um jogo da mente consciente; para um ou para o outro, o Divino, o Self ou o mundo é apenas relativamente real, enquanto a mente persiste em criá-los: o mundo seria um sonho efetivo do Self, ou então Deus e o Self seriam uma construção mental ou uma alucinação real. A verdadeira relação não foi apreendida, porque esses dois lados da existência parecem ser sempre discordantes e irreconciliáveis para nossa inteligência enquanto só houver um conhecimento parcial. Um conhecimento integral é o objetivo da evolução consciente; uma divisão clara da consciência, que separa um lado e deixa o outro à parte não pode ser a verdade completa do ser e das coisas. Pois se algum Self imóvel fosse tudo, não haveria possibilidade alguma de existência do mundo; se a Natureza móvel fosse tudo, poderia haver um ciclo do devenir universal, mas não um fundamento espiritual para a evolução do Consciente a partir do Inconsciente e para a aspiração persistente de nossa Consciência parcial, ou Ignorância, ultrapassar-se e alcançar a inteira Verdade consciente de seu ser e o Conhecimento consciente integral de todo o Ser.

Nossa existência de superfície é apenas uma superfície e é aí que se encontra o reino absoluto da Ignorância; para conhecer, devemos entrar em nós mesmos e ver com um conhecimento interior. Tudo o que é formulado na superfície é uma representação pequena e diminuída de nossa existência mais vasta e secreta. O self imóvel em nós só pode ser encontrado quando as atividades mentais e vitais externas são apaziguadas; visto que ele se aloja no mais profundo de nós e é representado na superfície apenas pelo sentido intuitivo de nossa própria existência, e representado falsamente pelo sentido do ego mental, vital e físico, é então no silêncio da mente que sua verdade deve ser experienciada. Mas, de forma semelhante, as partes dinâmicas de nosso ser de superfície são, elas também, representações reduzidas de coisas maiores que se encontram nas profundezas de nossa natureza secreta. A própria memória de superfície é uma ação fragmentária e ineficaz, extrai detalhes de uma memória interior subliminar que recebe e registra toda a nossa experiência do mundo, recebe e registra mesmo o que a mente não observou, compreendeu ou notou. Nossa imaginação de superfície é uma seleção a partir de um poder de consciência subliminar, construtor de imagens, mais vasto, criativo e eficaz. Uma mente com percepções imensamente mais amplas e sutis, uma energia de vida com um dinamismo maior e uma substância física sutil com uma receptividade mais extensa e pura constroem a partir de si mesmas nossa evolução de superfície. Por trás dessas atividades ocultas encontra-se uma entidade psíquica que é o verdadeiro suporte de nossa individualização; o ego é apenas um substituto exterior e falso, pois é essa alma secreta que sustenta nossa experiência de nós mesmos e nossa experiência do mundo e mantém a coesão entre elas; o ego exterior mental, vital e físico é uma construção superficial da Natureza. É só quando virmos que nosso self e nossa natureza formam um todo, nas profundezas e na superfície, que poderemos adquirir uma base verdadeira de conhecimento.

# CAPÍTULO X

# CONHECIMENTO POR IDENTIDADE E CONHECIMENTO SEPARADOR

*Eles veem o Self no Self pelo Self.*

*Bhagavad-Gītā*, VI. 20.

*Onde há dualidade, aí o outro vê o outro, outro ouve e toca o outro, pensa no outro, conhece o outro. Mas quando se vê como o Self, de que maneira se conhecerá o todo? É pelo Self que se conhece tudo o que é. [...] Tudo delata aquele que vê tudo alhures, fora do Self; pois tudo isto que é, é Brahman, todos os seres e tudo isto que é, são este Self.*

*Brihadaranyaka Upanishad*, IV. 5. 15, 7.

*O Autoexistente perfurou as portas dos sentidos em direção ao exterior, por essa razão vemos as coisas do exterior e não em nosso ser interior. Raramente um sábio desejando imortalidade, seu olhar voltado para dentro, vê o Self face a face.*

*Katha Upanishad*, II. 1. 1.

*Não há aniquilação da visão daquele que vê, da palavra daquele que fala [...] da audição daquele que ouve [...] do conhecimento daquele que conhece, pois são indestrutíveis; mas não é uma segunda ou uma outra pessoa, separada dele, que ele vê, a quem ele fala, que ele ouve, que ele conhece.*

*Brihadaranyaka Upanishad*, IV. 3. 23-30.

Nossa cognição de superfície, a visão mental limitada e restrita que temos de nós, de nossos movimentos interiores e do mundo exterior, seus objetos e acontecimentos, é constituída de tal modo que ela decorre, em diferentes graus, de uma ordem quádrupla de conhecimento. O modo de conhecimento original e fundamental, inerente ao self oculto nas coisas, é um conhecimento por identidade; o segundo, derivado, é um conhecimento por contato direto, que é associado, em sua raiz, a um conhecimento secreto por identidade ou que procede dele, mas, em realidade, é separado de sua origem, e sua cognição é, portanto, poderosa, mas incompleta; o terceiro é um conhecimento por separação, que se separa do objeto da observação, mas o contato direto, mesmo uma identidade parcial, continua como suporte; o quarto é um conhecimento completamente separativo, que se baseia em um mecanismo de contato indireto, um conhecimento por aquisição, que sem ser consciente, contudo, traduz ou faz emergir o conteúdo de uma percepção e um conhecimento interiores preexistentes. Um conhecimento por identidade, um conhecimento por contato direto íntimo, um conhecimento por contato direto separativo, um conhecimento inteiramente separativo pelo contato indireto, são os quatro métodos cognitivos da Natureza.

O primeiro modo de conhecimento, em sua forma mais pura, é ilustrado na mente de superfície apenas pela percepção direta de nossa própria existência essencial: é um conhecimento vazio de qualquer outro conteúdo que não seja o puro fato do self e do ser; nossa mente de superfície não percebe nada mais no mundo dessa mesma maneira. Mas alguns elementos da consciência por identidade penetram no conhecimento da estrutura e nos movimentos de nossa consciência subjetiva; pois podemos nos projetar nesses movimentos e nos identificar com eles em certa medida. Havíamos já notado como isso pode acontecer no caso de um acesso de fúria, que nos engolfa de uma tal maneira que, por um momento, toda a nossa consciência parece ser uma onda de cólera: outras paixões — amor, sofrimento, alegria — têm o mesmo poder de apoderar-se de nós e nos ocupar; o pensamento também nos absorve e ocupa, perdemos de vista o pensador e nos tornamos o pensamento e o ato de pensar. Mas, em geral, há um movimento duplo; uma parte de nós torna-se o pensamento ou a paixão, a outra parte a acompanha com uma adesão parcial ou a segue de perto, e a conhece por um contato direto íntimo que não chega até a identificação ou ao completo autoesquecimento no movimento.

Essa identificação é possível, assim como essa separação simultânea e essa identificação parcial, porque tais coisas são os devires de nosso ser, determinações de nossa substância mental e energia mental, de nossa substância vital e energia vital; mas, visto que são apenas uma pequena parte em nós, não somos obrigados a nos identificar com elas e sermos ocupados por elas — podemos nos destacar, separar o ser do seu devir temporário, observá-lo, controlá-lo, aprovar ou impedir sua manifestação: podemos, desse modo, por um desapego interior, uma separação mental ou espiritual, nos liberar em parte, ou mesmo fundamentalmente, do controle que a natureza mental ou a natureza vital exerce sobre o ser, e tomar a posição da testemunha, do conhecedor, daquele que governa. Assim, temos um duplo conhecimento do movimento subjetivo: há um conhecimento íntimo, por identidade, de sua substância e força de ação, mais íntimo como jamais poderia sê-lo um conhecimento inteiramente separativo e objetivo como o que temos das coisas externas que, para nós, são completamente não-selfs; há ao mesmo tempo um conhecimento por meio da observação desapegada — mas com um poder de contato direto — que nos libera da energia da Natureza em que estamos imersos e nos permite associar o movimento ao resto de nossa própria existência e da existência do mundo. Se não tivermos esse desapego, perderemos nosso self de ser e de conhecimento soberano no self natural de devenir, de movimento e de ação e, embora conheçamos de maneira íntima o movimento, não o conheceremos plena e perfeitamente. Isso não seria o caso se, ao identificarmo-nos com o movimento, conservássemos nossa identidade com o resto de nossa existência subjetiva — se, para dizer de outro modo, pudéssemos mergulhar inteiramente na onda do vir-a-ser e, absorvidos no estado ou no ato, sermos, ao mesmo tempo, a testemunha mental que observa e controla; mas não é fácil fazer isso, porque vivemos em uma consciência dividida na qual a parte vital de nós mesmos — nossa natureza vital feita de força, desejo, paixão e ação — tende a controlar ou a absorver a mente; e a mente tem que evitar essa sujeição e controlar o vital, mas seus esforços só podem ter sucesso se ela se mantiver à parte, pois no momento em que se identificar, estará perdida, e se precipitará no movimento da vida. No entanto, uma espécie de dupla identidade equilibrada na divisão é possível, embora não seja fácil manter o equilíbrio; há um self-de-pensamento que observa e autoriza a paixão para poder fazer a experiência — ou é obrigado a autorizá-la por alguma pressão da vida — e há um self-de-vida que se deixa levar pelo movimento da Natureza. Aqui, em nossa experiência subjetiva, temos um campo de ação da consciência em que três movimentos de cognição podem encontrar-se: certo tipo de conhecimento por identidade, um conhecimento por contato direto e um conhecimento separativo que depende dos outros dois.

 No pensamento, é mais difícil separar o pensador do ato de pensar. O pensador está imerso e perdido no pensamento ou é levado em sua corrente, identificado a ele; em geral, não é no momento ou no próprio ato de pensar que o pensador pode observar ou rever seus pensamentos — deve fazê-lo em retrospectiva e com ajuda da memória, ou fazendo uma pausa crítica para um julgamento corretivo antes de ir mais longe: uma simultaneidade do pensamento e do controle consciente da atividade mental pode, entretanto, ser obtida, de modo parcial, quando o pensamento não nos absorve, ou inteiramente, quando o pensador adquire a faculdade de retirar-se no self mental e de aí ficar, desassociado da energia mental. Em lugar de ser absorvido no pensamento, tendo no máximo uma vaga sensação do processo de pensar, podemos ver o processo por uma visão mental, observar a origem e o movimento de nossos pensamentos e, em parte por uma percepção silenciosa, em parte por um processo sequencial dos pensamentos, julgá-los e avaliá-los. Porém, qualquer que seja o modo de identificação, deve-se notar que o conhecimento de nossos movimentos internos tem uma natureza dupla: ocorre por separação e por contato direto, pois mesmo quando nos desapegamos, esse contato estreito é mantido; nosso conhecimento é sempre baseado em um contato direto, uma cognição pela percepção direta, que traz em si certo elemento de identidade. A atitude mais separadora é, em geral, o método de nossa razão, quando observa e toma conhecimento de nossos movimentos interiores; o mais íntimo é o método da mente dinâmica, que se associa às nossas sensações, sentimentos e desejos: mas nessa associação, também a mente pensante pode intervir e, pela desassociação da mente dinâmica e do movimento vital ou físico, observar e controlar ambos separadamente. Todos os movimentos observáveis de nosso ser físico são também conhecidos e controlados por nós destas duas maneiras: a separativa e a íntima; sentimos que o corpo e seus atos fazem parte de nós intimamente, mas que a mente é separada disso e, assim destacada, pode exercer um controle sobre seus movimentos. Isso, contudo, dá ao conhecimento normal de nosso ser e natureza subjetivos — por mais incompleto e superficial que esse conhecimento ainda seja, dentro de seus próprios limites — um caráter íntimo, imediato e direto que está ausente em nosso conhecimento do mundo externo e seus movimentos e objetivos: pois nele, uma vez que a coisa vista ou experienciada é um não-self, não experienciada como parte de nós, nenhum contato inteiro e direto da consciência com o objeto é possível; uma instrumentação dos sentidos deve ser usada para oferecer-nos, como primeiros dados para o conhecimento, não um conhecimento imediato e íntimo da coisa, mas uma representação dela.

Na cognição das coisas externas, nosso conhecimento tem uma base inteiramente subjetiva; todo o seu mecanismo e todo o seu processo têm a natureza de uma percepção indireta. Não nos identificamos com objetos exteriores, nem mesmo com nossos semelhantes, embora sejam seres de nossa própria natureza; não podemos entrar em sua existência como se fosse nossa própria existência, não podemos conhecê-los e a seus movimentos da maneira direta, imediata e íntima como conhecemos — mesmo se de forma incompleta — a nós e nossos movimentos. Mas não falta só a identificação, o contato direto também está ausente; não há um contato direto entre a nossa consciência e a consciência desses objetos exteriores, entre a nossa substância e sua substância, o self de nosso ser e seu ser essencial. A única evidência que temos deles, ou o único contato aparentemente direto que temos com eles é através dos sentidos; visão, audição, tato, parecem iniciar alguma espécie de intimidade direta com o objeto de conhecimento: mas na realidade isso não é assim, essa não é uma proximidade real, uma intimidade real, pois nossos sentidos não nos põem em contato interior ou íntimo com a própria coisa, mas nos transmitem uma imagem, vibração ou mensagem nervosa através das quais devemos aprender a conhecê-la. Esses meios são tão ineficazes, tão exíguos em sua pobreza, que se fossem o todo do mecanismo saberíamos pouco ou nada, ou chegaríamos apenas a uma grande névoa de confusão. Mas então intervém uma intuição da mente sensorial que apreende a sugestão da imagem ou da vibração e a iguala ao objeto, uma intuição vital que apreende a energia ou a forma de poder do objeto por meio de outro tipo de vibração criado pelo contato dos sentidos, e uma intuição da mente perceptiva que forma de imediato uma ideia justa do objeto a partir de todas essas evidências. Qualquer que seja a lacuna na interpretação da imagem assim construída, ela é preenchida pela intervenção da razão ou da inteligência compreensiva total. Se a primeira intuição misturada fosse o resultado de um contato direto ou resumisse a ação de uma mentalidade intuitiva completa, mestra de suas percepções, não haveria necessidade da intervenção da razão, exceto como descobridora ou organizadora do conhecimento não transmitido pelos sentidos e suas sugestões: ela é, ao contrário, uma intuição que atua em uma imagem, em um documento sensorial, uma evidência indireta, não atuando em um contato direto da consciência com o objeto. Mas visto que a imagem, ou a vibração, é uma documentação defeituosa e resumida e que a própria intuição é limitada e comunicada por meio de um intermediário obscuro, e age em uma luz velada, a exatidão de nossa construção intuitiva interpretativa do objeto é sujeita a dúvidas ou, pelo menos, com a probalidade de ser incompleta. O ser humano foi forçado a desenvolver sua razão a fim de compensar as deficiências de seus instrumentos sensoriais, a qualidade falível das percepções de sua mente física e a exiguidade da interpretação de seus dados.

Nosso conhecimento do mundo é então uma estrutura difícil, composta da documentação imperfeita da imagem sensorial, de uma interpretação intuitiva dessa imagem pelas mentes perceptiva, vital e sensorial e uma adição suplementar da razão, que completa, corrige, coordena e enriquece esse conhecimento. Mesmo assim, nosso conhecimento do mundo onde vivemos é estreito e imperfeito, nossas interpretações de seus significados são duvidosas: imaginação, especulação, reflexão, avaliação e raciocínio imparciais, inferência, medida, experimentação, e — acrescentadas pela ciência — correção e amplificação da evidência dos sentidos; teve-se que fazer apelo a todo esse dispositivo para completar o que era incompleto. Depois de tudo isso, o resultado continua ainda uma acumulação semissegura, semi-incerta, de conhecimento indireto adquirido, uma massa de imagens significantes e representações ideativas, de abstratas transações do pensamento, hipóteses, teorias, generalizações; mas também, com tudo isso, uma massa de dúvidas e debates e averiguações sem-fim. O poder veio com o conhecimento, mas a imperfeição de nosso conhecimento nos deixa sem nenhuma ideia do verdadeiro uso do poder, mesmo do objetivo em direção ao qual temos que orientar, e tornar eficaz, nossa utilização do conhecimento e do poder. Isso piora pela imperfeição do nosso conhecimento de nós mesmos que, tal como é, escasso e lamentavelmente insuficiente, é apenas conhecimento de nossa superfície, de nosso self e nossa natureza fenomênicos aparentes, e não de nosso self verdadeiro e do verdadeiro sentido de nossa existência. O autoconhecimento e a mestria de si fazem falta na prática, e na utilização do poder e conhecimento do mundo falta-nos sabedoria e uma vontade justa.

É evidente que na superfície, e em seus próprios limites, nosso estado é, de fato, um estado de conhecimento, mas um conhecimento limitado, envolvido e invadido pela ignorância e, em grande medida, por causa de suas limitações, ele mesmo é uma espécie de ignorância, no melhor dos casos uma mistura de conhecimento e ignorância. Não poderia ser de outro modo, visto que nossa percepção do mundo nasce de uma observação separativa e superficial que dispõe apenas de um meio indireto de cognição; nosso conhecimento de nós mesmos, embora mais direto, é obstruído porque restrito à superfície de nosso ser por uma ignorância de nosso verdadeiro self, das verdadeiras origens de nossa natureza, das verdadeiras forças que motivam nossa ação. É bem evidente que nos conhecemos apenas com um conhecimento superficial — as origens de nossa consciência e de nosso pensamento são um mistério; a verdadeira natureza de nossa mente, emoções e sensações é um mistério; a razão de nosso ser e seu fim, o significado de nossa vida e suas atividades são um mistério: isso poderia não ser, se tivéssemos um conhecimento real de nós e um conhecimento real do mundo.

Se procurarmos a razão dessa limitação e imperfeição, constataremos, primeiro, que é devido ao fato de estarmos concentrados em nossa superfície; as profundezas do self, os segredos de nossa natureza total estão cerrados, escondidos por trás de uma parede criada pela nossa consciência exteriorizada — ou criada para ela a fim de que possa continuar sua atividade de individualização egocêntrica da mente, da vida e do corpo sem ser invadida pela verdade mais profunda e vasta de nossa existência maior: através dessa parede só podemos olhar nosso self, em nossa realidade interior, pelas fendas e orifícios e não vemos mais do que uma penumbra misteriosa. Ao mesmo tempo, nossa consciência deve defender sua individualização egocêntrica não apenas contra seu próprio self mais profundo, seu self de unidade e infinidade, mas contra o infinito cósmico; aqui também ela constrói um muro separatório e exclui tudo o que não é centrado em torno de seu ego, e o rejeita como não-self. Mas visto que deve viver com esse não-self — porque ela lhe pertence, depende dele, habita nele —, ela deve manter algum meio de comunicação; deve igualmente fazer excursões fora do muro de seu ego e do muro por trás do qual ela se restringe aos limites do corpo a fim de suprir as necessidades que o não-self pode suscitar-lhe: ela deve aprender a conhecer, de algum modo, tudo que a circunda, para ser capaz de dominá-lo e, tanto quanto possível, pô-lo a serviço da vida e do ego humanos, individuais e coletivos. O corpo provê à nossa consciência as portas dos sentidos pelas quais ela pode estabelecer a comunicação necessária e os meios para a observação do mundo e do não-self fora dela e para sua atuação neles; a mente usa esses meios e inventa outros que os complementam, e consegue estabelecer certa construção, certo sistema de conhecimento que serve a seu propósito imediato ou à sua vontade geral de dominar parcialmente e utilizar essa imensa existência estrangeira em torno dela ou de lidar com ela quando não pode dominá-la. Mas o conhecimento que adquire é objetivo; é sobretudo um conhecimento da superfície das coisas ou do que está logo abaixo da superfície, um conhecimento pragmático, limitado e inseguro. Sua defesa contra a invasão da energia cósmica é igualmente insegura e parcial: apesar do anúncio "entrada proibida sem autorização", nossa consciência é, de modo sutil e invisível, invadida pelo mundo, envolvida pelo não-self e moldada por ele; seu pensamento, sua vontade e sua energia emocional e vital são penetrados por ondas e correntes de pensamento, vontade, paixão, impactos vitais e forças de todo tipo provenientes de outros e da Natureza universal. Seu muro de defesa torna-se um muro de obscurecimento que a impede de conhecer toda essa interação; ela conhece apenas o que passa pelas portas dos sentidos ou pelas percepções mentais, das quais não pode jamais estar segura, ou por suas deduções ou construções elaboradas a partir de dados sensoriais; todo o resto é para ela um vazio de insciência.

É, então, esse muro duplo de autoencarceramento, essa autofortificação dentro dos limites de um ego de superfície, que é a causa de nosso conhecimento limitado ou de nossa ignorância, e se esse autoencarceramento fosse a característica de toda a nossa existência a ignorância seria irremediável. Mas, na realidade, essa construção externa e constante do ego é apenas um dispositivo provisório da Consciência-Força nas coisas, a fim de que o indivíduo secreto, o espírito dentro, possa estabelecer uma formação representativa e instrumental de si na natureza física, uma individualização provisória na natureza da Ignorância, que é tudo o que pode ser feito, no início, em um mundo emergindo de uma Inconsciência universal. Nossa ignorância de nós mesmos e do mundo só pode crescer em direção a um conhecimento integral de nós e do mundo na medida em que nosso ego limitado e sua consciência semicega abrirem-se a uma existência e uma consciência interiores maiores e ao verdadeiro self do ser, e perceberem o não-self exterior também como o self — de um lado, uma Natureza que constitui nossa própria natureza, do outro, uma Existência que é uma continuação ilimitada de nosso próprio ser essencial. Nosso ser deve romper os muros da consciência-ego que criou, estender-se além de seu corpo e habitar o corpo do universo. Em lugar de seu conhecimento por contato indireto, ou em acréscimo a isso, ele deve chegar a um conhecimento por contato direto e daí prosseguir para um conhecimento por identidade. O finito limitado do self deve tornar-se um finito sem limites e um infinito.

Mas o primeiro desses dois movimentos, o despertar para nossas realidades interiores, se impõe como a necessidade primordial, porque é por essa descoberta do self interno que o segundo movimento — a descoberta do self cósmico — pode tornar-se inteiramente possível: temos que entrar em nosso ser interior e aprender a viver nele e para ele; a mente, a vida e o corpo exteriores devem tornar-se para nós apenas uma antecâmara. Tudo o que somos no exterior é, de fato, condicionado pelo que está dentro, oculto, em nossas mais recônditas profundezas; é de lá que provêm as iniciativas secretas, as formações que se realizam por si mesmas; nossas inspirações, intuições, aspirações de nossa vida, preferências de nossa mente, escolhas de nossa vontade começam aí — na medida em que não são formadas ou influenciadas pela pressão, também escondida, das ondas de impactos cósmicos: mas o uso que fazemos desses poderes que emergem e dessas influências é condicionado, em grande medida determinado e, sobretudo, muito limitado, pela nossa natureza mais exterior. É, então, o conhecimento desse self interno que tudo inicia, associado à perfeição exata do self instrumental externo e do papel de cada um deles na construção de nosso ser, que temos que descobrir.

Na superfície, sabemos de nosso self apenas o que aí é formulado e, mesmo disso, apenas uma fração, pois vemos a totalidade de nosso ser de superfície em uma imprecisão geral coberta de pontos ou de representações precisas que a seccionam: mesmo o que descobrimos por introspecção mental é apenas uma soma de secções; a imagem e o sentido completo de nossa formação pessoal nos escapam. Mas há também uma ação deformadora que obscurece e desfigura até mesmo esse autoconhecimento limitado; nossa visão de nós mesmos é deturpada pelo impacto e pela intrusão constantes de nosso self exterior de vida, nosso ser vital, que busca sempre fazer da mente pensante seu instrumento e servidor: pois nosso ser vital não se interessa pelo autoconhecimento, mas pela autoafirmação, o desejo e o ego; por isso, ele age de modo constante sobre a mente a fim de construir para si uma estrutura mental de um self aparente que servirá a seus propósitos. Ele convence nossa mente a nos apresentar, e a outros, uma imagem representativa de nós mesmos em parte fictícia, que sustenta nossa autoafirmação, justifica nossos desejos e ações, alimenta nosso ego. Essa intervenção vital certamente não tem sempre essa tendência à autojustificação e autoafirmação, algumas vezes ela se volta para a autodepreciação e um autocriticismo mórbido e exagerado: mas isso também é uma estrutura do ego, um egoísmo inverso ou negativo, uma posição ou pose do ego vital, pois nesse ego vital há, com frequência, uma mistura de charlatão e trapaceiro, exibicionista e ator; ele adota constantemente um papel e o interpreta para si e para outros como seu público. Um autoengano organizado é assim acrescentado a uma autoignorância organizada; é apenas pela interiorização, e vendo essas coisas em suas origens, que poderemos sair dessa obscuridade e emaranhamento.

Pois há em nosso interior um ser mental e um ser vital mais vastos, mesmo um ser físico-sutil, também mais vasto, diferente de nossa consciência corporal superficial; ao entrar nesse self interior, tornando-nos ele, identificando-nos com ele, poderemos observar a origem de nossos pensamentos e sentimentos, as fontes e os motivos de nossa ação, as energias operantes na construção de nossa personalidade de superfície. Porque descobrimos, e podemos conhecer, o ser interior que secretamente pensa e percebe em nós, o ser vital que secretamente sente a vida e age nela através de nós, o ser físico-sutil que secretamente recebe o contato das coisas e responde, mediante nosso corpo e seus órgãos. Nossos pensamentos, sentimentos, emoções de superfície são uma complexidade e uma confusão de impulsos que vêm do interior e de impactos do exterior; nossa razão, nossa inteligência organizadora pode impor-lhes apenas uma ordem imperfeita; mas, dentro de nós, encontramos as fontes separadas de nossas energias mentais, vitais e físicas, e podemos ver de modo claro as operações puras, os poderes distintos, os elementos componentes de cada um e sua interação na luz límpida da visão do self. Constatamos que as contradições e os conflitos de nossa consciência de superfície são devidos em grande parte às tendências contrárias ou mutuamente discordantes de nossas partes mentais, vitais e físicas, que se opõem umas às outras e não se reconciliam; e essas tendências, por sua vez, são devidas em grande parte à discórdia entre possibilidades interiores, numerosas e diferentes, de nosso ser e mesmo entre personalidades diferentes em nós, que, a cada nível, estão por trás da disposição misturada e tendências divergentes de nossa natureza de superfície. Mas enquanto na superfície a ação delas é misturada, confusa e conflitual, aqui, em nossas profundezas, podemos vê-las e agir sobre sua natureza e ação independentes e separadas, e sua harmonização pelo ser mental em nós, guia da vida e do corpo[1] — ou, melhor, pela entidade psíquica central — não é tão difícil, à condição de que tenhamos, ao empreender essa tarefa, uma vontade psíquica e mental justas; pois se entrarmos no ser subliminar motivados pelo ego-vital, isso pode resultar em graves perigos e desastres ou, pelo menos, em uma amplificação do ego, da autoafirmação e do desejo, uma ignorância maior e mais poderosa em vez de um conhecimento maior e mais poderoso. Além disso, encontramos nesse ser interior ou subliminar o meio de distinguir diretamente aquilo que se eleva de dentro e aquilo que nos vem do exterior, de outros ou da Natureza universal, e torna-se possível exercer um controle, uma escolha, desenvolver um poder voluntário de recepção, rejeição e seleção, um poder claro de autoconstrução e de harmonização que não possuímos ou podemos utilizar só de modo muito imperfeito em nossa personalidade heterogênea de superfície, mas que é a prerrogativa de nossa Pessoa interior. Então, ao entrar assim nas profundezas, o ser interior, não mais completamente velado, não mais obrigado a exercer uma influência fragmentária sobre sua consciência instrumental externa, é capaz de se expressar mais luminosamente em nossa vida no universo físico.

Em sua essência, o conhecimento do ser interno possui os mesmos elementos que o conhecimento de superfície da mente externa, mas entre eles há a mesma diferença que entre uma semicegueira e uma clareza maior de consciência e visão, devido a instrumentos cada vez mais poderosos e um arranjo melhor dos elementos de conhecimento. O conhecimento por identidade, que na superfície se traduz por um sentimento inerente, mas vago, de nossa autoexistência e uma identificação parcial com nossos movimentos interiores pode, aqui, aprofundar-se e ampliar-se, e passar dessa percepção essencial indistinta e sensação limitada a uma percepção intrínseca clara e direta da entidade interior completa: podemos entrar em posse da totalidade de nosso ser mental e de nosso ser vital conscientes e chegar à intimidade profunda de um contato direto que entra em todos os movimentos de nossa energia mental e vital e os abraça; apreendemos de modo claro e íntimo, e somos — porém mais livremente e com mais compreensão — todos os devires de nosso self, a completa autoexpressão do Purusha nos níveis atuais de nossa natureza. Mas há também, ou pode haver, ao mesmo tempo que esse conhecimento íntimo, uma observação desapegada, feita pelo Purusha, das ações da natureza e, mediante esse duplo estado de conhecimento, uma grande possibilidade de alcançar um controle e uma com-

---

1. *manomayaḥ prāṇasharīranetā* - Mundaka Upanishad, 2. 2. 7.

preeensão completos. Todos os movimentos do ser de superfície podem ser vistos com um desapego total, mas também com uma visão direta na consciência que pode dissipar as ilusões e os erros do self da consciência externa; há uma visão mental mais aguda, uma sensação mental mais clara e exata de nosso devir subjetivo, uma visão que ao mesmo tempo conhece, comanda e controla a natureza inteira. Se as partes psíquica e mental em nós forem fortes, o vital deixar-se-á governar e dirigir até um ponto dificilmente acessível à mentalidade de superfície; mesmo o corpo e as energias físicas podem ser tomados pela mente e pela vontade interiores e transformados em instrumentos mais plásticos da alma, do ser psíquico. Por outro lado, se as partes mental e física forem fracas e o vital for forte e rebelde, o poder aumentará devido a essa entrada no vital interior, mas a discriminação e a visão desapegada serão deficientes; o conhecimento, mesmo se aumentado em força e extensão, continua turvo e enganador; um autocontrole inteligente pode dar lugar a um vasto ímpeto indisciplinado ou a uma ação egoística rigidamente disciplinada mas desviadora. Pois o subliminar é ainda um movimento do Conhecimento-Ignorância; ele possui um conhecimento maior, mas também a possibilidade de uma ignorância maior, por ser ela mais autoafirmativa. Isso é assim porque, embora um aumento do autoconhecimento seja normal aqui, esse conhecimento não é imediatamente integral: uma percepção por contato direto, que é o poder principal do subliminar, não é suficiente, pois este pode ser um contato com devires e poderes maiores de Conhecimento, mas também com devires e poderes maiores da Ignorância.

Mas o ser subliminar tem também um contato direto maior com o mundo; não é confinado, como a Mente de superfície, à interpretação de imagens e vibrações sensoriais suplementadas pela intuição mental e vital e pela razão. De fato, há um sentido interior na natureza subliminar: um sentido sutil de visão, audição, tato, olfato e paladar; mas estes não se limitam à criação de imagens de coisas pertencentes ao meio físico — eles podem apresentar à consciência imagens e vibrações visuais, auditivas, táteis e outras, de coisas que estão além do domínio restrito dos sentidos físicos ou pertencem a outros planos ou esferas da existência. Esse sentido interior pode criar ou apresentar imagens, cenas, sons que são mais simbólicos que reais, ou representam possibilidades em formação: sugestões, pensamentos, ideias, intenções provenientes de outros seres, assim como formas-imagens de poderes ou potenciais na Natureza universal; não há nada que esse sentido interno não possa imaginar ou visualizar ou transmutar em formas sensoriais. Na realidade, é o subliminar e não a mente exterior que possui os poderes de telepatia, clarividência, segunda visão e outras faculdades supranormais cuja ocorrência na consciência de superfície é devida a aberturas ou fendas no muro que o labor cego de individualização da personalidade exterior erigiu, e que a separa do domínio interior de nosso ser. No entanto, deve ser notado que, devido a essa complexidade, a ação do sentido subliminar pode criar confusão ou levar ao erro, sobretudo se é interpretada pela mente exterior, para quem o segredo das operações desse sentido interno é desconhecido e seus princípios de construção por sinais e linguagens figurativas simbólicas são estrangeiros; um poder interior maior de intuição, sensibilidade, discriminação é necessário, para julgar e interpretar de modo correto suas imagens e experiências. É inegável que esses sentidos sutis enriquecem enormemente as possibilidades e a extensão de nosso conhecimento e alargam os estreitos limites em que nossa consciência física exterior, cativa dos sentidos, está circunscrita e aprisionada.

Mas, mais importante, é o poder do subliminar de estabelecer um contato direto de consciência com outra consciência ou com objetos, de agir sem outra instrumentação, por um sentido essencial inerente à sua própria substância, uma visão mental direta, uma sensação direta das coisas e mesmo por um abraço estreito e acesso íntimo, de onde traz o conteúdo disso que abraçou ou ao qual teve acesso, por uma sugestão direta ou um impacto na própria substância da mente, não por meio de sinais ou representações externas — uma sugestão reveladora ou um impacto de pensamentos, sentimentos, de forças que se autocomunicam. É por esses meios que o ser interior adquire um conhecimento espontâneo imediato, íntimo e preciso de pessoas, de objetos, das energias ocultas, e para nós intangíveis, da Natureza universal, que nos circundam e colidem com nossa personalidade, com nossa natureza física, com nossa força vital e mental. Em nossa mentalidade de superfície, percebemos algumas vezes uma consciência que pode sentir ou conhecer os pensamentos e as reações interiores de outros, ou ter a percepção de objetos ou de acontecimentos sem nenhuma intervenção visível dos sentidos, ou exercer poderes supranormais em relação à nossa capacidade normal; mas essas capacidades são ocasionais, rudimentares, vagas. Possuí-las é próprio de nosso self subliminar escondido, e elas emergem quando seus poderes ou funcionamentos vêm à superfície. Essas operações que emergem do ser subliminar, ou algumas delas, são agora estudadas de modo fragmentário sob o nome de fenômenos psíquicos — embora em geral nada tenham a ver com a *psyche*, a alma, a entidade mais profunda em nós, mas apenas com a mente interior, o vital interior, as partes físico-sutis de nosso ser subliminar; mas os resultados não podem ser conclusivos ou amplos o suficiente, porque os métodos de pesquisa e experimentação e os critérios de avaliação pertencem à mente de superfície e ao seu sistema de conhecimento por contato indireto. Nessas condições, esses fenômenos só poderão ser investigados na medida em que forem capazes de manifestar-se em uma mente para à qual eles sejam excepcionais, anormais ou supranormais e, portanto, relativamente raros, difíceis, incompletos em sua ocorrência. É só se pudermos abrir o muro que separa nossa mente exterior da consciência interior para a qual tais fenômenos são normais, ou pudermos entrar livremente no interior ou aí permanecer, que esse reino de conhecimento poderá ser verdadeiramente explicado e anexado à nossa consciência total e incluído no campo de operações da força desperta de nossa natureza.

Em nossa mente de superfície, não temos meios diretos de conhecer outros seres humanos, que portanto são de nossa espécie, têm uma mentalidade similar e são vital e fisicamente construídos sob o mesmo modelo. Podemos adquirir um conhecimento geral da mente e do corpo humanos e aplicar tais conhecimentos a outros indivíduos, com a ajuda de numerosos sinais externos, constantes e habituais, dos movimentos humanos internos com os quais estamos familiarizados; esses julgamentos sumários podem ser enriquecidos ainda mais pela nossa experiência do caráter e dos hábitos pessoais, a aplicação instintiva do que conhecemos de nós mesmos, por nossa compreensão e julgamento do outro, o que deduzimos da linguagem e do comportamento, e o que a observação e a simpatia nos permitem perceber intimamente. Mas os resultados são sempre incompletos e, com frequência, enganadores: nossas deduções são, na maioria das vezes, construções errôneas, nossa interpretação dos sinais externos é uma conjectura equivocada, nossa aplicação do conhecimento geral ou do nosso autoconhecimento, confrontada aos fatores elusivos de diferença pessoal, se confunde, e nossa própria percepção interna é incerta e não confiável. Os seres humanos, então, vivem como estranhos um para o outro, ligados, no melhor dos casos, por uma simpatia muito parcial e uma experiência mútua; não conhecemos o suficiente, não conhecemos tão bem quanto conhecemos a nós mesmos — e já isso é bem pouco — nem aqueles que nos são mais próximos. Mas na consciência interior subliminar é possível ter uma percepção direta dos pensamentos e sentimentos em torno a nós, sentir seu impacto, ver seus movimentos; ler uma mente e um coração torna-se menos difícil, uma aventura menos incerta. Há um constante intercâmbio mental, vital, físico-sutil entre todos aqueles que se encontram ou vivem juntos, intercâmbio do qual eles próprios são inconscientes, exceto quando os impactos e as interpenetrações os tocam sob a forma de resultados sensíveis, como a palavra, a ação e o contato externo: na maioria das vezes esse intercâmbio se faz de modo sutil e invisível, pois age indiretamente, tocando as partes subliminares e, através delas, a natureza externa. Mas quando nos tornamos cônscios nessas partes subliminares, isso traz a consciência também de toda essa interação, desse intercâmbio subjetivo, dessa intermistura; como resultado, não é mais necessário estarmos submetidos de maneira involuntária a seus impactos e consequências, mas podemos aceitá-los ou rejeitá-los, defendermo-nos ou isolarmo-nos. Ao mesmo tempo, nossa ação sobre outros não necessita mais ser ignorante ou involuntária e muitas vezes prejudicial sem o desejar; ela pode ser uma ajuda consciente, um intercâmbio luminoso e compromisso frutuoso, um passo em direção a uma compreensão ou união interiores, e não como é agora, uma associação separativa com apenas uma intimidade e unidade restritas, limitadas por muitas incompreensões e na maioria das vezes sobrecarregadas ou ameaçadas por uma massa de mal-entendidos, interpretações falsas e erros mútuos.

De igual importância seria a mudança em nossas relações com as forças impessoais do mundo, e que nos circundam. Conhecemos essas forças apenas por seus resultados, pelo pouco que podemos captar de sua ação visível e suas consequências. Entre elas, é sobretudo das forças do mundo físico que temos algum conhecimento, mas vivemos constantemente em meio a um turbilhão de forças mentais e vitais invisíveis das quais não sabemos nada; nem mesmo percebemos sua existência. A consciência interior subliminar pode abrir nossa percepção a todo esse movimento e essa ação invisíveis, pois tem conhecimento deles por contato direto, pela visão interior, pela sensibilidade psíquica, mas no momento presente ela pode apenas aclarar nossa superficialidade e exterioridade obtusas por meio de avisos inexplicados, premonições, atrações e repulsões, ideias, sugestões, intuições obscuras — todas coisas inexplicáveis no presente —, o pouco que consegue fazer passar, de maneira imperfeita, à superfície. O ser interior não só tem um contato direto e concreto com o motivo e o movimento imediato dessas forças universais e sente os resultados presentes da ação delas, mas pode, em certa medida, predizer ou prever sua ação ulterior; há, em nossas partes subliminares, um poder maior para ultrapassar a barreira do tempo, perceber ou sentir a vibração de eventos que estão por vir, de acontecimentos distantes, mesmo de ver no futuro. É verdade que esse conhecimento, próprio ao ser subliminar, não é completo, pois é uma mistura de conhecimento e ignorância e é capaz de percepções errôneas e percepções verdadeiras, visto que não age pelo conhecimento por identidade, mas por meio do conhecimento por contato direto, e esse é também um conhecimento separativo, embora seja, mesmo na separação, mais íntimo do que tudo que governa nossa natureza de superfície. Mas podemos remediar esse poder misturado da natureza interior mental e vital — que pode alcançar tanto uma ignorância maior quanto um conhecimento maior — indo ainda mais profundamente até a entidade psíquica que sustenta nossa vida e nosso corpo individuais. Há, de fato, uma personalidade de alma representante dessa entidade, já construída em nosso interior, que põe em evidência um puro elemento psíquico em nosso ser natural; mas esse fator mais refinado de nossa constituição normal não é ainda dominante e tem apenas uma ação limitada. Nossa alma não guia abertamente, nem é o mestre de nosso pensamento e nossos atos; para expressar-se, ela deve contar com seus instrumentos, a mente, o vital e o físico, e é subjugada de modo constante por nossa mente e nossa força vital: mas logo que consegue permanecer em comunhão constante com sua própria realidade oculta mais vasta — e isso só pode acontecer quando entramos profundamente em nossas partes subliminares —, ela não é mais dependente, pode tornar-se poderosa e soberana, dotada de uma percepção espiritual intrínseca da verdade das coisas e um discernimento espontâneo que separa essa verdade da falsidade da Ignorância e da Inconsciência, distingue o divino do não divino na manifestação e, assim, pode ser o guia luminoso das outras partes de nossa natureza. De fato, é quando isso acontece que pode haver a virada em direção a uma transformação e um conhecimento integrais.

Esses são os funcionamentos dinâmicos e valores pragmáticos da cognição subliminar; mas o que nos importa em nossa averiguação atual é aprender, pelo seu modo de ação, o caráter exato dessa cognição mais profunda e mais vasta e como ela se relaciona com o verdadeiro conhecimento. Seu caráter principal é um conhecimento por contato direto da consciência com seu objeto, ou da consciência com outra consciência; mas no final descobrimos que esse poder é o resultado de um conhecimento secreto por identidade que se traduz por uma percepção separadora das coisas. Pois se é no contato indireto, próprio à nossa consciência normal e à nossa cognição de superfície, que acontece o encontro ou a fricção do ser vivo com a existência externa que desperta a centelha do conhecimento consciente, então aqui temos um contato que põe em ação um conhecimento secreto preexistente e o conduz à superfície, pois a consciência é una no sujeito e no objeto, e no contato de existência com existência essa identidade conduz à luz ou desperta no self o conhecimento adormecido desse outro self que lhe é exterior. Mas enquanto esse conhecimento preexistente sobe até a mente de superfície como um conhecimento adquirido, no subliminar ele se ergue como algo já visto, captado de dentro, relembrado por assim dizer ou, quando é completamente intuitivo, autoevidente para a percepção interior; ou pode ser trazido do objeto contatado, mas com uma resposta imediata como a algo intimamente reconhecível. Na consciência de superfície, o conhecimento representa-se como uma verdade vista do exterior, que nos é projetada a partir do objeto ou como uma resposta sua ao contato com os sentidos, uma reprodução perceptiva de sua realidade objetiva. Nossa mente de superfície é obrigada a explicar a si mesma seu conhecimento, porque no muro entre ela e o mundo externo estão perfuradas as portas dos sentidos, e por essas portas a mente pode tocar a superfície de objetos exteriores, mas não o que está no interior deles;

porém não há nenhuma abertura já pronta entre ela e seu próprio ser interior: uma vez que é incapaz de ver o que existe no seu self interior mais profundo ou observar o processo de conhecimento vindo de dentro, a mente não tem escolha senão aceitar o que vê — o objeto externo — como a causa de seu conhecimento. Assim, todo o nosso conhecimento mental das coisas representa-se para nós como objetivo, uma verdade que nos é imposta do exterior; nosso conhecimento é um reflexo ou uma construção responsiva, que reproduz em nós uma forma ou uma imagem ou um esquema mental de algo que não está em nosso próprio ser. De fato, é uma resposta escondida e mais profunda ao contato, uma resposta que vem de dentro e, de lá, projeta um conhecimento interno do objeto, e o próprio objeto é parte de nosso self mais vasto: mas devido ao duplo véu — o véu entre nosso ser interno e nosso self de superfície ignorante, e o véu entre esse self de superfície e o objeto contatado —, o que se forma na superfície é apenas uma imagem ou representação imperfeita do conhecimento interior.

Essa associação, esse método escondido de nosso conhecimento, obscuro e não evidente para nossa presente mentalidade, torna-se claro e evidente quando o ser interior subliminar rompe os limites de sua individualidade e, levando com ele nossa mente de superfície, entra na consciência cósmica. O subliminar é separado do cósmico pela limitação dos invólucros mais sutis de nosso ser — mental, vital, físico-sutil — do mesmo modo como a natureza de superfície é separada da Natureza universal pelo invólucro físico grosseiro, o corpo; mas o muro que circunda o subliminar é mais transparente, de fato é mais uma cerca do que um muro. Além do mais, uma formação de consciência do subliminar projeta-se além de todos esses invólucros e forma um circunconsciente, uma parte dele mesmo que o cerca, através do qual ele recebe contatos do mundo e pode percebê-los e examiná-los antes que entrem. O subliminar é capaz de alargar indefinidamente esse invólucro circunconsciente[2] e expandir mais e mais sua autoprojeção na existência cósmica que o cerca. Chega um momento em que ele pode romper completamente o muro separador e passar através, e unir-se, identificar-se com o ser cósmico, sentir-se universal, uno com toda a existência. Essa liberdade de entrar no self cósmico e na natureza cósmica traz uma grande liberação ao ser individual; ele assume uma consciência cósmica, torna-se o indivíduo universal. O primeiro resultado dessa experiência, quando é completa, é a realização do espírito cósmico, do self único habitando o universo,

---

2. Circunconsciente: o que toda pessoa tem ao redor do corpo, mesmo que não perceba, e pelo qual ela está em contato com os outros e com as forças universais. É através disso que os pensamentos, as emoções etc., dos outros passam e entram em nós. É também através disso que ondas da força universal, desejo, sexo etc., entram e tomam posse da mente, do vital e do corpo. (N.T.)

e essa união pode mesmo trazer com ela um desaparecimento do sentido de individualidade, uma fusão do ego no ser-do-mundo. Outro resultado comum é uma abertura completa à Energia universal, de modo que ela é sentida agindo através da mente, da vida e do corpo, e perde-se o sentido da ação individual. Mas de maneira mais geral os resultados são menos amplos; há uma percepção direta do ser e da natureza universais, há uma maior abertura da mente à Mente cósmica e suas energias, à Vida cósmica e suas energias, à Matéria cósmica e suas energias. Certo sentido de unidade do indivíduo com o cósmico, a percepção de que o mundo é contido no interior de nossa consciência e também que fazemos intimamente parte da consciência universal pode tornar-se frequente ou constante quando acontece essa abertura; um sentimento maior de unidade com outros seres é a consequência natural dessa experiência. É então que a existência do Ser cósmico torna-se uma certeza e realidade e deixa de ser uma percepção ideativa.

Mas a consciência cósmica das coisas é fundamentada no conhecimento por identidade, pois o Espírito universal se conhece como o Self de tudo, conhece tudo porque tudo é ele e está nele, conhece toda a natureza como parte de sua natureza. É uno com tudo o que ele próprio contém e conhece esse tudo por essa identidade e proximidade inclusiva, pois há ao mesmo tempo uma identidade e uma superação; e se, do ponto de vista da identificação, há uma unidade e um conhecimento completo, do ponto de vista da superação há uma inclusão e penetração, uma cognição que abrange cada coisa e todas as coisas, um sentido e uma visão que entram em cada coisa e em todas as coisas. Pois o Espírito cósmico habita em cada uma e em todas, mas é mais que todas elas; há então, em sua visão de si e sua visão do mundo, um poder separativo que impede a consciência cósmica de ser aprisionada nos objetos e seres em que habita: ela habita neles como espírito e poder que permeia tudo; qualquer individualização que aconteça, é própria à pessoa ou ao objeto, mas não prende o Ser cósmico. Este torna-se cada coisa sem deixar de ser sua própria existência mais vasta que contém tudo. Há então aqui uma vasta identidade universal que contém identidades menores, pois qualquer que seja a cognição separadora que exista ou que entre na consciência cósmica, deve posicionar-se nessa dupla identidade e não a contradiz. Se há alguma necessidade de retirar-se e de um conhecimento por separação e contato, é ainda uma separação na identidade, um contato na identidade, porque o objeto contido é parte do self daquilo que o contém. É só quando uma separatividade mais drástica intervém que a identidade se vela e projeta um conhecimento menor, direto ou indireto, que não é consciente de sua fonte; contudo, é sempre o mar da identidade que lança à superfície as ondas ou a espuma de um conhecimento direto ou indireto.

Isso acontece no que diz respeito à consciência; no que diz respeito à ação, às energias cósmicas, vê-se que se movem em massas, ondas, correntes, que de modo constante constituem e reconstituem seres e objetos, movimentos e acontecimentos, ao entrar neles, passar através deles, formar-se neles, ao projetar-se fora deles em outros seres e outros objetos. Cada indivíduo natural é um receptáculo dessas forças cósmicas e um dínamo para propagá-las; de um a outro passa uma corrente de energias mentais e vitais e estas fluem também em ondas e em correntes cósmicas tanto quanto as forças da Natureza física. Toda essa ação é velada à percepção e ao conhecimento diretos de nossa mente de superfície, mas é conhecida e sentida pelo ser interior, embora só por um contato direto; quando o ser entra na consciência cósmica é consciente desse jogo de forças cósmicas de maneira ainda mais ampla, inclusiva e íntima. Mas embora o conhecimento seja então mais completo, a dinamização desse conhecimento só pode ser parcial, pois se uma unificação fundamental ou estática com o self cósmico é possível, a unificação ativa e dinâmica com a Natureza cósmica é necessariamente incompleta. Na mente e na vida, mesmo com a perda do sentido de uma autoexistência separada, o jogo das energias deve ser, em sua própria natureza, uma seleção por meio da individualização; a ação é aquela da Energia cósmica, mas a formação individual no dínamo vivo permanece seu modo de funcionar. Pois o dínamo da individualidade serve de modo preciso a selecionar, concentrar e formular as energias selecionadas e a projetá-las em correntes formadas e canalizadas; o fluxo de uma energia total significaria que esse dínamo não é mais útil, que poderia ser abolido ou posto fora de serviço; em lugar de uma atividade da mente, da vida e do corpo individuais, haveria apenas um centro, ou canal, individual, mas impessoal, através do qual as forças universais, não seletivas, se escoariam sem entraves. Isso pode acontecer, mas significaria uma espiritualização superior, que ultrapassaria em muito o nível mental normal. Na assimilação estática do conhecimento cósmico por identidade, o subliminar universalizado pode sentir-se um com o self cósmico e com o self secreto de todos os outros: mas a dinamização desse conhecimento não iria além da tradução desse sentido de identidade em um poder e uma intimidade maiores desse contato direto da consciência com todos, em um impacto mais amplo, íntimo, poderoso e eficaz da força da consciência sobre coisas e pessoas, uma capacidade também de inclusão e penetração efetivas, de uma visão e sentimentos íntimos dinamizados, e de outros poderes de cognição e ação próprios a essa natureza mais vasta.

No subliminar, portanto, mesmo ampliado na consciência cósmica, conseguimos um conhecimento maior, mas não o conhecimento completo e original. Para ir mais longe e ver o que o conhecimento por identidade é em sua pureza, e de que modo e em que medida ele dá origem, admite ou usa os outros poderes do conhecimento, temos que ir além da mente e da vida interiores e do físico sutil para alcançar as duas outras extremidades do subliminar, interrogar o subconsciente e contatar o supraconsciente ou entrar nele. Mas no subconsciente tudo é cego, este é um universalismo obscuro, tal como é visto na consciência de massa, um individualismo obscuro, anormal para nós ou malformado e instintivo: aqui, no subconsciente, um obscuro conhecimento por identidade, como aquele que já descobrimos no Inconsciente, é a base, mas ele não se revela nem revela seus segredos. As extensões supraconscientes superiores são baseadas na consciência espiritual livre e luminosa, e é aí que podemos localizar o poder do conhecimento original e perceber a origem e a diferença das duas ordens distintas, o conhecimento por identidade e o conhecimento separativo.

Na Existência suprema atemporal, pelo que conhecemos por seu reflexo na experiência espiritual, existência e consciência são um. Somos habituados a identificar a consciência com certas operações da mentalidade e dos sentidos e, quando essas operações estão ausentes ou em quietude, dizemos desse estado de ser que é inconsciente. Mas a consciência pode existir onde não há operações manifestas, onde não há sinais que a revelem, mesmo lá onde está retirada dos objetos e absorvida na pura existência ou involuída em uma aparente não-existência. A consciência é intrínseca ao ser, autoexistente, não é abolida nem pelo repouso e pela inação, nem por aquilo que a vela ou a recobre, nem pela absorção inerte ou involução; ela está presente no ser mesmo quando seu estado parece ser um sono sem sonhos, um transe cego ou uma abolição da percepção, ou uma ausência. No estado supremo atemporal em que a consciência é una com o ser e imóvel, ela não é uma realidade separada, mas pura e simplesmente a autoconsciência inerente à existência. Não há necessidade de conhecimento e nenhuma operação de conhecimento. O ser é autoevidente para si mesmo: não tem necessidade de olhar-se para se conhecer ou aprender quem ele é. Mas se isso é evidentemente verdade para a existência pura, é também verdade para a Toda-Existência primordial; pois assim como uma Autoexistência espiritual é, de modo intrínseco, consciente de seu self, do mesmo modo é intrinsecamente consciente de tudo que está em seu ser: isso acontece não por um ato de conhecimento formulado por um olhar sobre si, uma auto-observação, mas pela mesma consciência inerente; ela é consciente, de modo intrínseco e total, de tudo o que é, pelo próprio fato de que tudo é ela. Assim consciente de sua autoexistência atemporal, o Espírito, o Ser, percebe do mesmo modo — de modo intrínseco, absoluto, total, sem necessidade alguma de um olhar ou ato de conhecimento, porque ele é tudo — a Existência no Tempo e tudo o que está no Tempo. Essa é a percepção essencial por identidade; se aplicada à existência cósmica, significaria uma consciência essencial, autoevidente e automática, do universo pelo Espírito, porque o Espírito é tudo, e tudo é seu ser.

Há, porém, um outro estado de percepção espiritual que nos parece ser um desenvolvimento a partir desse estado e poder de pura autoconsciência, talvez mesmo uma primeira divergência, mas que é, de fato, normal e íntimo para ela; pois a percepção por identidade é sempre a própria substância de todo o autoconhecimento do Espírito, mas admite em si mesma, sem mudar ou modificar sua própria natureza eterna, uma percepção subordinada simultânea por inclusão e imanência. O Ser, o Autoexistente, vê todas as existências em sua existência única, contém todas elas e as conhece como seres de seu ser, consciências de sua consciência, poderes de seu poder, beatitudes de sua beatitude; ele é ao mesmo tempo, necessariamente, o Self nelas, e conhece tudo nelas por sua ipseidade[3] imanente, que permeia tudo; mas ainda assim, toda essa percepção existe de maneira intrínseca, autoevidente, automática, sem necessidade de nenhum ato, olhar, ou operação do conhecimento; pois aqui conhecimento não é um ato, mas um estado puro, perpétuo e inerente. Na base de todo conhecimento espiritual encontra-se essa consciência de identidade e por identidade, que conhece tudo ou simplesmente percebe tudo como si mesma. Traduzido em nosso modo de consciência, isso se torna o conhecimento triplo, assim formulado nos *Upanishads*: "Aquele que vê todas as existências no Self", "Aquele que vê o Self em todas as existências", "Aquele em quem o Self tornou-se todas as existências" — inclusão, imanência e identidade: mas na consciência fundamental essa visão é uma percepção espiritual do self, é a própria luz do ser e não um olhar separador ou um olhar sobre o self que muda esse self em objeto. Mas, nessa autoexperiência fundamental, um olhar da consciência pode manifestar-se, e se bem que represente uma possibilidade inerente e seja um poder do espírito inevitavelmente contido em si, esse olhar não é um elemento primeiro e ativo da luminosidade e da evidência concentradas, intrínsecas, próprias à consciência suprema. Esse olhar pertence a um outro estado da consciência espiritual suprema ou o introduz, um estado em que o conhecimento, assim como o compreendemos, começa; há um estado de consciência e nele, intimamente ligado a ele, existe o ato de conhecer: o Espírito se olha e torna-se o conhecedor e o conhecido e, de certo modo, o sujeito e o objeto — ou melhor, o sujeito-objeto que são um — de seu autoconhecimento. Mas esse olhar, esse conhecimento, é ainda intrínseco, ainda autoevidente, um ato de identidade; não é o começo do que experienciamos como conhecimento separativo.

---

3. *Selfness* no original. (N. T.)

Mas quando o sujeito se retira um pouco de si como objeto, então certos poderes terciários de conhecimento espiritual, de conhecimento por identidade, fazem sua primeira aparição e são as fontes de nossos modos normais de conhecimento. Há uma visão espiritual íntima, uma afluência e um alcance espirituais que impregnam tudo, um sentimento espiritual em que se vê tudo como si mesmo, se sente tudo como si mesmo, em que tudo aquilo que se toca é si mesmo. Há um poder de percepção espiritual do objeto e de tudo o que contém ou é: ele é percebido em uma identidade que envolve e penetra, e a própria identidade constitui a percepção. Há uma concepção espiritual que é a substância original do pensamento — não o pensamento que descobre o desconhecido, mas aquele que expressa o que nos é intrinsecamente conhecido e o situa no espaço do self, em um ser ampliado da autoconsciência, como objeto do autoconhecimento conceitual. Há uma emoção espiritual, sensação espiritual, o um que se mistura intimamente ao um, o ser ao ser, a consciência à consciência, o deleite de ser ao deleite de ser. Há a alegria de uma íntima separatividade na identidade, de relações em que o amor une-se ao amor em uma suprema unidade, um deleite dos múltiplos poderes, verdades, seres do Um eterno, formas do Sem-Forma; todo o jogo do devenir no ser baseia sua autoexpressão nesses poderes da consciência do Espírito. Mas em sua origem espiritual, todos esses poderes são essenciais e não instrumentais, não organizados, inventados ou criados; eles são a substância luminosa autoconsciente do Idêntico espiritual que age sobre si e em si, espírito feito visão, espírito que vibra como sentimento, espírito autoluminoso como percepção e concepção. Tudo, de fato, é conhecimento por identidade, carregado de seu próprio poder, ele mesmo movendo-se na ipseidade[4] multiforme de sua consciência una. A autoexperiência infinita do Espírito move-se entre uma identidade pura e uma identidade múltipla, o deleite de uma união intimamente diferenciada e de uma absorção em seu próprio êxtase.

Um conhecimento separativo aparece quando o sentido da diferenciação domina o sentido da identidade; o self conhece ainda sua identidade com o objeto, mas empurra ao extremo o jogo da separatividade íntima. Primeiro, não há o sentido de self e de não-self, mas apenas do self e de um outro-self. Há ainda certo conhecimento da identidade e por identidade, mas tende a ser, primeiro, demasiado estruturado, depois submerso, e então substituído pelo conhecimento por intercâmbios e contatos, de tal modo que ele se apresenta como uma percepção secundária, como se fosse um resultado e não mais a causa do contato mútuo, do toque que ainda impregna e envolve, da intimidade interpenetrante dos selfs separados. Finalmen-

---

4. *Selfhood* no original. (N. T.)

te, a identidade desaparece por trás do véu e há o jogo do ser com outros seres, da consciência com outras consciências: uma identidade subjacente persiste, mas não é experienciada; ela é substituída por uma percepção direta e um contato penetrante, uma fusão e um intercâmbio. É por essa interação que um conhecimento mais ou menos íntimo, uma percepção mútua ou uma percepção do objeto continua possível. Não há o sentimento de self encontrando self, mas há uma mutualidade; não há ainda uma inteira separatividade, uma sensação completa de ser "outro" e uma completa ignorância. Esta é uma consciência diminuída, mas que retém algum poder da consciência original, reduzida pela divisão, pela perda de sua plenitude essencial e primordial, que opera por divisão, e aproxima-se de seu objeto, mas sem unir-se a ele. Ela tem o poder de incluir o objeto em sua consciência e, ao abarcá-lo assim, de percebê-lo e conhecê-lo; mas essa é a inclusão de uma existência, agora exteriorizada, da qual devemos fazer um elemento de nosso self mediante um conhecimento adquirido ou recuperado, pela pressão da consciência sobre o objeto, uma concentração que permite tomar posse do objeto, torná-lo parte de nossa existência. O poder de chegar ao mais íntimo continua, mas não tem penetração natural e não conduz à identidade; ele recolhe o que pode, toma o que é assim adquirido e leva ao sujeito o conteúdo do objeto do conhecimento. Pode ainda haver um contato direto e penetrante de consciência com consciência que cria um conhecimento vívido e íntimo, mas é limitado aos pontos ou à extensão do contato. Há ainda um sentido, uma visão-consciência, um sentimento-consciência diretos, que podem ver e sentir o que está no interior do objeto e o que está no exterior e na superfície. Há ainda um acesso mútuo e uma interação entre seres e seres, consciência e consciência, ondas de pensamento, sentimento, energias de todo tipo que podem ser um movimento de simpatia e união ou oposição e luta. Pode haver uma tentativa de unificação ao possuir outros ou a aceitação de ser possuído por uma outra consciência ou um outro ser; ou pode haver um impulso em direção à união pela inclusão recíproca, permeação, posse mútua. Aquele que conhece por contato direto percebe toda essa ação e interação, e é nessa base que organiza suas relações com o mundo ao seu redor. Esta é a origem do conhecimento por contato direto da consciência com seu objeto, que é normal para nosso ser interior, mas estranho à nossa natureza de superfície, ou conhecido de maneira imperfeita.

Essa primeira ignorância separativa é ainda, de maneira evidente, um jogo do conhecimento, mas de um conhecimento limitado e separativo, um jogo do ser dividido que age em uma realidade de unidade subjacente e chega apenas a um resultado e um efeito incompletos da unidade escondida. A percepção intrínseca completa da identidade e o ato do conhecimento por identidade pertencem ao hemisfério mais alto da existência: esse conhecimento por contato direto é a característica principal dos planos mentais suprafísicos mais altos da consciência, aqueles aos quais nosso ser de superfície é fechado por um muro de ignorância; em uma forma diminuída e mais separadora, essa percepção pertence aos planos suprafísicos menos elevados da mente; ela é, ou pode ser, um elemento em tudo que é suprafísico. Esta é a instrumentação maior de nosso self subliminar, seu meio central de percepção, pois o self subliminar ou ser interior é uma projeção desses planos mais altos para entrar em contato com o subconsciente, e herda o caráter da consciência de seus planos de origem com os quais é intimamente associado e tem contato por similaridade. Em nosso ser externo, somos crianças da Inconsciência; nosso ser interno nos faz herdeiros dos cumes mais altos da mente, da vida e do espírito: quanto mais nos abrirmos ao interior, quanto mais formos para dentro, vivermos dentro, recebermos de dentro, mais escapamos da sujeição à nossa origem inconsciente e nos dirigimos a tudo que, no presente, é supraconsciente para nossa ignorância.

A ignorância torna-se completa quando acontece a inteira separação entre ser e ser: o contato direto de consciência com consciência é então inteiramente velado ou recoberto pesadamente, mesmo se continua em nossas partes subliminares, assim como há ainda, embora estejam completamente escondidas e não atuem de modo direto, a identidade e a unidade secretas subjacentes. Há na superfície um estado de separação completa, uma divisão em self e não-self; há a necessidade de estabelecer relações com o não-self, mas não existem meios diretos de conhecê-lo ou ter domínio sobre ele. A Natureza cria então meios indiretos, um contato através dos órgãos físicos dos sentidos, uma infiltração de impactos exteriores através das correntes nervosas, uma reação da mente e suas coordenações que atuam como ajuda e suplemento para a atividade dos órgãos físicos — todos esses são métodos de um conhecimento indireto, pois a consciência é forçada a confiar nesses instrumentos e não pode agir de modo direto sobre o objeto. A esses meios acrescentam-se uma razão, inteligência e intuição que assimilam as comunicações que lhes são trazidas assim de maneira indireta, põem todas elas em ordem e utilizam seus dados para obter o tanto de conhecimento, mestria e posse do não-self ou o tanto de unidade parcial com ele quanto a divisão original o permita ao ser separado. Esses meios são obviamente insuficientes e com muita frequência ineficazes, e a base indireta das operações da mente aflige o conhecimento com uma incerteza fundamental, mas essa insuficiência inicial é inerente à própria natureza de nossa existência material e a toda existência ainda não liberada que emerge da Inconsciência.

A Inconsciência é uma reprodução inversa da supraconsciência suprema: tem o mesmo absoluto de ser e de ação automática, mas em um vasto transe involuído;

ela é o ser perdido em si mesmo, mergulhado em seu próprio abismo de infinidade. Em lugar de uma absorção luminosa na autoexistência, há uma involução tenebrosa — as "trevas veladas pelas trevas" de que fala o *Rig Veda, tama āsīt tamasā gūḍham* — que lhe dá a aparência de Não-Existência; em lugar de uma autopercepção inerente e luminosa, há uma consciência mergulhada em um abismo de autoesquecimento — ela é inerente ao ser, mas não desperta no ser. Contudo, essa consciência involuída é ainda um secreto conhecimento por identidade; ela carrega em si a percepção de todas as verdades da existência escondidas em seu infinito obscuro e, quando age e cria — mas ela age primeiro como Energia e não como Consciência —, tudo é disposto com a precisão e perfeição de um conhecimento intrínseco. Em todas as coisas materiais reside uma Ideia-Real muda e involuída, uma intuição substancial e autoefetiva, uma percepção exata que não necessita olhos para ver, uma inteligência automática que elabora suas concepções não expressas e não pensadas, uma segurança de visão que vê de modo cego, uma segurança muda e infalível de sentimento reprimido recoberta de insensibilidade, que efetua tudo o que deve ser efetuado. Todo esse estado e ação do Inconsciente corresponde, de modo muito evidente, ao mesmo estado e ação da pura Supraconsciência, mas traduzido em termos de obscuridade do self em lugar da luz do self original. Intrínsecos na forma material, esses poderes não são possuídos pela forma, mas trabalham em sua subconsciência muda.

Nesse conhecimento podemos compreender de maneira mais clara os estágios do emergir da consciência, desde a involução até seu aparecimento na evolução, de que já tentamos dar um conceito geral. A existência material tem uma individualidade apenas física, não mental, mas há nela uma Presença subliminar, o Um Consciente nas coisas inconscientes, que determina a operação de suas energias imanentes. Se, como foi afirmado, um objeto material recebe e retém a impressão dos contatos das coisas que o circundam e energias emanam dele de modo que um conhecimento oculto pode nos permitir perceber seu passado, nos tornar cônscios dessas influências que emanam dele, a Percepção intrínseca e desorganizada que impregna a forma sem ainda iluminá-la deve ser a causa dessa receptividade e dessas capacidades. O que vemos de fora é que objetos materiais como plantas e minerais têm seus poderes, propriedades e influências inerentes, mas como não possuem a faculdade, ou meios, de comunicação, é só quando são postos em contato com uma pessoa ou um objeto, ou quando são utilizados de modo consciente por seres vivos, que suas influências podem tornar-se ativas — essa utilização é o lado prático de mais de uma ciência humana. Mas esses poderes e essas influências são ainda atributos do Ser e não de uma mera substância indeterminada, são forças do Espírito que, pela Energia, emergem de sua Inconsciência autoabsorvida. Essa primeira ação mecânica rudimentar de uma energia consciente inerente e absorvida, desabrocha, nas primeiras formas de vida, em vibrações vitais submentais que indicam sensações involuídas: há uma busca de crescimento, luz, ar, de espaço vital, um tateamento cego que é ainda interno e retido no ser imóvel, incapaz de formular seus instintos, comunicar, exteriorizar-se. Uma imobilidade não organizada para estabelecer relações vivas, essa energia tolera e absorve contatos, inflinge-os de maneira involuntária, mas não pode impô-los voluntariamente; a inconsciência é ainda dominante, elabora ainda todas as coisas por meio do conhecimento por identidade, secreto e involuído; ainda não desenvolveu os meios do contato de superfície de um conhecimento consciente. Esse novo desenvolvimento começa com a vida abertamente consciente; vemos nela a consciência prisioneira esforçando-se para chegar à superfície: é essa luta que obriga o ser que vive separado a querer estabelecer — mesmo de modo cego no início, e com estreitos limites — relações conscientes com o resto do ser universal fora dele. É pela soma crescente de contatos que ele pode receber e responder, e pela soma crescente de contatos que pode produzir ou impor a fim de satisfazer suas necessidades e impulsos, que o ser de matéria viva desenvolve sua consciência, e passa da inconsciência ou da subconsciência a um conhecimento separador e limitado.

Vemos, então, todos os poderes inerentes à Percepção espiritual original e autoexistente aparecerem lentamente e manifestarem-se nessa consciência separativa que se desenvolve; esses poderes são atividades reprimidas, mas inatas, do conhecimento por identidade, secreto e involuído, que agora emerge de modo gradual em uma forma estranhamente diminuída e incerta. Primeiro, emerge um sentido grosseiro ou velado que se torna sensações precisas sustentadas por um instinto vital ou uma intuição escondida; depois, uma percepção da mente-de-vida se manifesta e, por trás dela, uma visão-consciência obscura e um sentimento obscuro das coisas; a emoção aparece, vibrante, e busca um intercâmbio com outros; por último, elevam-se à superfície concepção, pensamento, razão, que contêm e apreendem o objeto, combinando seus dados de conhecimento. Mas tudo isso é incompleto, ainda mutilado pela ignorância separativa e a consciência primeira obscurecedora; tudo isso depende de meios externos, e não tem poder de agir por si mesmo: a consciência não pode agir de maneira direta sobre a consciência; a consciência mental entra nas coisas e as envolve de modo construtivo, mas, na realidade, não as possui; não há conhecimento por identidade. Só quando o subliminar é capaz de impor à mente e aos sentidos de superfície algumas de suas atividades secretas puras e não traduzidas nas formas comuns da inteligência mental, é que uma ação rudimentar de métodos mais profundos se eleva à superfície; mas tais emergências ainda são uma exceção, elas atravessam bruscamente a normalidade de nosso conhecimento adquirido, aprendido, e têm um sabor do anormal e do supranormal. É só por uma abertura de nosso ser interior, ou ao entrar nele, que uma percepção direta e íntima pode ser acrescentada à percepção externa indireta. Só por nosso despertar à nossa alma mais profunda ou ao nosso self supraconsciente é que pode haver um começo de conhecimento espiritual, que tem a identidade como base, poder constituinte e substância intrínseca.

CAPÍTULO XI

# AS FRONTEIRAS DA IGNORÂNCIA

*Aquele que pensa que só este mundo existe e nenhum outro.*
                                                                    Katha Upanishad, I. 2. 6.

*Estendido no seio do Infinito [...] sem cabeça e sem pés, ocultando suas duas extremidades.[1]*
                                                                    Rig Veda, IV. I. 7, 11.

*Aquele que tem o conhecimento "Eu sou Brahman" torna-se tudo o que é; mas todo aquele que adora outra divindade que não o Self Único e pensa: "Ele é outro e eu sou outro", este não tem o conhecimento.*
                                                                    Brihadaranyaka Upanishad, I. 4. 10.

*Esse Self é quádruplo — o Self do Despertar, que possui a inteligência externa e frui das coisas exteriores, é a primeira parte; o Self do Sonho, que tem a inteligência interior e frui das coisas sutis, é a segunda parte; o Self do Sono, unificado, uma inteligência concentrada, cheio de beatitude e fruindo beatitude, é a terceira parte [...] o senhor de tudo, o onisciente, o Mestre interior. Aquele que não se vê, indefinível, autoevidente em sua personalidade própria, é a quarta parte: este é o Self, este é aquilo que tem que ser conhecido.*
                                                                    Māndūkya Upanishad, versos 2-7.

*Um ser consciente, não maior do que o polegar de um homem, mantém-se no centro de nosso self; ele é mestre do passado e do presente; [...] ele é hoje e ele é amanhã.*
                                                                    Katha Upanishad, II. 1. 12-13.

---

1. Cabeça e pés, o supraconsciente e o inconsciente.

É possível agora rever em suas linhas mais amplas essa Ignorância — ou esse conhecimento separativo esforçando-se para alcançar o conhecimento por identidade — que constitui nossa mentalidade humana e, sob uma forma mais obscura, toda consciência evoluída inferior ao plano humano. Em nós, vemos que ela é feita de uma sucessão de ondas de ser e de força que empurram de fora e surgem de dentro, e se tornam a substância da consciência, formulando-se como uma cognição mental e sensação mentalizada do self e das coisas no Tempo e no Espaço. O Tempo apresenta-se a nós como um fluxo de movimento dinâmico e o Espaço, como um campo objetivo de conteúdos onde se faz a experiência dessa percepção imperfeita e em desenvolvimento. Para a percepção imediata, o ser mental movente no Tempo vive perpetuamente no presente; pela memória, ele preserva uma parte de sua experiência do self e das coisas, impedindo-a de escoar-se inteiramente no passado; pelo pensamento, vontade e ação, pela energia da mente, energia da vida, energia do corpo, ele utiliza essa experiência para aquilo que ele se torna no presente e para o que se tornará mais tarde; a força interior de seu ser, que fez dele o que ele é, trabalha para prolongar, desenvolver e amplificar seu futuro vir a ser. Todo esse material mal assegurado da autoexpressão e experiência das coisas, esse conhecimento parcial acumulado na sucessão do Tempo, é coordenado para esse ser mental pela percepção, memória, inteligência e vontade de ser, utilizadas para um devenir sempre novo ou sempre repetido, e para a atividade mental, vital e física que o ajuda a crescer até o que ele deve ser e a expressar o que já é. A totalidade presente de toda essa experiência da consciência e da produção de energia é coordenada a fim de ser religada a seu ser, reunida de modo consistente em torno de um sentido de ego que formula, em um campo de ser consciente limitado e persistente, a resposta habitual de nosso ser ao experienciar os contatos com a Natureza. É esse sentido de ego que dá uma primeira base de coerência ao que, de outra maneira, poderia ser uma série ou uma massa de impressões flutuantes; tudo o que é assim percebido é referido a um centro artificial correspondente, o da consciência mental abrangente, onde se forma a ideia de ego. Esse sentido de ego na substância da vida e essa ideia de ego na mente mantêm um símbolo estruturado do self, o ego separativo, que faz o papel do self real escondido, o espírito ou ser verdadeiro. A individualidade mental de superfície é, portanto, sempre egocêntrica; mesmo seu altruísmo é uma ampliação desse ego: o ego é o eixo inventado para manter a moção da roda de nossa natureza. A necessidade de centralização em torno do ego continua até que tal mecanismo, tal dispositivo, não seja mais necessário devido ao emergir do verdadeiro self, o ser espiritual, que é ao mesmo tempo a roda e seu movimento e aquilo que mantém a coesão do conjunto, o centro e a circunferência.

Mas no momento em que estudamos a nós mesmos, percebemos que a experiência desse "eu" que assim coordenamos e utilizamos de modo consciente para viver é uma pequena parte, mesmo de nossa consciência individual desperta. Fixamo-nos apenas em um número muito limitado de sensações e percepções mentais do self e das coisas, que sobem até nossa consciência de superfície em nosso presente contínuo: dentre essas, a memória salva apenas uma parte ínfima do abismo de esquecimento do passado; das reservas da memória, nossa inteligência utiliza apenas uma pequena porção para organizar seu conhecimento, e nossa vontade utiliza uma parcela ainda menor para a ação. Uma seleção estreita, uma grande rejeição ou uma ampla reserva, um sistema avaro e pródigo ao mesmo tempo, marcado por um desperdício de materiais e uma não utilização de recursos, um mínimo de gastos úteis, mas insuficientes e desordenados, e de saldo utilizável, tal parece ser o método da Natureza, em nosso devenir consciente, assim como no campo do universo material. Mas isso é só em aparência, pois na verdade seria inteiramente falso pretender que tudo o que não é preservado e utilizado é destruído, torna-se um nada e desaparece sem deixar traços e sem ter servido para nada. A própria Natureza utilizou tranquilamente uma grande parte desse material para nos formar, e isso ativa a grande massa de nosso crescimento, devenir e ação de que nossa memória, vontade e inteligência conscientes não são responsáveis. Ela utiliza uma parte ainda maior como reserva, da qual extrai e utiliza, enquanto nós mesmos esquecemos completamente a origem e proveniência desse material; e servimo-nos dele com o sentimento enganador de termos sido os criadores, pois imaginamos criar esse novo material a partir de nosso trabalho, quando estamos apenas combinando resultados a partir de elementos que havíamos esquecido, mas de que a Natureza em nós se lembra. Se admitirmos o renascimento como parte de seu sistema, concluiremos que toda experiência é útil, pois toda experiência conta nessa construção prolongada, e nada é rejeitado, exceto aquilo que exauriu sua utilidade e seria um fardo para o futuro. Um julgamento conforme ao que se apresenta agora em nossa consciência de superfície é falacioso: pois quando estudamos e compreendemos, percebemos que só uma pequena parte da ação e crescimento da Natureza em nós é consciente; a maior parte efetua-se de maneira subconsciente, como no resto de sua vida material. Não somos apenas o que conhecemos de nós mesmos, mas imensamente mais, e isso não conhecemos; nossa personalidade momentânea é apenas uma bolha no oceano de nossa existência.

Uma observação superficial de nossa consciência desperta mostra-nos que somos completamente ignorantes de uma grande parte de nosso ser e devenir individuais; isso para nós é o Inconsciente, tanto quanto a vida da planta, do metal, da terra, dos elementos. Mas se levarmos nosso conhecimento mais longe, impelindo a experiência e a observação psicológicas além de seus limites habituais, descobriremos quão vasta é a esfera desse assim chamado Inconsciente, ou desse subconsciente, na totalidade de nossa existência — subconsciente que assim nos parece e assim chamamos porque é uma consciência escondida —, e quão pequena e fragmentária é a porção de nosso ser que é abarcada por nossa autopercepção desperta. Chegaremos ao conhecimento de que nossa mente de vigília e nosso ego são apenas uma sobreposição a um self submerso, subliminar — pois é assim que esse self nos aparece — ou, mais exatamente, um ser interior com uma capacidade de experiência muito mais vasta; nossa mente e nosso ego são como o topo e a cúpula de um templo que se elevam acima das ondas, enquanto o imenso corpo do edifício está submerso sob a superfície das águas.

Essa consciência secreta, esse self escondido, é nosso ser real, completo, do qual o self externo é uma parte e um fenômeno, uma formação selecionada para um uso superficial. Percebemos apenas um número pequeno dos contatos externos que nos invadem; o ser interno percebe tudo o que entra em nós ou nos afeta, a nós e ao nosso meio. Percebemos apenas uma parte dos processos de nossa vida e de nosso ser; o ser interior percebe tanto que poderíamos quase supor que nada escapa à sua visão. Lembramos apenas uma pequena seleção de nossas percepções, e mesmo destas mantemos uma grande parte em um depósito no qual nem sempre podemos pôr as mãos quando necessitamos; o ser interior retém tudo o que recebe e o tem sempre à sua disposição. Podemos compreender e conhecer de maneira coerente apenas as percepções e memórias das quais nossa inteligência treinada e capacidade mental podem apreender o sentido e apreciar as relações: a inteligência do ser interior não necessita treino, mas preserva a forma e as relações exatas de todas as suas percepções e lembranças e — embora essa seja uma proposição que pode ser considerada duvidosa ou difícil de ser admitida sem reservas — pode apreender imediatamente seu significado, quando não o possui já. E suas percepções não se limitam, como as da mente de vigília em geral, aos escassos vislumbres dos sentidos físicos, mas estendem-se muito além e, como testemunham muitos fenômenos telepáticos, utilizam um sentido sutil cujos limites são demasiado vastos para serem fixados facilmente. As relações entre a vontade ou os impulsos de superfície e o anseio do subliminar, descrito erroneamente como não consciente ou subconsciente, ainda não foram estudadas de maneira correta, exceto no que concerne a manifestações não habituais e não organizadas e a certos fenômenos anormais e mórbidos da mente doentia do ser humano; mas se seguirmos nossa observação ainda mais longe, constataremos que a cognição e a vontade ou dinâmica do ser interior de fato encontram-se por trás de todo o devenir consciente; esse último representa apenas a parte do esforço e da realização secretos do ser interior, que consegue se elevar à superfície de nossa vida. Conhecer nosso ser interior é o primeiro passo em direção a um real conhecimento de nós mesmos.

Se empreendermos essa autodescoberta e ampliarmos nosso conhecimento do self subliminar para que as duas extremidades — inferior e superior, subconsciente e supraconsciente — sejam incluídas em nossa concepção, descobriremos que na realidade é esse self que fornece todo o material de nosso ser aparente, e nossas percepções, lembranças, realizações de nossa vontade e inteligência são apenas uma seleção a partir de suas percepções, lembranças, atividades e das relações entre sua inteligência e sua vontade; nosso próprio ego é apenas uma formulação, menor e superficial, da consciência e experiência do self subliminar. Esse self é, por assim dizer, o mar impetuoso de onde se elevam as ondas de nosso devenir consciente. Mas quais são seus limites? Até onde se expande? Qual é sua natureza fundamental? De ordinário, falamos de uma existência subconsciente e incluímos nesse termo tudo o que não está na superfície desperta. Mas a totalidade, ou a maior parte, do self interior ou subliminar dificilmente pode ser caracterizada por esse epíteto; pois quando falamos do subconsciente, pensamos logo em uma inconsciência obscura ou semiconsciência, ou então em uma consciência submersa abaixo de nossa consciência de vigília organizada e, de certa maneira, inferior a ela, menos importante ou, em todo caso, menos mestra de si. Mas, ao entrar no interior, constatamos que em alguma parte no nosso subliminar — mas não de igual extensão, visto que ele tem também regiões ignorantes e obscuras — encontra-se uma consciência muito mais vasta, mais luminosa, mais mestra de si e das coisas do que aquela que desperta em nossa superfície e percebe o curso de nossas horas cotidianas; essa consciência é nosso ser interior, e é isso que devemos considerar como nosso self subliminar e diferenciá-lo dessa província inferior, baixa e oculta de nossa natureza, que é o subconsciente. Do mesmo modo, há uma parte subconsciente de nossa existência total em que se encontra o que descobrimos ser nosso self mais alto, e isso também podemos ver como uma província separada, superior e oculta de nossa natureza.

Mas o que é, então, o subconsciente e onde começa, e como se relaciona com nosso ser de superfície ou com o subliminar do qual pareceria, antes, ser uma província? Somos conscientes de nosso corpo e sabemos que temos uma existência física, contudo, mesmo que nos identifiquemos com ela em grande medida, a maioria de suas operações são de fato subconscientes para nosso ser mental; não só a mente não toma parte nelas, mas, como supomos, nosso ser mais físico não é consciente de suas próprias operações escondidas e nem, por si mesmo, de sua própria existência; conhece, ou melhor, sente de si apenas o que é iluminado pela percepção mental e que pode ser observado pela inteligência. Percebemos uma vitalidade que age nessa forma e nessa estrutura corporais como age na planta ou no animal inferior, uma existência vital que é também, em sua maior parte, subconsciente para nós, pois observamos apenas alguns de seus movimentos e reações. Percebemos parcialmente suas operações, mas com certeza não todas, nem mesmo a maioria, e mais aquelas que são anormais do que aquelas que são normais; suas necessidades nos afetam mais fortemente do que suas satisfações, suas doenças e desordens mais do que sua saúde e ritmo regular, a dor de sua morte é mais pungente para nós do que a intensidade de sua vida: sabemos dessa existência física apenas o que podemos observar e utilizar conscientemente ou o tanto que ela se impõe a nós pela dor, prazer e outras sensações, ou por ser uma causa de reações e perturbações nervosas ou físicas, mas não mais do que isso. Assim, supomos que essa parte físico-vital de nosso ser tampouco é consciente de suas próprias operações ou tem apenas uma consciência reprimida ou nenhuma consciência, como a planta, ou o início de uma consciência, como o animal que nasce; ela se tornaria consciente apenas na medida em que fosse iluminada pela mente e observada pela inteligência.

Isso é um exagero e uma confusão, devido ao fato de que identificamos a consciência com a mentalidade e a percepção mental. A mente identifica-se, em certa medida, com os movimentos próprios à vida física e ao corpo e os anexa à sua mentalidade, de modo que toda consciência nos parece ser mental. Mas se olharmos de fora, se separarmos a mente, como testemunha, dessas partes de nosso ser, podemos descobrir que vida e corpo — mesmo as partes mais físicas da vida — têm uma consciência própria, a consciência de um vital mais obscuro e um ser corporal, e mesmo uma percepção elementar como podem ter as formas animais primitivas, mas em nós é retomada em parte pela mente e, nessa medida, mentalizada. E contudo essa consciência não tem, em seu movimento independente, a percepção mental que desfrutamos; se nela há uma mente, é uma mente involuída e implícita no corpo e na vida física: não há uma autoconsciência organizada, mas apenas um sentido de ação e reação, movimento, impulso, desejo e necessidade, e das atividades necessárias impostas pela Natureza, fome, instinto, dor, insensibilidade e prazer. Assim, se bem que inferior, ela possui essa percepção obscura, limitada e automática; mas visto que, como é menos mestra de si, vazia daquilo que, para nós, é a marca da mentalidade, é justo chamá-la de submental, mas menos justo considerá-la a parte subconsciente de nosso ser. Pois quando olhamos com certa distância, quando podemos separar nossa mente de suas sensações, percebemos que esse é um tipo de consciência nervosa e de sensações, automaticamente dinâmica, cuja gradação de percepção é diferente da da mente: ela reage aos contatos à sua maneira, com sua própria sensibilidade, independentemente da percepção e da resposta mentais. O verdadeiro subconsciente é diferente desse substrato vital ou físico; ele é o Inconsciente que vibra nas fronteiras da consciência e projeta para o alto suas moções para que sejam transmutadas em substância consciente, absorvendo em suas profundezas as impressões de experiências passadas como sementes de hábitos inconscientes e reenviando-as constantemente, mas muitas vezes de modo caótico, à consciência de superfície, despachando para o alto muito material fútil ou perigoso cuja origem nos é obscura — em forma de sonhos, em repetições mecânicas de todo tipo, em impulsos e motivos dos quais não podemos traçar a origem, e como perturbações e revoltas da mente, do vital, do físico e necessidades mudas e automáticas das partes mais obscuras de nossa natureza.

Mas o self subliminar não tem de modo algum esse caráter subconsciente: ele está em plena posse de uma mente, uma força de vida, um sentido físico-sutil esclarecido. Tem as mesmas capacidades de nosso ser de vigília, um sentido e uma percepção sutis, uma memória ampliada abrangente e uma inteligência, vontade, autoconsciência intensas e seletivas; mas embora essas capacidades sejam do mesmo tipo, elas são mais vastas, mais desenvolvidas, mais soberanas. E ele tem outras capacidades que excedem as de nossa mente mortal, porque o ser possui um poder de percepção direta — seja ao agir em si mesmo, seja dirigida a seu objeto — que chega mais rapidamente ao conhecimento e à efetividade da vontade, mais profundamente à compreensão e satisfação de impulsos. Nossa mente de superfície dificilmente pode ser considerada uma mentalidade verdadeira, por ser tão envolvida, amarrada, entravada, condicionada pelo corpo e pela vida corporal e as limitações do sistema nervoso e dos órgãos físicos. Mas o self subliminar tem uma verdadeira mentalidade, superior a essas limitações; ele excede a mente física e os órgãos físicos, embora seja consciente deles e das suas atividades e, em grande medida, a causa ou o criador delas. É subconsciente apenas pelo fato de não trazer para a superfície a totalidade ou a maior parte de si mesmo: ele age sempre por trás do véu; mais do que um subconsciente, é um intraconsciente e um circunconsciente, pois envolve a natureza exterior ao mesmo tempo que a sustenta. Essa descrição é, sem dúvida, mais verdadeira em relação às partes mais profundas do subliminar; em suas outras camadas, mais próximas de nossa superfície, há uma ação mais ignorante, e aqueles que ao entrarem no interior de si param nas zonas menos coerentes ou na terra de ninguém entre o subliminar e a superfície, podem cair em uma grande ilusão e grande confusão; mas isso também, embora ignorante, não é a natureza do subconsciente; a confusão dessas zonas intermediárias não tem semelhança alguma com a Inconsciência.

Poderíamos então dizer que há três elementos na totalidade de nosso ser: há o submental e o subconsciente, que nos parecem inconscientes e incluem a base material e boa parte de nossa vida e de nosso corpo; há o subliminar, que inclui o ser interior em sua totalidade, isto é, a mente interior, a vida interior, o físico interior — sustentados pela alma ou entidade psíquica; há essa consciência de vigília que o subliminar e o subconsciente projetam à superfície, como uma onda de suas marés secretas. Mas mesmo isso não é uma imagem adequada do que somos, pois não só há algo no mais profundo de nós, por trás de nossa autoconsciência normal, mas há ainda algo acima: isso também é nós mesmos, diferente de nossa personalidade mental de superfície mas não exterior a nosso verdadeiro self; isso também é um território de nosso espírito. Pois o subliminar propriamente dito não é mais do que o ser interior no plano do Conhecimento-Ignorância, luminoso, poderoso e extenso, de fato, além da pobre concepção de nossa mente de vigília, mas, ainda assim, não o sentido supremo ou total de nosso ser, nem seu mistério último. Podemos perceber, em certa experiência, uma extensão do ser que é supraconsciente em relação a esses três elementos, e também algo de uma Realidade mais alta e suprema que sustenta e ultrapassa todos eles, sobre a qual a humanidade fala de modo vago como Espírito, Deus, Sobre-Alma: dessas extensões supraconscientes recebemos visitas, e em nosso ser mais alto nos inclinamos em direção a elas e a esse Espírito supremo. Há, então, em todos os nossos planos de existência, não só uma subconsciência e uma inconsciência, mas uma supraconsciência que forma uma abóbada sobre nosso self subliminar e nosso self de vigília, talvez envolvendo-os, mas ela nos é desconhecida, aparentemente inalcançável e incomunicável.

Mas com a extensão de nosso conhecimento descobrimos o que é esse espírito ou sobre-alma: ele é, em última análise, nosso Self mais alto, mais profundo e mais vasto; em seus cumes, ou por um reflexo em nós, ele aparece como Satchidananda, que nos criou e criou o mundo pelo poder de Seu Conhecimento-Vontade divino, espiritual, supramental, consciente da verdade, infinito. Este é o Ser real, Senhor e Criador, que enquanto Self Cósmico velado na Mente, Vida e Matéria, desceu nisso que chamamos o Inconsciente, e constitui e governa a existência subconsciente por Sua vontade e Seu conhecimento supramentais, elevou-se a partir do Inconsciente e reside no ser interior, constituindo e governando sua existência subliminar pela mesma vontade e conhecimento; ele projeta nossa existência de superfície a partir do subliminar e nela habita secretamente, supervisionando seus movimentos tropeçantes e tateantes com a mesma luz e mestria supremas. Se o subliminar e o subconsciente podem ser comparados a um mar que projeta as ondas de nossa existência mental de superfície, a supraconsciência pode ser comparada a um éter que constitui, contém inteiramente, ocupa e determina os movimentos do mar e suas ondas. É aí, nesse éter superior, que somos conscientes de maneira inerente e intrínseca de nosso self e espírito, não como aqui, por um reflexo na mente silenciosa ou uma aquisição do conhecimento da existência de um Ser escondido em nosso interior; é por meio dele, desse éter de supraconsciência, que podemos alcançar o estado, o conhecimento e a experiência supremos. Dessa existência supraconsciente, através da qual podemos chegar ao mais alto estado de nosso self real e supremo, somos em geral ainda mais ignorantes do que do resto de nosso ser; contudo, é para o conhecimento dessa existência supraconsciente que nosso ser, emergindo de sua involução na Inconsciência, esforça-se para evoluir. Essa limitação à nossa existência de superfície, essa inconsciência em relação ao nosso self mais alto e mais profundo, é nossa ignorância primeira e principal.

Na superfície, existimos por um vir-a-ser no Tempo; mas, de novo, fora desse vir-a-ser no Tempo, a mente de superfície que chamamos nós mesmos é ignorante de todo o longo passado e todo o longo futuro, consciente apenas da pequena vida de que se lembra e mesmo desta, nem mesmo tudo, visto que muito se perde à sua observação e sua memória. Estamos prontos a acreditar — pela razão simples e peremptória, mas insuficiente, de que não nos recordamos, não percebemos, não somos informados de nenhuma outra coisa — que chegamos à existência, primeiro, por nosso nascimento físico nesta vida, e deixaremos de existir pela morte deste corpo e a cessação desta breve atividade física. Embora isso seja verdade para nossa mentalidade e vitalidade físicas e para nosso invólucro corporal — pois foram constituídos no nosso nascimento e a morte os dissolve —, não é verdade para nosso devenir real no Tempo. De fato, nosso self real no cosmos é o Supraconsciente, que se torna o self subliminar e projeta esse self superficial aparente para interpretar o papel, breve e limitado, que lhe foi designado entre nascimento e morte, o papel de uma formação do self no presente, uma formação viva e consciente do ser na substância de um mundo da Natureza inconsciente. O ser verdadeiro que somos não morre quando uma vida se acaba, assim como o ator não morre quando conclui um de seus papéis ou o poeta, quando faz jorrar alguma coisa de si em um de seus poemas; nossa personalidade mortal é apenas isto: um papel, uma autoexpressão criativa. Quer aceitemos, quer não, a teoria dos múltiplos nascimentos da mesma alma, ou ser psíquico, em diversos corpos humanos nesta terra, é certo que nosso devenir no Tempo vai longe no passado e prolonga-se longe no futuro. Pois nem o supraconsciente nem o subliminar podem ser limitados por alguns momentos do Tempo: um é eterno e o Tempo é apenas um de seus modos; para o outro, o subliminar, o Tempo é um campo infinito de experiências variadas e a própria existência do ser pressupõe que todo o passado é dele, e dele igualmente todo o futuro. Contudo, desse passado, que, apenas ele, explica nosso ser atual, nossa mente conhece — se isso pode ser chamado conhecimento — somente esta existência física presente e suas memórias; do futuro, que, apenas ele, explica a orientação constante de nosso devenir, nossa mente nada conhece. Somos tão fixados na experiência de nossa ignorância que chegamos mesmo a afirmar que um só pode ser conhecido por seus vestígios e o outro não pode ser conhecido, porque o futuro ainda não é, e o passado não mais existe; e portanto ambos estão aqui em nós, o passado involuído e ativo, o futuro pronto a evoluir na continuidade do espírito secreto. Esta é uma outra ignorância limitadora e frustrante.

Mas, no ser humano, a autoignorância não para nem mesmo aí; pois não apenas ele é ignorante de seu Self supraconsciente, seu self subliminar, seu self subconsciente, mas o é também de seu mundo — onde vive no momento presente —, que age constantemente sobre ele e por meio dele, e no qual e por meio do qual ele deve agir. E a marca de sua ignorância é o fato de que ele olha o mundo como algo completamente separado de si, como um não-self, porque é diferente de sua formação natural e de seu ego. Do mesmo modo, quando tem a visão de seu Self supraconsciente, ele o vê primeiro como algo completamente diferente de si mesmo, como um Deus externo, mesmo extracósmico; quando tem a visão e percebe seu self subliminar, este lhe parece primeiro uma outra pessoa, maior, ou uma consciência diferente da sua, que o sustenta e guia. Do mundo, ele vê como si mesmo apenas uma pequena bolha de espuma que são sua vida e seu corpo. Mas quando entramos em nossa consciência subliminar, descobrimos que ela se estende na medida de seu mundo; quando entramos em nosso Self supraconsciente, descobrimos que o mundo é tão somente sua manifestação e tudo nele é o Um, tudo nele é o nosso self. Vemos que existe uma Matéria única e indivisível de que nosso corpo é um nó, uma Vida única e indivisível de que nossa vida é um redemoinho, uma Mente única e indivisível de que nossa mente é uma estação receptora, registradora, formadora, tradutora, transmissora, um Espírito único e indivisível de que nossa alma e nosso ser individual são uma porção ou uma manifestação. É o sentido do ego que fixa a divisão e é nele que a ignorância que somos na superfície encontra seu poder para manter os muros sólidos e, no entanto, sempre permeáveis, que ela criou para fazer sua própria prisão. O ego é o mais formidável dos nós que nos mantêm encadeados à Ignorância.

Assim como somos ignorantes de nossa existência no Tempo, com exceção da pequena hora de que nos lembramos, da mesma maneira somos ignorantes de nós mesmos no Espaço, com exceção do pequeno período de tempo de que somos conscientes mentalmente e por nossas sensações, do corpo separado que aí se move e da mente e da vida que se identificam com ele, e olhamos o que nos circunda como um não-self com quem devemos lidar e que devemos usar: é essa identificação e essa concepção que formam a vida do ego. Para alguns, o Espaço é apenas a coexistência de coisas ou de almas; o Sankhya afirma a pluralidade das almas e sua existência independente, e a coexistência delas só é então possível pela unidade da força da Natureza, que é seu campo de experiência, Prakriti; mas, ainda assim, há a coexistência, e é em definitivo uma coexistência em um Ser único. O Espaço é a extensão dessa autoconcepção desse Ser único; é a Existência espiritual única manifestando o campo de movimento de sua Força-Consciente que tem seu próprio Self como Espaço. Porque essa Força-Consciente concentra-se em corpos, vidas, mentes inumeráveis e a alma preside a um deles, nossa mentalidade se concentra nele e o considera como si mesma, e todo o resto como não-self, assim como considera sua única vida — em que se concentra com a mesma ignorância — como o inteiro termo de sua existência, cortado do passado e do futuro. Entretanto, na realidade, não podemos conhecer nossa própria mentalidade sem conhecer a Mente única, nossa própria vitalidade sem conhecer a Vida única, nosso próprio corpo sem conhecer a Matéria única; pois não só a natureza de nossa mentalidade, de nossa vitalidade e de nosso corpo é determinada pela natureza dessa Mente, Vida e Matéria, mas suas atividades são influenciadas e determinadas a todo momento por elas. Mas embora todo esse oceano de ser flua através de nós, não participamos de sua consciência e sabemos dele apenas isso que pode ser trazido à superfície de nossas mentes e aí ser coordenado. O mundo vive em nós, pensa em nós, forma-se em nós, mas imaginamos que somos nós que vivemos, pensamos, tornamo-nos em separado, para nós mesmos e por nós mesmos. Assim como somos ignorantes de nosso self atemporal, nosso self supraconsciente, nosso self subliminar e nosso self subconsciente, somos ignorantes de nosso self universal. A única coisa que nos salva é que a nossa é uma ignorância cheia de impulsos e se esforça, irresistível e eternamente, pela própria lei de seu ser, em direção à realização do autodomínio e do autoconhecimento. Uma Ignorância multifacetada esforçando-se para se tornar um Conhecimento que abarca tudo, tal é a definição da consciência do homem, o ser mental — ou, visto de outro ângulo, podemos dizer do mesmo modo que esta é uma percepção separativa e limitada das coisas, esforçando-se para se tornar uma consciência e um Conhecimento integrais.

# CAPÍTULO XII

# A ORIGEM DA IGNORÂNCIA

*Pela energia da consciência,[1] Brahman se condensa; disso nasce a Matéria, e da Matéria a Vida, a Mente e os mundos.*

*Mundaka Upanishad*, I. 1. 8.

*Ele desejou: "Que Eu seja Múltiplo". Ele concentrou-se em Tapas, por meio de Tapas criou o mundo; ao criá-lo, entrou nele; ao entrar nele tornou-se o existente e o que está além da existência, tornou-se o manifestado e o não manifestado, tornou-se conhecimento e ignorância, tornou-se a verdade e a falsidade; ele tornou-se a verdade, e mesmo absolutamente tudo que existe. "Esta Verdade", eles o chamam.*

*Taittiriya Upanishad*, II. 6.

*Energia de consciência é Brahman.*

*Taittiriya Upanishad*, III. 2-5.

Torna-se necessário e possível, agora que tanto foi estabelecido, considerar de perto o problema da Ignorância do ponto de vista de sua origem pragmática, do processo de consciência que lhe deu existência. É na base de uma Unidade integral como a verdade da existência que devemos considerar o problema, e ver em que medida as diferentes soluções possíveis são aplicáveis a essa base. Como pôde essa ignorância múltipla ou esse conhecimento estreitamente autolimitativo e separador, aparecer e entrar em ação, ou manter-se em ação, em um Ser absoluto que deve ser consciência absoluta e, portanto, não estar submetido à ignorância? Como uma divisão, mesmo aparente, pôde produzir-se de maneira efetiva e perpetuar-se no Indivisível? O Ser,

---

1. Tapas.

integralmente um, não pode ser ignorante de si mesmo; visto que todas as coisas são ele, modificações, determinações conscientes de seu ser, ele não pode ser ignorante das coisas, seja de sua natureza, seja de sua verdadeira ação. Mas embora digamos que somos Isto, que o Jivatman ou self individual não é outro senão o Paramatman, não é outro senão o Absoluto, é inegável que estamos na ignorância das coisas e de nós mesmos. O resultado disso é uma contradição, pois isso que em sua própria textura deveria ser incapaz de ignorância é, no entanto, capaz de ignorância, e mergulhou nela por alguma vontade de seu ser ou alguma necessidade ou possibilidade de sua natureza. Não reduzimos a dificuldade ao alegar que a Mente, sede da ignorância, é uma coisa da Maya, que é não-existente, não-Brahman, e que Brahman, o Absoluto, a Existência única, não pode de modo algum ser tocado pela ignorância da mente, que faz parte do ser ilusório, Asat, a não-existência. Essa é uma possibilidade de escape que não está aberta para nós se admitimos uma Unidade integral, pois tornar-se-ia então evidente que ao fazer uma distinção tão radical, e anulá-la ao mesmo tempo, declarando-a ilusória, estaríamos usando a magia ou a Maya do pensamento e da palavra a fim de dissimular o fato de que dividimos e negamos a unidade de Brahman, pois erigimos dois poderes opostos: Brahman, incapaz de ilusão, e a Maya, que se autoengana. Desse modo, os forçamos a uma unidade impossível. Se Brahman é a única existência, Maya não pode ser outra coisa senão um poder de Brahman, uma força de sua consciência ou um resultado de seu ser; e se o Jivatman, uno com Brahman, estiver sujeito à sua própria Maya, então Brahman no Jivatman está sujeito a Maya. Mas isso não é intrínseca ou fundamentalmente possível: a sujeição só pode ser uma submissão de alguma coisa na Natureza a uma ação da Natureza que faz parte do movimento consciente e livre do Espírito nas coisas, um jogo de sua Onisciência que se manifesta. A Ignorância deve ser parte do movimento do Um, um desenvolvimento de sua consciência adotado intencionalmente, e ao qual ele não está sujeito de modo forçado, mas do qual se serve para seu propósito cósmico.

Não poderíamos nos desembaraçar de toda a dificuldade ao dizer que o Jivatman e o Supremo não são Um, mas eternamente diferentes — um, sujeito à ignorância, o outro, um absoluto de ser e consciência e, portanto, de conhecimento — pois isso contradiz a experiência suprema e a experiência total, que é de unidade no ser, qualquer que seja a diferença na ação da Natureza. É mais fácil aceitar o fato da unidade na diferença, que é tão evidente e presente em toda a construção do universo, e satisfazermo-nos com a afirmação de que somos um, embora diferentes: somos um em nosso ser essencial e portanto em nossa natureza essencial, e diferentes em forma-de-alma e, portanto, na natureza ativa. Mas dessa forma só constatamos o fato e deixamos sem resolver a dificuldade levantada pelo fato: como isso, que na essência de seu ser pertence à unidade do Absoluto e deveria ser então uno com ele e com tudo em Sua consciência, encontra-se dividido em sua forma dinâmica de self e em sua ação, e sujeito à Ignorância? Deve-se também notar que a afirmação não seria inteiramente verdadeira, visto que é possível para o Jivatman entrar em união com a natureza ativa do Um e não apenas em um estado de união estática essencial. Ou podemos escapar da dificuldade ao dizer que além ou acima da existência e seus problemas, há o Incognoscível que está além ou acima de nossa experiência, e a ação da Maya já começou no Incognoscível antes do começo do mundo e ela própria é, então, Incognoscível e inexplicável em sua causa e origem. Isso seria uma espécie de agnosticismo idealista, por oposição a um agnosticismo materialista. Mas a objeção à qual todo agnosticismo está sujeito é que ele não pode ser nada mais do que nossa recusa em conhecer, uma adesão demasiado rápida a uma aparente restrição ou constrição da consciência em seu estado presente, um sentimento de impotência que pode ser permitido às limitações imediatas da mente mas não ao Jivatman, que é uno com o Supremo. O Supremo deve seguramente conhecer-se e conhecer a causa da ignorância e, por isso, o Jivatman não tem razão para perder a esperança de um dia alcançar o conhecimento, ou negar sua capacidade de conhecer o Supremo integral e a causa original de sua ignorância atual.

O Incognoscível, se existe, deve ser um estado supremo de Satchidananda, além de nossas mais altas concepções sobre a existência, consciência e beatitude; isto é, evidentemente, o que o *Taittiriya Upanishad* entendia por Asat, o Não-Existente que, sozinho, existia no começo e de onde nasceu o existente; e isso, talvez, é também o sentido mais profundo do Nirvana do Buda, pois a dissolução no Nirvana de nosso presente estado pode ser um meio de acesso a algum estado mais alto, além mesmo de toda noção ou experiência do self, uma liberação inefável de tudo o que significa para nós a existência. Ou isso pode ser a beatitude absoluta e incondicionada de que fala o *Upanishad*, a qual está além de toda expressão e compreensão, pois ultrapassa tudo o que podemos conceber ou descrever como consciência e existência. Esse é o sentido que já havíamos aceitado, pois a aceitação nos engaja tão somente na recusa em pôr um limite à ascensão do Infinito. Ou se ele não for isso, se for algo completamente diferente da existência, mesmo de uma existência incondicionada, deve ser o Não-Ser absoluto do pensador niilista.

Mas nada pode sair do Nada absoluto, nem mesmo uma simples aparência, nem mesmo uma ilusão; e se a Não-Existência absoluta não for isso, então só poderia ser uma Potencialidade absoluta eternamente irrealizada, um zero enigmático do Infinito de onde poderiam emergir a qualquer momento potencialidades relativas, mas só algumas delas conseguiriam tomar uma aparência fenomênica. Tudo poderia surgir dessa Não-Existência, e não há possibilidade de dizer o quê ou por quê; isso seria, praticamente, uma semente do caos absoluto de onde, por algum feliz — ou quiçá infeliz — acidente, emergiu a ordem de um universo. Ou podemos dizer que não há uma ordem real do universo; o que tomamos como tal é um hábito persistente dos sentidos e da vida e uma ficção da mente, e é inútil buscar uma razão última das coisas. De um caos absoluto todos os paradoxos e absurdos podem surgir, e o mundo é um desses paradoxos, uma soma misteriosa de contrários e enigmas ou, de fato, como alguns terão sentido ou pensado, é um erro imenso, um delírio monstruoso e infinito. Não é uma Consciência e um Conhecimento absolutos, mas uma Inconsciência e uma Ignorância absolutas que seriam, então, a origem de um tal universo. Tudo pode ser verdadeiro em um tal cosmos: tudo pode ter surgido do nada; a mente pensante só poderia ser uma enfermidade da Força sem pensamento ou da Matéria inconsciente; a ordem dominante, que supomos ser a existência conforme a verdade das coisas, na realidade poderia ser a lei mecânica de uma eterna autoignorância e não a autoevolução de uma suprema Vontade consciente que se autogoverna; a existência perpétua poderia ser o fenômeno constante do eterno Nada. Todas as opiniões sobre as origens das coisas tornam-se uma força igual, já que todas são igualmente válidas ou não válidas, pois tudo se torna igualmente possível visto que não há um ponto de partida seguro nem um objetivo averiguável das revoluções do devenir. Todas essas opiniões foram sustentadas pela mente humana e todas deram frutos, mesmo se as vemos como erros; de fato, erros são permitidos à mente porque abrem portas para a verdade, de forma negativa ao destruir erros opostos, e de forma positiva ao preparar um elemento em uma nova hipótese construtiva. Mas, levada muito longe, essa visão das coisas conduz à negação de todo objetivo da filosofia, que busca o conhecimento e não o caos, e não pode cumprir-se se a palavra última do conhecimento é o Incognoscível, mas só se há algo, para usar as palavras do *Upanishad*, "que, sendo conhecido, tudo é conhecido". O Incognoscível — que não é absolutamente incognoscível, mas está além do conhecimento mental — só pode ser um grau superior na intensidade de ser desse Algo, um grau além do cimo mais alto acessível aos seres mentais e, se ele fosse conhecido como deve ser conhecido a si mesmo, essa descoberta não destruiria inteiramente aquilo que nos é dado pelo nosso conhecimento mais alto possível, mas, antes, levaria esse conhecimento a uma realização superior e uma verdade mais vasta do que a que já adquiriu pela visão e experiência de si. É então esse Algo que devemos descobrir como ponto de partida e manter como base constante de nosso pensamento e de nossa visão: um Absoluto que pode ser conhecido de tal modo que todas as verdades podem estar nele e com ele e encontrar aí sua reconciliação — e nos permitirá encontrar uma solução ao problema, pois só Isto traz em si a chave dos paradoxos do universo.

Como o Vedanta insiste e como temos insistido todo o tempo, esse Algo é, em sua natureza manifestada, Satchidananda, uma trindade de existência, consciência e beatitude absolutas. É dessa verdade primeira que devemos começar a abordar o problema, e é então evidente que a solução deve ser encontrada em uma ação da consciência que se manifesta como conhecimento e, contudo, limita esse conhecimento, de modo a criar o fenômeno da Ignorância — e já que a Ignorância é um fenômeno da ação dinâmica da Força da Consciência, não um fato essencial, mas uma criação, uma consequência dessa ação, é esse aspecto da Força da Consciência que será frutífero considerar. Em sua natureza, a consciência absoluta é poder absoluto; a natureza de Chit é Shakti: o universo foi criado pela Força ou Shakti concentrada e dinamizada pela cognição ou pela ação em um poder realizador efetivo ou criador; o poder do ser consciente absorvido em si mesmo faz emergir de algum modo, pelo calor de sua incubação,[2] a semente e o desenvolvimento de tudo que se encontra dentro dele ou — para usar uma linguagem conveniente para nossa mente — de todas as suas verdades e potencialidades. Se examinarmos nossa própria consciência, veremos que esse poder de sua energia aplicando-se a seu objeto é, na realidade, a força dinâmica mais positiva que ela tem; é mediante esse poder que tal consciência chega a todo o seu conhecimento, toda a sua ação e toda a sua criação. Mas para nós existem dois objetos sobre os quais o dinamismo interior pode agir: nós mesmos, o mundo interno, e os outros — criaturas ou coisas —, o mundo externo em torno a nós. Para Satchidananda, essa distinção, com suas consequências efetivas e eficientes, não se aplica da mesma maneira como para nós, porque tudo é ele e nele, e não há aí divisões como as que fazemos, devido às limitações de nossa mente. Em segundo lugar, em nós só uma parte da força de nosso ser identifica-se à nossa ação voluntária, à nossa vontade engajada em uma atividade mental ou outra atividade; para nossa percepção mental de superfície, o resto é involuntário em sua ação, ou sub-

---

2. Tapas significa literalmente calor; em seguida, o sentido de energia, ascese, austeridade da força consciente que age sobre si ou sobre seus objetos. O mundo foi criado por Tapas na forma de um ovo, diz a antiga imagem; deste ovo, rompido também por Tapas, o fogo da incubação da força consciente, emerge o Purusha, a Alma na Natureza — tal como um pássaro. Note-se que a tradução comum da palavra *tapasyā* em obras em inglês — "*penance*" [penitência] — é bastante enganadora; a ideia de penitência raramente faz parte das austeridades praticadas pelos ascetas indianos, e a mortificação do corpo também não constitui a essência dessas práticas, mesmo em suas formas mais severas e extremas. O objetivo era, sobretudo, ultrapasssar o domínio que a natureza corporal tem sobre a consciência ou de insuflar nesta, e na vontade, uma energia supranormal, a fim de alcançar um ou outro objetivo espiritual.

consciente, ou supraconsciente, e dessa divisão também emerge um grande número de consequências práticas importantes. Mas em Satchidananda essa divisão e suas consequências também não se aplicam, visto que tudo é seu self único e indivisível e toda ação e resultado são movimentos de sua vontade única e indivisível, de sua consciência-força em operações dinâmicas. Tapas é a natureza da ação de sua consciência, assim como da nossa, mas é o Tapas integral de uma consciência integral em uma Existência indivisível.

Mas aqui surge uma pergunta: visto que há uma passividade na Existência e na Natureza, assim como uma atividade; um estado de imobilidade, assim como de *kinesis*, qual é o lugar e o papel dessa Força, desse poder e sua concentração, em relação a um estado em que não há jogo de energia, em que tudo é imóvel? Em nós, associamos em geral nosso Tapas, nossa força consciente, à consciência ativa, à energia em ação, em uma ação e um movimento interiores e exteriores. Aquilo que é passivo em nós não produz ação, ou apenas uma ação involuntária ou mecânica, e não o associamos com nossa vontade ou força consciente; ainda assim, uma vez que aí também há a possibilidade de ação ou o emergir de uma atividade automática, é preciso que haja, nesse estado, ao menos uma força consciente que responda de modo passivo ou automático; ou há aí um Tapas, seja secretamente positivo, seja negativo e inverso. Pode ser também que haja em nosso ser uma força consciente, um poder ou uma vontade mais vastos, desconhecidos para nós, que estão por trás dessa ação involuntária — se não uma vontade, ao menos um certo tipo de força que, ela mesma, inicia a ação ou então responde aos contatos, sugestões, estimulações da Energia universal. Sabemos que na Natureza também as coisas estáveis, inertes ou passivas são, contudo, mantidas em sua energia por uma moção secreta e ininterrupta, uma energia em ação que sustenta a imobilidade aparente. Então, aqui também, tudo é devido à presença da Shakti, à ação de seu poder concentrado, seu Tapas. Mas, para além disso, para além desse aspecto relativo de estado e *kinesis*, descobrimos que temos o poder de chegar ao que nos parece ser uma passividade ou uma imobilidade absolutas de nossa consciência, nas quais cessa toda atividade mental e física. Então, parece haver aí uma consciência ativa, em que a consciência trabalha como uma energia que projeta conhecimento e atividade a partir de si, e é então caracterizada por Tapas, e uma consciência passiva, em que a consciência não age como uma energia, mas existe apenas como um estado, e é então caracterizada pela ausência de Tapas, ou força de ação. A aparente ausência de Tapas nesse estado é real, ou há uma distinção efetiva desse tipo em Satchidananda? Afirma-se que sim: o estado dual de Brahman — repouso e criação — é de fato uma das distinções mais importantes e fecundas na filosofia indiana; é, além disso, um fato da experiência espiritual.

Aqui, devemos observar que, primeiro, essa passividade em nós nos conduz de um conhecimento particular e fragmentado a um conhecimento maior, uno e unificador; em segundo lugar, que se no estado de passividade nos abrirmos inteiramente a isso que está além, poderemos perceber um Poder que age sobre nós e sentir que ele não é nosso, em um sentido egoístico e limitado, mas é universal e transcendental; esse Poder age através de nós para uma ação maior de conhecimento, energia, ações e resultados, que também sentimos não como nossos, mas do Divino, de Satchidananda, e que somos apenas seu campo ou canal. Nos dois casos, o resultado se produz porque nossa consciência individual repousa de sua ação ignorante e limitada e se abre ao estado estático supremo ou à ação suprema. No segundo caso, o da abertura mais dinâmica, há um poder e um jogo de conhecimento e ação, e isso é Tapas; mas no primeiro também, na consciência estática, há de modo evidente um poder de conhecimento e concentração de conhecimento, ou ao menos uma concentração de consciência em imobilidade e uma autorrealização, e isso também é Tapas; em consequência, pareceria que Tapas, a concentração do poder de consciência, seria o caráter próprio à consciência passiva e à consciência ativa de Brahman, e que nossa própria passividade também teria o caráter de um Tapas invisível que lhe serve de suporte e instrumento. Esta é uma concentração de energia de consciência que sustenta, enquanto dura, toda criação, ação e *kinesis*; mas isso é também uma concentração do poder de consciência que sustenta interiormente ou permeia todo estado, mesmo a passividade mais imóvel, mesmo uma imobilidade infinita ou um silêncio eterno.

Mas ainda assim pode ser dito que, no final, estas são duas coisas diferentes, e isso é mostrado por seus resultados opostos; de fato, recorrer à passividade de Brahman leva à cessação dessa existência e o recurso ao Brahman ativo leva à sua continuação. Porém, mais uma vez, deixe-nos observar que essa distinção surge de um movimento da alma individual ao passar de uma posição à outra, da posição de consciência de Brahman no mundo, onde esta é um sustentáculo para a ação universal, à posição, ou em direção à posição, da consciência de Brahman além do mundo, onde esta tem o poder de reter a energia fora da ação universal. Ademais, se é pela energia de Tapas que a força de ser se difunde na ação do mundo, é também pela ação de Tapas que se cumpre a retirada dessa força de ser. A consciência passiva de Brahman e sua consciência ativa não são duas coisas diferentes, conflitantes e incompatíveis, elas são a mesma consciência, a mesma energia que, em uma extremidade está em estado de recolhimento e, na outra, projeta-se em um movimento de dom de si e autodesdobramento, como, de um lado a imobilidade de um reservatório e, do outro, o escoamento de suas águas, que fluem pelos seus canais. De fato, por trás de toda atividade há, e deve haver, um poder de ser passivo do qual essa atividade emerge, que a sustenta e mesmo, vemos no final, a governa por trás sem ser totalmente identificado com ela — em todo caso sem se derramar inteiramente na ação a ponto de ser impossível distingui-lo dela. Uma tal identificação, que levaria a uma exaustão total, é impossível, pois nenhuma ação, por mais vasta que seja, exaure o poder original de onde procede, não deixando nada em reserva atrás de si. Quando retornamos ao nosso próprio ser consciente, mantemo-nos retirados de nossa ação e vemos como se cumpre, descobrimos que é nosso ser inteiro que se encontra por trás de todo ato particular ou soma de atividades, que ele é passivo no resto de sua integralidade, ativo em sua distribuição limitada de energia; mas essa passividade não é uma inércia impotente, é uma posição em que a energia se mantém em reserva. Uma verdade similar deve aplicar-se de modo ainda mais completo ao ser consciente do Infinito, de quem o poder, no silêncio do estado estático, assim como na criação, deve também ser infinito.

No momento, não é importante saber se a passividade de onde tudo emerge é absoluta ou apenas relativa à ação observável, da qual a passividade se mantém retirada. Basta notar que, embora façamos a distinção para a conveniência de nossa mente, não há um Brahman passivo e um Brahman ativo, mas um só Brahman, uma Existência que guarda Seu Tapas em reserva nisso que chamamos passividade e se dá Ela mesma no que chamamos Sua atividade. Para os propósitos da ação, esses são dois polos de um ser único ou um poder duplo necessário à criação; a ação, em seu circuito, parte da retenção e provavelmente reconduz ali as energias que se derramaram, para projetá-las mais uma vez em um novo circuito. A passividade de Brahman é Tapas, ou a concentração de Seu ser autoabsorvido — uma concentração recolhida de Sua energia imóvel; a atividade é o Tapas de Seu ser, que libera o que ele continha nessa incubação, entrega-o à mobilidade e viaja em um milhão de ondas de ação, ainda absorvido em cada uma durante Sua viagem, e liberando nelas as verdades e potencialidades do ser. Aí também há concentração de força, mas uma concentração múltipla que a nós parece uma difusão. Na realidade isso não é uma difusão, mas um desdobramento. Brahman não projeta Sua energia para que ela se perca em algum vazio exterior irreal, mas a guarda ativa no interior de Seu ser, conservando-a sem reduzi-la nem diminuí-la em todo o processo contínuo de conservação e transmutação. A passividade é uma grande conservação de Shakti, de Tapas, que sustenta um começo múltiplo de movimento e transmutação em formas e acontecimentos; a atividade é uma conservação de Shakti, de Tapas, no movimento e na transmutação.

Em Brahman, como em nós, ambas são relativas uma à outra, ambas coexistem de modo simultâneo, os dois polos na ação da Existência única.

A Realidade não é, então, nem uma eterna passividade do Ser imóvel, nem uma atividade eterna do Ser em movimento; nem é Ela uma alternância no Tempo entre essas duas coisas. Nenhuma é, de fato, a verdade única absoluta da realidade de Brahman; a oposição entre elas só é verdade para Ele em relação às atividades de Sua consciência. Quando percebemos o desdobramento da energia consciente de Seu ser ativo na ação universal, chamamo-lo Brahman ativo e móvel; quando percebemos a retenção simultânea da energia consciente de Seu ser retirada da ação, chamamo-lo Brahman passivo imóvel — Saguna e Nirguna, Kshara e Akshara: de outro modo os termos não teriam sentido, pois há uma única realidade e não duas realidades independentes, uma imóvel, a outra móvel. Na concepção habitual da evolução da alma na ação, *pravṛitti*, e sua involução na passividade, *nivṛitti*, supõe-se que, na ação, a alma individual se torna ignorante, não consciente de seu ser passivo que seria seu ser verdadeiro e, na passividade, ela acaba por perder toda consciência de seu ser ativo, considerado como seu ser falso ou só aparente. Mas isso é porque, para nós, esses dois movimentos acontecem de modo alternado, como em nosso sono e nosso estado de vigília; do estado desperto entramos na insciência de nosso estado de sono, e do sono, na insciência de nosso estado de vigília. Mas isso acontece porque só uma parte de nosso ser efetua esse movimento alternado e pensamos, erroneamente, que somos apenas essa existência parcial; mas podemos descobrir, mediante uma experiência psicológica mais profunda, que o ser maior em nós é perfeitamente consciente de tudo o que acontece, mesmo nesse estado que para nosso ser parcial e superficial é um estado de inconsciência; esse ser não é limitado nem pelo sono, nem pela vigília. Assim é também em nossas relações com Brahman, que é nosso ser real e integral. Por ignorância, nos identificamos com uma consciência apenas parcial, mental ou espiritual-mental em sua natureza, que se torna inconsciente de seu self estático devido ao movimento; nessa parte de nós mesmos, ao perder o movimento perdemos ao mesmo tempo o controle sobre nosso self de ação, porque entramos na passividade. Por uma passividade completa a mente se adormenta ou entra em transe, ou então se libera em um silêncio espiritual; mas embora essa seja uma liberação para sair da ignorância do ser parcial no fluxo de sua ação, nós a obtemos ao revestirmo-nos de uma insciência luminosa da Realidade dinâmica ou por uma separação luminosa dela: o ser espiritual-mental permanece autoabsorvido em um estado de existência estático, silencioso, essencial, e torna-se incapaz da consciência ativa ou então sente repugnância por toda atividade; esse silêncio liberador é um estado através do qual a alma passa, em sua viagem em direção ao Absoluto. Mas há uma realização maior de nosso ser verdadeiro e integral em que os dois aspectos do self, o estático e o dinâmico, são liberados e realizados n'Isto que sustenta ambos e não é limitado nem pela ação, nem pelo silêncio.

Quanto a Brahman, ele não passa alternadamente da passividade à atividade e de novo à passividade pela cessação de Sua força de ser dinâmica. Se essa fosse, de fato, a verdade da Realidade integral, então, enquanto o universo durasse, não existiria um Brahman passivo na existência, tudo seria ação e, se nosso universo fosse dissolvido, não haveria Brahman ativo, tudo seria cessação e repouso imóvel. Mas isso não é assim, pois podemos nos tornar conscientes de uma passividade eterna e uma calma autoconcentrada que entra em toda atividade cósmica e seu múltiplo movimento concentrado e os sustenta — o que não poderia ser se, enquanto uma atividade qualquer continuasse, não houvesse uma passividade concentrada sustentando-a e no seu interior. Brahman, integral, possui a passividade e a atividade de modo simultâneo, e não passa alternadamente de uma à outra, como de um estado de sono ao estado de vigília: só alguma atividade parcial em nós parece fazer isso e, ao identificarmo-nos com essa atividade parcial, temos a ilusão dessa alternância entre uma e outra insciência; mas nosso ser verdadeiro, nosso ser integral, não está sujeito a essas oposições e nem tem necessidade de perder consciência de seu self dinâmico para possuir seu self de silêncio. Quando atingirmos o conhecimento integral e a liberação integral da alma e da natureza, livres das incapacidades do ser restrito, parcial e ignorante, também poderemos possuir a passividade e a atividade de modo simultâneo, ultrapassar esses dois polos da universalidade e não sermos limitados por nenhum desses poderes do Self em sua relação ou não relação com a Natureza.

O Supremo, declarou o *Bhagavad-Gītā*, excede os dois, o self imóvel e o ser móvel; mesmo juntos eles não representam tudo o que Ele é, pois, evidentemente, quando dizemos que Ele os possui de modo simultâneo não queremos dizer que Ele seja a soma de uma passividade e de uma atividade, um número inteiro feito dessas duas frações, passivo em três quartos de si e ativo em um quarto de sua existência. Nesse caso, Brahman deveria ser uma soma de insciências, os três quartos passivos seriam não só indiferentes a tudo aquilo que a parte ativa faz, mas o ignoraria completamente, ou o quarto ativo seria inteiramente inconsciente da passividade e incapaz de possuí-la senão pela cessação da ação. E mesmo Brahman, a soma, poderia resultar em algo completamente diferente de suas duas frações, algo, por assim dizer, elevado e distante, irresponsável e ignorando tudo o que alguma Maya mística faria de maneira obstinada e, ao mesmo tempo, abstendo-se rigidamente de fazer, nas duas frações de Sua existência. Mas é claro que Brahman, o Ser Supremo, deve ser consciente tanto da passividade quanto da atividade, e considerá-las não como seu ser absoluto, mas como termos opostos e, contudo, mutuamente satisfatórios, de suas universalidades. Não pode ser verdade que Brahman, por uma eterna passividade, seja inconsciente, inteiramente separado de suas próprias atividades; livre, ele as contém em si e as sustenta com seu eterno poder de calma: de seu eterno equilíbrio de energia, as põe em movimento. Do mesmo modo, não pode ser verdade que Brahman, em sua atividade, seja inconsciente ou separado de sua passividade; onipresente, ele está aí, a sustentar a ação, a possuí-la sempre no coração do movimento, e é eternamente calmo, imóvel, livre e bem-aventurado no turbilhão de suas energias. Tampouco ele pode, seja no silêncio, seja na ação, ser inconsciente de seu ser absoluto; ele sabe que tudo o que expressa por meio do silêncio e da ação obtém seu valor e poder do poder dessa existência absoluta. Se para nossa experiência isso parece ser de outra maneira, é porque nos identificamos com um só aspecto, e por causa desse exclusivismo não podemos nos abrir à Realidade integral.

Segue-se, necessariamente, um primeiro resultado importante, já alcançado a partir de outros pontos de vista, a saber, que a origem da existência da Ignorância e o ponto de partida de suas atividades de divisão não podem existir no Brahman absoluto ou no Satchidananda integral; a Ignorância pertence apenas a uma ação parcial do ser, com a qual nos identificamos, assim como no corpo nos identificamos com essa consciência parcial e superficial que alterna entre sono e vigília: de fato, é essa identificação que põe todo o resto da Realidade em segundo plano e constitui a causa da Ignorância. E se a Ignorância não é um elemento ou um poder próprios à natureza absoluta de Brahman ou à Sua integralidade, não pode haver aí Ignorância original ou primordial. Maya, se ela mesma for um poder original da consciência do Eterno, não pode ser uma ignorância nem, de modo algum, aparentar-se à natureza da ignorância, mas deve ser um poder transcendente e universal do autoconhecimento e do conhecimento de tudo; a ignorância só pode intervir como um movimento menor e subsequente, parcial e relativo. É ela, então, algo inerente à multiplicidade das almas? Existiria ela a partir do momento em que Brahman se vê na multiplicidade e essa multiplicidade consistiria de uma soma de almas em que cada uma, em sua natureza, seria fracionária e separada de todas as outras em consciência, incapaz de percebê-las de outra maneira exceto como coisas que lhe são estrangeiras, conectadas no máximo pela comunicação corpo a corpo ou mente à mente, mas incapaz de unidade? Vimos, porém, que isso é apenas o que parecemos ser na camada mais superficial de nossa consciência, na mente exterior e no físico. Quando retornamos a uma ação mais sutil, profunda e vasta de nossa consciência, constatamos que os muros de separação tornam-se mais finos e no fim não existem mais, não há mais Ignorância.

O corpo é o sinal externo e a sede mais baixa da divisão aparente, e ao mergulhar na ignorância e insciência de si, a Natureza toma-o como ponto de partida para que a alma individual recubra a unidade, unidade mesmo em meio às formas mais exageradas de sua consciência múltipla. Corpos não podem comunicar-se um com o outro, exceto por meios externos e através de um abismo de exterioridades; não podem penetrar um no outro exceto por divisão do corpo penetrado ou aproveitando uma brecha nele, alguma divisão preexistente; não podem unir-se exceto despedaçando-se e devorando-se, engolindo-se e absorvendo-se até uma assimilação, ou no máximo uma fusão, em que as duas formas desaparecem. A mente também, quando identificada com o corpo, é entravada por suas limitações; mas em si mesma é mais sutil, e duas mentes podem entrar uma na outra sem choque ou divisão, podem intercambiar suas substâncias sem injuriar-se mutuamente, podem, de certo modo, tornar-se parte uma da outra: ainda assim, a mente também tem sua própria forma que tende a separá-la das outras, e está pronta a basear-se nessa separatividade. Quando retornamos à consciência da alma os obstáculos à unidade diminuem, e no final cessam completamente de existir. A alma, em sua consciência, pode identificar-se com outras almas, contê-las e entrar nelas, ela mesma pode ser contida nelas e realizar sua unidade com elas; e isso acontece não em um sono sem feições e indistinguível, ou em um Nirvana em que todas as distinções e individualidades da alma, da mente e do corpo se perdem, mas em uma vigília perfeita, que observa e se dá conta de todas as diferenças, mas as excede.

Portanto, a ignorância e a divisão autolimitativa não são inerentes ou insuperáveis na multiplicidade das almas, não são a própria natureza da multiplicidade de Brahman. Assim como Brahman está além da passividade e da atividade, ele excede também a unidade e a multiplicidade. Ele é um em si mesmo, mas não com uma unidade que o limita ou exclui seu poder de ser múltiplo, como é a unidade separada corpo-mente; ele não é o número inteiro, o um matemático, que não pode conter a centena e é então menos do que a centena. Ele contém a centena, ele é um em cada um dos cem. Um em si mesmo, ele é um no múltiplo e o múltiplo é um nele. Em outras palavras, Brahman, na unidade de seu Espírito, é consciente de sua multiplicidade de almas e, na consciência de suas almas múltiplas, é consciente da unidade de todas as almas. Em cada alma ele, o Espírito imanente, o Senhor em cada coração, é consciente de sua unidade. O Jivatman iluminado por ele, consciente de sua unidade com o Um, é também consciente de sua unidade com o Múltiplo. Nossa consciência superficial, identificada com o corpo, com a vida dividida e com a mente divisora, é ignorante; mas também pode ser iluminada e tornar-se consciente. A multiplicidade não é então a causa necessária da ignorância.

A Ignorância, como já dissemos, aparece em um estado ulterior, como movimento ulterior, quando a mente é separada de sua base espiritual e supramental; ela culmina nessa vida terrestre, em que a consciência individual no múltiplo identifica-se, pela mente divisora, com a forma, que é a única base segura de divisão. Mas o que é a forma? Ela é, ou ao menos nos parece ser aqui, uma formação de energia concentrada, um nó da força de consciência em seu movimento, cuja existência é mantida por um constante turbilhão de ação; mas qualquer que seja a verdade ou a realidade transcendente da qual ela provém ou que expressa, a forma não é, em parte alguma de si na manifestação, durável ou eterna. Não é eterna em sua integralidade nem em seus átomos constitutivos, pois estes podem ser desintegrados pela dissolução desse nó de energia, cuja ação constante e concentrada é a única coisa que mantém sua aparente estabilidade. É pela concentração de um movimento de força de Tapas na forma, mantendo-a em vida, que a base física da divisão é estabelecida. Mas, como havíamos visto, todas as coisas na atividade são uma concentração de um movimento de força de Tapas em seu objeto. É preciso então buscar a origem da Ignorância em alguma concentração autoabsorvida de Tapas, da Força-Consciente em ação, em um movimento separado da Força; para nós isso toma a aparência de uma mente que se identifica ao movimento separado e se identifica também no movimento, separadamente com cada uma das formas resultantes disso. Assim, é construído um muro que fecha a consciência em cada forma, e a impede de perceber seu próprio self total, as outras consciências encarnadas e o ser universal. É aqui que devemos buscar o segredo da ignorância aparente do ser mental encarnado, assim como o da grande inconsciência aparente da Natureza física. Devemos nos perguntar qual é a natureza dessa concentração absorvente, separativa e esquecida de si que é o obscuro milagre do universo.

## CAPÍTULO XIII

# A CONCENTRAÇÃO EXCLUSIVA DA CONSCIÊNCIA-FORÇA E A IGNORÂNCIA

*Do fogo aceso da Energia da Consciência, a Verdade e a Lei da Verdade nasceram; disso nasceu a Noite, da Noite o fluido oceano do ser.*

Rig Veda, X. 190. 1.

Visto que Brahman, na essência de seu ser universal, é uma unidade e uma multiplicidade conscientes uma da outra e uma na outra, e que, em sua realidade, Ele é algo que ultrapassa o Um e o Múltiplo e contém ambos, percebe ambos, a Ignorância só pode acontecer como um fenômeno subordinado, por uma concentração da consciência absorvida em um conhecimento e uma ação parciais do ser e excluindo o resto. Pode haver aí, seja uma concentração do Um em si mesmo que exclui o Múltiplo, seja uma concentração dos Múltiplos em sua própria ação e a exclusão da toda-consciência do Um, seja uma concentração em si mesmo do ser individual e a exclusão do Um e do resto da Multiplicidade, que para ele são como unidades separadas, não incluídas em sua percepção direta. Ou, ainda, pode haver aí, ou intervir a um certo ponto, uma regra geral de concentração exclusiva que opera nessas três direções, uma concentração de consciência ativa separadora em um movimento separador; mas isso acontece não no self verdadeiro, mas na força do ser ativo, na Prakriti.

Adotamos essa hipótese de preferência a outras porque nenhuma delas, tomada em separado, reunirá todos os fatos da existência ou os conciliará. Brahman integral não pode ser, em sua integralidade, a fonte da Ignorância, porque sua integralidade, pela sua própria natureza, é toda-consciência. O Um, em sua consciência integral, não pode excluir o Múltiplo de si porque o Múltiplo então não existiria de modo algum; no máximo ele pode, em alguma parte de sua consciência, manter-se retirado do jogo cósmico de maneira a permitir um movimento similar no ser individual. Em sua integralidade, ou em cada um de seus selfs, o Múltiplo, na realidade, não pode ser ignorante do Um ou dos outros, porque por Múltiplo queremos dizer o mesmo divino Self em todos, certamente individualizado, mas em seu ser consciente, um com todos em uma única e mesma universalidade, e um também com o Ser original e transcendente. A Ignorância não é então o caráter natural da consciência da alma, mesmo da alma individual; ela é o resultado de certa ação particularizadora na Força-Consciente executiva quando, absorvida em suas obras, esquece o self e a realidade total da natureza. Essa ação não pode ser a do ser inteiro ou da força inteira de ser — pois o caráter dessa integralidade é uma consciência total e não uma consciência parcial — essa ação deve ser um movimento superficial ou parcial absorvido em uma ação superficial ou parcial da consciência e da energia concentrada em sua formação, esquecida de todo o resto, que não é incluído na formação ou não opera abertamente nela. A Ignorância é o esquecimento voluntário do Self e do Todo pela Natureza, que os deixa de lado, pondo-os em segundo plano, atrás de si mesma, a fim de cumprir apenas o que tem a fazer, em algum ato exterior da existência.

Na infinidade do ser e em sua percepção infinita, a concentração de consciência, Tapas, está sempre presente como um poder inerente à Consciência-Força: é essa Percepção eterna que, retida ou recolhida em si, concentra-se em si e sobre si ou em seu objeto; mas o objeto, de uma maneira ou de outra, é sempre ela, seu próprio ser ou uma manifestação e movimento de seu ser. A concentração pode ser essencial; e mesmo permanecendo exclusivamente, ou absorvendo-se inteiramente, na essência de seu ser, ela pode ser uma imersão em si, luminosa ou então esquecida de si. Ou pode ser uma concentração integral, ou ainda uma concentração total-múltipla ou parcial-múltipla, ou um simples olhar separador sobre um único campo de seu ser ou de seu movimento, uma concentração exclusiva, aguda, em um único centro ou uma absorção em uma única forma objetiva de sua autoexistência. A primeira concentração, a essencial, é, em uma extremidade, o Silêncio supraconsciente e, na outra, a Inconsciência; a segunda, a integral, é a consciência total de Satchidananda, a concentração supramental; a terceira, a múltipla, é o método da percepção sobremental, totalizadora ou global; a quarta, a separativa, é a natureza característica da Ignorância. A integralidade suprema do Absoluto mantém juntos esses estados ou poderes de sua consciência, como um ser único e indivisível que se olha inteiro na manifestação com uma visão de si simultânea.

Pode ser dito então que a concentração, nesse sentido de uma atenção mantida em si mesma ou dirigida a si mesma como objeto, pertence à própria natureza do ser consciente. Pois embora haja uma extensão infinita da consciência e uma difusão da consciência, essa expansão ou essa difusão são mantidas e contidas em si mesmas. Embora pareça haver uma dispersão das energias da consciência, na realidade isso é uma forma de distribuição e só é possível em um campo superficial, porque é sustentada por uma concentração subjacente que mantém a si mesma. Uma concentração exclusiva em um único sujeito ou objeto, ou campo de ser ou movimento, não é uma negação ou abandono da percepção do Espírito, é uma forma de autorrecolhimento do poder de Tapas. Mas quando a concentração é exclusiva, o resto do autoconhecimento encontra-se retido atrás. Ela pode estar consciente do resto o tempo todo, mas agir como se não o estivesse; isso não seria um estado ou ato da Ignorância; mas se a consciência erige, pela concentração, um muro de exclusão e limita-se a um único campo, único domínio ou única habitação no movimento a ponto de perceber apenas isso ou perceber todo o resto como sendo-lhe exterior, então temos um princípio de conhecimento autolimitativo que pode resultar em um conhecimento separador e culminar em uma ignorância efetiva e real.

Podemos ter um vislumbre do que isso significa e representa na ação quando examinamos a natureza da concentração exclusiva no homem mental, em nossa própria consciência. Em primeiro lugar, devemos notar que o que em geral entendemos por homem não é seu self interior, mas apenas a soma de um movimento de consciência e energia aparentemente contínuo no passado, presente e futuro, à qual damos esse nome. É isso que, em aparência, executa todos os trabalhos do ser humano, pensa todos os seus pensamentos, sente todas as suas emoções. Essa energia é um movimento da Consciência-Força concentrada em uma corrente temporal de obras voltadas para o interior e para o exterior. Mas sabemos que por trás dessa corrente de energia estende-se um inteiro mar de consciência que percebe a corrente, mas a corrente não o percebe; pois essa soma de energia de superfície é uma seleção, um produto de todo o resto, que é invisível. Esse mar é o self subliminar, o ser supraconsciente, o ser subconsciente, o ser intraconsciente, o ser circunconsciente e, mantendo todos unidos, a alma, a entidade psíquica. A corrente é o homem natural superficial. Nesse homem de superfície, Tapas, a força dinâmica da consciência do ser, concentra-se na superfície em certa massa de atividades superficiais; todo o resto de si ele pôs atrás e pode percebê-lo vagamente lá, em um segundo plano não formulado de sua existência consciente, mas não no movimento absorvido e superficial no plano frontal. Isso não quer dizer, neste plano posterior ou nas profundezas, que ele seja ignorante de si, no sentido fundamental do termo, mas para os propósitos de seu movimento de superfície, e apenas nos limites desse movimento, ele esquece seu self real, seu self maior, ao absorver-se, ao concentrar-se de modo exclusivo naquilo que está fazendo na superfície. Contudo, na verdade é o mar escondido, e não a corrente superficial, que efetua toda a ação: é o mar que é a fonte desse movimento, não a onda consciente que projeta, não importa o que possa pensar a consciência da onda, absorvida em seu movimento, vivendo nele, não vendo mais que a ele. E esse mar, o self real, o ser consciente integral, a força integral do ser, não é ignorante; mesmo a onda não é, em essência, ignorante — ela contém em seu interior toda a consciência que esqueceu e, se não fosse por essa consciência, a onda não poderia de modo algum agir ou subsistir —, mas ela esquece a si mesma, absorvida em seu próprio movimento, demasiado absorvida para notar qualquer outra coisa que não seja o movimento enquanto este continua a preocupá-la. Um autoesquecimento prático e limitado, não uma autoignorância essencial e inevitável, tal é a natureza dessa concentração exclusiva que é, contudo, a raiz disso que, na ação, toma a forma da Ignorância.

E então vemos também que o ser humano, embora seja uma corrente realmente indivisível de Tapas, de energia consciente no Tempo, capaz de agir no presente só pela força acumulada de suas atividades passadas, criando já seu futuro pelo seu passado e sua ação presente, vive, contudo, absorvido no instante presente, de momento a momento e, portanto, nessa ação superficial da consciência; ele ignora seu futuro e ignora seu passado, com exceção da pequena parte que pode a todo momento chamar a si graças à memória. No entanto, ele não vive no passado; o que chama de volta não é o próprio passado, mas apenas o fantasma do passado, uma sombra conceitual de uma realidade que para ele, no presente, é morta, não existente, que deixou de ser. Mas tudo isso é uma ação da ignorância superficial. A verdadeira consciência dentro não perdeu a percepção de seu passado; ela o mantém lá, não necessariamente em memória, mas em ser, ainda ativo, vivo, pronto com seus frutos, e de vez em quando o envia ao ser consciente de superfície sob a forma de lembranças ou, de modo mais concreto, como resultado de ações passadas ou de causas passadas — essa é, de fato, a verdadeira justificação do que se chama Karma. Essa consciência é ou pode ser também consciente do futuro, pois há, em algum lugar no ser interior, um campo de cognição aberto ao conhecimento futuro, um sentido, visão, percepção do Tempo prospectiva e retrospectiva; algo nela vive indivisivelmente nos três tempos e contém todas as suas aparentes divisões, guarda em si o futuro pronto para manifestar-se. Aqui, nesse hábito de viver no presente, temos então uma segunda absorção, uma segunda concentração exclusiva, que complica e limita ainda mais o ser, mas simplifica o curso aparente da ação, ao relacioná-lo não ao curso inteiro, infinito, do Tempo, mas a uma sucessão definida de momentos.

Portanto, em sua consciência superficial, o homem é para si mesmo, de maneira dinâmica e prática, o homem do momento, não o homem do passado que foi, mas não é mais em existência, nem o homem do futuro que ainda não é; é pela memória que ele se liga a um, e é por antecipação que se liga ao outro: contínuo, um sentido de ego atravessa os três tempos, mas isso é uma construção mental centralizadora, não uma existência essencial ou expandida que contém o que foi, o que é e o que será. Uma intuição do self está por trás, mas é uma identidade subjacente que não é afetada pelas mudanças de sua personalidade; na formação superficial de seu ser ele não é isso, mas o que é no momento. No entanto, essa existência no momento não é jamais a verdade real ou inteira de seu ser, mas apenas uma verdade prática ou pragmática para os propósitos do movimento superficial de sua vida e nos limites dela. Isso é uma verdade, não uma irrealidade, mas uma verdade apenas em sua parte positiva; em suas partes negativas isso é uma ignorância, e essa ignorância negativa limita, e com frequência distorce, mesmo a verdade prática, de modo que a vida consciente do ser humano se desenrola segundo uma ignorância, um conhecimento parcial semiverdadeiro e semifalso, e não segundo sua verdade real, que ele esqueceu. No entanto, porque seu self real é o determinante verdadeiro e governa tudo secretamente por trás, no fim das contas é um conhecimento que está por trás que de fato determina o curso de sua existência assim formada; a ignorância superficial erige um contorno limitativo necessário e fornece os fatores que dão à sua consciência e ação a cor e o aspecto externos necessários à sua vida humana presente e ao momento presente. Do mesmo modo, e pela mesma razão, o ser humano identifica-se de maneira exclusiva com o nome e a forma que usa em sua existência presente; ele é ignorante de seu passado antes do nascimento, assim como é de seu futuro depois da morte. Contudo, tudo o que esquece é contido, presente e efetivo, na consciência integral que, dentro dele, retém tudo.

Há um uso pragmático menor da concentração exclusiva na superfície que também pode nos dar uma indicação, apesar de seu caráter temporário. O homem superficial, que vive de momento a momento, desempenha, por assim dizer, diversos papéis em sua vida presente, e enquanto está ocupado com cada papel é capaz de uma concentração exclusiva, uma absorção nisso e, por isso, de esquecer o resto de si mesmo, pô-lo atrás por um momento e, nessa medida, olvidar-se. Ele é por um tempo o ator, o poeta, o soldado, ou tudo o mais que contribui a constituí-lo e formá-lo pela ação particular e característica de sua força de ser, seu Tapas, pela sua energia consciente passada e a ação que se desenvolve a partir disso. Não só ele tem a aptidão de concentrar-se de modo exclusivo em uma parte de si naquele momento, mas seu sucesso na ação depende, em grande parte, de sua capacidade em pôr assim de lado, completamente, o resto de si mesmo e viver apenas em sua atividade imediata. Entretanto, podemos ver a todo momento que é o homem inteiro que, em realidade, pratica a ação, e não meramente essa parte específica dele; o que faz, como o faz, os elementos que introduz na ação, o selo com que marca seu trabalho, tudo isso depende de seu caráter completo, de sua mente, informações, genialidade, tudo que seu passado fez dele — seu passado não apenas nesta vida, mas em outras vidas, e ainda, não só seu passado, mas o passado, o presente e o futuro predestinado, dele e do mundo em torno dele — são determinantes de seu trabalho. Nele, o ator, o poeta ou o soldado atuais são apenas uma determinação separativa de seu Tapas; essa é sua força-de-ser organizada para um tipo de ação particular de sua energia, um movimento separativo de Tapas que é capaz — e essa capacidade não é uma fraqueza, uma deficiência, mas um grande poder de consciência — de absorver-se nessa ação particular até ao autoesquecimento temporário de todo o resto de seu ser, se bem que esse resto esteja presente o tempo todo por trás da consciência e na própria ação, e ativo na disposição do trabalho ou o influenciando. Esse autoesquecimento ativo do ser humano em seu trabalho e no papel que desempenha difere do outro, o autoesquecimento mais profundo, pelo fato de que o muro de separação é menos completo no plano fenomênico e sua duração é muito limitada; a mente pode dissolver sua concentração e deixar seu trabalho a qualquer momento para retornar à consciência do self mais vasto, da qual esse trabalho foi uma ação parcial. O homem superficial ou aparente não pode retornar assim, quando quiser, ao homem interior real; pode fazê-lo só até certo ponto, de modo anormal ou supranormal, em condições excepcionais de sua mentalidade; ou, de modo mais permanente e mais completo, como o fruto de um treino longo e árduo, uma aprofundação, elevação, ampliação de si. No entanto, ele pode retornar; a diferença é, portanto, apenas fenomênica, não essencial: nos dois casos é essencialmente o mesmo movimento de concentração exclusiva, de absorção em um aspecto particular de si mesmo, em uma ação e um movimento particulares de força, embora em diferentes circunstâncias e outro modo de ação.

Esse poder de concentração exclusiva não é limitado à absorção em um caráter ou em modos de ação particulares de nosso self mais vasto, mas vai até a um completo autoesquecimento na ação particular em que nos encontramos engajados no momento presente. O ator, em momentos de grande intensidade, esquece que é um ator e torna-se o personagem que interpreta no palco; não que realmente pense que é Rama ou Ravana, mas ele se identifica naquele momento com a forma do personagem e da ação que o nome representa, e de maneira tão completa que esquece o homem real que está interpretando o papel. Do mesmo modo o poeta esquece a si mesmo, esquece o homem — o artesão — em seu trabalho e, naquele momento, é apenas a energia impessoal inspirada que se exprime sob a forma de palavras e ritmos; ele esquece tudo o mais. O soldado esquece-se na ação e torna-se o assalto, a fúria e a destruição. Do mesmo modo, o homem que é tomado por uma cólera intensa esquece a si mesmo, como se diz correntemente ou, segundo uma outra maneira mais adequada e ainda mais forte, torna-se a cólera; esses termos exprimem uma verdade real que não é a verdade inteira do ser desse homem naquele momento, mas um fato prático de sua energia consciente em ação. Ele se esquece verdadeiramente; esquece todo o resto de seu ser, seus outros impulsos e poderes de autocontrole e autodireção, de modo que age simplesmente como a energia da paixão que o absorve, torna-se momentaneamente essa energia. Na psicologia humana habitual, voltada para a ação, o autoesquecimento não pode ir mais longe, pois deve retornar logo à consciência mais vasta e autoconsciente, da qual esse esquecimento é só um movimento temporário.

Porém, na consciência universal mais vasta, deve haver um poder que leve esse movimento a seu ponto absoluto, ao ponto mais extremo possível que possa atingir um movimento relativo, e esse ponto é alcançado não na inconsciência humana, que é impermanente e sempre se refere ao ser consciente desperto que o ser humano é em geral e caracteristicamente, mas na inconsciência da Natureza material. Essa inconsciência não é mais real do que a ignorância da concentração exclusiva em nosso ser temporário, que limita a consciência de vigília no homem; pois sabemos que no átomo, no metal, na planta, em cada forma da Natureza material, em cada energia da Natureza material há, como em nós, uma alma secreta, uma vontade secreta, uma inteligência secreta em ação, diferentes da forma muda esquecida de si: isso é o Consciente — consciente mesmo nas coisas inconscientes — do *Upanishad*, e sem sua presença e sua Força-Consciente, ou Tapas, que a anima, nenhuma obra da Natureza poderia se cumprir. O que aí é inconsciente é a Prakriti, a ação formadora e dinâmica da energia, absorvida em sua atividade, identificada com esta a ponto de estar atada, em uma espécie de transe ou vertigem devido à concentração, e incapaz de retornar, enquanto aprisionada nessa forma, ao seu self real, ao ser consciente integral e à força integral do ser consciente que ela pôs em segundo plano e esqueceu, em seu transe estático de pura atividade e energia. Prakriti, a Força executora, torna-se inconsciente do Purusha, o Ser Consciente; ela o mantém escondido no interior de si mesma, e só retoma consciência dele lentamente, com o emergir da consciência a partir dessa vertigem na Inconsciência. O Purusha, de fato, consente em assumir a forma aparente de si mesmo que a Prakriti constrói para ele: ele parece tornar-se o Inconsciente, o ser físico, o ser vital, o ser mental; mas em tudo isso ele continua, na realidade, ainda ele mesmo; a luz do Ser consciente secreto sustenta e impregna a ação do inconsciente — ou da consciência emergente — da Natureza.

A inconsciência é superficial, assim como o são a ignorância da mente humana no estado desperto e a inconsciência ou subconsciência de sua mente adormecida; dentro dela encontra-se o Todo-Consciente; ela é inteiramente fenomênica, mas é o fenômeno completo. Tão completo que é somente por um impulso da consciência evolutiva que emerge em outras formas menos aprisionadas por esse modo de ação inconsciente, que a inconsciência pode retornar a si mesma, recobrar no animal uma percepção parcial, depois, no ser humano que já atingiu seu nível mais alto, aparece o primeiro esboço, superficial mas já mais completo, de um funcionamento verdadeiramente consciente. Mas ainda assim a diferença é apenas fenomênica, como no caso do homem de superfície e o homem real, em que há também uma incapacidade similar, se bem que menos importante. Em essência, na ordem universal das coisas, a inconsciência da Natureza material é a mesma concentração exclusiva, a mesma absorção na ação e na energia que a da mente humana, que em vigília se autolimita, ou a da concentração da mente que esquece de si em suas operações; é apenas essa autolimitação, levada a um ponto extremo de autoesquecimento, que se torna não uma ação temporária, mas a lei de sua ação. Insciência na Natureza é a completa autoignorância; o conhecimento parcial e a ignorância geral do ser humano são uma autoignorância parcial que marca, na ordem evolutiva da Natureza, um retorno ao autoconhecimento: mas ambos são, e toda ignorância é, quando examinada, uma concentração superficialmente exclusiva e esquecida de si, de Tapas, da energia consciente do ser em uma linha ou uma seção particulares de seu movimento; à superfície, ela é consciente apenas disso, ou parece ser apenas isso. A ignorância é efetiva no quadro desse movimento e válida para seus fins, mas é fenomênica, parcial, superficial, não essencialmente real, nem integral. Devemos, necessariamente, usar a palavra "real" em um sentido muito limitado e não em seu sentido absoluto, visto que a ignorância é bem real, mas não é a inteira verdade de nosso ser, e se a considerarmos em si, mesmo sua verdade é representada de modo falso à nossa percepção exterior. Em sua verdadeira verdade, a ignorância é uma Consciência e um Conhecimento involuídos que evoluem de volta a si mesmos, mas ela é dinamicamente efetiva enquanto Inconsciência e Ignorância.

Essa então é a raiz da natureza da Ignorância — a verdade prática de uma energia consciente que divide fenomenicamente, mas não realmente, que limita, separa e se absorve em suas obras até esquecer, aparentemente, seu self real e integral. Podemos agora responder às perguntas que surgem sobre o porquê, o onde e o como desse movimento. A razão para a Ignorância, sua necessidade, torna-se bastante clara uma vez que vimos que, sem ela, o objetivo da manifestação de nosso mundo seria impossível, não poderia ser realizado de modo algum, ou não de maneira completa ou do modo em que deveria ser, e é, feito. Cada aspecto da Ignorância múltipla tem sua justificativa, que é apenas uma parte da necessidade geral única. O ser humano, se tivesse permanecido em seu ser atemporal, não teria podido lançar-se na corrente do Tempo com esse movimento de sujeição ao seu fluxo de momento a momento, como é a natureza de sua vida atual. Se permanecesse em seu ser supraconsciente ou subliminar, não teria construído, a partir do nó de sua mentalidade individual, as relações que deve amarrar e desamarrar com o mundo que o circunda, ou teria que fazer isso de um modo radicalmente diferente. Se vivesse no ser universal e não na consciência separativa egoística, não teria elaborado essa ação, essa personalidade, esse ponto de vista separado e feito disso o centro e o ponto de referência único ou inicial, que é a contribuição do sentido de ego às operações universais. Ele deve assumir a ignorância temporal, psicológica, egoística, a fim de proteger-se contra a luz do infinito e a vastidão do universal, e assim desenvolver, por trás dessa defesa, sua individualidade temporal no cosmos. O homem deve viver como se essa vida fosse toda a sua vida e vestir a ignorância do seu passado infinito e do seu futuro, pois de outro modo, se o passado lhe fosse presente, não poderia exercitar suas relações seletivas com seu ambiente da maneira intencionada; o conhecimento seria muito grande para ele e alteraria de modo inevitável e total o espírito, o equilíbrio e a forma de sua ação. Ele deve viver na mente absorvida por essa vida corporal e não na supramente; de outro modo, todos esses muros protetores da ignorância criados pelo poder da mente de limitar, dividir, diferenciar não seriam construídos ou tornar-se-iam muito finos e transparentes para seu propósito.

Esse propósito, para o qual toda essa concentração exclusiva que chamamos Ignorância é necessária, é seguir o ciclo do autoesquecimento e da autodescoberta para a alegria do qual o espírito secreto assume a Ignorância na Natureza. Isso não quer dizer que, se não fosse assim, toda manifestação cósmica se tornaria impossível, mas seria uma manifestação completamente diferente desta em que vivemos; seria limitada aos mundos superiores da Existência divina ou a um cosmos-tipo não evolutivo, em que cada ser viveria em toda a luz da lei própria à sua natureza e essa manifestação, esse ciclo evolutivo, seria impossível. O que aqui é o objetivo, seria então a condição eterna, o que aqui é uma etapa seria então o tipo perpétuo de existência. É para encontrar-se nos opostos aparentes de seu ser e de sua natureza que Satchidananda desce na Insciência material e assume essa ignorância fenomênica como uma máscara superficial com que se esconde de sua própria energia consciente, deixando-a ao esquecimento de si, absorvida em suas obras e suas formas. É nessas formas que a alma que lentamente desperta deve aceitar a ação fenomênica de uma ignorância que, na realidade, é um conhecimento despertando progressivamente da insciência original, e é nas novas condições criadas por essas operações que a alma deve redescobrir-se e, por essa luz, transformar divinamente a vida que se esforça assim para cumprir o propósito de sua descida na Inconsciência. O objetivo desse ciclo cósmico não é retornar o mais rápido possível aos céus, onde a luz e a alegria perfeitas são eternas, ou à beatitude supracósmica, nem simplesmente dar voltas sem razão em uma rotina longa e insatisfatória da ignorância em busca do conhecimento sem jamais encontrá-lo perfeitamente — nesse caso, a ignorância seria um inexplicável equívoco do Todo-Consciente ou uma Necessidade dolorosa e vã, igualmente inexplicável —, mas o objetivo é realizar a Ananda do Self em outras condições que não as do supracósmico, realizá-la no ser cósmico e encontrar seus céus de alegria e luz mesmo nas oposições contidas nos termos de uma existência material encarnada e, portanto, mediante uma luta pela alegria da autodescoberta; este pareceria ser o objetivo verdadeiro do nascimento da alma no corpo humano e do labor da espécie humana na sucessão de seus ciclos. A Ignorância é uma condição necessária, embora completamente subordinada, que o Conhecimento universal se impôs para tornar esse movimento possível — ela não é um equívoco e uma queda, mas uma descida proposital, não é uma maldição, mas uma oportunidade divina. Encontrar e encarnar o Todo-Deleite em um intenso resumo de sua multiplicidade, realizar uma possibilidade da Existência infinita que não poderia ser realizada em outras condições, criar a partir da Matéria um templo da Divindade, parece ser a tarefa imposta ao espírito nascido no universo material.

 A Ignorância, nós vimos, não está na alma secreta, mas na Prakriti aparente; ela tampouco pertence à Prakriti toda — isso não seria possível, pois a Prakriti é a ação do Todo-Consciente —, mas surge durante certo desenvolvimento que a distancia de sua integralidade original de luz e poder. Onde esse desenvolvimento acontece, em qual princípio de ser encontra sua oportunidade e seu ponto de partida? Certamente não no ser infinito, na consciência infinita, no deleite infinito, que são os planos supremos da existência e dos quais todo o resto deriva ou desce nessa manifestação obscura e ambígua. Ele aí não tem lugar. Nem na supramente, pois na supramente luz e poder infinitos estão sempre presentes, mesmo nas operações mais finitas, e a consciência da unidade abarca a consciência da diversidade. É no plano da mente que essa rejeição da autoconsciência real torna-se possível, pois a mente é esse poder do ser consciente que diferencia e segue as linhas da diferenciação, em que o sentido da diversidade é proeminente e característico; o sentido da unidade fica em segundo plano, não é o elemento característico nem a substância mesma de suas operações. Se, por acaso, esse suporte que é o sentido da unidade pudesse ser retirado — a mente não o possui de modo natural e independente, mas visto que por trás dela encontra-se a supramente, ela reflete a luz da supramente, da qual é um poder derivado e secundário —, se um véu caísse entre a mente e a supramente, ocultando a luz da Verdade ou deixando-a passar apenas através de raios difusos, esparsos, refletidos, mas deformados e divididos, então o fenômeno da Ignorância interviria. Um tal véu existe, diz o *Upanishad*, e é constituído pela ação da própria Mente; na Sobremente ele é uma cobertura de ouro que esconde a face da Verdade supramental, mas reflete sua imagem; na Mente, esse véu se torna uma cobertura mais opaca, com uma luminosidade obscurecida. Essa ação é o olhar absorvido e voltado para baixo que a Mente, em seu movimento característico, pousa sobre a diversidade — e se distancia da unidade suprema que essa diversidade expressa, até esquecer completamente de recordar-se da unidade e sustentar-se nela. Mesmo assim, a unidade a sustenta e torna suas atividades possíveis, mas a Energia absorvida em si mesma não é consciente de sua própria origem e de seu self mais vasto, seu self real. Visto que a Mente esquece sua proveniência devido à absorção nas operações da Energia formativa, ela se identifica com essa Energia ao ponto de não mais ter o controle sobre si, de esquecer-se completamente em um transe de atividade que ela ainda sustenta em sua ação sonâmbula, mas da qual não é mais consciente. Essa é a última etapa da descida da consciência, um sono abissal, um transe insondável da consciência, que é a base profunda da ação da Natureza material.

Contudo, deve ser lembrado que quando falamos de um movimento parcial da Consciência-Força absorvida em suas formas e ações, em um campo limitado de suas operações, isso não implica uma divisão real de sua integralidade. Pôr todo o resto de si em segundo plano tem apenas o efeito de ocultar todo o resto à energia frontal imediatamente ativa no campo limitado do movimento, mas não de interditar-lhe esse campo; de fato, a Força integral está aí, embora velada pela Inconsciência, e é essa Força integral, sustentada pelo self integral do ser, que por meio de sua energia frontal executa todas as operações e habita em todas as formas criadas pelo movimento. Deve-se notar também que para remover o véu da Ignorância, a Força de ser consciente em nós usa uma ação reversa de seu poder de concentração exclusiva; ela acalma o movimento frontal da Prakriti na consciência individual e concentra-se de maneira exclusiva no ser interior escondido — no Self ou no verdadeiro ser interior psíquico, mental ou vital, o Purusha — para revelá-lo. Mas, uma vez isso feito, ela não necessita mais permanecer nessa forma oposta de exclusividade; pode recuperar sua consciência integral ou uma consciência global, que inclui o ser do Purusha e a ação da Prakriti, a alma e seus instrumentos, o Self e os dinamismos do Poder do Self, *ātmashakti*: a Natureza pode então abraçar sua manifestação com uma consciência mais vasta, livre da limitação anterior, livre dos resultados de seu esquecimento do Espírito imanente. Ou então, essa Força de ser consciente pode acalmar todo o funcionamento que manifestou, concentrar-se em um nível mais alto do Self e da Natureza, elevar o ser a esse nível e trazer para baixo os poderes do nível mais alto para transformar a manifestação precedente: tudo o que for assim transformado continua incluído, mas como uma parte do dinamismo mais alto e seus valores mais elevados, em uma autocriação nova e maior. Isso acontece quando a Consciência-Força em nosso ser decide alçar sua evolução do nível mental ao nível supramental. Em cada caso, é Tapas que é efetivo, mas age de maneira diferente, segundo a coisa que deve ser feita, segundo o processo, dinamismo e autodesdobramento do Infinito que foram predeterminados.

Mas ainda assim, mesmo se este é o mecanismo da Ignorância, pode-se perguntar se não permanece um mistério como o Todo-Consciente, embora apenas em uma ação parcial de sua energia consciente, pode chegar a essa ignorância e essa inconsciência, ainda que superficiais. E mesmo se isso fosse assim, valeria a pena determinar a ação exata desse mistério, sua natureza e seus limites, para não ficarmos chocados com ele e desviarmo-nos do propósito real a que serve e a oportunidade que fornece. Mas o mistério é uma ficção do intelecto divisor que, ao encontrar ou criar uma oposição lógica entre dois conceitos, pensa que há uma oposição real entre os dois fatos observados e que os dois não podem coexistir nem unificar-se. Essa Ignorância, como já vimos, é em realidade um poder do Conhecimento para limitar-se, concentrar-se no trabalho em andamento, uma concentração exclusiva na prática, que não impede a plena existência e o funcionamento completo de todo o ser consciente por trás, em segundo plano, mas um funcionamento nas condições escolhidas e impostas voluntariamente à sua natureza. Toda autolimitação consciente é um poder para um propósito especial, não uma fraqueza; toda concentração é uma força do ser consciente, não uma incapacidade. É verdade que enquanto a Supramente é capaz de uma autoconcentração integral, abrangente, múltipla, infinita, esta, ao contrário, é divisiva e limitada; é também verdade que ela cria valores deturpados e parciais e, portanto, falsos ou só semiverdadeiros: mas vimos o objetivo da limitação e dessa parcialidade do conhecimento; e o objetivo sendo admitido, o poder para cumpri-lo deve ser também admitido, na força absoluta do Ser absoluto. Esse poder de limitar-se para um trabalho particular, em vez de ser incompatível com a força-consciente absoluta desse Ser, é precisamente um dos poderes cuja existência deveríamos antever entre as múltiplas energias do Infinito.

O Absoluto não se limita realmente, ao projetar em si mesmo um cosmos de relações; é o jogo natural de seu ser absoluto, sua consciência e sua força absolutas, seu autodeleite. O Infinito não se limita quando constrói em si mesmo uma série infinita de fenômenos finitos interativos; isso é, antes, sua autoexpressão natural. O Um não é limitado por sua capacidade de multiplicar-se, em que desfruta, de forma variada, de seu próprio ser; isso é, antes, parte da verdadeira descrição de uma unidade infinita por oposição a uma unidade rígida, finita e conceitual. Do mesmo modo a Ignorância, considerada como um poder de concentração do ser consciente — uma concentração autoabsorvida e que se limita sob formas inumeráveis — é uma capacidade natural de variação no conhecimento autoconsciente desse ser, um dos modos possíveis da relação do Absoluto em sua manifestação, do Infinito em sua série de obras finitas, do Um que frui de si mesmo no Múltiplo. O poder de tornar-se inconsciente do mundo — que continua, no entanto, a existir no ser — pela autoabsorção, é uma forma extrema dessa capacidade da consciência; o poder de absorver-se nas operações cósmicas e ao mesmo tempo perder a consciência do self que conduz de modo constante essas operações, é o extremo oposto. Mas, na realidade, nem um nem outro limita a existência integral autoconsciente de Satchidananda, que é superior a essas oposições aparentes; mesmo em sua oposição elas ajudam a expressar e manifestar o Inefável.

# CAPÍTULO XIV

# FALSIDADE, ERRO, INJUSTIÇA E MAL — SUA ORIGEM E SEU REMÉDIO

*O Senhor não aceita o pecado e a virtude de ninguém; porque o conhecimento está velado pela Ignorância, os homens mortais são iludidos.*
                                                                *Bhagavad-Gītā*, V. 15.

*Eles vivem conforme uma ideia do self que difere da realidade, iludidos, apegados, expressando uma falsidade — como se, por um encantamento, eles vissem o falso como verdadeiro.*
                                                                *Maitri Upanishad*, VII. 10.

*Eles vivem e movem-se na Ignorância e giram em círculos, maltratados e tropeçantes, como homens cegos conduzidos por um que é cego.*
                                                                *Mundaka Upanishad*, I. 2.8.

*Aquele cuja inteligência atingiu a Unidade rejeita de si os dois, o pecado e a virtude.*
                                                                *Bhagavad-Gītā*, II. 50.

*Aquele que encontrou a beatitude do Eterno não é mais afligido pelo pensamento: "Por que não fiz o bem? Por que fiz o mal?" Aquele que conhece o self se desembaraça dessas duas coisas.*
                                                                *Taittiriya Upanishad*, II. 9.

*Estes são aqueles que são conscientes da excessiva falsidade do mundo; eles crescem na casa da Verdade, eles são os filhos fortes e invencíveis do Infinito.*
                                                                *Rig Veda*, VII. 60. 5.

*A verdade é a primeira e a mais alta; no meio está a falsidade, mas ela está presa entre a verdade dos dois lados, e extrai seu ser da verdade.*[1]
*Brihadaranyaka Upanishad*, V. 5. 1.

Se a Ignorância é, em sua natureza, um conhecimento que se autolimita, esquecido da autopercepção integral e prisioneiro de uma concentração exclusiva em um único campo ou em uma superfície que esconde o movimento cósmico, o que faremos, desse ponto de vista, com o problema que do modo mais pungente preocupa a mente do ser humano quando se volta para o mistério de sua própria existência e da existência cósmica — o problema do mal? Podemos admitir que um conhecimento limitado, sustentado por uma Toda-Sabedoria secreta que lhe serve como instrumento para elaborar — dentro das necessárias limitações — uma ordem do mundo restrita, poderia ser um processo inteligível da Consciência e da Energia universais; mas a necessidade da falsidade e do erro, a necessidade da injustiça e do mal ou sua utilidade nas obras da Realidade Divina onipresente é mais difícil de admitir. E contudo, se essa Realidade é o que supomos que seja, deve haver alguma necessidade para o aparecimento desses fenômenos opostos, algum significado, alguma função que eles devem cumprir na economia do universo. Pois no autoconhecimento completo e inalienável de Brahman, que é necessariamente um conhecimento total visto que tudo o que é, é Brahman, tais fenômenos não podem ter surgido por acaso, como um acidente ocasional, esquecimento ou distúrbio involuntários da Consciência-Força daquele que é Todo-Sabedoria no cosmos, ou como um feio contratempo para o qual o Espírito imanente não estava preparado e do qual é prisioneiro, errando em um labirinto, com as maiores dificuldades em escapar. Isso tampouco pode ser um mistério inexplicável do ser, original e eterno, que o Instrutor divino e integral não pode nos explicar e nem explicar a si mesmo. Deve haver, por trás desse mistério, um significado da própria Toda-Sabedoria, um poder da Toda-Consciência, que permite e usa isso para alguma função indispensável nos processos atuais de nossa autoexperiência e da experiência do mundo. É necessário agora examinar de modo mais direto esse aspecto da existência e determinar suas origens, os limites de sua realidade e seu lugar na Natureza.

Esse problema pode ser abordado sob três pontos de vista: em sua relação com o Absoluto ou a Realidade Suprema; em sua origem e lugar nas obras cósmicas; e

---

1. A verdade da realidade física e a verdade da realidade espiritual e supraconsciente. Nas realidades subjetivas e mentais intermediárias a falsidade pode entrar, mas ela capta, seja a verdade do alto, seja a verdade do baixo, como substância para construir-se, e ambas fazem pressão sobre ela para que mude suas construções falsas em verdades da vida e do espírito.

em sua ação e ponto de apoio no ser individual. É evidente que esses fenômenos adversos não têm raízes diretas na própria Realidade suprema, não há nela nada que tenha esse caráter; eles são criações da Ignorância e Inconsciência, não aspectos fundamentais ou primeiros do Ser, não são nativos da Transcendência nem do poder infinito do Espírito Cósmico. Raciocina-se algumas vezes que assim como a Verdade e o Bem têm seus absolutos, a Falsidade e o Mal devem, eles também, ter seus absolutos ou, se não for assim, tanto uns quanto os outros devem pertencer necessariamente à relatividade; Conhecimento e Ignorância, Verdade e Falsidade, Bem e Mal existem só em relação um com o outro, e mais além das dualidades do mundo não têm existência. Mas essa não é a verdade fundamental da relação desses opostos, pois, em primeiro lugar, ao contrário da Verdade e do Bem, a Falsidade e o Mal são claramente resultados da Ignorância e não podem existir onde não há Ignorância: não podem ter autoexistência no Ser Divino, não podem ser elementos nativos da Natureza Suprema. Se, então, o Conhecimento limitado que é a natureza da Ignorância renunciar às suas limitações, se a Ignorância desaparecer no Conhecimento, Mal e Falsidade não poderão subsistir, pois ambos são frutos da inconsciência e da consciência falsa, e se a consciência verdadeira ou total vier substituir a Ignorância, eles não terão mais nenhuma base para sua existência. Não pode então haver uma falsidade absoluta, um mal absoluto; essas coisas são um subproduto do movimento do mundo: as flores sombrias da falsidade, sofrimento e mal têm suas raízes no solo negro do Inconsciente. Por outro lado, não existem tais obstáculos intrínsecos à existência de uma Verdade e um Bem absolutos: a relatividade de verdade e erro, bem e mal é um fato de nossa experiência, mas também é um subproduto, e não um fator permanente inato à existência, visto que só é verdade para as avaliações feitas pela consciência humana, verdadeiras apenas para nosso conhecimento e nossa ignorância parciais.

A verdade é relativa para nós porque nosso conhecimento está envolto pela ignorância. Nossa visão exata se detém nas aparências externas, que não são a verdade completa das coisas e, se nos aprofundarmos mais, as iluminações a que chegamos são suposições, deduções ou indicações, não uma visão de realidades incontestáveis: nossas conclusões são parciais, especulativas ou construídas, e nossas afirmações sobre elas, que são a expressão de nosso contato indireto com a realidade, têm a natureza de representações ou de formas, palavras-imagens de pensamentos — percepções que são elas mesmas imagens e não encarnações da própria Verdade, não diretamente reais e autênticas. Essas formas ou representações são imperfeitas e opacas e carregam consigo sua sombra de insciência ou de erro, pois parecem negar ou excluir outras verdades, e mesmo a verdade que expressam não atinge seu pleno valor: é um final ou um bordo dessa verdade que se projeta em uma forma, e o resto é deixado na sombra, inapercebido ou desfigurado, ou vagamente visível. Poderia quase ser dito que nenhuma afirmação mental das coisas pode ser inteiramente verdadeira; não é a Verdade encarnada, pura e nua, mas uma forma ornamentada e, muitas vezes, apenas o ornamento é visível. Mas essa característica não se aplica à verdade percebida por uma ação direta da consciência ou à verdade do conhecimento por identidade; aí, nossa visão pode ser limitada, mas, por tão longe quanto possa estender-se, é autêntica, e a autenticidade é um primeiro passo em direção ao puro absoluto: o erro pode vincular-se a uma visão das coisas direta ou por identidade devido a um acréscimo mental, uma extensão errônea ou ilegítima ou uma falsa interpretação da mente, mas ele não penetra na substância. Essa visão, essa experiência das coisas, autêntica ou por identidade, é a verdadeira natureza do conhecimento e é autoexistente no interior do ser, embora se traduza em nossa mente como uma formação secundária que não é autêntica, mas derivada. A ignorância, em sua origem, não tem essa autoexistência ou essa autenticidade; ela existe por causa de uma limitação, ausência ou suspensão do conhecimento: o erro existe por causa de um desvio em relação à verdade, a falsidade existe por uma distorção ou uma contradição ou negação da verdade. Mas não se pode dizer que o conhecimento, em sua natureza verdadeira, só existe por uma limitação, ausência ou suspensão da ignorância: ele pode, na verdade, emergir na mente humana parcialmente por um processo de limitação ou suspensão desse tipo — quando a obscuridade retrocede de uma luz parcial —, ou pode tomar o aspecto de uma ignorância que se torna conhecimento; mas, de fato, ele nasce de modo independente, elevando-se de nossas profundezas, onde tem sua existência nativa.

Sobre bem e mal pode-se também dizer que enquanto um existe pela consciência verdadeira, o outro sobrevive apenas por uma consciência falsa: se houver uma consciência verdadeira, sem mistura, só o bem poderá existir; ele não será mais misturado com o mal nem formado em sua presença. Os valores humanos do bem e do mal, assim como os da verdade e do erro são, de fato, incertos e relativos: o que é mantido como verdade em um lugar ou uma época é tido em outros lugares, ou outros tempos, como erro; o que é visto como bom é, em outro lugar e em outro tempo, visto como mau. Constatamos também que o que chamamos mal resulta em bem e o que chamamos bem resulta em mal. Mas esse resultado desajeitado do bem que produz o mal é devido à confusão e mistura entre conhecimento e ignorância, à entrada, na verdadeira consciência, da consciência falsa, de modo que há uma aplicação ignorante ou equivocada do nosso bem, ou isso é devido à intervenção de forças adversas. No caso contrário — do mal que produz um bem —, o resultado contraditório e mais feliz é devido à intervenção de uma consciência e uma força verdadeiras que agem por trás da consciência e vontade falsas e malgrado elas, ou então devido à intervenção de forças que restauram o equilíbrio. Essa relatividade, essa mistura, é uma circunstância da mentalidade humana e das operações da Força Cósmica na vida humana; não é a verdade fundamental do bem e do mal. Poderia ser objetado que o mal físico, como a dor e a maioria dos sofrimentos do corpo, é independente do conhecimento e da ignorância, da consciência justa e da consciência falsa, que ele é inerente à Natureza física; mas, fundamentalmente, toda dor e todo sofrimento são resultados de uma consciência-força insuficiente no ser de superfície, o que o torna incapaz de lidar corretamente com o self e a Natureza, ou incapaz de assimilar os contatos da Energia universal e harmonizar-se com eles; dor e sofrimento não existiriam se houvesse em nós a presença integral da Consciência luminosa e da Força divina de um Ser integral. Portanto, a relação da verdade com a falsidade, do bem com o mal, não é uma dependência mútua, é da natureza de uma contradição, como da luz e da sombra; a sombra depende da luz para existir, mas a existência da luz não depende da sombra. A relação entre o Absoluto e esses contrários de alguns de seus aspectos fundamentais não quer dizer que esses contrários sejam, eles também, aspectos fundamentais opostos, do Absoluto; a falsidade e o mal nada têm de fundamental, não possuem poder algum de infinidade ou do ser eterno, nenhuma autoexistência, nem mesmo latente, no Autoexistente, e não têm a autenticidade de uma herança original.

É, sem dúvida, um fato que uma vez que a verdade ou o bem se manifestam, a concepção da falsidade e do mal torna-se uma possibilidade, pois onde quer que exista uma afirmação, sua negação torna-se concebível. Do mesmo modo como a manifestação da existência, da consciência e do deleite torna a manifestação da não--existência, inconsciência e insensibilidade concebível — e, porque concebível, de certo modo então inevitável, pois todas as possibilidades impelem sua própria realização até alcançá-la —, assim é com esses aspectos opostos da Existência Divina. Por essa razão, e na medida em que a Consciência os percebe de imediato desde o começo da manifestação, podemos classificá-los como absolutos implícitos, inseparáveis de toda existência cósmica. Mas a primeira coisa a ser notada é que só na manifestação cósmica esses aspectos se tornam possíveis; eles não podem preexistir no ser atemporal, pois são incompatíveis com a unidade e a beatitude que são sua substância. No cosmos também esses aspectos opostos não podem aparecer, exceto pela limitação da verdade e do bem a formas parciais e relativas e pelo fracionamento da unidade entre existência e consciência em uma consciência e ser que se separam. Onde há unidade e completa mutualidade da Consciência-Força, mesmo na multiplicidade e diversidade, então a verdade do autoconhecimento e conhecimento mútuo é automática, e o erro da autoignorância e ignorância mútua é impossível. Do mesmo modo, onde a verdade existe como um todo, em uma base de unidade autoconsciente, a falsidade não pode entrar e o mal é descartado pela exclusão da consciência e da vontade falsas e do processo de ativação da falsidade e do erro. Desde que a separatividade entra, essas coisas também podem entrar; mas mesmo essa simultaneidade não é inevitável. Se houver uma mutualidade suficiente, mesmo na ausência de um sentido ativo de unidade, e se os seres separados não transgredirem suas normas de conhecimento limitado ou se desviarem delas, a harmonia e a verdade poderão ainda ser soberanas e o mal não terá porta de acesso. Portanto, a falsidade e o mal não têm um caráter cósmico autêntico e inevitável, assim como não têm um caráter absoluto; são circunstâncias ou resultados que surgem só em certo estágio, quando a separatividade culmina em oposição e a ignorância culmina em uma inconsciência positiva do conhecimento que gera uma consciência e um conhecimento falsos, com seu conteúdo de vontade falsa, sentimentos falsos, ações e reações falsas. A questão é saber em que momento e em que ponto da manifestação cósmica os contrários intervêm, pois isso pode ser em certo estado da involução crescente da consciência na vida e na mente separadoras ou só depois do mergulho na inconsciência. Trata-se então, em definitivo, de saber se falsidade, erro, injustiça e mal existem originalmente nos planos mental e vital e são inatos à mente e à vida, ou se são próprios apenas à manifestação material porque a obscuridade que se eleva da Inconsciência os inflige à mente e à vida. Pode-se argumentar também que, se eles existem na mente e na vida suprafísicas, estavam aí na origem e inevitavelmente, pois pode ser que seu aparecimento tenha sido uma consequência ou uma extensão suprafísica da manifestação material. Ou, se esse ponto de vista for insustentável, poder-se-ia imaginar que eles tenham surgido como uma afirmação autorizadora do suprafísico na Mente e na Vida universais, uma condição prévia necessária para o aparecimento deles nessa manifestação a que pertencem mais naturalmente como um resultado inevitável da Inconsciência criadora.

Por muito tempo foi mantido pela mente humana, seguindo um conhecimento tradicional, que quando ultrapassamos o plano material descobrimos que essas coisas existem também nos mundos além. Há, nesses planos de experiência suprafísica, poderes e formas da mente vital e da vida que parecem ser a base pré-física das formas e dos poderes discordantes, defeituosos ou deturpados da mente vital e da força de vida que encontramos na existência terrestre. Há forças — e a experiência subliminar parece mostrar que há seres suprafísicos que encarnam essas forças — que estão presas, nas próprias raízes de sua natureza, à ignorância, à escuridão da consciência, ao mau uso da força, à deturpação do deleite, a todas as causas e consequências do que chamamos o mal. Esses poderes, seres ou forças estão em atividade para impor suas construções adversas às criaturas terrestres; ávidos em manter seu reino na manifestação, eles se opõem ao crescimento da luz, da verdade e do bem; e, sobretudo, são antagonistas ao progresso da alma em direção a uma consciência e existência divinas. É esse aspecto da existência que vemos representado na tradição do conflito entre os Poderes da Luz e os Poderes das Trevas, entre o Bem e o Mal, a Harmonia cósmica e a Anarquia cósmica, uma tradição universal nos mitos antigos e na religião e comum a todos os sistemas do conhecimento oculto.

A teoria desse conhecimento tradicional é perfeitamente racional e verificável pela experiência interior, e se imporá a nós se admitirmos o suprafísico e nos recusarmos a nos enclausurar na aceitação do ser material como a única realidade. Assim como há um Self e Espírito cósmico que permeia e sustenta o universo e seus seres, do mesmo modo há uma Força cósmica que move todas as coisas, e dessa Força cósmica original dependem — e agem a partir dela — muitas Forças cósmicas que são seus poderes ou surgem como formas de sua ação universal. Tudo que é formulado no universo tem uma Força, ou Forças, que o sustenta, busca realizar essa Força ou fazê-la durar, e encontra sua base no seu funcionamento; seu sucesso depende do sucesso dela, do seu crescimento e dominação; sua autorrealização ou o prolongamento do seu ser dependem da vitória ou da sobrevivência dessa Força. Assim como há Poderes do Conhecimento ou Forças da Luz, há também Poderes da Ignorância e Forças tenebrosas da Escuridão, cujo trabalho é prolongar o reino da Ignorância e da Inconsciência. Assim como há Forças da Verdade, do mesmo modo há Forças que vivem da Falsidade, a sustentam e trabalham para sua vitória; assim como há poderes cuja vida é intimamente ligada à existência, à ideia e ao impulso para o Bem, há também Forças cuja vida é ligada à existência, à ideia e ao impulso para o Mal. É essa verdade do Invisível cósmico que a antiga crença simbolizava pelo combate entre os poderes da Luz e os poderes das Trevas, entre o Bem e o Mal, para tomar posse do mundo e do governo da vida humana — este era o significado da luta entre os deuses védicos e seus adversários, filhos das Trevas e da Divisão, representados em uma tradição posterior como o Titã, o Gigante e o Demônio, Asura, Rakshasa, Pisacha; a mesma tradição encontra-se no duplo Princípio Zoroastriano e, mais tarde, na oposição semita entre Deus e seus Anjos de um lado e Satã e suas legiões do outro — Personalidades e Poderes invisíveis que conduzem o homem em direção à Luz, Verdade e Bem divinos ou o seduzem e o encadeiam ao princípio não divino da Obscuridade, Falsidade e Mal. O pensamento moderno não tem consciência de nenhuma força invisível além daquelas reveladas ou construídas pela Ciência; não acredita que a Natureza seja capaz de criar outros seres que não sejam aqueles que nos cercam no mundo físico: seres humanos, animais, pássaros, répteis, peixes, insetos, germens e animálculos. Mas, se existem forças cósmicas invisíveis, físicas em natureza, que agem no corpo de objetos inanimados, não há razão válida para que não existam forças cósmicas invisíveis, mentais e vitais em sua natureza, que ajam na mente e na força vital do ser humano. E se Mente e Vida, forças impessoais, formam seres conscientes ou usam pessoas para encarná-las em formas físicas e em um mundo físico, e se esses podem agir na Matéria e mediante a Matéria, não é impossível que em seus próprios níveis a Mente e a Vida formem seres conscientes cuja substância mais sutil seja invisível para nós, ou que sejam capazes de agir a partir desses planos sobre seres na Natureza física. Qualquer realidade ou irrealidade mítica que possamos vincular às imagens tradicionais das antigas crenças ou experiências humanas, seriam então representações de coisas que são verdadeiras em princípio. Nesse caso, a fonte primeira do bem e do mal não se encontraria na vida terrestre ou na evolução a partir da Inconsciência, mas na própria Vida; sua origem seria suprafísica e eles seriam aqui o reflexo de uma Natureza suprafísica mais vasta.

Uma coisa é certa: quando reentramos em nós, bem profundamente, longe das aparências de superfície, descobrimos que a mente, o coração e o ser sensível do ser humano são movidos por forças que escapam a seu controle, e ele pode tornar-se um instrumento nas mãos de Energias de caráter cósmico sem saber a origem de suas ações. É ao retirar-se da superfície física para entrar em seu ser interior e sua consciência subliminar que ele toma consciência dessas forças de modo direto e pode conhecê-las diretamente e agir sobre as influências que exercem nele. Começa a perceber intervenções que buscam conduzi-lo a uma ou outra direção, sugestões e impulsos que se mostram como movimentos originários de sua própria mente e contra os quais ele deve lutar. Pode dar-se conta de que ele não é uma criatura consciente produzida de modo inexplicável em um mundo inconsciente a partir de uma semente de Matéria inconsciente e se move em uma autoignorância obscura, mas é uma alma encarnada, e por meio de sua ação, a Natureza cósmica busca cumprir-se; ele é o terreno vivo de uma vasta disputa entre trevas da Ignorância de onde a alma emerge aqui, e uma luz do Conhecimento que cresce, elevando-se em direção a uma culminação imprevisível. As Forças que buscam dominá-lo, e entre elas as Forças do bem e do mal, apresentam-se como poderes da Natureza universal, mas parecem pertencer não só ao universo físico, mas também aos planos da Vida e da Mente além. A primeira coisa que devemos notar, porque é importante para o problema que nos preocupa, é que essas Forças, em sua ação, parecem muitas vezes ultrapassar as medidas da relatividade humana; em sua ação mais vasta elas são sobre-humanas, divinas, titânicas ou demoníacas, mas podem criar suas formações no ser humano, grandes ou pequenas, na grandeza ou na pequenez dele; podem apoderar-se dele e dirigi-lo por momentos ou por períodos, podem influenciar seus impulsos ou seus atos ou possuir sua inteira natureza. Se essa possessão acontece, ele próprio pode ser impelido a ultrapassar a norma humana de bem e mal; o mal, em particular, toma formas que chocam o sentido humano de medida, ultrapassam os limites da personalidade humana, aproximam-se do gigantesco, excessivo, desmesurado. Pode-se então perguntar se não é um erro negar a existência de um absoluto do mal; pois assim como há no ser humano um impulso, aspiração, desejo profundo pela verdade, bem, beleza absolutos, esses movimentos também — assim como as intensidades transcendentes às quais dor e sofrimento nos dão acesso — parecem indicar que um mal absoluto tenta realizar-se. Mas o incomensurável não é sinal de absoluto, pois o absoluto não é, em si, uma coisa de magnitude: ele está além de medidas não apenas em razão de sua imensidade, mas pela liberdade de seu ser essencial; ele pode manifestar-se no infinitesimal e no infinito. É verdade que quando passamos do mental ao espiritual — e essa é uma passagem em direção ao absoluto —, uma amplidão sutil e uma crescente intensidade de luz, poder, paz e êxtase marcam nossa passagem para além de nossas limitações: mas no começo isso é apenas um sinal de liberdade, altura, universalidade, não ainda um absoluto interior de autoexistência, que é a essência de tudo isso. A esse absoluto, dor e mal não podem ter acesso, eles estão ligados à limitação e são derivados. Se a dor se torna incomensurável, ela se destrói ou destrói aquilo em que se manifesta ou desmorona na insensibilidade, ou, em raras circunstâncias, pode se tornar um êxtase de Ananda. Se só o mal existisse e se tornasse incomensurável, destruiria o mundo ou destruiria aquilo que o produziu e sustentou; pela desintegração reconduziria as coisas, e a si mesmo, à não-existência. Não há dúvida de que os Poderes que sustentam a escuridão e o mal tentam, pela magnitude de seu autocrescimento, atingir uma aparência de infinidade, mas imensidade é tudo o que podem alcançar, e não infinidade; ou são capazes, no máximo, de representar seu elemento como uma espécie de infinito abissal à medida do Inconsciente, mas é um falso infinito. A autoexistência, por essência ou por uma eterna inerência no Autoexistente, é a condição para ser absoluto: erro, falsidade, mal, são poderes cósmicos, mas são, por natureza, relativos e não absolutos, visto que dependem, para sua existência, da deturpação ou da contradição de seus opostos e não são, como a verdade e o bem, absolutos autoexistentes, aspectos inerentes do supremo Autoexistente.

Um segundo ponto questionável emerge das provas da existência suprafísica e pré-física desses contrários obscuros, pois elas sugerem que eles podem ser, apesar de tudo, princípios cósmicos originais. Mas deve-se notar que eles não se estendem acima dos planos vitais suprafísicos inferiores; são "poderes do Príncipe do Ar" — o ar sendo, no simbolismo antigo, o princípio da vida e, portanto, dos mundos intermediários, onde o princípio vital é predominante e essencial. Os opostos adversos não são, então, poderes primordiais do cosmos, mas criações da Vida ou da Mente na vida. Seus aspectos, e suas influências suprafísicas sobre a natureza da Terra, podem ser explicados pela coexistência de mundos saídos de uma involução descendente com os mundos paralelos de uma evolução ascendente, não exatamente criados pela existência terrestre, mas como um anexo à ordem do mundo descendente e um suporte preparado para as formações terrestres evolutivas; o mal pode aí aparecer, não inerente a toda vida, mas como uma possibilidade e uma pré-formação que torna inevitável sua formação no emergir evolutivo da consciência a partir do Inconsciente. De qualquer modo, é como um resultado da Inconsciência que podemos melhor observar e compreender a origem da falsidade, do erro, da injustiça e do mal, pois é no retorno da Inconsciência para a Consciência que eles podem ser vistos tomando forma e é aí que parecem normais e mesmo inevitáveis.

É a Matéria que emerge primeiro do Inconsciente, e pareceria que na Matéria falsidade e mal não poderiam existir, porque ambos são criados por uma consciência superficial ignorante e dividida e por suas reações. Não há uma tal organização, superficial e ativa, da consciência, e não há tais reações nas forças ou nos objetos materiais: se há neles uma consciência secreta imanente, ela parece ser una, indiferenciada, muda; inerente e intrínseca, mas inerte na Energia que constitui o objeto, a Matéria realiza e mantém a forma graças à Ideia oculta silenciosa que está nela; quanto ao mais, ela continua absorta na forma de energia que criou, sem nada comunicar ou expressar. Mesmo se essa consciência se diferencia, segundo certa forma de Matéria, em uma forma correspondente de ser-em-si, *rūpaṁ rūpaṁ pratirūpo babhūva*,[2] não há organização psicológica, não há um sistema de ações ou reações conscientes. É só pelo contato com seres conscientes que objetos materiais exercem poderes ou influências que podem ser chamados bons ou maus: mas esse bem ou mal é determinado pelo sentimento de ajuda ou dano, benefício ou lesão que experimenta o ser em contato com eles; esses valores não pertencem ao objeto material, mas a alguma Força que o utiliza, ou são criados pela consciência que entra em contacto com o objeto. O fogo aquece ou queima um homem caso seja tocado por ele de modo involuntário ou o utilize voluntariamente; uma erva medicinal cura ou um veneno mata, mas o valor de bem ou mal é posto em ação por quem utiliza: pode-

---

2. *Katha Upanishad*, II. 2. 9.

-se observar também que um veneno pode curar, assim como matar, um remédio mata ou faz mal, assim como pode curar ou beneficiar. O mundo da Matéria pura é neutro, isento de responsabilidade; esses valores nos quais o ser humano insiste não existem na Natureza material: assim como uma Natureza superior transcende a dualidade de bem e mal, assim também essa Natureza inferior situa-se abaixo da dualidade. A questão pode começar a assumir um aspecto diferente se formos por trás do conhecimento físico e aceitarmos as conclusões de uma investigação no oculto — pois aí nos dizem que há influências conscientes que se apegam aos objetos e podem ser boas ou más; mas, poder-se-ia ainda sustentar, isso não afeta a neutralidade do objeto, que não age seguindo uma consciência individualizada, mas conforme é utilizado, para o bem ou para o mal ou para ambos: a dualidade bem e mal não é inerente ao princípio material, e está ausente do mundo da Matéria.

A dualidade começa com a vida consciente e emerge inteiramente com o desenvolvimento da mente na vida; a mente vital, a mente de desejo e sensação, é quem cria o sentido do mal e a realidade do mal. Além disso, na vida animal a realidade do mal existe, o mal do sofrimento e o sentido do sofrimento, o mal da violência, crueldade, luta e engano, mas o sentido do mal moral é ausente; na vida animal não há a dualidade pecado-virtude, toda ação é neutra e permissível para a preservação da vida e seu sustento, e para a satisfação dos instintos da vida. Nas sensações, os valores de bem e mal são inerentes à forma de dor e prazer, de satisfação e frustação vitais, mas a ideia mental, a resposta moral da mente a esses valores são uma criação do ser humano. Isto não quer dizer, como se poderia apressadamente concluir, que estas sejam irrealidades, apenas construções mentais, e a única maneira verdadeira de receber as atividades da Natureza é uma indiferença neutra ou uma aceitação equânime ou, intelectualmente, a admissão de tudo que ela faz como sendo uma lei divina ou natural na qual tudo é admissível de maneira imparcial. Isso é, de fato, um lado da verdade: há uma verdade infrarracional da Vida e da Matéria que, imparcial e neutra, admite todas as coisas como fatos da Natureza a serviço da criação, preservação ou destruição da vida, três movimentos necessários da Energia universal, todos interligados, indispensáveis uns aos outros e, cada um em seu lugar, de igual valor. Há também uma verdade da razão desapegada que pode ver tudo que é assim admitido pela Natureza como útil aos seus processos na vida e na matéria, e observa cada coisa que existe com uma imparcialidade e uma aceitação neutras e impassíveis. Essa é uma razão filosófica e científica, que observa as atividades da Energia cósmica, busca compreendê-las mas acha fútil julgá-las. Há também uma verdade suprarracional que se formula na experiência espiritual; ela pode observar o jogo da possibilidade universal, aceitar tudo de modo imparcial como características e consequências verdadeiras de um mundo de ignorância e inconsciência, ou admitir tudo com calma e compaixão como parte da obra divina; mas enquanto espera o despertar de uma consciência e um conhecimento mais altos — considerado como o único meio de escapar àquilo que se apresenta como o mal —, ela está pronta a ajudar e a intervir lá onde isso é verdadeiramente útil e possível. Mas, no entanto, há também essa outra verdade intermediária da consciência, que nos desperta para os valores do bem e do mal e a apreciação de sua necessidade e importância; esse despertar, qualquer que seja a sanção ou validez de seus julgamentos particulares, é um dos passos necessários no processo da Natureza evolutiva.

Mas de onde vem, então, esse despertar? O que é isso, no ser humano, que origina o sentido de bem e mal e lhe dá seu poder e seu lugar? Se virmos apenas o processo, poderemos concordar que é a mente vital que faz a distinção. Sua primeira avaliação é sensorial e individual — tudo que é agradável ao ego vital, que é útil e benéfico, é bom, tudo que é desagradável, maléfico, lhe faz mal ou o destrói, é mau. Sua segunda avaliação é utilitária e social: tudo o que é considerado útil à vida em sociedade, tudo o que esta exige do indivíduo a fim de preservar essa associação e regulá-la para uma manutenção, uma satisfação e um desenvolvimento melhores, e para a boa ordem da vida social e suas unidades, é bom; tudo o que, aos olhos da sociedade, tem um efeito ou uma tendência oposta, é mau. Mas a mente pensante intervém então com sua própria avaliação e esforça-se para encontrar uma base intelectual, uma ideia de lei ou um princípio, racional ou cósmico, uma lei do Karma talvez, ou um sistema ético fundamentado na razão ou em uma base estética, emotiva ou hedonista. A religião introduz suas sanções; há uma palavra ou lei de Deus que prescreve a retidão, mesmo se a Natureza permite ou estimula o contrário — ou talvez Verdade e Retidão sejam elas mesmas Deus e não haja outra Divindade. Mas, por trás de toda essa execução prática ou racional do instinto ético humano, há o sentimento de que existe algo mais profundo: todos esses padrões são demasiado estreitos e rígidos ou complexos e confusos, incertos, sujeitos a alterações por uma mudança ou uma evolução mental ou vital; e contudo sentimos que há uma verdade mais profunda e durável, algo em nós que pode ter a intuição dessa verdade — em outras palavras, que a real sanção é interior, espiritual e psíquica. Essa testemunha interior é tradicionalmente descrita como consciência, um poder de percepção em nós que é semimental, semi-intuitivo; mas isso é algo superficial, construído, pouco confiável. Há certamente em nós, embora mais difícil de despertar, mais mascarado pelos elementos de superfície, um sentido espiritual mais profundo: o discernimento da alma, uma luz inata no interior de nossa natureza.

Qual é então essa testemunha espiritual ou psíquica, ou que valor tem para ela o sentido de bem e mal? Pode-se sustentar que a única utilidade do sentido de pecado e mal é que o ser encarnado pode tornar-se consciente da natureza desse mundo de inconsciência e ignorância, despertar para o conhecimento do mal e do sofrimento e para a natureza relativa do bem e da felicidade que são próprios a esse mundo, e voltar-lhe as costas para buscar o absoluto. Ou ainda, sua utilidade espiritual pode ser purificar a natureza pela busca do bem e a negação do mal, até que ela esteja pronta para perceber o bem supremo, voltar as costas ao mundo e dirigir-se a Deus ou, como insiste a ética budista, isso pode servir para preparar a dissolução do sistema-ego ignorante e escapar da personalidade e do sofrimento. Mas talvez esse despertar seja também uma necessidade espiritual da própria evolução, um passo que permite ao ser sair da Ignorância para ter acesso à verdade da unidade divina e à evolução de uma consciência divina e um ser divino. Pois muito mais do que a mente ou a vida, que podem voltar-se seja para o bem, seja para o mal, é a personalidade da alma, o ser psíquico, que insiste na distinção, embora em um sentido mais amplo do que a simples diferença moral. É a alma em nós que se volta sempre em direção à Verdade, ao Bem e à Beleza, porque é por meio dessas coisas que ela mesma cresce em estatura; o resto — seus opostos — é uma parte necessária da experiência, mas que, no entanto, é preciso ultrapassar à medida que o ser cresce espiritualmente. Para a entidade psíquica fundamental em nós, o deleite da vida e de toda experiência faz parte da manifestação progressiva do espírito, mas o próprio princípio de seu deleite de vida é recolher, de todos os contatos e acontecimentos, seu sentido e sua essência secretos, sua utilidade e seu propósito divinos, a fim de que, pela experiência, nossa mente e nossa vida possam sair da Inconsciência e ir em direção a uma consciência suprema, sair das divisões da Ignorância e ir em direção a uma consciência e um conhecimento integradores. A entidade psíquica está aqui para isso, e de vida em vida segue sua tendência, sempre crescente, para o alto, insistentemente; o crescimento da alma é um crescimento que leva da escuridão para a luz, da falsidade para a verdade, do sofrimento para sua própria Ananda suprema e universal. A percepção que a alma tem do bem e do mal pode não coincidir com as normas artificiais da mente, mas tem um sentido mais profundo, uma discriminação segura daquilo que aponta em direção à Luz e daquilo que a distancia da Luz. É verdade que assim como a luz inferior está abaixo do bem e do mal, a luz espiritual superior está além do bem e do mal; mas isso não quer dizer que admitimos todas as coisas com uma neutralidade imparcial ou obedecemos de modo indiferente aos impulsos do bem e do mal; isso significa que uma lei mais alta intervém, e nela esses valores não têm mais lugar ou utilidade. Há uma lei essencial da Verdade suprema que está acima de todas as normas; há um Bem supremo e universal, inerente, intrínseco, autoexistente, autoconsciente, movido e determinado por si mesmo, infinitamente plástico, com a pura plasticidade da consciência luminosa do Infinito supremo.

Então, se mal e falsidade são produtos naturais da Inconsciência, resultados automáticos da evolução da vida e da mente a partir dessa Inconsciência e no processo da Ignorância, devemos ver como surgem, do que dependem para sua existência e qual o remédio ou o meio de escapar deles. É no emergir da consciência mental e vital à superfície a partir da Inconsciência, que devemos encontrar o processo pelo qual esses fenômenos surgem na existência. Há aí dois fatores determinantes — e são estes que provocam o emergir simultâneo da falsidade e do mal. Primeiro há, subjacentes, ainda ocultos, uma consciência e um poder de conhecimento inerentes, e também um revestimento, uma camada, daquilo que se poderia chamar um material indeterminado ou malformado, de consciência vital e física; a mentalidade emergente deve forçar seu caminho através desse meio obscuro e difícil e impor-se a ele mediante um conhecimento construído e não mais inerente, porque esse material está ainda cheio de insciência, pesadamente carregado e envolvido com a inconsciência da Matéria. Em seguida, o emergir se produz em uma forma de vida separada, que deve afirmar-se contra um princípio de inércia material inanimada e um constante puxão dessa inércia material rumo à desintegração e recaída na Inconsciência inanimada original. Essa forma de vida separada deve também afirmar-se, sustentada apenas por um princípio limitado de associação, contra um mundo externo que, se não hostil à sua existência é, contudo, cheio de perigos e ao qual ela deve impor-se, conquistar um espaço vital, chegar à expressão e propagação, se quiser sobreviver. O resultado de um emergir da consciência nessas condições é o crescimento de um indivíduo vital e físico que se afirma e a construção, pela Natureza, da vida e da matéria com um indivíduo verdadeiro, psíquico ou espiritual escondido por trás, para o qual a Natureza está criando esse meio exterior de expressão. Na medida em que aumenta seu poder mental, esse indivíduo vital e material toma a forma mais desenvolvida de um ego mental, vital e físico que se afirma de maneira constante. Nossa consciência de superfície e tipo de existência, nosso ser natural, desenvolveu seu caráter atual sob a pressão desses dois fatos iniciais e básicos do emergir evolutivo.

Quando começa a emergir, a consciência tem a aparência de um milagre, de um poder estranho à Matéria; ela se manifesta de modo inexplicável em um mundo da Natureza inconsciente e cresce lentamente e com dificuldade. O conhecimento é adquirido, criado de algum modo, como a partir do nada, por assim dizer, aprendido, aumentado, acumulado por uma criatura ignorante e efêmera na qual ele está, no nascimento, completamente ausente; ou, se está presente, não é como conhecimento, mas apenas sob a forma de uma capacidade herdada, própria à etapa de desenvolvimento dessa ignorância que faz a aprendizagem do conhecimento. Poder-se-ia conjecturar que a consciência é apenas a Inconsciência original registrando de modo mecânico os fatos da existência nas células cerebrais que, por reflexo ou reação, leem automaticamente o registro e ditam sua resposta; o registro, o reflexo e a reação, juntos, constituiriam o que parece ser a consciência. Mas isso, evidentemente, não é a inteira verdade, pois se isso pode justificar a observação e a ação mecânica — embora não seja claro como um registro e uma reação inconscientes possam tornar-se uma observação consciente, um sentido consciente das coisas e do self — isso não pode explicar de forma plausível a ideação, imaginação, especulação, a atuação livre do intelecto com o material observado. A evolução da consciência e do conhecimento não pode ser explicada, a menos que já exista nas coisas uma consciência escondida, com seus poderes inerentes e naturais emergindo pouco a pouco. Ademais, os fatos da vida animal e as operações da mente emergente na vida nos obrigam a concluir que há, nessa consciência escondida, um Conhecimento subjacente ou um poder de conhecimento que, pela necessidade dos contatos da vida com o meio ambiente, vêm à superfície.

O ser animal individual, em sua primeira autoafirmação consciente, deve apoiar-se em duas fontes de conhecimento. Como ele é ignorante e impotente, uma pequena parcela de consciência de superfície privada de toda informação em um mundo que não conhece, a Força-Consciente secreta envia a essa superfície o mínimo de intuição necessária para que esse ser mantenha sua existência e efetue as operações indispensáveis à vida e à sobrevivência. Essa intuição não é possuída pelo animal, mas ela o possui e o move; é algo que se manifesta por si mesmo, na textura da substância vital e física da consciência sob a pressão de uma necessidade e no momento necessário: mas, ao mesmo tempo, um resultado superficial dessa intuição acumula-se e toma a forma de um instinto automático que age cada vez que a ocasião se apresenta; esse instinto pertence à espécie e é concedido a cada indivíduo no seu nascimento. A intuição, quando ocorre ou se repete, é infalível; de modo geral, o instinto é automaticamente correto, mas pode errar, pois falha ou tropeça quando a consciência de superfície ou uma inteligência mal desenvolvida interferem ou se o instinto continua a agir de maneira mecânica quando, as circunstâncias tendo mudado, a necessidade ou as circunstâncias necessárias não existem mais. A segunda fonte de conhecimento é um contato superficial com o mundo exterior ao ser individual natural; é esse contato que é a origem, primeiro, de uma sensação e uma percepção sensoriais conscientes e, depois, da inteligência. Se não houvesse uma consciência subjacente, o contato não criaria nenhuma percepção ou reação; é porque a estimulação do contato transforma em sentimento e reação superficial o subliminar de um ser já vitalizado pelo princípio vital subconsciente e por suas primeiras necessidades e primeiras buscas, que a consciência de superfície começa a formar-se e desenvolver-se. Intrinsecamente, o emergir de uma consciência de superfície pela força dos contatos da vida deve-se ao fato de que, no sujeito e no objeto do contato, a Consciência-Força é já existente em estado latente no subliminar: quando o princípio da vida está pronto, suficientemente sensível no sujeito — o recipiente do contato —, essa consciência subliminar emerge em resposta ao estímulo e começa a constituir uma mente vital ou mente de vida — a mente do animal — e, no curso da evolução, a constituir uma inteligência pensante. A consciência secreta se traduz por uma sensação e percepção de superfície, e a força secreta, por um impulso de superfície.

Se essa consciência subliminar subjacente tivesse que vir à superfície, haveria um encontro direto entre a consciência do sujeito e o conteúdo do objeto, e o resultado seria um conhecimento direto; mas isso não é possível, primeiro, por causa do veto ou da obstrução da Inconsciência e, em segundo lugar, porque a intenção evolutiva é desenvolver-se lentamente, por meio de uma consciência de superfície imperfeita, mas que cresce. A Consciência-Força secreta deve então limitar-se a traduções imperfeitas em uma vibração e uma ação vitais e mentais de superfície e, devido à ausência, retenção ou insuficiência da consciência direta, ela é forçada a desenvolver órgãos e instintos para um conhecimento indireto. Essa criação de um conhecimento e uma inteligência exteriores se passa em uma estrutura consciente indeterminada já preparada, que é a formação primeira à superfície. No início, essa estrutura é apenas uma formação mínima de consciência, com uma vaga percepção sensorial e uma reação-impulso; mas, à medida que aparecem formas de vida mais organizadas, ela se transforma em uma mente-de-vida e inteligência vital, que no começo são em grande parte mecânicas e automáticas e preocupadas apenas com necessidades, desejos e impulsos práticos. Toda essa atividade é, em seu início, intuitiva e instintiva; a consciência subjacente se traduz no substrato de superfície pelos movimentos automáticos da substância consciente da vida e do corpo: os movimentos da mente, quando aparecem, são involuídos nesses automatismos, tomam o aspecto de uma anotação mental subordinada no interior da anotação sensorial vital predominante. Mas, de maneira lenta, a mente inicia sua tarefa de desprender-se: ela ainda trabalha para o instinto de vida, necessidade e desejo vitais, mas seu caráter próprio emerge: observação, invenção, esquema, intenção, execução de objetivos, enquanto sensações e impulsos acrescentam a si mesmos a emoção e dão um valor e um ímpeto afetivos mais sutis e refinados à reação vital grosseira. A mente ainda está muito envolvida na vida, e suas operações puramente mentais mais altas não estão em evidência; ela aceita como suporte um vasto segundo plano, feito de instintos e intuições vitais, e a inteligência desenvolvida, embora crescendo sempre à medida que se elevam os graus da vida animal, é uma superestrutura acrescentada.

Quando a inteligência humana junta-se à base animal, essa base continua ainda presente e ativa, mas é em grande parte mudada, sutilizada e elevada pela vontade e pela intenção conscientes; a vida automática do instinto e da intuição vital diminui e não pode manter a proporção de sua predominância original sobre a inteligência mental autoconsciente. A intuição puramente intuitiva tem seu poder diminuído: mesmo quando ainda há uma forte intuição vital, seu caráter vital é ocultado pela mentalização, e a intuição mental é, com muita frequência, uma mistura, não o produto puro, pois um amálgama é acrescentado para torná-la mentalmente atual e útil. No animal também a consciência de superfície pode obstruir ou alterar a intuição, mas, como sua capacidade é menor, ela interfere menos na ação automática, mecânica ou instintiva da Natureza. No homem mental, quando a intuição se eleva em direção à superfície, é capturada sem demora antes de chegar, traduzida nos termos da inteligência mental e recoberta de um verniz ou interpretação mental que esconde a origem do conhecimento. O instinto também é alçado e mentalizado, e perde seu caráter intuitivo; essa mudança torna-o menos seguro, embora ele seja mais auxiliado — quando não substituído — pelo poder plástico de adaptação às coisas e a si mesmo, que é próprio à inteligência. O emergir da mente na vida traz um enorme aumento da extensão e capacidade da Consciência-Força evolutiva; mas traz também um enorme aumento na extensão e possibilidade de erro, pois a mente, em sua evolução, arrasta constantemente o erro como sua sombra, uma sombra que cresce à medida que cresce o corpo da consciência e do conhecimento.

Se, na evolução, a consciência de superfície estivesse sempre aberta à ação da intuição, a intervenção do erro não seria possível, pois a intuição é um fio de luz projetada pela supramente secreta, e o emergir de uma Consciência-Verdade, segura em sua ação, se bem que limitada, seria a consequência. O instinto, se tivesse que se formar, deveria deixar-se moldar pela intuição e adaptar-se livremente à mudança evolutiva e à mudança de circunstâncias, internas ou externas. A inteligência, se tivesse que se formar, deveria subordinar-se à intuição e sua expressão mental exata; seu brilho deveria talvez regular-se para adaptar-se a uma ação reduzida, servindo de função e movimento menores e não maiores, como são agora; mas sua irregularidade não seria devido a um desvio, e seus elementos obscuros não a fariam afundar no erro ou no falível. Mas isso não seria possível, porque o controle da Inconsciência sobre a matéria, sobre a substância de superfície na qual mente e vida devem expressar-se, torna a consciência de superfície obscura e não receptiva à luz interior; além disso, essa consciência de superfície é impelida a apreciar esse defeito, a substituir cada vez mais, por suas próprias claridades incompletas, porém mais bem compreendidas, as sugestões interiores inexplicáveis, visto que um desenvolvimento rápido da Consciência-Verdade não é a intenção da Natureza. O método escolhido por ela é, de fato, uma evolução lenta e difícil da Inconsciência mudando-se em Ignorância e uma Ignorância que toma a forma de um conhecimento misturado, modificado e parcial, antes de estar pronta para transformar-se em uma Consciência-Verdade e um Conhecimento-Verdade superiores. Nossa inteligência mental imperfeita é uma etapa de transição necessária antes que essa transformação superior se torne possível.

Praticamente, existem dois polos do ser consciente entre os quais o processo evolucionário se efetua: uma insciência superficial que deve mudar gradualmente em conhecimento, e uma Consciência-Força secreta na qual reside todo o poder do conhecimento e que deve lentamente manifestar-se na insciência. A insciência superficial, cheia de incompreensão e falta de percepção, pode mudar-se em conhecimento porque a consciência está involuída nela; se, intrinsecamente, ela fosse uma ausência completa de consciência, a mudança seria impossível; mas ainda assim essa consciência age como uma inconsciência que tenta ser consciente; ela é, primeiro, uma insciência que a necessidade e os impactos exteriores compelem a sentir e reagir, depois, uma ignorância que se esforça para conhecer. O meio que usa é um contato com o mundo, com suas forças e objetos, é esse contato que, como a fricção de dois pedaços de madeira, cria uma centelha de consciência; a resposta de dentro é essa centelha lançando-se na manifestação. Mas, ao receber a resposta de uma fonte subjacente de conhecimento, a insciência de superfície a atenua e transforma em algo obscuro e incompleto; há uma assimilação imperfeita ou errônea da intuição que responde ao contato: ainda assim, por esse processo, tem início uma consciência responsiva, e uma primeira acumulação de conhecimento instintivo arraigado ou habitual se produz; depois, manifesta-se uma capacidade, primeiro primitiva e depois desenvolvida, de percepção receptiva, compreensão, resposta à ação, de previsão antes de iniciar uma ação — uma consciência evolutiva que é semiconhecimento, semi-ignorância. Tudo que é desconhecido é encontrado na base do que é conhecido; mas como esse conhecimento é imperfeito, como recebe de maneira imperfeita e responde de maneira imperfeita ao contato das coisas, o novo contato pode ser falseado, assim como pode ser falseada ou deformada a resposta intuitiva, o que constitui uma dupla fonte de erro.

É evidente, nessas condições, que o Erro é um acompanhamento necessário, quase uma condição e uma instrumentação necessárias, uma etapa ou um estágio indispensáveis na lenta evolução em direção ao conhecimento, em uma consciência que parte da insciência e atua na substância de uma insciência geral. A consciência que evolui deve adquirir o conhecimento por um meio indireto que não dá nem mesmo uma certeza fragmentária, pois no início há apenas uma representação ou um sinal, uma imagem ou uma vibração física no caráter criado pelo contato com o objeto e a sensação vital resultante; a mente e os sentidos devem interpretá-los e transformá-los em uma ideia ou representação mentais correspondentes. As coisas experienciadas desse modo e mentalmente conhecidas devem ser interligadas; as coisas desconhecidas devem ser observadas, descobertas, integradas na soma de experiência e conhecimento já adquiridos. A cada passo, diferentes possibilidades — fatos, significado, julgamento, interpretação, relação — se apresentam; algumas devem ser examinadas e rejeitadas, outras aceitas e confirmadas: é impossível excluir o erro sem limitar as chances de adquirir conhecimento. A observação é o primeiro instrumento da mente, mas a própria observação é um processo complexo, aberto a cada passo aos erros da consciência ignorante que observa; a distorção do fato pelos sentidos e pela mente sensorial, a omissão, a seleção e a união erradas, os acréscimos inconscientes vindos de uma impressão ou uma relação pessoais, tudo isso cria uma imagem composta falsa ou imperfeita; a esses erros acrescentam-se os erros de inferência, julgamento e interpretação dos fatos pela inteligência: quando os próprios dados não são seguros ou perfeitos, as conclusões construídas com base neles serão também inseguras e imperfeitas.

Para adquirir o conhecimento, a consciência procede do conhecido para o desconhecido: constrói uma estrutura de experiência adquirida, lembranças, impressões, julgamentos, um plano mental composto de coisas, caracterizado por uma rigidez movente e sempre modificável. Quando recebe um novo conhecimento, ela julga o que se apresenta à luz do conhecimento passado e o integra na estrutura; se este não se adapta de maneira correta, é encaixado à força, de qualquer modo, ou rejeitado; mas o conhecimento existente e suas estruturas ou normas podem não ser aplicáveis ao novo objeto ou ao novo campo de conhecimento, pode ser que a integração seja defeituosa e a rejeição, uma resposta errada. A esse julgamento distorcido e essa interpretação errada dos fatos acrescentam-se uma aplicação, combinação, construção, representação falsas do conhecimento, uma maquinaria complicada de erro mental. Em toda essa obscuridade esclarecida de nossas partes mentais, uma intuição secreta está atuando, um anseio à verdade que corrige, ou incita a inteligência a corrigir, o que é errôneo, a esforçar-se para obter uma imagem verdadeira das coisas e um verdadeiro conhecimento interpretativo. Mas na mente humana a própria intuição é limitada pela distorção mental de suas indicações e não pode agir por si mesma, pois seja física, vital ou mental, a intuição deve apresentar-se, se deseja ser recebida, não em sua pureza e nudez, mas trajada com um revestimento mental ou inteiramente recoberta por uma ampla veste mental; assim disfarçada, sua natureza verdadeira não pode ser reconhecida, não se pode compreender seu papel ou sua relação com a mente, e a inteligência humana, impaciente e semiconsciente, ignora todo o seu modo de ação. Existem intuições de realidades, de possibilidades, da verdade determinante por trás das coisas, mas a mente confunde todas elas. Uma grande confusão de materiais mal compreendidos, uma construção experimental, uma representação ou uma estrutura mental da imagem do self e das coisas, rígido e ainda assim caótico, semiformado e semiordenado e confuso, semiverdadeiro, semierrôneo, mas sempre imperfeito, tal é o caráter do conhecimento humano.

Contudo, o erro em si não equivale à falsidade; ele seria apenas uma imperfeição da verdade, uma tentativa, um ensaio de possibilidades, pois quando não sabemos, devemos admitir possibilidades não tentadas e incertas, e mesmo se isso leva à construção de uma estrutura de pensamento imperfeita ou inadequada, esta ainda pode justificar-se, na medida em que dá acesso a um novo conhecimento em direções inesperadas; e sua dissolução e reconstrução ou a descoberta de alguma verdade escondida podem ampliar nossa cognição ou nossa experiência. Apesar da mistura criada, o crescimento da consciência, inteligência e razão poderia chegar, mediante essa verdade misturada, a uma imagem mais clara e verdadeira do autoconhecimento e do conhecimento do mundo. A obstrução da inconsciência original e envolvente diminuiria, e uma consciência mental crescente poderia alcançar uma claridade e uma inteireza que permitiriam aos poderes escondidos do conhecimento direto e do processo intuitivo de emergir utilizar os instrumentos preparados e esclarecidos e fazer da inteligência mental seu verdadeiro agente, seu construtor da verdade à superfície do processo evolutivo.

Mas aqui a segunda condição, o segundo fator da evolução intervém, pois essa busca pelo conhecimento não é um processo mental impessoal dificultado apenas pelas limitações gerais da inteligência mental: o ego está aí, o ego físico, o ego vital que insiste não no autoconhecimento e na descoberta da verdade das coisas e da verdade da vida, mas na autoafirmação vital; um ego mental está aí, e também insiste em sua própria autoafirmação e em grande medida é dirigido e usado pelo impulso vital para sua vida de desejo e seu propósito de vida. À medida que a mente se desenvolve, desenvolve-se também uma individualidade mental em que a tendência da mente assume uma dinâmica pessoal, um temperamento mental, uma formação mental próprios. Essa individualidade mental de superfície é egocêntrica; olha o mundo, coisas e acontecimentos a partir de seu ponto de vista e os vê não como são, mas como a afetam: ao observar as coisas, ela lhes dá o feitio que convém à sua tendência e temperamento, seleciona ou rejeita, organiza a verdade segundo sua preferência e sua conveniência mentais; observação, julgamento e razão são todos determinados ou afetados por essa personalidade da mente e assimilados às necessidades da individualidade e do ego. Mesmo quando tem como objetivo maior uma verdade e uma razão puramente impessoais, uma completa impessoalidade é impossível para a Mente; mesmo o intelecto mais treinado, mais severo e vigilante não consegue observar as torções e volteios que o ego mental dá à verdade, em sua recepção dos fatos e das ideias e na construção de seu conhecimento mental. Temos aí uma fonte quase inesgotável de distorção da verdade, causa de falsificação, vontade inconsciente ou semiconsciente de errar, aceitação de ideias ou de fatos baseados não em uma percepção clara do verdadeiro ou do falso, mas em preferências, conveniências pessoais, escolhas impulsivas, preconceitos. Aí está um viveiro fértil para o crescimento da falsidade ou uma porta, ou muitas portas, através das quais ela pode entrar sub-repticiamente ou por uma usurpação violenta, mas bem-vinda. A verdade também pode entrar aí e instalar-se, não em pleno direito, mas segundo o prazer da mente.

Nos termos da psicologia do Sankhya podemos distinguir três tipos de individualidade mental — aquela que é governada pelo princípio de obscuridade e inércia, primogênita da Inconsciência, tamásica; aquela que é governada por uma força de paixão e atividade, cinética, rajásica; aquela que é moldada no modelo do princípio sátvico de luz, harmonia, equilíbrio. A inteligência tamásica tem sua sede na mente física: ela é insensível às ideias — à exceção daquelas que recebe de maneira inerte, cega e passiva, de uma fonte ou uma autoridade reconhecidas — obscura no recebê-las, sem querer ampliar-se, é recalcitrante a novos estímulos, conservadora e imóvel; ela se agarra à estrutura de conhecimento que recebeu e seu único poder é uma prática repetitiva, mas este é um poder limitado pelo que é habitual, óbvio, estabelecido, familiar e já seguro; ela rejeita tudo o que é novo e possa perturbá-la. A inteligência rajásica tem sua sede principal na mente vital e é de dois tipos: uma, é defensiva de modo violento e apaixonado, afirma sua individualidade mental e tudo o que está em sintonia com esta, tudo que é preferido por sua vontade, tudo o que se adapta à sua perspectiva, mas é agressiva para com tudo que é contrário à estrutura mental de seu ego ou inaceitável para sua intelectualidade pessoal; o outro tipo é entusiasta por coisas novas, apaixonado, insistente, impetuoso, frequentemente móvel além da medida, inconstante e sempre agitado; é governado em suas ideias não pela verdade e a luz, mas pelo gosto da batalha, do movimento e da aventura intelectuais.

A inteligência sátvica é ávida por conhecimento, aberta o mais possível a ele, cuidadosa ao considerar, verificar e equilibrar, ao ajustar e adaptar a seu ponto de vista tudo o que se confirma como verdade, recebendo tudo o que pode assimilar, hábil em construir verdades em uma estrutura intelectual harmoniosa; mas, porque sua luz é limitada, como é necessariamente toda luz mental, ela é incapaz de ampliar-se de modo a receber de maneira igual toda a verdade e todo o conhecimento; tem um ego mental, algumas vezes mesmo iluminado, que determina sua observação, julgamento e raciocínio, e suas escolhas e preferências mentais. Na maioria das pessoas há uma predominância de uma dessas qualidades, mas também uma mistura; a mesma mente pode ser aberta, plástica e harmonizada em uma direção, e dinâmica, vital, impetuosa, cheia de preconceitos e desequilibrada em outra, e em outra ainda, ser obscura e não receptiva. Essa limitação devido à personalidade, essa defesa da personalidade e a recusa a receber o que não pode assimilar, são necessárias ao ser individual, porque em sua evolução, no nível que alcançou, ele tem certa autoexpressão, certo tipo de experiência e um meio de usar a experiência que devem, pelo menos no plano da mente e da vida, governar sua natureza; esta, por ora, é sua lei de ser, seu darma. Essa limitação da consciência mental pela personalidade, e essa limitação da verdade pelo temperamento e preferências mentais, deve ser a lei de nossa natureza enquanto o indivíduo ainda não atingiu a universalidade, enquanto ainda não está preparado para transcender a mente. Mas é evidente que essa condição é inevitavelmente uma fonte de erro e pode a qualquer momento ser a causa de uma falsificação do conhecimento, de um autoengano inconsciente ou semivoluntário, de uma recusa em admitir o conhecimento verdadeiro, da disposição para afirmar como verdadeiro um conhecimento falso, mas considerado aceitável.

Isso é assim no campo da cognição, mas a mesma lei aplica-se à vontade e à ação. A ignorância gera uma consciência falsa, que cria uma reação dinâmica falsa no contato com as pessoas, as coisas, os acontecimentos: a consciência de superfície desenvolve o hábito de ignorar, compreender mal ou rejeitar as sugestões que vêm da consciência secreta mais profunda, a entidade psíquica, e a incitam a agir ou não agir; ela responde, ao contrário, às sugestões mentais e vitais não iluminadas ou age conforme as exigências e impulsos do ego vital. Aqui, a segunda das condições primordiais da evolução, a lei de um ser vital separado afirmando-se em um mundo que para ele é um não-self, vem a predominar e assume uma imensa importância. É aqui que a personalidade vital de superfície, ou self vital, afirma sua dominação, e essa dominação do ser vital ignorante é uma fonte maior e ativa de discórdia e desarmonia, uma causa de perturbações interiores e exteriores da vida, uma das causas principais da má ação e do mal. O elemento vital natural em nós — na medida em que não é reprimido ou treinado, ou se conserva seu caráter primitivo — não se preocupa com a verdade, nem com a consciência justa ou a ação justa; o que o preocupa é a autoafirmação, expansão vital, posse, satisfação dos impulsos e desejos. Essa necessidade fundamental, essa exigência primeira do self vital lhe parece de crucial importância; esse elemento vital em nós as satisfaria prontamente, sem nenhum respeito pela verdade, justiça ou bem, ou sem nenhuma outra consideração: mas, porque a mente está presente e tem suas concepções, porque a alma está presente e tem suas percepções de alma, ele tenta dominar a mente e obter à força uma sanção e ordem de execução para sua própria vontade de autoafirmação, um veredicto da verdade, da justiça e do bem para suas próprias afirmações, impulsos e desejos vitais; sua preocupação é com a autojustificação, a fim de ter o campo livre para afirmar-se de maneira completa. Mas se puder obter o consentimento da mente, o self vital está pronto a ignorar todas essas normas e fixar apenas uma: satisfação, crescimento, força, grandeza do ego vital. O indivíduo vital necessita lugar, expansão, posse desse mundo, dominação e controle de coisas e seres; necessita um espaço vital, um lugar ao sol, necessita afirmar-se e sobreviver. Precisa dessas coisas para si e para aqueles com quem se associa, para seu próprio ego e o ego coletivo; precisa delas para suas ideias, crenças, ideais, interesses, imaginações, pois tem que afirmar essas formas de "mim" e "meu" e impô-las ao mundo em torno dele ou, se não for bastante forte para fazer isso, ele deve ao menos defendê-las e preservá-las contra outros, e para isso faz uso de todo o seu poder e habilidade. Ele pode tentar fazer isso por meio de métodos que crê justos ou escolheu crer justos ou representar como justos; pode tentar fazer isso pelo uso de violência aberta, pela astúcia, falsidade, agressão destrutiva, esmagando outras formações de vida: o princípio é o mesmo, quaisquer que sejam os meios ou a atitude moral. Não é apenas no campo dos interesses pessoais, mas também no campo das ideias e da religião que o ser vital do homem introduziu esse espírito e essa atitude de autoafirmação e luta e o uso de violência, opressão e submissão, intolerância e agressão; ele impôs o princípio do egoísmo vital ao campo da verdade intelectual e ao campo do espírito. Nessa autoafirmação e autoimposição a vida introduz ódio e aversão a tudo que faz obstáculo à sua expansão ou fere seu ego; como um meio ou como uma paixão ou reação da natureza vital, ela desenvolve crueldade, traição e todo tipo de mal: para satisfazer seus desejos e impulsos, a vida não leva em conta o certo e o errado, o que importa é a satisfação de desejos e impulsos. Para essa satisfação, ela está pronta a arriscar destruição e sofrimentos reais, pois a intenção da Natureza não é de incitar a vida a buscar apenas sua preservação, seu objetivo é a afirmação e a satisfação vitais, a formulação da força vital e do ser vital.

Não se deve concluir daí que a personalidade vital seja só isso em sua composição original e que o mal é sua própria natureza. A verdade e o bem não são suas preocupações primeiras, mas ela pode ter a paixão pela verdade e o bem, como tem, de modo mais espontâneo, a paixão pela alegria e a beleza. Em tudo o que é desenvolvido pela força de vida desenvolve-se ao mesmo tempo um deleite secreto em alguma parte do ser, deleite no bem e deleite no mal, deleite na verdade e deleite na falsidade, deleite na vida e atração pela morte, deleite no prazer e deleite na dor, deleite no próprio sofrimento e no sofrimento de outros, mas também na própria alegria, na própria felicidade e no próprio bem, e no bem, alegria e felicidade de outros: a força de afirmação da vida afirma do mesmo modo o bem e o mal; ela tem seus impulsos de generosidade, afeição, lealdade, dom de si; utiliza altruísmo do mesmo modo que utiliza egoísmo, sacrifica-se assim como destrói outros, e em todos os seus atos há a mesma paixão pela afirmação da vida, a mesma força de ação e realização. Esse caráter do ser vital e sua tendência existencial, na qual o que nomeamos bem e mal são itens, mas não a fonte principal, são evidentes na vida sub-humana; no ser humano, visto que um discernimento mental, moral e psíquico se desenvolveu, o ser vital é sujeito a um controle ou uma camuflagem, mas não muda seu caráter. Esse ser e sua força de vida e ímpetos vitais para a autoafirmação são — na ausência de uma ação manifesta do poder da alma e do poder espiritual, *Atmashakti* — o meio principal de realização da Natureza e, sem seu suporte, nem a mente nem o corpo poderiam utilizar suas possibilidades ou realizar seus objetivos aqui na existência. Só se o ser vital interior, ou verdadeiro, substituir a personalidade vital exterior é que o impulso do ego vital poderá ser inteiramente controlado e a força de vida tornar-se a servente da alma e um instrumento poderoso para a ação de nosso ser espiritual verdadeiro.

Essa então é a origem e a natureza do erro, falsidade, injustiça e mal na consciência e vontade do indivíduo; uma consciência limitada crescendo a partir da insciência é a fonte do erro, um apego pessoal à limitação e ao erro que ela origina é a fonte da insinceridade, uma consciência falsa governada pelo ego vital é a fonte do mal. Mas é evidente que sua existência relativa é apenas um fenômeno projetado pela Força cósmica em seu impulso para expressar-se na evolução, e é aí que devemos buscar o significado do fenômeno. Pois o emergir do ego vital é, como vimos, um mecanismo da Natureza cósmica que permite ao indivíduo afirmar-se e desprender-se da massa indeterminada da substância do subconsciente, para que apareça um ser consciente em um terreno preparado pela Inconsciência: o princípio de afirmação-da-vida do ego é a consequência necessária. O ego individual é uma ficção pragmática e efetiva, uma tradução do self secreto nos termos da consciência de superfície ou um substituto subjetivo do verdadeiro self, em nossa experiência de superfície. A ignorância o separa do self do outro e da Divindade interior, mas, ainda assim, ele é empurrado secretamente em direção a uma unificação evolutiva na diversidade; embora finito, o ego tem por trás o impulso para o infinito. Mas, nos termos de uma consciência ignorante, isso se traduz pela vontade de expansão, vontade de ser um finito sem limites, de absorver tudo o que puder, entrar em tudo e tudo possuir, mesmo ser possuído se puder assim sentir-se satisfeito e crescendo nos outros, ou graças aos outros, ou se puder absorver por sujeição o ser e o poder de outros, ou receber dessa forma uma ajuda ou um impulso para a afirmação e a felicidade de sua vida, para o enriquecimento de sua existência mental, vital ou física.

Mas porque faz essas coisas como um ego separado, para sua vantagem própria e não para um intercâmbio mútuo consciente, não pela unidade, isso gera discórdia vital, conflito, desarmonia, e é o produto dessa discórdia vital e desarmonia que chamamos de injustiça e mal. A Natureza os aceita porque são circunstâncias necessárias à evolução, necessárias ao crescimento do ser dividido; eles são produtos da ignorância, sustentados por uma consciência ignorante fundamentada na divisão, uma vontade ignorante que age por meio da divisão, um deleite de ser ignorante que encontra sua alegria na divisão. A intenção evolutiva age por meio do mal e por meio do bem; tem que utilizar tudo, porque confinar-se a um bem limitado aprisionaria e poria um freio à evolução prevista; ela utiliza todos os materiais disponíveis e faz com isso o que pode: essa é a razão pela qual vemos o mal surgir do que chamamos bem e o bem surgir do que chamamos mal; e se vemos que mesmo aquilo que pensamos ser mal é, no fim, aceito como bem, que aquilo que pensamos ser bem é, no fim, aceito como mal, é porque nossos critérios para ambos são evolutivos, limitados e mutáveis. A Natureza evolutiva, a Força cósmica terrestre, no começo parece então não ter preferência por um ou outro desses dois contrários, e utiliza ambos da mesma maneira para seus propósitos. E contudo é a mesma Natureza, a mesma Força que impôs ao ser humano esse fardo — o sentido de bem e mal — e insiste em sua importância: é evidente, portanto, que esse sentido também tem um propósito evolutivo, também deve ser necessário; ele deve existir para que o homem possa deixar certas coisas para trás, mover-se em direção a outras, até que do bem e do mal ele possa emergir em um Bem que é eterno e infinito.

Mas de que modo essa intenção evolutiva na Natureza deve cumprir-se, por qual poder, qual meio, impulso, princípio e processo de seleção e harmonização? O método adotado pela mente do ser humano ao longo das eras foi sempre um princípio de seleção e rejeição, e isso tomou a forma de uma sanção religiosa, uma regra de vida moral ou social ou um ideal ético. Mas este é um meio empírico que não toca a raiz do problema, porque não tem a visão da causa e origem da doença que tenta curar; lida com sintomas, mas lida de maneira superficial, sem saber qual a função deles no propósito da Natureza nem o que, na mente e na vida, os sustenta e mantém em existência. Ademais, o bem e o mal humanos são relativos e as normas erigidas pela ética são tanto incertas quanto relativas: o que é proibido por uma ou outra religião, visto como bom ou mau pela opinião social, julgado útil ou nocivo à sociedade, o que alguma lei temporária do homem permite ou interdiz, o que é, ou é considerado, de ajuda ou prejudicial para si ou para outros, concorda com esse ou aquele ideal, é sugerido ou desencorajado por um instinto que chamamos consciência — um amálgama de todos esses pontos de vista é a ideia heterogênea e determinante, e constitui a substância complexa, da moralidade; em todos eles há a mistura constante de verdade e meia-verdade e erro, que acompanha todas as atividades de nosso Conhecimento-Ignorância mental limitado. Um controle mental sobre nossos desejos e instintos vitais e físicos, sobre nossa ação pessoal e social, sobre nossas relações com os outros é indispensável para nós como seres humanos, e a moralidade cria uma norma que nos serve de guia e permite estabelecer um controle rotineiro; mas o controle é sempre imperfeito e é um expediente, não uma solução: o ser humano continua sempre o que é e o que sempre foi, uma mistura de bem e mal, de pecado e virtude, um ego mental que governa de modo imperfeito sua natureza mental, vital e física.

    O empenho para escolher, para preservar tudo aquilo que em nossa consciência e ação nos parece bom e rejeitar tudo o que nos parece mau e assim reformar nosso ser, nos recriar e moldar à imagem de um ideal, é um motivo ético mais profundo, porque se aproxima da verdadeira questão: ele repousa na ideia correta de que nossa vida é um devenir e há algo que devemos nos tornar e ser. Porém, os ideais construídos pela mente humana são seletivos e relativos; moldar de modo rígido nossa natureza segundo esses ideais é nos limitar e fazer uma construção onde deveria haver um crescimento em direção a um ser mais vasto. O verdadeiro apelo que nos é feito é o apelo do Infinito e do Supremo; a autoafirmação e a autonegação que a Natureza nos impõe são, ambas, movimentos nessa direção, e aquilo que temos que descobrir é o caminho justo para a autoafirmação e a autonegação reunidas, em lugar do caminho falso — porque ignorante — do ego, do conflito entre o sim e o não da Natureza. Se não o descobrirmos, quer o empurrão da vida será demasiado forte para nosso ideal estreito de perfeição, seus instrumentos se romperão e esse ideal não poderá realizar-se e perpetuar-se, quer obteremos um semirresultado, no melhor dos casos; ou então a fuga da vida se apresentará como o único remédio, o único meio de escapar ao jugo, de outra forma invencível, da Ignorância. De fato, essa é a saída indicada em geral pela religião: uma moralidade prescrita pelo divino, a busca da piedade, retidão e virtude como são estipuladas em um código de conduta religioso, uma lei de Deus determinada por alguma inspiração humana, tais são os meios que nos são propostos, a direção a seguir para percorrer o caminho que conduz à saída, à solução. Mas essa saída deixa o problema onde estava; é apenas uma via pela qual o ser pessoal pode escapar ao enigma não resolvido da existência cósmica. No pensamento espiritual da Índia antiga havia uma percepção mais clara da dificuldade; a prática da verdade, virtude, vontade justa e da ação justa era vista como uma necessidade para ter acesso à realização espiritual, mas na própria realização o ser se eleva na consciência maior do Infinito e Eterno e se desembaraça do fardo de pecado e virtude, pois esse fardo pertence à relatividade e à Ignorância. Por trás dessa percepção mais vasta e verdadeira há a intuição de que um bem relativo é um treinamento que nos é imposto pela Natureza Universal para que possamos assim nos dirigir ao verdadeiro Bem, que é absoluto. Esses problemas são da mente e da vida ignorantes, eles não nos acompanham além da mente; assim como há a cessação da dualidade verdade-erro em uma Consciência-Verdade infinita, do mesmo modo há uma liberação da dualidade bem-mal em um Bem infinito — há uma trascendência.

Não se pode escapar artificialmente a esse problema, que sempre preocupou a humanidade e para o qual ela não encontrou uma solução satisfatória. A árvore do conhecimento do bem e do mal, com seus frutos doces e amargos, está secretamente enraizada na própria natureza da Inconsciência, de onde nosso ser emergiu e onde ainda se mantém como em um solo, a base inferior de nossa existência física; ela cresceu de modo visível na superfície, em múltiplas ramificações da Ignorância — que ainda é a massa principal e a condição primeira de nossa consciência em sua difícil evolução em direção a uma consciência suprema e um despertar integral. Enquanto houver esse solo onde mergulham as raízes escondidas e esse ar alimentador e esse clima de Ignorância, a árvore crescerá e prosperará e produzirá sua floração dupla e seus frutos misturados. Pode-se supor então que não pode haver uma solução final até que tenhamos mudado nossa consciência em uma consciência maior, feito da verdade do self e do espírito a base de nossa vida e transformado nossa ignorância em conhecimento superior. Todos os outros expedientes serão apenas substitutos ou impasses; uma transformação completa e radical de nossa natureza é a única solução verdadeira. É porque a Inconsciência impõe sua obscuridade original em nossa percepção do self e das coisas, e porque a Ignorância baseia essa obscuridade em uma consciência imperfeita e dividida e vivemos nessa obscuridade e divisão, que um conhecimento e uma vontade falsos são possíveis: sem conhecimento falso não poderia haver erro nem falsidade, sem erro ou falsidade em nossas partes dinâmicas não poderia haver vontade falsa em nossos membros; sem vontade falsa não poderia haver ação má ou o mal; enquanto essas causas durarem, os efeitos também persistirão em nossa ação e nossa natureza. Um controle mental só pode ser um controle, não uma cura; um ensinamento mental, uma regra e uma norma mentais, podem apenas impor uma rotina artificial na qual nossa ação gira de modo mecânico ou com dificuldade, e restringe e limita a formação do curso de nossa natureza. Uma mudança total de consciência, uma mudança radical da natureza, é o único remédio e a única saída.

Porém, visto que a raiz da dificuldade é uma existência dividida, limitada e separativa, essa mudança deve consistir em uma integração, uma cura da consciência dividida de nosso ser, e visto que essa divisão é complexa e multilateral, nenhuma mudança parcial de um único aspecto do ser pode substituir de modo satisfatório a transformação integral. Nossa primeira divisão é esta, criada por nosso ego e, sobretudo, com mais força e vigor por nosso ego vital, que nos separa de todos os outros seres por vê-los como não-self, e nos ata ao nosso egocentrismo e à lei de uma autoafirmação egoística. É nos erros dessa autoafirmação que a falsidade e o mal emergem primeiro: a consciência falsa gera a vontade falsa nas partes do ser, na mente pensante, no coração, na mente vital e no ser sensorial, na própria consciência do corpo; a vontade falsa gera a ação falsa de todos esses instrumentos, um erro múltiplo, ramificações abundantes da deturpação do pensamento, da vontade, dos sentidos e sentimentos. E não podemos lidar corretamente com os outros enquanto forem para nós "outros", seres que são estrangeiros para nós, dos quais a consciência interior, as necessidades da alma, mente, coração, vida, corpo, conhecemos pouco ou nada. O pouco de simpatia, conhecimento e boa vontade imperfeitos que a lei, a necessidade e o hábito da associação engendram é demasiado insuficiente para o que é requerido para uma ação verdadeira. Uma mente e um coração mais vastos, uma força de vida mais ampla e generosa, podem contribuir para nos ajudar ou ajudar outros e evitar as piores ofensas, mas isso também é insuficiente e não prevenirá uma quantidade de perturbações, males e colisões entre nosso bem privilegiado e o bem dos outros. Pela própria natureza de nosso ego e de nossa ignorância nos afirmamos egoisticamente mesmo quando nos orgulhamos demais de nossa ausência de egoísmo e, em nossa ignorância, mesmo quando nos vangloriamos de nossa compreensão e conhecimento. O altruísmo, tomado como regra de vida, não nos libera; este é um instrumento potente para uma autoampliação e a correção do ego mais estreito, mas não o abole nem o transforma no self verdadeiro, uno com todos; o ego do altruísta é tão poderoso e absorvente quanto o ego do egoísta e muitas vezes é mais poderoso e insistente, porque é um ego satisfeito consigo mesmo e magnificado. E ajuda ainda menos se causarmos dano a nossa alma, nossa mente, nossa vida e nosso corpo com a ideia de subordinar nosso self ao self de outros. O verdadeiro princípio é afirmar nosso ser corretamente, de maneira que possa tornar-se uno com todos, não mutilá-lo e imolá-lo. A autoimolação pode ser necessária algumas vezes, excepcionalmente, por uma causa, em resposta a alguma demanda do coração ou por algum propósito justo ou superior, mas não se pode fazer dela a regra ou a natureza da vida; essa exageração só faria alimentar e exagerar o ego de outros ou magnificar algum ego coletivo e não nos guiaria, nós ou a humanidade, para a descoberta e afirmação de nosso ser verdadeiro ou do ser verdadeiro da humanidade. O sacrifício e o dom de si são de fato um princípio verdadeiro e uma necessidade espiritual, porque não podemos afirmar nosso ser de maneira justa sem sacrifício ou sem dar-nos a algo mais vasto do que nosso ego; mas isso também deve ser feito com a consciência e a vontade justas baseadas em um conhecimento verdadeiro. Desenvolver a parte sátvica de nossa natureza, uma natureza de luz, compreensão, equilíbrio, harmonia, simpatia, boa vontade, bondade, amor ao próximo, autocontrole, uma ação ordenada e harmonizada corretamente, é o melhor que podemos fazer nos limites da formação mental, mas essa é uma etapa e não o objetivo do crescimento de nosso ser. Esses são expedientes, paliativos, meios necessários para tratar parcialmente essa dificuldade fundamental, normas provisórias e artifícios que nos são dados como ajuda e guia temporários, porque a solução verdadeira e total está além de nossa capacidade atual e só pode vir quando houvermos evoluído o suficiente para vê-la e fazer dela nosso objetivo principal.

A verdadeira solução só poderá ocorrer quando pudermos nos tornar, pelo nosso crescimento espiritual, unos com todos os seres, reconhecê-los como parte de nós, tratá-los como se fossem nossos outros selfs, porque então a divisão será abolida, a lei da autoafirmação que separa, e por si mesma conduz à afirmação de si contra os outros ou à custa dos outros, se ampliará e liberará ao acrescentar-se a ela a lei da autoafirmação para outros e a lei da autodescoberta na descoberta e realização dos outros. Fez-se uma regra, na ética religiosa, de agir em um espírito de compaixão universal, amar seu próximo como a si mesmo, fazer a outros o que gostaríamos que nos fizessem, sentir a alegria e o sofrimento de outros como se fossem nossos; mas nenhum ser humano que vive em seu ego é capaz, de modo verdadeiro e perfeito, de fazer essas coisas, ele pode apenas aceitá-las como uma exigência de sua mente, uma aspiração de seu coração, um esforço de sua vontade para viver conforme uma norma mais alta e modificar, por um esforço sincero, sua natureza egoística grosseira. É quando conhecemos e sentimos os outros tão intimamente quanto conhecemos a nós mesmos que esse ideal poderá tornar-se uma regra de vida natural e espontânea e ser realizado tanto na prática como em princípio. Mas mesmo ser uno com os outros não é suficiente em si, se é ser uno com sua ignorância, pois então a lei da ignorância agirá e a ação errada e a ação falsa persistirão, mesmo se em grau reduzido e mesmo se sua incidência e seu caráter forem atenuados. Nossa unidade com outros deve ser fundamental, não uma unidade com sua mente, coração, ser vital, seu ego — mesmo se estes acabem por ser incluídos em nossa consciência universalizada —, mas uma unidade na alma e no espírito, e isso só pode vir por nossa liberação na consciência da alma e no conhecimento do self. Sermos nós mesmos liberados do ego e realizarmos nosso verdadeiro self é a primeira necessidade; tudo o mais pode ser alcançado como um resultado luminoso, uma consequência necessária. Essa é uma das razões pelas quais um chamado espiritual deve ser aceito de maneira imperativa e ter a precedência sobre todas as outras revindicações, intelectuais, éticas ou sociais, que pertencem ao domínio da Ignorância. Pois a lei mental do bem pertence a esse domínio e pode apenas modificar as coisas e servir de paliativo; nada consegue substituir verdadeiramente a mudança espiritual que pode ser realizada pelo bem verdadeiro e integral, porque pelo espírito alcançamos a raiz da ação e da existência.

No conhecimento espiritual do self há três etapas de sua autorrealização que são ao mesmo tempo três partes do conhecimento único. A primeira é a descoberta da alma, não a alma externa do pensamento, da emoção e do desejo, mas a entidade psíquica secreta, o elemento divino dentro de nós. Quando ela domina nossa natureza, quando somos conscientemente a alma, e a mente, a vida e o corpo ocupam seu lugar verdadeiro como seus instrumentos, tornamo-nos conscientes de um guia interior que conhece a verdade, o bem, o verdadeiro deleite e a verdadeira beleza da existência, governa o coração e o intelecto com sua lei luminosa e conduz nossa vida e nosso ser em direção à plenitude espiritual. Mesmo no interior das operações obscuras da Ignorância temos então uma testemunha que discerne, uma luz viva que ilumina, uma vontade que se recusa a ser desencaminhada e separa a verdade da mente do seu erro, faz a distinção entre a resposta íntima do coração e aquilo que vibra nele em resposta a um chamado falso ou a uma demanda falsa que lhe é feita, não confunde o ardor verdadeiro com a plenitude do movimento da vida, com a paixão vital e as falsidades turvas de nossa natureza vital e a busca de suas obscuras satisfações egoístas. Esta é a primeira etapa da autorrealização: instaurar o reino da alma, o indivíduo psíquico divino, em lugar do ego. A próxima etapa é tornar-se consciente do self eterno em nós, não nascido e uno com o self de todos os seres. Essa autorrealização libera e universaliza; mesmo se nossa ação ainda continua nas dinâmicas da Ignorância, ela não nos encadeia mais, não nos desencaminha, porque nosso ser interior está estabelecido na luz do autoconhecimento. A terceira etapa é conhecer o Ser Divino que é ao mesmo tempo nosso Self supremo e transcendente, o Ser Cósmico, fundamento de nossa universalidade, e a Divindade interior da qual nosso ser psíquico, o verdadeiro indivíduo evolutivo em nossa natureza, é uma porção, fagulha, chama que cresce no eterno Fogo onde foi aceso e do qual é a testemunha sempre viva dentro de nós e o instrumento consciente de sua luz, poder, alegria e beleza. Cônscios do Divino como o Mestre de nosso ser e nossa ação, podemos aprender a nos tornar canais de sua Shakti, o Poder Divino, e agir segundo suas ordens ou a lei de sua luz e seu poder em nosso interior. Nossa ação não será mais, então, dominada por nossos impulsos vitais ou governada por uma norma mental, pois a Shakti age segundo a verdade permanente, e no entanto plástica, das coisas — não esta, construída pela mente, mas aquela verdade mais alta, mais profunda e sutil de cada movimento e cada circunstância, assim como a conhece o conhecimento supremo e é exigido pela vontade suprema no universo. A liberação da vontade segue a liberação do conhecimento e é sua consequência dinâmica; é o conhecimento que purifica e é a verdade que libera: o mal é fruto de uma ignorância espiritual e só desaparecerá pelo crescimento de uma consciência espiritual e pela luz do conhecimento espiritual. Nosso ser está separado do ser dos outros, e essa divisão só pode ser curada ao anularmos o divórcio entre nossa natureza e a realidade interior da alma, ao abolirmos o véu entre nosso vir-a-ser e nosso ser essencial, ao lançarmos pontes entre o espaço que distancia nossa individualidade na Natureza, do Ser Divino que é a Realidade onipresente na Natureza e acima da Natureza.

Mas a última divisão a ser removida é a cisão entre essa Natureza e a Supranatureza, que é o Autopoder da Existência Divina. Mesmo antes que o Conhecimento-Ignorância dinâmico seja removido, enquanto ele ainda continua como uma instrumentação inadequada do espírito, a Shakti suprema ou Supranatureza pode agir através de nós, e podemos ser conscientes de suas operações; mas é então pela modificação de sua luz e seu poder, de modo que possam ser assimilados e recebidos pela natureza inferior da mente, da vida e do corpo. Mas isso não é bastante; é necessário remodelar inteiramente o que somos e fazer disso um estado e um poder da Supranatureza divina. A integração de nosso ser não pode ser completa, a menos que haja essa transformação da ação dinâmica; deve haver uma elevação e mudança de todo o modo da Natureza mesma, e não apenas alguma iluminação e transmutação dos estados interiores do ser. Uma Consciência-Verdade eterna deve tomar posse de nós e sublimar todos os nossos modos naturais, mudá-los em seus próprios modos de ser, de conhecimento e de ação; uma percepção, vontade, sentimento, movimento, ação, espontaneamente verdadeiros, podem então tornar-se a lei integral de nossa natureza.

SEGUNDA PARTE

# O CONHECIMENTO E A EVOLUÇÃO ESPIRITUAL

# CAPÍTULO XV

# A REALIDADE E O CONHECIMENTO INTEGRAL

*Esse Self deve ser conquistado pela Verdade e por um conhecimento integral.*

Mundaka Upanishad, III. 1. 5.

*Escuta, e aprende como deves Me conhecer em Minha totalidade [...], pois mesmo entre os buscadores que alcançaram seu objetivo, dificilmente um entre eles Me conhece em toda a verdade do Meu ser.*

Bhagavad-Gītā, VII. 1, 3.

Essa então é a origem, essa é a natureza, essas são as fronteiras da Ignorância. Sua origem é uma limitação do conhecimento, seu caráter distintivo é essa separação entre o ser e sua própria integralidade, sua inteira realidade; suas fronteiras são determinadas por esse desenvolvimento separativo da consciência, pois isso nos separa de nosso verdadeiro self e do verdadeiro self e da natureza completa das coisas e obriga-nos a viver em uma existência superficial aparente. Um retorno à integralidade ou o progresso nessa direção, o desaparecimento da limitação, a extinção da separatividade, a superação de fronteiras, a recuperação de nossa realidade essencial e completa devem ter o caráter oposto e ser o sinal do movimento interior em direção ao Conhecimento. A consciência limitada e separadora deve ser substituída por uma consciência essencial e integral identificada com a verdade original e a verdade completa do self e da existência. O Conhecimento integral é algo já presente na Realidade integral, não é uma coisa nova ou ainda inexistente que deve ser criada, adquirida, aprendida, inventada ou construída pela mente; ele deve, antes, ser descoberto ou revelado; é uma Verdade que se autorrevela no esforço espiritual, pois esse Conhecimento está aí, velado em nosso self mais vasto e profundo: é a própria substância de nossa consciência espiritual, e é despertando para ele, mesmo em nosso self de superfície, que devemos possuí-lo. Há um autoconhecimento integral e, porque o self cósmico é também nosso self, há um conhecimento cósmico integral que devemos recuperar. Há um conhecimento que pode ser aprendido ou construído pela mente, e tem seu valor, mas não é a esse que nos referimos quando falamos do Conhecimento e da Ignorância.

Uma consciência espiritual integral traz consigo um conhecimento de todos os termos do ser; liga o mais alto ao mais baixo passando por todos os termos intermediários e realiza um todo indivisível. No cume mais alto das coisas ela se abre à realidade do Absoluto, inefável porque é supraconsciente em relação a tudo, exceto sua própria autopercepção. Na extremidade inferior de nosso ser, ela percebe a Inconsciência na qual nossa evolução começa, mas é ao mesmo tempo consciente do Um e do Todo autoinvoluídos nessas profundezas; ela revela a Consciência secreta na Inconsciência. Interpretativa, reveladora, movendo-se entre esses dois extremos, sua visão descobre a manifestação do Um no Múltiplo, a identidade do Infinito na disparidade das coisas finitas, a presença do Eterno atemporal no Tempo eterno; é essa visão que ilumina para ela o sentido do universo. Essa consciência não abole o universo; apropria-se dele e o transforma, ao dar-lhe seu significado escondido. Não abole a existência individual; transforma o ser e a natureza individuais ao revelar-lhes seu verdadeiro significado, permitindo-lhes vencer aquilo que, neles, os separa da Realidade divina e da Natureza divina.

Um conhecimento integral pressupõe uma Realidade integral, pois este é o poder de uma Consciência-Verdade que é, ela mesma, a consciência da Realidade. Mas nossa ideia e nosso sentido da Realidade variam conforme o estado e o movimento de nossa consciência, sua visão das coisas, aquilo que enfatiza, como recebe as coisas; essa visão ou essa ênfase podem ser intensivas e exclusivas ou extensivas, inclusivas e abrangentes. É inteiramente possível — e em seu próprio domínio constitui um movimento válido para nosso pensamento e para uma via muito alta de realização espiritual — afirmar a existência do Absoluto inefável, enfatizar sua Realidade única e negar e abolir para nós mesmos o ser individual e a criação cósmica, apagá-los de nossa ideia e nosso sentido de realidade. A realidade do indivíduo seria Brahman, o Absoluto; a realidade do cosmos seria Brahman, o Absoluto: o indivíduo é fenomênico, um aparecimento temporal no cosmos; o próprio cosmos seria um fenômeno, um aparecimento temporal maior e mais complexo. Os dois termos, Conhecimento e Ignorância, existiriam apenas em relação a esse aparecimento, e ambos devem ser transcendidos se quisermos alcançar uma supraconsciência absoluta. A consciência do ego e a consciência cósmica extinguem-se nessa suprema transcendência e só o Absoluto permanece. Pois o Brahman absoluto existiria apenas em sua própria identidade e estaria além de qualquer outro conhecimento; nele, a própria ideia de um conhecedor e um conhecido e, portanto, do conhecimento em que estes se encontram e tornam-se um, desaparece, é transcendida e perde sua validade, de modo que o Brahman absoluto permanecerá sempre inatingível à mente e à linguagem. Contrariamente ao ponto de vista que expusemos, ou para completá-lo (o ponto de vista segundo o qual a própria Ignorância é apenas uma ação limitada ou involuída do Conhecimento divino, limitada naquilo que é parcialmente consciente, involuída no inconsciente), poderíamos dizer, a partir da outra extremidade da escala das coisas, que o próprio Conhecimento é uma Ignorância mais alta, pois cessa antes de atingir a Realidade absoluta que é evidente para si mesma, mas é incognoscível para a mente. Esse absolutismo corresponde a uma verdade do pensamento e a uma verdade da experiência suprema na consciência espiritual; mas, em si, não é o todo do pensamento espiritual completo e abrangedor, e não esgota as possibilidades da experiência espiritual suprema.

A concepção absolutista da realidade, da consciência e do conhecimento baseia-se em um aspecto do pensamento vedântico primevo, mas não é o todo desse pensamento. Nos *Upanishads* — as escrituras inspiradas do mais antigo Vedanta —, encontramos a afirmação do Absoluto, o conceito-experiência da Transcendência pura e inefável; mas encontramos também, não como sua contradição, mas como seu corolário, uma afirmação da Divindade cósmica, um conceito-experiência do Self cósmico e do vir-a-ser do Brahman no universo. Encontramos igualmente a afirmação da Realidade Divina no indivíduo: isso também é um conceito-experiência; essa Realidade é vista não como uma aparência, mas como um devenir real. Em lugar de uma afirmação exclusiva, única e suprema, que nega tudo o mais que não seja o Absoluto transcendente, encontramos uma afirmação abrangente levada à sua conclusão mais extrema: esse conceito da Realidade e do Conhecimento abarcando em uma única visão o cósmico e o Absoluto, coincide fundamentalmente com nosso conceito, pois isso significa que a Ignorância também é uma parte semivelada do Conhecimento, e o conhecimento do mundo, uma parte do autoconhecimento. O *Isha Upanishad* insiste na unidade e na realidade de todas as manifestações do Absoluto, recusa-se a limitar a verdade a um só aspecto, qualquer que seja. Brahman é o estável e o móvel, o interno e o externo, tudo o que é próximo e tudo o que é distante, seja espiritualmente ou na extensão do Tempo e do Espaço. Ele é o Ser e todos os devires, ele é o Puro e Silencioso, sem feições, inativo, ele é Aquele-que-vê, o Pensador que organiza o mundo e seus objetos, o Um que se torna tudo aquilo que percebemos no universo, o Imanente e aquilo em que ele estabelece sua morada. O *Upanishad* afirma que o conhecimento perfeito e liberador é aquele que não exclui nem o Self nem suas criações: em todas o espírito liberado vê os devires do Autoexistente em sua visão interior e por uma consciência que percebe o universo em si mesma em vez de vê-lo do exterior como uma coisa diferente de si mesma, como o faz a mente limitada e egoística. Viver na Ignorância cósmica é uma cegueira, mas confinar-se em um absolutismo exclusivo do Conhecimento é também uma cegueira: conhecer Brahman como, ao mesmo tempo e indissociavelmente, Conhecimento e Ignorância, alcançar o estado supremo pelo Devenir, assim como pelo Não-Devenir, relacionar a realização do self transcendente com a realização do self cósmico, realizar nosso fundamento no supramundano e uma manifestação autoconsciente no mundo, é o conhecimento integral; é possuir a Imortalidade. É essa consciência total, com seu conhecimento completo, que constrói os fundamentos da Vida Divina e torna sua realização possível. Segue-se que a realidade absoluta do Absoluto deve ser não uma unidade rígida e indeterminável, não uma infinitude vazia de tudo que não seja a autoexistência pura, acessível apenas pela exclusão do múltiplo e do finito, mas algo que está além dessas definições, que se encontra, de fato, além de qualquer descrição, positiva ou negativa. Todas as afirmações e todas as negações são expressões de seus aspectos, e é por uma afirmação e uma negação supremas que podemos chegar ao Absoluto.

De um lado, então, apresentada a nós como a Realidade, temos uma Autoexistência absoluta, um ser-em-si eterno e único e, pela experiência do Self silencioso e inativo ou do Purusha imóvel e desapegado, podemos nos aproximar desse Absoluto sem feições ou relações, negar as ações do Poder criador — quer seja uma Maya ilusória, quer seja uma Prakriti formadora —, cessar de girar no erro cósmico para entrar na Paz e no Silêncio eternos, desembaraçarmo-nos de nossa existência pessoal e encontrarmo-nos ou perdermo-nos nessa Existência verdadeira única. Do outro lado, temos um Vir-a-Ser que é um verdadeiro movimento do Ser; o Ser e o Vir-a-Ser são ambos verdades de uma Realidade única absoluta. O primeiro ponto de vista baseia-se na concepção metafísica, que formula uma percepção extrema em nosso pensamento, uma experiência exclusiva em nossa consciência, do Absoluto visto como uma realidade vazia de todas as relações e todas as determinações: isso impõe como consequência uma necessidade lógica e prática de negar o mundo das relatividades como uma falsidade de um ser irreal, um não-existente (*Asat*) ou, no mínimo, uma experiência do self inferior, evanescente, temporal e pragmática, e uma necessidade de suprimi-lo da consciência a fim de liberar o espírito de suas percepções falsas ou de suas criações inferiores. O segundo ponto de vista baseia-se na concepção do Absoluto como não limitável, nem positivamente nem negativamente. Ele está além de todas as relações, no sentido de que não está sujeito a quaisquer relatividades nem limitado por elas em seu poder de ser: não pode ser aprisionado nem circunscrito por nossas concepções relativas, as mais altas ou as mais baixas, positivas ou negativas; não está preso nem ao nosso conhecimento nem à nossa ignorância, nem ao nosso conceito de existência nem ao nosso conceito de não-existência. Mas tampouco pode ser limitado por qualquer incapacidade de conter, sustentar, criar ou manifestar relações: ao contrário, o poder de manifestar-se no infinito da unidade e no infinito da multiplicidade pode ser visto como uma força inerente, um sinal, um resultado de sua própria capacidade de ser absoluto, e essa possibilidade, em si, é uma explicação da existência cósmica. Com efeito, o Absoluto não pode, em sua natureza, ser obrigado a manifestar um cosmos de relações, nem pode ser obrigado a não manifestar cosmos algum. Ele próprio não é uma pura vacuidade, pois um absoluto vazio não é Absoluto — nossa concepção de um Vazio ou Zero é apenas um sinal conceitual de nossa incapacidade mental de conhecê-lo ou abarcá-lo. O Absoluto traz consigo uma essencialidade inefável de tudo que é e de tudo que pode ser; e visto que contém em si mesmo essa essencialidade e essa possibilidade, do mesmo modo deve conter, de maneira própria, sua capacidade de ser absoluto, a verdade permanente ou então a realidade inerente e realizável, mesmo se latente, de tudo que é fundamental para nossa existência ou a existência do mundo. É essa realização da realidade realizável ou essa verdade permanente alargando suas possibilidades que chamamos manifestação e vemos como o universo.

Não há então, na concepção ou na realização da verdade do Absoluto, nenhuma consequência inerente, inevitável, de uma rejeição ou de uma dissolução da verdade do universo. A ideia de um universo essencialmente irreal, manifestado de algum modo por um Poder de ilusão inexplicável, o Brahman Absoluto que não o olha ou se mantém à parte e sem afetá-lo mais do que este o afeta, é, no fundo, uma transferência, imposição ou imputação, *adhyāropa*, de uma incapacidade de nossa consciência mental diante d'Isso, de modo a limitá-lo. Nossa consciência mental, quando ultrapassa seus limites, perde seu caminho e seus próprios meios de conhecimento e tende à inatividade ou à paralisação; perde ao mesmo tempo seu antigo conteúdo ou tende a perder todo controle sobre ele, toda concepção contínua da realidade daquilo que um dia foi para ela todo o real: atribuímos ao Parabrahman absoluto, concebido como eternamente não manifestado, uma incapacidade correspondente, uma separação ou um distanciamento daquilo que se tornou, ou agora nos parece, irreal; ele deve ser — tal como nossa mente quando cessa ou se extingue —, pela sua própria natureza de puro absoluto, vazio de toda conexão com este mundo de manifestação aparente, incapaz de qualquer cognição que o sustente ou de apoio dinâmico que lhe dê uma realidade — ou, se uma tal cognição existe, deve ser da natureza de um É que não é, uma Maya mágica. Mas não há razão imperiosa alguma para supor que esse abismo deva existir; a capacidade ou incapacidade de nossa consciência humana relativa não é critério ou medida para uma capacidade absoluta; suas concepções não podem ser aplicadas a uma autopercepção absoluta: o que é necessário à nossa ignorância mental a fim de escapar de si mesma não pode ser a necessidade do Absoluto, que não precisa da autoevasão nem da razão para recusar-se a conhecer tudo que é cognoscível.

Há esse Incognoscível não manifestado; há esse cognoscível manifestado, manifestado parcialmente para nossa ignorância, manifestado inteiramente para o Conhecimento divino que o contém em sua própria infinitude. Se é verdade que nem nossa ignorância nem nosso conhecimento mental mais extremo e vasto podem nos dar a posse do Incognoscível, é igualmente verdade que, por meio de nosso conhecimento ou de nossa ignorância, Isso se manifesta de maneira variada, pois não pode manifestar outra coisa senão si mesmo, já que nada mais pode existir: nessa variedade de manifestação há essa Unidade e através da diversidade podemos tocar a Unidade. Mas mesmo assim, mesmo aceitando a coexistência, é ainda possível passar um veredicto final, uma sentença que condena o Devenir, e decidir que é preciso renunciar a ele e retornar ao Ser absoluto. Esse veredicto pode ser baseado na distinção entre a realidade real do Absoluto e a realidade parcial e enganadora do universo relativo.

Pois nesse desdobramento do conhecimento temos os dois termos, o Um e o Múltiplo, assim como temos os dois termos, o finito e o infinito, isso que se torna e isso que não se torna, mas é para sempre, isso que toma forma e isso que não toma forma, o Espírito e a Matéria, o supremo Supraconsciente e a Inconsciência mais profunda; nesse dualismo, e para dele escaparmos, somos livres para definir o Conhecimento como a posse de um termo, e como Ignorância a posse do outro. O objetivo último de nossa vida seria então distanciarmo-nos da realidade inferior do Vir-a-Ser para alcançarmos a realidade maior do Ser, saltarmos da Ignorância para o Conhecimento e rejeitarmos a Ignorância, abandonarmos o Múltiplo pelo Um, o finito pelo Infinito, a forma pelo sem-forma, deixarmos a vida do universo material pela do Espírito e a prisão do inconsciente para entrar na Existência supraconsciente. Essa solução supõe, em cada caso, uma estrita oposição dos dois termos de nosso ser, considerados, em definitivo, como irreconciliáveis. Ou então, se os dois são um meio da manifestação de Brahman, o inferior é um índice falso ou imperfeito, um meio que deve falhar, um sistema de valores que, no final, não pode nos satisfazer.

Insatisfeitos com as confusões da multiplicidade, desdenhosos mesmo em relação à luz e ao poder e alegria mais altos que ela pode nos revelar, devemos prosseguir além, em direção à concentração e à estabilidade absolutas em que toda autovariação cessa. Incapazes, por causa do apelo do Infinito, de viver para sempre encadeados ao finito ou de aí encontrar satisfação, vastidão e paz, devemos romper todas as cadeias da Natureza individual e universal, destruir todos os valores, símbolos, imagens, autodefinições, todas as limitações do ilimitável e perder toda pequenez e divisão no Self, que está para sempre satisfeito com sua própria infinidade. Repugnados pelas formas, desiludidos por seus encantos falsos e efêmeros, desencorajados, cansados de sua permanência fugaz e da ronda vã de sua recorrência, devemos nos evadir dos ciclos da Natureza para entrar no sem-forma e sem-feições do Ser permanente. Envergonhados com a Matéria e sua grossidão, impacientes com a perturbação e agitação sem objetivo da Vida, cansados pela corrida sem finalidade da Mente ou convencidos da futilidade de tudo o que ela visa ou persegue, devemos nos liberar entrando no repouso e na pureza eternos do Espírito. O Inconsciente é um sono ou uma prisão, o consciente é uma ronda de esforços sem saída final ou a vagabundagem de um sonho, e devemos despertar no supraconsciente, no qual toda a obscuridade da noite e todas as meias-luzes cessam na beatitude autoluminosa do Eterno. O Eterno é nosso refúgio; tudo o mais é valor falso, a Ignorância e seus labirintos são um autodesnorteio da alma na Natureza fenomênica.

Nossa concepção do Conhecimento e da Ignorância rejeita essa negação e as oposições em que se fundamenta: ela indica uma solução mais vasta, se bem que mais difícil, que as reconciliam. Vemos que esses termos, em aparência opostos, o Um e o Múltiplo, a Forma e o Sem-Forma, o Finito e o Infinito são, mais do que contrários, complementos um do outro, não valores alternados de Brahman que, em sua criação, perde constantemente a unidade para encontrar-se na multiplicidade e, incapaz de descobrir-se na multiplicidade, perde-a de novo para retornar à unidade, mas valores duplos e concomitantes que se explicam mutuamente; não alternativas irremediavelmente incompatíveis, mas duas faces da Realidade única, que podem nos conduzir a ela se realizarmos ambas ao mesmo tempo e não apenas avaliando-as separadamente — embora tais testes possam ser uma etapa ou uma parte legítima, ou mesmo inevitável, do processo de conhecimento. Conhecimento é, sem dúvida, o conhecimento do Um, a realização do Ser; Ignorância é um autoesquecimento do Ser, a experiência da separação na multiplicidade e o fato de viver e girar em círculos no labirinto mal compreendido dos devires: mas isso é curado quando a alma no Vir-a-Ser, crescendo em conhecimento, tem a percepção do Ser que, na multiplicidade, torna-se todas essas existências, e isso é possível porque a verdade delas é já presente em sua existência atemporal. O conhecimento integral de Brahman é uma consciência em posse dos dois, o Ser e o Vir-a-Ser, e a busca exclusiva de um ou de outro nos impede de ver um aspecto da verdade da Realidade onipresente. Possuir o Ser que está além de todos os devires nos libera dos laços do apego e da ignorância na existência cósmica, e essa liberdade nos traz a posse livre do Vir-a-Ser e da existência cósmica. O conhecimento do Vir-a-Ser é uma parte do conhecimento; age como Ignorância apenas porque vivemos aprisionados nela, *avidyāyām antare*, sem possuir a Unidade do Ser que é a base, substância, espírito do conhecimento, a causa de sua manifestação, sem a qual esta não seria possível.

De fato, Brahman é uno não apenas em uma unidade sem feições, além de toda relação, mas na própria multiplicidade da existência cósmica. Consciente das obras da mente divisora, mas sem ser limitado por ela, Ele encontra sua unidade tão facilmente no múltiplo, nas relações, no vir-a-ser, quanto em todo afastamento do múltiplo, das relações e do vir-a-ser. Nós também, para possuirmos plenamente sua unidade, devemos possuí-la — visto que está aí, visto que tudo é isso — na autovariação infinita do cosmos. A infinidade da multiplicidade só se explica e justifica quando está contida e mantida na infinidade do Um; mas a infinidade do Um derrama-se e mantém-se igualmente na infinidade do Múltiplo. É no poder desse transbordamento de suas energias sem perder-se no fluxo, na capacidade de não recuar, vencida, diante de suas vicissitudes e diferenças sem limite e sem fim e, também, de não se deixar dividir por suas variações, que está a força divina do Purusha livre, a Alma consciente em posse de seu autoconhecimento imortal. As variações finitas do Self, nas quais a mente, perdendo o conhecimento de si, é capturada e dispersada entre as variações, não são, no entanto, as negações, mas as expressões sem-fim do Infinito, e não têm outro sentido ou razão para existir: o Infinito também, enquanto possui seu deleite de ser sem limites, encontra igualmente a alegria dessa própria ausência de limites em sua infinita autodefinição no universo. O Ser Divino não é incapaz de assumir formas inumeráveis, porque em sua essência Ele está além de toda forma; e ao assumir essas formas não perde Sua divindade, mas derrama nelas o deleite de Seu ser e as glórias de Sua divindade; esse ouro não deixa de ser ouro porque se molda em todo tipo de ornamentos e se cunha em numerosas moedas e valores; o Poder-da-Terra, princípio de toda essa existência material configurada, também não perde sua divindade imutável porque se torna mundos habitáveis, projeta-se como montes e vales e deixa-se moldar em utensílios domésticos ou, como metal duro, em armas e máquinas. A Matéria — ela mesma substância, sutil ou densa, mental ou material — é forma e corpo do Espírito e não teria jamais sido criada se não pudesse tornar-se uma base para a autoexpressão do Espírito. A Inconsciência aparente do universo material contém de maneira obscura tudo o que é eternamente autorrevelado no Supraconsciente luminoso; revelá-lo no Tempo é o deleite lento e deliberado da Natureza e o objetivo de seus ciclos.

Mas existem outras concepções da realidade, outras concepções da natureza do conhecimento, que devemos considerar. Há o ponto de vista segundo o qual tudo o que existe é uma criação subjetiva da Mente, uma estrutura da Consciência, e que a ideia de uma realidade objetiva autoexistente, independente da Consciência, é uma ilusão, visto que não temos, e não podemos ter, evidência de que as coisas autoexistem assim, de maneira independente. Esse modo de ver pode nos levar a afirmar que a Consciência criadora é a única Realidade, ou a negar toda existência e a afirmar que a Não-Existência ou um Zero insciente são a única Realidade. Pois, segundo certo ponto de vista, os objetos construídos pela consciência não têm realidade intrínseca, são meramente estruturas; mesmo a própria consciência que as constrói é apenas um fluxo de percepções que assume uma aparência de coesão e continuidade e cria um sentido de tempo contínuo; mas na realidade essas coisas não têm base estável, visto que são apenas uma aparência da realidade. Isso significaria que a realidade é uma ausência eterna de toda existência autoconsciente e, ao mesmo tempo, de tudo o que constitui o movimento da existência: o Conhecimento seria o fato de deixar a aparência do universo construído para retornar a essa ausência. Haveria aí uma autoextinção dupla e completa: o desaparecimento do Purusha, a cessação ou extinção da Prakriti, pois a Alma consciente e a Natureza são os dois termos de nosso ser e abarcam tudo o que entendemos como existência; a negação das duas é o Nirvana absoluto. O que seria real, então, deve ser uma Inconsciência em que esse fluxo e essas estruturas aparecem ou uma Supraconsciência além de toda ideia de self e existência. Mas essa visão do universo só corresponde à aparência das coisas quando consideramos que nossa mente de superfície é o todo da consciência; como uma descrição do funcionamento dessa Mente, essa visão é válida: aí, sem dúvida, tudo parece ser um fluxo e uma construção feita por uma Consciência impermanente. Mas isso não pode prevalecer como uma explicação completa da existência se houver um conhecimento maior e mais profundo do self e do mundo, um conhecimento por identidade, uma consciência para a qual esse conhecimento é normal e um Ser do qual essa consciência é a eterna autopercepção; pois então o subjetivo e o objetivo podem ser reais e íntimos para essa consciência e esse ser, ambos podem ser seus elementos, aspectos de sua identidade, autênticos para sua existência.

Por outro lado, se a Mente, ou a Consciência que constrói, for real e a única realidade, então o universo dos seres e objetos materiais poderá ter uma existência, mas seria puramente subjetiva-estrutural, feita pela consciência a partir de si mesma, mantida por ela, e se dissolveria nela quando esses seres e objetos desaparecessem. Pois se não houver nada mais, nenhuma Existência ou Ser essencial a sustentar o Poder criador, e se tampouco existe um Vazio ou um Nada para sustentá-la, então essa Consciência que cria tudo deveria, ela mesma, ter ou ser uma existência ou uma substância; se ela pode construir estruturas, estas devem ser feitas a partir de sua substância ou das formas de sua existência. Uma consciência que não é consciência de uma Existência ou que não é ela mesma uma existência deve ser uma irrealidade, uma força perceptiva de um Vazio ou em um Vazio, no qual erige estruturas irreais feitas de nada — uma proposição que não é facilmente aceitável, a menos que todas as outras se mostrem inadmissíveis. Torna-se então claro que o que vemos como consciência deve ser um Ser ou uma Existência, e é a partir da substância de sua consciência que tudo é criado.

Mas se retornarmos assim à realidade bi-una ou dual do Ser e da Consciência, poderemos, com o Vedanta, supor um Ser original ou, com o Sankhya, uma pluralidade de seres a quem a Consciência, ou alguma Energia a que atribuímos consciência, apresenta suas estruturas. Se apenas uma pluralidade de seres originais separados for real, então, visto que cada um seria, ou criaria, seu próprio mundo em sua própria consciência, a dificuldade é como explicar suas relações em um universo único e idêntico; deve haver aí uma Consciência única ou uma Energia única — que corresponde à ideia do Sankhya de uma só Prakriti como campo de experiência de inúmeros Purushas semelhantes — onde eles se encontram em um universo idêntico construído pela mente. Essa teoria das coisas tem a vantagem de avaliar a multiplicidade de almas e a multiplicidade de coisas, e a unidade na diversidade de sua experiência, enquanto ao mesmo tempo dá uma realidade ao crescimento e destino espirituais, separados, do ser individual. Mas se pudermos supor uma Consciência Una, ou uma Energia Una que cria uma multiplicidade de imagens de si mesma e aloja em seu mundo uma pluralidade de seres, não será difícil supor um Ser uno original que sustenta uma pluralidade de seres — almas ou poderes espirituais de sua existência una — e se expressa neles. Assim, todos os objetos, todas as imagens da consciência seriam imagens do Ser. Deve-se então perguntar se essa pluralidade e essas imagens são realidades da Existência Real única ou apenas personalidades e imagens representativas, ou símbolos ou valores criados pela Mente para representar essa Existência Real. Isso dependeria em grande medida da resposta à pergunta: será apenas a Mente, como a conhecemos, que está em ação ou é uma Consciência mais profunda e maior, da qual a Mente seria um instrumento de superfície, executora de Seus projetos, um meio para Suas manifestações? No primeiro caso, o universo construído e visto pela mente só poderia ter uma realidade subjetiva, simbólica ou representativa; no segundo, então, o universo e seus seres e objetos naturais poderiam ser verdadeiras realidades da Existência Única, formas ou poderes de seu ser, manifestados por sua força de ser. A Mente seria apenas uma intérprete entre a Realidade universal e as manifestações de sua Consciência-Força criadora, Shakti, Prakriti, Maya.

É claro que uma Mente da natureza de nossa inteligência de superfície só pode ser um poder secundário da existência, pois possui a marca da incapacidade e da ignorância como um sinal de que é derivada, e não a criadora original; vemos que não conhece nem compreende os objetos que percebe, nem tem um controle automático sobre eles; ela deve adquirir um conhecimento e um poder de controle construídos laboriosamente. Essa incapacidade inicial não existiria se tais objetos fossem estruturas próprias da Mente, criações de seu Poder essencial. Talvez isso seja assim porque a mente individual tem apenas poder e conhecimento frontais e derivados e existe uma Mente universal que é completa, dotada de onisciência, capaz de onipotência. Mas a natureza da Mente, assim como a conhecemos, é uma Ignorância em busca de conhecimento; conhece frações e trabalha com divisões esforçando-se para chegar a uma soma, para completar um todo — não possui a essência das coisas nem a totalidade delas: uma Mente universal do mesmo caráter poderia conhecer a soma de suas divisões pela força de sua universalidade, mas lhe faltaria ainda o conhecimento essencial, e sem o conhecimento essencial não poderia haver um verdadeiro conhecimento integral. Uma consciência que possuísse o conhecimento essencial e integral e procedesse da essência para o todo e do todo para as partes, não seria mais a Mente, mas uma Consciência-Verdade perfeita, possuindo automaticamente um autoconhecimento e um conhecimento do mundo inerentes. É a partir dessa base que devemos olhar para a visão subjetiva da realidade. É verdade que não existe uma realidade objetiva independente da consciência; mas, ao mesmo tempo, há uma verdade na objetividade, e é esta: a realidade das coisas reside em algo que está dentro delas e é independente da interpretação que nossa mente lhes dá e das estruturas que constrói a partir de suas observações. Essas estruturas constituem a imagem ou a representação subjetiva que a mente se faz do universo, mas o universo e seus objetos não são meras imagens ou representações. São, essencialmente, criações da consciência, mas de uma consciência que é una com o ser, cuja substância é a substância do Ser e cujas criações também são dessa substância e, portanto, reais. Nesse ponto de vista, o mundo não pode ser uma criação puramente subjetiva da Consciência; a verdade subjetiva e a verdade objetiva das coisas são ambas reais, dois lados da mesma Realidade.

Em certo sentido, para usar os termos relativos e sugestivos de nossa linguagem humana, todas as coisas são os símbolos pelos quais nos aproximamos e chegamos perto d'Isto pelo qual nós, e elas, existimos. A infinidade da unidade é um símbolo, a infinidade da multiplicidade é outro símbolo: além disso, visto que cada coisa na multiplicidade indica a unidade, cada coisa que chamamos finito é uma imagem representativa, uma forma frontal, uma silhueta que reflete algo do infinito, tudo aquilo que o define no universo — todos os seus objetos, acontecimentos, formações conceituais, formações vitais — é por sua vez um indício e um símbolo. Para nossa mente subjetiva a infinidade da existência é um símbolo, a infinidade da não-existência é outro símbolo. A infinidade do Inconsciente e a infinidade do Supraconsciente são dois polos da manifestação do Parabrahman absoluto, e nossa existência entre esses dois polos e nossa passagem de um para o outro são uma apropriação progressiva, interpretação constante, construção subjetiva em nós dessa manifestação do Não-Manifestado. Mediante esse desdobramento de nossa autoexistência devemos nos tornar conscientes de sua Presença inefável, conscientes de nós e do mundo e de tudo o que é e tudo o que não é como sendo o desvelar-se disso que nunca se desvela inteiramente senão à sua própria luz eterna e absoluta.

Mas essa maneira de ver as coisas pertence à ação da mente quando interpreta as relações entre o Ser e o Tornar-se exterior; é válida como uma representação mental dinâmica que corresponde a certa verdade da manifestação, mas com a condição de que esses valores simbólicos das coisas não façam das próprias coisas meros índices significativos, símbolos abstratos como fórmulas matemáticas ou outros signos usados pela mente para adquirir conhecimento; as formas e os acontecimentos no universo são realidades que significam a Realidade; são autoexpressões d'Isto, movimentos e poderes do Ser. Cada forma existe porque é expressão de algum poder d'Isto que a habita; cada acontecimento é um movimento na elaboração de uma Verdade do Ser em seu processo dinâmico de manifestação. É esse significado que dá validez ao conhecimento interpretativo da mente, à sua construção subjetiva do universo; nossa mente é, principalmente, perceptiva e interpretativa e, de modo secundário e derivado, criadora. Este, de fato, é o valor de toda subjetividade mental: reflete certa verdade do Ser que existe independentemente do reflexo — quer essa independência se apresente como uma objetividade física, quer se apresente como uma realidade suprafísica percebida pela mente, mas não perceptível aos sentidos físicos. A mente, então, não é o construtor original do universo; é um poder intermediário válido para certas realidades do ser: agente, intermediária, ela realiza possibilidades e tem sua parte na criação, mas a real criadora é uma Consciência, uma Energia inerente ao Espírito transcendente e cósmico.

Há uma concepção exatamente oposta sobre a realidade e o conhecimento, que afirma que a Realidade objetiva é a única e inteira verdade e o conhecimento objetivo é o único inteiramente confiável. Essa concepção parte da ideia de que a existência física é a única existência fundamental; ela relega a consciência, a mente, a alma ou o espírito à posição de resultados temporários da Energia física em sua ação cósmica — se, de fato, a alma ou o espírito tem alguma existência. Segundo essa concepção, tudo que não é físico e objetivo tem uma realidade menor, dependente do físico e do objetivo, e deve justificar-se diante da mente física com evidências objetivas ou uma relação, reconhecível e verificável, com a verdade das coisas físicas e exteriores, antes que o passaporte da realidade possa lhe ser dado. Mas é evidente que essa solução não pode ser aceita com rigidez, visto que não é integral, e vê apenas um lado da existência — mesmo assim, apenas uma província ou um distrito da existência —, e deixa todo o resto inexplicado, sem realidade inerente, sem significado. Se levada a seu extremo limite, ela daria a uma pedra ou a um pudim de ameixas uma realidade superior, e uma realidade inferior e subordinada, ou mesmo insubstancial e evanescente, ao pensamento, amor, coragem, gênio, grandeza, alma e mente humanos, que afrontam e dominam um mundo obscuro e perigoso. Pois desse ponto de vista, essas coisas tão grandes para nossa visão subjetiva seriam válidas apenas como reações de um ser material objetivo a uma existência material objetiva, e na medida em que lidassem com realidades objetivas e agissem sobre elas: a alma, se existisse, seria apenas uma circunstância de uma Natureza universal objetivamente real. Mas poder-se-ia sustentar, ao contrário, que o objetivo só adquire valor se tem uma relação com a alma; ele é um campo, uma ocasião, um meio para o progresso da alma no Tempo: o objetivo é criado como um terreno de manifestação para o subjetivo. O mundo objetivo é apenas uma forma externa do devir do Espírito; é aqui uma primeira forma, uma base, mas não é a coisa essencial, a verdade principal do ser. O subjetivo e o objetivo são dois lados necessários da Realidade manifestada e têm o mesmo valor; no domínio do próprio objetivo, o objeto suprafísico da consciência tem o mesmo direito de aceitação que a objetividade física; não pode ser, *a priori*, posto de lado como uma ilusão subjetiva ou uma alucinação.

De fato, subjetividade e objetividade não são realidades independentes, mas dependem uma da outra; elas são o Ser, que pela consciência olha a si mesmo como sujeito no objeto, e o mesmo Ser oferecendo-se à sua própria consciência como objeto para o sujeito. O ponto de vista mais parcial não concede nenhuma realidade substancial ao que existe apenas na consciência ou, mais precisamente, a algo que seja testemunhado pela consciência ou os sentidos interiores, e a que os sentidos físicos exteriores não deram fundamento nem justificação. Mas os sentidos exteriores só podem fornecer evidências confiáveis quando submetem sua versão do objeto à consciência e essa consciência dá um significado ao seu relatório, acrescenta a seu caráter exterior sua própria interpretação interior intuitiva e o justifica com uma adesão racional: pois a evidência sensorial é sempre imperfeita, não inteiramente confiável e decerto não definitiva, porque é incompleta e constantemente sujeita ao erro. Na verdade, não temos meio algum de conhecer o universo objetivo senão pela nossa consciência subjetiva, cujos sentidos físicos são eles mesmos instrumentos: tal como o mundo se apresenta, não apenas para ela, mas nela, assim ele é para nós. Se negarmos realidade à evidência que essa testemunha universal confere às objetividades subjetivas ou suprafísicas, não haverá razão suficiente para conceder realidade às evidências que ela outorga às objetividades físicas; se os objetos interiores ou suprafísicos da consciência forem irreais, o universo físico objetivo terá também todas as possibilidades de ser irreal. Em cada caso a compreensão, discriminação, verificação são necessárias; mas o subjetivo e o suprafísico devem ter outro método de verificação, diferente daquele que aplicamos com sucesso ao físico e ao objetivo exterior. A experiência subjetiva não pode ser submetida à evidência dos sentidos exteriores; ela tem suas próprias normas de visão e método interno de verificação: assim também, as realidades suprafísicas, pela sua própria natureza, não podem ser submetidas ao julgamento da mente física ou dos sentidos, exceto quando se projetam no físico, e mesmo assim esse julgamento é muitas vezes incompetente ou sujeito a cauções: elas só podem ser verificadas por outros sentidos e um método de exame minucioso e de confirmação que seja aplicável à sua realidade e sua natureza próprias.

Há diferentes planos de realidade; o objetivo e físico é apenas um entre eles. Ele é convincente para a mente física ou exterior porque é diretamente óbvio para os sentidos, enquanto para o subjetivo e o suprafísico essa mente não tem meios de conhecimento, exceto por sinais, dados e inferências fragmentados que são a cada passo sujeitos ao erro. Nossos movimentos subjetivos e nossas experiências interiores são um domínio de acontecimentos tão reais quanto quaisquer acontecimentos físicos exteriores, mas embora a mente individual seja capaz de conhecer algo de seus próprios fenômenos por uma experiência direta, é ignorante do que se passa na consciência dos outros, salvo por analogia com a sua própria ou pelos sinais, dados, inferências que sua observação exterior pode lhe dar. Sou, portanto, interiormente real para mim mesmo, mas a vida invisível dos outros tem para mim apenas uma realidade indireta, exceto quando interfere na minha própria mente, vida e sentidos. Essa é a limitação da mente física do ser humano, e isso cria nele o hábito de só acreditar inteiramente no físico e duvidar ou contestar tudo que não esteja de acordo com sua experiência e campo de compreensão ou não se enquadre em suas próprias normas ou com a soma de seus conhecimentos estabelecidos.

Essa atitude egocêntrica foi em tempos recentes elevada ao nível de critério válido para o conhecimento; implícita ou explicitamente foi admitido como axioma que toda verdade, para ser válida, deve ser submetida ao julgamento da mente pessoal, da razão e da experiência de cada indivíduo ou deve ser verificada, ou pelo menos verificável, por uma experiência comum ou universal. Mas obviamente esse é um critério falso da realidade e do conhecimento, visto que significa a soberania da mente normal ou mediana, de sua capacidade e sua experiência limitadas, e a exclusão do que é supranormal ou ultrapassa a inteligência média. Em seu extremo, essa pretensão do indivíduo a ser o juiz de tudo é uma ilusão egoística, uma superstição da mente física e, na massa humana, vem a ser um erro grosseiro e bastante comum. A verdade por trás disso é que cada ser humano deve pensar por si mesmo, conhecer por si mesmo segundo sua capacidade, mas que seu julgamento só pode ser válido na condição de que ele esteja pronto para aprender e sempre aberto a um conhecimento mais vasto. Alega-se que o afastar-se do critério físico e do princípio de verificação pessoal ou universal conduzirá a ilusões grosseiras e à admissão de verdades não verificadas e fantasias subjetivas no domínio do conhecimento. Mas o erro e a ilusão, e a intrusão da personalidade e subjetividade na busca do conhecimento estão sempre presentes e as normas e os métodos físicos ou objetivos não os excluem. A probabilidade de erro não é razão para se recusar a tentativa de uma descoberta, e a descoberta subjetiva deve ser acompanhada por um método subjetivo de exame, observação e verificação; a pesquisa no suprafísico deve elaborar, aceitar e experimentar meios e métodos apropriados, diferentes daqueles pelos quais são examinados os elementos constituintes dos objetos físicos e dos processos da Energia na Natureza material.

Recusar-se a investigar por razões gerais preconcebidas e *a priori* é um obscurantismo tão prejudicial à expansão do conhecimento quanto o obscurantismo religioso que na Europa se opôs à expansão das descobertas científicas. As maiores descobertas interiores, a experiência do ser no self, a consciência cósmica, a calma interior do espírito liberado, o efeito direto de uma mente sobre outra mente, o conhecimento das coisas pela consciência em contato direto com outra consciência ou com seus objetos, e a maioria das experiências espirituais de algum valor não poderiam ser levadas diante do tribunal da mentalidade comum, que não tem experiência alguma dessas coisas e toma sua falta de experiência, ou sua incapacidade em tê-las, como prova da invalidade ou da não existência delas. A verdade física ou as fórmulas, generalizações, descobertas baseadas na observação física podem ser submetidas a um tal julgamento, mas mesmo nesse caso é necessário treinar as capacidades antes de poder verdadeiramente entender e julgar. Não é toda mente que pode, sem preparação, acompanhar os estudos da matemática da relatividade ou outras verdades científicas difíceis, ou julgar a validade de seus resultados ou de seus métodos. Na verdade, toda realidade, toda experiência, para ser considerada verdadeira deve poder ser verificada por uma experiência idêntica ou similar; desse modo todos os seres humanos, de fato, podem ter uma experiência espiritual, seguir o seu curso e verificá-la em si mesmos, mas só quando tiverem adquirido a capacidade ou seguido os métodos internos que tornam possíveis essa experiência e verificação. É necessário insistir por um momento nessas verdades óbvias e elementares, porque as ideias opostas foram dominantes em um período recente da mentalidade humana — só agora estão recuando — e foram obstáculos no caminho do desenvolvimento de um vasto domínio de conhecimento possível. É de importância suprema para o espírito humano estar livre para sondar as profundidades da realidade interior ou subliminar, da realidade espiritual e daquela que é ainda supraconsciente, e não se emparedar na mente física e seu estreito domínio de solidez externa e objetiva; pois só desse modo poderemos nos liberar da Ignorância em que nossa mentalidade se encontra e, liberados, termos acesso a uma completa consciência, autorrealização e autoconhecimento verdadeiros e integrais.

 Um conhecimento integral demanda que se explore, se desvele, todos os domínios possíveis da consciência e da experiência, pois há domínios subjetivos de nosso ser que se estendem por trás da superfície óbvia; estes têm que ser sondados e tudo o que for verificado deve ser admitido no campo da realidade total. Há uma gama interior de experiência espiritual que forma um grande domínio da consciência humana; deve-se aí entrar até as suas extremas profundezas e mais vastas extensões. O suprafísico é tão real quanto o físico; conhecê-lo é parte de um conhecimento completo. O conhecimento do suprafísico tem sido associado ao misticismo e ao ocultismo e o ocultismo foi banido como uma superstição, um erro fantasioso. Mas o oculto é uma parte da existência; um verdadeiro ocultismo não é nada mais que um estudo das realidades suprafísicas e um desvelar das leis encobertas do ser e da Natureza, de tudo que não é óbvio na superfície. Ele tenta descobrir as leis secretas da mente e da energia mental, as leis secretas da vida e da energia vital, as leis secretas do físico sutil e suas energias — tudo o que a Natureza não pôs em operação visível na superfície; o ocultismo busca também a aplicação dessas verdades e poderes escondidos da Natureza a fim de estender o domínio do espírito humano além das operações normais da mente, das operações normais da vida, das operações normais de nossa existência física. No domínio espiritual, que é oculto para a mente de superfície na medida em que ultrapassa a experiência normal e entra na experiência supranormal, é possível não apenas a descoberta do self e do espírito, mas a descoberta da luz da consciência espiritual — que nos eleva, nos forma a partir de dentro e nos guia — e o poder do espírito, a via espiritual do conhecimento, a via espiritual da ação. Conhecer essas coisas e trazer suas verdades e forças para a vida humana é uma parte necessária da evolução da humanidade. A própria ciência, ao seu modo, é um ocultismo, porque traz à luz as fórmulas que a Natureza escondeu, e usa seu conhecimento para liberar operações das energias da Natureza, que esta não incluiu em suas operações habituais, e organizar e colocar a serviço do ser humano seus poderes e processos ocultos: um vasto sistema de magia física — pois não há e não pode haver outra magia senão a utilização das verdades secretas do ser, dos poderes e processos secretos da Natureza. Talvez mesmo se descobrirá que um conhecimento suprafísico é necessário para completar o conhecimento físico, porque os processos da Natureza têm por trás um fator suprafísico, um poder e uma ação mentais, vitais ou espirituais que não são tangíveis por nenhum meio externo de conhecimento.

Toda insistência na validez exclusiva ou fundamental da objetividade do real apoia-se no sentido da realidade primordial da Matéria. Mas agora é evidente que a Matéria não é, de modo algum, fundamentalmente real; ela é uma estrutura da Energia: começa-se mesmo a perguntar se os atos e as criações dessa própria Energia podem ser explicados de outro modo que não seja como moções do poder de uma Mente secreta ou de uma secreta Consciência das quais seus processos e etapas estruturais são as fórmulas. Portanto, não é mais possível considerar a Matéria como a realidade única. A interpretação material da existência foi o resultado de uma concentração exclusiva, uma preocupação com um único movimento da Existência, e uma concentração tão exclusiva tem sua utilidade e é, portanto, aceitável; em tempos recentes justificou-se pelas numerosas e imensas, incontáveis e minuciosas descobertas da Ciência física. Mas uma solução para o problema inteiro da existência não pode ser baseada em um conhecimento exclusivo e unilateral; devemos saber não apenas o que a Matéria é e o que são seus processos, mas o que a Mente e a Vida são e o que são seus processos, e deve-se conhecer também o Espírito e a alma e tudo o que está por trás da superfície material: só então poderemos ter um conhecimento suficientemente integral para uma solução do problema. Pela mesma razão, aquelas perspectivas da existência que surgem de uma preocupação exclusiva ou predominante com a Mente ou a Vida e veem Mente ou Vida como única realidade fundamental, não têm uma base vasta o suficiente para serem aceitas. Uma tal preocupação de concentração exclusiva pode levar a um exame frutífero que derrama muita luz sobre a Mente e a Vida, mas não pode resultar em uma solução total do problema. Poderia muito bem ser que uma concentração exclusiva, ou predominante, no ser subliminar — a existência de superfície sendo vista como um mero sistema de símbolos para exprimir a realidade única desse ser — possa lançar uma luz forte sobre o subliminar e seus processos e aumentar amplamente os poderes do ser humano, mas, em si, isso não seria uma solução integral nem nos guiaria com sucesso ao conhecimento integral da Realidade. Em nossa visão, o Espírito, o Self, é a realidade fundamental da existência; mas uma concentração exclusiva nessa realidade fundamental, que excluísse toda realidade da Mente, da Vida e da Matéria, e visse nestas uma imposição ao Self ou sombras sem substância projetadas pelo Espírito, poderia contribuir para uma realização espiritual independente e radical, mas não para uma solução integral e válida da verdade da existência cósmica e individual.

Um conhecimento integral deve, então, ser um conhecimento da verdade de todos os aspectos da existência, considerados seja separadamente, seja na relação de cada um com todos e na relação de todos com a verdade do Espírito. Nosso estado atual é uma Ignorância e uma busca multilateral; buscamos a verdade de todas as coisas, mas — como provam a insistência e a variedade das especulações da mente humana a respeito da Verdade fundamental que explica todas as outras, da Realidade que está na base de todas as coisas — a verdade fundamental das coisas, sua realidade básica, deve ser encontrada em algum Real ao mesmo tempo fundamental e universal; é isso que, uma vez descoberto, deve tudo abarcar e tudo explicar — pois "Quando Isto é conhecido, tudo é conhecido": o Real fundamental deve necessariamente ser e conter a verdade de toda existência, a verdade do indivíduo, a verdade do universo, a verdade de tudo que está além do universo. A Mente, em sua busca por uma tal Realidade e testando todas as coisas, desde a Matéria até as alturas para ver se elas não poderiam ser Isto, não seguiu uma falsa intuição. Tudo que é necessário é continuar a busca até o fim e testar os níveis mais elevados e decisivos de experiência.

Mas visto que partimos da Ignorância para alcançar o Conhecimento, tivemos que descobrir primeiro a natureza secreta e toda a extensão da Ignorância. Se olharmos essa Ignorância em que vivemos habitualmente, pela própria circunstância de nossa existência separada em um universo material, um universo espacial e temporal, vemos que, em seu aspecto mais obscuro, de qualquer lado por onde a olhemos ou abordemos, ela se reduz a uma autoignorância multilateral: somos ignorantes do Absoluto que é a fonte de todo ser e todo devenir; consideramos os fatos parciais do ser, as relações temporais do devenir como a verdade total da existência — essa é a primeira ignorância, a ignorância original. Somos ignorantes do Self sem espaço, atemporal, imóvel, imutável; consideramos a mobilidade e as mutações constantes do devenir cósmico no Tempo e no Espaço como a verdade total da existência —

essa é a segunda ignorância, a ignorância cósmica. Somos ignorantes de nosso self universal, somos ignorantes da existência cósmica, da consciência cósmica, de nossa unidade infinita com todo ser e todo devenir; consideramos nossa mentalidade, vitalidade, corporeidade limitadas e egoísticas como nosso verdadeiro self e tudo o mais como não-self — essa é a terceira ignorância, a ignorância do ego. Somos ignorantes de nosso eterno vir-a-ser no Tempo; consideramos essa pequena vida, em uma parte ínfima do Tempo, em um insignificante campo do Espaço, como nosso começo, meio e fim — essa é a quarta ignorância, a ignorância temporal. No próprio interior desse breve devenir temporal somos ignorantes de nosso ser vasto e complexo, disso que, em nós, é supraconsciente, subconsciente, intraconsciente, circunconsciente, em relação ao nosso devenir de superfície; consideramos esse devenir superficial, com sua pequena seleção de experiências abertamente mentalizadas como nossa inteira existência — essa é a quinta ignorância, a ignorância psicológica. Somos ignorantes da verdadeira constituição de nosso vir-a-ser; consideramos a mente ou a vida ou o corpo, ou dois dentre eles, ou os três, como nosso verdadeiro princípio ou como a inteira explicação do que somos, perdendo de vista aquilo que os constitui e que, por sua presença oculta, determina suas operações e emerge a fim de determiná-las soberanamente — essa é a sexta ignorância, a ignorância constitutiva. Como resultado de todas essas ignorâncias, o verdadeiro conhecimento, governo, deleite de nossa vida no mundo nos escapam; somos ignorantes em nosso pensamento, em nossa vontade, sensações, ações, damos a cada vez respostas erradas ou imperfeitas às questões do mundo, vagueamos em um labirinto de erros e desejos, esforços e fracassos, dores e prazeres, pecados e tropeços, seguimos um caminho tortuoso, tateando cegamente em direção a um objetivo que muda — essa é a sétima ignorância, a ignorância prática.

Nossa concepção da Ignorância determinará necessariamente nossa concepção do Conhecimento e determinará portanto — visto que nossa vida é a Ignorância que, ao mesmo tempo, nega e busca o Conhecimento — o objetivo do esforço humano e a finalidade do empenho cósmico. O conhecimento integral significará então o cancelamento da sétupla Ignorância pela descoberta daquilo que ela não percebe e ignora, uma sétupla autorrevelação no interior de nossa consciência: isso significará o conhecimento do Absoluto como a origem de todas as coisas; o conhecimento do Self, do Espírito, do Ser e do cosmos como o devenir do Self, devenir do Ser, manifestação do Espírito; o conhecimento do mundo como uno com nós mesmos na consciência de nosso verdadeiro self, cancelando assim a divisão entre nós e o mundo devido à ideia e à vida separativas do ego; o conhecimento de nossa entidade psíquica e sua persistência imortal no Tempo, além da morte e da existência terrestre; o conhecimento de nossa existência interior e maior por trás da superfície; o conhecimento de nossa mente, vida e corpo em sua verdadeira relação com o self dentro e com o ser espiritual supraconsciente e supramental acima deles; enfim, o conhecimento da verdadeira harmonia e verdadeiro uso de nosso pensamento, vontade e ação e a transformação de toda a nossa natureza em uma expressão consciente da verdade do Espírito, do Self, da Divindade, da Realidade espiritual integral.

Mas esse não é um conhecimento intelectual que pode ser aprendido e completado no molde atual de nossa consciência; isso deve ser uma experiência, um devenir, uma mudança de consciência, mudança de ser. Isso introduz o caráter evolutivo do Tornar-se e o fato de que nossa ignorância mental é apenas uma etapa em nossa evolução. O conhecimento integral, então, só pode vir por uma evolução de nosso ser e natureza, e isso pareceria significar um lento processo no Tempo, como aquele que acompanhou as outras transformações evolutivas. Mas como contradição a essa inferência há o fato de que a evolução agora tornou-se consciente e seu método e suas etapas não precisam ser mais do mesmo caráter que vigorou quando seu processo era subconsciente. O conhecimento integral, visto que deve resultar de uma mudança de consciência, pode ser adquirido por um processo em que nossa vontade e nosso esforço têm uma parte, em que podem descobrir e aplicar suas próprias etapas e seus métodos: seu crescimento em nós pode cumprir-se por uma autotransformação consciente. É necessário então ver qual é o princípio provável desse novo processo da evolução e quais são os movimentos do conhecimento integral que devem necessariamente aí emergir — ou, em outras palavras, qual é a natureza da consciência que deve ser a base da vida divina e em que medida essa vida será formada ou formar-se-á por si mesma, se materializará ou, poderíamos dizer, se "realizará".

# CAPÍTULO XVI

# O CONHECIMENTO INTEGRAL E O OBJETIVO DA VIDA — QUATRO TEORIAS DA EXISTÊNCIA

*Quando todos os desejos que se agarram ao coração se despegam, então o mortal se torna imortal, e aqui mesmo possui o Eterno.*
                        Brihadaranyaka Upanishad, IV. 4. 7.

*Ele se torna o Eterno e se vai no Eterno.*
                        Brihadaranyaka Upanishad, IV. 4. 6.

*Esta Vida e esta Luz sem corpo e imortal é Brahman.*
                        Brihadaranyaka Upanishad, IV. 4. 7.

*Longo e estreito é o antigo Caminho — eu o toquei, o encontrei — o Caminho pelo qual os sábios, conhecedores do Eterno, atingindo a salvação, partem deste mundo para o mundo superior do Paraíso.*
                        Brihadaranyaka Upanishad, IV. 4. 8.

*Sou um filho da Terra, o solo é minha mãe. [...] Possa ela prodigalizar-me seus múltiplos tesouros, suas riquezas secretas. [...] Possamos nós falar de tua beleza, ó Terra, que está em tuas aldeias e em tuas florestas, nas assembleias, nas guerras e nas batalhas.*
                        Atharva Veda, XII. 1. 12, 44, 56.

*Possa a Terra, soberana do passado e do futuro, nos construir um vasto mundo. [...] a Terra que era a água no Oceano e cujo fluxo os pensadores seguem pela magia de seus conhecimentos, ela que tem seu coração de imortalidade coberto pela Verdade no éter supremo, que ela possa estabelecer para nós a luz e o poder nesse reino mais alto.*

*Atharva Veda*, XII. 1. 1, 8.

*Ó Flama, tu estabeleces o mortal em uma imortalidade suprema para que aumente dia a dia o Conhecimento inspirado; para aquele que vê e tem sede do nascimento dual, tu criaste a beatitude divina e a alegria humana.*

*Rig Veda*, I. 31. 7.

*Ó Divindade, conserva para nós o Infinito e prodigaliza o finito.*

*Rig Veda*, IV. 2. 11.

Antes de examinarmos os princípios e processos da ascensão evolutiva da Consciência, é necessário expor mais uma vez o que nossa teoria do conhecimento integral afirma como verdades fundamentais da Realidade e sua manifestação e o que admite como aspectos efetivos e dinâmicos, mas considera insuficiente para uma explicação total da existência e do Universo. Pois a verdade do conhecimento deve ser a base da verdade da vida e determinar o objetivo da vida; o próprio processo evolutivo é o desenvolvimento de uma Verdade da existência escondida aqui em uma Inconsciência original de onde é retirada por uma Consciência que emerge e se expande, elevando-se de grau em grau até que possa manifestar em si mesma a realidade integral das coisas e um autoconhecimento total. Da natureza dessa Verdade, de onde ela começa e deve manifestar, depende necessariamente o curso do desenvolvimento evolutivo — as etapas de seu processo e o que significam.

Primeiro, afirmamos um Absoluto como a origem, o suporte e a Realidade secreta de todas as coisas. A Realidade Absoluta é indefinível e inefável para o pensamento e a linguagem mental; é autoexistente e autoevidente para si mesma, como são autoevidentes todos os absolutos, mas nossas afirmações e negações mentais, tomadas juntas ou em separado, não podem limitá-la nem defini-la. Mas ao mesmo tempo há uma consciência espiritual, um conhecimento espiritual, um conhecimento por identidade que pode apreender a Realidade em seus aspectos fundamentais e em seus poderes e símbolos manifestados. Tudo o que é entra nessa descrição e, se esse conhecimento o vê em sua própria verdade ou seu sentido oculto, tudo pode ser considerado como uma expressão da Realidade e uma realidade em si. Essa realidade manifestada é autoexistente nesses aspectos fundamentais, pois todas as realidades de base são uma manifestação de algo que é eterno e inerentemente verdadeiro no Absoluto; mas tudo o que não é fundamental, que é temporário, é fenomênico, é forma e poder dependentes da realidade expressada; cada coisa é real por isso e pela verdade de seu próprio significado, a verdade que carrega em si, porque ela é isso e não algo de fortuito, sem fundamento, ilusório, uma vã imagem construída. Mesmo o que deforma e disfarça — como a falsidade deforma e disfarça a verdade, como o mal deforma e disfarça o bem — tem, enquanto consequências verdadeiras da Inconsciência, uma realidade temporal; mas essas representações contrárias, embora reais em seu próprio campo, não são essenciais, apenas contribuem para a manifestação e a servem como uma forma ou um poder temporários de seu movimento. O universal, então, é real por virtude do Absoluto do qual é uma automanifestação, e tudo o que o Absoluto contém é real em virtude do universal ao qual Ele dá uma forma e uma figura.

O Absoluto manifesta-se em dois termos, um Ser e um Devenir. O Ser é a realidade fundamental; o Devenir é uma realidade efetiva: é um poder e um resultado dinâmicos, energia criadora e realização progressiva do Ser, uma forma, um processo e uma consequência sempre persistentes e sempre mutáveis, de sua essência imutável e sem forma. Todas as teorias segundo as quais o Devenir basta a si mesmo são, portanto, meias-verdades, válidas para certo conhecimento da manifestação, adquirido por uma concentração exclusiva naquilo que elas afirmam e imaginam; de outro modo, seu único valor é ligado ao fato de que o Ser não é separado do Devenir, mas está presente nele, constitutivo dele, inerente em todos os seus átomos infinitesimais e em sua expansão e extensão sem limites. O Devenir só pode conhecer-se inteiramente quando se conhece como Ser; a alma no Devenir atinge o autoconhecimento e a imortalidade quando conhece o Supremo e Absoluto e possui a natureza do Infinito e Eterno. Realizar isso é o objetivo supremo de nossa existência, pois essa é a verdade de nosso ser e deve, portanto, ser o objetivo inerente, o resultado necessário, de nosso devenir: essa verdade de nosso ser torna-se, na alma, uma necessidade de manifestação, na matéria, uma energia secreta na vida, um impulso e tendência, um desejo e busca, na mente, uma vontade, objetivo, empenho, propósito; manifestar aquilo que está, desde o início, oculto em seu interior é todo o desígnio secreto da Natureza evolutiva.

Aceitamos, portanto, a verdade em que se apoiam as filosofias do Absoluto supracósmico; o próprio Ilusionismo, mesmo se contestamos suas conclusões finais, pode ainda ser aceito como o caminho em que a alma na mente — o ser mental — deve ver as coisas em uma experiência espiritual-pragmática quando se separa do Devenir a fim de aproximar-se do Absoluto e nele entrar. Mas além disso, visto que o Devenir é real e inevitável no próprio poder essencial do Infinito e Eterno, essa também não é uma filosofia completa da existência. É possível para a alma no Devenir conhecer-

-se como o Ser e possuir o Devenir, conhecer-se como o Infinito em essência, mas também como o Infinito expressando-se no finito, o Eterno atemporal olhando-se e olhando suas obras no estado estático fundador e no desdobrar-se da eternidade temporal. Essa realização é a culminação do Devenir; é a realização completa do Ser em sua realidade dinâmica. Isso também, então, deve ser parte da verdade total das coisas, porque só isso dá um significado espiritual pleno ao universo e justifica a alma na manifestação; uma explicação das coisas que prive a existência cósmica e individual de todo significado não pode ser uma explicação completa, nem a solução que ela propõe pode ser a única verdadeira.

Em seguida, afirmamos que a realidade fundamental do Absoluto é, para nossa percepção espiritual, uma Existência, Consciência e Deleite de Ser divinos, que é uma Realidade supracósmica, autoexistente, mas também a verdade secreta subjacente à manifestação inteira; pois a verdade fundamental do Ser deve, necessariamente, ser a verdade fundamental do Devenir. Tudo é uma manifestação d'Isto, pois Isto está presente até mesmo em tudo que parece ser seus contrários, e sua compulsão secreta sobre eles para que O revelem é a causa da evolução: ela constringe a Inconsciência a desenvolver a partir de si mesma sua consciência secreta; o Não-Ser aparente a revelar em si mesmo a existência espiritual oculta; a neutralidade insensível da Matéria a desenvolver um deleite de ser variado que deve crescer, libertando-se de seus termos menores, suas dualidades contrárias de sofrimento e prazer, para alcançar o deleite essencial da existência, a Ananda espiritual.

O Ser é um, mas essa unidade é infinita e contém em si uma pluralidade ou multiplicidade infinita de si mesma: o Um é o Todo; ele é não apenas uma Existência essencial, mas uma Todo-Existência. A multiplicidade infinita do Um e a eterna unidade do Múltiplo são as duas realidades ou os dois aspectos de uma única realidade que é o fundamento da manifestação. Devido a essa verdade fundamental da manifestação, o Ser se apresenta à nossa experiência cósmica em três estados ou equilíbrios — a Existência supracósmica, o Espírito cósmico e o Self individual no Múltiplo. Mas a multiplicidade permite uma divisão fenomênica da consciência, uma Ignorância efetiva em que o Múltiplo, os indivíduos, cessam de tornar-se conscientes da eterna Unidade autoexistente e perdem a memória da unidade do Self cósmico no qual e pelo qual vivem, se movem e que é seu próprio ser. Mas, pela força da Unidade secreta, a alma no devenir é levada, por sua própria realidade invisível e pela pressão oculta da Natureza evolutiva, a sair desse estado de Ignorância e recobrar finalmente o conhecimento do Ser Divino único e sua unidade com ele e, ao mesmo tempo, recuperar sua unidade espiritual com todos os seres individuais e com todo o universo. A alma deve tornar-se consciente não apenas de si mesma no universo, mas do universo em si mesma e do Ser do cosmos como seu self maior; o indivíduo deve universalizar-se e, no mesmo movimento, tornar-se consciente de sua transcendência supracósmica. Esse aspecto triplo da realidade deve ser incluído na verdade total da alma e da manifestação cósmica, e essa necessidade deve determinar a direção última do processo da Natureza evolutiva.

Todas as concepções da existência que se detêm diante da Transcendência e a ignoram apresentam necessariamente a verdade do ser de modo incompleto. A visão panteísta da identidade do Divino e do Universo é uma verdade, pois tudo o que é, é Brahman; mas ela se detém antes de atingir a verdade inteira, quando perde de vista e omite a Realidade supracósmica. Por outro lado, toda concepção que afirma apenas o cosmos e rejeita o indivíduo como um subproduto da Energia cósmica, erra por dar demasiada ênfase a um só aspecto factual da ação universal; isso é verdade apenas para o indivíduo na natureza, e mesmo assim não é sua inteira verdade, pois o indivíduo natural, o ser-natureza é, de fato, um produto da Energia universal, mas é ao mesmo tempo uma personalidade natural da alma, uma formação expressiva do ser interior, da pessoa interior, e essa alma não é uma célula perecível ou uma porção dissolúvel do Espírito cósmico, mas tem sua realidade original e imortal na Transcendência. É um fato que o Ser cósmico se expressa por meio do ser individual, mas também é verdade que a Realidade transcendental se expressa através dos dois: a existência individual e o Cosmos; a alma é uma porção eterna do Supremo e não uma fração da Natureza. Mas, igualmente, todo ponto de vista que vê o universo como existente apenas na consciência individual deve, muito evidentemente, ser uma verdade fragmentária, justificada por uma percepção da universalidade do indivíduo espiritual e seu poder de abarcar todo o universo em sua consciência; mas nem o cosmos nem a consciência individual são a verdade fundamental da existência, pois ambos dependem do Ser Divino transcendental e existem por ele.

Esse Ser Divino, Satchidananda, é ao mesmo tempo impessoal e pessoal: é uma Existência e a origem e o fundamento de todas as verdades, forças, poderes, existências, mas é também o Ser Consciente único e transcendente e a Toda-Pessoa de quem todos os seres conscientes são os selfs e personalidades, pois Ele é seu Self supremo e a Presença imanente universal. Para a alma no universo é uma necessidade — e portanto a tendência interior da Energia evolutiva e sua finalidade última — conhecer e crescer nessa verdade de si, tornar-se una com o Ser Divino, elevar sua natureza à Natureza Divina, sua existência à Existência Divina, sua consciência à Consciência Divina, seu deleite de ser ao divino Deleite de Ser, e receber tudo isso em seu devenir, fazer do devenir uma expressão dessa Verdade mais alta, possuir interiormente o Self e o Mestre divinos de sua existência e ser ao mesmo tempo inteiramente possuída por Ele e movida por Sua Energia Divina, viver e agir em um completo dom de si e submissão. Nesse sentido, as visões dualista e teísta da existência, que afirmam a existência real e eterna de Deus e da Alma, assim como a existência real e eterna e a ação cósmica da Energia Divina, expressam igualmente uma verdade da existência integral; mas suas formulações falharão antes de alcançar a verdade inteira, se negarem a unidade essencial de Deus e da Alma ou sua capacidade para uma unidade absoluta, ou ignorarem aquilo que é subjacente à experiência suprema, em que a alma imerge na Unidade Divina pelo amor, a união da consciência, a fusão da existência na existência.

A manifestação do Ser em nosso universo assume a forma de uma involução que é o ponto de partida de uma evolução — a Matéria, o estágio mais baixo, o Espírito, o cume. Na descida involutiva podemos distinguir sete princípios do ser manifestado, sete gradações da Consciência que se manifesta, e podemos ter uma percepção ou uma realização concreta de sua presença e imanência aqui, ou uma experiência derivada. Os três primeiros são os princípios originais e fundamentais e formam estados de consciência universais aos quais podemos nos elevar; quando conseguimos isso, podemos perceber os planos ou níveis supremos da manifestação fundamental ou da autoformulação da realidade espiritual em que a unidade da Existência Divina, o poder da Consciência Divina, a beatitude do Deleite Divino da existência são colocados na frente — não escondidos ou disfarçados como aqui, pois podemos possuí-los em sua realidade inteira e independente. Um quarto princípio de consciência-verdade supramental é associado a eles; manifestando unidade na infinita multiplicidade, é o poder característico da autodeterminação do Infinito. Esse quádruplo poder, de existência, consciência e deleite supremos, constitui um hemisfério superior da manifestação, baseado no eterno autoconhecimento do Espírito. Se entrarmos nesses princípios ou em qualquer plano do ser em que haja a pura presença da Realidade, encontraremos neles uma liberdade e um conhecimento completos. Os três outros poderes e planos do ser de que somos conscientes no momento formam um hemisfério inferior da manifestação, o hemisfério da Mente, Vida e Matéria. Estes são, em si mesmos, poderes dos princípios superiores; mas onde quer que se manifestem separados de suas fontes espirituais, sofrem os efeitos: uma queda no mundo fenomênico em uma existência dividida, em lugar da existência verdadeira, não dividida; essa queda, essa separação, cria um estado de conhecimento limitado, exclusivamente concentrado em sua própria ordem cósmica limitada e esquecido de tudo que está por trás disso e da unidade subjacente; um estado, portanto, de Ignorância cósmica e individual.

Na descida no plano material, do qual nossa vida natural é um produto, a queda culmina em uma total Inconsciência de onde um Ser e uma Consciência involuídos devem emergir por uma evolução progressiva. Essa evolução inevitável primeiro desenvolve, como é compelida a desenvolver, a Matéria e um universo material; na Matéria aparecem a Vida e os seres físicos vivos; na Vida, a Mente se manifesta e seres vivos e pensantes se encarnam; na Mente, sempre aumentando seus poderes e atividades nas formas da Matéria, a Supramente, ou Consciência-Verdade, deve aparecer inevitavelmente pela própria força daquilo que está contido na Inconsciência e da necessidade na Natureza de manifestá-lo. Quando aparece, a Supramente manifesta o autoconhecimento e o conhecimento total do Espírito em um ser supramental vivo e, pela mesma lei, por uma necessidade e uma inevitabilidade inerentes, ela deve efetuar aqui a manifestação dinâmica da Existência, Consciência e Deleite de ser divinos. É esse o significado do plano e da ordem da evolução terrestre; é essa necessidade que deve determinar todas as suas etapas e graus, seu princípio e processo. Mente, Vida e Matéria são os poderes realizados da evolução e os conhecemos bem; a Supramente e os aspectos tri-uno de Satchidananda são os princípios secretos que ainda não foram postos na frente e devem ainda ser realizados nas formas da manifestação; conhecêmo-los apenas por certos indícios e por uma ação parcial e fragmentária ainda não desembaraçada do movimento inferior e, portanto, de reconhecimento difícil. Mas sua evolução também é parte do destino da alma no Devenir — deve haver aí uma realização e dinamização na vida terrestre e na Matéria, não apenas da Mente, mas de tudo o que está acima dela, tudo o que de fato desceu, mas está ainda encoberto na vida terrestre e na Matéria.

Nossa teoria do conhecimento integral admite a Mente como um princípio criador, um poder do Ser, e lhe designa seu lugar na manifestação; do mesmo modo, essa teoria aceita a Vida e a Matéria como poderes do Espírito; nelas também se encontra uma Energia criadora. Mas a visão das coisas que faz da Mente o único ou o supremo princípio criador, e as filosofias que dão à Vida e à Matéria a mesma realidade única ou a mesma predominância, são expressões de uma meia-verdade e não o conhecimento integral. É verdade que, primeiro, quando emerge, a Matéria torna-se o princípio dominante; parece ser, e é, em seu próprio domínio, a base de todas as coisas, o constituinte de todas as coisas e o fim de todas as coisas: mas descobriu-se que a própria Matéria é resultado de algo que não é Matéria, mas Energia, e essa Energia não pode ser alguma coisa autoexistente que age no Vazio, porém pode revelar-se e, quando examinada em profundidade, provavelmente revelar-se-á como a ação de uma Consciência e um Ser secretos; quando o conhecimento e a experiência espirituais emergem, isso se torna uma certeza — vê-se que a Energia criadora na Matéria é um movimento do poder do Espírito. A própria Matéria não pode ser a realidade original e última. Ao mesmo tempo, o ponto de vista que divorcia a Matéria do Espírito e os coloca como opostos é inaceitável; a Matéria é uma forma do Espírito, uma habitação do Espírito, e aqui, na própria Matéria, pode haver uma realização do Espírito.

É também verdade que a Vida, quando emerge, torna-se dominante, faz da Matéria um instrumento para sua manifestação e parece ser o princípio original secreto que irrompe na criação e se vela nas formas da Matéria; há uma verdade nessa aparência e essa verdade deve ser admitida como parte do conhecimento integral. A Vida, embora não seja a Realidade original, é no entanto uma forma e um poder dela, e tem aqui a missão de agir como impulso criador na Matéria. A Vida, portanto, deve ser aceita como o meio de nossa atividade e o molde dinâmico em que devemos verter, aqui, a Existência Divina; mas podemos aceitá-la assim porque ela é uma forma da Energia Divina que é, ela mesma, superior à força de Vida. O princípio-Vida não é o fundamento completo nem a inteira origem das coisas; sua ação criadora não pode ser aperfeiçoada e soberanamente realizada, ou mesmo encontrar seu verdadeiro movimento, antes de conhecer-se como uma Energia do Ser Divino e elevar e sutilizar sua ação, fazendo dela um canal livre por onde se derramará a Natureza superior.

Por sua vez, a Mente, quando emerge, torna-se dominante; ela usa a Vida e a Matéria como meio de expressão, um campo para seu próprio crescimento e soberania, e parece ser a verdadeira realidade e criadora da existência, assim como é, de fato, a testemunha. Mas a Mente é também um poder limitado e derivativo; é um produto da Sobremente ou é aqui uma sombra luminosa lançada pelo Supramental divino: só pode atingir sua própria perfeição ao admitir a luz de um conhecimento mais vasto; deve transformar seus poderes e valores mais ignorantes, imperfeitos e contraditórios, em poderes divinamente eficazes e valores harmoniosos da Consciência-Verdade supramental. Todos os poderes do hemisfério inferior com suas estruturas de Ignorância só podem encontrar seus selfs verdadeiros ao transformar-se na luz que desce para nós do hemisfério superior do autoconhecimento eterno.

Esses três poderes inferiores do ser constroem-se no Inconsciente e parecem ter origem e suporte nele: o dragão negro da Inconsciência sustenta com suas asas amplas e seu dorso de trevas toda a estrutura do universo material; suas energias expandem o fluxo das coisas, suas sugestões obscuras parecem ser o ponto de partida da própria consciência e a fonte de todo impulso vital. O Inconsciente, por causa dessa predominância e porque parece estar à origem de tudo, é considerado hoje, por certa linha de investigação, como a origem real, o criador real. Deve ser aceito, de fato, que uma força inconsciente e uma substância inconsciente são o ponto de partida da evolução, mas é um Espírito consciente e não um Ser inconsciente que está emergindo na evolução. O Inconsciente e suas obras primeiras são penetrados por poderes sucessivos e cada vez mais altos do ser e sujeitos à Consciência, de modo que seus empecilhos à evolução, seus círculos restritivos, são lentamente rompidos e os anéis de trevas do Píton são perfurados pelas flechas do Deus-Sol; assim são reduzidas as limitações de nossa substância material até que possam ser transcendidas e, possuídos pela lei maior de uma Consciência, Energia e Espírito divinos, mente, vida e corpo possam ser transformados. O conhecimento integral admite as verdades válidas — válidas em seu próprio domínio — de todas as concepções da existência, mas busca desembaraçar-se de suas negações e limitações e harmonizar e reconciliar essas verdades parciais em uma verdade maior, na qual os aspectos múltiplos de nosso ser se realizam na Existência onipresente e única.

Nesse ponto, devemos dar um passo a mais e começar a ver a verdade metafísica que assim expusemos como um determinante não apenas de nosso pensamento e movimentos interiores, mas da direção de nossa vida, um guia para uma solução dinâmica de nossa autoexperiência e experiência do mundo. Nosso conhecimento metafísico, nosso ponto de vista sobre a verdade fundamental do universo e o significado da existência, devem naturalmente ser o determinante de toda nossa concepção da vida e da atitude em relação a ela; o objetivo da vida, como a concebemos, deve ser estruturado nessa base. A filosofia metafísica é uma tentativa de fixar as realidades e os princípios fundamentais do ser e diferenciá-los de seus processos e dos fenômenos que resultam desses processos. Mas esses processos dependem de realidades fundamentais: o próprio processo de nossa vida, seu objetivo e método, devem estar em acordo com nossa visão da verdade do ser; senão, nossa verdade metafísica só pode ser um jogo do intelecto, sem nenhuma importância dinâmica. É verdade que o intelecto deve buscar a verdade pela verdade, sem a intervenção ilegítima de uma ideia preconcebida sobre as necessidades da vida. Mas ainda assim, uma vez descoberta, a verdade deve poder realizar-se em nosso ser interior e nossas atividades externas, caso contrário, ela pode ter uma importância intelectual, mas não integral: uma verdade para o intelecto, para a nossa vida seria não mais do que a solução de um enigma do pensamento, uma irrealidade abstrata ou letra morta. A verdade do ser deve governar a verdade da vida; não é possível que as duas não tenham relação ou interdependência alguma. O significado mais alto que damos à vida, à verdade fundamental da existência, deve ser também o sentido reconhecido de nossa própria existência, nosso objetivo, nosso ideal.

Desse ponto de vista, há cerca de quatro teorias principais, ou categorias de uma teoria, com suas atitudes e ideais mentais correspondentes, em acordo com quatro concepções diferentes da verdade da existência. Podemos chamá-las teoria supracósmica, teoria cósmica e terrestre, teoria supraterrestre ou extramundana e teoria integral, sintética ou composta, que tenta reconciliar os três fatores — ou dois dentre eles — que as outras tendem a isolar. É nessa última categoria que se situaria nossa visão da existência aqui como um Devenir que tem o Ser Divino como sua origem e objetivo, uma manifestação progressiva, uma evolução espiritual em que o supracósmico é fonte e suporte, os outros mundos uma condição e o traço de união e o cósmico e terrestre são o campo, e a mente e a vida humanas, o nó e o momento decisivo liberador em direção a uma perfeição cada vez mais alta. Devemos então observar as três primeiras teorias para ver onde se separam da visão integradora da vida e até que ponto as verdades em que se apoiam adaptam-se à estrutura dessa visão.

Na visão supracósmica das coisas, só a Realidade suprema é inteiramente real. Certo sentimento de ilusão, um sentido de inutilidade da existência cósmica e do ser individual dão a essa concepção das coisas seu caráter particular, mas não são essenciais, não constituem um acessório indispensável ao seu postulado principal. Nas formas extremas dessa visão do mundo, a existência humana não tem significado real; é um erro da alma ou um delírio da vontade de viver, um engano ou uma ignorância que, de certa forma, anuvia a Realidade absoluta. A única verdade verdadeira é o supracósmico; ou, em todo caso, o Absoluto; Parabrahman é a origem e o objetivo de toda existência, tudo mais é um interlúdio sem nenhum significado duradouro. Nesse caso, seguir-se-ia que a única coisa a fazer, o único caminho sábio e necessário para nosso ser seria abandonar toda vida, terrestre ou celeste, tão logo nossa evolução interior ou alguma lei escondida do espírito, tornasse isso possível. É verdade que a ilusão é real para si mesma, que a inutilidade pretende estar cheia de objetivos; suas leis e fatos — são apenas fatos e não verdades, realidades empíricas e não realidades reais — nos amarram enquanto perdurarmos no erro. Mas de qualquer ponto de vista do conhecimento real, em toda visão da verdadeira verdade das coisas, toda essa autoilusão pareceria pouco melhor do que as leis de um hospício cósmico; enquanto continuarmos loucos e tivermos que continuar no hospício, seremos necessariamente sujeitos às suas regras, e faremos o melhor ou o pior, de acordo com nosso temperamento; mas sempre nosso objetivo legítimo seria curar nossa insanidade e ir para a luz, a verdade e a liberdade. Qualquer mitigação que possa ser feita na severidade dessa lógica, qualquer concessão que desse momentaneamente um valor à vida e à personalidade não impediria que, mesmo assim, desse ponto de vista, a verdadeira lei da vida deva ser a de seguir a regra — não importa qual — que possa nos ajudar a retornar o mais cedo possível ao conhecimento de nós mesmos e nos guiar, pela via mais direta, ao Nirvana; o verdadeiro ideal deve ser uma extinção do indivíduo e do universal, uma autoanulação no Absoluto. Esse ideal de autoextinção, corajosa e claramente proclamado pelos budistas é, no pensamento vedântico, uma autodescoberta: mas o indivíduo só pode descobrir seu self e tornar-se progressivamente seu ser verdadeiro no Absoluto se as duas realidades forem interligadas; isso não poderia aplicar-se, se o Absoluto, no final, abole o mundo e se autoafirma em um indivíduo irreal ou temporário, anulando o falso ser pessoal e destruindo toda existência individual e cósmica em favor dessa consciência individual — mesmo se esses erros ainda se prolongassem, impotentemente inevitáveis, no mundo da Ignorância permitido pelo Absoluto, em uma Avidya universal, eterna e indestrutível.

Mas essa ideia da completa futilidade da vida não é uma consequência absolutamente inevitável da teoria supracósmica da existência. No Vedanta dos *Upanishads*, o Devenir de Brahman é uma realidade aceita; há lugar, portanto, para uma verdade do Devenir: há nessa verdade uma lei justa da vida, a satisfação do elemento hedonista de nosso ser é permitida, ele pode fruir de uma existência temporal, utilizar efetivamente sua energia prática e a força executiva da consciência que está nele; mas, uma vez que a alma realizou a verdade e a lei de seu devenir temporal, ela deve retornar à sua autorrealização final, pois sua autossatisfação natural e superior é uma libertação, uma liberação que a leva de volta a seu ser original, seu self eterno, sua realidade atemporal. Há um círculo do devenir que parte do Ser eterno e nele se conclui; ou, do ponto de vista do Supremo como Realidade pessoal ou Realidade suprapessoal, há uma atividade temporária, um jogo do devenir e da vida no universo. Aqui, evidentemente, não há outro significado da vida a não ser a vontade do Ser de tornar-se, a vontade da consciência e o impulso de sua força em direção ao devenir, seu deleite em devenir; para o indivíduo, quando essas coisas se retiram ou nele se cumprem plenamente e não são mais ativas, o devenir cessa; mas quanto ao restante, o universo continua ou sempre retorna à manifestação, porque a vontade de devenir é eterna e deve sê-lo, visto que é a vontade inerente de uma eterna Existência. Pode-se dizer que há um defeito nessa visão das coisas: é a ausência de qualquer realidade fundamental do indivíduo, de qualquer valor e significado duráveis em sua atividade natural ou espiritual. Mas pode-se responder que essa demanda por um significado pessoal permanente, por uma eternidade pessoal, é um erro de nossa consciência de superfície ignorante; o indivíduo é um devenir temporário do Ser, e isso é um valor e um significado inteiramente suficientes. Pode-se acrescentar que em uma Existência pura ou absoluta não poderia haver valores e significados; no universo, valores existem e são indispensáveis, mas apenas como construções relativas e temporárias: não pode haver valores absolutos, significados eternos autoexistentes em uma estrutura temporal. Isso soa de modo bastante conclusivo e parece que nada mais pode ser dito sobre o assunto. No entanto a questão continua, pois a pressão sobre nosso ser individual, o que é exigido dele, o valor posto na perfeição e salvação do indivíduo são coisas grandes demais para serem rejeitadas como um simples dispositivo em uma operação menor, o enrolar e desenrolar de uma espiral insignificante em meio aos vastos círculos do devenir do Eterno no universo.

O ponto de vista cósmico-terrestre que podemos examinar em seguida, e que é o oposto exato do ponto de vista supracósmico, considera a existência cósmica como real; chega ao ponto de aceitá-la como a realidade única, e de ordinário sua visão se confina à vida no universo material. Deus, se existe, é um eterno Devenir; ou, se Ele não existe, então a Natureza, de qualquer modo que possamos concebê-la — seja como um jogo da Força com a Matéria, seja como uma vasta Vida cósmica, ou mesmo se admitirmos uma Mente universal impessoal na Vida e na Matéria —, é um devenir perene. A terra é o campo ou um dos campos temporários, e o homem, a forma mais alta possível, ou apenas uma das formas temporárias, do Devenir. O ser humano, em seu aspecto individual, talvez seja irremediavelmente mortal; a humanidade também talvez sobreviva apenas por um breve período da existência da terra; a própria terra talvez mantenha a vida apenas por um período relativamente mais longo no sistema solar; esse próprio sistema poderá um dia chegar ao fim ou ao menos deixar de ser um fator ativo ou produtivo no Devenir; o próprio universo onde vivemos pode dissolver-se ou contrair-se de novo para chegar ao estado-semente de sua Energia: mas o princípio do Devenir é eterno — ou ao menos tão eterno quanto algo possa sê-lo na obscura ambiguidade da existência. É, de fato, possível supor que o homem enquanto indivíduo persista como uma entidade psíquica no Tempo, que receba uma alma ou se reencarne continuamente na terra ou no cosmos, sem ter tido uma pós-vida ou uma outra vida algures: neste caso, pode-se imaginar um ideal de perfeição cada vez maior ou uma aproximação à perfeição, ou um crescimento em direção a uma felicidade duradoura algures no universo como objetivo desse Devenir sem fim. Mas de um ponto de vista estritamente terrestre isso é dificilmente defensável. Certas especulações do pensamento humano seguiram essa tendência, mas sem resultado substancial. Uma persistência perene no Devenir é normalmente associada à aceitação de uma existência superior supraterrestre.

Na concepção comum, segundo a qual temos uma única vida terrestre ou uma passagem restrita e transiente no universo material — pois é possível que seres vivos pensantes existam em outros planetas —, aceitar a mortalidade humana e tolerar passivamente ou interessar-se de maneira ativa por uma vida pessoal ou coletiva limitada e seus objetivos, são a única escolha possível. A única via, nobre e razoável, para o ser humano individual, a menos que, na verdade, ele esteja satisfeito em perseguir seus propósitos pessoais ou em viver sua vida de um modo ou outro até que ela o deixe, é estudar as leis do Devenir e aproveitar o melhor delas para realizar — pela razão ou a intuição, interiormente ou no dinamismo da vida — suas potencialidades, em si mesmo ou para si mesmo, na espécie humana ou para a espécie humana da qual é um membro; seu trabalho é tirar o melhor proveito dessas realidades existentes e agarrar, ou alcançar progressivamente, as mais altas possibilidades que possam ser desenvolvidas aqui ou estejam em vias de realização. Isso, só a humanidade como um todo pode efetuar de modo inteiro, pela massa da ação individual e coletiva no processo do tempo, à medida que a experiência da espécie evolui: mas o homem individual pode contribuir para isso dentro de seus próprios limites, e até certo ponto pode realizar essas coisas para si mesmo, no pequeno espaço de vida que lhe foi atribuído; mas, sobretudo, seu pensamento e sua ação podem ser uma contribuição para o bem-estar atual — intelectual, moral e vital — e para o progresso futuro da espécie. O indivíduo é capaz de certa nobreza de ser; uma aceitação de seu aniquilamento inevitável e prematuro não o impede de fazer um uso nobre da vontade e do pensamento que se desenvolveram nele ou dirigi-los para grandes objetivos que sem dúvida, ou talvez, serão cumpridos pela humanidade. Mesmo o caráter temporário do ser coletivo da humanidade não tem muita importância — exceto na concepção mais materialista da existência; pois enquanto o Devenir universal tomar a forma do corpo e da mente humanos, o pensamento e a vontade que ele desenvolveu em sua criatura humana se realizarão, e segui-los de modo inteligente é a lei natural e a melhor regra da vida humana. A humanidade e seu bem-estar e progresso durante sua permanência na terra fornecem o campo mais vasto e os limites naturais do objetivo terrestre de nosso ser; a longevidade superior da espécie, a grandeza e a importância da vida coletiva devem determinar a natureza e a extensão de nossos ideais. Mesmo se excluírmos o progresso e o bem-estar da humanidade, como se não fossem nossa preocupação ou fossem ilusórios, o indivíduo existe, e realizar sua maior perfeição possível, ou aproveitar sua vida ao máximo, de qualquer modo que sua natureza exija, será então o sentido da vida.

O ponto de vista supraterrestre admite a realidade do cosmos material e aceita a duração limitada da terra e da vida humana como o fato primordial de onde devemos começar; mas acrescenta a isso a percepção de outros mundos ou planos de existência que têm uma duração eterna ou ao menos mais permanente; percebe por trás da mortalidade da vida corporal do ser humano a imortalidade da alma em seu interior. A crença na imortalidade, na persistência eterna do espírito humano individual fora do corpo é a palavra-chave dessa concepção da vida. Essa própria concepção necessita uma outra: a crença em planos de existência superiores ao plano material ou terrestre, visto que um espírito desencarnado não poderia estabelecer-se em um mundo onde cada operação depende de um jogo de forças — sejam elas espirituais, mentais, vitais ou materiais — na Matéria e com suas formas. Dessa visão das coisas surge a ideia de que a verdadeira morada do homem encontra-se além, e a vida na terra, de um modo ou de outro, é apenas um episódio de sua imortalidade ou um desvio de uma existência celeste e espiritual para uma existência material.

Mas qual é então o caráter, a origem e o fim desse desvio? Há, primeiro, em certas religiões, uma ideia, que prevaleceu por muito tempo, mas encontra-se hoje fortemente abalada ou desacreditada, segundo a qual o homem é um ser criado primariamente na terra como um corpo material vivo, no qual uma alma divina recém-nascida foi soprada ou ao qual essa alma foi então associada pelo *fiat* de um Criador todo-poderoso. Essa vida é um episódio solitário, a única oportunidade do homem, de onde ele parte para um mundo de eterna beatitude ou um mundo de eterna miséria, conforme o resultado geral ou preponderante da soma de seus atos — se foi bom ou mau —, ou se ele aceita ou rejeita, conhece ou ignora um credo, forma de adoração ou mediador divino determinados, ou ainda, conforme o capricho arbitrário e predeterminante de seu Criador. Mas esta é a teoria supraterrestre da vida em sua forma menos racional, a de um credo ou um dogma questionáveis. Partindo da ideia da criação de uma alma pelo nascimento físico, podemos contudo supor que, por uma lei natural, comum a todos, o resto de sua existência deve ser buscado além, em um plano supraterrestre quando a alma se livrar de sua matriz original de matéria, como uma borboleta que escapou de sua crisálida e brinca no ar, levada por suas asas leves e coloridas. Ou podemos preferir supor uma existência pré-terrestre da alma, uma queda ou descida na matéria e uma reascensão para o ser celeste. Se admitirmos a preexistência da alma, não há razão para excluir esta última possibilidade como uma ocorrência espiritual eventual — pode-se conceber que um ser, pertencente a outro plano de existência, assuma, para algum propósito, o corpo e a natureza humanos: mas é pouco provável que isso seja o princípio universal da existência terrestre ou uma razão suficiente para a criação do universo material.

Supõe-se também algumas vezes que a vida solitária na terra seja apenas um estágio, e o desenvolvimento do ser para aproximar-se de sua glória original ocorre em uma sucessão de mundos que são muitos outros estágios de seu crescimento, etapas de sua viagem. O universo material, ou especialmente a terra, seria então um campo suntuosamente designado, criado por um poder, uma sabedoria ou um capricho divinos para a encenação desse interlúdio. Segundo o ponto de vista que escolhermos adotar, veremos nele um lugar de provas, um campo de desenvolvimento ou o cenário de uma queda espiritual e exílio. Há também um ponto de vista indiano que vê o mundo como um jardim da Lila divina, um jogo do Ser divino com as condições da existência cósmica nesse mundo da Natureza inferior; a alma do homem toma parte na Lila mediante uma série prolongada de nascimentos, mas é destinada a reascender enfim ao plano próprio ao Ser Divino e aí usufruir de uma proximidade e uma comunhão eternas: isso dá certa racionalidade ao processo criador e à aventura espiritual, e está ausente, ou não indicado claramente, em outras explicações desse tipo de movimento, ou ciclos, da alma. Sempre há três características essenciais em todas essas diversas exposições do princípio comum: — primeiro, a crença na imortalidade individual do espírito humano; segundo, como consequência necessária, a ideia de sua estadia na Terra como uma passagem temporária ou uma separação de sua natureza mais alta e eterna, e um céu além como sua habitação verdadeira; terceiro, uma ênfase no desenvolvimento do ser ético e espiritual como meio de ascensão e, portanto, a única coisa com que a vida deve preocupar-se nesse mundo da Matéria.

Esses são os três modos de ver fundamentais, cada um com sua atitude mental diante da vida, que podem ser adotados em relação à nossa existência; os outros são geralmente etapas intermediárias ou então variações ou compostos que tentam adaptar-se mais livremente à complexidade do problema. Pois é praticamente impossível para o ser humano, visto como espécie — independentemente daquilo que alguns indivíduos possam cumprir com sucesso —, guiar sua vida de modo permanente ou total segundo o princípio que rege uma ou outra dessas três atitudes mentais, e excluir os direitos que as outras têm sobre sua natureza. Um amálgama confuso de duas ou mais dentre elas, um conflito ou uma divisão entre os objetivos de sua vida, ou alguma tentativa de sintetizar as três, é seu modo de lidar com os vários impulsos de seu ser complexo e as intuições de sua mente, da qual elas esperam a sanção. Normalmente, quase todos os seres humanos dedicam a maior parte de sua energia à vida na terra, às necessidades, interesses, desejos e ideais terrestres do indivíduo e da espécie. Não poderia ser de outra maneira, visto que o próprio caráter de nosso ser terrestre nos impõe cuidar do corpo, desenvolver o suficiente e satisfazer nosso ser vital e mental, perseguir ideais individuais elevados e ideais coletivos vastos, ao concebermos que uma perfeição humana é acessível ou que, por nosso desenvolvimento normal, poderemos nos acercar dela; essas coisas fazem parte da lei de nosso ser, de seu impulso e sua regra naturais, são condições de seu crescimento e, sem elas, o ser humano não poderia atingir sua completa humanidade. Toda concepção de nosso ser que as negligencie, as diminua indevidamente ou condene com intolerância será, por esse fato mesmo, inadequada para ser a regra geral e completa da vida humana, quaisquer que sejam suas outras verdades, mérito ou utilidade, ou sua conveniência para indivíduos de certo temperamento ou em certo estágio da evolução espiritual. A Natureza cuida muito bem para que a espécie humana não negligencie esses objetivos, que são uma parte necessária de sua evolução; pois estão em acordo com o método e as etapas do plano divino em nós e ela não pode permitir-se relaxar a vigilância durante seus primeiros passos, e para preservar sua base mental e material, visto que essas coisas pertencem aos fundamentos e ao corpo de sua estrutura.

Mas ela também implantou em nós o sentido de que há algo em nossa composição que vai além dessa primeira natureza terrestre da humanidade. Por essa razão, a espécie não pode aceitar ou seguir por um tempo muito prolongado uma concepção de ser que ignore esse sentido mais elevado e sutil e labute para nos confinar inteiramente a uma maneira de viver puramente terrestre. A intuição de um além, a ideia e o sentimento de uma alma, um espírito em nós que é diferente da mente, vida e corpo ou é maior, não limitado por suas fórmulas, retornam para nós e acabam por retomar o poder. O homem comum satisfaz esse sentido com bastante facilidade, e lhe consagra seus momentos excepcionais ou a última parte de sua vida, quando a idade mitiga o ardor de sua natureza terrestre, ou reconhece esse sentido como algo por trás ou acima de sua ação normal, para o qual ele pode, mais ou menos imperfeitamente, dirigir seu ser natural. O homem excepcional volta-se para o supraterrestre como o único objetivo e lei da vida, e diminui ou mortifica suas partes terrestres tanto quanto possível, na esperança de desenvolver sua natureza celeste. Houve épocas em que essa visão supraterrestre exerceu uma autoridade poderosa, e houve uma oscilação entre uma vida humana imperfeita incapaz de atingir sua vasta expansão natural e uma nostalgia, ascética e doentia, da vida celestial que, esta também, só consegue realizar seu movimento mais puro e feliz em uns poucos. Este é um sinal da criação de um falso conflito no ser, criado pelo estabelecimento de uma norma ou um dispositivo que ignora a lei da capacidade evolutiva, ou um exagero que perde de vista a equação reconciliadora que deve existir em algum lugar por uma determinação divina de nossa natureza.

Mas, finalmente, à medida que nossa vida mental se aprofunda e um conhecimento mais sutil se desenvolve, deve abrir-se em nós a percepção de que o terrestre e o supraterrestre não são os únicos termos do ser; há algo que é supracósmico e é a origem remota e mais alta de nossa existência. Essa percepção é facilmente associada, pelo entusiasmo espiritual, pela aspiração ardente e elevada da alma, pelo desapego filosófico ou a intolerância estrita e lógica de nosso intelecto, pela impaciência de nossa vontade e o desgosto doentio de nosso ser vital desencorajado pelas dificuldades ou decepcionado pelos resultados da vida — por qualquer um desses motivos-força ou todos em conjunto — ao sentido da insignificância completa e irrealidade de tudo que não é esse remoto Supremo: a insignificância da vida humana, a irrealidade da existência cósmica, a fealdade amarga e a crueldade da terra, a insuficiência dos céus, a repetição sem objetivo dos nascimentos no corpo. Na verdade, aqui tampouco o homem comum poderia viver com essas ideias; elas podem, no máximo, dar um tom cinzento e uma insatisfação contínua à vida que ele deve ainda continuar. Mas o homem excepcional abandona tudo para seguir a verdade que viu e, para ele, essas ideias podem ser o alimento necessário ao seu impulso espiritual ou um estímulo para a realização excepcional, que agora é para ele a única coisa que conta. Houve períodos e países onde essa visão do ser tornou-se muito poderosa; uma grande parte da humanidade apartou-se e se voltou para a vida ascética — nem sempre com um chamado real para essa vida —, o resto aderiu à vida normal, mas com uma crença subjacente na irrealidade dela, uma crença que, por sua reiteração e insistência, pode levar a uma debilitação do impulso da vida e uma crescente diminuição de seus motivos; por uma reação sutil, o homem pode até mesmo se deixar absorver em uma vida comum, estreita, por não ter respondido naturalmente à alegria mais vasta do Ser Divino na existência cósmica, provocando um declínio do grande idealismo progressivo humano, aquele que nos impele a um autodesenvolvimento coletivo e quer que abarquemos com nobreza a batalha e o labor. Aqui, ainda, há o sinal de alguma insuficiência na exposição da Realidade supracósmica, talvez por um exagero ou uma oposição falsa, que deixa escapar a equação divina, o sentido total da criação e a vontade inteira do Criador.

Essa equação só pode ser encontrada se reconhecermos o significado de toda a nossa natureza humana complexa e seu justo lugar no movimento cósmico; o que é necessário é dar valor pleno e legítimo a cada parte de nosso ser heterogêneo e à nossa aspiração multifacetada e descobrir a chave de sua unidade e de sua diferença. A descoberta deve ser feita por uma síntese ou uma integração e, visto que desenvolvimento é claramente a lei da alma humana, é muito provável que essa equação seja descoberta por meio de uma síntese evolutiva. Uma síntese desse tipo foi tentada na antiga cultura da Índia. Ela admitiu quatro motivos legítimos da vida humana: os interesses e as necessidades vitais do ser humano, seus desejos, sua aspiração ética e religiosa, seu objetivo e seu destino espirituais últimos — em outras palavras, as exigências de seu ser vital, físico e emocional, as exigências de seu ser ético e religioso governado por um conhecimento da lei de Deus, da Natureza e do homem, e as exigências de seu desejo espiritual veemente por um Além, que ele busca satisfazer liberando-se finalmente de uma existência mundana ignorante. Essa síntese proporcionou um período de educação e preparação baseado nessa ideia da vida: um período de vida normal para satisfazer os desejos e interesses humanos sob a lei moderadora da parte ética e religiosa em nós, um período de retiro e preparação espiritual, e um último período de renúncia à vida e liberação no espírito. É evidente que, se aplicada como regra universal, essa norma prescrita e o delineamento da curva de nossa viagem teriam perdido de vista o fato de que é impossível que todos completem o ciclo inteiro de seu desenvolvimento em uma única e breve existência; mas isso foi modificado pela teoria de uma completa evolução que prossegue durante uma longa sucessão de renascimentos, antes que o homem esteja pronto para a liberação espiritual. Essa síntese, com seu discernimento espiritual, largueza de visão, simetria, completeza, fez muito para elevar o caráter da vida humana, mas acabou por desmoronar. Seu lugar foi ocupado por um exagero no espírito de renúncia, que destruiu a simetria do sistema e cortou-o em dois movimentos da vida, opostos: a vida normal, feita de interesses e desejos com uma coloração ética e religiosa, e a vida interior, anormal ou supranormal, baseada na renúncia. De fato, a velha síntese contínua em si a semente desse exagero e não podia deixar de sucumbir a ela: se considerarmos a evasão da vida como nosso fim desejável, se nos omitirmos em oferecer à vida um objetivo elevado que ela possa cumprir, se a vida não tiver em si mesma um sentido divino, a impaciência do intelecto e da vontade humanos acabará por nos levar a um atalho e eliminar, tanto quanto possível, quaisquer outros processos mais fastidiosos e dilatórios; se eles não puderem fazê-lo ou forem incapazes de seguir o atalho, serão deixados com o ego e suas satisfações, mas sem nada maior a realizar aqui. A vida separa-se em espiritual e mundana, e só poderá haver aí uma transição abrupta, não uma harmonia ou reconciliação dessas partes de nossa natureza.

Uma evolução espiritual aqui, um desdobramento do Ser interior de nascimento em nascimento, em que o homem se torna o instrumento central e a vida humana, no que tem de mais elevado, é o ponto crítico decisivo, é o vínculo necessário para a reconciliação entre vida e espírito, pois isso nos permite considerar a natureza inteira do ser humano e reconhecer o lugar legítimo de sua atração tríplice pela terra, pelo céu e pela Realidade suprema. Porém, uma solução completa para suas oposições só pode ser alcançada se partirmos do fato de que a consciência inferior, formada por mente, vida e corpo, só pode alcançar seu significado pleno ao ser tomada, reformulada, transformada pela luz, poder e alegria da consciência espiritual mais alta. A consciência superior tampouco pode encontrar sua relação justa com a consciência inferior por mera rejeição; ela deve assumi-la e dominá-la, retomar seus valores não realizados, remodelá-los e transformá-los por uma espiritualização e supramentalização da natureza mental, vital e física. O ideal terrestre, que foi tão poderoso na mente moderna, devolveu ao homem, à sua vida na Terra e à esperança coletiva da espécie uma posição proeminente e provocou uma demanda insistente por uma solução; este é o bem que esse ideal cumpriu. Mas, por seu excesso e exclusivismo, limitou indevidamente o horizonte do homem, ignorou aquilo que há nele de mais alto e, no final, de mais vasto, e essa limitação o impediu de entregar-se plenamente à busca de seu próprio objetivo. Se a mente fosse o que há de mais alto no ser humano e na Natureza, então, sem dúvida, essa frustração não seria o resultado; ainda assim, o horizonte permaneceria limitado, a possibilidade estreita, a perspectiva circunscrita. Mas se a mente for apenas um desdobramento parcial da consciência e se houver poderes além que a Natureza é capaz de manifestar em nossa espécie, então não apenas nossa esperança na Terra, sem falar do que está além, dependerá do desenvolvimento desses poderes, mas esta se tornará a via única e justa de nossa evolução.

A própria mente e a própria vida não podem alcançar sua plenitude senão pela abertura da consciência mais vasta e maior, de que a mente só se aproxima. Essa consciência mais vasta e maior é a espiritual, pois ela é não apenas mais alta do que as demais, mas é também mais abrangente. Universal e transcendente, ela pode elevar a mente e a vida à sua luz e dar-lhes a realização verdadeira e suprema de tudo o que buscam, pois dispõe de instrumentos superiores de conhecimento, uma fonte de poder e de vontade mais profundos, uma extensão e uma intensidade ilimitadas de amor, alegria e beleza. Estas são as coisas que nossas mentes, vidas e corpos buscam: conhecimento, poder e alegria, e rejeitar aquilo pelo qual todos eles alcançam sua plenitude suprema é proibir-lhes sua consumação mais alta. O exagero oposto, que exige apenas certa pureza insípida de alguma existência espiritual, anula a ação criadora do espírito e exclui de nós tudo que o Divino manifesta em seu ser; isso deixa espaço apenas para uma evolução sem sentido, que não cumpre nada — pois cortar tudo o que evoluiu é sua única culminação; essa concepção faz do processo de nosso ser a curva sem sentido de um mergulho na Ignorância, para emergir depois, ou instala uma roda do Vir-a-Ser cósmico que tem a evasão como única saída. A aspiração intermediária, supraterrestre, interrompe a consumação do ser nos planos superiores por não conduzi-lo à sua mais alta realização, a da unidade, e o diminui nos planos inferiores por não permitir-lhe uma amplidão apropriada ao sentido de sua presença no universo material e sua aceitação da vida em um corpo terrestre. Uma grande relação de unidade, uma integração, restaura o equilíbrio, ilumina a verdade inteira do ser e interliga as etapas da Natureza.

Nessa integração, a Realidade supracósmica impõe-se como a Verdade suprema do ser; realizá-la é o que nossa consciência pode alcançar de mais alto. Mas é essa

Realidade mais alta que é também o ser cósmico, a consciência cósmica, a vontade e a vida cósmicas: foi ela que os emanou, não fora de si mesma, mas em seu próprio ser, não como um princípio oposto, mas como seu autodesdobramento e sua autoexpressão. O ser cósmico não é uma anomalia ou uma fantasia sem sentido ou um erro do acaso; há nele um significado e uma verdade divinos: a autoexpressão múltipla do espírito é o sentido mais alto, o próprio Divino é a chave de seu enigma. Uma autoexpressão perfeita do espírito é o objetivo de nossa existência terrestre. Isso não pode ser alcançado se não nos tornarmos cônscios da Realidade suprema, pois só pelo toque do Absoluto poderemos chegar ao nosso próprio absoluto. Mas tampouco o alcançaremos pela exclusão da Realidade cósmica: devemos nos tornar universais, pois sem uma abertura à universalidade o indivíduo permanece incompleto. O indivíduo que se separa do Todo para alcançar o Mais-Alto perde-se nas alturas supremas; ao incluir em si a consciência cósmica, ele recupera a inteireza do self e ainda assim mantém o ganho supremo da transcendência; ele a realiza e realiza a si mesmo na totalidade cósmica. A unidade realizada do transcendente, universal e individual é uma condição indispensável para a plena autoexpressão do espírito: pois o universo é o campo da totalidade de sua autoexpressão, enquanto por meio do indivíduo seu autodesdobramento evolutivo atinge aqui seu apogeu. Mas isso pressupõe não apenas que o indivíduo tenha um ser real, mas que se revele nossa secreta e eterna unidade com o Supremo e com toda a existência cósmica. Em sua autointegração a alma do indivíduo deve despertar para a universalidade e a transcendência.

A existência supraterrestre é também uma verdade do ser, pois o plano material não é o único plano de nossa existência; há outros planos de consciência que podemos alcançar e têm já seus laços secretos conosco: não nos elevarmos às regiões mais vastas da alma que nos estão abertas, não experienciá-las, não conhecer e manifestar sua lei em nós é determo-nos antes de atingir o cume e a plenitude de nosso ser. Mas mundos de uma consciência mais alta não são o único cenário, a única morada possível da alma aperfeiçoada, nem podemos encontrar em algum mundo-tipo imutável o sentido final ou total da autoexpressão do Espírito no cosmos: o mundo material, esta terra e esta vida humana são uma parte da autoexpressão do Espírito e têm sua possibilidade divina; essa possibilidade é evolutiva e contém em si, irrealizadas, mas realizáveis, as possibilidades de todos os outros mundos. A vida na Terra não é uma queda na lama de alguma coisa não divina, vã e miserável que um Poder ofereceria a si mesmo como um espetáculo ou ofereceria à alma encarnada como uma coisa que ela deve suportar e depois rejeitar: a vida na Terra é o cenário do desdobramento evolutivo do ser que avança em direção à revelação de uma luz, poder, alegria e unidade espirituais supremos, mas inclui também a diversidade multiforme do Espírito que se realiza. Há na criação terrestre um propósito que abarca tudo em sua visão; um plano divino se elabora através de suas contradições e perplexidades, sinais de uma consecução multilateral em direção à qual são conduzidos o crescimento da alma e o empenho da Natureza.

É verdade que a alma pode elevar-se a mundos de uma consciência mais vasta, além da Terra, mas é também verdade que o poder desses mundos, o poder de uma consciência maior, deve desenvolver-se aqui. A encarnação da alma é o meio para essa encarnação da consciência. Todos os poderes superiores da Consciência existem porque são poderes da Realidade Suprema. Nosso ser terrestre também possui a mesma verdade; ele é um devenir da Realidade Única e deve encarnar em si mesmo esses poderes maiores. Sua aparência atual é uma imagem parcial e velada, e limitar-mo-nos a essa primeira imagem, à fórmula atual de uma humanidade imperfeita, é excluir nossas potencialidades divinas; devemos introduzir um sentido mais amplo à nossa vida humana e manifestar nela o "muito mais" que somos secretamente. Nossa mortalidade só é justificada à luz de nossa imortalidade; nossa terra só poderá conhecer-se e ser si mesma inteiramente ao abrir-se aos céus; o indivíduo só poderá ver-se de maneira correta e usar seu mundo divinamente quando entrar nesses planos mais vastos do ser e vir a luz do Supremo, e quando viver no ser e no poder do Divino e Eterno.

Uma integração desse tipo não seria possível se uma evolução espiritual não fosse o sentido de nosso nascimento e existência terrestre; a evolução da mente, vida e espírito na Matéria é o sinal de que essa integração, essa manifestação completa de um self secreto contido nela é seu significado. Uma involução completa de tudo que o Espírito é e seu autodesdobramento evolutivo, são os duplos termos de nossa existência material. Há uma possibilidade de autoexpressão mediante um desenvolvimento sempre desvelado e luminoso do ser, uma possibilidade também de expressão variada em tipos perfeitos, fixos e completos em sua própria natureza: esse é o princípio do devenir nos mundos superiores; são mundos-tipo e não evolutivos em seu princípio vital; cada um existe em sua própria perfeição, mas dentro dos limites de uma fórmula estática do mundo. Há também uma possibilidade de autoexpressão pela autodescoberta, um desenvolvimento que assume a forma e segue a progressão de um velar-se e a aventura do redescobrir-se: esse é o princípio do devenir neste universo, onde a involução da consciência, o encobrimento do Espírito na Matéria são a primeira aparência.

Uma involução do espírito na Inconsciência é o início; uma evolução na Ignorância, com seu jogo das possibilidades de um conhecimento parcial que se desenvolve é o meio; e a causa das anomalias de nossa natureza atual — nossa imperfeição

— é o sinal de um estado transitório, um crescimento ainda incompleto, um esforço que procura seu caminho; uma realização completa em um desdobramento do autoconhecimento do Espírito e do autopoder de seu ser e sua consciência divinos é a culminação: estes são os três estágios desse ciclo da autoexpressão progressiva do Espírito na vida. Os dois estágios que estão em jogo parecem, à primeira vista, negar a possibilidade do estágio ulterior em que o ciclo se consuma, mas indicam logicamente seu emergir; pois se da inconsciência evoluiu a consciência, a consciência parcial já alcançada deverá certamente evoluir para tornar-se uma consciência completa. Aquilo que a natureza terrestre busca é uma vida aperfeiçoada e divinizada e essa busca é um sinal da Vontade Divina na Natureza. Existem outras vias de busca e estas também encontram seus meios de cumprir-se; um retiro na paz ou no êxtase supremos, um retiro na beatitude da Presença Divina são acessíveis à alma na existência terrestre, pois o Infinito em sua manifestação tem numerosas possibilidades e não é limitado por suas formulações. Porém, nem um nem outro desses retiros pode ser a intenção fundamental no Devenir aqui; se o fosse, uma progressão evolutiva não teria sido iniciada — uma tal progressão aqui só pode ter como objetivo uma autossatisfação aqui mesmo: uma manifestação progressiva desse tipo só pode ter, como alma de seu significado, a revelação do Ser em um Devenir perfeito.

# CAPÍTULO XVII

# O PROGRESSO EM DIREÇÃO AO CONHECIMENTO — DEUS, HOMEM E NATUREZA

*Tu és Isto, ó Swetaketu.*
*Chhandogya Upanishad*, VI. 8. 7.

*O ser vivo não é outro senão Brahman, o mundo inteiro é Brahman.*
*Vivekachudamani*, verso 479.

*Minha Natureza suprema tornou-se o ser vivo e este mundo é sustentado por ela. Todos os seres têm isto como origem de seu nascimento.*
*Bhagavad-Gītā*, VII. 5, 6.

*Tu és homem e mulher, menino e menina; velho e decrépito tu caminhas, curvo sobre um bastão; [...] tu és o pássaro azul, e o verde, e o de olhos escarlates.*
*Shvetashvatara Upanishad*, IV. 3, 4.

*Todo este mundo está cheio de seres que são Seus membros.*
*Shvetashvatara Upanishad*, IV. 10.

Uma involução da Existência Divina, da Realidade espiritual, na aparente inconsciência da Matéria é o ponto de partida da evolução. Mas essa Realidade é, em sua natureza, uma eterna Existência, Consciência e Deleite de Ser: a evolução deve então ser um emergir dessa Existência-Consciência-Deleite de Ser, no início não em sua essência ou totalidade, mas em formas evolutivas que a expressam ou disfarçam.

Do Inconsciente, a Existência aparece em uma primeira forma evolutiva como substância de Matéria criada por uma Energia inconsciente. A Consciência, involuída e não aparente na Matéria, emerge, primeiro disfarçada de vibrações vitais, animadas, mas subconscientes; depois, em formulações imperfeitas de uma vida consciente, ela se esforça para descobrir-se através de formas sucessivas dessa substância material, formas cada vez mais adaptadas à sua expressão mais completa. A consciência na vida, rejeitando a insensibilidade primordial de uma inanidade e uma insciência materiais, labuta para descobrir-se cada vez mais inteiramente na Ignorância que é sua primeira e inevitável formulação; mas, no começo, ela consegue apenas um entendimento mental primário e uma percepção vital do self e das coisas, uma percepção da vida que em suas primeiras formas depende de uma sensação interna que responda aos contatos de outras vidas e da Matéria. A Consciência labuta para manifestar o melhor que pode, por meio de sensações inadequadas, seu próprio deleite de ser inerente, mas só consegue formular um sofrimento e um prazer parciais. No ser humano, a Consciência energizante aparece como uma Mente mais claramente consciente de si e das coisas; esse é um poder ainda parcial e limitado, não o poder integral da Consciência, mas um primeiro gérmen de uma concepção e a promessa do emergir integral são visíveis. Esse emergir integral é o objetivo da Natureza evolutiva.

O ser humano está aqui para afirmar-se no universo, essa é sua primeira tarefa, mas também para evoluir e finalmente ultrapassar-se: deve ampliar seu ser parcial e fazer dele um ser completo, alargar sua consciência parcial e fazer dela uma consciência integral; tornar-se mestre de seu meio ambiente, mas também realizar a unidade e a harmonia do mundo; realizar sua individualidade, mas também ampliá-la e transformá-la em um self cósmico e deleite de ser universal e espiritual. A intenção evidente de sua natureza é transformar, purificar, corrigir tudo o que é obscuro, falso e ignorante em sua mentalidade e alcançar finalmente uma harmonia e uma luminosidade livres e vastas do conhecimento, vontade, sentimento, ação e caráter; esse é o ideal que a Energia criadora impôs à sua inteligência, uma necessidade implantada por ela em sua substância mental e vital. Mas isso só pode cumprir-se mediante uma ampliação de seu ser e consciência: o homem foi criado para tornar-se vasto, cumprir-se, evoluir disso que ele é parcial e temporariamente em sua natureza atual aparente, para aquilo que ele é inteiramente em seu self e espírito secretos, e no qual pode, portanto, tornar-se, mesmo em sua existência manifestada. Essa esperança é a justificativa de sua vida na terra em meio aos fenômenos do cosmos. O homem exterior aparente, um ser efêmero sujeito às coerções de sua encarnação material e aprisionado em uma mentalidade limitada, deve tornar-se o Homem interior real, mestre de si mesmo e de seu ambiente, e universal em seu ser. Em uma linguagem mais viva e menos metafísica, o homem natural deve evoluir para se tornar o Homem divino; os filhos da Morte devem conhecer a si mesmos como as crianças da Imortalidade. É por essa razão que o nascimento humano pode ser descrito como o momento decisivo na evolução, a etapa crítica na natureza terrestre.

A consequência imediata é que o conhecimento a que devemos chegar não é uma verdade do intelecto; não é a crença justa, opiniões justas, informações justas sobre si mesmo e as coisas — essa é apenas a ideia que a mente de superfície tem sobre o conhecimento. Chegar a certa concepção mental de Deus, de nós mesmos e do mundo é um objetivo bom para o intelecto, mas não bastante vasto para o Espírito; isso não fará de nós os filhos conscientes do Infinito. No antigo pensamento da Índia, conhecer significava uma consciência que possuía a Verdade mais alta, por uma percepção direta e autoexperiência; tornar-se, ser o Supremo que conhecemos, é o sinal de que realmente temos o conhecimento. Pela mesma razão, moldar nossa vida prática, nossas ações, para estar em consonância na medida do possível, com nossas noções intelectuais de verdade e justiça ou com um conhecimento pragmático bem-sucedido — um desempenho ético ou vital —, não é e não pode ser o objetivo último de nossa vida; nosso objetivo deve ser tornarmo-nos nosso ser verdadeiro, nosso ser do Espírito, o ser da Existência, Consciência, Deleite supremo e universal, Satchidananda.

Toda nossa existência depende dessa Existência, é ela que evolui em nós; somos um ser dessa Existência, um estado de consciência dessa Consciência, uma energia dessa Energia consciente, uma vontade do deleite de ser, deleite da consciência, deleite da energia nascida desse Deleite: esse é o princípio-raiz de nossa existência. Mas, na superfície, essas coisas não são formuladas assim, nós lhes damos uma falsa tradução nos termos da Ignorância. Nosso "eu" não é esse ser espiritual que pode olhar a Existência Divina e dizer "Eu sou Isto"; nossa mentalidade não é essa consciência espiritual; nossa vontade não é essa força de consciência; nosso sofrimento e prazer, mesmo nossas alegrias e êxtases mais altos não são esse deleite de ser. Na superfície somos ainda um ego que representa o self, uma ignorância que se transmuta em conhecimento, uma vontade que se esforça para se tornar uma força verdadeira, um desejo em busca do deleite da existência. Tornarmo-nos nós mesmos ao superarmo-nos — assim podemos traduzir as frases inspiradas de um vidente semicego que não conhecia o self do qual falava — é a necessidade difícil e perigosa, a cruz encimada por uma coroa invisível que nos é imposta, o enigma da verdadeira natureza de seu ser proposto ao homem pela Esfinge obscura da Inconsciência abaixo e, de dentro e do alto, pela Esfinge luminosa e velada da Consciência infinita e da Sabedoria eterna, que o desafia sob a forma de uma Maya inescrutável e divina. Ultrapassar o ego e ser nosso ser verdadeiro, ter a percepção de nosso ser real, possuí-lo, possuir um deleite de ser verdadeiro é, portanto, o significado último de nossa vida aqui; o sentido escondido de nossa existência individual e terrestre.

O conhecimento intelectual e a ação prática são esquemas da Natureza que nos permitem expressar o nível de efetuação que nosso ser e consciência, energia e capacidade de satisfação já atingiram em nossa natureza visível; por meio deles tentamos conhecer mais, expressar e efetuar mais, desenvolvermo-nos cada vez mais no muito que temos ainda a efetuar. Mas nosso intelecto, conhecimento mental e vontade de agir não são os únicos meios nem todos os instrumentos de nossa consciência e energia: nossa natureza — o nome que damos à Força de ser em nós em sua ação e poder reais e potenciais — é complexa em sua organização da consciência, complexa em sua instrumentação da força. Cada termo ou circunstância dessa complexidade (já descobertos ou a descobrir) que possamos pôr em funcionamento, deve ser realizado a partir dos valores mais altos e refinados que pudermos, e seus poderes mais vastos e ricos usados para alcançar o objetivo único. Esse objetivo é tornar-se, ser consciente, crescer continuamente em nosso ser realizado, em nossa percepção de nós mesmos e das coisas, em nossa força e alegria de ser reais e expressar dinamicamente esse Vir-a-Ser em uma ação tal no mundo e em nós mesmos que nós e ele cresceremos mais e sempre mais, em direção aos cimos mais altos possíveis e às extensões mais vastas possíveis da universalidade e infinidade. Todo o esforço da humanidade ao longo das eras, sua ação, organização social, arte, ética, ciência, religião, todas as inumeráveis atividades com as quais ela expressa e desenvolve sua existência mental, vital, física e espiritual, são episódios no vasto drama desse empenho da Natureza e, por trás de seus objetivos em aparência limitados, esse é o único significado verdadeiro, o único fundamento. Para o indivíduo, alcançar a universalidade divina e a infinidade suprema, viver nelas, possuí-las, ser, conhecer, sentir e expressar unicamente isso em todo o seu ser, em toda a sua consciência, energia e deleite de ser é o que os antigos videntes da Índia entendiam por Conhecimento; essa era a Imortalidade que puseram diante do ser humano como sua culminação divina.

Mas a natureza de sua mentalidade, seu olhar voltado para dentro, para si mesmo, e seu olhar voltado para fora, para o mundo, ambos originalmente limitados ao relativo, óbvio e aparente pelos sentidos e pelo corpo, obrigam o homem a avançar passo a passo e, no início, de modo obscuro e ignorante, nesse imenso movimento evolutivo. Não é possível para o ser humano, no início, conceber o ser na completude de sua unidade; o ser apresenta-se a ele através da diversidade, e sua busca de conhecimento concentra-se em três categorias principais que lhe resumem toda essa diversidade: ele mesmo — o homem ou a alma individual —, Deus e a

Natureza. A primeira categoria é a única de que é diretamente consciente em seu ser normal ignorante; ele vê a si mesmo, o indivíduo, aparentemente separado em sua existência e contudo sempre inseparável da totalidade do ser, esforçando-se para ser autossuficiente e contudo sempre insuficiente, pois nunca se viu um ser humano nascer, existir ou atingir o cume de sua existência separado dos outros, sem a ajuda deles e independente do ser e da natureza universais. Em segundo lugar, há aquilo que ele só conhece de modo indireto — por sua mente e seus sentidos físicos e pela influência que a mente exerce sobre estes — e que no entanto deve esforçar-se para conhecer cada vez mais completamente; pois ele vê também esse resto do ser com que é identificado tão estreitamente e do qual, contudo, está tão separado: o cosmos, o mundo, a Natureza, as outras existências individuais, que ele percebe ao mesmo tempo como semelhantes a si mesmo e sempre dessemelhantes, pois a natureza delas é também idêntica, mesmo aquela da planta e do animal, e contudo diferente. Cada uma parece seguir seu próprio caminho, ser um ser separado, e contudo cada uma é impelida pelo mesmo movimento e segue, em seu próprio nível, a mesma curva vasta da evolução que o próprio indivíduo segue. Finalmente ele vê, ou antes, adivinha, outra coisa que não conhece de modo algum, ou só de maneira muito indireta; pois a conhece apenas por si mesmo e por aquilo a que seu ser se dirige, pelo mundo e aquilo a que este parece dirigir-se e que ele se esforça obscuramente para atingir e expressar por meio de representações imperfeitas, ou que ao menos fundamenta, sem conhecer essa outra coisa, na relação secreta delas com essa Realidade invisível e esse Infinito oculto.

Esse terceiro e desconhecido, esse *tertium quid*, ele o chama Deus; e, por essa palavra, ele quer dizer algo ou alguém que é o Supremo, o Divino, a Causa, o Todo — uma dessas coisas ou todas ao mesmo tempo, a perfeição ou a totalidade de tudo que aqui é parcial ou imperfeito, o absoluto de todas essas miríades de relatividades, o Desconhecido, cuja descoberta pode tornar-lhe cada vez mais inteligível o segredo real do conhecido. O homem tentou negar todas essas categorias — tentou negar a realidade de sua própria existência, tentou negar a existência real do cosmos, tentou negar a realidade da existência de Deus. Mas, por trás de todas essas negações, vemos a mesma necessidade constante: seu esforço em direção ao conhecimento; pois ele sente a necessidade de chegar à unidade desses três termos, mesmo se isso só possa ser feito pela supressão de dois dentre eles ou fundindo-os no terceiro. Para fazer isso, ele afirma ser ele próprio a causa única e todo o resto uma mera criação de sua mente; ou afirma que só a Natureza existe e todo o resto nada mais é do que fenômenos da Energia dela; ou afirma apenas Deus, o Absoluto, e todo o resto nada mais é do que ilusões que Isto projeta em si mesmo ou em nós por uma inexplicável

Maya. Nenhuma dessas negações pode satisfazê-lo completamente, nenhuma resolve o inteiro problema ou pode ser indiscutível e definitiva — menos ainda aquela a que seu intelecto governado pelos sentidos é mais propenso, mas em que ele nunca pode persistir por muito tempo: porque negar Deus é negar sua verdadeira busca e seu supremo Último. Os períodos do ateísmo naturalista foram sempre breves porque nunca puderam satisfazer o conhecimento secreto no homem: isso não pode ser o *Veda* final porque não corresponde ao *Veda* interior que todo conhecimento mental labora para fazer emergir; no momento em que essa não correspondência é sentida, uma solução, por mais hábil e logicamente completa que seja, é julgada pela Testemunha eterna no homem e é condenada; ela não pode ser a última palavra do Conhecimento.

O ser humano, assim como é, não é suficiente a si mesmo; não é separado, nem tampouco é o Eterno e o Todo; em consequência, por si mesmo, ele não pode ser a explicação do cosmos do qual sua mente, sua vida e seu corpo são, de modo tão evidente, um detalhe infinitesimal. Ele descobre que o cosmos visível também não é suficiente a si mesmo e não explica a si próprio nem mesmo por suas forças materiais invisíveis; ele encontra muitas coisas nos dois, no mundo e em si mesmo, que estão além dessas forças e das quais elas parecem ser apenas um rosto, uma epiderme ou mesmo uma máscara. Nem seu intelecto, nem suas intuições, nem seus sentimentos podem ficar sem o Um ou uma Unidade com quem ou com o qual essas forças cósmicas e ele mesmo possam estabelecer alguma relação que os sustente e lhes dê significado. Ele sente que deve haver um Infinito que mantém esses finitos, está em todo esse cosmos visível, por trás desse cosmos e por toda parte, e é a base da harmonia, inter-relações e unidade essencial das coisas multiformes. Seu pensamento necessita um Absoluto do qual essas relatividades inumeráveis e finitas dependem para sua existência, uma Verdade última das coisas, um Poder ou uma Força criadores ou um Ser que origina e sustenta todas essas miríades de coisas no universo. Que o chame como quiser, ele deve chegar a um Supremo, Divino, Causa, um Infinito e Eterno, um Permanente, uma Perfeição em direção à qual tudo se dirige e aspira, ou a um Todo ao qual todas as coisas se elevam perpétua e invisivelmente, e sem o qual elas não poderiam ser.

No entanto, mesmo esse Absoluto o homem não pode realmente afirmar como algo em si à exclusão das outras duas categorias, pois isso significa apenas fugir impetuosamente do problema que ele está aqui para resolver, e ele mesmo e o cosmos continuarem a ser uma mistificação inexplicável ou um mistério sem propósito. Uma parte de seu intelecto e seu desejo de repouso podem ser apaziguados por uma tal solução, assim como sua inteligência física se satisfaz facilmente com uma negação do Além e a deificação da Natureza material; mas seu coração, sua vontade, as partes mais fortes e intensas de seu ser permanecem sem um sentido, vazias de propósito ou justificação, ou se tornam meramente uma insensatez, a agitar-se a esmo como uma sombra vã e inquieta que tem como fundo o eterno repouso da Existência pura ou em meio à inconsciência eterna do universo. Quanto ao cosmos, este conserva aí o caráter singular de uma mentira construída com cuidado pelo Infinito, uma anomalia monstruosamente agressiva e contudo não existente na realidade, um paradoxo doloroso e lamentável que apresenta espetáculos de maravilha, beleza e alegria fictícias. Ou então é o jogo gigantesco de uma Energia cega e organizada sem significado, e o ser do homem é uma anomalia minúscula e temporária que surge de modo incompreensível nessa vastidão sem sentido. Nessa via não há realização satisfatória para a consciência, para a energia que se manifestou no mundo e no ser humano: a mente necessita encontrar algo que ligue tudo, algo por meio do qual a Natureza realiza-se no homem e o homem realiza-se na Natureza, e ambos encontram-se em Deus, porque o Divino finalmente revela-se no homem e na Natureza.

Uma aceitação, uma percepção da unidade dessas três categorias é essencial ao Conhecimento: é à sua unidade, assim como à sua integralidade, que se abre a autoconsciência sempre mais vasta do indivíduo, e é a elas que essa consciência deve chegar para ser satisfeita e completa. Pois sem a realização da unidade, o Conhecimento de nenhuma das três pode ser completo; sua unidade é, para cada uma, a condição de sua própria integralidade. Do mesmo modo, é ao conhecer cada uma em sua totalidade que as três podem se encontrar em nossa consciência e tornarem-se una; é em um conhecimento total que todo saber torna-se uno e indivisível. De outro modo, é só pela divisão e rejeição de duas dentre elas que poderemos chegar a algum tipo de unidade. O homem deve, portanto, ampliar seu autoconhecimento, seu conhecimento do mundo e conhecimento de Deus até que, na totalidade desse conhecimento, perceba que essas categorias conectam-se mutuamente e são uma. Pois enquanto ele as conhecer só em parte, haverá uma incompletude que resultará em divisão, e enquanto ele não as realizar em uma unidade reconciliadora, não encontrará a verdade total delas ou os significados fundamentais da existência.

Isso não quer dizer que o Supremo não seja autoexistente e autossuficiente; Deus existe em Si mesmo e não em virtude do cosmos ou do homem, enquanto o homem e o cosmos existem em virtude de Deus e não em si mesmos, exceto quando seu ser é uno com o ser de Deus. Mas, ainda assim, eles são uma manifestação do poder de Deus, e mesmo em Sua existência eterna sua realidade espiritual deve, de algum modo, estar presente ou implícita, caso contrário eles não teriam a possibilidade de manifestar-se ou, se manifestados, não teriam significado. Aquilo que aparece aqui como ser humano é um ser individual do Divino; o Divino expandido na multiplicidade é o Self de todas as existências individuais;[1] além disso, é pelo conhecimento de seu self e do mundo que o homem chega ao conhecimento de Deus, e não pode alcançá-lo de outra maneira. Não é pela rejeição da manifestação de Deus, mas pela rejeição de sua própria ignorância dessa manifestação e das consequências de sua ignorância, que ele pode melhor elevar e oferecer a totalidade de seu ser, consciência, energia e alegria de ser à Existência Divina. Ele pode fazer isso por si mesmo, uma manifestação, ou por meio do universo, uma outra manifestação. Se chegar a isso apenas por si mesmo, ele poderá imergir ou absorver-se individualmente no Indefinível e assim perder o universo. Se chegar a isso, apenas pelo universo poderá imergir sua individualidade, seja na impersonalidade do ser universal, seja em um self dinâmico da Força-Consciente universal; ele se funde no self universal ou se torna um canal impessoal da Energia cósmica. Se chegar por meio de uma igual integralidade de ambos e, por meio deles e além deles, apreenderá todos os aspectos do Divino, ultrapassará ambos e os cumprirá ao ultrapassá-los: possuirá o Divino em seu ser e ao mesmo tempo será envolvido, penetrado, impregnado, possuído pelo Ser, Consciência, Luz, Poder, Deleite, Conhecimento Divinos; possuirá Deus em si mesmo e Deus no universo. O Todo-Conhecimento justifica ao homem sua criação do homem e, pelo homem tornado perfeito, justifica sua criação do mundo. Tudo isso se torna inteiramente real e efetivo pela ascensão a uma supranatureza supramental e suprema e a descida de seus poderes na manifestação; mesmo se essa consumação for ainda difícil e distante, o verdadeiro conhecimento pode tornar-se subjetivamente real por uma reflexão ou recepção espiritual na Natureza mental-vital-corporal.

Mas essa verdade espiritual e esse verdadeiro objetivo de seu ser só têm o direito de aparecer tarde em sua viagem, pois no início o trabalho preparatório do ser humano nas etapas evolutivas da Natureza é afirmar sua própria individualidade, torná-la distinta e rica, possuí-la de modo firme, poderoso e completo. Como consequência, ele deve no começo ocupar-se sobretudo de seu próprio ego. Nessa fase egoística de sua evolução, o mundo e os outros são menos importantes para ele do que ele mesmo; na verdade, estes são importantes apenas como ajudas e ocasiões para sua autoafirmação. Deus também, nesse estágio, é menos importante a seus olhos do que ele mesmo e, por isso, nas primeiras formações, nos níveis inferiores do desenvolvimento religioso, Deus, ou os deuses, eram tratados como se existissem para o homem, instrumentos supremos destinados à satisfação de seus desejos, a ajudá-lo em seus esforços para que o mundo onde vivia satisfizesse suas necessida-

---

1. *Eko vaśī sarvabhūtāntarātmā* — *Katha Upanishad*, II. 2. 12.

des, vontades e ambições. Esse desenvolvimento primário egoístico, com todas as suas transgressões, violências e grosserias, colocado em seu devido lugar não deve ser considerado de modo algum como um mal ou um erro da Natureza; ele é necessário ao primeiro trabalho do ser humano: descobrir sua própria individualidade e desembaraçá-la perfeitamente do subconsciente inferior onde o indivíduo é dominado pela consciência de massa do mundo e sujeito inteiramente aos mecanismos da Natureza. O homem individual deve afirmar, definir sua personalidade por oposição à Natureza, ser poderosamente ele mesmo, desenvolver todas as suas capacidades humanas de força, conhecimento e satisfação a fim de devolvê-las à Natureza e ao mundo, sempre com mais domínio e força; seu egoísmo discriminatório lhe é dado como um meio para esse propósito fundamental. Até que não tenha desenvolvido assim sua individualidade, personalidade, capacidade independente, ele não estará pronto para a obra maior à sua frente ou para dirigir com sucesso suas faculdades em direção a fins mais altos, mais vastos e mais divinos. Ele deve afirmar-se na Ignorância antes de poder aperfeiçoar-se no Conhecimento.

Pois o início do emergir evolutivo a partir do Inconsciente é elaborado por duas forças: uma consciência cósmica secreta e uma consciência individual manifestada na superfície. A consciência cósmica secreta mantém-se secreta e subliminar para o indivíduo que vive à superfície, onde ela se organiza pela criação de objetos e seres separados. Mas enquanto organiza o objeto separado e o corpo e a mente do ser individual, ela cria também poderes coletivos de consciência que são vastas formações subjetivas da Natureza cósmica, mas não lhes fornece uma mente e um corpo organizados; lhes dá como base o grupo de indivíduos, desenvolve para eles uma mente grupal, um corpo grupal, que muda e, no entanto, é contínuo. Assim, é só quando os indivíduos se tornam mais e mais cônscios que o ser-de-grupo também se torna mais e mais cônscio; o crescimento do indivíduo é o meio indispensável para o crescimento interno, diferente da força e da expansão externas do ser coletivo. Essa é, na verdade, a dupla importância do indivíduo: por meio dele o espírito cósmico organiza suas unidades coletivas e faz com que se expressem e progridam; por meio dele o espírito cósmico eleva a Natureza da Inconsciência à Supraconsciência, e a engrandece até que ela se encontre com o Transcendente. Na massa, a consciência coletiva é próxima do Inconsciente; tem um movimento subconsciente, obscuro e mudo que necessita do indivíduo para se expressar, para vir à luz, organizar-se e tornar-se eficaz. A consciência de massa deixada a si mesma move-se por um impulso vago, semiformado ou não formado, subliminar e em geral subconsciente, que sobe à superfície. É propensa a uma unanimidade cega ou semicega que sufoca o indivíduo no movimento comum: se ela pensa é por lemas, *slogans*, divisas, seguindo as ideias comuns grosseiras ou estabelecidas, as noções tradicionais aceitas, costumeiras; ela age, quando não por instinto ou impulso, seguindo a lei do bando, a mentalidade do rebanho, a lei-tipo. Essa consciência, vida e ação de massa podem ser extraordinariamente efetivas se encontram um indivíduo (ou alguns indivíduos poderosos) para dar-lhes forma, expressá-las, organizá-las; seus bruscos movimentos de multidão podem também mostrar-se irresistíveis no momento, como a moção de uma avalanche ou a investida de uma tempestade. A supressão ou a completa subordinação do indivíduo à consciência da massa podem proporcionar uma grande eficiência prática a uma nação ou uma comunidade se o ser coletivo subliminar chega a construir uma tradição vinculadora ou encontra um grupo, uma classe, um chefe para encarnar seu espírito e direção; por trás da força dos poderosos estados militares, das comunidades com uma cultura tensa e austera e imposta rigidamente a seus indivíduos, do sucesso dos grandes conquistadores, havia esse segredo da Natureza. Mas esta é uma eficiência da vida exterior, e esta vida não é nem a mais alta nem o último termo de nosso ser. Há uma mente em nós, há uma alma e um espírito, e nossa vida não terá um valor verdadeiro se não houver nela uma consciência que cresce, uma mente que se desenvolve, e se a vida e a mente não forem uma expressão, um instrumento, um meio de liberação e efetuação para a alma, para o Espírito imanente.

Mas o progresso da mente, o crescimento da alma, mesmo da mente e alma da coletividade, dependem do indivíduo, que deve ter liberdade e independência suficientes, e de seu poder próprio para expressar e manifestar o que ainda não é expresso na massa, não evoluiu do subconsciente ou não emergiu de dentro ou ainda não foi trazido das alturas da Supraconsciência. A coletividade é uma massa, um campo de formação; o indivíduo é aquele que adivinha a verdade, que dá forma, o criador. Na multidão, o indivíduo perde sua direção interior e torna-se uma célula do corpo da massa, movido pela ideia ou pela vontade coletivas ou pelo impulso da massa. Ele deve manter-se à parte, afirmar sua realidade separada no todo, afirmar sua própria mente que emerge da mentalidade comum, sua própria vida que se distingue da uniformidade da vida comum, assim como seu corpo desenvolveu algo de único e reconhecível na natureza física comum. Ele deve mesmo, no final, retirar-se em seu interior para encontrar-se, e é só quando se encontrou que pode tornar-se espiritualmente um com todos; se tenta realizar essa unidade na mente, no vital, no físico, antes que sua individualidade seja forte o suficiente, ele pode ser dominado pela consciência da massa e perder aquilo que sua alma, mente e vida realizaram, para tornar-se apenas uma célula do corpo da massa. O ser coletivo pode então tornar-se forte e dominante, mas corre o risco de perder sua plasticidade, seu movimento evolutivo: os grandes períodos evolutivos da humanidade nasceram em comunidades onde o indivíduo tornou-se ativo e cheio de vida, mental, vital ou espiritualmente. Por essa razão, a Natureza inventou o ego, para que o indivíduo possa desprender-se da inconsciência ou subconsciência da massa e tornar-se uma mente, poder vital, alma, espírito, independentes e vívidos, coordenando-se com o mundo em torno de si, mas sem imergir nele, sem perder sua existência e eficácia. Pois o indivíduo é, de fato, parte do ser cósmico, mas é também algo mais, é uma alma que desceu da Transcendência. Isso ele não pode manifestar de imediato porque está muito próximo da Inconsciência cósmica e não próximo o bastante da Supraconsciência original; deve descobrir-se como ego mental e vital antes de poder descobrir-se como alma ou espírito.

Contudo, encontrar sua individualidade egoística não é conhecer-se; o indivíduo espiritual verdadeiro não é o ego da mente, o ego da vida, o ego do corpo: esse primeiro movimento é, antes de tudo, um trabalho da vontade, do poder, da autoefetuação egoística, e apenas em segundo lugar, um trabalho de conhecimento. Portanto, deve vir um tempo em que o homem vai ter que olhar abaixo da superfície obscura de seu ser egoísta e tentar conhecer-se; deve ir em busca do homem real. Sem isso, se deteria na educação elementar da Natureza e nunca passaria ao seu ensinamento mais profundo e vasto; por maior que fossem seu conhecimento e sua eficiência práticos, ele seria apenas um pouco superior aos animais. Primeiro, ele deve voltar seu olhar para sua própria psicologia e identificar seus elementos naturais — o ego, a mente e seus instrumentos, a vida, o corpo — até descobrir que sua inteira existência não pode ser explicada pelo simples funcionamento dos elementos naturais, nem suas atividades terem como objetivo uma autoafirmação e uma satisfação egoísticas. Essa outra explicação, esse outro objetivo, ele pode buscá-los na Natureza e na humanidade, e assim começar seu caminho em busca de sua unidade com o resto do mundo; pode buscá-los na supranatureza, em Deus, e assim começar seu caminho em busca de sua unidade com o Divino. Praticamente, ele tenta os dois caminhos e, em uma hesitação constante, busca de maneira contínua fixar-se nas soluções sucessivas que estejam mais de acordo com as descobertas parciais variadas que fez em sua linha dupla de busca e descoberta.

Mas nessa etapa e por meio disso tudo, o que ele insistentemente busca ainda descobrir, conhecer e cumprir é a si mesmo; seu conhecimento da Natureza, seu conhecimento de Deus são só ajudas para o autoconhecimento, para a perfeição de seu ser, para alcançar o supremo objeto de sua própria existência individual. Voltadas em direção à Natureza e ao cosmos essas ajudas podem tomar o aspecto do autoconhecimento, do autodomínio — no sentido mental e vital — e domínio do mundo onde nos encontramos; voltadas para Deus, elas podem também tomar esse aspecto, mas com um sentido espiritual mais alto, do mundo e do self; ou podem tomar essa outra forma, tão familiar e determinante para a mente religiosa: a busca de uma salvação individual, nos céus além ou por uma imersão separada em um supremo Self ou um supremo Não-Self — beatitude ou Nirvana. Contudo, o tempo todo, é o indivíduo em busca do autoconhecimento individual e do objetivo de sua existência separada; todo o resto, mesmo altruísmo, amor e serviço para a humanidade, anulação, autoaniquilação, faz parte disso — sob qualquer disfarce, por mais sutil que seja —, como ajudas e meios em direção a essa única e grande preocupação: realizar sua individualidade. Isso pode parecer apenas um egoísmo expandido e o ego separador seria então a verdade do ser do homem, persistente nele até o fim ou ao menos até que ele seja liberado disso pela autoextinção na eternidade sem feições do Infinito. Mas por trás há um segredo mais profundo que justifica sua individualidade e a exigência dela: o segredo do indivíduo espiritual e eterno, o Purusha.

É porque há essa Pessoa espiritual, essa Divindade no indivíduo, que a perfeição ou a liberação — a salvação, como é chamada no Ocidente — deve ser individual e não coletiva. Toda perfeição da coletividade que se possa buscar só pode vir, com efeito, da perfeição dos indivíduos que a constituem. É porque o indivíduo é Isto, que encontrar-se é sua grande necessidade. Em sua completa submissão e dom de si ao Supremo, é seu próprio self que ele descobre, em um perfeito oferecimento. Na abolição do ego mental, vital, físico e mesmo do ego espiritual, é o Indivíduo sem forma e sem limites que tem a paz e a alegria de sua evasão em sua própria infinidade. Na experiência de que ele não é nada nem ninguém ou que é tudo e cada um ou que é o Um absoluto, além de todas as coisas, é Brahman no indivíduo que efetua essa prodigiosa fusão, essa maravilhosa união — Ioga — dessa eterna entidade de ser com sua unidade de existência eterna que, vasta, contém tudo ou, suprema, transcende tudo. Ir além do ego é imperativo, mas não se pode ir além do self — a menos que se possa descobri-lo de um modo supremo, universal. Porque o self não é o ego; ele é um com o Todo e com o Um, e ao encontrá-lo é o Todo e o Um que descobrimos em nosso self; a contradição e a separação desaparecem, mas o self, a realidade espiritual, continua unido ao Um e ao Todo por esse desaparecimento liberador.

O autoconhecimento superior começa, portanto, logo que o ser humano consegue ir além de sua preocupação com a relação entre seu ser superficial, seu self mais aparente, e a Natureza e Deus. Um primeiro passo é saber que essa vida não é tudo, conceber sua própria eternidade temporal, tornar-se concretamente consciente dessa persistência subjetiva que é chamada a imortalidade da alma, e realizá-la. Quando sabe que há estados além do estado material e vidas por trás e adiante dele, em todo caso uma existência precedente e uma subsequente, ele está a caminho de desembaraçar-se de sua ignorância temporal e alargar-se além dos momentos imediatos do Tempo até possuir sua própria eternidade. A etapa seguinte consiste em aprender que seu estado superficial desperto é apenas uma pequena parte de seu ser, e começar a sondar o abismo do Inconsciente e as profundezas do subconsciente e do subliminar e subir gradualmente as alturas do supraconsciente; assim, ele começa a desfazer-se de sua ignorância psicológica. Uma terceira etapa é descobrir que há nele algo diferente de sua mente, vida e corpo instrumentais — não apenas uma alma individual e eterna que se desenvolve sem cessar e sustenta sua natureza, mas um self, um espírito eterno e imutável — conhecer as categorias de seu ser espiritual até descobrir que tudo nele é uma expressão do espírito, e distinguir a ligação entre sua existência inferior e sua existência superior; dessa maneira, ele começa a desfazer-se de sua autoignorância constitutiva. Descobrindo o self e o espírito, descobre Deus; percebe que há um Self para além do temporal e vê que esse Self na consciência cósmica é a Realidade divina por trás da Natureza e desse mundo de seres; sua mente abre-se ao pensamento ou à sensação do Absoluto, do qual o self, o indivíduo e o cosmos são tantas faces; a ignorância cósmica, a ignorância egoística, a ignorância original começam a perder a rigidez do domínio sobre ele. Na tentativa de plasmar sua existência no modelo desse autoconhecimento alargado, toda a sua percepção e motivação de vida, todo o seu pensamento e ação são modificados de modo progressivo e transformados; sua ignorância prática de si mesmo, de sua natureza e do objetivo de sua existência, diminui; ele está decididamente no caminho que, da falsidade e sofrimento de uma existência parcial, conduz à posse e à alegria perfeitas de uma existência verdadeira e completa.

No decorrer dessa progressão, ele descobre passo a passo a unidade das três categorias com as quais começou. De fato, primeiro descobre que em seu ser manifestado ele é um com o cosmos e a Natureza. A mente, a vida e o corpo, a alma na sucessão do Tempo, o consciente, o subconsciente e o supraconsciente — em suas relações variadas e no resultado de suas relações — são o cosmos e a Natureza. Mas ele descobre também que em tudo que se mantém por trás dessas coisas ou naquilo em que elas repousam, ele é um com Deus, pois o Absoluto, o Espírito, o Self sem espaço e sem tempo, o Self manifestado no cosmos e Senhor da Natureza, tudo isso é o que entendemos por Deus e em tudo isso seu próprio ser retorna a Deus e deriva dele. O ser humano é o Absoluto, o Self, o Espírito projetado em uma multiplicidade de si mesmo no cosmos e velado na Natureza. Em ambas realizações, ele encontra sua unidade com todas as outras almas e seres, de maneira relativa na Natureza — visto que é um com essas almas e seres em sua mente, vitalidade, matéria, alma e em cada princípio e resultado cósmicos, apesar da variedade de energias e de atos de energia, das disposições de princípio e disposições de resultado —, mas de maneira absoluta em Deus, porque o Absoluto único, o Self único, o Espírito único é sempre o Self de todos e a origem, aquele que possui suas inumeráveis diversidades e deleita-se com elas. A unidade entre Deus e a Natureza não pode deixar de manifestar-se ao ser humano, pois ele finalmente descobre que o Absoluto é todas essas relatividades: ele vê que todos os outros princípios são uma manifestação do Espírito; descobre que é o Self que se tornou todos esses devires; sente que é a Shakti, ou Poder de Ser e consciência do Senhor de todos os seres, que é a Natureza e age no cosmos. Assim, no progresso de nosso autoconhecimento, chegamos àquilo pela descoberta de que tudo é conhecido como um com nosso self, e pela posse de que tudo é possuído, e encontramos nossa alegria em tudo, em nossa própria existência essencial.

Igualmente, em virtude dessa unidade, o conhecimento do universo deve conduzir a mente do ser humano à mesma vasta revelação. Pois ele não pode conhecer a Natureza como Matéria, Força e Vida sem ser levado a examinar a relação da consciência mental com esses princípios, e uma vez que conhece a natureza real da mente, deve inevitavelmente ir além de cada aparência de superfície. Deve descobrir a vontade e a inteligência secretas nas operações da Força que opera nos fenômenos materiais e vitais; percebê-la como a mesma, na consciência de vigília, no subconsciente e no supraconsciente: deve encontrar a alma no corpo do universo material. Perseguindo a Natureza por meio dessas categorias em que reconhece sua unidade com o resto do cosmos, ele encontra uma Supranatureza por trás de tudo que é aparente, um poder supremo do Espírito no Tempo e além do Tempo, no Espaço e além do Espaço, um Poder consciente do Self que, por ela, torna-se todos os devires, um poder do Absoluto que, por ela, manifesta todas as relatividades. Em outras palavras, ele conhece a Supranatureza não só como Energia material, Força-Vida, Energia-Mente, essas múltiplas faces da Natureza, mas também como poder do Conhecimento-Vontade do Divino Senhor do ser, como Consciência-Força do Eterno e Infinito autoexistente.

Em sua busca de Deus, que no final torna-se a mais ardente e fascinante de todas as suas buscas, o ser humano começa com suas primeiras, vagas interrogações sobre a Natureza e um sentido de algo não visível nele mesmo e nela. Mesmo se, como a ciência moderna insiste, a religião começou com o animismo, o culto dos espíritos e demônios e a deificação das forças naturais, essas primeiras formas apenas encarnam, em representações primitivas, uma intuição velada no subconsciente, um sentimento obscuro e ignorante de influências ocultas e forças incalculáveis ou a percepção vaga de um ser, vontade, inteligência, naquilo que nos parece inconsciente, o pressentimento do invisível por trás do visível, do espírito secretamente consciente nas coisas, distribuindo-se em cada operação de energia. A obscuridade e a insuficiência primitiva das primeiras percepções não diminuíram o valor ou a verdade dessa grande busca do coração e da mente humanos, visto que todas as nossas buscas — incluindo a própria ciência — devem partir de uma percepção obscura e ignorante de realidades escondidas e prosseguir para uma visão cada vez mais luminosa da Verdade que, no início, nos chega mascarada, velada, envolta nas brumas da Ignorância. O antropomorfismo é um reconhecimento, por meio de imagens, dessa verdade: o homem é o que é porque Deus é o que é e há uma só alma e um só corpo de coisas; a humanidade, mesmo em sua incompletude, é a manifestação mais completa já realizada aqui e a divindade é a perfeição daquilo que no homem é imperfeito. Que ele vê a si mesmo em todo lugar e adora isso como Deus é também verdade; mas, aqui também, ele confusamente pôs a mão tateante da Ignorância em uma verdade — seu ser e o Ser são um, que isso é um reflexo parcial d'Isto e encontrar seu Self maior em todo lugar é encontrar Deus e aproximar-se da Realidade nas coisas, a Realidade de toda existência.

Uma unidade por trás da diversidade e da discórdia é o segredo da variedade das religiões e filosofias humanas, pois todas conseguem ter certa imagem, receber uma indicação indireta, tocar algum fragmento da Verdade única ou perceber um de seus inumeráveis aspectos. Quer vejam confusamente o mundo material como o corpo do Divino, a vida como uma grande pulsação do sopro da Existência Divina ou todas as coisas como pensamentos da Mente cósmica ou se deem conta de um Espírito que lhes é superior e mais sutil, que é contudo mais maravilhoso, fonte e criador delas; quer encontrem Deus apenas no Inconsciente ou como a Consciência única nas coisas inconscientes ou como uma Existência supraconsciente inefável que só podemos alcançar se abandonarmos nosso ser terrestre e anularmos nossa mente, vida e corpo, ou, ultrapassando a divisão, ao vermos que Ele é tudo isso ao mesmo tempo e aceitarmos corajosamente as vastas consequências dessa visão; quer elas O adorem com universalidade como o Ser cósmico ou O limitem, e a si mesmas, só à humanidade como o positivista ou que, ao contrário, arrebatadas pela visão do Imutável atemporal e sem espaço, O rejeitem na Natureza e no Cosmos; quer O adorem sob variadas formas, estranhas ou belas ou magnificadas, do ego humano ou porque Ele possui à perfeição as qualidades a que os homens aspiram, sua Divindade revelada a elas como Poder, Amor, Beleza, Verdade, Justiça e Sabedoria supremos; quer elas O percebam como Senhor da Natureza, Pai e Criador ou como a própria Natureza e a Mãe universal; quer n'Ele elas persigam o Amante que atrai as almas ou servindo-O como o Mestre secreto de todas as obras, quer se inclinem diante do Deus único ou da Divindade múltipla, diante do Homem divino único ou diante do divino único em todos os seres humanos ou, com mais amplitude, descubram o Um cuja presença nos permita unificarmo-nos na consciência, ações e vida com todos os seres, unificarmo-nos com todas as coisas no Tempo e no Espaço, com a Natureza e suas influências e mesmo com suas forças inanimadas — a verdade por trás deve ser sempre a mesma, porque tudo é o Divino Infinito único que todas buscam. Uma vez que tudo é esse Um, deve haver essa variedade sem-fim na abordagem humana para possuí-Lo; foi necessário que o homem encontrasse Deus em toda sua diversidade a fim de poder conhecê-Lo inteiramente. Mas é quando o conhecimento alcança seus aspectos mais elevados que ele pode chegar à sua unidade maior. A visão mais alta e vasta é, também, a mais sábia, porque então todo conhecimento é unificado em seu significado único e abrangente. Todas as religiões são vistas como maneiras diferentes de tratar uma Verdade única, todas as filosofias são como pontos de vista divergentes que olham lados diferentes de uma só Realidade, todas as ciências se encontram em uma Ciência suprema, pois isso que nosso conhecimento mental e sensorial e nossa visão supramental buscam encontra-se integralmente na unidade de Deus, homem e Natureza e em tudo o que há na Natureza.

Brahman, o Absoluto, é o Espírito, o Self atemporal, o Self que possui o tempo, Senhor da Natureza, criador e continente do cosmos e imanente em todas as existências, a Alma da qual todas as almas derivam e para quem são atraídas — essa é a verdade do Ser segundo a concepção mais alta de Deus que o homem pode conceber. O mesmo Absoluto revelado em todas as relatividades, o próprio Espírito que se encarna na Mente, Vida e Matéria cósmicas e cuja Natureza é o self de energia, de modo que tudo que ela parece criar é o Self, o Espírito que, em Seu ser, manifesta-se variadamente à Sua força consciente para o deleite de Sua existência variada — essa é a verdade do ser à qual o conhecimento da Natureza e do cosmos conduz o homem e que ele alcançará quando seu conhecimento da Natureza unir-se ao seu conhecimento de Deus. Essa verdade do Absoluto justifica os ciclos do mundo; não é sua negação. Foi o Self-Ser que se tornou todos esses devires; o Self é a unidade eterna de todas essas existências — Eu sou Ele. A energia cósmica não é diferente da força consciente desse Autoexistente: devido a essa energia, Ele assume, por meio da natureza universal, inumeráveis formas de si mesmo; e por sua natureza divina, Ele pode, abraçando o universal, mas transcendendo-o, chegar, por meio dessas formas, à posse individual de sua existência completa, quando sua presença e seu poder são sentidos em cada um, em todos e nas relações de cada um com o todo — essa é a verdade do ser para o qual se eleva, ampliando-se, o inteiro conhecimento que o homem tem de si mesmo em Deus e na Natureza. Um conhecimento tri-uno — o conhecimento completo de Deus, o conhecimento completo de si mesmo, o conhecimento completo da Natureza — lhe dá seu objetivo superior; esse conhecimento outorga um sentido vasto e completo ao labor e esforço da humanidade. A unidade consciente dos três, Deus, Alma e Natureza em sua própria consciência é o fundamento seguro de sua perfeição e sua realização de todas as harmonias: isso será seu estado mais alto e vasto, o estado próprio a uma consciência e uma vida divinas, e seu início será o ponto de partida para a inteira evolução de seu autoconhecimento, conhecimento do mundo e conhecimento de Deus.

# CAPÍTULO XVIII

# O PROCESSO EVOLUTIVO — ASCENSÃO E INTEGRAÇÃO

*Na medida em que ele se eleva de cume a cume, [...] Indra torna-o consciente do objetivo de seu movimento.*

*Rig Veda*, I. 10. 2.

*Filho de duas Mães, ele alcança a realeza em suas descobertas do conhecimento, move-se sobre o cimo, habita em seu alto fundamento.*

*Rig Veda*, III. 55. 7.

*Da terra me elevei ao mundo do meio; do mundo do meio me elevei aos céus, do plano do firmamento celeste eu fui até o mundo do Sol, da Luz.*[1]

*Yajur Veda*, 17, 67.

Uma vez que já formamos uma ideia bastante clara do significado da manifestação evolutiva na natureza terrestre e da orientação final que ela segue ou é destinada a seguir, é possível e necessário observar e compreender melhor os princípios do processo pelos quais essa evolução chegou ao seu nível atual e que, provavelmente, quaisquer que sejam as modificações, governará e tornará efetiva a passagem de nossa ignorância mental ainda predominante a uma consciência supramental e um conhecimento integral. Pois descobrimos que a Natureza cósmica é constante em sua lei geral de ação, uma vez que depende de uma Verdade das coisas que é invariável em princípio, embora com uma abundante variação nos detalhes de sua aplicação. Visto que essa evolução parte de uma Inconsciência material para che-

---

1. Os quatro planos: Matéria, Vida, Pura Mente e Supramente.

gar à consciência espiritual — o Espírito construindo-se evolutivamente em uma base de Matéria —, podemos ver facilmente um processo de desenvolvimento que apresenta, desde o início, um caráter triplo. Uma evolução de formas de Matéria, organizadas de maneira cada vez mais sutil e complexa a fim de permitir a ação de uma organização de consciência crescente, cada vez mais complexa, sutil e eficaz, é a base física indispensável. Um progresso evolutivo ascendente da própria consciência, de grau em grau, uma ascensão, é a espiral evidente ou a curva emergente que, dessa base, a evolução deve descrever. Uma incorporação, em cada grau superior, do que já foi evoluído e uma transformação mais ou menos completa para permitir a mudança total do funcionamento de todo o ser e de toda a natureza, uma integração, deve também fazer parte do processo, se a evolução deve ser efetiva.

O fim desse processo triplo deve ser uma mudança radical da ação da Ignorância para uma ação de Conhecimento, de nossa base de inconsciência a uma base de completa consciência — uma completude que no presente existe só naquilo que para nós é a supraconsciência. Cada ascensão trará consigo uma mudança parcial, uma modificação da antiga natureza, assimilada e submetida a um novo princípio fundamental; a inconsciência tornar-se-á uma consciência parcial, uma ignorância que busca sempre mais conhecimento e mestria: mas em certo ponto deve haver uma ascensão que substitui a inconsciência e ignorância pelo princípio de conhecimento, aquele de uma consciência fundamental verdadeira, a consciência do Espírito. Uma evolução na Inconsciência é o começo, uma evolução na Ignorância é o meio, mas o fim é a liberação do Espírito em sua consciência verdadeira e uma evolução no Conhecimento. Como podemos constatar, essa é, de fato, a lei, o método, do processo que foi seguido até agora, e tudo parece indicar que a Natureza evolutiva o seguirá em suas operações futuras. Um primeiro fundamento involutivo no qual se origina tudo o que deve evoluir, o emergir e a ação dos poderes involuídos nesse fundamento — ou baseados nele — em uma série ascendente, e, no alto, o emergir do poder mais elevado de todos, agente de uma manifestação suprema, são as etapas necessárias da viagem da Natureza evolutiva.

Um processo evolutivo deve ser, pelos próprios termos do problema a ser resolvido, um desenvolvimento — em um primeiro princípio de ser ou de substância estabelecido, fundamental — de algo que esse princípio fundamental mantém involuído em si mesmo ou então aceita de fora e modifica ao aceitá-lo; pois deve necessariamente modificar, pela lei de sua natureza, tudo o que entra nele e já não faz parte de sua natureza. Isso deve ser assim, mesmo se for uma evolução criadora, no sentido de que manifestaria sempre poderes novos de existência que não são nativos do primeiro fundamento, mas foram aí introduzidos, aceitos em uma substância original.

Se, ao contrário, o novo princípio ou o novo poder de existência que deve evoluir encontra-se já involuído — presente no primeiro fundamento, mas não ainda manifestado, ou não ainda organizado — então, quando aparecer, deverá ainda aceitar a modificação imposta pela natureza e a lei da substância de base; mas ele modificará também essa substância pelo seu próprio poder, pela lei de sua natureza. Se, além disso, ele for ajudado por uma descida de seu próprio princípio, já estabelecido em toda sua força acima do campo da evolução e que pressiona esse campo para possuí-lo, então o novo poder poderá mesmo estabelecer-se como um elemento dominante e mudar de modo considerável ou radical a consciência e a ação do mundo onde emerge ou entra. Mas sua força para modificar, mudar ou revolucionar a lei e o funcionamento da substância original escolhida como matriz da evolução dependerá de sua própria potência essencial. Não é provável que possa suscitar uma transformação completa se ele próprio não for o Princípio original da Existência, se for apenas um derivado, um poder instrumental e não a potência primeira.

Aqui, a evolução acontece em um universo material; o fundamento, a substância original, o primeiro estado das coisas, estabelecido e que condiciona tudo, é a Matéria. A Mente e a Vida evoluíram na Matéria, mas são limitadas e modificadas em sua ação pela obrigação de usar a substância dela para elaborar seus instrumentos e pela submissão à lei da Natureza material, mesmo enquanto modificam aquilo a que estão sujeitas e o utilizam. Pois, na realidade, a Mente e a Vida transformam a substância material, primeiro em substância viva e depois em substância consciente; conseguem mudar a inércia da Matéria, sua imobilidade e inconsciência em um movimento de consciência, sentimento e vida. Mas não conseguem transformá-la de maneira completa; não podem torná-la inteiramente viva nem inteiramente consciente: a natureza vital evolutiva é ligada à morte; a mente evolutiva é materializada assim como vitalizada; ela mesma encontra-se enraizada na inconsciência, limitada pela ignorância, movida por forças vitais incontroladas que a conduzem e utilizam, mecanizada pelas forças físicas de que depende para expressar-se. Esse é um sinal de que nem a Mente nem a Vida são o Poder criador original; como a Matéria, elas são intermediárias, instrumentos sucessivos e em série, do processo evolutivo. Se uma energia material não é esse Poder original, então devemos buscá-lo em algo acima da Mente ou da Vida; deve haver aí uma Realidade oculta mais profunda que deve ainda revelar-se na Natureza.

Deve haver aí um Poder criador ou evolutivo original; embora a Matéria seja a substância primeira, o Poder original e último não é uma Energia material inconsciente, porque então vida e consciência estariam ausentes, visto que Inconsciência não pode produzir consciência e nem uma Força inanimada pode produzir vida.

Portanto, uma vez que Mente e Vida também não são isso, deve haver aí uma Consciência secreta maior do que a Consciência da Vida ou da Consciência da Mente, uma Energia mais essencial do que a Energia material: maior do que a Mente, ela deve ser uma Consciência-Força supramental; por ser um poder de substância essencial diferente da Matéria, ela deve ser o poder daquilo que é a essência e a substância supremas de todas as coisas, um poder do Espírito. Há uma energia criadora da mente e uma Força-Vida criadora, mas estas são instrumentais e parciais, não originais e decisivas; a Mente e a Vida sem dúvida modificam a substância material em que habitam e suas energias, e não são simplesmente determinadas por elas, mas a extensão e o modo dessa modificação e determinação materiais são fixados pelo Espírito que habita tudo e contém tudo, por meio de uma luz e uma força interiores secretas da Supramente, uma gnose oculta — um autoconhecimento invisível e um conhecimento de tudo. Se deve haver uma transformação completa, só pode ser pelo emergir total da lei do Espírito; seu poder, que é o da supramente ou gnose, deve ter penetrado na Matéria e deve evoluir na Matéria. Ele deve mudar o ser mental no ser supramental, tornar consciente o inconsciente em nós, espiritualizar nossa substância material, estabelecer sua lei de consciência gnóstica na totalidade de nossa natureza e ser evolutivos. Esse deve ser o emergir culminante, ou ao menos essa etapa do emergir que mudará de modo decisivo a natureza da evolução, ao transformar sua ação de Ignorância e sua base de Inconsciência.

Esse movimento de evolução, de uma automanifestação progressiva do Espírito em um universo material, deve, a cada passo, considerar o fato de que a consciência e a força estão involuídas na forma e atividade da substância material. Pois ele procede pelo despertar da consciência e força involuídas e sua ascensão, de princípio a princípio, grau em grau, poder em poder do Espírito secreto, mas isso não é uma transferência livre a um estado mais alto. Quando emerge, a lei da ação, a força da ação de cada grau ou poder, é determinada não pela lei livre, completa e pura de sua natureza ou pelo vigor de sua energia, mas em parte pela organização material que lhe é fornecida e em parte pelo seu próprio estado — o nível alcançado, a realização de sua consciência, que ele pôde impor à matéria. Sua efetividade é, de algum modo, feita de um equilíbrio entre a extensão real desse emergir evolutivo e a medida na qual o poder emergente é ainda envolvido, penetrado, reduzido pela dominação e o poder contínuo que a Inconsciência exerce sobre ele. A mente, assim como a vemos, não é uma mente pura e livre, mas uma mente nublada e diminuída por uma insciência que a envolve, uma mente laborando e esforçando-se para que o conhecimento seja liberado dessa insciência. Tudo depende do estado, do grau de involução e de evolução da consciência — no início completamente involuída na matéria inconsciente, ela hesita na borda que separa a involução da evolução consciente nas primeiras formas não animais da vida na matéria; depois, começa a evoluir conscientemente, mas muito limitada e dificultada na mente alojada em um corpo vivo, destinada à sua evolução plena quando a supramente despertar no ser mental e na natureza mental encarnados.

Nessa série, para cada grau que a Consciência atinge em sua evolução corresponde uma categoria apropriada de existências: formas e forças materiais, vida vegetal, animais e o homem semianimal, seres humanos desenvolvidos, seres espirituais imperfeitamente evoluídos ou mais evoluídos aparecem sucessivamente; mas como o processo evolutivo é contínuo, não há uma separação rígida entre eles; cada novo avanço ou formação retoma o que havia antes. O animal integra em si mesmo a Matéria viva e a Matéria inanimada; o ser humano integra ambas, ao mesmo tempo que a existência animal. Existem sulcos deixados pelo processo de transição ou demarcações separadoras estabelecidas pelos hábitos fixos da Natureza: mas estes distinguem uma série da outra, servem talvez para evitar um retrocesso do que já evoluiu, mas não anulam nem rompem a continuidade da evolução. Em sua evolução, a Consciência passa de um grau a outro ou de uma série de etapas a outra, seja por um processo imperceptível, seja mediante um salto, uma crise ou, talvez, uma intervenção do alto — uma descida ou uma união com a alma ou a influência de planos mais altos da Natureza. Mas, qualquer que seja o meio, a Consciência que secretamente habita na Matéria, o Habitante oculto, pode assim elevar-se das gradações mais baixas até as mais altas, integrando o que ele era ao que ele é e preparando-se para integrar ambos naquilo que será. Assim, tendo primeiro estabelecido as bases de um ser material, de formas, forças, existências materiais nas quais ela parece repousar inconsciente — embora na realidade, como sabemos agora, esteja sempre em ação de modo subconsciente —, a Consciência pode manifestar a vida e seres vivos, manifestar a mente e seres mentais em um mundo material, e deve, portanto, ser capaz de manifestar aí a Supramente também e seres supramentais. Assim se realizou o estado atual da evolução, da qual o ser humano parece ser agora o ponto culminante; mas não é o real, o cume último, pois ele mesmo é um ser de transição e se mantém no ponto crítico de todo o movimento. A evolução, por ser assim contínua, deve ter a todo momento um passado cujos resultados fundamentais estejam ainda em evidência, um presente em que os resultados que ela se esforça para produzir estejam em processo de devenir e um futuro em que poderes e formas de ser ainda não evoluídos deverão aparecer até que a manifestação seja completa e perfeita. O passado foi a história de um trabalho subconsciente lento e difícil que produziu efeitos na superfície — essa foi uma *evolução inconsciente*; o presente é um estado intermediário, uma espiral incerta na qual a inteligência humana é usada pela Força evolutiva secreta do ser e participa à sua ação sem ser completamente tomada em consideração — é uma evolução que se torna lentamente consciente de si mesma; o futuro deve ser uma evolução cada vez mais consciente do ser espiritual, até que este seja completamente liberado e aja em sua plena consciência pelo emergir do princípio gnóstico.

O primeiro fundamento nesse emergir, a criação de formas de Matéria — uma Matéria primeiro inconsciente e inanimada, depois viva e pensante, o aparecimento de corpos sempre mais organizados e adaptados para expressar um poder maior da consciência — foi estudada pela ciência do ponto de vista físico, o da construção de formas; mas muito pouca luz foi lançada sobre o aspecto interior, o aspecto da consciência, e o pouco que foi observado é, antes, sua base e sua instrumentação físicas do que as operações progressivas da Consciência em sua própria natureza. Na evolução, assim como foi observado até agora, embora haja uma continuidade — pois a Vida integra a Matéria, e a Mente integra a Vida submental, a Mente de inteligência integra a mente vital e a mente sensorial — o salto de um grau de consciência a um outro na série parece imenso aos nossos olhos; a travessia sobre o abismo, quer lançando uma ponte, quer saltando-o, parece impossível; fomos incapazes de descobrir uma evidência concreta e satisfatória de que isso foi cumprido no passado ou de que modo se cumpriu. Mesmo na evolução exterior, no desenvolvimento de formas físicas em que os dados estão claramente em evidência, faltam elos, que continuam sem ser encontrados; mas na evolução da consciência a passagem é ainda mais difícil de explicar, porque parece mais uma transformação do que uma passagem. É possível, no entanto, que pela nossa incapacidade de entrar no subconsciente, de sondar o submental ou de compreender o suficiente uma mentalidade inferior diferente da nossa, sejamos incapazes de observar as minúsculas gradações, não apenas em cada grau da série, mas também nas fronteiras entre um grau e outro: o cientista que observa de modo minucioso os dados físicos foi levado a crer na continuidade da evolução apesar das lacunas e elos que faltavam; se pudéssemos, da mesma maneira, observar a evolução interior, poderíamos, sem dúvida, descobrir a possibilidade e o processo dessas transições formidáveis. Mas ainda assim há uma diferença real e radical entre cada grau, a tal ponto que a passagem de um ao outro parece mais uma nova criação, um milagre de metamorfose do que um desenvolvimento natural e previsível ou uma passagem tranquila de um estado de ser a outro, com suas etapas bem marcadas organizadas em uma sequência simples.

Esses abismos parecem mais profundos, mas menos largos, à medida que nos elevamos mais na escala da Natureza: se há rudimentos de reação de vida no metal, como foi afirmado recentemente, isso deve ser idêntico, em sua essência, à reação de vida na planta, mas o que poderia ser chamado de diferença físico-vital é tão considerável que o primeiro nos parece inanimado, enquanto a segunda, embora não consciente em aparência, pode ser considerada uma criatura viva. Entre a vida vegetal mais desenvolvida e a vida animal menos evoluída o abismo é visivelmente mais profundo, pois é a diferença entre a mente e a completa ausência de todo movimento da mente, aparente ou mesmo rudimentar: em uma, essa substância de consciência mental não está desperta, embora haja uma vida de reações vitais, uma vibração sensorial reprimida ou subconsciente, ou talvez apenas submental, que parece intensamente ativa; na outra, embora o modo de vida subconsciente seja no início menos automático e menos assegurado, e o novo modo de consciência manifestada seja ainda imperfeitamente determinado, a mente, no entanto, é desperta — há uma vida consciente, uma transição profunda aconteceu. Mas o caráter comum do fenômeno da vida entre a planta e o animal, por mais diferente que seja sua organização, reduz o abismo, mesmo se não cobre sua profundidade. Entre o animal mais evoluído e o homem menos desenvolvido há um abismo ainda mais profundo, embora mais estreito, a ser atravessado: o abismo entre a mente dos sentidos e o intelecto; pois por mais que insistamos na natureza primitiva do selvagem, não podemos alterar o fato de que o mais primitivo ser humano possui um intelecto — acima e além da mente sensorial, da vitalidade emocional e inteligência prática primária que compartilhamos com os animais — e é capaz, não importa em qual medida, de reflexão, ideias, invenção consciente, pensamento e sentimento éticos e religiosos, tudo que o homem, enquanto espécie, é fundamentalmente capaz; ele tem o mesmo tipo de inteligência e difere apenas quanto à instrução e ao treinamento preparatório que recebeu e ao grau de desenvolvimento de suas capacidades, de sua intensidade, de sua atividade. Ainda assim, apesar dessas linhas divisoras, não podemos mais supor que Deus, ou algum Demiurgo, manufaturou cada gênero e cada espécie, deu-lhes um corpo pré-fabricado e uma consciência já feita e parou aí, depois de ter visto sua obra e achar que era boa. Tornou-se evidente que uma Energia criadora, inconsciente ou secretamente consciente, efetuou a transição, por gradações lentas ou rápidas, ou quaisquer meios, estratagemas, mecanismos biológicos, físicos ou psicológicos possíveis — talvez, após ter feito isso, não tenha se preocupado em preservar as formas distintas, que foram apenas degraus e não tinham mais nenhuma função nem serviam a propósito algum na Natureza evolutiva. Mas essa explicação dos hiatos é pouco mais do que uma hipótese que, no presente, não podemos justificar o suficiente. Em todo caso, é provável que a razão para essas diferenças radicais encontre-se na ação da Força interior e não no processo externo da transição evolutiva; se olharmos mais profundamente, do interior, a dificuldade de compreender cessa, e essas transições se tornarão inteligíveis e de fato inevitáveis, pela própria natureza do processo evolutivo e seu princípio.

Pois se olharmos não os aspectos científicos ou físicos, mas o lado psicológico da questão e averiguarmos em que, precisamente, se baseia a diferença, veremos que consiste na elevação da consciência a um outro princípio de ser. O metal está fixado no princípio inconsciente e inanimado da matéria; mesmo se supormos que algumas de suas reações sugerem a presença de vida ou, ao menos, de vibrações rudimentares que na planta tornaram-se vida, ainda assim ele não é, de modo algum, uma forma característica da vida, ele é uma forma característica da matéria. A planta está fixada em uma ação subconsciente do princípio de vida — não que ela não seja sujeita à matéria ou seja desprovida de reações que só na mente encontram seu inteiro significado, pois a planta parece ter reações submentais que em nós são a base do prazer e da dor e da atração e da repulsão; mas, ainda assim, ela é uma forma de vida e não meramente matéria, e também não é, tanto quanto sabemos, de modo algum um ser mentalmente consciente. O ser humano e o animal são ambos seres mentalmente conscientes; mas o animal está fixado na mente vital e nos sentidos mentalizados e não pode ultrapassar seus limites, enquanto o homem recebeu em sua mente sensorial a luz de um outro princípio, o intelecto, que em realidade é ao mesmo tempo um reflexo e uma deterioração da supramente, um raio da gnose captado pela mentalidade sensorial e transformado por ela em algo diferente de sua fonte; pois o intelecto é agnóstico como a mente sensorial na qual e para a qual trabalha, ele não é gnóstico; busca apoderar-se do conhecimento porque não o possui; não é como a supramente, que contém em si mesma o conhecimento como sua prerrogativa natural. Em outras palavras, em cada uma dessas formas de existência o ser universal fixou sua ação de consciência em um princípio diferente ou, como entre o ser humano e o animal, na modificação de um princípio mais baixo por um princípio mais alto, embora não ainda o mais alto. É esse salto de um princípio de ser para outro princípio de ser completamente diferente que cria as transições, os sulcos, as linhas nítidas de demarcação e faz, não toda a diferença, mas ainda assim uma diferença característica radical entre ser e ser, em suas naturezas.

Mas deve ser observado que essa ascensão, essa fixação sucessiva em princípios cada vez mais elevados, não carrega consigo o abandono dos graus inferiores, assim como um estado de existência nos graus inferiores não significa a completa ausência dos princípios superiores. Isso resolve a objeção contra a teoria da evolução — criada por essas diferenças tão marcadas —, pois se os rudimentos da criação superior estão presentes na criação inferior, e as características inferiores estão integradas no ser mais evoluído, isso em si mesmo constitui um processo evolutivo incontestável.

O que é necessário é um processo que leve o grau inferior do ser a um ponto em que o grau superior possa manifestar-se nele; nesse ponto, uma pressão de algum plano superior onde o novo poder é dominante pode intervir para uma transição mais ou menos rápida e decisiva, por um salto ou uma série de saltos — uma ação lenta, gradual, imperceptível ou mesmo oculta, é seguida por uma corrida e um salto evolutivo que transpõe a fronteira. É por um processo semelhante que, na Natureza, a transição dos degraus inferiores aos degraus superiores da consciência parece ter sido feita.

De fato, vida, mente e supramente estão presentes no átomo, em ação aí, mas invisíveis, ocultas, latentes, em uma atividade subconsciente ou aparentemente inconsciente, da Energia. Há um Espírito que anima a forma, mas a força e a representação externas do ser, aquilo que podemos chamar a existência formal ou forma de existência — para distingui-la da consciência imanente que governa em segredo — está perdida na ação física, tão absorvida nela como se estivesse fixada em um autoesquecimento estereotipado, sem perceber o que é e o que faz. O elétron e o átomo, desse ponto de vista, são eternos sonâmbulos: cada objeto material contém uma consciência externa ou formal involuída, absorvida na forma, adormecida, que parece ser uma inconsciência dirigida por uma Existência interior desconhecida que ele não sente — aquilo que está desperto naquele que dorme, o Habitante universal dos *Upanishads* —, uma consciência da forma, externa, absorvida, que, à diferença da consciência do sonâmbulo humano, nunca foi despertada, não está desperta e nunca estará no ponto de despertar. Na planta, essa consciência formal externa está ainda no estado de sono, mas um sono cheio de sonhos nervosos, sempre a ponto de despertar, mas nunca despertando. A vida apareceu; em outras palavras, a força do ser consciente escondido foi suficientemente intensificada, elevou-se a um grau de poder bastante alto para desenvolver, ou tornar-se capaz de desenvolver, um novo princípio de ação, este que vemos como vitalidade, força de vida. Ela tornou-se capaz de reagir vitalmente à existência, embora não perceba mentalmente, e fez aparecer um novo grau de atividades de um valor mais alto e sutil do que qualquer ação puramente física. Ao mesmo tempo, é capaz de receber os contatos vitais e físicos que vêm de outras formas que não a sua, e da Natureza universal, e transformá-los nesses novos valores de vida, em moções e fenômenos com uma vibração de vitalidade. Isso, as formas de mera matéria não podem fazer; elas não podem transformar contatos em valores de vida, ou em qualquer tipo de valor, em parte porque seu poder de recepção — embora exista, se podemos confiar em evidências ocultas — não é desperto o suficiente para fazer outra coisa senão receber mudamente e reagir de maneira imperceptível, em parte porque as energias transmitidas pelos contatos são muito sutis para serem utilizadas pela densidade crua e inorgânica da Matéria constituída. A vida da árvore é determinada pelo seu corpo físico, mas ela integra a existência física e lhe dá um novo valor ou sistema de valores — o valor-vida.

A transição para a mente e os sentidos que aparece no ser animal, isso que chamamos vida consciente, se efetua da mesma maneira. A força do ser é bastante intensificada, eleva-se bastante alto para admitir ou desenvolver um novo princípio de existência — aparentemente novo, ao menos no mundo da Matéria —, a mentalidade. O ser animal percebe mentalmente a existência, a sua e a de outros; manifesta um grau superior e mais sutil de atividades, recebe um círculo mais amplo de contatos mentais, vitais e físicos provenientes de formas diferentes da sua, integra a existência física e vital e muda tudo o que pode obter delas em valores sensoriais e valores mentais-vitais. Ele sente o corpo, sente a vida, mas sente também a mente; pois não só tem reações nervosas cegas, mas também sensações, impulsos, volições, emoções, memórias conscientes, associações mentais, o material do sentimento, do pensamento e da vontade. Tem até mesmo uma inteligência prática baseada na memória, associação, necessidade estimuladora, observação, poder inventivo; é capaz de astúcia, estratégia, planificação; ele pode inventar, adaptar suas invenções até certo ponto, e pode, nesse ou naquele detalhe, responder às exigências de uma nova circunstância. Tudo nele não é instinto semiconsciente; o animal prepara a inteligência humana.

Mas quando chegamos ao ser humano, vemos tudo isso tornar-se consciente; o mundo, de que ele é o epítome, começa nele a revelar a si mesmo sua própria natureza. O animal superior não é o sonâmbulo — como as formas animais menos evoluídas o são, quase inteiramente ou em grande medida —, mas sua mente desperta é ainda limitada, apenas capaz de fazer o que é necessário para sua existência vital; no homem, a mentalidade consciente desperta amplia-se e, embora no início não seja inteiramente autoconsciente, embora seja consciente apenas na superfície, pode abrir-se cada vez mais ao seu ser interior e integral. Como nas duas ascensões inferiores, há uma elevação da força consciente para um novo poder e uma nova série de atividades sutis; há uma transição da mente vital à mente pensante e reflexiva, o desenvolvimento de um poder mais alto de observação e invenção que recolhe e conecta os dados e é consciente de processos e resultados, uma força de imaginação e criação estética, uma sensibilidade superior e mais plástica, uma razão que coordena e interpreta, e valores não mais de uma inteligência reflexa ou reativa, mas de uma inteligência mestra, compreensiva e desapegada de si mesma. Como nas ascensões inferiores, aqui também há uma expansão do alcance da consciência; o homem é capaz de integrar mais do mundo e de si mesmo, assim como dar a esse conhecimento imagens mais elevadas e completas de uma experiência consciente. Assim, aqui há, também, o terceiro elemento constante da ascensão: a mente integra os graus inferiores e dá à ação e reação deles valores inteligentes. O ser humano não tem apenas, como o animal, a sensação de seu corpo e sua vida, mas uma sensação inteligente e certa ideia da vida, e uma percepção do corpo consciente e atenta. Ele integra também a vida mental do animal, assim como sua vida material e física; embora perca alguma coisa no processo, ele dá àquilo que conserva um valor superior; tem a percepção inteligente e a ideia de suas sensações, emoções, volições, impulsos e associações mentais; o que era material grosseiro do pensamento, sentimento e vontade, capaz apenas de determinações grosseiras, ele muda, e faz desse material uma obra acabada, uma obra de arte. Pois o animal também pensa, mas de modo automático, com base sobretudo em uma série mecânica de lembranças e associações mentais; ele aceita, de modo rápido ou lento, as sugestões da Natureza e só desperta para uma ação pessoal mais consciente quando há necessidade de uma observação atenta ou de algum estratagema; possui os primeiros rudimentos de uma razão prática, mas as faculdades ideativa e reflexiva não são formadas. A consciência desperta no animal é o artesão primitivo e inábil da mente, no ser humano ela é o artífice hábil e pode tornar-se — mas para isso ele não se esforça o bastante — não só o artista, mas o mestre e o iniciado.

Mas aqui temos que observar duas particularidades desse desenvolvimento humano, o mais alto no momento presente, que nos conduz ao coração do problema. Primeiro, essa integração das partes inferiores da vida revela-se como a visão-mestra do espírito secreto em evolução ou do Ser universal no indivíduo que, do cimo que atingiu, debruça-se sobre tudo que agora se estende abaixo, um olhar voltado para baixo com o duplo poder ou os poderes gêmeos da consciência-força do ser: o poder da vontade, o poder do conhecimento — a fim de que, dessa nova extensão, diferente e mais ampla, de sua consciência, percepção e natureza, ele possa compreender a vida inferior e suas possibilidades e elevá-la, ela também, a um nível mais alto, dar-lhe valores mais altos, revelar seus potenciais mais altos. E isso ele faz porque, evidentemente, não tem a intenção de matá-la ou destruí-la; como o deleite de ser é sua eterna preocupação e uma harmonia de acordes diversos é o estilo de sua música, e não uma melodia doce, mas monótona, ele deseja incluir as notas mais baixas também e, impregnando-as de um significado mais profundo e delicado, conseguir delas um aumento de deleite que não era possível na formulação mais grosseira. Ainda assim, no final, esse Ser universal lhes impõe uma condição para continuar a aceitá-las: que consintam a admitir os valores superiores. Até que consintam, ele pode lidar com elas de modo bastante severo, mesmo pisoteá-las, quando insiste na perfeição e elas se mostram rebeldes. E isso é, de fato, o objetivo e o sentido verdadeiros e mais profundos da ética, disciplina e ascese: não mutilar e suprimir, mas admoestar, domar, purificar e preparar a vida vital, a vida física e a vida mental inferior para que se tornem bons instrumentos e possam ser transformadas em notas da harmonia do mental superior e, no final, da harmonia supramental. A ascensão é a primeira necessidade, mas a integração a acompanha e corresponde também a uma intenção do espírito na Natureza.

Esse olhar do conhecimento e da vontade, que se volta para baixo em vista de uma elevação, de um aprofundamento e de uma intensificação mais sutil, primorosa e rica de todos os elementos, é o meio do Espírito secreto, desde o começo. A alma da planta tem, podemos dizer, uma visão material-nervosa de sua existência física inteira, a fim de tirar daí toda a intensidade físico-vital possível; pois ela parece ter alguns estímulos intensos de uma vibração de vida muda, talvez mesmo relativamente mais intensa — embora para nós isso seja difícil de imaginar devido a seu nível inferior rudimentar — do que a mente e o corpo do animal, em seu nível mais elevado e poderoso, poderiam tolerar. O ser animal possui uma visão sensorial mentalizada de sua existência vital e física, a fim de tirar dela todo o valor sensorial possível, muito mais aguda, em muitos aspectos, do que as meras sensações ou emoções sensoriais humanas ou as satisfações do desejo ou prazer vitais. O homem, olhando para baixo a partir do plano da vontade e inteligência, abandona essas intensidades inferiores, mas de modo a tirar da mente, vida e sentidos uma intensidade mais alta em outros valores: intelectual, estético, moral, espiritual, mentalmente dinâmicos ou práticos — como ele os nomeia; por meio desses elementos superiores mais altos ele amplia, sutiliza e eleva o seu uso dos valores vitais. Não abandona as reações e prazeres animais, mas os mentaliza com mais lucidez, delicadeza e sensibilidade. Isso ele faz mesmo em seus níveis normais e inferiores, mas à medida que se desenvolve, ele impõe a seu ser inferior um teste mais severo, começa a exigir dele, sob pena de rejeição, certa transformação: é assim que a mente se prepara para uma vida espiritual que ainda está além dela.

Mas, uma vez que alcançou seu nível superior, o homem não dirige seu olhar apenas para baixo e em torno de si; seu olhar volta-se também para o alto, em direção ao que está acima dele, e em direção ao interior, para o que está oculto nele. Nele, não apenas o olhar que o Ser universal na evolução dirige para baixo tornou-se cônscio, mas seu olhar consciente em direção ao alto e em direção ao interior desenvolve-se também. O animal vive como se estivesse satisfeito com o que a Natureza fez para ele; se alguma vez o espírito secreto em seu ser animal volta seu olhar para o alto, isso não tem relação, de modo consciente, com ele, isso é ainda o trabalho da Natureza: é o ser humano quem, primeiro, faz desse olhar consciente para o alto sua própria tarefa. Ele possui uma vontade inteligente, mesmo que seja um raio deformado da gnose e, por isso, começa a assumir a dupla natureza de Satchidananda; não é mais, como o animal, um ser consciente não desenvolvido inteiramente dirigido pela Prakriti, um escravo da Força executiva, um brinquedo das energias mecânicas da Natureza, ele é uma alma consciente que começa a crescer, um Purusha que interfere com o que era só assunto da Prakriti, que deseja dizer algo sobre isso e, no final, tornar-se o mestre. Ele ainda não pode sê-lo, ainda está muito enredado nas malhas da Prakriti, muito envolvido em seu mecanismo estabelecido: mas sente — embora de modo ainda muito vago e incerto — que o espírito em seu interior quer elevar-se a alturas maiores, quer alargar seus limites; algo dentro, algo oculto, sabe que não é a intenção da Alma-Natureza consciente mais profunda — Purusha-Prakriti — satisfazer-se com seu nível inferior atual e suas limitações. Elevar-se a altitudes maiores, ter um escopo mais vasto, transformar sua natureza inferior, são sempre os impulsos naturais do ser humano e manifestam-se logo que ele encontra um lugar no mundo terrestre físico e vital e dispõe de tempo para considerar suas possibilidades futuras. E não poderia ser de outro modo, não porque sua imaginação seja vítima de uma ilusão falsa e lamentável, mas, primeiro, porque ele é o ser mental imperfeito ainda em desenvolvimento e deve esforçar-se para desenvolver-se mais, alcançar a perfeição e, mais ainda, porque é capaz, à diferença de outras criaturas terrestres, de perceber aquilo que é mais profundo do que a mente, a alma em seu interior, e aquilo que está acima dele, a supramente, o espírito, e é capaz de abrir-se a isso, admiti-lo, elevar-se em sua direção, apoderar-se disso. É parte de sua natureza humana, de toda natureza humana, exceder-se por meio da evolução consciente, elevar-se além daquilo que é. Não apenas indivíduos, com o tempo também a espécie, em uma regra geral de ser e de vida — mesmo se isso não se aplique a todos os seus membros — pode ter a esperança, à condição de desenvolver uma vontade suficiente, de elevar-se além das imperfeições de nossa natureza atual tão antidivina e ascender ao menos a uma humanidade superior, aproximar-se, mesmo sem poder alcançá-la completamente, de uma humanidade divina ou uma supra-humanidade. Em todo caso, é a Natureza evolutiva nela que a impele a fazer o esforço para desenvolver-se, para elevar-se sempre mais alto, erguer o ideal, tentar a aventura.

Mas onde, no ser evolutivo, o devenir do self pela superação do self atinge seu limite? Na própria mente há graus nas séries, e cada grau é ele mesmo uma série; há elevações sucessivas que podemos por conveniência chamar planos e subplanos da consciência mental e do ser mental. O desenvolvimento de nosso self mental é, em grande parte, uma ascensão desses degraus; podemos nos firmar em qualquer um deles e ainda manter uma dependência nos degraus inferiores e um poder de ascensão ocasional aos níveis superiores ou de responder às influências das camadas superiores de nosso ser. Em geral, no presente, ainda necessitamos como nosso primeiro apoio seguro o subplano mais baixo da inteligência, que podemos chamar o mental-físico, porque para estar seguro de um fato e perceber a realidade, ele depende do cérebro físico, da mente sensorial física, dos órgãos sensoriais físicos; nesse nível somos o homem físico, que dá maior importância às coisas objetivas e à sua vida exterior e cuja vida subjetiva ou interior é pouco intensa; ele subordina o pouco que percebe dela às exigências imperiosas da realidade externa. O homem físico tem uma parte vital, feita sobretudo de formações menores instintivas e impulsivas da consciência-vida que emergem do subconsciente, assim como de uma multidão ou de uma sucessão costumeira de sensações, desejos, esperanças, sentimentos, satisfações que dependem de coisas e contatos externos e se interessam por tudo que é prático, imediatamente realizável e possível, habitual, comum, mediano. Ele tem uma parte mental, mas esta também é costumeira, tradicional, prática, objetiva e respeita o que pertence ao domínio da mente sobretudo pela utilidade no sustento, conforto, aplicação, satisfação e entretenimento que isso traz à sua existência física e sensorial. Pois a mente física apoia-se na matéria e no mundo material, no corpo e na vida corporal, na experiência dos sentidos e em uma mentalidade prática habitual e sua experiência. Para tudo o que não é dessa categoria, a mente física constrói uma superestrutura limitada, dependente da mentalidade sensorial exterior. Mesmo assim, ela vê esses conteúdos superiores da vida como acessórios úteis ou um luxo supérfluo, mas agradável, feito de imaginações, sentimentos e abstrações do pensamento, não como realidades interiores; ou mesmo se os admite como realidades, não os sente de modo concreto e material na própria substância deles, mais sutil que a substância física e sua concretude grosseira — ela os trata como uma extensão subjetiva e menos substancial das realidades físicas. É inevitável que o ser humano comece assim a apoiar-se na Matéria e a dar ao fato e à existência exteriores a importância que lhes é devida, pois essa é a primeira provisão da Natureza para a nossa existência, na qual ela insiste fortemente: em nós, é enfatizado o homem físico e ela o multiplica em abundância no mundo; ele é a força que a ajuda a conservar a base material, um tanto inerte, mas segura, na qual a Natureza pode manter-se enquanto continua suas tentativas para um desenvolvimento humano mais alto; mas nessa formação mental não há um poder de progresso, ou apenas para um progresso material. Esse é nosso primeiro estado mental, mas o ser mental não pode permanecer sempre nesse degrau inferior na escala da evolução humana.

Acima da mente física e mais profundamente no interior do que a sensação física, encontra-se o que podemos chamar uma inteligência da mente-vida: dinâmica, vital, nervosa, ela é mais aberta ao psíquico, embora de modo ainda obscuro, e pode tornar-se uma primeira formação da alma, embora apenas uma alma vital obscurecida — não o ser psíquico, mas uma formação frontal do Purusha vital. Essa alma-vida sente concretamente as coisas do mundo vital, entra em contato com elas e tenta realizá-las aqui; dá uma imensa importância à satisfação e realização do ser de vida, da força de vida, da natureza vital; considera a existência física um campo de realização para os impulsos da vida, para o jogo da ambição, do poder, para a força de caráter, amor, paixão, aventura, para a busca humana individual, coletiva, geral, o risco e a aventura, todo tipo de experimentações e novas experiências de vida, e sem esse elemento salvador, esse poder, interesse, significados superiores, a existência física não teria para essa alma-vida nenhum valor. Essa mentalidade vital é sustentada por nosso ser vital subliminar secreto e está em contato, de modo velado, com um mundo vital a que pode facilmente abrir-se e assim sentir as forças e realidades dinâmicas invisíveis por trás do universo material. Há uma mente vital interior cujas percepções não têm necessidade da evidência dos sentidos físicos, não é limitada por eles; pois nesse nível nossa vida interior e a vida interior do mundo tornam-se reais para nós, independentemente do corpo e dos símbolos do mundo físico, os únicos que chamamos fenômenos naturais, como se a Natureza não tivesse fenômenos maiores nem realidades maiores do que os da Matéria grosseira. O homem vital, moldado de modo consciente ou inconsciente por essas influências, é o homem de desejo e sensação, o homem de poder e ação, o homem de paixão e emoção, o indivíduo cinético; ele pode atribuir uma grande importância à existência material, mas mesmo quando está muito preocupado com as realidades imediatas dela, ele lhe dá um empurrão em direção às experiências de vida, à força de realização, à extensão da vida, ao poder, à afirmação e expansão da vida, que é o primeiro impulso da Natureza para a expansão do ser: em uma intensidade superior desse impulso de vida ele se torna aquele que quebra os grilhões, o buscador de novos horizontes, aquele que perturba o passado e o presente no interesse do futuro. Ele tem uma vida mental que é muitas vezes sujeita à força vital e seus desejos e paixões, e é a isso que ele busca satisfazer por meio da mente: mas quando se interessa fortemente pelas coisas mentais, pode tornar-se o aventureiro mental, aquele que abre a via a novas formações mentais ou combate por uma ideia, o artista sensível, o dinâmico poeta da vida, o profeta ou o campeão de uma causa. A mente vital é cinética e representa então uma grande força no trabalho da Natureza evolutiva.

Acima desse nível de mentalidade vital, e ainda mais profundamente dentro, encontra-se um plano mental de pensamento e inteligência puros, onde as coisas do mundo mental são as realidades mais importantes; aqueles que estão sob sua influência, o filósofo, o pensador, o cientista, o criador intelectual, o homem de ideias, da palavra escrita ou falada, o idealista e o sonhador, são, no presente, o ser mental no seu ponto mais elevado. Esse homem mental tem sua parte vital, sua vida de paixões, desejos, ambições e esperanças vitais de todo tipo e sua existência física e sensorial inferior, e essa parte inferior pode muitas vezes contrabalançar seu elemento mental mais nobre ou puxá-lo para baixo, de modo que, embora seja a parte mais alta nele, esse elemento não se torna dominante e formador na totalidade de sua natureza; mas quando ele alcança seu desenvolvimento mais vasto, essa característica não se aplica mais, pois o vital e o físico são então controlados e submetidos pela vontade pensante e a inteligência. O homem mental não pode transformar sua natureza, mas pode controlá-la, harmonizá-la e aplicar-lhe a lei de uma ideia mental, impor-lhe um equilíbrio ou uma influência que a sublima e refina e dar uma compatibilidade superior à confusão e aos conflitos multipessoais ou a colcha de retalhos sumária de nosso ser dividido e semiconstruído. Ele pode ser o observador de sua própria mente e vida e aquele que as governa, pode desenvolvê-las de modo consciente e, nessa medida, tornar-se seu próprio criador.

Essa mente de pura inteligência tem, por trás, nossa mente interior ou subliminar, que sente de modo direto todas as coisas do plano mental, é aberta à ação de um mundo de forças mentais e pode sentir a influência de ideias e outros imponderáveis que agem no mundo material e no plano da vida, mas que no presente podemos apenas supor e não ter uma experiência direta: esses intangíveis e imponderáveis são reais e patentes para o homem mental, e ele os vê como verdades que exigem realização em nossa natureza ou na natureza da terra. No plano interior, a mente e a alma mental, independentes do corpo, podem tornar-se para nós uma realidade completa e podemos viver nelas de um modo tão consciente quanto no corpo. Assim, viver na mente e em coisas mentais, ser uma inteligência em vez de uma vida e um corpo, é nossa posição mais alta, quase espiritual, nos degraus da Natureza. O homem mental — aquele cuja mente e vontade governam-se e formam a si mesmas — consciente de um ideal e voltado para sua realização, o intelecto elevado, o pensador, o sábio, menos cinético e menos dinamicamente eficaz que o homem vital (o homem de ação e de desempenho rápido na vida exterior), mas tão poderoso e mesmo, finalmente, mais poderoso ao abrir novas perspectivas à espécie, é o cume normal da formação evolutiva da Natureza no plano humano. Esses três graus de mentalidade, claros em si mesmos, mas na maioria das vezes misturados em nossa constituição, para nossa inteligência comum são apenas tipos psicológicos que foram desenvolvidos não se sabe bem como, e não descobrimos neles nenhum outro significado; mas, de fato, eles são cheios de significado, porque são etapas da Natureza para fazer o ser mental evoluir e ultrapassar-se, e assim como a mente pensante é a etapa mais alta que a Natureza pode atingir agora, o homem mental que alcança a perfeição é a mais rara e mais desenvolvida de suas criaturas humanas normais. Para ir mais longe, a Natureza deve introduzir o princípio espiritual na mente e torná-lo ativo na mente, vida e corpo.

Pois essas são as representações evolutivas da Natureza, construídas a partir da mentalidade de superfície; para fazer mais, ela deve usar mais amplamente o material invisível escondido sob nossa superfície, mergulhar no interior e trazer para fora a alma secreta, o psíquico, ou elevar-se acima de nosso nível mental normal até os planos da consciência intuitiva, densos e cheios da luz derivada da gnose espiritual, planos ascendentes da mente espiritual pura, onde estamos em contato direto com o infinito, próximos do Self e da mais alta realidade das coisas, Satchidananda. Em nós, por trás de nosso ser natural de superfície, há uma alma, uma mente interior e um vital interior que podem abrir-se a essas alturas e ao espírito oculto dentro de nós, e essa dupla abertura é o segredo de uma nova evolução; ao romper assim as restrições, muros e limites, a consciência eleva-se, em uma ascensão maior e integração mais vasta que, assim como a evolução da mente os havia mentalizado, espiritualizarão, por meio dessa nova evolução, todos os poderes de nossa natureza. Pois o homem mental não é o último esforço da Natureza nem o cimo mais alto que ela alcançou — se bem que ele seja, em geral, mais inteiramente evoluído em sua própria natureza do que aqueles que realizaram-se em um plano inferior ou aspiraram a planos superiores; ela indicou ao ser humano a direção para um nível mais difícil e mais elevado, inspirou-o com o ideal de uma vida espiritual, iniciou nele a evolução de um ser espiritual. O homem espiritual é seu esforço supremo e supranormal de criação humana, pois tendo feito evoluir o criador mental, o pensador, o sábio, o profeta de um ideal, o ser mental autocontrolado, autodisciplinado, harmonizado, a Natureza tentou ir mais alto e mais fundo dentro e chamou para a frente a alma, a mente e o coração interiores, invocou do alto as forças da mente espiritual, mente superior e sobremente e criou sob sua luz e por sua influência, o sábio espiritual, o vidente, o profeta, o amante de Deus, o iogue, o gnóstico, o sufi, o místico.

Este é o único meio que tem o homem de superar-se verdadeiramente, pois enquanto vivermos no ser de superfície ou basearmo-nos inteiramente na Matéria é impossível ir mais alto e inútil esperar que uma transição nova e radical possa efetuar-se em nosso ser evolutivo. O homem vital e o homem mental tiveram um imenso efeito na vida terrestre, levaram a humanidade adiante, do mero animal humano até o homem atual. Mas eles podem agir apenas no interior da fórmula evolutiva já estabelecida; podem aumentar o círculo humano, mas não mudar ou transformar o princípio de consciência ou seu funcionamento característico. Qualquer tentativa para elevar de modo desmesurado a mente ou para exagerar de modo desmesurado o homem vital — uma super-humanidade nietzschiana, por exemplo — pode apenas fazer da criatura humana um colosso, não pode transformá-la nem divinizá-la. Uma possibilidade diferente se abre, se conseguirmos viver dentro, no ser interior, e fizermos com que ele governe diretamente a vida ou se nos estabelecermos nos planos espiritual e intuitivo do ser e, de lá, mediante seu poder, transmutarmos nossa natureza.

O homem espiritual é o sinal dessa nova evolução, desse empenho novo e mais alto da Natureza. Mas essa evolução difere do antigo processo da Energia evolutiva em dois aspectos: ela é conduzida por um esforço consciente da mente humana, e não se limita a uma progressão consciente da natureza de superfície, mas tenta ao mesmo tempo romper os muros da Ignorância e nos expandir interiormente, no princípio secreto de nosso ser atual, e exteriormente, no ser cósmico, bem como para o alto, em direção a um princípio mais elevado. Até agora, o que a Natureza conseguiu foi uma ampliação dos limites de nosso Conhecimento-Ignorância de superfície; o que é tentado no esforço espiritual é abolir a Ignorância, ir dentro e descobrir a alma, unir-se em consciência com Deus e toda a existência. Esse é o objetivo final da fase mental da Natureza evolutiva no ser humano; é o passo inicial em direção a uma transmutação radical da Ignorância em Conhecimento. A mudança espiritual começa por uma influência do ser interior e da mente espiritual superior, uma ação sentida e aceita na superfície; mas em si mesmo, isso pode conduzir só a um idealismo mental iluminado ou ao desenvolvimento de uma mente religiosa, de um temperamento religioso, de uma devoção no coração e piedade na conduta; essa é uma primeira relação da mente com o espírito, mas não pode provocar uma mudança radical; devemos fazer mais, devemos viver mais profundamente dentro, devemos expandir nossa consciência atual e ultrapassar nossa condição atual na Natureza.

É evidente que se pudermos viver assim, de modo mais profundo dentro, e fizermos passar regularmente as forças internas na instrumentação externa, ou se pudermos nos elevar e estabelecer em níveis mais altos e vastos e trouxermos seus poderes para agir na existência física e não simplesmente recebermos as influências que descem desses planos — que é tudo o que podemos fazer no momento —, aí poderia ter início uma intensificação de nossa força de ser consciente de modo a criar um novo princípio de consciência, novos domínios de atividades, novos valores para todas as coisas, uma ampliação de nossa consciência e vida, a integração e a transformação dos graus inferiores de nossa existência — em resumo, o inteiro processo evolutivo pelo qual o Espírito na Natureza cria um tipo mais evoluído. Cada degrau significaria um passo, por mais distante que seja o objetivo, ou o avizinhamento, que conduziria a um ser mais vasto e mais divino, a uma força e consciência, um conhecimento e uma vontade mais divinos e mais vastos, um sentido e deleite na existência; poderia haver uma expansão inicial em direção à vida divina. Toda religião, todo conhecimento oculto, toda experiência psicológica supranormal (por oposição às experiências anormais), todo ioga, toda experiência e disciplina psíquicas são sinalizações e direções que nos guiam nessa estrada onde, progressivamente, o espírito oculto manifesta-se.

Mas a espécie humana ainda carrega o peso de certa gravitação em direção ao físico, obedece ainda à atração de nossa matéria terrestre até agora não conquistada; é dominada pela mente cerebral, a inteligência física: retida desse modo por muitos laços, ela hesita diante das indicações do Espírito ou recua diante das grandes exigências do esforço espiritual. Ela tem ainda, também, uma grande capacidade para um ceticismo insensato, uma imensa indolência, uma enorme timidez intelectual e espiritual e conservadorismo, quando convidada a sair de suas rotinas habituais; mesmo quando a própria vida lhe dá constantemente a prova de que se escolher conquistar, ela pode conquistar — como testemunham os milagres desse poder muito inferior, a ciência física —, isso não a impede de duvidar; ela repele o chamado novo e deixa para alguns indivíduos a incumbência de responder. Mas isso não é bastante se o passo adiante for para a humanidade, pois é apenas se a espécie avança que as vitórias do Espírito poderão ser asseguradas para a espécie. Porque então, mesmo se houver um lapso da Natureza, uma falha em seu esforço, o Espírito dentro, empregando uma memória secreta — algumas vezes representada em um plano inferior, o da gravitação para baixo, como a força atávica da espécie, se bem que se trate em realidade da força de uma memória persistente na Natureza, que pode nos puxar seja para o alto, seja para o baixo —, a chamará a voltar-se de novo para o alto, e a ascensão seguinte será então mais fácil e mais duradoura devido à tentativa anterior; pois essa tentativa e seu impulso e resultado são necessariamente preservados na mente subconsciente da humanidade. Quem poderia dizer quais vitórias desse tipo podem ter sido alcançadas em nossos ciclos passados e quão próxima pode estar a próxima ascensão? Não é de fato necessário ou possível que a espécie inteira possa transformar-se, passar de seres mentais a seres espirituais, mas uma aceitação geral do ideal, um empenho em grande escala, uma concentração consciente, são necessários para a corrente ou tendência afirmar-se de modo definitivo. De outro modo, o resultado final será uma realização levada a cabo por alguns, iniciando uma nova ordem de seres, enquanto a humanidade julgar-se-á incapaz e poderá recuar em um movimento de declínio evolutivo ou se imobilizará; porque é o constante esforço ascendente que manteve a humanidade viva e conservou seu lugar à frente da criação.

O processo da evolução segue o seguinte princípio: uma base, uma ascensão a partir dessa base e, durante essa ascensão, uma reversão da consciência e, a partir da altura e da vastidão maiores alcançadas, uma ação transformadora e nova integração de toda a natureza. O primeiro alicerce é a Matéria; a ascensão é aquela da Natureza; a integração é uma mudança automática, primeiro inconsciente, depois semiconsciente, da Natureza pela Natureza. Mas a partir do momento em que o ser começa a participar de um modo mais totalmente consciente nas operações da Natureza, uma mudança no funcionamento do processo é inevitável. A Matéria permanece a base física, mas Matéria não pode mais ser o fundamento da consciência; a própria consciência, em sua origem, não será mais um jorro que brota da Inconsciência, nem um fluxo escondido que jorra de uma força subliminar interior e oculta sob a pressão de contatos do universo. O fundamento da existência que se desenvolve será o novo estado espiritual acima ou o estado da alma sem véu, dentro de nós; é o fluxo de luz, conhecimento e vontade vindo do alto e o estado interior receptivo que determinarão as reações do ser à experiência cósmica. Toda a concentração do ser será deslocada de baixo para o alto e do exterior para o interior; nosso ser mais alto e nosso ser interior — no momento desconhecidos para nós — tornar-se-ão nós mesmos, e o ser externo ou de superfície que hoje consideramos como nós mesmos será apenas uma fachada ou um anexo, que permitirá a nosso ser verdadeiro comunicar-se com o universo. Para a percepção espiritual, o próprio mundo externo tornar-se-á interno, parte dela mesma, e será abarcado intimamente em um conhecimento e sentimento de unidade e identidade, penetrado por um olhar intuitivo da mente, tendo como resposta o contato direto de consciência com consciência; o mundo será conduzido a uma integralidade completa. Mesmo o antigo alicerce inconsciente se fará consciente em nós pela afluência de luz e consciência vindas do alto, e suas profundezas serão anexadas às alturas do espírito. Uma consciência integral tornar-se-á a base de uma harmonização completa da vida, pela transformação, unificação, integração do ser e natureza.

# CAPÍTULO XIX

# DA SÉTUPLA IGNORÂNCIA AO SÉTUPLO CONHECIMENTO

*Sete passos tem o solo da Ignorância, sete passos tem o solo do Conhecimento.*
*Mahopanishad*, V. 1.

*Ele encontrou o vasto Pensamento com sete cabeças que nasceu da Verdade; ele criou um quarto mundo e tornou-se universal. [...] Os filhos do Céu, os Heróis do Onipotente, que pensam o pensamento justo, que dão voz à Verdade, fundaram o plano da Iluminação e conceberam a primeira morada do Sacrifício. [...] O Mestre de Sabedoria abateu as defesas de pedra e chamou os Rebanhos de Luz, [...] os rebanhos que se mantêm em segredo na ponte lançada sobre a Falsidade, entre dois mundos de baixo e um mundo de cima; desejando Luz na obscuridade, ele trouxe para o alto os Rebanhos de Raios e retirou o véu que recobria os três mundos; ele demoliu a cidade que jazia escondida, à espreita, e separou os três do Oceano, e descobriu a Aurora e o Sol e a Luz e a Palavra de Luz.*

*Rig Veda*, X. 67. 1-5.

*O Mestre de Sabedoria, em seu primeiro nascimento no éter supremo da grande Luz — numerosos seus nascimentos, sete as bocas do Verbo, sete seus Raios — dispersa as trevas com seu grito.*

*Rig Veda*, IV. 50. 4.

Toda evolução é, em essência, uma elevação da força de consciência no ser manifestado, a fim de que ele possa ser erguido à intensidade maior daquilo que ainda não foi manifestado, da matéria à vida, da vida à mente, da mente ao espírito. Esse deve ser o método de nosso crescimento: de uma manifestação mental a uma manifestação espiritual e supramental, de uma humanidade ainda semianimal a um ser divino e uma existência divina. Deve-se alcançar uma altura, vastidão, profundidade, sutilidade, intensidade espirituais novas de nossa consciência — de sua substância, força, sensibilidade —, uma elevação, expansão, plasticidade, a capacidade integral de nosso ser e a elevação da mente e de tudo o que é submental, a essa existência mais vasta. Em uma transformação futura, o caráter da evolução, o princípio do processo evolutivo, embora modificado, não mudará em seu fundamento, mas, em uma escala mais vasta e um movimento liberado, continuará majestosamente. Uma mudança para uma consciência superior ou estado mais alto de ser é não apenas todo o objetivo e método da religião, de toda grande ascese, do ioga, mas é também a tendência inata de nossa própria vida, o propósito secreto descoberto na soma de sua labuta. O princípio de vida em nós busca constantemente confirmar-se e aperfeiçoar-se nos planos da mente, da vitalidade e do corpo que ele já possui; mas algo nele o conduz também a ir além e transformar esses ganhos em meios para o espírito consciente expandir-se na Natureza. Se isso for meramente alguma parte de nós mesmos — o intelecto, o coração, a vontade ou o self de desejo vital — que, insatisfeita com suas próprias imperfeições e com o mundo, esforça-se para sair disso e alcançar uma existência mais alta, satisfeita em abandonar o resto da natureza a si mesmo ou a perecer, então um tal resultado de transformação total não poderá acontecer, ou pelo menos não poderá acontecer aqui. Mas essa não é a tendência integral de nossa existência; a Natureza em nós se esforça para ascender, com todo o nosso self, até um princípio de ser mais alto do que aqueles que ela já desenvolveu aqui; porém, nessa ascensão, não é sua inteira vontade destruir-se para que o princípio mais alto possa ser afirmado exclusivamente pela rejeição e abolição da Natureza. Elevar a força da consciência até que passe da instrumentação mental, vital e física à essência e poder do espírito é a coisa indispensável, mas este não é o único objetivo ou tudo o que precisa ser feito.

    Nosso chamado deve ser para viver, com todo o nosso ser, em uma altitude nova; para alcançar esse cume não devemos abandonar as partes dinâmicas na substância indeterminada da Natureza e, devido a essa perda liberadora, permanecermos na quietude bem-aventurada do Espírito; isso pode sempre ser feito e traz um grande repouso e uma grande liberação, mas a própria Natureza espera de nós que tudo aquilo que somos se eleve na consciência espiritual e se torne um poder manifesto e múltiplo do espírito. Uma transformação integral é o objetivo integral do Ser na Natureza; esse é o sentido inerente do seu anelo universal à autotranscendência. É por essa razão que em seu processo a Natureza não se restringe à elevação de si mesma a um novo princípio; o novo cimo não é um pico estreito e intenso, ele traz um alargamento e estabelece um campo de vida mais amplo, em que o poder do princípio novo pode ter um âmbito livre o suficiente para emergir. Essa ação de elevação e expansão não se limita a ampliar o mais possível o jogo essencial desse novo princípio; ela inclui nos valores superiores a integração daquilo que é inferior, a vida divina ou espiritual não apenas integrará em si mesma a vida mental, vital e física transformada e espiritualizada, mas dará à mente, ao vital e ao corpo uma ação muito mais ampla e completa do que o que lhes era acessível enquanto viviam no seu próprio nível. Nossa existência mental, existência física e existência vital não necessitarão ser destruídas quando ultrapassarmos a nós mesmos, nem serem diminuídas e deterioradas ao se espiritualizarem; elas podem e devem tornar-se mais ricas, vastas, poderosas e perfeitas: por meio dessa mudança divina alcançarem possibilidades que em seu estado não espiritualizado não teriam podido realizar ou imaginar.

Essa evolução, esse processo de elevação, ampliação e integralização é por natureza um crescimento e uma ascensão que conduz da sétupla ignorância ao conhecimento integral. O ponto central dessa ignorância é constitucional; converte-se em uma ignorância múltipla do verdadeiro caráter de nosso devenir, uma não consciência do nosso self total, que se explica pela limitação do plano em que habitamos e pelo atual princípio dominante de nossa natureza. O plano em que habitamos é o da Matéria; o princípio atual predominante em nossa natureza é a inteligência mental com a mente sensorial, que depende da Matéria como seu suporte e pedestal. A preocupação da inteligência mental e seus poderes com a existência material como lhes é apresentada pelos sentidos, e com a vida como foi formulada em um compromisso entre vida e matéria é, por essa razão mesma, a marca particular da Ignorância constituída. Esse materialismo natural ou esse vitalismo materializado, essa maneira de fixarmo-nos em nossos começos é uma forma de autorrestrição que reduz o escopo de nossa existência e exerce uma forte influência no ser humano. Essa é uma primeira necessidade de sua existência física, mas é depois moldada por uma ignorância primordial que se repete em uma cadeia que o entrava a cada passo de sua ascensão: tentar crescer e escapar a essa limitação que a inteligência mental materializada impõe à plenitude, ao poder e à verdade do Espírito, escapar a essa sujeição da alma à Natureza material, é o primeiro passo em direção a um progresso real para nossa humanidade. Pois nossa ignorância não é absoluta, é uma limitação da consciência — ela não é a insciência completa, que é a marca da mesma Ignorância nas existências puramente materiais, aquelas que têm a matéria não só como plano, mas como princípio dominante. Esse é um conhecimento parcial, limitativo, separativo e demasiado falsificador; devemos nos liberar dessa limitação e falsificação e crescer na verdade de nosso ser espiritual.

Essa preocupação com a vida e a matéria é, no começo, justa e necessária, porque o primeiro passo que o ser humano deve dar é conhecer e possuir essa existência física o melhor que puder, aplicando seu pensamento e inteligência à experiência que sua mente sensorial pode lhe dar de si mesma; mas isso é apenas um passo preliminar e, se pararmos aí, não faremos nenhum progresso real: continuaremos onde estávamos e ganharemos apenas um pouco mais de espaço físico onde nos mover e um poder aumentado, do qual nossa mente serve-se para estabelecer um conhecimento relativo e uma mestria insuficiente e precária e nosso desejo vital serve-se para empurrar coisas e dar esbarros e encontrões, em meio à aglomeração de forças e existências físicas. A mais extrema ampliação de um conhecimento físico objetivo, mesmo se abarcar os sistemas solares mais distantes, as camadas mais profundas da terra e do mar e os poderes mais sutis da substância e energia materiais não será para nós o ganho essencial, a coisa única mais necessária a adquirir. Daí porque o evangelho do materialismo, apesar dos triunfos deslumbrantes da ciência física, no final revela-se sempre um credo vão e incapaz, e é também a razão pela qual a própria ciência física com todas as suas conquistas, embora possa proporcionar conforto, nunca poderá trazer para a espécie humana a felicidade e plenitude do ser. Nossa felicidade verdadeira encontra-se no crescimento justo de todo o nosso ser, em uma vitória em todos os planos de nossa existência, seja no domínio da natureza interior e secreta, seja no domínio da natureza externa e manifesta, e mesmo mais; não é traçando círculos mais largos no plano onde começamos que chegaremos à integralidade, mas pela transcendência. Por essa razão, uma vez que a primeira base necessária é estabelecida na vida e na matéria, temos que elevar nossa força de consciência, aprofundá-la, ampliá-la, sutilizá-la; devemos primeiro liberar nosso self mental e entrar em uma ação mais livre, sutil e nobre de nossa existência mental: pois o mental, muito mais do que o físico, é nossa verdadeira existência, porque somos — mesmo em nossa natureza instrumental ou expressiva — sobretudo mente e não matéria, seres mentais, muito mais do que físicos. Tornar-se de modo pleno o ser mental é o primeiro movimento de transição em direção à perfeição e à liberdade humanas; na realidade, esse crescimento não aperfeiçoa, não libera a alma, mas nos eleva um degrau acima da absorção material e vital e prepara nossa liberação do domínio da Ignorância.

Nosso ganho, ao tornarmo-nos seres mentais mais perfeitos, é a possibilidade de uma existência, consciência, força, felicidade e alegria de ser mais sutis, elevadas e vastas; à medida que nos elevarmos na escala da mente nos virá um poder maior dessas coisas: nossa consciência mental adquirirá ao mesmo tempo uma visão e um poder maiores, tornar-se-á mais sutil e plástica e poderemos abarcar de maneira mais ampla a própria existência vital e física, conhecê-la melhor, utilizá-la melhor, dar-lhe valores mais nobres, um âmbito mais vasto, uma ação mais sublimada — uma escala expandida, objetivos superiores. O homem, no poder característico de sua natureza, é um ser mental; mas nas primeiras etapas de seu emergir é mais um animal mentalizado, preocupado, como o animal, com sua existência corporal: utiliza sua mente para os usos, interesses, desejos da vida e do corpo, como serva e ministra, não ainda como sua soberana e mestra. É quando cresce mentalmente, e à medida que sua mente afirma sua identidade e independência contra a tirania da vida e da matéria, ele cresce em estatura. De um lado a mente, por sua emancipação, controla e ilumina a vida e o físico; do outro lado vemos que os objetivos, as ocupações e buscas puramente mentais do conhecimento começam a ter um valor. A mente, liberada de um controle e uma preocupação inferiores, introduz na vida um governo, uma elevação, refinamento, equilíbrio e harmonia mais sutis; os movimentos vitais e físicos são dirigidos e postos em ordem, mesmo transformados, tanto quanto possível, por um meio mental; aprendem a ser os instrumentos da razão e a obedecer a uma vontade esclarecida, uma percepção ética, uma inteligência estética: quanto mais isso se realiza, mais a espécie torna-se verdadeiramente humana, uma espécie de seres mentais.

É a essa percepção da vida que os pensadores gregos davam a mais alta importância, e é esse florescimento intenso sob o sol desse ideal que confere uma fascinação tão grande à vida e à cultura helênicas. Mais tarde essa percepção perdeu-se e, quando reapareceu, estava muito diminuída, misturada a elementos mais túrbidos; a perturbação provocada por um ideal espiritual compreendido de maneira imperfeita pela inteligência e de modo algum realizado nem praticado na vida — mas presente, com todas as suas influências mentais e morais, positivas e negativas, confrontadas à pressão antagonista de um impulso vital dominador e desregrado, incapaz de satisfazer seu movimento livre — foi um obstáculo à soberania da mente e à harmonia da vida, à realização de sua beleza e seu equilíbrio. O resultado foi uma abertura a ideais mais altos, um alargamento do campo da vida; mas os elementos de um novo idealismo foram apenas projetados em sua ação como uma influência, sem poder dominar nem transformar a vida e, no final, o esforço espiritual, assim mal compreendido e não realizado, foi rejeitado: seus efeitos morais subsistiram, mas, privados do sustento do elemento espiritual, reduziram-se até se tornarem ineficazes; o impulso vital, sustentado por um desenvolvimento imenso da inteligência física, torna-se a preocupação maior da espécie. Um aumento impressionante de certo tipo de conhecimento e eficácia foi o primeiro resultado; os frutos mais recentes foram uma saúde espiritual ruim e perigosa e uma desordem imensa.

Porque a mente não é suficiente; mesmo a mais vasta operação de sua inteligência cria apenas uma meia-luz limitada. Um conhecimento mental superficial do universo físico é um guia ainda mais imperfeito; para o animal pensante isso deve bastar, mas não para uma espécie de seres mentais a laborar uma evolução espiritual. Mesmo a verdade das coisas físicas não pode ser inteiramente conhecida, nem o uso correto de nossa existência material pode ser descoberto pela ciência física, e um conhecimento exterior apenas, ou tornar-se possível pela mestria de processos físicos e mecânicos: para conhecer, para usar de modo correto, devemos ir além da verdade do fenômeno e processo físicos, saber o que está neles e por trás deles. Pois não somos apenas uma mente em um corpo; há um ser espiritual, um princípio espiritual, um plano espiritual da Natureza. Devemos elevar a força de nossa consciência até eles e, por meio disso, ampliar ainda mais, mesmo universal e infinitamente, a extensão de nosso ser e do nosso campo de ação, integrar nossa vida inferior e utilizá-la para fins mais amplos, em um plano mais vasto, à luz da verdade espiritual da existência. A labuta de nossa mente e a luta de nossa vida não podem chegar a solução alguma enquanto não tivermos ido além do domínio obsedante de uma Natureza inferior, integralizado nosso ser natural no ser e na consciência, aprendido a utilizar nossos instrumentos naturais pela força do Espírito e para sua alegria. Só então a ignorância constitutiva de que sofremos, a ignorância da constituição real de nossa existência, poderá transformar-se em um conhecimento verdadeiro e efetivo de nosso ser e devenir. Pois aquilo que somos é o espírito — que, no momento, utiliza de modo predominante a mente, de modo subordinado a vida e o corpo — e a matéria é o campo original, mas não único, de nossa experiência; mas isso é apenas no momento presente. Nossa instrumentação mental imperfeita não é a última palavra de nossas possibilidades, pois há em nós, adormecidos ou ativos de maneira invisível e imperfeita, outros princípios além da mente e mais próximos da natureza espiritual, há poderes mais diretos e instrumentos mais luminosos, um estado superior, domínios de ação dinâmica mais amplos do que aqueles pertencentes à nossa atual existência física, vital e mental. Tudo isso pode tornar-se nosso próprio estado, parte de nosso ser, serem os princípios, poderes e instrumentos de nossa natureza ampliada. Mas para isso não basta satisfazer-se com uma ascensão vaga ou extática ao espírito ou uma exaltação no sem forma ao contato com suas infinitudes; o princípio deles deve evoluir — como a vida evoluiu, como a mente evoluiu — e organizar sua própria instrumentação, sua própria satisfação. Então possuiremos a verdadeira constituição de nosso ser e teremos conquistado a Ignorância.

A conquista de nossa ignorância constitutiva não pode ser completa, não pode tornar-se dinâmica integralmente se não tivermos conquistado nossa ignorância psicológica, pois as duas estão ligadas. Nossa ignorância psicológica é uma limitação de nosso autoconhecimento a essa pequena onda, ou a essa corrente superficial de nosso ser que é o self consciente de vigília. Essa parte de nosso ser é um fluxo original de movimentos sem forma ou apenas semiformulados, que prossegue em uma continuidade automática, sustentado e mantido em seu fluir no tempo, de momento a momento, por uma memória de superfície ativa e uma consciência subjacente passiva, organizada e interpretada pela nossa razão e nossa inteligência, que ao mesmo tempo participa e observa. Por trás há uma existência e uma energia ocultas de nosso ser secreto, sem as quais a consciência e a atividade superficiais não teriam podido existir ou agir. Na Matéria, apenas uma atividade é manifestada — inconsciente no exterior das coisas, que é tudo que conhecemos; pois a Consciência imanente na Matéria é secreta, subliminar, não manifestada na forma inconsciente nem na energia involuída; em nós, a consciência tornou-se parcialmente manifestada, parcialmente desperta. Mas essa consciência é limitada e imperfeita; é confinada por sua autolimitação habitual e move-se em um círculo restrito — exceto quando jorram do espaço secreto dentro de nós clarões e pressentimentos ou surgem ondas, que ao romper os limites da formação, espalham-se além deles ou alargam o círculo. Mas essas aparições ocasionais não podem nos ampliar além de nossa capacidade atual, não bastam para revolucionar nossa condição. Isso só pode ser feito se trouxermos a esse estado as luzes e os poderes mais altos, ainda não desenvolvidos, que existem em potencial em nosso ser, para que possam agir aí consciente e normalmente; para isso, devemos ter acesso livre a esses domínios de nosso ser, dos quais eles são originários, mas que, no presente, são para nós subconscientes ou secretamente intraconscientes e circunconscientes, ou então supraconscientes. Ou — e isso também é possível — devemos penetrar nas partes interiores e superiores de nós mesmos, mergulhar no interior ou aí entrar de maneira disciplinada, e trazer conosco seus segredos para a superfície. Ou, por uma mudança ainda mais radical de nossa consciência, aprender a viver dentro e não mais na superfície, e ser e agir a partir das profundezas interiores e de uma alma que se tornou a soberana da natureza.

Essa parte em nós que podemos estritamente chamar subconsciente, porque se situa abaixo do nível da mente e da vida consciente e é inferior e obscura, abrange os elementos puramente físicos e vitais que constituem nosso ser corporal; não mentalizados, esses elementos não são observados pela mente, e sua ação não é controlada por ela. Pode-se considerar que o subconsciente inclui a consciência oculta e muda, dinâmica, mas não sentida por nós, que age nas células, nos nervos e em toda a substância corporal ajustando o processo de vida e as reações automáticas deles. O subconsciente inclui também os funcionamentos mais elementares da mente sensorial submersa, que são mais ativos no animal e na vida das plantas. Em nossa evolução ultrapassamos a necessidade de organizar em grande escala a ação desse elemento, mas ele continua submerso, e trabalha obscuramente sob a superfície de nossa natureza consciente. Essa atividade obscura estende-se a um substrato mental secreto e encapuzado onde impressões passadas, e tudo o que é rejeitado da mente de superfície, afundam e permanecem adormecidas; mas podem ressurgir no sono ou aproveitar-se de qualquer ausência da mente para tomar a forma de sonhos, sugestões ou ações mentais mecânicas, reações ou impulsos vitais automáticos, anormalidades físicas ou perturbações nervosas, morbidez, doenças, desequilíbrio. Do subconsciente, em geral trazemos para a superfície aquilo que nossa mente sensorial desperta e nossa inteligência necessitam para seus propósitos; não somos conscientes da natureza, origem e funcionamento das coisas que emergem e não as apreendemos em seus valores próprios, mas por uma tradução nos valores de nossa sensibilidade e inteligência humanas de vigília. Mas esses movimentos que sobem do subconsciente, seus efeitos sobre a mente e o corpo, são sobretudo automáticos, indesejados e involuntários, pois não temos conhecimento do subconsciente e, portanto, controle algum sobre ele. É apenas por uma experiência anormal para nós, na maioria das vezes por uma doença ou qualquer perturbação de nosso equilíbrio, que podemos perceber diretamente algo no mundo mudo — mas muito ativo — de nosso ser corporal e de nossa vitalidade, ou tornarmo-nos cônscios dos movimentos secretos da mente mecânica sub-humana, vital e física que se estende sob a nossa superfície — uma consciência que é nossa, mas não parece nossa, porque não faz parte de nossa mentalidade conhecida. Isso, e muito mais, vive encoberto na subconsciência.

Uma descida no subconsciente não nos ajudaria a explorar essa região, pois nos mergulharia na inconsciência ou no sono, em um transe sombrio ou um torpor comatoso. Uma investigação ou um vislumbre mentais podem nos dar alguma ideia indireta e construtiva dessas atividades escondidas, mas é apenas ao retirarmo-nos no subliminar ou elevarmo-nos no supraconsciente para de lá ver o que está abaixo ou estendermo-nos nessas profundezas obscuras que poderemos perceber e controlar de modo direto e total os segredos de nossa natureza subconsciente, física, mental e vital. Essa percepção e esse controle são da maior importância, pois o subconsciente é o Inconsciente no processo de tornar-se consciente; é o suporte e mesmo a raiz das partes inferiores de nosso ser e seus movimentos. Ele sustenta e reforça tudo o que em nós apega-se mais e recusa-se a mudar, nossas recorrências mecânicas do pensamento não inteligente, a obstinação persistente de nossos sentimentos, sensações, impulsos, a incontrolável rigidez de nosso caráter. O animal em nós — o infernal também — tem seu covil na densa selva do subconsciente. Entrar nessa selva, levar aí a luz e estabelecer um controle, é indispensável para a completude de toda vida superior, para qualquer transformação integral da natureza.

A parte em nós que caracterizamos como intraconsciente e circunconsciente é um elemento ainda mais poderoso e muito mais valioso na constituição de nosso ser. Ela inclui a vasta ação de uma inteligência interior e uma mente sensorial interior, um vital interior e mesmo um ser físico sutil interior que sustenta e abarca nossa consciência de vigília que não é trazida para a frente, é subliminar, como se diz atualmente. Mas, quando pudermos entrar nesse self escondido e explorá-lo, descobriremos que nossos sentidos e inteligência de vigília são em grande medida uma seleção do que somos secretamente ou podemos ser, uma versão exteriorizada, muito mutilada e banalizada, de nosso ser real escondido ou uma irrupção originada em suas profundezas. Nosso ser de superfície foi formado com essa ajuda subliminar, no curso de uma evolução a partir do Inconsciente, para servir à nossa vida mental e física atual na terra; por trás dele encontra-se uma formação que serve de intermediária entre o Inconsciente e os planos mais vastos da Vida e da Mente que foram criados pela descida involutiva e cuja pressão ajudou a evolução da Mente e da Vida na Matéria. Nossas reações superfíciais à existência física têm por trás o apoio de uma atividade nessas partes veladas, e muitas vezes são suas respostas, modificadas por uma interpretação mental superficial. Mas essa ampla parte de nossa mentalidade e vitalidade que não é uma reação ao mundo externo, que vive para si mesma ou projeta-se na existência material para utilizá-la e possuí-la — nossa personalidade — é também o produto, a formulação amalgamada de poderes, influências, motivos que se originam nesse segredo potente do intraconsciente.

Além disso, o subliminar expande-se em uma consciência abrangente através da qual recebe o choque das correntes e circuitos de ondas que se derramam sobre nós a partir da Mente universal, da Vida universal e das forças universais mais sutis da Matéria. Estas, não percebidas por nós na superfície, são percebidas e admitidas pelo nosso self subliminar, que as muda em formações que podem afetar poderosamente nossa existência sem nosso conhecimento. Se a parede que separa essa existência interior do ser exterior fosse atravessada, poderíamos conhecer as fontes de nossas energias mentais e ação vital atuais, lidar com elas e controlar os efeitos, em lugar de estarmos submetidos a eles. Mas embora se possa conhecer uma grande parte dessas fontes ao entrar nelas e vê-las do interior ou comunicando-nos com elas de modo mais livre, é só quando passarmos para trás do véu da mente de superfície e vivermos dentro, em uma mente interior, na alma mais profunda de nosso ser, que poderemos ser inteiramente conscientes de nós mesmos — e também quando nos elevarmos a um plano mental superior àquele onde habita nossa consciência de vigília. Uma ampliação e inteireza de nosso estado evolutivo atual, ainda tão entravado e truncado, seria o resultado, se vivêssemos assim, no nosso interior; mas uma evolução além só será possível se nos tornarmos cônscios do que agora é supraconsciente para nós, se nos elevarmos às alturas originais do Espírito.

Na supraconsciência, para além do nosso nível atual de consciência, encontram-se os planos mais altos do ser mental e as altitudes naturais do ser supramental e do puro ser espiritual. O primeiro passo indispensável em uma evolução ascendente seria elevar nossa força de consciência a essas partes superiores da Mente, de onde já recebemos, mas sem conhecer a fonte, muitos de nossos movimentos mentais mais amplos, em particular aqueles que vêm com um poder e uma luz maiores, os reveladores, inspiradores, intuitivos. Se a consciência conseguisse alcançar essas alturas mentais, essas vastidões, ou manter-se e centrar-se ali, algo da presença e do poder diretos do Espírito, algo — por mais secundário e indireto que fosse — da própria Supramente, poderia receber uma primeira expressão, começar a manifestar-se, intervir no governo de nosso ser interior e ajudar a remodelá-lo. Isso feito, pela força dessa consciência remodelada, o curso de nossa evolução poderia elevar-se em uma ascensão mais sublime, e passar, além do mental, ao supramental e à natureza espiritual suprema. É possível, sem uma ascensão real a esses planos mentais, supraconscientes no presente, ou sem viver neles de maneira constante ou permanente, pela abertura a eles, recebendo seu conhecimento e influência, desembaraçarmo-nos, em certa medida, de nossa ignorância constitutiva e psicológica; é possível percebermo-nos como seres espirituais e espiritualizar, embora de maneira imperfeita, nossa vida e nossa consciência humana normal. Seria possível uma comunicação consciente com essa mentalidade maior e mais luminosa, ser guiado por ela e receber suas forças iluminadoras e transformadoras. Isso está ao alcance do ser humano altamente desenvolvido ou espiritualmente desperto, mas não seria mais do que um estado preliminar. Para alcançar um autoconhecimento integral, uma consciência e um poder de ser inteiros, é necessário elevar-se além do plano de nossa mente normal. Uma tal ascensão é possível no presente por um mergulho na supraconsciência, mas, nesse caso, só poderíamos entrar nos níveis superiores em um estado de transe imóvel ou extático. Se esse ser espiritual supremo deve ser chamado a governar nossa existência de vigília, é preciso que haja nela uma elevação e um alargamento conscientes até alcançar os domínios imensos de um ser novo, uma consciência nova, possibilidades novas de ação, uma integração — o mais integral possível — de nosso ser, consciência e atividades atuais que seriam transmutados em valores divinos, e que efetuariam uma transfiguração de nossa existência humana. Pois onde se produz uma transição radical há sempre este movimento triplo — ascensão, ampliação do campo e da base, integração — no método de autotranscendência da Natureza.

Qualquer mudança evolutiva desse tipo deve necessariamente ser acompanhada de uma rejeição de nossa atual ignorância temporal redutiva, pois não só vivemos ainda no tempo, de momento a momento, mas toda a nossa visão limita-se à vida em nosso corpo atual, entre um único nascimento e uma única morte. Assim como nosso olhar não vai muito longe no passado, também não alcança mais longe no futuro; desse modo, nossa memória e percepção físicas da vida presente nos limitam em uma formação corporal transitória. Mas essa limitação de nossa consciência corporal depende estreitamente do fato de que nossa mente ocupa-se com o plano e a vida materiais no qual age no presente; a limitação não é uma lei do espírito, mas uma provisão temporária para uma primeira operação prevista de nossa natureza manifestada. Se essa preocupação for reduzida ou posta de lado, se a mente se ampliar, se uma abertura for criada no subliminar e no supraconsciente, no ser interior e superior, será possível ter a realização de nossa existência que se prolonga no tempo e de nossa existência eterna além do tempo. Isso é essencial para termos o nosso autoconhecimento no foco justo, pois no presente nossa inteira consciência e ação são corrompidas por um erro de pespectiva espiritual que nos impede de ver em suas justas proporções e relações a natureza, o propósito e as condições de nosso ser. A maioria das religiões faz da crença na imortalidade um ponto essencial, porque é uma necessidade evidente, se devêssemos nos elevar acima de nossa identificação com o corpo e suas preocupações com o nível material. Mas uma crença não é suficiente para mudar radicalmente esse erro de pespectiva: o verdadeiro conhecimento de nosso ser no tempo só poderá ser-nos revelado quando vivermos na consciência de nossa imortalidade; temos que despertar para uma percepção correta de nosso ser perpétuo no Tempo e de nossa existência atemporal.

Pois imortalidade, em seu sentido fundamental, não significa meramente algum tipo de sobrevivência pessoal após a morte do corpo; somos imortais pela eternidade de nossa autoexistência, sem começo nem fim, além de toda sucessão de mortes e nascimentos físicos que atravessamos, além das alternâncias de nossa existência nesse e em outros mundos: a existência atemporal do espírito é a verdadeira imortalidade. Há, sem dúvida, um significado secundário da palavra que tem sua verdade, pois, corolário dessa verdadeira imortalidade, existe uma continuidade perpétua de nossa existência e experiência temporais de vida em vida, de mundo em mundo, após a dissolução do corpo físico, mas isso é uma consequência natural de nossa atemporalidade, que se exprime aqui como uma perpetuidade no Tempo eterno. A realização da imortalidade atemporal vem pelo conhecimento do self no Não-Nascimento e no Não-Devenir e do espírito imutável dentro de nós: a realização da imortalidade temporal vem pelo conhecimento do self no Nascimento e no Devenir, e é traduzida pelo sentido de uma identidade persistente da alma através de todas as mudanças de mente, vida e corpo; isso também não é uma mera sobrevivência, é a atemporalidade traduzida na manifestação do Tempo. Com a primeira realização nos tornamos livres da sujeição obscura à cadeia de nascimentos e mortes, esse objetivo supremo de tantas disciplinas indianas; a segunda realização, acrescentada à primeira, permite-nos possuir livremente, com o conhecimento correto, sem ignorância, sem sermos ligados à cadeia de nossas ações, as experiências do espírito em suas sucessões da eternidade temporal. A realização da existência atemporal, em si mesma, poderia não incluir a verdade dessa experiência do Self que persiste no Tempo eterno; uma realização de sobrevivência à morte, em si mesma, não excluiria necessariamente um começo ou um fim de nossa existência. Mas em ambas realizações, se consideradas verdadeiramente como um lado e outro de uma única verdade, existir de modo consciente na eternidade e não na sujeição à hora e sucessão de momentos é a substância da mudança: existir assim é uma primeira condição da consciência divina e da vida divina. Possuir, e a partir dessa eternidade interior do ser, governar o curso e o processo do Vir-a-Ser, é a segunda, a condição dinâmica, com seu resultado prático, a posse e a mestria espirituais de si. Essas mudanças só são possíveis se nos retirarmos de nossas preocupações materiais absorventes — sem que seja necessário uma rejeição ou descaso pela vida no corpo — e vivermos de maneira constante nos planos interiores e mais altos da mente e do espírito. Pois a elevação de nossa consciência aos seus princípios espirituais é efetuada por uma ascensão e um retiro no ser interior — ambos movimentos são essenciais —, fora de nossa vida transitória, que se passa de momento a momento, para entrar na vida eterna de nossa consciência imortal; mas se produz ao mesmo tempo uma ampliação do âmbito de nossa consciência e do campo de nossa ação no tempo e uma integração e um uso mais alto de nossa existência mental, vital e corporal. Manifesta-se então um conhecimento de nosso ser, não mais como uma consciência dependente do corpo, mas como um espírito eterno que usa todos os mundos e todas as vidas para uma autoexperiência diversificada; o veremos como uma entidade espiritual que possui uma vida contínua da alma e desenvolve perpetuamente suas atividades através de existências físicas sucessivas — um ser que determina seu próprio tornar-se. Nesse conhecimento, não conceitual, mas sentido em nossa própria substância, torna-se possível viver não como escravos de um impulso cármico cego, mas como mestres — submissos apenas ao Divino dentro de nós — de nosso ser e nossa natureza.

Ao mesmo tempo desembaraçamo-nos da ignorância egoística, pois enquanto estivermos encadeados a ela, em qualquer etapa que seja, a vida divina será inacessível ou imperfeita em sua autoexpressão. Pois o ego é uma falsificação de nossa verdadeira individualidade pelo fato de que se identifica e limita-se a essa vida, mente e corpo: isso é separar-se de outras almas, o que nos fecha em nossa própria experiência individual e impede de viver como um indivíduo universal: é uma separação de Deus, nosso Self supremo, que é o único Self em todas as existências e o Habitante divino em nós. Quando nossa consciência muda e atinge a altura, a profundidade e a imensidão do espírito, o ego não pode mais sobreviver aí: muito pequeno e fraco para subsistir nessa vastidão, dissolve-se nela, pois ele existe por seus próprios limites e perece pela perda deles. O ser escapa de seu aprisionamento e alcança uma individualidade separada, torna-se universal, assume uma consciência cósmica na qual se identifica com o self e o espírito, com a vida, a mente, o corpo de todos os seres. Ou escapa em direção ao alto, a um supremo pináculo, uma infinitude e eternidade de autoexistência independente de sua existência cósmica ou individual. O ego, ao perder seu muro separador, colapsa na imensidade cósmica ou tomba no nada, incapaz de respirar nas alturas do éter espiritual. Se, por hábito da Natureza, algo de seus movimentos permanecer, isso também acabará por dissolver-se e será substituído por uma maneira nova, pessoal-impessoal, de ver, sentir, agir. Esse desaparecimento do ego não traz consigo a destruição de nossa universalidade verdadeira, de nossa existência espiritual verdadeira, pois esta sempre foi universal e una com a Transcendência; mas há uma transformação que substitui o ego separativo pelo Purusha, face e imagem conscientes do ser universal e um self e poder do Divino transcendente na Natureza cósmica.

No mesmo movimento, pelo próprio despertar no espírito, há uma dissolução da ignorância cósmica, pois nos conhecemos como o self atemporal que possui a si mesmo no cosmos e além do cosmos: esse conhecimento torna-se a base do Jogo Divino no tempo, reconcilia o um e o múltiplo, a unidade eterna e a multiplicidade eterna, reúne a alma a Deus e descobre o Divino no universo. É por essa realização que podemos nos aproximar do Absoluto como origem de todas as circunstâncias e relações, possuir o mundo em nós mesmos em sua extensão mais vasta e uma dependência consciente de sua fonte e, assim integrando-o, elevá-lo e realizar por meio dele os valores absolutos que convergem no Absoluto. Se, assim, nosso autoconhecimento completar-se em todos os seus elementos essenciais, nossa ignorância prática — que toma as formas extremas de maldade, sofrimento, falsidade e erro, e é a causa de todas as confusões e discórdias da vida — cederá seu lugar à vontade justa do autoconhecimento, e seus valores falsos ou imperfeitos recuarão diante dos valores divinos da verdadeira Consciência-Força e da verdadeira Ananda. Para a consciência justa, ação justa, existência justa — não no sentido humano imperfeito de nossas insignificantes moralidades, mas no movimento amplo e luminoso de uma existência divina —, as condições são a união com Deus, a união com todos os seres, uma vida governada e formada de dentro para fora, onde a fonte de todo pensamento, vontade e ação será o Espírito trabalhando segundo a verdade e a lei divinas, que não são elaboradas e construídas pela mente da Ignorância, mas são autoexistentes e cumprem-se espontaneamente, não tanto uma lei, mas uma verdade, que age em sua própria consciência e em um processo livre, luminoso, plástico e automático, de seu conhecimento.

Esse pareceria ser o método e o resultado da evolução espiritual consciente: uma transformação da vida da Ignorância em uma vida divina do espírito consciente da verdade, uma mudança do modo de ser mental em um modo de ser espiritual e supramental, uma autoexpansão a partir da sétupla ignorância até o sétuplo conhecimento. Essa transformação seria a conclusão natural do processo ascendente da Natureza, à medida que ela eleva as forças da consciência de um princípio ao princípio superior, até que o mais alto, o princípio espiritual, se expresse e predomine nela, integre em sua verdade a existência cósmica e a existência individual dos planos inferiores e transforme tudo em uma manifestação consciente do Espírito. O indivíduo verdadeiro, o ser espiritual, emerge, individual e, contudo, universal, universal e, contudo, autotranscendente: a vida não se mostra mais como uma formação de coisas e uma ação de ser criadas pela Ignorância separadora.

# CAPÍTULO XX

# A FILOSOFIA DO RENASCIMENTO

*Um fim têm estes corpos de uma alma encarnada que é eterna; ela não nasce nem morre, e não é verdade que ao ter sido ela não será mais uma vez. Ela é não nascida, antiga, sempiterna; ela não é destruída pela destruição do corpo. Assim como um homem rejeita suas roupas usadas e pega outras que são novas, do mesmo modo o ser encarnado deixa seus corpos e une-se a novos corpos. Certa é a morte daquele que nasce e certo é o nascimento daquele que morre.*

Bhagavad-Gītā, II. 18, 20, 22, 27.

*Há um nascimento e um crescimento do self. De acordo com suas ações o ser encarnado assume formas sucessivas em muitos lugares; muitas formas, grosseiras e sutis, ele assume, pela força das qualidades próprias à sua natureza.*

Svetashvatara Upanishad, V. 11, 12.

O nascimento é o primeiro mistério espiritual do universo físico, a morte é o segundo, o que dá um duplo motivo de perplexidade ao mistério do nascimento; porque a vida, que de outro modo seria um fato autoevidente da existência, torna-se um mistério em virtude dessas duas coisas que parecem ser seu começo e seu fim, e no entanto se mostram de mil maneiras como nenhuma dessas coisas, mas, antes, como etapas intermediárias em um processo oculto da vida. À primeira vista, o nascimento parece ser uma constante explosão de vida em uma morte geral, uma circunstância persistente na ausência universal de vida da Matéria. Quando examinamos mais de perto, começa a parecer mais provável que a vida seja algo de involuído na Matéria ou mesmo um poder inerente da Energia que cria a Matéria, mas só aparece quando as condições necessárias são reunidas para que ela possa afirmar seus fenômenos característicos e organizar-se de maneira apropriada. Mas há, no nascimento da vida, algo mais que participa desse emergir — há um elemento que não é mais material, uma forte erupção de uma flama da alma, uma primeira vibração evidente do espírito.

Todas as circunstâncias e consequências conhecidas do nascimento pressupõem um desconhecido antes: há na vida uma sugestão de universalidade, uma vontade de persistência e, na morte, algo de inconcluso, que parecem indicar um além desconhecido. O que éramos antes do nascimento e o que somos depois da morte são as perguntas — a resposta a uma depende da resposta à outra — que o intelecto humano se faz desde o começo, sem chegar a nenhuma solução definitiva até agora. O intelecto, de fato, dificilmente pode dar a resposta final, pois esta, por sua própria natureza, deve encontrar-se além dos dados da consciência e da memória física, quer da espécie, quer do indivíduo; no entanto, esses são os únicos dados que o intelecto tem o hábito de consultar com alguma confiança. Nessa pobreza de material e nessa incerteza, ele gira em círculos, de uma hipótese a outra, e considera cada uma delas, sucessivamente, uma conclusão. Ademais, a solução depende da natureza, origem e objetivo do movimento cósmico, e não poderemos concluir nada sobre o nascimento, a vida e a morte, sobre aquilo que precede o nascimento e aquilo que se encontra além da morte, sem haver determinado seu sentido.

A primeira pergunta a ser feita é se o antes e o depois são de ordem puramente física e vital ou, de certa forma, predominantemente mental e espiritual. Se a Matéria fosse o princípio do universo como alegam os materialistas, se a verdade das coisas tivesse que ser encontrada na primeira fórmula a que chega Bhrigu, filho de Varuna, quando medita sobre o eterno Brahman: "a Matéria é o Eterno, pois da Matéria todos os seres nascem, pela Matéria eles existem e à Matéria eles retornam", então seria impossível interrogar-se mais. O "antes" de nossos corpos seria uma reunião de seus constituintes a partir de vários elementos físicos, por meio da semente e alimentação e sob a influência, talvez, de energias ocultas, mas sempre materiais, e o "antes" de nossa consciência seria uma preparação por hereditariedade ou alguma outra operação fisicamente vital ou fisicamente mental na Matéria universal, que especializaria sua ação e construiria o indivíduo por intermédio dos corpos de nossos pais, da semente, genes e cromossomos. O "depois" do corpo seria uma dissolução nos elementos materiais e o "depois" do ser consciente seria uma recaída na Matéria, com certos efeitos de sua atividade sobrevivendo na mente e vida generalizadas da humanidade: essa sobrevivência bem ilusória poderia ser nossa única esperança de imortalidade. Porém, visto que a universalidade da Matéria não pode mais ser considerada como uma explicação suficiente para a existência da Mente — e, de fato, a própria Matéria não pode mais ser explicada só pela Matéria, pois ela não parece ser autoexistente — devemos rejeitar essa solução fácil e óbvia e voltarmo-nos para outras hipóteses.

Uma delas é o velho mito religioso, o mistério dogmático de um Deus que sem cessar cria almas imortais a partir de seu próprio ser ou então por seu "sopro" ou seu poder-de-vida que, deve-se supor, penetra na Natureza material ou, certamente, nos corpos que nela ele criou e os vivifica internamente com um princípio espiritual. Como um mistério da fé isso pode ser justificado e não necessita ser examinado, pois os mistérios da fé são projetados para estar além de perguntas e exames minuciosos; mas para a razão e a filosofia não é convincente e não está em acordo com a ordem comum das coisas. Pois essa hipótese envolve dois paradoxos que necessitam melhor justificação antes mesmo que possam ser tomados em consideração: primeiro, a criação contínua de seres que têm um começo no tempo, mas não têm fim e, além do mais, nascem com o nascimento do corpo, mas não acabam com a morte do corpo; segundo, o fato de que esses seres assumem uma massa pré-fabricada de qualidades, virtudes, vícios, capacidades, defeitos, vantagens e desvantagens do temperamento e outras, que se combinam e de nenhum modo são o resultado de um crescimento desses seres, mas foram feitos para eles por um *fiat* arbitrário — se não por uma lei de hereditariedade — e, apesar disso, o Criador os considera responsáveis e espera que façam um perfeito uso deles.

Podemos manter — ao menos provisoriamente — certos argumentos como suposições legítimas da razão filosófica e honestamente deixar àqueles que os negam o encargo de desaprová-los. Entre esses postulados encontra-se o princípio segundo o qual aquilo que não tem fim não pode ter tido começo; tudo que começa ou é criado tem um fim quando cessa o processo que o criou e o mantém, ou quando se dissolvem os materiais dos quais essa coisa se compunha ou quando termina a função para a qual nasceu. Se houver uma exceção a essa lei será devida à descida do espírito na matéria, animando a matéria com a divindade ou dando-lhe sua própria imortalidade; mas o próprio espírito que assim desce é imortal, não é construído nem criado. Se a alma foi criada para animar o corpo, se dependesse do corpo para vir à existência, essa existência não poderia ter razão de ser, ou base, depois do desaparecimento do corpo. Pode-se supor que o sopro, ou o poder dado para animar o corpo, retornaria, sem dúvida, quando da dissolução final do corpo, ao seu Criador. Se, ao contrário, ele persiste ainda como um ser imortal encarnado, então deve haver um corpo sutil ou psíquico em que continua, e é razoavelmente certo que esse corpo psíquico e seu habitante devam ser preexistentes ao veículo material: é irracional supor que em sua origem foram criados para habitar essa forma breve e perecível; um ser imortal não pode ser o resultado de um incidente tão efêmero na criação. Se a alma permanece, mas desencarnada, então não pode ter sido, na origem, dependente de um corpo para existir; deve ter subsistido como um espírito desencarnado antes do nascimento, assim como permanece em sua entidade espiritual desencarnada, após a morte.

 Além disso, podemos também supor que todo estágio de desenvolvimento observado no Tempo deve ter tido um passado. Portanto, se a alma entra nessa vida com certo desenvolvimento da personalidade, deve tê-lo preparado em outras vidas precedentes, aqui ou em outro lugar. Ora, se ela recebeu uma vida e uma personalidade já feitas, não preparadas por ela ou preparadas talvez por uma hereditariedade física, vital e mental, ela mesma deveria ser algo completamente independente dessa vida e dessa personalidade, algo que seria conectado com a mente e o corpo apenas de modo fortuito, e não poderia então ser realmente afetada pelo que é feito ou desenvolvido nessa existência mental e corporal. Se a alma for real e imortal, se não for um ser construído ou simbólico, deverá também ser eterna, sem começo no passado e sem fim no futuro; mas, se eterna, deverá ser um self imutável não afetado pela vida e suas condições ou um Purusha atemporal, uma Pessoa eterna e espiritual, que manifesta ou causa no tempo um fluxo de uma personalidade que muda. Se ela for uma tal Pessoa, só poderá manifestar esse fluir de personalidade em um mundo de nascimento e morte, revestindo-se de corpos sucessivos — em uma palavra, mediante o renascimento constante ou repetido nas formas da Natureza.

 Mas a imortalidade ou eternidade da alma não se impõe de imediato, mesmo se recusarmos explicar todas as coisas pela Matéria eterna, pois temos também a hipótese da criação de uma alma, temporária ou aparente, por algum poder da Unidade original a partir da qual todas as coisas começam, pela qual vivem e na qual cessarão. De um lado podemos erigir, a partir dos fundamentos de certas ideias ou descobertas modernas, a teoria de um Inconsciente cósmico que cria uma alma temporária, uma consciência que, após uma atuação breve, extingue-se e retorna ao Inconsciente; ou então pode haver um eterno Devenir, que se manifesta em uma Força-de-Vida cósmica com o aparecimento da Matéria como finalidade objetiva de suas operações e o aparecimento da Mente como sua finalidade subjetiva; a interação desses dois fenômenos da Força-de-Vida teria criado nossa existência humana. Do outro lado, temos a antiga teoria de um Supraconsciente único-existente, um eterno Ser imutável que admite a possibilidade da ilusão, ou a cria por sua Maya, de uma vida da alma individual nesse mundo de Matéria e Mente fenomênicas, ambas essencialmente irreais — mesmo se possuem ou assumem uma realidade temporal e fenomênica —, uma vez que um Self ou Espírito único, imutável e eterno, seria a única entidade.

Temos também a teoria budista de um *Nihil* ou Nirvana e, sobreposta a isso de algum modo, a ação ou a energia eternas de um devenir sucessivo, Karma, que cria a ilusão de uma permanência do self ou alma por uma continuidade ininterrupta de associações, ideias, memórias, sensações, imagens. Em seu efeito sobre o problema da vida, essas três explicações na realidade são uma, pois mesmo o Supraconsciente é, para o propósito da ação universal, um equivalente do Inconsciente; ele só pode perceber sua própria autoexistência imutável; a criação de um mundo de seres individuais pela Maya sobrepõe-se a essa autoexistência; ela acontece, talvez, em uma espécie de sono da consciência autoabsorvida, *sushupti*,[1] de onde emergem, contudo, toda consciência ativa e toda modificação do devenir fenomênico, assim como na teoria moderna nossa consciência é um desenvolvimento impermanente saído do Inconsciente. Nas três teorias a alma aparente, ou individualidade espiritual da criatura, não é imortal no sentido de eternidade, mas tem um começo e um fim no Tempo, é criada pela Maya, pela Força da Natureza ou pela Ação Cósmica a partir do Inconsciente ou do Supraconsciente e, portanto, sua existência é impermanente. Em todas as três o renascimento é desnecessário, ou então ilusório; seria a prolongação de uma ilusão por repetição ou uma roda adicional que giraria em meio às numerosas rodas do mecanismo complexo do Devenir ou então é excluído, visto que um único nascimento é tudo o que pode pedir um ser consciente concebido por acaso e como parte de uma criação inconsciente.

Nessas concepções, quer consideremos a Existência eterna e única como um Devenir vital, quer como um Ser espiritual imutável e imodificável, quer como um Não-Ser sem nome e sem forma, aquilo que chamamos alma pode ser apenas uma massa que muda ou uma torrente de fenômenos de consciência, que passou a existir no oceano de um devenir real ou ilusório e aí deixará de existir — ou, talvez, a alma seja um substrato espiritual temporário, reflexo consciente do Supraconsciente Eterno, que por sua presença sustenta a massa dos fenômenos. Não é eterna, e sua única imortalidade é uma maior ou menor continuidade no Devenir. Não é uma Pessoa real e sempre existente que mantém o fluxo ou a massa dos fenômenos e os experiencia. Isso que sustenta esses fenômenos, isso que existe realmente e sempre, é o Devenir único e eterno ou então o Ser único eterno e impessoal ou ainda a torrente contínua de Energia em suas obras. Em uma teoria desse tipo não é indispensável que uma entidade psíquica, sempre a mesma, persista e assuma um corpo após outro, uma forma após outra, até que enfim se dissolva por algum processo que anula por completo o impulso original que criou esse ciclo. É bem possível que ao

---

1. Prajna, do *Mandukya Upanishad*, o Self situado no sono profundo, é o senhor e criador das coisas.

mesmo tempo que cada forma for desenvolvida, uma consciência correspondente à forma desenvolva-se e, quando a forma dissolver-se, a consciência correspondente dissolva-se com ela; só perduraria para sempre o Um, que forma tudo. Ou, assim como o corpo é formado por elementos gerais da Matéria e começa sua vida com o nascimento e acaba com a morte, do mesmo modo poderia ser que a consciência desenvolva-se a partir de elementos gerais da mente e também comece com o nascimento e acabe com a morte. Aqui ainda, o Um, que pela Maya ou de outra maneira, fornece a força que cria os elementos, é a única realidade permanente. Em nenhuma dessas teorias da existência o renascimento é uma necessidade absoluta ou um resultado inevitável.[2]

Na realidade, encontramos uma grande diferença, pois as teorias antigas afirmam — as teorias modernas negam — o renascimento como parte do processo universal. O pensamento moderno considera o corpo físico como a base de nossa existência e não reconhece a realidade de outro mundo que não seja esse universo material. O que esse pensamento vê aqui é uma consciência mental associada à vida do corpo que, ao nascer, não dá nenhum sinal de uma existência individual anterior e não deixa, no final, nenhum sinal de uma existência individual subsequente. Antes do nascimento haveria a energia material com sua semente de vida ou, no máximo, uma energia da força-de-vida que persiste na semente transmitida pelos pais e dá a esse veículo insignificante, pela infusão misteriosa de desenvolvimentos passados, um caráter mental e físico particulares ao novo corpo e nova mente individuais criados de maneira tão estranha. O que permanece após a morte é a mesma energia material ou força-de-vida que persiste na semente transmitida aos filhos e age para o desenvolvimento ulterior da vida mental e física carregada por ela. De nós nada fica, exceto o que transmitimos assim aos outros ou o que a Energia — que deu forma ao indivíduo pela sua ação preexistente e circundante, pelo nascimento e o meio — pode levar, como resultado da vida e ações do indivíduo, para sua ação futura; sobrevive apenas o que pode ajudar, por acaso ou por uma lei física, a construir os constituintes mentais, vitais e ambientais de outros indivíduos. Por trás dos fenômenos mentais e físicos haveria talvez uma Vida universal da qual seríamos os devires individualizados, evolutivos e fenomênicos. Essa Vida universal criaria um mundo real e seres reais, mas a personalidade consciente nesses seres não seria, ou ao menos não necessitaria ser, o sinal ou a forma de consciência de uma alma eterna, mesmo

---

2. Na teoria budista, o renascimento é imperativo por causa do Karma; não é a alma, e sim o Karma que é a ligação em uma consciência aparentemente contínua — pois a consciência muda a cada momento: há essa continuidade aparente da consciência, mas não há realmente uma alma imortal que nasce e passa pela morte do corpo para renascer em outro corpo.

durável, ou de uma Pessoa suprafísica: não há nada nessa fórmula de existência que nos obrigue a crer em uma entidade psíquica que sobreviva à morte do corpo. Aqui não há razão, e muito pouco espaço, para admitir o renascimento como parte da ordem das coisas.

Mas, se com o aumento de nosso conhecimento — como certas pesquisas e descobertas parecem pressagiar — descobríssemos que o ser mental ou a entidade psíquica em nós não depende do corpo de modo tão completo como havíamos primeiro e naturalmente concluído ao nos basear apenas no estudo de dados da experiência física e do universo físico? E se fosse descoberto que a personalidade humana sobrevive à morte do corpo e move-se entre outros planos e esse universo material? A ideia moderna predominante, que supõe uma existência consciente temporária, teria então que ampliar-se e admitir uma Vida cujo campo seja mais vasto do que o universo físico, e admitir também uma individualidade pessoal que não dependa do corpo material. Praticamente, dever-se-ia, talvez, retomar o antigo conceito de que existe uma forma sutil ou um corpo sutil habitado pela entidade psíquica. Uma entidade psíquica ou alma, portadora da consciência mental ou, se uma tal alma original não existisse, um indivíduo mental evoluído, permanente, continuaria após a morte nessa forma sutil permanente, que teria sido criada para ele antes desse nascimento, ou pelo próprio nascimento ou durante a vida. Pois, ou uma entidade psíquica preexiste em outros mundos em uma forma sutil, e vem daí com essa forma para a sua breve estadia terrestre, ou a alma desenvolve-se aqui, no próprio mundo material, e com ela um corpo psíquico é desenvolvido no curso da Natureza e subsiste após a morte — em outros mundos ou reencarnando-se aqui. Essas seriam as duas alternativas possíveis.

Uma Vida universal evolutiva pode ter desenvolvido na terra a personalidade nascente que agora tornou-se nós mesmos, antes mesmo de entrar em um corpo humano; a alma em nós pode ter evoluído em formas inferiores de vida antes que o ser humano tenha sido criado. Nesse caso, nossa personalidade teria habitado previamente formas animais e o corpo sutil seria uma formação plástica levada de nascimento em nascimento, mas adaptando-se a toda forma física que a alma pudesse habitar. Ou a Vida evolutiva pode ser capaz de construir uma personalidade apta a sobreviver, mas apenas na forma humana, quando esta é criada. Isso aconteceria pela força de um crescimento súbito da consciência mental; um invólucro de substância mental sutil poderia desenvolver-se ao mesmo tempo e ajudar a individualizar essa consciência mental, e funcionaria então como um corpo interior, assim como a forma física grosseira é organizada de forma a individualizar e abrigar ao mesmo tempo a mente e a vida do animal. Na primeira hipótese, devemos admitir que o animal também sobrevive à dissolução do corpo físico e possui certa formação de alma que, após a morte, ocupa outras formas animais sobre a Terra e finalmente um corpo humano. Pois não parece que a alma animal deixe a terra e penetre em planos da vida diferentes do plano físico e retorne aqui constantemente até ficar pronta para a encarnação humana; a individualização consciente do animal não parece suficiente para suportar uma tal transferência ou para adaptar-se a uma existência em outros mundos. Na segunda hipótese, o poder de sobreviver assim à morte do corpo físico passando a outros estados de existência se manifestaria apenas no estado humano de evolução. Se, de fato, a alma não for uma personalidade elaborada pela Vida no curso da evolução, mas sim uma realidade permanente não evolutiva cuja vida e corpo terrestres seriam o campo necessário, a teoria do renascimento no sentido da transmigração pitagórica teria que ser admitida. Mas se a alma for uma entidade evolutiva persistente capaz de passar além do estado terrestre, então o conceito indiano de uma passagem em outros mundos e um retorno ao nascimento terrestre tornar-se-ia possível e altamente provável. Mas isso não seria inevitável, pois pode-se supor que a personalidade humana, uma vez capaz de alcançar outros planos, não necessitaria retornar deles: na ausência de alguma razão superior, ela prosseguiria naturalmente sua existência no plano mais elevado que houvesse atingido; teria chegado ao termo da evolução da vida na terra. Só se formos confrontados com provas reais de um retorno à terra poderia uma hipótese mais vasta impor-se e obrigar-nos a admitir o fato do renascimento recorrente em formas humanas.

Mesmo assim, a teoria vitalista não necessita espiritualizar-se, não necessita admitir a existência real de uma alma ou sua imortalidade ou eternidade. Ela poderia ainda considerar a personalidade como uma criação fenomênica da Vida universal devido à interação da consciência-de-vida de um lado, e da forma e da força físicas de outro, mas com uma ação mútua mais vasta, variável e sutil entre as duas, e uma história diferente daquela que no início viu como possível. Essa teoria poderia mesmo chegar a uma espécie de budismo vitalista que admite o Karma, mas apenas como a ação de uma força-de-Vida universal. Admitiria como um de seus resultados a continuidade do fluxo da personalidade nos renascimentos por associação mental, mas poderia negar qualquer self real ao indivíduo ou qualquer ser eterno que não fosse esse Devenir vital perpetuamente ativo. Por outro lado, essa teoria, obedecendo a uma nova tendência do pensamento que começa agora a afirmar-se um pouco, poderia admitir um Self universal ou Espírito cósmico como a realidade primordial, de que a Vida é o poder ou agente, e chegar assim a uma forma de monismo vital espiritualizado. Nessa teoria, também uma lei do renascimento seria possível, mas não inevitável; o renascimento poderia ser um fato fenomênico, uma lei real da vida, mas não um resultado lógico da teoria do ser e sua consequência inevitável.

O Advaita do Mayavada, como o budismo, partiu da crença — já bem estabelecida e que fazia parte do cabedal recebido de um antigo conhecimento — em planos e mundos suprafísicos e uma troca entre esses planos e os nossos, o que determina uma passagem fora da terra e, embora isso pareça ter sido uma descoberta menos antiga, um retorno à terra da personalidade humana. Em todo caso, seu pensamento apoiava-se em uma percepção antiga e mesmo uma experiência ou, ao menos, uma tradição secular de um antes e um depois para a personalidade que não estava limitada à experiência do universo físico; pois eles se baseavam em uma visão do self e do mundo que já considerava uma consciência suprafísica o fenômeno primordial e o ser físico apenas um fenômeno secundário e dependente. Foi em torno desses dados que tiveram que determinar a natureza da Realidade eterna e a origem do devir fenomênico. Em consequência, admitiram que a personalidade passa desse para outros mundos e retorna à terra em forma de vida; mas o renascimento visto assim não era, do ponto de vista budista, o verdadeiro renascimento de uma Pessoa espiritual verdadeira nas formas da existência material. Na visão mais tardia do Advaita, a realidade espiritual existe, mas sua individualidade aparente e, portanto, seu nascimento e renascimento, fazem parte de uma ilusão cósmica, uma construção enganosa, mas efetiva, da Maya universal.

No pensamento budista, a existência do Self foi negada; o renascimento só podia significar uma continuidade de ideias, sensações e ações constituindo um movimento individual fictício entre diferentes mundos — digamos, entre planos da ideia e da sensação organizados de modo diferente, pois, de fato, seria apenas a continuidade consciente do fluxo que criaria o fenômeno do self e o fenômeno da personalidade. No Mayavada advaita admitia-se um Jivatman, um self individual e mesmo um self real do individuo;[3] mas essa concessão à linguagem corrente e às nossas ideias habituais, no final, é só aparente. Pois o que se confirma nessa teoria é que não há indivíduo real e eterno, não "eu" ou "tu" e, portanto, não pode haver um self real do indivíduo, nem mesmo um verdadeiro self universal, mas apenas um Self separado do universo, jamais nascido, jamais modificado, jamais afetado pelas alterações fenomênicas. Nascimento, vida, morte, toda a massa da experiência individual e cósmica tornam-se, em última análise, não mais que uma ilusão ou um fenômeno tem-

---

3. Nessa concepção, o Self é um, ele não pode ser múltiplo nem multiplicar-se; portanto, não pode haver aí um verdadeiro indivíduo ou apenas, no máximo, um Self onipresente que anima cada mente e cada corpo com a ideia de um "Eu".

porário; mesmo servidão e liberação só podem ser uma ilusão semelhante, parte dos fenômenos temporais: equivalem apenas à continuidade consciente das experiências ilusórias do ego — ele mesmo uma criação da grande Ilusão — e à cessação da continuidade e da consciência na supraconsciência d'Isto que, só, era e será para sempre, ou melhor, nada tem a ver com o Tempo, é não-nascido, atemporal, inefável.

Enquanto na visão vitalista das coisas há um universo real e um devenir real, ainda que muito temporário, da vida individual, embora não haja um Purusha permanente, ela dá uma importância considerável à nossa experiência e ações individuais — pois elas são realmente efetivas em um devenir real —, na teoria do Mayavada essas coisas não têm importância real ou efeito verdadeiro, e sua consequência seria apenas como aquela de um sonho. Pois mesmo a liberação aconteceria apenas no sonho ou na alucinação cósmicos, uma vez reconhecida a ilusão e que a mente e o corpo individualizados fossem abolidos; na realidade, ninguém está preso e ninguém é liberado, porque o Self, o único existente, não é tocado por essas ilusões do ego. Para escapar de uma esterilidade que tudo destrói, que seria o resultado lógico, devemos conceder uma realidade prática, por mais falsa que possa ser no final, a essa consequência de sonho, e uma importância imensa à nossa servidão e à nossa liberação individual, mesmo se a vida do indivíduo for apenas fenomênica e mesmo se, para o Self único e real, servidão e liberação não sejam e não possam ser mais do que não existentes. Nessa concessão forçada à falsidade tirânica da Maya, a vida e a experiência só teriam importância verdadeira na medida em que preparassem para a negação da vida, a autoeliminação do indivíduo, o fim da ilusão cósmica.

Esta, contudo, é uma visão e uma consequência extremas da tese monista, e o vedantismo mais antigo do Advaita, que parte dos *Upanishads*, não vai tão longe. Ele admite um devenir real e temporal do Eterno e, portanto, um universo real; o indivíduo também assume uma realidade suficiente, pois cada indivíduo é, em si mesmo, o Eterno que assumiu um nome e uma forma e sustenta, por meio desse indivíduo, as experiências da vida, ao girar na roda sempre em movimento do nascimento na manifestação. A roda é mantida em moção pelo desejo do indivíduo, que se torna a causa efetiva do renascimento, e pelo fato de que a mente se afasta do conhecimento do self eterno para preocupar-se com o devenir temporal. Quando esse desejo e essa ignorância cessarem, o Eterno no indivíduo retirar-se-á das mutações da personalidade e experiência individuais e retornará a seu ser atemporal, impessoal e imutável.

Mas essa realidade do indivíduo seria completamente temporal; não teria base durável, nem mesmo recorrência perpétua no Tempo. O renascimento, embora seja uma realidade muito importante nessa explicação do universo, não é uma consequência inevitável da relação entre a individualidade e o propósito da manifestação. Pois a manifestação parece não ter outro propósito senão a vontade do Eterno de criar o mundo, e só pode acabar se essa vontade retirar-se: essa vontade cósmica poderia cumprir-se sem nenhum mecanismo de renascimento e sem o desejo do indivíduo para mantê-la, pois seu desejo só pode ser uma atividade do mecanismo, não poderia ser a causa ou a condição necessária da existência cósmica, uma vez que nessa concepção o próprio indivíduo é um resultado da criação e não uma existência preexistente ao Devenir. A vontade de criação poderia então cumprir-se ao assumir de modo temporário uma individualidade em cada nome e cada forma, uma vida única de numerosos indivíduos impermanentes. A consciência única daria a si mesma formas correspondentes ao tipo de cada ser criado, mas poderia muito bem começar em cada corpo individual com o aparecimento da forma física e terminar com ela. O indivíduo sucederia ao indivíduo como uma onda sucede a outra, o mar permanecendo sempre o mesmo;[4] cada formação de ser consciente surgiria do universal, rolaria durante o tempo que lhe é atribuído e imergeria novamente no Silêncio. A necessidade, para esse propósito, de uma consciência individualizada contínua, persistente, que assumisse nome após nome e forma após forma e se movesse entre diferentes planos, indo e vindo, não é evidente, e mesmo como possibilidade não se impõe de maneira categórica; há ainda menos espaço para um progresso evolutivo que prosseguisse inevitavelmente em formas mais e mais desenvolvidas, como deve supor toda teoria do renascimento que afirma a involução e a evolução do Espírito na Matéria como a fórmula significante de nossa existência terrestre.

É concebível que o Eterno tenha podido realmente escolher manifestar-se, ou melhor, ocultar-se assim no corpo; pode ter tido a vontade de tornar-se um indivíduo ou tomar sua aparência passando do nascimento à morte e da morte a uma nova vida em um ciclo de existência humana e animal durável e recorrente. O Ser único personalizado passaria por diversas formas do devenir, conforme sua fantasia ou seguindo alguma lei de consequências da ação, até que uma iluminação, um retorno à Unidade, a retirada do Único e Idêntico dessa individualização particular, pusesse

---

[4]. Dr. Schweitzer, em seu livro sobre o pensamento indiano, afirma que este era o sentido real dos ensinamentos dos *Upanishads* e o renascimento foi uma invenção tardia. Mas existem inúmeras passagens importantes em quase todos os *Upanishads* que afirmam de modo positivo o renascimento e, de qualquer modo, os *Upanishads* admitem a sobrevivência da personalidade depois da morte e a passagem dela em outros mundos, que é incompatível com uma tal interpretação. Se há sobrevivência em outros mundos e também um destino final de liberação no Brahman para almas encarnadas aqui, o renascimento se impõe, e não há razão para supor que foi uma teoria tardia. O escritor evidentemente foi influenciado pela filosofia ocidental e suas associações, dando um sentido meramente panteísta ao pensamento mais sutil e complexo do antigo Vedanta.

fim a isso. Mas um tal ciclo não teria uma Verdade determinante, original e final que lhe desse algum significado. Não haveria nada para o qual fosse necessário: esse ciclo seria apenas um jogo, uma Lila. Mas, se admitirmos que o Espírito involuiu-se na Inconsciência e manifesta-se no ser individual mediante uma gradação evolutiva, então todo o processo assume significado e consistência; a ascensão progressiva do indivíduo torna-se a nota dominante desse sentido cósmico, e o renascimento da alma no corpo torna-se uma consequência natural e inevitável da verdade do Devenir e de sua lei inerente. O renascimento é um mecanismo indispensável na preparação de uma evolução espiritual; essa é a única condição efetiva possível, o processo dinâmico óbvio de uma tal manifestação no universo material.

Nossa explicação da evolução na Matéria é que o universo é um processo autocriador de uma Realidade suprema cuja presença faz do espírito a substância das coisas — todas as coisas existem nele como poderes, meios e formas de manifestação. Uma existência infinita, uma consciência infinita, uma força e uma vontade infinitas, um deleite de ser infinito é a Realidade secreta por trás das aparências do universo; sua Supramente divina, ou Gnose divina, organizou a ordem cósmica, mas a organizou de maneira indireta, por meio dos três termos subordinados e limitados dos quais somos conscientes aqui: Mente, Vida e Matéria. O universo material é o estágio mais baixo de um mergulho da manifestação, uma involução do ser manifestado dessa Realidade tri-una em uma aparente autoignorância que chamamos agora o Inconsciente; mas a evolução para sair dessa insciência, desse ser manifestado, em direção a uma autopercepção readquirida, era, desde o começo, inevitável. Era inevitável porque aquilo que está involuído deve evoluir, pois esse ser não está aí apenas como uma existência, uma força escondida em seu contrário aparente — e toda força desse gênero, em sua natureza mais profunda, é necessariamente levada a encontrar-se, realizar-se, liberar-se na ação — esse ser é a realidade daquilo que o encobre, é o self que a Insciência perdeu, e por isso todo o sentido secreto e tendência constante de sua ação devem ser procurar o self e recuperá-lo. É mediante o ser individual consciente que essa recuperação é possível; é nele que a consciência evolutiva torna-se organizada e capaz de despertar para sua própria Realidade. A imensa importância do ser individual, que aumenta à medida que ele se eleva na escala, é o fato mais extraordinário e significativo de um universo que começou sem consciência e sem individualidade, em uma Insciência indiferenciada. Essa importância só pode ser justificada se o Self, enquanto indivíduo, não for menos real que o Self enquanto Ser ou Espírito cósmico, e se ambos forem poderes do Eterno. Só assim pode-se explicar o fato de que o crescimento do indivíduo e sua descoberta de si sejam uma condição necessária para a descoberta do Self e da Consciência cósmicos e da Realidade suprema. Se adotarmos essa solução, a persistência do indivíduo tornar-se-á uma realidade, será o primeiro resultado; mas dessa primeira consequência segue-se o outro resultado: certo tipo de renascimento não será mais um mecanismo possível, aceitável ou não; tornar-se-á uma necessidade, um resultado inevitável da natureza fundamental de nossa existência.

Pois não se trata mais de supor que um indivíduo ilusório ou temporário foi criado em cada forma pela ação da consciência; não se pode mais conceber a individualidade como um acompanhamento da ação da consciência sob a forma de um corpo, que pode ou não sobreviver a essa forma, prolongar ou não a continuidade falsa de seu self de forma em forma, de vida em vida, mas certamente não tem necessidade de fazê-lo. Nesse mundo, o que acreditamos ver primeiro é um indivíduo substituindo outro indivíduo, sem nenhuma continuidade: a forma dissolve-se, a individualidade falsa ou transitória dissolve-se com ela, enquanto só a Energia universal ou algum Ser universal permanece para sempre; isso poderia muito bem ser o inteiro princípio da manifestação cósmica. Mas se o indivíduo for uma realidade persistente, uma porção ou um poder eternos do Eterno, se o crescimento de sua consciência for o meio pelo qual o Espírito nas coisas desvela seu ser, o cosmos revela-se como uma manifestação condicionada do jogo do Um eterno no ser de Satchidananda com o eterno Múltiplo. Então, ao abrigo por trás de todas as mudanças de nossa personalidade, a sustentar o fluir de suas mutações, deve haver uma Pessoa verdadeira, um Indivíduo espiritual real, um Purusha verdadeiro. O Um expandido na universalidade existe em cada ser e afirma-se nessa individualidade de si mesmo. No indivíduo, ele desvela sua existência total pela unidade com todos na universalidade. No indivíduo, ele desvela também sua transcendência como o Eterno em que se fundamenta toda a unidade universal. Essa trindade de automanifestação, essa prodigiosa Lila da Identidade múltipla, essa magia da Maya ou milagre multiforme da consciente verdade de ser do Infinito, é a revelação luminosa que, por uma lenta evolução, emerge da Inconsciência original.

Se não houvesse necessidade de uma autodescoberta, mas só existisse a felicidade eterna desse jogo do ser de Satchidananda — e essa felicidade eterna é a própria natureza de certos estados supremos da existência consciente —, então não teria sido necessário que a evolução e o nascimento entrassem nas operações. Mas houve uma involução dessa unidade na Mente divisora, um mergulho nesse autoesquecimento, pelo qual o sentido sempre presente da unidade completa perdeu-se, e o jogo da diferença separadora — fenomênica, porque a unidade real na diferença continua inteira por trás — vem para a frente como realidade dominante. Esse jogo da diferença encontrou seu termo extremo do sentido de divisão quando a Mente divisora precipitou-se em uma forma corporal em que se tornou consciente de si como um ego separado. Uma involução da autoconsciência dinâmica de Satchidananda em uma Insciência fundamental forneceu uma base densa e sólida a esse jogo da divisão em um mundo de formas materiais separativas. É essa base na Insciência que assegura a divisão, porque se opõe imperiosamente a um retorno à consciência da unidade; contudo, apesar de sua obstrução efetiva, ela é fenomênica e pode terminar, porque dentro dela, acima dela e a sustentá-la está o Espírito onisciente, e a Insciência aparente vem a ser apenas uma concentração, uma ação exclusiva da consciência, que seu mergulho abismal e absorção no processo material formador e criador jogou em um transe no qual ela esquece a si mesma. Em um universo fenomênico assim criado, a forma separativa torna-se o fundamento e o ponto de partida de toda sua ação de vida; em consequência, o Purusha individual, ao elaborar suas relações cósmicas com o Um, deve, nesse mundo físico, basear-se na forma e assumir um corpo; é desse corpo que ele deve fazer sua base e ponto de partida para desenvolver a vida, a mente e o espírito na existência física. Assumir um corpo é o que chamamos nascer, e é só neste corpo e na terra que o self pode desenvolver-se e manifestar-se no jogo de relações entre o indivíduo e o universal e todos os outros indivíduos; é só nele que, por um desenvolvimento progressivo, nosso ser consciente pode crescer em direção à suprema redescoberta da unidade com Deus e com todos em Deus: toda a soma do que chamamos Vida no mundo físico é um progresso da alma e cumpre-se pelo nascimento do corpo; é aí seu fulcro, a condição de sua ação e persistência evolutiva.

O nascimento então é uma necessidade da manifestação do Purusha no plano físico; mas seu nascimento, seja humano, seja outro, não pode ser, nessa ordem do mundo, um acidente isolado ou uma excursão súbita de uma alma no plano físico, sem nenhuma preparação anterior ou nenhuma previsão para depois. Em um mundo de involução e evolução — não apenas da forma física, mas do ser consciente através da vida e da mente até o espírito —, assumir a vida isoladamente em um corpo humano não poderia ser a regra da existência da alma individual; isso seria um arranjo sem sentido e inconsequente, uma aberração para a qual a natureza e a ordem das coisas aqui não têm lugar, uma contradição violenta que romperia o ritmo da automanifestação do Espírito. A intrusão de uma tal regra de vida da alma individual em uma progressão espiritual evolutiva faria disso um efeito sem causa e uma causa sem efeito; isso seria um presente fragmentário sem passado nem futuro. A vida do indivíduo deve ter o mesmo ritmo de significado, a mesma lei de progressão que a vida cósmica; seu lugar nesse ritmo não pode ser uma intervenção fortuita e sem propósito, sua vida deve ser uma instrumentação permanente do propósito cósmico. Em uma ordem desse tipo tampouco podemos explicar um advento isolado, um único nascimento da alma no corpo humano — que seria sua primeira e última experiência do gênero — por uma experiência anterior em outros mundos, com um futuro ainda diante de si em outros campos de experiência. Pois aqui, a vida sobre a terra, a vida no universo físico não é e não pode ser um mero poleiro onde a alma pousaria ocasionalmente durante suas andanças de mundo em mundo; a vida é um grande e lento desenvolvimento que necessita, como sabemos agora, incalculáveis espaços de Tempo para sua evolução. A própria vida humana não é mais que um termo em uma série de graus pela qual o Espírito secreto no universo desenvolve de modo gradual seu propósito e finalmente o realiza por meio da consciência da alma individual que, no corpo, se amplia e se eleva. Essa ascensão só pode efetuar-se pelo renascimento em ordem ascendente; uma visita individual que aparecesse e fosse alhures continuar seu progresso em uma outra linha, não teria lugar no sistema dessa existência evolutiva.

A alma humana, o indivíduo humano, tampouco é uma andarilha livre, que de modo caprichoso ou irrefletido move-se a seu ritmo de campo em campo, sem restrições ou segundo as variações de sua ação livre e espontânea e suas consequências. Esse é um pensamento radiante de pura liberdade espiritual, que pode ter sua verdade em planos além ou em uma eventual liberação, mas não é a verdade primeira da vida terrestre, da vida no universo físico. O nascimento humano neste mundo, em seu aspecto espiritual, compõe-se de dois elementos: uma Pessoa espiritual e uma alma pessoal; a primeira é o ser eterno do homem, a segunda é seu ser cósmico e mutável. Enquanto pessoa impessoal e espiritual ele é uno em sua natureza e seu ser com a liberdade de Satchidananda que, aqui, aceitou ou quis sua involução na Insciência para seguir certo ciclo de experiências da alma, impossíveis de outra maneira, e preside secretamente à sua evolução. Enquanto alma pessoal, ele próprio é parte desse longo desenvolvimento da experiência da alma nas formas da Natureza; sua própria evolução deve seguir as leis e linhas da evolução universal. Enquanto espírito, ele é uno com a Transcendência que é imanente no mundo e o abrange; enquanto alma, ele é uno com a universalidade de Satchidananda que se exprime no mundo e ao mesmo tempo é parte dela; sua autoexpressão deve atravessar os estágios da expressão cósmica, a experiência de sua alma deve seguir as rotações da roda de Brahman no universo.

O Espírito universal nas coisas, involuído na Insciência do universo físico, faz evoluir seu self-natureza mediante uma sucessão de formas físicas, escalando os graus da Matéria, Vida, Mente e Espírito. Emerge primeiro como uma alma secreta nas formas materiais, sujeita inteiramente, na superfície, à insciência; desenvolve-se e torna-se uma alma ainda secreta, mas a ponto de emergir em formas vitais que se mantêm na fronteira entre a insciência e essa luz parcial da consciência que é nossa ignorância; desenvolve-se ainda mais, e torna-se o início da alma consciente na mente animal e, por fim, a alma mais consciente exteriormente mas não ainda consciente de modo total, no ser humano: a consciência é presente todo o tempo nas partes ocultas de nosso ser, o desenvolvimento tem lugar na Natureza que a manifesta. Esse progresso evolutivo tem um aspecto universal e individual: o Universal desenvolve os graus de seu ser e a variação ordenada de sua própria universalidade na série de formas evoluídas de seu ser; a alma individual segue a linha dessa série cósmica e manifesta o que é preparado na universalidade do Espírito. O Homem universal, o Purusha cósmico na humanidade, desenvolve na espécie humana o poder que, a partir dos graus inferiores, cresceu na humanidade e crescerá ainda até a Supramente e o Espírito e tornar-se-á a Divindade no ser humano consciente de seu self verdadeiro e integral, e da universalidade divina de sua natureza. O indivíduo teve que seguir essa linha de desenvolvimento, presidir a experiência da alma nas formas inferiores da vida, antes de começar a evolução humana: assim como o Um pôde assumir em sua universalidade essas formas inferiores que são a planta e o animal, do mesmo modo o indivíduo agora humano deve ter sido capaz de assumi-las nos estágios anteriores de sua existência. Ele aparece agora como uma alma humana, como o Espírito, que aceita a forma interior e a forma exterior da humanidade, mas não é limitado por essa forma, não mais do que esteve limitado pelas formas da planta e do animal que assumiu precedentemente; ele pode passar, a partir daí, a uma autoexpressão mais ampla, em uma escala mais alta da Natureza.

Supor outra coisa seria supor que o espírito que agora preside a experiência humana da alma, em sua origem, foi formado por uma mentalidade humana e pelo corpo humano, existe graças a eles e não pode existir separado deles, e nunca pode ir abaixo ou acima deles. De fato, seria então razoável supor que esse espírito não é imortal, mas nasceu quando a mente e o corpo humanos apareceram na evolução, e desaparecerá com eles. Mas corpo e mente não são os criadores do espírito, o espírito é o criador da mente e do corpo, ele desenvolve esses princípios a partir de seu ser, seu ser não se desenvolve a partir deles. Se o espírito parece evoluir a partir da mente e do corpo é porque se manifesta neles de modo gradual, e não porque é criado por eles ou existe graças a eles; à medida que o espírito se manifesta, estes são revelados como termos subordinados de seu ser e, no final, devem ser retirados de sua imperfeição presente e transformados em formas e instrumentos visíveis do espírito. Concebemos o espírito como algo que não é constituído pelo nome ou pela forma, mas assume diversas formas de corpo e mente conforme as diversas manifestações de seu ser-alma. Isso ele faz aqui por meio de uma evolução contínua: desenvolve formas e camadas sucessivas de consciência, pois não é obrigado a assumir sempre uma forma e não outra, ou a possuir um tipo de mentalidade que seria sua única manifestação subjetiva possível. A alma não está atada pela fórmula de uma humanidade mental: não começou com ela e não acabará com ela; a alma tem um passado pré-humano e um futuro supra-humano.

O que vemos da Natureza e da natureza humana justifica essa concepção do nascimento de uma alma individual que passa de uma forma à outra até alcançar o nível humano da consciência manifestada, que é seu instrumento para elevar-se a níveis ainda mais altos. Vemos que a Natureza desenvolve-se por etapas, e a cada etapa integra seu passado e transforma-o no material de seu novo desenvolvimento. Vemos também que a natureza humana é constituída da mesma maneira; todo o passado da terra é contido nela. Ela tem um elemento da matéria preenchido pela vida, um elemento da vida preenchido pela mente, um elemento da mente que o espírito está preenchendo: o animal ainda é presente em sua humanidade; a própria natureza do ser humano pressupõe um estágio material e um estágio vital que prepararam seu emergir na mente e um passado animal que moldou um primeiro elemento de sua humanidade complexa. E não digamos que isso se explica pelo fato de que a Natureza material, no curso da evolução, desenvolveu sua vida, seu corpo e sua mente animal, e só depois uma alma desceu na forma assim criada: há uma verdade por trás dessa ideia, mas não a que essa fórmula sugeriria, pois isso suporia um abismo entre alma e corpo, entre alma e vida, entre alma e mente, e esse abismo não existe; não há corpo sem alma, não há corpo que não seja, ele mesmo, uma forma da alma: a própria Matéria é substância e poder do Espírito e não poderia existir se fosse outra coisa, pois nada pode existir que não seja substância e poder de Brahman; e se for verdade que a Matéria é Brahman e é animada pela presença do Espírito, isso deve ser também verdade, certa e evidentemente, para a Vida e a Mente. Se Matéria e Vida não estivessem já dotadas de uma alma, o ser humano não teria aparecido, ou apenas como uma intrusão ou acidente, e não como parte de uma ordem evolutiva.

Chegamos então, necessariamente, à conclusão de que o nascimento humano é uma etapa que a alma deve alcançar em uma longa sucessão de renascimentos em que teve como etapas prévias e preparatórias as formas inferiores da vida na terra; ela percorreu toda a cadeia que a vida estendeu no universo físico e que tem como base o corpo, o princípio físico. Então surge uma nova pergunta: uma vez atingido o estado humano, essa sucessão de renascimentos ainda continua? E, se for assim, por qual séries ou quais alternâncias? E, primeiro, devemos perguntar se a alma, uma vez alcançado o estado humano, pode retornar à vida animal, ao corpo animal —

uma regressão que as velhas teorias populares da transmigração supunham ser um movimento normal. Parece impossível que a alma regresse de maneira tão total, pela razão de que a passagem do animal à vida humana significa uma conversão decisiva da consciência, tanto quanto a conversão da consciência vital da planta na consciência mental do animal. É seguramente impossível que uma conversão tão decisiva feita pela Natureza seja revertida pela alma e a decisão do Espírito na Natureza não chegue, por assim dizer, a nada. Isso só seria possível para almas humanas — supondo que tais tipos de alma existam — nas quais a conversão não tivesse sido decisiva, almas que teriam se desenvolvido o suficiente para modelar, habitar ou assumir um corpo humano, mas não o bastante para assegurar essa aquisição, não o bastante para permanecer segura em sua conquista e fiel ao tipo de consciência humana. Ou no máximo, se supormos que certas tendências animais sejam bastante impetuosas para exigir uma satisfação separada própria à sua espécie, poderia haver uma espécie de renascimento parcial, em que a alma humana apegar-se-ia fracamente a uma forma animal, com uma reversão imediata e subsequente para sua progressão normal. O movimento da Natureza é sempre complexo o bastante para não negarmos de modo dogmático uma tal possibilidade e, se isso é um fato, então talvez possa haver uma parcela de verdade por trás da crença popular exagerada que supõe que para uma alma que já habitou um ser humano, um nascimento animal seja tão normal e possível quanto uma reencarnação humana. Mas que o retorno ao animal seja possível ou não, a lei normal deve ser a recorrência do nascimento em novas formas humanas, uma vez que a alma tornou-se capaz de assumir a condição humana.

Mas por que uma sucessão de nascimentos humanos, e não apenas um? Pela mesma razão que fez do próprio nascimento humano um ponto culminante da sucessão anterior, da série ascendente que a precedeu — isso deve ser assim pela própria necessidade da evolução espiritual, pois a alma não completou o que deve fazer pelo simples fato de tornar-se humana; deve ainda desenvolver essa humanidade até suas mais altas possibilidades. Obviamente, a alma que se aloja em um caribenho, um inculto primitivo, um apache parisiense ou um gângster americano ainda não esgotou a necessidade do nascimento humano, não desenvolveu todas as suas possibilidades ou todo o significado da humanidade, nem manifestou o sentido completo de Satchidananda no Homem universal; não mais do que a alma alojada em um europeu transbordante de vitalidade, ocupado a produzir mais e desfrutar dos prazeres vitais ou em um camponês asiático absorvido na ronda ignorante de sua vida doméstica e econômica. Podemos racionalmente duvidar que mesmo um Platão ou um Shankara marquem o coroamento, e portanto o final, do desabrochar do espírito no ser humano. Estamos prontos a supor que eles possam ser o limite, porque estes e outros como eles nos parecem o ponto mais alto que a mente e a alma do homem possam alcançar, mas essa pode ser a ilusão de nossa possibilidade presente. Há talvez uma possibilidade mais alta, ou em todo caso mais vasta, que o Divino tem a intenção de realizar no ser humano e, se assim for, os degraus construídos por essas almas superiores foram necessários para preparar a via que ascende a esses cumes mais altos e abrir as portas. De todo modo, pelo menos esse ponto, até agora o mais elevado, deve ser atingido antes que possamos escrever a palavra fim na sucessão dos nascimentos humanos para o indivíduo. O homem está aqui para evoluir da ignorância e de sua pequena vida na mente e no corpo, para o conhecimento e a vasta vida divina que ele pode abranger pela expansão do espírito. É preciso, em todo caso, que o espírito nele desabroche, atinja o conhecimento de seu self real e conduza uma vida espiritual antes que possa dirigir-se definitivamente, e para sempre, Algures. Talvez haja aí, além desse primeiro apogeu, um florescimento maior do espírito na vida humana, do qual temos até agora apenas o pressentimento; a imperfeição do Homem não é a última palavra da Natureza, mas a perfeição dele também não é o último cume do Espírito.

Essa possibilidade torna-se uma certeza se o intelecto, o princípio condutor atual da mente como se desenvolveu no homem, não for seu princípio mais alto. Se a própria mente tiver outros poderes que, até agora, os tipos mais elevados do indivíduo humano possuem só de forma imperfeita, então a curva da evolução e, portanto, a linha ascendente do renascimento que permite a esses poderes encarnar-se devem, de maneira inevitável, prolongar-se. Se a Supramente for também um poder de consciência escondido aqui na evolução, a linha do renascimento não poderia parar nem mesmo aí; ela não pode parar sua ascensão antes que o mental seja substituído pela natureza supramental e um ser supramental encarnado torne-se o guia da existência terrestre.

Este então é o fundamento racional e filosófico para se acreditar no renascimento; é uma conclusão lógica e inevitável, se existir ao mesmo tempo um princípio evolutivo na Natureza terrestre e uma realidade da alma individual nascida na Natureza evolutiva. Se não houver alma, então pode haver uma evolução mecânica sem necessidade ou significado, e o nascimento seria apenas uma parte desse mecanismo surpreendente, mas sem sentido. Se o indivíduo for apenas uma formação temporária que começa e acaba com o corpo, então a evolução poderia ser um jogo da Toda-Alma ou da Existência Cósmica elevando-se, mediante uma sucessão de espécies cada vez mais evoluídas, em direção à sua suprema possibilidade nesse Devenir ou até seu princípio consciente mais alto; o renascimento não existiria e não seria um mecanismo necessário dessa evolução. Ou, se a Toda-Existência se expressasse em uma individualidade persistente, mas ilusória, o renascimento tornar-se-ia uma possibilidade ou um fato ilusório, mas não uma necessidade para a evolução e não uma necessidade espiritual, apenas um meio de acentuar e prolongar a ilusão até seu limite temporal extremo. Se houver uma alma individual ou Purusha independente do corpo, mas habitando-o e utilizando-o para seus propósitos, então o renascimento começaria a ser possível, mas não seria necessário se não houver evolução da alma na Natureza: a presença da alma individual em um corpo individual poderia ser um fenômeno passageiro, uma única experiência sem um passado aqui ou um futuro; seu passado e seu futuro poderiam existir em outro lugar. Mas se houver uma evolução da consciência em um corpo evolutivo e uma alma habita o corpo, se houver um indivíduo real e consciente, então é evidente que é a experiência progressiva dessa alma na Natureza que toma a forma dessa evolução da consciência: o renascimento, em si mesmo, seria evidentemente uma parte necessária, o único mecanismo possível de uma tal evolução. Tão necessário quanto o próprio nascimento, pois sem ele o nascimento seria um passo inicial sem continuação, o começo de uma viagem sem etapas ulteriores e sem chegada. É o renascimento que dá ao nascimento de um ser incompleto em um corpo a promessa de sua plena realização e seu sentido espiritual.

CAPÍTULO XXI

# A ORDEM DOS MUNDOS

*Sete são esses mundos onde se movem as forças de vida escondidas no interior do coração secreto, que é sua morada sete por sete.*

Mundaka Upanishad, II. 1. 8.

*Possam os Povos dos Cinco Nascimentos aceitar meu sacrifício, aqueles que nasceram da Luz e são dignos de ser adorados; possa a terra proteger-nos do mal terrestre, e a Região-do-Meio, da calamidade dos deuses. Segui o fio brilhante desnovelado através do mundo do meio, protegei os sendeiros luminosos construídos pelo pensamento, tecei um trabalho imaculado, tornai-vos o ser humano, criai a raça divina. [...] Vós sois os que veem a verdade, aguçai as lâminas brilhantes com que abris os caminhos para aquilo que é Imortal; conhecedores dos planos secretos, formai-os, os degraus pelos quais os deuses alcançaram a imortalidade.*

Rig Veda, X. 53. 5, 6, 10.

*Essa é a Árvore eterna, com suas raízes acima e seus galhos voltados para baixo; este é Brahman, este é o Imortal; nele se alojam todos os mundos e nenhum vai além. Este e Aquele são um.*

Katha Upanishad, II. 3. 1.

Se admitimos uma evolução espiritual da consciência no mundo material e um renascimento constante ou repetido do indivíduo em um corpo terrestre, a pergunta que se faz em seguida é se esse movimento evolutivo é algo separado e completo em si mesmo ou faz parte de uma totalidade universal maior, da qual o mundo material é apenas uma província. A pergunta tem já sua resposta contida nas gradações da involução, que precedem a evolução e a tornam possível; pois se essa precedência é um fato, deve haver mundos ou ao menos planos de ser superiores que devem ter alguma conexão com a evolução que sua existência tornou possível. Talvez tudo o que fazem por nós, mediante sua presença efetiva ou sua pressão na consciência terrestre, seja liberar os princípios involuídos da vida, da mente e do espírito para que possam manifestar-se e afirmar seu reino na Natureza material. Mas seria altamente improvável que a conexão e a intervenção cessassem aí; é possível que haja uma troca contínua, mesmo se velada, entre a vida material e a vida em outros planos de existência. É preciso agora olhar esse problema mais de perto, considerá-lo em si mesmo e determinar a natureza e os limites dessa conexão e intercomunicação, em que medida influem sobre a teoria da evolução e do renascimento na Natureza material.

A descida da Alma na Ignorância pode ser considerada uma precipitação abrupta ou um resvalar súbito de um ser espiritual puro, partindo da Realidade espiritual supraconsciente, na inconsciência primeira e na vida fenomênica evolutiva subsequente da Natureza material. Nesse caso, deveria haver um Absoluto acima e um Inconsciente abaixo, com o mundo material criado a partir dele, e a saída, o retorno, seria então um trânsito semelhante, abrupto ou precipitado, a passagem de um ser cósmico material encarnado ao Silêncio transcendente. Não haveria poderes ou realidades intermediárias exceto a Matéria e o Espírito, nem outros planos senão o plano material, nem outros mundos exceto o mundo da Matéria. Mas essa ideia é uma construção muito categórica e simples, e não pode sobreviver a uma visão mais ampla da natureza complexa da existência.

Existem, sem dúvida, diversas origens possíveis da existência cósmica, e é concebível que tenham podido gerar um equilíbrio do mundo tão extremo e tão rígido. Talvez tenha havido uma concepção desse tipo e um *fiat* em uma Toda-Vontade, ou uma ideia, um movimento da alma em direção a uma vida material egoísta na Ignorância. Pode-se supor que a alma individual eterna, impelida por algum desejo inexplicável surgindo nela, tenha buscado a aventura da escuridão e mergulhado, a partir de sua Luz nativa, nas profundezas de uma Insciência da qual emergiu esse mundo da Ignorância; ou esse impulso pode ter brotado de uma coletividade de almas, o Múltiplo: pois um ser individual não pode constituir um cosmos; um cosmos deve ser impessoal ou multipessoal, ou então a criação ou autoexpressão de um Ser universal ou infinito. Esse desejo pode ter provocado a descida de uma Toda-Alma para construir um mundo baseado no poder do Inconsciente. Ou então a Toda-Alma eternamente onisciente pôde ela mesma mergulhar abruptamente seu autoconhecimento nessas trevas da Inconsciência, trazendo em si mesma as almas individuais para que começassem sua evolução seguindo uma escala gradual ascendente da vida e da consciência. Ou, se o indivíduo não for preexistente, se formos apenas uma criação da Toda-Consciência ou uma ficção da Ignorância fenomênica, uma ou outra criadora pôde conceber todas essas miríades de seres individuais pela evolução de nomes e formas a partir de uma Prakriti original indiscriminada; a alma seria um produto temporário do material indistinto da substância-força inconsciente, que é o primeiro advento das coisas no universo material.

Nessa suposição, como nas outras, poderia haver apenas dois planos de existência: de um lado, o universo material criado a partir do Inconsciente pela insciência cega de uma Força ou Natureza que talvez obedeça a algum Self interior que ela não sente, mas que governa suas atividades sonâmbulas; do outro, o Um supraconsciente ao qual retornaríamos ao sair da Inconsciência e Ignorância. Ou então podemos imaginar que haja um só plano, o da existência material; não haveria supraconsciente, exceto o da Alma do universo material. Se descobríssemos que existem outros planos de consciência e já existem mundos diferentes do universo material, essas ideias poderiam tornar-se difíceis de serem comprovadas; mas podemos escapar dessa dificuldade e supor que esses mundos foram criados posteriormente pela Alma em evolução ou para ela, no curso de sua ascensão a partir da Inconsciência. Em cada uma dessas concepções o cosmos inteiro seria uma evolução que parte do Inconsciente, seja com o universo material como seu palco e cenário, únicos e suficientes, seja como uma gradação ascendente de mundos, um evoluindo a partir do outro, para ajudar nosso retorno gradual à Realidade original. Em nossa visão, o cosmos é uma sucessão que estabeleceu suas próprias etapas a partir de Satchidananda Supraconsciente; as outras concepções veem apenas uma evolução da Inconsciência em direção a algum tipo de conhecimento, suficiente para permitir, pela abolição de alguma ignorância primordial ou de algum desejo original, a extinção de uma alma ilegítima ou um escape de uma aventura cósmica enganadora.

Mas tais teorias concedem seja uma importância capital e um poder criador à mente, seja uma importância capital ao ser individual; na verdade ambos têm um grande papel, mas é o Espírito uno e eterno que é a existência e o poder originais. A ideia conceitualmente criadora — não a Ideia-Real, que é o Ser consciente daquilo que está nele e criando-se automaticamente pela força dessa percepção-Verdade — é um movimento da mente; desejo, é um movimento da vida na mente; vida e mente devem, então, ser poderes preexistentes e ter sido os determinantes da criação do mundo material e, nesse caso, puderam igualmente criar mundos com uma mesma natureza suprafísica. Ou então devemos supor que o que agiu não foi um desejo em uma Mente ou uma Vida individuais ou universais, mas uma vontade no Espírito — uma vontade do Ser expandindo algo de si mesmo ou de sua Consciência, realizando uma ideia criadora ou um autoconhecimento, um ímpeto de sua Força espontaneamente ativa ou uma tendência a formular de certa maneira seu deleite de ser. Mas se o mundo foi criado não pelo Deleite de ser universal, mas para o desejo da alma individual, para o capricho de um desfrute ignorante e egoístico, então o indivíduo Mental, e não o Ser cósmico ou uma Divindade Transcendente, deve ser o criador e testemunha do universo. No passado, a tendência do pensamento humano foi de dar sempre ao ser individual uma proeminência enorme no plano frontal das coisas, uma importância suprema; se essas proporções pudessem ainda ser mantidas, essa origem seria concebível; no Purusha individual, uma vontade de viver a vida da Ignorância ou consentir com ela, fazem parte, de fato, do movimento operativo da Consciência na descida involutiva do Espírito na natureza material. Mas o mundo não pode ser uma criação da mente individual ou um teatro erigido por ela para seu próprio jogo de consciência, nem pode ter sido criado apenas para a ação e satisfação ou frustação do ego. Quando despertamos para a importância primordial do universal e vemos como o indivíduo depende dele, uma teoria desse tipo torna-se impossível de conceber. O mundo é muito vasto em seu movimento para que uma tal explicação sobre seu modo de funcionar seja credível; só um Poder cósmico, ou um Ser cósmico, pode ser o criador e o sustentáculo do cosmos, e ele deve ter também uma realidade, um significado e um propósito cósmicos e não apenas individuais.

Por conseguinte, esse Indivíduo que cria o mundo ou nele participa, assim como seu desejo ou seu consentimento à Ignorância, devem ter sido despertados antes que o mundo existisse; deviam estar lá, como elementos de um Supraconsciente supracósmico do qual vieram e para o qual retornam quando deixam a vida do ego: devemos supor uma imanência original do Múltiplo no Um. Torna-se então concebível que uma vontade, um ímpeto ou uma necessidade espiritual possa ter vibrado em algum Infinito para além dos mundos, em alguns dos Múltiplos, o que os lançou para baixo e tornou inevitável a criação deste mundo de Ignorância. Mas, visto que o Um é o fato primeiro da existência, visto que os Múltiplos dependem do Um, são almas do Um, seres do Ser, essa verdade deve determinar também o princípio fundamental da existência cósmica. Lá, vemos que o universal precede o individual, lhe dá seu campo, é isso em que ele existe cosmicamente, embora sua origem seja a Transcendência. A alma individual vive aqui por causa da Toda-Alma e depende dela; é bem evidente que a Toda-Alma não existe por causa da alma individual e não depende dela: não é uma soma de seres individuais, uma totalidade pluralista criada pela vida consciente de indivíduos; se uma Toda-Alma existe, ela deve ser o Espírito Cósmico único que sustenta a Força cósmica única em suas obras, e reproduz aqui, modificada conforme os termos da existência cósmica, a relação primordial da dependência entre o Múltiplo e o Um. É inconcebível que os Múltiplos, independentemente ou por se dissociarem da Verdade Única, tenham desejado a existência cósmica e, pelo seu desejo, forçado o Satchidananda supremo a descer contra sua vontade, ou por indulgência, na Insciência; isso seria inverter totalmente a verdadeira dependência entre as coisas. Se o mundo foi originado diretamente pela vontade ou pelo ímpeto espiritual dos Múltiplos, o que é possível e mesmo provável em certo sentido, deve ter havido, primeiro, uma Vontade em Satchidananda que agiu com essa finalidade; senão o ímpeto, ao traduzir aqui a Toda-Vontade em desejo — pois o que se torna desejo no ego é Vontade no Espírito — não teria jamais podido emergir em lugar nenhum. O Um, a Toda-Alma que, ela só, determina a consciência do indivíduo, deve primeiro aceitar o véu da Natureza inconsciente antes que o indivíduo também possa recobrir-se com o véu da Ignorância no universo material.

Mas uma vez que admitimos essa Vontade do Ser supremo e cósmico como a condição indispensável da existência do universo material, não é mais possível aceitar o Desejo como o princípio criador, pois desejo não tem lugar no Supremo ou no Todo-Ser. Não há nada que o Supremo possa desejar; desejo é o resultado de incompletude, insuficiência, pelo fato de que não se possui algo que se quer possuir, não se usufrui daquilo que se quer usufruir. Um Ser supremo e universal pode ter o deleite de sua toda-existência, mas o desejo é necessariamente estrangeiro a isso — desejo não é mais que o apanágio do ego evolutivo incompleto, que é um produto da ação cósmica. Ademais, se a Toda-Consciência do Espírito quis mergulhar na inconsciência da Matéria, deve ser porque esta era uma possibilidade de sua autocriação ou manifestação. Mas apenas um único universo material e, nesse universo, uma evolução que sai da inconsciência para alcançar a consciência espiritual não pode ser a única possibilidade, solitária e limitada, de manifestação do Todo-Ser. Só poderia ser assim se a Matéria fosse o poder e a forma do ser manifestado e o espírito não tivesse outra escolha, não pudesse manifestar-se senão através da Inconsciência e na Matéria que lhe serve de base. Isso nos conduziria a um panteísmo materialista evolutivo; teríamos que considerar os seres que povoam o universo como almas do Um, almas nascidas n'Ele aqui e que, em uma evolução ascendente, passariam por formas inanimadas, animadas e mentalmente desenvolvidas, até restabelecerem sua vida completa e não dividida no Panteão supraconsciente e em sua Unidade cósmica, que representaria o fim e o objetivo da evolução desses seres. Nesse caso, tudo evoluiu aqui: vida, mente, alma emergiram do Um no universo material pela força de seu ser escondido, e tudo se cumprirá aqui no universo material. Não haveria, então, planos separados da Supraconsciência, pois o Supraconsciente existe só aqui e em nenhum outro lugar; não haveria mundos suprafísicos; não haveria ação de princípios suprafísicos exteriores à Matéria nem a pressão que uma Mente e uma Vida, já existentes, exerceriam sobre o plano material.

Dever-se-ia perguntar então o que são mente e vida, e poder-se-ia responder que são produtos da Matéria ou da Energia na Matéria. Ou então seriam formas de consciência que surgem como resultados de uma evolução da Inconsciência à Supraconsciência: a própria consciência seria apenas uma parte, uma transição; seria o espírito que se torna parcialmente consciente de si mesmo antes de mergulhar em seu transe normal de supraconsciência luminosa. Mesmo se fosse provado que existem níveis de uma Mente e uma Vida mais vastas, seriam apenas construções subjetivas dessa consciência intermediária, erigidas no caminho que conduz a essa culminação espiritual. Mas a dificuldade aqui é que Mente e Vida diferem muito da Matéria para serem produtos da Matéria; a própria Matéria é um produto da Energia, e a mente e a vida devem ser vistas como produtos superiores da mesma Energia. Se admitimos a existência de um Espírito cósmico, a Energia deve ser espiritual; vida e mente devem ser produtos independentes de uma energia espiritual, e elas mesmas poderes de manifestação do Espírito. Torna-se então irracional supor que só Matéria e Espírito existem, que seriam as duas realidades que se confrontam e a Matéria a única base possível da manifestação do Espírito; a ideia de que existe um único mundo material torna-se logo insustentável. O Espírito deve ser capaz de basear sua manifestação no princípio da Mente ou no princípio da Vida e não apenas no princípio da Matéria; podem existir, e logicamente devem existir, mundos da Mente e mundos da Vida; devem mesmo existir mundos fundados em um princípio mais sutil, mais plástico, mais consciente, da Matéria.

Surgem então três perguntas, inter-relacionadas e interdependentes: há algo que prove ou indique verdadeiramente a existência desses outros mundos? E, se existem, seriam esses mundos da natureza que indicamos, elevando-se ou descendo na ordem e seguindo a lógica de uma série hierárquica entre Matéria e Espírito? Se essa for a escala de ser desses mundos, seriam eles então completamente independentes e desconectados ou teriam os mundos superiores uma relação com o mundo da Matéria e interagiriam com ele? É um fato que a humanidade, quase desde o início de sua existência ou tão longe no passado quanto se possa retroceder na história ou na tradição, acredita na existência de outros mundos e na possibilidade de comunicação entre seus poderes e seres e a espécie humana. No último período racionalista do pensamento humano, do qual começamos a emergir, essa crença foi posta de lado, considerada uma velha superstição; toda prova de sua verdade ou sugestões a respeito, foram rejeitadas *a priori* como fundamentalmente falsas, e não mereceram ser examinadas porque eram incompatíveis com a verdade axiomática que considera reais apenas a Matéria, o mundo material e suas experiências; toda outra experiência que pretenda ser real só pode ser uma alucinação, impostura ou o resultado subjetivo de uma imaginação e credulidade supersticiosas, ou então, se existe realmente, não é isso pelo qual se faz passar e que poderia ser explicado por uma causa física; não se poderia aceitar evidência alguma de um tal fato, salvo se for objetivo e prático em seu caráter; mesmo se o fato for claramente suprafísico não pode ser aceito como tal, salvo se for totalmente inexplicável por qualquer outra hipótese imaginável ou conjectura concebível.

Deveria ser evidente que é irracional e ilógico exigir provas físicas válidas para um fato suprafísico; essa é uma atitude inconsequente da mente física, que supõe que só o objetivo, o físico, é fundamentalmente real e põe de lado tudo o mais como apenas subjetivo. Um fato suprafísico pode colidir com o mundo físico e produzir resultados físicos; pode mesmo produzir um efeito sobre nossos sentidos físicos e tornar-se manifesto para eles, mas isso não pode ser sua ação invariável e seu caráter ou seu processo mais normal. De modo geral, um fato suprafísico deve produzir um efeito direto ou uma impressão tangível em nossa mente e nosso ser vital, que são da mesma natureza, e é só de modo indireto e por meio deles que ele pode, talvez, influenciar o mundo físico e a vida física. Se esse fato objetiva-se, deve ser para um sentido mais sutil em nós, e apenas de maneira derivada para os sentidos físicos exteriores. Essa objetivação derivada é com certeza possível; se houver uma associação entre a ação do corpo sutil e sua organização sensorial e a ação do corpo material e seus órgãos físicos, então o suprafísico pode tornar-se perceptível para nós exteriormente. Isso é o que acontece, por exemplo, com a faculdade chamada segunda visão, esse é o processo de todos aqueles fenômenos psíquicos que parecem ser vistos e ouvidos pelos sentidos externos e não são percebidos interiormente por meio de imagens representativas, interpretativas ou simbólicas que trazem a marca de uma experiência interior ou se apresentam, de maneira evidente e característica, como formações em uma substância sutil. Pode haver, então, vários tipos de evidências da existência de outros planos de ser e comunicação com eles: objetivação percebida pelos sentidos externos, contatos por meio dos sentidos sutis, da mente, do vital, do subliminar, em estados especiais de consciência que ultrapassam nossas capacidades comuns. Nossa mente física não é tudo o que somos e embora domine quase por completo nossa consciência de superfície, não é a melhor nem a maior parte de nós mesmos; a realidade não pode ser limitada a um único campo tão estreito nem às dimensões conhecidas no interior de seu círculo rígido.

Diz-se que a experiência subjetiva ou as imagens dos sentidos sutis podem facilmente conduzir ao erro, visto que não dispomos de nenhum método reconhecido, nenhum critério de verificação, e temos uma tendência muito grande a admitir o extraordinário, o miraculoso ou o sobrenatural em seu significado visível. Isso podemos admitir. Mas o erro não é uma prerrogativa das nossas partes subjetivas ou subliminares interiores, é também um atributo da mente física, de seus métodos e normas objetivas, e ser passível de erro não pode ser uma razão para excluir um domínio de experiência vasto e importante; isso é uma razão a mais para examiná-lo com atenção e descobrir nele os verdadeiros critérios que lhes são próprios, seus meios de verificação específicos, válidos e apropriados. Nosso ser subjetivo é a base de nossa experiência objetiva e é improvável que apenas suas objetivações físicas sejam verdadeiras e todo o resto seja indigno de confiança. A consciência subliminar, quando interrogada de maneira correta, é uma testemunha da verdade e seu testemunho é confirmado a cada vez, mesmo nos campos do físico e objetivo; essa testemunha não pode, então, ser desprezada quando chama nossa atenção para coisas dentro de nós ou para coisas que pertencem a planos ou mundos da experiência suprafísica. Ao mesmo tempo, a crença não é, em si mesma, evidência da realidade; deve basear-se em algo mais válido antes de ser aceita. É evidente que crenças do passado não são uma base suficiente para o conhecimento, embora não possam ser inteiramente neglicenciadas: uma crença é, com efeito, uma construção mental e pode ser uma construção falsa; ela pode, com frequência, responder a alguma sugestão interior e, nesse caso, tem um valor, mas na maioria das vezes deforma a sugestão, em geral ao traduzi-la em termos familiares à nossa experiência física e objetiva, como, por exemplo, a que faz da hierarquia dos planos uma hierarquia física ou uma extensão espacial geográfica ou transforma as alturas mais raras da substância sutil em cumes materiais e coloca a morada dos deuses no topo de montanhas físicas. Toda verdade, suprafísica ou física, deve ser fundamentada não só em crenças mentais, mas em experiências — em cada caso, a experiência deve ser do tipo físico, subliminar ou espiritual, apropriado à ordem das verdades em que temos o poder de acesso; sua validade e significância devem ser examinadas, mas conforme sua própria lei e por uma consciência que pode penetrá-las, e não segundo a lei de um outro domínio ou por uma consciência que só pode perceber as verdades de uma outra ordem; só assim poderemos estar seguros de nossos passos e alargar firmemente nossa esfera de conhecimento.

Se examinarmos com atenção as indicações das realidades do mundo suprafísico que recebemos em nossas experiências interiores, e as compararmos com aquelas que foram observadas e transmitidas desde o começo do conhecimento humano, se tentarmos interpretá-las e classificá-las de forma sucinta, constataremos que aquilo que a experiência interior nos revela mais intimamente é a existência de planos de ser e consciência mais vastos que o plano puramente material, com sua existência e sua ação restritas, de que somos conscientes em nossa estreita fórmula terrestre — e a ação deles sobre nós. Esses domínios de ser mais vastos não são inteiramente remotos e separados de nosso próprio ser e consciência, pois embora subsistam em si mesmos e tenham sua própria ação, processos, formulações da existência e da experiência, ao mesmo tempo entram no plano físico e o envolvem com sua presença e influências invisíveis, e seus poderes parecem estar aqui, no próprio mundo material, por trás de sua ação e seus objetos. Existem duas ordens principais de experiência em nosso contato com eles; uma é puramente subjetiva, embora suficientemente viva e palpável em sua própria subjetividade; a outra é mais objetiva. Na ordem subjetiva descobrimos que aquilo que para nós toma aqui a forma de uma intenção, impulso, formulação da vida, existe já em um domínio de posssibilidades mais vasto, mais sutil, mais plástico, e essas forças e formações preexistentes nos pressionam para serem realizadas também no mundo físico; mas apenas uma parte consegue atravessar, e mesmo esta emerge só de modo parcial, em uma forma e uma circunstância mais apropriadas ao sistema da lei e ordem terrestres. Em geral, essa precipitação ocorre sem nosso conhecimento; não percebemos a ação desses poderes, forças e influências em nós, e os tomamos como formações de nossa própria vida e mente, mesmo quando nossa razão ou nossa vontade as repudiam e lutam para não se submeterem a elas; mas quando entramos em nós mesmos afastando-nos da consciência superficial limitada, e desenvolvemos um sentido mais sutil e uma percepção mais profunda, começamos a pressentir a origem desses movimentos e podemos observar sua ação e processo, aceitá-los, rejeitá-los e modificá-los, dar-lhes passagem e permitir-lhes utilizar nossa mente, nossa vontade, nossa vida, todas as partes de nosso ser, ou interditá-las. Do mesmo modo, tornamo-nos conscientes de domínios mais vastos da mente e de um jogo, uma experiência, uma formação com maior plasticidade, uma profusão exuberante de todas as formulações mentais possíveis, e sentimos seu contato, poderes e influências agindo sobre as diversas partes de nossa mente, do mesmo modo oculto como as outras que agem sobre nossas partes vitais. Esse tipo de experiência é, antes de tudo, de caráter puramente subjetivo: ideias, sugestões, formações emocionais, impulsos para sentir, agir, viver experiências dinâmicas fazem pressão sobre nós. Mesmo se descobrirmos que parte dessa pressão vem de nosso self subliminar ou das forças universais da Mente ou da Vida pertencentes a nosso próprio mundo, haverá um elemento que traz a marca de uma outra origem, um persistente caráter supraterrestre.

Mas os contatos não param aí, pois há também uma abertura de nossas partes mentais e vitais a um grande domínio de experiências subjetivas-objetivas em que esses planos apresentam-se não mais como extensões da consciência e do ser subjetivos, mas como mundos; as experiências aí são, de fato, organizadas como em nosso próprio mundo, mas em um plano diferente, com um processo e uma lei de ação diferentes e em uma substância pertencente à Natureza suprafísica. Essa organização inclui, como em nossa terra, a existência de seres que têm ou tomam formas, manifestam-se ou são manifestados naturalmente, em uma substância que dá corpo, mas é diferente da nossa, uma substância sutil, tangível apenas ao sentido sutil, uma matéria-forma suprafísica. Esses mundos e seres podem não ter nada a ver conosco e com nossa vida, não exercer nenhuma ação sobre nós; mas com frequência também entram em comunicação secreta com a existência terrestre, obedecem aos poderes e influências cósmicas de que temos subjetivamente a experiência, os encarnam e são seus intermediários e instrumentos, ou eles mesmos agem, por iniciativa própria, no mundo da vida terrestre, em seus motivos e acontecimentos. Esses seres podem nos ajudar, guiar ou nos causar dano e extraviar; podemos mesmo nos tornar sujeitos à sua influência, sermos invadidos e dominados, possuídos e instrumentalizados por eles para cumprir seus desígnios, bons ou maus. Às vezes o progresso da vida terrestre parece ser um vasto campo de batalha entre essas duas Forças suprafísicas opostas: aquelas que se esforçam para elevar, encorajar e iluminar e aquelas que fazem tudo para reduzir, desencorajar, impedir ou mesmo romper nossa evolução ascendente ou a autoexpressão da alma no universo material. Alguns desses Seres, Poderes ou Forças têm a nossos olhos um caráter divino: são luminosos, benignos ou poderosamente prestimosos: há outros que são titânicos, gigantescos ou demoníacos, Influências desmesuradas, frequentemente instigadores ou criadores de perturbações interiores vastas e formidáveis ou de ações que ultrapassam a medida humana normal. Pode haver também uma percepção de influências, presenças, de seres que não parecem pertencer a outros mundos além de nós, mas estão aqui, como um elemento escondido por trás do véu, na natureza terrestre. Assim como um contato com o suprafísico é possível, um contato subjetivo ou objetivo — ou ao menos objetivado — pode acontecer entre nossa própria consciência e a consciência de seres que uma vez foram encarnados e entraram em um estado suprafísico nessas outras regiões da existência. É possível também ir além de um contato subjetivo ou de uma percepção sensorial sutil e, em certos estados de consciência subliminares, entrar realmente em outros mundos e conhecer algo de seus segredos. São as experiências de outros mundos, aquelas do tipo mais objetivo, que no passado mais atraíram a imaginação da humanidade, mas a crença popular as exprimia com uma objetividade grosseira que de modo indevido assimilou esses fenômenos aos do mundo físico com os quais somos familiarizados, pois é a tendência normal de nossa mente transformar tudo em formas ou símbolos próprios ao tipo e aos termos de sua própria experiência.

Colocado em termos mais gerais, isso sempre foi o domínio e o caráter geral da experiência e da crença em outros mundos, em todos os períodos do passado da espécie humana; nomes e formas diferem, mas os traços gerais têm sido surpreendentemente similares em todos os países e todas as épocas. Que valor devemos atribuir exatamente a essas crenças persistentes ou a essa massa de experiências supranormais? Para alguém que tenha tido esses contatos de maneira suficientemente íntima e não apenas como fenômenos acidentais isolados e anormais, não é possível pô-los de lado como meras superstições ou alucinações, pois a pressão deles é muito insistente, real, efetiva, orgânica, confirmada de maneira muito constante por sua ação e resultados, para que seja rejeitada de modo tão categórico; uma apreciação, interpretação, organização mental desse aspecto de nossa capacidade de experiência é indispensável.

Uma explicação que pode ser apresentada é que o próprio homem cria os mundos suprafísicos onde habita, ou pensa que habita, após a morte; ele cria os deuses, segundo a antiga fórmula — chegou-se mesmo a afirmar que o próprio Deus foi criado pelo homem, que era um mito de sua consciência, e foi agora abolido pelo homem! Todas essas coisas podem ser talvez um mito da consciência em desenvolvimento, nas quais ela pode abrigar-se, uma prisioneira em suas próprias construções e, por uma espécie de dinamização realizadora, pode permanecer em suas próprias imaginações. Mas essas não são puras imaginações, e podemos tratá-las assim só enquanto as coisas que representam, mesmo incorretas, não fizerem parte de nossa própria experiência. Pode-se no entanto conceber mitos e imaginações que são usados pelo poder da Consciência-Força criadora para materializar suas próprias ideias-forças; essas imagens potentes podem tomar forma e corpo, perdurar em algum mundo do pensamento sutilmente materializado e reagir a seu criador; nesse caso, devemos supor que os outros mundos são construções desse tipo. Mas se for assim, se uma consciência subjetiva pode criar dessa maneira mundos e seres, poderia muito bem ser que o mundo objetivo também fosse um mito da Consciência ou mesmo de nossa consciência, ou essa própria Consciência fosse um mito da Insciência original. Assim, nessa linha de pensamento, retornamos a uma visão do universo em que todas as coisas assumem certa nuance de irrealidade, com exceção da Inconsciência que produz tudo e a partir da qual as coisas são criadas, da Ignorância que as cria e, talvez, de um Ser impessoal supraconsciente ou inconsciente, em cuja indiferença tudo, no final, desaparece ou para onde tudo retorna, e cessa.

Mas não temos evidências e é pouco provável que a mente do ser humano possa criar desse modo um mundo onde antes ele não existia, criar no vácuo, sem substância em que ou onde construir, embora seja possível que a mente possa acrescentar alguma coisa a um mundo já feito. Ela é, de fato, um agente poderoso, mais poderoso do que podemos facilmente imaginar; pode fazer formações que se realizam em nossa consciência e nossa vida ou nas de outros, e mesmo ter um efeito na Matéria inconsciente; mas realizar uma criação inteiramente original no vazio está além de suas possibilidades. O que nos parece mais provável é que, enquanto se desenvolve, a mente humana entra em relação com novos domínios de ser e consciência que não foram de modo algum criados pelo homem, novas para ele, já preexistentes na Toda-Existência. Em sua experiência interior que se alarga, ele abre em si mesmo novos planos de ser; à medida que se dissolvem os nós dos centros secretos de sua consciência, ele se torna capaz, por meio deles, de conceber esses domínios mais vastos, receber suas influências diretas, entrar neles, representá-los em sua mente terrestre e sentidos interiores. Ele cria, de fato, imagens, formas-símbolos, figurações que os refletem e com as quais sua mente pode lidar; é apenas nesse sentido que ele cria a Imagem Divina que adora, cria as formas dos deuses, cria planos e mundos novos dentro em si e, por meio dessas imagens, os mundos e poderes reais que se elevam acima de nossa existência são capazes de tomar posse da consciência no mundo físico, derramar nele seu poder, transformá-lo com a luz de seu ser superior. Mas tudo isso não é uma criação dos mundos superiores do ser; é uma revelação desses mundos à consciência da alma no plano material no curso de sua evolução a partir da Insciência. É uma criação das formas deles aqui, por uma recepção de seus poderes; há uma ampliação de nossa vida subjetiva neste plano material pela descoberta de sua verdadeira relação com os planos mais altos de seu próprio ser, do qual ela estava separada pelo véu da Insciência material. Esse véu existe porque a alma no corpo relegou ao segundo plano essas possibilidades maiores, a fim de poder concentrar sua consciência e força exclusivamente no seu trabalho primordial neste mundo físico do ser; mas esse trabalho primordial só pode continuar se o véu for erguido, ao menos parcialmente, ou tornado permeável, a fim de que os planos mais altos da Mente, da Vida e do Espírito possam verter seus significados na existência humana.

É possível supor que esses planos e mundos superiores tenham sido criados depois da manifestação do cosmos material para ajudar a evolução ou, em certo sentido, como um resultado dela. Essa é uma noção que a mente física, para a qual o universo material é a origem de todas as suas ideias e a única coisa que conhece, analisou e com a qual pode lidar com um começo de mestria, pronta a aceitar facilmente, se for obrigada a admitir uma existência suprafísica; ela poderia então manter o material, a Inconsciência, como ponto de partida e suporte de tudo o que existe, e que para nós é já o ponto de partida indubitável para o movimento evolutivo de que o mundo material é o cenário. Nossa mente poderia ainda considerar a matéria e a força material como a primeira existência — que ela aceita e acalenta como tal porque é a primeira coisa que conhece, a única que é sempre confiavelmente presente e conhecível — e manter o espiritual e o suprafísico em estado de dependência, nos fundamentos seguros da Matéria.[1] Mas como, então, esses outros mundos foram criados, por qual força, por quais instrumentos? É possível que Vida e Mente, ao se desenvolverem a partir do Inconsciente, tenham ao mesmo tempo desenvolvido esses outros mundos ou planos, na consciência subliminar dos seres vivos que neles aparecem. Para o ser subliminar na vida e após a morte — pois ele é o ser interior que sobrevive à morte do corpo —, esses mundos poderiam ser reais, porque o campo de sua consciência, mais ampliado, poderia percebê-los; ele se moveria neles com esse sentido de realidade, derivado talvez, mas convincente, e enviaria sua experiência ao ser de superfície sob a forma de crença e imaginação. Essa é uma explicação possível, se aceitarmos que a Consciência é o verdadeiro Poder ou agente criador, e todas as coisas são formações da consciência; mas isso não daria aos planos suprafísicos do ser o caráter insubstancial ou essa realidade menos palpável que a mente física gostaria de lhes atribuir; eles teriam em si a mesma realidade que o mundo físico possui, ou o plano da experiência física tem, em sua própria ordem.

Se os mundos superiores foram desenvolvidos desse modo, ou de outro, após a criação do mundo material — a criação primeira — por uma evolução mais ampla e secreta que parte do Inconsciente, isso deve ter sido feito por uma Toda-Alma em seu emergir, por um processo do qual não temos conhecimento e para os propósitos da evolução aqui — como prolongamentos ou consequências mais vastas —, a fim de que a vida, a mente e o espírito possam ser capazes de mover-se em esferas de ação mais livres, com uma repercussão desses poderes e experiências maiores na autoexpressão material. Mas contra essa hipótese ergue-se o fato de que na visão e experiência que temos desses mundos superiores, constatamos que eles não se baseiam de modo algum no universo material e não são de modo algum seus resultados, mas antes são termos maiores do ser, domínios de consciência mais vastos e livres, e toda a ação do plano material parece ser mais o resultado do que a origem desses termos superiores, parece derivar deles, mesmo depender deles parcialmente, em seu esforço

---

1. Existem certas expressões no *Rig Veda* que parecem incorporar esse ponto de vista. Lá, fala-se da Terra (o princípio material) como o fundamento de todos os mundos, ou os sete mundos são descritos como os sete planos da Terra.

evolutivo. Imensas extensões de poderes, influências, fenômenos descem sobre nós de forma velada, da sobremente e dos domínios do mental e vital superiores, mas deles só uma parte — como se fosse uma seleção ou um número limitado — pode apresentar-se em nosso palco e realizar-se na ordem do mundo físico; o resto espera sua hora e a circunstância propícia para revelar-se nos termos e formas físicas e cumprir seu papel na evolução terrestre[2] que é, ao mesmo tempo, uma evolução de todos os poderes do Espírito.

Esse caráter dos outros mundos contraria todas as nossas tentativas de dar uma importância primordial ao nosso próprio plano de ser e à nossa parte na manifestação terrena. Não criamos Deus como um mito de nossa consciência, mas somos instrumentos para uma manifestação progressiva do Divino no ser material. Não criamos os deuses, os poderes do Divino, mas tais divindades, como as manifestamos, são antes o reflexo parcial e configurações, aqui, de divindades eternas. Não criamos os planos superiores, somos os intermediários por meio dos quais eles revelam sua luz, poder, beleza sob qualquer forma e escopo que a força da Natureza possa lhes dar no plano material. É a pressão do mundo da Vida que possibilita à vida evoluir e desenvolver-se aqui nas formas que já conhecemos; é essa pressão crescente que leva a vida a aspirar, em nós, a uma revelação maior de si mesma, e um dia liberará o mortal de sua sujeição às limitações estreitas de sua condição física atual, incompetente e restritiva. É a pressão do mundo da Mente que faz evoluir e desenvolve aqui a mente, e ajuda-nos a encontrar uma alavanca que lhe permite elevar-se e expandir-se, a fim de que tenhamos a esperança de ampliar sem cessar nosso self de inteligência e mesmo romper os muros da prisão de nossa mentalidade física ligada à matéria. É a pressão dos mundos espiritual e supramental que se prepara para desenvolver aqui o poder manifesto do Espírito, e devido a ele nosso ser se abrirá, no plano físico, à liberdade e infinidade do Divino supraconsciente; só esse contato, essa pressão, podem liberar a Divindade onisciente escondida em nós, da aparente Inconsciência que foi nosso ponto de partida. Nessa ordem das coisas, nossa consciência humana é o instrumento, o intermediário, no desenvolvimento da luz e do poder — ela é o ponto em que a liberação, a saída do Inconsciente, torna-se possível; não podemos atribuir-lhe um papel maior, mas este já é considerável, pois dá à nossa humanidade uma importância essencial para o propósito supremo da Natureza evolutiva.

---

2. Evidentemente, "terrestre" para nós não significa essa única terra e sua duração; usamos a palavra terra no sentido-raiz mais vasto; é a *Prithivi* Vedântica, o princípio terra, que cria habitações de forma física para a alma.

Ao mesmo tempo, há alguns elementos em nossa experiência subliminar que questionam a ideia de que os outros mundos sejam invariavelmente anteriores à existência material, como sugere, em particular, a visão relativa à experiência após a morte: uma tradição persistente diz que permanecemos em condições que parecem ser um prolongamento suprafísico das condições, natureza e experiência terrestres. Uma outra diz que, sobretudo nos mundos vitais, encontramos formulações que se assemelham aos movimentos inferiores da existência terrestre: se encontram aí, já encarnados, os princípios de obscuridade, falsidade, incapacidade e mal que havíamos pensado ser a consequência da evolução que parte da Inconsciência material. Parece mesmo que os mundos vitais sejam de fato a morada natural dos Poderes que mais perturbam a vida humana; o que de fato é lógico, pois é por meio de nosso ser vital que eles nos dominam; eles devem ser, então, poderes de uma existência vital mais vasta e poderosa. Não era necessário que a descida da Mente e da Vida na evolução criasse desenvolvimentos tão desfavoráveis, como a limitação do ser e da consciência, pois essa descida é, em sua natureza, uma limitação do conhecimento: a existência, a cognição e o deleite de ser confinam-se em uma verdade menor, um bem menor, uma beleza menor e sua harmonia inferior, e movem-se segundo a lei de uma luz mais estreita; mas, em um tal movimento, obscuridade, sofrimento e mal não são fenômenos inevitáveis. Se descobrirmos que eles existem nesses mundos tão diferentes dos mundos da mente e da vida — mesmo se não os permeiem, mas ocupem sua própria província separada — deveremos concluir que uma projeção a partir da evolução inferior, de baixo para cima, deu-lhes existência, que alguma coisa jorrou nas partes subliminares da Natureza e criou uma formação mais vasta do mal gerado aqui — ou eles eram já criados e faziam parte de uma gradação paralela à descida involutiva, formando uma escada para a ascensão evolutiva em direção ao Espírito, assim como a gradação involutiva formava uma escada para a descida do Espírito. Nessa última hipótese, a gradação ascendente poderia ter um objetivo duplo, pois conteria pré-formações do bem e do mal que deveriam evoluir na terra como parte da luta necessária ao crescimento evolutivo da Alma na Natureza; essas seriam formações que existiriam em si mesmas, para sua própria satisfação independente, que representariam o tipo completo dessas coisas, cada uma em sua natureza separada, e exerceriam ao mesmo tempo sua influência característica sobre os seres evolutivos.

Esses mundos de uma Vida mais vasta conteriam então, ao mesmo tempo, as formações mais luminosas e as mais obscuras da vida em nosso mundo, em um meio onde elas poderiam chegar livremente à sua expressão independente, à plena liberdade, plenitude e harmonia naturais de seu tipo próprio, para o bem ou para o mal — se, de fato, essa distinção aplica-se a esses domínios —, plenitude e independência impossíveis aqui em nossa existência, onde tudo se mistura na interação complexa necessária ao campo de uma evolução multilateral que conduz a uma integração final. Com efeito, o que chamamos falso, obscuro ou mau parece ter aí sua verdade própria e satisfazer-se inteiramente com seu tipo próprio, porque essas forças o expressam plenamente, e desse modo o próprio poder de seu ser sente-se satisfeito; cria-se um acordo, uma adaptação completa de todas as circunstâncias a seu princípio de existência; cada uma tem aí o prazer de sua própria consciência, seu próprio poder de ser, sua própria felicidade de ser, odiosa para nossa mente, mas, para si mesma, rica da alegria do desejo satisfeito. Esses impulsos vitais, que são excessivos e desmesurados para a natureza terrestre e aqui aparecem como desviados e anormais, encontram em sua própria província de ser uma satisfação independente e um jogo sem restrições ao seu tipo e princípio. O que para nós é divino ou titânico, *rakshásico*, demoníaco e por consequência sobrenatural, é normal para cada um em seu domínio e dá aos seres que encarnam essas forças o sentimento de sua natureza essencial e a harmonia de seu próprio princípio. A própria discórdia, luta, incapacidade, sofrimento entram em certo tipo de satisfação vital que de outro modo sentir-se-ia frustrada ou deficiente. Quando esses poderes são vistos em sua ação isolada, a construir seus próprios edifícios vitais como fazem nesses mundos secretos onde dominam, percebemos de modo mais claro sua origem e a razão de ser de sua existência, e a razão também do domínio que têm sobre a vida humana e o apego do homem às suas próprias imperfeições, ao drama da vida com suas vitórias e derrotas, felicidade e sofrimento, sorriso e lágrimas, pecado e virtude. Aqui na Terra essas coisas existem em um estado obscuro, insatisfeito e então insatisfatório, de luta e mistura, mas lá elas revelam seu segredo e razão de ser, porque ali estão estabelecidas em seu poder original e na forma completa de sua natureza, em seu mundo próprio e atmosfera exclusiva. Os céus e infernos do homem ou mundos de luz e mundos de trevas, por mais que sejam construídos no imaginário, nascem da percepção de que esses poderes existem em seu princípio próprio e projetam suas influências sobre ele e na vida, a partir de um além-da-vida que fornece os elementos de sua existência evolutiva.

Assim como os poderes da Vida têm em si mesmos seu próprio fundamento e encontram perfeição e plenitude em uma Vida maior além de nós, assim também descobrimos que os poderes da Mente, suas ideias e princípios que influenciam nosso ser terrestre, têm no mundo superior da Mente seu próprio campo onde sua natureza essencial é plena, enquanto aqui, na existência humana, eles projetam apenas formações parciais que têm muita dificuldade de estabelecer-se por causa do contato e mistura com outros poderes e princípios; esse contato, essa mistura, reduzem sua plenitude, alteram sua pureza, contradizem e invalidam sua influência. Esses outros mundos, então, não são evolutivos, são mundos-tipo; mas uma das razões — embora não seja a única — de sua existência é que fornecem coisas que devem aparecer na manifestação involutiva, assim como coisas que são projetadas na evolução; elas encontram aí um espaço onde seu significado pode expressar-se de modo satisfatório e uma existência independente; estabelecidos nessa base, suas funções e processos podem moldar-se e integrar-se nas operações complexas da Natureza evolutiva.

Se olharmos sob esse ponto de vista as explicações humanas tradicionais sobre a existência em outros mundos, veremos que na maioria dos casos elas indicam a existência de mundos com uma Vida mais vasta, liberada das restrições e imperfeições ou da incompletude da Vida na natureza terrestre. Essas explicações, evidentemente, são construídas em grande parte pela imaginação, mas há também um elemento de intuição e pressentimento, um sentimento daquilo que a Vida pode ser, e seguramente é, em algum domínio de sua natureza manifestada ou realizável; há também um elemento de contato verdadeiro, de uma verdadeira experiência subliminar. Mas o que a mente humana vê, recebe ou contata de uma natureza diferente, ela o traduz em imagens conformes à sua própria consciência; essas imagens são traduções de realidades suprafísicas em formas e representações significativas que são próprias à mente e, por meio delas, ela entra em comunicação com essas realidades e pode, até certo ponto, torná-las presentes e efetivas. A experiência de que uma vida terrestre modificada continua após a morte pode ser explicada por esse tipo de tradução; mas pode também ser explicada em parte, como a criação de um estado subjetivo após a morte em que o homem continua a viver em meio a imagens de sua experiência habitual antes de entrar nas realidades de outros mundos, e em parte como uma passagem através dos mundos da vida, onde o tipo de cada coisa expressa-se em formações que estão na origem daquelas às quais o homem estava apegado em seu corpo terrestre ou se aparenta a elas e, portanto, exercem uma atração natural sobre o ser vital após ter saído do corpo. Mas à parte esses estados mais sutis da vida, as explicações tradicionais da existência em outros mundos contêm — embora isso seja um elemento mais raro e elevado, não incluído na noção popular dessas coisas — uma gradação superior de estados de existência que são claramente de um caráter não vital, mas mental, e de outros baseados em algum princípio mental-espiritual. Esses princípios superiores são formulados em estados de ser para os quais nossa experiência interior pode elevar-se ou nos quais a alma pode entrar. O princípio de gradação que aceitamos é então justificado, à condição que reconheçamos que é uma maneira de organizar nossa experiência, e outras maneiras, procedentes de outros pontos de vista, são possíveis. Com efeito, se uma classificação pode sempre ser válida segundo o princípio e ponto de vista adotados, uma outra classificação das mesmas coisas pode ser igualmente válida segundo outros princípios e pontos de vista. Mas, para nosso propósito, o sistema que escolhemos tem um valor maior, porque é fundamental e responde a uma verdade da manifestação que é de extrema importância prática; ajuda-nos a compreender nossa existência constituída e o curso da involução e do movimento evolutivo da Natureza. Ao mesmo tempo, vemos que outros mundos não são coisas separadas por completo do universo material e da natureza terrestre, mas que suas influências os penetram e envolvem e sua força os modela e dirige mediante uma incidência secreta que não é fácil medir. Essa organização de nosso conhecimento e experiência de outros mundos fornece-nos a chave da natureza e das linhas de ação dessa incidência.

A existência e a influência de outros mundos são um fato de primeira importância para as possibilidades e extensão de nossa evolução na Natureza terrestre. De fato, se o universo físico fosse o único campo de manifestação da Realidade infinita e, ao mesmo tempo, o campo de sua completa manifestação, deveríamos supor — visto que todos os princípios de seu ser, desde a Matéria até o Espírito, estão inteiramente involuídos na Força em aparência inconsciente que é a base das primeiras operações desse universo — que ela os faz evoluir completa e unicamente sobre a Terra, sem nenhuma ajuda ou pressão exceto as da Supraconsciência secreta que está nela. Haveria então um sistema no qual o princípio da Matéria deveria sempre permanecer o princípio primeiro, a condição essencial, original e determinante da existência manifestada. Decerto o Espírito poderia, no final, exercer até certo ponto sua dominação natural, fazer de sua base, que é a matéria física, um instrumento mais plástico que não impeça assim completamente a ação da lei e da natureza espirituais mais altas ou não se oponha a essa ação, como faz agora, com sua resistência sem plasticidade. Mas o Espírito dependeria sempre da Matéria como seu campo de ação e para manifestar-se; não poderia ter outro campo de ação, nem sair deste para passar a outro tipo de manifestação; e mesmo no interior desse campo de ação ele teria dificuldade em liberar algum outro princípio de seu ser para fazer dele o soberano da base material; a Matéria continuaria a ser o único determinante permanente de sua manifestação. A Vida não poderia tornar-se um dominante e determinante, a Mente não poderia tornar-se o mestre e o criador; as fronteiras de suas capacidades seriam fixadas pelas capacidades da Matéria, que as capacidades da Mente e da Vida poderiam alargar ou modificar, mas não transformar radicalmente ou liberar. Não haveria lugar aí para a manifestação livre e completa de algum poder do ser, tudo seria limitado para sempre pelas condições de uma formação mental obscurecedora. O Espírito, a Mente, a Vida não teriam um campo de ação nativo nem um alcance completo para seus poderes e princípios característicos. Não é fácil crer na inevitabilidade dessa autolimitação se o Espírito for o criador e se esses princípios tiverem uma existência independente e não forem produtos, resultados ou fenômenos da energia da Matéria.

Porém, visto que a Realidade infinita é livre no jogo de sua consciência, ela não é obrigada a involuir-se na insciência da Matéria antes mesmo de poder manifestar-se. É possível para ela criar uma ordem de coisas exatamente contrária, um mundo onde a unidade do ser espiritual é a matriz e condição primeira de toda formação ou toda ação, onde a Energia que age é uma existência espiritual em movimento e autoconsciente, e todos os seus nomes e formas são uma operação autoconsciente da unidade espiritual. Essa poderia ser uma ordem em que o poder inato do Espírito, sua Força ou sua Vontade conscientes, realizaria livre e diretamente suas próprias possibilidades em si mesmo e não, como aqui, pelo intermédio limitativo da Força-Vida na Matéria; essa realização seria, ao mesmo tempo, o primeiro princípio da manifestação e o objetivo de toda a sua ação livre e beatífica. Ou ainda, isso poderia ser uma ordem cujo objetivo seria a ação livre de um autodeleite infinito e mútuo, em uma multiplicidade de seres conscientes não apenas de sua eterna unidade escondida ou subjacente, mas da presente alegria de sua unidade; em um tal sistema, a ação do princípio de Beatitude autoexistente seria o primeiro princípio e a condição universal. Isso poderia ser também uma ordem do mundo na qual a Supramente seria o princípio dominante desde o começo; a natureza da manifestação seria, então, uma multiplicidade de seres que, graças ao jogo livre e luminoso de suas individualidades divinas, encontrariam toda a alegria multiforme de suas diferenças na unidade.

Não é necessário que a série pare aí; pois observamos que em nós a Mente é estorvada pela Vida na Matéria, e encontra todas as dificuldades possíveis em dominar a resistência desses dois poderes diferentes, e a própria vida é igualmente restrita pela mortalidade, inércia e instabilidade da Matéria; mas é evidente que pode haver uma ordem do mundo na qual nenhuma dessas duas inaptidões faria parte das condições primeiras da existência. Há a possibilidade de um mundo onde a Mente seria dominante desde o início, livre de agir em sua própria substância, sua matéria, como em um material suficientemente plástico ou no qual a Matéria seria o resultado muito evidente da Força-Mente universal que elabora a si mesma na Vida. Mesmo aqui, na realidade, isso é assim; mas aqui, a Força da Mente está involuída desde o início, subconsciente por muito tempo e, mesmo depois de ter emergido, jamais está em posse de si mesma de maneira livre, mas é sujeita ao material que a encerra, enquanto lá ela estaria em posse de si mesma e seria mestra de seu material, muito mais sutil e plástico do que em um universo predominantemente físico. Do mesmo modo, a Vida poderia ter sua própria ordem cósmica onde seria soberana, onde poderia expandir seus próprios desejos e tendências mais plásticas e livremente variáveis, não ameaçada a cada momento pelas forças desintegradoras e, portanto, sem ter que se preocupar antes de tudo com sua sobrevivência, sem ser limitada em suas operações por esse estado de tensão precário que limita seus instintos de formação livre, autossatisfação livre e livre aventura. A dominação separada de cada princípio de ser é uma possibilidade eterna na manifestação do ser — visto que são princípios distintos em seu poder dinâmico e modo de ação, embora sejam unos em sua substância original.

    Tudo isso talvez não fizesse diferença alguma, se fosse apenas uma possibilidade filosófica ou uma potencialidade no ser de Satchidananda que ele jamais realiza ou ainda não realizou ou, se realizou, não o trouxe até o campo de consciência dos seres que vivem no universo físico. Mas toda a nossa experiência espiritual e psíquica testemunha e afirma — e nos traz sempre a evidência constante e invariável em seus princípios fundamentais — a existência de mundos superiores, de planos de existência mais livres. E como não estamos amarrados, como é o caso de muitos pensamentos modernos, ao dogma segundo o qual só a experiência física, ou a experiência baseada nos sentidos físicos, é verdadeira, e só a análise racional da experiência física é verificável — tudo o mais é apenas o resultado da experiência e da existência físicas, e aquilo que se encontra além seria um erro, um autoengano e uma alucinação — estamos livres para aceitar essa evidência e admitir a realidade desses planos. Vemos que eles são, praticamente, harmonias diferentes da harmonia do universo físico; ocupam, como a palavra "plano" sugere, um nível diferente na escala do ser, e seus princípios adotam um sistema e uma ordem diferentes. Para nosso propósito atual, não necessitamos averiguar se coincidem no tempo e no espaço com nosso próprio mundo ou se eles se movem em um campo especial diferente e em uma outra corrente de tempo — nos dois casos é em uma substância mais sutil e com outros movimentos. Tudo que nos concerne diretamente é saber se esses são universos diferentes, cada um completo em si mesmo, que não se encontram ou entrecruzam, nem se afetam mutuamente ou, antes, seriam escalas diferentes de um mesmo sistema de ser, gradual e entrelaçado, partes, portanto, de um sistema universal único e complexo. O fato de que possam entrar no campo de nossa consciência mental, naturalmente sugeriria a validez da segunda alternativa, mas não seria em si mesmo inteiramente suficiente. Mas o que constatamos é que esses planos superiores agem, de fato, a cada momento em nosso próprio plano de ser e comunicam-se com ele, embora essa ação, naturalmente, não seja percebida por nossa consciência desperta ou exterior normal, porque ela é, na maior parte, limitada a uma recepção e utilização dos contatos do mundo físico; mas desde que reintegremos nosso ser subliminar ou ampliemos nossa consciência desperta além do campo dos contatos físicos, tornamo-nos cônscios de algo dessa ação superior. Constatamos mesmo que, em certas condições, o ser humano pode, mesmo permanecendo em seu corpo, projetar-se parcialmente nesses planos superiores; *a fortiori* ele deve ser capaz de fazer isso quando está fora do corpo, e fazê-lo então de modo completo, visto que não há mais esse estado de enfermidade devido à subordinação da vida física ao corpo. As consequências dessa relação e desse poder de transferência são de uma imensa importância. De um lado, elas justificam de imediato, em todo caso como possibilidade real, a antiga tradição segundo a qual o ser humano consciente reside, ao menos temporariamente, em outros mundos diferentes do mundo físico após a dissolução do corpo físico. Por outro lado, elas tornam possível uma ação dos planos superiores na existência material, ação que pode liberar os poderes que esses planos representam, os poderes da vida, mente e espírito, para a intenção evolutiva inerente na Natureza pelo próprio fato de sua encarnação na Matéria.

Em sua origem, esses mundos não foram criados depois do universo físico, eles são anteriores — se não no tempo, ao menos em sua sequência e consequência. Pois mesmo se houver uma gradação ascendente e uma descendente, essa gradação ascendente deve ser, antes de tudo, uma preparação para o emergir evolutivo na Matéria, deve ser um poder formador que ajude a Matéria em seu esforço, contribuindo com elementos favoráveis ou hostis, e não uma mera consequência da evolução terrestre; pois essa não é uma probabilidade racional nem tem um sentido espiritual ou dinâmico e pragmático. Em outras palavras, os mundos superiores não vieram à existência por uma pressão do universo físico inferior — digamos, de Satchidananda na Inconsciência física — ou por causa do ímpeto do seu ser à medida que emerge da Inconsciência na vida, na mente e no espírito e experiencia a necessidade de criar mundos ou planos nos quais esses princípios possam mover-se de modo mais livre e nos quais a alma humana possa fortalecer suas tendências vitais, mentais ou espirituais. São ainda menos as criações da própria alma humana, quer sejam sonhos, quer o resultado daquilo que a humanidade, em seu ser dinâmico e criador, projeta de si mesma, sem cessar, além dos limites da consciência física. As únicas coisas que o homem cria claramente nesses domínios são as imagens refletidas desses planos em sua própria consciência encarnada e a capacidade de sua alma de responder a eles, de percebê-los, de participar de modo consciente no entrelaçamento de suas influências com a ação do plano físico. Ele pode, de fato, contribuir com os resultados ou com as projeções de sua própria ação vital e mental superior para a ação desses planos: mas nesse caso, essas projeções, no final, são apenas um retorno dos planos superiores a si mesmos, um retorno, a partir da terra, do poder deles que desceu na mente terrestre, uma vez que essa própria ação vital e mental superior é o resultado de influências transmitidas do alto. É possível também que o homem possa criar uma espécie de anexo subjetivo a esses planos suprafísicos, ou, em todo caso, ao mais baixo dentre eles, contextos de um caráter semi-irreal que são mais como invólucros autocriados por sua consciência e vital conscientes do que verdadeiros mundos; eles são o reflexo de seu próprio ser, um meio artificial que corresponde às suas tentativas, durante a vida, de representar esses outros mundos — céus e infernos projetados pela faculdade criativa imaginativa do poder de seu ser consciente. Mas nem uma nem outra dessas contribuições em nada representam uma criação total de um plano de ser real, fundado e agindo em seu próprio princípio separado.

Esses planos ou sistemas são ao menos coetâneos e coexistentes com aquilo que se apresenta a nós como o universo físico. Somos levados a concluir que o desenvolvimento da vida, da mente e do espírito no ser físico pressupõe sua existência, pois esses poderes são desenvolvidos aqui por duas forças que se associam: uma, que de baixo tende para o alto e uma que, do alto, puxa para o alto e pressiona para baixo. Pois há no Inconsciente a necessidade de trazer para fora o que é latente dentro dele, e há a pressão dos princípios superiores nos planos mais elevados, que não apenas ajuda essa necessidade geral a realizar-se, mas pode determinar em grande medida os meios especiais pelos quais ela acabará por realizar-se. É essa ação que puxa para o alto, e essa pressão, essa insistência do alto que explica a influência constante dos mundos espiritual, mental e vital sobre o plano físico. Devido a um universo complexo e aos sete princípios entrelaçados em cada parte de seu sistema, e portanto naturalmente levados a agir uns sobre os outros e a responder um ao outro em todo lugar onde possam entrar em contato, é evidente que uma tal ação, uma tal pressão e influência constantes são uma consequência inevitável, e devem ser inerentes à própria natureza do universo manifestado.

Uma ação secreta e contínua dos poderes e princípios superiores, a partir de seus próprios planos, sobre o ser e a natureza terrestres por meio do self subliminar — ele mesmo uma projeção desses planos no mundo nascido da Inconsciência —, deve ter um efeito e um significado. Seu primeiro efeito foi liberar da Matéria a vida e a mente; o último, foi ajudar o emergir de uma consciência espiritual, uma vontade espiritual e um sentido espiritual da existência no ser terrestre, de modo que não se preocupe mais apenas com sua vida mais externa, mas também com buscas e interesses mentais; ele aprendeu a olhar dentro de si, descobrir seu ser interior, seu self espiritual e aspirar a transcender a terra e suas limitações. À medida que, cada vez mais, esse ser terrestre cresce interiormente, suas fronteiras mentais, vitais, espirituais, começam a ampliar-se; os laços que ligavam vida, mente, alma às suas limitações primordiais soltam-se ou se rompem e o homem, o ser mental, começa a vislumbrar um reino mais vasto do self e do mundo, que estava fechado à vida terrestre primitiva. Sem dúvida, enquanto viver sobretudo na superfície, ele só poderá construir uma espécie de superestrutura ideal, imaginativa e conceitual no solo de sua estreita existência habitual. Mas se fizer o movimento interior que sua visão mais alta lhe apresenta como sua maior necessidade espiritual, então ele encontrará em seu ser interior uma consciência e uma vida mais vastas. Uma ação de dentro e uma ação do alto podem vencer a predominância da fórmula material, diminuir o poder da Inconsciência e, finalmente, dar-lhe fim, reverter a ordem da consciência, substituir o espírito à Matéria como fundamento consciente do ser, e liberar seus poderes superiores para que possam expressar-se de modo completo e segundo sua característica, na vida da alma encarnada na Natureza.

CAPÍTULO XXII

# RENASCIMENTO E OUTROS MUNDOS; KARMA, ALMA E IMORTALIDADE

*Ao deixar este mundo, ele passa ao Self físico; ele passa ao Self da vida; ele passa ao Self da mente; ele passa ao Self do conhecimento; ele passa ao Self de beatitude; ele se move à vontade através desses mundos.*
Taittiriya Upanishad, III. 10. 5.

*Eles dizem, na verdade, que o ser consciente é feito de desejo. Mas seja qual for o desejo de que se origine, ele se origina dessa vontade, e de qualquer vontade de que seja originário ele cumpre essa ação, e qualquer que seja sua ação, ele alcança (o resultado de) essa ação. [...] Com seu Karma[1] aderindo a ele, ele vai em seu corpo sutil lá onde sua mente abre caminho; então, ao chegar ao termo de seu Karma, e mesmo de todas as ações que cumpre aqui, ele retorna desse mundo a este aqui, para o Karma.*
Brihadaranyaka Upanishad, IV. 4, 5, 6.

*Provido de qualidades, cumprindo as obras e criando suas consequências, ele colhe o resultado de suas ações; ele é o mestre da vida e move-se em sua viagem conforme seus próprios atos; ele tem ideia e ego, e será conhecido pelas qualidades de sua inteligência e a qualidade de seu self. Menor que a centésima parte da ponta de um cabelo, a alma do ser vivo é capaz do infinito.*

---

1. Ação, Karma. Na visão expressa nesse verso do *Upanishad*, o Karma, ou ação desta vida, é exaurido durante a vida no mundo além, onde seus resultados se realizam e a alma retorna à terra para um novo Karma. A causa do nascimento neste mundo, do Karma, da passagem da alma a uma existência em outro mundo e seu retorno aqui, encontra-se inteiramente na consciência, vontade e desejo próprios da alma.

*Masculino ela não é, nem feminino, nem neutro, mas se une a todo corpo que assume, e faz dele seu próprio corpo.*

Shvetashvatara Upanishad, V. 7-10.

*Mortais, eles atingiram a imortalidade.*

Rig Veda, I. 110. 4.

Nossa primeira conclusão sobre a questão da reencarnação é que o renascimento da alma em corpos terrestres sucessivos é uma consequência inevitável do significado e do processo originais da manifestação na natureza terrestre; mas essa conclusão suscita novos problemas e novos resultados que necessitamos elucidar. Primeiro, surge a questão do processo do renascimento: se esse processo sucede com rapidez, se o nascimento ocorre logo após a morte do corpo a fim de manter ininterrupta uma série de vidas da mesma pessoa; ou se há intervalos, e isso por sua vez levanta a questão que se refere ao princípio e processo da passagem a outros mundos que devem ser o cenário desses intervalos, e o retorno à vida terrestre. Uma terceira questão é a do processo da própria evolução espiritual e as mutações a que a alma é submetida em sua passagem de um nascimento a outro no curso das etapas de sua aventura.

Se o universo físico fosse o único mundo manifestado ou um mundo completamente à parte, o renascimento enquanto parte do processo evolutivo seria limitado a uma sucessão constante de transmigrações diretas de um corpo a outro; a morte seria seguida de imediato por um novo nascimento sem nenhuma possibilidade de intervalo — a passagem da alma seria uma circunstância espiritual na série ininterrupta de um procedimento material obrigatório e mecânico. A alma não teria liberdade em relação à Matéria, estaria para sempre ligada a seu instrumento, o corpo, e dependente dele para a continuidade de sua existência manifestada. Mas descobrimos que há vida em outros planos, após a morte e antes do renascimento seguinte, uma vida que é a consequência da antiga etapa da existência terrestre e prepara a nova. Outros planos coexistem com o nosso, são parte de um sistema complexo e atuam constantemente sobre o físico, que é seu próprio termo final e o mais baixo, recebem reações e admitem uma comunicação e um comércio secretos com ele. O homem pode tornar-se consciente desses planos, e mesmo, em certos estados, projetar neles seu ser consciente, e se o faz de modo parcial durante a vida, deve poder fazê-lo de modo completo após a dissolução do corpo. Tal possibilidade de projetar-se em outros mundos ou planos de ser torna-se então suficientemente real para necessitar na prática sua própria realização, a projeção seguindo de imediato — e talvez invariavelmente, a vida humana terrestre se, desde o início, o homem for capaz de efetuar essa transferência — ou depois, se ele só chegar a isso por uma progressão gradual. Pois é possível que no começo ele não esteja desenvolvido o suficiente para conduzir sua vida ou sua mente a mundos mais vastos da vida ou da mente, e seja compelido a aceitar uma transmigração imediata de um corpo terrestre a outro, como sua única possibilidade presente de sobreviver.

A necessidade de um interregno entre dois nascimentos e de uma passagem a outros mundos surge por duas razões: de um lado, a atração do ser mental e do ser vital na natureza heterogênea do homem por outros planos, em razão da afinidade deles com aqueles planos e, de outro, a utilidade, ou mesmo necessidade, de um intervalo para assimilar a totalidade da experiência de uma vida, decidir o que deve ser rejeitado e preparar-se para a nova encarnação e a nova experiência terrestre. Mas essa necessidade de um período de assimilação e essa atração por outros mundos pelas partes que, em nosso ser, são da mesma natureza, só podem tornar-se efetivas quando a individualidade mental e vital forem desenvolvidas o suficiente no homem físico semianimal; elas não poderiam existir antes, ou serem ativas: as experiências da vida seriam muito simples e elementares para necessitar uma assimilação, e o ser natural demasiado tosco para ser capaz de um processo complexo de assimilação; as partes superiores não seriam bastante desenvolvidas para elevar-se aos planos superiores de existência. Poderia haver, então, na ausência de tais conexões com outros mundos, uma teoria do renascimento que admite apenas uma constante transmigração; aqui, a existência de outros mundos e a estadia da alma em outros planos não seriam uma parte real desse sistema, nem, em estágio algum, uma parte necessária. Pode haver uma outra teoria, na qual essa passagem seria a regra obrigatória para todos e não haveria renascimento imediato; a alma necessitaria um intervalo de preparação para a nova encarnação e a nova experiência. Um acordo entre as duas teorias é também possível; a transmigração poderia ser a primeira regra e prevalecer enquanto a alma não está madura para uma existência em um mundo superior; a passagem aos outros planos poderia ser uma lei subsequente. Pode mesmo haver um terceiro estágio, como é sugerido algumas vezes, em que a alma é desenvolvida de modo tão poderoso, suas partes naturais tão vivas espiritualmente, que não necessita intervalo, mas pode renascer logo, para evoluir mais rápido, sem ser retardada por um período de intermitência.

Nas ideias populares provenientes das religiões que admitem a reencarnação há uma contradição que elas não têm dificuldade em reconciliar, à maneira das crenças populares: por um lado, a crença bastante vaga, mas bem geral, que a morte é de modo imediato ou quase instantâneo, seguida de uma outra encarnação, e, por outro lado, o velho dogma religioso de uma vida após a morte em infernos e paraísos ou, talvez, em outros mundos ou outros planos de ser que a alma mereceu ou a que ficou sujeita devido a seus méritos ou desméritos nesta existência física; o retorno à terra só pode ocorrer quando esse mérito e esse desmérito esgotarem-se e o ser estiver pronto para uma nova vida terrena. Essa incoerência desapareceria se admitíssemos um movimento variável, dependente do nível de evolução que a alma alcançou em sua manifestação na Natureza; tudo dependeria então de sua capacidade para entrar em um estado superior à vida terrestre. Mas na noção comum de reencarnação, a ideia de uma evolução espiritual não é explícita, é apenas implícita, na medida em que a alma deve alcançar o ponto no qual se torna capaz de transcender a necessidade de renascer e retorna à sua fonte eterna; mas se não houver evolução gradual e graduada, esse ponto poderia muito bem ser alcançado por um movimento caótico em zigue-zague cuja lei não é fácil de determinar. A solução definitiva da questão depende da busca e da experiência psíquicas; aqui, podemos apenas considerar se na natureza das coisas ou na lógica do processo evolutivo, haveria alguma necessidade aparente ou inerente para um ou outro movimento, para a transição imediata de um corpo a outro ou pelo retardo ou intervalo antes de uma nova encarnação do princípio psíquico que se encarna.

A vida em outros mundos aparece como uma espécie de seminecessidade — necessidade dinâmica e prática mais do que essencial — pelo próprio fato de que os diversos princípios cósmicos estão entrelaçados uns com os outros e, de certo modo, são interdependentes, e o efeito que isso deve ter no processo de nossa evolução espiritual. Mas, por certo tempo, essa seminecessidade pode ser neutralizada pelo puxão ou atração maiores da terra ou pelo caráter prepoderantemente físico da natureza em evolução. Nossa crença no nascimento em forma humana de uma alma que se eleva, e em seu renascimento repetido nessa forma — sem a qual ela não pode completar sua evolução humana — repousa, do ponto de vista da inteligência racional, na ideia de que a passagem progressiva da alma a graus cada vez mais altos da existência terrestre e, uma vez alcançado o nível humano, seu repetido nascimento humano, compõem uma sequência necessária ao crescimento da natureza; uma vida humana breve sobre a terra é evidentemente insuficiente para o propósito evolutivo. Nos estágios iniciais de uma série de reencarnações humanas, durante um período ainda rudimentar da humanidade, transmigrações imediatas e frequentes parecem, à primeira vista, possíveis — a reencarnação em uma nova forma humana por um novo nascimento produzindo-se logo depois que o corpo precedente foi dissolvido pela ruptura ou a expulsão da energia de vida organizada e da desintegração física que resulta disso, e que chamamos morte. Mas qual necessidade do processo evolutivo obrigaria uma tal série de renascimentos imediatos? Evidentemente isso só poderia ser imperativo enquanto a individualidade psíquica — não a própria alma-entidade secreta, mas a sua formação no ser natural — fosse pouco evoluída, não desenvolvida o suficiente, tão imperfeitamente formada que só poderia permanecer apoiando-se na continuidade ininterrupta da individualidade mental, vital e física desta vida: ainda incapaz de persistir por si mesma, de rejeitar suas antigas formações mentais e vitais e construir novas formações após um intervalo útil, ela seria obrigada a transferir de imediato sua personalidade rudimentar e grosseira a um novo corpo, a fim de preservá-la. É duvidoso que possamos nos justificar ao atribuir um desenvolvimento de tal modo insuficiente a um ser tão fortemente individualizado para já ter chegado à consciência humana. Mesmo em seu estado normal mais primitivo, o indivíduo humano é, ainda assim, uma alma que age através de um ser mental distinto, por mais malformada que sua mente possa ser, por mais limitada e reduzida, por mais absorvida e aprisionada na consciência física e vital e sem poder, ou querer, desprender-se dessas formações inferiores. Contudo, podemos supor que haja um apego tão forte ao mais baixo que isso obrigaria o ser a apressar-se a retornar à vida física, porque na realidade sua formação natural não estaria apta à outra coisa ou não se sentiria em casa em plano superior algum. Ou ainda, a experiência da vida poderia ser tão breve e incompleta que obrigaria a alma a um renascimento imediato para poder continuá-la. Deve haver outras necessidades, influências ou causas na complexidade do processo da Natureza, tais como a forte vontade de um desejo terrestre que insiste para realizar-se, o que imporia uma transmigração imediata da mesma forma de personalidade perpetuando-se em um novo corpo. No entanto, o outro processo — uma reencarnação, um renascimento da Pessoa não apenas em um novo corpo, mas em uma nova formação da personalidade — seria a linha normal tomada pela entidade psíquica uma vez que alcançasse o estágio humano de seu ciclo evolutivo.

 Pois a personalidade da alma, à medida que se desenvolve, deve adquirir poder suficiente sobre sua própria formação natural e uma individualidade mental e vital capaz de se expressar e persistir sem o suporte do corpo material, e também para ultrapassar qualquer apego excessivo que a retivesse ao plano físico e à vida física: seria bastante evoluída para subsistir no corpo sutil, que sabemos ser o envoltório característico ou invólucro, e o suporte físico-sutil próprio ao ser interior. É a pessoa-alma, o ser psíquico, que sobrevive e carrega a mente e a vida consigo em sua viagem, e é para o corpo sutil que ela passa ao deixar sua morada material; ambos então devem ser suficientemente desenvolvidos para o trânsito. Mas uma transferência a planos de existência da mente ou da vida implica também uma mente e uma vida formadas e desenvolvidas o suficiente para passarem sem desintegrar-se a esses níveis superiores e ficarem neles por algum tempo. Se essas condições forem satisfeitas — uma personalidade psíquica e um corpo sutil desenvolvidos o suficiente e uma personalidade mental e vital também suficientemente desenvolvida —, uma sobrevivência da pessoa-alma, sem renascimento imediato, seria assegurada e a atração dos outros mundos poderia tornar-se operativa. Mas em si mesmo isso significaria o retorno à terra com a mesma personalidade mental e vital, e então não haveria evolução livre no novo nascimento. A individualização da própria pessoa psíquica deve ser suficiente para que ela não dependa mais de suas formações mentais e vitais passadas, assim como não depende mais de seu antigo corpo, mas as rejeite também, chegado o tempo, e proceda para uma nova formação visando uma nova experiência. Para rejeitar as velhas formas e preparar novas, a alma deve habitar por algum tempo, entre dois nascimentos, em algum outro lugar que não o plano inteiramente material onde nos movemos agora; pois aqui não haveria morada para um espírito desencarnado. Uma estadia breve seria certamente possível se houvesse invólucros sutis da existência terrestre que pertencessem à terra, mas fossem de um caráter vital ou mental: mas mesmo então não haveria razão para a alma retardar-se aí por um longo período, a menos que estivesse ainda cheia de um apego todo-poderoso à vida terrestre. Para que a personalidade sobreviva ao corpo material é necessário uma existência suprafísica, e isso só é possível em algum plano do ser próprio ao estado evolutivo da consciência ou, se não há evolução, em uma segunda e provisória morada do espírito, que seria seu lugar natural de estadia entre vida e vida — a menos, evidentemente, que esse seja seu mundo original, do qual ela não retorna à Natureza material.

Onde se situaria, então, a morada temporária no suprafísico? Qual seria o outro *habitat* da alma? Deveria, parece, situar-se em um plano mental, em mundos mentais, não só porque a atração que este plano exerce sobre o homem, o ser mental, já ativa durante sua vida, deve prevalecer quando não há o obstáculo do apego ao corpo, mas também porque o plano mental deveria ser, evidentemente, o *habitat* original e próprio de um ser mental. Mas, devido à complexidade do ser humano, essa não é uma consequência automática; ele tem uma existência vital e uma mental — e sua parte vital é muitas vezes mais poderosa e predominante do que a parte mental — e por trás do ser mental há uma alma da qual ele é o representante. Além disso, há numerosos planos ou níveis de existência cósmica, e a alma deve passar por eles para alcançar sua morada natural. No próprio plano físico ou perto dele, acredita-se que existam camadas cada vez mais sutis que podem ser vistas como subplanos do físico com um caráter vital e mental; são estratos que ao mesmo tempo envolvem e penetram e através dos quais o intercâmbio entre os mundos superiores e o mundo físico se efetua. Seria então possível para o ser mental ser retido nesses níveis intermediários enquanto sua mentalidade não for bastante desenvolvida, enquanto ele estiver restrito às formas mais físicas da atividade mental e vital. Ele poderia mesmo ser obrigado a repousar aí durante todo o intervalo entre dois nascimentos; mas isso não é provável, e só poderia acontecer no caso de, e na medida em que, seu apego às formas terrestres de sua atividade fosse tão grande que a inteireza do movimento natural ascendente seria excluída ou entravada. O estado da alma após a morte deve, pois, corresponder de algum modo ao desenvolvimento do ser na terra, visto que esse pós-vida não é um livre retorno ascendente de um desvio temporário descendente na mortalidade, mas uma circunstância normal recorrente, que intervém para ajudar no processo de uma evolução espiritual difícil na existência física. No curso de sua evolução na terra, o ser humano desenvolve uma relação com os planos superiores da existência, e isso deve ter um efeito prepoderante sobre sua permanência, entre nascimentos, nesses planos; isso deve determinar a direção que tomará após a morte e determinar também o lugar, o período e o caráter de sua autoexperiência ali.

É também possível que ele se retarde por algum tempo em um desses anexos de outros mundos criados por suas crenças habituais ou pelo tipo de suas aspirações no corpo mortal. Sabemos que o ser humano cria imagens desses planos superiores que são muitas vezes traduções mentais de alguns elementos desses planos, e de suas imagens ele constrói um sistema, uma aparência de mundos reais; constrói também muitos tipos de mundos do desejo, aos quais fixa um sentido poderoso de realidade interior: é possível que essas construções sejam bastante fortes para criar-lhe um meio artificial pós-mortal onde ele poderia retardar-se. Com efeito, o poder da mente humana de construir imagens, sua imaginação, que em sua vida física é apenas uma ajuda indispensável para a aquisição de conhecimento e criação de sua própria vida, pode, em uma escala maior, tornar-se uma força criadora que permitirá ao ser mental viver algum tempo em meio às suas próprias imagens até que a pressão da alma as dissolva. Todas essas estruturas são da mesma natureza que as construções mais amplas da vida; nelas, a mente traduz certas condições reais dos mundos mentais e vitais mais vastos nos termos de sua experiência física magnificada, prolongada, expandida, para alcançar uma condição além do plano físico: devido a essa transferência, o ser leva consigo a alegria e o sofrimento vitais do ser físico para as condições suprafísicas, nas quais estes têm um campo mais amplo, uma plenitude e uma duração mais prolongadas. Na medida em que tenham algum *habitat* suprafísico, esses ambientes construtivos devem então ser considerados como anexos dos planos de existência do vital ou do mental inferior.

Mas há também os verdadeiros mundos vitais — construções originais, desenvolvimentos organizados, *habitats* naturais do princípio de vida universal, a Anima vital cósmica, que age em seu próprio domínio e em acordo com sua própria natureza. Em sua viagem entre nascimentos, o ser humano pode ser retido aí por um período, pela força do caráter sobretudo vital das influências que moldaram sua existência terrestre — pois essas influências são nativas do mundo vital e seu domínio sobre ele o reterá algum tempo na própria província delas: ele pode ser mantido cativo daquilo de que já era cativo no seu ser físico. Toda estadia da alma em anexos ou em suas próprias construções seria apenas um estágio de transição da consciência, que passa do estado físico ao estado suprafísico; ela deve deixar essas estruturas para entrar nos verdadeiros mundos da Natureza suprafísica. Ela pode entrar de imediato nos mundos da outra-vida ou, durante uma etapa de transição, permanecer, primeiro, em alguma região de experiência físico-sutil cujo ambiente pode parecer-lhe uma prolongação das circunstâncias da vida física, mas em condições mais livres, próprias a um meio mais sutil e em um estado de perfeição feliz da mente e da vida ou em uma existência corporal mais pura. Para além desses planos de experiência físico-sutil e dos mundos vitais, encontram-se também planos do mental ou do mental-espiritual, aos quais a alma parece ter acesso entre dois nascimentos e nos quais pode prosseguir sua viagem entre nascimentos; mas é improvável que possa viver aí de modo consciente se não houve um desenvolvimento suficiente do mental ou da alma nessa vida. Pois em geral esses níveis devem ser os mais altos que o ser em evolução pode habitar entre dois nascimentos, uma vez que aquele que não ultrapassou o degrau mental na escala do ser não seria capaz de elevar-se a um estado supramental ou sobremental; ou, se fosse bastante desenvolvido para atingir esses planos sem passar pelo nível mental, talvez não pudesse retornar enquanto a evolução física não desenvolvesse aqui uma organização de uma vida sobremental ou supramental na Matéria.

Mas, mesmo assim, é improvável que os mundos mentais sejam a última etapa normal da passagem após a morte, pois o homem não é inteiramente mental: é a alma, o ser psíquico, e não a mente, que é o viajante entre morte e nascimento, e o ser mental é apenas um elemento predominante na imagem de sua autoexpressão. No final, deve haver então um plano de existência psíquica pura, onde a alma esperaria o renascimento; nesse plano, ela poderia assimilar as energias de sua experiência e vida passadas e preparar seu futuro. De modo geral, deve-se esperar que o ser humano normalmente desenvolvido, cuja mente alcançou um poder suficiente, atravesse sucessivamente todos esses planos — físico-sutil, vital e mental — no caminho para sua habitação psíquica. A cada estágio ele esgotaria e rejeitaria os fragmentos da estrutura da personalidade que se formou, fragmentos temporários e superficiais pertencentes à vida passada; rejeitaria seu invólucro mental e invólucro vital como já rejeitou seu invólucro corporal; mas a essência da personalidade e suas experiências mentais, vitais e físicas continuariam em sua memória, latente ou como potencial dinâmico para o futuro. Mas se o desenvolvimento da mente foi insuficiente, talvez ela não seja capaz de ir conscientemente além do nível vital, e o ser cairia daí, retornando de seus céus ou purgatórios vitais para a terra ou, mais logicamente, passaria logo a uma espécie de sono psíquico de assimilação por toda a duração do período entre nascimentos; para manter-se desperto nos planos superiores, certo desenvolvimento seria indispensável.

No entanto, tudo isso é assunto da probabilidade dinâmica, e esta, embora equivalente na prática a uma necessidade, embora justificada por certos fatos da experiência subliminar, não é, em si, inteiramente conclusiva para a mente racional. Devemos perguntar se há alguma necessidade essencial para esses intervalos entre nascimentos; ou ao menos uma tão poderosa e dinâmica que nos conduza a uma conclusão irrevogável. Encontraremos uma necessidade desse gênero: é o papel decisivo que os planos superiores têm na evolução terrestre e na relação assim criada entre esses planos e a consciência da alma que evolui. Em grande parte nosso desenvolvimento efetua-se por meio dessa ação, superior mas escondida, no plano terrestre. Tudo está contido no inconsciente ou no subconsciente, mas em potencial; é a ação do alto que ajuda a compelir um emergir. É necessário que essa ação continue a fim de modelar e determinar a progressão das formas mentais e vitais que nossa evolução reveste na natureza material, pois esses movimentos progressivos não podem alcançar seu pleno *momentum*, ou desenvolver suas implicações o suficiente, contra a resistência de uma Natureza material inconsciente ou inerte e ignorante, exceto por um recurso constante, embora oculto, às forças suprafísicas superiores da mesma natureza. Esse recurso, a ação dessa aliança velada, acontece sobretudo em nosso ser subliminar e não na superfície: é de lá que emerge o poder ativo de nossa consciência, e tudo o que realiza, ele reenvia constantemente para o ser subliminar, a fim de que seja armazenado, desenvolvido e emerja mais uma vez em formas mais fortes. Essa interação entre nosso ser escondido mais vasto e nossa personalidade de superfície é o principal segredo do desenvolvimento rápido que se produz no ser humano, uma vez que tenha passado além dos estágios inferiores da mente imersa na Matéria.

Esse recurso às forças suprafísicas deve continuar durante o estágio pré-natal, pois um novo nascimento, uma nova vida, não consiste em retomar o desenvolvimento exatamente onde parou na vida precedente, ele não repete e meramente continua nossa antiga personalidade superficial e a antiga formação de nossa natureza. Há uma assimilação, rejeição, reforço, rearranjo dos caracteres e motivos antigos, nova organização do desenvolvimento do passado e uma seleção para os propósitos do futuro, sem os quais o novo começo não pode ser frutuoso ou levar adiante a evolução. Cada nascimento é, pois, um novo começo; desenvolve-se, na verdade, a partir do passado, mas não é sua continuação mecânica; o renascimento não é uma reiteração constante, mas uma progressão, é o mecanismo de um processo evolutivo. Parte dessa reorganização, e especialmente a rejeição das vibrações antigas e fortes da personalidade, só pode efetuar-se se o impulso dos motivos anteriores, mentais, vitais e físicos exaurir-se após a morte, e essa liberação entre nascimentos ou essa mitigação dos obstáculos deve cumprir-se nos planos próprios aos motivos que devem ser rejeitados ou, de certo modo, manejados, visto que esses planos são da mesma natureza; de fato, é só aí que a alma pode continuar as atividades que devem ser exauridas e rejeitadas da consciência, para que possa passar a uma nova formação. É provável também que a preparação positiva, essa integração, seja feita e o caráter da nova vida seja decidido pela própria alma quando retorna ao seu *habitat* nativo, um plano de repouso psíquico onde ela reabsorveria tudo em si mesma e esperaria seu novo estágio na evolução. Isso significaria que a alma atravessaria sucessivamente os mundos físico-sutil, vital e mental até a morada psíquica, de onde retornaria à sua peregrinação terrestre. A reunião e o desenvolvimento terrestre dos materiais assim preparados, sua elaboração na vida terrestre, seria a consequência dessa estadia entre nascimentos, e o novo nascimento seria um campo da atividade resultante, uma nova fase ou curva espiralada, na evolução individual do espírito encarnado.

Pois quando dizemos que a alma na Terra faz evoluir em sucessão o ser físico, o ser vital, o ser mental, o ser espiritual, não queremos afirmar que os cria e que eles não existiam previamente. Ao contrário, o que ela faz é manifestar esses princípios de sua entidade espiritual sob condições impostas por um mundo da Natureza física; essa manifestação toma a forma de uma estrutura de personalidade frontal que é uma tradução do self interior nos termos e possibilidades da existência física. De fato, devemos aceitar a antiga ideia de que o ser humano tem dentro de si não apenas a alma física ou Purusha, com a natureza que lhe é apropriada, mas um ser vital, um ser mental, um ser psíquico, um ser supramental, um ser espiritual supremo;[2] e sua presença e força, em sua totalidade ou sua grandeza, estão escondidas no subliminar do homem ou latentes e não formuladas em suas partes supraconscientes. Ele deve trazer seus poderes para a frente de sua consciência ativa e despertar para

---

2. *Taittiriya Upanishad.*

eles em seu conhecimento. Mas cada um desses poderes de seu ser está em relação com seu próprio plano de existência, e todos têm aí suas raízes. É por meio deles que o ser recorre de maneira subliminar às influências superiores que o modelam, recurso que pode tornar-se mais e mais consciente à medida que nos desenvolvemos. É lógico então que essa estadia entre nascimentos, necessária pela própria natureza de nosso nascimento aqui, por seu objetivo e seu processo evolutivos, dependa do desenvolvimento de seus poderes em nossa evolução consciente. As circunstâncias e os estágios dessa estadia são necessariamente complexos e não de caráter incisivo e grosseiramente simplista como as religiões populares imaginam; mas isso pode ser aceito em si, como uma consequência inevitável da própria origem e natureza da vida e da alma no corpo. Tudo é uma tela tecida estreitamente, uma evolução e interação cujos elos foram forjados por uma Consciência-Força que segue a verdade de seus próprios motivos, conforme uma lógica dinâmica dessas operações finitas do Infinito.

Se essa visão do renascimento e da passagem temporária da alma a outros planos da existência for correta, o renascimento e o pós-vida assumem, ambos, um significado e uma coloração diferentes daqueles que lhes dá a crença ancestral na reencarnação e estadia, após a morte, em mundos do além. Em geral, supõe-se que a reencarnação tenha dois aspectos, um metafísico e outro moral: um, o aspecto de necessidade espiritual; o outro, o aspecto de justiça cósmica e disciplina ética. Supõe-se que a alma — nessa visão ou para esse propósito, tenha uma existência individual real — está na terra como um resultado do desejo e da ignorância; deve permanecer na Terra ou aí retornar sempre, enquanto não se cansar do desejo e despertar para a realidade de sua ignorância e para o verdadeiro conhecimento. Esse desejo a obriga a retornar sempre a um novo corpo; ela deve seguir sempre o girar da roda do nascimento até que seja iluminada e liberada. No entanto, a alma não permanece sempre na terra, mas alterna entre a terra e outros mundos, celestiais e infernais, onde esgota o que acumulou de mérito ou demérito segundo seu comportamento pecador ou virtuoso, e então retorna à terra em um corpo terrestre qualquer, algumas vezes humano, algumas vezes animal, algumas vezes mesmo vegetal. A natureza dessa nova encarnação e sua sorte são determinadas de modo automático pelas ações passadas da alma, Karma; se a soma das ações passadas for boa, o nascimento se passa em formas superiores, a vida será feliz, cheia de sucessos, inexplicavelmente fortunada; se for ruim, conseguiremos talvez alojar-nos em uma forma inferior da Natureza ou então a vida, se for uma vida humana, será infeliz, sem sucesso, cheia de sofrimentos e infortúnios. Se nossas ações passadas e nosso caráter foram misturados, então a Natureza, como um bom contador, nos dará, conforme o montante e os valores de nossa conduta passada, um pagamento justo onde misturam-se felicidade e sofrimento, sucessos e derrotas, a fortuna mais rara e as piores adversidades. Ao mesmo tempo, uma forte vontade ou um poderoso desejo pessoal na vida passada pode também determinar nosso novo avatar. Muitas vezes um aspecto matemático é atribuído a esses pagamentos da Natureza, pois presume-se que incorremos em uma penalidade precisa pelos nossos malfeitos, sofremos ou replicamos com o equivalente àquilo que infligimos ou que cometemos; a lei inexorável de "dente por dente" é um frequente princípio da Lei Kármica: pois essa Lei é um aritmético com seu ábaco e um juiz com seu código de penalidades para crimes e contravenções cometidos em um passado distante. Deve-se notar que nesse sistema há uma punição dupla para o pecado e uma recompensa dupla para a virtude; pois o pecador é primeiro torturado no inferno e depois punido pelos mesmos pecados em uma outra vida aqui, e o justo ou o puritano são premiados com alegrias celestiais e depois mimados pelas mesmas virtudes e boas ações em uma nova existência terrestre.

Essas são noções populares muito sumárias, que não oferecem ponto de apoio para a razão filosófica nem resposta a uma busca pelo sentido verdadeiro da vida. Um vasto sistema universal que existiria apenas como uma conveniência para permitir-nos girar perpetuamente na roda da Ignorância, sem nenhuma saída senão, no final, a possibilidade de abandoná-lo, não é um mundo que tenha razão de existir. Um mundo que serve apenas como uma escola de pecado e virtude e consiste em um sistema de recompensas e castigos não é um apelo melhor para nossa inteligência. Se a alma, ou o espírito em nós, for divina, imortal ou celestial, não pode ser enviada aqui apenas para ir à escola receber esse tipo de educação moral crua e primitiva; se entra na Ignorância deve ser porque haverá algum princípio, ou possibilidade mais vasta de seu ser, que deverá cumprir-se por meio da Ignorância. Se, por outro lado, a alma for um ser que vem do Infinito, que por algum propósito cósmico mergulhou na obscuridade da Matéria e elevou-se ao conhecimento interior de seu *self*, então sua vida aqui, e o significado dessa vida, deve ser algo mais do que a vida de uma criancinha que é acariciada e açoitada para que a virtude lhe seja inculcada; esse deve ser um crescimento a partir de uma ignorância assumida em direção à sua estatura espiritual plena, com uma passagem final na consciência, conhecimento, força, beleza imortais, na pureza e poder divinos; para um tal crescimento espiritual, essa lei do Karma é, na verdade, muito pueril. Mesmo se a alma for algo que foi criado, uma criancinha que deve aprender com a Natureza e crescer para a imortalidade, isso deve ser por uma lei de crescimento maior e não por algum código divino de uma justiça bárbara e primitiva. Essa ideia de Karma é uma construção da mente vital humana no que tem de mais estreito, uma mente preocupada com suas regras de vida insignificantes e com seus desejos, alegrias e sofrimentos e faz de seus critérios fúteis a lei e o objetivo do cosmos. Essas noções não podem ser aceitáveis à mente pensante; são, de modo muito evidente, a marca de uma construção modelada por nossa ignorância humana.

Mas a mesma solução pode ser elevada a um nível mais alto da razão, tornar-se possível e tomar o aspecto de um princípio cósmico. De fato, primeiro ela deveria basear-se no princípio inatacável de que todas as energias na Natureza devem ter sua consequência natural; se algumas não tiverem resultado visível na vida presente, é bem possível que o resultado esteja apenas atrasado, e não retido para sempre. Cada ser recolhe o fruto de suas obras e de seus atos, as consequências da ação projetada pelas energias de sua natureza, e aquelas que não forem aparentes em seu nascimento atual devem ser conservadas para uma existência subsequente. É verdade que o resultado das energias e ações do indivíduo podem acumular-se, não para ele mesmo, mas para outros quando ele se for; isso vemos ocorrer constantemente — acontece mesmo que, durante o período de vida de um ser humano, os frutos de suas energias sejam recolhidos por outros; mas isso é porque há uma solidariedade e continuidade da vida na Natureza, e o indivíduo, mesmo querendo, não pode viver apenas para si mesmo. Mas se houver uma continuidade da vida individual devido ao renascimento e não só uma continuidade da vida coletiva e da vida cósmica, se o indivíduo tiver um self, uma natureza e uma experiência que estejam sempre em desenvolvimento, então é inevitável que para ele também a ação de suas energias não seja interrompida bruscamente, mas tenha suas consequências em algum momento de sua existência contínua e crescente. O ser do homem, sua natureza, as circunstâncias de sua vida, são o resultado de suas atividades internas e externas, não algo de fortuito e inexplicável: ele é o que fez de si mesmo; o homem do passado é o pai do homem que é agora, o homem presente é o pai do homem que será. Cada ser recolhe o que semeia; beneficia-se do que faz, sofre pelo que faz. Essa é a lei e a cadeia do Karma, da Ação, do trabalho da Energia da Natureza, e dá um significado ao curso completo de nossa existência, de nossa natureza, de nosso caráter, de nossa ação, que está ausente de outras teorias da vida. Segundo esse princípio, é evidente que o Karma presente e passado de um homem deve determinar seu futuro nascimento, seus eventos e circunstâncias, pois estes também devem ser o fruto de suas energias: tudo o que foi e fez no passado criou tudo o que ele é agora e experiencia em seu presente, tudo o que é e faz no presente deve ser o criador do que ele será e experienciará no futuro. O homem é seu próprio criador, é o criador também de seu destino. Até aqui, tudo isso é perfeitamente racional e irrepreensível e a lei do Karma pode ser aceita como um fato, como parte do mecanismo cósmico, pois é tão evidente — uma vez que o renascimento tenha sido admitido — que é praticamente indiscutível.

Contudo, há nessa primeira proposição duas cláusulas que são menos gerais e autênticas e introduzem uma nota de dúvida, pois embora possam ser em parte verdadeiras, são exageradas e criam uma perspectiva falsa, porque são apresentadas como todo o sentido de Karma. Conforme a primeira cláusula, tal como for a natureza das energias, assim deverá ser a natureza dos resultados: o bem deve trazer bons resultados, o mal deve trazer maus resultados. A segunda cláusula é que a palavra mestra de Karma é justiça e, em consequência, o fruto das boas ações deve ser felicidade e boa fortuna, e o fruto das más ações deve ser aflição, infelicidade e má sorte. Visto que deve haver uma justiça cósmica que observa e, em certa medida, controla as operações imediatas e visíveis da Natureza na vida, mas não é visível para nós nos fatos da vida como os vemos, essa justiça deve estar presente e evidente na totalidade de seu jogo invisível; deve ser o fio secreto, sutil e apenas visível, mas forte e firme, que mantém juntos os detalhes, que de outra maneira seriam incoerentes, de suas relações com suas criaturas. Se perguntarmos por que só as ações, boas ou más, devem ter um resultado, deveremos admitir que pensamentos, sentimentos, ações boas ou más, todos têm seus resultados correspondentes, mas visto que a ação é a maior parte da vida e põe à prova os valores existenciais do homem e expressam seu poder, e visto também que o homem não é sempre responsável pelos seus pensamentos e sentimentos — que são com frequência involuntários —, mas é ou deve ser considerado responsável pelo que faz porque isso está sujeito à sua escolha, é sobretudo por suas ações que o homem constrói seu destino; elas são os principais ou os mais poderosos determinantes de seu ser e do seu futuro. Essa é toda a lei do Karma.

Porém, é necessário primeiro observar que uma lei ou cadeia de Karma é apenas um mecanismo externo e não pode ser elevado a uma posição superior, a de determinante única e absoluta das obras da vida do cosmos, a menos que o cosmos seja ele mesmo inteiramente mecânico em seu caráter. De fato, muitos sustentam que tudo é Lei e Processo e que não há Ser consciente nem Vontade consciente no cosmos ou por trás do cosmos; se for assim, aí está uma Lei e um Processo que satisfazem nossa razão humana e nossas normas de direito e justiça, e isso tem a beleza e a verdade de uma perfeita simetria e um funcionamento de precisão matemática. Mas tudo não é Lei e Processo, há também um Ser e uma Consciência; há não apenas um mecanismo, mas um Espírito nas coisas, não apenas a Natureza e Lei do cosmos, mas um Espírito cósmico, não apenas um processo de mente, vida e corpo, mas uma alma na criatura natural. Se não fosse assim, não poderia haver o renascimento de uma alma nem um campo para uma lei do Karma. Mas se a verdade fundamental de nosso ser for espiritual e não mecânica, devemos ser, nós mesmos, nossa alma, que fundamentalmente determinará sua própria evolução, e a lei do Karma só poderá ser um dos processos que ela usa para esse propósito: nosso espírito, nosso Self, deve ser maior do que seu Karma. Há a lei, mas há também a liberdade espiritual. Lei e Processo são um aspecto de nossa existência e reinam em nossa mente, vida e corpo exteriores, pois estes estão quase inteiramente sujeitos ao mecanismo da Natureza. Mas mesmo aí seu poder mecânico só é absoluto sobre o corpo e a matéria; pois a lei torna-se mais complexa e menos rígida, o processo mais plástico e menos mecânico quando acontece o fenômeno da vida, e isso se acentua ainda mais quando a mente intervém com sua sutileza; uma liberdade interior começa já a intervir, e quanto mais formos dentro, mais poderemos sentir o poder de escolha da alma: pois a Prakriti é o campo da lei do processo, mas a alma, o Purusha, é aquele que dá a sanção, *anumantā*, e mesmo se em geral escolhe permanecer como testemunha e concede uma sanção automática, ele pode ser, se quiser, o mestre de sua natureza, Ishwara.

Não é concebível que o espírito interior seja um autômato em mãos do Karma, um escravo nesta vida de suas ações passadas; a verdade deve ser menos rígida e mais plástica. Se certo número de resultados do Karma passado é formulado na vida presente, deve ser com o consentimento do ser psíquico, que preside sobre a nova formação de sua experiência terrestre e consente não meramente em um processo externo compulsório, mas em uma Vontade e uma Direção secretas. Essa Vontade secreta não é mecânica, mas espiritual; a direção vem de uma Inteligência que pode usar processos mecânicos, porém não lhes é submissa. O que a alma busca quando nasce em um corpo é autoexpressão e experiência; tudo o que é necessário para a autoexpressão e a experiência dessa vida, quer isso intervenha como resultado automático de vidas passadas, quer seja uma livre seleção de resultados e uma continuidade, quer seja como um novo desenvolvimento, tudo o que for uma maneira de criar o futuro será formulado. Pois o princípio não é que o mecanismo de uma Lei funcione, mas que a natureza se desenvolva por meio da experiência cósmica até que possa, no final, sair da Ignorância. Deve haver aí, portanto, dois elementos, Karma como um instrumento, mas também a Consciência e a Vontade secretas dentro, que mediante a mente, vida e corpo, utilizam esse instrumento. O destino, seja puramente mecânico, seja criado por nós mesmos — uma cadeia de nossa própria fabricação —, é apenas um fator da existência; o Ser, sua consciência e sua vontade são um fator ainda mais importante. A astrologia indiana, que considera todas as circunstâncias da vida como Karma, largamente predeterminadas ou indicadas no diagrama das estrelas, aceita todavia que a energia e a força do ser possam mudar ou anular uma parte, ou muito, mesmo a totalidade, do que assim está escrito, com exceção das ligações mais imperativas e poderosas do Karma. Isso é uma explicação razoável do equilíbrio, mas há algo a ser acrescentado ao cálculo: o fato de que o destino não é simples, mas complexo; o destino que amarra nosso ser físico amarra-o enquanto uma lei superior não intervém, ou só nessa medida. A ação pertence à parte física em nós, é o resultado físico de nosso ser; mas por trás de nossa superfície há um poder da vida e um poder da mente, mais livres, que têm uma outra energia e podem criar um outro destino e trazê-lo para modificar o plano original, e quando a alma e o self emergem, quando nos tornamos conscientemente seres espirituais, essa mudança pode cancelar ou remodelar por inteiro o gráfico de nosso destino físico. Não podemos então aceitar que o Karma — ou ao menos alguma lei mecânica do Karma — seja o único determinante das circunstâncias de todo o mecanismo do renascimento e de nossa futura evolução.

Mas isso não é tudo, pois a exposição da Lei erra por excesso de simplificação e pela escolha arbitrária de um princípio limitado. A ação é um resultado da energia do ser, mas essa energia não é de um único tipo; a consciência-força do espírito manifesta-se em muitos tipos de energia: há as atividades interiores da mente, as atividades da vida, do desejo, da paixão, dos impulsos, do caráter, dos sentidos e do corpo, a busca da verdade e conhecimento, da beleza, do bem e do mal no plano da ética, de poder, amor, alegria, felicidade, sorte, sucesso, prazer, satisfações vitais de todo tipo, de ampliação da vida, uma busca de objetivos individuais ou coletivos, da saúde, força, capacidade, satisfação do corpo. Tudo isso constitui uma soma extremamente complexa da experiência multiforme e da ação múltipla do espírito na vida, e essa variedade não pode ser posta de lado em favor de um princípio único, nem forjada em muitos segmentos de uma dualidade única da ética de bem e mal; a ética, a conservação das normas humanas da moralidade, não pode então ser a única preocupação da Lei cósmica ou o único princípio de determinação da ação do Karma. Se é verdade que a natureza da energia projetada deve determinar a natureza do resultado ou da finalidade, todas essas diferenças na natureza da energia devem ser tomadas em consideração e cada uma deve ter suas consequências próprias. Uma energia voltada para a busca da verdade e do conhecimento deve ter como seu resultado natural — seu prêmio ou recompensa, podemos dizer — um crescimento na verdade, um aumento em conhecimento; uma energia ao serviço da falsidade resultaria em um aumento de falsidade na natureza e uma imersão mais profunda na Ignorância. Uma energia voltada para a busca da beleza teria como resultado um maior sentido da beleza, uma satisfação na beleza ou, se essa for sua orientação, na beleza e harmonia da vida e da natureza. Uma busca de saúde, força e capacidades físicas criaria o homem forte ou o atleta de sucesso. Uma energia dirigida à busca do bem ético deveria ter como resultado, recompensa ou retribuição um aumento em virtude, a felicidade do progresso em princípios éticos ou a felicidade, o equilíbrio ensolarado e a pureza radiosa de uma bondade simples e natural, enquanto as energias opostas seriam punidas por um mergulho mais profundo no mal, uma maior desarmonia e deturpação da natureza e, em caso de excesso, uma grande perdição espiritual, *mahatī vinashṭiḥ*. Uma energia projetada para adquirir poder ou para outras finalidades vitais deveria levar a um aumento da capacidade de obter esses resultados e atingir esses fins ou ao desenvolvimento de uma força e uma plenitude vitais. Esta é a disposição habitual das coisas na Natureza, e se exigirmos dela a justiça, é seguramente justo que a energia e a capacidade expressas recebam dela uma resposta específica e apropriada. Ela dá ao mais rápido o troféu da corrida, ao corajoso, forte e hábil, a vitória na batalha, ao intelecto capaz e ao buscador fervoroso, os prêmios do conhecimento; essas coisas ela não dará ao homem bom que é preguiçoso ou fraco ou sem habilidade ou estúpido, meramente porque é virtuoso ou respeitável; se ele cobiçar esses outros poderes da vida, deve qualificar-se para eles e expressar o justo tipo de energia. Se a Natureza agisse de outro modo, poderia muito bem ser acusada de injustiça; não há razão para acusá-la de injustiça por esse arranjo perfeitamente justo e normal e pedir-lhe uma retificação do equilíbrio em uma vida futura, a fim de que possa ser dado ao homem bom, como um prêmio natural pela sua virtude, um posto importante ou uma grande conta bancária ou uma vida feliz, fácil e bem estabelecida. Este não pode ser o significado do renascimento ou uma base suficiente para uma lei cósmica do Karma.

Na verdade, há em nossa vida um elemento muito grande do que chamamos sorte ou fortuna, que nos priva do resultado de nossos esforços ou dá o prêmio a quem não fez nenhum esforço ou a uma energia inferior: a causa secreta desses caprichos do Destino — ou causas, pois as origens da Fortuna podem ser múltiplas — em parte devem ser buscadas, sem dúvida, em nosso passado escondido; mas é difícil aceitar a solução simplista de que a boa fortuna é a recompensa de uma ação virtuosa esquecida, realizada em uma vida passada, e a má sorte é a recompensa de um pecado ou um crime. Se vemos o homem virtuoso sofrendo aqui, é difícil acreditar que esse modelo de virtude tenha sido um canalha em sua vida precedente e está pagando, mesmo depois de uma conversão exemplar graças a um novo nascimento, por pecados que então cometeu; e se o malvado triunfa, é igualmente difícil supor que em sua vida precedente ele foi um santo que de repente tomou a direção errada, mas continua a receber os lucros por sua antiga virtude. Uma mudança tão total de uma vida à outra é possível, embora não deva ser muito frequente, mas sobrecarregar a nova personalidade oposta com os prêmios ou as punições da velha parece ser um procedimento sem propósito e puramente mecânico. Essa dificuldade e muitas outras surgem, e a lógica sumária da correlação não é tão forte quanto parece ser; a ideia de uma retribuição cármica como uma compensação pela injustiça da vida e da Natureza é uma base frágil para essa teoria, pois enfatiza uma norma e um sentimento humanos superficiais e frívolos para explicar o sentido da Lei cósmica, e baseia-se em um raciocínio incorreto; deve haver uma outra base mais sólida para a lei do Karma.

Aqui, como acontece com frequência, o erro vem do fato de que impomos uma norma criada pela nossa mente humana ao caminho mais vasto, livre e abrangente da Inteligência cósmica. Na ação atribuída à lei do Karma, dois valores são selecionados em meio a todos aqueles criados pela Natureza: o bem e o mal moral, pecado e virtude; o bem e o mal físico-vital, felicidade e sofrimento exteriores, boa fortuna e infortúnio exteriores, e supõe-se que deva haver uma equação entre eles, que um deve ser a recompensa ou a punição do outro, a sanção final que é dada na justiça secreta da Natureza. Essa classificação é, evidentemente, feita do ponto de vista de um desejo físico-vital que é comum a certas partes de nosso ser: visto que felicidade e boa fortuna são o que a parte inferior de nosso ser vital mais deseja, e infelicidade e sofrimento o que mais detesta e teme, ela concorda — quando aceita a exigência moral que lhe é imposta para reprimir suas tendências, abster-se de fazer o mal e esforçar-se para fazer o bem — em fechar um negócio, em erigir uma Lei cósmica que a compensará pela sua fatigante autorrestrição e a ajudará, por medo do castigo, a não se desviar do difícil caminho da abnegação. Mas o ser verdadeiramente ético não necessita um sistema de recompensas e punições para seguir o caminho do bem e evitar o caminho do mal; para ele a virtude é sua própria recompensa, o pecado carrega consigo sua própria punição no sofrimento que há em apartar-se da lei de sua própria natureza: essa é a verdadeira norma ética. Ao contrário, um sistema de recompensas e punições degrada de imediato os valores éticos do bem, transforma a virtude em egoísmo, em uma transação comercial e interesseira e substitui o motivo justo para abster-se do mal por um motivo mais baixo. Os seres humanos fizeram da regra de recompensa e punição uma necessidade social, a fim de impedir que sejam cometidas coisas nocivas à comunidade e encorajar o que lhe é benéfico; mas fazer desse subterfúgio humano uma lei geral da Natureza cósmica ou a suprema lei da existência é um processo de valor duvidoso. É humano, mas também pueril, impor as normas insuficientes e estreitas de nossa própria Ignorância às ações mais vastas e mais complexas da Natureza cósmica ou à ação da Sabedoria e do Bem supremos, que nos atraem ou elevam até eles por um poder espiritual que age lentamente em nós graças a nosso ser interior e não por uma lei de tentação e coerção imposta à nossa natureza vital exterior. Se a alma prossegue em uma evolução e passa por uma experiência multifacetada e complexa, então toda lei do Karma, ou do retorno à ação e projeção de Energia, para ajustar-se a essa experiência deve também ser complexa e não pode ter uma textura simples e exígua, ou efeitos rígidos e unilaterais.

Ao mesmo tempo, uma verdade parcial do fato, não do princípio fundamental ou geral, pode ser reconhecida nessa doutrina, pois embora as linhas de ação da energia sejam distintas e independentes, podem atuar juntas e umas sobre as outras, embora sem seguir nenhuma lei de correspondência rigidamente estabelecida. É possível que, no método total de retribuição usado pela Natureza, certa conexão intervenha, ou melhor, certa interação entre o bem e o mal vitais-físicos e o bem e o mal éticos, uma correspondência limitada, um ponto de encontro entre dualidades divergentes sem alcançar uma coerência indivisível. Nossas próprias energias, desejos e movimentos variam e misturam-se em suas obras e podem ter resultados misturados: nossa parte vital exige recompensas externas substanciais pela virtude, pelo conhecimento, para cada esforço intelectual, estético, moral ou físico; ela acredita firmemente que o pecado, e mesmo a ignorância, devem ser punidos. Isso pode muito bem criar uma ação cósmica correspondente ou então responder a ela, pois a Natureza nos toma como somos e, em certa medida, adapta seus movimentos às nossas necessidades ou ao que nós exigimos dela. Se admitirmos que Forças invisíveis agem sobre nós, pode também haver na Natureza da Vida Forças invisíveis que pertençam ao mesmo plano da Consciência-Força dessa parte de nosso ser, Forças que se movem conforme o mesmo plano ou o mesmo poder propulsor de nossa natureza vital inferior. Observa-se com frequência que um egoísmo vital arrogante, quando atropela sem controle ou escrúpulo tudo o que, em seu caminho, se opõe à sua vontade ou ao seu desejo, desperta uma massa de reações contra si mesmo, reações de ódio, antagonismo, um mal-estar em pessoas que pode ter seus resultados agora ou mais tarde, e reações adversas ainda mais formidáveis na Natureza universal. Dir-se-ia que a paciência da Natureza, sua boa vontade em deixar-se usar, fossem exauridas; as próprias forças, que o ego do homem dotado de um forte vital havia se apropriado e ajustado para seus propósitos, rebelam-se e voltam-se contra ele, aquelas que atropelou erguem-se e recebem o poder para abatê-lo: a força vital insolente do Homem golpeia o trono da Necessidade e é despedaçada, ou o pé claudicante da Punição atinge enfim o ofensor triunfante. Essa reação ao movimento de suas energias pode acontecer em outra vida e não de imediato, e talvez ele terá que suportar o peso de tais consequências no seu retorno ao campo dessas Forças; isso pode acontecer em pequena ou grande escala, e tanto para o ser vital pequeno e seus pequenos erros quanto para casos mais amplos. Pois o princípio será o mesmo; o ser mental em nós busca o sucesso usando mal a força que a Natureza aceita, mas contra a qual se revolta no final, e ele recebe a paga contrária, em forma de derrota, sofrimento e fracasso. Mas promover essa sequência menor de causas e efeitos ao *status* de Lei absoluta e invariável ou fazer dela toda a norma de ação de um Ser supremo não é aceitável; essas coisas pertencem a uma região intermediária entre a Verdade mais profunda ou suprema das coisas e a imparcialidade da Natureza material.

Em todo caso, as reações da Natureza não significam, em essência, uma recompensa ou uma punição; esse não é seu valor fundamental — que é mais um valor inerente às relações naturais e, na medida em que afeta a evolução espiritual, é um valor extraído das lições da experiência durante o treino cósmico da alma. Se tocarmos no fogo, ele queimará, mas não há nenhum princípio de punição nessa relação de causa e efeito, é uma lição de experiência; do mesmo modo, em todas as maneiras da Natureza em lidar conosco, há uma relação entre as coisas e a lição correspondente que a experiência traz. A ação da Energia cósmica é complexa e as mesmas Forças podem agir de diferentes maneiras segundo as circunstâncias, a necessidade do ser, a intenção do Poder Cósmico em sua ação; nossa vida é influenciada não só por suas próprias energias, mas pela energia de outros e pelas Forças universais, e os resultados de toda essa vasta reciprocidade não podem ser determinados por um único fator, uma lei moral que governa tudo e está preocupada exclusivamente com os méritos e deméritos, os pecados e as virtudes de seres humanos individuais. Tampouco podemos considerar que a fortuna boa ou má, o prazer e a dor, a felicidade, o infortúnio e a infelicidade existam meramente como estímulos para o ser natural escolher o bem e dissuadi-lo de escolher o mal. É para experienciar, para o crescimento do ser individual que a alma escolhe renascer; alegria e pesar, dor e sofrimento, fortuna e má sorte são parte dessa experiência, meios desse crescimento: a alma pode, mesmo espontaneamente, aceitar ou escolher pobreza, infortúnio e sofrimento como ajudas para seu crescimento, estimulantes para um desenvolvimento rápido, e rejeitar riquezas, prosperidade e sucesso como perigosos, porque conduzem ao relaxamento de seu esforço espiritual. A felicidade e o sucesso que traz a felicidade são, sem dúvida, exigências legítimas da humanidade; é uma tentativa da vida e da matéria de captar um pálido reflexo ou uma imagem grosseira da felicidade: mas uma felicidade superficial e um sucesso material, por mais desejáveis que sejam para nossa natureza vital, não são o objetivo principal de nossa existência; se esta tivesse sido a intenção, a vida teria sido arranjada de maneira diferente na ordem cósmica das coisas. Todo o segredo das circunstâncias do renascimento centra-se em torno da única necessidade capital da alma: a necessidade de crescer, a necessidade de experiência; isso governa a linha de sua evolução, e todo o resto é acessório. A existência cósmica não é um vasto sistema administrativo da justiça universal com uma Lei cósmica de recompensa e punição como mecanismo, ou um Legislador e Juiz divino como centro. Ela nos aparece primeiro como um grande movimento automático da energia da Natureza, onde emerge e desenvolve-se um movimento de consciência, um movimento, portanto, do Espírito elaborando seu próprio ser na moção de energia da Natureza. Nessa moção acontece o ciclo do renascimento, e nesse ciclo a alma, o ser psíquico, prepara para si mesma — ou a Sabedoria Divina, a Consciência-Força cósmica prepara para a alma e por meio de sua ação — tudo o que for necessário para a próxima etapa de sua evolução, a próxima formação da personalidade, o futuro vínculo de experiências necessárias que fornecerá e organizará constantemente o fluxo contínuo das energias passadas, presentes e futuras para cada novo nascimento, cada novo passo do espírito, para trás ou para a frente ou, então, ainda em círculo, mas sempre um passo no crescimento do ser em direção a seu destino: a expansão de seu self na Natureza.

Isso nos conduz a um outro elemento no conceito normal de renascimento que não é aceitável, pois é um erro óbvio da mente física: a ideia de que a própria alma é uma personalidade limitada que sobrevive sem mudar de um nascimento a outro. Essa ideia tão simplista e superficial da alma e da personalidade nasce da incapacidade da mente física de ver além de sua própria formação aparente nessa única existência. Em sua concepção, o que retorna na reencarnação deve ser não apenas o mesmo ser espiritual, a mesma entidade psíquica, mas a mesma formação da natureza que habitou o corpo no nascimento precedente; o corpo muda, as circunstâncias são diferentes, mas a forma do ser, mente, caráter, disposição, temperamento, tendências são os mesmos: João da Silva em sua nova vida é o mesmo João da Silva que foi em seu último avatar. Mas se isso fosse assim, não haveria, absolutamente, utilidade espiritual ou significado algum no renascimento, pois seria a repetição da mesma personalidade pequena, da mesma formação mental e vital até o fim dos tempos. Para que o ser encarnado possa crescer e atingir a estatura completa de sua realidade, não apenas uma nova experiência, mas também uma nova personalidade são indispensáveis; repetir a mesma personalidade só seria útil se algo ficasse incompleto na formação de sua experiência e necessitasse ser elaborado no mesmo quadro do self, na mesma construção da mente e com a capacidade de energia construída do mesmo modo. Mas em geral isso seria completamente supérfluo: a alma que foi João da Silva não pode ganhar nada, nem cumprir-se, se permanecer João da Silva para sempre; não pode crescer ou atingir sua perfeição se repetir para sempre o mesmo caráter, os mesmos interesses e ocupações, os mesmos tipos de movimentos interiores e exteriores. Nossa vida e nosso renascimento seriam sempre a mesma dízima periódica; isso não seria uma evolução, mas a continuação sem sentido de uma eterna repetição. Nosso apego à nossa personalidade atual pede uma tal continuidade, uma tal repetição; João da Silva quer ser João da Silva para sempre; mas a exigência é obviamente ignorante e, se fosse satisfeita, seria uma frustração, não uma realização. É só por uma mudança de self exterior, uma constante progressão da natureza, um crescimento no espírito, que poderemos justificar nossa existência.

A personalidade é apenas uma formação mental, vital, física temporária que o ser, a Pessoa real, a entidade psíquica, projeta na superfície — não é o self em sua realidade permanente. A cada retorno à terra, a Pessoa, o Purusha, faz uma formação nova, constrói um *quantum* pessoal novo adaptado a uma experiência nova, a um novo crescimento de seu ser. Quando deixa seu corpo, ela mantém ainda a mesma forma vital e a mesma forma mental por algum tempo, mas as formas ou os invólucros dissolvem-se e o que se mantêm são apenas os elementos essenciais do *quantum* passado, dos quais alguns serão utilizados na próxima encarnação, enquanto outros talvez não sejam. A forma essencial da personalidade passada pode permanecer como um elemento entre muitos, uma personalidade entre diversas personalidades da mesma Pessoa, mas por trás, no subliminar, atrás do véu da mente, da vida e do corpo de superfície, e de lá contribuir com tudo o que, dela mesma, é necessário para a nova formação; mas ela não será a formação interior nem reconstruirá outra vez, inalterado, o antigo tipo de natureza. Pode ser mesmo que o novo *quantum* ou estrutura do ser apresentará um caráter e um temperamento completamente opostos, outras capacidades, outras tendências, muito diferentes, pois potenciais latentes podem estar prontos para emergir, ou algo já em ação, mas embrionário, pode ter sido retido na vida precedente, algo que necessitava ser elaborado, mas foi conservado à espera de uma combinação ulterior e mais conveniente, das possibilidades da natureza. Na verdade, todo o passado está aí, com a aceleração de seu ímpeto e potencialidades para a formação futura, mas não é todo inteiro presente e ativo ostensivamente. Quanto maior a variedade de formações que existiram no passado e possam ser utilizadas, quanto mais ricas e multiformes as construções acumuladas da experiência, mais o resultado essencial de sua capacidade de conhecimento, poder, ação, caráter, de resposta múltipla ao universo pode ser manifestado e harmonizado no novo nascimento; quanto mais numerosas as personalidades veladas, mentais, vitais, físico-sutis que se combinam para enriquecer a nova personalidade na superfície, maior e mais opulenta será essa personalidade, mais perto estará da possível transição para deixar o estágio mental que completou em sua evolução, e passar a algo além dele. Uma tal complexidade e reunião de tantas personalidades em uma pessoa pode ser sinal de um estágio muito avançado da evolução do indivíduo, quando há um forte ser central que mantém tudo unido e age para a harmonização e a integração de todo esse movimento multiforme da natureza. Mas essa opulenta integração do passado não seria a repetição da personalidade; seria uma nova formação e uma vasta consecução. O renascimento existe não como um mecanismo de renovação ou de prolongamento perpétuos de uma personalidade imutável, mas como um meio para a evolução do ser espiritual na Natureza.

Torna-se logo evidente que, nesse plano do renascimento, a falsa importância que nossa mente vincula à memória de vidas passadas desaparece por completo. Se, de fato, o renascimento fosse governado por um sistema de recompensas e punições, se toda a intenção da vida fosse ensinar ao espírito encarnado a ser bom e moral — supondo que seja essa a intenção nas disposições do Karma e este não seja o que parece ser quando é apresentado assim, como uma lei mecânica de recompensa e punição sem nenhum sentido nem objetivo reformador — então há, evidentemente, uma grande estupidez e injustiça em negar à mente, em sua nova encarnação, toda a memória de seus nascimentos e ações passados. Pois o ser que renasce é privado de toda possibilidade de entender por que é recompensado ou punido, ou de receber algum benefício da lição sobre a vantagem concedida à virtude e a falta de vantagens em consequência do pecado. E ainda, visto que muitas vezes a vida parece lhe ensinar a lição contrária — ele vê os bons sofrerem por serem bons e os maus prosperarem mediante sua maldade —, ele é mais propenso a considerar esse sentido como injusto, porque não tem a lembrança de experiências cujos resultados seguros e constantes lhe mostrassem que o sofrimento do homem bom é devido à sua maldade passada e a prosperidade do pecador é devida ao esplendor de suas virtudes passadas, de modo que a virtude pareça ser a melhor política a longo termo para toda alma razoável e prudente que entra nessa distribuição da Natureza. Poder-se-ia dizer que o ser psíquico dentro recorda-se; mas uma memória tão secreta teria aparentemente pouco efeito ou valor na superfície. Ou poder-se-ia dizer que ele compreende o que aconteceu e aprendeu sua lição quando revê e assimila suas experiências, após ter deixado o corpo: mas essa memória intermitente não parece ser de muita ajuda no nascimento seguinte, pois a maioria de nós persiste no pecado e no erro e nenhum sinal tangível mostra que tenhamos nos aproveitado dos ensinamentos de nossa experiência passada.

Porém, se um desenvolvimento constante do ser devido a uma experiência cósmica que se desenvolve é o sentido do renascimento, e a construção de uma nova personalidade em um novo nascimento é o método, então toda lembrança persistente ou completa da vida passada ou de vidas passadas deveria ser uma amarra e um obstáculo sério: esta seria uma força que prolongaria o temperamento e o caráter antigos, as preocupações antigas, e um tremendo fardo, que entravaria o desenvolvimento livre da nova personalidade e sua formulação da nova experiência. Uma recordação clara e detalhada de amores, ódios, rancores, apegos e conexões do passado seria igualmente uma inconveniência prodigiosa, pois ligaria o ser reencarnado a uma repetição inútil ou continuação compulsória de seu passado superficial e pesaria muito sobre ele, impedindo-o de trazer para fora novas possibilidades das profundezas de seu espírito. Se, de fato, um aprendizado mental das coisas fosse o fundo do problema, se este fosse o processo de nosso desenvolvimento, a memória teria uma importância maior: mas trata-se de um crescimento da personalidade da alma, um crescimento da natureza por uma assimilação na substância de nosso ser, por uma absorção criativa e efetiva dos resultados essenciais das energias passadas; nesse processo, a memória consciente não tem importância. Assim como a árvore cresce por uma assimilação subconsciente ou inconsciente da ação do sol, da chuva e do vento ao absorver os elementos da terra, assim o ser cresce, por meio de uma assimilação e uma absorção subliminares ou intraconscientes dos resultados de seu devenir passado e produzindo potencialidades de seu devenir futuro. A lei que nos priva da lembrança de vidas passadas é uma lei da Sabedoria cósmica e em vez de desservir, ela serve ao propósito evolutivo.

A ausência de qualquer memória de existências passadas é, erroneamente e de modo muito ignorante, vista como uma prova em contrário da realidade do renascimento; pois se mesmo nessa vida é difícil manter todas as lembranças de nosso passado, se muitas vezes elas passam gradualmente ao segundo plano ou apagam-se por completo, se nenhuma recordação de nossa infância permanece e, apesar desses hiatos da memória, podemos crescer e existir, se a mente pode até mesmo perder toda a memória de acontecimentos passados e de sua própria identidade e contudo é o mesmo ser que está aí e a memória perdida poderá um dia ser recuperada, é evidente que uma mudança tão radical como uma transição para outros mundos, seguida de um novo nascimento em um novo corpo, deveria normalmente obliterar por completo a memória de superfície ou mental, e isso, no entanto, não anularia a identidade da alma ou o crescimento da natureza. Essa obliteração da memória mental de superfície é ainda mais certa e inteiramente inevitável se houver um nova personalidade do mesmo ser e uma nova instrumentação que tome o lugar da velha, uma nova mente, nova vida, novo corpo. Não se pode esperar que o novo cérebro carregue em si as imagens que o velho cérebro continha; não se pode exigir da nova vida e da nova mente que conservem as impressões da velha mente e da velha vida que foram dissolvidas e não existem mais. Há, sem dúvida, o ser subliminar que pode lembrar, visto que não é tocado pela insuficiência da superfície; mas a mente de superfície é cortada da memória subliminar, a única que poderia guardar alguma recordação clara, uma impressão nítida, de vidas passadas. Essa separação é necessária porque a nova personalidade deve ser construída na superfície, sem referência consciente ao que está no interior; como todo o resto do ser superficial, assim também nossa personalidade de superfície é de fato formada por uma ação de dentro, mas não é consciente dessa ação: ela tem a impressão de ser autoformada ou ter vindo já feita ou ter sido formada por uma ação da Natureza universal que ela compreende mal. E, no entanto, recordações fragmentadas de nascimentos passados algumas vezes permanecem, apesar desses obstáculos quase insuperáveis. Existem mesmo casos muito raros de uma memória surpreendentemente exata e completa na mente da criança. Finalmente, em certo estágio do desenvolvimento do ser, quando o ser interior começa a predominar sobre o ser exterior e vem para a frente, a memória de vidas passadas algumas vezes começa a emergir, como de uma camada submersa, mas é mais sob a forma de uma percepção da substância e poder de personalidades passadas que são efetivas na composição do ser na vida presente, do que de quaisquer detalhes precisos de eventos e circunstâncias, embora isso também possa ressurgir parcialmente ou ser recuperado pela concentração da visão subliminar, de alguma memória secreta ou de nossa substância consciente interior. Mas essa lembrança detalhada é de importância menor para a Natureza em sua atividade normal, e ela se ocupa pouco, ou não se ocupa, disso: ela está interessada em modelar a evolução futura do ser; o passado é mantido em segundo plano, por trás do véu, e usado apenas como uma fonte oculta de materiais para o presente e o futuro.

Essa formulação a respeito da Pessoa e da Personalidade, se aceita, deverá modificar nossas ideias correntes sobre a imortalidade da alma. Em geral, quando afirmamos que a alma não morre, queremos dizer que, após a morte, sobrevive uma personalidade definida e imutável que foi e permanecerá sempre a mesma por toda a eternidade. É para o "eu" muito imperfeito e superficial do momento — evidentemente visto pela Natureza como uma forma temporária que não merece ser preservada — que reclamamos esse direito prodigioso à sobrevivência e imortalidade. Mas a exigência é extravagante e não pode ser concedida; o "eu" do momento só poderá merecer a sobrevivência se consentir em mudar — em não ser mais ele mesmo mas outra coisa, maior, melhor, mais luminoso em seu conhecimento, mais moldado na eterna beleza interior, e progredir cada vez mais em direção à divindade do Espírito secreto. É esse espírito secreto ou divindade do Self em nós que é imperecível, porque é não nascido e eterno. A entidade psíquica interior que a representa, o indivíduo espiritual em nós, é a Pessoa que somos; mas o "eu" desse momento, o "eu" dessa vida é apenas uma formação, uma personalidade temporária dessa Pessoa interior: é uma das numerosas etapas de nossa mudança evolutiva e só servirá seu propósito verdadeiro quando passarmos a uma nova etapa que nos aproxime de um grau superior da consciência e do ser. É a Pessoa interior que sobrevive à morte, assim como preexiste ao nascimento, pois essa sobrevivência constante é uma tradução da eternidade de nosso espírito atemporal nos termos do Tempo.

Em geral, é uma sobrevivência similar que pedimos para nossa mente, nossa vida, mesmo nosso corpo; o dogma da ressurreição do corpo confirma essa última demanda, assim como está na origem do esforço do homem, ao longo do tempo, para descobrir o elixir da imortalidade ou qualquer meio mágico, alquímico ou científico para conquistar a morte do corpo. Mas essa aspiração só poderia realizar-se se a mente, a vida ou o corpo pudessem adquirir algo da imortalidade e divindade do espírito interior. Em certas circunstâncias a sobrevivência da personalidade mental exterior, representante do Purusha mental interior, seria possível. Isso poderia acontecer se nosso ser mental chegasse a individualizar-se à superfície de modo tão poderoso, a unir-se de maneira tão estreita à mente interior e ao Purusha mental interior e, ao mesmo tempo, a abrir-se com uma tal plasticidade para ação progressiva do Infinito, que a alma não teria mais necessidade de dissolver a antiga formação da mente e criar uma nova, para progredir. Só uma individualização, integração e abertura do ser vital à superfície tornariam possível uma sobrevivência similar da parte vital em nós, da personalidade vital exterior representante do ser-vida interior, o Purusha vital. O que realmente poderia acontecer então é que o muro entre o self interior e o homem exterior seria rompido e o ser mental e o vital permanentes, os representantes mental e vital da entidade psíquica imortal, governariam a vida. Nossa natureza mental e nossa natureza vital seriam então uma expressão progressiva e contínua da alma, e não um nexo de formações sucessivas das quais apenas a essência é preservada. Nossa personalidade mental e personalidade vital subsistiriam sem dissolução, de nascimento em nascimento; nesse sentido, seriam imortais, sobreviveriam de modo permanente, sem jamais perder o sentido de sua identidade. Isto seria, evidentemente, uma imensa vitória da alma, da mente e da vida sobre a Inconsciência e limitações da Natureza material.

Mas uma tal sobrevivência só poderia persistir no corpo sutil; o ser teria ainda que se descartar de sua forma física, passar por outros mundos e, na volta, revestir um novo corpo. Despertos, o Purusha mental e o Purusha vital, preservando o invólucro mental e o invólucro vital do corpo sutil, que em geral são descartados, retornariam com eles em um novo nascimento e manteriam constantemente o sentido vívido de uma permanência do ser mental e vital que foi constituído no passado e perpetua-se no presente e no futuro; mas a base da existência física, o corpo material, não poderia ser preservado nem mesmo por essa mudança. O ser físico só poderia durar se fossem encontrados os meios de suprimir as causas físicas de sua deterioração e disrupção[3] e se, ao mesmo tempo, se tornasse tão plástico e progressivo em sua estrutura e funcionamento que respondesse a cada mudança que o progresso da Pessoa interior lhe exigisse; o corpo deve poder seguir o ritmo da alma em sua formação de uma personalidade autoexpressiva, seu longo desdobramento de uma divindade espiritual secreta e a lenta transformação da existência mental na existência mental divina ou espiritual. Essa realização de uma imortalidade tripla — imortalidade da natureza completando a imortalidade essencial do espírito e a sobrevivência psíquica à morte — poderia ser o coroamento do renascimento e uma indicação importante da conquista da Inconsciência e Ignorância materiais mesmo nos próprios alicerces do reino da Matéria. Mas a verdadeira imortalidade seria ainda a eternidade do espírito, a sobrevivência física seria apenas relativa, suspensa à vontade, um sinal temporal da vitória do espírito aqui, sobre a Morte e a Matéria.

---

3. Mesmo se a ciência — quer física, quer oculta — descobrisse as condições ou os meios necessários para uma sobrevivência indefinida do corpo, ainda assim, se o corpo não pudesse se adaptar para tornar-se um instrumento adequado da expressão do crescimento interior, a alma encontraria um meio de abandoná-lo e passar para uma nova encarnação. As causas materiais ou físicas da morte não são sua única ou sua verdadeira causa; sua razão mais profunda é a necessidade espiritual, para a evolução de um novo ser.

CAPÍTULO XXIII

# O HOMEM E A EVOLUÇÃO

*A Divindade única, secreta em todos os seres, permeando tudo, o Self interior de todos, presidindo a toda ação, testemunha, conhecedor consciente e absoluto. [...] o Um que dirige os muitos que são submissos passivamente à Natureza, modela uma semente em muitas formas.*
*Shvetashvatara Upanishad*, VI. 11, 12.

*O Divino move-se nesse Campo e modifica cada trama das coisas, separadamente e de muitas maneiras. [...] Único, ele preside a todas as matrizes e todas as naturezas; ele-mesmo a matriz de todas as coisas, ele é aquilo que leva a natureza do ser à madurez e dá a todos que devem madurar o resultado de seu desenvolvimento, e designa todas as qualidades de suas operações.*
*Shvetashvatara Upanishad*, V. 3-5.

*Ele modela de diversos modos uma forma única das coisas.*
*Katha Upanishad*, II. 2. 12.

*Quem percebeu essa verdade oculta, que a Criança dá existência às Mães pelas ações de sua natureza? Um descendente nascido do regaço das Águas múltiplas, ele sai delas vidente, mestre da inteira lei de sua natureza. Manifestado, ele cresce no regaço do que é tortuoso e torna-se grande, belo e glorioso.*
*Rig Veda*, I. 95. 4, 5.

*Do Não-Ser ao ser verdadeiro, da escuridão à Luz, da morte à Imortalidade.*
*Brihadaranyaka Upanishad*, I. 3. 28.

Uma evolução espiritual, uma evolução da consciência na Matéria, assumindo formas em constante desenvolvimento até que a forma possa revelar o Espírito que a habita, é então a nota predominante, o motivo central significativo da existência terrestre. No início, esse significado está escondido pela involução do Espírito, a Realidade Divina, em uma densa Inconsciência material; um véu de Inconsciência, um véu de insensibilidade da Matéria esconde a Consciência-Força universal que age nela, de modo que a Energia — a primeira forma que a Força de criação assume no universo físico — parece ser ela mesma inconsciente, e ainda assim cumpre as ações de uma vasta inteligência oculta. Na verdade, a *creatrix* obscura e misteriosa acaba por liberar a consciência secreta de sua prisão espessa e tenebrosa; mas a libera devagar, pouco a pouco, em gotas infinitesimais, jorros finos, em pequenas e vibrantes condensações de energia e substância, de vida, de mente, como se isso fosse tudo o que pudesse fazer passar através do obstáculo grosseiro, o meio inerte e relutante de uma existência cheia de substância inconsciente. No começo, a Consciência-Força aloja-se em formas de Matéria que parecem ser totalmente inconscientes, depois esforça-se para atingir o estágio mental sob a aparência de matéria viva, e o atinge de maneira imperfeita no animal consciente. Essa consciência no início é rudimentar, é sobretudo um instinto semiconsciente ou apenas consciente; desenvolve-se devagar, até que, em formas mais organizadas de Matéria viva, alcança seu grau mais alto de inteligência e ultrapassa a si mesma no Homem, o animal pensante, que se torna o ser mental racional, mas carrega consigo, mesmo em seu ser mais elevado, o molde de sua animalidade original, o peso morto da subconsciência do corpo, o puxão da gravidade para a Inércia e a Insciência originais; o homem está submetido ao controle que a Natureza material inconsciente exerce sobre sua evolução consciente, ao poder de limitação dessa Natureza, à lei de seu desenvolvimento difícil; ele está submetido à imensa força que ela tem de retardar e frustrar. Esse controle da Inconsciência original sobre a consciência que emerge de si mesma, toma a forma geral de uma mente que se esforça em direção ao conhecimento, mas é ela mesma, naquilo que parece ser sua natureza fundamental, uma Ignorância. Assim entravado e sobrecarregado, o homem mental deve ainda desenvolver em si mesmo o ser plenamente consciente, uma humanidade divina ou uma supra-humanidade espiritual e supramental que será o próximo fruto da evolução. Essa transição marcará a passagem da evolução na Ignorância a uma evolução superior no Conhecimento, fundamentada e prosseguindo na luz do Supraconsciente e não mais nas trevas da Ignorância e da Inconsciência.

Esse movimento evolutivo na Natureza terrestre, da Matéria até a Mente e além, segue um processo duplo: há um processo externo, visível, de evolução física que tem como mecanismo o nascimento — pois cada forma corporal que apareceu na evolução abrigando seu próprio poder de consciência evoluído mantém-se pela hereditariedade, que assegura sua continuidade; há, ao mesmo tempo, um processo invisível de evolução da alma, que tem como mecanismo o renascimento seguindo graus ascendentes de forma e consciência. O primeiro, em si mesmo, significaria apenas uma evolução cósmica, pois o indivíduo seria um instrumento rapidamente perecível, e a espécie, formulação coletiva mais durável, seria a real etapa na manifestação progressiva do habitante cósmico, o Espírito universal; o renascimento, então, é uma condição indispensável para uma duração e uma evolução prolongadas do ser individual na existência terrestre. Cada grau de manifestação cósmica, cada tipo de forma capaz de abrigar o espírito imanente, torna-se, pelo renascimento, um meio para a alma individual, a entidade psíquica, manifestar cada vez mais sua consciência escondida; cada vida torna-se um passo a mais em direção à vitória sobre a Matéria por uma progressão crescente da consciência nela que, no final, fará da própria Matéria um meio para a manifestação completa do Espírito.

Mas essa descrição do processo e significado da criação terrestre é, em todos os pontos, posta em dúvida na mente do próprio ser humano, porque a evolução está ainda na metade do caminho em seu percurso, ainda está na Ignorância, ainda em busca, na mente de uma humanidade semievoluída, de seu próprio objetivo e significado. É possível desafiar a teoria da evolução, sob o pretexto de que é fundamentada de maneira insuficiente e desnecessária na explicação do processo da existência terrestre. Pode-se duvidar, mesmo admitindo-se a evolução, que o ser humano tenha a capacidade de transformar-se em um ser evolutivo superior. Pode-se também duvidar que a evolução possa ir mais longe do que já foi, ou se uma evolução supramental, o aparecimento de uma Consciência-Verdade perfeita, de um ser de Conhecimento, seria provável na Ignorância fundamental da Natureza terrestre. Outra interpretação, nem teleológica nem evolutiva, das obras do Espírito na manifestação aqui, pode ser proposta, e antes de ir mais longe seria melhor formular brevemente a linha de pensamento que torna uma tal interpretação possível.

Mesmo se admitirmos que a criação seja uma manifestação do Eterno Atemporal na eternidade do Tempo, que existam sete graus de Consciência, que a Inconsciência material foi estabelecida como uma base para a reascensão do Espírito — e que o renascimento seja um fato, uma parte da ordem terrestre, ainda assim a evolução espiritual do ser individual não seria uma consequência inevitável de nenhum desses postulados, nem mesmo de todos eles juntos. É possível ter uma outra visão do significado espiritual da existência terrestre e seu processo interior. Se cada coisa criada for uma forma da Existência Divina manifestada, cada uma é divina em si mesma pela presença espiritual em seu interior, quaisquer que sejam sua aparência, aspecto ou caráter na Natureza. Em cada forma de manifestação, o Divino frui o deleite da existência, e nenhuma delas tem necessidade de mudança ou progresso. Todo desdobramento organizado, ou toda a hierarquia de possibilidades realizadas necessitadas pela natureza do Ser Infinito, tornam-se possíveis pela variação inumerável, a fecunda multitude de formas, tipos de consciência, caracteres, que vemos por toda parte em torno de nós. Não há, e não pode haver, um propósito teleológico na criação, pois tudo está aí, no Infinito: não há nada que o Divino necessite ganhar ou não possua; se criação e manifestação existem é pelo deleite da criação, da manifestação, e nada mais. Então não seria necessário um movimento evolutivo que devesse alcançar um ponto culminante ou elaborar e efetuar um objetivo, ou esforçar-se em direção a uma perfeição última.

De fato, vemos que os princípios da criação são permanentes e imutáveis: cada ser-tipo permanece ele mesmo e não tenta tornar-se diferente do que é, nem tem necessidade; se admitirmos que certas existências-tipo desapareçam e outras apareçam, isso seria porque a Consciência-Força no universo retira seu deleite de viver dos tipos que perecem e cria outros para seu prazer. Mas cada tipo de vida, enquanto dura, tem sua própria estrutura e permanece constante, quaisquer que sejam as variações menores dessa estrutura; ele é ligado à sua própria consciência e não pode afastar-se dela para passar a uma outra consciência; limitado por sua própria natureza, não pode transgredir essas fronteiras e passar a uma outra natureza. Se a Consciência-Força do Infinito manifestou a Vida depois de ter manifestado a Matéria, e a Mente depois de ter manifestado a Vida, não se deduz que manifestará a Supramente como a próxima criação terrestre. Porque Mente e Supramente pertencem a hemisférios completamente diferentes: a Mente, ao estado inferior da Ignorância, a Supramente, ao estado superior do Conhecimento divino. Este mundo é um mundo de Ignorância e é destinado a ser apenas isso; não existe necessariamente uma intenção de trazer os poderes do hemisfério superior para a metade inferior da existência ou de manifestar aí sua presença escondida, pois se, na realidade, eles existem aqui é em uma imanência oculta, incomunicável, e apenas para manter a criação, não para aperfeiçoá-la. O ser humano é o pico dessa criação ignorante, ele alcançou a consciência e o conhecimento máximos de que essa criação é capaz: se tentar ir mais longe, apenas girará em círculos mais alargados de seu próprio estágio mental, pois essa é a curva de sua existência aqui, um movimento em círculo limitado, que carrega a mente em seus volteios e retorna sempre ao ponto de onde começou; a mente não pode sair de seu próprio círculo — toda ideia de um movimento em linha reta ou um progresso que se eleva indefinidamente ou se alarga no Infinito, é uma ilusão. Se a alma do homem deve ir além da humanidade para alcançar um estado supramental ou um estado ainda mais elevado, deve sair dessa existência cósmica e entrar em um plano ou mundo de beatitude e conhecimento ou no Eterno e Infinito não manifestado.

É verdade que a ciência agora afirma que a existência terrestre é evolutiva: mas se os fatos com os quais a ciência lida merecem confiança, as generalizações que arrisca têm vida curta; ela as mantém por algumas décadas ou alguns séculos, depois passa a outras generalizações, a outras teorias sobre as coisas. Isso acontece mesmo nas ciências físicas, nas quais os fatos são averiguados de forma rigorosa e comprovados por experiências; em psicologia — que aqui é relevante, pois a evolução da consciência entra em jogo —, a instabilidade da ciência é ainda maior; aí ela passa de uma teoria a outra antes que a primeira seja bem fundamentada; de fato, várias teorias contraditórias são sustentadas ao mesmo tempo. Nenhuma construção metafísica sólida pode ser erigida nessas areias movediças. A hereditariedade, em que a ciência constrói seu conceito de evolução da vida, é certamente um poder, um mecanismo para manter o tipo e as espécies como são: a demonstração de que é também o instrumento de uma variação persistente e progressiva é muito questionável; sua tendência é conservadora mais do que evolutiva — ela parece aceitar com dificuldade o novo caráter que a Força-Vida tenta lhe impor. Todos os fatos mostram que um tipo pode variar dentro das especificações próprias à sua natureza, mas nada mostra que possa ir além. Ainda não foi realmente estabelecido que o macaco tenha se transformado em ser humano; pareceria mais que um tipo parecido ao macaco, mas sempre com características próprias e não as de macaco, desenvolveu-se no quadro de suas próprias tendências naturais e tornou-se o que conhecemos como homem, o ser humano atual. Não é nem mesmo estabelecido que espécies humanas menos evoluídas tenham dado nascimento às espécies mais evoluídas; aquelas que tinham uma organização e capacidades inferiores pereceram, mas não foi provado que deixaram, como descendentes, as espécies humanas de hoje: mas ainda assim, pode-se imaginar um desenvolvimento desse gênero no interior do tipo. O progresso da Natureza, da Matéria até a Vida e da Vida até a Mente pode ser concebido, mas ainda não há provas de que a Matéria transformou-se em Vida ou a energia vital transformou-se em energia mental; tudo o que pode ser admitido é que a Vida manifestou-se na Matéria e a Mente, na Matéria viva. De fato, não há prova suficiente de que alguma espécie vegetal transformou-se em uma existência animal ou alguma organização de matéria inanimada transformou-se em um organismo vivo. Mesmo que fosse descoberto, um dia, que sob certas condições, químicas ou outras, a vida aparece, tudo que seria estabelecido por essa coincidência seria que em certas circunstâncias físicas a vida se manifesta, e não que certas condições químicas sejam suficientes para constituir a vida, sejam seus elementos ou a causa evolutiva da transformação de matéria inanimada em matéria animada. Aqui, como alhures, cada grau de ser existe em si mesmo e por si mesmo, manifesta-se conforme seu próprio caráter, por sua própria energia, e as gradações acima ou abaixo não são origens e consequências, mas apenas degraus na escada contínua da natureza terrestre.

Quando se pergunta como todas essas gradações e variados tipos de ser puderam vir a existir, pode-se responder que fundamentalmente foram manifestados na Matéria pela Consciência-Força que está nela, pelo poder da Ideia-Real construindo suas próprias formas e tipos significativos para a existência cósmica do Espírito interior; o método prático ou físico pode variar de modo considerável segundo os diferentes graus e estados, embora uma similaridade básica de linhas possa ser visível; o Poder criador pode utilizar não apenas um, mas numerosos processos, ou pôr numerosas forças para agir em conjunto. Na Matéria, o processo consiste em criar partículas infinitesimais carregadas de imensa energia, que se associam por configurações e números, e a manifestar partículas maiores a partir dessa base elementar, agrupando-as e associando-as para fazer aparecer objetos perceptíveis: terra, água, minerais, metais, todo o reino da matéria. Na vida também, a Consciência-Força começa com formas infinitesimais de vida vegetal e animálculos infinitesimais; ela cria um protoplasma original e o multiplica; cria a célula viva como uma unidade; cria outros tipos de mecanismos biológicos minúsculos, como a semente ou o gene, e usa sempre o mesmo método de agrupamento e associação a fim de construir organismos vivos variados por meio de operações variadas. Uma constante criação de tipos é visível, mas isso não é prova indubitável de evolução. Os tipos algumas vezes são distantes uns dos outros, algumas vezes extremamente similares, outras vezes idênticos na base, mas diferentes nos detalhes; todos são modelos, e uma tal variedade de modelos, com uma base rudimentar idêntica para todos, é o sinal de uma Força consciente que brinca com sua própria Ideia, e desenvolve assim todos os tipos de possibilidades de criação. As espécies animais, ao vir ao mundo, podem começar por uma estrutura rudimentar, embrionária ou fundamental, idêntica para todas; podem seguir, até certo estágio, um desenvolvimento similar em algumas ou todas as linhas; pode haver também espécies que têm dupla natureza, anfíbios, intermediários entre um tipo e outro: mas tudo isso não significa, necessariamente, que os tipos desenvolveram-se um a partir do outro em uma série evolutiva. Outras forças, não pertencentes à variação hereditária, atuaram para fazer aparecer características novas; há forças físicas, como alimentação, raios luminosos e outras, que apenas começamos a conhecer, há com certeza outras que não conhecemos ainda; há forças vitais invisíveis e forças psicológicas obscuras em ação. De fato, mesmo a teoria física da evolução deve admitir a existência desses poderes mais sutis para explicar a seleção natural; se a energia oculta ou subconsciente em alguns tipos responde às necessidades do meio e, em outros, não responde e é incapaz de sobreviver, isto é claramente o sinal de uma energia vital e de uma psicologia variáveis; é o sinal de que uma consciência e uma força, diferentes da força e da consciência físicas, agem e contribuem para as variações na Natureza. O problema do método operacional é ainda muito cheio de fatores obscuros e desconhecidos para que qualquer estrutura teórica atual possa ser definitiva.

O ser humano é um tipo em meio a muitos outros tipos construídos dessa maneira, um modelo em meio à multitude de modelos na manifestação da Matéria. É o mais complexo que já foi criado, o mais rico pelo conteúdo de consciência e a engenhosidade singular de sua estrutura; ele está à cabeça da criação terrestre, mas não a ultrapassa. Assim como os demais, ele também tem sua própria lei natural, seus limites, seu tipo de existência particular, *svabhāva, svadharma*; dentro desses limites pode expandir-se e desenvolver-se, mas não pode sair deles. Se há uma perfeição à qual deve chegar, deve ser uma perfeição em seu próprio tipo, dentro da lei de seu próprio ser — em toda liberdade, mas pela observância de seu modo e sua medida, não por transcendência. Exceder a si mesmo, tornar-se o supra-homem, assumir a natureza e as capacidades de um deus, seria contrário à lei de seu ser, seria impraticável e impossível. Cada forma, cada maneira de ser possui um deleite de ser apropriado; buscar por meio da mente dominar, utilizar seu meio e usufruir dele na medida em que é capaz é o objetivo justo do homem, o ser mental: mas olhar além, correr atrás de um objetivo ou propósito futuro na existência, aspirar a ultrapassar a estatura mental, é introduzir na existência um elemento teleológico que não é visível na estrutura cósmica. Se um ser supramental deve aparecer na criação terrestre deverá ser uma manifestação nova e independente; assim como a vida e a mente manifestaram-se na Matéria, também a supramente deve manifestar-se aí e a Energia-Consciente secreta deve criar os modelos necessários para esse novo grau de seus poderes. Mas não há sinal de uma tal intenção nas operações da Natureza.

Porém, se uma criação superior é prevista, certamente não é a partir do homem que o novo grau, tipo ou modelo poderá desenvolver-se, pois nesse caso haveria uma raça, espécie ou categoria de seres humanos que já possuiria o material do supra-homem, assim como o ser animal particular que se transformou em homem possuía já, ou continha em potencial, os elementos essenciais da natureza humana: não há uma tal espécie, gênero ou tipo; no máximo, há apenas certos seres mentais espiritualizados que buscam escapar da criação terrestre. Se, por alguma lei oculta da Natureza, um tal desenvolvimento que faz do ser humano um ser supramental é previsto, isso só poderia ser realizado por uns poucos na humanidade, que se destacariam da espécie para tornar-se o primeiro fundamento desse novo modelo de ser. Não há razão para supor que a inteira espécie possa desenvolver essa perfeição; essa possibilidade não pode ser generalizada a toda criatura humana.

Se, de fato, o ser humano na Natureza evoluiu a partir do animal, não vemos contudo, em nenhum outro tipo animal, sinais de uma evolução que o levaria além de si mesmo; se houve, então, essa tensão evolutiva no reino animal, deve ter retornado ao repouso assim que seu objetivo foi alcançado: o aparecimento do ser humano. Do mesmo modo, se uma tensão semelhante deve conduzir a uma nova etapa na evolução — que a leve a ultrapassar a si mesma —, é provável que retornará ao repouso logo que atinja seu objetivo: o aparecimento do ser supramental. Mas, na realidade, não há uma tal tensão; a própria ideia de progresso humano é provavelmente uma ilusão, pois não há sinais de que após ter emergido do estado animal o ser humano, enquanto espécie, tenha progredido radicalmente no curso de sua história; no máximo avançou no conhecimento do mundo físico, nas ciências, em suas relações com o meio, em sua utilização puramente externa e utilitária das leis secretas da Natureza. Quanto ao mais, ele é o que sempre foi desde os primórdios da civilização: manifesta as mesmas capacidades, qualidades e defeitos, faz os mesmos esforços, comete os mesmos erros, realiza os mesmos feitos, tem as mesmas frustrações. Se houve progresso, foi em um círculo que, talvez, no melhor dos casos, vai se alargando. O homem hoje não é mais sábio do que os visionários, sábios e pensadores de antanho, não é mais espiritual que os grandes buscadores do passado, os primeiros e poderosos místicos; não é superior em artes e profissões aos artistas e artesãos antigos; as raças antigas desaparecidas mostraram uma originalidade e uma invenção intrínsecas, uma capacidade inerente em lidar com a vida, e se o homem moderno foi um pouco mais longe nesse domínio não é por nenhum progresso essencial, mas porque suas capacidades desenvolveram-se, ampliaram-se, enriqueceram-se, e porque herdou as realizações de seus antepassados. Nada garante que ele talhará um dia seu caminho para sair do semiconhecimento, da semi-ignorância, que é a marca de sua espécie, ou mesmo desenvolva um conhecimento superior que possa romper e ultrapassar as últimas fronteiras do círculo mental.

É tentador, e não ilógico, ver no renascimento o meio potencial de uma evolução espiritual, o fator que a torna possível, mas ainda não é seguro — admitindo-se que o renascimento seja um fato — que este seja seu significado. Em todas as teorias antigas sobre a reencarnação supunha-se que fosse uma constante transmigração da alma, de um corpo animal a um corpo humano, mas também de um corpo humano a um corpo animal; a concepção indiana acrescentou a explicação do Karma, as consequências do bem ou do mal que foram feitos, os resultados da vontade e esforços passados; mas nada sugeria uma evolução progressiva de um dado tipo a um tipo superior, menos ainda um nascimento entre os seres de uma espécie que nunca existiu, mas que deveria aparecer no futuro. Se há uma evolução, então o homem será o último estágio, porque graças a ele tornar-se-á possível rejeitar a vida terrestre ou corpórea e evadir-se a algum céu ou Nirvana. Este era o final contemplado pelas antigas teorias, e visto que este mundo é fundamental e irrevogavelmente um mundo de Ignorância — mesmo se toda a existência cósmica não for, em sua natureza, um estado de Ignorância — essa evasão poderia bem ser o verdadeiro fim do ciclo.

Essa linha de raciocínio tem uma força lógica e uma importância consideráveis e era necessário afirmá-la — mesmo se de modo breve, visto sua importância — para poder respondê-la. Embora algumas de suas proposições sejam válidas, sua visão das coisas, no entanto, não é completa e sua força lógica não é conclusiva. Em primeiro lugar podemos, sem muita dificuldade, desembaraçarmo-nos da objeção feita ao elemento teleológico introduzido na estrutura da existência terrestre pela ideia de uma evolução predeterminada a partir da inconsciência até a supraconsciência, e a ideia do desenvolvimento de uma ordem ascendente de seres que culmina com a transição de uma vida na Ignorância para uma vida no Conhecimento. A objeção a um cosmos teleológico pode basear-se em dois argumentos muito diferentes: um raciocínio científico que procede da suposição de que tudo é obra de uma Energia que age automaticamente por um processo mecânico desprovido de propósito, e um raciocínio metafísico que procede da percepção de que o Infinito, o Universal, já contém todas as coisas em si mesmo, que não há nele nada de incompleto para completar, nada a acrescentar a seu ser, a executar, a realizar e, portanto, não haveria nele nenhum elemento de progresso, nenhum propósito original ou emergente.

A objeção científica ou materialista perde sua validez, se houver uma Consciência secreta na Energia aparentemente inconsciente na Matéria ou por trás dela. Mesmo no Inconsciente parece haver, ao menos, o anelo de uma necessidade inerente produzindo a evolução de formas e, nas formas, uma Consciência que se desenvolve. Pode-se muito bem sustentar que esse anelo é a vontade evolutiva de um Ser consciente secreto, e sua pressão por uma manifestação progressiva é a evidência de uma intenção inata na evolução. Este é um elemento teleológico e não é irracional admiti-lo, pois o impulso consciente, ou mesmo inconsciente, surge da verdade de um ser consciente, verdade que se tornou dinâmica e determinada a cumprir-se em um processo automático da Natureza material; o elemento teleológico, o propósito desse impulso é a tradução de uma Verdade do Ser, que é auto-operativa, nos termos do Poder-Vontade desse Ser que se autorrealiza e, se a consciência estiver presente, esse Poder-Vontade deverá também estar presente e a tradução é normal e inevitável. Uma Verdade de ser que se cumpre inevitavelmente seria o fato fundamental da evolução, mas a Vontade e seu propósito devem fazer parte dos meios de ação, como um elemento no princípio operativo.

A objeção metafísica é mais séria, pois nela parece evidente que o Absoluto não pode ter propósito algum na manifestação exceto o deleite da própria manifestação; um movimento evolutivo que faz parte da manifestação na Matéria deve entrar no quadro dessa afirmação universal; ele existe apenas para o deleite do desdobramento, da execução progressiva, da autorrevelação gradual e sem objetivo. Uma totalidade universal pode também ser considerada como algo completo em si mesmo; como é uma totalidade, não tem nada a ganhar, nada a acrescentar à plenitude de seu ser. Mas esse mundo material não é uma totalidade integral, é parte de um todo, um degrau em uma gradação; ele pode portanto admitir em si mesmo não apenas a presença de princípios ou poderes imateriais não desenvolvidos pertencentes ao todo e involuídos em sua matéria, mas também admitir a descida em si mesmo de poderes idênticos provenientes de gradações superiores do sistema, para que aqui os movimentos da mesma natureza sejam liberados da rigidez de limitações materiais. A manifestação de poderes maiores da Existência, até que o Ser inteiro seja, ele mesmo, manifestado no mundo material nos termos de uma criação mais alta, uma criação espiritual, pode ser considerada como a teleologia da evolução. Essa teleologia não introduz fator algum que não pertença à totalidade, propõe apenas a realização da totalidade na parte. Não pode haver objeção à admissão de um fator teleológico em um movimento parcial da totalidade universal, se o propósito — não um propósito no sentido humano, mas o impulso de uma necessidade intrínseca da Verdade, consciente na vontade do Espírito interior — for a manifestação perfeita de todas as possibilidades inerentes ao movimento total. Sem dúvida, tudo existe aqui para o deleite de ser, tudo é um jogo ou uma Lila; mas um jogo leva também em si um objetivo a ser realizado, e sem a realização desse objetivo não teria nem plenitude nem significado. Um drama sem desfecho pode ser uma possibilidade artística — e existir só para o prazer em observar os personagens e colocar problemas sem receber jamais uma solução, ou cuja solução é precária, incerta e sempre em suspenso; pode-se conceber que o drama da evolução da terra tenha esse caráter, mas um desenlace intencional ou inerentemente predeterminado é também possível e mais convincente. Ananda é o princípio secreto de todo ser e o sustentáculo de toda atividade do ser; mas Ananda não exclui o deleite da elaboração de uma Verdade inerente ao ser, imanente na Força ou na Vontade do ser, sustentada na autopercepção escondida de sua Consciência-Força, que é o agente dinâmico e executivo de todas as suas atividades e conhece seus significados.

Uma teoria da evolução espiritual não é a mesma coisa que uma teoria científica da evolução de formas e da evolução da vida física; a teoria espiritual deve apoiar-se em justificativas que lhe são próprias; pode aceitar a explicação científica da evolução física como um apoio ou um elemento, mas esse apoio não lhe é indispensável. A teoria científica interessa-se apenas pelos mecanismos e processos externos e visíveis, pelos detalhes da execução pela Natureza, pelo desenvolvimento físico das coisas na Matéria e pela lei do desenvolvimento da vida e da mente na Matéria; sua explicação do processo pode ser modificada de modo considerável, ou mesmo abandonada por completo, à luz de novas descobertas, mas isso não afetará o fato evidente de uma evolução espiritual, uma evolução da Consciência, uma manifestação progressiva da alma na existência material. Em seu aspecto exterior, a teoria da evolução pode resumir-se da seguinte maneira: na escala da existência terrestre há um desenvolvimento de formas, de corpos, uma organização cada vez mais complexa e adequada da matéria, de vida na matéria, de consciência na matéria viva; nessa escala, quanto mais a forma for organizada, mais será capaz de abrigar uma vida e uma consciência mais bem organizadas, mais complexas e capazes, mais desenvolvidas ou evoluídas. Uma vez formulada a hipótese evolutiva e os fatos que a apoiam forem reunidos, esse aspecto da existência terrestre torna-se tão impressionante que nos parece indiscutível. O mecanismo preciso pelo qual isso é feito, a genealogia exata ou sucessão cronológica de tipos de ser é uma questão secundária, embora, em si, essa seja uma questão interessante e importante; o desenvolvimento de uma forma de vida a partir de uma forma precedente menos evoluída, a seleção natural, luta pela vida, sobrevivência de características adquiridas, podem ser admitidos ou não, mas o fato de uma criação sucessiva, com um plano de desenvolvimento próprio, é uma conclusão de capital importância. Outra conclusão autoevidente é que uma ordem de sucessão gradual é necessária na evolução: primeiro, a evolução da Matéria; depois, a evolução da Vida na Matéria; em seguida, a evolução da Mente na Matéria viva e, nesse último estágio, uma evolução animal seguida de uma evolução humana. Os três primeiros termos da sucessão são muito evidentes para serem discutíveis. Pode-se perguntar se o ser humano sucedeu ao animal ou se houve um desenvolvimento inicial simultâneo, o homem ultrapassando mais tarde o animal na evolução da mente; uma teoria chegou mesmo a formular que a espécie humana não é a última, mas a primeira e mais velha das espécies animais. Essa ideia da precedência do homem data da antiguidade, mas não foi universal; nasceu do sentimento da supremacia evidente do ser humano entre as criaturas terrestres, e a dignidade dessa supremacia parecia exigir uma precedência de nascimento: mas em termos de evolução o superior não precede o inferior, ele o segue: o menos desenvolvido precede o mais desenvolvido e o prepara.

Na verdade, a ideia da anterioridade das formas inferiores da vida não é de todo ausente no pensamento antigo. À parte os relatos míticos da criação, já encontramos no pensamento da Índia antiga e da Índia medieval expressões a favor da anterioridade do animal em relação ao homem na sucessão do tempo, em um sentido que concorda com a concepção moderna de evolução. Um *Upanishad* declara que o Self ou Espírito, depois de ter decidido criar a vida, formou primeiro espécies animais como a vaca e o cavalo; mas os deuses — que no pensamento dos *Upanishads* são poderes da Consciência e poderes da Natureza — acharam que estes eram veículos insuficientes, e no final, o Espírito criou a forma do ser humano, que os deuses consideraram feita de maneira excelente e suficiente e entraram nela para cumprir suas funções cósmicas. Essa é uma parábola clara da criação de formas cada vez mais desenvolvidas até que foi encontrada uma capaz de abrigar uma consciência evoluída. Nos Puranas, é dito que a criação animal tamásica foi a primeira no tempo. *Tamas* é o termo indiano para o princípio de inércia da consciência e da força: uma consciência embotada, entorpecida e incompetente em sua atividade é chamada tamásica; uma força, uma energia de vida indolente e limitada em suas capacidades, ligada a um campo estreito de impulsos instintivos, que não se desenvolve nem busca outra coisa, sem a necessidade de uma ação dinâmica mais vasta ou uma ação mais luminosamente consciente, seria classificada na mesma categoria. O animal, que possui essa força de consciência menos desenvolvida, é anterior na criação; a consciência humana mais desenvolvida, que possui uma força maior de energia mental ativa e uma percepção mais luminosa, é uma criação posterior. O Tantra fala de almas caídas de seus estados, que passam por várias centenas de milhares de existências em formas vegetais e animais antes de atingir o nível humano e estarem prontas para a salvação. Aqui ainda é implícito o conceito de que formas vivas vegetais e animais são os degraus inferiores de uma escada na qual a humanidade constitui o último, o mais alto desenvolvimento do ser consciente, a forma que a alma deve habitar a fim de poder seguir um objetivo espiritual e alcançar uma liberação espiritual que a faça sair da existência mental, vital e física. Esse é, de fato, o conceito normal, e impõe-se de modo tão forte à razão e à intuição que nem precisaria ser discutido — a conclusão é quase inevitável.

É nesse quadro de um processo evolutivo em desenvolvimento que devemos olhar o ser humano, sua origem e primeiro aparecimento, seu lugar na manifestação. Aqui se apresentam duas possibilidades: ou houve o aparecimento repentino de um corpo e uma consciência humanos na natureza terrestre, uma criação abrupta da mentalidade racional no mundo material, uma manifestação independente e automática que interveio na manifestação anterior similar de formas vivas subconscientes e corpos vivos conscientes na Matéria, ou então houve uma evolução da humanidade a partir do ser animal, talvez lenta em sua preparação e estágios de desenvolvimento, mas com fortes saltos transformadores nos pontos de transição decisivos. Essa última teoria não oferece dificuldades, pois, com certeza, mudanças de características no tipo — embora não no próprio tipo fundamental — podem produzir-se na espécie ou no gênero; de fato, isso já foi feito pelo próprio ser humano, e a ciência experimental, em uma pequena escala, mas de maneira surpreendente, trabalha para realizar essas possibilidades. Pode-se certamente supor que a Energia secretamente consciente na Natureza possa efetuar operações desse tipo em grande escala e provocar desenvolvimentos consideráveis e decisivos por meio de suas próprias regras criadoras. A condição necessária para passar do caráter animal normal da existência ao caráter humano seria um desenvolvimento da organização física, que possibilitaria uma progressão rápida, a inversão ou viravolta da consciência, a ascensão a uma nova altura de onde se contemplaria os estágios inferiores, uma elevação e ampliação das capacidades, o que permitiria ao ser retomar as velhas faculdades animais com uma inteligência mais ampla e plástica, uma inteligência humana e, ao mesmo tempo ou mais tarde, desenvolver poderes maiores, mais sutis e organizados, próprios ao novo tipo de ser: poderes da razão, reflexão, observação complexa, invenção, pensamento e descoberta. Se houver uma Consciência-Força emergente, não deveria haver dificuldade na transição — porque o instrumento estaria disponível —, haveria apenas a dificuldade da obstrução e a resistência da Inconsciência material. O animal possui já em escala limitada, apenas para a ação, algumas das qualidades correspondentes, em uma organização rudimentar, crua e simples, com uma esfera de ação e plasticidade muito inferiores, um comando da função mais limitado e casual; mas, sobretudo, o modo de funcionar dessas faculdades é, no animal, mais mecânico, menos deliberado, e tem o caráter automático da Energia da Natureza que conduz a ação de uma consciência primitiva, e não, como no homem, o caráter de uma Energia consciente que observa e, em grande medida, dirige e governa, deliberadamente modifica ou transforma suas próprias operações. Outros hábitos da consciência animal não são fundamentalmente diferentes dos hábitos humanos; o homem teve apenas que desenvolvê-los e ampliá-los a um nível mental superior e, onde foi possível, mentalizá-los, refiná-los, sutilizá-los — em resumo, portar-lhes a luz de sua compreensão nova, suas capacidades intelectuais novas e um poder de controle racional que não são próprios ao animal. Essa mudança ou inversão, uma vez efetuada, o poder da mente humana de agir sobre si mesma e sobre as coisas, de criar, saber, especular, desenvolver-se-ia no curso de sua evolução, mesmo se, como se pode conceber, no início essas faculdades fossem pequenas em seu campo de ação, mais próximas ao animal, ainda comparativamente simples e cruas em suas operações. Uma tal reversão foi feita em cada transição radical na Natureza: a força da vida quando emerge volta-se contra a Matéria, impõe um conteúdo vital às operações da Energia material enquanto desenvolve também suas próprias operações e movimentos novos; a mente da vida emerge na força da vida e na Matéria e impõe o conteúdo de sua consciência às operações delas, enquanto desenvolve também sua ação e faculdades próprias; um emergir e uma reversão novos e maiores, o emergir da humanidade, está em conformidade com o que emergiu precedentemente na Natureza; isso seria uma aplicação nova do princípio geral.

Essa teoria, portanto, é fácil de ser aceita: sua aplicação é inteligível. Mas a outra hipótese apresenta dificuldades consideráveis. Do ponto de vista da consciência, a nova manifestação, a humana, pode ser explicada pelo surgimento da Consciência escondida ao sair de sua involução na Natureza universal. Porém, nesse caso, é preciso que ela tenha tido alguma forma material já existente como veículo para emergir, um veículo que se adapte, pela própria força do emergir, às necessidades de uma nova criação interior; ou então que uma divergência rápida dos tipos ou modelos físicos anteriores tenha feito aparecer um novo ser na existência. Mas qualquer que seja a hipótese aceita, isso significa um processo evolutivo — a diferença é apenas no método e mecanismo da divergência ou da transição. Ou então pode ter sido, ao contrário, não uma recrudescência da consciência, mas uma descida da mentalidade vinda de um plano mental acima de nós, a descida talvez de uma alma, ou de um ser mental, na Natureza terrestre. A dificuldade seria então o aparecimento do corpo humano, um organismo demasiado complexo e difícil para ter sido criado ou manifestado subitamente; pois uma tal aceleração miraculosa do processo, embora seja bem possível em um plano de ser suprafísico, não parece figurar entre as possibilidades ou potenciais normais da Energia material. Isso só poderia acontecer aqui pela intervenção de uma força suprafísica ou de uma lei suprafísica da Natureza, ou por uma Mente criadora agindo em pleno poder e diretamente na Matéria. Pode-se admitir a ação de uma Força suprafísica e um criador em cada novo aparecimento na Matéria; e cada um desses aparecimentos é, no fundo, um milagre operado por uma Consciência secreta sustentada por uma Energia mental ou uma Energia de Vida veladas — mas em nenhum lugar a ação é vista como uma ação direta, aberta, autossuficiente; ela é sempre sobreposta a uma base física já existente e amplia um processo já estabelecido da Natureza. É mais fácil conceber que um corpo existente tenha se aberto a um influxo suprafísico e tenha sido transformado em um novo corpo; porém, não se pode supor irrefletidamente que um tal evento tenha se efetuado na história passada da Natureza material, pois para produzir-se pareceria necessário que tenha havido a intervenção consciente de um ser mental invisível para formar o corpo que queria habitar ou então um desenvolvimento prévio na própria Matéria, que seria já capaz de receber um poder suprafísico e impô-lo às formas estreitas e rígidas de sua própria existência física. Senão, devemos supor que um corpo preexistente estava já evoluído o suficiente para adaptar-se à recepção de um vasto influxo mental ou ser capaz de responder com flexibilidade à descida nele de um ser mental. Isso suporia, porém, uma evolução prévia da mente no corpo até o momento em que uma tal receptividade se tornasse possível. Pode-se muito bem supor que uma tal evolução de baixo e uma tal descida do alto tenham cooperado para o aparecimento do ser humano na Natureza terrestre. A entidade psíquica secreta já presente no animal poderia ter suscitado a descida do ser mental, o Purusha mental, no reino da Matéria viva, a fim de que se apoderasse da energia vital-mental já em ação e a levasse até um nível mental mais alto. Mas isso ainda seria um processo evolutivo, o plano superior intervindo apenas para ajudar o aparecimento e a ampliação de seu próprio princípio na Natureza terrestre.

Em seguida, pode-se admitir que uma vez estabelecido, cada tipo ou modelo de consciência e existência em um corpo deve ser fiel à lei de existência desse tipo e ao desígnio e à norma de sua própria natureza. Mas, também, pode muito bem ser que uma parte da lei do tipo humano é seu impulso a ultrapassar-se, que os meios para uma transição consciente foram previstos em meio aos poderes espirituais do ser humano e que a posse de uma tal capacidade pode ser parte do plano a partir do qual a Energia criadora o construiu. Pode-se admitir que, até agora, o homem contentou-se sobretudo em agir no interior do círculo de sua natureza, e seguiu a espiral de um movimento natural, algumas vezes descendente, outras vezes ascendente — não houve progresso em linha reta, não houve uma superação indiscutível, fundamental ou radical de sua antiga natureza: o que ele fez foi aguçar, sutilizar, utilizar suas capacidades de um modo cada vez mais flexível e complexo. Na verdade, não se pode dizer que o homem não progrediu desde que apareceu, nem no curso de sua história recente e verificável; com efeito, por maiores que tenham sido os anciãos, por mais sublimes que tenham sido algumas de suas realizações e criações, por mais impressionantes que tenham sido os poderes de sua espiritualidade, intelecto ou personalidade, houve, em recentes desenvolvimentos, uma sutileza e uma complexidade crescentes, um progresso multiforme dos conhecimentos e das possibilidades de realização do ser humano em sua esfera política ou social, na vida, na ciência, na metafísica, em conhecimentos de todo tipo, na arte, na literatura; mesmo em seu esforço espiritual, menos surpreendentemente elevado e menos poderoso em poder espiritual do que aquele dos anciãos, houve esse aumento de sutilidade e plasticidade, a exploração de profundezas, a expansão da busca. Houve quedas, dos cumes de um alto tipo de cultura, uma descida abrupta e temporária em certo obscurantismo, interrupções do anelo espiritual, mergulhos em um materialismo bárbaro primitivo; mas estes são fenômenos temporários, no pior dos casos curvas descendentes da espiral do progresso. Esse progresso, de fato, não levou a espécie humana além de si mesma, à autossuperação, à transformação do ser mental. Mas isso não era de se esperar, pois a ação da Natureza evolutiva em um tipo de ser e consciência é, precisamente, desenvolver primeiro o tipo até o máximo de suas capacidades por uma sutilização e complexidade crescentes, até que esteja pronto para que a Natureza rompa a casca, esteja maduro para o emergir decisivo, a virada, a reviravolta da consciência sobre si mesma, que constitui um novo estágio na evolução. Supondo-se que essa próxima etapa é o ser espiritual e supramental, a importância que a humanidade atribui à espiritualidade pode ser tomada como um sinal de que essa é a intenção da Natureza, sinal também da capacidade do homem de operar em si mesmo, ou ajudá-la a operar, a transição. Se o método seguido pela evolução humana foi provocar no ser animal o aparecimento de um tipo similar, em alguns aspectos, à espécie-macaco, mas dotado desde o começo de elementos humanos, o método óbvio da Natureza para criar na evolução um ser espiritual e supramental será produzir no ser humano o aparecimento de um tipo espiritual parecido à humanidade mental-animal, mas já com a marca da aspiração espiritual.

É sugerido com pertinência que se um tal cume evolutivo é previsto e o homem deve ser o meio para alcançá-lo, apenas uns poucos seres humanos especialmente evoluídos formarão o novo tipo e se moverão em direção à nova vida; uma vez isso feito, o resto da humanidade abandonará sua aspiração espiritual não mais necessária ao propósito da Natureza e permanecerá quiescente, em seu estado normal. Pode-se também raciocinar que o processo gradual da evolução humana deve ser preservado, se houver realmente uma ascensão da alma por meio da reencarnação, passando por degraus evolutivos até o cume espiritual, pois de outro modo faltará a mais necessária de todas as etapas intermediárias. Deve-se admitir de imediato que não há a menor probabilidade, a menor possibilidade, de que toda a espécie humana eleve-se como um bloco ao nível supramental; o que é sugerido não é nada tão surpreendente e revolucionário, mas apenas a possibilidade para a mente humana — quando houver atingido certo nível ou certo ponto de tensão em seu ímpeto evolutivo — de prosseguir em direção a um plano de consciência mais alto e encarná-lo no ser humano. Mediante essa encarnação, o ser passará necessariamente por uma mudança da constituição normal de sua natureza, certamente uma mudança em sua constituição mental, emocional e sensorial, e também, em grande medida, da consciência corporal e no condicionamento físico de nossa vida e energias; mas a mudança de consciência será o fator principal, o movimento inicial, e a modificação física será um fator subordinado, uma consequência. Essa transmutação da consciência permanecerá sempre possível para o ser humano quando a chama da alma, o fogo psíquico, tornar-se potente no coração e na mente e a natureza estiver pronta. A aspiração espiritual é inata no homem, pois, ao contrário do animal, ele é consciente da imperfeição e limitação e sente que há algo a ser alcançado além do que ele é agora: é pouco provável que esse anelo para ultrapassar-se desapareça por completo na espécie. O nível mental humano existirá sempre, não apenas como um degrau na escala do renascimento, mas como uma etapa aberta em direção ao nível espiritual e supramental.

Deve-se observar que o aparecimento sobre a terra da mente e do corpo humanos marca uma etapa crucial, uma mudança decisiva no curso e processo da evolução; isso não é apenas a continuação das velhas linhas. Até o advento na Matéria de uma Mente pensante desenvolvida, a evolução efetuou-se não por uma aspiração, intenção, vontade ou busca autoconsciente no ser vivo, mas de modo subconsciente ou subliminar mediante a operação automática da Natureza. Isso foi assim porque a evolução começou na Inconsciência, e a Consciência secreta não havia emergido dessa Inconsciência o suficiente para agir com a participação consciente da vontade individual na criatura viva. Mas no ser humano, a mudança necessária foi feita — o ser despertou e tornou-se cônscio de si mesmo; na Mente, manifestou-se a vontade de desenvolver-se, crescer em conhecimento, aprofundar a existência interior e ampliar a existência exterior, de aumentar suas capacidades naturais. O homem viu que pode haver um estado de consciência superior ao seu; o impulso evolutivo está aí, veemente, em suas partes mentais e vitais; a aspiração a exceder-se é liberada e nítida dentro dele — pois ele se tornou consciente de uma alma, descobriu o self e o espírito. Então, com o homem, a passagem de uma evolução subconsciente a uma evolução consciente tornou-se concebível e factível, e pode-se muito bem concluir que a aspiração, o anelo e o esforço persistente nele são um sinal seguro da vontade da Natureza de dirigir-se a um modo superior de realização, o emergir de um estado superior.

Nos estágios precedentes da evolução, o primeiro cuidado e esforço da Natureza tiveram que dirigir-se a uma mudança na organização física, pois só assim poderia haver uma mudança de consciência; essa necessidade foi imposta pelo fato de que a força de consciência já formada era insuficiente para efetuar uma mudança no corpo. Mas, no ser humano, uma inversão é possível; na verdade inevitável, pois é por meio de sua consciência, da transmutação de sua consciência, e não mais por meio de um novo organismo corporal como primeira instrumentação, que a evolução pode e deve efetuar-se. Na realidade interior das coisas, uma mudança de consciência sempre foi o fato maior, a evolução sempre teve um significado espiritual e a mudança física foi apenas instrumental; mas essa relação ficou primeiro escondida pelo equilíbrio anormal de dois fatores, o corpo da Inconsciência externa ultrapassando em importância e obscurecendo o elemento espiritual, o ser consciente. Mas uma vez que o equilíbrio é retificado, não é mais a mudança do corpo que deve preceder a mudança de consciência; a própria consciência, por sua mutação, imporá e operará toda mutação necessária ao corpo. Deve-se notar que a mente humana já mostrou certa capacidade para ajudar a Natureza na evolução de novos tipos de plantas e animais; o homem criou novas formas em seu meio, e pelo conhecimento e disciplina desenvolveu mudanças consideráveis em sua própria mentalidade. Não é impossível que, em sua evolução própria e na própria transformação espiritual e física, o homem consiga, de modo consciente, também ajudar a Natureza. Esse impulso é já presente e parcialmente efetivo, embora ainda seja imperfeitamente compreendido e aceito pela mentalidade de superfície; mas um dia a mente poderá compreender, ir mais profundamente em si mesma e descobrir o meio, a energia secreta, a operação intencional da Consciência-Força interior, que é a realidade escondida daquilo que chamamos Natureza.

Todas estas são conclusões a que se pode chegar pela simples observação dos fenômenos externos da Natureza e sua progressão, a evolução em superfície do ser e da consciência no nascimento físico e no corpo. Mas há o outro fator, o invisível; há o renascimento, o progresso da alma pela ascensão de degrau em degrau na existência evolutiva; a cada degrau ela encontra instrumentos corporais e mentais cada vez mais aperfeiçoados. Nessa progressão, a entidade psíquica está ainda velada, mesmo no homem, o ser mental consciente, por seus instrumentos, mente, vida e corpo; ela não é capaz de manifestar-se completamente, pois é impedida de vir para a frente — onde poderia revelar-se como mestra de sua natureza — e obrigada a submeter-se a certa determinação que lhe é imposta por seus instrumentos, uma dominação do Purusha pela Prakriti. Mas no ser humano, a parte psíquica da personalidade é capaz de desenvolver-se com rapidez muito maior do que nas criaturas inferiores, e pode chegar um momento em que a entidade psíquica estará prestes a emergir de detrás do véu, vir para a frente e tornar-se a mestra de sua instrumentação na Natureza. Mas isso significará que o espírito secreto interior, o *Daemon*, o Divino dentro, estará no ponto de emergir; e quando emergir exigirá sem dúvida uma existência mais divina e espiritual, como o exige já na própria mente quando ela está sob a influência psíquica interior. Na natureza da vida terrestre, em que a mente é um instrumento da Ignorância, isso só pode ser efetuado por uma mudança de consciência, pela transição de uma vida fundamentada na Ignorância a uma vida fundamentada no Conhecimento, de uma consciência mental a uma consciência supramental, uma instrumentação supramental da Natureza.

Supor que em nosso mundo de Ignorância uma tal transformação só poderá cumprir-se se passarmos a um céu além ou não se cumprirá de modo algum, e que a demanda da entidade psíquica é ignorante e deve ser substituída por uma imersão da alma no Absoluto, é um raciocínio sem valor conclusivo. Essa conclusão só poderia ser válida se a Ignorância fosse todo o significado, substância e poder da manifestação universal ou se não houvesse, na própria Natureza universal, elemento algum que permitisse ultrapassar a mentalidade ignorante que ainda pesa sobre a condição presente de nosso ser. Mas a Ignorância é apenas uma parte dessa Natureza universal; ela não é nem sua totalidade, nem seu poder original ou criador: em sua origem suprema a Ignorância é um Conhecimento que se autolimita, e mesmo em sua origem inferior, quando emerge da pura Inconsciência material, é uma Consciência reprimida que labora para reencontrar-se, retomar-se, manifestar o Conhecimento que é seu caráter verdadeiro e fazer dele o fundamento da existência. Na própria Mente universal há regiões, acima de nossa mentalidade, que são instrumentos da cognição cósmica da verdade, e o ser mental certamente pode elevar-se até elas, pois eleva-se já em direção a elas em condições supranormais, ou recebe delas intuições, mensagens espirituais, um vasto influxo de iluminação ou de capacidade espiritual, sem ainda reconhecê-los ou possuí-los. Todas essas regiões são conscientes do que está além, e a mais alta entre elas está diretamente aberta à Supramente e percebe a Consciência-Verdade que a ultrapassa. Além disso, no próprio ser em evolução esses poderes superiores de consciência estão aqui, a sustentar a verdade mental e a servir de base à sua ação, que os cobre. Essa Supramente e esses poderes da Verdade sustentam a Natureza com sua presença secreta; a própria verdade mental é resultado dessa presença, uma operação menor, uma representação em imagens parciais. Portanto, não só é natural, mas parece inevitável que esses poderes mais altos da Existência manifestem-se aqui na Mente, assim como a própria Mente manifestou-se na Vida e na Matéria.

O anelo do homem pela espiritualidade é o impulso interior do espírito que o habita e quer emergir, é a insistência da Consciência-Força do ser em direção à próxima etapa de sua manifestação. É verdade que o anelo espiritual voltou-se sobretudo para um outro mundo ou, em sua forma extrema, para a negação ou a autoaniquilação espiritual do indivíduo mental; mas isso é apenas uma de suas tendências, mantida e imposta pela necessidade de sair do reino da Inconsciência fundamental, de ultrapassar o obstáculo do corpo, rejeitar o vital obscuro, desembaraçar-se da mentalidade ignorante; a necessidade de alcançar, primeiro e antes de tudo, um estado espiritual, pela rejeição de todos os obstáculos ao ser espiritual. A outra tendência, o aspecto dinâmico do anelo espiritual, não estava ausente: a aspiração a uma mestria e mutação espirituais da Natureza, uma perfeição espiritual do ser, uma divinização da mente, do coração e mesmo do corpo. Houve até mesmo o sonho ou a premonição psíquica, de uma realização que ultrapassaria a transformação individual, de uma nova terra e um novo céu, uma cidade de Deus, uma descida divina na terra, um reinado dos espiritualmente perfeitos, um reino de Deus não apenas dentro de nós, mas fora, em uma vida humana coletiva. Por mais obscura que possam ter sido algumas das formas que essa aspiração tomou, a indicação que contém sobre a aspiração do ser interior, oculto e espiritual, de emergir na Natureza terrestre, é inconfundível.

Se um desdobramento espiritual na terra é a verdade escondida de nosso nascimento na Matéria, se isso é, fundamentalmente, uma evolução da consciência que tem acontecido na Natureza, então o homem, assim como é, não pode ser o último termo dessa evolução: ele é uma expressão demasiado imperfeita do espírito; a própria mente é uma forma e um instrumento muito limitados; ela é apenas um termo intermediário da consciência, o ser mental só pode ser um ser de transição. Se, então, o homem for incapaz de ultrapassar a mentalidade, ele precisa ser ultrapassado, e a supramente e o supra-homem deverão manifestar-se e assumir a liderança da criação. Mas se sua mente for capaz de abrir-se ao que a excede, então não há razão para que o homem mesmo não possa chegar à supramente e à supra-humanidade ou, ao menos, a emprestar sua mente, vida e corpo à evolução desse termo maior do Espírito e à sua manifestação na Natureza.

CAPÍTULO XXIV

# A EVOLUÇÃO DO HOMEM ESPIRITUAL

*Assim como os homens vêm a Mim, assim eu os aceito. Qualquer que seja seu caminho, é minha via que os homens seguem. [...] Qualquer forma que o adorador escolhe para adorar com fé, Eu reforço sua fé nela, e com essa fé ele põe seu fervor em sua adoração e Eu satisfaço seu desejo. Mas limitado é esse fruto. Aqueles cujos sacrifícios são para os deuses, para os espíritos elementais, alcançam os deuses, alcançam os espíritos, mas aqueles que oferecem a Mim seu sacrifício, é a Mim que eles vêm.*

*Bhagavad-Gītā*, IV. 11; VII. 21-23; IX. 25.

*Neles não há nem a Maravilha nem a Potência; as verdades ocultas não existem para a mente do ignorante.*

*Rig Veda*, VII. 61. 5.

*Como um vidente que realiza as verdades ocultas e o conhecimento assim descoberto, ele dá nascimento aos sete Artesãos do céu, e à luz do dia eles falaram e forjaram os elementos de sua visão.*

*Rig Veda*, IV. 16. 3.

*Sabedorias do vidente, palavras secretas que revelam seu significado àquele que vê.*

*Rig Veda*, IV. 3. 16.

*Ninguém conhece o nascimento desses; cada um conhece a maneira como o outro gera: mas o Sábio percebe esses mistérios escondidos, mesmo aquilo que a grande Deusa, a Mãe de múltiplas cores, porta como seu seio de conhecimento.*

*Rig Veda*, VII. 56. 2, 4.

> *Assegurados do significado do mais alto conhecimento espiritual, purificados em seu ser.*
> Mundaka Upanishad, III. 2. 6.
>
> *Ele luta usando esses meios e possui o conhecimento: nele, esse espírito entra em seu supremo estado. [...] Satisfeitos no conhecimento, tendo construído seu ser espiritual, os Sábios, em união com o Self espiritual, alcançam o Onipresente em todo lugar e entram no Todo.*
> Mundaka Upanishad, III. 2. 4, 5.

A Natureza, nos primeiros estágios de sua evolução, nos põe em presença do segredo mudo de sua inconsciência; suas obras não revelam nenhum sentido, nenhum objetivo, nenhuma alusão a algum princípio de existência que não seja essa primeira formulação, que é sua preocupação imediata e parece ser para sempre sua única ocupação: pois em suas obras primordiais só a Matéria aparece, a única realidade cósmica, muda e desolada. Uma Testemunha da criação — se houvesse uma que fosse consciente, mas não informada — teria apenas visto surgir, de um vasto abismo de uma aparente não-existência, uma Energia ocupada em criar a Matéria, criar um mundo material e objetos materiais, organizando a infinidade do Inconsciente seguindo o plano de um universo sem limites; ou teria visto um sistema de universos inumeráveis a estender-se em torno de si no Espaço sem fim ou limite determinado, uma criação incansável de nebulosas e aglomerados de estrelas e de sóis e de planetas, existindo apenas para si mesmos, sem nenhum sentido, vazios de causa ou propósito. Isso poderia ter-lhe parecido um mecanismo estupendo sem utilidade, um movimento poderoso e sem sentido, um eterno espetáculo sem espectadores, um edifício cósmico sem habitantes, pois ela não teria visto nenhum sinal de um Espírito ocupando o âmago desse mundo, nenhum ser para cujo deleite isso fora criado. Uma tal criação só poderia ser o produto de uma Energia inconsciente ou um cinema de ilusões, teatro de sombras ou de marionetes, formas refletidas em um Absoluto supraconsciente e indiferente. Ela não teria visto evidência alguma de uma alma, indício de mente ou de vida nesse desdobramento incomensurável e interminável de Matéria. Não lhe pareceria possível ou imaginável que nesse universo para sempre inanimado, insensível e deserto pudesse desabrochar uma vida fecunda, primeira vibração de algo oculto e imprevisível, vivo e cônscio, uma entidade espiritual secreta em busca de seu caminho em direção à superfície.

Mas após alguns éons, ao olhar mais uma vez este vão panorama, essa Testemunha teria podido detectar, ao menos em um pequeno canto do universo, um fenômeno novo — um canto onde a Matéria foi preparada, suas operações suficientemente fixadas, organizadas, estabilizadas, adaptadas para tornar-se cenário de um novo desenvolvimento — e teria visto uma matéria viva, uma vida que emergiu das coisas e tornou-se visível: mas a Testemunha ainda não teria compreendido nada, pois a Natureza evolutiva cobria ainda seu segredo. Ela teria visto uma Natureza preocupada apenas em estabelecer essa explosão de vida, essa criação nova, mas uma vida vivendo para si mesma, sem nenhum significado — uma criadora prolífica e brincalhona, ocupada em espalhar a semente de seu novo poder e estabelecer a multiplicidade de suas formas em uma profusão bela e opulenta ou, mais tarde, em multiplicar gêneros e espécies infinitamente, pelo puro prazer de criar: um primeiro movimento, um pequeno toque de cor viva lançados no imenso deserto cósmico, e nada mais. A Testemunha não teria podido imaginar que uma mente pensante apareceria nessa minúscula ilha de vida, que uma consciência poderia despertar no Inconsciente, uma vibração nova, maior e mais sutil viria à superfície e revelaria de modo mais claro a presença do Espírito submerso. No início, poderia parecer-lhe que a Vida, de algum modo, tivesse se tornado consciente de si mesma e isso seria tudo, pois essa minguada mente recém-nascida parecia ser apenas uma serva da vida, um estratagema para ajudar a vida a viver, um mecanismo para sua manutenção, para atacar e defender-se, para certas necessidades e satisfações vitais, para liberar o instinto de viver e o impulso vital. Não lhe pareceria possível que nessa pequena vida tão irrisória em meio às imensidades, em uma só espécie entre essa multitude insignificante, um ser mental emergiria, uma mente ainda a serviço da vida, mas que faria também da vida e da matéria suas servas, e as usaria para a realização de suas próprias ideias, vontades, desejos — um ser mental que criaria, a partir da Matéria, todo tipo de utensílios, ferramentas, instrumentos para todo tipo de uso, que se serviria dela para erigir cidades, casas, templos, teatros, laboratórios, fábricas, talhar nela estátuas e esculpir catedrais monolíticas, inventaria a arquitetura, escultura, pintura, poesia e centenas de profissões e artes, descobriria as matemáticas e a física do universo e os segredos escondidos de sua estrutura, que viveria voltado para a mente e seus interesses, para o pensamento e o conhecimento, se tornaria o pensador, o filósofo e o cientista e, como supremo desafio ao reino da Matéria, ele despertaria para a Divindade escondida, tornar-se-ia o caçador do invisível, o místico, o buscador espiritual.

Porém, se depois de muitas eras ou ciclos a Testemunha tivesse olhado mais uma vez e visto esse milagre em pleno processo, mesmo assim, talvez obscurecida por sua experiência inicial — em que para ela a Matéria era a única realidade do universo — ainda não entenderia; ainda lhe pareceria impossível que o Espírito escondido pudesse emergir completamente, em toda a sua consciência, e fazer da Terra uma habitação para Aquele que se conhece e conhece o mundo, governa e possui a Natureza. "Impossível!", diria ela. "Tudo o que aconteceu é tão pouca coisa, um pequeno borbulhamento da substância cinzenta e sensitiva do cérebro, uma estranha anomalia em um fragmento de Matéria inanimada que se move em um minúsculo ponto no Universo." Mas, ao contrário, uma nova Testemunha que aparecesse no final da história, informada dos desenvolvimentos passados, mas não perturbada pelos reveses iniciais, poderia exclamar: "Ah! Esse era então o milagre previsto, o último, após tantos outros! O Espírito que estava submerso na Inconsciência liberou-se e agora habita, sem véus, na forma das coisas que, velado, ele havia criado para sua morada e como cenário para sua emergência." Porém, de fato, uma Testemunha mais consciente poderia ter descoberto a pista desde o início da manifestação, e mesmo em cada passo do processo, pois a cada etapa o segredo mudo da Natureza, embora ainda presente, diminui: uma indicação para o próximo passo é dada; uma preparação, cujo significado é mais evidente, torna-se visível. Já são visíveis, no que parece ser inconsciente na Vida, os sinais de uma sensibilidade que vem à superfície; na vida que se move e respira a emergência de uma mente sensível é evidente, e a preparação da mente pensante não é de todo velada; e quando essa mente desenvolve-se aparecem, desde os primeiros estágios, os esforços rudimentares e, depois, as buscas mais desenvolvidas, de uma consciência espiritual. Assim como a vida da planta contém em si a obscura possibilidade do animal consciente, assim como a mente animal está ativa com moções de sentimento e percepção e rudimentos de concepção que são a primeira base para o homem, o pensador, do mesmo modo o homem, o ser mental, é sublimado pelo empenho da Energia evolutiva, que busca desenvolver nele o homem espiritual, o ser plenamente consciente, o homem que transcende seu primeiro self material e descobre seu verdadeiro self e sua natureza superior.

Mas se isso deve ser aceito como a intenção na Natureza, surgem de imediato duas perguntas que pedem uma resposta definitiva — primeiro, qual é a natureza exata da transição do ser mental ao ser espiritual e, obtida essa resposta, qual é o processo e o método que permitem a evolução do homem espiritual a partir do homem mental? Como cada gradação na evolução emerge não só do grau precedente, mas nele, como a vida emerge na matéria e é amplamente limitada e determinada em sua autoexpressão pelas condições materiais, como a mente emerge na vida-na-matéria e é, de modo semelhante, limitada e determinada em sua autoexpressão pelas condições de vida e as condições materiais, pareceria então evidente que o espírito também deve emergir em uma mente encarnada na vida-na-matéria e ser amplamente limitado e determinado pelas condições mentais em que tem suas raízes, bem como pelas condições de vida e as condições materiais de sua existência aqui. Poder-se-ia mesmo sustentar que se houve uma evolução do espiritual em nós foi apenas parte da evolução mental, uma operação especial da mentalidade humana; e poder-se-ia dizer que o elemento espiritual não é uma entidade distinta ou separada e não pode emergir de maneira independente nem ter um futuro supramental. O ser mental pode desenvolver um interesse ou uma preocupação espiritual e, talvez, fazer surgir uma mentalidade espiritual ao mesmo tempo que sua mentalidade intelectual, uma primorosa flor-alma de sua vida mental. A tendência espiritual pode tornar-se predominante em alguns indivíduos, assim como em outros há a tendência artística ou pragmática; mas afirmar que um ser espiritual toma posse e transforma a natureza mental em espiritual, não corresponde a nenhuma realidade. Não há evolução do homem espiritual, mas a evolução de um elemento novo e talvez mais refinado e mais raro, em um ser mental. O que deve então ser ressaltado é a clara distinção entre o espiritual e o mental, a natureza dessa evolução e os fatores que tornam possível e inevitável esse emergir do espírito em seu verdadeiro caráter distinto, de modo que ele não permaneça um simples aspecto subordinado ou dominante de nossa mentalidade — como é o caso em grande parte de seu processo atual, ou como sua manifestação presente parece sugerir —, mas se defina como um poder novo que, no final, ultrapassará a parte mental e a substituirá como guia da vida e da natureza.

É bem verdade que, para um olhar superficial, a vida parece ser apenas uma operação da Matéria; a mente, uma atividade da vida e, em consequência, aquilo que chamamos alma ou espírito poderia ser apenas um poder da mentalidade, a alma uma forma refinada da mente, a espiritualidade uma atividade superior do ser mental encarnado. Mas essa é uma visão superficial das coisas, que se deve à concentração do pensamento nas aparências e no processo, sem ver o que está por trás do processo. A partir do mesmo princípio, poder-se-ia concluir que a eletricidade é apenas um produto ou operação da matéria-água e da matéria-nuvem, porque é nesse campo que o relâmpago aparece; mas um exame mais aprofundado mostrou que, ao contrário, nuvem e água têm, ambas, a energia da eletricidade como fundamento, como poder ou substância de energia constitutiva: aquilo que parece ser um resultado é — em sua realidade, embora não em sua forma — a origem; o efeito está na essência, preexistente à causa aparente; o princípio da atividade que emerge precede o seu campo de ação atual. Assim tem sido ao longo da evolução da Natureza; a Matéria não teria podido animar-se sem a presença do princípio da vida constituindo a Matéria e emergindo como um fenômeno de vida na matéria; a vida na matéria não teria podido começar a sentir, perceber, pensar, raciocinar, se o princípio da mente não estivesse já aí, por trás da vida e da substância, a constituí-las e utilizá-las como seu campo de operações e emergindo no fenômeno de uma vida pensante e um corpo pensante: do mesmo modo, a espiritualidade emergindo na mente é o sinal de um poder que, ele mesmo, fundamentou e constituiu a vida, a mente e o corpo, e emerge agora como um ser espiritual em um corpo vivo e pensante. Até onde irá esse emergir, se ele se tornará dominante e trasformará seu instrumento é uma questão subsequente; mas o que é necessário estabelecer primeiro é a existência do espírito como algo diverso da mente e mais vasto que ela, da espiritualidade como algo diverso da mentalidade, e do ser espiritual, portanto, como algo diverso do ser mental: o espírito é um emergir evolutivo final, porque é o elemento, o fator involutivo original. Evolução é uma ação inversa de involução: o que na involução é o último, o derradeiro derivado, é o primeiro a aparecer na evolução; o que era original e primordial na involução é, na evolução, o emergir último e supremo.

É verdade também que é difícil para a mente do homem distinguir com nitidez a alma ou self — ou qualquer elemento espiritual em si mesmo — da formação mental e vital em que esse elemento aparece; mas isso é só enquanto o emergir não é completo. No animal, a mente não é completamente distinta de sua vida-matriz e de sua própria matéria vital; os seus movimentos estão tão entremeados com os movimentos da vida que ele não pode destacar-se deles, não pode separar-se e observá-los; mas, no ser humano, a mente tornou-se separada, ele pode perceber as operações mentais como distintas de suas operações vitais, seu pensamento e vontade podem desengajar-se de suas sensações e impulsos, de seus desejos e reações emocionais, separar-se deles, observá-los e controlá-los, sancionar ou cancelar seu funcionamento; ele ainda não conhece os segredos de seu ser o suficiente para perceber-se de modo decisivo e seguro como um ser mental em uma vida e um corpo, mas tem essa sensação e interiormente pode tomar essa atitude. Do mesmo modo, no início a alma no homem não aparece como completamente diferente da mente e da vida mentalizada; seus movimentos são misturados aos movimentos da mente, suas operações parecem ser atividades mentais e emocionais; o ser mental humano não percebe em si uma alma que se mantém por trás da mente, vida e corpo, que se desapega e vê, dirige e molda sua ação e formação; mas, com o progresso da evolução interior, isso é precisamente o que pode e deve acontecer e de fato acontece — é a próxima etapa, por muito tempo retardada, mas inevitável, em nosso destino evolutivo. Pode haver também um emergir decisivo, em que o ser se separa do pensamento e vê-se em um silêncio interior, como o espírito na mente; ou se separa dos movimentos da vida, dos desejos, sensações, impulsos cinéticos e percebe-se como o espírito sustentando a vida; ou se separa das sensações do corpo e se conhece como o espírito animando a Matéria: essa é a descoberta de nós mesmos enquanto Purusha, um ser mental ou uma alma da vida ou um self sutil que sustenta o corpo. Isso é considerado por muitos como uma descoberta suficiente do verdadeiro self e, em certo sentido, eles estão certos, pois é o self ou espírito que assim se representa em meio às atividades da Natureza, e essa revelação de sua presença é suficiente para liberar o elemento espiritual; mas a autodescoberta pode ir mais longe, pode mesmo pôr de lado toda relação com as formas ou ações da Natureza, pois percebemos que esses selfs são representações de uma Entidade divina para quem mente, vida e corpo são apenas formas e instrumentos: somos então a Alma que olha a Natureza, que conhece todos os seus dinamismos em nós não por uma percepção e uma observação mentais, mas por uma consciência intrínseca e seu sentido direto das coisas e uma visão íntima exata; somos portanto capazes, pelo emergir da Alma, de ter um controle estreito sobre nossa natureza e mudá-la. Quando há um completo silêncio no ser, seja uma imobilidade total, seja, por trás, uma imobilidade que não é afetada pelos movimentos de superfície, podemos então perceber o Self, uma substância espiritual de nosso ser, uma existência que excede mesmo a individualidade da alma, expande-se na universalidade, ultrapassa toda dependência em qualquer forma ou ação da Natureza, e se eleva e amplia em uma transcendência cujos limites não são visíveis. São essas liberações da parte espiritual em nós que são as etapas decisivas da evolução espiritual na Natureza.

É apenas por esses movimentos decisivos que o verdadeiro caráter da evolução se torna evidente, pois até chegar a isso há apenas movimentos preparatórios, uma pressão da Entidade psíquica sobre a mente, a vida e o corpo para que se desenvolva a ação verdadeira da alma; uma pressão do espírito ou self para nos liberar do ego e da ignorância de superfície; uma orientação da mente e da vida em direção a uma Realidade oculta — estas são experiências preliminares, formulações parciais de uma mente e uma vida espiritualizadas, mas não a mudança completa, não as probabilidades de uma revelação completa da alma ou do self ou de uma transformação radical da natureza humana. Quando há um emergir decisivo, um de seus sinais é a presença e a ação em nós de uma consciência inerente, intrínseca, autoexistente, que se conhece pelo simples fato de existir; conhece tudo o que está em si própria do mesmo modo, por identidade, e começa mesmo a ver tudo o que para nossa mente parece exterior, do mesmo modo, por um movimento de identificação ou uma consciência direta intrínseca que envolve seu objeto, penetra-o, descobre-se no objeto, e percebe nele algo que não é nem mente, nem vida, nem corpo. Há então, evidentemente, uma consciência espiritual diferente da consciência mental, e ela testemunha a existência de um ser espiritual em nós que é diferente de nossa personalidade mental de superfície. Mas, no começo, essa consciência pode confinar-se a um estado estático em que se separa da ação de nossa natureza superficial ignorante e a observa, limitando-se a conhecer, a olhar as coisas com uma percepção e uma visão espirituais da existência. Para a ação, ela pode depender ainda de seus instrumentos, o mental, o vital e o corpo, ou permitir-lhes agir segundo sua própria natureza e ela mesma permanecer satisfeita com sua autoexperiência e seu autoconhecimento, satisfeita com uma liberação interior, uma liberdade final; mas essa consciência pode também, e de modo geral o faz, exercer certa autoridade, governança, influência sobre o pensamento, os movimentos da vida, a ação física: um controle que purifica e eleva, e os obriga a mover-se em uma verdade de si mesmos mais alta e mais pura, a servir de instrumentos ao influxo de um Poder mais divino e obedecer-lhe, ou a seguir uma direção luminosa que não é mental, mas espiritual, na qual podemos reconhecer certo caráter divino: a inspiração de um Self maior ou o comando do Ishwara, o Soberano de toda existência. Ou a natureza humana pode obedecer às indicações da entidade psíquica, mover-se em uma luz interior, seguir uma direção interior. Isso é já uma evolução considerável, que representa ao menos o início de uma transformação psíquica e espiritual. Mas é possível ir mais longe, pois o ser espiritual, uma vez liberado interiormente, pode desenvolver na mente estados de ser superiores que são sua atmosfera natural, e fazer descer uma energia e uma ação supramentais próprias à Consciência-Verdade; os instrumentos comuns, o mental, o vital, mesmo o físico, poderiam então ser inteiramente transformados e tornar-se os elementos não mais de uma ignorância, por mais iluminada que seja, mas de uma criação supramental que seria a ação verdadeira de um conhecimento e consciência--verdade espirituais.

No início, essa verdade do espírito e da espiritualidade não é autoevidente para a mente; mentalmente, o homem começa a perceber sua alma como algo diferente de seu corpo, superior à sua mente e vida normais, mas não tem uma percepção clara dela, apenas uma sensação de alguns dos seus efeitos em sua natureza. Como esses efeitos tomam uma forma mental ou vital, a diferença não é marcada de modo firme e rigoroso, e a percepção da própria alma não adquire ainda um caráter distinto e estabelecido. Na verdade, de modo geral confunde-se a alma com uma formação complexa de inflências parciais provenientes do psíquico e de sua pressão sobre as partes mentais e vitais, formação que é misturada com a aspiração mental e os desejos vitais; da mesma maneira, confunde-se o ego separador com o self, embora o self, em seu ser verdadeiro, em sua essência, seja universal assim como individual; e da mesma maneira confunde-se a espiritualidade com uma mistura de aspiração mental, ardor e entusiasmo vital, realçados por uma crença ou autodedicação intensa ou elevada ou um altruísmo veemente. Mas essa imprecisão e essa confusão são inevitáveis; esse é um estágio temporário da evolução, pois visto que a ignorância é seu ponto de partida e a marca de nossa natureza primeva, ela deve necessariamente começar por uma percepção intuitiva imperfeita e um impulso instintivo ou uma busca que não se apoia em nenhuma experiência adquirida ou conhecimento claro. Mesmo as formações que são os primeiros efeitos da percepção ou do impulso, ou os primeiros indícios de uma evolução espiritual, têm inevitavelmente essa natureza incompleta e provisória. Mas o erro que resulta disso é um obstáculo sério a uma verdadeira compreensão da espiritualidade, e deve então ser enfatizado que espiritualidade não significa uma alta intelectualidade, idealismo, uma tendência ética da mente ou pureza e austeridade morais, nem religiosidade ou um fervor emotivo ardente e exaltado, nem mesmo um conjunto de todas essas coisas excelentes; uma crença mental, um credo ou uma fé, uma aspiração emocional, uma regulação da conduta segundo fórmulas religiosas ou morais não são realizações e experiências espirituais. Essas coisas têm um valor considerável para a mente e a vida, têm valor para a própria evolução espiritual enquanto movimentos preparatórios que disciplinam, purificam a natureza e lhe dão uma forma apropriada. Mas ainda pertencem à evolução mental — não há aí o começo de uma realização, uma experiência e uma mudança espirituais. Em sua essência, a espiritualidade é o despertar para a realidade interior de nosso ser, para o espírito, o self, a alma, que é diferente de nossa mente, vida e corpo; é uma aspiração interior para conhecer, sentir, ser Isto, para entrar em contato com a Realidade mais vasta que ultrapassa o universo e o permeia, e que habita também em nosso próprio ser; é uma aspiração para estar em comunhão e união com essa Realidade e, como resultado da aspiração, do contato e união, é uma virada, uma conversão, uma transformação de todo o nosso ser, o crescimento ou o despertar em um novo devenir ou novo ser, novo self, nova natureza.

Com efeito, a Consciência-Força criadora em nossa existência terrestre deve conduzir o avanço de uma evolução dupla em um processo quase simultâneo, mas dando prioridade considerável e importância maior ao elemento inferior. Há uma evolução de nossa natureza externa, própria ao ser mental na vida e no corpo e, dentro de nós, uma preparação e mesmo o começo de uma evolução de nosso ser interno, de nossa natureza oculta, subliminar e espiritual, que quer ir adiante, revelar-se, porque, com o emergir da mente, essa revelação torna-se possível. Porém, a preocupação maior da Natureza deve ser, necessariamente, e por muito tempo ainda, a evolução da mente até a amplidão, a elevação e a sutileza mais vastas possíveis, pois só assim poderá ser preparada a revelação de uma inteligência inteiramente intuitiva, da sobremente, da supramente, e efetuar-se a passagem difícil que conduz aos instrumentos mais altos do Espírito. Se a única intenção fosse a revelação da Realidade espiritual essencial e a abolição de nosso ser em sua pura existência, essa insistência na evolução mental não teria propósito, pois a cada passo da evolução o espírito pode liberar-se e nosso ser, absorver-se nele: a intensidade do coração, o silêncio total da mente e a vontade absorvendo-se em uma única paixão seriam o bastante para provocar esse movimento culminante. Se a intenção final da Natureza fosse voltada para outros mundos, a mesma lei seria ainda válida, pois em todo lugar, a cada etapa da natureza, o impulso em direção a esse outro mundo pode ter um poder suficiente para criar-se uma passagem, liberar-se da ação terrestre e entrar em um alhures espiritual. Mas se a intenção da Natureza for uma mudança que abranja todo o ser, essa dupla evolução é inteligível e justifica-se, pois é indispensável para esse propósito.

Contudo, essa dupla evolução impõe um avanço espiritual lento e difícil: primeiro, o emergir espiritual deve esperar, a cada etapa, que os instrumentos estejam prontos; em seguida, à medida que o elemento espiritual emerge, é misturado inextricavelmente com os poderes, motivos, impulsos de uma mente, um vital e um corpo imperfeitos — há uma pressão sobre ele para que aceite e sirva a esses poderes, motivos e impulsos; ele é sujeito à força de atração de baixo e a misturas perigosas, à tentação constante para cair ou desviar-se; há, em todo caso, entraves, um peso, um atraso; ele precisa retornar sobre cada passo ganho para fazer avançar aquilo que na natureza humana retarda e o impede de ir mais longe; no final, o próprio caráter da mente em que esse elemento espiritual deve trabalhar, impõe uma limitação à luz e ao poder espirituais emergentes; ele é compelido a mover-se por segmentos, seguir uma linha ou outra e abandonar completamente, ou deixar para mais tarde, sua plena realização. Essa obstrução, esse obstáculo da mente, da vida e do corpo — as paixões túrbidas do aspecto vital, a obscuridade, incertezas, dúvidas, negações, contradições da mente — são um entrave tão grande e intolerável que o impulso espiritual impacienta-se e tenta com rigor sufocar esses oponentes, rejeitar a vida, mortificar o corpo, silenciar a mente e alcançar sua própria salvação pela evasão do espírito no espírito puro e pela rejeição completa de uma Natureza obscura e não divina. À parte esse apelo supremo, essa insistência natural da parte espiritual em nós para retornar ao seu próprio elemento e estado superior, esses aspectos vitais e físicos da Natureza agem como um obstáculo à espiritualidade pura e são uma razão irresistível em favor do ascetismo, do ilusionismo, da tendência a buscar outros mundos, do desejo de evadir-se da vida, da paixão por um Absoluto puro e sem mistura. O absolutismo espiritual puro é um movimento do self em direção à sua identidade suprema, mas é também indispensável ao propósito da Natureza, pois sem ele a mistura, a gravitação para baixo tornaria impossível o emergir espiritual. O extremista desse absolutismo, o solitário, o asceta, é o porta-estandarte do espírito, sua roupa ocre é sua bandeira, o sinal de uma recusa a todo compromisso — pois na verdade o esforço para emergir não pode acabar em um compromisso, mas apenas por uma vitória espiritual total e a completa submissão da natureza inferior. Se isso for impossível aqui, então, na verdade deverá ser alcançado em algum outro lugar; se a Natureza recusar submeter-se ao espírito que emerge, então a alma deve retirar-se da Natureza. Assim, há uma tendência dual no emergir espiritual: de um lado, o ímpeto para estabelecer a todo custo a consciência espiritual no ser, mesmo se para isso for preciso rejeitar a Natureza; do outro, uma insistência para estender a espiritualidade a todas as partes de nossa natureza. Mas até que a primeira tendência seja realizada em sua totalidade, a segunda só pode ser imperfeita e hesitante. Estabelecer uma consciência espiritual pura é o primeiro objetivo na evolução do homem espiritual; para o buscador espiritual essa realização e a aspiração dessa consciência para entrar em contato com a Realidade, o Self ou o Ser Divino, devem ser a primeira e mais importante preocupação, e mesmo a única, até que seja realizada em sua totalidade. É a única coisa indispensável e cada um deve cumpri-la seguindo a via que lhe é possível e conforme as capacidades espirituais desenvolvidas em sua natureza.

Ao considerarmos o progresso alcançado na evolução do ser espiritual, devemos olhar dois lados — considerar os meios, as linhas de desenvolvimento utilizadas pela Natureza, e observar os resultados concretos conseguidos por ela no indivíduo humano. Há quatro linhas principais que a Natureza seguiu para tentar abrir o ser interior: religião, ocultismo, pensamento espiritual e a realização espiritual e experiência interior; as três primeiras são vias de aproximação, a última é a avenida decisiva que nos faz entrar. Esses quatro poderes agiram de modo simultâneo, mais ou menos conectados, algumas vezes em colaboração instável, outras vezes em disputa um com o outro, ou separados e independentes. A religião admitiu um elemento oculto em seu ritual, cerimônias e sacramentos; apoiou-se no pensamento espiritual e algumas vezes fez derivar dele um credo ou uma teologia ou o apoio para sua filosofia espiritual — o Ocidente de modo geral seguiu o primeiro método, enquanto o Oriente seguiu o outro —, mas a experiência espiritual é o objetivo e a realização final da religião, seu céu e seu cume. Mas algumas vezes a religião também baniu o ocultismo ou reduziu ao mínimo seu próprio elemento oculto; rejeitou a mente filosófica como se fosse uma estranha com o intelecto seco; apoiou-se com todo o seu peso em credo e dogmas, na emoção e no fervor piedosos e na conduta moral; reduziu ao mínimo, ou dispensou, a realização e a experiência espirituais. O ocultismo algumas vezes colocou a espiritualidade como objetivo e seguiu o conhecimento e a experiência ocultos como meio para aproximar-se dela, e formulou algum tipo de filosofia mística. Mas na maioria das vezes manteve-se dentro dos limites do conhecimento oculto e suas práticas, sem nenhuma perspectiva espiritual; voltou-se para a taumaturgia ou a mera magia ou mesmo desviou-se para o diabolismo. A filosofia espiritual, com muita frequência, buscou na religião um apoio ou uma via para a experiência; ela nasceu da realização e experiência ou construiu suas estruturas como um meio para atingi-las: mas muitas vezes também rejeitou toda ajuda — ou todos os entraves — da religião e prosseguiu por sua própria força, seja satisfeita com o conhecimento mental, seja confiante que descobriria sua própria via de experiência e uma disciplina eficaz. A experiência espiritual serviu-se dos três meios como ponto de partida, mas também dispensou todos eles, contando apenas com sua própria força: desencorajou o uso do conhecimento e dos poderes ocultos por considerá-los atrações perigosas e obstáculos inextricáveis, e buscou apenas a verdade pura do espírito; dispensou a filosofia, e alcançou seu objetivo por meio do fervor do coração ou por uma espiritualização mística interior; pôs de lado toda crença, cerimônia e prática religiosas, considerando-as um estágio inferior ou uma primeira via de aproximação, e prosseguiu, deixando atrás todos esses suportes e livre de todas essas armadilhas, para o contato puro da Realidade espiritual. Todas essas variações foram necessárias; o esforço evolutivo da Natureza experimentou todas as vias a fim de encontrar seu verdadeiro caminho, o caminho total para a consciência suprema e o conhecimento integral.

Pois cada um desses meios ou abordagens corresponde a algo em nosso ser total e, portanto, a algo necessário ao objetivo total da evolução da Natureza. Há quatro necessidades para a autoexpansão de nosso ser, se o homem não quiser permanecer o que ele é agora em sua natureza fenomênica: um ser que vive na superfície em um estado de ignorância, que busca obscuramente a verdade das coisas e junta e sistematiza fragmentos e seções de conhecimento; uma pequena criatura, limitada e semicompetente, da Força cósmica. Ele deve conhecer-se e descobrir e utilizar todas as suas potencialidades; mas para conhecer-se inteiramente e conhecer o mundo inteiramente, ele deve buscar aquilo que se encontra por trás de sua própria natureza e aquilo que é exterior a ela, mergulhar profundamente em sua própria superfície mental e na superfície física da Natureza. Isso só pode ser feito se ele conhecer seu ser interior mental, vital, físico e psíquico, seus poderes e movimentos e as leis e processos universais da Mente e da Vida ocultas que se encontram por trás da fachada material do universo; esse é o campo do ocultismo, se tomarmos a palavra em seu sentido mais vasto. Ele deverá conhecer também o Poder ou os Poderes escondidos que controlam o mundo: se há um Self Cósmico ou Espírito ou um Criador, o homem deve ser capaz de entrar em relação com Ele ou com Isto e permanecer em qualquer contato ou comunhão que seja possível, entrar em algum tipo de sintonia com os Seres mestres do universo ou com o Ser universal e sua vontade universal ou com um supremo Ser e Sua suprema vontade; ser capaz, em sua vida e conduta, de seguir a lei que lhe for dada por esse Ser e o objetivo que lhe for assinalado ou revelado; deve elevar-se aos cumes mais altos, em sua vida presente ou em sua existência futura, como esse Ser exige; se não existir um tal Espírito, Ser universal ou supremo, o homem deverá saber o que existe e como elevar-se a isso, e sair de sua imperfeição e impotência atuais. Esse meio de aproximação é o objetivo da religião: seu propósito é ligar o humano ao Divino e, por meio disso, sublimar o pensamento, a vida e a carne, a fim de que estes possam admitir a autoridade da alma e do espírito. Mas esse conhecimento deve ser algo mais do que um credo ou uma revelação mística; a mente pensante deve poder aceitá-lo, correlacioná-lo ao princípio das coisas e à verdade do universo, assim como é observada; esse é o trabalho da filosofia, e no campo da verdade do espírito esse trabalho só pode ser feito por uma filosofia espiritual, quer seu método seja intelectual, quer ele seja intuitivo. Mas todo conhecimento e esforço só podem dar frutos ao se transformarem em experiências e tornarem-se parte da consciência e suas operações estabelecidas; no campo espiritual, todo esse conhecimento, religioso, oculto ou filosófico e todo esse esforço devem, para ser fecundos, chegar a uma abertura da consciência espiritual, às experiências que fundamentam essa consciência e continuamente a elevam, ampliam e enriquecem, e à construção de uma vida e uma ação em conformidade com a verdade do espírito: esse é o trabalho da realização e da experiência espirituais.

Pela própria natureza das coisas, toda evolução procede primeiro por um lento desdobrar-se, pois cada princípio novo que desenvolve seus poderes deve fazer seu caminho a partir de uma involução na Inconsciência e na Ignorância; ele tem a tarefa difícil de desprender-se da involução, arrancar-se do domínio da obscuridade do meio original, lutar contra a atração e a pressão da Inconsciência e sua oposição e obstrução instintivas, contra as misturas que dificultam e as lentidões cegas e obstinadas da Ignorância. No início, a Natureza expressa um ímpeto vago, uma tendência imprecisa; um sinal do esforço da realidade oculta, submersa e subliminar, para emergir à superfície; depois, aparecem pequenas indicações semirreprimidas daquilo que é para ser, começos imperfeitos, elementos grosseiros, aparências rudimentares, pequenos *quanta* insignificantes, dificilmente reconhecíveis. Mais tarde aparecem formações, pequenas e grandes; uma qualidade mais característica e reconhecível começa a mostrar-se, primeiro parcialmente, aqui e ali ou em baixa intensidade, depois cada vez mais vívida e formativa; finalmente acontece o emergir decisivo, uma virada da consciência, o começo da possibilidade de sua mudança radical. Mas há ainda muito a ser feito em todas as direções, o esforço evolutivo encontra-se diante de um crescimento longo e difícil em direção à perfeição. O que foi realizado deve ser não apenas confirmado, protegido de recaídas e da atração para baixo, do fracasso e extinção, mas também abrir-se às suas próprias possibilidades em todos os domínios, à totalidade de sua completa realização, atingir sua estatura mais alta, sua sutileza, riqueza, amplidão maiores; deve afirmar-se, abranger, abarcar tudo. Esse é, em toda parte, o processo da Natureza, e ignorá-lo é não ver a intenção inscrita em seus trabalhos e perder-se no labirinto de suas operações.

É esse processo que foi seguido pela evolução da religião na mente e na consciência humanas; a obra feita por ela para a humanidade não poderá ser compreendida ou apreciada corretamente se ignorarmos as condições do processo e sua necessidade. É evidente que as primeiras formas da religião devam ser grosseiras e imperfeitas, seu desenvolvimento dificultado por misturas, erros, concessões feitas às partes mentais e vitais do ser humano, que muitas vezes têm um caráter bem pouco espiritual. Elementos ignorantes e prejudiciais, mesmo desastrosos, podem se infiltrar e conduzir ao erro e ao mal; o dogmatismo da mente humana, sua estreiteza arrogante, egoísmo intolerante e agressivo, seu apego a suas verdades limitadas e mais ainda a seus erros, ou a violência, fanatismo, pretensões militantes e tirânicas do vital, sua ação traiçoeira sobre a mente para obter apoio e satisfazer seus próprios desejos e propensões, podem muito facilmente invadir o campo religioso e destituir a religião de seu objetivo e caráter espirituais mais elevados; sob o nome de religião muita ignorância pode se esconder, muitos erros e construções falsas e extensivas podem ser permitidos, e mesmo muitos crimes e ofensas contra o espírito podem ser cometidos. Mas essa história atormentada é aquela de todo esforço humano, e se devesse testemunhar contra a verdade e necessidade da religião, poderia testemunhar também contra a verdade e necessidade de todos os outros esforços do homem, contra toda ação humana, contra seu ideal, seu pensamento, sua arte, sua ciência.

A própria religião foi posta em dúvida devido à sua pretensão de determinar a verdade por autoridade divina, por inspiração, por uma soberania sacrossanta e infalível que lhe teria sido outorgada do alto; ela buscou impor-se, sem discussão ou sem ser questionada, no pensamento, nas emoções, na conduta humana. Essa é uma pretensão excessiva e prematura, embora em certo sentido imponha-se à ideia religiosa pelo caráter imperioso e absoluto das inspirações e iluminações que são sua garantia e justificação, e a necessidade da fé, que em meio à ignorância, dúvidas, fraquezas, incertezas da mente, é como uma luz e um poder da alma. A fé é indispensável ao ser humano, pois sem ela ele não poderia prosseguir sua viagem através do Desconhecido; mas não deve ser imposta, deve vir como uma percepção livre ou direção imperativa do espírito interior. Exigir uma aceitação inquestionável só poderia justificar-se se, por um esforço espiritual, o homem já houvesse alcançado o termo de sua progressão e alcançado a Consciência-Verdade mais alta, uma consciência total e integral, livre de toda mistura da ignorância mental e vital. Esse é nosso objetivo final, mas não foi alcançado ainda, e as pretensões prematuras obscureceram o verdadeiro trabalho do instinto religioso no homem, que é de conduzi-lo à Realidade Divina, formular tudo que ele realizou nessa direção e dar a cada ser humano o quadro de uma disciplina espiritual, um meio de buscar a Verdade Divina, entrar em contato, aproximar-se dela, um caminho que seja conforme os potenciais de sua natureza.

É no desenvolvimento religioso da Índia que podemos reconhecer a flexibilidade e a amplidão do método que a Natureza seguiu em sua evolução, pois foi lá que ela proveu o âmbito mais vasto para a busca religiosa do ser humano, ao mesmo tempo que preservou sua verdadeira intenção. Um grande número de formas religiosas, cultos e disciplinas foram aceitos e mesmo encorajados a subsistir lado a lado; cada um era livre de aceitar e seguir aquilo que era mais em acordo com seu pensamento, sentimento, temperamento e características de sua natureza. É justo e razoável que essa plasticidade exista, e ela é favorável a uma evolução espiritual, pois a verdadeira razão de ser da religião é preparar a existência mental, vital e corporal do ser humano para que a consciência espiritual possa assumi-la em seguida; ela deve conduzir o homem àquele ponto em que a luz espiritual interior começa a emergir plenamente. É nesse estágio que a religião deve aprender a subordinar-se, a não insistir nos caracteres externos, mas a deixar o campo livre para que o espírito interior desenvolva sua verdade e sua realidade próprias. Nesse meio-tempo, ela deve, o tanto que puder, tomar em mãos a mente, o vital e o físico do homem e dar a todas as suas atividades uma direção espiritual, revelar-lhes seu significado espiritual próprio, dar-lhes a marca de um refinamento espiritual, o começo de um caráter espiritual. É com essa tentativa que os erros se introduzem na religião, pois são causados pela própria natureza da matéria com a qual ela lida — essa substância inferior invade as próprias formas que deveriam servir de intermediárias entre a consciência espiritual e a consciência mental, vital ou física e com frequência as diminui, degrada e corrompe; mas nessa tentativa encontra-se a maior utilidade da religião como mediadora entre o espírito e a natureza humana. A verdade e o erro vivem sempre juntos na evolução humana e a verdade não deve ser rejeitada por causa dos erros que a acompanham, embora estes devam ser eliminados — muitas vezes essa é uma tarefa difícil e, se realizada de modo grosseiro, o resultado é um dano cirúrgico infligido no corpo da religião —, pois o que vemos como erro é com muita frequência o símbolo ou o disfarce de uma verdade, sua corrupção ou sua deformação, e essa verdade se perde na brutalidade radical da operação — é amputada junto com o erro. A própria Natureza, na maioria da vezes, permite ao joio e às ervas daninhas crescerem juntos com o bom grão durante um longo período, porque só assim seu próprio crescimento, sua livre evolução, é possível.

Quando a Natureza evolutiva começa a despertar o ser humano para uma consciência espiritual rudimentar, em geral isso começa com uma percepção vaga do Infinito e do Invisível que circundam o ser físico; o homem sente suas limitações e a impotência de sua mente e vontade e percebe, escondido no mundo, algo maior do que ele mesmo: Potências benéficas ou maléficas que determinam os resultados de sua ação, um Poder que está por trás do mundo físico onde ele vive e talvez os tenha criado um e outro, ou Poderes que animam e governam os movimentos da Natureza enquanto eles mesmos talvez sejam governados por um Desconhecido maior que está além deles. O homem teve que determinar o que eram esses Poderes e encontrar o meio de comunicar-se com eles, a fim de torná-los propícios ou chamá-los em sua ajuda; buscou também os meios de descobrir e controlar os princípios ocultos por trás dos movimentos da Natureza. Isso ele não pôde fazer de imediato com a razão, porque a razão, em seus começos, podia lidar apenas com fatos físicos; mas aí tratava-se do domínio do Invisível e era necessário uma visão e um conhecimento suprafísicos; ele pôde fazer isso pela expansão da faculdade da intuição e do instinto, que eram já presentes no animal. Essa faculdade, que continou no ser pensante e mentalizou-se, deve ter sido mais sensível e ativa no ser humano primitivo — embora frequentemente em um plano inferior —, pois ele devia apoiar-se sobretudo nela para as primeiras descobertas que lhe fossem necessárias; devia contar também com a ajuda da experiência subliminar, pois o subliminar também deve ter sido mais ativo, mais preparado para emergir nele, mais capaz de formular seus movimentos à superfície, antes que o homem aprendesse a depender completamente de seu intelecto e sentidos. As intuições que ele recebia assim, pelo contato com a Natureza, foram sistematizadas por sua mente e deram origem às primeiras formas de religião. Esse poder de intuição ativo e disponível permitiu-lhe também sentir as forças suprafísicas por trás do físico; seu instinto, e certa experiência subliminar ou supranormal com seres suprafísicos com os quais podia comunicar-se de um ou outro modo, orientaram-no para a descoberta de meios eficazes para canalizar e utilizar de modo dinâmico esse conhecimento; assim, a magia e outras formas primitivas de ocultismo foram criadas. Em dado momento, o homem deve ter percebido em si a presença de algo que não era físico, uma alma que sobrevivia ao corpo; certas experiências supranormais, que se tornaram ativas por causa da pressão para conhecer o invisível, devem tê-lo ajudado a formular suas primeiras noções rudimentares sobre essa entidade dentro dele. Seria apenas mais tarde que começaria a compreender que aquilo que percebia na ação do universo, sob certa forma estava também nele, e nele também existiam elementos que respondiam aos poderes invisíveis e às forças do bem ou do mal. Assim iriam começar suas primeiras formações ético-religiosas e possibilidades de experiências espirituais. Um amálgama de intuições primitivas, ritual oculto, uma ética sociorreligiosa, conhecimentos ou experiências místicas simbolizadas por mitos, mas com o sentido preservado por uma iniciação e uma disciplina secretas, são o primeiro estágio, de início muito superficial e exterior, da religião humana. No começo, esses elementos eram, sem dúvida, grosseiros, pobres e imperfeitos, mas adquiriram profundidade e ampliaram-se, e em certas culturas tiveram uma vastidão formidável e grande significado.

Mas à medida que a mente e a vida desenvolviam-se — pois esse desenvolvimento é a primeira preocupação da Natureza no ser humano e ela não hesita em dar-lhe o lugar mais importante, às custas de outros elementos que será necessário retomar em sua totalidade mais tarde — aparece uma tendência à intelectualização, e as primeiras formações intuitivas, instintivas e subliminares que haviam sido necessárias foram encobertas pelas estruturas erigidas pela crescente força da razão e da inteligência mental. Quanto mais o homem descobre os segredos e processos da Natureza física, mais distancia-se da ajuda que no início havia buscado no ocultismo e na magia; a presença e influência de deuses e poderes invisíveis, sentidas antes, recuam, enquanto as coisas são explicadas cada vez mais como ações naturais, processos mecânicos da Natureza; contudo, ele sentia ainda a necessidade de um elemento espiritual e fatores espirituais em sua vida e por isso manteve por algum tempo as duas atividades. Mas os elementos ocultos da religião, embora tenham sido conservados ainda como crenças e preservados, foram também enterrados sob ritos e mitos, perderam seu significado e enfraqueceram, e o elemento intelectual aumentou; no final, onde e quando a tendência intelectualizante tornou-se muito forte, houve um movimento para suprimir tudo, exceto o credo, a instituição, a prática formal e a ética. Mesmo o elemento da experiência espiritual se reduz, e é considerado suficiente apoiar-se apenas na fé, no fervor emotivo e na conduta moral. O amálgama inicial, feito de religião, ocultismo e experiência mística foi rompido, e cada um desses poderes teve a tendência — de modo algum universal ou completa, mas ainda assim pronunciada e visível — a seguir seu próprio caminho, para seu próprio objetivo, segundo seu próprio caráter separado e independente. Uma negação completa da religião, do ocultismo e de tudo que é suprafísico é o último resultado desse estágio, o endurecimento e a secura do intelecto superficial atingem seu paroxismo e demolem as estruturas protetoras que serviam de refúgio para as partes mais profundas de nossa natureza. No entanto, mesmo assim a Natureza evolutiva manteve vivas suas intenções ulteriores na mente de uns poucos, e usou a evolução mental mais avançada para elevar os homens a planos superiores e a reflexões mais profundas. Mesmo no momento atual, depois de uma época de intelectualismo e materialismo triunfantes, podemos ver evidências desse processo seguido pela Natureza — um retorno à autodescoberta interior, uma busca e um pensamento voltados para dentro, novas tentativas no campo da experiência mística, uma procura tateante do self interior e um novo despertar para o sentido da verdade e poder do espírito começam a manifestar-se. A busca do self, da alma e da verdade mais profunda das coisas revive e readquire sua força perdida, dá uma vida nova às crenças antigas, erige novas fés ou se desenvolve independentemente das religiões sectárias. O próprio intelecto, ao ter quase alcançado os limites naturais das capacidades para descobertas físicas, ter tocado seu próprio fundo e descoberto que não pode explicar nada mais além dos processos externos da Natureza, começou, de maneira ainda hesitante e experimental, a escrutar os mais profundos segredos da mente e da força de vida e o domínio do oculto, que havia rejeitado *a priori*, a fim de conhecer o que pode haver de verdade aí. Mesmo a religião mostrou seu poder de sobrevivência e no momento atual passa por uma evolução cujo sentido final é ainda obscuro. Nos inícios dessa nova fase da evolução mental, por mais grosseiros e hesitantes que sejam, pode-se detectar a possibilidade de que um forte impulso conduza a evolução espiritual na Natureza a uma virada e um avanço decisivos. Rica, mas com certa obscuridade em seu primeiro estágio infrarracional, a religião teve a tendência, sob a pressão pesada do intelecto, a passar ao espaço intermediário de uma razão clara, mas austera; todavia, ela deverá no final seguir a curva ascendente da mente humana e elevar-se mais plenamente a seus próprios cumes, em direção a seu domínio mais verdadeiro e vasto, na esfera de uma consciência e um conhecimento suprarracionais.

Se olharmos o passado, poderemos ver ainda os sinais dessa evolução natural, embora suas primeiras etapas nos estejam em grande parte escondidas nas páginas não escritas da pré-história. Afirma-se que a religião, em seus começos, era nada mais do que uma massa de animismo, fetichismo, magia, totemismo, tabus, mitos, símbolos supersticiosos, com o curandeiro como sacerdote — que ela era um parasita mental da ignorância humana primitiva — ou, mais tarde, uma forma de culto da Natureza, no melhor dos casos. É bem possível que tenha sido assim na mente primitiva, embora devamos acrescentar que por trás de muitas dessas crenças e práticas pode ser que tenha havido uma verdade, de um tipo inferior, mas muito eficaz, que perdemos com nosso desenvolvimento superior. O homem primitivo vive sobretudo em uma província pequena e baixa de seu ser vital, o que corresponde, no plano oculto, a uma Natureza invisível de caráter similar e cujos poderes ocultos podem ser chamados e postos em atividade por um conhecimento e métodos para os quais as intuições e os instintos do vital inferior podem abrir uma porta de acesso. Tudo isso devia expressar-se por meio dessas crenças e práticas religiosas, em um primeiro estágio que não era ainda espiritual, mas oculto, e cujo caráter e objetivo eram grosseiros e rudimentares; nesse estágio, o homem recorria sobretudo a pequenos poderes vitais e seres elementais para satisfazer pequenos desejos vitais e um bem-estar físico grosseiro.

Mas esse estado primitivo só pode ter sido um começo — se de fato foi um estado primitivo e não, daquilo que podemos ver ainda, um declínio ou um vestígio, regressão a partir de um conhecimento mais alto pertencente ao ciclo de uma civilização precedente ou remanescente deteriorado de uma cultura morta ou obsoleta. Ele foi seguido, após diferentes etapas, por um tipo mais avançado de religião, de que temos registros na literatura ou em documentos que sobreviveram dos primeiros povos civilizados. Esse tipo de religião, composto de um culto e crenças politeístas, de uma cosmologia, mitologia, um complexo de cerimônias, práticas, obrigações rituais e morais algumas vezes estreitamente interligadas com o sistema social, em geral era uma religião nacional ou tribal profundamente expressiva do estado de evolução que a comunidade havia alcançado em seu pensamento e sua vida. Na estrutura externa faltava ainda o apoio de um significado espiritual mais profundo; mas nas culturas mais altas e desenvolvidas essa lacuna era preenchida por um fundo sólido de conhecimento e práticas ocultas, ou então por Mistérios guardados cuidadosamente, que continham um primeiro elemento de sabedoria e disciplina espirituais. Em geral, o ocultismo acontecia mais como uma adição ou superestrutura, mas não estava sempre presente; o culto dos poderes divinos, o sacrifício, uma piedade de superfície e uma ética social são os fatores principais. Uma filosofia espiritual, ou ideias espirituais sobre o sentido da vida, no início parece estar ausente, mas com frequência seus rudimentos estão contidos nos mitos e mistérios, e em um ou dois casos ela consegue emergir completamente e assumir uma forte existência separada.

De fato, é possível que seja o místico ou o aprendiz ocultista que, em todo lugar, tenha sido o criador da religião, ao impor suas descobertas secretas em formas de crenças, mitos e práticas à mente da massa humana, pois é sempre o indivíduo que recebe as intuições da Natureza e toma a iniciativa, e arrasta ou atrai o resto da humanidade atrás de si. E mesmo se dermos o crédito dessa nova criação à mente subconsciente da massa, é o elemento oculto e místico nessa mente que efetuou essa criação e deve ter encontrado indivíduos por meio dos quais pôde emergir. Pois, no início, não é na massa que a Natureza busca expressar-se, fazer suas primeiras experiências e descobertas. Esse não é seu método. É em um ponto, ou em um pequeno número de pontos, que o fogo é aceso, e propaga-se de domicílio a domicílio, de altar a altar. Mas a aspiração e a experiência espirituais dos místicos foram com frequência ocultadas em fórmulas secretas e reveladas apenas a um pequeno número de iniciados. Eram transmitidas a outros homens, ou melhor, preservadas para eles, em uma massa de símbolos religiosos ou tradicionais. São esses símbolos que formaram o cerne da religião na mente da antiga humanidade.

Desse segundo estágio emergiu um terceiro, que tentou liberar a experiência e o conhecimento espirituais secretos e pô-los à disposição de todos como uma verdade que teria um apelo comum e deveria ser acessível universalmente. Uma tendência prevaleceu, que buscava não apenas fazer do elemento espiritual o próprio núcleo da religião, mas também pô-lo ao alcance de todos os crentes por meio de um ensinamento exotérico; assim como cada escola esotérica teve seu sistema de conhecimento e disciplina, do mesmo modo cada religião agora deveria ter seu sistema de conhecimento, seu credo e sua disciplina espiritual. Aqui, nessas duas formas de evolução espiritual — esotérica e exotérica — o caminho do místico e o caminho do homem religioso, vemos o princípio duplo da Natureza evolutiva: um princípio de evolução intensiva e concentrada em um pequeno espaço, e um princípio de expansão e extensão que permite à criação nova generalizar-se em um campo o mais vasto possível. O primeiro, é um movimento concentrado, dinâmico e efetivo; o segundo, tende à difusão e estabilidade. Esse novo desenvolvimento teve como resultado generalizar na humanidade a aspiração espiritual, que no início era cuidadosamente guardada como um tesouro por uns poucos; mas com isso ela perdeu em pureza, altura e intensidade. Os místicos haviam fundamentado seu empenho no poder de um conhecimento suprarracional, intuitivo, inspirado, revelador, e no poder que o ser interior tem de entrar no cerne da verdade e das experiências ocultas; mas a massa dos seres humanos não possui esses poderes, ou apenas em uma forma inicial crua, não desenvolvida e fragmentária, em que nada de seguro podia ser fundamentado; assim, para essa massa, no curso desse novo desenvolvimento a verdade espiritual teve que ser encoberta por formas intelectuais de credos e doutrinas, formas emotivas de culto e um ritual simples, mas significante. Ao mesmo tempo, o forte núcleo espiritual tornou-se misturado, diluído, alterado; deixou-se invadir e imitar pelos elementos inferiores da natureza mental, vital e física. Era essa mistura e alteração que os primeiros místicos temiam acima de tudo: essa invasão de elementos espúrios, essa profanação dos Mistérios e perda de sua verdade e significado, assim como o mau uso dos poderes ocultos adquiridos pela comunicação com as forças invisíveis, e foi isso que eles quiseram evitar, pelo segredo, por uma disciplina estrita e pela restrição do ensinamento a uns poucos iniciados merecedores. Outro resultado infeliz ou perigoso desse movimento de difusão e da invasão que se seguiu foi a formalização intelectual do conhecimento espiritual em dogmas, e a petrificação das práticas vivas, o que as tornou uma massa morta de cultos, cerimônias e rituais — uma mecanização que, com o tempo, obrigou o espírito a retirar-se do corpo da religião. Mas esse risco teve que ser aceito, pois o movimento de expansão é uma necessidade inerente ao impulso espiritual na Natureza evolutiva.

Assim nasceram as religiões que se apoiam sobretudo, ou totalmente, em credo e ritual para obter algum resultado espiritual, no entanto, devido à verdade de sua experiência, preservam a realidade interior fundamental que estava presente nelas no início e persistirá enquanto existirem homens para continuá-la ou renová-la, um meio, para aqueles que são tocados pelo impulso espiritual, de realizar o Divino e liberar o espírito. Mais tarde, esse desenvolvimento conduziria a uma divisão em duas tendências, católica e protestante; uma, que busca conservar um pouco do caráter plástico original da religião com sua multilateralidade e apelo à natureza inteira do ser humano; a outra rompe essa catolicidade e insiste na confiança pura na fé, no culto e nas regras de conduta, simplificados de forma a satisfazer rápido e facilmente a razão, o coração e a vontade ética de todos. Essa orientação tendeu a criar uma racionalização excessiva, a desacreditar e condenar a maioria dos elementos ocultos que buscavam estabelecer uma comunicação com o invisível e a confiar na mente de superfície, considerada como veículo suficiente para o esforço espiritual. Certa aridez e estreiteza, uma escassez de vida espiritual, foram as consequências mais frequentes. Além do mais o intelecto, após ter negado tanto, rejeitado tanto, encontra aí amplo espaço e oportunidade para negar ainda mais, até chegar a negar tudo: negar a experiência espiritual e rejeitar a espiritualidade e a religião e deixar apenas o próprio intelecto como único poder sobrevivente. Mas, vazio do espírito, o intelecto pode apenas acumular conhecimentos externos, mecanismos e eficiência, e chegar ao ressecamento das fontes secretas da vitalidade, à decadência, sem nenhum poder interior para salvar a vida ou criar uma vida nova, ou nenhuma outra saída que não seja morte, desintegração, e um recomeço a partir da velha Ignorância.

Teria sido possível para o princípio evolutivo conservar a inteireza prístina de seu movimento mediante uma expansão, e não uma disrupção, da antiga harmonia — mais sábia — enquanto avançava em direção a uma síntese maior dos princípios de concentração e difusão. Na Índia, nós vimos, houve uma persistência da intuição original e do movimento total da Natureza evolutiva. Pois a religião na Índia não se limitou a um só credo, a um só dogma; ela não apenas admitiu um vasto número de formulações diferentes, mas conseguiu conter em si todos os elementos que cresceram no curso da evolução da religião e recusou-se a banir ou suprimir qualquer um deles; desenvolveu o ocultismo até seu extremo limite, aceitou filosofias espirituais de todo tipo, seguiu todos os caminhos possíveis de realização, experiência e autodisciplina espirituais até seu resultado mais alto, mais profundo ou mais vasto. Seu método foi aquele da própria Natureza evolutiva, isto é, ela permitiu todos os desenvolvimentos, todos os meios pelos quais o espírito comunica com seus instrumentos humanos e age sobre eles, todos os meios de comunhão entre o ser humano e o Supremo ou Divino; permitiu seguir todas as vias possíveis para avançar em direção ao objetivo e as experimentou até seu extremo, quando necessário. Todas as etapas da evolução espiritual estão no ser humano; deve-se permitir e prover os meios a cada um para acercar-se do espírito, e essa aproximação deve ser adaptada às suas capacidades, *adhikāra*. Na Índia, mesmo as formas primitivas que sobreviveram não foram banidas, mas elevadas, e assumiram um significado mais profundo, sem que, contudo, se abandonasse a urgência para atingir os cumes espirituais mais altos no éter supremo mais puro. Nem mesmo o tipo de religião com o credo mais exclusivo foi excluído; era admitido na variedade infinita da ordem geral, contanto que fosse clara sua afinidade com o objetivo e princípio do todo. Mas essa plasticidade buscava apoiar-se em um sistema sociorreligioso fixo permeado com o princípio de que a natureza humana deve elaborar-se gradualmente e, ao alcançar o cimo, voltar-se para o esforço espiritual supremo. Essa rigidez social — talvez necessária em uma época, para garantir a unidade da vida, senão também como uma base estável e sólida para a liberdade espiritual — foi, por um lado, um poder de preservação, mas, por outro, um obstáculo maior ao espírito original de universalidade completa, um elemento de cristalização e restrição excessivas. Uma base fixa pode ser indispensável, mas, mesmo permanecendo estável, em essência deverá ser também capaz de plasticidade em suas formas, de mudança evolutiva; deverá ser uma ordem, mas uma ordem progressiva.

Apesar disso, o princípio dessa evolução religiosa e espiritual vasta e multiforme era excelente, pois ao abarcar toda a vida e toda a natureza humana, ao encorajar o crescimento do intelecto, nunca opondo-se a ele ou limitando sua liberdade, mas antes chamando-o para ajudar na busca espiritual, evitou os conflitos do intelecto ou sua predominância injustificada que, no Ocidente, conduziu à restrição e ao ressecamento dos instintos religiosos e ao mergulho no materialismo e secularismo puro e simples. Um método plástico e universal desse tipo, que admite todos os credos e formas, mas os excede, e aceita todo tipo de elemento, pode ter numerosas consequências que os puristas tenderão a reprovar, mas o grande resultado que o justifica foi a efetivação, uma busca e um esforço espirituais de uma riqueza imensa, sem precedentes, uma persistência mais que milenar, uma globalidade, universalidade, altura, sutileza, longevidade inexpugnáveis, uma vastidão multiforme. De fato, é apenas por uma tal universalidade e plasticidade que o objetivo mais vasto da evolução pode cumprir-se plenamente. O indivíduo espera que a religião lhe proporcione uma abertura à experiência espiritual ou meios de se voltar nessa direção, uma comunhão com Deus ou uma luz que o guie claramente no caminho, a promessa de um além ou um meio para alcançar um futuro supraterrestre mais feliz; essas necessidades podem ser satisfeitas na base estreita de uma crença dogmática e um culto sectário. Mas há também o propósito mais vasto da Natureza, que é preparar e fazer progredir a evolução espiritual no ser humano e transformá-lo em um ser espiritual; a religião é para a Natureza um meio de orientar o esforço e o ideal do homem nessa direção, e prover a todos aqueles que estiverem prontos a possibilidade de dar um passo no caminho que conduz à transformação espiritual. A Natureza consegue isso pela imensa variedade de cultos que criou, alguns decisivos, institucionalizados e definitivos, outros mais plásticos, variados e multifacetados. Uma religião que fosse ela mesma um aglomerado de religiões, e ao mesmo tempo provesse a cada um a experiência interior que correspondesse à sua maneira de ser, seria a mais conforme com esse propósito da Natureza: seria um viveiro rico para o crescimento e o florescimento espirituais, uma escola vasta e multiforme de disciplina espiritual, de esforço e realização da alma. Quaisquer que sejam os erros cometidos por ela, esta é a função e grande utilidade da religião, seu papel indispensável: sustentar essa luz crescente que nos guia em nosso caminho, através da ignorância da mente até a consciência e o autoconhecimento completos do Espírito.

O ocultismo, em sua essência, é um esforço do ser humano para alcançar o conhecimento das verdades e potencialidades secretas da Natureza, que o ajudarão a liberar-se da escravidão dos limites físicos de seu ser; é em particular uma tentativa para possuir e organizar o poder direto da Mente sobre a Vida e o de ambas — Mente e Vida — sobre a Matéria: poder misterioso, oculto, ainda não desenvolvido exteriormente. É ao mesmo tempo um esforço para estabelecer uma comunicação com mundos e entidades pertencentes às alturas e profundezas suprafísicas e aos níveis intermediários do Ser cósmico, e para que essa comunhão sirva para dominar uma verdade mais alta e ajudar o homem em sua vontade de tornar-se mestre dos poderes e forças da Natureza. Essa aspiração humana apoia-se na crença, intuição ou revelação de que não somos simples criaturas de barro, mas almas, inteligências, vontades, que podem conhecer todos os mistérios desse mundo e de cada mundo e tornar-se não apenas alunos da Natureza, mas seus iniciados e mestres. O ocultista buscou também saber o segredo das coisas físicas, e nesse esforço fez progredir a astronomia, criou a química e deu impulso a outras ciências, pois utilizou a geometria também e a ciência dos números; todavia, buscou mais ainda conhecer os segredos sobrenaturais. Neste sentido, o ocultismo pode ser descrito como a ciência do sobrenatural; mas de fato ele é apenas a descoberta do suprafísico, uma superação dos limites materiais — em seu âmago, o ocultismo não é a quimera impossível que espera ir além de todas as forças da Natureza, liberar-se delas para que a pura fantasia e o milagre arbitrário se tornem onipotentemente efetivos. Na verdade, o que nos parece sobrenatural é uma irrupção espontânea na Natureza física de fenômenos pertencentes a uma outra Natureza ou, pelo trabalho do ocultista, a posse de um conhecimento e poder pertencentes a uma ordem ou a um grau superior do Ser ou da Energia cósmicos, e a aplicação de suas forças e processos para produzir efeitos no mundo físico, aproveitando-se das possibilidades de conexão entre esses planos e os meios de realização material. Certos poderes da mente e da força vital que não foram incluídos na sistematização mental e vital atual que a Natureza operou na matéria, existem em potencial e podem ser levados a agir sobre coisas e acontecimentos materiais ou mesmo introduzidos nessa sistematização, a fim de aumentar o controle da mente sobre nossa própria vida e nosso próprio corpo ou agir sobre mentes, vidas e corpos de outros ou sobre os movimentos das Forças cósmicas. No momento atual, o reconhecimento do hipnotismo é um exemplo de uma tal descoberta e da aplicação sistemática, embora ainda estreita e limitada — limitada em seu método e fórmulas — de poderes ocultos que, de outro modo, nos tocariam apenas por uma ação casual ou escondida, e cujo processo nos é desconhecido ou captado de modo imperfeito apenas por uns poucos; pois somos submetidos o tempo todo a uma bateria de sugestões — sugestões no pensamento, nos impulsos, na vontade, nas emoções e sensações, ondas de pensamento, ondas vitais — que vêm dos outros ou da Energia universal e derramam-se sobre nós ou em nós, mas agem e produzem seus efeitos sem nosso conhecimento. Um esforço sistematizado para conhecer esses movimentos e suas leis e possibilidades, governar e usar o poder ou a força da Natureza por trás deles, ou mesmo para proteger-nos deles, estaria dentro de uma província do ocultismo, mas seria apenas uma parte pequena, mesmo dessa província, pois vastos e múltiplos são os campos, usos, processos possíveis desse Conhecimento, pouco explorado, que cobre um imenso território.

Na época moderna, à medida que a ciência física alargava suas descobertas, que liberava as forças materiais secretas da Natureza e as punha em ação sob o governo do conhecimento humano e para o uso humano, o ocultismo ficou para trás e, no final, foi posto de lado sob o pretexto de que só o físico é real e a mente e a vida são apenas atividades departamentais da Matéria. A partir dessa base e convencida de que a Energia material é a chave de todas as coisas, a ciência tentou obter um controle do processo da mente e da vida mediante o conhecimento da instrumentação e processos materiais que dirigem os funcionamentos e as atividades normais e anormais de nossa mente e nossa vida; o espiritual, considerado apenas como uma forma da mentalidade, foi ignorado. Pode-se observar, de modo breve, que se essa tentativa fosse bem-sucedida poderia pôr em perigo a existência da espécie humana, como podem fazê-lo certas outras descobertas científicas, agora mal utilizadas ou utilizadas de maneira inepta por uma humanidade que não está pronta, nem mentalmente nem moralmente, para manejar poderes tão grandes e perigosos; pois esse seria um controle artificial, aplicado sem nenhum conhecimento das forças secretas subjacentes que sustentam nossa existência. O ocultismo no Ocidente pôde, assim, ser posto de lado com facilidade, porque nunca alcançou sua maioridade, nunca adquiriu maturidade nem fundamento filosófico sistemático e sólido. Condescendeu muito livremente com o romance do sobrenatural ou cometeu o erro de concentrar seus maiores esforços na descoberta de fórmulas e modos eficazes de usar os poderes supranormais. Degenerou em magia branca e magia negra ou em uma parafernália romântica e taumatúrgica de misticismo oculto e o exagero do que era, após tudo, um conhecimento pobre e limitado. Essas tendências, essas inseguranças no fundamento mental tornaram o ocultismo difícil de defender e fácil de desacreditar, um alvo fácil e vulnerável. No Egito e no Oriente essa linha do conhecimento chegou a um esforço mais vasto e de maior alcance: essa maturidade mais ampla pode ser vista, ainda intacta, no admirável sistema do Tantra; essa não apenas era uma ciência multilateral do supranormal, mas forneceu as bases de todos os elementos ocultos da religião, e mesmo desenvolveu um sistema de disciplina e autorrealização espirituais grande e poderoso. Pois o ocultismo mais elevado é aquele que descobre os movimentos secretos e as possibilidades dinâmicas e supranormais da mente, vida e espírito e os utiliza em sua força natural ou aplicando um processo para dar maior eficácia ao nosso ser mental, vital e espiritual.

Na ideia popular, o ocultismo é associado à magia e às fórmulas mágicas e seria, por assim dizer, um mecanismo do sobrenatural. Mas isso é apenas um aspecto; o ocultismo tampouco é uma simples superstição, como imaginam pretensiosamente aqueles que não observaram em profundidade, ou não observaram, esse lado encoberto da Força secreta da Natureza nem experimentaram suas possibilidades. Fórmulas e suas aplicações, a utilização mecânica de forças latentes, podem ser surpreendentemente eficazes no uso oculto do poder mental e do poder vital, como são na ciência física; mas isso é apenas um método subordinado e uma orientação limitada, pois as forças da mente e da vida são plásticas, sutis e variáveis em sua ação e não têm a rigidez da matéria; é necessário uma intuição sutil e plástica para conhecê-

-las, interpretar sua ação e processos e aplicá-los — mesmo para interpretar e usar suas fórmulas estabelecidas. Insistir muito na mecanização e nas formulações rígidas pode resultar em esterilização ou uma formalização que limita o conhecimento e, do lado pragmático, ocasionar muitos erros, convenções ignorantes, mau uso e fracassos. Agora que estamos deixando para trás a superstição segundo a qual a Matéria seria a única verdade, torna-se possível retornar ao antigo ocultismo e descobrir novas formulações, empreender uma investigação científica dos segredos da mente e de seus poderes ainda escondidos e um estudo cuidadoso dos fenômenos psíquicos e psicológicos, anormais ou supranormais; essa orientação nova já é, em parte, visível. Mas, se deve atingir seu objetivo, é necessário redescobrir o verdadeiro fundamento, o verdadeiro objetivo e a verdadeira direção dessa linha de pesquisa, assim como as restrições e precauções necessárias; seu objetivo principal deve ser a descoberta das verdades e poderes escondidos da força mental e do poder vital e aqueles das forças maiores do espírito escondido. A ciência do oculto é, essencialmente, a ciência do subliminar — do subliminar em nós e do subliminar na Natureza universal — e de tudo isso que está em conexão com o subliminar, incluindo o subconsciente e o supraconsciente; essa ciência deve ser usada como parte do autoconhecimento e do conhecimento do mundo e para a dinamização verdadeira desse conhecimento.

Uma abordagem intelectual do conhecimento mais alto, possuí-lo mentalmente, é uma ajuda indispensável para esse movimento da Natureza no ser humano. De modo geral, em nossa superfície, o instrumento principal do pensamento e da ação do homem é a razão, o intelecto que observa, compreende e organiza. Em todo e qualquer progresso ou evolução do espírito é preciso não só desenvolver a intuição, visão, percepção interior, devoção do coração, uma experiência viva, profunda e direta das coisas do espírito, mas também esclarecer e satisfazer o intelecto, ajudar nossa mente pensante e reflexiva a compreender, a formar uma ideia racional e sistemática do objetivo, método, princípios desse desenvolvimento e atividade superiores de nossa natureza e da verdade de tudo que se estende por trás. Realização e experiência espirituais, conhecimento intuitivo e direto, crescimento da consciência interior, crescimento da alma e de uma percepção íntima da alma, de uma visão e um sentimento da alma são, de fato, os verdadeiros meios dessa evolução; mas o apoio da razão reflexiva e crítica é também de grande importância; se muitos prescindem disso porque têm um contato vivo e direto com realidades interiores e estão satisfeitos com a experiência e a visão, ainda assim esse apoio é indispensável ao movimento total da evolução. Se a verdade suprema for uma Realidade espiritual, então o intelecto do ser humano necessitará conhecer a natureza dessa Verdade original e o princípio de suas relações com o resto da existência, com nós mesmos e o universo. O intelecto não é capaz, por si mesmo, de nos pôr em contato com a realidade espiritual concreta, mas pode ajudar mediante uma formulação mental da verdade do Espírito, formulação que explica essa verdade à mente e pode ser aplicada mesmo na busca mais direta: essa ajuda é de uma importância capital.

Nossa mente pensante ocupa-se sobretudo com o enunciado geral da verdade espiritual, pela lógica de seu absoluto e de suas relatividades, e quer saber como se situam em relação uma à outra ou como uma se dirige à outra e quais são as consequências mentais do teorema espiritual da existência. Mas, à parte essa compreensão e essa formulação intelectuais, que constituem seu papel principal e às quais tem direito, o intelecto busca exercer um controle crítico; ele pode admitir o êxtase e outras experiências espirituais concretas, mas sua exigência é saber em quais verdades do ser, seguras e bem ordenadas, elas são baseadas. De fato, sem uma tal verdade conhecida e verificável, nossa razão poderia achar essas experiências inseguras e ininteligíveis e retirar-se delas, sob o pretexto de que talvez não sejam baseadas na verdade, ou então desconfiar delas em suas formas, se não em seus fundamentos, como se estivessem afetadas por um erro e fossem mesmo uma aberração da mente vital imaginativa, das emoções, nervos ou sentidos. Na sua passagem ou transferência do físico e sensível ao invisível, tudo isso pode, com efeito, ser extraviado e procurar luzes enganadoras ou, no mínimo, receber de maneira errada coisas que, válidas em si mesmas, são desfiguradas por uma interpretação falsa ou imperfeita daquilo que é experienciado ou por uma desordem e confusão dos verdadeiros valores espirituais. Se a razão for obrigada a admitir a dinâmica do ocultismo, aí também ela se ocupará sobretudo com a verdade, com o sistema justo e ao significado real das forças que vê em ação; investigará se o significado é realmente aquele que o ocultista lhe atribui ou se é alguma outra coisa, talvez mais profunda, que foi mal interpretada em suas relações e valores essenciais e não recebeu seu verdadeiro lugar no todo da experiência; pois a função ativa de nosso intelecto é primeiro compreender, depois criticar e, finalmente, organizar, dirigir e formar.

O meio que nos permite satisfazer essa necessidade nos foi provido por nossa natureza mental: é a filosofia e, nessa esfera, esta deve ser uma filosofia espiritual. Tais sistemas apareceram em quantidade no Oriente, pois quase sempre, cada vez que houve um desenvolvimento espiritual importante, surgiu dele uma filosofia que o justificava ao intelecto. No início, o método foi o de uma visão e uma expressão intuitivas, como no pensamento insondável e na linguagem profunda dos *Upanishads*, mas um método crítico, um sistema dialético sólido, uma organização lógica desenvolveram-se depois. Filosofias posteriores tornaram-se uma explicação intelectual[1] ou justificação lógica do que havia sido encontrado pela realização interior; ou elas mesmas serviram de base mental ou método sistemático para a realização e a experiência.[2] No Ocidente, onde a tendência sincrética da consciência foi substituída pela consciência analítica e separativa, o impulso espiritual e a razão intelectual separaram-se quase no começo; a filosofia orientou-se, desde o início, para uma explicação puramente intelectual e racional das coisas. No entanto, houve sistemas como o Pitagórico, o Estoico e o Epicureano que foram dinâmicos não apenas para o pensamento, mas também para a conduta da vida; desenvolveram uma disciplina e fizeram um esforço para o aperfeiçoamento interior do ser; isso alcançou um plano espiritual mais elevado de conhecimento nas estruturas do pensamento cristão e neopagão posteriores, onde Oriente e Ocidente encontraram-se. Porém, mais tarde, a intelectualização tornou-se completa e a conexão da filosofia com a vida e suas energias, com o espírito e seu dinamismo, foi cortada ou limitada ao pouco que a ideia metafísica pode imprimir na vida e na ação por uma influência abstrata e secundária. No Ocidente, a religião apoiou-se não na filosofia, mas em uma teologia dogmática; algumas vezes uma filosofia espiritual conseguiu emergir pela simples força de um gênio individual, mas isso não foi, como no Oriente, um complemento indispensável a toda linha importante de experiência e esforço espirituais. É verdade que um desenvolvimento filosófico do pensamento espiritual não é inteiramente indispensável, pois as verdades do espírito podem ser alcançadas de modo mais direto e completo pela intuição e um contato interior concreto. Deve-se acrescentar que o controle crítico do intelecto em relação à experiência espiritual pode ser um estorvo e falível, pois é uma luz inferior dirigida a um campo de iluminação superior; o verdadeiro poder de controle é um discernimento interior, um sentido e um tato psíquicos, uma intervenção superior que vem do alto e guia, ou uma indicação interior, inata e luminosa. Mas, ainda assim, essa linha de desenvolvimento também é necessária, porque deve haver uma ponte entre o espírito e a razão intelectual: a luz de uma inteligência espiritual, ou ao menos espiritualizada, é necessária à plenitude de nossa evolução interior completa e, sem isso, e se faltar outra direção mais profunda, o movimento interior poderá ser extravagante e indisciplinado, turvo e misturado com elementos não espirituais, unilateral ou incompleto em sua universalidade. Para que a Ignorância se transforme em Conhecimento integral, o crescimento em nós de uma inteligência espiritual pronta a receber uma luz superior

---

1. Por exemplo, o *Bhagavad-Gītā*.
2. Por exemplo, a filosofia do Ioga de Patanjali.

e dirigi-la a todas as partes de nossa natureza é uma necessidade intermediária de grande importância.

Mas nenhuma dessas três vias de abordagem pode, por si, cumprir inteiramente a intenção mais elevada e ulterior da Natureza; elas não podem criar no homem mental o ser espiritual, a menos, e até, que abram a porta à experiência espiritual. Para que o ser espiritual possa emergir é preciso que se efetue a realização interior daquilo que essas abordagens buscam, por meio de uma experiência indiscutível ou muitas experiências que se acumulem e conduzam a uma mudança interior, por uma transmutação da consciência, uma liberação do espírito de seu presente véu mental, vital e físico. Essa é a via final do progresso da alma, em direção à qual as outras apontam; e quando ela está pronta a desprender-se das abordagens preliminares começa então o verdadeiro trabalho, e o ponto decisivo de mudança já não estará longe. Até agora, tudo que o ser mental pôde fazer foi familiarizar-se com a ideia de que há coisas que o ultrapassam, com a possibilidade de mover-se em mundos além, com o ideal de uma perfeição ética; ele pode também ter feito algum contato com Poderes ou Realidades maiores que ajudam sua mente, seu coração ou sua vida. Uma mudança pode se produzir, mas não a transmutação do ser mental em um ser espiritual. No passado, a religião, o pensamento religioso, a ética e o misticismo oculto produziram o sacerdote e o mago, o homem piedoso, o homem justo, o homem de visão e muitos pontos altos da humanidade mental; mas só depois que a experiência espiritual começa no coração e na mente é que vemos surgir o santo, o profeta, o Rishi, o iogue, o visionário, o sábio espiritual e o místico; e são as religiões nas quais esses tipos da humanidade espiritual apareceram que duraram, cobriram o globo e deram à humanidade toda a sua aspiração e cultura espirituais.

Quando o elemento espiritual libera-se na consciência e assume seu caráter distinto, no começo é apenas um pequeno grão, uma tendência que cresce, luz de uma experiência excepcional em meio à grande massa não esclarecida da mente, do vital e do físico do ser humano normal, que forma o ser exterior e monopoliza nossas preocupações naturais. Primeiras tentativas têm início, a evolução é lenta e o emergir hesitante. Uma das formas preliminares da espiritualidade é certo tipo de religiosidade que não tem um caráter espiritual puro, mas é da natureza da mente ou da vida, que buscam ou encontram em si mesmas um sustento ou um fator espiritual; nesse estágio, o homem preocupa-se sobretudo em utilizar os contatos que pode obter ou estabelecer com o que está além dele, para ajudar ou servir suas ideias mentais ou seus ideais morais, ou seus interesses vitais e físicos; a verdadeira virada para uma mudança espiritual ainda não aconteceu. As primeiras manifestações verdadeiras tomam a forma de uma espiritualização de nossas atividades naturais, uma influência que as permeia ou dirige; certas partes ou certas tendências da mente ou do vital recebem essa influência ou esse influxo preparatório: o pensamento segue uma direção espiritual, eleva-se e ilumina-se, o ser emocional e o ser estético espiritualizam-se, assim como a formação ética do caráter; certas ações da vida, certos movimentos dinâmicos vitais da natureza humana começam a expressar esse impulso espiritual. Ou ocorre talvez a percepção de uma luz interior, de uma orientação ou uma comunhão, de um Comando superior à mente e à vontade ao qual algo em nós obedece; mas tudo não está ainda refeito no molde dessa experiência. Mas quando essas intuições e iluminações se tornam mais insistentes e canalizam-se, quando criam uma formação interior forte e querem governar toda a vida e assumir a direção da natureza, aí então começa a formação espiritual do ser; aí aparece o santo, o devoto, o sábio espiritual, o vidente, o profeta, o servidor de Deus, o soldado do espírito. Todos se apoiam em uma parte de seu ser natural, elevada por uma luz, um poder ou um êxtase espirituais: o sábio e o vidente vivem na mente espiritual, seu pensamento ou sua visão é governada e moldada pela luz interior de um conhecimento maior e mais divino; o devoto vive na aspiração espiritual do coração, e isso é seu auto-oferecimento e sua busca; o santo é movido pelo ser psíquico que despertou no íntimo de seu coração e tornou-se bastante poderoso para governar o ser emotivo e vital; os demais apoiam-se na natureza vital cinética movida por uma energia espiritual superior que a faz voltar-se para uma ação inspirada, um trabalho ou uma missão ordenada por Deus, para o serviço de um Poder divino, uma ideia, um ideal. O último, ou o emergir mais alto, é o do homem liberado que realizou o Self e o Espírito em seu interior, entrou na consciência cósmica, uniu-se ao Eterno e, enquanto ainda aceita a vida e a ação, age pela luz e energia do Poder que está nele e atua por meio dele, por meio dos instrumentos humanos da Natureza. A expressão mais vasta dessa mudança e dessa realização espirituais é uma liberação total da alma, mente, coração e ação, que são remodelados, imersos na percepção do Self cósmico e da Realidade Divina.[3] A evolução espiritual do indivíduo encontrou então seu caminho e revelou sua cadeia de cumes himalaianos e os cimos de sua natureza mais alta. Para além dessas alturas e vastidões abrem-se apenas a ascensão supramental ou a Transcendência incomunicável.

Esse foi então, até agora, o curso seguido pela Natureza para a evolução do homem espiritual no ser humano mental; e pode-se perguntar qual é a soma exata dessa realização e seu significado real. Produziu-se, recentemente, uma reação no domínio da vida da mente na Matéria, e essa grande direção espiritual e rara mu-

---

3. Essa é a essência do ideal espiritual e da realização espiritual que nos propõe o *Bhagavad-Gītā*.

dança foram estigmatizadas, consideradas não como uma verdadeira evolução da consciência, mas antes como a sublimação de uma ignorância grosseira desviando-se da verdadeira evolução humana, que deveria ser unicamente uma evolução do poder vital, da mente física prática, da razão que governa o pensamento e a conduta, e da inteligência que descobre e organiza. Durante esse período, a religião foi posta de lado como uma superstição obsoleta, e a realização e a experiência espirituais foram desacreditadas, consideradas um misticismo obscuro; nessa perspectiva, o místico seria um homem que se voltaria para o irreal, para regiões ocultas em uma terra de quimeras que ele mesmo construiu, e aí se perderia. Esse julgamento nasce de uma visão das coisas que está destinada ao descrédito, porque no final depende da falsa percepção de que só a matéria é real e só a vida exterior tem importância. Mas à parte esse ponto de vista materialista extremo, o intelecto e a mente física, ávidos por satisfação na vida humana — e essa é a mentalidade que prevalece, a tendência moderna predominante —, puderam afirmar, e ainda afirmam, que a tendência espiritual na humanidade alcançou muito pouco; não resolveu o problema da vida nem nenhum dos problemas com os quais a humanidade se confronta. O místico desapega-se da vida, como o asceta voltado para o outro mundo ou o visionário que se mantém distante e portanto não pode ajudar a vida, ou então não traz solução alguma ou resultado melhor do que aquele apresentado pelo homem prático ou o homem do intelecto e da razão; pela sua intervenção, ele antes perturba os valores humanos, os falsifica com sua luz estranha e inverificável, obscura para a compreensão humana, e traz confusão aos problemas essenciais, simples e práticos, que a vida põe diante de nós.

Porém, esse não é o ponto de vista a partir do qual o verdadeiro significado da evolução espiritual no homem, ou o valor da espiritualidade, pode ser julgado ou avaliado, pois seu verdadeiro trabalho não é resolver problemas humanos em bases mentais passadas ou presentes, mas criar uma base nova para nosso ser, nossa vida e nosso conhecimento. A tendência do místico ao ascetismo ou ao outro mundo é uma afirmação extrema de sua recusa em aceitar as limitações impostas pela Natureza material, pois sua verdadeira razão de ser é ir além dela; se não puder transformá-la, deverá deixá-la. Mas o homem espiritual não se manteve completamente à parte da vida da humanidade; pois o sentimento de unidade com todos os seres, a ênfase em um amor e uma compaixão universais, a vontade de usar suas energias para o bem de todas as criaturas[4] são centrais para o florescimento dinâmico do espírito;

---

4. *Bhagavad-Gītā*. A compaixão (*karuṇā*) e a simpatia universais que os budistas elevaram ao nível do mais alto princípio da ação (*vasudhaiva kuṭumbakam*, toda a terra é minha família) e a ênfase dada ao amor pelo cristianismo, indicam esse lado dinâmico do ser espiritual.

como resultado, ele voltou-se para as criaturas a fim de ajudá-las: guiou, como fizeram os antigos Rishis ou os profetas, ou consentiu em criar e, onde o fez com algo do poder direto do Espírito, os resultados foram prodigiosos. Mas a solução que a espiritualidade nos oferece não é uma solução por meios externos, embora esses também devam ser usados, mas por uma mudança interior, uma transformação da consciência e natureza humanas.

Se o resultado geral não foi decisivo, mas apenas contribuinte — um acréscimo de alguns elementos novos mais puros à totalidade da consciência — e não houve transformação da vida, é porque a massa da humanidade sempre se esquivou do impulso espiritual, renegou o ideal espiritual ou considerou-o como uma simples forma e rejeitou a mudança interior. A espiritualidade não pode ser chamada a lidar com a vida por meio de métodos não espirituais ou tentar curar suas enfermidades com panaceias, com os remédios mecânicos, políticos, sociais ou outros que a mente tenta constantemente, remédios que sempre falharam, e continuarão a falhar, ao tentar resolver qualquer coisa. As mudanças mais drásticas efetuadas dessa maneira nada mudaram, pois as velhas enfermidades permaneceram em uma nova forma: o aspecto do meio exterior é modificado, mas o ser humano continua como era; é ainda um ser mental ignorante que usa mal seu conhecimento ou o usa de maneira ineficaz, um ser movido pelo ego e governado por desejos, paixões vitais e as necessidades do corpo, um ser não espiritual e superficial em seu modo de ver, ignorante de seu próprio self e das forças que o dirigem e usam. Na vida, suas construções têm valor apenas como expressões de seu ser individual e seu ser coletivo no estágio em que chegaram, ou como uma maquinaria para a conveniência e o bem-estar das partes vitais e físicas de seu ser e como terreno e meio para seu crescimento mental, mas não podem conduzi-lo além de seu self atual ou servir como mecanismo para transformá-lo; sua perfeição, e a perfeição dessas partes, só poderão vir por uma evolução mais completa. Só uma mudança espiritual, uma evolução de seu ser, do mental superficial até a consciência espiritual mais profunda, poderá trazer uma diferença real e efetiva. Descobrir o ser espiritual em si mesmo é a tarefa principal do homem espiritual, e ajudar outros a seguirem a mesma evolução é seu verdadeiro serviço para a espécie; até que isto seja feito, uma ajuda externa pode socorrer e aliviar, mas nada mais é possível, ou bem pouco.

É verdade que a tendência espiritual foi de olhar além da vida, mais do que para a vida. É verdade também que a mudança espiritual foi individual e não coletiva; seu resultado foi bem-sucedido no indivíduo, mas malsucedido, ou apenas indiretamente efetivo, na massa humana. A evolução espiritual da Natureza está ainda em processo e incompleta — poderíamos quase dizer que apenas começa —, e sua preocupação principal foi afirmar e desenvolver a base de uma consciência e um conhecimento espirituais e criar um fundamento ou uma formação cada vez mais ampla para a visão daquilo que é eterno na verdade do espírito. É só quando a Natureza tiver confirmado inteiramente essa evolução e essa formação intensivas por meio do indivíduo, que algo radical, marcado por uma expansão ou uma difusão dinâmica, poderá ser esperado, ou uma tentativa de vida espiritual coletiva poderá adquirir, com sucesso, uma permanência — tais tentativas foram feitas, mas serviram sobretudo como um campo de proteção para o crescimento espiritual individual. Pois até então o indivíduo teve que preocupar-se com seu próprio problema, mudar inteiramente sua mente e sua vida em conformidade com a verdade do espírito que ele está realizando ou já realizou em seu conhecimento e ser interiores. Toda tentativa prematura de vida espiritual coletiva em grande escala corre o risco de corromper-se por um conhecimento espiritual incompleto em seu aspecto dinâmico, pelas imperfeições daqueles que buscam e a invasão da consciência mental, vital e física comum, que se apropria da verdade e a mecaniza, obscurece ou corrompe. A inteligência mental e seu poder principal, a razão, não podem mudar o princípio da vida humana e seu caráter obstinado, tudo que podem fazer é efetuar mecanizações, manipulações, formulações e construções variadas. Mas tampouco a mente, como um todo, mesmo espiritualizada, é capaz de mudar isso; a espiritualidade libera e ilumina o ser interior, ajuda a mente a comunicar-se com o que lhe é superior e mesmo a escapar de si própria; ela pode purificar e elevar, pela influência interior, a natureza exterior de certos seres humanos individuais; mas enquanto tiver que trabalhar na massa humana com a mente como instrumento, a espiritualidade poderá exercer uma influência sobre a vida na Terra, mas não poderá cumprir uma transformação dessa vida. Por essa razão houve uma tendência, que prevaleceu na mente espiritual, a satisfazer-se com essa influência e, em geral, a buscar a realização alhures, em outra vida, ou a renunciar completamente a qualquer esforço que a exteriorizasse, e a concentrar-se apenas na perfeição espiritual ou na salvação do indivíduo. Uma *dynamis* instrumental superior à mente é necessária para transformar totalmente uma natureza criada pela Ignorância.

Outras objeções são feitas ao místico e seu conhecimento, não contra o efeito desse conhecimento na vida, mas contra o método usado pelo místico para a descoberta da Verdade e contra a Verdade que ele descobre. Uma objeção ao método é que este seria puramente subjetivo, não teria uma verdade independente da consciência pessoal, e suas construções não seriam verificáveis. Mas esses argumentos triviais não são de grande valor, pois o objetivo do místico é o autoconhecimento e o conhecimento de Deus e isso só pode ser alcançado por um olhar voltado para dentro e não para fora. Ou, se o que ele busca for a Verdade suprema das coisas, a isso também não se poderá chegar por meio de uma investigação exterior com a ajuda dos sentidos, nem por nenhum escrutínio ou pesquisa que se baseiem em exterioridades e aparências ou especulações que se apoiem em dados incertos de um meio indireto de conhecimento. Ele só poderá alcançá-la mediante uma visão ou um contato direto da consciência com a alma e o corpo da própria Verdade ou de um conhecimento por identidade, quando o self se torna um com o self das coisas, com a verdade de seu poder e a verdade de sua essência. Mas insiste-se que esse método não resulta em uma verdade comum para todos, e que há grandes diferenças em suas conclusões; sugere-se com isso que esse conhecimento não é de modo algum a verdade, mas uma construção mental subjetiva. Essa objeção baseia-se em uma incompreensão da natureza do conhecimento espiritual. A verdade espiritual é uma verdade do espírito, não uma verdade do intelecto, não é um teorema matemático ou uma fórmula lógica. Ela é uma verdade do Infinito, una em uma diversidade infinita, e pode assumir uma variedade infinita de aspectos e formações: na evolução espiritual é inevitável que devamos alcançar a verdade única por caminhos multilaterais, apreendê-la sob múltiplos aspectos. Essa multiplicidade é o sinal de que a alma se acerca de uma realidade viva, não de uma abstração ou imagem construída das coisas que pode petrificar-se em uma fórmula rígida ou morta. A noção intelectual, lógica e dura, que apresenta a verdade como uma ideia única aceita por todos, uma ideia, ou sistema de ideias, que elimina todas as outras ideias e os outros sistemas, ou como um fato único limitado, uma fórmula única de fatos que todos devem admitir, é uma transferência ilegítima da verdade limitada do campo físico para o campo, muito mais complexo e plástico, da vida, mente e espírito.

Essa transposição foi responsável por muito dano; introduziu no pensamento a estreiteza, a limitação, uma intolerância pela variação e multiplicidade — indispensáveis — de pontos de vista, sem as quais não pode haver a descoberta da verdade em sua totalidade; e essa estreiteza, essa limitação, foram a causa de muita obstinação no erro. Reduziu a filosofia a um dédalo sem fim de disputas estéreis; a religião foi invadida por esse mesmo erro e contaminada por credos dogmáticos, fanatismo e intolerância. A verdade do espírito é uma verdade do ser e da consciência e não uma verdade do pensamento: ideias mentais podem representar ou formular apenas algumas facetas, traduzir mentalmente alguns de seus princípios ou de seus poderes ou enumerar seus aspectos; mas para conhecê-la devemos nos tornar essa verdade e vivê-la; sem esse devenir e essa vivência não pode haver verdadeiro conhecimento espiritual. A verdade fundamental da experiência espiritual é una, sua consciência é una, em todo lugar ela segue as mesmas tendências e linhas gerais que permitem despertar para o ser espiritual e tornar-se gradualmente esse ser, pois estes são os imperativos da consciência espiritual. Mas há também, com base nesses imperativos, numerosas possibilidades de variação na experiência e expressão; a centralização e harmonização desses possíveis, mas também a busca intensiva, exclusiva, de uma dessas linhas de experiência, são dois movimentos necessários para o emergir em nós da Força-Consciente espiritual. Ademais, o modo como a mente e a vida adaptam-se à verdade espiritual e como esta se expressa nelas, deve variar conforme a mentalidade do buscador enquanto ainda não se elevou acima da necessidade de uma tal adaptação ou tal expressão limitativa. É esse elemento mental e vital que criou as oposições que ainda dividem os buscadores espirituais, ou explica essa diferença nas afirmações sobre a verdade que eles experienciam. Essa diferença e essa variação são necessárias para a liberdade da busca e crescimento espirituais; superar diferenças é inteiramente possível, mas é na experiência pura que isso se faz mais facilmente; na formulação mental, a diferença deve permanecer até que se possa ultrapassar completamente a mente e, em uma consciência mais alta, integrar, unificar e harmonizar a verdade múltipla do Espírito.

Na evolução do homem espiritual deve haver, necessariamente, numerosos estágios, e em cada estágio uma grande diversidade na formação individual do ser, da consciência, da vida, do temperamento, das ideias, do caráter. A natureza da mente instrumental e a necessidade de lidar com a vida devem, por si mesmas, criar uma variedade infinita conforme o estágio de desenvolvimento e a individualidade do buscador. Mas, à parte isso, mesmo o domínio da autorrealização e da autoexpressão espirituais puras não é, necessariamente, uma monótona extensão única e branca; pode haver uma grande diversidade na unidade fundamental; o Self supremo é um, mas as almas do Self são múltiplas, e assim como for a formação da natureza pela alma, assim será sua autoexpressão espiritual. A diversidade na unidade é a lei da manifestação; a unificação e a integração supramentais devem harmonizar essas diversidades, mas aboli-las não é a intenção do Espírito na Natureza.

# CAPÍTULO XXV

# A TRANSFORMAÇÃO TRIPLA

*Um ser consciente está no centro do self; esse ser governa o passado e o futuro; ele é como um fogo sem fumaça. [...] Isto, é necessário desprendê-lo do nosso próprio corpo, com paciência.*

*Katha Upanishad*, II. 1. 12, 13; II. 3. 17.

*Uma intuição no coração vê essa verdade.*

*Rig Veda*, I. 24. 12.

*Eu habito no ser espiritual e, de lá, com a lâmpada iluminadora do conhecimento, destruo a obscuridade nascida da ignorância.*

*Bhagavad-Gītā*, X. 11.

*Esses raios são dirigidos para o baixo, suas fundações estão no alto: possam eles penetrar profundamente em nós. [...] Ó Varuna, desperta aqui, torna vasto teu reino; possamos nós abrigarmo-nos na lei de tuas obras e ser impecáveis diante da Mãe Infinita.*

*Rig Veda*, I. 24. 7, 11, 15.

*O Cisne que se estabelece na pureza [...] nascido da Verdade — ele mesmo a Verdade, a Imensidade.*

*Katha Upanishad*, II. 2. 2.

Se a única intenção da Natureza na evolução do homem espiritual for despertá-lo para a Realidade suprema e liberá-lo dela mesma — ou da Ignorância em que ela, enquanto Poder do Eterno, disfarçou-se — para que ele possa retirar-se alhures, em um estado de ser superior, e se essa etapa na evolução for um fim e uma saída, então o essencial de seu trabalho já foi realizado e não há nada mais a ser feito. Vias foram criadas, a capacidade para segui-las foi desenvolvida e o objetivo, o cume último da criação, foi manifestado; tudo que restaria a ser feito seria, para cada alma, alcançar individualmente o estágio correto e voltar-se para seu desenvolvimento, entrar nas vias espirituais e, pelo caminho escolhido, sair dessa existência inferior. Mas chegamos à suposição de que há um desígnio mais vasto — não apenas uma revelação do Espírito, mas uma transformação integral e radical da Natureza. Há nela uma vontade de efetuar uma verdadeira manifestação da vida do Espírito em um corpo, completar o que começou e passar da Ignorância ao Conhecimento, jogar fora sua máscara e revelar-se como a Consciência-Força luminosa que traz consigo a Existência eterna e seu Deleite de ser universal. Torna-se então evidente que há algo ainda não realizado; tudo que deve ainda ser feito aparece com clareza, *bhūri aspaṣṭa kartvam*; ainda há um cume a ser alcançado, uma vastidão a ser abarcada pelo olho da visão, pela asa da vontade — a autoafirmação do espírito no universo material. O que o Poder evolutivo fez até agora foi tornar alguns indivíduos cônscios de suas almas, cônscios de seus selfs, fazê-los perceber o ser eterno que eles são, colocá-los em comunhão com a Divindade ou a Realidade encoberta pelas aparências da Natureza. Certa mudança da natureza prepara, acompanha ou segue essa iluminação, mas esta não é a mudança completa e radical que estabelece um novo princípio seguro e inalterável, uma nova criação, nova ordem de existência permanente no campo da Natureza terrestre. O homem espiritual surgiu na evolução, mas não o ser supramental, que será, a partir de agora, o líder dessa Natureza.

Isso é assim porque o princípio da espiritualidade deve ainda afirmar-se em seu completo direito e soberania; até agora este foi um poder que permitiu ao ser mental escapar de si mesmo ou refinar-se e elevar-se a um equilíbrio espiritual; ajudou o Espírito a liberar-se da mente e o ser a ampliar-se em uma mente e um coração espiritualizados, mas não o ajudou — ao menos não o suficiente — a afirmar sua própria mestria dinâmica e soberana, livre das limitações da mente e da instrumentação mental. Outra instrumentação começou a desenvolver-se, mas é preciso ainda que esse desenvolvimento se torne total e efetivo; além disso, deve deixar de ser uma autocriação puramente individual em uma Ignorância original, algo supranormal à vida terrestre e que deve sempre ser adquirido por meio de uma realização individual e de um esforço difícil. O uso dessa instrumentação deve tornar-se normal na natureza de um novo tipo de ser; assim como a mente estabeleceu-se aqui, na base de uma Ignorância em busca do Conhecimento e que cresce no Conhecimento, assim também a supramente deve estabelecer-se aqui na base de um conhecimento que cresce em sua própria Luz mais alta. Mas isso não pode cumprir-se enquanto o ser mental-espiritual não se elevar completamente até a supramente e trouxer seus poderes para baixo, para a existência terrestre. Pois uma ponte deve ser lançada sobre o abismo que separa a mente da supramente, as passagens fechadas devem ser abertas e caminhos devem ser criados para ascender e descer, lá onde agora há um vazio e um silêncio. Isso só pode cumprir-se pela tripla transformação, a que já fizemos uma breve referência: é necessário, primeiro, a mudança psíquica, a conversão de nossa natureza atual inteira, em instrumentação da alma; em seguida, ou ao mesmo tempo, deve efetuar-se a mudança espiritual, a descida de uma Luz, Conhecimento, Poder, Deleite, Pureza mais altos, em todo o nosso ser, mesmo nos recessos mais baixos da vida e do corpo, mesmo na obscuridade de nosso subconsciente; no fim, deve sobrevir a transmutação supramental — efetuar-se, como o movimento que coroa tudo, a ascensão à supramente e a descida da Consciência supramental na totalidade de nosso ser e de nossa natureza.

No começo, a alma na Natureza, a entidade psíquica cujo desabrochar é o primeiro passo para uma mudança espiritual, é uma parte nossa completamente velada, embora seja graças a ela que existimos e persistimos enquanto seres individuais na Natureza. As outras partes que compõem nossa natureza são não apenas mutáveis, mas também perecíveis; porém, a entidade psíquica em nós persiste e é fundamentalmente sempre a mesma; contém todas as possibilidades essenciais de nossa manifestação, mas não é constituída por elas; não é limitada pelo que manifesta nem é contida pelas formas incompletas da manifestação; não é embaciada por imperfeições e impurezas, defeitos e depravações do ser de superfície. É uma chama sempre pura da divindade nas coisas e nada que se aproxime dela, nada que entre em nossa experiência, pode poluir a pureza dessa chama ou extingui-la. Essa substância espiritual é imaculada e luminosa e, porque é perfeitamente luminosa, percebe de modo imediato, íntimo e direto a verdade do ser e a verdade da natureza; é profundamente consciente do verdadeiro, do bem e do belo, porque o verdadeiro, o bem e o belo são afins com seu caráter natural, formas de algo que é inerente à sua própria substância. Ela percebe também tudo que contradiz essas coisas, tudo que se afasta de seu próprio caráter natural, a falsidade e o mal, o feio e o indecoroso; mas não se torna essas coisas nem é tocada ou modificada por esses opostos de si mesma que afetam de modo tão poderoso seus instrumentos externos: mente, vida e corpo. Visto que a alma, o ser permanente em nós, cria e utiliza mente, vida e corpo como seus instrumentos, ela se deixa envolver e submeter às condições deles, mas é diferente e maior do que seus elementos.

Se a entidade psíquica fosse, desde o começo, revelada a seus ministros e conhecida deles, e não um Rei retirado em uma câmara resguardada, a evolução humana teria sido um florescer rápido da alma e não esse desenvolvimento difícil, acidentado e desfigurado que é agora; mas o véu é espesso e não conhecemos a Luz secreta dentro de nós, a luz na cripta escondida do santuário mais profundo do coração. Indícios elevam-se do psíquico até a superfície de nosso ser, mas nossa mente não detecta sua fonte, considera-os suas próprias atividades porque antes mesmo que cheguem à superfície são revestidos de substância mental. Assim, ignorante da autoridade deles, ela os segue ou não, conforme sua tendência ou seu humor do momento. Se a mente obedecer ao impulso do ego vital, então haverá realmente poucas possibilidades de que o psíquico controle a natureza ou manifeste em nós algo de sua substância espiritual secreta e de seu movimento natural; ou, se a mente for bastante presunçosa para agir conforme sua própria luz menor, se for apegada a seu próprio julgamento, à sua vontade e à ação de seu conhecimento, então a alma também continuará velada e em repouso, à espera de uma evolução mais avançada da mente. Pois a parte psíquica interior está aí para sustentar a evolução natural, e a primeira evolução natural deverá ser o desenvolvimento sucessivo do corpo, da vida e da mente, e estes devem agir cada um segundo sua própria natureza ou juntos, em uma parceria mal ordenada, para crescer, ter experiência e evoluir. A alma recolhe a essência de todas as nossas experiências mentais, vitais e corporais e as assimila, para que nossa existência possa continuar a evoluir na Natureza; mas essa ação é oculta e não se impõe à superfície. No curso dos primeiros estágios materiais e vitais da evolução do ser não há, na verdade, consciência da alma; há atividades psíquicas, mas a instrumentação, as formas dessas atividades são vitais e físicas — ou mentais, quando a mente é ativa. Porque mesmo a mente, enquanto for primitiva ou desenvolvida, mas ainda muito exteriorizada, não reconhecerá seu caráter mais profundo. É fácil vermo-nos como seres físicos ou seres vitais ou seres mentais que usam a vida e o corpo, e ignorar inteiramente a existência da alma: pois a única ideia definida que temos da alma é de algo que sobrevive à morte de nosso corpo; mas o que ela é não sabemos, porque mesmo se algumas vezes somos cônscios de sua presença, em geral não somos cônscios de sua realidade distinta, nem sentimos de modo claro sua ação direta em nossa natureza.

À medida que a evolução procede, a Natureza começa lentamente a fazer experiências para manifestar as partes ocultas de nosso ser: leva-nos a olhar cada vez mais para dentro de nós mesmos ou começa a projetar à superfície mensagens e formações mais claramente reconhecíveis dessas partes: a alma em nós, o princípio psíquico, já começou secretamente a tomar forma; ela cria e desenvolve uma personalidade da alma, um ser psíquico distinto para representá-la. Esse ser psíquico permanece ainda por trás do véu em nossa parte subliminar, assim como o mental verdadeiro, o vital verdadeiro, o ser físico verdadeiro ou sutil em nosso interior; mas, como eles, o ser psíquico age na camada superficial da vida por meio das influências e indicações que faz subir à superfície; essas formam parte do agregado superficial que é o efeito da aglomeração das influências e surgimentos interiores; é essa formação ou supraestrutura visível que em geral experienciamos e pensamos ser nós mesmos. Nessa superfície de ignorância percebemos vagamente algo que podemos chamar alma, e é distinta da mente, da vida e do corpo; sentimo-la não apenas como a ideia mental ou o vago instinto que temos de nós mesmos, mas também como uma influência perceptível em nossa vida, caráter e ação. Certa sensibilidade em relação a tudo o que é verdadeiro, bom e belo, fino, puro e nobre, uma receptividade a essas coisas, um anseio por elas, uma pressão sobre a mente e a vida para que as aceitem e as formulem em nosso pensamento, sentimentos, conduta e caráter são, em geral, os sinais mais reconhecidos, gerais e característicos, embora não os únicos, dessa influência do psíquico. Do homem que não possui esse elemento, que não responde de modo algum a esse anseio, dizemos que não tem alma, pois é essa influência que somos capazes de reconhecer mais facilmente como a parte mais sutil ou mesmo mais divina em nós, a mais poderosa para orientar lentamente nossa natureza em direção a uma perfeição.

Mas essa influência ou ação psíquica não emerge à superfície completamente pura ou não permanece distinta em toda a sua pureza; se fosse assim, seríamos capazes de distinguir com clareza aquilo que é a alma em nós e seguir de maneira consciente e completa suas ordens. Uma ação oculta da mente, do vital e do físico sutil intervém, mistura-se a ela, tenta servir-se dela e modificá-la para seus próprios interesses, reduz sua divindade, distorce ou diminui sua autoexpressão, a faz mesmo desviar-se e tropeçar, ou mancha-a com impurezas, pequenezas e erros da mente, da vida e do corpo. Após alcançar a superfície, assim alterada e diminuída, a influência psíquica é tomada pela natureza superficial que a acolhe de modo obscuro e lhe dá uma forma marcada pela ignorância e, por essa razão há, ou pode haver, um desvio e uma mistura ainda mais pronunciados. Uma deformação se produz, uma direção errada é tomada, uma aplicação e formação erradas, um resultado incorreto daquilo que, em si mesmo, é substância pura e ação pura de nosso ser espiritual; forma-se assim uma consciência que é uma mistura da influência e sugestões psíquicas, embaralhadas com ideias e opiniões mentais, desejos e impulsos vitais e as tendências habituais do físico. À influência obscurecida da alma também se coalescem os esforços ignorantes, embora bem-intencionados, das partes exteriores do ser que aspiram a uma direção mais alta; uma ideação mental de caráter muito misturado, com frequência obscuro, mesmo em seu idealismo, e cometendo erros às vezes desastrosos, o fervor e a paixão do ser emotivo, que lança o vapor e a espuma de suas emoções, sentimentos, sentimentalismos, o entusiasmo dinâmico das partes vitais, reações impacientes do físico, frêmitos e excitações dos nervos e do corpo — todas essas influências coalescem em uma formação heterogênea muitas vezes considerada como a alma, e confunde-se essa ação misturada e confusa com o movimento leve da alma, com o desenvolvimento ou a ação psíquicos ou com uma influência interior verdadeira. A própria entidade psíquica é livre de mancha ou mistura, mas o que dela provém não está protegido dessa imunidade; assim, tal confusão torna-se possível.

Ademais, o ser psíquico, a alma-personalidade em nós, não emerge completamente maduro e luminoso; ele evolui, passa por um desenvolvimento e uma formação lentos; no início, a forma de seu ser pode ser indistinta e depois permanecer por longo tempo fraca e não desenvolvida: não impura, mas imperfeita; ele apoia sua formação e autoconstrução dinâmica no poder da alma, que apesar da resistência da Ignorância e Inconsciência elevou-se efetivamente à superfície, de maneira mais ou menos bem-sucedida, no curso de sua evolução. Seu aparecimento é o sinal do emergir da alma na Natureza, e se esse emergir ainda for pequeno e incompleto a personalidade psíquica também será atrofiada ou fraca. Ela é também separada de sua realidade interior pela obscuridade de nossa consciência e comunica-se imperfeitamente com sua própria fonte nas profundezas do ser; pois o caminho é ainda mal traçado, facilmente obstruído, os fios frequentemente cortados ou apinhados de comunicações de outro tipo, provenientes de outra origem; assim, seu poder de infundir nos instrumentos externos aquilo que recebe é também imperfeito; em sua penúria, a personalidade psíquica deve, na maioria das vezes, confiar nesses instrumentos, e é em seus dados que se apoia e prepara seu impulso para expressar-se e agir, e não apenas na percepção única e infalível da entidade psíquica. Nessas condições, ela não pode evitar que a verdadeira luz psíquica seja diminuída ou distorcida na mente e se reduza a uma mera ideia ou opinião, que o sentimento psíquico no coração se torne uma emoção falível ou mero sentimentalismo e, nas partes vitais, a vontade psíquica de agir torne-se um entusiasmo vital cego ou uma agitação febril. Ela chega mesmo a aceitar essas deformações por falta de algo melhor e tenta realizar-se por meio delas, pois é parte do trabalho da alma influenciar a mente, o coração e o ser vital e fazer com que suas ideias, sentimentos, entusiasmos e dinamismos voltem-se em direção ao que é divino e luminoso. Todavia, isso é feito de modo imperfeito no início, com lentidão e misturas. À medida que a personalidade psíquica cresce em força, começa a aumentar sua comunhão com a entidade psíquica que está por trás e a melhorar suas comunicações com a superfície: pode transmitir sugestões à mente, ao coração e à vida com uma pureza e uma força maiores, pois tem mais poder para exercer um controle forte e reagir contra falsas misturas. Agora, ela se faz sentir de modo cada vez mais distinto, como um poder em nossa natureza. Mesmo assim, essa evolução seria lenta e longa se fosse deixada unicamente à ação automática e difícil da Energia evolutiva; é só quando o ser humano desperta ao conhecimento da alma e sente a necessidade de trazê-la para a frente e fazer dela o mestre de sua vida e ação, que um método de evolução consciente e mais rápido intervém e uma transformação psíquica torna-se possível.

Esse lento desenvolvimento pode ser facilitado se a mente perceber com clareza e afirmar algo em si mesma que sobreviva à morte do corpo e fizer um esforço para conhecer sua natureza. Mas, no começo, esse conhecimento é dificultado pelo fato de haver em nós muitos elementos, muitas formações, que se apresentam como elementos da alma e podem ser confundidos com a psique. Na antiga tradição grega sobre o pós-vida e em algumas outras tradições, as descrições dadas mostram com muita clareza que aquilo considerado então como alma era uma formação subconsciente, uma impressão-molde subfísica, uma sombra-forma do ser ou então um espectro ou fantasma da personalidade. Esse fantasma, erroneamente chamado espírito, é algumas vezes uma formação vital que reproduz as características do ser humano, as peculiaridades de sua vida de superfície, algumas vezes um prolongamento físico-sutil da forma superficial do invólucro mental. No melhor dos casos, é um revestimento da personalidade vital que permanece ainda presente por algum tempo após ter deixado o corpo. À parte essas confusões, originadas por um contato póstumo com fantasmas rejeitados ou com os vestígios de revestimentos da personalidade, a dificuldade é devida à nossa ignorância das partes subliminares de nossa natureza e da forma e poderes do ser consciente, ou Purusha, que preside sua ação; devido a essa inexperiência podemos facilmente confundir algo da mente interior ou do self vital com o psíquico. Visto que o Ser é um e no entanto múltiplo, a mesma lei é igualmente válida para nós mesmos e nossas partes; o espírito, o Purusha, é um, mas adapta-se às formações da Natureza. A cada nível de nosso ser preside um poder do Espírito; temos em nós, e o descobrimos quando vamos bem profundamente para dentro, um self mental, um self vital, um self físico. Há um ser da mente, um Purusha mental, que expressa algo de si mesmo em nossa superfície, nos pensamentos, percepções e atividades de nossa natureza mental; há um ser da vida que expressa algo de si mesmo nos impulsos, sentimentos, sensações, desejos e atividades de nossa natureza vital na vida exterior; há um ser físico, um ser do corpo, que expressa algo de si mesmo nos instintos, hábitos e atividades exteriores de nossa natureza física. Esses seres, cada um deles o self parcial do self em nós, são poderes do Espírito e, portanto, não estão limitados por suas expressões temporárias, pois o que formulam assim é apenas um fragmento das possibilidades do Espírito; mas ao expressar-se eles criam uma personalidade temporária, mental, vital ou física, que cresce e desenvolve-se, assim como o ser psíquico ou personalidade da alma cresce e desenvolve-se em nosso interior. Cada uma delas possui sua própria natureza distinta, sua influência, sua ação sobre o nosso todo; mas à medida que essa ação e todas essas influências vêm à superfície, misturam-se e criam um agregado, um ser de superfície que é um composto, um amálgama de todas essas personalidades, uma formação externa persistente e no entanto cambiante e móvel, para os propósitos desta vida e sua experiência limitada.

Porém, devido à sua composição, esse agregado é uma mistura heterogênea, não um todo harmonioso e homogêneo. Essa é a razão pela qual há uma confusão constante nos elementos de nosso ser, e mesmo um conflito, que nossa razão e nossa vontade mentais são levadas a controlar e harmonizar; e muitas vezes elas têm grande dificuldade em criar aí algum tipo de ordem e direção; mesmo assim, em geral derivamos demais ou somos conduzidos pela corrente de nossa natureza e agimos a partir de tudo o que vem momentaneamente à superfície e se apodera de nossos instrumentos de pensamento e ação. Mesmo o que nos parece ser uma escolha deliberada é, mais do que imaginamos, um automatismo; a coordenação dos múltiplos elementos de nosso ser pela razão e pela vontade, e em seguida a de nossos pensamentos lógicos, sentimentos, impulsos e ações, é incompleta e paliativa. No animal, a Natureza age conforme suas próprias intuições mentais e vitais; ela elabora uma ordem pela compulsão do hábito e do instinto, aos quais o animal obedece implicitamente, de modo que as flutuações de sua consciência não têm importância. Mas o homem não pode agir inteiramente desse modo sem perder o direito à prerrogativa de ser humano; não pode deixar seu ser tornar-se um caos de instintos e impulsos regulados pelo automatismo da Natureza: nele, a mente tornou-se consciente e ele se sente então compelido a fazer um esforço, por mais elementar que seja em muitos, para ver e controlar e, no final, de modo cada vez mais perfeito, harmonizar os múltiplos componentes, as tendências diferentes e conflitantes que parecem formar seu ser de superfície. Ele é bem-sucedido em estabelecer em si uma espécie de caos regulado, de confusão ordenada, ou ao menos em acreditar que dirige a si próprio por meio de sua mente e vontade, ainda que de fato essa direção seja apenas parcial; pois sua razão e sua vontade são usadas não apenas por um consórcio dessemelhante das forças motrizes habituais, mas também pelas tendências e impulsos vitais e físicos que emergem a todo momento, nem sempre previsíveis ou controláveis, e por numerosos elementos mentais incoerentes e desarmoniosos. Tudo isso entra na construção de seu ser e determina o desenvolvimento de sua natureza e sua ação na vida. Em seu self, o ser humano é uma Pessoa única, mas na manifestação de seu self ele é, também, uma pessoa múltipla; ele nunca conseguirá ser mestre de si mesmo até que a Pessoa se imponha em sua personalidade múltipla e a governe; mas a vontade mental e a razão de superfície só podem fazer isso de modo imperfeito. Isso só pode realizar-se perfeitamente se o homem entrar em si mesmo e descobrir aí o ser central que, por sua influência predominante, dirigirá tudo o que ele expressar e fizer. Na verdade mais profunda, é sua alma que é esse ser central, mas, nos fatos externos, é com frequência um ou outro dos seus seres parciais que governa; e esse representante da alma, esse substituto do self, pode ser considerado pelo homem, erroneamente, o princípio mais profundo da alma.

Essa dominação de nossos diferentes selfs está na raiz dos estágios de desenvolvimento da personalidade humana que tivemos ocasião de diferenciar, e podemos reconsiderá-los agora do ponto de vista da governança da natureza pelo princípio interior. Em alguns seres humanos é o Purusha físico, o ser corporal, que domina a mente, a vontade e a ação; aparece então o homem físico, que se ocupa sobretudo de sua vida corporal, suas necessidades e seus impulsos habituais, hábitos de vida, hábitos mentais e físicos, e muito pouco, ou absolutamente nada, além disso, e subordina e restringe todas as suas outras tendências e possibilidades a essa estreita formação. Mas mesmo no homem físico há outros elementos; ele não pode viver completamente como um animal humano para quem nascimento e morte, procriação e satisfação de impulsos e desejos comuns, a manutenção da vida e do corpo são as únicas preocupações; esse é o tipo normal de personalidade, mas ele é atravessado, mesmo se fracamente, por influências que, se desenvolvidas, lhe permitirão alcançar um grau superior da evolução humana. Se ceder à influência do Purusha interior, o Purusha físico-sutil, ele poderá conceber uma vida física mais refinada, mais bela e perfeita e esperar realizá-la, ou tentar realizá-la, em sua própria existência ou na existência de uma coletividade ou um grupo. Em outros seres humanos é o self vital, o ser de vida, que domina e governa a mente, a vontade, a ação; aparece então o homem vital, que só pensa em afirmar-se, engrandecer-se, alargar sua vida, satisfazer suas ambições e paixões, seus impulsos, desejos e as exigências de seu ego, que busca dominação, poder, excitação, batalhas e lutas, a aventura interior e exterior; tudo o mais é incidental ou subordinado a esse movimento e à construção e expressão do ego vital. Contudo, também no homem vital há, ou pode haver, outros elementos de caráter mental ou espiritual que estão em crescimento, mesmo se menos desenvolvidos do que sua personalidade vital e seu poder vital. A natureza do homem vital é mais ativa, forte e móvel, mais turbulenta e caótica — muitas vezes ao ponto de ser completamente desregulada — do que a do homem físico, que tem os pés no chão e certo equilíbrio e estabilidade material; mas ela é mais cinética e mais criativa, pois o elemento do ser vital não é a terra, mas o ar; ele tem mais movimento e menos estabilidade. Uma vontade e uma mente vitais vigorosas podem apropriar-se das energias vitais cinéticas e governá-las, mas é mais por uma forte coerção e sujeição do que por uma harmonização do ser. Todavia, se uma forte personalidade vital, uma mente e uma vontade fortes, pudessem conseguir que a inteligência racional lhes desse um apoio firme e se tornasse seu ministro, então certo tipo de formação vigorosa, mais ou menos equilibrada, mas sempre poderosa, bem-sucedida e efetiva, poderia impor-se à natureza e ao meio e chegar a uma forte autoafirmação na vida e na ação. Essa é a segunda etapa possível de uma expressão harmonizada da natureza humana em sua ascensão.

Em um estado mais avançado da evolução da personalidade, o ser da mente pode governar; aparece então o homem mental, que vive sobretudo na mente, assim como outros vivem na natureza vital ou na natureza física. O homem mental tende a subordinar o resto de seu ser à sua autoexpressão mental, aos seus objetivos e interesses mentais ou a uma ideia ou um ideal mental; visto a dificuldade dessa subordinação e seu potente efeito quando consumada, é ao mesmo tempo mais difícil e mais fácil para ele chegar a uma harmonia de sua natureza. Mais fácil porque a vontade mental, uma vez em controle, pode convencer pelo poder da inteligência racional e, ao mesmo tempo, dominar, comprimir ou suprimir a vida e o corpo e suas exigências, ordená-las e organizá-las, forçá-las a se tornar seus instrumentos, mesmo reduzi-las a um mínimo, para que não perturbem a vida mental ou a façam descer de seu movimento criador de ideias ou de ideais. Mais difícil porque a vida e o corpo são os poderes primeiros e, se forem bastante fortes, conseguirão impor-se com uma persistência quase irresistível ao dirigente mental. O homem é um ser mental e a mente é a líder de sua vida e de seu corpo; mas essa é uma líder muitas vezes liderada por seus seguidores, e algumas vezes não tem outra vontade senão aquela que eles lhe impõem. A mente, apesar de seu poder, é com frequência impotente diante do inconsciente e do subconsciente, que obscurecem sua clareza e a arrastam na maré dos instintos ou dos impulsos; apesar de sua clareza, ela é enganada pelas sugestões vitais e emocionais que a fazem sancionar a ignorância e o erro, o pensamento errado e a ação errada, ou é obrigada a ser espectadora enquanto a natureza segue o que a mente sabe ser errado, perigoso ou ruim. Mesmo quando é forte, clara e dominante, e mesmo se impõe certa harmonia mentalizada algumas vezes considerável, a Mente não pode integrar todo o ser e toda a natureza. Além disso, essas harmonizações obtidas por um controle inferior não são decisivas, porque apenas uma parte da natureza domina e realiza-se, enquanto as outras são reprimidas e privadas de sua plenitude. Essas harmonizações podem ser etapas no caminho, mas não são finais; por isso, na maioria das pessoas não há tal dominação única nem harmonia parcial efetiva, mas apenas uma predominância e, quanto ao mais, o equilíbrio instável de uma personalidade semiformada ou em formação, algumas vezes um desequilíbrio ou uma desordem devido à ausência de uma autoridade central ou à perturbação de uma estabilidade parcial atingida antes. Tudo é necessariamente transitório até que completemos uma primeira harmonização verdadeira, embora não ainda definitiva, pela descoberta de nosso centro real. Pois o ser central verdadeiro é a alma, mas esse ser permanece por trás e, na maioria das naturezas humanas, é apenas a testemunha secreta ou, poderíamos dizer, um soberano constitucional que permite a seus ministros governar em seu lugar, delega-lhes seu império, aceita em silêncio suas decisões e só uma ou outra vez diz alguma coisa, que eles podem sempre ignorar para agir de outra maneira. Mas isso só é assim enquanto a personalidade da alma, que emana da entidade psíquica, não estiver desenvolvida o suficiente; quando for bastante forte para que a entidade interior se imponha por meio dela, então a alma pode vir para a frente e controlar a natureza. É quando esse verdadeiro monarca vem para a frente e toma as rédeas do governo que uma harmonização real de nosso ser e de nossa vida poderá acontecer.

Uma primeira condição para o completo emergir da alma é o contato direto do ser de superfície com a Realidade espiritual. Porque provém dessa Realidade, o elemento psíquico em nós volta-se sempre para isso que, na Natureza fenomênica, parece pertencer a uma Realidade mais alta e ter seu sinal e seu caráter. No começo, ele busca essa Realidade em tudo o que é bom, verdadeiro e belo, tudo o que é puro e refinado, elevado e nobre; porém, embora esse contato por meio de sinais e caracteres exteriores possa modificar e preparar a natureza, não pode mudá-la inteiramente, nem interior nem profundamente. Para essa mudança profunda o contato direto com a própria Realidade é indispensável, uma vez que nada mais pode tocar de modo tão profundo os fundamentos de nosso ser e agitá-lo, ou, por essa agitação, transmitir à natureza um fermento de transmutação. As representações mentais, as imagens emocionais e dinâmicas têm seu uso e valor; o Verdadeiro, o Bem e o Belo são, em si mesmos, imagens primordiais e potentes da Realidade, e mesmo tais como as vê a mente, como as sente o coração, como as realiza a vida, elas podem ser vias de ascensão; mas é da substância e do ser espirituais dessas formas e d'Aquilo que elas representam, que deve vir nossa experiência.

A alma pode tentar obter esse contato sobretudo por intermédio da mente pensante e sua instrumentação; ela põe uma marca psíquica no intelecto e na mente mais vasta que tem uma percepção interior e inteligência intuitiva, e os orienta nessa direção. Em seu ponto mais alto, a mente pensante é sempre atraída para o impessoal, pois em sua busca ela se torna cônscia de uma essência espiritual, uma Realidade impessoal que se expressa em todos os sinais e caracteres externos, mas está além de qualquer forma ou imagem que a manifestem. Ela sente algo de que se torna íntima e invisivelmente consciente — uma Verdade suprema, um Bem supremo, uma Beleza suprema, uma Pureza suprema, uma Beatitude suprema; ela recebe e sustenta o contato crescente, cada vez menos impalpável e abstrato, cada vez mais real e concreto espiritualmente, o toque e a pressão de uma Eternidade e Infinitude que é tudo isso que existe, e ainda mais. Há uma pressão dessa Impessoalidade para moldar toda a mente e fazer dela uma forma de si mesma; ao mesmo tempo, a lei e o segredo impessoais das coisas tornam-se cada vez mais visíveis. A mente desenvolve-se e torna-se a mente do sábio; no início, do pensador com uma mente superior, depois, do sábio espiritual que foi além das abstrações do pensamento para atingir o começo de uma experiência direta. Como resultado, a mente torna-se pura, vasta, tranquila, impessoal; há uma influência tranquilizadora similar sobre as outras partes vitais; mas fora isso os resultados podem permanecer incompletos, pois a mudança mental conduz mais naturalmente a uma estabilidade interior e uma quietude exterior e, assim estabilizada nessa quietude purificadora, sem ser puxada como as partes vitais para a descoberta de novas energias de vida, ela não insiste em obter um efeito dinâmico total sobre a natureza humana.

Um empenho maior por meio da mente não muda esse equilíbrio, pois a tendência da mente espiritualizada é elevar-se às alturas e, visto que acima de si mesma a mente perde o contato com as formas, é em uma impessoalidade vasta, sem forma e sem feições, que ela entra. Ela percebe o Self imutável, o Espírito sem mistura, a nudez pura de uma Existência essencial, o Infinito sem forma e o Absoluto sem nome. É possível alcançar essa culminação de modo mais direto, se o desígnio for dirigir-se imediatamente, além de todas as imagens, todas as ideias de bem e mal, verdadeiro e falso, bonito e feio, em direção Àquilo que ultrapassa todas as dualidades, em direção à experiência de uma unidade, infinidade, eternidade supremas ou outra sublimação inefável da percepção mental última e extrema do Self ou do Espírito. Uma consciência espiritualizada será alcançada e a vida se aquietará, o corpo não terá mais necessidades e exigências, a própria alma fundir-se-á no silêncio espiritual. Mas essa transformação por meio da mente não nos dará a transformação integral; a transformação psíquica é substituída por uma mudança espiritual que conduz aos cumes altos e raros, mas isso não é a completa dinamização divina da Natureza.

Uma segunda abordagem feita pela alma para o contato direto é pela via do coração: essa é sua via mais próxima e rápida, porque a sede oculta da alma está lá, exatamente por trás, no centro do coração, em contato íntimo com nosso ser emocional; por conseguinte, é através das emoções que, no início, a alma pode agir melhor, com seu poder natural, com a força viva de sua experiência concreta. É pelo amor e adoração d'Aquele que é todo-beleza, todo-beatitude, todo-bondade, o Verdadeiro, a Realidade espiritual do amor, que a aproximação se faz; as partes emocional e estética do ser unem-se para oferecer a alma, a vida, a natureza inteira Àquele que adoram. Essa abordagem por meio da adoração só alcança seu pleno poder e ímpeto quando a mente vai além da impessoalidade para chegar à percepção de um Ser Pessoal supremo: então, tudo se torna intenso, vívido, concreto; emoções, sentimentos, sentidos espiritualizados do coração, atingem seu absoluto; um dom de si total torna-se possível, imperativo. O homem espiritual nascente faz seu aparecimento na natureza emocional como o devoto, o *bhakta*; se, além disso, tornar-se diretamente consciente de sua alma e de seus ditames, se unir sua personalidade emocional à sua personalidade psíquica e mudar sua vida e as partes vitais de seu ser pela pureza, êxtase divino, amor por Deus, pelos homens e todas as criaturas e fizer disso uma coisa de beleza espiritual, cheia de luz e bondade divinas, ele se tornará o santo e alcançará a experiência interior mais alta e a mudança de natureza mais notável que se possa conseguir por essa via de aproximação ao Ser Divino. Mas para o propósito de uma transformação integral, isso também não é bastante; deve haver uma transmutação da mente pensante e de todas as partes vitais e físicas da consciência, no próprio caráter delas.

Essa mudança mais vasta pode ser alcançada em parte, se acrescentarmos às experiências do coração uma consagração da vontade pragmática, que deve conseguir trazer consigo — senão não pode ser efetiva — a adesão da parte vital dinâmica que sustenta a *dynamis* mental e é o primeiro instrumento de nossa ação exterior. Essa consagração da vontade nas obras cumpre-se por uma eliminação gradual da vontade do ego e seu poder propulsor, o desejo; o ego submete-se a uma lei superior e, no final, apaga-se, parece não existir ou existir apenas para servir a um Poder mais alto ou a uma Verdade mais alta, ou para oferecer sua vontade e seus atos ao Ser Divino e servir-lhe de instrumento. A lei que dirige o ser e a ação, ou a luz da Verdade que então guia o buscador, pode ser uma clareza, poder ou princípio que ele percebe no cume mais alto que sua mente é capaz de alcançar; ou isso pode ser uma verdade da Vontade divina, que ele sente presente e agindo em seu interior ou a guiá-lo por uma Luz, uma Voz ou uma Força, por uma Pessoa, uma Presença divina. No final, por esse caminho, chega-se a uma consciência na qual se sente a Força ou a Presença agir dentro e pôr tudo em movimento ou governar todas as ações; a vontade pessoal submete-se inteiramente ou identifica-se com a Vontade-Verdade, o Poder-Verdade ou a Presença-Verdade maiores. A combinação dessas três abordagens, a via da mente, a via da vontade, a via do coração, cria no ser e na natureza de superfície uma condição espiritual ou psíquica em que há uma abertura mais ampla e complexa para a luz psíquica dentro de nós e para o Self espiritual ou Ishwara, para a Realidade que agora é sentida acima e nos envolve e penetra. Uma mudança poderosa e multifacetada acontece em nossa natureza, uma construção e autocriação espirituais, o aparecimento de uma perfeição complexa: o santo, o trabalhador desinteressado e o homem de conhecimento espiritual.

Porém, para que essa mudança alcance sua totalidade mais vasta e inteireza mais profunda, a consciência deve deslocar seu centro e sua posição estática e dinâmica, da superfície, para o ser interior; é lá que devemos encontrar a base verdadeira de nosso pensamento, vida e ação. Pois permanecer fora, em nossa superfície, e receber as indicações do ser interior e segui-las não é uma transformação suficiente; é preciso deixar de ser a personalidade de superfície e tornar-se a Pessoa interior, o Purusha. Mas isso é difícil, primeiro, porque a natureza exterior opõe-se ao movimento e agarra-se à sua estabilidade normal, habitual, e ao seu modo de existência exteriorizado; e, além disso, há um longo caminho, desde a superfície até as profundezas onde a entidade psíquica está velada a nossos olhos; esse espaço intermediário está preenchido por uma natureza subliminar e movimentos da natureza que não são todos, de modo algum, favoráveis à completude do movimento de interiorização. A natureza exterior deve passar por uma mudança de equilíbrio — uma quietude, purificação e mutação sutil de sua substância e energia — pela qual os muitos obstáculos nela se rarefazem, retiram-se ou mesmo desaparecem; torna-se então possível entrar nas profundezas de nosso ser e, das profundezas assim alcançadas, uma nova consciência pode se formar, ao mesmo tempo no self exterior e por trás dele, e unir a profundidade à superfície. Uma consciência deve crescer em nós ou manifestar-se em nós, cada vez mais aberta ao ser mais profundo e ao ser superior, cada vez mais desnuda diante do Self e do Poder cósmicos e daquilo que desce da Transcendência, uma consciência voltada para uma Paz mais alta, permeável a uma luz, força e êxtase maiores, uma consciência que excede a pequena personalidade e ultrapassa a luz e a experiência limitadas da mente de superfície, a força e a aspiração limitadas da consciência da vida normal, a receptividade obscura e limitada do corpo.

Mesmo antes que a purificação tranquilizadora da natureza externa tenha sido efetuada, ou seja suficiente, é possível, por um apelo e uma aspiração fortes, uma vontade veemente ou esforço violento ou uma disciplina e um processo eficazes, romper o muro que separa nosso ser interior de nossa percepção exterior; mas esse pode ser um movimento prematuro que não deixa de apresentar seus sérios perigos. Ao entrar em nós mesmos poderemos nos encontrar em meio a um caos de experiências desconhecidas e supranormais para as quais não possuímos a chave, ou diante de uma onda de forças subliminares ou cósmicas, subconscientes, mentais, vitais, físico-sutis, que podem fazer o ser oscilar indevidamente ou conduzi-lo de maneira caótica, encerrá-lo em uma caverna de obscuridade ou mantê-lo a vagar em um ermo de fascinação, sedução, engano, ou empurrá-lo para um campo de batalha obscuro, cheio de oposições secretas traçoeiras e enganosas ou abertamente violentas; seres, vozes e influências podem manifestar-se à percepção, visão e audição internas fazendo-se passar pelo Ser Divino ou por Seus mensageiros ou por Poderes e Divindades da Luz ou guias no caminho da realização, quando, na verdade, são de um caráter inteiramente diferente. Se houver demasiado egoísmo na natureza do buscador ou uma forte paixão, ambição e vaidade excessivas ou outra fraqueza dominante, se sua mente for obscura ou sua vontade vacilante, sua força vital fraca ou instável, se lhe faltar equilíbrio, provavelmente ele será vítima dessas deficiências; malogrará ou se desviará do verdadeiro caminho da vida e busca interiores, será conduzido a falsos caminhos ou deixado a vagar em um caos intermediário de experiências, sem poder encontrar seu caminho para a realização verdadeira. Esses perigos eram bem conhecidos nas experiências espirituais do passado, e como proteção para isso foi imposta a necessidade de uma iniciação, disciplina, métodos de purificação, testes e provações e inteira submissão às direções daquele que encontrou o caminho ou conduz no caminho, que realizou a Verdade e ele mesmo possui, e é capaz de comunicar, a luz e experiência, um guia bastante forte para tomar o discípulo pela mão e fazê-lo atravessar as passagens difíceis, instruí-lo e indicar-lhe a via. Mas, mesmo assim, os perigos estarão aí e só poderão ser ultrapassados se houver, ou se for desenvolvida, uma sinceridade completa, uma vontade de pureza, uma prontidão para obedecer à Verdade, para submeter-se ao mais Alto, perder o ego que limita e se afirma ou submetê-lo ao jugo divino. Esses são os sinais de que uma vontade verdadeira de realização, conversão da consciência, transformação, está presente, e o estágio necessário da evolução foi alcançado; nessas condições, os defeitos que pertencem à natureza humana não podem ser um obstáculo permanente à passagem do estado mental ao estado espiritual; o processo talvez jamais será inteiramente fácil, mas a via terá sido aberta e feita praticável.

Um meio efetivo usado com frequência para facilitar essa entrada no ser interior é separar o Purusha, o ser consciente, da Prakriti, a natureza manifestada. Se nos afastarmos da mente e suas atividades, poderemos reduzi-las ao silêncio livremente, ou elas continuarão como um movimento de superfície, do qual seremos a testemunha desapegada e desinteressada; tornar-se-á finalmente possível sentir que somos o Self interior da mente, o ser mental verdadeiro e puro, o Purusha; de modo similar, se nos mantivermos retirados das atividades da vida tornar-se-á possível sentir que somos o Self interior da vida, o ser vital verdadeiro e puro, o Purusha; há mesmo um Self do corpo, o ser físico verdadeiro e puro, o Purusha, que poderemos perceber se nos mantivermos distanciados do corpo, de sua demanda e atividades e entrarmos no silêncio da consciência física, que observa a ação de sua energia. Do mesmo modo, mantendo-nos afastados de todas essas atividades da natureza, sucessivamente ou ao mesmo tempo, torna-se possível ter a experiência de nosso ser interior como o self impessoal e silencioso, o Purusha testemunha. Isso conduzirá a uma realização e uma liberação espirituais, mas não trará necessariamente uma transformação, pois o Purusha, satisfeito em ser livre e ser ele mesmo, pode deixar a Natureza, a Prakriti, exaurir seus ímpetos acumulados em uma ação que ele não sustenta mais, uma continuação mecânica que não é renovada, reforçada ou vivificada, nem prolongada por seu consentimento, e ele pode usar essa rejeição como um meio de retirar-se de toda a natureza humana. O Purusha deve tornar-se não só a testemunha, mas o conhecedor e a fonte, o mestre de todo pensamento e toda ação, e isso só pode ser feito de modo parcial, enquanto permanecermos no nível mental ou formos obrigados a utilizar a instrumentação comum, isto é, mente, vida e corpo. Certa mestria pode, de fato, ser conseguida, mas mestria não é transformação; a mudança feita por ela não é suficiente para ser integral: para isso, é essencial passar através e além do ser mental, do ser vital, do ser corporal e, mais fundo ainda, chegar à entidade psíquica mais íntima e profunda dentro de nós — ou então abrir-se aos domínios supraconscientes mais elevados. Para entrar no recôndito luminoso da alma deveremos atravessar toda a substância vital que se interpõe até chegarmos ao centro psíquico dentro de nós, por mais longo, tedioso ou difícil que possa ser o processo. O método do desapego — que nos libera da insistência de todas as demandas, incitações e impulsões mentais, vitais e físicas —, a concentração no coração, austeridade, autopurificação e rejeição dos velhos movimentos da mente e da vida, a rejeição do ego de desejos, rejeição de falsas necessidades e falsos hábitos, são todas ajudas úteis para efetuar essa passagem difícil: mas o meio mais forte, mais central, é fundamentar todos esses métodos, ou outros, no dom de si e na submissão de nós mesmos e todas as partes de nossa natureza ao Ser Divino, o Ishwara. Uma obediência estrita à direção sábia e intuitiva de um Guia é também normal e necessária para todos, exceto para uns poucos buscadores especialmente dotados.

À medida que a crosta da natureza externa racha e as paredes da separação interna desmoronam, a luz interior abre sua passagem, o fogo interior arde no coração, a substância da natureza e o estofo da consciência refinam-se e adquirem uma sutileza e uma pureza maiores, e as experiências psíquicas mais profundas, aquelas que não têm apenas o caráter do mental ou do vital interiores, tornam-se possíveis nessa substância mais sutil, pura e leve; a alma começa a revelar-se, a personalidade psíquica atinge sua completa estatura. A alma, a entidade psíquica, manifesta-se então como o ser central que sustenta mente, vida e corpo e mantém todos os outros poderes e funções do Espírito: ela assume sua função mais alta de guia e soberana da natureza. Uma orientação, uma governança, inicia-se do interior, e expõe cada movimento à luz da Verdade, repelindo o que é falso, obscuro, oposto à realização divina: cada região do ser, todos os seus cantos e recantos, cada movimento, formação, direção, inclinação do pensamento, da vontade, emoção, sensação, cada ação e reação, motivo, disposição, propensão, desejo, os hábitos da consciência ou da subconsciência física, mesmo os mais escondidos, camuflados, mudos, recônditos, são iluminados pela infalível luz psíquica; suas confusões são dissipadas, seus emaranhados são desemaranhados, suas obscuridades, enganos e autoenganos são mostrados com precisão e eliminados; tudo é purificado, esclarecido, a inteira natureza é harmonizada, modulada na tonalidade psíquica, colocada na ordem espiritual. Esse processo pode ser rápido ou lento, conforme a quantidade de obscuridade e resistência que ainda subsiste na natureza, mas continua com firmeza até que seja completo. Como resultado final, o ser consciente inteiro faz-se perfeitamente apto para ter experiências espirituais de todo tipo, volta-se para a verdade espiritual do pensamento, do sentimento, sentidos, ação, em harmonia com a reação justa, liberado da obscuridade e obstinação da inércia tamásica, das misturas turvas, turbulências e impurezas da paixão rajásica e suas energias cinéticas agitadas e desarmônicas, liberado da rigidez esclarecida e limitações sátvicas ou das oscilações de um equilíbrio construído, que são próprias da Ignorância.

Esse é o primeiro resultado, mas o segundo é um fluxo livre de experiências espirituais de todo tipo: experiência do Self, experiência do Ishwara e da Shakti Divina, experiência da consciência cósmica, contato direto com as forças cósmicas e com os movimentos ocultos da Natureza universal, simpatia e unidade psíquicas, comunicação interior e intercâmbios de todo tipo com outros seres e com a Natureza, iluminações da mente pelo conhecimento, iluminações do coração pelo amor e devoção, alegria e êxtase espirituais, iluminações dos sentidos e do corpo por uma experiência mais alta, iluminações da ação dinâmica na verdade e amplidão da alma e na de uma mente e um coração purificados, certezas da luz e direção divinas, alegria e poder da força divina agindo em nossa vontade e em nossa conduta. Essas experiências acontecem quando a natureza e ser interiores mais profundos abrem-se para o exterior, pois então entra em jogo o poder inerente da alma — sua consciência infalível, visão, contato com as coisas — que é superior a toda cognição mental; há aí, natural à consciência psíquica quando age em toda a sua pureza, um sentido imediato do mundo e seus seres, um contato interior direto com eles e um contato direto com o Self e com o Divino — um conhecimento direto, uma visão direta da Verdade e de todas as verdades, uma emoção e uma sensibilidade espiritual diretas e penetrantes, uma intuição direta que reconhece a vontade e a ação justas, um poder de governar e criar uma ordem no ser, não de modo tateante, como o self superficial, mas a partir de dentro, da verdade interior do self e das coisas e das realidades ocultas da Natureza.

Algumas dessas experiências podem vir com a abertura do ser mental e vital interiores — mente, coração e vital interiores mais amplos e sutis dentro de nós —, sem o completo emergir da alma, a entidade psíquica, uma vez que aí também a consciência tem um poder de contato direto: nesse caso, a experiência corre o risco de ter um caráter misturado, pois pode haver o emergir não apenas do conhecimento subliminar, mas também da ignorância subliminar. Uma expansão insuficiente do ser, uma limitação devido a ideias mentais, emoções estreitas e seletivas ou ao tipo de temperamento, podem ocorrer facilmente, de modo que em lugar do emergir livre da alma haverá apenas uma autocriação e uma ação imperfeitas. Na ausência de um completo emergir psíquico, ou se esse é incompleto, certos tipos de experiências — experiências de um conhecimento e força maiores, uma superação dos limites comuns — podem resultar em um ego magnificado e mesmo ocasionar, em lugar de um afluxo do que é divino ou espiritual, uma investida do titânico ou demoníaco ou convidar influências e poderes que, embora não sejam desse tipo desastroso, e apesar de seu poder, têm um caráter cósmico inferior. Mas a autoridade e a direção da alma instauram em toda experiência a tendência para a luz, integração, harmonia e retidão íntima que são naturais à essência psíquica. Uma transformação psíquica desse gênero, ou para dizer de modo mais vasto, uma transformação psíquica-espiritual desse tipo, seria já uma mudança imensa em nossa natureza humana mental.

Porém, toda essa mudança e experiência, embora psíquicas e espirituais em essência e caráter, em seus efeitos sobre a vida limitar-se-iam ao nível mental, vital e físico; seu resultado espiritual[1] dinâmico seria o florescimento da alma na mente, na

---

1. A abertura psíquica e a abertura espiritual com suas experiências e consequências podem conduzir a um afastamento da vida ou a um Nirvana; mas aqui são consideradas apenas como passos em uma transformação da natureza humana.

vida e no corpo, mas nos atos e nas formas a mudança seria circunscrita aos limites — mesmo se mais amplos, elevados e sutis — de uma instrumentação inferior. Isso seria uma manifestação indireta e modificada de uma verdade, poder e deleite cuja realidade, intensidade, vastidão, unidade e diversidade plenas estão acima de nós, acima da mente e, portanto, acima de qualquer fórmula de perfeição imaginada pela mente para estabelecer os fundamentos ou a superestrutura de nossa natureza atual. Uma transformação espiritual superior deve suceder à mudança psíquica ou psíquica-espiritual; o movimento psíquico em direção ao ser interior, o Self ou Divindade dentro de nós, deve ser completado por uma abertura para o alto, para um estado espiritual supremo ou uma existência superior. Podemos conseguir isso abrindo-nos ao que está acima de nós, por uma ascensão da consciência até as regiões da natureza sobremental e supramental, onde a percepção do self e do espírito é para sempre revelada e permanente e os instrumentos autoluminosos do self e do espírito não são restritos ou divididos como em nossa natureza mental, vital, corporal. Isso também a mudança psíquica torna possível, pois assim como ela nos abre à consciência cósmica ainda escondida de nós pelas muitas paredes da individualidade limitadora, nos abre também àquilo que para nosso estado habitual é supraconsciente, porque está escondido pela cobertura forte, dura e brilhante de uma mente que constringe, divide, separa. A cobertura enfraquece, racha, rompe-se ou se abre e desaparece sob a pressão da mudança psíquica-espiritual e do impulso da nova consciência espiritualizada, que se lança naturalmente em direção àquilo de que ela é, aqui, uma expressão. Essa abertura, com todas as suas consequências, pode não acontecer de modo algum, se houver apenas um emergir psíquico parcial que se satisfaz com a experiência da Realidade Divina na escala normal da mente espiritualizada; mas se despertarmos para a existência desses níveis supranormais mais elevados, uma aspiração em direção a esses níveis pode então romper a cobertura ou provocar-lhe uma fenda. Isso pode acontecer muito antes que a mudança psíquica-espiritual seja completa ou mesmo antes que tenha realmente começado ou ido mais longe, porque a personalidade psíquica tornou-se consciente e concentra-se com ardor na supraconsciência. Uma iluminação precoce vinda do alto ou um rasgão na membrana superior podem acontecer como resultado da aspiração ou de uma prontidão interna, ou mesmo virem de forma inesperada ou sem serem chamados por alguma parte consciente da mente — talvez sob uma necessidade subliminar secreta ou uma ação ou pressão dos níveis mais altos, devido a algo que é sentido como o toque do Ser Divino, o toque do Espírito — e seus resultados podem ser extremamente poderosos. Mas se essa experiência se produz por uma pressão prematura vinda de baixo, ela pode ser acompanhada de dificuldades e perigos, que estão ausentes quando o completo emergir do psíquico precede esse primeiro acesso aos níveis superiores de nossa evolução espiritual. A escolha, contudo, nem sempre depende de nossa própria vontade, pois a evolução espiritual em nós segue linhas muito diversas, e a orientação seguida em cada fase crítica pela ação da Consciência-Força em seu impulso em direção a uma automanifestação e formação de nossa existência dependerá da linha que essa evolução já seguiu.

Quando a membrana que cobre a mente se rasga, o que acontece é uma abertura da visão para algo acima de nós ou uma elevação em direção a isso, ou uma descida de seus poderes em nosso ser. Quando a visão se abre, o que vemos é um Infinito acima de nós, uma Presença eterna ou uma Existência infinita, uma infinitude de consciência, uma infinitude de beatitude — um Self sem limites, uma Luz, Poder, Êxtase sem limites. Durante muito tempo essa visão pode ocorrer de modo ocasional, frequente ou constante, ou acompanhar-se de uma aspiração ardente, mas nada mais, porque embora algo na mente, no coração ou em outra parte do ser abriu-se a essa experiência, a natureza inferior como um todo está ainda muito pesada e obscura para mais. Mas, em lugar dessa primeira e ampla tomada de consciência de baixo, ou subsequente a ela, pode haver uma ascensão da mente às alturas acima: podemos não conhecer nem discernir com clareza a natureza dessas alturas, mas algumas consequências da ascensão são sentidas; muitas vezes há também a percepção de uma ascensão infinita e um retorno, mas nenhum registro ou tradução em nós desse estado superior. Isso é porque esse estado é supraconsciente para a mente e, portanto, quando se eleva até ele, ela é incapaz, no início, de reter aí seu poder de discernimento consciente e definir a experiência. Mas quando esse poder começa a despertar e agir, quando a mente se torna gradualmente consciente daquilo que, para ela, era supraconsciente, então tem início o conhecimento e a experiência dos planos superiores da existência. Essa experiência está em acordo com aquilo que nos trouxe a primeira abertura da visão: a mente eleva-se e tem acesso ao plano superior do self puro, silencioso, tranquilo, ilimitado; ou eleva-se e tem acesso às regiões de luz e felicidade, aos planos onde sente um Poder infinito ou uma Presença divina, ou experiencia o contato de um Amor e uma Beleza divinos ou a atmosfera de um Conhecimento superior mais vasto e luminoso. Ao retorno, a impressão espiritual permanece, mas o registro mental é com frequência nublado e permanece como uma lembrança vaga e fragmentada; a consciência inferior, onde a ascensão começou, retorna ao que era, apenas com o acréscimo de uma experiência que não se manteve ou é lembrada, mas perdeu o dinamismo. Com o tempo, a ascensão chega a ser feita livremente e a consciência traz de volta, e retém, alguns efeitos e algum progresso de sua estadia temporária nessas regiões mais altas do espírito. Para muitos, essas ascensões acontecem em estado de transe, mas elas são perfeitamente possíveis em um estado de concentração da consciência desperta ou, quando essa consciência tornou-se psíquica o suficiente, a qualquer momento e sem concentração, mediante uma atração para o alto ou uma afinidade. Mas esses dois tipos de contato com o supraconsciente, embora possam ser poderosamente iluminadores, estáticos ou liberadores, têm em si mesmos uma efetividade insuficiente; para a transformação espiritual completa é necessário mais: uma ascensão permanente da consciência inferior à consciência superior e uma descida efetiva e permanente da natureza superior na natureza inferior.

Essa é a terceira moção, a descida, que é essencial para efetuar a ascensão permanente, aumentar a afluência proveniente dos planos superiores, experienciar a recepção e retenção do espírito que desce ou seus poderes e os elementos de sua consciência. Essa experiência da descida pode produzir-se como um resultado dos outros dois movimentos ou vir automaticamente, antes mesmo que eles tenham acontecido, mediante um súbito rasgão na cobertura ou uma infiltração, uma descida copiosa ou um influxo. Uma luz desce e toca, envolve ou penetra o ser inferior, a mente, a vida, o corpo; ou uma presença, poder ou torrente de conhecimento verte-se em ondas ou em correntezas; ou então há uma inundação de felicidade ou um êxtase repentino: o contato com o supraconsciente foi estabelecido. E essas experiências se repetem até se tornarem normais e familiares, bem compreendidas, e revelarem seus conteúdos e significados, que poderiam, no início, ter sido involuídos e mantidos secretos por trás da imagem da experiência que lhes encobre. Com efeito, um conhecimento do alto começa a descer, primeiro com frequência, depois a todo momento, de maneira ininterrupta, e a manifestar-se na quietude ou no silêncio da mente; intuições e inspirações, revelações nascidas de uma visão mais vasta, uma verdade e sabedoria mais altas, entram no ser; um discernimento luminoso e intuitivo age e dissipa toda escuridão que obscurece nossa compreensão ou toda confusão ofuscante e põe tudo em ordem; uma nova consciência começa a formar-se, uma mente capaz de um conhecimento intelectual autoexistente vasto e elevado ou uma consciência iluminada, intuitiva ou sobremental, com novas forças de pensamento ou de visão e um poder maior de realização espiritual direta que ultrapassa o pensamento ou a visão, um devenir maior na substância espiritual de nosso ser atual; o coração e os sentidos tornam-se sutis, intensos, bastante amplos para abarcar toda a existência, ver Deus, sentir e ouvir e tocar o Eterno, alcançar uma unidade mais íntima e próxima entre o self e o mundo, em uma realização transcendente. Outras experiências decisivas, outras mudanças de consciência determinam-se, que são corolários e consequências dessa mudança fundamental. Nenhum limite pode ser fixado a essa revolução, pois, em sua natureza, ela é uma invasão do Infinito.

Esse é o processo da transformação espiritual, que se efetua pouco a pouco ou em uma sucessão de grandes experiências rápidas e definitivas. Conclui-se por uma ascensão que se repete com frequência, que, no final, permite à consciência fixar-se em um plano mais elevado de onde ela vê e governa a mente, a vida e o corpo, e também por uma descida crescente dos poderes de uma consciência e um conhecimento superiores, que substituem de modo cada vez mais completo a consciência e o conhecimento normais. Essa é sua culminação. Uma luz e poder, um conhecimento e força fazem-se sentir que, primeiro, tomam posse da mente e a remodelam; depois, da parte vital e a remodelam; finalmente, tomam posse da pequena consciência física, que perde então sua pequenez e torna-se vasta e plástica, mesmo infinita. Pois essa nova consciência é, ela própria, infinita por natureza: nos traz o sentido, a percepção espiritual permanente do infinito e eterno, e ao mesmo tempo uma grande amplidão em nossa natureza e a ruptura de suas limitações; a imortalidade não é mais uma crença ou uma experiência, mas a autopercepção normal; a presença íntima do Ser Divino, seu governo do mundo, de nosso self e das partes de nossa natureza, sua força que age em nós e em todo lugar, a paz do infinito, a alegria do infinito são agora concretas e constantes no ser; em tudo isso que vemos, em todas as formas, percebe-se o Eterno, a Realidade; em todos os sons o ouvimos, em todos os contatos o sentimos; não há nada mais exceto suas formas, personalidades e manifestações: a alegria ou a adoração que vem do coração, o abraço que inclui toda existência, a unidade do espírito, são realidades permanentes. A consciência da criatura mental torna-se — ou já se tornou completamente — a consciência do ser espiritual. Essa é a segunda das três transformações; une a existência manifestada com o que está acima dela, é o degrau intermediário das três, a transição decisiva da natureza em sua evolução espiritual.

Se, desde o início, o Espírito pudesse viver abrigado nas alturas superiores e lidar com uma substância mental e material virgem e em branco, a transformação espiritual completa poderia ser rápida e mesmo fácil: mas o processo real da Natureza é mais difícil, a lógica de seus movimentos é múltiplice, contorcida, sinuosa, abrangente; a Natureza reconhece todos os dados da tarefa a que se deu e não se satisfaz com um triunfo sumário sobre suas próprias complexidades. Cada parte de nosso ser deve ser assumida em sua natureza e caráter próprios, com todas as marcas e sinais do passado ainda presentes nela: cada ínfima porção, ínfimo movimento, deve ser destruído e substituído se for inadequado ou, se for adequado, ser transmutado na verdade do ser superior. Se a mudança psíquica for completa, isso pode ser feito por um processo sem dor, embora ainda assim o programa seja longo e escrupuloso e o progresso, cuidadoso; senão, será preciso satisfazer-se com um resultado parcial. Mas se o cuidado com a perfeição e a sede do espírito forem insaciáveis, deve-se consentir em uma ação difícil, muitas vezes dolorosa e em aparência interminável. Pois em geral a consciência não se eleva aos cumes, exceto em raros momentos; ela permanece no nível mental e recebe o que vem do alto: algumas vezes é uma descida única de algum poder espiritual, que se estabelece e molda o ser em algo predominantemente espiritual, ou é uma sucessão de descidas que reforçam o estado espiritual e sua *dynamis*: mas a menos que se possa viver no cume mais alto já atingido, nenhuma mudança completa ou mais integral pode realizar-se. Se a mutação psíquica não aconteceu, se as Forças superiores foram puxadas para baixo prematuramente, o contato delas pode ser demasiado forte para os materiais defeituosos e impuros da Natureza, e seu destino imediato pode ser o do vaso ainda não levado ao fogo, de que falam os *Vedas*, e que não pôde conter o Soma, o vinho divino; pode ser também que a influência que desce se retire ou seja desperdiçada, porque a natureza não pôde contê-la, nem mantê-la. Ou ainda, se é o Poder que desce, a mente ou o vital egoísticos podem tentar apropriar-se dele para seus próprios fins. Os resultados podem ser desastrosos: uma exaltação do ego ou uma caça aos poderes e às mestrias que reforçam o sentimento de grandeza pessoal. A Ananda que desce não poderá ser retida se uma impureza sexual excessiva criar uma mistura intoxicante ou degradante; o Poder se retira se houver ambição, vaidade ou outra forma agressiva do self inferior; a Luz se extingue se houver um apego à obscuridade ou a qualquer forma de Ignorância; a Presença desaparecerá se a câmara do coração não for purificada. Ou então, alguma Força antidivina poderá tentar apoderar-se, não do próprio Poder, pois este se retira, mas da força que resulta dele e foi deixada atrás no instrumento, e usá-la para os propósitos do Adversário. Mesmo se nenhum desses defeitos, nenhum desses desvios desastrosos ocorressem, ainda assim os erros numerosos de recepção ou as imperfeições do recipiente poderiam impedir a transformação. O Poder vem então de modo intermitente e, enquanto isso, trabalha por trás do véu ou retira-se na sombra durante longos períodos de assimilação ou de preparação das partes recalcitrantes da Natureza; a Luz deve trabalhar na escuridão ou na semiescuridão nas regiões em nós que ainda estão na Noite. A qualquer momento o trabalho pode ser interrompido, no plano pessoal e nessa vida, seja porque a natureza não é mais capaz de receber ou assimilar, pois alcançou os limites de sua capacidade presente, seja porque a mente pode estar pronta, mas o vital, frente à escolha entre a vida antiga e a nova, recusa-se a mudar; ou, se aceitar, o corpo poderá revelar-se demasiado fraco, inapto ou defeituoso para a mudança necessária da consciência e sua transformação dinâmica.

Ademais, a necessidade de efetuar a mudança separadamente em cada parte do ser de acordo com sua natureza e seu caráter próprios, compele a consciência a descer em cada parte por sua vez e a agir segundo o estado e as possibilidades delas. Se o trabalho fosse feito de cima, de alguma altura espiritual, poderia haver uma sublimação, elevação ou criação de uma estrutura nova, simplesmente pela força da influência do alto; mas essa mudança poderia não ser aceita pelo ser inferior por não ser nativa dele; esse não seria um crescimento total, uma evolução integral, mas uma formação parcial e imposta que influenciaria ou liberaria algumas partes do ser, reprimiria outras ou as deixaria como estavam; uma criação exterior à natureza normal, e que lhe fosse imposta, só seria durável em sua inteireza enquanto a influência criadora se mantivesse. É, portanto, necessário que a consciência desça até os níveis inferiores; mas, mesmo assim, é difícil manifestar o pleno poder do princípio superior; há uma modificação, diluição e diminuição que mantém uma imperfeição e limitação dos resultados: a luz de um conhecimento superior desce, mas torna-se nublada e modificada, o significado desse conhecimento é mal interpretado ou sua verdade é misturada a erros mentais e vitais ou então a força e o poder de realização não são proporcionais à sua luz. A luz e o poder da sobremente, agindo em seu pleno direito e em sua própria esfera, é uma coisa, a mesma luz, agindo na obscuridade da consciência física e sujeita às condições da natureza física, é algo completamente diferente e, devido à diluição e mistura, seu conhecimento, sua força e seus resultados são muito inferiores. A consequência é um poder mutilado, um efeito parcial ou um movimento entravado.

Essa é, de fato, a razão do emergir lento e difícil da Consciência-Força na Natureza: a mente e a vida devem descer na Matéria e adaptar-se às suas condições; modificadas e diminuídas pela obscuridade e inércia recalcitrante da substância e força em que operam, a mente e a vida não são capazes de transmutar completamente seus materiais em um instrumento adequado e em uma substância transformada reveladora do seu poder real e inato. A consciência da vida é incapaz de efetuar na existência material a grandeza e felicidade de seus impulsos poderosos e belos; seu ímpeto se enfraquece, sua força de realização é inferior à verdade de suas concepções, a forma trai a intuição da vida — intuição que essa consciência possui e tenta expressar nos termos do ser vivo. A mente é incapaz de levar a cabo suas altas ideias no campo da vida ou da matéria sem a diminuição e os compromissos que as despojam de sua divindade; sua força para modelar essa substância inferior para que lhe obedeça e a expresse não é igual à clareza de seu conhecimento e vontade, ao contrário: seus próprios poderes são abalados, sua vontade é dividida, seu conhecimento confunde-se e anuvia-se pelas torpezas da vida e a incompreensão da Matéria. Nem a vida nem a mente conseguem converter ou aperfeiçoar a existência material, porque nessas condições elas não podem alcançar a plenitude de suas próprias forças; devem chamar um poder superior para liberá-las e realizá-las. Mas os poderes superiores mentais-espirituais também estão submetidos à mesma incapacidade quando descem na vida e na matéria; eles podem fazer muito mais, cumprir mudanças muito mais luminosas, mas a modificação, limitação, disparidade entre a consciência que desce e a força de realização que ela pode mentalizar e materializar estão constantemente presentes, e o resultado é uma criação diminuída. A mudança efetuada é frequentemente extraordinária, há mesmo algo que se assemelha a uma conversão total, uma inversão do estado de consciência e elevação de seus movimentos, mas essa mudança não é dinamicamente absoluta.

Só a supramente pode descer na vida e na matéria sem perder a plenitude de seu poder de ação; pois sua ação é sempre intrínseca e automática, sua vontade e seu conhecimento são idênticos, e o resultado é em igual medida: sua natureza é uma Consciência-Verdade que se cumpre espontaneamente, e se se limita ou limita sua ação é por escolha e intenção, não por coerção; nos limites que escolhe, sua ação e os resultados de sua ação são harmoniosos e inevitáveis. Quanto à sobremente, ela é, como a mente, um princípio de divisão, e sua operação característica é elaborar uma harmonia escolhida em uma formação independente. Sua ação global permite-lhe, na verdade, criar uma harmonia completa e perfeita em si mesma ou unir, fundir suas harmonias, sintetizar; mas, como trabalha sob as restrições da mente, vida e matéria, ela é obrigada a fazer isso por seções e junções que deve reunir em seguida. Sua tendência à totalidade é entravada por sua tendência seletiva, que é acentuada pela natureza do material mental e vital nos quais ela age aqui. Tudo o que a sobremente pode cumprir são criações espirituais separadas e limitadas, cada uma perfeita em si mesma, mas não o conhecimento integral e sua manifestação. Por essa razão, e porque sua luz e seu poder originais diminuem, a sobremente é incapaz de realizar de modo pleno o que é necessário e deve chamar um poder maior, a força supramental, para liberá-la e cumpri-la. Assim como a mudança psíquica deve fazer apelo à mudança espiritual para completá-la, do mesmo modo a primeira mudança espiritual deve fazer apelo à transformação supramental para completá-la. Pois todos esses passos no caminho, como aqueles que os precederam, são transitórios; a mudança radical e total na evolução, a partir de uma base de Ignorância para alcançar uma base de Conhecimento, só poderá vir pela intervenção do Poder supramental e sua ação direta na existência terrestre.

Essa então deve ser a natureza da transformação final, a terceira, que conclui a passagem da alma através da Ignorância e estabelece sua consciência, vida, poder e forma de manifestação em um autoconhecimento completo e inteiramente efetivo. A Consciência-Verdade, ao encontrar a Natureza evolutiva pronta, deverá descer nela e permitir-lhe liberar o princípio supramental que ela encerra; assim será criado o ser supramental e espiritual, primeira manifestação sem véus da verdade do Self e do Espírito no universo material.

## CAPÍTULO XXVI

# A ASCENSÃO À SUPRAMENTE

*Mestres da Luz-Verdade que fazem crescer a Verdade pela Verdade.*
Rig Veda, I. 23. 5.

*Três poderes da Palavra, que levam a Luz diante si, [...] uma tripla casa de paz, um triplo caminho da Luz.*
Rig Veda, VII. 101. 1, 2.

*Quatro outros mundos de beleza ele cria como suas formas, quando cresceu pelas Verdades.*
Rig Veda, IX. 70. 1.

*Ele nasce vidente, com a mente de discernimento; filho da Verdade, um nascimento estabelecido no interior, secreto, que surge parcialmente na manifestação.*
Rig Veda, IX. 68. 5.

*Possuidores de uma vasta sabedoria inspirada, criadores da Luz, conscientes, eles conhecem tudo que é, e crescem na Verdade.*
Rig Veda, X. 66. 1.

*Ao perceber a Luz mais alta além da obscuridade, nós viemos ao Sol divino na Divindade, à Luz mais alta entre todas.*
Rig Veda, I. 50. 10.

A transformação psíquica e as primeiras etapas da transformação espiritual são facilmente aceitáveis por nós; sua perfeição seria a perfeição, inteireza, unidade consumada de um conhecimento e uma experiência que já fazem parte das coisas realizadas, embora apenas por um pequeno número de seres humanos. Mas a mudança supramental em seu processo nos conduz a regiões menos exploradas; ela nos dá uma primeira visão das alturas da consciência que, na verdade, foram já vislumbradas e visitadas, mas devem ainda ser descobertas em sua completude e mapeadas. O mais alto desses cumes ou desses elevados altiplanos da consciência, o supramental, situa-se muito além da possibilidade de um esquema mental satisfatório, da possibilidade de ser mapeado ou abarcado por qualquer visão ou descrição mental. Seria difícil para a concepção mental normal não iluminada ou não transformada expressar algo ou entrar em algo que é baseado em uma consciência tão diferente, e cuja percepção das coisas é tão radicalmente diferente; mesmo se esse domínio fosse visto ou concebido por uma iluminação ou abertura da visão, seria necessária outra linguagem, diferente dos registros pobres e abstratos usados por nossa mente, para traduzi-lo em termos que nos permitissem apreender sua realidade. Assim como os cumes da mente humana estão além da percepção animal, do mesmo modo os movimentos da supramente estão além da concepção mental humana comum. É apenas quando já tivermos a experiência de uma consciência superior intermediária que alguns termos tentando descrever o ser supramental poderão transmitir um sentido verdadeiro à nossa inteligência; porque então, como algo similar ao descrito já foi experienciado, poderemos converter uma linguagem inadequada em imagens do que conhecemos. Se a mente não puder entrar na natureza da supramente, poderá olhar em sua direção através dessas vias de acesso altas e luminosas e captar alguma impressão, reflexos do Verdadeiro, do Justo e do Vasto, que são o reino nativo do Espírito livre.

Mas mesmo o que pode ser dito sobre a consciência intermediária é, necessariamente, inadequado; pode-se apenas enunciar certas generalizações abstratas, que no início poderão nos servir de luz e guia. Aqui, a única circunstância a nos ajudar é que a consciência superior, por mais diferente que seja em constituição e princípio é, no entanto — em sua forma evolutiva e naquilo que, no início, nos é acessível dela neste mundo — um desenvolvimento supremo de elementos já presentes em nossa consciência, por mais rudimentares e diminuídos que sejam sua forma e seu poder. É também uma ajuda o fato de que a lógica do processo da Natureza evolutiva continua, muito modificada em algumas das regras de sua ação, mas a mesma em essência, seja na ascensão aos cumes mais altos, seja, como nos começos, nos graus inferiores; assim, podemos descobrir, e seguir até certo ponto, as linhas de seu processo superior. Pois vimos algo da natureza e lei da transição da mente intelectual à mente espiritual; desse ponto de partida já alcançado podemos começar a traçar a passagem para um grau dinâmico mais alto da nova consciência e da próxima transição, da mente espiritual à supramente. É inevitável que as indicações sejam muito imperfeitas, pois pelo método da investigação metafísica pode-se chegar apenas a algumas representações iniciais de caráter abstrato e geral; o conhecimento e a descrição verdadeiros devem ser deixados à linguagem do místico e às imagens, ao mesmo tempo mais vívidas e mais recônditas, de uma experiência direta e concreta.

A transição da sobremente para a Supramente é uma passagem da Natureza, tal como a conhecemos, à Supranatureza. Por esse fato mesmo, é impossível realizar isso por um mero esforço da Mente; nossa aspiração e esforço pessoal, sem ajuda, não podem alcançar isso; pois nosso esforço pertence ao poder inferior da Natureza e um poder da Ignorância não pode alcançar, por sua própria força ou por métodos característicos disponíveis, aquilo que está além de seu próprio domínio natural. Todas as ascensões precedentes foram efetuadas por uma Consciência-Força secreta atuando primeiro na Inconsciência e depois na Ignorância: sua ação fez emergir à superfície seus poderes involuídos, poderes escondidos atrás do véu e superiores às antigas formulações da Natureza; mas, ainda assim, é necessário que esses mesmos poderes superiores, já formulados em toda a sua força natural em seus próprios planos, exerçam uma pressão; esses planos superiores criam seus próprios alicerces em nossas partes subliminares e, de lá, podem influenciar o processo evolutivo na superfície. Sobremente e Supramente estão também involuídas e ocultas na Natureza terrestre, mas não têm formações nos níveis acessíveis de nossa consciência interior subliminar: não há ainda um ser sobremental ou uma natureza sobremental organizada, nenhum ser supramental ou uma natureza supramental agindo em nossa superfície ou em nossas partes subliminares normais, pois esses poderes maiores de consciência são supraconscientes em relação ao nível de nossa ignorância. Para que os princípios involuídos da Sobremente e da Supramente possam emergir de seus segredos velados, o ser e os poderes da supraconsciência deverão descer em nós e elevar-nos, expressar-se em nosso ser e nossas faculdades; essa descida é condição *sine qua non* da transição e transformação.

É certamente concebível que, mesmo sem a descida — por uma pressão secreta do alto, por uma longa evolução —, nossa Natureza terrestre consiga entrar em contato íntimo com os planos superiores, agora supraconscientes, e que uma formação da Sobremente subliminar se manifeste por trás do véu; como resultado, a consciência própria a esses planos superiores poderia lentamente despertar na superfície de nosso ser. É concebível que uma espécie de seres mentais possa aparecer dessa maneira, seres que pensariam e agiriam não por meio do intelecto ou da inteligência racional e reflexiva, ou não principalmente, mas por meio de uma mente intuitiva que seria o primeiro passo de uma mudança ascendente; isso poderia ser seguido por uma sobrementalização que nos conduziria à fronteira além da qual encontra-se a Supramente ou Gnose divina. Mas esse processo seria inevitavelmente um empenho longo e laborioso da Natureza. Há também a possibilidade de que se consiga apenas uma mentalização superior imperfeita; os novos elementos, mais elevados, poderiam dominar fortemente a consciência, mas ainda estariam sujeitos à modificação de sua ação pelo próprio princípio de uma mentalidade inferior; haveria um conhecimento maior, mais vasto e iluminado, a cognição de uma ordem superior, mas sofreria ainda uma mistura que a sujeitaria à lei da Ignorância, assim como a Mente é submetida às limitações da lei da Vida e da Matéria. Para uma verdadeira transformação é preciso uma intervenção do alto, direta e sem véus; seria também necessária uma submissão e entrega totais da consciência inferior, que deve renunciar às suas exigências; ela deve querer que a lei de sua ação separada seja completamente anulada pela transformação e perca todos os direitos sobre nosso ser. Se essas duas condições pudessem ser realizadas desde agora por uma vontade e um apelo conscientes no espírito e se nosso ser inteiro, tanto manifestado quanto interior, participasse em sua própria mudança e elevação, a evolução, a transformação, poderiam produzir-se por uma mudança consciente relativamente rápida; a Consciência-Força supramental agindo do alto e a Consciência-Força evolutiva agindo por trás do véu sobre a percepção e a vontade despertas do ser humano mental efetuariam, pela união de seus poderes, essa transição de enorme importância. Não seria mais necessário uma evolução lenta, contando muitos milênios para cada passo — a evolução difícil e hesitante que, no passado, a Natureza efetuou nas inconscientes criaturas da Ignorância.

Uma primeira condição para essa mudança é que o Homem mental que somos agora perceba e possua dentro de si a lei profunda de seu ser e seus processos; ele deve tornar-se o ser interior psíquico e mental, mestre de suas energias; não mais escravo, mas senhor dos movimentos da Prakriti inferior, estabelecido firmemente em livre harmonia com a lei superior da Natureza. Um controle crescente do indivíduo sobre a ação de sua própria natureza, uma participação cada vez mais consciente na ação da Natureza universal são as características que distinguem o princípio e o processo evolutivos e, na verdade, são suas consequências lógicas. Toda ação, toda atividade mental, vital e física no mundo são a operação de uma Energia universal, uma Consciência-Força que é o poder do Espírito Cósmico e elabora a verdade cósmica e a verdade individual das coisas. Mas visto que essa Consciência criadora cobre-se na Matéria com uma máscara de inconsciência e na superfície assume a aparência de uma Força universal cega que executa um plano ou organiza as coisas parecendo não saber o que faz, o primeiro resultado terá uma aparência similar; esse é o fenômeno de uma individualização física inconsciente, uma criação não de seres, mas de objetos. Estas são existências formadas, com suas propriedades e qualidades próprias, um poder de ser, um caráter de ser; mas nelas o plano e a organização da Natureza devem ser elaborados mecanicamente, sem nenhum começo de participação, iniciação ou percepção consciente no objeto individual, que emerge como o primeiro resultado mudo e campo inanimado da ação e criação da Natureza. Na vida animal, a Força começa lentamente a tornar-se consciente na superfície e assumirá a forma não mais de um objeto, mas de um ser individual; mas esse indivíduo imperfeitamente consciente, embora participe, tenha sensações e sentimentos, por ora apenas executa o que a Força realiza nele, sem nenhuma inteligência, sem ver com clareza o que se realiza; ele parece não ter outra escolha, outra vontade, senão aquela que lhe é imposta pela forma de sua natureza. Com a mente humana aparecem pela primeira vez uma inteligência observadora que olha o que se realiza, uma vontade e uma escolha que se tornaram conscientes; mas a consciência é ainda limitada e superficial; o conhecimento também é limitado e imperfeito: essa é uma inteligência parcial, uma semicompreensão em grande parte tateante e empírica ou, se for racional, será por meio de construções, teorias e fórmulas. Não há ainda uma visão luminosa que conheça as coisas por apreensão direta e as organize segundo o plano da verdade inerente a elas, com uma precisão espontânea em acordo com a visão; a inteligência humana, embora possua certo elemento de instinto, intuição e discernimento — que é uma primeira forma desse poder de visão luminosa — em geral, e por natureza, é uma razão inquiridora, um pensamento reflexivo que observa, supõe, deduz, conclui e chega com muito esforço a uma verdade construída, um esquema de conhecimento construído, uma ação deliberadamente organizada, preparada por ela mesma. Ou, antes, isso é o que ela se esforça para ser, e é parcialmente, pois seu conhecimento e sua vontade são constantemente invadidos, obscurecidos ou frustrados por forças do ser que são instrumentos semicegos do mecanismo da Natureza.

Isso não é, evidentemente, o poder supremo da consciência, não é o termo final de sua evolução nem seu cume mais alto. Uma intuição maior e mais íntima deve ser possível, que entraria no coração das coisas, estaria em uma identidade luminosa com os movimentos da Natureza e asseguraria ao ser um controle claro de sua vida ou ao menos uma harmonia com seu universo. Só uma consciência livre e inteiramente intuitiva seria capaz de ver e apreender as coisas por contato direto e uma visão penetrante ou pelo sentido espontâneo da verdade, nascido de uma unidade ou identidade subjacente, e só ela seria capaz de organizar a ação da Natureza em acordo com a verdade da Natureza. Essa seria uma participação real do indivíduo nas obras da Consciência-Força universal; o Purusha individual tornar-se-ia o mestre de sua própria energia executiva e ao mesmo tempo um parceiro consciente, agente, instrumento do Espírito Cósmico na ação da Energia universal: a Energia universal agiria por meio dele, mas ele também agiria por meio dela e a harmonia da verdade intuitiva faria dessa operação dupla uma única ação. Uma participação consciente e crescente desse tipo, ao mesmo tempo mais elevada e íntima, deve acompanhar a transição de nosso estado de ser atual a um estado de supranatureza.

Um outro-mundo harmonioso, onde uma inteligência mental intuitiva desse tipo imporia seu controle e sua lei, é concebível; mas no plano de nossa existência, devido à intenção original e à história passada do propósito evolutivo, um tal domínio e controle dificilmente poderia estabilizar-se, e é pouco provável que pudesse ser completo, final e definitivo. Pois uma mentalidade intuitiva, ao intervir em uma consciência mental, vital e física misturada, normalmente seria forçada a misturar-se com a substância inferior da consciência já evoluída, e para agir aí teria que entrar nessa substância; ao fazer isso, se encontraria enredada nela, invadida por ela, alterada pelo caráter separador e parcial da ação de nosso mental, pela limitação e a força restritiva da Ignorância. A ação da inteligência intuitiva é bastante intensa e luminosa para entrar na massa da Ignorância e da Inconsciência e modificá-la, mas não é bastante ampla e inteira para absorvê-la e aboli-la: não poderia efetuar uma transformação completa de toda a consciência em sua própria substância e poder. Contudo, mesmo em nossa condição presente há certo tipo de participação e nossa inteligência normal está desperta o suficiente para que a Força-Consciente universal aja por meio dela e permita à inteligência e à vontade orientar em certa medida as circunstância internas e externas; essa orientação é, no entanto, bastante atrapalhada e com frequência acompanhada de erros; só pode ter um efeito e um poder limitados, não em proporção com a ampla totalidade das vastas operações da Força-Consciente. Na evolução em direção à Supranatureza esse poder inicial de participação consciente na ação universal alargar-se-ia no indivíduo e tornar-se-ia uma visão cada vez mais íntima e extensa da ação da Supranatureza nele, uma percepção sensível do curso que ela segue, uma compreensão crescente ou uma ideia intuitiva dos métodos que devem ser seguidos para uma autoevolução mais rápida e mais consciente. À medida que o ser psíquico interior ou o ser mental oculto interior viesse mais para a frente, haveria um poder maior de escolha, de aprovação: o começo de um livre-arbítrio autêntico, cada vez mais efetivo. Mas esse livre-arbítrio se exerceria sobretudo em relação às operações da Natureza no ser humano; significaria apenas um controle mais livre, mais completo e imediatamente perceptível das moções de seu próprio ser; mesmo assim, no início a vontade não poderia ser completamente livre, enquanto estivesse aprisionada nos limites criados por suas próprias formações ou fosse combatida pela imperfeição nascida da mistura da velha consciência com a nova. Haveria, no entanto, uma mestria e um conhecimento crescentes e uma abertura a um ser e uma natureza superiores.

Nossa noção de livre-arbítrio é passível de ser contaminada pelo individualismo excessivo do ego humano e adotar a imagem de uma vontade independente que age isolada, por conta própria, em uma completa liberdade, sem outra determinação exceto sua própria escolha e seu movimento separado e sem relações. Essa ideia ignora o fato de que nosso ser natural faz parte da Natureza cósmica e nosso ser espiritual só existe pela Transcendência suprema. Nosso ser total só poderá elevar-se e sair da sujeição à facticidade da presente Natureza mediante uma identificação com uma Verdade e uma Natureza superiores. A vontade do indivíduo, mesmo quando completamente livre, não poderia agir em uma independência isolada, porque o ser e a natureza individuais estão incluídos no Ser e na Natureza universais e dependem do Transcendente, que tudo governa. Sem dúvida, a ascensão pode ter uma linha dual. Em uma, o ser individual poderia sentir-se e comportar-se como uma autoexistência independente que se une à sua própria Realidade impessoal; ele poderia, concebendo-se assim, agir com uma grande força, mas ou sua ação ainda estaria em um quadro alargado de seu passado e seu presente tais como foram formados pelo poder da Natureza, ou, então, foi a Força cósmica e suprema que agiu nele e não haveria iniciativa pessoal de ação, e, portanto, nenhum sentido de livre-arbítrio individual, mas apenas a obra de uma Vontade e de uma Energia cósmicas ou supremas impessoais. Seguindo a outra linha, o ser sentir-se-ia um instrumento espiritual do Ser Supremo e agiria então como um de seus poderes, limitado em sua ação apenas pelas potências da Supranatureza — que são sem limites ou restrições, exceto os da Verdade e da lei própria do indivíduo — e a Vontade que está nelas. Mas nos dois casos haveria, como condição para escapar do controle de uma ação mecânica das forças da Natureza, uma submissão a um Poder consciente maior ou o consentimento do ser individual que se unifica à intenção e ao movimento desse Poder em sua própria existência e na existência do mundo.

Pois a ação de um novo poder de ser em um domínio mais alto de consciência poderia ser, mesmo em seu controle da Natureza exterior, extraordinariamente efetiva, mas só porque a luz de sua visão traz uma harmonia ou identificação com a Vontade cósmica e transcendente; pois é quando se torna instrumento não mais de um poder inferior, mas de um Poder superior que a vontade do ser se torna livre de um determinismo mecânico criado pela ação e pelos processos da Energia mental, Energia vital e Energia material cósmicas, e se libera da sujeição ignorante à pressão dessa Natureza inferior. O indivíduo disporia, talvez, de um poder de iniciativa, mesmo de uma supervisão de forças mundiais; mas seria a iniciativa de um instrumento, uma supervisão delegada: a escolha do indivíduo receberia a sanção do Infinito porque ele mesmo seria uma expressão de uma verdade do Infinito. Assim, a individualidade tornar-se-ia cada vez mais poderosa e efetiva à proporção que se reconhecesse como centro e formação do Ser e da Natureza universais e transcendentes. Pois à medida que essa mudança progride, a energia do indivíduo liberado não seria mais a energia limitada da mente, vida e corpo com que ele começou; o ser emergeria em uma luz maior de Consciência e abrir-se-ia a uma ação maior da Força e as faria suas; ao mesmo tempo elas emergeriam e desceriam nele e o absorveriam em si mesmas: a existência natural do indivíduo tornar-se-ia a instrumentação de um Poder superior, de uma Consciência-Força sobremental e supramental, o poder da Shakti divina original. Ele sentiria todo o processo da evolução como a ação de uma Consciência suprema e universal, uma Força suprema e universal agindo conforme sua escolha, em qualquer nível e nos limites que se autodeterminasse, como a obra consciente do Ser cósmico e transcendente, a ação da Mãe dos Mundos, onipotente e onisciente, que eleva o ser até si mesma, até a sua supranatureza. Em lugar da Natureza de Ignorância, com o indivíduo como seu campo fechado e instrumento inconsciente ou semiconsciente, haveria a Supranatureza da Gnose divina e a alma individual seria seu campo de ação e instrumento, consciente, aberto e livre; ela participaria de sua ação, perceberia seu propósito e processo, e ao mesmo tempo seu próprio Self maior, a Realidade universal e transcendente e perceberia também sua própria Pessoa como ilimitavelmente una com essa Realidade e, ainda assim, como um ser individual de Seu ser, um instrumento e centro espiritual.

Começar a abrir-se à ação da Supranatureza para nela participar é uma condição para a virada em direção à última transformação: a supramental; pois essa transformação é a conclusão da passagem que conduz da harmonia obscura de um automatismo cego, ponto de partida da Natureza, à espontaneidade luminosa e autêntica, ao movimento infalível da verdade autoexistente do Espírito. A evolução começa com o automatismo da Matéria e de uma vida inferior, em que tudo obedece implicitamente ao impulso da Natureza, tudo cumpre mecanicamente a lei de seu ser e assim consegue manter a harmonia de seu tipo limitado de existência e ação; a evolução prossegue e passa pela confusão fecunda da mente e da vida de uma humanidade conduzida por essa Natureza inferior, mas que luta para escapar às suas limitações, para dominá-la, dirigi-la e utilizá-la; em seguida, emerge em uma harmonia maior e espontânea e em uma ação que se cumpre automaticamente, porque é fundamentada na Verdade espiritual das coisas. Nesse estado superior, a consciência verá essa Verdade e seguirá a linha de suas energias com um conhecimento pleno, uma participação efetiva e mestria dos instrumentos, um completo deleite na ação e na existência. Ela fruirá a felicidade de uma perfeição luminosa na unidade com tudo, em lugar de sofrer a submissão cega do indivíduo ao universal; a cada momento a ação do universal no indivíduo e do indivíduo no universal será iluminada e governada pela autoridade da Supranatureza transcendente.

Mas essa condição superior é difícil e evidentemente levará muito tempo para concretizar-se, pois não é suficiente que o Purusha participe e consinta à transição, deve haver também o consentimento e a participação da Prakriti. Não são apenas o pensamento e a vontade centrais que devem aquiescer, mas todas as partes de nosso ser devem consentir e submeter-se à lei da Verdade espiritual; tudo, em todas as partes do ser, deve aprender a obedecer ao governo do Poder Divino consciente. Há em nós dificuldades obstinadas, originárias de nossa constituição evolutiva, que militam contra esse consentimento, visto que algumas dessas partes estão ainda sujeitas à inconsciência, à subconsciência e ao automatismo inferior do hábito ou da assim chamada lei da Natureza — hábitos mecânicos da mente, hábitos vitais, hábitos do instinto, hábitos da personalidade, hábitos do caráter, necessidades, impulsos e desejos arraigados da mente, do vital e do físico do homem natural, velhos funcionamentos de todo tipo aí enraizados tão profundamente que pareceria até que devêssemos cavar fundações abissais para extirpá-los; essas partes recusam-se a desobedecer à lei inferior alicerçada no Inconsciente; elas fazem subir continuamente até a mente e a vida conscientes as velhas reações e buscam reafirmá-las aí como a eterna verdade da Natureza. Outras partes do ser são menos obscuras e mecânicas, menos enraizadas na inconsciência, mas todas são imperfeitas e apegadas às suas imperfeições; todas têm suas próprias reações obstinadas; a parte vital é casada com a lei da autoafirmação e do desejo, a mente é apegada aos seus próprios movimentos constituídos, e ambas obedecem voluntariamente à lei inferior da Ignorância. E mesmo assim, a lei da participação e a lei da submissão são imperativas; a cada passo da transição o consentimento do Purusha é necessário, e é preciso também que cada parte da natureza consinta a mudar sob a ação do poder superior. Deve haver então uma autodireção consciente do ser mental em nós em direção a essa mudança, a essa substituição da velha natureza pela Supranatureza, a essa transcendência. A obediência consciente à verdade mais alta do espírito, a submissão do ser inteiro à luz e ao poder que vêm da Supranatureza é uma segunda condição, que o próprio ser deve cumprir lentamente e com dificuldade, antes que a transformação supramental possa tornar-se, de algum modo, possível.

Portanto, a transformação psíquica e a transformação espiritual devem estar muito avançadas, e mesmo o mais completas possível, antes que possa começar a terceira e completa mudança, a transformação supramental; pois é apenas por essa dupla transmutação, a psíquica e a espiritual, que a obstinação da Ignorância pode ser totalmente mudada em obediência espiritual à verdade e à vontade remodeladoras da Consciência do Infinito. Em geral, deve-se atravessar um período longo e difícil de esforço constante, ação enérgica, austeridade da vontade pessoal — *tapasyā* — antes de alcançar o estágio mais decisivo, em que uma consagração de todo o ser ao Ser Supremo e à Natureza Suprema pode se tornar total e absoluta. Deve haver um período preliminar de busca e esforço, com uma oferenda central ou dom-de-si do coração, da alma e da mente ao Mais Alto, e mais tarde um estágio intermediário de confiança total e consciente em seu Poder maior ajudando o empenho pessoal; essa confiança integral deve por sua vez tranformar-se em um abandono de si — último e completo, em cada parte e cada movimento — à ação da Verdade mais alta em nossa natureza. Esse abandono só pode ser total se a mudança psíquica for completa ou se a transformação espiritual alcançar um estado de realização muito avançado. Isso implica a renúncia da mente a todos os seus modelos, ideias, formações mentais, opiniões e a todos os seus hábitos de observação e julgamento intelectuais, que devem dar lugar, primeiro, a um funcionamento intuitivo e, em seguida, a um funcionamento sobremental ou supramental que inaugura a ação direta da Consciência-Verdade, Visão-Verdade, Discernimento-Verdade — uma nova consciência que é em tudo completamente estranha à natureza atual de nossa mente. É também exigido do vital que renuncie a tudo o que lhe é caro: desejos, emoções, sentimentos, impulsos, sensações rotineiras, mecanismos potentes de ação e reação, que devem ser substituídos por uma força luminosa, sem desejos, livre, e que no entanto se autodetermina automaticamente — a força de um conhecimento, poder, deleite centralizados, universais e impessoais, dos quais a vida deve tornar-se o instrumento e a epifania, mas de que, no presente, ela não suspeita e não sente a alegria maior e a força de realização. Nossa parte física deve renunciar aos seus instintos, necessidades, apegos conservadores e cegos, às rotinas invariáveis da natureza, às suas dúvidas e incredulidade diante de tudo que a ultrapassa, à sua fé na inevitabilidade dos funcionamentos fixos da mente física, da vida física e do corpo, para que sejam substituídos por um poder novo que estabelecerá sua própria lei mais alta e seu funcionamento superior na forma e na força da Matéria. Mesmo o inconsciente e o subconsciente devem tornar-se conscientes em nós, suscetíveis à luz superior, não mais criar obstáculos à ação realizadora da Consciência-Força, mas tornar-se cada vez mais um molde e uma base inferior para o Espírito. Essas coisas não poderão ser feitas enquanto a mente, a vida e a consciência física forem os poderes diretores do ser ou exercerem alguma forma de dominação. Para que uma tal mudança seja aceita é necessário o emergir completo da alma e do ser interior, a dominância da vontade psíquica e espiritual e uma ação prolongada de sua luz e seu poder em todas as partes de nosso ser, um remodelamento psíquico e espiritual da natureza inteira.

Outra condição necessária à mudança supramental é unificar todo o ser pela total extinção do muro que separa a natureza interior da natureza exterior — deslocar a posição da consciência e do seu centro do self exterior ao self interior; apoiar-se firmemente nessa nova base e deixar agir como uma coisa habitual esse self interior, sua vontade e sua visão, ao mesmo tempo que nossa individualidade se abre à consciência cósmica. Seria quimérico esperar que a suprema Consciência-Verdade possa estabelecer-se na formulação estreita de nossa mente, coração e vida de superfície, mesmo que estejam voltados para a espiritualidade. Todos os centros interiores devem romper-se como em uma explosão e projetar na ação suas capacidades liberadas; a entidade psíquica deve ser desvelada e governar. Se essa primeira mudança, que estabelece o ser em uma consciência interior e mais ampla — uma consciência yóguica em lugar de uma consciência comum — não for feita, a transmutação mais vasta será impossível. Ademais, o indivíduo deve ser suficientemente universalizado, ter remodelado sua mente individual na infinitude de uma mentalidade cósmica, ampliado e vivificado sua vida individual pela percepção imediata e a experiência direta da moção dinâmica da vida universal, aberto as vias de comunicação entre seu corpo e as forças da Natureza universal, antes de ser capaz de uma mudança que transcenda a presente formulação cósmica e o eleve além do hemisfério inferior da universalidade até a consciência pertencente ao hemisfério espiritual superior. Além disso, ele deveria já ter percebido aquilo que agora lhe é supraconsciente; deveria já ser consciente da Luz, Poder, Conhecimento, Ananda espirituais mais altos, ter sido penetrado por sua influência que desce e renovado pela mudança espiritual. É possível que a abertura espiritual aconteça e sua ação prossiga antes que o psíquico esteja muito avançado ou completo, pois a influência espiritual do alto pode despertar, assistir e completar a transmutação psíquica: o necessário é que a pressão da entidade psíquica seja suficiente e resulte na abertura espiritual superior. Mas a terceira mudança, a mudança supramental, não admite nenhuma descida prematura da Luz mais alta, pois só poderá ter início quando a Força supramental começar a agir diretamente, e isso ela não fará se a natureza não estiver pronta, pois a disparidade entre o poder da Força suprema e a capacidade da natureza comum é demasiado grande; a natureza inferior seria incapaz de suportar a Força ou, se a suportasse, seria incapaz de responder e receber ou, se recebesse, seria incapaz de assimilar. Até que a natureza esteja pronta a Força supramental deve agir de maneira indireta; ela põe os poderes intermediários da sobremente ou da intuição na frente ou age modificando-se, para que o ser já semitransformado possa, total ou parcialmente, responder.

A evolução espiritual obedece à lógica de um desdobramento sucessivo: só pode fazer um novo passo essencial e decisivo quando o passo essencial precedente tiver sido conquistado de maneira segura; e mesmo se pudéssemos reduzir ou saltar certas etapas menores por uma ascensão rápida e brusca, a consciência deveria voltar atrás para assegurar-se de que o terreno percorrido foi solidamente anexado à nova condição. É verdade que a conquista do espírito supõe a execução, em uma vida ou algumas poucas vidas, de um processo que no curso comum da Natureza pediria um modo de proceder lento e incerto que levaria séculos, ou mesmo milênios; mas tudo depende da rapidez com que as etapas são atravessadas; uma rapidez maior e mais concentrada não elimina as próprias etapas ou a necessidade de ultrapassá-las sucessivamente. A rapidez maior só é possível com a participação consciente do ser interior e se o poder da Supranatureza já estiver em ação na natureza inferior semitransformada, pois assim, em lugar de passos incertos na noite da Inconsciência e Ignorância, seriam passos dados em uma luz maior e com um poder maior de Conhecimento. O primeiro movimento material, obscuro, da Força evolutiva é marcado por um desenvolvimento gradual que dura éons; o movimento da vida segue uma progressão lenta, mas mesmo assim seu passo é mais rápido, ele é concentrado em alguns milênios; a mente pode comprimir ainda mais a disponibilidade vagarosa do Tempo e dar longos passos em alguns séculos; mas quando o Espírito consciente intervém, o ritmo da evolução atinge um grau supremo de concentração e acelera-se. Ainda assim, essa rapidez da trajetória evolutiva que permite queimar as etapas só poderá produzir-se quando o poder do Espírito consciente preparar o terreno e a Força supramental começar a exercer sua influência direta. Na verdade, todas as transformações da Natureza revestem a aparência de um milagre, mas é um milagre com método: as passadas mais largas da Natureza apoiam-se em um terreno seguro, seus pulos mais rápidos partem de uma base que dá segurança e certeza aos saltos evolutivos; uma toda-sabedoria secreta governa tudo nela, mesmo os passos e processos que parecem mais inexplicáveis.

Essa lei do procedimento da Natureza necessita uma gradação no último processo de transição, uma ascensão de degrau em degrau, um desdobramento de estados cada vez mais elevados que nos conduzem da mente espiritualizada à supramental — uma passagem íngreme que não poderia ser superada de outra maneira. Acima de nós, já vimos, encontram-se estados sucessivos, níveis ou poderes graduados do ser que ultrapassam nossa mente normal; escondidas em nossas próprias partes supraconscientes existem zonas superiores da Mente, degraus mais altos de consciência e experiência espirituais; sem eles não haveria elos, não haveria espaços intermediários para tornar possível essa imensa ascensão. De fato, é a partir dessas fontes superiores que o Poder espiritual secreto age sobre o ser, e por sua pressão efetua a transformação psíquica ou a mudança espiritual; mas nas primeiras etapas de nosso crescimento essa ação não é aparente, ela permanece oculta e inapreensível. No começo, aquilo que é necessário é que o toque puro da força espiritual intervenha na natureza mental: essa pressão que desperta deve deixar sua marca na mente, no coração e na vida e orientá-los em direção ao alto; uma luz sutil ou um grande poder transmutador deve purificar, refinar e elevar seus movimentos e impregná-los de uma consciência superior que não pertence às suas capacidades e ao seu caráter normal. Isso pode ser feito do interior, por uma ação invisível, pela entidade psíquica e a personalidade psíquica; não é indispensável sentir conscientemente a descida do alto. A presença do espírito está aí, em cada ser vivo, em cada nível, em todas as coisas, e porque ela está aí a experiência de Satchidananda, da existência e consciência espirituais puras, do deleite de uma presença divina, de uma proximidade, de um contato divino, pode ser alcançada por meio da mente, do coração ou dos sentidos vitais ou mesmo da consciência física; se as portas interiores estiverem abertas o suficiente, a luz no santuário poderá difundir-se nas câmaras mais próximas e nas mais distantes do ser exterior. A mudança necessária, a virada, pode também realizar-se por uma descida oculta da força espiritual; sente-se o influxo, a influência, os efeitos espirituais, mas a fonte superior é desconhecida e não há o sentimento real de uma descida. Uma consciência tocada desse modo pode ser elevada até alcançar o ponto em que o ser se volta para o Self, para o Divino, e une-se imediatamente a ele; ela deixa o campo evolutivo e, se isso for sancionado, não deverá mais seguir um desenvolvimento gradual, nem etapas ou métodos: a ruptura com a Natureza pode ser decisiva, pois a lei da evasão, uma vez possível, não é, ou não precisa ser, a mesma lei da transformação e perfeição evolutivas; ela é, ou pode ser, um salto, um rompimento rápido ou imediato dos laços — a evasão espiritual é assegurada e a única penalidade que permanece é a inevitável decadência do corpo. Porém, se a transformação da vida na terra for a intenção, após esse primeiro toque de espiritualização será preciso despertar para as fontes e energias superiores, buscá-las, ampliar o ser e elevá-lo até o plano de existência próprio a essas energias e converter a consciência à sua lei superior e natureza dinâmica. Essa mudança deverá ser feita passo a passo, até que os degraus da ascensão sejam transcendidos e emerjamos nesses espaços mais amplos, largamente abertos, de que fala o *Veda*, os espaços onde nasce uma consciência que é supremamente luminosa e infinita.

Pois ocorre aqui o mesmo processo evolutivo que nos demais movimentos da Natureza; há um aumento e expansão da consciência, uma ascensão para um novo nível e uma integração dos níveis inferiores, uma elevação e uma integração nova da existência por um poder superior do Ser, que impõe seu modo de ação, seu caráter e a força de sua substância-energia a tudo que pode alcançar das partes da natureza evoluídas antes. A necessidade de integração torna-se um ponto de importância primordial nesse estágio mais alto das ações da Natureza. Nos graus inferiores da ascensão, a nova assunção — a integração em um princípio mais elevado de consciência — permanece incompleta: a mente não pode mentalizar completamente a vida e a matéria; há grandes partes do ser vital e do corpo que permanecem na região do submental e do subconsciente ou do inconsciente. Esse é um sério obstáculo ao esforço da mente em direção à perfeição da natureza, pois o submental, o subconsciente e o inconsciente continuam durante muito tempo a ter um papel no governo das atividades, ao introduzirem uma lei diferente da lei do ser mental e assim permitirem à consciência vital e à consciência física rejeitar a lei que a mente lhes impõe e seguir seus próprios impulsos e instintos, desafiando a razão mental e a vontade racional da inteligência desenvolvida. Isso faz com que seja difícil para a mente transcender-se, ultrapassar seu próprio nível e espiritualizar a natureza; pois ela não conseguiria espiritualizar o que não pode nem mesmo tornar plenamente consciente, o que não pode mentalizar com segurança e racionalizar, pois a espiritualização é uma integração maior e mais difícil. Não há dúvida de que chamando a força espiritual a mente pode estabelecer uma influência e uma mudança preliminar em algumas partes da natureza, em especial na própria mente pensante e no coração, que é mais próximo de sua província: mas essa mudança é raramente total e perfeita, mesmo dentro de seus limites, e o que efetua é raro e difícil. A consciência espiritual, ao usar a mente, utiliza um meio inferior, e mesmo se introduzir uma luz divina na mente, uma pureza, paixão, ardor divinos no coração ou impor uma lei espiritual à vida, essa nova consciência deverá agir com certas restrições; na maioria das vezes pode apenas regular ou refrear a ação inferior da vida e controlar rigorosamente o corpo, mas essas partes, mesmo se refinadas ou dominadas, não alcançam uma realização espiritual, não alcançam a perfeição e a transformação. Para isso, será necessário introduzir um princípio dinâmico superior que seja inerente à consciência espiritual e pelo qual, em consequência, ela poderá agir conforme sua própria lei e em sua luz e seu poder naturais mais completos e impô-los às partes do ser.

Porém, mesmo essa intervenção de um novo princípio dinâmico, essa imposição poderosa, pode levar muito tempo para atingir seu objetivo, pois as partes inferiores do ser têm seus próprios direitos, e se devem ser verdadeiramente transformadas é preciso fazê-las consentir à sua própria transformação. Isso é difícil de obter, porque a propensão natural de cada uma das partes de nosso ser é preferir sua própria lei, seu darma, por mais inferior que seja, a uma lei ou darma superior que não sente ser o seu; ela se agarra à sua própria consciência ou inconsciência, a seus próprios impulsos e reações, ao dinamismo de seu ser, à sua maneira de sentir o deleite da existência. Agarra-se a eles de modo ainda mais obstinado se essa maneira for contrária ao deleite, se for um caminho de obscuridade e sofrimento, pena e dor, pois essa lei também adquiriu seu próprio sabor oposto e deturpado, *rasa*, seu prazer na obscuridade e aflição, seu interesse sádico ou masoquista na dor e sofrimento. Mesmo se essa parte de nosso ser busca o melhor, é muitas vezes obrigada a seguir o pior, porque isso lhe pertence, é natural à sua energia, natural à sua substância. Uma mudança completa e radical só poderá efetuar-se pela intervenção persistente da luz espiritual e a experiência íntima da verdade, poder e beatitude espirituais nos elementos recalcitrantes, até que eles também reconheçam que, na realidade, essa é a via para sua plenitude, que eles mesmos são um poder diminuído do espírito e podem reaver, por essa maneira nova de ser, sua própria verdade e natureza integral. A essa iluminação opõem-se constantemente as Forças da natureza inferior e mais ainda as Forças adversas, que vivem e reinam graças às imperfeições do mundo e estabeleceram seus alicerces formidáveis na rocha negra da Inconsciência.

Um passo indispensável para ultrapassar essa dificuldade é a abertura do ser interior e seus centros de ação, pois a tarefa que a mente de superfície não podia cumprir começa então a tornar-se possível. A mente interior, consciência vital e mente vital interiores, a consciência física sutil e sua mente física sutil, uma vez que estão livres para agir, criam uma percepção superior, mais vasta e mais sutil, que serve de intermediária e é capaz de comunicar com o que está acima delas e com a consciência universal, e pode também aplicar seus poderes a todas as regiões do ser, à sobremente, mente subconsciente, vida subconsciente e mesmo à subconsciência do corpo: embora não possam iluminar inteiramente a Inconsciência fundamental, elas podem, até certo ponto, abri-la e entrar e trabalhar nela. A Luz, o Poder, o Conhecimento e o Deleite espirituais podem então descer além da mente e do coração, que são sempre os mais fáceis de alcançar e iluminar; ocupando a natureza inteira, em toda a sua extensão, eles podem impregnar de modo mais completo a vida e o corpo e, por um impacto ainda mais profundo, abalar os alicerces da Inconsciência. Mas mesmo essa mentalização e vitalização mais amplas surgidas de dentro são ainda uma iluminação inferior; podem diminuir a Ignorância, mas não eliminá-la: atacam os poderes e as forças que mantêm o domínio sutil e secreto da Inconsciência e os obrigam a recuar, mas não os vencem. As forças espirituais que agem através dessa mentalização e vitalização mais vastas podem trazer luz, força e alegria superiores, mas a espiritualização total, a integração nova e mais completa da consciência é ainda impossível nesse estágio. Se o ser mais profundo, o psíquico, toma a direção, então de fato uma mutação mais profunda, que não é mental, poderá tornar a descida da força espiritual mais efetiva; pois a totalidade do ser consciente terá passado por uma mudança psíquica preliminar que emancipou a mente, a vida e o corpo dos embustes de suas próprias imperfeições e impurezas. Nesse ponto, uma maior dinamização espiritual, uma intervenção plena dos poderes superiores da mente espiritual e sobremente podem ocorrer: de fato, esses poderes podem ter começado seu trabalho antes, embora apenas como influências; mas sob as novas condições eles podem elevar o ser central até seu próprio nível e iniciar a nova e última integração da natureza. Esses poderes superiores já atuam na mente humana não espiritualizada, mas de modo indireto, e sua ação é fragmentária e reduzida; eles se mudam em substância e poder mentais antes de poder agir, e essa substância e poder são iluminados e intensificados em suas vibrações por essa influência, exaltados e cheios de êxtase em alguns dos seus movimentos, mas não são transformados. Porém, quando a espiritualização começa, e à medida que seus resultados maiores se manifestam — silêncio da mente, admissão de nosso ser na consciência cósmica, Nirvana do pequeno ego na percepção do self universal, contato com a Realidade Divina — as intervenções de uma *dynamis* superior podem aumentar e podemos nos abrir mais a elas; elas podem assumir um poder de ação mais amplo, direto, característico, e essa progressão continua até que suas ações se tornem mais maduras e completas. É então que a passagem da transformação espiritual à transformação supramental começa; pois a elevação da consciência aos planos cada vez mais altos constrói em nós as gradações da ascensão à supramente, essa passagem difícil e suprema.

Não se deve supor que as circunstâncias e as linhas da transição serão as mesmas para todos, pois aqui entramos no domínio do infinito; mas visto que por trás de todas elas há a unidade de uma verdade fundamental, pode-se esperar que o escrutínio de uma linha de ascensão particular trará luz ao princípio de todas as outras possibilidades de ascensão; o escrutínio de uma linha é tudo o que pode ser tentado. Essa linha é governada, como todas devem ser, pela configuração natural da escada ascendente: nessa escada há muitos degraus, pois é uma gradação ininterrupta e não há intervalos em lugar algum; mas do ponto de vista da ascensão da consciência a partir da mente, seguindo uma série ascendente de poderes dinâmicos que permitem à mente sublimar-se, a gradação pode resumir-se a quatro ascensões principais, cada uma com seu nível mais alto de realização. Essas gradações podem ser descritas, de maneira sucinta, como uma série de sublimações da consciência que passa pela Mente Superior, a Mente Iluminada e a Intuição até a Sobremente e além; há uma sucessão de autotransmutações, no cume da qual se encontra a Supramente ou Gnose Divina. Todos esses degraus são gnósticos em seu princípio e poder; pois mesmo a partir do início começamos a passar de uma consciência baseada em uma Inconsciência original e que age em uma Ignorância geral ou em uma mistura de conhecimento-ignorância, a uma consciência baseada em um Conhecimento secreto autoexistente que é, antes de tudo, dirigida e inspirada pela luz e pelo poder desse Conhecimento e, depois, transforma-se nessa substância e usa inteiramente essa nova instrumentação. Em si, esses graus são graus da energia-substância do Espírito: não devemos supor, porque os distinguimos segundo seu caráter dominante, o meio e poder de seu conhecimento, que eles sejam meramente um método, um caminho de conhecimento ou uma faculdade ou um poder de cognição; eles são domínios do ser, graus da substância e energia do ser espiritual, campos de existência que são, cada um, um nível da Consciência-Força universal constituindo-se e organizando-se em um estado mais elevado. Quando os poderes de qualquer um desses graus desce completamente em nós, não é apenas nosso pensamento e conhecimento que são afetados — a substância e a própria textura de nosso ser e consciência, todos os seus estados e atividades são tocados e penetrados e podem ser remodelados e completamente transmutados. Cada estágio dessa ascensão é, portanto, uma conversão geral, se não total, do ser, em uma luz e um poder novos de uma existência maior.

A própria gradação depende fundamentalmente da qualidade superior ou inferior da substância; depende da potência, da intensidade de vibrações do ser, sua autopercepção, o deleite e a força de sua existência. À medida que descemos a escala, a consciência torna-se cada vez mais reduzida e diluída — de fato densa, por sua crueza mais grossa; enquanto compacta a substância da Ignorância, essa consistência grosseira admite cada vez menos a substância da luz; sua pura substância de consciência se empobrece, seu poder de consciência se reduz, sua luz atenua-se, sua capacidade de deleite também se atenua e enfraquece; ela deve recorrer à massa mais espessa de sua substância diminuída e utilizar a grandes penas sua força obscurecida para conseguir alguma coisa; mas esse grande esforço e labor são sinais não de força, mas de fraqueza. À medida que nos elevamos, ao contrário, uma substância mais fina emerge, muito mais forte e verdadeira e espiritualmente concreta; uma luminosidade maior e uma substância de consciência mais poderosa, uma energia de deleite mais sutil, mais doce, mais pura, com êxtases mais intensos. Na descida desses graus superiores em nós, é essa luz e essa força maiores, essa essência de ser e consciência, essa energia de deleite que entram na mente, na vida, no corpo, mudam e restauram sua substância diminuída, diluída e impotente e a convertem em sua própria *dynamis* espiritual superior e mais forte, na forma e na força intrínsecas da realidade. Isso é possível porque tudo é fundamentalmente a mesma substância, mesma consciência, mesma força, mas com formas, poderes e graus diferentes: a integração do inferior pelo superior seria, portanto, um movimento possível e mesmo espiritualmente natural se não fosse pela inconsciência de nossa segunda natureza; o que foi projetado do estado superior é abarcado e reintegrado em seu próprio ser maior e em sua própria essência.

Nosso primeiro passo decisivo para sair de nossa inteligência humana, nossa mentalidade normal, é a ascensão a uma Mente mais elevada, uma mente que não é mais uma mistura de luz e obscuridade ou uma meia-luz, mas uma vasta claridade do Espírito. Sua substância de base é a percepção unitária do ser e uma dinamização múltipla e poderosa, capaz de formar aspectos do conhecimento e vias de ação inumeráveis, formas e significados inumeráveis do devenir, e ter um conhecimento inerente, espontâneo, de cada um deles. Esse é, portanto, um poder proveniente da Sobremente — mas com a Supramente como sua origem mais distante —, como é o caso de todos esses grandes poderes; seu caráter especial e a atividade de sua consciência são dominados pelo Pensamento: essa é uma mente pensante luminosa, uma mente de conhecimento conceitual nascido do Espírito. Uma percepção total que emerge da identidade original e traz consigo as verdades que a identidade continha em si mesma, tal é o caráter dessa mente de conhecimento superior; ela concebe de modo rápido, vitorioso, inumerável — formula suas concepções e, pelo poder próprio da Ideia, as realiza efetivamente. Esse tipo de cognição é o último a emergir da identidade espiritual original antes que se manifeste o conhecimento separativo, base da Ignorância; ele é, portanto, o primeiro que se apresenta a nós quando nos elevamos da mente conceitual e racional — nosso poder de conhecimento mais organizado na Ignorância — até os reinos do Espírito: ele é, de fato, a origem espiritual de nossa ideação mental conceitual, e é natural que esse poder condutor de nossa mente, quando ultrapassa a si mesmo, volte à sua fonte original.

Mas aqui, nesse Pensamento maior, a racionalização, com sua busca e autocrítica, não é mais necessária, nem a moção lógica que avança passo a passo em direção a uma conclusão, nem o mecanismo de dedução e inferência, explícito ou implícito, nem a construção ou o encadeamento metódico de ideia com ideia para chegar a uma soma ou resultado ordenados de conhecimento; pois essa ação claudicante de nossa razão é um movimento da Ignorância em busca de conhecimento, obrigada a proteger-se do erro a cada passo, a erigir uma estrutura mental seletiva como seu abrigo temporário e dar-lhe como base alicerces já assentados, e assentados com cuidado, mas jamais firmes, porque não se apoiam no solo de uma percepção natural, mas são impostos em um solo de insciência original. Essa consciência mais alta tampouco segue essa outra maneira de nossa mente em sua forma mais penetrante e viva: ela não é uma predição e uma visão interiores rápidas e aleatórias, uma ação do farol da inteligência que sonda o pouco conhecido ou o desconhecido. Ela é um Conhecimento formulando-se em uma base da toda-percepção autoexistente, e manifesta sob forma de pensamento alguma parte de sua integralidade, uma harmonia de seus significados. Ela pode expressar-se livremente em ideias isoladas, mas seu movimento mais característico é uma ideação em massa, um sistema que abarca tudo com um só olhar, a totalidade de uma visão da verdade; as relações de ideia com ideia, de verdade com verdade, não são estabelecidas pela lógica, mas preexistem e emergem já vistas em um todo integral. Começa a formar-se um conhecimento presente desde sempre, mas inativo até agora, e não um sistema de conclusões a partir de premissas ou dados; esse pensamento é uma autorrevelação da eterna Sabedoria, não um conhecimento adquirido. Vastos aspectos da verdade apresentam-se ao campo da visão, nos quais a Mente em ascensão pode escolher parar e, satisfeita, viver neles como em uma estrutura, segundo seu hábito antigo; mas, para progredir, essas estruturas devem expandir-se constantemente para formar uma estrutura maior, ou muitas delas combinar-se para formar um todo provisório maior, no caminho que conduz a uma integralidade ainda inacabada. No final, há uma grande totalidade da verdade, conhecida e experienciada; mas essa totalidade pode ainda alargar-se ao infinito, porque não há fim para os aspectos do conhecimento, *nāstyanto vistarasya me*.

Essa é a Mente superior em seu aspecto de cognição; mas há também o aspecto da vontade, de realização dinâmica da Verdade: aqui, vemos que é sempre por meio do poder do pensamento, da ideia-força, que essa Mente mais vasta e brilhante age no resto do ser, na vontade mental, no coração e seus sentimentos, na vida e no corpo. Ela busca purificar pelo conhecimento, liberar pelo conhecimento, criar pelo poder inato do conhecimento. A ideia é colocada no coração ou na vida como uma força que deve ser aceita e elaborada; o coração e a vida tornam-se cônscios da ideia e respondem ao seu dinamismo; sua substância começa a modificar-se em consequência, de modo que sentimentos e ações tornam-se as vibrações dessa sabedoria superior, são impregnados por ela, cheios de sua emoção e percepção; a vontade e os impulsos vitais são, de modo similar, carregados de seu poder e anelo pela autorrealização; mesmo no corpo, a ideia age de tal modo que, por exemplo, um pensamento potente de boa saúde e uma vontade potente de estar em boa saúde podem substituir a fé que o corpo tem na doença e seu consentimento à doença, ou a ideia[1] de força pode chamar a substância, o poder, a moção, a vibração da força; a ideia origina a força e a forma próprias à ideia e as impõe à substância de nossa mente,

---

1. A palavra que expressa a ideia tem o mesmo poder, se estiver carregada com a força espiritual; essa é a razão do uso do mantra na Índia.

vida ou matéria. É desse modo que o primeiro trabalho se efetua; ele preenche o ser inteiro de uma consciência nova e superior, assenta a base da mudança, prepara o ser para uma verdade superior da existência.

Aqui deve ser enfatizado — para evitar uma interpretação falsa que surge facilmente quando se começa a perceber e experienciar o poder superior das forças mais altas — que essas forças mais altas, quando descem, não são logo todo-poderosas como seriam naturalmente em seu próprio plano de ação e seu próprio meio. Na evolução na Matéria elas precisam entrar em um meio estranho e inferior e agir nele; enfrentam aí as incapacidades de nossa mente, vida e corpo, encontram a falta de receptividade ou a recusa cega da Ignorância, são sujeitas à negação e obstrução da Inconsciência. Em seu próprio plano elas atuam em uma base de consciência e substância de ser luminosas, e são automaticamente efetivas; mas aqui elas devem enfrentar os alicerces já sólidos da Insciência — não apenas da insciência completa da Matéria, mas da insciência atenuada da mente, do coração e da vida. Assim, a Ideia superior, ao descer na inteligência mental desenvolvida deve, mesmo nesse plano, superar a barragem de uma massa ou um sistema de ideias formadas pertencentes ao Conhecimento-Ignorância e vencer essas ideias que persistem e querem realizar-se. Pois todas as ideias são forças e, segundo as condições, têm uma faculdade formadora e realizadora maior ou menor — que na prática pode mesmo ser reduzida a nada, quando têm que lidar com a Matéria inconsciente, mas que subsiste ainda em potencial. Há, assim, um poder de resistência pré-formado que se opõe à descida da Luz ou minimiza seus efeitos, uma resistência que pode ir até a recusa, a rejeição da Luz, ou manifestar-se como uma tentativa de deteriorar, subjugar, modificar a luz por uma adaptação engenhosa ou por uma deformação, para ajustá-la às ideias preconcebidas da Ignorância. Se as ideias preconcebidas ou já formadas forem rejeitadas e destituídas de seu direito de persistência, têm ainda o direito de recorrência e podem vir do exterior, da Mente universal onde prevaleçam, ou retirar-se abaixo, nas partes vitais, físicas ou subconscientes e daí ressurgir à menor oportunidade para repossuir seu domínio perdido: pois a Natureza evolutiva deve conceder esse direito de persistência às coisas que ela uma vez estabeleceu, a fim de dar a seus próprios passos uma regularidade e uma firmeza suficientes. Ademais, cada Força na manifestação tem o direito de ser, sobreviver, realizar-se onde for possível e por tanto tempo quanto for possível; é por isso então que em um mundo de Ignorância tudo se efetua não apenas por uma combinação de forças, mas também por colisão, conflito e uma mistura de Forças. Mas para essa evolução superior é essencial que toda mistura entre Ignorância e Conhecimento seja abolida; a ação e a evolução por meio de um conflito de forças devem ser substituídas por uma ação e evolução por meio de uma harmonia de forças: mas esse estágio só poderá ser alcançado por um último conflito e o triunfo dos poderes da Luz e do Conhecimento sobre os poderes da Ignorância. Nos níveis inferiores do ser, no coração, na vida e no corpo, ocorre o mesmo fenômeno e em uma escala mais intensa, pois aí não são ideias que devem ser confrontadas, mas emoções, desejos, impulsos, sensações, necessidades vitais e hábitos da Natureza inferior; estes, visto que são menos conscientes do que as ideias, são mais cegos em suas reações e afirmam-se com mais obstinação: todos têm o mesmo poder, ou maior, de resistência e recorrência ou se refugiam na Natureza universal circunconsciente, em nossos próprios níveis inferiores ou no subconsciente, em estado de semente e, de lá, têm o poder para novas invasões ou ressurgências. Esse poder de persistência, recorrência e resistência das coisas estabelecidas na Natureza é sempre o grande obstáculo que a Força evolutiva deve encontrar, o qual, aliás, ela mesma criou, a fim de impedir uma transmutação demasiado rápida, mesmo sendo essa transmutação sua própria intenção final nas coisas.

Esse obstáculo apresentar-se-á a cada etapa dessa grande ascensão, embora possa diminuir de maneira progressiva. Para que a Luz superior possa verdadeiramente entrar em nós e agir com a força adequada, é necessário adquirir o poder de aquietar nossa natureza, apaziguar, tranquilizar, impor uma passividade controlada ou mesmo um silêncio completo, na mente, coração, vida e corpo. Mas, mesmo assim, uma oposição contínua, aberta e tangível, pode persistir na força da Ignorância universal ou uma oposição subliminar e obscura na substância-energia da constituição mental do indivíduo, em sua forma vital e seu corpo material; uma resistência oculta, revolta ou reafirmação de energias da natureza ignorante, mesmo quando foram controladas ou reprimidas, é sempre possível e, se algo no ser consentir, poderão retomar o poder. Um controle psíquico estabelecido antes é muito desejável, porque cria uma receptividade geral e impede a revolta das partes inferiores contra a Luz ou seu consentimento às exigências da Ignorância. Uma transformação espiritual preliminar também reduzirá o domínio da Ignorância. Mas nenhuma dessas influências elimina completamente sua obstrução e limitação, pois essas mudanças preliminares não trazem a consciência e o conhecimento integrais; a base original da Insciência própria ao Inconsciente continua, e é necessário, a cada passo, mudá-la, iluminá-la, diminuir a extensão e a força de suas reações. O poder da Mente espiritual superior e sua ideia-força, modificada e diminuída por sua entrada em nossa mentalidade, não é suficiente para varrer todos esses obstáculos e criar o ser gnóstico, mas pode efetuar uma primeira mudança, uma modificação, que tornará possível uma ascensão mais alta e uma descida mais poderosa, e preparar ainda mais a integração do ser em uma Força superior de consciência e conhecimento.

Essa Força superior é a da Mente Iluminada, uma mente não mais do pensamento elevado, mas da luz espiritual. Aqui, a claridade da inteligência espiritual, sua tranquila luz do dia, dá lugar ou se submete a um fulgor intenso, um esplendor e iluminação do espírito; um movimento de relâmpagos da verdade e do poder espirituais desce e irrompe na consciência; uma aspiração ardente à realização e ao êxtase arrebatador do conhecimento acrescenta-se à iluminação calma e imensa e à vasta descida de paz que caracterizam ou acompanham a ação do princípio conceitual-espiritual mais amplo. Com muita frequência, uma torrente de Luz visível interiormente envolve essa ação; pois deve-se notar que, ao contrário de nossas concepções comuns, em sua origem a luz não é uma criação material, e a percepção ou a visão de luz que acompanha a iluminação interior não é apenas uma imagem visual subjetiva ou um fenômeno simbólico: a luz é, em primeiro lugar, uma manifestação espiritual da Realidade Divina iluminadora e criadora e a luz material é sua representação ou conversão subsequente na Matéria para o propósito da Energia material. Há também nessa descida a vinda de uma dinâmica maior, um ímpeto áureo, um luminoso *enthousiasmos* de força e poder interiores, que substituem o processo relativamente lento e deliberado da Mente superior por um ímpeto veloz, algumas vezes veemente e quase violento, de uma transformação rápida.

A Mente Iluminada não age principalmente pelo pensamento, mas pela visão; aqui, o pensamento é apenas um movimento subordinado para expressar a visão. A mente humana, que se apoia sobretudo no pensamento, considera-o como o mais alto ou o principal processo de conhecimento, mas na ordem espiritual o pensamento é um processo secundário e não é indispensável. Em sua forma verbal, o pensamento pode quase ser descrito como uma concessão que o Conhecimento faz à Ignorância, porque essa Ignorância é incapaz de tornar a verdade inteiramente clara e inteligível para si mesma, em toda a sua extensão e implicações múltiplas, se não for por meio da precisão clarificadora de sons significativos; sem esse artifício ela não pode dar às ideias um contorno exato e um corpo expressivo. Mas é evidente que isso é um artifício, um mecanismo; em si mesmo, e em sua origem nos planos superiores da consciência, o pensamento é uma percepção, uma assimilação cognitiva do objeto ou de certa verdade das coisas; e esse é um resultado da visão espiritual, que embora poderoso ainda é um resultado menor e secundário; esse é um olhar relativamente externo e superficial do self sobre o self, do sujeito sobre si mesmo ou sobre algo de si mesmo como objeto, pois aí tudo é diversidade e multiplicidade do self. Na mente, há a resposta superficial da percepção ao contato de um objeto, fato ou verdade observados ou descobertos, e a formulação conceitual consequente; mas na luz espiritual há a resposta de uma percepção mais profunda da própria substância da consciência e, nessa substância, uma formulação abrangedora, a imagem exata de um ideograma revelador no âmago do ser — nada mais, nenhuma representação verbal é necessária para a precisão e plenitude desse conhecimento-pensamento. O pensamento cria uma imagem representativa da Verdade e a oferece à mente como um meio de manter a Verdade e fazer dela um objeto de conhecimento; mas na luz solar de uma visão espiritual mais profunda o próprio corpo da Verdade é tomado e representado de modo exato; nessa visão, a imagem representativa criada pelo pensamento é secundária e derivada; ela é poderosa para comunicar o conhecimento, mas não é indispensável para recebê-lo ou possuí-lo.

Uma consciência que procede pela visão, a consciência do vidente, é um poder maior para o conhecimento do que a consciência do pensador. O poder perceptivo da visão interior é maior e mais direto do que o poder perceptivo do pensamento; este é um sentido espiritual que apreende algo da substância da Verdade e não apenas sua imagem; mas desenha a imagem também, e ao mesmo tempo capta seu significado; ele pode delineá-la e dar-lhe um contorno mais sutil, mais diretamente revelador e uma abrangência, um poder de totalidade mais vasto, inacessível ao pensamento-concepção. Assim como a Mente Superior traz ao ser uma consciência maior mediante a ideia espiritual e seu poder da verdade, a Mente Iluminada traz-lhe uma consciência ainda maior mediante uma Visão-Verdade e uma Luz-Verdade e seu poder de visão e compreensão. Ela pode efetuar uma integração mais poderosa e dinâmica; ilumina a mente pensante com uma visão e inspiração interiores diretas, traz uma visão espiritual ao coração e uma luz e energia espirituais aos seus sentimentos e emoções, comunica um anelo espiritual à força vital, uma inspiração da verdade que dinamiza a ação, exalta os movimentos da vida e infunde nos sentidos um poder direto e total de sensação espiritual, para que nosso ser vital e físico possa entrar em contato com o Divino em todas as coisas e conhecê-lo de modo tão concreto e intenso quanto a mente e as emoções podem concebê-lo, percebê-lo e senti-lo; a Mente Iluminada projeta na mente física uma luz transformadora que rompe seus limites, sua inércia conservadora, substitui seu estreito poder de pensamento e suas dúvidas pela visão, e inunda de luminosidade e consciência as próprias células do corpo. Na transformação pela Mente Superior, o sábio e o pensador espiritual encontrarão sua realização total e dinâmica; a transformação pela Mente Iluminada trará uma realização semelhante para o vidente, para o místico iluminado, para aqueles em quem a alma vive na visão e em uma percepção e uma experiência diretas: pois é dessas fontes mais altas que recebem sua luz e, para eles, elevar-se até essa luz e aí viver será ascender ao seu império nativo.

Mas essas duas etapas da ascensão, a da mente superior e a da mente iluminada, só podem fruir de todo o seu poder e encontrar sua própria completude unificada ao referir-se a um terceiro nível, pois é desses altos cumes onde habita o ser intuitivo que elas obtêm o conhecimento, o qual mudam em pensamento ou visão, e o fazem descer em nós para a transmutação da mente. A intuição é um poder da consciência mais próximo e íntimo do conhecimento original por identidade, pois é algo que sempre brota diretamente de uma identidade escondida. É quando a consciência do sujeito encontra a consciência no objeto e aí entra — e vê, sente ou vibra com a verdade daquilo que contata — que a intuição brota, como uma centelha ou um relâmpago, do choque do encontro; ou quando a consciência, mesmo sem esse encontro, olha dentro de si e sente, de modo direto e íntimo, a verdade ou as verdades que aí se encontram e assim contata as formas escondidas por trás das aparências, então essa erupção de uma luz intuitiva pode também se produzir; ou ainda, quando a consciência encontra a Realidade Suprema ou a realidade espiritual das coisas e dos seres e une-se a ela por esse contato, então a centelha, o clarão ou a flama de uma percepção íntima da verdade acende-se em suas profundezas. Essa percepção íntima é mais do que uma visão e uma concepção: é o resultado de um contato penetrante e revelador, que traz consigo visão e concepção como partes de si mesmo ou como suas consequências naturais. Uma identidade escondida ou entorpecida, e que ainda não despertou, no entanto se recorda, e transmite pela intuição seu próprio conteúdo e a intimidade de seu sentimento ou de sua visão das coisas, a luz de sua verdade, sua certeza irresistível e automática.

Na mente humana, a intuição é precisamente essa lembrança da verdade ou uma transmissão da verdade, esse clarão revelador ou essa chama que irrompe em uma grande massa de ignorância ou através de um véu de insciência; mas vimos que aqui ela está sujeita a uma mistura invasiva, a um revestimento mental ou é interceptada e substituída: há também numerosas possibilidades de interpretações falsas que se opõem à pureza e plenitude de sua ação. Ademais, encontramos pretensas intuições em todos os níveis do ser, que são comunicações mais do que intuições, e têm uma proveniência, um valor e um caráter muito variados. O assim chamado "místico" infrarracional — pois para ser um verdadeiro místico não basta rejeitar a razão e fiar-se em fontes de pensamento ou de ação de que não se tem compreensão alguma — é muitas vezes inspirado por tais comunicações no nível vital, provenientes de uma fonte obscura e perigosa. Nessas circunstâncias, somos levados a nos apoiar sobretudo na razão e mesmo dispostos a controlar as sugestões da intuição — ou da pseudointuição, que é um fenômeno mais frequente — pela inteligência observadora e discriminatória; pois sentimos em nossa parte intelectual que, sem isso, não poderemos distinguir a coisa verdadeira do artigo misturado ou adulterado ou do substituto falso. Mas isso reduz em grande parte a utilidade da intuição, pois a razão não é, nesse campo, um árbitro de confiança, visto que seus métodos são diferentes, especulativos, incertos — uma busca intelectual. Embora, na verdade, a própria razão se apoie em uma intuição camuflada para suas conclusões, pois sem essa ajuda não poderia escolher seu percurso ou chegar a um resultado certo, ela esconde de si mesma essa dependência por trás do processo de uma conclusão racional ou de uma conjectura verificada. Uma intuição submetida a um exame crítico pela razão deixa de ser uma intuição e só pode ter a autoridade da razão, para a qual não há fonte interior ou certeza direta. Mesmo se a mente se tornasse predominantemente intuitiva e se apoiasse em sua porção da faculdade superior, seria ainda difícil para ela coordenar suas cognições e atividades separadas — pois na mente estas têm sempre tendência a aparecer como uma série de clarões conectados imperfeitamente — enquanto essa nova mentalidade não tiver uma ligação consciente com sua fonte suprarracional ou não puder elevar-se e ter acesso a um plano superior de consciência em que a ação intuitiva é pura e nativa.

A Intuição é sempre uma ponta aguçada, um raio ou o salto de uma luz superior; ela é em nós uma lâmina projetada, a agudeza ou a ponta de uma luz supramental longínqua que entra na substância intermediária de uma mente-verdade acima de nós e aí se modifica; assim modificada, ela entra em nossa substância mental normal e ignorante, e nela perde muito de sua visão; mas, nesse nível mais alto de onde é nativa, sua luz é sem mistura e, portanto, inteira e puramente verídica, e seus raios não estão separados, mas conectados ou aglomerados em um jogo de ondas que poderia quase chamar-se, como na imagem poética do sânscrito, um mar ou massa de "relâmpagos estáveis". Quando essa intuição original ou nativa começa a descer em nós como uma resposta à ascensão de nossa consciência para o seu nível — ou porque descobrimos um meio livre de comunicarmo-nos com ela —, ela pode continuar a vir, como um jogo de relâmpagos-clarões isolados ou em uma ação constante; mas nesse estágio, o julgamento da razão torna-se inteiramente inaplicável; a razão só pode agir como um observador ou um arquivista, que compreende ou registra as indicações, julgamentos e diferenciações mais luminosos do poder superior. Para completar ou verificar uma intuição isolada ou discernir sua natureza, aplicações e limitações, a consciência receptora deve confiar em uma outra intuição que a complete ou que possa fazer descer uma intuição massiva, capaz de pôr tudo em seu lugar. Pois uma vez que o processo de mudança começou, é imperativo que a substância e as atividades da mente sejam completamente transmutadas em substância, forma e poder da intuição; até lá, e enquanto o processo da consciência depender da inteligência inferior para servir, ajudar ou utilizar a intuição, o resultado só pode ser uma sobrevivência da mistura Conhecimento-Ignorância, elevada ou realçada por uma luz e uma força mais altas, que agem em seus elementos do Conhecimento.

A intuição tem um poder quádruplo. O poder de ver a verdade ou o poder de revelação, o poder de ouvir a verdade ou o poder de inspiração, o poder de tocar a verdade ou o poder de apreender de imediato seu significado — poder que se assemelha à natureza habitual de sua intervenção em nossa inteligência mental — e um poder de discernir, verdadeira e automaticamente, a relação exata e ordenada das verdades entre si — esses são os quatro poderes da Intuição. A Intuição pode, portanto, executar todas as atividades da razão, incluindo a função da inteligência lógica, que é de estabelecer uma relação correta entre as coisas e a relação correta entre ideia e ideia, mas ela o faz por seu próprio processo superior e com passos que não enfraquecem nem vacilam. Ela também assume, e transforma em sua própria substância, não apenas a mente de pensamento, mas o coração e a vida, os sentidos e a consciência física: todos esses têm já seus poderes de intuição próprios, característicos, derivados da Luz escondida; o poder puro que desce pode absorvê-los todos em si, e dar uma integralidade e perfeição maiores às percepções mais profundas do coração e da vida e aos pressentimentos do corpo. A intuição pode, assim, mudar a consciência inteira em substância intuitiva, pois ela introduz a amplidão de seu próprio movimento irradiante na vontade, nos sentimentos e emoções, nos impulsos vitais, na ação dos sentidos e sensações e no próprio funcionamento da consciência corporal; ela os remodela conforme a luz e o poder da verdade, ilumina seu conhecimento e sua ignorância. Certa integração pode, assim, acontecer, mas a totalidade dessa integração depende de em que medida a nova luz é capaz de assumir o subconsciente e entrar na Inconsciência fundamental. Aqui, a luz e o poder da intuição podem ser prejudicados em sua tarefa, porque essa intuição é a ponta de uma supramente delegada e modificada, e não traz a massa ou o corpo inteiro do conhecimento por identidade. A base de Inconsciência em nossa natureza é demasiado vasta, profunda e sólida para ser penetrada completamente, ser mudada em luz, ser transformada por um poder inferior da Natureza-Verdade.

A próxima etapa da ascensão nos conduz à Sobremente; a mudança intuitiva é apenas uma introdução a essa abertura espiritual mais alta. Mas vimos que a Sobremente, mesmo quando sua ação é seletiva e não total, continua a ser um poder da consciência cósmica, um princípio de conhecimento global que traz consigo uma luz delegada vinda da gnose supramental. Em consequência, é apenas pela abertura à consciência cósmica que a ascensão até a Sobremente e sua descida em nós podem tornar-se inteiramente possíveis; uma abertura individual forte e intensa em direção ao alto não é suficiente: a essa ascensão vertical em direção à Luz do cume deve-se acrescentar uma vasta expansão horizontal da consciência em certa totalidade do Espírito. É necessário, ao menos, que o ser interior já tenha substituído a mente de superfície e sua visão limitada por uma percepção mais profunda e vasta, e aprendido a viver em uma ampla universalidade; sem isso, a visão sobremental das coisas e o dinamismo sobremental não terão lugar para estabelecer-se e efetuar suas operações dinâmicas. Quando a sobremente desce, o sentido centralizador do ego deixa de predominar, subordina-se inteiramente, perde-se na imensidão do ser e, no final, é abolido; uma percepção vasta ou sentimento cósmico de um Self e movimento universais sem limites o substitui; muitas moções que antes eram egocêntricas podem ainda continuar, mas ocorrem como correntes ou ondulações na vastidão cósmica. O pensamento, na maioria das vezes, não parece mais ter uma origem individual no corpo ou na pessoa: manifesta-se do alto ou entra com as ondas mentais cósmicas; toda visão interior, toda inteligência individual das coisas é agora uma revelação ou iluminação do que é visto ou abrangido, mas a fonte da revelação não está no self separado, está no conhecimento universal; sentimentos, emoções, sensações são igualmente percebidos como ondas da mesma imensidade cósmica que se quebram no corpo sutil e no corpo grosseiro e às quais o centro individual da universalidade responde do mesmo modo, pois o corpo é apenas um pequeno suporte — menos ainda, um ponto de relação — para a ação de uma vasta instrumentação cósmica. Nessa imensidade ilimitada, não apenas o ego separado, mas todo o sentido da individualidade, mesmo de uma individualidade subordinada ou instrumental, pode desaparecer inteiramente; apenas a existência cósmica, a consciência cósmica, o deleite cósmico, o jogo das forças cósmicas permanecem: se sentirmos o deleite ou o centro de Força naquilo que era mente, vida e corpo pessoais, não será mais com um sentido pessoal; essas partes de nosso ser serão como um campo de manifestação e esse sentimento do deleite ou essa percepção da ação da Força não será confinado à pessoa ou ao corpo, mas será sentido em todos os pontos, em uma consciência de unidade que é ilimitada e impregna tudo.

Mas a consciência e a experiência sobrementais podem ser formuladas de modos muito diversos, pois a sobremente possui uma grande plasticidade e é um campo de possibilidades múltiplas. Em vez de uma difusão sem centro e não situada, pode-se sentir o universo em si mesmo ou como si mesmo: mas, também nesse caso, este si não é o ego, é a extensão de uma autoconsciência essencial, livre e pura ou uma identificação com o Todo — a extensão ou a identificação constituindo um ser cósmico, um indivíduo universal. Em certo estado da consciência cósmica o indivíduo é incluído no cosmos, mas ele aí identifica-se com tudo, com as coisas e os seres, o pensamento e o sentido de outros, sua alegria e sua dor; em um outro estado são os seres que são incluídos em nós e a realidade de sua vida faz parte de nosso próprio ser. Muitas vezes não há regra ou governo nesse imenso movimento, mas um jogo livre da Natureza universal em que aquilo que era o ser pessoal responde com uma aceitação passiva ou uma identidade dinâmica, enquanto o espírito permanece livre, não perturbado por nenhuma ligação com as reações dessa passividade, identificação e simpatia universais e impessoais. Mas com uma forte influência ou uma ação completa da sobremente o sentimento de uma governança integral pode estabelecer-se e tornar-se normal, com a presença e a direção do Self cósmico ou Ishwara que sustenta e dirige tudo; ou um centro especial pode revelar-se ou criar-se, que ultrapassa e domina o instrumento físico; esse centro é individual na realidade da existência, mas impessoal em sentimento e é reconhecido por uma livre cognição como algo instrumental para a ação de um Ser transcendente e universal. Na transição em direção à supramente essa ação centralizadora conduz à descoberta de um indivíduo verdadeiro que substitui o ego morto, um ser que, em sua essência, é uno com o Self supremo, uno com o universo em sua extensão e, contudo, é um centro e uma circunferência cósmicos da ação especializada do Infinito.

Esses são os primeiros resultados gerais, que criam os alicerces normais da consciência sobremental no ser espiritual evoluído, mas suas variedades e desenvolvimentos são inumeráveis. A consciência que age desse modo é experienciada como uma consciência de Luz e Verdade, um poder, uma força, uma ação cheia de Luz e Verdade, uma *aesthesis*, uma sensação de beleza e deleite universais e multiformes nos detalhes, uma iluminação no todo e em cada coisa, no movimento único e em todos os movimentos, com uma extensão constante e um jogo de possibilidades que são infinitos; mesmo em sua profusão de determinações essa consciência é sem fim e indeterminável. Se o poder de uma gnose sobremental ordenadora intervir, criar-se-á então uma estrutura cósmica da consciência e da ação, mas esta não será como as rígidas estruturas mentais; será plástica, orgânica, algo que poderá crescer e desenvolver-se e expandir-se no infinito. Todas as experiências espirituais serão abarcadas e tornar-se-ão habituais e normais para a nova natureza; todas as experiências essenciais pertencentes à mente, à vida e ao corpo serão abarcadas e espiritualizadas, transmutadas e sentidas como formas da consciência, do deleite, do poder da existência infinita. A intuição, a visão e o pensamento iluminados se ampliarão; sua substância assumirá uma substancialidade, uma massa e uma energia maiores; seu movimento será mais abrangente, global, multifacetado, mais vasto e poderoso em sua Força-Verdade; a natureza inteira — conhecimento, *aesthesis*, simpatia, sentimento, dinamismo — tornar-se-á mais abrangente; pois compreenderá tudo, abarcará tudo, será cósmica e infinita.

A mudança sobremental é o movimento final que completa a transformação espiritual dinâmica; é o estado estático-dinâmico mais alto possível no plano mental-espiritual: abarca tudo que se encontra nos três degraus inferiores, eleva suas operações características ao poder mais alto e mais vasto e acrescenta-lhes uma amplidão universal de consciência e força, um acordo harmonioso de conhecimento, um deleite de ser mais variado. Mas certas razões, nascidas de seu próprio estado e poder característicos, a impedem de ser a possibilidade final da evolução espiritual. A Sobremente é um poder do hemisfério inferior, se bem que aí seja o poder mais alto; embora sua base seja uma unidade cósmica, sua ação é uma ação de divisão e interação, uma ação que tem como apoio o jogo da multiplicidade; como a ação de toda Mente, é um jogo de possibilidades; embora atue não na Ignorância, mas com o conhecimento da verdade dessas possibilidades, ela deve no entanto realizá-las por meio da evolução independente dos próprios poderes delas. Em cada fórmula cósmica a Sobremente age conforme o significado fundamental dessa fórmula, e ela mesma não é um poder para a transcendência dinâmica. Aqui, na vida terrestre, deve atuar em uma fórmula cósmica cuja base é a inteira insciência, que resulta da separação da Mente, Vida e Matéria de sua própria fonte e origem suprema. A Sobremente pode reparar essa divisão até o ponto em que a Mente separadora entra na Sobremente e torna-se uma parte de sua ação; ela pode unir a mente individual à mente cósmica em seu plano mais alto, igualar o self individual ao self cósmico e dar à natureza uma universalidade de ação; mas não pode conduzir a Mente além de si mesma e, nesse mundo de Inconsciência original, não pode dinamizar a Transcendência: só a Supramente é a ação-verdade suprema autodeterminante e o poder direto de manifestação dessa Transcendência. Se, então, a ação da Natureza evolutiva acabasse aqui, a Sobremente, que conduziu a consciência até o ponto de uma vasta universalidade iluminada e a uma ação organizada dessa larga e potente percepção espiritual da existência, consciência-força e deleite absolutos, só poderia ir mais longe se abrisse os portões do Espírito ao hemisfério superior e permitisse à alma deixar sua formação cósmica para entrar na Transcendência.

Na própria evolução terrestre, a descida sobremental não teria o poder de transformar inteiramente a Inconsciência; tudo o que poderia fazer, em cada ser humano que tocasse, seria transformar o ser consciente inteiro — interno e externo, pessoal e universalmente impessoal — em sua própria substância, e impor isso à Ignorância para iluminá-la e fazê-la entrar na verdade e no conhecimento cósmicos. Mas uma base de Insciência permaneceria; isso seria como se um sol, com seu sistema, se pusesse a brilhar na escuridão original do Espaço e a iluminar tudo, até o ponto mais distante que seus raios pudessem alcançar, de modo que todos aqueles que vivessem na luz teriam o sentimento, em sua experiência da existência, de que não havia escuridão. Mas fora dessa esfera, ou além dos limites da experiência, a escuridão original ainda estaria presente, e visto que tudo é possível em uma estrutura sobremental, ela poderia invadir de novo a ilha de luz criada em seu império. Ademais, visto que a Sobremente lida com diferentes possibilidades, sua ação natural seria desenvolver em separado, e até seu extremo limite, a possibilidade de uma ou muitas formulações espirituais dinâmicas ou um grande número delas, ou combinar e harmonizar várias possibilidades; mas isso seria uma criação, ou uma quantidade de criações, no seio da criação terrestre original, cada uma completa em sua existência separada. O indivíduo espiritual evoluído estaria aí, e poderia também surgir aí uma, ou várias, comunidades espirituais no mesmo mundo onde o homem mental e o ser vital animal habitam, mas cada uma elaboraria sua existência independente, em uma relação livre dentro da fórmula terrestre. O poder supremo do princípio de unidade, que toma em si todas as diversidades e as controla como partes da unidade e deve ser a lei da nova consciência evolutiva, ainda não estaria presente. Além do mais, esse grau de evolução não daria segurança contra a gravitação para baixo ou a atração da Inconsciência, que dissolve todas as formações que a vida e a mente constroem nela, engole todas as coisas que emergem aí ou lhe são impostas e as desintegra em sua matéria original. A liberação dessa atração da Inconsciência e a base segura para uma contínua evolução divina ou gnóstica só serão alcançadas com a descida da Supramente na fórmula terrestre, porque lhe traria a lei, luz e *dynamis* supremas do espírito e com elas penetraria e transformaria a inconsciência da base material. Uma última transição da Sobremente à Supramente e uma descida da Supramente deve, portanto, intervir nesse estágio da Natureza evolutiva.

A Sobremente e seus poderes delegados, ao se apoderarem da mente e entrarem nela, assim como na vida e no corpo que dependem da mente, submeteriam tudo a um processo de ampliação; a cada etapa desse processo poderia estabelecer-se um poder maior, uma intensidade mais alta da gnose, cada vez menos misturada à substância mental solta, difusa, diminuída e diluída; e como toda gnose é em sua origem um poder da supramente, isso significaria um influxo cada vez maior de uma luz e um poder supramentais, semivelados e indiretos, em nossa natureza. Isso continuaria até o ponto em que a própria sobremente começaria a ser transformada em supramente; a consciência e a força supramentais encarregar-se-iam diretamente da transformação, revelariam à mente terrestre, à vida e ao ser físico a verdade espiritual e a divindade que lhes são próprias e, no final, verteriam em nossa natureza inteira o conhecimento, poder, significado perfeitos da existência supramental. A alma passaria além das fronteiras da Ignorância e cruzaria a linha original onde separou-se do Conhecimento supremo: entraria na integralidade da gnose supramental; a descida da Luz gnóstica efetuaria a transformação completa da Ignorância.

Esse, ou algum outro plano semelhante mais amplo, poderia ser visto como a explicação esquemática, lógica ou ideal da transformação espiritual, um mapa estrutural da ascensão ao cimo supramental, vista como uma sucessão de etapas separadas, cada uma concluída antes que a passagem à próxima começasse. Seria como se a alma, emanando uma individualidade natural organizada, fosse uma viajante que escala os degraus da consciência talhados na Natureza universal, e cada ascensão a levaria inteira, como um todo definido, como uma forma individual do ser consciente, de um estado de sua existência ao próximo na série. Até aqui é correto que a integração de um estado deva ser suficientemente completa antes que a ascensão à estação seguinte possa ser inteiramente assegurada; essa clara sucessão poderia também ter sido o curso seguido por alguns, mesmo nos estágios iniciais dessa evolução, e tornar-se também um processo normal, uma vez que a escada da evolução tenha sido inteiramente construída e consolidada. Mas a Natureza evolutiva não é uma série lógica de segmentos separados, é uma totalidade de poderes ascendentes do ser, que se interpenetram e se ajustam e, por sua interação, têm um poder de transformação mútua. Quando a consciência superior desce na inferior, altera a inferior, mas é também modificada e diminuída por ela; quando a consciência inferior ascende, é sublimada, mas, ao mesmo tempo, restringe a substância e o poder que a sublimaram. Essa interação cria um grande número de degraus intermediários, diferentes e entrelaçados, na força e consciência do ser, mas também torna difícil efetuar uma integração completa de todos os poderes sob o inteiro controle de um único poder. Por essa razão, na realidade não há, na evolução individual, uma série de etapas sucessivas, simples e bem precisas; em lugar disso há sobretudo um movimento complexo, cuja abrangência é em parte determinada, em parte confusa. A alma pode ainda ser descrita como uma viajante e escaladora que se apressa em direção a seu objetivo elevado, um degrau depois do outro; ela deve construir cada degrau como um todo em si, mas com frequência deve redescender para reconstruir e fortificar a escada que os suporta, a fim de que não desmorone sob ela; mas a evolução da consciência inteira assemelha-se mais ao movimento de um oceano ascendente da Natureza; pode ser comparada à maré ou ao fluxo que se ergue e cuja orla toca os degraus mais altos de um penhasco ou de um monte, enquanto o resto está ainda embaixo. A cada etapa as partes superiores de nossa natureza podem ser provisoriamente organizadas na nova consciência, mas de modo incompleto, enquanto as inferiores estão em um estado de fluxo ou formação; em parte elas continuam a mover-se da velha maneira — embora infuenciadas e começando a mudar —, e em parte elas pertencem à nova ordem, embora a mudança seja ainda imperfeita e instável. Uma outra imagem poderia ser a de tropas que avançam em colunas e anexam novas terras, enquanto o corpo principal do exército ainda está atrás, em um território invadido, mas demasiado grande para ser ocupado efetivamente, de modo que são necessárias paradas frequentes e retornos parciais às áreas já atravessadas, para consolidar e assegurar a dominação do país ocupado e assimilar seus habitantes. Uma conquista rápida deve ser possível, mas seria como um acampamento ou dominação de um país estrangeiro; não seria a absorção, a assimilação total, a integração necessária para a completa mudança supramental.

Isso acarreta certas consequências, que modificam as sucessões claras da evolução e a impede de seguir o curso nitidamente determinado e rigorosamente ordenado que nossa inteligência lógica exige da Natureza, mas que raramente obtém. Assim como vida e mente começam a aparecer quando a organização da Matéria é suficiente para comportá-las, mas a organização mais complexa e perfeita da Matéria só vem com a evolução da vida e da mente, do mesmo modo a mente aparece quando a vida está organizada o suficiente para permitir uma vibração mais desenvolvida da consciência, mas a vida só recebe sua completa organização e desenvolvimento quando a mente pode agir sobre ela; assim como a evolução espiritual começa quando o homem, enquanto ser mental, é capaz de movimentos espirituais, mas a mente só se eleva à sua mais alta perfeição pelo crescimento das intensidades e luminosidades do Espírito, o mesmo acontece com a evolução superior dos poderes ascendentes do Espírito. Logo que houver um desenvolvimento espiritual suficiente, algo da intuição e iluminação do ser, os movimentos dos graus espirituais superiores da Consciência começam a manifestar-se — às vezes um, às vezes outro, ou todos juntos — e não esperam que cada poder na série se complete para que um poder superior entre em ação. Uma luz e um poder sobrementais podem descer até certo ponto, criar no ser uma forma parcial deles mesmos e assumir um papel dirigente, supervisionar ou intervir enquanto a mente intuitiva, a mente iluminada e a mente superior estiverem ainda incompletas; essas continuariam então no conjunto, agindo ao mesmo tempo que o Poder maior, penetradas e sublimadas frequentemente por ele ou elevando-se até ele para formar uma intuição, uma iluminação e um pensamento espirituais mais vastos ou sobrementais. Essa ação intrincada acontece porque cada poder descendente — pela intensidade de sua pressão sobre nossa natureza e a elevação resultante — torna o ser capaz de receber um poder ainda mais alto antes que o primeiro poder esteja completo em suas autoformações; mas isso acontece também porque o trabalho de elevação e transformação da natureza inferior dificilmente pode ser feito se não ocorrer uma intervenção cada vez mais alta. A iluminação e o pensamento superior precisam da ajuda da intuição e a intuição precisa da ajuda da sobremente para combater a escuridão e ignorância em que os três labutam e para lhes dar sua própria plenitude. Ainda assim, no final, o estado e a integração sobrementais não poderão ser completos enquanto a mente superior e a mente iluminada não forem integradas e elevadas até a intuição, e, por sua vez, a própria intuição integrada e elevada à energia sobremental, que amplia e sublima tudo. A lei da gradação deve ser satisfeita, mesmo na complexidade do processo evolutivo da Natureza.

Uma complexidade a mais surge da própria necessidade de integração, pois o processo implica não apenas uma ascensão da alma a um estado superior, mas uma descida da consciência mais alta assim alcançada, para elevar e transformar a natureza inferior. Mas devido a formações prévias, essa natureza tem uma densidade que resiste e obstrui a descida; mesmo quando o poder mais alto rompeu a barreira e desceu e age, vimos que a natureza da Ignorância resiste e obstrui a ação: ela luta para recusar completamente a transformação ou tenta modificar o novo poder para que se conforme ao seu próprio funcionamento, ou lança-se sobre ele para agarrá-lo, degradá-lo e sujeitá-lo ao seu modo de agir e a seus propósitos inferiores. Em geral, para cumprir sua tarefa de assumir e assimilar essa substância difícil da Natureza, os poderes superiores descem primeiro na mente e ocupam os centros mentais, porque estes lhes são mais próximos pela inteligência e poder de conhecimento; se descerem primeiro no coração ou no ser vital — centro de força e sensação — como fazem algumas vezes, porque em alguns indivíduos essas partes, mais abertas, são as primeiras a chamar, os resultados serão mais misturados, duvidosos, imperfeitos e inseguros do que se as coisas se passassem em ordem lógica. Mas mesmo em sua ação normal, quando toma parte por parte do ser na ordem natural da descida, o poder descendente não é capaz de efetuar uma ocupação e uma transformação totais de cada parte antes de ir mais longe. Ele pode apenas efetuar uma ocupação geral e incompleta, de modo que as atividades de cada uma pertençam apenas parcialmente à ordem nova superior e parcialmente a uma ordem misturada e também parcialmente à velha ordem inferior inalterada. A mente, em toda a sua extensão, não pode ser transmutada de uma só vez, pois os centros mentais não são uma região isolada do resto do ser; a ação da mente é penetrada pela ação das partes vitais e físicas, e nessas próprias partes encontram-se as formações inferiores da mente, uma mente vital e uma mente física, que devem ser mudadas antes que o ser mental possa ser inteiramente transformado. O poder transformador superior deve, portanto, descer no coração o mais cedo possível e sem esperar por uma mudança mental integral, a fim de ocupar e mudar a natureza emocional; depois, nos centros vitais inferiores, para ocupá-los e mudar toda a natureza vital, cinética e sensorial; finalmente, nos centros físicos, a fim de ocupar e mudar toda a natureza física. Mas mesmo esse ato decisivo não é final, pois as partes subconscientes e a base inconsciente ainda subsistem. O emaranhado, a ação interligada desses poderes e das partes do ser, é tão grande que se poderia quase dizer que nessa mudança nada é consumado até que tudo seja consumado. Há um fluxo e um refluxo, as forças da velha natureza recuam e depois retornam para ocupar parcialmente seus antigos domínios; efetuam uma lenta retirada, com ações na retaguarda, ataques, contra-ataques e agressões; o influxo superior ocupa cada vez mais o território conquistado, mas sua soberania será incerta e imperfeita enquanto houver algum elemento que não se tenha integrado ao seu reino luminoso.

Uma terceira complexidade é causada pelo poder que tem a consciência de viver em mais de um estado ao mesmo tempo; em particular, a divisão de nosso ser em natureza interna e natureza externa ou de superfície, cria uma dificuldade que se complica ainda mais pela existência de uma circunconsciência secreta ou consciência ambiental, em que são determinadas nossas conexões não visíveis com o mundo em torno de nós. Com a abertura espiritual é o ser interior desperto que, sem dificuldade, recebe e assimila as influências mais altas e assume a natureza superior; o self externo de superfície, moldado de modo mais completo pelas forças da Ignorância e da Inconsciência, é mais lento para despertar, mais lento para receber, mais lento para assimilar. Há, em consequência, um longo período em que o ser interno é transformado suficientemente, enquanto o externo ainda está envolvido no movimento misturado e difícil de uma mudança imperfeita. Essa disparidade se repete a cada passo da ascensão, pois a cada mudança o ser interno segue sem relutância e o externo vacila atrás, relutante ou então incapaz, apesar de sua aspiração e desejo; isso torna necessário um labor constantemente repetido de elevação, adaptação, orientação, um labor sempre o mesmo em princípio, mas reproduzido em novos termos. E mesmo quando a natureza externa e a natureza interna do indivíduo são unificadas em uma consciência espiritual harmonizada, essa parte dele mesmo — mais externa, porém oculta, na qual seu ser se mistura ao ser do mundo exterior e através da qual o mundo exterior invade sua consciência — permanece um campo de imperfeição. Aqui, há necessariamente uma troca entre influências díspares: a influência espiritual interior encontra influências completamente opostas, fortes no controle que mantêm sobre a atual ordem mundial; a nova consciência espiritual deve suportar o choque dos poderes dominantes — estabelecidos e não espiritualizados — da Ignorância. Isso cria uma dificuldade que é de capital importância em todos os estágios da evolução espiritual e seu anelo para mudar nossa natureza.

Uma espiritualidade subjetiva pode ser estabelecida, que recuse ou minimize o comércio com o mundo ou se contente em observar seus movimentos e expulsar ou rejeitar suas influências invasoras, sem permitir-se nenhuma reação a elas ou admitir sua intrusão; mas se a espiritualidade interior deverá objetivar-se em uma ação livre no mundo, se o indivíduo tiver que projetar-se no mundo e em certo sentido tomar o mundo em si mesmo, ele não poderá fazer isso de modo dinâmico sem receber as influências do mundo através de seu próprio ser circunconsciente ou ambiental. A consciência espiritual interior deve então lidar com essas influências de tal modo que, desde que se aproximem ou entrem, tornem-se sem efeito e sejam anuladas ou transformadas, em seu próprio modo e substância, pelo próprio fato de terem entrado. Ou essa consciência pode forçá-las a receber a influência espiritual e retornar com um poder transformador ao mundo de onde vêm, pois exercer uma tal coerção sobre a Natureza universal inferior é parte de uma ação espiritual perfeita. Mas, para isso, o ser circunconsciente ou ambiental deve estar tão mergulhado na luz e na substância espirituais que nada pode entrar nele sem passar por essa transformação; as influências externas invasoras não devem de modo algum introduzir aí sua percepção, visão e dinamismo inferiores. Mas essa é uma perfeição difícil, porque em geral o circunconsciente não é, em sua totalidade, nosso self formado e realizado: ele é nós mesmos mais a natureza do mundo externo. É por essa razão que é sempre mais fácil espiritualizar as partes internas autossuficientes do que transformar a ação exterior; a perfeição de uma espiritualidade introspectiva, interior ou subjetiva, distante do mundo ou autoprotegida contra ele, é mais fácil de ser obtida do que a perfeição da natureza inteira em uma espiritualidade dinâmica e cinética que se objetiva na vida, abarca o mundo, domina seu meio e age como soberana em seu comércio com a natureza universal. Mas visto que a transformação integral deve abarcar inteiramente o ser dinâmico e incluir a vida ativa e o self do mundo externo, essa mudança mais completa é exigida de nossa natureza em evolução.

A dificuldade essencial vem do fato de que a substância de nosso ser normal é moldada a partir da Inconsciência. Nossa ignorância é um crescimento do conhecimento em uma substância de ser que é insciente; a consciência que ela desenvolve, o conhecimento que estabelece são sempre atormentados, penetrados, envolvidos por essa insciência. É essa substância de insciência que deve ser transformada em substância de supraconsciência, uma substância em que consciência e percepção espiritual estão sempre presentes, mesmo quando não são ativas, nem expressas e nem tomam a forma de conhecimento. Até que isso seja feito, a insciência invade ou circunda tudo, ou mesmo engole e absorve em sua obscuridade sem memória tudo o que nela entra; a luz que desce é obrigada a fazer um pacto com a luz menor em que entra: há uma mistura, diminuição e diluição; a verdade e o poder da luz são diminuídos, alterados e sua autenticidade é incompleta. Ou, no mínimo, a insciência limita sua verdade e restringe sua força, fragmenta suas possibilidades de aplicação e sua extensão; a verdade de seu princípio é despojada da verdade plena de sua realização individual ou da verdade completa de sua aplicação cósmica. Assim, o amor enquanto lei da vida pode afirmar-se praticamente como um princípio interior ativo; mas a menos que ocupe a inteira substância do ser, não é possível que todos os sentimentos e atos do indivíduo sejam modelados pela lei do amor: mesmo se aperfeiçoado no indivíduo, o amor pode tornar-se unilateral e inefetivo pela insciência geral que lhe é hostil e recusa-se a vê-lo, ou então é forçado a reduzir seu campo de aplicação cósmica. Uma ação completa, em harmonia com uma nova lei do ser, é sempre difícil na natureza humana, pois na substância da Inconsciência há uma lei autoprotetiva de uma Necessidade cega e imperativa que limita o jogo das possibilidades que emergem da Inconsciência ou aí penetram, e as impede de estabelecer livremente sua ação e seus resultados ou de realizar a intensidade de seu próprio absoluto. Tudo que é concedido a essas possibilidades é uma ação misturada, relativa, reprimida, diminuída, senão elas aboliriam o quadro da Inconsciência e perturbariam violentamente a ordem do mundo sem mudar efetivamente a base, pois nenhuma delas, em suas operações mentais ou vitais, tem o poder divino para substituir esse escuro princípio original e organizar uma ordem mundial totalmente nova.

A transformação da natureza humana só poderá realizar-se quando a substância do ser estiver tão impregnada do princípio espiritual que todos os seus movimentos serão um dinamismo espontâneo e um processo harmonioso do Espírito. Mas mesmo quando os poderes superiores e suas intensidades entram na substância da Inconsciência, encontram aí a oposição dessa Necessidade cega e são submetidos à lei restritiva e diminuída da substância insciente. A Inconsciência lhes resiste com os títulos poderosos de uma Lei estabelecida e inexorável, enfrenta sempre as reivindicações da vida com a lei da morte, as exigências da Luz com a necessidade de um contraste de sombra e um fundo de obscuridade, responde à soberania, liberdade e dinamismo do espírito com sua própria força que limita para ajustar, separa por incapacidade e fundamenta a energia no repouso de uma Inércia original. Há uma verdade oculta por trás dessas negações que só a Supramente, e sua reconciliação de contrários na Realidade original, pode abarcar, e assim descobrir a solução pragmática do enigma. Apenas a Força supramental pode vencer inteiramente essa dificuldade da Insciência fundamental, pois, com ela, entra uma Necessidade oposta, imperativa e luminosa, subjacente em todas as coisas, e que é uma verdade-força final e original e autodeterminante do Infinito autoexistente. Apenas ela, essa Necessidade espiritual, luminosa e mais alta, com sua soberania imperativa, pode deslocar ou penetrar inteiramente a *Ananke*[2] cega da Inconsciência, transformá-la em si mesma e assim substituí-la.

A mudança supramental da inteira substância do ser e, portanto, necessariamente, de todas as suas características, poderes, movimentos, acontece quando a supramente involuída na Natureza emerge para encontrar a luz e o poder supramentais que descem da Supranatureza e une-se a eles. O indivíduo deve ser o instrumento e primeiro campo da transformação; mas uma transformação individual isolada não é suficiente e talvez não seja completamente factível. Mesmo quando se cumpre, a mudança individual só terá um significado permanente e cósmico se o indivíduo tornar-se um centro da Consciência-Força supramental e um sinal de seu estabelecimento como um poder abertamente operativo nas operações terrestres da Natureza, do mesmo modo que a Mente pensante foi estabelecida no curso da evolução humana como um poder abertamente operativo na Vida e na Matéria. Isso significaria o aparecimento na evolução de um ser ou Purusha gnóstico e uma Prakriti gnóstica, de uma Natureza gnóstica. Uma Consciência-Força supramental, liberada e ativa, deve emergir no interior da totalidade terrestre e organizar na vida e no corpo uma instrumentação supramental do Espírito — pois a consciência corporal também deve tornar-se desperta o suficiente para ser um instrumento apropriado da ação da nova Força supramental e sua ordem nova. Até então, qualquer mudança intermediária só poderá ser parcial ou instável; uma instrumentação sobremental e intuitiva poderá desenvolver-se na Natureza, mas isso seria uma formação luminosa imposta a uma Inconsciência fundamental e ambiental. Uma vez que um princípio supramental — e sua operação cósmica — for estabelecido de maneira permanente em sua própria base, os poderes intermediários da Sobremente e da Mente espiritual poderão fundamentar-se nele com segurança e alcançar sua própria perfeição; eles formariam, na existência terrestre, uma hierarquia de estados de consciência que se elevariam da Mente e da vida física até o nível espiritual supremo. A Mente e a humanidade mental permaneceriam como um degrau na evolução espiritual; mas outros degraus formar-se-iam acima e seriam acessíveis, pelos quais o ser mental encarnado, à medida que se tornasse pronto, poderia elevar-se até a gnose e transfor-

---

2. Personificação de uma necessidade premente ou destino final, a que mesmo os deuses devem submeter-se. (N.T.)

mar-se em um ser supramental e espiritual encarnado. Nessa base se manifestará o princípio de uma vida divina na Natureza terrestre; mesmo o mundo da ignorância e inconsciência poderá descobrir seu próprio segredo submerso e começar a realizar, em cada um dos degraus inferiores, seu significado divino.

# CAPÍTULO XXVII

# O SER GNÓSTICO

*Um caminho perfeito da Verdade foi criado para nossa viagem em direção à outra margem, além da escuridão.*

*Rig Veda*, I. 46. 11.

*Ó Consciente-da-Verdade, sê consciente da Verdade, fazei jorrar muitas torrentes da Verdade.*

*Rig Veda*, V. 12. 2.

*Ó flama, ó Soma, tua força tornou-se consciente; tu descobriste a Luz Única para o múltiplo.*

*Rig Veda*, I. 93. 4.

*Branca, pura, dual em suas imensidades, ela segue realmente, como alguém que sabe, o caminho da Verdade e não reduz suas direções.*

*Rig Veda*, V. 80. 4.

*Pela Verdade eles mantêm a Verdade que mantém tudo, no poder do Sacrifício, no éter supremo.*

*Rig Veda*, V. 15. 2.

*Ó Imortal, tu nasceste em mortais na lei da Verdade, da Imortalidade, da Beleza. [...] Nascido da Verdade, ele cresce pela Verdade — um Rei, uma Divindade, a Verdade, o Vasto.*

*Rig Veda*, IX. 110. 4; 108. 8.

Quando, em nosso pensamento, alcançamos a linha na qual a evolução da mente à sobremente muda em uma evolução da sobremente à supramente, nos encontramos diante de uma dificuldade que equivale quase a uma impossibilidade. Pois somos levados a buscar uma ideia precisa, alguma descrição mental clara da existência supramental ou gnóstica de que a Natureza evolutiva na Ignorância sofre as dores do parto; mas, ao atravessar essa linha extrema da mente sublimada, a consciência sai da esfera da percepção e do conhecimento mentais, supera sua ação característica e escapa ao seu domínio. É evidente, na verdade, que a natureza supramental deve ser uma integração e consumação perfeitas da natureza e experiência espirituais: ela conterá também, pelo próprio caráter do princípio evolutivo, uma espiritualização total da natureza terrestre, mas sem limitar-se a essa mudança; nessa etapa de nossa evolução nossa experiência do mundo será aumentada e, pela transformação de seus elementos de divindade, pela rejeição criadora de suas imperfeições e disfarces, alcançará uma verdade e plenitude divinas. Mas essas são fórmulas gerais e não nos dão uma ideia precisa da mudança supramental. Nossa percepção normal, imaginação ou formulação das coisas espirituais e das coisas deste mundo são mentais, mas com a mudança gnóstica a evolução cruza uma linha além da qual há uma reversão, suprema e radical, da consciência, e os padrões e as formas da cognição mental não são mais suficientes: é difícil para o pensamento mental compreender ou descrever a natureza supramental.

A natureza mental e o pensamento mental têm como base uma consciência do finito; a natureza supramental é, em sua própria essência, consciência e poder do Infinito. A natureza supramental vê tudo do ponto de vista da unidade e olha todas as coisas à luz dessa unidade, mesmo a maior multiplicidade e maior diversidade, mesmo o que para a mente são as contradições maiores; sua vontade, ideias, sentimentos e sentidos são feitos da substância da unidade, suas ações procedem dessa base. A Natureza mental, ao contrário, pensa, vê, quer, sente, percebe, a partir da divisão e sua compreensão da unidade é construída; mesmo quando experiencia unidade, sua ação deve partir de uma unidade baseada em limitação e diferença. Mas o supramental, a vida divina, é uma vida de unidade essencial, espontânea e inerente. É impossível para a mente prever em detalhes o que será a mudança supramental em sua ação na vida e em seu comportamento externo, ou determinar que formas ela criará para a existência individual ou coletiva. Pois a mente age conforme regras ou dispositivos intelectuais, por uma escolha racional da vontade, um impulso mental ou em obediência a um impulso da vida; mas a natureza supramental não age conforme uma ideia ou regra mentais ou por sujeição a algum impulso inferior: cada um de seus passos é ditado por uma visão espiritual inata, por uma entrada exata e abrangente na verdade do todo e na verdade de cada coisa; ela age sempre em acordo com a realidade inerente, não segue ideia mental alguma nem obedece a uma lei de conduta imposta, a um pensamento construído ou a algum meio artificial de percepção. Seu movimento é calmo, mestre de si, espontâneo, plástico; nasce natural e inevitavelmente de uma identidade harmônica da verdade que é sentida na própria substância do ser consciente, uma substância espiritual que é universal e, portanto, íntima e una com tudo que é incluído em sua cognição da existência. Para descrever com a mente a natureza supramental seria necessário recorrer a frases que são demasiado abstratas ou a imagens mentais que poderiam fazer dela uma coisa completamente diferente daquilo que é na realidade. Portanto, pareceria não ser possível para a mente antecipar ou indicar o que será um ser supramental ou como agirá; as ideias e formulações mentais nada podem decidir nesse caso, nem podem chegar a alguma definição ou determinação precisas, porque não são bastante próximas da lei e visão próprias da Natureza supramental. Ao mesmo tempo, certas deduções podem ser feitas, pelo próprio fato dessa diferença de natureza, que poderiam ser válidas ao menos para uma descrição geral da passagem da Sobremente à Supramente ou para nos dar uma vaga ideia do primeiro estágio evolutivo da existência supramental.

Essa passagem é a etapa em que a gnose supramental pode substituir a sobremente como guia da evolução e construir os primeiros alicerces de sua própria manifestação característica e suas atividades desveladas; ela deve, portanto, ter a marca de uma transição decisiva, mas longamente preparada, da evolução na Ignorância a uma evolução sempre progressiva no Conhecimento. Isso não será uma revelação, uma realização súbita da Supramente absoluta e do ser supramental, tais como eles são em seu próprio plano, o *apocalypse* repentino de uma existência consciente da verdade, para sempre autorrealizada e completa em autoconhecimento; isso será o fenômeno da descida do ser supramental em um mundo de devenir evolutivo onde tomará forma e revelará os poderes da gnose no interior da natureza terrestre. Esse é, de fato, o princípio de toda existência terrestre, pois o processo da existência na Terra é o jogo de uma Realidade infinita que, primeiro, esconde-se em uma sucessão de imagens incompletas, obscuramente limitadas, opacas e imperfeitas, que pela sua imperfeição e seu disfarce característico distorcem a verdade cujo nascimento estão preparando; mas, em seguida, essa Realidade se manifesta de modo cada vez mais completo em imagens semiluminosas que, uma vez que a descida supramental se efetua, podem tornar-se uma revelação verdadeira e progressiva. A descida a partir da supramente original, a ascensão da supramente na evolução é um passo que a gnose supramental pode muito bem empreender e cumprir sem mudar seu caráter essencial próprio. Ela pode assumir a forma de uma existência consciente da verdade, fundamentada em um autoconhecimento inerente, mas ao mesmo tempo absorver a natureza mental, a natureza vital e o corpo material. Pois a supramente, enquanto consciência-verdade do Infinito, possui, em seu princípio dinâmico, o poder infinito de uma autodeterminação livre. Pode conter todo o conhecimento em si mesma e contudo expressar em formas apenas o necessário a cada etapa da evolução; ela formula tudo o que está em acordo com a Vontade Divina na manifestação e a verdade da coisa a ser manifestada. É por esse poder que ela é capaz de reter seu conhecimento, esconder seu próprio caráter e a lei de sua ação e manifestar a sobremente e, abaixo da sobremente, um mundo de ignorância em que o ser, em sua superfície, recusa o saber, e mesmo se põe sob o controle de uma Insciência que impregna tudo. Mas nessa nova etapa o véu posto desse modo será levantado; a cada passo a evolução será movida pelo poder da consciência-verdade, e suas determinações progressivas serão feitas por um Conhecimento consciente, não sob as formas da Ignorância ou da Inconsciência.

Assim como foi estabelecido na Terra um Poder de Consciência mental que dá forma a uma raça de seres mentais e integra em si tudo o que, na natureza terrestre, está pronto para a mudança, do mesmo modo se estabelecerá na terra um Poder de Consciência gnóstico que dará forma a uma raça de seres gnósticos espirituais e integrará tudo o que, na natureza terrestre, estiver pronto para essa nova transformação. Esse Poder também receberá em si mesmo, progressivamente e do alto, do seu próprio domínio de luz, poder e beleza perfeitos, tudo o que estiver pronto para descer na existência terrestre. Pois no passado a evolução ocorreu pelo aparecimento, em cada etapa crítica, de um Poder escondido que brotava da Inconsciência em que estava involuído, mas também por uma descida do alto, de seu próprio plano, desse mesmo Poder já autorrealizado na província superior que lhe é própria. Em todos esses estágios precedentes, o self e a consciência de superfície foram separados do self e da consciência subliminares; a superfície foi formada em grande parte sob o empurrão da força que crescia de baixo, pelo Inconsciente que lentamente desenvolvia e fazia emergir uma forma da força escondida do espírito; o subliminar em parte formou-se desse modo, mas sobretudo pelo influxo simultâneo da mesma força que vinha do alto com sua amplidão: um ser mental ou vital desceu nas partes subliminares, e dessa posição secreta formou uma personalidade mental ou vital na superfície. Mas antes que a mudança supramental possa começar, é necessário que o véu entre o subliminar e as partes de superfície já tenha sido rompido; o influxo, a descida, far-se-á na consciência inteira, como um todo, não se produzirá por trás de um véu e parcialmente: o processo será não mais uma operação escondida, obscura e ambígua, mas um jorro aberto, sentido conscientemente e seguido por todo o ser em sua transmutação. Em outros aspectos o processo será idêntico — um influxo supramental do alto, a descida de um ser gnóstico em nossa natureza e, de baixo, o emergir de uma força supramental escondida; juntos, o influxo e a força desvelada removerão os resíduos da natureza da Ignorância. O domínio do Inconsciente desaparecerá, pois com a irrupção da Consciência secreta mais vasta, da Luz escondida que estava nela, a Inconsciência será mudada naquilo que em realidade sempre foi, um mar de Supraconsciência secreta. Uma primeira formação de uma consciência e uma natureza gnósticas será a consequência.

A criação de um ser supramental, de uma natureza e vida supramentais na terra, não será o único resultado dessa evolução; ela trará consigo também a realização das etapas que conduziram até ela: essa evolução confirmará a sobremente, a intuição e os outros graus da força espiritual de nossa natureza em posse do nascimento terrestre e estabelecerá uma espécie de seres gnósticos, uma hierarquia, uma escada brilhante com seus degraus ascendentes e as formações sucessivas que constituem a luz e o poder gnósticos na natureza terrestre. Pois a descrição da gnose aplica-se a toda consciência que se baseia na verdade do ser e não na Ignorância ou Insciência. Toda vida e todo ser vivo pronto a elevar-se além da ignorância mental, mas não ainda para a altura supramental, encontrará uma base sólida nesse escalão ou nessa gradação de degraus sobrepostos, e descobrirá as etapas intermediárias de sua autoformação, a expressão e a realização de suas próprias possibilidades de existência espiritual no caminho para a Realidade suprema. Mas pode-se esperar também que a presença — enquanto guia da natureza evolutiva — da luz e da força supramentais liberadas e agora soberanas tenha consequências na evolução inteira. Uma incidência, uma pressão decisiva influirá na vida dos estágios evolutivos inferiores; algo da luz, algo da força, penetrarão os níveis inferiores, e despertarão para uma ação mais vasta o Poder da Verdade que está escondido em toda parte na Natureza. Um princípio de harmonia predominante se imporá na vida da Ignorância; a discórdia, a busca cega, o choque da luta, as vicissitudes anormais com seus exageros e depressões, o equilíbrio instável de forças invisíveis que estão em ação com sua mistura e seu conflito, sentirão a influência e cederão lugar a uma marcha mais ordenada e a passos mais harmoniosos no desenvolvimento do ser, a uma ordem mais reveladora da vida e consciência progressivas, a uma organização melhor da vida. Um jogo mais livre de intuição, simpatia e compreensão fará parte da vida humana, um sentido mais claro do self e das coisas, e um modo mais luminoso de lidar com as oportunidades e as dificuldades da existência. Em lugar de um conflito constante, misturado e confuso, entre o crescimento da Consciência e o poder da Inconsciência, entre as forças da luz e as forças da escuridão, a evolução progredirá gradualmente, de uma luz menor para uma luz maior. A cada estágio, os seres conscientes pertencentes a esse estágio responderão à Consciência-Força interior e expandirão sua própria lei na Natureza cósmica para alcançar um grau mais elevado dessa Natureza. Essa é, ao menos, uma forte possibilidade e deve ser vista como a consequência natural da ação direta da supramente na evolução. Essa intervenção não anularia o princípio evolutivo, pois a supramente tem o poder de reter em si ou manter em reserva sua força de conhecimento, assim como tem o poder de pô-la em ação, completa ou parcialmente; mas ela harmonizaria, estabilizaria, facilitaria, tranquilizaria e, em grande medida, "hedonisaria" o processo difícil e doloroso do emergir evolutivo.

Há algo na própria natureza da Supramente que tornará inevitável esse grande resultado. Em seu fundamento ela é uma consciência que unifica, integra e harmoniza, e quando descer na evolução para manifestar a diversidade do Infinito não perderá sua tendência unitária, seu impulso à integralização ou sua influência harmônica. A Sobremente segue até o final as diversidades e possibilidades divergentes nas próprias linhas da divergência: pode permitir contradições e discórdias, mas faz delas elementos de um todo cósmico, de modo a serem forçadas a contribuir para a totalidade, mesmo involuntariamente e malgrado si mesmas. Ou podemos dizer que a Sobremente aceita e mesmo encoraja as contradições, mas as obriga a sustentar a existência umas das outras, de modo que possam existir vias divergentes de ser, de consciência e experiência, que se distanciam do Um e umas das outras, mas ainda assim se mantêm na Unidade e podem conduzir à Unidade, cada uma em seu próprio caminho. Esse é mesmo o sentido secreto de nosso próprio mundo de Ignorância, que opera a partir da Inconsciência, porém com o sentido cósmico subjacente do princípio sobremental. Mas, em uma tal criação, o ser individual não possui o conhecimento desse princípio secreto e não baseia nele sua ação. Um ser sobremental, aqui, perceberia esse segredo, mas ainda assim agiria conforme as linhas de sua própria natureza e lei de ação — *Swabhava, Swadharma* —, conforme a inspiração, o controle dinâmico ou a direção interior do Espírito ou do Divino dentro de si, e deixaria o resto seguir sua própria linha no todo: uma criação sobremental de conhecimento na Ignorância poderia, portanto, ser algo separado do mundo de Ignorância circundante, do qual seria protegida pelo círculo luminoso e o muro separador de seu princípio próprio. O ser gnóstico supramental, ao contrário, fundamentaria não apenas toda a sua existência no sentido essencial e realização efetiva da unidade harmônica em sua própria vida interior e exterior ou em sua vida coletiva, mas criaria também uma unidade harmônica com o mundo mental que ainda sobrevivesse, mesmo se esse mundo continuasse, em sua totalidade, um mundo de Ignorância. Pois a consciência gnóstica nele perceberia e traria à luz a verdade e o princípio de harmonia que evoluem, escondidos nas formações da Ignorância; isso seria natural ao seu sentido de integralidade e estaria em seu poder ligá-los, em uma ordem verdadeira, a seu próprio princípio gnóstico e à verdade e à harmonia que evolveram de sua própria criação superior na vida. Isso talvez fosse impossível sem uma mudança considerável na vida do mundo, mas uma tal mudança seria uma consequência natural do aparecimento na Natureza de um Poder novo e sua influência universal. No emergir do ser gnóstico estará a esperança de uma ordem evolutiva mais harmoniosa na Natureza terrestre.

Uma espécie supramental, uma espécie de seres gnósticos, não seria feita seguindo um único tipo, moldada em uma forma única e fixa, pois a lei da supramente é unidade realizada em diversidade. Haverá, portanto, uma diversidade infinita na manifestação da consciência gnóstica, embora essa consciência se mantenha una em sua base, em sua constituição, em sua ordem reveladora e unificadora de tudo. É evidente que o estado triplo da supramente reproduzir-se-á como um princípio nessa nova manifestação: abaixo da supramente, e no entanto pertencendo-lhe, estarão os graus da gnose sobremental e intuitiva, com as almas que realizarão esses graus da consciência ascendente; haverá também, no cume, à medida que a evolução no Conhecimento procede, seres individuais que se elevarão além de uma formulação supramental e alcançarão, a partir das alturas supremas da supramente, o cume da autorrealização unitária no corpo — que deve ser o estado último e supremo da epifania da Criação. Mas na própria espécie supramental, na variação de seus graus, os indivíduos não serão moldados segundo um único tipo de individualidade; cada um será diferente do outro, uma formação única do Ser, embora uno com todo o resto no fundamento do self, na percepção da unidade e no princípio de seu ser. É apenas desse princípio geral da existência supramental que podemos tentar formar uma ideia, por mais diminuída que seja pelas limitações do pensamento mental e da linguagem mental. Uma pintura mais viva do ser gnóstico só a supramente poderá fazer; para a mente, só é possível fazer dele contornos abstratos.

A gnose é o princípio efetivo do Espírito, a *dynamis* superior da existência espiritual. O indivíduo gnóstico será a consumação do homem espiritual; toda a sua maneira de ser, pensar, viver, agir será governada pelo poder de uma vasta espiritualidade universal. Todas as trindades do Espírito serão reais para sua autopercepção e realizadas em sua vida interior. Toda a sua existência será fundida, unificada no Self e Espírito transcendente e universal; todas as suas ações originar-se-ão na governança divina da Natureza pelo Self e Espírito supremo, e lhe obedecerão. Toda vida significará para ele o Ser Consciente, o Purusha interior, que encontra sua autoexpressão na Natureza; sua vida e todos os seus pensamentos, sentimentos e atos serão para ele cheios desse significado e edificados nos fundamentos dessa realidade. Ele sentirá a presença do Divino em cada centro de sua consciência, em cada vibração de sua força vital, em cada célula de seu corpo. Em todas as operações da força da Natureza nele, ele perceberá as ações da Mãe suprema dos mundos, a Supranatureza; ele verá seu ser natural como o devenir e a manifestação do poder da Mãe universal. Nessa consciência, ele viverá e agirá em uma liberdade inteira e transcendente, uma completa alegria do espírito, uma identidade total com o self cósmico e uma simpatia espontânea com tudo no universo. Todos os seres serão para ele seus próprios selfs, todos os modos e poderes da consciência serão sentidos como os modos e poderes de sua própria universalidade. Mas nessa universalidade inclusiva não haverá servidão às forças inferiores nem desvio de sua própria verdade mais alta, pois essa verdade envolverá as verdades de todas as coisas e manterá cada uma em seu lugar, em uma relação de harmonia diversificada — não admitirá nenhuma confusão, choque, transgressão de fronteira, distorção das harmonias diferentes que constituem a harmonia total. Sua própria vida e a vida do mundo serão, para o indivíduo gnóstico, como uma obra de arte perfeita; tudo será como a criação de um gênio cósmico e espontâneo, infalível em sua elaboração de uma ordem inumerável. Ele será um ser no mundo e do mundo, mas ao mesmo tempo o excederá em sua consciência e viverá acima dele, em seu self transcendente; será universal, mas livre no universo, individual, mas não limitado por uma individualidade separadora. A verdadeira Pessoa não é uma entidade isolada, sua individualidade é universal, pois individualiza o universo: ao mesmo tempo ela emerge divinamente em uma atmosfera espiritual de infinidade transcendente, como um alto pico que ultrapassa as nuvens, pois ela individualiza a Transcendência divina.

Os três poderes que se apresentam à nossa vida como as três chaves do seu mistério são o indivíduo, a entidade cósmica e a Realidade que é presente em ambos e além deles. Esses três mistérios da existência encontrarão na vida do ser supramental a realização unificada de sua harmonia. Ele será o indivíduo completo, tornado perfeito, que alcançou a plenitude de seu crescimento e de sua expressão; pois todos os seus elementos serão levados ao seu grau mais alto e integrados em um tipo de amplidão abrangente. É em direção à plenitude e à harmonia que nossos esforços se dirigem; a imperfeição e incapacidade ou a desarmonia de nossa natureza é aquilo de que mais sofremos interiormente — mas isso é porque nosso ser é incompleto, nosso autoconhecimento é imperfeito, o domínio de nosso self e de nossa natureza é imperfeito. Um autoconhecimento completo em todas as coisas e a todo momento é o dom da gnose supramental e com ele vem um autodomínio completo, não apenas no sentido de um controle da Natureza, mas no sentido de um poder de autoexpressão perfeito na Natureza. Esse conhecimento do self, seja qual for, encarnar-se-á perfeitamente na vontade do self, e a vontade encarnar-se-á perfeitamente na ação do self; o resultado será a autoformulação completa e dinâmica do self em sua própria natureza. Nos graus inferiores do ser gnóstico a autoexpressão será limitada conforme o tipo de natureza, uma perfeição reduzida que formulará um aspecto, um elemento ou uma combinação harmoniosa de elementos de certa totalidade divina, uma seleção restrita de poderes provenientes da expressão cósmica do Um infinitamente múltiplo. Mas no ser supramental essa necessidade de limitação para a perfeição desaparecerá; a diversidade não será obtida pela limitação, mas por uma diversidade no poder e nos matizes da Supranatureza; a mesma totalidade de ser e a mesma totalidade da natureza expressar-se-ão de maneira infinitamente diversa; pois cada ser será uma totalidade nova, uma harmonia, uma equação nova do Ser único. O que se expressará abertamente ou o que será mantido por trás não dependerá de capacidade ou da incapacidade, mas, a cada momento, da escolha livre e dinâmica do Espírito, de seu deleite de autoexpressão, da verdade que em sua alegria e sua vontade o Divino encontra si mesmo no indivíduo e, de modo subordinado, da verdade daquilo que deve cumprir-se por meio do indivíduo e na harmonia da totalidade. Pois o indivíduo completo é o indivíduo cósmico, visto que é apenas quando tomamos o universo em nós mesmos — e o transcendemos — que nossa individualidade pode ser completa.

O ser supramental, em sua consciência cósmica, verá e sentirá tudo como si mesmo, e agirá nesse sentido; agirá com uma percepção universal e na harmonia de seu self individual com o self total, de sua vontade individual com a vontade total, de sua ação individual com a ação total. Pois o que nos faz sofrer mais, em nossa vida exterior e em suas reações em nossa vida interior, é a imperfeição de nossas relações com o mundo, nossa ignorância dos outros, nossa desarmonia com o todo das coisas, a inabilidade em conciliar o que exigimos do mundo com o que o mundo exige de nós. Há um conflito — conflito que parece não ter outra saída exceto a evasão do mundo e de si mesmo — entre nossa autoafirmação e um mundo onde devemos impor essa afirmação, um mundo que parece ser demasiado vasto para nós e, em sua marcha impetuosa em direção a seu objetivo, passa indiferente por cima de nossa alma, mente, vida, corpo. A relação entre nossa trajetória e objetivo e a trajetória e objetivo do mundo não é aparente para nós, e para estabelecer uma harmonia temos que nos impor ao mundo e sujeitá-lo a nós ou reprimirmo-nos e tornarmo-nos sujeitos a ele, ou então obtermos um equilíbrio difícil entre essa dupla necessidade que liga o destino pessoal do indivíduo à totalidade cósmica e a seu objetivo oculto. Mas para o ser supramental, que vive em uma consciência cósmica, a dificuldade não existirá, pois ele não tem ego; sua individualidade cósmica conhecerá as forças cósmicas e seu movimento e significado como parte de si mesmo, e a consciência-verdade nele verá a cada passo a relação justa e encontrará a expressão justa e dinâmica dessa relação.

Pois de fato o indivíduo e o universo são ambos expressões simultâneas e inter-relacionadas do mesmo Ser transcendente; mesmo se na Ignorância e sob sua lei há maus ajustamentos e conflitos, uma relação justa existe, uma equação à qual tudo chega, mas que não é percebida devido à cegueira de nosso ego e ao nosso esforço para afirmar o ego e não o Self, único em tudo. A consciência supramental possui essa verdade de relação como seu direito e privilégio naturais, visto que é a supramente que determina as relações cósmicas e as relações do indivíduo com o universo; como um poder da Transcendência, ela as determina de modo livre e soberano. No ser mental, mesmo a pressão da consciência cósmica que domina o ego e a percepção da Realidade transcendente não bastariam talvez para trazer uma solução dinâmica, pois entre a mentalidade espiritual liberada e a vida obscura da Ignorância cósmica pode haver ainda uma incompatibilidade que a mente não teria o poder de resolver ou superar. Mas no ser supramental — que não só é estaticamente consciente, mas inteiramente dinâmico e age na luz e no poder criadores da Transcendência — a luz supramental, a luz da verdade, *ṛtaṁ jyotiḥ*, terá esse poder. Pois haverá uma unidade com o Self cósmico, mas não uma servidão à Ignorância da Natureza cósmica em suas formulações inferiores; haverá, ao contrário, um poder de agir sobre a Ignorância pela luz da Verdade. Uma vasta universalidade na autoexpressão e uma vasta universalidade harmônica do ser universal serão os próprios sinais da Pessoa supramental em sua natureza gnóstica.

A existência do ser supramental será a ação de um poder-verdade da existência una e da consciência una que se manifesta de múltiplas maneiras e inumeravelmente, para o deleite da existência única. O deleite da manifestação do Espírito na verdade de seu ser será o sentido da vida gnóstica. Todos os seus movimentos serão uma formulação da verdade do espírito, mas também da alegria do espírito: uma afirmação da existência espiritual, afirmação da consciência espiritual, afirmação do deleite de ser espiritual. Mas isso não será o que a autoafirmação tende a ser em nós, apesar da unidade subjacente: egocêntrica, separativa, ela se opõe ou é indiferente ou insuficientemente sensível à autoafirmação de outros ou ao que eles exigem da vida. Uno com todos em seu self, o ser supramental buscará o deleite da manifestação do Espírito em si mesmo, mas também o deleite do Divino em todos: terá a alegria cósmica e o poder para trazer a outros a beatitude do Espírito, a alegria de ser, pois a alegria deles será parte de sua própria alegria de existência. Dedicar-se ao bem de todos os seres, fazer suas as alegrias e dores de outros foi descrito como um sinal do ser humano espiritual, liberado e realizado. Para isso, o ser supramental não terá necessidade de uma abnegação altruísta, visto que essa dedicação estará ligada intimamente à sua autorrealização, à realização do Um em todos, e não haverá contradição ou conflito entre seu próprio bem e o bem de outros; ele tampouco necessitará adquirir uma simpatia universal por sujeitar-se às alegrias e dores de criaturas na Ignorância; a simpatia cósmica será parte da verdade inata de seu ser e não dependerá da participação pessoal na alegria inferior e no sofrimento; ele transcenderá o que abarca e nessa transcendência estará seu poder. Nele, o sentimento de universalidade e a universalidade de sua ação serão sempre um estado espontâneo e um movimento natural, expressão automática da Verdade, ato de alegria da autoexistência do espírito. Aqui não pode haver lugar para o self limitado ou o desejo, a satisfação ou frustração do self limitado ou a satisfação ou frustração do desejo, nenhum lugar para a felicidade e o pesar, relativos e circunstanciais, que visitam e afligem nossa natureza limitada, pois essas são coisas que pertencem ao ego e à Ignorância, não à liberdade e verdade do Espírito.

O ser gnóstico terá a vontade da ação, mas também o conhecimento daquilo que é preciso querer e o poder de realizar seu conhecimento; não será guiado, por ignorância, a fazer o que não deve ser feito. Ademais, sua ação não busca frutos ou resultados, sua alegria está em ser e fazer, no estado puro e no ato puro do espírito, na pura beatitude do espírito. Assim como sua consciência estática conterá tudo em si mesma e portanto, necessariamente, fruirá para sempre de sua autoplenitude, do mesmo modo a *dynamis* de sua consciência encontrará a cada passo e em cada ato uma liberdade espiritual e a plenitude de seu ser. Cada coisa será vista em sua relação com o todo, e assim cada passo será em si luminoso, feliz e satisfatório, porque cada um estará em uníssono com uma totalidade luminosa. Essa consciência, essa maneira de viver na totalidade espiritual e basear nela sua ação — uma totalidade satisfeita na essência do ser e uma totalidade satisfeita no movimento dinâmico de ser — e, a cada passo, a percepção das relações dessa totalidade são, na verdade, os próprios sinais da consciência supramental, e que a distingue dos passos desagregados, ignorantemente sucessivos, de nossa consciência na Ignorância. A existência gnóstica e o deleite da existência gnóstica são uma existência e um deleite universais e totais, e essa totalidade e universalidade estarão presentes em cada movimento separado: em cada um deles haverá, não uma experiência parcial do self ou uma pequena fração de sua alegria, mas o sentido do movimento total de um ser integral e a presença de seu deleite de ser, inteiro e integral, Ananda. O conhecimento do ser gnóstico autorrealizado na ação será não um conhecimento ideativo, mas a Ideia-Real da supramente, a instrumentação de uma luz essencial da Consciência; esta será a luz própria da realidade total do ser e de seu total devenir, que se derramará em um fluxo contínuo e preencherá cada ato particular, cada atividade, com a felicidade pura e total de sua autoexistência. Para uma consciência infinita com seu conhecimento por identidade, há em cada diferenciação a alegria e a experiência do Idêntico, em cada finito é sentido o Infinito.

A evolução da consciência gnóstica traz consigo uma transformação de nossa consciência do mundo e de nossa ação no mundo, pois seu novo poder de percepção abarca não apenas a existência interior, mas nosso ser exterior e nosso ser no mundo: ambos são reconstruídos e integrados na percepção e no poder da existência espiritual. Essa mudança deve provocar uma reversão e rejeição de nosso modo atual de existência e, ao mesmo tempo, uma realização de suas tendências e orientação interiores. Pois, no momento, nos mantemos entre estes dois termos: um mundo externo de Vida e Matéria que nos construiu e uma reconstrução do mundo por nós mesmos no sentido da evolução do Espírito. Nossa atual maneira de viver é, ao mesmo tempo, uma sujeição à Força de Vida e à Matéria e uma luta com a Vida e a Matéria. Desde seu primeiro aparecimento, a existência externa cria, pelas reações que nos suscita, uma existência interna ou mental; se, de algum modo, damos forma a nós mesmos, é, para a maioria dos indivíduos, menos pela pressão consciente de nossa alma ou de nossa inteligência livre que age do interior, do que por reação ao nosso ambiente e à Natureza universal que atua sobre nós: mas com o desenvolvimento de nosso ser consciente, é para uma existência interior que nos dirigimos, uma existência que, por seu conhecimento e poder, cria sua própria forma exterior de vida e o ambiente que a expressa. Na natureza gnóstica esse movimento encontrará sua consumação; o modo de vida será o de uma existência interior completa, cuja luz e poder revestirão um corpo perfeito na vida exterior. O ser gnóstico abarcará o mundo da Vida e da Matéria, mas o mudará e adaptará à sua verdade própria e ao propósito de sua existência; moldará a vida mesma à sua própria imagem espiritual, e será capaz de fazê-lo porque possui o segredo da criação espiritual e está em comunhão e unidade com o Criador dentro de si. Isso se efetuará, primeiro, no formato de sua própria existência individual interna e externa, mas o mesmo poder e o mesmo princípio operarão em toda vida gnóstica coletiva; as relações de seres gnósticos com seres gnósticos será a expressão de seu self gnóstico único, de sua supranatureza única, que dará forma à existência coletiva inteira para fazer dela seu instrumento e sua forma significativa.

Em toda existência espiritual a vida interior é a coisa de primeira importância; o homem espiritual vive sempre em seu interior, e em um mundo de Ignorância que se recusa a mudar, ele deve, em certo sentido, separar-se desse mundo e proteger sua vida interior contra a intrusão e influência das forças obscuras da Ignorância. Ele está fora do mundo mesmo quando está no mundo; se age nele é a partir da fortaleza de seu ser espiritual interior no qual, no santuário mais profundo, ele é uno com a Existência Suprema, e a alma e Deus estão sós, unidos um ao outro. A vida gnóstica será uma vida interior em que a antinomia entre o interior e o exterior, entre o self e o mundo será curada e ultrapassada. O ser gnóstico terá, de fato, uma existência interior profunda, na qual está só com Deus, um com o Eterno, mergulhado nas profundezas do Infinito, em comunhão com seus cimos e abismos luminosos e secretos; nada poderá perturbar ou invadir essas profundezas ou fazê-lo descer das alturas, nem o conteúdo do mundo, nem sua própria ação, nem tudo o que está em torno dele. Este é o aspecto transcendente da vida espiritual, e é necessário para a liberdade do espírito; de outro modo, a identidade da Natureza com o mundo seria um entrave limitador e não uma identidade livre. Mas ao mesmo tempo o amor e o deleite divinos serão a expressão do coração, dessa comunhão interior e unidade, e esse deleite e amor se expandirão para abarcar a existência inteira. A paz de Deus no interior ampliar-se-á na experiência gnóstica do universo e tornar-se-á a calma universal de uma equanimidade não apenas passiva, mas dinâmica, a calma de uma liberdade na unidade, que domina tudo o que vem ao seu encontro, tranquiliza tudo o que lhe penetra e impõe sua lei de paz às relações do ser supramental com o mundo em que ele vive. A unidade interior, a comunhão interior, o assistirão em todos os seus atos e influenciarão suas relações com os outros — que para ele não serão outros, mas seus próprios selfs na existência una, em sua própria existência universal. É esse equilíbrio e liberdade no espírito que lhe permitirão assumir toda a vida em si mesmo, ao mesmo tempo permanecendo o self espiritual, e abarcar até mesmo o mundo da Ignorância sem que ele próprio entre na Ignorância.

Assim, pela forma de sua natureza e a posição central, individualizada, que ocupa, sua experiência da existência cósmica será a de um ser que vive no universo; mas, ao mesmo tempo, por sua difusão e extensão na unidade, será a experiência de um ser que leva o universo e todos os seus seres dentro de si. Essa extensão do ser não será apenas uma extensão na unidade do self ou uma extensão em uma ideia e visão conceituais, mas será a extensão da unidade no coração, nas sensações, na consciência física concreta. O ser supramental terá a consciência, as sensações e os sentimentos cósmicos, pelos quais toda vida objetiva tornar-se-á parte de sua existência subjetiva, e ele realizará, perceberá, sentirá, verá, ouvirá o Divino em todas as formas; todas as formas e movimentos serão realizados, percebidos, vistos, ouvidos, sentidos, como se acontecessem no interior da imensidade de ser de seu self. O mundo será não apenas conectado à sua vida exterior, mas à sua vida interior também. Ele não conhecerá o mundo apenas em sua forma externa, por meio de um contato externo, ele estará interiormente em contato com o self interior das coisas e dos seres: perceberá conscientemente suas reações interiores, assim como as exteriores; perceberá neles o que eles mesmos não percebem, agirá em tudo com uma compreensão interior, acolherá tudo com uma simpatia perfeita e sentido de unidade, mas também com uma independência que não se deixa dominar por nenhum contato. Sua ação no mundo será sobretudo uma ação interior pelo poder do espírito, pela ideia-força espiritual-supramental formulando-se no mundo, pela palavra secreta não pronunciada, o poder do coração, a força vital dinâmica, o poder envolvente e penetrante do self uno com todas as coisas; a ação externa, expressa e visível, será apenas a orla, uma projeção derradeira dessa soma total de atividades, única e imensa.

Ao mesmo tempo, a vida interior universal do indivíduo não será reduzida a um contato interior penetrante e inclusivo apenas com o mundo físico: ela se estenderá além, porque realizará plenamente a conexão natural que une o ser interior subliminar aos outros planos do ser; um conhecimento dos poderes e das influências que provêm desses planos tornar-se-á um elemento normal da experiência interior, e os acontecimentos desse mundo serão vistos não apenas em seu aspecto externo, mas também à luz de tudo que é secreto por trás da criação física e do movimento terrestre. Um ser gnóstico não possuirá o controle apenas do mundo físico, um controle consciente da verdade assim como o confere o poder do espírito realizado, mas também o pleno poder do plano mental e do plano vital, e utilizará as forças maiores desses planos para a perfeição da existência física. Esse conhecimento maior e essa mestria mais vasta de toda a existência aumentarão enormemente o poder de ação do ser gnóstico sobre seu meio e sobre o mundo da Natureza física.

Na Autoexistência, de que a supramente é a Consciência-Verdade dinâmica, o ser não pode ter outro objetivo salvo ser, a consciência não pode ter outro objetivo salvo ser consciente de ser, o deleite de ser não pode ter outro objetivo salvo seu deleite; tudo é Eternidade autoexistente e autossuficiente. Em seu movimento supramental original, a manifestação, o devenir, tem o mesmo caráter; sustenta, em um ritmo autoexistente e autossuficiente, uma atividade de ser que se vê como um devenir multiforme, uma atividade de consciência que toma a forma de um autoconhecimento multiforme, uma atividade da força de existência consciente que existe para o esplendor e a beleza de seu próprio poder de ser multiforme, uma atividade do deleite que reveste formas inumeráveis de deleite. Aqui, na matéria, a existência e a consciência do ser supramental terão fundamentalmente a mesma natureza, mas com caracteres subordinados que marcarão a diferença entre a supramente em seu próprio plano e a supramente que manifestou seu poder para agir na existência terrestre. Pois aqui haverá um ser em evolução, uma consciência em evolução, um deleite de existência em evolução. O ser gnóstico aparecerá como o sinal de uma evolução que parte da consciência da Ignorância até a consciência de Satchidananda. Estamos no mundo da Ignorância essencialmente para crescer, conhecer e agir ou, antes, para crescer e vir a ser, para chegar a algo pelo conhecimento, para cumprir alguma coisa. Imperfeitos, não encontramos satisfação em nosso ser, somos obrigados a fazer esforços grandes e penosos para tornarmo-nos algo que não somos; ignorantes e sobrecarregados pela consciência de nossa ignorância, devemos chegar a algo que nos dê o sentimento que sabemos; escravos de nossa incapacidade, devemos ir ao encalço da força e do poder; afligidos pela consciência do sofrimento, devemos tentar realizar algo que nos permita alcançar algum prazer, ou apoderarmo-nos de alguma realidade da vida que nos satisfaça. Conservar a existência é, de fato, nossa primeira ocupação e necessidade, mas é apenas um ponto de partida: a mera conservação de uma existência imperfeita, cheia de vicissitudes e sofrimentos, não pode ser um objetivo suficiente para nosso ser; a vontade instintiva de ser, o prazer da existência, que é tudo o que a Ignorância pode retirar do Poder e Ananda subjacentes, devem ser completados pela necessidade de fazer e tornar-se. Mas o que fazer e em que tornar-se não sabemos claramente. Adquirimos o conhecimento que podemos, o poder, a força, a pureza e a paz que podemos, o deleite que podemos, tornamo-nos aquilo que podemos. Mas nossos objetivos e esforços para realizá-los e o pouco que podemos considerar como adquirido, tornam-se tramas que nos aprisionam; são essas coisas que se tornam para nós o objeto da vida; aquilo que deveria ser o fundamento de nosso verdadeiro modo de ser — conhecer nossa alma e ser nós mesmos — é um segredo que nos escapa, preocupados como estamos com um saber exterior, com uma construção exterior do conhecimento, com uma ação, uma felicidade, um prazer exteriores. O homem espiritual é aquele que descobriu sua alma: ele encontrou seu self e vive nele, é consciente dele, possui a alegria dele, nada necessita do exterior para realizar a plenitude de sua existência. O ser gnóstico, partindo dessa nova base, assume nosso devenir ignorante e o muda em um devenir luminoso de conhecimento e um poder de ser realizado. Em consequência, tudo que tentamos ser na Ignorância o ser gnóstico cumprirá no Conhecimento. Transformará todo conhecimento em uma manifestação do autoconhecimento do ser, todo poder e ação em poder e ação da força do ser, todo deleite em um deleite universal de autoexistência. Apego e sujeição desaparecerão, porque a cada passo e em cada coisa haverá a satisfação completa da autoexistência, a luz da consciência que cumpre a si mesma, o êxtase do deleite de ser que encontra a si mesmo. Cada etapa da evolução no conhecimento será um desdobramento desse poder e vontade de ser e dessa alegria de ser; um devenir livre sustentado pelo sentido do Infinito, pela beatitude de Brahman, pela sanção luminosa da Transcendência.

A transformação supramental, a evolução supramental, deve trazer consigo uma elevação da mente, vida e corpo, que sairão de si mesmos para alcançar um modo de ser maior, em que seus próprios modos e poderes serão não reprimidos ou abolidos, mas aperfeiçoados, e se cumprirão ao ultrapassar-se. Pois na Ignorância todos os caminhos são os caminhos do Espírito em busca de si mesmo, de modo cego ou com uma luz que cresce; o ser gnóstico e a vida gnóstica serão a autodescoberta do Espírito, uma visão do Espírito que alcança os objetivos de todos esses caminhos, mas segundo o modo mais vasto de sua própria verdade de ser consciente e revelada. A mente busca luz, busca conhecimento — o conhecimento da verdade única que é a base de tudo, uma verdade essencial do self e das coisas — mas também o conhecimento da verdade de toda a diversidade nessa unidade, de todos os seus detalhes, circunstâncias, multiplicidade de seus modos de ação, de suas formas, das leis de seus movimentos e acontecimentos, de sua manifestação e sua criação variadas; para a mente pensante a alegria da existência consiste em descobrir e penetrar os mistérios da criação, alegria que vem com o conhecimento. Isso, a mudança gnóstica cumprirá em ampla medida; mas dará a essa descoberta um caráter novo. Sua ação não será descobrir o desconhecido, mas fazer aparecer o conhecido; tudo será a descoberta "do self pelo self no self". Pois o self do ser gnóstico não será o ego mental, mas o Espírito que é um em tudo; ele verá o mundo como um universo do Espírito. A descoberta da verdade una que permeia todas as coisas será a descoberta da identidade pelo Idêntico e da verdade idêntica em todo lugar, e a descoberta também do poder, das operações e relações dessa identidade. A revelação dos detalhes, das circunstâncias, da abundância de modos e formas da manifestação desvelarão a opulência ilimitada das verdades dessa identidade, das formas e poderes do self, sua surpreendente diversidade e multiplicidade de formas, que expressam infinitamente sua unidade. Esse conhecimento procederá pela identificação com tudo, pela capacidade de entrar em tudo, por um contato que traz consigo uma transição súbita à autodescoberta e uma chama de reconhecimento, uma intuição da verdade mais alta e segura do que aquela que a mente pode alcançar; uma intuição também dos meios necessários para dar corpo à verdade que foi vista e para utilizá-la, uma intuição operativa de seus processos dinâmicos, uma percepção íntima e direta que guiará a vida e os sentidos físicos a cada passo de sua ação ao serviço do Espírito, quando será necessário chamar-lhes, enquanto instrumentos, para que os processos possam efetuar-se na vida e na matéria.

Cada movimento gnóstico de conhecimento e cada ação desse conhecimento terão como características uma substituição da busca intelectual pela identidade supramental e uma intuição gnóstica do conteúdo dessa identidade, a onipresença do espírito, cuja luz se infiltrará no processo inteiro do conhecimento e de todas as suas aplicações, integrará o conhecedor, o conhecimento e a coisa conhecida, a consciência atuante, o instrumento e a coisa feita, enquanto o self único supervisiona a totalidade do movimento integrado e cumpre-se intimamente nele, ao fazer dele uma unidade perfeita de autorrealização. A mente que observa e raciocina, labuta para desapegar-se e ver de modo objetivo, e em sua verdade, aquilo que deve conhecer; ela tenta conhecer o que vê como um não-self, uma realidade diversa e independente não influenciada pelo processo do pensamento pessoal nem por qualquer presença do self: a consciência gnóstica, ao contrário, conhecerá de imediato seu objeto de maneira íntima e exata, por uma identificação abrangente e penetrante. Ela ultrapassará aquilo que deve conhecer, mas o incluirá em si mesma; conhecerá o objeto como parte de si mesma — assim como pode conhecer toda parte ou todo movimento de seu próprio ser — sem que essa identificação a reduza ou seu pensamento seja preso na cilada dessa identificação ao ponto de ser limitado em seu conhecimento ou atado por ele. Haverá a intimidade, exatidão, plenitude de um conhecimento interno direto, mas não essa direção enganosa de uma mente pessoal que nos faz errar constantemente, porque a consciência será aquela de uma pessoa universal que não está limitada e presa ao ego. A consciência gnóstica procederá em direção ao conhecimento total, sem opor uma verdade à outra para ver qual delas resistirá e sobreviverá, mas completando uma verdade com outra, na luz da Verdade única da qual todas são aspectos. Toda ideia, visão e percepção terá o caráter de uma visão interior, uma autopercepção íntima e expandida, um conhecimento vasto que integra tudo em si, uma totalidade indivisível que se expressa pela ação de uma luz sobre outra luz, em uma harmonia da verdade de ser que cumpre a si mesma. Haverá um desdobramento, não como para liberar a luz das trevas, mas como uma liberação da luz a partir da própria luz; pois se uma Consciência supramental evolutiva retém e esconde uma parte do conteúdo de sua autopercepção, não o faz como uma etapa ou por um ato de ignorância, mas como o movimento deliberado que faz aparecer seu conhecimento atemporal em um processo de manifestação no Tempo. Uma autoiluminação, uma revelação da luz que nasce da luz, será o método de cognição dessa Natureza supramental evolutiva.

    Assim como a mente busca a luz, a descoberta do conhecimento e a mestria pelo conhecimento, a vida busca o desenvolvimento de sua própria força e a mestria por meio da força: busca crescimento, poder, conquista, posse, satisfação, criação, alegria, amor, beleza; sua alegria na existência é uma constante autoexpressão, um constante desenvolvimento, diversidade e multiplicidade de ação, criação, satisfação, uma intensidade abundante e forte de si mesma e de seu poder. A evolução gnóstica elevará tudo isso à sua expressão mais alta e plena, mas não agirá para o poder, satisfação, prazer do ego mental ou vital, para seu estreito domínio de si mesmo e seu controle ávido e ambicioso sobre os outros e sobre as coisas, nem pela autoafirmação maior e a glorificação daquilo que encarna, pois nenhuma plenitude, nenhuma perfeição espiritual pode vir dessa maneira. A vida gnóstica existirá e agirá para o Divino que está nela e no mundo, para o Divino em tudo. Uma posse crescente do ser individual e do mundo pela Presença divina, pela Luz, Poder, Amor, Deleite, Beleza divinos será o sentido da vida para o ser gnóstico. É na satisfação cada vez mais aperfeiçoada dessa manifestação progressiva que estará a satisfação do indivíduo: seu poder será o instrumento de poder da Supranatureza para estabelecer e expandir essa vida e essa natureza mais altas; toda e qualquer conquista e aventura existirão apenas para isso e não para estabelecer o reino de qualquer ego individual ou coletivo. Para o ser gnóstico, o amor será encontrado no contato, encontro, união de self com self, espírito com espírito, em uma unificação do ser, em um poder, alegria, intimidade e aproximação de alma com alma, do Um com o Um, na alegria da identidade e no desdobramento de uma identidade diversificada. É essa alegria de uma diversidade íntima autorreveladora do Um, essa união múltipla do Um e a feliz interação na identidade, que serão para ele o sentido plenamente revelado da vida. A criação estética ou dinâmica, a criação mental, vital, material, terão para ele o mesmo sentido. Essa será a criação de formas significativas da Força, Luz, Beleza, Realidade eternas — a beleza e verdade das formas e dos corpos dessa criação, a beleza e verdade de seus poderes e suas qualidades, a beleza e verdade de seu espírito, a beleza sem forma de seu self e de sua essência.

Como consequência da mudança total, da reversão da consciência, que estabelecerá uma nova relação do espírito com a mente, vida e matéria e dará um novo significado e perfeição a essa relação, se produzirá também uma reversão, um novo significado aperfeiçoador das relações entre o espírito e o corpo em que habita. Em nosso modo de viver atual, a alma expressa-se o melhor que pode, ou tão mal quanto é levada a fazê-lo, por meio da mente e da vitalidade ou, com mais frequência, permite à mente e à vitalidade agir com seu apoio; o corpo é o instrumento dessa ação. Mas, mesmo quando obedece, o corpo limita e determina a autoexpressão da mente e da vida pelas possibilidades limitadas de sua própria instrumentação física e as características que adquiriu. Além disso, sua ação tem sua lei própria, e possui movimento, vontade, força ou anseio de movimento que são próprios de seu ser subconsciente — ou consciente, mesmo se apenas semiemerso — que a mente e o vital podem influenciar ou alterar só parcialmente; mesmo quando influenciam essa parte do ser, é por uma ação geralmente indireta; e quando é direta, é mais subconsciente do que consciente e deliberada. Mas no modo de ser e viver gnóstico, a vontade do espírito controlará e determinará diretamente os movimentos e a lei do corpo. Pois a lei do corpo surge do subconsciente ou do inconsciente; mas no ser gnóstico o subconsciente tornar-se-á cônscio e sujeito ao controle supramental, e será penetrado por sua luz e ação; a base da inconsciência, com sua obscuridade e ambiguidade, obstrução e reações lentas, ter-se-á transformado, pelo emergir supramental, em uma supraconsciência inferior ou de apoio. Mesmo no ser mental superior já realizado e no ser intuitivo e sobremental, o corpo já se terá tornado suficientemente cônscio para responder à influência da Ideia e da Vontade-Força, de modo que a ação da mente sobre as partes físicas, que em nós é rudimentar, caótica e na maioria das vezes involuntária, terá desenvolvido uma potência considerável; mas no ser supramental é a consciência, e a Ideia-Real nela, que governarão tudo. Essa Ideia-Real é uma percepção da verdade que é autoefetiva, pois ela é a ideia e a vontade do Espírito diretamente ativas, e origina um movimento da substância do ser que deve inevitavelmente efetuar-se em um estado e uma ação de ser. É esse realismo espiritual dinâmico e irresistível da Consciência-Verdade em seu grau mais alto que aqui se terá tornado consciente e conscientemente competente no ser gnóstico evoluído: ele não agirá, como agora, velado em uma inconsciência aparente e autolimitado por uma lei mecânica, mas agirá como a Realidade soberana que se autorrealiza na ação. É ele que governará a existência com um conhecimento e um poder totais e tomará sob sua autoridade o funcionamento e as atividades do corpo. O corpo tornar-se-á, pelo poder da consciência espiritual, um verdadeiro instrumento, adaptado e perfeitamente receptivo ao Espírito.

Essa relação nova entre espírito e corpo assumirá, e tornará possível, uma aceitação livre da totalidade da Natureza material em lugar de uma rejeição; rechaçá-la, recusar toda identificação ou aceitação, que normalmente é a primeira necessidade para a liberação da consciência espiritual, não será mais imperativo. Cessar de identificar-se com o corpo, separar-se da consciência corporal, é uma etapa reconhecida e necessária, quer para a liberação espiritual, quer para a perfeição e mestria espirituais da Natureza. Mas uma vez que essa redenção tenha sido efetuada, a descida da luz e da força espirituais pode invadir o corpo também e ocupá-lo, e suscitar uma nova aceitação, livre e soberana, da Natureza material. Isso é possível, de fato, se uma mudança se produz na comunhão do Espírito com a Matéria, um controle, uma reversão no equilíbrio atual da interação que permite à Natureza física encobrir o

Espírito e afirmar sua própria dominação. À luz de um conhecimento mais vasto, pode-se ver que a Matéria também é Brahman, uma autoenergia emanada por Brahman, uma forma e substância do Brahman; tendo percebido a consciência secreta no interior da substância material, seguros nesse conhecimento mais amplo, a luz e o poder gnósticos podem unir-se com a Matéria assim percebida e aceitá-la como um instrumento da manifestação espiritual. Mesmo certa reverência pela Matéria é possível, uma atitude sacramental em todas as relações com ela. O *Bhagavad-Gītā* fala do ato de alimentar-se como de um sacramento material, um sacrifício, uma oferenda do Brahman ao Brahman pelo Brahman; a consciência e a percepção gnósticas perceberão todas as operações do Espírito com a Matéria da mesma maneira. O Espírito fez-se Matéria a fim de estabelecer-se nela como um instrumento para o bem-estar e a alegria, *yogakshema*, dos seres criados, para ser útil ao mundo físico e servi-lo em um auto-oferecimento universal. O ser gnóstico, ao usar a Matéria, mas sem apego material ou vital ou desejo, sentirá que está usando o Espírito sob essa forma de si mesmo, com seu consentimento e sanção, para seus próprios fins. Haverá nele certo respeito pelas coisas físicas, ele perceberá a consciência oculta nelas e sua vontade muda de ser útil e servir; ele adorará o Divino, Brahman, em tudo o que utiliza, terá o cuidado de usar os materiais divinos de forma perfeita e impecável, buscará o ritmo verdadeiro, a ordem e a harmonia, a beleza na vida da Matéria, na utilização da Matéria.

Como resultado dessa nova relação entre o Espírito e o corpo, a evolução gnóstica efetuará a espiritualização, perfeição e plenitude do ser físico; fará para o corpo o que fez para a mente e a vida. Apesar de sua obscuridade, fraquezas e limitações — que essa mudança superará —, a consciência do corpo é um servidor paciente e, por suas amplas reservas de possibilidades, pode tornar-se um instrumento potente da vida individual; para si mesma pede pouco: o que mais deseja é duração, saúde, força, perfeição física, felicidade corporal, liberação do sofrimento, bem-estar. Essas demandas, em si, não são inaceitáveis, mesquinhas ou ilegítimas, pois traduzem, nos termos da Matéria, a perfeição da forma e da substância, o poder e o deleite que deveriam ser o fluxo natural, a manifestação expressiva do Espírito. Quando a força gnóstica começar a agir no corpo, essas coisas serão estabelecidas; pois seus contrários nascem da pressão das forças externas sobre a mente física, a vida nervosa e material e o organismo corporal; elas são provenientes de uma ignorância que não sabe como enfrentar essas forças ou não é capaz de enfrentá-las corretamente ou com poder; procedem também da obscuridade que impregna a substância da consciência física, deforma suas reações e reage a essas forças da maneira errada. Uma percepção e um conhecimento supramentais que podem agir e realizar-se espontaneamente substituirão essa ignorância, liberarão e restaurarão os instintos intuitivos do corpo que foram obscurecidos e deteriorados, e estes serão iluminados, enriquecidos por uma ação consciente mais ampla. Essa mudança estabelecerá e manterá uma correta percepção física das coisas, uma relação correta com objetos e as energias, uma correta reação a eles, um ritmo correto na mente, nos nervos e no organismo. Ela trará ao corpo um poder espiritual mais alto e uma força vital maior, capaz de unir-se à força vital universal e de receber dela; essa mudança lhe trará uma harmonia luminosa com a Natureza material e fará sentir a vastidão e a calma do repouso eterno, que pode dar ao corpo uma força e um bem-estar mais divinos. Acima de tudo — pois essa é a mudança mais necessária e fundamental —, ela encherá o ser inteiro com a energia suprema da Consciência-Força, que receberá, assimilará ou harmonizará em si mesma todas as forças da existência que circundam o corpo e fazem pressão sobre ele.

É a incompletude e a fraqueza da Consciência-Força assim como é manifestada no ser mental, vital e físico, sua incapacidade em receber ou recusar segundo sua vontade os contatos da Energia universal que lhe são impostos ou, ao recebê-los, sua incapacidade em assimilá-los ou harmonizá-los, que é a causa da dor e do sofrimento. No reino material, a Natureza parte de uma insensibilidade completa, e é um fato reconhecido que no começo da vida, no animal e no homem primitivo ou pouco desenvolvido, observa-se uma insensibilidade relativa ou uma sensibilidade insuficiente ou, com mais frequência, uma resistência e uma firmeza maiores ao sofrimento; à medida que o ser humano evolui, sua sensibilidade cresce e ele sofre de maneira mais aguda na mente, na vida e no corpo. Pois o crescimento em consciência não é acompanhado o suficiente pelo crescimento em força; o corpo torna-se mais sutil, mais delicadamente capaz, mas sua energia externa perde um pouco de sua eficácia sólida: o homem deve fazer apelo à sua vontade, ao seu poder mental, para dinamizar, corrigir e controlar seu ser nervoso a fim de forçá-lo às tarefas extremas que exige de seus instrumentos, para endurecê-lo no sofrimento e no desastre. Com a ascensão espiritual o poder da consciência e sua influência sobre seus instrumentos aumentam enormemente, assim como o controle do espírito e da mente interior sobre a mentalidade externa, o ser nervoso e o corpo; uma igualdade do espírito, vasta e tranquila face a todos os choques e contatos, se estabelece no interior e torna-se o equilíbrio habitual; e essa igualdade mental pode transmitir-se às partes vitais e estabelecer aí também uma força e paz de uma amplidão imensa e durável; mesmo no corpo esse estado pode formar-se e afrontar interiormente os choques dos pesares e da dor e todo tipo de sofrimento. E mesmo um poder de insensibilidade física voluntária pode intervir, ou um poder mental para dissociar-

-se de todo choque e toda injúria pode ser adquirido, o que mostra que as reações comuns e a debilidade da submissão do self corporal aos hábitos normais de reação da Natureza material não são nem obrigatórias nem inalteráveis. Ainda mais significante é o poder que se manifesta no nível da mente espiritual ou sobremente, que permite mudar as vibrações de dor em vibrações de Ananda: mesmo se esse poder pudesse ir só até certo ponto, indicaria mesmo assim a possibilidade de uma reversão completa das regras normais das reações da consciência; ele pode ser associado também a um poder de autoproteção que afasta do caminho os choques difíceis demais para transmutar ou suportar. A evolução gnóstica, em certo estágio, deve trazer a completude dessa reversão e poder de autoproteção, o que satisfará o direito do corpo à imunidade e serenidade de seu ser e à liberação do sofrimento, e construirá nele o poder para o total deleite de existência. Uma Ananda espiritual pode fluir no corpo e inundar células e tecidos; uma materialização luminosa dessa Ananda superior poderia, por si mesma, trazer uma transformação total da sensibilidade deficiente ou adversa da Natureza física.

Uma aspiração a um deleite de ser supremo e total, uma demanda, está aí, secretamente, em toda a substância de nosso ser. Mas está disfarçada, devido à separação das partes de nossa natureza e seus impulsos divergentes, obscurecida pela incapacidade delas de conceber ou apreender algo mais do que um prazer superficial. Na consciência do corpo essa demanda toma a forma de uma necessidade de felicidade física, em nossas partes vitais a de um anseio pela felicidade vital, por uma reação intensa e vibrante à alegria, pelo deleite sob muitas formas, por todas as satisfações inesperadas; na mente, toma o aspecto de uma receptividade imediata a todas as formas de deleite mental; em um nível superior, essa demanda transparece no apelo da mente espiritual à paz e ao êxtase divino. Essa tendência é baseada na verdade do ser, pois Ananda é a própria essência de Brahman, é a suprema natureza da Realidade onipresente. A própria Supramente, nos degraus descendentes da manifestação, emerge da Ananda e, na ascensão evolutiva, imerge em Ananda. Isso não significa, contudo, imergir no sentido de extinguir-se ou ser abolida, mas que ela está lá, inerente à Ananda, indistinguível do self consciente da Beatitude de Ser e sua força realizadora. Na descida involutiva, assim como em seu retorno evolutivo, a supramente é sustentada pelo Deleite original da Existência e o leva em si mesma em todas as suas atividades, das quais ele é a essência sustentadora; pois a Consciência, podemos dizer, é o poder que o gera no Espírito, mas que Ananda é a matriz espiritual de onde ele se manifesta e a fonte de preservação para onde ele leva de volta a alma quando ela retorna ao estado do Espírito. A manifestação supramental em sua ascensão terá, como consequência imediata e culminação, uma manifestação da Beatitude de

Brahman: a evolução do ser de gnose será seguida pela evolução do ser de beatitude; a encarnação da existência gnóstica terá como consequência a encarnação da existência beatífica. No ser e na vida gnósticos haverá sempre algum poder de Ananda, como um significado inseparável e penetrante da experiência própria ao supramental. Quando a alma é liberada da Ignorância, seu primeiro fundamento é paz, calma, o silêncio e a quietude do Eterno e Infinito; mas um poder mais completo e uma formação mais vasta da ascensão espiritual retomam a paz dessa liberação e a transformam na felicidade de uma experiência e uma realização perfeitas da beatitude eterna, a felicidade do Eterno e Infinito. Essa Ananda será inerente à consciência gnóstica como um deleite universal, e crescerá com a evolução da natureza gnóstica.

Sempre foi afirmado que o êxtase é uma passagem inferior e transitória e que a paz do Supremo é a realização suprema, a experiência última e permanente. Isso pode ser verdade no plano mental-espiritual, onde o primeiro êxtase sentido é, de fato, um enlevo espiritual, mas pode ser, e é, muito comumente misturado a uma felicidade suprema das partes vitais tomadas pelo espírito; há uma exaltação, exultação, arrebatamento, uma intensidade mais alta na alegria do coração e na pura sensação interior da alma; isso pode ser uma passagem esplêndida ou uma força que eleva, mas não é o fundamento último e permanente. Nos mais altos cumes da beatitude espiritual não há essa exaltação veemente e esse enlevo; em vez disso há uma intensidade ilimitada da participação em um êxtase eterno, fundamentado na Existência eterna e, portanto, na tranquilidade beatífica da paz eterna. Paz e êxtase deixam de ser diferentes e tornam-se um. A supramente, ao reconciliar e fundir todas as diferenças e todas as contradições, mostra claramente essa unidade; uma calma imensa e um deleite profundo em toda a existência estão entre os primeiros passos da autorrealização supramental, mas essa calma e esse deleite emergem juntos como um estado único, em uma intensidade crescente, e culminam no êxtase eterno, a beatitude que é o Infinito. Na consciência gnóstica, em todos os estágios haverá sempre, em certa medida e em toda a profundeza do ser, esse deleite de ser consciente, fundamental e espiritual; do mesmo modo, todos os movimentos da Natureza serão impregnados dele e todas as ações e reações da vida e do corpo: nada pode escapar à lei da Ananda. Mesmo antes da mudança gnóstica, pode haver um começo desse êxtase de ser fundamental, traduzido em formas inumeráveis de beleza e deleite. Na mente, traduz-se pela calma ou pelo intenso deleite de uma percepção, visão e conhecimento espirituais; no coração, pelo deleite vasto, profundo ou apaixonado de uma união, amor e simpatia universais e pela felicidade dos seres e das coisas. Na vontade e nas partes vitais esse êxtase é sentido como a energia do deleite de um poder vital divino em ação ou como a beatitude dos sentidos que percebem e encontram o Um em todo lugar, e, na estética normal das coisas, a beleza universal e a harmonia secreta da criação, de que nossa mente pode ter apenas vislumbres imperfeitos ou raras sensações supranormais. No corpo, revela-se como um êxtase que se derrama das alturas do Espírito, como a paz e a beatitude de uma existência física pura e espiritualizada. Uma beleza e um esplendor de ser universais começam a manifestar-se; todos os objetos revelam linhas escondidas, vibrações, poderes, significados harmônicos que são velados à mente normal e aos sentidos físicos. No universo fenomênico, revela-se a Ananda eterna.

Esses são os primeiros resultados maiores da transformação espiritual, consequência inevitável da natureza da Supramente. Mas, se deve haver uma perfeição não apenas da existência interior, da consciência, do deleite de ser interior, mas também uma perfeição da vida e da ação, surgem duas outras perguntas, do nosso ponto de vista mental, que para a concepção humana da vida e seus dinamismos têm uma importância considerável e mesmo primordial: primeiro, o lugar da personalidade no ser gnóstico — se o estado, a estrutura do ser serão similares ou completamente diferentes da forma e vida pessoais que conhecemos; em seguida (se houver uma personalidade e se ela for, de algum modo, responsável por seus atos), a próxima pergunta seria sobre o lugar do elemento ético, sua perfeição e realização na natureza gnóstica. Em geral, na noção comum, o ego separador é considerado nosso self, e se tivesse que desaparecer em uma Consciência transcendental ou universal, a vida e a ação pessoais deveriam cessar, pois, ao desaparecer o indivíduo, permanece apenas uma consciência impessoal, um self cósmico: e se o indivíduo for completamente suprimido, a questão da personalidade ou da responsabilidade ou da perfeição ética não se apresentaria mais. Segundo uma outra linha de ideias, a pessoa espiritual permanece, mas liberada, purificada, uma natureza aperfeiçoada em uma existência celestial. Mas aqui estamos ainda na Terra, e no entanto se supõe que o ego pessoal seja suprimido e substituído por um indivíduo espiritual universalizado, que é um centro e poder do Ser transcendente. Poder-se-ia deduzir que esse indivíduo gnóstico ou supramental é um self sem personalidade, um Purusha impessoal. Poderia haver muitos indivíduos gnósticos, mas não teriam personalidade, todos seriam idênticos em ser e natureza. Além do mais, isso daria a ideia de um branco ou um vazio de ser puro de onde surgiria a ação e função de uma consciência que experiencia, mas sem a estrutura de uma personalidade diferenciada como aquela que agora observamos à superfície de nosso ser e consideramos como nós mesmos. Mas essa seria uma solução mental, em vez de supramental, do problema de uma individualidade espiritual que sobreviveria ao ego e persistiria na experiência. Na consciência supramental, personalidade e impersonalidade não são princípios opostos, são aspectos inseparáveis de uma mesma realidade. Essa realidade não é o ego, mas o ser, que, impessoal e universal na substância de sua natureza, utiliza essa substância para formar uma personalidade expressiva que é a forma de seu self nos movimentos da Natureza.

A impersonalidade, em sua origem, é algo de fundamental e universal; é uma existência, força, consciência cujo ser e energia revestem formas variadas; cada uma dessas formas de energia, de qualidade, poder ou força, embora em si mesmas ainda gerais, impessoais e universais, é utilizada pelo ser individual como material para a construção de sua personalidade. Assim, a impersonalidade, na verdade original indiferenciada das coisas, é a substância pura da natureza do Ser, a Pessoa; na verdade dinâmica das coisas ela diferencia seus poderes e os empresta para estabelecer, por suas variações, a manifestação da personalidade. O amor é a natureza do amante, a coragem, a natureza do guerreiro; amor e coragem são forças ou formulações impessoais e universais da Força cósmica, são poderes do espírito em seu ser e sua natureza universais. A Pessoa é o Ser sustentando o que é impessoal e mantendo-o em si mesmo como seu, como a natureza de seu self; ela é aquilo que é o amante e o guerreiro. O que chamamos a personalidade da Pessoa é sua expressão no estado interior como na ação exterior de nossa natureza; ela mesma é, em sua autoexistência, original e definitivamente, muito mais do que isso; é sua própria forma que a Pessoa projeta como manifestação de seu ser natural já desenvolvido, seu self na natureza. No indivíduo formado e limitado essa é sua expressão pessoal do que é impessoal, podemos dizer que é sua apropriação pessoal disso, a fim de dispor de materiais que lhe permitam construir uma imagem significativa de si mesmo na manifestação. Em seu self sem forma e sem limite, seu ser real, a verdadeira Pessoa ou Purusha não é isso, mas contém em si possibilidades universais e sem fronteiras; e lhes dá, enquanto Indivíduo divino, sua própria marca na manifestação, a fim de que cada ser na multiplicidade seja um self único do Divino único. O Divino, o Eterno, expressa-se como existência, consciência, beatitude, sabedoria, conhecimento, amor, beleza, e podemos pensar nele como esses poderes impessoais e universais de si mesmo, vê-los como a natureza do Divino e Eterno; podemos dizer que Deus é Amor, Deus é Sabedoria, Deus é Verdade ou Justiça: mas ele mesmo não é um estado impessoal ou uma abstração de estados ou qualidades; ele é o Ser, ao mesmo tempo absoluto, universal e individual. Se olharmos isso a partir dessa base, evidentemente não há oposição, nem incompatibilidade, impossibilidade de coexistência ou de existência em unidade entre o Impessoal e a Pessoa; eles são um e outro, vivem um no outro, fundem-se um no outro e, no entanto, de certo modo podem aparecer como as extremidades, lados diferentes, o direito e o avesso da mesma Realidade. O ser gnóstico tem a natureza do Divino e, portanto, repete em si mesmo esse mistério natural da existência.

Um indivíduo supramental gnóstico será uma Pessoa espiritual, mas não uma personalidade no sentido de um tipo de ser padrão, marcado por uma combinação estabelecida de qualidades fixas, um caráter determinado; não poderia sê-lo, visto que é uma expressão consciente do universal e do transcendente. Porém, seu ser tampouco pode ser um fluxo impessoal caprichoso que projeta ao acaso ondas de formas variadas, ondas de personalidade, enquanto escoa no Tempo. Algo assim pode se sentir em indivíduos que não têm uma forte Pessoa centralizadora no mais profundo de si mesmos, mas agem a partir de uma multipersonalidade confusa, conforme o elemento que neles predomina em um determinado momento; mas a consciência gnóstica é uma consciência de harmonia, autoconhecimento e autodomínio e não apresentará uma tal desordem. Há, de fato, noções variadas sobre aquilo que constitui a personalidade e aquilo que constitui o caráter; uma, considera a personalidade uma estrutura fixa de qualidades reconhecíveis que expressam um poder de ser; mas outra ideia estabelece uma diferença entre personalidade e caráter: a personalidade seria como o fluxo de um ser autoexpressivo, sensível e responsivo, o caráter teria a forma fixa das estruturas da Natureza. Mas fluxo da natureza e fixidez da natureza são dois aspectos do ser e nenhum deles, nem mesmo os dois juntos, pode ser a definição de personalidade. Pois em todo ser humano há um elemento duplo: o fluxo informe, e portanto limitado, do ser ou da Natureza a partir do qual a personalidade é modelada, e a formação pessoal resultante desse fluxo. A formação pode tornar-se rígida e ossificar-se ou permanecer plástica o suficiente para mudar constantemente e desenvolver-se; mas ela se desenvolve a partir do fluxo formador por uma modificação, alargamento ou remodelagem da personalidade, e em geral não pela abolição da formação já feita e substituição por uma nova forma de ser — isso só pode ocorrer em seguida a uma mudança anormal ou uma conversão supranormal. Mas além desse fluxo e fixidez há também um terceiro elemento, oculto: a Pessoa por trás, de quem a personalidade é uma expressão; a Pessoa projeta a personalidade como seu papel, personagem, *persona*, no presente ato do longo drama de sua existência manifestada. Todavia, a Pessoa é mais vasta que sua personalidade, e pode acontecer que essa amplidão interior transborde na formação de superfície; o resultado é uma autoexpressão do ser que não pode mais ser descrita por qualidades fixas, maneiras normais e traços precisos ou demarcada por quaisquer limites estruturais. Mas isso tampouco é um mero fluxo indistinto, completamente amorfo e inapreensível; embora os atos de sua natureza possam ser caracterizados, essa personalidade mesma não pode; podemos, contudo, senti-la distintamente, segui-la em sua ação, reconhecê-la, embora não seja fácil descrevê-la; pois mais do que uma estrutura, ela é um poder de ser. A personalidade comum restrita pode ser apreendida por uma descrição dos caracteres que marcam sua vida, pensamento e ação, sua construção superficial e expressão de si bem definidas; mesmo se o que não é expresso dessa maneira nos escapa, nossa compreensão não parece afetada, no conjunto ela continua adequada, pois o elemento que escapou não é, em geral, mais do que uma matéria-prima amorfa, parte do fluxo, que não foi utilizada para formar uma parte significante da personalidade. Mas uma tal descrição seria lamentavelmente inadequada para expressar a Pessoa, quando o Poder de seu Self interior se manifesta de modo mais amplo e põe em evidência, em sua constituição de superfície e na vida, a força de seu *daemon* escondido. Sentimo-nos em presença de uma luz de consciência, uma potência, um oceano de energia, podemos distinguir e descrever as ondas livres de sua ação e de suas qualidades, mas não fixá-la; e no entanto há uma impressão de personalidade, a presença de um ser poderoso, de Alguém que é reconhecível, forte, nobre ou belo, uma Pessoa; não uma criatura limitada da Natureza, mas um Self ou Alma, um Purusha. O Indivíduo gnóstico será uma tal Pessoa interior desvelada, ocupando ao mesmo tempo as profundezas — não mais escondidas — e a superfície, em uma autopercepção unificada; não será uma personalidade superficial que expressa parcialmente um ser secreto mais amplo; ele não será a onda, mas o oceano: será o Purusha, a Existência interior consciente autorrevelada, e não terá necessidade de uma máscara esculpida, ou *persona*, para se expressar.

Esta, então, será a natureza da Pessoa gnóstica: um ser infinito e universal que revela ou sugere, para nossa ignorância mental, seu self eterno por meio da forma significativa e o poder de expressão de uma automanifestação individual e temporal. Mas a manifestação de uma natureza individual, seja forte e distinta em seu contorno, seja inumerável e mutável, e contudo harmoniosa, seria como uma indicação do ser, não como o ser inteiro; este será sentido por trás, reconhecível, mas indefinível, infinito. A consciência da Pessoa gnóstica será também uma consciência infinita projetando formas de sua autoexpressão, mas sempre com a percepção de sua infinidade e universalidade sem limite e transmitindo o poder e o sentido de sua infinidade e universalidade até mesmo em sua expressão finita — à qual, ademais, ela não estará atada para o movimento seguinte de sua revelação progressiva. Porém, isso não será um fluxo desordenado e irreconhecível, mas um processo de autorrevelação que torna visível a verdade inerente de seus poderes de existência, conforme à lei de harmonia que é natural a toda manifestação do Infinito.

Todo o caráter da vida e ação do ser gnóstico surgirá autodeterminado pela natureza de sua individualidade gnóstica. Nela, não pode haver nenhum problema particular de natureza ética ou similar, nenhum conflito entre o bem e o mal. De fato, não deverá haver nenhum problema, pois problemas são criações da ignorância mental em busca do conhecimento, e não podem existir em uma consciência em que o conhecimento nasce de si mesmo e o ato nasce de si mesmo a partir do conhecimento, de uma verdade de ser consciente que é preexistente e percebe a si mesma. Uma verdade espiritual de ser, essencial e universal, que se manifesta e se cumpre livremente em sua própria natureza e em sua consciência realizadora, uma verdade do ser, una em tudo, mesmo na infinita diversidade de sua verdade, e que nos faz sentir que tudo é um, será também, em sua própria natureza, um bem essencial e universal que se manifesta e se cumpre em sua própria natureza e em sua consciência realizadora, a verdade de um bem único em todos e para todos, mesmo em uma infinita diversidade de seu bem. A pureza da eterna Autoexistência derramar-se-á em todas as atividades do ser gnóstico, e tornará e manterá puras todas as coisas; aí não poderá haver ignorância induzindo a uma vontade errônea e a falsos passos, não egoísmo separador, que por sua ignorância e sua vontade contrária separadora prejudica a si mesmo ou aos demais, naturalmente propenso a lidar de modo errado com sua alma, mente, vida ou corpo ou com a alma, mente, vida ou corpo de outros, pois esse é o significado prático de todo mal humano. Elevar-se acima da virtude e do pecado, do bem e do mal, é uma parte essencial do conceito vedântico de liberação, e há nessa correlação uma sequência autoevidente. Pois liberação significa emergir na verdadeira natureza espiritual do ser, onde toda ação é a autoexpressão dessa verdade e não pode haver nada mais. Na imperfeição e no conflito dos elementos de nossa natureza há um esforço para chegar a uma norma de conduta justa e observá-la; isso é o que constitui a ética, a virtude, o mérito, *puṇya*; agir de outra maneira é pecado, demérito, *pāpa*. A mente ética declara uma lei de amor, uma lei de justiça, uma lei da verdade, leis sem número, difíceis de observar, difíceis de conciliar. Mas se a unidade com outros, a unidade com a verdade, é já a essência da natureza espiritual realizada, não há necessidade de uma lei da verdade ou do amor — a lei, a norma, nos devem ser impostas nesse momento porque há em nosso ser natural uma força oposta de separação, uma possibilidade de antagonismo, uma força de discórdia, má vontade, conflito. Toda ética é uma construção do Bem em uma Natureza que os poderes da obscuridade nascidos da Ignorância forjaram com o mal, como é dito na antiga legenda do Vedanta. Mas quando tudo é autodeterminado pela verdade da consciência e a verdade do ser, não pode haver norma nem luta para observar a norma, nem virtude ou mérito, nem pecado ou demérito em nossa natureza. O poder do amor, da verdade, da justiça estará aí, não como uma lei construída pela mente, mas como a própria substância e constituição de nossa natureza e, pela integração do ser, esse poder será também, necessariamente, a própria substância e a natureza constitutiva da ação. Crescer e assumir a natureza de nosso ser verdadeiro, uma natureza de verdade e unidade espirituais, é a liberação alcançada pela evolução do ser espiritual: a evolução gnóstica nos dá o dinamismo completo desse retorno a nós mesmos. Uma vez isso feito, a necessidade de normas de virtude, darma, desaparece; há a lei e a ordem espontâneas da liberdade do Espírito, mas não pode haver leis de conduta impostas ou construídas, darma. Tudo se torna o fluxo espontâneo de nossa própria natureza espiritual, *Swadharma* de *Swabhava*.

Aqui, tocamos o âmago da diferença dinâmica entre a vida na ignorância mental e a vida no ser e na natureza gnósticos. É a diferença entre, de um lado, um ser integral plenamente consciente, em plena posse da verdade de sua própria existência e que expressa essa verdade em sua própria liberdade, livre de todas as leis construídas — embora sua vida seja a consumação de todas as verdadeiras leis do devenir em seu significado essencial — e, do outro lado, uma existência ignorante e dividida que busca sua própria verdade e tenta erigir suas descobertas em leis e construir sua vida segundo o modelo feito dessa maneira. Toda lei verdadeira é a moção e o processo justos de uma realidade, de uma energia ou poder de ser em ação que cumpre seu próprio movimento inerente já contido na verdade de sua própria existência. Essa lei pode ser inconsciente e sua ação parecer mecânica — esse é o caráter, ou ao menos a aparência, das leis na Natureza material; esta pode ser uma energia consciente, cuja ação é determinada livremente pela consciência do ser, que percebe seu próprio imperativo da verdade e as possibilidades plásticas de expressar essa verdade, e percebe sempre, no todo e a cada momento no detalhe, as realidades que deve realizar: essa é a representação da lei do Espírito. Uma liberdade total do Espírito, uma ordem total autoexistente, que cria e efetua-se, segura de si mesma em seu movimento natural e inevitável, esse é o caráter dessa *dynamis* da supranatureza gnóstica.

No cume do ser está o Absoluto, com a liberdade absoluta de sua infinitude, mas também com a verdade absoluta de si mesmo e o poder absoluto dessa verdade de ser; essas duas coisas reaparecem na vida do espírito na supranatureza. Aí, toda ação é a ação do Self supremo, o Ishwara supremo na verdade da supranatureza. É ao mesmo tempo a verdade do ser de seu self e a verdade da vontade do Ishwara una com essa verdade — uma realidade bi-una — que se expressa em cada ser gnóstico individual de acordo com sua supranatureza. A liberdade do indivíduo gnóstico é a liberdade de seu espírito de cumprir dinamicamente na vida a verdade de seu ser e o poder de suas energias; mas isso é sinônimo de uma obediência completa de sua natureza à verdade do Self manifestado em sua existência e à vontade do Divino nele e em tudo. Essa Toda-Vontade é una em cada indivíduo gnóstico, no conjunto de indivíduos gnósticos e no Todo consciente que os mantém e contém em si mesmo; ela é consciente de si em cada ser gnóstico, no qual é una com a vontade de cada um deles; ao mesmo tempo, ele é consciente de que é a mesma Vontade, mesmo Self e mesma Energia, diversamente ativa em tudo. Uma tal consciência gnóstica, uma tal vontade gnóstica, consciente de sua unidade na multiplicidade de indivíduos gnósticos, consciente de sua totalidade concordante, do significado e do ponto de encontro de suas diversidades, deve assegurar um movimento sinfônico, um movimento de unidade, harmonia, mutualidade na ação do todo. Ao mesmo tempo, essa consciência assegura ao indivíduo uma unidade e um acordo sinfônico de todos os poderes e movimentos de seu ser. Todas as energias do ser buscam sua expressão própria e, no cume, buscam seu absoluto; elas o encontram no Self supremo e, ao mesmo tempo, encontram sua unidade suprema, a harmonia e mutualidade de sua expressão comum unificada em Seu poder dinâmico de autodeterminação e autorrealização que vê tudo e unifica tudo — a gnose supramental. Um ser separado autoexistente poderia estar em conflito com outros seres separados, em desacordo com o Todo universal em que coexistem, em um estado de contradição com uma Verdade suprema que quisesse expressar-se no universo; isso é o que acontece ao indivíduo na Ignorância, porque se apoia na consciência de uma individualidade separada. Pode-se encontrar esse tipo de conflito, discórdia, disparidade entre as verdades, energias, qualidades, poderes e modos de ser que agem como forças separadas no indivíduo e no universo. Um mundo cheio de conflitos — conflitos em nós mesmos, conflitos entre o indivíduo e o mundo que o circunda —, essa é a imagem normal e inevitável da consciência separadora da Ignorância e de nossa existência mal harmonizada. Mas isso não pode acontecer na consciência gnóstica, porque nela cada um descobre seu self completo e todos encontram sua própria verdade e a harmonia de suas diferentes moções naquilo que os excede e de que são a expressão. Na vida gnóstica, portanto, há um acordo completo entre a livre expressão própria do ser e sua obediência automática à lei inerente à Verdade suprema e universal das coisas. Livre expressão e obediência são para ele aspectos interconectados da Verdade una; é a verdade suprema de seu ser que se formula na verdade total dele mesmo e das coisas, unificada em uma supranatureza única. Há também um acordo completo entre os poderes do ser, numerosos e diferentes, e sua ação; pois mesmo aqueles que são contraditórios em sua moção aparente e parecem, para nossa experiência mental, entrar em conflito, ajustam-se naturalmente um ao outro, assim como suas ações, porque cada um possui sua própria verdade e a verdade de sua relação com os outros, e essa verdade encontra-se e toma forma espontaneamente na supranatureza gnóstica.

Na natureza supramental gnóstica não haverá, portanto, necessidade do modo mental rígido e de uma ordem mental endurecida, uma normalização limitativa, nem da imposição de um conjunto de princípios fixos, de forçar a vida a entrar em um sistema ou modelo, o único válido, por ser considerado pela mente como a verdade única e correta do ser e da conduta. Pois uma tal norma não pode incluir e uma tal estrutura não pode abarcar e conter a totalidade da vida, nem adaptar-se livremente à pressão da Toda-Vida ou às necessidades da Força evolutiva; é por sua própria morte, pela desintegração ou por um conflito intenso e uma alteração revolucionária que elas devem escapar de si mesmas ou de seus limites autoconstruídos. Assim, a mente é obrigada a escolher sua regra e modo de vida limitados, porque ela mesma está atada e limitada em visão e capacidade; mas o ser gnóstico toma em si o todo da vida e da existência, que cumpre e transmuta na autoexpressão harmônica de uma Verdade vasta, una e diversa, infinitamente una, infinitamente múltipla. O conhecimento e a ação do ser gnóstico terão a amplidão e a plasticidade de uma liberdade infinita. Esse conhecimento tomará posse de seus objetos ao entrar na imensidade do todo; estará ligado apenas pela verdade integral do todo e pela verdade completa e íntima do objeto, mas não pela ideia formada ou por símbolos mentais fixos que se apoderam da mente e a mantêm prisioneira, fazendo-a perder a liberdade de seu conhecimento. A inteira atividade tampouco será limitada pela obrigação de seguir uma regra sem plasticidade ou presa por um estado passado, uma ação passada ou por suas consequências coercivas, Karma; essa atividade terá uma plasticidade consequente, mas autoguiada e autoevolutiva, a plasticidade do Infinito agindo diretamente sobre seus próprios finitos. Esse movimento não criará um fluxo ou um caos, mas uma expressão liberada e harmônica da Verdade; haverá aí uma autodeterminação livre do ser espiritual em uma natureza plástica inteiramente consciente.

Na consciência do Infinito, a individualidade não rompe nem circunscreve o estado de ser cósmico e esse estado não contradiz a transcendência. O ser gnóstico, que vive na consciência do Infinito, criará sua própria manifestação enquanto indivíduo, mas ela será o centro de uma universalidade mais vasta e, ao mesmo tempo, um centro da transcendência. Enquanto indivíduo universal, todas as suas ações estarão em harmonia com a ação cósmica, mas, devido à sua transcendência, não serão limitadas por uma formulação inferior temporária nem à mercê de toda e qualquer força cósmica. Sua universalidade abarcará em seu self mais vasto a própria Ignorância que o circunda, que ele perceberá intimamente, mas não será afetado por ela: ele seguirá a lei superior de sua individualidade transcendente e expressará a verdade gnóstica dessa lei em seu próprio modo de ser e em sua ação. Sua vida será uma expressão livre e harmônica do self; mas visto que seu self superior será um com o ser do Ishwara, uma governança divina natural de sua autoexpressão pelo Ishwara, pelo seu self superior e pela Supranatureza — sua própria natureza suprema — introduzirá automaticamente no conhecimento, na vida e na ação uma ordem vasta e sem limites, porém perfeita. A obediência de sua natureza individual ao Ishwara e à Supranatureza será uma consonância natural e, de fato, a própria condição da liberdade do self, uma vez que será uma obediência ao seu próprio ser supremo, uma resposta à Fonte de toda a sua existência. A natureza individual não será uma coisa separada, mas uma corrente da Supranatureza. Toda antinomia entre Purusha e Prakriti, essa divisão, esse desequilíbrio estranho entre Alma e Natureza que aflige a Ignorância, desaparecerá inteiramente; pois nossa natureza será o transbordamento da força espontânea da Pessoa e a Pessoa será o transbordamento da Natureza suprema, o poder supramental de ser do Ishwara. É essa verdade suprema de seu ser, princípio infinitamente harmônico, que criará a ordem de sua liberdade espiritual, uma ordem autêntica, automática e flexível.

Na existência inferior a ordem é automática, a sujeição à Natureza é completa, suas trilhas rotineiras são firmes e imperativas; a Consciência-Força cósmica faz aparecer uma Natureza de certo tipo, com seu molde habitual ou sua ronda fixa de ação e obriga o ser infrarracional a viver e agir de acordo com esse tipo e no molde e âmbito feitos para ele. A mente no ser humano começa com esse tipo e rotina preestabelecidos, mas à medida que evolui ela alarga o desenho e expande o molde, e tenta substituir o automatismo dessa lei fixa, inconsciente ou semiconsciente por uma ordem baseada em ideias, significados e motivos de vida reconhecidos, ou tenta uma normalização inteligente e um quadro que seja determinado por um propósito racional, utilidade e conveniência. Não há nada que seja realmente imperativo ou permanente nas estruturas de conhecimento do ser humano ou nas estruturas de sua vida; mas mesmo assim ele não pode deixar de criar normas de pensamento, conhecimento, vida, conduta e, de modo mais ou menos consciente e completo, de basear sua existência nelas ou, ao menos, tentar o mais que puder enquadrar sua vida na moldura ideal dos darmas que escolheu ou aceitou. Na passagem à vida espiritual o ideal supremo que se oferece é, ao contrário, não a lei, mas a liberdade no Espírito; o Espírito em nós rompe todas as fórmulas para poder encontrar seu self e, se ainda tiver interesse em expressar-se, deverá substituir a expressão artificial por uma expressão livre e verdadeira, por uma ordem espiritual verdadeira e espontânea. "Abandona todos os darmas, todas as normas e regras de ser e de ação e refugia-te só em Mim", é a lei suprema da existência mais alta que o Ser Divino oferece àquele que busca. Na busca por essa liberdade, quando nos liberarmos de uma lei construída para encontrar a lei do Self e do Espírito, quando rejeitarmos o controle mental para substituí-lo pela direção da Realidade espiritual, quando abandonarmos a verdade mental, inferior e construída, para seguir a verdade do ser, essencial e mais alta, é possível que passemos por uma etapa em que haverá uma liberdade interna, mas faltará a ordem externa — a ação parecerá seguir o fluxo da natureza: infantil, inerte como uma folha imóvel e passiva ou levada pelo vento, ou mesmo incoerente e extravagante em sua aparência externa. É também possível chegar a uma expressão espiritual ordenada e temporária do self, suficiente para o estágio que se pode alcançar em um dado momento ou nessa vida; ou que se descubra um modo pessoal de expressão válido, segundo as normas da verdade espiritual já realizada, mas que se modifique livremente em seguida pela força da espiritualidade, a fim de expressar a verdade ainda mais vasta que estamos em via de realizar. Mas o ser gnóstico supramental situa-se em uma consciência em que o conhecimento é autoexistente e manifesta-se de acordo com a ordem autodeterminada pela Vontade do Infinito na supranatureza. Essa autodeterminação, que está em acordo com um conhecimento autoexistente, substitui o automatismo da Natureza e as normas da Mente pela espontaneidade de uma Verdade que percebe a si mesma e age por si mesma na própria textura da existência.

No ser gnóstico, esse conhecimento que se autodetermina e obedece livremente à verdade do self e à verdade total do Ser, será a própria lei de sua existência. Nele, o Conhecimento e a Vontade tornam-se um e não podem entrar em conflito; a verdade do espírito e a verdade da vida unificam-se e não pode haver desacordo; na autorrealização de seu ser não pode haver conflito ou disparidade, nem divergência entre o Espírito e seus instrumentos. Os dois princípios, liberdade e ordem, que na mente e na vida se apresentam constantemente como contrários ou incompatíveis — porém, não é necessário que seja assim, se a liberdade for protegida pelo conhecimento e a ordem for baseada na verdade de ser — são, na consciência supramental, da mesma natureza, e mesmo fundamentalmente um. Isso é assim porque ambos são aspectos inseparáveis da verdade espiritual interior e, portanto, suas determinações são uma; ambos são inerentes um ao outro porque nascem de uma identidade e, portanto, coincidem na ação conforme uma identidade natural. O ser gnóstico não sente de modo algum, e em nenhum grau, que sua liberdade é infringida pela ordem imperativa de seu pensamento ou de suas ações, porque essa ordem é intrínseca e espontânea; ele sente que sua liberdade e a ordem de sua liberdade são ambas uma única e mesma verdade de seu ser. A liberdade de seu conhecimento não é uma liberdade para seguir a mentira e o erro, pois ele não necessita, como a mente, passar pela possibilidade do erro para poder saber — ao contrário, todo desvio desse gênero o afastaria da plenitude de seu self gnóstico, seria uma diminuição de sua verdade própria, um movimento estranho e injurioso ao seu ser; pois sua liberdade é uma liberdade de luz, não de obscuridade. Sua liberdade de ação não é uma licença para agir seguindo uma vontade falsa ou os impulsos da Ignorância, pois isso também seria alheio ao seu ser, uma restrição e diminuição, não uma liberação. Um impulso para a efetuação da falsidade ou da vontade errada será sentida por ele não como um movimento em direção à liberdade, mas como uma violência feita à liberdade do espírito, uma invasão e imposição, um ataque à sua supranatureza, uma tirania de uma Natureza estrangeira.

Uma consciência supramental deve ser fundamentalmente uma Consciência-Verdade, uma percepção direta — inerente — da verdade do ser e da verdade das coisas; é um poder do Infinito que conhece e elabora seus finitos, um poder do Universal que conhece e elabora sua unidade e seus detalhes, seu estado de ser cósmico e suas individualidades; como possui em si a Verdade, não precisará buscá-la e não correrá o risco de que ela lhe escape, como escapa à mente de Ignorância. O ser gnóstico evoluído terá entrado nessa Consciência-Verdade do Infinito e Universal e será isso que determinará para ele, e nele, toda sua visão e sua ação individuais. A sua será uma consciência de identidade universal e terá por consequência, ou melhor, de modo inerente, um conhecimento da Verdade, uma visão, um sentimento, uma vontade da Verdade, um sentido da Verdade e uma *dynamis* da Verdade na ação, que serão o resultado implícito de sua identidade com o Um, ou surgirão espontaneamente de sua identidade com o Todo. Sua vida seguirá o movimento de uma liberdade e amplidão espirituais que substituirão a lei da ideia mental, a lei da necessidade e desejos vitais e físicos e a coerção da vida circundante; sua vida e ação serão ligadas unicamente pela Sabedoria, pela Vontade Divina agindo sobre ele e nele, segundo sua Consciência-Verdade. Na vida da ignorância humana, a ausência de uma lei estabelecida e imposta pode levar ao caos e ao conflito, ao abuso da liberdade e à desordem egoística, devido à separatividade do ego humano e sua pequenez e da necessidade que sente de invadir, possuir e utilizar a vida de outros. Mas isso não pode acontecer na vida do ser gnóstico, pois na Consciência-Verdade gnóstica do ser supramental deve haver necessariamente a verdade das relações entre todas as partes e movimentos do ser — quer se trate do ser do indivíduo, quer do ser de qualquer coletividade gnóstica —, uma unidade e totalidade espontâneas e luminosas em todos os movimentos da consciência e ações da vida. Não poderá haver conflito entre as partes do ser, pois não só a consciência do conhecimento e da vontade, mas a consciência do coração, da vida e do corpo — que são as partes da nossa natureza emocional, vital e física — seriam incluídas nessa harmonia integrada de totalidade e unidade. Em nossa linguagem, poderíamos dizer que o conhecimento-vontade supramental do ser gnóstico teria um controle perfeito da mente, coração, vida e corpo; mas essa descrição aplicar-se-ia apenas à etapa transitória, quando a supranatureza remodelar esses elementos em sua própria natureza; uma vez concluída essa transição, não haverá mais necessidade de controle, pois tudo será uma única consciência unificada e, em consequência, agirá como um todo em uma integralidade e uma unidade espontâneas.

Em um ser gnóstico não poderá haver conflito entre a autoafirmação do ego e um controle imposto por um superego; pois, visto que nas ações de sua vida o indivíduo gnóstico expressará a si mesmo ao mesmo tempo que expressará a verdade de seu ser e executará a Vontade Divina, visto que conhecerá o Divino como seu verdadeiro self e fonte e componente de sua individualidade espiritual, esses dois mananciais de sua conduta serão não apenas simultâneos em uma ação única, mas serão uma única e mesma força-motriz. Esse poder-motivo agirá em cada circunstância segundo a verdade da circunstância, com cada ser segundo sua necessidade, natureza, relação, em cada evento segundo o que a Vontade Divina demanda desse evento; pois tudo aqui é resultado de um conjunto de conexões estreitas entre muitas forças da Força única, e a consciência gnóstica e a Vontade-Verdade verão a verdade dessas forças, de cada uma e de todas juntas, e exercerão a pressão ou a intervenção necessária sobre o conjunto de forças para executar aquilo que era intencionado e deveria ser feito por meio delas, nada mais. Como consequência da presença da Identidade em todo lugar, governando todas as coisas e harmonizando todas as diversidades, não haverá o jogo de um ego separador insistindo em uma autoafirmação separada; a vontade do self do ser gnóstico será una com a vontade do Ishwara, não será uma vontade independente, separativa ou antagônica. Ela terá a alegria da ação e do resultado, mas será livre de toda reivindicação do ego, de todo apego à ação ou demanda quanto ao resultado; fará aquilo que, em sua visão, ela vê que deve ser feito, e é levada a fazê-lo. Na natureza mental pode haver uma oposição ou disparidade entre o esforço pessoal e a obediência à Vontade superior, pois o self, a pessoa aparente, vê a si mesmo como diferente do Ser supremo, da Vontade suprema ou da Pessoa suprema; mas na natureza gnóstica a pessoa é o ser do Ser, e a oposição e a disparidade não aparecem. A ação da pessoa é a ação do Ishwara na pessoa, do Um no múltiplo, e a afirmação separada de uma vontade pessoal, ou o orgulho da independência, não poderiam justificar-se.

A liberdade do ser gnóstico baseia-se no fato de que o Conhecimento e a Força divinos — a suprema Supranatureza — agirão por meio dele com sua plena participação; é essa unidade que lhe dará sua liberdade. Se o ser espiritual for livre de leis, inclusive a lei moral, como é afirmado com frequência, será porque sua liberdade será baseada nessa unidade entre sua vontade e a vontade do Eterno. Todas as normas mentais desaparecerão porque não serão mais necessárias; terão sido substituídas pela lei superior autêntica, de identidade com o Divino Self e com todos os seres. Não será mais questão de egoísmo ou altruísmo, de si mesmo e dos outros, visto que todos serão vistos e sentidos como o self único e apenas o que a Verdade e o Bem supremos decidirem será feito. Haverá na ação um sentimento penetrante de amor, simpatia e unidade universais autoexistentes, mas esse sentimento não dominará ou determinará a ação, ele a permeará, dará cor e mover-se-á no ato; não se afirmará independentemente em oposição à verdade mais ampla das coisas, nem imporá, por impulso pessoal, o afastamento do movimento verdadeiro determinado pelo Divino. Essa oposição e esse afastamento podem acontecer na Ignorância, onde o amor, ou qualquer outro forte princípio da natureza, pode ser divorciado da sabedoria assim como pode ser divorciado do poder; mas na gnose supramental todos os poderes são íntimos um do outro e agem como um. Na pessoa gnóstica, o Conhecimento-Verdade dirigirá e determinará, e todas as outras forças do ser convergirão na ação; não haverá lugar para desarmonia ou conflito entre os poderes da natureza. Em toda ação um imperativo de existência busca cumprir-se, uma verdade de ser ainda não manifestada deve manifestar-se ou uma verdade em via de manifestação deve evoluir, consumar-se e aperfeiçoar-se na manifestação ou, se já consumada, deleitar-se na alegria de ser e cumprir-se. Na meia-luz e no semipoder da Ignorância o imperativo é secreto ou só semirrevelado e o impulso para a consecução é um movimento imperfeito, conflituoso, em parte frustrado; mas no ser e na vida gnósticos os imperativos do ser serão sentidos dentro, intimamente percebidos e executados; haverá um jogo livre de suas possibilidades e sua efetivação estará em acordo com a verdade das circunstâncias e com a intenção da Supranatureza. Tudo isso será visto no conhecimento e desenvolver-se-á na ação; não haverá combates incertos ou tormento de forças em ação; uma desarmonia do ser, uma atividade contraditória da consciência não sucederá: será inteiramente supérfluo impor a lei mecânica de uma normalização externa quando a verdade é inerente e sua ação é espontânea nas operações da natureza. Uma ação harmônica, uma elaboração dos desígnios divinos, uma execução da verdade imperativa das coisas será a lei e a dinâmica natural da inteira existência.

Um conhecimento por identidade, que utiliza os poderes do ser integrado para a riqueza da instrumentação, será o princípio da vida supramental. Nos outros graus do ser gnóstico, embora a verdade do ser e a consciência espirituais se realizem, a instrumentação será de uma ordem diferente. Um ser do plano Mental superior agirá por meio da verdade do pensamento, da verdade da ideia, e cumprirá isso na vida ativa; mas na gnose supramental o pensamento é um movimento derivado, uma formulação da visão-verdade e não a força motriz principal ou determinante; ele servirá mais como um instrumento para a expressão do conhecimento do que para chegar ao conhecimento. Tampouco será instrumento de ação, ou intervirá na ação apenas como ponto de penetração do corpo da vontade por identidade e do conhecimento por identidade. Do mesmo modo, no ser gnóstico iluminado a visão-verdade será a mola mestra da ação e no ser gnóstico intuitivo será um contato direto com a verdade e um sentido-da-verdade perceptivo. Na sobremente, uma assimilação imediata e abrangente da verdade das coisas, e do princípio de ser de cada coisa e todas as suas consequências dinâmicas, originará e reunirá uma visão e um pensamento gnósticos de grande vastidão e criará uma base de conhecimento e ação; essa amplidão de ser, de visão e ação será o resultado variado de uma consciência de identidade subjacente, mas a identidade mesma não estará na frente, não formará a própria substância da consciência ou da força da ação. Mas na gnose supramental toda essa posse imediata e luminosa da verdade das coisas — sentido da verdade, visão da verdade, pensamento da verdade — retornará à sua fonte de consciência-identidade e subsistirá como corpo único de seu conhecimento. A consciência-identidade liderará e conterá todas as coisas; manifestar-se-á como uma percepção na própria textura da substância do ser, projetando sua força inerente de autorrealização e determinando-se dinamicamente em formas de consciência e formas de ação. Essa percepção inerente é a origem e o princípio da ação da gnose supramental; poderá ser suficiente em si mesma, sem necessitar nada para formular-se ou tomar corpo; mas o jogo da visão iluminada, o jogo do pensamento radioso, o jogo de todos os outros movimentos da consciência espiritual não estarão ausentes; serão usados de modo livre, como instrumentos para seu próprio funcionamento luminoso, para a riqueza e a diversidade divinas, o deleite multiforme da automanifestação, a alegria dos poderes do Infinito. Nos estágios ou graus intermediários da gnose poderá haver a manifestação de expressões variadas e distintas dos aspectos do Ser e Natureza divinos: uma alma e vida de amor, uma alma e vida de luz e conhecimento divinos, uma alma e vida de poder divino, de ação e criação soberanas e outras inumeráveis formas da vida divina; no cume supramental tudo será incluído em uma unidade multiforme, uma integração suprema do ser e da vida. A plena consumação do ser em uma integração luminosa e beatífica de seus estados e poderes, e a satisfação de sua ação dinâmica, será o sentido da existência gnóstica.

Toda gnose supramental é uma Consciência-Verdade dual, uma consciência de autoconhecimento inerente e, pela identidade com o self e o mundo, a consciência de um conhecimento íntimo do mundo; esse conhecimento é o critério, o poder característico da gnose. Mas esse não é um conhecimento puramente ideativo, não é uma consciência que observa, forma ideias e tenta executá-las; essa é uma luz essencial de consciência, a luz inerente a todas as realidades do ser e do devenir, a verdade inerente ao ser que determina, formula e realiza a si mesmo. Ser, não conhecer, é o objetivo da manifestação; o conhecimento é apenas a instrumentação de uma consciência de ser ativa. Essa será a vida gnóstica na Terra, uma manifestação, um jogo de um ser consciente da verdade, um ser que passou a perceber-se em todas as coisas, que não perde mais a consciência de si mesmo, não mergulha mais em um autoesquecimento ou em um semiesquecimento de sua existência real, como quando absorvia-se nas formas e na ação, mas que usa forma e ação com um poder espiritual liberado para sua autoexpressão livre e perfeita, não mais em busca de seu próprio significado ou significados — perdidos ou esquecidos, velados ou escondidos —, não mais encadeado, mas liberado da inconsciência e ignorância, consciente de suas próprias verdades e poderes; ele determinará livremente, em um movimento sempre convergente e concorde, em cada detalhe, com sua Realidade suprema e universal, a manifestação daquelas verdades e poderes, o jogo de sua substância, o jogo de sua consciência, o jogo de sua força de existência, o jogo de seu deleite de ser.

Na evolução gnóstica haverá uma grande diversidade no equilíbrio, no estado, nas operações harmonizadas da consciência, força e deleite da existência. Com o tempo aparecerão naturalmente muitos graus na ascensão cada vez mais avançada da supramente evolutiva até seus próprios cumes; mas todos terão uma base e um princípio comuns. Na manifestação, o Espírito, o Ser, embora se conheça inteiramente, não é obrigado a manifestar sua totalidade na frente, nas formas e ação reais que são o poder e o grau imediatos de sua autoexpressão: ele pode revelar uma autoexpressão frontal e reter todo o resto de si mesmo atrás, em um deleite de ser essencial não expresso. Esse Todo atrás, e seu deleite, se encontrará e conhecerá nesse plano frontal, manterá e impregnará a expressão, a manifestação, com sua própria presença e sentimento de totalidade e infinidade. Essa formação frontal e todo o resto atrás, retido nela como poder de ser, será um ato de autoconhecimento, não um ato de Ignorância, uma autoexpressão luminosa da Supraconsciência e não algo que surge da Inconsciência. Uma grande variedade harmonizada será, assim, um elemento de beleza e completude na evolução da consciência e existência gnósticas. Mesmo ao lidar com a mente de ignorância que a circunda, e ao lidar com os graus ainda inferiores da evolução gnóstica, a vida supramental usará esse poder inato e esse movimento da Verdade de seu ser: na luz dessa Realidade integral conectará sua própria verdade de ser com a verdade de ser que há atrás da Ignorância, baseará todas as relações na unidade espiritual comum e aceitará e harmonizará as diferenças manifestadas. A Luz gnóstica assegurará a relação justa dos seres entre eles e a ação ou a reação justa em todas as circunstâncias; o poder ou a influência gnóstica afirmará sempre uma realização sinfônica, estabelecerá a relação justa entre a vida mais desenvolvida e aquela menos desenvolvida e imporá, pela sua influência, uma harmonia maior à existência inferior.

Essa será a natureza do indivíduo gnóstico, de seu ser, vida e ação, na medida em que podemos, com nossas concepções mentais, seguir a evolução até o ponto onde ela emergirá da sobremente e cruzará a fronteira para entrar na gnose supramental. A natureza dessa gnose determinará evidentemente todas as relações da vida individual ou da vida coletiva dos seres gnósticos, pois uma coletividade gnóstica será um poder-da-alma coletivo da Consciência-Verdade, assim como o indivíduo gnóstico será seu poder-da-alma individual; a vida e a ação da coletividade serão igualmente integradas e em uníssono; essa coletividade realizará conscientemente a mesma unidade de ser, terá a mesma espontaneidade, o mesmo sentimento de unidade íntima, cada um terá a mesma visão e percepção verdadeira de si e do outro, e as relações de um com o outro e de todos com todos serão marcadas por uma mesma ação da verdade; essa coletividade será e agirá como uma totalidade, não mecânica, mas espiritual. De maneira similar, a lei da vida coletiva será a união inevitável de liberdade e ordem; a liberdade do jogo diversificado do Infinito nas almas divinas, a ordem de uma unidade consciente das almas, pois essa é a lei do Infinito supramental. Nossa interpretação mental de unidade introduz nela uma regra de uniformidade; uma unidade completa produzida pela razão mental conduziria a uma normalização completa como seu único meio efetivo — apenas nuances menores de diferenciação seriam permitidas; mas a vida gnóstica terá por lei a diversidade maior e mais rica na autoexpressão da unidade. Na consciência gnóstica a diferença não conduzirá à discórdia, mas a uma adaptação natural e espontânea, à percepção de uma plenitude complementar, à execução rica e multifacetada da coisa a ser conhecida coletivamente, feita e realizada na vida. Pois a dificuldade na mente e na vida é criada pelo ego, pela divisão do inteiro em partes componentes que se representam como contrários, opostos, dessemelhantes: tudo que os diferencia um do outro é facilmente percebido, afirmado e enfatizado; aquilo que os une, aquilo que liga suas divergências, é completamente despercebido ou encontrado com dificuldade; tudo deve ser feito de modo a ultrapassar ou ajustar as diferenças, em uma unidade construída. Há, com efeito, um princípio de unidade subjacente e a Natureza insiste para que ele emerja em toda construção de unidade; pois a Natureza é coletiva e comunitária, assim como individual e egoísta, e possui instrumentos de associação: simpatias, necessidades e interesses comuns, atrações e afinidades, assim como meios mais brutais de unificação; mas a vida e a natureza do ego, que ela impõe como base secundária — e demasiado predominante — recobrem a unidade e por isso todas as suas construções são imperfeitas e inseguras. Uma dificuldade adicional é criada pela ausência, ou melhor, pela imperfeição, da intuição e do contato interior direto, o que faz de cada ser um ser separado, forçado a conhecer com dificuldade o ser e a natureza do outro para chegar a uma compreensão e uma harmonia mútua por meios exteriores, em lugar de chegar a isso interiormente, por uma assimilação e um sentido diretos; assim, todo intercâmbio mental e vital é entravado, contaminado pelo ego ou condenado à imperfeição e incompletude devido ao véu de uma ignorância mútua. Na vida gnóstica coletiva o sentido de verdade integrador, a unidade concordante da natureza gnóstica, trará em si todas as divergências como sua própria opulência e mudará os pensamentos, ações e sentimentos inumeráveis na unidade de uma vida total e luminosa. Esse será o princípio evidente, o resultado inevitável do próprio caráter da Consciência-Verdade e sua realização dinâmica da unidade espiritual de tudo que é. Essa realização, chave para a perfeição da vida, difícil de alcançar no plano mental e, mesmo quando realizada, difícil de tornar dinâmica e organizar, será naturalmente dinâmica, espontaneamente auto-organizada em toda criação e vida gnósticas.

Isso se compreende facilmente se imaginarmos seres gnósticos que viverão sua vida própria, sem nenhum contato com a vida da Ignorância. Mas pelo próprio fato da evolução terrestre, a manifestação gnóstica será apenas uma circunstância — conquanto decisiva — no todo: os graus inferiores da consciência e da vida permanecerão, alguns mantendo a manifestação na Ignorância, outros como mediadores entre esta e a manifestação na gnose; essas duas formas de ser e vida existirão lado a lado ou se interpenetrarão. Em um caso como no outro pode-se esperar que o princípio gnóstico, se não de imediato, mas no final, domine o todo. Os graus superiores do mental espiritual estarão em contato com o princípio supramental que, em seguida, os apoiará abertamente e os manterá juntos, e eles serão liberados do domínio da Ignorância e Inconsciência, que antes os envolviam. Enquanto manifestações da verdade do ser, embora em um grau restrito e modificado, eles captarão toda sua luz e energia da gnose supramental e estarão em amplo contato com os poderes que lhe servem de instrumentos; eles próprios serão forças motrizes conscientes do Espírito e, embora não ainda na plena força de sua substância espiritual inteiramente realizada, não estarão sujeitos a meios de expressão inferiores, fragmentados, diluídos, reduzidos, obscurecidos pela substância da Insciência. Toda Ignorância que se elevar ao ser sobremental, ser intuitivo, ser iluminado ou ao ser mental superior e neles penetrar, cessará de ser ignorância; ela entrará na luz e nessa luz tomará consciência da verdade que havia recoberto com sua escuridão e passará por uma liberação, transmutação, alcançará um novo estado de consciência e ser que a assimilará a esses estados superiores e, preparará para o estado supramental. Ao mesmo tempo, o princípio gnóstico involuído — que agora age como uma força aberta, manifestada e constantemente dinâmica e não mais como um simples poder escondido que tem como única função ser a origem secreta ou o sustento velado das coisas ou fazer intervenções ocasionais — será capaz de pôr algo de sua lei de harmonia na Inconsciência e Ignorância ainda existentes. Pois o poder gnóstico secreto escondido nelas receberá de sua fonte e sustento uma força maior para agir e sua intervenção será mais livre e poderosa; os seres da Ignorância, influenciados pela luz da gnose mediante sua associação com seres gnósticos e a presença concreta e evoluída do Ser e Poder supramentais na natureza terrestre, serão mais conscientes e receptivos. Na parte não transformada da própria humanidade pode ser que apareça uma ordem nova superior de seres humanos mentais; pois emergirá o ser mental direta ou parcialmente intuitivo, mas não ainda gnóstico, o ser mental direta ou parcialmente iluminado, o ser mental em comunhão direta ou parcial com o plano do pensamento superior: estes se tornarão cada vez mais numerosos, cada vez mais evoluídos e seguros em seu tipo, e poderiam mesmo existir como uma espécie humana formada, superior, ajudando os seres menos evoluídos a elevar-se cada vez mais alto, em uma verdadeira fraternidade nascida do sentido da manifestação do Divino Único em todos os seres. Assim, a realização do mais alto pode significar também a realização, em um grau menor, daquilo que deve ainda permanecer em um nível abaixo. Na extremidade superior da evolução as extensões e cumes da supramente começariam a elevar-se em direção a uma manifestação suprema da pura existência espiritual, da consciência e deleite de ser de Satchidananda.

Pode-se perguntar se a reversão gnóstica, a passagem a uma evolução gnóstica e além não significará, mais cedo ou mais tarde, a cessação da evolução que parte da Inconsciência, visto que a causa desse obscuro início das coisas aqui na Terra cessará. Isso depende de uma outra pergunta, isto é, se o movimento entre a Supraconsciência e a Inconsciência, os dois polos da existência, é uma lei permanente da manifestação material ou apenas uma circunstância provisória. Essa última suposição é difícil de aceitar por causa da força prodigiosa com que o fundamento inconsciente foi estabelecido, expandiu-se e manteve-se no inteiro universo material. Qualquer reversão completa ou eliminação do primeiro princípio evolutivo significaria a manifestação simultânea da consciência secreta involuída em cada parte dessa vasta Inconsciência universal; uma mudança em uma linha particular da Natureza, tal como a linha terrestre, não poderia ter um efeito tão difundido; a manifestação na natureza terrestre segue sua própria curva e a conclusão dessa curva é tudo o que devemos considerar.

Podemos, no entanto, supor que no resultado final de uma criação reveladora que reproduzisse o hemisfério superior do ser consciente na triplicidade inferior — a evolução aqui na terra —, embora permanecesse a mesma em seus graus e estágios, estaria sujeita à lei da harmonia, à lei da unidade na diversidade e da diversidade que prepara a unidade; não seria mais uma evolução pelo esforço; tornar-se-ia um desenvolvimento harmonioso de grau em grau, de uma luz menor a uma luz maior, de um tipo de poder e beleza a outro tipo mais elevado, em uma existência que se autorrevela. Isso seria de outro modo se, por alguma razão, a lei do esforço e do sofrimento continuasse ainda necessária para a elaboração dessa possibilidade misteriosa do Infinito, possibilidade cujo princípio determinou o mergulho na Inconsciência. Mas, para a natureza terrestre, parece que essa necessidade será esgotada uma vez que a gnose supramental emerja da Inconsciência. Com seu aparecimento decisivo, uma mudança começará; essa mudança se consumará quando a evolução supramental se tornar completa e se elevar até a plenitude maior de uma manifestação suprema da Existência-Consciência-Deleite, Satchidananda.

# CAPÍTULO XXVIII

# A VIDA DIVINA

*Ó chama que vê, tu conduzes o homem dos caminhos tortuosos à verdade que perdura, ao conhecimento.*

Rig Veda, I. 31. 6.

*Eu purifico a terra e os céus pela Verdade.*

Rig Veda, I. 133. 1.

*Seu êxtase, naquele que o possui, põe em moção os dois nascimentos, aquele que é expressão do self humano e aquele que é expressão do self divino, e move-se entre eles.*

Rig Veda, IX. 86. 42.

*Possam os raios invencíveis de sua intuição vir aqui buscar a imortalidade e impregnar os dois nascimentos; pois por esses raios ele faz fluir, em um movimento, as forças humanas e as coisas divinas.*

Rig Veda, IX. 70. 3.

*Que todos aceitem tua vontade quando tu nasces, um deus vivo, da árvore seca, a fim de que possam alcançar a divindade e, pela rapidez de teus movimentos, chegar à posse da Verdade e da Imortalidade.*

Rig Veda, I. 68. 2.

Nosso empenho tem sido descobrir o que é a realidade e qual é o significado de nossa existência como seres conscientes no universo material e saber em qual direção e até onde esse significado, uma vez descoberto, nos conduz, para qual futuro, humano ou divino. Nossa existência aqui na Terra poderia ser, de fato, um capricho inconsequente da própria Matéria ou da Energia que constrói a Matéria, ou poderia ser um inexplicável capricho do Espírito. Ou então nossa existência aqui poderia ser a fantasia arbitrária de um Criador supracósmico. Em todo caso, se é a Matéria ou uma Energia inconsciente que é o construtor dessa fantasia, isso significa que nossa vida não tem significado essencial — mesmo nenhum significado —, pois ela seria então, no melhor dos casos, a descrição fugidia de uma espiral errante do Acaso ou a curva inflexível de uma Necessidade cega; e se for um erro do Espírito, pode ter apenas um significado ilusório que se desvanece no nada. Na verdade, pode ser que um Criador consciente tenha dado um sentido à nossa existência, mas esse só pode ser descoberto por uma revelação de sua vontade, e Ele não está envolvido nem pode ser descoberto na natureza essencial das coisas. Mas se houver uma Realidade autoexistente de que nossa existência aqui seria um resultado, então deve haver uma verdade dessa Realidade que se manifesta, se elabora, evolui aqui, e essa verdade será o significado de nosso ser e de nossa vida. Qualquer que seja essa Realidade, é algo que tomou o aspecto de um devenir no Tempo: um devenir indivisível, uma vez que nosso presente e futuro carregam em si, transformado, tornado outro, o passado que os criou; e passado e presente continham já e contêm ainda em si, invisível para nós — porque ainda não manifestada nem revelada na evolução — sua própria transformação no futuro ainda não criado. O significado de nossa existência aqui determina nosso destino e este destino é algo que existe já em nós como uma necessidade e potencialidade: a necessidade da realidade secreta de nosso ser e seu emergir, a verdade de seus potenciais que se elabora; ambas, embora ainda não realizadas, estão já agora contidas nisso que já se manifestou. Se houver um Ser que se torna, uma Realidade de existência que se expande no Tempo, é esse Ser, essa Realidade secreta que devemos nos tornar, e esse tornar-se é, então, o significado de nossa vida.

Consciência e vida devem ser as palavras-chave do que assim se prepara no Tempo, pois sem elas a Matéria e o mundo da Matéria seriam um fenômeno sem sentido, uma coisa que aconteceu por Acaso ou por uma Necessidade inconsciente. Mas a consciência como ela é e a vida como ela é não podem ser todo o segredo, pois ambas são muito claramente algo inacabado e ainda em processo. Em nós, consciência é Mente e nossa mente é ignorante e imperfeita, um poder intermediário que cresceu e continua a crescer em direção a algo além de si mesma; houve níveis de consciência inferiores que vieram antes, e deles a Mente surgiu; níveis superiores devem evidentemente existir, para os quais ela se eleva presentemente. Antes de nossa mente que pensa, raciocina e reflete houve uma consciência não pensante, mas viva e sensível, e antes disso já havia o subconsciente e o inconsciente; depois de nós, ou nisso que em nosso self ainda não está evoluído, é provável que haja uma consciência maior, autoluminosa, que espera, e não depende do pensamento construtivo: nossa mente pensante, imperfeita e ignorante, certamente não é a última palavra da consciência, sua última possibilidade. Pois a essência da consciência é o poder de perceber-se e perceber seus objetos e, em sua verdadeira natureza, esse poder deve ser direto, completo e cumprir-se espontaneamente: se em nós é indireto, incompleto e imperfeito em suas ações, se depende de instrumentos construídos, é porque a consciência aqui emerge de uma Inconsciência original que a encobre, e ainda está sobrecarregada e envolvida pela Insciência primordial própria ao Inconsciente; mas ela deve ter o poder para emergir completamente, seu destino deve ser evoluir para sua própria perfeição, que é sua natureza verdadeira. Sua natureza verdadeira é ser inteiramente consciente de seus objetos, e desses objetos o primeiro é o self, o ser cuja consciência está evoluindo aqui na Terra, e o resto é aquilo que vemos como não-self — mas se a existência for indivisível, esse não-self deverá na realidade também ser self: o destino da consciência evolutiva deve ser, então, tornar-se perfeita em sua percepção, inteiramente perceptiva do self e de tudo. Esse estado, perfeito e natural da consciência, é para nós uma supraconsciência, um estado que nos ultrapassa e no qual nossa mente, se transferida subitamente para ele, no início seria incapaz de funcionar; mas é em direção a essa supraconsciência que nosso ser consciente deve evoluir. Mas essa evolução de nossa consciência em direção a uma supraconsciência, ou ao máximo de si mesma, só é possível se a própria Inconsciência, que é nossa base aqui, for realmente uma Supraconsciência involuída; pois aquilo que será no devenir da Realidade em nós já deve estar lá, involuído ou secreto em seu começo. Podemos facilmente conceber o Inconsciente como um Ser ou Poder involuído, dessa maneira, quando observamos de perto essa criação material nascida de uma Energia inconsciente e a vemos dar forma, por meio de construções singulares e inumeráveis artifícios, à ação de uma vasta Inteligência involuída; vemos também que nós mesmos somos algo dessa Inteligência, algo que evolui a partir de sua involução, uma consciência que emerge e cuja emergência não pode parar de repente no caminho antes que o Involuído tenha evoluído e se revelado como uma Inteligência suprema, com a inteira percepção de si e de tudo. É a isso que demos o nome de Supramente ou Gnose. Pois evidentemente essa deve ser a consciência da Realidade, do Ser, do Espírito que em nós está secreto e lentamente se manifesta aqui; desse Ser somos os devires, e devemos crescer e assumir sua natureza.

Se consciência é o segredo central, vida é a indicação externa, o poder efetivo do ser na Matéria; pois é a vida que libera a consciência e lhe dá sua forma, a reveste de força e a realiza na ação material. Se certa revelação ou realização de si mesmo na Matéria for o objetivo último do Ser evolutivo em seu nascimento, a vida seria o sinal externo e dinâmico, o indicador dessa revelação e realização. Mas a vida também, como é agora, é imperfeita e em evolução; ela evolui pelo crescimento da consciência, assim como a consciência evolui pela organização e perfeição maiores da vida: uma consciência mais vasta significa uma vida mais vasta. O ser humano, o ser mental, tem uma vida imperfeita porque a mente não é o primeiro nem o mais vasto poder de consciência do Ser; mesmo se a mente fosse aperfeiçoada haveria ainda algo a ser realizado, algo ainda não manifestado. Pois o que está involuído e emerge não é uma Mente, mas um Espírito, e a mente não é o dinamismo de consciência nativo do Espírito; a supramente, a luz da gnose, é seu dinamismo nativo. Se a vida deve tornar-se uma manifestação do Espírito, então a manifestação em nós de um ser espiritual e a vida divina de uma consciência aperfeiçoada em um poder supramental ou gnóstico do ser espiritual, é que devem ser o encargo secreto e a intenção da Natureza evolutiva.

Toda vida espiritual é, em seu princípio, um crescimento para uma vida divina. É difícil fixar a fronteira onde cessa a vida mental e começa a vida divina, pois as duas projetam-se uma na outra e suas existências misturam-se em um vasto espaço. Uma grande parte desse espaço intermediário — quando o anelo espiritual não nos afasta completamente da terra ou do mundo — pode ser visto como o processo de uma vida superior em preparação. À medida que a mente e a vida são iluminadas pela luz do Espírito, revestem ou refletem algo da divindade, da Realidade secreta maior, e isso deve aumentar até que o espaço intermediário seja atravessado e a existência inteira seja unificada na plena luz e poder do princípio espiritual. Mas, para que o anelo evolutivo se cumpra de modo inteiro e perfeito, essa iluminação e essa mudança devem apoderar-se do ser inteiro — mente, vida e corpo — e recriá-lo: essa deve ser não apenas uma experiência interior da Divindade, mas, por seu poder, um remodelamento da existência interna e externa. A iluminação, a mudança, devem tomar forma não apenas na vida do indivíduo, mas também em uma vida coletiva de seres gnósticos, estabelecida como um poder e forma mais altos do devenir do Espírito na natureza terrestre. Para que isso seja possível, a entidade espiritual em nós deve ter desenvolvido sua própria perfeição integral, não apenas no estado interior do ser, mas no poder de exteriorização do ser e, com essa perfeição e como uma necessidade de sua ação completa, ela deve ter desenvolvido sua própria *dynamis* e instrumentação a partir de sua existência exterior.

Pode haver, sem nenhuma dúvida, uma vida espiritual interior, um reino dos céus dentro de nós que não é dependente de nenhuma manifestação externa, de instrumentação ou fórmula de ser externa. A vida interior tem uma importância espiritual suprema e a exterior só tem valor na medida em que expressa o estado interior.

De qualquer modo que viva, atue e se comporte, o homem que tem uma realização espiritual, em todos os seus modos de ser e de sua ação, "vive e move-se em Mim", como é dito no *Bhagavad-Gītā*; ele habita no Divino, realizou a existência espiritual. O homem espiritual, que vive no sentido do self espiritual e realizou o Divino em si mesmo e em toda parte, viverá interiormente uma vida divina e o reflexo dessa vida clareará os atos externos de sua existência, mesmo se não fossem além — ou parecessem não ir além — da instrumentação comum do pensamento e ação humanos nesse mundo da natureza terrestre. Essa é a verdade primeira e a essência do problema; contudo, do ponto de vista da evolução espiritual, seria apenas uma liberação e uma perfeição individuais e a existência circundante continuaria inalterada. Para uma mudança dinâmica maior na própria natureza terrestre, uma mudança espiritual do inteiro princípio da vida e da ação e toda sua instrumentação, devemos considerar, em nossa concepção da realização total, da conclusão divina, o aparecimento de uma ordem nova de seres e de uma nova vida terrestre. A mudança gnóstica toma aqui uma importância primordial; tudo o que precede pode ser considerado como uma construção e preparação para essa reversão transmutadora da natureza inteira. Pois é um modo de viver gnóstico e dinâmico que deve ser a consumação da vida divina na Terra, um modo de viver que desenvolve instrumentos superiores de conhecimento do mundo e ação no mundo, para dinamizar a consciência na existência física e apoderar-se dos valores do mundo da Natureza material e transformá-los.

Mas sempre, por sua própria natureza, o inteiro fundamento da vida gnóstica deve ser interno e não externo. Na vida do espírito é o Espírito, a Realidade interior, que construiu a mente, o ser vital e o corpo, e os utiliza como sua instrumentação; pensamento, sentimento e ação não existem por si, não são um objetivo, mas os meios; eles servem para expressar a Realidade divina manifestada em nosso interior; senão, sem essa interioridade, sem essa origem espiritual, seria impossível, em uma consciência exteriorizada demais ou apenas por meios externos, realizar uma vida maior ou uma vida divina. Em nossa vida presente, que pertence à Natureza, em nossa existência exteriorizada, superficial, é o mundo que parece nos criar; mas quando nos voltamos para a vida espiritual somos nós que devemos nos criar e criar nosso mundo. Nessa nova fórmula de criação, a vida interior torna-se de primeira importância e o resto pode ser apenas sua expressão e consequência. É isso, de fato, que indica nossos próprios esforços em direção à perfeição, a perfeição de nossa própria alma, mente e vida e a perfeição da vida da espécie. Pois o mundo que nos é oferecido é obscuro, ignorante, material, imperfeito, e mesmo nosso ser consciente externo é criado, modelado, pelas energias dessa vasta obscuridade muda, suas pressões, nascimento físico, ambiente, o aprendizado por meio dos impactos e choques da vida; no entanto, percebemos vagamente algo que está em nós ou busca estar, algo diferente daquilo que assim foi modelado, um espírito autoexistente e autodeterminado que impele nossa natureza a criar uma imagem de sua própria perfeição oculta ou da Ideia de perfeição. Há algo que cresce em nós em resposta a essa demanda, se esforça para tornar-se a imagem desse Algo divino, e é impelido também a laborar no mundo externo que lhe foi dado e refazê-lo também conforme uma imagem mais alta, à imagem de seu próprio crescimento espiritual, mental e vital, para fazer de nosso mundo também algo criado conforme nossa mente e a concepção própria de nosso espírito, algo novo, harmonioso, perfeito.

Mas nossa mente é obscura, parcial em suas noções, enganada pelas aparências superficiais contraditórias, dividida entre várias possibilidades; ela é levada a três diferentes direções e pode dar uma preferência exclusiva a qualquer uma delas: em sua busca por aquilo que deve ser, nossa mente escolhe concentrar-se em nosso crescimento e nossa perfeição espirituais, em nosso ser individual e sua vida interior; ou se concentra no desenvolvimento individual de nossa natureza de superfície, na perfeição de nosso pensamento e da ação externa dinâmica ou prática no mundo, em algum idealismo em nossas relações pessoais com o mundo que nos circunda; ou, antes, escolhe concentrar-se no próprio mundo externo, para torná-lo melhor, mais adaptado a nossas ideias e temperamento ou à nossa concepção daquilo que deveria ser. De um lado, há o chamado de nosso ser espiritual que é nosso verdadeiro self, realidade transcendente, ser do Ser Divino, não criado pelo mundo, capaz de viver em si mesmo, de elevar-se acima do mundo até a transcendência; do outro lado, há a demanda do mundo em torno de nós e que é uma forma cósmica, uma formulação do Ser Divino, um poder disfarçado da Realidade. Há também a demanda dividida, dupla, de nosso ser da Natureza, que está em equilíbrio entre esses dois termos, depende deles e os conecta; pois em aparência ele é feito pelo mundo, e no entanto, porque seu verdadeiro criador está em nós e a instrumentação cósmica que parece tê-lo feito é apenas o primeiro meio usado, na realidade esse ser é uma forma, uma manifestação disfarçada de um ser espiritual maior em nosso interior. É essa demanda que é a mediadora entre nossa preocupação com uma perfeição interior ou liberação espiritual e nossa preocupação com o mundo exterior e sua formação; é ela que insiste por uma relação mais feliz entre os dois termos e cria o ideal de um indivíduo melhor em um mundo melhor. Mas é em nós que a Realidade, fonte e fundamento de uma vida perfeita, deve ser encontrada; nenhuma formação externa pode substituí-la: o verdadeiro self deve ser realizado dentro, para que a verdadeira vida possa ser realizada no mundo e na Natureza.

No crescimento em direção a uma vida divina, o espírito deve ser nossa primeira preocupação. Até que o tenhamos revelado e desenvolvido em nosso self, liberado de seus invólucros e disfarces mentais, vitais e físicos, desprendido com paciência de nosso próprio corpo, como é dito nos *Upanishads*, até que tenhamos construído em nós mesmos uma vida interior do espírito, é óbvio que nenhuma existência divina exterior pode tornar-se possível — a menos, certamente, que seja uma divindade mental ou vital que percebemos e gostaríamos de ser —, mas mesmo assim é preciso que o ser mental individual ou o ser de poder, força vital e desejo em nós cresça e se torne uma forma dessa divindade, antes que nossa vida possa ser divina nesse sentido inferior: a vida do super-homem infraespiritual, semideus mental ou titã vital, Deva ou Asura. Uma vez criada essa vida interior, nossa outra preocupação deve ser converter todo nosso ser de superfície, nossos pensamentos, sentimentos, ações no mundo, em um poder perfeito dessa vida interior. É apenas se vivermos, nas partes dinâmicas de nosso ser, desse modo mais profundo e mais vasto, que poderemos encontrar a força para criar uma vida mais elevada ou refazer o mundo, tornando-o quer um poder ou perfeição da Mente e da Vida, quer o poder e a perfeição do Espírito. Um mundo humano perfeito não pode ser criado, ou composto, por homens que são eles mesmos imperfeitos. Mesmo se todas as nossas ações fossem escrupulosamente reguladas pela educação, pela lei ou por um mecanismo social ou político, o que se conseguirá será um tipo de mente regulada, de vida fabricada, de conduta cultivada; mas uma conformidade desse tipo não pode mudar, não pode recriar o homem interior, não pode esculpir ou talhar uma alma perfeita, um pensador perfeito ou um ser vivo e progressivo perfeito. Pois alma, mente e vida são poderes de ser e podem crescer, mas não podem ser moldadas ou fabricadas; um processo externo, uma formação, podem ajudar ou podem expressar a alma, a mente e a vida, mas não podem criá-las ou desenvolvê-las. Pode-se, certamente, ajudar um ser a crescer, não com a intenção de manufaturá-lo, mas de expô-lo a experiências estimulantes ou de emprestar-lhe as forças de nossa alma, nossa mente ou nossa vida; mas, mesmo assim, o crescimento ainda deve vir do interior do ser e não do exterior, e, de lá, determinar o que deve ser feito dessas influências e forças. Essa é a primeira verdade que nossa aspiração e fervor criadores devem aprender, de outro modo todo nosso esforço humano está condenado antecipadamente a girar futilmente em círculo, e acabará por tornar-se um sucesso que é uma derrota disfarçada.

Ser ou tornar-se algo, trazer algo à existência, é todo o labor da Natureza e sua força; saber, sentir, fazer, são energias subordinadas que têm um valor porque ajudam o ser, em sua autorrealização parcial, a expressar o que ele é, e o ajudam também em seu impulso para expressar o "ainda mais" que não realizou e que ele deve ser. Mas conhecimento, pensamento, ação — quer sejam religiosos, éticos, políticos, sociais, econômicos, utilitários ou hedonísticos, quer sejam uma forma ou uma construção mental, vital ou física da existência —, não podem ser a essência ou o objetivo da vida; essas são apenas atividades dos poderes do ser ou dos poderes do seu vir-a-ser, símbolos dinâmicos de si mesmo, criações do espírito encarnado, seus meios para descobrir e formular aquilo que ele busca ser. A tendência da mente física do ser humano é ver de outro modo e virar de cabeça para baixo o método verdadeiro das coisas, porque toma por essenciais ou fundamentais as forças ou as aparências superficiais da Natureza; ela aceita o que a Natureza cria, por meio de processos visíveis e externos, como a essência de sua ação, e não vê que isso é apenas uma aparência secundária que recobre um processo secreto mais vasto: pois o processo oculto da Natureza é revelar o ser, fazendo aparecer seus poderes e formas; sua pressão externa é apenas um meio de despertar o ser involuído para a necessidade dessa evolução, dessa autoformação. Quando o estágio espiritual for alcançado na evolução da Natureza, esse processo oculto deverá tornar-se o processo total; atravessar o véu das forças e tocar sua mola principal secreta que é o próprio espírito, é de capital importância. Tornarmo-nos nós mesmos é a única coisa a ser feita; mas o verdadeiro "si mesmo" é aquilo que está dentro de nós, e ultrapassar nosso self externo corporal, vital e mental é a condição para que esse ser mais alto, nosso ser verdadeiro e divino, se revele e se torne ativo. É só crescendo interiormente e vivendo no interior que poderemos encontrá-lo; uma vez isso feito, então criar, a partir daí, uma mente, vida e corpo espirituais ou divinos e, por meio dessa instrumentação chegar a criar um mundo que será o ambiente verdadeiro de uma existência divina — esse é o objetivo final que a Força da Natureza pôs diante de nós. Essa, então, é a primeira necessidade: que o indivíduo, cada indivíduo, descubra o espírito, a realidade divina dentro de si e a expresse em todo o seu ser e existência. Uma vida divina deve ser, primeiro e antes de tudo, uma vida interior; pois visto que o fora deve ser a expressão do que está dentro, não pode haver divindade na existência externa se não houver a divinização do ser interno. A Divindade no homem habita velada em seu centro espiritual; é impossível que ele possa exceder a si mesmo, ou que sua existência tenha um resultado mais alto, se não existir nele a realidade desse self e espírito eterno.

Ser e ser plenamente, é o objetivo da Natureza em nós; mas ser plenamente é ser inteiramente consciente de seu ser: inconsciência, semiconsciência ou uma consciência deficiente são estados de um ser que não está em posse de si mesmo — é existir, mas não plenitude de ser. Ter a percepção de si de modo total e integral, e de toda a verdade de seu ser, é a condição necessária para possuir verdadeiramente a existência. Essa autopercepção é o próprio sentido do conhecimento espiritual:

a essência do conhecimento espiritual é uma consciência intrínseca autoexistente; todas as suas ações de conhecimento, de fato todas as suas ações, quaisquer que sejam, devem ser uma formulação dessa consciência. Todo conhecimento diferente desse é a consciência esquecida de si mesma e que se esforça para retornar à sua percepção própria e seus conteúdos; é uma autoignorância que labora para voltar a ser um autoconhecimento.

Além disso, visto que a consciência possui em si a força da existência, ser completamente é ter a força intrínseca e integral de seu próprio ser; é entrar em posse de toda a força de seu self e fazer pleno uso dela. Meramente ser, sem possuir a força de seu ser ou com uma força parcial ou uma força deficiente — é uma existência mutilada ou diminuída; é existir, mas não é a plenitude de ser. Certamente é possível existir apenas em estado estático, com a força de ser reunida e imóvel no self; mas, mesmo assim, ser em *dynamis* assim como em estado estático é a integralidade da existência: o poder do self é sinal da divindade do self — um espírito sem poder não é espírito. Mas do mesmo modo como essa consciência espiritual é intrínseca e autoexistente, assim também essa força de nosso ser espiritual deve ser intrínseca, automática em sua ação, autoexistente e cumprir-se espontaneamente. Toda instrumentação que utiliza deve ser parte dela; mesmo os instrumentos externos que utiliza devem tornar-se parte dela e expressões de seu ser. Vontade é a força do ser em ação consciente e qualquer que seja a vontade consciente do Espírito — sua vontade de ser e devenir —, a existência toda deve ser capaz de cumprir de maneira harmoniosa. Toda ação ou energia de ação que não possui essa soberania ou não é mestra do mecanismo da ação, traz em si, devido a essa deficiência, o sinal de uma imperfeição da força de ser, de uma divisão ou de uma segmentação que mutila a consciência e torna incompleta a manifestação do ser.

Em conclusão, ser inteiramente é ter o pleno deleite de ser. Ser sem deleite de ser, sem um inteiro deleite de si e de todas as coisas, é algo neutro e diminuído; é existir, mas não é plenitude de ser. Esse deleite também deve ser intrínseco, autoexistente, automático; não pode depender de coisas que lhe são externas: qualquer que seja o objeto de seu deleite ele o faz parte de si mesmo, tem a alegria disso como se fosse parte de sua universalidade. Toda ausência de deleite, todo pesar e sofrimento são sinais de imperfeição, de incompletude; surgem de uma divisão do ser, de uma consciência e uma força de ser incompletas. Tornar-se completo no ser, na consciência de ser, na força de ser, no deleite de ser, e viver nessa completude integrada, é viver divinamente.

Porém, para ser inteiramente é preciso ser também universalmente. Ser, nas limitações de um pequeno ego restrito, é existir, mas é uma existência imperfeita: a natureza mesma do ego consiste em viver em uma consciência incompleta, uma força e um deleite de ser incompletos. É ser menos do que se é e isso traz uma inevitável sujeição à ignorância, à fraqueza e ao sofrimento, e mesmo se alguma composição divina de nossa natureza pudesse excluir essas coisas, isso seria ainda viver em um campo limitado de existência, em uma consciência, poder e alegria de ser limitados. Toda a existência é una, e ser completamente é ser tudo o que existe. Ser no ser de todos e tudo incluir em seu ser, ser consciente da consciência de todos, integrar sua força à força universal, levar consigo toda ação e experiência e senti-las como sua própria ação e experiência, sentir cada self como seu próprio self, sentir todo deleite de ser como seu próprio deleite de ser é uma condição necessária para viver uma existência divina integral.

Mas para ser universalmente, na plenitude e liberdade de nossa universalidade, devemos também ser transcendentalmente. A plenitude espiritual do ser é eternidade; se não tivermos a consciência do ser eterno atemporal, se formos dependentes do corpo ou da mente e vida encarnadas ou dependentes desse ou daquele mundo ou dessa ou daquela condição de ser, isso não será a realidade do self, não será a plenitude de nossa existência espiritual. Viver apenas como o self do corpo ou existir apenas por meio do corpo é ser uma criatura efêmera, sujeita à morte, desejos, penas e sofrimentos, decadência e decomposição. Transcender, exceder a consciência do corpo, não estar encerrado no corpo ou pelo corpo, aceitar o corpo apenas como um instrumento do self, uma formação exterior e menor do self, é a primeira condição para viver de um modo divino. Não ser uma mente sujeita à ignorância e restrições da consciência, transcender a mente e tratá-la como um instrumento, controlá-la como uma formação superficial do self, é a segunda condição. Ser pelo self e pelo espírito, não depender da vida, não se identificar com ela, transcendê-la, controlá-la e usá-la como uma expressão e instrumentação do self, é a terceira condição. Mesmo a vida corporal não possui a plenitude de seu ser em sua própria esfera, se a consciência não exceder o corpo e não sentir sua unidade física com toda a existência material; a vida vital não possui a plenitude de sua existência em sua própria esfera se a consciência não exceder o jogo restrito de uma vitalidade individual e não sentir a vida universal como sua e sua unidade com toda a vida. A mentalidade não pode ser uma existência ou atividade plenamente conscientes em sua própria esfera se não excedermos os limites mentais individuais e não sentirmos unidade com a Mente universal e com todas as mentes e não fruírmos da integralidade de sua consciência, que se efetua na riqueza de suas diferenças. Devemos transcender não apenas a fórmula individual, mas também a fórmula do universo, pois só assim a existência individual e a existência universal podem encontrar seu ser verdadeiro e uma harmonização perfeita; ambas são, em sua formulação externa, termos incompletos da Transcendência, mas são Isto em sua essência, e é só ao se tornarem conscientes dessa essência que a consciência individual e a consciência universal poderão chegar à plenitude e à liberdade de seu ser verdadeiro. Senão, o indivíduo permanecerá sujeito ao movimento cósmico, às suas reações e limitações, e falhará em obter sua inteira liberdade espiritual. Ele deve entrar na Realidade divina suprema, sentir sua unidade com ela, viver nela, ser sua criação: todo seu ser mental, vital e físico deve ser convertido aos termos da Supranatureza; todos os seus pensamentos, sentimentos, ações devem ser determinados por ela, ser ela, formados por ela. Tudo isso só poderá se tornar completo no indivíduo quando ele sair da Ignorância e entrar no Conhecimento e, pelo Conhecimento, entrar na Consciência suprema, em sua *dynamis* e seu deleite supremo de ser; a primeira mudança espiritual pode já nos trazer o essencial dessas coisas e uma instrumentação suficiente, e é na vida da Supranatureza gnóstica que elas alcançarão seu cume.

Tudo isso é impossível sem que vivamos dentro. Essas coisas não poderão ser alcançadas se permanecermos em uma consciência exteriorizada, sempre voltada para fora, ativa apenas, ou, principalmente, na superfície e a partir da superfície. O ser individual deve encontrar-se, encontrar sua existência verdadeira; e isso ele só pode fazer indo dentro, vivendo em seu interior e a partir do interior: pois a consciência externa ou superficial, isto é, a vida separada do espírito interior, é o campo da Ignorância e só pode ultrapassar-se e ultrapassar a Ignorância ao abrir-se à amplidão do self e da vida interiores. Se houver em nós um ser da transcendência, deverá encontrar-se aí, em nosso self secreto; à superfície há apenas um ser efêmero da natureza, feito por limites e circunstâncias. Se houver em nós um self capaz de amplidão e universalidade, capaz de entrar em uma consciência cósmica, isso também deverá encontrar-se dentro, em nosso ser interior; a consciência externa é uma consciência física atada a seus limites individuais pela corda tripla de mente, vida e corpo; qualquer tentativa exterior de universalidade só pode resultar no engrandecimento do ego ou no aniquilamento da personalidade por sua extinção na massa ou sujeição à massa. É só por um crescimento, movimento, ação interiores que o indivíduo pode, livre e efetivamente, universalizar e transcendentalizar seu ser. Para viver divinamente é preciso que o centro e a fonte imediata da realização dinâmica do ser sejam transferidos de fora para dentro, pois aí é onde se aloja a alma, mas ela está velada ou semivelada e nosso ser imediato e sua fonte de ação encontram-se presentemente na superfície. Nos seres humanos, diz o *Upanishad*, o Autoexistente talhou as portas da consciência voltadas para fora, mas uns poucos voltam os olhos para dentro e são esses que veem e conhecem o Espírito e desenvolvem o ser espiritual. Assim, olhar em si mesmo, ver e entrar em si mesmo e viver dentro, é a primeira necessidade para a transformação da natureza e para a vida divina.

Esse movimento de voltar-se para dentro e viver dentro é uma tarefa difícil de impor à consciência normal do ser humano; contudo, não há outra maneira de encontrar a si mesmo. O pensador materialista erige uma oposição entre o extrovertido e o introvertido, mantém que a atitude extroversa é nossa única salvação: ir para dentro é entrar nas trevas ou no vazio ou é perder o equilíbrio da consciência e tornar-se doentio; é do exterior que se cria a única vida interior que podemos construir, e para assegurar sua saúde é preciso confiar estritamente em suas fontes externas, saudáveis e nutrientes — o equilíbrio da mente e da vida pessoais só pode ser assegurado se nos apoiarmos firmemente na realidade externa, pois o mundo material é a única realidade fundamental. Isto pode ser verdade para o homem físico, o extrovertido nato, que se sente uma criatura da natureza exterior; construído por ela e dependente dela, ele se perderia se entrasse em si mesmo; para ele não há ser interior, não há vida interior. Mas o introvertido, nessa definição, também não tem vida interior; ele não é o vidente do self interior verdadeiro e das coisas interiores: ele é o pequeno homem mental que olha superficialmente em si mesmo e vê aí não seu self espiritual, mas seu ego vital, seu ego mental e absorve-se de modo doentio com os movimentos dessa criatura anã e lamentável. A ideia ou experiência de uma escuridão interior quando se olha dentro é a primeira reação de uma mentalidade que sempre viveu na superfície e não percebeu a realidade da existência interior; ela tem apenas uma experiência interna construída que depende do mundo externo para encontrar os materiais de seu ser. Mas para aqueles em cuja composição entrou o poder de uma existência mais interior, o movimento de interiorizar-se e viver dentro não traz uma escuridão ou um vazio insípido, mas uma ampliação, uma afluência de experiências novas, uma visão mais vasta, uma capacidade maior, uma expansão de vida infinitamente mais real e variada do que a primeira pequena vida que nossa humanidade física normal construiu para si mesma, uma alegria de ser que é mais ampla e rica do que todas as delícias da existência que o homem vital exteriorizado ou o homem mental de superfície podem obter por sua força e atividade vitais dinâmicas ou pela sutileza e expansão de sua existência mental. O silêncio, a entrada em um vazio vasto, mesmo imenso ou infinito, é parte da experiência espiritual interior; desse silêncio e desse vazio a mente física tem certo medo; a pequena mente pensante, ou a mente vital superficialmente ativa recua diante disso, ou detesta isso — porque confunde o silêncio com a incapacidade mental e vital, e confunde o vazio com a cessação ou a não-existência. Mas esse silêncio é o silêncio do Espírito, e é a condição de um conhecimento, poder e beatitude maiores; esse vazio é o esvaziamento da taça de nosso ser natural, sua liberação de seus conteúdos turvos, para que possa preencher-se com o vinho de Deus; essa é a passagem, não a uma não-existência, mas a uma existência superior. Mesmo quando o ser busca a cessação, essa não é uma cessação na não-existência, mas na vastidão inefável do ser espiritual, ou é o mergulho na supraconsciência incomunicável do Absoluto.

De fato, esse movimento de interiorização não é um aprisionamento no self pessoal, é o primeiro passo em direção a uma verdadeira universalidade; ele nos traz a verdade de nossa existência externa, assim como a verdade de nossa existência interna. Pois essa vida interior pode estender-se e abarcar a vida universal; ela pode contatar, penetrar, englobar a vida de todos com uma realidade e uma força dinâmica maiores, inacessíveis à nossa consciência de superfície. A universalização máxima que podemos alcançar à superfície é uma tentativa pobre e claudicante — uma construção, um simulacro, e não a coisa real, pois em nossa consciência de superfície somos obrigatoriamente separados da consciência dos demais e portamos os grilhões do ego. Nessa consciência de superfície, nosso próprio desinteresse torna-se muitas vezes uma forma sutil de egoísmo ou uma afirmação maior de nosso ego; contentes com nossa pose de altruísta não vemos que isso é um disfarce para impor nosso self individual, nossas ideias, nossa personalidade mental e vital, nossa necessidade de engrandecer o ego às custas de outros que atraímos à nossa órbita expandida. Na medida em que conseguimos viver realmente para outros, é por uma força interior espiritual de amor e simpatia; mas em nós, o poder dessa força e seu campo de atividade são pequenos, o movimento psíquico que o impele é incompleto, sua ação muitas vezes é ignorante, porque mesmo se houver um contato de mente e coração, nosso ser não abarca o ser de outros como se fosse o seu. Uma unidade externa com outros é sempre e necessariamente uma aliança e associação superficiais de vidas exteriorizadas, com um resultado interior menor; a mente e o coração vinculam seus movimentos a essa vida comum e aos seres que aí encontramos; mas a vida comum exterior continua como base; a unidade construída interiormente — ou aquilo que pode persistir dela apesar da ignorância mútua e dos egoísmos discordantes, dos conflitos de mentes, de corações, de temperamentos vitais, de interesses — é uma superestrutura parcial e insegura. A consciência espiritual, a vida espiritual, inverte esse princípio de construção: é na experiência interior que ela baseia sua ação na vida coletiva, em uma inclusão de outros em nosso próprio ser, em um sentido interior de unidade, em uma unidade interior real. O indivíduo espiritual age com um sentido de unidade que lhe dá uma percepção direta e imediata daquilo que um self espera do outro self, das necessidades da vida, do bem, do trabalho de amor e simpatia que podem verdadeiramente ser feitos. Uma realização da unidade espiritual, uma dinamização da consciência íntima do ser único, do self único em todos os seres, é a única coisa que pode, por sua verdade, fundamentar e governar a ação da vida divina.

No ser gnóstico ou divino, na vida gnóstica, haverá uma consciência íntima e completa do self de outros, uma consciência da mente, da vida, do ser físico de outros; o ser gnóstico os sentirá como se fossem seus; agirá não por um movimento superficial de amor e simpatia ou qualquer outro movimento similar, mas com a consciência de uma proximidade mútua, uma unidade profunda. Sua ação no mundo será toda ela iluminada pela verdade da visão daquilo que deve ser feito, um sentido da vontade da Realidade Divina nele que é também a Realidade Divina em outros, e ele agirá pelo Divino em outros e o Divino em tudo, para que se cumpra a verdade do propósito do Todo, assim como é visto à luz da Consciência mais alta, e o modo e o caminho a seguir para que isso se efetue no poder da Supranatureza. O ser gnóstico encontrar-se-á não apenas em sua própria realização, que é a realização do Ser Divino e da Vontade Divina nele, mas também na realização de outros; sua individualidade universal se efetuará no movimento do Todo em todos os seres, em direção a seu devenir maior. Ele verá em todo lugar a obra divina; tudo que emana dele unindo-se à soma dessa obra divina, tudo que vem da Luz, Vontade, Força interiores que agem nele, será sua ação. Nele não haverá ego separador para tomar iniciativas; através de sua individualidade universalizada, o Transcendente e o Universal projetar-se-ão na ação do universo. Assim como ele não viverá para o ego separado, tampouco viverá para os fins de algum ego coletivo; ele viverá no, e para, o Divino nele mesmo, no, e para, o Divino na coletividade, no, e para, o Divino em todos os seres. Essa universalidade na ação, organizada pela Vontade que tudo vê e no sentido da unidade real de tudo, será a lei de sua existência divina.

É, então, a essa realização espiritual da aspiração à perfeição individual e a uma plenitude interior do ser que nos referimos em primeiro lugar, quando falamos de uma vida divina. É a primeira condição essencial para uma vida perfeita na Terra, portanto estamos justificados ao fazer da perfeição individual mais alta possível nossa tarefa primeira e suprema. A perfeição das relações espirituais e pragmáticas do indivíduo com tudo que o circunda é nossa segunda preocupação; a solução desse segundo desiderato encontra-se na universalidade e unidade completas com toda a vida na Terra: esse é o outro resultado concomitante com a evolução, quando se passa a uma consciência e uma natureza gnósticas. Mas resta ainda o terceiro desiderato: um mundo novo, uma mudança na vida total da humanidade ou, ao menos, uma vida coletiva nova e perfeita na natureza terrestre. Isso exige não só o aparecimento de indivíduos evoluídos agindo isolados na massa não evoluída, mas de muitos indivíduos gnósticos formando um novo tipo de seres e uma nova vida comum, superior à existência individual e comum atual. Uma vida coletiva desse tipo deve obviamente constituir-se do mesmo princípio que a vida do indivíduo gnóstico. Em nossa existência humana atual há uma coletividade física cuja coesão é mantida por uma vida física comum, pelos fatos da vida, e tudo o que decorre disso: comunidade de interesses, civilização e cultura comuns, leis sociais comuns, mentalidade agregada, associação econômica, ideais, emoções, esforços do ego coletivo, com a rede das relações e laços individuais que percorre o todo e ajuda a manter sua coesão. Quando há uma divergência, oposição, conflito entre esses elementos, um ajustamento prático é imposto ou um acordo organizado pela necessidade da vida em comum; constitui-se uma ordem natural ou uma construída. Essa não será a maneira gnóstica divina da existência coletiva, pois nela o que unirá e manterá todos juntos não será o fato de que a vida cria uma consciência social suficientemente unida, mas o fato de que uma consciência em comum consolida uma vida em comum. Todos serão unidos pela evolução da Consciência-Verdade neles; com a mudança em seu modo de ser que essa consciência lhes trará, eles se sentirão encarnações de um self único, almas de uma única Realidade; iluminada e movida por uma unidade fundamental de conhecimento, impelida por uma vontade e um sentimento fundamentalmente unificados, a vida expressará a Verdade espiritual e encontrará, através deles, suas próprias formas naturais de devenir. Haverá aí uma ordem, pois a verdade da unidade cria sua própria ordem; haverá uma ou várias leis para regular a vida, mas serão autodeterminadas; serão uma expressão da verdade de um ser unificado espiritualmente e a verdade de uma vida unificada espiritualmente. A inteira formação da existência comum será a obra das forças espirituais que devem elaborar-se de modo espontâneo em uma vida como essa; essas forças serão recebidas interiormente pelo ser interior e serão expressas, ou se autoexpressarão, em uma harmonia inata de ideia, ação e propósito.

Aumentar a mecanização, a uniformização e fixar tudo em um molde comum para assegurar a harmonia é o método mental, mas essa não será a lei da vida gnóstica. Nela, haverá uma grande e livre diversidade entre as diferentes comunidades gnósticas; cada uma dará um corpo particular à vida do espírito; haverá também uma grande e livre diversidade na autoexpressão dos indivíduos de uma mesma comunidade. Mas essa diversidade livre não será um caos, não criará discórdia, pois a diversidade em uma mesma Verdade de conhecimento, mesma Verdade de vida, será uma correlação e não uma oposição. Em uma consciência gnóstica não haverá insistência do ego nas ideias pessoais, nem pressões ou reivindicações da vontade e dos interesses pessoais; haverá, em vez disso, o sentido unificador de uma Verdade comum sob múltiplas formas, um self comum em múltiplas consciências e múltiplos corpos; haverá uma universalidade e plasticidade que verão e expressarão o Um em muitas imagens dele mesmo e manifestarão a unidade em todas as diversidades, pois essa é a lei inerente à Consciência-Verdade e à verdade de sua natureza. Uma única Consciência-Força, que todos perceberão e da qual se verão como instrumentos, agirá por meio de todos eles e harmonizará sua ação. O ser gnóstico sentirá que uma Força única da supranatureza age em uníssono em todo lugar: ele aceitará sua ação em si mesmo, e obedecerá ou usará o conhecimento e o poder que ela lhe deu para a obra divina, mas nada o levará a pôr o poder e o conhecimento que estão nele contra o poder e o conhecimento de outros ou a afirmar-se como um ego em luta contra outros egos. Pois o self espiritual possuirá sua própria alegria e plenitude invioláveis em todas as condições, a infinitude da verdade de seu ser; isso ele sentirá sempre e plenamente qualquer que seja a formulação externa. A verdade do espírito dentro não dependerá de uma formação particular, não terá necessidade, portanto, de lutar por um modo particular de formular-se e afirmar-se no exterior: formas surgirão por si mesmas plasticamente, em uma relação apropriada às outras formulações e cada uma em seu lugar na formulação total. Ao estabelecer-se, a verdade da consciência e do ser gnóstico poderá encontrar a harmonia com a verdade de todos os outros seres que a circundam. Um ser espiritual ou gnóstico sentir-se-á em harmonia com a inteira vida gnóstica em torno dele, qualquer que seja sua posição no todo. Segundo seu lugar no todo, ele saberá como liderar ou governar, mas também como subordinar-se; ambos serão para ele um deleite igual: a liberdade do espírito, visto que é eterna, autoexistente e inalienável, poderá ser sentida tanto no serviço e na subordinação voluntária e adaptação aos outros selfs quanto no poder e na autoridade. Uma liberdade espiritual interior sabe aceitar seu lugar na verdade de uma hierarquia espiritual interior, assim como na verdade de uma equanimidade espiritual fundamental, e uma não é incompatível com a outra. É essa auto-organização da Verdade, uma ordem natural do espírito, que existirá em uma vida em comum com diferentes graus e estágios do ser gnóstico em evolução. Unidade é a base da consciência gnóstica, mutualidade, o resultado natural de sua percepção direta da unidade na diversidade, harmonia, o poder infalível de sua força na ação. Unidade, mutualidade e harmonia devem, portanto, ser a lei inescapável de uma vida gnóstica comum ou coletiva. A forma que tomará dependerá da vontade da Supranatureza em sua manifestação evolutiva, mas esses serão seu caráter geral e seu princípio.

O sentido completo, a lei inerente e a necessidade da passagem do ser e da vida a partir do nível puramente mental e material para o nível espiritual e supramental, é que a liberação, perfeição, autorrealização que o ser na Ignorância busca só podem ser alcançadas se ele passar de sua natureza atual de Ignorância a uma natureza de autoconhecimento espiritual e conhecimento do mundo. A essa natureza maior chamamos Supranatureza, porque se situa além de seu nível atual de consciência e capacidade; mas, de fato, essa é sua natureza própria e verdadeira e ele deve chegar ao cimo e completude dela, se quiser encontrar seu self real e as possibilidades totais de seu ser. Tudo o que acontece na Natureza é o resultado da Natureza, a manifestação do que está sugerido nela ou é inerente a ela, seu fruto e sua consequência inevitáveis. Se nossa natureza for uma Inconsciência e Ignorância fundamentais que chegam com dificuldade a um conhecimento imperfeito, a uma formulação imperfeita da consciência e do ser, as consequências — em nosso ser, vida, ação e criação — deverão ser, como são agora, uma imperfeição constante com resultados incompletos e inseguros, uma mentalidade imperfeita, uma vida imperfeita, uma existência física imperfeita. Tentamos construir sistemas de conhecimento e sistemas de vida para chegar a certa perfeição em nossa existência, a certa ordem justa de relações, a um uso correto da mente, da vida — da felicidade e beleza da vida — e do corpo. Mas o que conseguimos é uma semirretidão, misturada a muita falsidade, feiura e infelicidade; nossas construções sucessivas, devido a seus defeitos e porque a mente e a vida, em sua busca, não podem parar em nenhum lugar de maneira permanente, são expostas à destruição, decadência, ruptura de sua ordem, e nós passamos a outras construções que, no final, não são mais bem-sucedidas ou mais duradouras, mesmo se em um ou outro aspecto possam ser mais ricas e completas ou racionalmente plausíveis. Isso não pode ser de outro modo, porque não podemos construir algo que ultrapasse nossa natureza; imperfeitos, não podemos construir perfeição, por mais maravilhosa que possa nos parecer a maquinaria inventada por nossa engenhosidade mental, por mais eficaz que seja exteriormente. Ignorantes, não podemos construir um sistema de autoconhecimento ou de conhecimento do mundo inteiramente verdadeiro e fecundo; nossa própria ciência é uma construção, uma massa de fórmulas e invenções; mestra no conhecimento de processos e na criação de mecanismos apropriados, mas ignorante dos fundamentos de nosso ser e do ser do mundo, a ciência não pode aperfeiçoar nossa natureza e, por conseguinte, não pode tornar nossa vida perfeita.

    Nossa natureza, nossa consciência, são as de seres que se ignoram: separados uns dos outros, enraizados em um ego dividido, devem se esforçar para estabelecer algum tipo de relação entre suas ignorâncias encarnadas; pois na Natureza há um impulso para a união e forças que trabalham para isso. Harmonias individuais e de grupo são criadas, com uma completude relativa e restrita, e uma coesão social se estabelece; porém, na massa, as relações formadas são constantemente desfiguradas por uma simpatia imperfeita, compreensão imperfeita, mal-entendidos grosseiros, conflitos, discórdias, infelicidade. E não pode ser de outra maneira, enquanto não houver uma união verdadeira de consciências fundamentada em uma natureza de autoconhecimento, um conhecimento interior mútuo, uma realização interior de unidade, uma concórdia entre as forças interiores de nosso ser e as forças interiores de nossa vida. Em nossa construção social labutamos para estabelecer algo que se aproxime da unidade, mutualidade, harmonia, porque sem essas coisas não pode haver uma vida social perfeita; mas o que erigimos é uma unidade construída, uma associação de interesses e de egos que se estabelece à força, por meio de leis e costumes, e impõe uma ordem construída e artificial em que os interesses de alguns prevalecem sobre os interesses de outros; é apenas uma acomodação mais ou menos aceita, mais ou menos imposta, seminatural, semiartificial, que mantém em existência o conjunto social. Entre comunidades, o ajustamento é ainda pior, com a recorrência constante do conflito entre um ego coletivo e outro ego coletivo. Isso é o melhor que podemos fazer, e todos os nossos reajustamentos persistentes da ordem social não nos trazem nada melhor do que uma estrutura de vida imperfeita.

É só se nossa natureza se desenvolve e excede a si mesma, se ela se torna uma natureza que possui o autoconhecimento, a compreensão mútua, a unidade, uma natureza que seja vida e ser verdadeiros, que uma perfeição de nós mesmos e de nossa existência pode se estabelecer, uma vida de um ser verdadeiro: vida de unidade, mutualidade, harmonia, felicidade verdadeira — uma vida harmoniosa e bela. Se nossa natureza estiver presa àquilo que ela é, no que já se tornou, então nenhuma perfeição, nenhuma felicidade real e duradoura serão possíveis na vida terrestre; será completamente inútil buscá-las e deveremos fazer o melhor possível com nossas imperfeições ou buscar essa perfeição e essa felicidade alhures, em uma vida futura supraterrestre ou ir além de toda busca e transcender a vida pela extinção da natureza e do ego em algum Absoluto, do qual esse ser estranho e insatisfatório que somos surgiu na existência. Mas se houver em nós um ser espiritual emergindo e nosso estado presente for apenas uma imperfeição dessa emergência incompleta, se o Inconsciente for um ponto de partida contendo em si a potência de uma supraconsciência e de uma supranatureza que deve evoluir, se ele for um véu de uma Insciência aparente na qual essa consciência maior está escondida e a partir da qual deve revelar-se, se uma evolução do ser for a lei, então aquilo que buscamos é não apenas possível, mas faz parte da necessidade última das coisas. É nosso destino espiritual manifestar e tornarmo-nos essa supranatureza, pois ela é a natureza de nosso self verdadeiro, nosso ser completo ainda oculto — porque ainda involuído. Uma natureza baseada na unidade trará então à vida, inevitavelmente, os resultados da unidade, da mutualidade e da harmonia. Uma vida interior desperta para uma plena consciência e para um pleno poder de consciência trará a todos aqueles que a possuam seu fruto inevitável: o autoconhecimento, uma existência perfeita, a alegria de um ser que se cumpriu, a felicidade de uma natureza realizada.

 A consciência gnóstica e os meios de expressão da Supranatureza têm como caráter inato uma visão e uma ação completas, uma unidade de conhecimento com conhecimento, uma reconciliação de tudo o que parece contraditório em nossa visão e nosso conhecimento mentais, uma identidade de Conhecimento e Vontade que agem como um poder único, em um uníssono perfeito com a verdade das coisas; esse caráter inato da supranatureza é a base da unidade perfeita, da mutualidade e da harmonia perfeitas de sua ação. No ser mental, há uma discórdia entre seu conhecimento construído e a verdade real ou total das coisas, de modo tal que, mesmo o que é verdade nele, muitas vezes no final é ineficaz ou apenas parcialmente efetivo. As verdades que descobrimos são demolidas, nossas realizações apaixonadas da verdade são frustradas; o resultado de nossa ação muitas vezes torna-se parte de um esquema que não havíamos previsto, de um propósito cuja legitimidade não reconhecemos ou a verdade da ideia é traída pelos resultados concretos de seu sucesso prático. Mesmo se a realização da ideia for bem-sucedida, ainda assim — porque a ideia é incompleta, uma construção mental isolada, separada da verdade una e total das coisas — seu sucesso, mais cedo ou mais tarde, levará a uma desilusão e a uma nova tentativa. O desacordo entre nossa visão e noções e a verdade verdadeira e a verdade total das coisas, a parcialidade e a superficialidade das construções enganadoras de nossa mente, são as causas de nossa frustração. Mas há também, no mesmo ser, não só uma discórdia entre conhecimento e conhecimento, mas entre vontade e vontade, e entre conhecimento e vontade; a divisão e a desarmonia entre eles são tais que, mesmo se o conhecimento for maduro ou suficiente, alguma vontade no ser se oporá a ele ou será a vontade que fraquejará; se a vontade for poderosa, veemente ou efetiva de modo firme ou vigoroso, faltará o conhecimento para ajudá-la a encontrar seu uso correto. Todo os tipos de disparidades, desajustamentos e incompletudes em nosso conhecimento, vontade, capacidade, força de execução e de comportamento intervêm constantemente em nossa ação e organização da vida e são uma fonte abundante de imperfeição ou ineficácia. Essas desordens, defeitos e desarmonias são normais em um estado e energia de Ignorância, e só podem ser dissolvidos por uma luz maior do que a luz da natureza mental e vital. A identidade e a autenticidade, a harmonia da verdade com a verdade, são o caráter natural de toda visão e ação gnósticas; à medida que a mente cresce e alcança a gnose, nossa visão e ação mentais, elevadas até a luz gnóstica ou visitadas e governadas por ela, começarão a compartilhar desse caráter, e mesmo se ainda restritas e limitadas, tornar-se-ão muito mais perfeitas e efetivas dentro desses limites; as causas de nossa incapacidade e frustração começarão a diminuir e desaparecer. Ao mesmo tempo, uma existência mais vasta invadirá a mente com as potências de uma consciência e força mais vastas, e fará aparecer novos poderes no ser. O conhecimento é poder e ato da consciência, a vontade é poder consciente e ato consciente da força de ser; no ser gnóstico ambos atingirão magnitudes maiores do que aquelas que conhecemos até agora: um grau superior de si mesmos e meios de expressão mais ricos, pois em todo lugar onde houver um aumento de consciência haverá um aumento da força potencial e do poder real da existência.

Na formulação terrestre de Conhecimento e Poder essa correlação não é sempre aparente, porque aí a própria consciência está escondida em uma Inconsciência original, e a força e o ritmo naturais de seus poderes são diminuídos quando emergem e perturbados pelas discordâncias e véus da Ignorância. O Inconsciente aí é a Força original, potente e automaticamente efetiva, a mente consciente é apenas um pequeno agente laborioso; mas isso é porque a mente consciente em nós tem uma ação individual limitada e o Inconsciente é a ação imensa de uma Consciência universal escondida: a Força cósmica, mascarada em Energia material, esconde de nossa vista, pela materialidade insistente de seus processos, um fato oculto, isto é, que a ação do Inconsciente é em realidade a expressão de uma vasta Vida universal, de uma Mente universal velada, de uma Gnose encapuzada; se estas não fossem suas origens ele não teria poder de ação nem coerência organizadora. A força vital também, no mundo material, parece ser mais dinâmica e efetiva do que a Mente; nossa Mente é livre e inteiramente poderosa apenas em ideias e cognição; fora desse campo mental sua força de ação e seu poder de realização são obrigados a trabalhar com a vida e a matéria como instrumentos, e sob as condições impostas pela vida e a matéria, nossa mente é entravada e semiefetiva. Mas mesmo assim, vemos que a força da Natureza no ser mental é muito mais poderosa ao lidar com ele e com a vida e a matéria do que a força da Natureza no animal; é a força maior de consciência e conhecimento no ser mental, o emergir de uma força maior de ser e de vontade, que constitui essa superioridade. Na própria vida humana, o homem vital parece ter uma *dynamis* de ação mais forte do que o homem mental, em razão de sua superioridade em força vital cinética; o intelectual tende a ser eficaz no pensamento, mas ineficaz no poder sobre o mundo, enquanto o homem vital cinético, voltado para a ação, domina a vida. Mas é o uso da mente que lhe permite explorar de modo completo essa superioridade e, no final, pelo poder de seu conhecimento, pela sua ciência, o homem mental é capaz de estender a mestria da existência muito além do que a vida na matéria pode efetuar por seus próprios meios ou o homem vital pode cumprir com sua força vital e seu instinto vital, sem esse aumento de conhecimento efetivo. Um poder infinitamente maior sobre a existência e a Natureza intervirá quando uma consciência ainda maior emergir e substituir as operações entravadas da Energia mental em nossa força de ser demasiado individualizada e restrita.

Mesmo em nosso maior domínio mental sobre o self e as coisas, a mente permanece, de certo modo, sujeita fundamentalmente à vida e à matéria e aceita essa sujeição, incapaz de impor diretamente a lei da Mente e modificar por seus poderes a lei e as operações ainda mais cegas das forças inferiores do ser; mas essa limitação não é insuperável. O interesse do conhecimento oculto é mostrar-nos — e uma força dinâmica de um conhecimento espiritual nos traz a mesma evidência — que essa sujeição da Mente à Matéria, do espírito a uma lei inferior da vida, não é o que parece ser à primeira vista: uma condição fundamental das coisas, uma regra inalterável e inviolável da Natureza. A descoberta natural maior, mais importante, que o ser humano pode fazer é que a mente e, mais ainda, a força do espírito, de muitas maneiras já provadas e ainda não provadas e em todas as direções, pode — pelo seu poder natural e direto e não apenas por meio de aparelhos e dispositivos engenhosos como os instrumentos materiais superiores que as ciências físicas descobriram — dominar e controlar a vida e a matéria. Na evolução da Supranatureza gnóstica esse poder direto da consciência, essa ação direta da força do ser, sua livre mestria e livre controle da vida e da matéria alcançarão sua completude e culminância. Pois o conhecimento maior do ser gnóstico não será, no todo, um conhecimento aprendido ou adquirido exteriormente, mas o resultado de uma evolução da consciência e da força da consciência, uma nova dinamização do ser. Como consequência, o ser gnóstico despertará para muitas coisas que no presente estão fora de nosso alcance e as possuirá: um conhecimento claro e completo do self, um conhecimento direto do outro, um conhecimento direto das forças escondidas e do mecanismo oculto da mente, da vida e da matéria. Esse novo conhecimento e essa nova ação do conhecimento serão baseados em um conhecimento e um controle intuitivos e imediatos das coisas; um discernimento interior ativo, agora supranormal para nós, será o funcionamento normal dessa consciência, e uma eficácia integral e assegurada no conjunto da ação e nos seus detalhes, será o resultado da mudança. Pois o ser gnóstico estará em uníssono e em comunhão com a Consciência-Força que está na raiz de todas as coisas: sua visão e sua vontade serão os canais da Ideia-Real supramental, da Força-Verdade autorrealizadora; sua ação será uma manifestação livre do poder e das obras da Força-raiz da existência, a força de um espírito consciente que determina tudo e cujas formulações de consciência expressam-se de modo inevitável na mente, na vida e na matéria. Agindo na luz e no poder do conhecimento supramental, o ser gnóstico em evolução será cada vez mais mestre de si mesmo, mestre das forças da consciência, mestre das energias da Natureza, mestre de seus meios de expressão na vida e na matéria. Nos estados menos evoluídos, os estados ou formações intermediários da natureza gnóstica evolutiva, esse poder não estará presente em toda a sua plenitude, mas será ativo em certa medida; incipiente, e aumentando com a ascensão na escala, ele acompanhará naturalmente o crescimento da consciência e do conhecimento.

Um novo poder, ou novos poderes de consciência, serão então consequência inevitável de uma evolução da Consciência-Força quando ela passar a um princípio cognitivo e dinâmico superior além da mente. Em sua natureza essencial, esses poderes novos devem ter como caráter um controle da mente sobre a vida e a matéria, da vontade vital e da força vital conscientes sobre a matéria, do espírito sobre a mente, a vida e a matéria; seu caráter será também de romper as barreiras entre alma e alma, mente e mente, vida e vida: uma tal mudança será indispensável para a instrumentação da vida gnóstica. Pois uma existência gnóstica ou divina total incluirá não apenas a vida individual do ser, mas a vida de outros feita una com a do indivíduo, em uma consciência unificadora comum. Uma vida assim deve ter como poder constitutivo principal uma unidade e uma harmonia espontâneas e inatas, em vez de construídas; isso só é possível se os indivíduos se sentirem unificados mais estreitamente em seu ser e consciência, unificados em sua substância espiritual, como se cada self fosse o self de uma única autoexistência, como se todos agissem com uma força de conhecimento unitário maior, um poder maior de ser. Nessa vida gnóstica deve haver um conhecimento mútuo interior e direto baseado em uma consciência de unidade e identidade, cada um tendo consciência do ser do outro, de seus pensamentos, sentimentos, movimentos interiores e exteriores; uma comunicação consciente entre mente e mente, coração e coração, um impacto consciente de cada vida sobre outras vidas, um intercâmbio consciente entre forças de ser e outras forças de ser. Na ausência, ou em qualquer deficiência desses poderes e suas luzes íntimas, não poderá haver unidade real ou completa, nem um ajustamento natural real e completo do ser de cada indivíduo, de seus pensamentos, sentimentos, movimentos interiores e exteriores, com aqueles dos indivíduos que o circundam. Uma base e estrutura cada vez mais vasta de unanimidade consciente será, poderíamos dizer, a natureza dessa vida mais evoluída.

Harmonia é a regra natural do espírito, é a lei inerente e a consequência espontânea de unidade na multiplicidade, unidade na diversidade, de uma manifestação variada de unicidade. Em uma unidade pura e vazia, na verdade não haveria lugar para a harmonia, pois não haveria aí nada para harmonizar; em uma diversidade completa ou predominante haveria, seja uma discórdia, seja um ajustamento de diferenças, uma harmonia construída. Mas, em uma unidade gnóstica na multiplicidade, a harmonia será uma expressão espontânea da unidade, e essa expressão espontânea pressupõe uma mutualidade de consciências em que cada uma percebe as outras por um contato e um intercâmbio interiores diretos. Na vida infrarracional a harmonia é assegurada por uma unicidade natural instintiva e unicidade de ação da natureza, uma comunicação instintiva, uma compreensão sensorial instintiva ou vital-intuitiva direta, pelas quais os indivíduos de uma comunidade de insetos ou de animais são capazes de cooperar. Na vida humana, isto é substituído pela compreensão nascida de um conhecimento sensorial, uma percepção mental e comunicação de ideias pela palavra, mas os meios que devem ser usados são imperfeitos e a harmonia e a cooperação são incompletas. Na vida gnóstica, uma vida de suprarrazão e supranatureza, uma unidade de ser, espiritual e autoconsciente, uma comunhão e um intercâmbio espirituais e conscientes entre naturezas serão a raiz vasta e profunda da compreensão; essa vida mais vasta fará surgir meios e poderes novos e superiores para unir interiormente uma consciência à outra: uma intimidade de consciência que comunica interior e diretamente com outras consciências, intimidade de pensamento com pensamento, visão com visão, sensação com sensação, vida com vida, percepção do corpo com percepção do corpo, serão seus instrumentos básicos naturais. Todos esses poderes novos, ao retomar os velhos instrumentos externos e usá-los como meios subordinados com um poder muito maior e um propósito mais vasto, serão postos ao serviço da autoexpressão do espírito em uma profunda unidade do ser e da vida.

 A mente moderna não consegue aceitar que uma evolução de poderes de consciência inatos e latentes, mas ainda involuídos, seja possível, porque esses poderes excedem nossa formulação presente da Natureza e, para nossos preconceitos ignorantes baseados em uma experiência limitada, parecem pertencer ao sobrenatural, ao miraculoso e oculto, uma vez que ultrapassam a ação conhecida da Energia material que agora é normalmente aceita como a única causa, único modo das coisas e única instrumentação da Força universal. Aceita-se como um fato natural que o ser consciente, pela descoberta e utilização de forças materiais, crie maravilhas humanas que ultrapassam tudo o que a própria Natureza organizou e abram perspectivas quase ilimitadas à nossa existência; mas não se admite que seja possível despertar, descobrir, utilizar poderes de consciência e de forças espirituais, mentais e vitais que ultrapassem tudo o que a Natureza ou o homem tenham já organizado. Mas não haveria nada de sobrenatural ou miraculoso em uma evolução desse tipo, exceto que seria a obra de uma supranatureza, uma natureza superior à nossa, da mesma maneira que a natureza humana é uma supranatureza ou natureza superior àquela do animal, da planta ou de objetos materiais. Nossa mente e seus poderes, nosso uso da razão, nossa intuição e entendimento mentais, linguagem, filosofias, ciências, nossa estética com as possibilidades que nos oferecem de descobertas das verdades e potencialidades do ser e um controle de suas forças fazem parte de uma evolução que já aconteceu; no entanto, ela pareceria impossível se tomássemos como base a consciência animal limitada e suas capacidades, pois não há nada nela que justifique uma progressão tão prodigiosa. E, contudo, há no animal umas primeiras e vagas indicações, elementos rudimentares ou possibilidades em suspenso, diante das quais nossa razão e inteligência, com seus extraordinários desenvolvimentos, aparecem como uma viagem inimaginável, a partir de um ponto de partida pobre e pouco promissor. De modo similar, os rudimentos de poderes espirituais pertencentes à Supranatureza gnóstica já estão presentes, mesmo em nossa composição normal, mas ativos só de modo ocasional e esporádico. Não é irracional supor que nesse estágio tão avançado da evolução um progresso similar, mas superior, a partir desses começos rudimentares, poderá conduzir a um outro desenvolvimento imenso e um novo ponto de partida.

A experiência mística — quando há uma abertura dos centros interiores ou por outros meios, de modo espontâneo ou pela vontade ou o empenho ou no próprio curso do crescimento espiritual — mostra que novos poderes de consciência se desenvolvem; apresentam-se como uma consequência automática de uma abertura interior ou em resposta a um apelo no ser; a tal ponto que se julgou necessário recomendar ao buscador espiritual não correr atrás desses poderes, não aceitá-los ou usá-los. Essa rejeição é lógica para aqueles que buscam retirar-se da vida, pois toda aceitação de poderes maiores os ligaria à vida ou seria um peso em seu elã, despojado e puro, em direção à liberação. A indiferença por todos os outros objetivos ou resultados é natural para o amante de Deus, que busca Deus pelo amor de Deus e não para adquirir poderes ou alguma outra atração inferior; a busca dessas forças sedutoras, mas muitas vezes perigosas, o desviaria de seu propósito. Uma tal rejeição é um autocontrole necessário e uma disciplina espiritual para o buscador espiritual imaturo, visto que tais poderes podem ser um grande perigo, mesmo mortal; seu caráter supranormal pode facilmente alimentar no buscador espiritual uma ampliação anormal do ego. O poder em si deve ser temido pelo aspirante à perfeição como uma tentação, porque pode degradar, assim como pode elevar; nada é mais sujeito ao mau uso do que o poder. Porém, quando novas capacidades surgem como resultado inevitável do crescimento em direção a uma consciência e uma vida mais vastas, e esse crescimento é parte do próprio objetivo do ser espiritual dentro de nós, esse obstáculo não tem mais efeito, pois o crescimento do ser para a Supranatureza e sua vida na Supranatureza não podem acontecer ou ser completos sem trazer com eles um poder maior de consciência e um poder maior sobre a vida, um desenvolvimento espontâneo de instrumentos do conhecimento e da força que são normais para essa Supranatureza. Não há nada nessa evolução futura do ser que possa ser visto como irracional ou inacreditável; nada nela é anormal ou miraculoso: esse será o curso necessário da evolução da consciência e suas forças, na passagem da formulação mental à formulação gnóstica ou supramental de nossa existência. Essa ação das forças da Supranatureza será o funcionamento natural, normal e espontaneamente simples da nova consciência mais alta e maior, na qual o ser entra no curso de sua própria evolução; ao aceitar a vida gnóstica, o ser gnóstico desenvolverá e usará os poderes dessa consciência superior do mesmo modo que o ser humano desenvolve e usa os poderes de sua natureza mental.

É evidente que um tal aumento do poder, ou poderes, de consciência será não apenas normal, mas indispensável para uma vida mais vasta e perfeita. A vida humana, com sua harmonia parcial — na medida em que essa harmonia não é mantida por uma lei ou uma ordem estabelecida impostas aos indivíduos da sociedade, aceitação em parte voluntária, em parte sugerida, quando não é obrigatória ou imposta à força —, repousa no acordo entre os elementos esclarecidos ou interessados de sua mente, seu coração e sua vida sensorial, e no consentimento de um corpo compósito em que ideias, desejos, satisfações vitais e o objetivo da existência têm um caráter comum. Mas a massa dos indivíduos que compõem a sociedade tem uma compreensão e um conhecimento imperfeitos das ideias, objetivos e motivos da vida que aceitou, um poder imperfeito para pô-los em execução, uma vontade imperfeita para mantê-los sempre intactos, realizá-los plenamente ou para conduzir a vida a uma perfeição maior: há um elemento de conflito e discórdia, uma massa de desejos reprimidos ou irrealizados e vontades frustradas, um frêmito de insatisfação reprimida ou um descontentamento que desperta ou explode, ou interesses satisfeitos de modo desigual; novas ideias irrompem, novos estímulos de vida que não podem correlacionar-se sem revolta e distúrbio; há forças vitais que atuam nos seres humanos e em seu ambiente e estão em conflito com a harmonia que foi construída, e não há um poder suficiente para subjugar a discórdia e as perturbações criadas por uma diversidade conflitiva entre a mente e a vida e pelo ataque das forças de desintegração na Natureza universal. O que falta é um conhecimento espiritual e um poder espiritual, um poder sobre si mesmo, um poder nascido da unificação interior com os outros, um poder sobre as forças universais que nos circundam ou invadem, um poder que tenha uma visão total e todos os meios necessários para realizar o conhecimento; essas capacidades que não temos ou que em nós são defeituosas, pertencem à própria substância do ser gnóstico, pois são inerentes à luz e à *dynamis* da natureza gnóstica.

Mas em acréscimo à adaptação imperfeita das mentes, corações e vidas dos indivíduos que compõem uma sociedade humana, a mente e a vida do próprio indivíduo são acionadas por forças que não estão em acordo entre si; nossas tentativas para harmonizá-las são imperfeitas e mais imperfeita ainda nossa força, para dar, na vida, uma expressão satisfatória ou integral a qualquer uma dentre elas. Assim, a lei de amor e simpatia é natural para nossa consciência e, à medida que crescemos no espírito, ela nos exige mais; mas há também a exigência do intelecto, o empurrão da força vital e seus estímulos em nós, as reivindicações e a pressão de muitos outros elementos que não coincidem com a lei de amor e simpatia; tampouco sabemos como adaptar todos esses elementos à lei total da existência ou como torná-los todos, ou mesmo um só dentre eles, inteiramente ou corretamente eficazes ou imperativos. Para harmonizá-los e torná-los ativamente frutuosos na totalidade do ser e na totalidade da vida, deveremos crescer e alcançar uma natureza espiritual mais completa e, por esse crescimento, vivermos na luz e força de uma consciência mais alta, mais vasta e mais integral, cujo conhecimento e poder, amor e simpatia e a ação da vontade na vida serão elementos naturais, sempre presentes e em acordo; devemos nos mover e agir na luz da Verdade que vê intuitiva e espontaneamente a coisa a ser feita e o modo de fazê-la, e que intuitiva e espontaneamente realiza-se no ato e na força, porque ela absorve na espontaneidade intuitiva de sua verdade, em sua simples normalidade espiritual e suprema, a complexidade das forças de nosso ser, e impregna com suas realidades harmonizadas todas as etapas da Natureza.

Deveria ser evidente que nenhuma combinação racional ou construção mental, por mais engenhosa que seja, pode pôr em acordo ou harmonizar essa complexidade; apenas a intuição, o conhecimento espontâneo de um Espírito desperto pode fazê-lo. Essa será a natureza do ser supramental evoluído e sua existência; sua visão e seu sentido espirituais abarcarão todas as forças do ser em uma consciência unificadora e as conduzirão normalmente a uma ação concordante, pois esse acordo e essa concórdia são o estado normal e verdadeiro do Espírito; a discórdia, a desarmonia de nossa vida e natureza são anormais para ele, embora sejam normais para a vida na Ignorância. De fato, é porque elas não são normais para o espírito que o conhecimento que está em nós é insatisfeito e esforça-se para estabelecer uma harmonia maior em nossa existência. Esse acordo e concórdia no ser inteiro, que são naturais ao ser gnóstico, serão também naturais a uma comunidade de seres gnósticos; pois esta repousará em uma união de self com self, na luz de uma autopercepção comum e mútua. É verdade que na existência terrestre total, da qual a vida gnóstica será uma parte, uma vida pertencente a uma ordem menos evoluída continuará a existir; a vida intuitiva e gnóstica deverá ajustar-se a essa existência total e trazer-lhe o mais possível de sua própria lei de unidade e harmonia. Aqui, a lei da harmonia espontânea poderia parecer inaplicável, visto que a relação da vida gnóstica com a vida ignorante em torno dela não será baseada em um autoconhecimento mútuo, nem na percepção de um ser único e uma consciência comum; essa será uma relação entre uma ação no conhecimento e uma ação na ignorância. Mas essa dificuldade não será necessariamente tão grande quanto nos parece agora; pois o conhecimento gnóstico trará em si uma compreensão perfeita da consciência na Ignorância e, portanto, não será impossível a uma vida gnóstica bem estabelecida harmonizar sua existência com a de toda vida menos desenvolvida que coexistirá com ela na Natureza terrestre.

Se este for nosso destino evolutivo, resta-nos ver onde estamos atualmente na progressão evolutiva — uma progressão cíclica ou em espiral, mais do que em linha reta ou que pelo menos seguiu em sua viagem os zigue-zagues de uma curva muito sinuosa — e se é possível que ela se oriente em direção a uma etapa decisiva em um futuro próximo ou mensurável. Nossa aspiração humana em direção à perfeição pessoal e à perfeição da vida e da espécie nos deixa pressentir os elementos da evolução futura, em direção à qual se dirigem seus esforços na confusão de um conhecimento semiesclarecido; há uma discórdia entre os elementos necessários, oposições são enfatizadas e há uma profusão de soluções rudimentares insatisfatórias e mal harmonizadas. Estas oscilam entre as três preocupações principais de nosso idealismo: um desenvolvimento completo e independente do próprio ser humano, isto é, o aperfeiçoamento do indivíduo; um desenvolvimento completo do ser coletivo, isto é, o aperfeiçoamento da sociedade; e, em um plano pragmático mais restrito, relações perfeitas ou as melhores possíveis entre os indivíduos, entre o indivíduo e a sociedade e entre as comunidades. Uma ênfase exclusiva ou dominante é dada algumas vezes ao indivíduo, algumas vezes à coletividade ou à sociedade, algumas vezes à relação justa e equilibrada entre o indivíduo e toda a coletividade humana. Uma ideia mantém que a vida, a liberdade ou a perfeição sempre maiores do indivíduo são o verdadeiro objetivo de nossa existência — isso pode ser simplesmente o ideal de uma expressão livre do ser pessoal ou o ideal de um todo autônomo que seria formado por uma mente completa, uma vida ampla e bela e um corpo perfeito, ou uma perfeição e uma liberação espirituais. Nessa concepção, a sociedade existiria apenas como um campo de atividade e crescimento para o homem individual, e cumpriria melhor sua função dando-lhe o maior espaço possível, vastos meios, uma liberdade ou orientação suficiente para seu crescimento, para desenvolver seu pensamento e sua ação, e todas as possibilidades para que seu ser se realizasse. Para a ideia oposta, a importância primeira e única é a vida coletiva; a existência, o crescimento da espécie, seria tudo: o indivíduo deveria viver para a sociedade ou para a humanidade, da qual ele nada mais seria do que uma célula; não haveria outro uso ou propósito em seu nascimento, sua presença na Natureza não teria outro significado nem outra função. Mantém-se também que a nação, a sociedade, a comunidade, é um ser coletivo que revela sua alma em sua cultura, seu poder vital, seus ideais, suas instituições, em todos os seus modos de expressão; a vida individual deve fundir-se no molde da cultura, servir essa força da vida, consentir a existir apenas como instrumento para a conservação e eficiência da existência coletiva. Em outra ideia, a perfeição do ser humano encontrar-se-ia nas relações éticas e sociais com outros seres humanos; ele é um ser social e deveria viver para a sociedade, para os outros, a fim de ser útil à espécie: a sociedade também estaria aí ao serviço de todos, para lhes dar seu lugar certo no todo, uma educação, formação, oportunidade no campo econômico, um quadro de vida justo. Nas culturas antigas, a ênfase maior era dada à comunidade e à adaptação do indivíduo à comunidade, mas aí também cresceu a ideia do indivíduo aperfeiçoado; na Índia antiga a ideia predominante foi a do indivíduo espiritual, mas a sociedade era de extrema importância, porque era nela, e sob sua influência formadora, que o indivíduo devia passar primeiro, e atravessar o estado social do ser físico, vital e mental, em que podia satisfazer seus interesses e desejos, sua busca do conhecimento e da maneira justa de viver, antes de estar pronto para uma autorrealização mais verdadeira e uma existência espiritual livre. Em épocas recentes, toda a atenção voltou-se para a vida da espécie, a busca pela sociedade perfeita e, mais tarde, concentrou-se na organização justa e na mecanização científica da vida da humanidade como um todo; a tendência agora é cada vez mais olhar o indivíduo como um simples membro da coletividade, uma unidade da espécie, cuja existência deve subordinar-se aos objetivos comuns e ao interesse total da sociedade organizada, e cada vez menos, ou de modo algum, como um ser mental ou espiritual com seus próprios direitos e poderes sobre sua existência. Essa tendência ainda não alcançou seu auge em todo lugar, mas em todo lugar aumenta rapidamente e encaminha-se para uma dominação.

Assim, nas vicissitudes do pensamento humano, de um lado o indivíduo é movido ou convidado a descobrir-se e a buscar sua afirmação, seu próprio desenvolvimento mental, vital e físico, sua perfeição espiritual; do outro lado, é chamado a apagar-se, subordinar-se e aceitar as ideias, ideais, vontade, instintos, interesses da comunidade como se fossem seus. Ele é movido pela Natureza a viver para si mesmo e por algo profundo dentro de si, a afirmar sua individualidade; é solicitado pela sociedade e por certo idealismo mental, a viver para a humanidade ou para o bem maior da comunidade. O princípio e os interesses do self vão de encontro e são contrários ao princípio do altruísmo. O estado erige-se em divindade e exige obediência, submissão, subordinação, autoimolação; o indivíduo deve afirmar, contra essa exigência exorbitante, os direitos de seus ideais, de suas ideias, de sua personalidade, de sua consciência. É evidente que todo esse conflito de valores é o tatear da Ignorância mental humana, que busca seu caminho e agarra diferentes lados da verdade, mas é incapaz de harmonizá-los, porque lhe falta integralidade no conhecimento. Apenas um conhecimento unificador e harmonizador pode encontrar o caminho, mas esse conhecimento pertence a um princípio mais profundo de nosso ser, para o qual a unidade e a integralidade são inatas. É apenas quando encontrarmos esse princípio em nós mesmos que poderemos resolver o problema de nossa existência e, com isso, o problema da maneira verdadeira de viver, para o indivíduo e para a comunidade.

Há uma Realidade, uma verdade de toda existência, que é maior e mais durável do que todas as suas formações e manifestações; encontrar essa verdade, essa Realidade e viver nela, chegar a manifestá-la e a dar-lhe a forma mais perfeita possível, deve ser o segredo da perfeição, quer se trate do ser individual, quer do ser coletivo. Essa Realidade está aí, em cada coisa, e dá a cada uma de suas formações seu poder de ser e seu valor de ser. O universo é uma manifestação dessa Realidade, e há uma verdade da existência universal, um Poder do ser cósmico, um Self total ou Espírito universal. A humanidade é uma formação ou manifestação dessa Realidade no universo, e há uma verdade e um self da humanidade, um espírito humano, um destino da vida humana. A comunidade é uma formação dessa Realidade, uma manifestação do espírito do ser humano, e há uma verdade, um self, um poder do ser coletivo. O indivíduo é uma formação dessa Realidade, e há uma verdade do indivíduo, um self individual, alma ou espírito, que se expressa por meio da mente, vida e corpo do indivíduo e pode se expressar também em algo que ultrapassa mente, vida e corpo, que ultrapassa mesmo a humanidade. Pois nossa humanidade não é o todo da Realidade, nem mesmo sua autoformação ou autoexpressão melhores: antes que o ser humano existisse, a Realidade assumiu uma forma e uma criação infra-humana, e pode assumir depois dele, ou nele, uma forma e uma criação supra-humana. O indivíduo, enquanto espírito ou ser, não está confinado em sua humanidade, ele foi menos que humano, ele pode tornar-se mais que humano. O universo encontra-se por meio do indivíduo e este descobre-se no universo, mas o indivíduo é capaz de tornar-se mais do que o universo, pois pode ultrapassá-lo e entrar em algo que é absoluto, em si mesmo, no universo, e além — ele não está confinado à comunidade; embora sua mente e sua vida sejam, de certo modo, parte da mente e vida comunitárias, há algo nele que pode ir além. A comunidade existe pelo indivíduo, pois sua mente, vida e corpo são constituídos pela mente, vida e corpo dos indivíduos que a compõem; se eles fossem abolidos ou desagregados, sua própria existência seria abolida ou desagregada, se bem que algum espírito ou poder dela poderia reconstituir-se em outros indivíduos; o indivíduo, porém, não é uma mera célula da existência coletiva; não cessaria de existir se fosse separado ou expulso da massa coletiva. Pois a coletividade, a comunidade não é nem mesmo o todo da humanidade e não é o mundo: o indivíduo pode existir, e descobrir-se, em outro lugar na humanidade ou existir por si mesmo no mundo. Se a comunidade tiver uma vida que domina a dos indivíduos que a constituem, ainda assim ela não constituirá a totalidade de suas vidas. Se ela tiver um ser próprio que busca afirmar-se na vida dos indivíduos, o indivíduo também tem um ser que lhe é próprio, e busca afirmá-lo na vida da comunidade; porém, não está ligado a ela, ele pode afirmar-se em outra vida coletiva ou, se for bastante forte, em uma existência nômade ou em uma solidão de eremita, nas quais, se não puder procurar e obter uma vida material completa, poderá existir espiritualmente e encontrar sua realidade própria e o self interior de seu ser.

O indivíduo, na verdade, é a chave do movimento evolutivo, pois é o indivíduo que descobre a si mesmo, que se torna consciente da Realidade. O movimento da coletividade é um movimento de massa, em grande parte subconsciente, que para tornar-se consciente deve formular-se e expressar-se por meio dos indivíduos; a consciência geral da massa é sempre menos evoluída do que a consciência de seus indivíduos mais desenvolvidos, e progride na medida em que aceita sua influência ou desenvolve o que eles já desenvolveram. O indivíduo não deve obediência absoluta nem ao estado, que é uma máquina, nem à comunidade, que é uma parte da vida e não a totalidade da vida: ele deve sua obediência à Verdade, ao Self, ao Espírito, ao Divino que está nele e em tudo; o objetivo real de sua existência não é subordinar-se à massa ou perder-se nela, mas encontrar e expressar essa verdade de seu ser e ajudar a comunidade e a humanidade na busca de sua própria verdade e da plenitude de seu ser. Mas até onde se estende e se torna operativo, o poder da vida individual ou da Realidade espiritual que está nela depende do próprio desenvolvimento do indivíduo: enquanto ele não for desenvolvido deve submeter, de muitas maneiras, seu self não desenvolvido àquilo que é maior do que ele. À medida que se desenvolve, ele se move em direção a uma liberdade espiritual, mas essa liberdade não é algo inteiramente separado da existência total; ela tem uma solidariedade com essa existência porque essa também é o Self, o mesmo Espírito. À medida que o indivíduo progride em direção à liberdade espiritual, move-se também em direção à unidade espiritual. O homem que se realizou espiritualmente, o homem liberado, preocupa-se com o bem de todos os seres, diz o *Bhagavad-Gītā*; Buda, após ter descoberto a via para o Nirvana, deve retornar para abrir a via àqueles que ainda estão sob a ilusão de seu ser artificial em vez de conhecer seu ser real — ou Não-Ser; Vivekananda, atraído pelo Absoluto, sente também o chamado da Divindade disfarçada em humanidade e, sobretudo, o chamado dos que caíram e sofrem, o chamado do self ao self no corpo obscuro do universo. Para o indivíduo desperto, a realização da verdade de seu ser, a liberação e a perfeição interiores, devem ser sua busca essencial — primeiro, porque este é o chamado do Espírito dentro dele, mas também porque é só pela liberação, perfeição e realização da verdade do ser que o homem pode chegar à maneira verdadeira de viver. Do mesmo modo, uma comunidade perfeita só pode existir pela perfeição de seus indivíduos, e a perfeição só pode ser alcançada pela descoberta e afirmação na vida, por cada um, de seu próprio ser espiritual e a descoberta, por todos, de sua unidade espiritual e unidade da vida que resulta disso. Não pode haver real perfeição para nós, a menos que nosso self interior e a verdade da existência espiritual assumam toda a verdade dos instrumentos da existência e os una, integre, harmonize. Assim como nossa única liberdade real é descobrir e desprender a Realidade espiritual que está em nós, do mesmo modo nosso único meio de perfeição verdadeira é a soberania da Realidade espiritual, para que possa efetuar-se em todos os elementos de nossa natureza.

Nossa natureza é complexa, e devemos encontrar a chave para a unidade e a plenitude perfeitas dessa complexidade. Sua primeira base evolutiva é a vida material; a Natureza começa daí e o ser humano também deve começar disso: primeiro, afirmar sua existência material e vital. Mas se se detiver aí nenhuma evolução será possível para ele; sua preocupação seguinte e mais alta deve ser descobrir-se enquanto ser mental em uma vida material — ao mesmo tempo individual e social — o mais perfeita possível. Essa foi a direção que o pensamento helênico deu à civilização europeia e os romanos reforçaram — ou enfraqueceram — com o ideal do poder organizado; o culto da razão, a interpretação da vida por um pensamento intelectual crítico, utilitário, organizador e construtor, o governo da vida pela ciência, são os últimos produtos dessa inspiração. Porém, nos tempos antigos, o elemento criador e dinâmico mais importante foi a busca da verdade, do bem e da beleza ideais e, ao moldar-se a esse ideal, a mente, a vida e o corpo podiam alcançar perfeição e harmonia. Além e acima dessa preocupação, logo que a mente se desenvolve o suficiente, desperta no ser humano a preocupação espiritual: a descoberta do self e da verdade profunda do ser, a liberação da mente e da vida humana na verdade do Espírito, sua perfeição pelo poder do Espírito, a solidariedade, unidade, mutualidade de todos os seres no Espírito. Este foi o ideal oriental levado pelo budismo e outras disciplinas antigas para as costas da Ásia e do Egito e de lá espalhado na Europa pelo cristianismo. Mas esses motivos, que arderam por algum tempo como pálidas tochas na confusão e na obscuridade criadas pela inundação bárbara que submergiu as velhas civilizações, foram abandonados pelo espírito moderno, que encontrou outra luz, a luz da ciência. O objetivo que o espírito moderno buscou foi sobretudo econômico e social: uma organização material ideal da civilização e do conforto, o uso da razão, da ciência e da educação para generalizar um racionalismo utilitário que faria do indivíduo um ser social perfeito em uma sociedade econômica perfeita. O que permaneceu do ideal espiritual foi, por algum tempo, um humanitarismo mentalizado e moralizado isento de toda coloração religiosa e uma eticidade social que foi considerada inteiramente suficiente para tomar o lugar da ética religiosa e individual. Foi o mais longe que a espécie humana alcançou, quando encontrou-se precipitada, por seu próprio ímpeto, em um caos subjetivo e uma vida caótica, em que os valores recebidos foram derrubados e toda base sólida pareceu desaparecer de sua organização social, sua conduta e sua cultura.

Porque esse ideal, essa ênfase consciente na vida material e econômica era, de fato, uma volta ao estado anterior, uma reversão civilizada ao primeiro estado do ser humano, ao seu estado bárbaro primordial e suas preocupações com a vida e a matéria, um retrocesso espiritual que tem à sua disposição os recursos mentais de uma humanidade e de uma ciência plenamente desenvolvidas. Essa ênfase na existência econômica e material aperfeiçoada tem seu lugar no todo, como um elemento na complexidade total da vida humana, mas como ênfase única ou predominante é cheia de perigos, para a própria humanidade e a própria evolução. O primeiro perigo é uma ressurgência do antigo bárbaro primitivo, vital e material, sob uma forma civilizada; os meios que a ciência pôs à nossa disposição eliminam o perigo da subversão e destruição de uma civilização decadente por povos primitivos mais vigorosos; o perigo é a ressurgência do bárbaro em nós mesmos, no homem civilizado, e isso vemos em todo lugar em torno de nós. Essa ressurgência da barbárie se produzirá inevitavelmente, se não houver um ideal mental e moral vigoroso para controlar e elevar o homem vital e físico em nós, nem um ideal espiritual para nos liberar de nós mesmos e nos conduzir a nosso ser interior. Mesmo que escapemos dessa recaída, há outro perigo: uma interrupção do impulso evolutivo, uma cristalização em uma forma de vida social estável, confortável e mecanizada, sem ideal ou perspectiva, é outro resultado possível. A razão por si não pode fazer progredir a espécie durante longos períodos, a menos que sirva como mediadora entre a vida e o corpo e algo mais alto e maior no interior do ser humano; pois uma vez que ele alcançou o estágio mental, é a necessidade espiritual interior, o empurrão daquilo que no seu interior não está ainda realizado, que mantém nele a tensão evolutiva, o impulso espiritual. Se renunciar a isso, ele deve, seja regressar e recomeçar tudo mais uma vez, seja desaparecer, como outras formas de vida antes dele, que fracassaram na evolução, pela sua incapacidade de manter o impulso evolutivo ou de servi-lo. No melhor dos casos, ele permanecerá parado em uma espécie de perfeição-tipo intermediária, como outras espécies de animais, enquanto a Natureza prossegue seu caminho, além dele, em direção a uma criação maior.

No momento atual, a humanidade atravessa uma crise evolutiva em que se esconde a escolha de seu destino; pois foi alcançado um estágio em que a mente humana obteve um desenvolvimento enorme em certas direções, enquanto em outras está paralisada e desorientada e não consegue mais achar seu caminho. Sempre ativas, a mente e a vontade vital do homem erigiram uma estrutura de vida exterior — ingovernável por sua enormidade e complexidade — a serviço de suas exigências e impulsos mentais, vitais e físicos: uma maquinaria política, social, administrativa, econômica e cultural complexa e meios coletivos organizados para sua satisfação intelectual, sensorial, estética e material. O ser humano criou um sistema de civilização que se tornou grande demais para ser utilizado e gerido por suas faculdades de compreensão mental limitadas e por suas capacidades espirituais e morais ainda mais limitadas, um sistema demasiado perigoso a serviço de seu ego sôfrego e seus apetites. Pois até agora, nenhuma visão mental superior, nenhuma alma de conhecimento intuitivo chegou à superfície de sua consciência, capaz de fazer dessa abundância básica da vida uma condição para o crescimento livre de algo que a ultrapasse. Por seu poder de liberar o homem da incessante compulsão de suas necessidades econômicas e físicas insatisfeitas, essa nova abundância dos meios de existência poderia ser uma oportunidade para perseguir plenamente outros objetivos maiores que ultrapassariam a existência material, descobrir uma verdade, um bem e uma beleza mais elevados e um espírito maior e mais divino que poderia intervir e usar a vida para dar ao ser uma perfeição mais alta; em vez disso, essa abundância é usada para a multiplicação de novas demandas e uma expansão agressiva do ego coletivo. Ao mesmo tempo, a ciência pôs à disposição do homem numerosos potenciais da Força universal e fez a vida da humanidade materialmente uma; mas aquilo que usa essa Força universal é um pequeno ego humano individual ou coletivo com nada de universal na luz de seu conhecimento ou em seus movimentos, nenhum sentido ou poder interior que criasse, nessa proximidade física do mundo humano, uma verdadeira união de vida, uma união mental ou uma unidade espiritual. Tudo o que há é um caos de ideias mentais que se entrechocam, exigências dos apetites e necessidades físicas individuais e coletivas, reivindicações e desejos do vital, impulsões de uma força de vida ignorante, a avidez e as demandas de satisfação vital por parte de indivíduos, classes, nações, um opulento fungo com uma proliferação de noções e poções políticas, sociais e econômicas, uma incessante mistura de slogans e panaceias pelos quais os homens estão prontos a oprimir e serem oprimidos, a matar e serem mortos, e a impô-los de um ou outro modo mediante os meios imensos e formidáveis colocados à sua disposição, na crença de que essa é a maneira de sair disso tudo e chegar a algo ideal. A evolução da mente e da vida humanas deve necessariamente conduzir a uma universalidade crescente; mas baseada no ego e em uma mente que segmenta e divide, essa abertura ao universal pode criar apenas uma vasta pululação de ideias e impulsões discordantes, uma vaga de poderes e desejos enormes, uma massa caótica de materiais mentais, vitais e físicos mal assimilados e entremisturados provenientes de uma existência mais ampla, e que, como não são penetrados pela luz criadora e harmonizadora do Espírito, devem espojar-se em uma confusão e discórdia universalizadas em que é impossível construir uma vida harmoniosa mais vasta. No passado, o ser humano harmonizou a vida organizando suas ideias e seus limites; criou sociedades baseadas em ideias e costumes fixos, em um sistema cultural fixo ou em um sistema de vida orgânico, cada uma com sua própria ordem; todas essas coisas foram lançadas no crisol de uma vida cada vez mais misturada, em que ideias, motivos, possibilidades e fatos sempre novos são derramados, e isso torna necessário o emergir de uma consciência nova e maior para fazer frente às potencialidades crescentes da existência, governá-las e harmonizá-las. A razão e a ciência só podem ajudar pela normalização e fixação de todas as coisas na unidade de uma vida material artificialmente organizada e mecanizada. Um ser completo, um conhecimento completo e um poder completo maiores são necessários para fundir tudo na unidade mais vasta de uma vida completa.

Uma vida de unidade, mutualidade e harmonia, nascida de uma verdade mais profunda e vasta de nosso ser, é a única verdade da vida que pode substituir com sucesso as construções mentais imperfeitas do passado, que foram uma combinação de associação e conflito regulado, uma acomodação de egos e interesses agrupados ou ajustados uns aos outros para formar uma sociedade, uma consolidação determinada pelos motivos de vida comuns e gerais, uma unificação por necessidade e sob a pressão da luta contra as forças externas. É essa mudança, essa reforma da vida que a humanidade começa cegamente a buscar, agora cada vez mais com o sentimento de que sua própria existência depende da descoberta do caminho. No curso de sua evolução, a mente, por sua ação na vida, desenvolveu uma organização da atividade mental e do uso da Matéria que não pode mais ser sustentada pela capacidade humana sem que ocorra uma mudança interior. É imperativo que a individualidade humana, egocêntrica e separativa mesmo em associação, ajuste-se a uma maneira de viver que exige unidade, mutualidade perfeita e harmonia. Mas, porque o peso colocado sobre a humanidade é muito grande para a pequenez atual da personalidade humana, sua mente insignificante e seus pequenos instintos vitais, porque a humanidade não pode efetuar a mudança necessária, porque ela utiliza esse novo aparato e essa nova organização a serviço de seu velho self vital, infraespiritual e infrarracional, o destino da espécie parece dirigir-se perigosamente, e como impacientemente e apesar de si mesma, em direção a uma confusão prolongada, uma crise perigosa e à obscuridade de uma incerteza violenta e movente, sob o ímpeto do ego vital tomado por forças colossais em proporção igual à formidável organização mecânica da vida e do conhecimento científico que ela desenvolveu, uma escala demasiado vasta para ser controlada por sua razão e sua vontade. Mesmo se isso fosse apenas uma fase passageira ou uma aparência, e se encontrasse um ajustamento estrutural tolerável que permitisse à humanidade prosseguir de modo menos catastrófico sua viagem incerta, isso só poderia ser uma prorrogação. Pois o problema é fundamental e, ao colocá-lo, a Natureza evolutiva no ser humano confronta-se com uma escolha crítica que um dia deve ser resolvida no sentido verdadeiro, se a espécie deve alcançar seu objetivo ou mesmo sobreviver. O impulso evolutivo empurra em direção ao desenvolvimento da Força cósmica na vida terrestre, e esse desenvolvimento necessita um ser mental e vital mais amplo para sustentá-lo, uma mente mais vasta, uma Alma-Vida, Anima, maior, mais vasta, mais consciente, unanimizada; e, mais ainda, necessita que a Alma, o Self espiritual que sustenta dentro se desvele, para manter esse desenvolvimento.

Uma fórmula racional e científica para uso do ser humano vitalista e materialista e sua vida, a tentativa de criar uma sociedade econômica perfeita e o culto democrático do homem comum é tudo o que o pensamento moderno nos oferece como luz para a solução dessa crise. Qualquer que seja a verdade que sustenta essas ideias, isso claramente não basta para responder às necessidades de uma humanidade que tem como missão evoluir além de si mesma ou que, de todo modo, se deve sobreviver, deverá evoluir muito além daquilo que é no presente. O instinto de vida na espécie e no próprio ser humano comum sentiu essa insuficiência e está sendo impelido a uma reversão de valores ou à descoberta de novos valores e à transferência da vida para novos fundamentos. Isso se traduz em uma tentativa para encontrar uma base — simples e já feita — de unidade, mutualidade e harmonia na vida coletiva, impô-la pela supressão da competitividade agressiva de egos, e assim chegar a uma vida coletiva na identidade, em vez de uma vida na diferença. Mas para realizar esses objetivos desejáveis, os meios adotados foram a materialização obrigatória e bem-

-sucedida de umas poucas ideias restritas ou de slogans entronizados à exclusão de qualquer outro pensamento, a supressão da mente do indivíduo, uma compressão mecanizada dos elementos da vida, uma união e um ímpeto mecanizados da força vital, uma coersão do ser humano pelo Estado, a substituição do ego individual pelo ego coletivo. O ego coletivo é idealizado como a alma da nação, da espécie, da comunidade; mas isso é um erro colossal, e pode se tornar um erro fatal. A fórmula encontrada é uma unanimidade forçada e imposta da mente, vida e ação elevadas à sua tensão mais alta, impelidas por algo que se pensa ser maior: a alma coletiva, a vida coletiva. Mas esse ser coletivo obscuro não é a alma ou o self da comunidade; é uma força vital que sobe do subconsciente e, privada da luz e da direção da razão, só pode ser impelida por forças massivas e obcuras que são poderosas, mas perigosas para a espécie, porque são alheias à evolução consciente de que o ser humano é o depositário e portador. Não é nessa direção que a Natureza evolutiva orientou a humanidade; isso é um retorno a algo que ela havia deixado para trás.

Outra solução que foi tentada repousa ainda na razão materialista e na organização unificada da vida econômica da espécie; mas o método empregado é o mesmo: uma opressão pela força, uma unanimidade imposta à mente e à vida e uma organização mecânica da existência coletiva. Uma unanimidade desse tipo só pode se manter pela opressão de toda liberdade de pensamento e de vida, e deve conduzir seja à estabilidade eficiente de uma civilização de térmites, seja ao ressecamento das fontes da vida e uma decadência rápida ou lenta. É pelo crescimento da consciência que a alma coletiva e a vida coletiva podem se tornar autoconscientes e desenvolver-se; o jogo livre da mente e da vida é essencial para o crescimento da consciência, pois mente e vida são os únicos instrumentos da alma até que instrumentos superiores se desenvolvam; não devemos impedir sua ação ou torná-las rígidas, não flexíveis e não progressivas. As dificuldades ou as desordens geradas pelo crescimento da mente e vida individuais não poderão ser removidas de modo sadio pela opressão do indivíduo; a verdadeira cura só poderá ser obtida por sua progressão para uma consciência maior, na qual ele será pleno e perfeito.

Uma solução alternativa é o desenvolvimento de uma razão e uma vontade esclarecidas no ser humano normal, para que consinta a uma nova vida socializadora em que subordinará seu ego aos interesses e disposições justas da vida da comunidade. Se procurarmos saber como essa mudança radical poderá ser efetuada, dois modos parecem ser sugeridos: um, por meio de um conhecimento mental maior e melhor, ideias justas, informações corretas, um treinamento correto do indivíduo social e cívico; o outro, por uma nova maquinaria social, que resolverá todas as coisas pela magia da máquina social talhando a humanidade em um molde melhor. Mas a experiência não demonstrou, apesar de tudo o que se possa ter esperado, que educação e treinamento intelectual por si mesmos possam mudar o homem; eles apenas fornecem ao ser humano individual e ao ego coletivo uma informação melhor e uma maquinaria mais eficaz para sua autoafirmação, mas o deixa com o mesmo ego humano inalterado. A mente e a vida do homem não podem ser talhadas à perfeição — mesmo no que se pensa ser a perfeição e é apenas um substituto construído — por uma maquinaria social, qualquer que seja; a matéria pode ser talhada assim, o pensamento pode ser talhado assim, mas em nossa existência humana matéria e pensamento são apenas instrumentos para a alma e a força vital. O mecanismo não pode moldar a alma e a força vital em formas padronizadas; pode no máximo coagi-las, tornar a alma e a mente inertes e estagnadas, regulamentar a ação externa da vida; mas para que isso seja feito de maneira efetiva, a coerção e a compressão da mente e da vida são indispensáveis; e isso significa ainda uma estabilidade sem progresso ou uma decadência. A mente racional, com sua praticidade lógica, não tem outro meio para subjugar os movimentos ambíguos e complexos da Natureza senão pela regulamentação e mecanização do pensamento e da vida. Se isso for feito, a alma da humanidade deverá recuperar sua liberdade e retomar seu crescimento, seja por uma revolta e destruição da máquina, sob a pressão da qual ela foi moldada, seja escapando, retirando-se em si mesma e rejeitando a vida. A verdadeira saída para o ser humano é descobrir sua alma com a força e os meios de expressão que lhe são próprios, e fazê-la substituir a mecanização da mente e a ignorância e a desordem da natureza vital. Mas haveria bem pouco espaço e liberdade para um tal movimento de autodescoberta e autorrealização em uma existência social estreitamente regulada e mecanizada.

É possível que a mente humana, em sua oscilação, reaja contra o conceito mecanicista da vida e da sociedade e busque refúgio em um retorno ao pensamento religioso e a uma sociedade governada e sancionada pela religião. Mas a religião organizada, embora possa prover meios de elevação interior para o indivíduo e preservar em si, ou atrás de si, uma via de abertura para a experiência espiritual, não mudou a vida humana e a sociedade; não podia fazê-lo, porque ao governar a sociedade a religião teve que fazer acordos com as partes inferiores da vida e não pôde insistir nas mudanças interiores do ser inteiro; ela insistiu apenas na necessidade de aderir ao dogma, de aceitar formalmente suas normas éticas e conformar-se com as instituições, as cerimônias e o ritual. A religião, concebida dessa forma, pode dar uma coloração ou um verniz superficial ético-religioso — e se mantiver um forte núcleo de experiência interior, poderá generalizar, até certo ponto, uma tendência espiritual incompleta, mas não transforma a espécie, não pode criar um novo princípio para a existência humana. Apenas uma orientação espiritual total, dada a toda a vida e à nossa natureza inteira, pode erguer a humanidade e conduzi-la além de si mesma. Outra concepção possível, próxima da solução religiosa, seria uma sociedade guiada por indivíduos realizados espiritualmente, uma fraternidade e união de todos na fé ou na disciplina, uma espiritualização da vida e da sociedade pela integração do velho mecanismo da vida nessa unificação ou pela invenção de um novo mecanismo. Isso também já foi tentado antes, sem sucesso; foi a ideia original fundadora de mais de uma religião; mas o ego e a natureza vital do ser humano são fortes demais para que uma ideia religiosa, que age na mente e pela mente, vença sua resistência. Apenas o emergir completo da alma, a descida completa da luz e poder nativos do Espírito podem efetuar esse milagre evolutivo, porque nossa natureza mental e vital insuficiente será assim substituída, elevada, transformada por uma supranatureza espiritual e supramental.

À primeira vista, essa insistência em uma mudança radical da natureza parece adiar para um futuro evolutivo longínquo toda a esperança da humanidade; pois transcender nossa natureza humana normal, transcender nosso ser mental, vital e físico parece ser um esforço muito alto, difícil demais e, no momento atual, impossível para o ser humano como ele é. Mesmo se fosse assim, isso continuaria a ser a única possibilidade de transmutação da vida; pois esperar uma mudança verdadeira da vida humana sem uma mudança da natureza humana é uma proposição irracional e não espiritual; é pedir algo antinatural e irreal, um milagre impossível. Porém, o que é exigido por essa mudança não é algo tão distante, estranho à nossa existência e radicalmente impossível; pois o que deve ser desenvolvido já está em nosso ser, e não é algo exterior a ele: o que a Natureza evolutiva solicita é o despertar para o conhecimento do self, a descoberta do self, a manifestação do self e espírito em nós e a liberação de seu conhecimento, de seu poder e de seus meios nativos de expressão. Além disso, essa é uma etapa para a qual toda a evolução foi uma preparação e cada crise do destino humano torna mais próxima, pois a evolução mental e vital do ser chega ao ponto em que a tensão do intelecto e da força vital atingem um auge e devem ou sucumbir, recair no torpor da derrota, no repouso de uma quietude sem progresso, ou abrir seu caminho através do véu que os impede de avançar. O que é necessário é que haja uma mudança de direção na humanidade, uma virada que alguns, ou muitos, possam sentir e ter a visão dessa mudança, o sentimento de sua necessidade imperativa, a percepção de sua possibilidade, tenham a vontade de tornar isso possível em si mesmos e de encontrar o caminho. Essa tendência não está ausente, e deve aumentar com a tensão da crise do destino humano; a necessidade de uma evasão ou de uma solução, o sentimento de que não há outra solução exceto a espiritual, só podem crescer e tornar-se mais imperativos diante da urgência de graves circunstâncias. Para esse apelo no ser haverá sempre uma resposta na Realidade Divina e na Natureza.

A resposta poderia ser, na verdade, apenas individual; o que resultaria em uma multiplicação de indivíduos espiritualizados ou mesmo — pode-se concebê-lo, embora seja pouco provável — um indivíduo ou vários indivíduos gnósticos isolados na massa não espiritualizada da humanidade. Tais seres isolados deverão, ao alcançar a realização, ou retirar-se em seu reino divino secreto e proteger-se em uma solidão espiritual, ou agir na humanidade a partir de sua luz interior e preparar o pouco que for possível em tais condições, para um futuro mais feliz. A mudança interior só pode começar a tomar corpo em uma forma coletiva se o indivíduo gnóstico encontrar outros com a vida interior semelhante à sua e puder formar com eles um grupo com uma existência autônoma ou, então, uma comunidade separada, uma ordem separada de seres com sua própria lei interior de vida. É essa necessidade de uma vida separada com sua regra de vida própria, adaptada ao poder interior e à força dinâmica da existência espiritual e criando para isso sua atmosfera nativa, que no passado se expressou na formação da vida monástica ou em tentativas de vários tipos de uma vida coletiva nova, separada e autônoma, e diferente, por seu princípio espiritual, da vida humana comum. A vida monástica é, em sua natureza, uma associação de buscadores espirituais da transcendência, indivíduos cujo esforço é dedicado a encontrar e realizar em si mesmos a realidade espiritual e que baseiam sua existência comum em regras de vida que os ajudam nesse empenho. Em geral esse não é um esforço para criar uma nova formação de vida que ultrapassaria a sociedade humana comum e criaria uma nova ordem do mundo. Talvez uma religião possa manter essa perspectiva eventual diante de si e faça um primeiro esforço para aproximar-se disso; um idealismo mental pode fazer o mesmo esforço. Mas essas tentativas foram sempre vencidas pela inconsciência e ignorância persistentes de nossa natureza vital humana; pois essa natureza, com sua massa recalcitrante, é um obstáculo que um mero idealismo ou uma aspiração espiritual incompleta não podem mudar nem dominar de modo permanente: ou o empenho se esgota por sua própria imperfeição ou é invadido pela imperfeição do mundo de fora e, das brilhantes alturas de sua aspiração, afunda em algo misturado e inferior, no nível humano comum. Uma vida espiritual coletiva destinada a expressar o ser espiritual e não o ser mental, vital e físico, deve fundamentar-se, e manter-se, em valores maiores do que os valores mentais, vitais e físicos da sociedade humana comum; sem um tal fundamento, ela será meramente a sociedade humana normal com uma diferença. É necessário que uma consciência inteiramente nova se estabeleça em muitos indivíduos e transforme seu ser inteiro, transforme seu self natural mental, vital e físico, para que uma nova vida possa aparecer; apenas uma tal transformação da natureza mental, vital e corporal geral poderá fazer nascer uma existência coletiva nova e de valor. O impulso evolutivo não deve tender a criar simplesmente um novo tipo de seres mentais, mas uma outra ordem de seres, que eleve sua inteira existência do estado de nossa atual animalidade mentalizada para um nível espiritual superior na natureza terrestre.

Uma transformação tão completa da vida terrestre em certo número de seres humanos não poderá estabelecer-se de modo completo e imediato; mesmo quando o ponto crítico for alcançado e a linha decisiva atravessada, a nova vida em seus começos terá que passar por um período de provas e de desenvolvimento árduo. O primeiro passo necessário será uma mudança geral da velha consciência, que integrará a totalidade da vida ao princípio espiritual; a preparação para isso pode ser longa e a própria transformação, uma vez começada, proceder por etapas. No indivíduo, a partir de certo ponto, essa transformação pode ser rápida e mesmo efetuar-se em um pulo, um salto evolutivo; mas uma transformação individual não seria a criação de um novo tipo de seres ou de uma nova vida coletiva. Pode-se conceber que certo número de indivíduos possa evoluir assim, em separado, em meio à velha vida, e se reúnam em seguida para estabelecer o núcleo da nova existência. Mas é pouco provável que a Natureza proceda dessa forma, e seria difícil para o indivíduo chegar a uma mudança completa enquanto ainda encerrado na vida da natureza inferior. Em certo estágio, poderá ser necessário seguir o sistema secular da comunidade separada, mas com um duplo propósito: primeiro, prover uma atmosfera segura, um lugar e uma vida à parte onde a consciência do indivíduo pode concentrar-se em sua evolução, em um meio onde tudo é voltado para esse único empenho e centrado nele; em seguida, quando as coisas estiverem prontas, formular e desenvolver a nova vida nessa atmosfera espiritual preparada. Pode ser que em uma tal concentração de esforços todas as dificuldades da mudança se apresentem com uma força concentrada; pois cada buscador espiritual carrega em si as possibilidades, mas também as imperfeições de um mundo que deve ser transformado; ele traz não só suas capacidades, mas suas dificuldades e as oposições da velha natureza, e essa mistura, no círculo restrito de uma vida em comum pequena e fechada, poderia assumir uma força de obstrução consideravelmente acentuada, que tenderia a contrabalançar o poder acentuado e a concentração das forças que trabalham para a evolução. Essa é a dificuldade que, no passado, rompeu todos os esforços do homem mental para criar algo melhor, mais verdadeiro e harmonioso do que a vida mental e vital comuns. Mas se a natureza estiver pronta e tomar sua decisão evolutiva ou se o poder do Espírito que desce dos planos superiores for bastante forte, a dificuldade será ultrapassada e uma primeira formação evolutiva, ou formações, será possível.

Mas se uma inteira confiança na Luz e na Vontade condutoras e uma luminosa expressão da verdade do Espírito na vida deverão ser a lei, isso parece pressupor um mundo gnóstico, um mundo onde a consciência de todos os seus seres seria fundamentada nessa base; pode-se compreender que em um mundo assim os intercâmbios entre os indivíduos gnósticos em uma comunidade, ou comunidades, gnóstica seriam, pela sua própria natureza, um processo de harmonia e entendimento. Mas, na realidade, haverá aqui uma vida de seres gnósticos que prosseguirá lado a lado com a vida de seres na Ignorância, ou evoluirá em seu interior, tentando emergir nela ou sair dela; mesmo assim, essas duas leis da vida pareceriam opor-se e afrontar-se. Pareceria então necessário que a vida de uma comunidade espiritual deva isolar-se ou separar-se completamente da vida na Ignorância, pois de outro modo um compromisso entre as duas vidas seria necessário e, com o compromisso, um perigo de contaminação ou incompletude da existência maior: dois princípios de existência diferentes e incompatíveis estariam em contato, e mesmo se o superior influenciasse o inferior, a vida menor teria também seu efeito sobre a maior, visto que esse impacto recíproco é a lei de toda contiguidade e intercâmbio. Poder-se-ia mesmo perguntar se conflito e colisão não seriam a primeira regra de sua relação, visto que na vida da Ignorância se encontra, presente e ativa, a influência formidável das forças das Trevas, suportes do mal e da violência, cujo interesse é contaminar ou destruir toda Luz mais alta que entra na existência humana. A oposição e a intolerância, ou mesmo perseguição de tudo que é novo ou tenta elevar-se acima da ordem estabelecida pela Ignorância humana ou escapar dela, foram fenômenos frequentes no passado; ou, se a ordem nova fosse vitoriosa, foi também frequente uma intrusão das forças inferiores, uma aceitação pelo mundo mais perigosa que sua oposição e, no final, o rebaixamento, a contaminação, a extinção do princípio novo de vida; essa oposição poderia ser ainda mais violenta e o malogro ainda mais provável, se uma luz ou um poder radicalmente novos viessem reivindicar a terra como sua herança. Mas deve-se supor que a luz nova e mais completa trará também um poder novo e mais completo. Talvez não lhe seja necessário ser inteiramente separada; ela poderia estabelecer-se em várias ilhotas e daí espalhar-se pela velha vida, irradiar para ela sua própria influência e infiltrar-se, ganhar terreno, trazer-lhe uma ajuda e iluminação que a humanidade, em uma aspiração nova, começaria talvez, a partir de certo tempo, a compreender e acolher.

Mas estes, evidentemente, são problemas de transição, problemas da evolução, antes da reversão total e vitoriosa da Força que se manifesta e a vida do ser gnóstico se torne uma parte estabelecida da ordem terrestre, assim como já o é a vida do ser mental. Se supormos que a consciência gnóstica deva estabelecer-se na vida terrestre, o poder e o conhecimento à sua disposição serão muito maiores do que o poder e o conhecimento do homem mental; e a vida de uma comunidade de seres gnósticos, supondo-se que se separe do resto, estará tão protegida contra ataques quanto a vida organizada do ser humano diante de ataques das espécies inferiores. Mas assim como esse conhecimento e o próprio princípio da natureza gnóstica assegurarão uma unidade luminosa na vida coletiva dos seres gnósticos, do mesmo modo eles bastarão também para assegurar uma harmonia dominante e uma reconciliação entre os dois tipos de vida. A influência do princípio supramental sobre a terra incidirá sobre a vida da Ignorância e, em seus limites, impor-lhe-á uma harmonia. É concebível que a vida gnóstica separe-se do resto, mas seguramente admitirá dentro de suas fronteiras todos os elementos da vida humana que se voltarem para a espiritualidade e progredirem em direção às alturas; os demais poderiam organizar-se sobretudo a partir do princípio mental e dos velhos fundamentos, mas, ajudados e influenciados pelo conhecimento superior que será reconhecível, seguirão provavelmente as vias de uma harmonização mais completa, de que a coletividade humana não é ainda capaz. Contudo, aqui também, a mente pode apenas prever probabilidades e possibilidades; o próprio princípio supramental na Supranatureza determinará, segundo a verdade das coisas, o equilíbrio da ordem mundial nova.

A Supranatureza gnóstica transcende todos os valores de nossa Natureza normal ignorante; nossas normas e valores são criados pela ignorância e, portanto, não podem determinar a vida da Supranatureza. Ao mesmo tempo, nossa natureza atual deriva da Supranatureza e não é uma pura ignorância, mas um semiconhecimento; é então razoável supor que toda verdade espiritual contida ou escondida nas normas e nos valores de nossa natureza normal reaparecerá na vida superior, não como normas, mas como elementos transformados, livres da ignorância e elevados à harmonia verdadeira de uma existência mais luminosa. À medida que o indivíduo espiritual universalizado se desfaz da personalidade limitada, o ego, e se eleva além da mente em direção a um conhecimento mais completo na Supranatureza, os ideais conflitantes da mente desaparecem, mas a verdade por trás deles permanecerá na vida da Supranatureza. A consciência gnóstica é uma consciência em que todas as contradições são abolidas ou fundidas uma na outra na luz de uma visão e uma existência mais altas, em um autoconhecimento e um conhecimento do mundo unificados. O ser gnóstico não aceitará os ideais e as normas da mente; não será levado a viver para si mesmo, para seu ego ou para a humanidade, para os outros, para a comunidade ou para o Estado, pois perceberá algo maior do que essas meias-verdades: ele será consciente da Realidade divina, e é para ela que viverá, para cumprir sua vontade em si mesmo e em todos, em um espírito de vasta universalidade, na luz da vontade da Transcendência. Pela mesma razão, na vida gnóstica não poderá haver conflito entre autoafirmação e altruísmo, pois o self do ser gnóstico é um com o self de todos — nem conflito entre o ideal individualista e o ideal coletivista, pois ambos são termos de uma Realidade maior, e é apenas na medida em que expressam a Realidade, ou que sua efetivação serve à Realidade, que podem ter um valor para o espírito do ser gnóstico. Mas, ao mesmo tempo, aquilo que é verdade nos ideais mentais, e neles é vagamente figurado, será efetuado na existência do ser gnóstico; pois, se bem que sua consciência exceda os valores humanos e que assim ele não pode substituir Deus pela humanidade, pela comunidade ou pelo Estado ou por outros ou por si mesmo, sua ação na vida será uma afirmação do Divino que está nele e expressará o sentido do divino em outros e o de sua unidade com a humanidade, com todos os outros seres e com o mundo inteiro, porque o Divino está neles e conduzi-los em direção a uma afirmação, melhor e mais alta, da Realidade que cresce neles será parte de sua ação na vida. Mas o que fará será decidido pela Verdade do Conhecimento e da Vontade que estão nele, uma Verdade total e infinita que não está ligada por nenhuma lei ou norma mental única, mas age livremente na realidade inteira, com o respeito por cada verdade em seu lugar e um conhecimento claro das forças em ação e da intenção do Impulso Divino que se manifesta a cada passo da evolução cósmica e em cada acontecimento e cada circunstância.

Para uma consciência espiritual ou gnóstica consumada, toda vida deve ser a manifestação da verdade realizada do espírito; só àquilo que pode transformar-se e encontrar seu próprio self espiritual nessa Verdade maior e fundir-se nessa harmonia será dado o direito de viver. O que assim sobreviverá, a mente não pode determinar, pois a própria gnose supramental trará sua verdade do alto e essa verdade retomará o que ela mesma emanou e expressou nos ideais e realizações de nossa mente, nossa vida e nosso corpo. As formas que esses ideais e realizações assumirão talvez não sobrevivam, pois é pouco provável que sejam apropriadas à nova existência sem serem modificadas ou substituídas; mas o que é real e durável neles, ou mesmo em suas formas, passará pela transformação necessária para sobreviver. Muito do que é normal para a existência humana desaparecerá. Na luz da gnose os numerosos ídolos mentais, os princípios e sistemas construídos, os ideais conflituosos que o ser humano criou em todos os domínios de sua mente e de sua vida não poderão inspirar nem aceitação nem reverência; apenas a verdade, se houver uma, escondida por essas imagens capciosas, poderá ser admitida como elemento de uma harmonia que se fundamentará em uma base muito mais vasta. É evidente que em uma vida governada pela consciência gnóstica nem a guerra, com seu espírito de antagonismo e inimizade, sua brutalidade, sua violência ignorante e destrutiva, nem a luta política, com seus conflitos perpétuos, opressões frequentes, desonestidades, vilanias, interesses egoísticos, sua ignorância, inépcia e mixórdia, terão razão de existir. As artes e as profissões existirão não como um passatempo inferior, mental ou vital, um entretenimento, desafogo estimulante ou prazer, mas como expressões e meios da verdade do Espírito, da beleza e deleite da existência. A vida e o corpo não serão mais mestres tirânicos que exigem nove décimos da existência para sua satisfação, mas meios e poderes para a expressão do espírito. Ao mesmo tempo, visto que a matéria e o corpo serão aceitos, o controle e uso correto das coisas físicas farão parte da vida realizada do Espírito na manifestação na natureza terrestre.

Supõe-se, de maneira quase universal, que a vida espiritual deve ser, necessariamente, uma vida de frugalidade ascética, uma rejeição de tudo que não seja absolutamente necessário à estrita manutenção do corpo; e isso é válido para uma vida espiritual que, em sua natureza e intenção, quer se retirar da vida. Mesmo esse ideal à parte, poder-se-ia pensar que a orientação espiritual deva sempre buscar uma simplicidade extrema, porque tudo o mais seria uma vida de desejos vitais e autoindulgência física. Mas de um ponto de vista mais amplo, essa é uma norma mental baseada na lei da Ignorância, que tem o desejo como motivo; para superar a Ignorância e suprimir o ego, uma rejeição total não só do desejo, mas de todas as coisas que possam satisfazer o desejo, pode intervir como um princípio válido. Mas essa norma, ou qualquer norma mental, não pode ser absoluta nem amarrar, por sua lei, a consciência que se elevou acima do desejo; uma pureza e um autocontrole completos estarão na própria substância da natureza dessa consciência, e permanecerão os mesmos na pobreza ou na riqueza, pois se pudessem ser abalados ou manchados por uma ou outra não seriam nem reais nem completos. A única regra da vida gnóstica será a autoexpressão do Espírito, a vontade do Ser divino; essa vontade, essa autoexpressão, pode se manifestar em uma extrema simplicidade ou extrema complexidade e opulência ou no equilíbrio natural delas — porque beleza e plenitude, a doçura e o sorriso escondidos nas coisas, a luz solar e o júbilo na vida são também poderes e expressões do Espírito. Em todas as direções o Espírito interior que determina a lei de nossa natureza determinará o quadro da vida em seus detalhes e circunstâncias. Em tudo se encontrará o mesmo princípio plástico; uma normalização rígida, por mais necessária que seja ao arranjo mental das coisas, não poderá ser a lei da vida espiritual. Uma grande diversidade e liberdade de autoexpressão, baseadas em uma unidade subjacente, provavelmente se manifestarão; mas em todo lugar haverá uma ordem verdadeira e harmoniosa.

Uma vida de seres gnósticos conduzindo a evolução a um estado superior, supramental, pode, apropriadamente, ser caracterizada como uma vida divina, pois esta será uma vida no Divino, a vida de uma luz, um poder e uma alegria espirituais e divinos em seus começos, manifestada na Natureza material. E visto que ultrapassa o nível mental humano, pode ser descrita como a vida da supra-humanidade espiritual e supramental. Porém, essa supra-humanidade não pode ser confundida com as ideias passadas e presentes de super-homem; pois o super-homem, no conceito mental, é aquele que se eleva acima do nível humano normal, não nas qualidades como tais, mas em graus das mesmas qualidades: uma personalidade alargada, um ego exagerado e magnificado, um poder mental ampliado, um poder de força vital multiplicado, uma exageração aprimorada ou densa e massiva das forças da Ignorância humana; em geral, esse conceito traz também, de modo implícito, a ideia de uma dominação potente da humanidade pelo super-homem. Isto significaria uma super--humanidade do tipo nietzschiano, no pior dos casos o reino da "besta loura" ou da besta escura ou de toda e qualquer besta, um retorno à força, violência e crueldade bárbaras — isto não seria evolução, seria uma reversão ao velho barbarismo desapiedado. Ou poderia significar o emergir do Rakshasa ou do Asura, em um esforço tenso da humanidade para ultrapassar e transcender a si mesma, mas na direção errada. Um ego vital desmesurado, violento e turbulento, satisfeito de sua força de realização supremamente tirânica ou anarquista, seria a super-humanidade de tipo rakshásico: mas o gigante, o ogro ou o devorador do mundo, o Rakshasa, embora ainda sobreviva, em espírito pertence ao passado; uma emersão desse tipo, mais amplificada, seria também uma evolução em retrocesso. Uma manifestação poderosa de uma força irresistível autocontrolada, talvez mesmo uma capacidade mental e um poder vital autodominados asceticamente; forte, calmo, frio ou tremendo em sua impetuosidade contida, sutil e dominador, uma exaltação ao ego mental e ao ego vital ao mesmo tempo, esse é o tipo do Asura. Mas em seu passado a Terra já teve bastante desses tipos de seres, e sua repetição pode apenas prolongar as marcas do passado; do Titã ou do Asura ela não pode tirar um proveito verdadeiro para seu futuro, nenhum poder para ultrapassar-se: mesmo se obtivesse um grande poder, supranormal, isso só a levaria a círculos maiores em sua velha órbita. Mas o que deve emergir é algo muito mais difícil e muito mais simples; é um ser que realizou seu self, é uma edificação do self espiritual, uma intensidade e um anelo da alma, a liberação e a soberania de sua luz e poder e beleza — não uma super-humanidade egoística exercendo uma dominação mental e vital sobre a humanidade, mas a soberania do Espírito sobre seus próprios instrumentos, sua posse de si e sua posse da vida no poder do espírito, uma consciência nova em que a própria humanidade encontrará sua superação e autorrealização pela revelação da divindade que se esforça para nascer nela. Essa é a única e verdadeira supra-humanidade e a única possibilidade real de dar um passo adiante na evolução da Natureza.

Na verdade, esse novo estado será uma reversão da lei atual da consciência e da vida humanas, pois reversará o inteiro princípio da vida na Ignorância. Poder-se-ia dizer que é para ter a experiência da Ignorância, de suas surpresas e aventuras, que a alma desceu na Inconsciência e assumiu o disfarce da Matéria, para a aventura e a alegria de criar e descobrir, uma aventura do espírito, uma aventura da mente e da vida com os imprevistos e acasos da ação delas na Matéria, para a descoberta e a conquista do novo e do desconhecido; tudo isso constitui a tarefa da vida e tudo isso, parece, cessaria com o desaparecimento da Ignorância. A vida do ser humano é feita de luz e obscuridade, ganhos e perdas, dificuldades e perigos, dos prazeres e dores da Ignorância, um jogo de cores que se move no terreno em geral neutro, de uma Matéria que tem como base a insciência e a insensibilidade do Inconsciente. Para o ser vivo normal, uma existência sem as reações provocadas por sucesso e frustrações, sem alegrias e penas vitais, perigo e paixão, prazeres e sofrimentos, as vicissitudes e incertezas do destino, da luta, da batalha e do esforço, sem tentativas e buscas, sem a alegria da novidade e da surpresa e de uma criação que se lança no desconhecido, poderia parecer desprovida de variedade e, portanto, sem sabor vital. Toda vida que ultrapasse essas coisas pode parecer-lhe algo descaracterizado e vazio, ou como moldado à imagem de uma uniformidade imutável; a imagem que a mente humana faz do céu é a repetição incessante de uma monotonia eterna. Mas essa é uma ideia falsa, pois entrar na consciência gnóstica será entrar no Infinito. Essa será uma autocriação manifestando infinitamente o Infinito em forma de existência, e o encanto do Infinito é muito maior e inumerável, a alegria imperecível que proporciona é mais que o encanto do finito. A evolução no Conhecimento será uma manifestação mais bela e gloriosa, com novas vistas revelando-se sem cessar, e mais intensa em todos os níveis como nenhuma evolução na Ignorância pode ser. O deleite do Espírito é sempre novo, as formas de beleza que reveste são inumeráveis, sua divindade sempre jovem e o sabor do deleite, *rasa*, do Infinito, eterno e inexaurível. A manifestação gnóstica da vida será mais completa e fecunda e seu interesse mais vívido do que o interesse criador da Ignorância; será um milagre maior e mais feliz, um milagre constante.

Se houver uma evolução na Natureza material e se for uma evolução do ser com consciência e vida como suas expressões-chave e poderes, essa plenitude de ser, plenitude de consciência e plenitude de vida deverão ser o objetivo do desenvolvimento em direção ao qual tendemos e que se manifestará mais cedo ou mais tarde no curso de nosso destino. O Self, o Espírito, a Realidade que se desvela e emerge da primeira inconsciência da vida e da matéria, evolverá a verdade completa de seu ser e de sua consciência nessa vida e nessa matéria. O Self retornará a si mesmo — ou, se seu objetivo como indivíduo for retornar ao Absoluto, poderá também fazê-lo — não por uma frustração da vida, mas por uma autoplenitude espiritual na vida. Nossa evolução na Ignorância, com as vicissitudes de suas alegrias e sofrimentos na autodescoberta e na descoberta do mundo, suas semirrealizações, conquistas e malogros, é apenas nosso primeiro estado. Ela deve conduzir inevitavelmente a uma evolução no Conhecimento: o Espírito deve descobrir-se e desvelar-se, o Divino deve revelar-se nas coisas, com seu poder verdadeiro e em uma Natureza que, para nós, é ainda uma Supranatureza.

# GLOSSÁRIO DE TERMOS EM SÂNSCRITO

Na medida do possível, as definições foram extraídas de textos de Sri Aurobindo.

*acitti* — a Ignorância; inconsciência; em nossa consciência, o princípio que não percebe (cf. *citti*).

*adevī māyā* (Adevi Maya) — Maya não divina.

*adhikāra* — capacidade; algo no poder imediato da natureza do ser humano que determina, por suas características, seu direito de seguir este ou outro caminho de Ioga.

*adhyakṣa* — controle que preside; pessoa ou presença que preside.

*adhyāropa* — imposição.

*advaita* — monismo; escola monística do Vedanta.

*advaitin* — aquele que segue a escola *advaita*; monista vedântico.

*ādyā śakti* (Adya Shakti) — Poder idêntico e original; Consciência e Poder Supremo acima do universo; a Mãe Transcendente.

*agni* — fogo; o deus do Fogo; a chama da Vontade Divina ou Força da consciência que age nos mundos.

*ahaṅkāra* — senso do ego; ideia do ego; o princípio subjetivo pelo qual o *puruṣa* é induzido a identificar-se com a *prakṛti* e suas atividades.

*akṣara* (Akshara) — o imutável, o imóvel, o Self silencioso e inativo (cf. *kṣara*).

*ānanda* (Ananda) — Felicidade profunda, Deleite, Beatitude; o princípio essencial do deleite; o autodeleite que é a própria natureza da existência infinita e transcendente.

*ānandamaya* (*puruṣa*) — o Self de Beatitude do Espírito.

*anirvacanīya* — aquilo que é inexprimível e inefável; inconcebível ou inexprimível pela razão.

*anīśa* — não senhor da Natureza, mas sujeito a ela.

*anṛtasya bhūreḥ* (Anritasya Bhureh) — uma falsidade abundante (*Rig Veda*, 7.60.5).

*anumantā* — aquele que dá a sanção.

*aparārdha* — hemisfério inferior; a metade inferior do mundo da existência (cf. *parārdha*).

*apraketam salilam* — mar de Inconsciência (*Rig Veda*, 10.129.3).

*aśanāyā mṛtyuḥ* (Ashanaya Mrityuh) — a Fome que é Morte (*Brihadaranyaka Upanishad*, 1.2.4).

*asat* — Não-Ser; a negação de toda existência (cf. *sat*).

*asura* — Titã; adversário dos deuses; ser hostil do plano vital mentalizado.

*aśvattha* (Ashwattha) — figueira; símbolo da manifestação cósmica.

*ātman* (Atman) — Self; Espírito; a natureza essencial e original de nossa existência; em relação ao indivíduo, o Supremo é nosso próprio self mais elevado e verdadeiro, *ātman* (cf. *Brahman*).

*ātmaśakti* (Atmashakti) — Poder do Self; poder da alma e poder espiritual.

*avidyā* (Avidya) — Ignorância, a Ignorância da unidade; a consciência da Multiplicidade; a consciência relativa e múltipla (cf. *vidyā*).

*avidyāyām antare* — no interior da Ignorância (*Katha Upanishad*, 1.2.5; *Mundaka Upanishad*, 1.2.8).

*bālavat* — como uma criança; estado de não responsabilidade, puro, perfeito, beatífico.

*bhakta* — o amante e devoto do Divino.

*bhayānaka* — o terrível; uma das oito formas de esteticismo emocional na Retórica Sânscrita.

*bhūri aspaṣṭa kartvam* — tornar claro o muito que ainda tem de ser feito.

*bībhatsa* — o horrível ou repelente; um das oito formas de esteticismo emocional na Retórica Sânscrita.

*brahmaloka* — mundo de *brahman* no qual a alma, una com a existência infinita, é, ainda assim, capaz de desfrutar da diferenciação na unidade.

Brahman — o Absoluto, o Espírito; o ser Supremo, a Realidade; o Eterno.

*brahmavidyā* — o conhecimento de *Brahman*.

*bṛhat* (Brihat) — o Vasto, o Imenso; a vasta autopercepção.

*buddhigrāhyam atīndriyam* — o que não é perceptível pelos sentidos, mas que a razão pode apreender (*Bhagavad-Gītā*, 6.21).

*caitya puruṣa* (Chaitya Purusha) — entidade psíquica; alma individual.
*cit* (Chit) — Consciência pura; autopercepção livre e todo-criativa do Absoluto.
*cit-śakti* (Chit-Shakti) — Consciência-Força; o poder consciente integral do Ser supremo.
*cit-tapas* (Chit-Tapas) — Consciência-Força; a energia pura da Consciência.
*citti* — o Conhecimento; a visão e o conhecimento conscientes que percebem a verdade (cf. *acitti*).

*deva* — deus; divindade.
*devānām adabdha-vratāni* — as leis invioláveis que governam as ações dos deuses.
*dharma* (Darma) — lei; padrão da Verdade ou regra ou lei de ação; significa literalmente: aquilo que se apodera de todas as coisas e as mantém; concepção indiana das normas de conduta religiosa, social e moral.

*ekātma-pratyaya-sāram* — aquele cuja substância é a certeza do Self Uno (*Māndūkya Upanisahd*, 7).
*eko vasī sarvabhūtāntarātmā* — um Espírito único, calmo e soberano no interior de todas as criaturas (*Katha Upanishad*, 2.2.12).

*gītā* (Gita) — expressão curta para *śrimad-bhagavadgītā*; o canto do Bem-Aventurado, ensinamentos espirituais de Sri Krishna a Arjuna no campo de batalha de Kurukshetra, episódio do épico indiano Mahabharata.
*goloka* — mundo de Amor, Beleza e Bem-Aventurança cheio de esplendores espirituais; o céu Vaishnava de eterna Beleza e Beatitude.

*haṭhayogin* (Hatha Iogue) — aquele que pratica hatha-ioga, o uso do corpo para a abertura da vida divina em todos seus planos.
*hṛdya samudra* — Oceano do Coração.

*iśvara* (Ishwara) — Senhor, Mestre; Deus; o Divino.
*iśvara-śakti* (Ishwara-Shakti) — o princípio dual do Senhor e seu Poder executivo.
*iti iti* — "é isto, é isto" (cf. *neti neti*).

*jaḍavat* — como uma coisa inerte nas mãos da Natureza; exteriormente inerte e inativa, movida pelas circunstâncias ou forças, mas não por si mesma.

*jīvātman* (Jivatman) — self individual; o self da criatura viva; o Espírito individualizado e que sustenta o ser vivo em sua evolução de nascimento em nascimento.

*jugupsā* — encolhimento, contração; recuo autoprotetor; o sentimento de repulsão causado pelo sentimento da falta de harmonia entre nossa formação limitada e os contatos externos, e que provoca a rejeição devido ao pesar, medo, ódio ou sofrimento que experimentamos.

*kālī* (Kali) — a face escura da Mãe Universal, a Shakti Divina.

*Karma* — ação, trabalho; o poder que por sua continuidade e desenvolvimento, enquanto força subjetiva e objetiva, determina a natureza e a finalidade das existências repetidas da alma.

*karuṇā* — compaixão.

*karuṇa* — o pesaroso; uma das oito formas de esteticismo emocional na Retórica Sânscrita.

*kṣara* (Kshara) — o móvel ou mutável; a alma que impregna a ação, as mutações, os devires sucessivos da Natureza (cf. *akṣara*).

*līlā* (Lila) — brincadeira, o jogo cósmico; a manifestação como Jogo do divino.

*mahat* — a matriz original e essencial da consciência na Natureza, de onde surge toda individualidade e toda formação; o vasto princípio cósmico da Força.

*mahatī vinaṣṭiḥ* — "grande é a perdição" (*Kena Upanishad*, 2.5).

*manas* — mente; a mente sensorial.

*manomaya* (*puruṣa*) — o ser mental; o self mental; alma na mente.

*manomayaḥ prāṇa-śarīra-netā* — o ser mental, líder da vida e do corpo (*Mundaka Upanishad*, 2.2.7).

*mantra* — sílaba sagrada, nome ou fórmula mística, som simbólico carregado de poder.

*manu* — o Pensador; o ser mental em um corpo terrestre.

*māra* — Demônio cônscio ou princípio autoexistente do mal.

*māyā* (Maya) — consciência fenomênica; consciência criadora; significa originalmente no *Veda* o conhecimento criador e abrangente, a sabedoria antiga; posteriormente tomou um sentido derivativo de astúcia, magia e ilusão.

*māyāvāda* — ilusionismo.

*māyāvādin* — um adepto de *māyāvāda*.

*mukti* — liberação; liberdade da alma.


*nara* — o ser humano (cf. *nārāyaṇa*).

*nārāyaṇa* — um dos nomes de Vishnu que, como o Deus no homem, vive constantemente associado em uma unidade dual com *nara*, o ser humano.

*nāstyanto vistarasya me* — "não há fim para minha autoextensão" (*Bhagavad-Gītā*, 10.19).

*neti neti* — "não é isto, não é aquilo".

*nirguṇa* (*brahman*) — o Eterno sem qualidades; o Divino impessoal (cf. *saguna*).

*nirvāṇa* (Nirvana) — aniquilação libertadora; extinção, não necessariamente de todo o ser, mas do ser como nós o conhecemos; extinção do ego, do desejo e da ação e mentalidade egoísticas.

*nivṛtti* (Nivritti) — calma; abster-se da ação; a involução da alma na passividade (cf. *pravṛtti*).


*pāpa* (Papa) — pecado; demérito.

*parabrahman* — ser supremo; Divino supracósmico; o Absoluto sem espaço e sem tempo.

*paramātman* — o Self supremo; o Absoluto.

*parā prakṛti* (Para Prakriti) — a Natureza suprema; a natureza eterna e original do Espírito; o poder consciente infinito e atemporal do ser autoexistente a partir do qual toda as existências no cosmos são manifestadas.

*para puruṣa* (Para Purusha) — a alma suprema; Deus; o Self que contém e desfruta a quietude e o movimento, sem ser condicionado e limitado por nenhum deles.

*parārdha* — o hemisfério mais alto; a metade superior da existência universal (cf. *aparārdha*).

*parātpara* — um mais alto do que o mais alto; o Supremo além do Mais Alto.

*piśāca* (Pishacha) — demônio, ser hostil do plano vital inferior.

*piśācavat* — como uma alma selvagem e desordenada; como um ser vital desconectado, o maníaco divino ou então o demoníaco divino.

*pradhāna* — a substância primeira; o primeiro estado ou organização da matéria e seu princípio essencial.

*prājña* — o Self situado no sono profundo; o Mestre da Sabedoria e do Conhecimento.

*prajñā* (Prajna) — a Inteligência toda-sabedoria; a inteligência universal.

*prajñāna* (Prajnana) — a consciência apreendedora; na mente divina é o conhecimento que olha para as coisas e percebe a si mesmo como sua fonte, possuidor e testemunha.

*prakṛti* (Prakriti) — Natureza; a força executiva do Senhor; Alma-Natureza; a Energia, Vontade-Poder que executa tudo no universo (cf. *puruṣa*; cf. também *māyā*, *śakti*).

*prāṇa* — vida; vida-energia; a força-vida no sistema nervoso; vital *dynamis* ou *kinesis*.

*prāṇamaya puruṣa* — alma-vida; o ser vital; o ser por trás da Força da Vida.

*pravṛtti* (Pravritti) — atividade; movimento, impulso e *kinesis*; ímpeto para a ação e o trabalho; evolução da alma na ação (cf. *nivṛtti*).

*prithivī* — terra; o Princípio-Terra.

*puṇya* — virtude; mérito.

*puruṣa* (Purusha) — o Ser Consciente; Alma Consciente; o ser essencial que sustenta o jogo de *prakṛti*; uma Consciência — ou um Ser Consciente — por trás de tudo, que é o senhor, testemunha, conhecedor, apreciador, aquele que sustenta e é fonte de sanção do trabalho da Natureza; a Pessoa verdadeira ou espiritual (cf. *prakṛti*).

*puruṣa-prakṛti* (Purusha-Prakriti) — Alma-Natureza; a Alma sustentando a Natureza (mesmo em sua separação, os dois são um e inseparáveis).

*puruṣottama* (Purushottama) — o Supremo; o mais elevado *puruṣa*; o Ser Consciente Supremo; a Pessoa divina suprema (igual a *para puruṣa*).


*rajásico* — da natureza de *rajas*, o dinamismo que se traduz como esforço e luta, paixão e ação.

*rākṣasa* (Rakshasa) — gigante; ser hostil do plano vital intermediário.

*rakshasic* — da natureza do *rākṣasa*; gigantesco.

*rasa* — seiva; essência; sabor; o sabor do deleite.

*ṛṣi* (Rishi) — visionário; sábio.

*ṛta-cit* — Consciência-Verdade.

*ṛtam* (Ritam) — o Justo; a verdade ordenada do ser ativo; a verdade do conhecimento e da ação (cf. *satyam*).

*ṛtam jyotiḥ* — a luz da verdade.

*ṛtam satyam bṛhat* — o Justo; o Verdadeiro; o Vasto.

*ṛtasya bṛhate* — em direção à vastidão da Verdade.

*rūpam rūpam pratirūpo babhūva* — "isso reveste uma forma após outra" (*Katha Upanishad*, 2.2.9).

*sacchidānanda* (Satchidananda) — Existência (*sat*), Consciência (*chit*), Beatitude (*ānanda*); uma trindade de existência absoluta, autopercepção e autodeleite; o Ser divino.

*sadanam ṛtasya* — a sede da Verdade.

*sad brahman* — o puro Existente; Existência pura, indefinível, infinita, absoluta.

*sādharmya* — identidade na natureza; tornar-se um com o Divino na lei de nosso ser e de nossa ação.

*sādharmya mukti* — liberação ao assumir a Natureza Divina.

*sādhūnām rājyam* — o reino dos santos.

*sādṛśya* — semelhante (ao Divino).

*saguṇa* (*Brahman*) — o Eterno com qualidades infinitas; o Divino pessoal (cf. *nirguṇa*).

*śakti* (Shakti) — Energia; Força; Vontade; Poder; Força-Consciente; Força da Alma; o Poder autoexistente, autoconhecedor, autoefetivo do Senhor, que se expressa nas operações de *prakṛti* (cf. *māyā*; *prakṛti*).

*sālokya mukti* — liberação obtida pela existência consciente unida com o Divino em um mundo de ser.

*samādhi* — transe interior; transe yóguico.

*samam Brahma* — o *Brahman* igual em todos os seres.

*saṁnyāsin* (Sannyasin) — um asceta; aquele que renuncia ao mundo.

*sāmrājya* — poder exterior supremo; o controle da consciência subjetiva sobre as atividades externas e do ambiente.

*sāṅkhya* — sistema de filosofia e prática espiritual; a análise, enumeração e distinção que estabelecem os princípios de nosso ser; a realização analítica e abstrata da verdade.

sankhyas — aqueles que seguem o sistema de *sāṅkhya*, os pensadores analíticos.

*sat* — ser; existência; a coisa que verdadeiramente é (cf. *asat*).

sátvico — da natureza de *sattva*, a força do equilíbrio, que se traduz em qualidades como bondade, harmonia, felicidade e luz.

*satyam* — Verdade; verdade do ser.

*satyam ṛtam* — a Verdade; o Justo.

*śiva* (Shiva) — um dos deuses da trindade hindu; o Destruidor.

*soma* — o vinho sagrado, representa a embriaguez do deleite divino de ser (cf. *ānanda*).

*śruti* — ouvir; inspiração; conhecimento recebido pela escuta da Verdade; Revelação inspirada.

*sthāṇu* — estável.

*sūkṣma deha* — corpo sutil.

*sūkṣma dṛṣṭi* — visão sutil.

*sūkṣma indriya* — órgão sutil; sentido sutil.

*śūnya* — vazio; o Nada.

*suṣupti* — sono profundo; o estado do sono.

*svabhāva* (Svabhava) — princípio do tornar-se; natureza; a natureza essencial e o autoprincípio do ser em cada devenir; temperamento espiritual, caráter essencial.

*svadharma* (Svadharma) — a própria lei da ação.

*svarājya* (Svarajya) — mestria; domínio de si mesmo.

*svarūpa* — forma inata do Self, do ser essencial; essência e natureza verdadeira do ser.

*sve dame ṛtasya* — na própria casa da Verdade.

*syād vā na syād vā* — "pode ser ou pode não ser".

*tama āsīt tamasā gūḍham* — escuridão velada dentro da escuridão.

*tamas* — o princípio de inércia da consciência e da força; a força da inconsciência que, como qualidade, se traduz como obscuridade, incapacidade e inação.

*tamásico* — governado pelo princípio da obscuridade e da inércia (*tamas*).

*tantra* — sistema yóguico baseado na ideia de que o Poder da Consciência (a Mãe, a Shakti) é a Realidade Suprema.

*tântrico* — pertencente ao *tantra*; aquele que segue a disciplina do *tantra*.

*tapas* — literalmente "calor"; qualquer tipo de energia, ascese, austeridade da força consciente agindo sobre si mesma ou sobre seus objetos; poder; a Força Divina; o princípio essencial de energia; a energia da consciência.

*tapasyā* — esforço intenso; dinamismo; ascese.

*tathāstu* — "assim seja".

*titikṣā* — permanência, a capacidade de receber com firmeza todos os contatos agradáveis ou desagradáveis, não sendo dominado pelo que é doloroso, não sendo arrastado pelo que é prazeroso; enfrentando, suportando e superando todos os choques da existência.

*tucchyena* — pela fragmentação infinitesimal.

*turīyam dhāma* — a quarta posição ou o equilíbrio da existência.

*turīyam svid* — um certo Quarto; estado de espírito.

*unmattavad* — aquele que é inconsequente em pensamentos e em impulsos; frenesi divino que ignora a si e ao mundo.

*upaniṣad* (Upanishad) — o conhecimento interior; aquilo que penetra a verdade última e se estabelece nela; escritos filosóficos posteriores aos *Vedas*.

*vaiṣṇava* (Vaishnava) — concernente a *Viṣṇu*; devoto de *Viṣṇu*.

*vasudhaiva kuṭumbakam* — a terra inteira é minha família.

*vāyu* (Vayu) — ar; vento; respiração; o Deus da Vida; a vontade e energia substanciais no cosmos, que elabora as formas, a ação e a *dynamis* consciente do ser.

*veda* — "o livro do Conhecimento", a mais antiga das escrituras da Índia.

*vedānta* — "a culminância do *Veda*"; um sistema de filosofia e disciplina espiritual baseada nos *Upanishads*.

*vidyā* — o Conhecimento; Conhecimento no seu sentido espiritual mais elevado; a consciência da Unidade (cf. *avidyā*).

*viṣṇu* (Vishnu) — um dos deuses da trindade hindu, aquele que preserva.

*viśvamānava* — o homem universal.

*vṛndāvana* (Vrindavan) — o céu *vaiṣṇava* de Beleza e Beatitude eternas.

*yoga* — União; a união da alma com o ser, a consciência e o deleite imortais do Divino; um esforço metódico para a autoperfeição pela expressão das potencialidades latentes no ser e a união do indivíduo com a Existência universal e transcendente.

*yogakṣema* — todo o bem, todas as posses, interiores e exteriores, que o Divino dá espontaneamente a quem se une a Ele.

*yogamāyā* (Ioga-Maya) — o poder manifestado da Consciência-Força de Brahman.

*yogin* (iogue) — aquele que pratica ioga; aquele que alcançou a realização espiritual.

# OBRAS PRINCIPAIS:

**A Vida Divina.** O principal trabalho filosófico de Sri Aurobindo, em que ele apresenta uma teoria da evolução espiritual que culminará com a transformação do ser humano e o advento de uma vida divina sobre a Terra.

**Savitri.** A obra poética maior de Sri Aurobindo, um épico em versos brancos em que uma lenda do Mahabharata torna-se um símbolo do destino espiritual da alma humana.

**A síntese dos Iogas.** O principal trabalho de Sri Aurobindo sobre Ioga, um exame dos sistemas tradicionais de Ioga e uma explicação de seu próprio método de Ioga Integral.

**Cartas sobre Ioga.** Três volumes de cartas aos discípulos, nas quais Sri Aurobindo explica seu ensinamento e método da prática espiritual e lida com problemas confrontados pelo buscador espiritual.

**O Segredo do Veda.** Um estudo do *Rig Veda* e seu simbolismo místico, com traduções de hinos selecionados.

**Os Upanishads I — II.** Traduções e comentários de Sri Aurobindo sobre o *Isha*, *Kena* e outros *Upanishads*, assim como outros textos vedânticos.

**Ensaios sobre o Gītā.** Exposição da filosofia espiritual e método de autodisciplina do *Bhagavad-Gītā*.

**O Renascimento na Índia e outros ensaios sobre a cultura indiana.** Uma explicação sobre o valor da civilização e cultura indianas, com ensaios sobre espiritualidade, religião, arte, literatura e forma de governo.

**O Ciclo Humano — O Ideal da Unidade Humana — Guerra e autodeterminação.** Três obras de filosofia social e política, lidando com (1) a evolução da sociedade humana, (2) a possibilidade de unificação da espécie humana e (3) o problema da guerra e a autodeterminação das nações.

Impressão e acabamento: